SchlA 1,1

Schleiermacher-Archiv

Herausgegeben von
Hermann Fischer
und
Hans-Joachim Birkner, Gerhard Ebeling,
Heinz Kimmerle, Kurt-Victor Selge

Band 1
Teilband 1

Walter de Gruyter · Berlin · New York
1985

Internationaler Schleiermacher-Kongreß Berlin 1984

Herausgegeben von
Kurt-Victor Selge

Teilband 1

Walter de Gruyter · Berlin · New York
1985

Gedruckt auf säurefreiem Papier
(alterungsbeständig — ph 7, neutral)

CIP-Kurztitelaufnahme der Deutschen Bibliothek

Internationaler Schleiermacher-Kongress ⟨1984, Berlin, West⟩:
Internationaler Schleiermacher-Kongress : Berlin 1984 / hrsg. von
Kurt-Victor Selge. — Berlin ; New York : de Gruyter
  (Schleiermacher-Archiv ; Bd. 1)
  ISBN 3-11-010018-5
NE: HST; GT
Teilbd. 1 (1985).

Vorwort zum Schleiermacher-Archiv

Nach einer längeren Phase der Planung und der Vorbereitung konnten 1980 die ersten beiden Bände der Kritischen Gesamtausgabe (KGA) der Schriften, des Nachlasses und des Briefwechsels Schleiermachers erscheinen. Die Ausgabe gliedert sich in fünf Abteilungen: I. Schriften und Entwürfe; II. Vorlesungen; III. Predigten; IV. Übersetzungen; V. Briefwechsel und biographische Dokumente. Von der I. Abteilung, für die die Schleiermacher-Forschungsstelle der Theologischen Fakultät der Christian-Albrechts-Universität in Kiel zuständig ist, sind bisher fünf Bände erschienen: I,1: Jugendschriften 1787–1796; I,2: Schriften aus der Berliner Zeit 1796–1799; I,7,1–3: Der christliche Glaube 1821–1822 (mit Marginalien und Anhang). Die Arbeit an der V. Abteilung, die die 1979 begründete Schleiermacher-Forschungsstelle bei der Kirchlichen Hochschule Berlin betreut, ist aufgenommen. Der erste Band dieser Abteilung befindet sich im Druck.

Während der Arbeit an den Problemen der Edition hat sich im Herausgeberkreis der KGA zunehmend die Überzeugung gebildet, es sei nicht nur wünschenswert, sondern notwendig, für die im Zusammenhang mit dieser Ausgabe entstehenden oder auf sie bezogenen Arbeiten ein begleitendes Publikationsorgan zu schaffen. Einmal sind schon in der vorbereitenden Phase der Arbeit an den Abteilungen I und V Materialien angefallen, die für die Schleiermacher-Forschung von Bedeutung sind und nach Möglichkeit in einem zentralen Organ veröffentlicht werden sollten. Zum anderen gibt es Funde zu den Komplexen der übrigen Abteilungen. Einstweilen ist aber noch nicht absehbar, wann z. B. mit der Arbeit an der II. Abteilung begonnen werden kann. Gleichwohl besteht ein Interesse gerade an Funden zu den Vorlesungen, aber auch zu den Predigten und Übersetzungen. Eine Veröffentlichung an einem gemeinsamen Ort — schon vor der kritischen Edition — bietet sich deshalb geradezu an. Sodann sind in den letzten Jahren Monographien zum Werk Schleiermachers entstanden und abgeschlossen, die in einem besonders engen Verhältnis zum Unternehmen der KGA stehen. Für diese Materialien, Funde und Abhandlungen sowie für ähnlich geartete Texte ist das „Schleiermacher-Archiv" konzipiert, das in lockerer Folge erscheinen wird.

Wir freuen uns, daß das Schleiermacher-Archiv jetzt mit dem ersten Band, der die Akten des Internationalen Schleiermacher-Kongresses 1984 in Berlin enthält, eröffnet werden kann.

Im Namen der Herausgeber
Hermann Fischer

INHALTSVERZEICHNIS

VORWORT

Ein Jahr nach dem Internationalen Schleiermacherkongreß, der vom 7. bis zum 10. März 1984 anläßlich der 150. Wiederkehr des Todestages des am 12. Februar 1834 in Berlin Verstorbenen unter Beteiligung von über 160 aus vielen Ländern angereisten Gelehrten in der Staatsbibliothek Preußischer Kulturbesitz und im Deutschen Reichstag stattfand, werden die zu ihm eingereichten Referate als Kongreßakten vorgelegt. Über die Entstehung des Kongresses gibt die weiter unten abgedruckte Begrüßungsansprache des Tagungsleiters Auskunft. Hier genügen einige Informationen, die dort keinen Platz hatten oder sich im Zusammenhang der Herstellung des Kongreßbandes ergeben haben.

Ohne die in den letzten Jahrzehnten verzeichnete Intensivierung des Interesses an Schleiermacher – der im Rahmen des Theologiestudiums für vierzig Jahre seit dem Ende des Ersten Weltkrieges, seit der Neuzuwendung der kontinentalen Theologie zum Zeugnis der Reformation und der Väter der protestantischen Orthodoxie, als ein sachlich überholter Denker galt – hätte das Unternehmen einer K r i t i s c h e n G e s a m t a u s g a b e seiner Werke, seit langem vergeblich geplant, nicht in Gang kommen können. Ohne diese Gesamtausgabe wiederum, deren erste Bände seit 1980 erschienen sind, und ohne die Aktivität des Herausgeberkreises wäre das Interesse von staatlicher und kirchlicher Seite in Berlin an einer Intensivierung dieser Arbeit auch in Berlin nicht zur Wirkung und auch dieser Kongreß nicht zustandegekommen. Im Laufe der Arbeit der Herausgeberkommission hat sich die Einsicht ergeben, daß eine Bestandsaufnahme und Zusammenfassung der im weiten Feld der Wissenschaft vorhandenen, an Schleiermacher speziell interessierten Kräfte erforderlich sei, mit dem Zweck, die Kooperation anzuregen, und dem Nebenzweck, auf mögliche neue Mitarbeiter an der Gesamtausgabe aufmerksam zu werden.

Aus dieser Ausgangslage erklärt sich auch, nachdem in Berlin von staatlicher und kirchlicher Seite die Voraussetzungen für einen Kongreß geschaffen worden waren, die besondere Art dieser als ein Versuch gemeinten und als ein solcher Versuch über alles Erwarten geglückten Veranstaltung. Es ging diesmal nicht darum, spezifische einzelne Themen zur gesonderten Vertiefung auszuwählen, sondern die großen Themenbereiche abzustecken und alle durch Arbeiten ausgewiesenen Wissenschaftler, deren Namen in Erfahrung zu bringen waren, dazu einzuladen, einen Beitrag zu leisten. Die Einladung war offen zur Ergänzung aus dem Kreis der zunächst Eingeladenen, die in großer Zahl – mit bedauerlichen Ausnahmen – eine Zusage geben konnten. Eine Beschränkung fand nicht statt und brauchte nicht zu erfolgen, weil der ungefähr geplante personelle, räumliche und finanzielle Rahmen sich als aus-

reichend erwies. Von den Angemeldeten sind etwa siebzig Ausarbeitungen ein-
gereicht und hier vervielfältigt worden – zum Teil noch in letzter Stunde
während des Kongresses – , die nun als solche, zum Teil nachträglich ergänzt, zum Teil unverändert vorgelegt werden. Eine Auswahl nach inhaltlichen und womöglich qualitativen Gesichtspunkten konnte angesichts der Natur dieser Versammlung nicht in Frage kommen. Der Kongreßband ist, wie
der Kongreß selbst es war, ein Forum, auf dem die Geladenen sich selbst
vorstellen und für sich selbst einstehen. Die Beiträge wurden nach inhaltlichen und praktischen Gesichtspunkten auf die dreizehn Sektionen verteilt
und erscheinen nun auch in dieser Ordnung im Druck. Daß viele Beiträge
den Gegenstand der Sektion, der sie zugewiesen worden sind, übergreifen,
einige auch verschieden hätten placiert werden können, ist schnell zu sehen,
und der Benutzer wird hier das Seine zu finden wissen.

Die Zahl und das Gewicht der auf die einzelnen Sektionen verteilten Beiträge ist sehr unterschiedlich. Wegen der geringen Zahl der hierzu einge-
gangenen Beiträge konnte die dem Verständnis der antiken Philosophie gewid-
mete neunte Sektion nicht selbständig abgehalten werden; im Druck wurde
sie aber zur Dokumentation des eigentlich Geplanten beibehalten.

Wegen der schwierigen Nachrichtenübermittlung in der Freien Universität
Berlin ist mindestens e i n qualifizierter germanistischer Mitarbeiter von
dort nicht in der Lage gewesen, am Kongreß teilzunehmen. Der Philosophie-
historiker Wolfgang Hübener konnte aus demselben Grund nur ein Thesenblatt
verfassen; für die nachträgliche Ausarbeitung seines Referats sei ihm ge-
dankt. Ferner sind ein Beitrag aus Italien (Giorgio Penzo) und, auf besondere Bitte des Herausgebers, der Vortrag, den der Philosoph der Humboldt-
Universität, Gerd Irrlitz, auf einem im Oktober 1984 von der Theologischen
Sektion dieser alten Universität Schleiermachers veranstalteten Schleiermacher-
Kolloquium gehalten hat, aufgenommen worden. Daneben steht der Beitrag des
Systematischen Theologen der Humboldt-Universität, Hans-Georg Fritzsche, der
auf dem Kongreß vorgelegt, beim Kolloquium wiederholt wurde. Andere Vorträge jenes Kolloquiums sind an anderer Stelle erschienen. Ferner war das
Kirchliche "Sprachenkonvikt" in Berlin/Ost, das bereits im Februar 1984 ein
eigenes Schleiermachersymposion mit Gästen aus Ost und West veranstaltet
hatte, beim Kongreß mit dem hier abgedruckten Beitrag des Kirchenhistorikers
Wolfgang Ullmann vertreten. Es möge damit eine Spur der Einheit der Universität Schleiermachers in veränderter Zeit wenigstens symbolisch auch in diesem Bande erscheinen.

Als Beilage erscheint im Anhang Schleiermachers 1980 in Berlin in einer
Abschrift August Twestens wiederentdeckte ausgearbeitete Vorlesung über "Allgemeine Hermeneutik" von 1809/10.

Für eine ausführliche inhaltliche Würdigung des Kongresses ist hier nicht der Ort. Christof Gestrich, als Sektionsleiter beteiligt, hat unter dem Titel "Interesse am Werk Schleiermachers" in der Berliner Theologischen Zeitschrift, Jahrgang 1, 1984, S. 357 - 363, einen knappen Bericht veröffentlicht. Die weitere Auswertung ist Sache der erhofften kundigen und gewiß kritischen Rezensenten und der weiteren Forschung. Auf einen Umstand sei aber schon hier hingewiesen. Die Bezugstexte der Referenten entstammen naturgemäß zum größten Teil den überlieferten Schleiermacherausgaben, während die künftige Forschung zunehmend die Neuausgaben und die neuen Texte in der Kritischen Gesamtausgabe wird berücksichtigen müssen, von der bis zum Ende des Jahres 1985 immerhin sechs Bände vorliegen werden.

Verschiedene Teilnehmer haben dem Tagungsleiter in freundlichen Briefen das Gelingen und insbesondere eine entspannte, unprätentiöse Atmosphäre bestätigt, die sich in dem Zusammensein so vieler verschiedener Geister in den schönen, großzügigen Räumen der Staatsbibliothek und des Reichstages ergab. Es fand kein wissenschaftliches Getue und keine wechselseitige Hofierung prominenter Gelehrter statt, sondern ein angenehmer Austausch - freilich nur in ersten Ansätzen - , und die große und freudige Überraschung war das Zusammenkommen so vieler mit Schleiermacher arbeitender Gelehrter aus so vielen verschiedenen Disziplinen, ja auch die Entdeckung der Internationalität der Rezeption dieses Denkers der preussisch-deutschen protestantischen Geschichte. Daß er neben Kant, Fichte, Hegel, Schelling ein Denker für eine sich ihrer Universalität bewußt werdende Menschheit war, kann in diesem jüngeren Stadium seiner Wirkungsgeschichte deutlicher zutagetreten als zuvor.

Zur freundlichen Atmosphäre des Kongresses haben neben der lockeren, improvisatorischen Organisation, neben den freundlichen Gesichtern und der Einsatzbereitschaft der studentischen Hilfskräfte und der Mitarbeiter die vom Land Berlin und der Evangelischen Kirche in Berlin-Brandenburg (West) beigesteuerten Buffets, Theaterbesuche (darunter Bernd Alois Zimmermanns "Soldaten" in der Inszenierung von Hans Neuenfels) und Empfänge beigetragen: der Senatsempfang im Anschluß an die Eröffnung und der Empfang durch den Bischof der Evangelischen Kirche, Dr. Martin Kruse, im "Haus der Kirche" am 9. März. Die hierbei gehaltene Ansprache, an die sich ein lockerer Gedankenaustausch anschloß, ist in diesen Band mitaufgenommen worden; eine bei demselben Anlaß gehaltene Begrüßung durch den seinerzeitigen Rektor der Kirchlichen Hochschule Berlin, Johannes Wirsching, ist in dem obengenannten Jahrgang 1 der Berliner Theologischen Zeitschrift abgedruckt.

Für die Möglichkeit der Drucklegung des vorliegenden Doppelbandes ist wiederum der namhafte Druckkostenzuschuß der Träger des Kongresses (Land Berlin und Evangelische Kirche der Union) entscheidend gewesen. Für die sorgsame Herstellung des Typoskripts ist Frau Sigrid Galke zu danken; die Redaktion der Manuskripte (ohne wesentliche Eingriffe in die von den Einzelverfassern autorisierte Endgestalt) lag im wesentlichen in den Händen meines Assistenten Andreas Reich, dem die Mitarbeiter der Schleiermacherforschungsstelle hierbei Hilfestellung leisteten. Allen sei der gebührende Dank gesagt.

Manche Mühsale und auch düsteren Schatten, die über dem Kongreß und seinen Veranstaltern lagen, konnten den Teilnehmern verborgen bleiben. Der Herausgeber möchte einem am 9. März 1984 um Mitternacht verschiedenen, ihm sehr nahestehenden Menschen ein Requiescas in pace nachrufen.

Berlin, im Februar 1985   Kurt-Victor Selge

BEGRÜSSUNGSANSPRACHEN

K O N G R E S S P R O G R A M M

Mittwoch, 7. März 1984

15.00 – 17.00 Uhr Zusammenkunft der Teilnehmer zur Vorbereitung der Sektionsarbeit
Ort: Otto–Braun–Saal

20.00 Uhr Eröffnung durch den Regierenden Bürgermeister Rudolf Vierhaus (Göttingen) "Schleiermachers Stellung in der deutschen Bildungsgeschichte"
Ort: Otto–Braun–Saal

21.30 Uhr Empfang durch den Senator für Wissenschaft und Forschung, Herrn Prof. Dr. Wilhelm Kewenig

Donnerstag, 8. März 1984

9.30 Uhr Gerhard Ebeling (Zürich) "Luther und Schleiermacher"
Ort: Otto–Braun–Saal

11.00 – 12.30 Uhr Sektionen
15.00 – 18.30 Uhr Sektionen

Freitag, 9. März 1984

9.30 Uhr Heinz Kimmerle (Rotterdam) "Die Dialektik als Grundlegung theologisch-philosophischer Systematik"
Ort: Otto–Braun–Saal

11.00 – 12.30 Uhr Sektionen
15.00 – 18.30 Uhr Sektionen
19.30 Uhr Empfang durch den Bischof der Evangelischen Kirche in Berlin-Brandenburg (Berlin West) Herrn Dr. Martin Kruse

Samstag, 10. März 1984

9.30 Uhr Hans Dierkes (Niederkassel) "Die problematische Poesie. Schleiermachers Beitrag zur Frühromantik"
Ort: Otto–Braun–Saal

11.00 – 12.30 Uhr Plenarversammlung
Berichte aus den Sektionen. Zukünftige Aufgaben.
Ort: Otto–Braun–Saal

12.30 Uhr Schluß des Kongresses

S E K T I O N E N

(1) Der junge Schleiermacher (Leitung: Hans-Joachim Birkner, Kiel)
(2) Theorie der Subjektivität – Gefühl, Anschauung, Unmittelbarkeit (Leitung: Christof Gestrich, Berlin)
(3) Theologie und Philosophie (Leitung: Dietz Lange, Göttingen)
(4) Ästhetik und Kunstverständnis (Leitung: Karlfried Gründer, Berlin)
(5) Dialektik (Leitung: Michael Theunissen, Berlin)
(6) Hermeneutik (Leitung: Karlfried Gründer, Berlin)
(7) Der Exeget und Prediger (Leitung: Dietrich Rössler, Tübingen)
(8) Ethik und Pädagogik (Leitung: Theodor Schulze, Bielefeld)
(9) Das Verständnis der antiken Philosophie (Leitung: Hellmut Flashar, München)
(10) Die Glaubenslehre (Leitung: Hermann Fischer, Hamburg)
(11) Das Verständnis des Protestantismus – der Politiker, Kirchenpolitiker und Unionstheologe (Leitung: Rolf Schäfer, Oldenburg)
(12) Die Nachwirkung in der Theologiegeschichte (Leitung: Joachim Mehlhausen, Bonn/Düsseldorf)
(13) Die philosophisch-literarische Nachwirkung (Leitung: Heinz Kimmerle, Rotterdam)

Begrüßungsansprache des Schirmherrn des Internationalen Schleiermacherkongresses, des Regierenden Bürgermeisters von Berlin,
Herrn Eberhard Diepgen

Als vor vielen Jahren einmal ein Bundesminister einen Autobahnab-
schnitt eröffnete, durchschnitt er, wie üblich, das Band und rief mit
erhobener Stimme aus: "Ich eröffne diese Straße im Namen ...". Er
hatte wohl fortfahren wollen: "im Namen des Herrn Bundeskanzlers".
Aber er war in seinem Tonfall bereits in so pathetische Höhen gegangen, daß dieser Namensgeber nicht mehr ausreichte. Und so fuhr er
denn fort: "Im Namen des Vaters, des Sohnes und des Heiligen
Geistes." Der neben ihm stehende Kardinal Frings tippte dem Minister
auf die Schulter und flüsterte ihm ins Ohr: "Herr Minister, Sie
überschreiten Ihre Kompetenzen!"
Sie, meine Damen und Herren in diesem erlauchten Kollegium von
Schleiermacher-Kennern, werden nun vielleicht den Verdacht haben,
daß ein Politiker seine Kompetenzen überschreitet, wenn er vor einem
solchen Auditorium über Schleiermacher sprechen will.
Nun, zur täglichen Lektüre des Politikers gehört Schleiermacher
nicht; vor dieser sicherlich betrüblichen Tatsache will ich gar keinen Schleier machen. Betrüblich deshalb, weil mir meine Beschäftigung mit diesem großen deutschen Gelehrten anläßlich der heutigen
Feier schon lebhaft vor Augen geführt hat, wieviel eigentlich jeder
Berufsstand von Schleiermacher lernen könnte und sollte - nicht nur
die Theologen, Juristen, Pädagogen, Soziologen und Philosophen, sondern durchaus auch die Politiker.
Aber mir scheint, ich kann meine Zuständigkeit auch anders, viel
bescheidener begründen: Friedrich Daniel Ernst Schleiermacher war
ein typischer Berliner: Er wurde nämlich in Breslau geboren und
fühlte sich dann, wie so viele andere vor und nach ihm - ich erinnere nur an den Dessauer Moses Mendelssohn - , von der Weltoffenheit
und geistigen Lebendigkeit Berlins in den Bann gezogen, um für den
Rest seines Lebens selbst nachhaltig zu dieser Weltoffenheit und
Geistigkeit unserer Stadt beizutragen.
Außerdem war dieser große Theologe, Erzieher und Philosoph Mitbe-
gründer der Berliner Universität, die nicht zuletzt durch ihn, den
ersten Dekan der theologischen Fakultät, rasch einen Weltruf erwarb,
den sie länger als ein Jahrhundert immer wieder von neuem rechtfer-
tigte. Zwar steht uns in Berlin und anderswo in Deutschland heute
nicht die Gründung einer neuen Universität bevor; unzählige sind
ja in den letzten Jahrzehnten gegründet worden. Aber heute suchen
wir wieder die kraftvolle Idee für neue Ziele und wissenschaftliche
Bildung.
Sieht man den geschichtlichen Erfolg, mit dem der gewordene Berliner Schleiermacher gemeinsam mit dem geborenen Berlin (oder eigentlich Potsdamer) Wilhelm von Humboldt der Berliner Universität
seinen Odem einhauchte, dann wünscht man sich geradezu ein Denkmal
von Schleiermacher zu Pferde, an das man den Spruch hängen könnte:
"Lieber Friedrich Daniel Ernst, steig hernieder und berate Du uns
wieder - laß in diesen schlimmen Zeiten lieber den und jenen rei-
ten."
Zwar haben wir kein Reiterdenkmal von Schleiermacher, dafür aber
engagiert die Stadt Berlin sich für den Aufbau und Ausbau des
schönsten Denkmals für einen Denker, nämlich die Kritische Gesamtausgabe der Werke Schleiermachers. Gemeinsam mit der Evangelischen
Kirche der Union und der Kirchlichen Hochschule Berlin fördert das
Land Berlin dieses Jahrhundertwerk. Das Interesse der Stadt Berlin
an dieser Gesamtausgabe ist offensichtlich: Nicht nur war Schleiermacher einer der größten Berliner, der den größten Teil seines Le-

bens in dieser Stadt verbracht hat, sondern zudem liegt ein großer
Teil des bisher unveröffentlichten Nachlasses beim Verlag de Gruyter
und bei der Akademie der Wissenschaften in Berlin (Ost). Außerdem
haben die Evangelische Kirche der Union und die Schleiermachersche
Stiftung bei uns ihren Sitz.

Der Schleiermacherschen Stiftung und der Freien Universität Berlin danke ich dafür, daß sie mit diesem Kongreß zum 150. Todestag
Schleiermachers den Kulturkalender unserer Stadt um ein nicht nur
für Spezialisten wichtiges Datum bereichern.

1826 hielt Schleiermacher eine Rede zu Ehren Friedrich des
Großen, und er sagte etwas über menschliche Größe, das auch auf ihn
selbst zutrifft: "Der große Mann ist nicht, was er ist, durch einzelne Werke und für einzelne Klassen; ja, auch eine Schule zu stiften in der Kunst oder der Wissenschaft ist etwas weit unter seiner
Aufgabe. Nicht eine Schule stiftet er, sondern ein Zeitalter."

Für die Theologie hat Schleiermacher schon zu seinen Lebzeiten
ein neues Zeitalter gestiftet. Er ist aber auch der Begründer eines
fächerübergreifenden Zeitalters der Hermeneutik, das über ein Jahrhundert nach seinem Tode erst richtig zur Entfaltung zu kommen
schien: der Einfluß von Schleiermachers Sprachphilosophie ist so
etwas wie ein geistiges Band in unserem Zeitalter der auseinander-
gesprengten Wissenschaftszweige. Zur Hermeneutik bekennen sich Philosophen wie Heidegger und Gadamer, Theologen wie Bultmann und Soziologen wie Max Weber und Jürgen Habermas. Und mein eigenes Stu-
dienfach, die Jurisprudenz, steht hier nicht abseits, sondern ist
eine hermeneutische Disziplin, denn sie legt verbindliche Texte auf
neue Problemlagen hin aus.

Nicht nur Wissenschaftlern aber hat Schleiermacher heute etwas
zu sagen, sondern auch den vielen Menschen, vor allem der jüngeren
Generation, die sich nach einer Überwindung der Trennung zwischen
Kopf und Herz sehnen. Denn Schleiermacher trat immer für die harmonische Verbundenheit von Geist und Herz ein. Diese Forderung ist
ein mit Recht höchst lebendiges und bisweilen in Vergessenheit ge-
ratenes Vermächtnis der deutschen Romantik.

Das Verhältnis von Schleiermacher und dem preußischen Staat war
leider nicht das beste. Der preußische Kultusminister von Altenstein
nahm Schleiermacher seine kirchenpolitischen Warnungen übel, als
es um die Union zwischen lutherischer und reformierter Kirche ging.
Während der preußische Staat Hegels Genie erkannte und anerkannte,
tat er sich mit Schleiermacher schwerer.

Umgekehrt beschuldigte Schleiermacher sich einmal selber, die
Repräsentanten des preußischen Staates nicht immer richtig erkannt
zu haben. Wir lesen in einem Brief vom 20. März 1799 an seine schöne
und gescheite Freundin Henriette Herz: "Gegen meinen Vorsatz ...
mache ich gegen Abend eine kleine Promande ..., und beim Rückweg
dicht beim Tor sah ich mich auf einmal dicht vor einem Trupp Offi-
ziere zu Fuß, und als ich aufsehe, hat der gleich neben mir, an dem
ich eben ganz nahe vorbeiging, einen Stern, und ich war am König
beinah vorbeigestreift ohne den Hut abzunehmen, und nun war's zu
spät! Sie können denken, daß Wache und alles, was am Tor war, dem
König nachgesehen hatte, aber was ich mit meiner Grobheit den Leuten
für ein Skandal war, können Sie kaum denken ... Ich hielt eine kurze
Rede, wie übel es wäre, wenn man von Gott mit Blindheit und mit Gedanken gestraft wäre, aber die meisten schienen es doch nur für eine
unverschämte Ausrede zu halten."

So weit Schleiermachers selbstkritische Bemerkungen über sein
Verhältnis zum Repräsentanten des Staates. Umgekehrt wäre der Staat
heute mit Blindheit und nicht mit Gedanken, sondern mit Gedankenlo-
sigkeit gestraft, wenn er achtlos an diesem Repräsentanten des
Geistes, Friedrich Daniel Ernst Schleiermacher, vorüberginge.

Das werden wir nicht tun, auch wenn die genaue Erkenntnis des Ranges von Schleiermacher uns Politikern noch schwerer fallen mag als umgekehrt dem großen Schleiermacher die Erkenntnis des Ranges jenes vorbeigehenden Offiziers in Potsdam gefallen ist.

Deswegen freue ich mich, daß heute berufene Frauen und Männer aus der Wissenschaft unter staatlicher Schirmherrschaft zusammengekommen sind, um von dem geistigen Rang Schleiermachers und seiner fortwirkenden Bedeutung für unsere Kultur Rechenschaft abzulegen.

Ich wünsche Ihnen dabei Erfolg und jenes Vergnügen, daß die Beschäftigung mit dem Gediegenen bereitet.

Begrüßungsansprache des Präsidenten der Freien Universität Berlin,
Professor Dr. Dieter Heckelmann

Herr Regierender Bürgermeister,
meine Damen und Herren!

Für die Freie Universität als Mitveranstalter des internationalen
Kongresses für Friedrich Daniel Ernst Schleiermacher zum Gedenken
an dessen 150. Todestag heiße ich Sie herzlich willkommen.

Bitte nehmen Sie mir ab, daß ein Jurist als Universitätspräsident
bei solcher Begrüßung nur mit einiger Befangenheit inhaltlich über
den Philosophen und Theologen Schleiermacher referieren kann angesichts des hier versammelten ehrwürdigen Fachverstandes. Es ist die
Situation des Wilderers im fremden Revier, der immer in der Gefahr
steht, vom Revierherren abgeschossen zu werden. Wenig Trost nur ist
freilich in der insoweit bestehenden Schicksalsgemeinschaft gleich
dreier Juristen zu erkennen, in der ich mich mit dem Herrn Regierenden Bürgermeister und dem Senator für Wissenschaft und Forschung
heute abend befinde. Mit diesem persönlichen Bekenntnis der Insuffi-
zienz gegenüber der gestellten Aufgabe bin ich bereits unmittelbar
bei Schleiermacher, indem ich ihn wörtlich zitiere: "In der Tat verdient ja wohl jeder Lehrer des Rechts ausgelacht und von der Universität gewiesen zu werden, der nicht Kraft und Lust in sich fühlt,
auf dem Gebiet der reinen Philosophie oder Sittenlehre etwas Eigenes
mit Erfolg zu leisten". Da ich diesem beklagenswürdigen Schicksal
entgehen will, wende ich mich Schleiermacher zu, suche mein Heil
aber nicht in der Philosophie oder Theologie, sondern in einem Bereich, der mehr meines Amtes ist, in dem Schleiermacher in außerordentlich segensreicher Weise gewirkt hat und in dem die Programmge-
staltung des Kongresses mir dankenswerterweise trotz vierer Vorträge
und 13 Sektionsthemen eine bescheidene Nische belassen hat: Es geht
um die Anschauungen Schleiermachers und deren bedeutenden Einfluß
auf die Gründung und inhaltliche Ausgestaltung der Berliner Universität im Prinz-Heinrich-Palais im Jahre 1810, die 1828 Friedrich-
Wilhelms-Universität benannt wurde. Seine Vorstellungen über eine
Universität mit reformatorischem Impuls hat Schleiermacher in einer
Denkschrift aus dem Jahre 1808 mit dem Titel "Gelegentliche Gedanken
über Universitäten im deutschen Sinn - nebst einem Anhang über eine
neu zu errichtende - " niedergelegt. Im Vergleich zu ihr sind die
im Umfang recht kurzen, zwischen 1802 und 1810 erschienenen Pa-
ralleldenkschriften von Hufeland, Schmalz, Engel und auch Wilhelm
von Humboldt, letzterer ohnehin nur in einem 10-Seiten-Fragment,
mehr auf Organisations- und Strukturerwägungen beschränkt und daher
im Grunde ohne Nachwirkung geblieben. Im Resultat Entsprechendes
gilt auch für die ausgiebige Denkschrift Fichtes, vielleicht deshalb, weil sie mit Leidenschaft geschrieben und daher innerer Widersprüche nicht entbehrt, indem vor allem das Postulat akademische
Freiheit mit einer gleichsam totalitären Einheit von Staatsverwal-
tung und Wissenschaftsanstalt verschmolzen wird. Nicht zu unrecht
wird von Humboldt die Universitätsgründung in Berlin zugeschrieben,
die unter dem Leitmotiv der Freiheit und Einheit von Forschung und
Lehre weltweit Modell stand für die Universität der Moderne. Berlin
hat seinem 150. Todestag im Jahre 1985 daher die gebührende Aufmerksamkeit zu zollen. Von Humboldt hat die Gründungsadministration besorgt, wurde aber nie Glied der Universität. Schleiermacher stand
dagegen schon in der Vorgründungsphase in ausgiebiger beratschlagen-
der Korrespondenz mit ihm, war für 25 Jahre die beherrschende Figur
nicht nur der Theologischen Fakultät und hat in diesem Zeitraum mit
der Überzeugungskraft seiner Denkschrift das innere Gefüge der Neugründung nachhaltig mitbestimmt. Dies gilt trotz seiner zeitge-
nössisch glanzvollen wie mächtig fortwirkenden Kollegen Hegel,

Fichte, Boeck, von Savigny, von Ranke oder Niebuhr. Zustatten kam
ihm hierbei das hohe Ansehen, das er als Prediger der Charité und
der Dreifaltigkeitskirche, als Verfasser der Schriften zur Religion
sowie als Übersetzer des gesamten Platon bereits gewonnen hatte.
Die dauerhafte Wirksamkeit der Schleiermacherschen Denkschrift
beruht darauf, daß er seine Thesen bedächtig, behutsam, distanziert
und doch einfühlsam, abgewogen und bescheiden entwickelt. Er formuliert eingangs selbst, daß er einladen möchte, "ihm bei seiner Anschauung zuzuschauen, um dadurch aufgeregt zu werden, den Gegenstand
gründlicher als zuvor zu erkennen". Er war fähig einzutreten in das,
was er vorfand und verfügte zugleich über die Kraft, mögliche Ver-
besserungen zu erkennen. Er hielt den Traum vom Himmel auf Erden
nicht für wichtiger als die Auseinandersetzung mit der stets unvoll-
kommenen Wirklichkeit, sondern entwickelt die neue Universität, wie
man heute sagt, empirisch-pragmatisch aus den vorgefundenen konkreten organisch und geschichtlich gewordenen Universitätsformen.
Lassen Sie mich dies an Beispielen, vor allem an der Grundfrage
jedes Selbstverständnisses von Universität, nämlich deren Verhältnis
zum Staat, erläutern.
Aus dem Umstand, daß der Staat die Universität materiell subsi-
diert, leitet Schleiermacher mit Recht eine staatliche Anerkennungs-
und Schutzfunktion ab, auf die die Universität ihrerseits Wert legen
muß, so daß beide das natürliche Bestreben haben, sich miteinander
zu verständigen. Eingriffe sieht er auf den Fall der Staatszerstö-
rung begrenzt.
Einen natürlichen Gegensatz zwischen Staat und Universität erblickt Schleiermacher hingegen in den unterschiedlichen Ansichten
beider, wie Universitäten geleitet und geordnet werden sollen. "Beide Teile würden" nach ihm "einig sein, wenn der Staat von den Forderungen eines alten Weisen, wenn auch nicht die erste, daß die
Wissenden herrschen sollen, so doch die zweite, daß die Herrschenden
wissen sollen, wollte gelten lassen". Schleiermacher erscheinen
Staatsmänner daher "mehr dem Künstler ähnlich, als daß sie wissenschaftlich zu Werke gingen. Gleichwohl ahnend, das Rechte herausfüh-
lend, bringen sie unbewußt hervor, ... herrschen so allerdings nicht
als Wissende. Der Staat wolle daher Tatsachen, Erscheinungen und
Erfolge aller Art begünstigen". Demgegenüber kommt es nach Schleiermacher den Professoren nicht auf die Masse der Kenntnisse, sondern
das Bewußtsein von der notwendigen Einheit allen Wissens, von den
Gesetzen und Bedingungen seines Entstehens an. Deshalb suche der
Staat, je lauter sich die Spekulation (gemeint ist hiermit in erster
Linie die Philosophie) gebärde, desto mehr, diese zu beschränken.
Dem Staatsinteresse, die realen Kenntnisse zu fördern, stehe daher
das Universitätsinteresse gegenüber, die eigene Unabhängigkeit zu
sichern. Auf diese wägende Weise hält Schleiermacher beiden Seiten
den Spiegel vor. Seine Deutung hat an Aktualität nichts eingebüßt.
Noch freier konzipiert der hochmögende Ministeriale von Humboldt
die Universität: Der Staat habe "nur zu sorgen für Reichtum an
geistiger Kraft durch die Wahl der zu versammelnden Männer und für
Freiheit in ihrer Wirksamkeit." Dieser liberale Ansatz würde in der
Freien Universität sicher nur insoweit Kritik erfahren, als unser
Fraueninstitut die geschlechtsspezifische Einseitigkeit beklagte.
Im krassen Gegensatz hierzu steht die Äußerung des ministeriellen
Nach-Nachfolgers von Humboldts, des Freiherrn von Altenstein, dem
die Berliner Universität in der Gründungszeit Wesentliches verdankt:
Nach ihm sind die Universitäten "Bildungs- und Erziehungsanstalten,
und sonst weiter nichts ... die Regierungen sind Meister der Insti-
tute".
Bitte sehen Sie mir nach, wenn ich hierbei ins Grübeln kam angesichts des Umstandes, daß das Präsidialamt der Freien Universität
ausgerechnet in die Altensteinstraße in Dahlem verlegt wurde. Da

dies eine eigene, vermutlich in aller Unbefangenheit im Jahre 1974 getroffene Entscheidung der Universität selbst war, wurde meine aufkommende Sorge zerstreut, die Freie Universität könnte sich selbst auch nur symbolisch dieserart den Thesen Altensteins ausgeliefert haben.

Der Umfang der Hochschulautonomie läßt sich am deutlichsten an der Berufungsregelung ablesen. Während von Humboldt das Recht zur Berufung von Professoren ausschließlich dem Staat vorbehielt, "weil die Beschaffenheit der Universität zu eng mit dem Staatsinteresse verknüpft" sei, gewährt Schleiermacher der Universität das Vorschlagsrecht für drei Kandidaten, wie sie in der Stimmenmehrheit aufeinander gefolgt sind, sowie dem Staat dann das Auswahlrecht". Er sah dadurch das Gleichgewicht am besten gesichert und die meisten üblen Einflüsse, wie den "Geist kleinlicher Intrige, deretwegen die Professoren berüchtigt seien", beseitigt. Bekanntlich beherrscht diese Balance durch Dreierlisten noch heute das gesamtdeutsche Berufungssystem.

Generell war bereits damals das Berufungsgeschäft für Berlin schwierig und mühselig. Der Briefwechsel zwischen Hegel als Fichte-Nachfolger mit Altenstein unter Einschaltung sogar des preußischen Königs belegt dies nachdrücklich und hat im Grundprinzip bis heute keine Änderung erfahren. Von Humboldt klagt in diesem Zusammenhang über "die Gelehrten - die unbändigste und am schwersten zu befriedigende Menschenklasse mit ihren sich ewig durchkreuzenden Interessen, ihrer Eifersucht, ihrem Neid, ihren einseitigen Ansichten, und jeder meint, daß nur sein Fach Unterstützung und Förderung verdiene. - Gelehrte dirigieren ist nicht viel besser als eine Komödiantengruppe unter sich zu haben". Ich frage Sie, was hat sich geändert?

In diesem Zusammenhang spricht sich Schleiermacher deutlich gegen Hausberufungen aus, weil "es auch sonst keine gedeihlichen Früchte gibt, wenn in einem Boden immer nur der Samen ausgestreut wird, den er selbst hervorgebracht hat.

In gleicher Weise sind die Leitvorgaben Schleiermachers für die Bestimmung der universitären Binnenstruktur bis heute gültig. Danach muß die Universität "sich frei ihr Hausrecht selbst bilden. Der Staat kann sich dabei keiner Leitung anmaßen, sondern nur Mitwissenschaft fordern und Aufsicht führen, damit dieses Gebiet nicht überschritten werde. Nur von den Vorteilen und Besitztümern, welche er verliehen hat, mag er Rechenschaft fordern. Alles Übrige ist Vormundschaft". Diesem System abgestufter Befugnisse des Staates durch Auskunftsrechte und Rechtsaufsicht für die universitätsinterne Struktur sowie der unmittelbaren Mitentscheidung in Haushalts- und Bewirtschaftungsfragen entspricht präzise das derzeitige Modell der Kuratorialverfassung der FU.

Was sich mit dem Protestmotto von 1967, allerdings auf dieses beschränkt, "unter den Talaren - Muff von 1.000 Jahren" verband, läßt sich bei Schleiermacher unter folgender Formulierung finden: "Die Erteilung der Gelehrtenwürden ist unstreitig die am meisten veraltete Partie unserer Universität. So ist der Kredit fast aller Würden tief unter den Punkt der Satire gesunken. Es fehlt nur noch, daß man es als ein Maßstab der größten Schnelligkeit angäbe, wie ein Student sich in einen Doktor der Philosophie verwandelt".

Massiv gegen zu weit gehende Spezialisierung und Verschulung wendet sich Schleiermacher, der es als verderblich erachtet, wenn Universitäten "vollendete Gelehrte treibhäuslich bei sich ausbilden wollen durch immer tieferes Hineinführen in das Detail der Wissenschaften dabei aber den wissenschaftlichen Geist zu wecken vernachlässigen".

Wünschenswert, aber angesichts der Massenuniversität und dominanten Ausbildungsauftrages in dieser nicht mehr durchgängig erreichbar ist hingegen das Postulat, daß nicht das Lernen, sondern das Erkennen Zweck der Universität sei. Entsprechendes gilt für die Geißelung als Torheit, Ordnungen vorzuschreiben, wie die Vorlesungen aufeinander folgen müssen und das ganze Gebiet bestimmt zu verteilen.

Mit Aufmerksamkeit zu registrieren ist Schleiermachers Verständnis der studentischen Freiheit, wonach "Studenten sich von aller Konvenienz freihalten, sich nicht an Sitten binden, aber auf der Straße leben und wohnen auf antike Art, schlemmen wie der Reichste, Bequemlichkeiten bis zu zynischer Unordnung entsagen wie der Ärmste, die Kleidung sorglos vernachlässigen oder mit zierkünstlerischer Aufmerksamkeit daran schnörkeln". Gefahren für Studenten sieht Schleiermacher in "Ausschweifungen aller Art, die in Berlin vorzüglich zu befürchten sind. Von allen Ergötzungen und Lustbarkeiten, die theatralischen und musikalischen an der Spitze von ihnen, ist des Aufwands wegen wenig zu besorgen. Wenn nur der Studierende außerstand gesetzt ist, den größten Teil seiner Zuschüsse an Vergnügungen zu verwenden, so wird er bald auf ein leidliches Maß gebracht sein".

In den angeführten Beispielen wird erkennbar die Bemühung Schleiermachers um weitgehende Selbstgestaltung universitären Lebens, freilich gestuft und feinsinnig abgestimmt mit den staatlichen Bedürfnissen. Sein Streben nach dem sachgemäßen und abgewogenen Kompromiß ist die Ursache dafür, daß er zum großen Formator der Berliner Universität wurde, und seine Vorstellungen weltweit bis auf den heutigen Tag fortwirken, soweit Forschung und Lehre die Chance haben, sich auf die Freiheit der Erkenntnis zu stützen. Persönliche Tragik liegt darin, daß es in 1819 zu einer scharfen Krise in seinem Verhältnis zum Staat kam, so daß ihm die Strafversetzung nach Königsberg drohte.

Seit diese Grundsätze Schleiermachers wie von Humboldts in der Heimstätte ihrer Universität keine Geltung mehr beanspruchen konnten und deshalb Studenten und Professoren, denen diese Grundwerte einer Universität unverzichtbar schienen, in 1948 die Freie Universität gründeten, sieht sich diese mit Recht in der Kontinuität der ersten Berliner Universität. Als Präsident der Freien Universität lege ich deshalb Wert darauf, dieser Kontinuität durch die Mitveranstaltung des internationalen Schleiermacher-Kongresses sichtbar Ausdruck zu verleihen.

Mir bleibt, dem Kongreß allen Erfolg zu wünschen und dem Herrn Regierenden Bürgermeister im zuvor erwähnten Sinnzusammenhang für die Übernahme der Schirmherrschaft zu danken.

Begrüßungsrede des Tagungsleiters, Professor Dr. Kurt-Victor Selge

Herr Regierender Bürgermeister,
Herr Bischof,
Herr Generaldirektor der Staatsbibliothek Preußischer Kulturbesitz,
sehr verehrte Ehrengäste, insbesondere sehr verehrte Nachkommen
    Friedrich Schleiermachers,
liebe Kongreßteilnehmer,
verehrte Gäste!

Ein wissenschaftliches Buch beginnt gelegentlich mit einem Geleitwort – wir haben zwei solche vernommen – , meist mit einem Vorwort des Verfassers oder Herausgebers. Der Ort am Ende des Vorworts gehört den Danksagungen. Zur Eröffnung des Internationalen Schleiermacherkongresses lege ich Rechenschaft ab über seine Entstehung und nenne einige derjenigen, denen vorzüglich das Verdienst an seinem Zustandekommen gebührt.

Der Gedanke dieses Kongresses wurde nach meiner Erinnerung gefaßt im Kuratorium der Schleiermacherschen Stiftung. Diese Stiftung aus dem Jahr 1834/35 ist 1979 durch eine neue Satzung wieder zum tätigen Leben erweckt worden, um der nach vielen Ansätzen und langen Planungen nun endlich unter der Herausgeberschaft von Prof. Hans-Joachim Birkner in Kiel in Angriff genommenen Kritischen Gesamtausgabe der Werke eine weitere Stütze zu geben, insbesondere durch Errichtung einer zweiten Schleiermacherforschungsstelle in Berlin. Die Hauptträger dieser Stiftung sind das Land Berlin und die Evangelische Kirche der Union. Beteiligt sind die Evangelische Kirche in Berlin-Brandenburg (West) und die Kirchliche Hochschule Berlin; ferner gehört zum Kuratorium ein Vertreter aus der Freien Universität Berlin. In diesem Kuratorium ist im Mai 1980 von dem Leiter der Hochschulabteilung beim Senator für Wissenschaft und Forschung, Leitenden Senatsrat Hermann Hildebrandt, heute Vorsitzender des Kuratoriums, der Plan eines Berliner Schleiermacherkongresses zum 150. Todestag angeregt worden. Planung und Finanzierung des Kongresses sind seitdem hier in der Schleiermacherschen Stiftung erfolgt und sind ohne die beiden Hauptgeldgeber, das Land Berlin und die Evangelische Kirche der Union, die Schleiermacher als einen ihrer vorzüglichsten Gründungsväter ansehen kann, nicht zu denken.

Den ersten Entwurf des Kongreßplanes mit den zu behandelnden Hauptgebieten und einer vorläufigen Liste der zur Teilnahme Einzuladenden hat danach das Herausgebergremium der Kritischen Gesamtausgabe verfaßt, das auch vom 6. – 8. April 1981 zur Förderung der Gesamtausgabe in Kiel ein Schleiermacher-Symposion abgehalten hat. Insbesondere ist hier das Verdienst des Hauptherausgebers, Hans-Joachim Birkner, zu nennen.

Als weiterer Geldgeber und Mitträger neben der Stiftung wurde sodann die Freie Universität Berlin gewonnen, die sich hiermit auch zur Tradition der Berliner Universität bekennt, in deren Planung, Gründung und ältesten Geschichte Schleiermacher einen erstrangigen Platz einnimmt; man darf aber sagen, daß ein Teil des gedanklichen Erbes Schleiermachers bis zum Ersten Weltkrieg und darüber hinaus in der geistesgeschichtlichen Arbeit jener Universität weitergewirkt hat. Die Beteiligung der Freien Universität ist ein Zeichen, daß diese anregende Fortwirkung auch für die Zukunft erwartet werden mag. Wenn, dem derzeitigen unübersichtlichen Zustand der Universität gemäß, die Bedeutung der Freien Universität als Mitträger des Kongresses sich zwar leider nicht in einer breiten personellen und wissenschaftlichen Beteiligung niederschlägt, so erhoffen wir doch umso mehr für die kommenden Jahre einen ermutigenden und anregenden Impuls des Kongresses für die gesamte Berliner Wissenschaft.

An vierter Stelle ist die Kirchliche Hochschule Berlin zu nennen, die als die institutionelle Hauptvertreterin der evangelischen Theologie in Berlin (West) hier das Kerngebiet des Schleiermacherschen Lebenswerkes nach seiner wissenschaftlichen Seite repräsentiert und damit der Sache, wo nicht der

Rechtsform nach, unabtrennbar und komplementär zu einer Universität in der Tradition Schleiermachers hinzugehört. Wir hoffen, daß sich dieser Zusammenhang der Wissenschaften und der sie tragenden Institutionen durch den Kongreß verstärkt herstellen wird.

Weiter ist der Staatsbibliothek Preußischer Kulturbesitz, ihrem Direktor, ihren Mitarbeitern, für entgegenkommende Gastgeberschaft zu danken, ebenso der Verwaltung des Reichstagsgebäudes, in dem ein Teil der Sektionen stattfindet.

Endlich sind die Träger der tatsächlichen Arbeitslast zu nennen. Die an die Kirchliche Hochschule angelehnte Berliner Schleiermacherforschungsstelle, erst seit 1979 existierend, hat mit ihrer Sekretärin, Frau Annemarie Neumann, eine umsichtige und intensive Arbeit geleistet. Die Hilfestellung aus der Senatsverwaltung, insbesondere von Herrn Grodek, und diejenige der Geschäftsstelle der Stiftung, d.h. des Amtsrats Höppner von der Evangelischen Kirche der Union, war dabei wesentlich. In der Schlußphase der Vorbereitung mußten auch die beiden wissenschaftlichen Mitarbeiter, Dr. phil. Andreas Arndt und Dr. phil. Wolfgang Virmond, verstärkt einbezogen werden, die sich insbesondere damit ein außerordentliches Verdienst erworben haben, daß sie aufgrund ihrer 4jährigen wissenschaftlichen Arbeit in den Archiven eine den Kongreß begleitende Schleiermacherausstellung geradezu aus dem Boden stampfen konnten. All diese Mitarbeiter, dazu einige studentische Hilfskräfte aus der Kirchlichen Hochschule haben in den letzten Monaten und Wochen ein kleines Team gebildet, das mit viel Einsatz und Improvisationsgabe diesen Kongreß äußerlich zuwegegebracht hat. Nicht zu verschweigen, daß es von außen auch bürokratische und repräsentationsorientierte Gegenwirkungen gegeben hat; insgesamt ist für eine ausgezeichnete Kooperation, bei der auch die Verwaltung der Kirchlichen Hochschule helfend einsprang, Dank zu sagen. Es bleiben angesichts sehr vieler Improvisation eines nur kleinen Teams technische Probleme, für deren Lösung im gleichen Geist wir auf Nachsicht und guten Willen der Teilnehmer zählen, die wir heute in diesem Saal mit Freude und Herzlichkeit begrüßen.

Der Kongreß ist nun geplant, organisiert, leiblich hier versammelt. Das Ergebnis seiner Arbeit – die eingereichten Beiträge – hoffen wir in einem Jahr als Kongreßband vorlegen zu können. Schleiermacher, ein Großer, noch nicht in seiner ganzen Bedeutung für die Zukunft Eingeholter in der Geschichte der geistigen Verständigung der Menschheit über sich selbst, soll im Zuge einer neuen Zuwendung zu seinem Denken, wie sie sich seit 15 – 20 Jahren abzeichnet, als Anreger für Gegenwart und Zukunft neu zu Gesicht kommen, auch in seinen geschichtlichen Konturen in seiner Zeit, die eine Zeit grundlegender, doch nicht zum Ziel gekommener Veränderungen in der europäischen Geschichte war, mittelbar in der Menschheitsgeschichte überhaupt. Es ist an den Teilnehmern, ihr Wort zu sagen. Abseits aller Feierlichkeiten eines protokollarischen Rahmens lebt eine wissenschaftliche Versammlung von dem inneren Gewicht der Gedanken, die in ihr zum Ausdruck kommen; anderes zählt nicht. So wird es auch eine wichtige Aufgabe sein, am Ende festzustellen, was im Programm gefehlt hat und in Zukunft, bis zu einem zweiten Schleiermacherkongreß womöglich in einigen Jahren, stärker aufgegriffen werden sollte.

Ich bitte nun den Referenten des Eröffnungsvortrags, Herrn Rudolf Vierhaus aus Göttingen, das Wort zu nehmen.

Ansprache des Bischofs der Evangelischen Kirche Berlin-Brandenburg (West)
Dr. Martin Kruse auf dem von ihm gegebenen Empfang am 9. März 1984

Meine Damen und Herren,

wir treiben nichts Abseitiges, wenn wir an diesem Abend der freien
Geselligkeit Raum geben; denn sie war ein wesentliches Lebenselement
im Wirken Schleiermachers, gerade in Berlin. Ich begrüße Sie also
herzlich, auch im Namen unserer Kirchenleitung und - ungefragt -
auch des Rates der Evangelischen Kirche der Union und des Rates der
EKD. Vor allem auch die, die von weither gekommen sind und die Fa-
milienangehörigen.

Wären Sie zu ihm, zu Schleiermacher selbst in das Pfarrhaus der
Dreifaltigkeitskirche in der Friedrichsstadt in die Kanonier-
straße 4 eingeladen worden - was allerdings in dieser großen Zahl
nicht möglich gewesen wäre - , so hätten Sie eine schmale Treppe
hinaufsteigen müssen. Und selbst ich wäre nicht darum herumgekommen,
den Kopf einzuziehen. Es war nicht eben üppig, was dem reformierten
Pfarrer der Dreifaltigkeitskirche geboten werden konnte, soviel
Platz dann auch das Pfarrhaus für die Familie und für Verwandte und
eben für Gäste aller Art dort bot.

Friedrich Daniel Ernst Schleiermacher war Zeit seines Lebens
Pfarrer, neben all dem andern, nein: zusammen mit all dem andern.
Da bestand ein unauflöslicher Lebenszusammenhang. "Man kann nicht
ernst genug in Anschlag bringen", sagt Karl Barth, "daß Schleiermacher keiner von jenen Theologen war, die sich der schwierigsten,
der entscheidenden theologischen Situation, der Situation, in der
der Theologe in ganzer Ungesichertheit nur als Theologe sich bewähren muß, unter irgend einem Vorwand zu entziehen pflegen. Ich meine
die Situation des Mannes auf der Kanzel".

Er predigte sonntäglich und in der Regel an derselben Stelle,
in der Dreifaltigkeitskirche. Entweder um 10 Uhr oder schon um
7 Uhr früh. In den Frühpredigten legte er nach guter reformierter
Tradition jeweils einen fortlaufenden biblischen Text aus.

Wie hat er das alles geschafft? Diese Fülle der Pflichten in Universität und Kirche! Natürlich: er hatte außergewöhnliche Begabun-
gen. Auch diese: er ließ sich stören. Es störte ihn nicht, wenn er
auch am Sonnabend-Abend Gäste hatte. Er zog sich dann - so lese ich
jedenfalls - eine Viertelstunde zurück. "Man sah ihn, den Kopf an
die Wand gelehnt: es entstand die Predigt", so schreibt ein Berliner
Kirchenhistoriker. Vielleicht hat er ein wenig übertrieben. Schleiermacher benutzte kein schriftliches Konzept. Wie sollte das auch
bei dieser Art von Predigtvorbereitung entstehen. Er stützte sich
auf einen kleinen Stichwortzettel.

Er konnte das. Wir Berliner Pfarrer sollten ihn an diesem Punkt
nicht zum Vorbild nehmen. Er konnte es, weil alles, was zwischen
Sonntag und Sonntag geschah, was unter der Woche gedacht und erfahren wurde, für's Predigen fruchtbar wurde. Predigen war für Schleiermacher nicht etwas Zusätzliches, es war keine Nebentätigkeit. Gerade die freie Geselligkeit, sagen wir: der Umgang mit Menschen,
war ihm eine Weise der Predigtvorbereitung.

An dieser Stelle möchte ich eine Frage einfügen: Ist es nicht
die größte Gefahr eines Großstadtpfarrers am Ende des 20. Jahrhunderts, daß ihm diese Konzentration nicht mehr gestattet wird, daß
er sich diese königliche Freiheit nicht mehr nimmt, ja daß er sie
vielleicht nicht mehr erwartet und darum auch nicht mehr erlebt?
Die geistliche Kraft des Protestantismus steht in einem direkten
Zusammenhang mit der Konzentration und Hinordnung alles anderen,
was ein Pfarrer sonst zu tun hat und was ihm unter der Woche wider-
fährt, auf die Predigt hin. Viele Berliner Pfarrer predigen nicht
regelmäßig genug. Wir sollten uns auch durch Schleiermacher daran

erinnern lassen - aber er steht damit nicht allein, sondern dicht
bei den Reformatoren - : das Kirchenregiment wird wesentlich durch
die Auslegung der Schrift im Gottesdienst ausgeübt.

Es ist notwendig, dies heute ins Feld zu führen, auch gegenüber
allen "Kirchenleitungen", für die ich jetzt hier stehe, auch gegenüber der sogenannten "Amtskirche", die Wolfgang Trillhaas vor kurzem
so treffsicher, aber auch so verständnisvoll und teilnehmend beschrieben hat.

Schleiermacher war Berliner Pfarrer. Er hat dabei eine Tradition
bestärkt, die lange nachgewirkt hat, aber wohl abklingt: die Berliner Tradition des Kanzelredners, der sein Publikum sucht und findet,
aber eigentlich weniger an der Oikodomé (der Auferbauung) und der
Verleiblichung der Gemeinde orientiert ist, als vielmehr an der Erbauung des einzelnen. Diese Tradition ist nicht zu rühmen, sie för-
derte einen unguten Individualismus, mit dem wir heute zu ringen
haben; sie ist aber auch nicht zu verdammen. In einer säkularisier-
ten, anonymen, urbanen Gesellschaft brauchen wir auch heute eine
gute Prise dieser Tradition. Sie hat nämlich wirksam Einfluß auf
das öffentliche Bewußtsein genommen und hat Türen geöffnet und
offengehalten. In ihr lebte ein missionarischer Wille.

Ich möchte es bei diesen kurzen Bemerkungen bewenden lassen. Ein
Grußwort soll nicht mißbraucht werden. Ich wollte Ihnen verständlich
machen: wir freuen uns, daß dieser Internationale Schleiermacher-
Kongreß hier in Berlin zustande gekommen ist. Ich danke allen, die
sich darum gemüht haben. Jubiläen sind öffentliche Lernvorgänge geworden. Wieviel Öffentlichkeit dieser Kongreß erfahren hat und erfahren wird, muß sich erst zeigen. Das soll Sie auch nicht be-
kümmern; der Kongreß darf und soll sich konzentrieren auf den Austausch der Wissenschaft, er soll der Schleiermacher-Forschung neue
Impulse geben und die weitgespannten Arbeitsvorhaben zusammenführen.

Aber darüber hinaus sollten Sie festhalten, daß Ihre Arbeit auch
der Kirche als ganzer zugute kommt. Geschichtsvergessenheit macht
die Kirche anfällig und hastig. Eine Geschichtsversessenheit, die
sich ganz und gar auf das 20. Jahrhundert und dabei vielleicht nur
noch auf die Zeit der Bekennenden Kirche verengen wollte, würde
nicht weiterhelfen. Denn dabei wird Geschichte dann doch zu einem
schnell zusammengeschriebenen Theaterstück, das auf den Brettern
abläuft, das aber nicht den Boden der Wirklichkeit trifft.

Ich danke Ihnen herzlich für Ihr Kommen und wünsche Ihnen eine
fruchtbare menschliche Begegnung an diesem Abend.

Verzeichnis der Siglen

A. Schleiermachers Werke

ÄL   Vorlesungen über die Aesthetik, hg. v. C.Lommatzsch, (SW 3,7), Berlin 1842 (Reprint Berlin 1974)

ÄO   Aesthetik, hg. v. R.Odebrecht, Berlin, Leipzig 1931

AW   Werke in Auswahl, hg. v. O.Braun u. J.Bauer, Bd. 1-4, Leipzig 1910 ff. 2. Aufl., 1927 f.

Br   Aus Schleiermacher's Leben in Briefen, Bd. 1-4, Bd. 1.2. Berlin 1860^2, Bd. 3.4. Berlin 1861-1863

CL   Das christliche Leben, nach den Grundsätzen der evangelischen Kirche im Zusammenhange dargestellt. Bd. 1.2. hg. v. H.Peiter. Berlin, Humboldt-Universität, theol. Habil. (masch. vervielf.) 1968

CS   Die christliche Sitte nach den Grundsätzen der evangelischen Kirche im Zusammenhange dargestellt, hg. v. L.Jonas (SW 1,12). Berlin 1884^2

CSI   Christliche Sittenlehre, Einleitung, hg. v. H.Peiter. Stuttgart u.a.1983

DJ   Dialektik. Aus Schleiermachers handschriftlichem Nachlasse, hg. v. L.Jonas (SW 3,4,2), Berlin 1839

DO   Dialektik, hg. v. R.Odebrecht. Leipzig 1942 (Reprint Darmstadt 1976)

E   Entwürfe zu einem System der Sittenlehre, hg. v. O.Braun, in: AW 2

EB   Ethik (1812/13), hg. v. H.-J.Birkner. Hamburg 1981

GL   Der christliche Glaube. Aufgrund der 2. Aufl. hg. v. M.Redeker, Bd. 1.2. Berlin 1960

GL^1 Der christliche Glaube nach den Grundsätzen der evangelischen Kirche im Zusammenhange dargestellt (1821/22). Bd. 1.2. hg. v. H.Peiter (KGA 1,7, 1.2). Berlin 1980

GPh   Geschichte der Philosophie, hg. v. H.Ritter (SW 3,4,1). Berlin 1839 (Reprint Frankfurt/M. 1981)

HF   Hermeneutik und Kritik, hg. v. M.Frank. Frankfurt/M. 1977

HK   Hermeneutik, hg. v. H.Kimmerle. Heidelberg 1959

HL   Hermeneutik und Kritik, mit besonderer Beziehung auf das Neue Testament, hg. v. Fr. Lücke (SW 1,7). Berlin 1838

KD   Kurze Darstellung des theologischen Studiums, hg. v. H. Scholz. Leipzig 1910 (Reprint Darmstadt 1982)

KGA   Kritische Gesamtausgabe, hg. v. H.-J.Birkner u.a. Berlin/New York 1980 ff.

KSP/Kl.Schr. Kleine Schriften und Predigten, Bd. 1-3, hg. v. H.Gerdes u. E.Hirsch. Berlin 1969-1970

M   Briefwechsel mit seiner Braut, hg. v. H.Meisner. Gotha 1919

M1/M2   Schleiermacher als Mensch. Sein Wirken. Familien- und Freundesbriefe, Bd. 1: 1783-1804, Bd. 2: 1804-1834. Gotha 1922/23

Mo   Monologen. Eine Neujahrsgabe, hg. v. H.Mulert, 2. Aufl. Leip-
                   zig 1914

Pr   Predigten über den christlichen Hausstand, in: AW 3

PS   Pädagogische Schriften, hg. v. Th. Schulze u. E.Weniger, Bd.
                   1.2. Düsseldorf/München 1967

Psych.   Psychologie, hg. v. L.George (SW 3,6). Berlin 1862

PT   Die praktische Theologie nach den Grundsätzen der evangelischen
                   Kirche im Zusammenhange dargestellt, hg. v. J.Frerichs (SW 1,
                   13). Berlin 1850 (Reprint Berlin 1983)

PW   Plato: Werke. Bd. 1, 1.2.3 2, 1.2, 2. Aufl. Berlin 1817–1826,
                   Bd. 3,1 Berlin 1828

R   Über die Religion. Reden an die Gebildeten unter ihren Veräch-
                   tern, hg. v. H.J.Rothert. Hamburg 1970

SN   Schleiermacher-Nachlaß im Archiv der Akademie der Wissen-
                   schaften der DDR in Berlin

SW   Sämmtliche Werke. Berlin 1834–1864

Sendschrei-   Sendschreiben über seine Glaubenslehre an Lücke, hg. v. H.
ben M   Mulert. Gießen 1908

Sendschrei-   Sendschreiben über seine Glaubenslehre an Lücke, in: SW 1,2.
ben SW   Berlin 1836

VB   Vertraute Briefe über Fr.Schlegels Lucinde, in: Lucinde von
                   Fr.Schlegel, eingel. v. R.Frank. Leipzig 1907

B. Andere Veröffentlichungen

AA   I. Kant, Akademie-Ausgabe, Berlin 1900 ff.

AAR   American Academy of Religion

ÄB   G.W.Fr.Hegel, Ästhetik, hg. v. F.Bassenge. Berlin u.a., o.J.

AF   Fr.Schlegel, Athenäumsfragmente, in KA 2

ALZ   Allgemeine-Literatur Zeitung

BoA   Luthers Werke in Auswahl, hg. v. O. Clemen (Bonner Ausgabe)

BSLK   Die Bekenntnisschriften der evangelisch-lutherischen Kirche

CA   Confessio Augustana

CAG   Commentaria in Aristotelem Graeca

Chr. Welt   Christliche Welt

CO   Calvin, Opera in: CR 29–87

CP   Ch.S.Peirce, Collected Papers, Vol. 1–6, ed. by Ch.Hartshorne
                   and P.Weiss

CR   Corpus reformatorum

DVLG/DVjS   Deutsche Vierteljahrsschrift für Literaturwissenschaft und
                   Geistesgeschichte

EvTh   Evangelische Theologie

FKDG   Forschungen zur Kirchen- und Dogmengeschichte

GA   J.G.Fichte, Gesamtausgabe. Stuttgart 1962 ff.

GGB	Geschichtliche Grundbegriffe, Stuttgart 1972 ff.
GS	W.Dilthey, Gesammelte Schriften, Leipzig u.a. 1914 ff.
Hb.Corr.	Hamburger unpartheyischer Correspondent
Heine W	Heinrich Heine's Sämtliche Werke. Hamburg 1876 ff.
HZ	Historische Zeitschrift
Id	Fr.Schlegel, Ideen, in: KA 2
JALZ	Jenaische Allgemeine Literatur-Zeitung
KA	Fr.Schlegel, Kritische Ausgabe. Paderborn 1958 ff.
Kant KdU	I.Kant, Kritik der Urteilskraft
Kant KrV	I.Kant, Kritik der reinen Vernunft
Kant W	I.Kant, Werke hg. v. W.Weischedel
KuD	Kerygma und Dogma
KF	Kunstwissenschaftliche Forschungen
LL	G.W.Fr.Hegel, Logik hg. v. G.Lasson
Ln	Fr.Schlegel, Literary Notebooks 1797-1801
MLA	Mitteilungen aus dem Litteraturarchive in Berlin
MPG	Migne, Patrologia, Series Graeca
NLLZ	Neue Leipziger Literatur-Zeitung
NOLZ	Neue Oberdeutsche allgemeine Literatur-Zeitung
NZSTh	Neue Zeitschrift für Systematische Theologie
OS	J.Calvin Opera selecta, hg. v. P.Barth u.a., 1926
Pap	S.Kierkegaard, Papirer
RA	A.Nygren, Religiöst apriori (= Das religiöse Apriori). Diss. Lund 1921
RGG	Religion in Geschichte und Gegenwart
SDGSTh	Studien zur Dogmengeschichte und Systematischen Theologie
SM	A.Nygren, Sinn und Methode. Göttingen 1979
SV	S.Kierkegaard, Samlede Vaerker (= Sämtliche Werke), 2. Ausg. Kopenhagen 1849
TEH/ThExh	Theologische Existenz heute, hg. v. K.Barth
TPT	B. de Spinoza, Theologisch-politischer Traktat
ThStKr	Theologische Studien und Kritiken
VW	W.v.Humboldt, Über die Verschiedenheit des menschlichen Sprachbaues, hg. v. E.Wasmuth, Berlin 1935
WA	M.Luthers Werke, Kritische Gesamtausgabe. Weimar 1883 ff.
WAT	M.Luthers Werke, Tischreden. Weimar 1912 ff.
Ww	Fr.Schelling, Sämtliche Werke. Stuttgart/Augsburg 1856 ff.
ZThK	Zeitschrift für Theologie und Kirche
ZWTh	Zeitschrift für wissenschaftliche Theologie
ZdZ	Zeichen der Zeit

A. HAUPTVORTRÄGE

SCHLEIERMACHERS STELLUNG IN DER DEUTSCHEN BILDUNGSGESCHICHTE

von **Rudolf Vierhaus**

1.

Der anonyme Verfasser der 1799 bei Unger in Berlin erschienenen Reden "Über die Religion", die sich "an die Gebildeten unter ihren Verächtern" wandten – daß es der reformierte Pfarrer an der Berliner Charité, Friedrich Daniel Schleiermacher war, wurde bald bekannt – , gehörte selbst in geradezu musterhafter Weise zu den Gebildeten. Er kannte, die er ansprach, hatte teil an ihrer Bildung, ihrem Selbstverständnis, ihren Verhaltensweisen, ihrer sozialen Mentalität; seine Sprache war ihre Sprache und seine intellektuelle Kultur die ihre. "Wenn ich so von ihr (s.c. der Religion – der Verf.) durchdrungen, endlich reden und ein Zeugnis von ihr ablegen muß, an wen soll ich mich damit wenden als an Euch?" Bei ihnen, den Gebildeten, glaubte er Aufmerksamkeit und Verständnis für sein Anliegen zu finden – gerade in Deutschland. "Wo anders wären Hörer für meine Rede? Es ist nicht blinde Vorliebe für den väterlichen Boden oder für die Mitgenossen der Verfassung und der Sprache, was mich so reden macht, sondern die innige Überzeugung, daß Ihr die Einzigen seid, welche fähig und also auch würdig sind, daß der Sinn ihnen aufgeregt werde für heilige und göttliche Dinge. ... Hier im väterlichen Lande ist das beglückte Klima, was keine Frucht gänzlich versagt, hier findet Ihr alles zerstreut, was die Menschheit ziert, und alles, was gedeiht, bildet sich irgendwo, im Einzelnen wenigstens, zu seiner schönsten Gestalt; hier fehlt es weder an weiser Mäßigung noch an stiller Betrachtung. Hier also muß sie (s.c. die Religion – der Verf.) eine Freistatt finden vor der plumpen Barbarei und dem kalten irdischen Sinne des Zeitalters[1]."

"Verächter" der Religion – also nicht direkte Feinde des Christentums, sondern Menschen, die Religion für veraltet, für den Ausdruck des Glaubens des "niederen Teils des Volkes"[2] an das Unsichtbare hielten – gab es unter den aufgeklärten Gebildeten der Zeit gewiß nicht wenige: Menschen, die der Religion allenfalls noch als Morallehre eine Funktion zuerkannten. Und waren nicht auch die Anhänger der klassisch-neuhumanistischen oder idealistisch-romantischen Bildungsphilosophie, eines "philosophischen Glaubens", in sublimerer Form Verächter der Religion? Wie weit aber stand Schleiermacher, der

---

1 Über die Religion. Reden an die Gebildeten unter ihren Verächtern. Hier zitiert nach dem von Carl Heinz Ratschow betreuten, der Erstausgabe folgenden Wiederabdruck in Reclams Universalbibliothek Nr. 8313, Stuttgart 1977, S. 12 ff.

2 Ebd., S. 14.

die christliche Religion und die Bildung der Zeit für vereinbar hielt, von
denjenigen entfernt, die er einlud, ihre Verachtung der Religion zu überwinden, ohne ihre Bildung zu verleugnen? Und hatte er nicht wiederum recht
mit seiner Überzeugung, gerade sie, die fähig sind, sich "über den gemeinen
Standpunkt der Menschen zu erheben" und "den beschwerlichen Weg in das
Innere des menschlichen Wesens nicht scheuen, um den Grund seines Tuns
und Denkens zu finden"[3], seien auch in der Lage zu erkennen, daß Religion
"aus dem Inneren jeder bessern Seele notwendig von selbst entspringt", daß
ihr "eine eigne Provinz im Gemüte angehört, in welcher sie unumschränkt
herrscht", und "daß sie es würdig ist, durch die innerste Kraft die Edelsten
und Vortrefflichsten zu bewegen und von ihnen ihrem innersten Wesen nach
gekannt zu werden"[4]?

Es muß dahingestellt bleiben, wie viele gebildete Verächter Schleiermacher
für die Religion zurückgewonnen hat. Daß er ein außerordentlich wirkungs-
voller, für seine Zeit moderner und in der Berliner Gesellschaft wohl auch
modischer Prediger und Seelsorger, ein erfolgreicher theologischer Lehrer
war, ist oft bezeugt. Mehr als jeder andere in der klassischen Epoche der
deutschen Kultur hat er im Raum des deutschen Protestantismus die anthropologische Dimension und die Eigenständigkeit der Religion wieder in den
Blick gebracht. Durch seine vielfältige Tätigkeit und sein persönliches Beispiel hat er die Möglichkeit der Symbiose von Religion, philosophischer und
wissenschaftlicher Bildung - oder doch die Überzeugung von ihrer Möglichkeit - demonstriert, die zwar im 19. Jahrhundert weithin verflachte, aber
doch nicht verlorenging. Wenn die dialektische Theologie nach dem 1. Weltkrieg Schleiermacher als Vater des Kulturprotestantismus theologisch zum "toten Hund" gemacht hat, so bestritt sie doch nicht - am wenigsten Karl
Barth - seine überragende Bedeutung für ein ganzes Jahrhundert[5]. Und wenn
sie eines der zentralen Probleme Schleiermachers, die Bestimmung des Verhältnisses von Religion und Kultur, Kirche und Welt, Theologie und Wissenschaft, radikaler formulierte als er, so hat sie dafür doch auch keine Lösung gefunden. Analoges kann, cum grano salis, im Hinblick auf die neuhu-
manistisch-idealistische Bildungskonzeption festgestellt werden, der Schleiermacher nahestand. Sie ist im Laufe des 19. Jahrhunderts um ihren
idealistischen Grundgehalt der allgemeinen Menschenbildung weitgehend ent-
leert, in unserem Jahrhundert in Grund und Boden kritisiert worden, ohne
daß das Problem einer allgemeinen Bildung als gelöst betrachtet werden
könnte.

---

3 Ebd., S. 15.
4 Ebd., S. 26.
5 Vgl. Karl Barth, Die protestantische Theologie im 19. Jahrhundert. Ihre
  Vorgeschichte und ihre Geschichte. Zürich 1981[4], S. 391 ff.

Niemals ist der Bildung in Deutschland eine so hohe individuelle und gesellschaftliche Bedeutung zugeschrieben worden wie zur Zeit Schleiermachers,
die auch die Zeit Goethes und Schillers, Jean Pauls und Hölderlins, Wilhelm
von Humboldts, Fichtes und Hegels, die Zeit der frühen Romantiker, der sich
entfaltenden Geisteswissenschaften und der ersten Nationalerziehungspläne
war[6]. Als 1799 die "Reden" erschienen, lagen "Wilhelm Meisters Lehrjahre",
Karl Philipp Moritz' "Anton Reiser", Schillers Briefe "Über die ästhetische
Erziehung des Menschen", auch Jean Pauls "Hesperus", Tiecks "Franz Stern-
balds Wanderungen", auch Jung-Stillings und Ulrich Bräkers Lebensgeschich-
ten bereits vor. Hölderlin vollendete den "Hyperion", wenige Jahre später
folgten Novalis' "Ofterdingen" und Jean Pauls "Titan". Längst war seit
Lessing, Wieland und Herder Bildung zum bevorzugten Thema nicht nur von
pädagogischen und popularphilosophischen Abhandlungen und zahllosen Zeit-
schriftenaufsätzen, sondern auch der Dichtung geworden. In Autobiographien,
fiktiven Biographien, Erziehungs- und bildungsromanen, in erfundenen und
tatsächlich geführten Briefwechseln wurden individuelle Bildungswege dargestellt und gedeutet und Bildungserfahrungen mitgeteilt. Autoren und Editoren
durften mit einem Publikum rechnen, das Bildung für unendlich wichtig hielt:
Bildung des Menschen und der Menschheit, des Verstandes, des Herzens und
des Charakters, Bildung durch Natur und Gesellschaft, als pädagogische Veranstaltung und als individuelle Leistung. Das lesende und schreibende Publikum wurde seit Jahren als "die gebildeten Stände" angesprochen; nicht nur
Schleiermachers "Reden", auch Fichtes "Reden an die deutsche Nation" im
Jahre 1808 waren an den "gebildeten Teil", die "gebildeten Stände Deutschlands" gerichtet.

Gleichwohl war es grundsätzlich nicht die Absicht, einen "elitären" Diskurs
zu führen. Denn wenn auch die Gebildeten ihre eigensten Probleme behandelten, ihre Erfahrungen und Erwartungen mitteilten, ihr soziales Credo vortru-
gen und zur Diskussion stellten, taten sie es als intellektuell führende, mei-
nungsbildende Schicht mit dem Anspruch, für alle, für die "Menschheit" zu
sprechen[7]. Sie kultivierten eine Bildungsidee, die zugleich Kompensation für
die ihnen fehlende gesellschaftliche und politische Macht, reale Utopie einer
zu schaffenden Gesellschaft und Antrieb für eine Praxis war, die sich prin-

---

6 Dazu: Rudolf Vierhaus, Artikel "Bildung". In: Geschichtliche Grundbegriffe.
  Historisches Lexikon zur politisch-sozialen Sprache in Deutschland, Bd. 1,
  Stuttgart 1972, S. 508-551. - Hans Weil, Die Entstehung des deutschen Bil-
  dungsprinzips, Bonn 1930, 1967[2]. - Günther Dohmen, Bildung und Schule.
  Die Entstehung des deutschen Bildungsbegriffs und die Entwicklung seines
  Verhältnisses zur Schule. 2 Bde. Weinheim 1964/65.
7 Vgl. dazu Rudolf Vierhaus, Umrisse einer Sozialgeschichte der Gebildeten
  in Deutschland. In: Quellen und Forschungen aus italienischen Archiven
  und Bibliotheken 60, 1980, S. 395-418.

zipiell auf die gesamte Gesellschaft bezog und sich als Aufklärung, als Er-
ziehungs- und Lernprozeß in praktischer Absicht begriff. "Es scheint mir die
unerläßlichste Pflicht eines jeden Menschen zu sein", schrieb Schleiermacher
1798 an seine Schwester Charlotte, "andre zu erziehn, es mögen nun Alte sein
oder Kinder, eigne oder fremde." Und er fuhr fort: "Manchmal möchte ich
mir einreden, wenn man Bücher schriebe, erzöge man auch an der Welt nach
bestem Wissen, es ist aber nicht wahr, es ist nur ein wunderliches Treiben
ohne Leben, ohne Anschauung, ohne Nutzen. Das Predigen ist wohl etwas
mehr, aber nach der gegenwärtigen Einrichtung doch auch wenig genug
...[8]".

2.

Kaum ein anderer unter den bedeutenden Gestalten des deutschen Geisteslebens
um 1800 ist in so übereinstimmender Weise zugleich Theoretiker und Praktiker,
Prediger und Lehrer, Gebildeter und Glaubender gewesen wie Schleiermacher.
Eine Voraussetzung dafür kann in seiner ungewöhnlich ausgeglichenen und
Harmonie verlangenden Persönlichkeit gefunden werden. Historisch wichtiger
ist es, die Elemente der deutschen Bildungsgeschichte zu bestimmen, die sich
in ihm auf ebenso einzigartige wie symptomatische Weise miteinander ver-
knüpften: herrnhutischer Pietismus und Aufklärung, Klassik, Neuhumanismus
und Romantik. Wie so viele bemerkenswerte deutsche Gelehrte, Schriftsteller,
Beamte war Schleiermacher ein Pastorensohn, der jedoch insofern einen unge-
wöhnlichen familiären Hintergrund besaß, als die beiden protestantischen
Möglichkeiten des offiziellen Kirchentums und des Pietismus, dieser sogar in
seiner schwärmerisch-spirituellen Ausprägung, bei ihm zusammentrafen[9].
War doch sein Großvater Daniel als reformierter Pfarrer in Elberfeld in
extreme Auswüchse des Sektenwesens hineingeraten und sein Vater Gottlieb
Adolph in die Katastrophe des Vaters verwickelt worden, bevor er sich als
Lehrer an einem Magdeburgischen Waisenhaus und als Militärgeistlicher der
preußischen Armee in Schlesien der rationalistischen Orthodoxie zuwandte.
Nach dem Siebenjährigen Krieg heiratete er Katharina-Maria Stubenrauch, die
Tochter eines reformierten Berliner Hofpredigers, der mit den Berliner aufgeklärten Theologen Sack und Spalding in enger Verbindung stand - eine Konstellation, die der beruflichen Laufbahn des Sohnes Friedrich Daniel zugute
gekommen ist. Gegen Ende der 1770er Jahre zog die Familie nach Pleß, dann

---

8 Berlin, 2. 8. 1798. Hier zitiert nach F.Schleiermacher, Pädagogische Schriften 2: Pädagogische Abhandlungen und Zeugnisse, hg. von Erich Weniger
  (1957), Neudruck Frankfurt/Main 1984, S. 14.
9 Zur Biographie: Wilhelm Dilthey, Leben Schleiermachers, Bd. 1, hg. von
  Martin Redeker (W.Dilthey, Gesammelte Schriften, Bd. XIII), Göttingen
  1970. - Hermann Mulert, Schleiermacher, Tübingen 1918. - Martin Redeker,

in die reformierte Beamten- und Emigrantenkolonie Anhalt, wo der Vater in der Herrnhuter Gemeinde Gnadenfrei eine pietistische Erweckung erfuhr, ohne jedoch – was nur bei Amtsverlust möglich gewesen wäre – der Brüdergemeine beizutreten. In Gnadenfrei hatte auch Friedrich Daniel sein erstes religiöses Erlebnis, von dem er zwanzig Jahre später sagte: "Hier ging mir zuerst das Bewußtsein auf von dem Verhältnis des Menschen zu einer höheren Welt ... Hier entwickelte sich zuerst die mystische Anlage, die mir so wesentlich ist und mich unter allen Stürmen des Skeptizismus gerettet und erhalten hat. Damals keimte sie auf, jetzt ist sie ausgebildet, und ich kann sagen, daß ich nach allem wieder ein Herrnhuter geworden bin, nur von einer höheren Ordnung[10]."

Was hier mit "mystischer Anlage" und Herrnhutertum "höherer Ordnung" umschrieben ist, gehört zu dem in seiner Bedeutung kaum zu überschätzenden Beitrag des Pietismus zur deutschen Geistes- und Bildungsgeschichte[11]. Zwar war der Pietismus weit davon entfernt, eine einheitliche Erscheinung zu sein. Vom praxisorientierten und sozialreformerischen Hallischen Pietismus August Hermann Franckes über die weltzugewandte, missionarische, zu eigener Kirchenbildung strebende Brüderunität der Herrnhuter und den gleichermaßen verinnerlichten wie praktischen württembergischen Pietismus bis zu den "Stillen im Lande", den Konventikeln, Bet- und Erbauungsgemeinschaften der "kleinen Leute" im Bergischen Land und im Minden-Ravensbergischen reicht die Skala seiner Erscheinungsformen, ohne die radikalen, mystisch-spiritualistischen Gruppen zu berücksichtigen. Gemeinsam aber war ihnen neben der durch die Erweckungserfahrung geformten Frömmigkeit die hohe Aufmerksamkeit, die sie der Erziehung widmeten. Wie die Aufklärung war der Pietismus eine Erziehungsbewegung, die nicht im Gegensatz, sondern parallel mit jener sich entfaltete und auf vielfältige Weise mit ihr verknüpft war. Beide mündeten ein in die Bildungsbewegung der Klassik, des Neuhumanismus und des Idealismus.

Friedrich Daniel Schleiermachers Bildungsweg kann als ein – nicht das einzige! – Paradigma dieses Prozesses gelten. Als er 1783, vierzehnjährig, in das herrnhutische Pädagogium zu Niesky aufgenommen wurde, trat er in eine als pädagogisch vorbildlich geltende, klösterliche Anstalt und in eine Ausbildung ein, die zum geistlichen Amt innerhalb der Brüdergemeine führen sollte. Hier machte er die lebensbestimmende Erfahrung inniger Frömmigkeit

---

Friedrich Schleiermacher. Berlin 1968. – Friedrich Wilhelm Kantzenbach, Friedrich Daniel Ernst Schleiermacher. In Selbstzeugnissen und Bilddokumenten. (rowohlts monographien 126) Reinbek 1967.

10 An Georg Reimer, Gnadenfrei, 30. 4. 1802; Aus Schleiermachers Leben. In Briefen, Bd. 1, 1860², S. 294 f.

11 Vgl. dazu: Albrecht Ritschl, Geschichte des Pietismus. 3 Bde., Bonn 1880-1886. – Martin Schmidt, Pietismus, Stuttgart 1972. – Gerhard Kaiser, Pietismus und Patriotismus im literarischen Deutschland. Ein Beitrag zum

und enger Freundschaft; er wurde in eine von den alten Sprachen getragene humanistische Bildung eingeführt, der hier ein größerer Raum gewährt wurde als im Hallischen Pietismus. Religion wurde nicht systematisch gelehrt; sie sollte geweckt und erlebt werden – ein Grundsatz, der für Schleiermacher immer geltend geblieben ist. Die strenge Kontrolle des äußeren Lebens in Niesky ließ dem Schüler doch Raum für selbständige Arbeit, die sich bei Schleiermacher vor allem auf die klassischen Schriftsteller richtete. Die Beschäftigung mit ihnen hat der spätere Platon-Übersetzer lebenslang beibehalten; die "Alten" blieben ihm ein selbstverständliches Bildungselement.

Der Übergang aus der Harmonie des stillen Internatslebens in Niesky in die theologische Hochschule der Brüdergemeine in Barby ließ Schleiermacher die Grenzen der herrnhutischen Ausbildungskonzeption fühlbar werden. Die strikte Bevormundung und enzyklopädische Kenntnissammlung ohne wirkliche Gelehrsamkeit bei konsequentem Fernhalten von modernen wissenschaftlichen und philosophischen Entwicklungen weckten Zweifel am geistlichen Amt. Als er 1787 Barby verließ, wandte er sich von den Engen des Pietismus ab, erhielt sich jedoch das durch ihn vertiefte Bewußtsein "von dem Verhältnis des Menschen zu einer höheren Welt[12]". Wie so viele junge Theologen wandte er sich dem Beruf des Lehrers zu. Wilhelm Dilthey hat darauf hingewiesen, daß im gleichen Jahr dem Kandidaten der Theologie Johann Gottlieb Fichte die Bewerbung um eine ländliche Pfarrstelle abgeschlagen wurde[13].

Die Universität Halle, die Schleiermacher als Student der Theologie bezog, stand ganz im Zeichen der Aufklärung. Hier haben ihn nicht die Theologen beeindruckt, sondern vor allem der Philosoph Johann August Eberhardt, dessen Kant-Kritik ihn zur intensiven Beschäftigung mit den Werken des Königsberger Philosophen veranlaßte. Eberhard verwies ihn auch auf Aristoteles und Platon, mit denen sich damals der Wegbereiter des Neuhumanismus, der Hallenser Philologe Friedrich August Wolf, in seinen Vorlesungen befaßte. Ob Schleiermacher schon hier auch mit der Aufklärungspädagogik des Philantropinismus bekannt geworden ist, ist nicht sicher, aber nicht unwahrscheinlich. Daß Schleiermacher nach dem ersten theologischen Examen als Hauslehrer tätig wurde, entsprach eher der Regel für junge Theologen als daß es eine Ausnahme gewesen wäre, denn Pfarrstellen waren knapp und der freiwillige Drang zum Pfarramt bei denen, die in die literarische und philosophische Diskussion der Zeit hineingeraten waren, nur gering. Die Tätigkeit bei den Grafen Dohna in Schlobitten ist für Schleiermacher ein Glücksfall gewesen, obwohl sie nach drei Jahren mit pädagogischen Divergenzen endete.

_____
    Problem der Säkularisation. Wiesbaden 1961.
12 So in dem oben, Anm. 10, erwähnten Brief an Reimer.
13 W.Hoffner (= W.Dilthey), Schleiermacher (1859), wieder abgedruckt in: Schleiermacher, Pädagogische Schriften 2 (Anm. 8), S. XV.

"In fremdem Hause", so hat er bekannt, "ging der Sinn mir auf für schönes
gemeinschaftliches Dasein, ich sah, wie Freiheit erst veredelt und recht gestaltet die zarten Geheimnisse der Menschheit, die dem Uneingeweihten immer
dunkel bleiben, der sie nur als Bande der Natur verehrt[14]." Schleiermacher
gewann Einblick in eine ihm vorher unbekannte soziale Welt – nicht als ein
am Rande Stehender, sondern als ein darin Aufgenommener; er machte die
Erfahrung einer Geselligkeit, die in ihm die Überzeugung weckte, daß der
Mensch des freien geselligen Umgangs bedürfe, um sich harmonisch bilden
und entfalten zu können. Sie hat sich ihm bestätigt, als er in Berlin in
einen geselligen Kreis eintrat, den er zu dieser Zeit in keiner anderen Stadt
hätte antreffen können.

3.

Ehe Schleiermacher im September 1796 sein Amt als reformierter Prediger an
der der Armendirektion unterstehenden Charité in Berlin antrat, hatte er als
Mitglied von Friedrich Gedickes Seminar für gelehrte Schulen und als Lehrer
am Kornmesserschen Waisenhaus pädagogische Erfahrungen gesammelt und die
Grundsätze aufgeklärter Pädagogik näher kennengelernt. Als Hilfsprediger
in Landsberg an der Warthe mußte er sich insbesondere der Katechisation
der Gemeindejugend annehmen – einer Aufgabe, die er als "Amt eines christlichen Lehrers"[15] verstand. So hat er auch später stets sein Tun als Seelsorger und Hochschullehrer aufgefaßt, ohne dabei, wie viele aufgeklärte
Theologen, in eine Berufs- und Berufungskrise zu geraten. Schon früh beruhte die innere Sicherheit seines Auftretens und Wirkens darauf, daß er
ohne Identitätsprobleme zugleich ein tief religiöser und ein hochgebildeter
Mensch war, für den es die Alternative Religion oder Philosophie nicht gab.
In Verteidigung seiner Reden "Über die Religion" betonte er 1801 gegenüber
dem Oberkonsistorialrat Sack, sein Endzweck sei es gewesen, "in dem gegenwärtigen Sturm philosophischer Meinungen die Unabhängigkeit der Religion
von jeder Metaphysik recht darzustellen und zu begründen[16]." Für die deutschen Aufklärer hatten die kritische Auseinandersetzung mit der Theologie
und die Frage nach dem vernünftigen Begreifen der Wahrheit der Offenbarung
lange eine zentrale Bedeutung behalten, wobei die Diskussion sich längst
nicht immer auf dem durch die Namen Lessing und Reimarus angezeigten Niveau bewegte, sondern auch in die Niederungen eines seichten Rationalismus
geriet, der auch in die Theologie selbst eindrang. Die klassisch-idealistische
Bildungsreligion wiederum tendierte zum ästhetischen Pantheismus. Schleier-

---

14 Monologen, Berlin 1800, S. 108.
15 Schleiermacher in seiner "Selbstbiographie auf amtliche Veranlassung" vom
   10. 4. 1794. In: Briefe (Anm. 10) Bd. 1, S. 16.
16 An Friedr. Samuel Gottfried Sack, Berlin, Juni 1801: Briefe III, S. 284.

macher dagegen insistierte auf der Religion als eigenständiger und notwendiger Erkenntnis und Erlebnisform und der Theologie als besonderer Wissenschaft. Aber er nahm auch an der Philosophie seiner Zeit teil und sprach ihre Sprache, und vor allem war er ein großer christlicher Erzieher. Schleiermacher - wie Wilhelm Dilthey gesagt hat: "das geistige Haupt der Kirche seiner Zeit" [17] - war auch eine der eindrucksvollsten Verkörperung der Bildung seiner Zeit.

Diese außerordentliche Stellung Schleiermachers wäre nicht denkbar ohne den Eintritt des kümmerlich bezahlten, literarisch noch unbekannten Charité-Predigers in die Berliner Gesellschaft - und zwar zu einem besonderen Zeitpunkt und an einer exzeptionellen Stelle. Berlin, das um 1800, einschließlich der beträchtlichen Garnison, rund 180000 Einwohner zählte, war eine schnell wachsende und - wie Germaine de Staël 1804 notierte [18] - eine äußerlich "ganz moderne Stadt" mit wenig Geschichte wie der ganze Staat, dessen Hauptstadt sie war. Wenn Preußen auch nicht in dem Maße, wie die französische Besucherin glaubte, das Werk eines einzigen Mannes war, so hatte es doch sein europäisches Ansehen durch Friedrich II. erhalten und Berlin während seiner Regierung den Ruf eines Vorortes der europäischen Aufklärung gewonnen. Nach seinem Tode übte die Stadt unter einer laxeren Regierung und einem üppigeren Hof - trotz der Zensurpolitik Wöllners - neue Attraktion auf junge, Beschäftigung suchende Talente aus. Unübersehbar sind jedoch auch die Anzeichen der politischen Krise, in die der preußische Staat im letzten Dezennium des 18. Jahrhunderts hineingeriet [19]. Eine Führungskrise, die für das so extrem auf den selbstregierenden Monarchen zugeschnittene politische System existenzgefährdend sein mußte, traf mit einer Orientierungs- und Bewußtseinskrise nicht nur in den gebildeten Schichten zusammen. Preußen hatte sich am ersten Koalitionskrieg gegen das revolutionäre Frankreich beteiligt, sich dann aber um der erstrebten Gewinne aus der Aufteilung Polens willen von dem ruhmlosen Feldzug zurückgezogen und im Frieden von Basel 1795 die Neutralität Norddeutschlands erreicht - ein Erfolg, auf den die Schatten nationaler Unzuverlässigkeit, machtstaatlicher Raffgier und militärischer Schwächen bei der Bekämpfung polnischer Aufständischer fielen. Der Thronwechsel von 1797 hat die wachsende Kritik und Enttäuschung noch einmal zurücktreten lassen. Für einige Jahre herrschte ein merkwürdig ambi-

---

17 Leben Schleiermachers, (s. Anm. 9), S. XLII.
18 De l'Allemagne. (1814), deutsch: Über Deutschland; hier zitiert nach der von Sigrid Metken besorgten Auswahl in Reclams Universalbibliothek Nr. 1751, Stuttgart 1962, S. 127.
19 Henri Brunschwig, La crise de l'état prussien à la fin du XVIIIe siècle et la genèse de la mentalité romantique. Paris 1947. - Kurt von Raumer u. Manfred Botzenhart, Deutsche Geschichte im 19. Jahrhundert. Deutschland um 1800. Krise und Neugestaltung. Von 1789 bis 1815. In: Handbuch der deutschen Geschichte, hg. von Leo Just, Bd. 3/I., 1. Teil, Wiesbaden

valentes politisches Klima des leichtfertigen Optimismus und der unterdrückten Unsicherheit, dazu entstand eine soziale Situation, in der das Gefüge der preußischen Ständegesellschaft zunehmende Desintegrationserscheinungen zeigte, während die politische und militärische Führung sich noch zu sicher fühlte, um solche Reformen in Gang zu setzen, die von den Weiterblickenden angesichts der Umwälzungen in Frankreich für notwendig gehalten und öffentlich gefordert wurden, wenn Preußen seinem Ansehen gerecht werden wollte, ein fortschrittlicher Staat zu sein.

Wie weit Schleiermacher von dieser Krisenstimmung berührt wurde, ist nicht auszumachen. Sie kann ihm nicht unbekannt geblieben sein, da sie in die Kreise hineinreichte, in denen er sich bald bewegte. Es macht jedoch seine historische Erscheinung aus, daß er auch in aufgewühlten Zeiten mit außerordentlicher Sicherheit den Weg seiner inneren Entwicklung und seiner äußeren Tätigkeit gegangen ist. Das gilt insbesondere für die Art und Weise seines Eintritts in die Berliner gesellschaftlichen Verhältnisse, die für einen jungen Theologen recht erstaunlich war. Vermutlich durch die jungen Grafen Dohna wurde er in das Haus des jüdischen Arztes und Kant-Schülers Markus Herz eingeführt, wo sich um den Hausherrn die ältere Generation der Berliner Aufklärer versammelte, während seine viel jüngere Frau Henriette die junge Generation empfing, darunter die Brüder Humboldt, Friedrich Gentz, Karl Gustav von Brinckmann (ein Freund Schleiermachers aus Niesky und Barby), Johann Gottfried Schadow und Carl Laroche, die Brüder Schlegel und eine Reihe gebildeter jüdischer Mädchen - alle unverheiratet, belesen, gesprächig, lebendig[20]. Es war ein Kreis, in dem ständische Schranken keine Geltung besaßen - auch Prinz Louis Ferdinand von Preußen verkehrte in ihm - , und dessen Außer-Ordentlichkeit durch die soziale Exterritorialität des Treffpunkts, des Hauses eines hochgeachteten, noch aber unter Sonderrecht stehenden Schutzjuden, unterstrichen wurde. Schleiermacher erkannte schnell die eigentümliche Funktion dieses Kreises. Die großen jüdischen Häuser, so schrieb er an die über seinen Umgang besorgte Schwester Charlotte, seien in Berlin fast die einzigen offenen, in denen man "Fremde von allen Ständen" antreffe. Wer "auf eine recht ungenierte Art gute Gesellschaft sehn will", lasse sich dort einführen, wo "jeder Mensch von Talenten" gern aufgenommen werde[21]. Als enger Freund der Henriette Herz und des jüngeren,

1951-80, vor allem S. 175 ff. - Rudolf Vierhaus, Heinrich von Kleist und die Krise des preußischen Staates um 1800. In: Kleist-Jahrbuch 1980, Berlin 1982, S. 9-33.

20 Vgl. dazu: Dilthey, Leben Schleiermachers, a.a.O., S. 208 ff. - Karl Hillebrand, Die Berliner Gesellschaft in den Jahren 1789 bis 1815. (1870). Wieder abgedruckt in: Hillebrand, Unbekannte Essays, hg. Hermann Uhde-Bernays, Bern (o.J.) S. 13-81. - Ingeborg Drewitz, Berliner Salons. Gesellschaft und Literatur zwischen Aufklärung und Industriezeitalter. (Berliner Reminiszenzen 7) Berlin 1979. - Rudolf Vierhaus, Friedrich Nicolai und die Berliner Gesellschaft. In: Friedrich Nicolai, 1735-1811. Essays

schon berühmten Friedrich Schlegel, mit dem er Ende 1797 eine gemeinsame
Wohnung bezog und dessen anstößigen Roman "Lucinde" er öffentlich vertei
digte, fand sich Schleiermacher in gesellschaftliche, intellektuelle und literarische Verhältnisse einbezogen, denen er eine außerordentliche Erweiterung
seiner Menschenkenntnis und seines Bildungshorizontes verdankte. Er gehörte
dem Kreis um die "symphilosophische" Zeitschrift "Athenäum" an und nahm
an den Entwürfen und kühnen Plänen der später als "Romantiker" bezeichneten Gruppe von hochgebildeten und selbstbewußt auftretenden Schriftstellern
teil, ohne doch darin aufzugehen. Wie sehr ein solcher Umgang, in dem
allein das Individuum, seine Intelligenz, seine emotionale Sensibilität und
seine Mitteilungsfähigkeit zählten, Schleiermachers Wesen entgegenkam - Martin Redeker hat ihn einen "Virtuosen der Freundschaft und des seelischen
Austausches gleichgestimmter Menschen" genannt![22] - und welche prägende
Bedeutung er auf Grund eigener Erfahrung der Geselligkeit beigemessen hat,
dafür ist sein von Hermann Nohl 1913 edierter "Versuch einer Theorie des
geselligen Betragens" ein aufschlußreiches Dokument[23].

In dieser, 1799 entstandenen und Fragment gebliebenen Abhandlung ist
kein neues Thema angeschnitten, jedoch eine neue Antwort gegeben. Angeregt
war sie durch die Lektüre des 1788 zuerst erschienenen Bestsellers "Über den
Umgang mit Menschen", der, zumal in den ersten, vom Baron von Knigge
selbst besorgten Ausgaben, ja keineswegs ein harmloses Komplimentierbuch,
sondern eine Moral- und Klugheitslehre für das tägliche Leben aller Stände,
insbesondere für die bürgerlichen Schichten war. Als solche stand sie in der
Nachfolge von Christian Thomasius und Christian Felix Weiße, wenngleich das
Ideal der Weltklugheit seither zunehmend moralisiert und utilarisiert worden
war. Neben Knigge nennt Schleiermacher nur noch den Breslauer "Popularphi-
losophen" Christian Garve, der in einer Reihe von ebenso scharfsinnigen wie
sensiblen Abhandlungen Beiträge zu einer Theorie des Umgangs vorgelegt
hatte. Insbesondere sein großer Aufsatz "Über die Maxime Rochefaucaults:
das bürgerliche Air verliehrt sich zuweilen bey der Armee, niemahls am Hofe"
von 1792 [24] sprach ein soziales Existenzproblem der bürgerlichen Gebildeten
im System der ständischen Gesellschaft präzise an: ihre Unterlegenheit und
ihre Defizite im Umgang mit den Angehörigen des Adels, die nicht allein aus
ihrer niedrigeren Stellung in der gesellschaftlichen Hierarchie herrührten,

       zu seinem 250. Geburtstag, hg. von Bernhard Fabian, Berlin 1983, S. 87-
       99. - Herbert Scurla, Rahel Varnhagen. Die große Frauengestalt der deut-
       schen Romantik. Eine Biographie. Düsseldorf 1978.
21 An die Schwester Charlotte, Berlin, Briefe Bd. 1, S.
22 Redeker, Schleiermacher (Anm. 9), S. 29.
23 Fr.D.E.Schleiermacher, Werke. Auswahl in vier Bänden, Bd. 2, hg. von
     Otto Braun, Leipzig 1913, S. 1-31; dazu einschlägige Notizen aus Schlei-
     ermachers Tagebuch und die Vorbemerkung von H.Nohl.
24 Im folgenden zitiert nach: Christian Garve, Popularphilosophische Schrif-
     ten über literarische, ästhetische und gesellschaftliche Gegenstände, hg.

sondern auch aus ihrem Mangel an Weltkenntnis, ihrer geringen Umgangser-
fahrung und dem einseitigen gelehrt-literarischen Charakter ihrer Bildung.
Konnten die bei ihnen weit verbreitete Verhaltensunsicherheit, ihre Erfahrung des Zurückgesetztseins, ihre Unfähigkeit zu gewandter Konversation und
zu unverkrampfterem Auftreten in einer Gesellschaft überwunden werden, in
der der "Umgang mit anderen Menschen" nur im Kreis derjenigen stattfand,
die den gleichen sozialen Rang besaßen?[25] Und konnten Verhältnisse geschaffen werden, in denen die Gebildeten für die Ausbildung ihrer Umgangs-
fähigkeit nicht allein auf Schauspiele und Romane angewiesen waren, "weil
sie uns in die menschliche Gesellschaft wieder versetzen, von der wir gewissermaßen ausgeschlossen sind ..., weil sie uns das Vergnügen, unter
Menschen und unter Menschen aller Art zu seyn, das wir in der Wirklichkeit
verloren haben, in der Erdichtung wieder verschaffen, und weil sie daher
zugleich den Theil unserer Kenntnisse ergänzen, den wir durch Erfahrung
nicht einsammeln können[26]?"

Im Gefüge der bestehenden Gesellschaft, deren grundlegende Veränderung
Garve weder ökonomisch für möglich noch politisch für erstrebenswert hielt,
war die Vorstellung einer Verdichtung des gesellschaftlichen Umgangs zum
Zweck der kommunikativen Überwindung des sozialen Abstands insbesondere
zwischen den bürgerlichen Gebildeten und dem Adel ein politisches und soziales Reformkonzept. Mit zurückhaltendem Optimismus meinte Garve in seiner
Zeit eine Verbesserung des gesellschaftlichen Tons und Anstandes in der "guten Bürgerklasse", eine zunehmende Vereinigung von Gelehrsamkeit und Geschmack und Ansätze zur Vervollkommnung der "Erziehungskunst" feststellen
zu können. Wenn sich in den höchsten Klassen ein besseres Verständnis ihrer
sozialen Aufgabe und in allen Klassen eine bessere Erziehung durchsetze;
wenn die Großen ihren Rangstolz ablegten, die Geringen ihre Menschenwürde
erkennen, wenn das Verständnis für den wahren Wert der Menschen ihren Umgang miteinander bestimme, dann - so Garve - werde der Abstand zwischen
dem gesitteten Bürger und dem adeligen Hofmann unmerklich werden. Bis dahin werde "das, was der Geist der Zeit bey den ganzen Ständen bewirken
soll, die Vernunft nur bey einzelnen Individuen bewirken können[27]."

Wie Christian Garve war Schleiermacher von der wichtigen Bildungsfunktion
und von der Notwendigkeit der Geselligkeit für den einzelnen überzeugt; er
hat solche Geselligkeit aber auch in einer ganz anderen und neuen Weise
als Garve praktisch erfahren. Jenseits aller Nützlichkeitserwägungen und frei
von outrierten Bemühungen um bürgerliche Selbstversicherung konzipierte er

von Kurt Wölfel (Deutsche Neudrucke, Reihe: Texte des 18. Jahrhunderts),
Stuttgart 1974, Bd. 1, S. 559-716.
25 Garve, Betrachtung einiger Verschiedenheiten in den Werken der ältesten
und neuern Schriftsteller, besonders der Dichter. (1779 in einer Sammlung
Garves veröffentlicht), wieder abgedruckt a.a.O. S. 24-105, Zitat S. 32.
26 Ebd., S. 37 f.   27 "Über die Maxime ...", ebd., S. 709 ff.

eine freie, un-ständische Geselligkeit, die das häusliche Leben mit seinen Sorgen, das bürgerliche Leben mit seinen Geschäften um den "freien Umgang vernünftiger sich untereinander bildender Menschen" ergänzt und erhöht. In solchem Umgang ist es nicht "um einen einzelnen untergeordneten Zweck zu tun; die Tätigkeit höherer Kräfte wird nicht aufgehalten durch die Aufmerksamkeit, die überall, wo auf die Außenwelt gewirkt werden soll, dem Geschäft der niederen gewidmet werden muß; hier ist der Mensch ganz in der intellektuellen Welt, und kann als ein Mitglied derselben handeln; dem freien Spiel seiner Kräfte überlassen, kann er sich harmonisch weiter bilden, und von keinem Gesetz beherrscht, als welches er sich selbst auferlegt, hängt es nur von ihm ab, alle Beschränkungen der häuslichen und bürgerlichen Verhältnisse auf eine Zeitlang, so weit er will, zu verbannen. Das ist der sittliche Zweck der freien Geselligkeit ..." Noch gebe es sie nicht als allgemeine Erscheinung; sie könne aber auch nicht dekretiert werden, da in ihrem Bereich ein jeder für sich selbst Gesetzgeber sei. "Alle Verbesserung also muß davon ausgehn, und kann nur dadurch wirklich zu Stande gebracht werden, daß jeder Einzelne sein gesellschaftliches Betragen diesem Zweck gemäß einrichte [28]."

Freie Geselligkeit war für Schleiermacher also ein Produkt der Bildung als eigene Leistung und der freien Interaktion der am bildenden Umgang Beteiligten. Dafür wollte er keine Anleitung geben, sondern eine Theorie entwickeln, die als Zielangabe und Wegbeschreibung dienen konnte. Indem er über die Vervollkommnung des häuslichen und des bürgerlichen Lebens hinaus die freie Geselligkeit, "die Gesellschaft im eigentlichen Sinn[29]" zur Bedindung der Möglichkeit vollkommener individueller Bildung, und umgekehrt den freien Umgang "sich untereinander bildender Menschen" zum Kriterium der "Gesellschaft im eigentlichen Sinne" machte, wurden Ethik und Pädagogik bei ihm zur Kultur- und Sozialphilosophie und zur Geschichtsphilosophie, insofern der Prozeß der Bildung als ein historischer Prozeß verstanden ist.

Nach allem Gesagten erscheint es konsequent, daß Schleiermacher in der dritten Rede "Über die Religion" die "Bildung zur Religion", in der vierten das "Gesellige in der Religion" abhandelte. Geht es in jener um die Weckung von Religion im Menschen, die nicht allein durch Belehrung erfolgen kann, sondern in der Freisetzung und Entfaltung des im Menschen angelegten religiösen Sinnes geschieht, so in dieser um die Interaktion derjenigen, die Religion haben, also um den Austausch und die Weitergabe der Erfahrung von Religion. Die der Religion eigentümliche Geselligkeit ist die "wahre Kirche", in der keiner Priester und keiner Laie ist[30] - entsprechend der "wahren Ge-

28 Schleiermacher, Versuch, a.a.O., S. 4.
29 Ebd., S. 8.
30 Schleiermacher, Reden, a.a.O., S. 123.

sellschaft", in der es keine Lehrer und keine Schüler, keine Herrschenden und keine Beherrschten gibt. So realitätsfern diese Gedanken anmuten, dürfen sie doch nicht zum Ausdruck eines "romantischen" Lebensgefühls reduziert werden. Sie standen einerseits in der Kontinuität aufgeklärter moralisch-pädagogischer und sozialpolitischer Vorstellungen, wonach sich eine aufgeklärte Gesellschaft als Kommunikationszusammenhang im vernünftigen Diskurs realisiert. Und sie finden sich andererseits wieder im neuhumanistischen Konzept einer allgemeinen Menschenbildung zu dessen Grundannahmen es gehörte, daß die im zweckfreien Umgang mit Wissenschaft Gebildeten gleichsam einen allgemeinen Menschheitsstand ausmachten, der für Staat und Gesellschaft von höchster Bedeutung ist. Schleiermacher teilte das politische Credo der Mehrheit der Gebildeten, daß, zumal in Deutschland, der Impuls für die weitere soziale und politische Entwicklung von der Bildung und dem Denken und Handeln der Gebildeten ausgehen müsse, und daß nicht politische Revolution wie in Frankreich, sondern allein eine Veränderung des Bewußtseins der Menschen durch Bildung, durch eine "Revolution im Geiste", wahren Fortschritt bringen werde[31].

Was aber war das Eigene, Unverwechselbare an der Position Schleiermachers im Bildungsdenken und Bildungshandeln der Epoche um 1800? Es genügt nicht, es in einem besonders lebhaften religiösen Bedürfnis zu suchen. Schleiermachers Sensibilität für die Krise des Zeitalters verdichtete sich in der Frage nach der Religion, als dem neben Wissenschaft und Kunst dritten notwendigen Element, ja, als dem eigentlichen humanum aller Bildung. Damit holte er die Religion vollberechtigt in den Prozeß der Kultur zurück – nicht um der intellektuellen, moralischen und ästhetischen Bildung Grenzen zu setzen, sondern um der Religion den ihr zukommenden, weil notwendigen Platz in der Bildung wiederzugewinnen. So hat er als Prediger und theologischer Lehrer gewirkt: fromm, breit gebildet, lebensoffen, erfahrungsbereit, philosophisch reflektierend – ein Mann, für den jede religiöse Unterweisung, jede Predigt und jede Vorlesung tätige Erziehung war. Sein Drang zur bildenden Praxis bestimmte auch seine philosophische Ethik in ihrer Entwicklung vom extremen Individualismus der "Monologen"(1800) zu einer materialen Kulturethik, die den Ordnungszusammenhang der sittlichen Welt als ineinander greifende Wertsphären – Staat, Kirche, Wissenschaft, freie Geselligkeit – begreift.

---

31 Vgl. Rudolf Vierhaus, Politisches Bewußtsein in Deutschland vor 1789. In: Der Staat 6. 1967, S. 175-196. - Ders., Kultur und Gesellschaft im 18. Jahrhundert. In: Studien zum achtzehnten Jahrhundert, Bd. 1, Nendeln 1978, S. 71-86.

4.

Es kann nicht verwundern, daß, wer so dachte, so stark nach Wirkung trachtete und in so vielfältige persönliche Beziehungen eintrat wie Schleiermacher, auch in die politischen Ereignisse seiner Zeit hineingezogen wurde. Als er 1807 aus dem zum napoleonischen Königreich Westfalen geschlagenen Halle, wo er seit 1804 als außerordentlicher Professor der Theologie und als Universitätsprediger tätig gewesen war – und sich in der anregenden Geselligkeit des Reichardtschen Hauses auf dem Giebichenstein wohlgefühlt hatte [32] – nach Berlin zurückkehrte, wurde er zur Mitwirkung an der preußischen Bildungsreform aufgefordert. Seine "Gelegentlichen Gedanken über Universitäten im deutschen Sinne" von 1808 [33], die zu den bedeutenden Gründungsschriften der Berliner Universität gehören, machen nur einen Teil seines Wirkens auf diesem Gebiet aus. Schleiermacher wurde Mitglied der Sektion für den öffentlichen Unterricht, Vorsitzender der Wissenschaftlichen Deputation in Berlin, Referent für das Seminarwesen der Kurmark. Voll zur Entfaltung kam die für ihn kennzeichnende Identität von Theorie und Praxis, Gesinnung und Handeln, als er 1809 Prediger an der Berliner Dreifaltigkeitskirche und im Jahr darauf Professor der Theologie an der neuen Universität wurde. Jetzt konnte er seine pädagogischen Erfahrungen und seine Übersicht über den ganzen Bereich öffentlicher und privater, schulischer und informeller Erziehung ebenso nutzen wie seine Fähigkeit zur Geltung bringen, praktische Aufgaben der Verbesserung des Bildungswesens in historischen, sozialen und kulturellen Zusammenhängen zu sehen. Auch sein patriotisches Engagement seit seinen Hallenser Universitätspredigten entsprang eher pädagogischen und ethischen als politischen Antrieben.

Anders als Fichte, Schelling und Humboldt hat Schleiermacher nicht eine völlige Neugestaltung der Universität und des Schulwesens erstrebt, sondern verbessernde Reformen, die überkommene Institutionen und Lebensformen nicht abschaffen, sondern mit neuem Geist erfüllen sollten. Die Universität sollte hohe Schule für die Ausbildung von Beamten, Pfarrern, Ärzten und Lehrern bleiben und zugleich Stätte freier wissenschaftlicher Arbeit werden, durch die sich das Individuum selbständig und selbstverantwortlich bildet. Da Wissenschaft sich nur in solchen Institutionen frei entfalten könne, die keiner Fremdbestimmung unterliegen, bedürfe die Universität der korporativen Selbstverwaltung. Und da sich umfassende Erkenntnis nur bei wechselseitiger

---

32 Dazu Dilthey, Leben Schleiermachers a.a.O., 2. Halbband, S. 117 ff. ("Der Giebichenstein").

33 Gedruckt 1808; wieder abgedruckt in: Sämtliche Werke, Bd. III, 1, S. 533-629, ebenso in der (Anm. 8) genannten Sammlung von E.Weniger, Bd. 2, S. 80-139.

Durchdringung aller Einzelwissenschaften erreichen lasse, müsse die universitas litterarum erhalten bleiben, allerdings mit der Philosophischen Fakultät als Zentrum, von dem aus die anderen Fakultäten, die als Spezialschulen der Ausbildung dienen, mit philosophischem Geist erfüllt werden. Hauptaufgabe der Universität muß nach Schleiermachers Ansicht der Unterricht sein, erste Aufgabe der Professoren die Lehre; denn an der Universität soll nicht allein die Elite derjenigen sich bilden, die sich um zweckfreier Erkenntnis willen den Wissenschaften widmen, sondern es muß auch die große Zahl der anderen ausgebildet werden, die vor allem im Staatsdienst gebraucht werden. Damit wiesen Schleiermachers Vorschläge der Universität einen Platz an zwischen dem Gymnasium und der Akademie, zu der die wenigen übergehen, die Forschung zum Beruf machen wollen.

Bekanntlich haben sich nicht die weitergehenden Vorstellungen Friedrich August Wolfs, Beymes, Fichtes, Schellings und Wilhelm von Humboldts durchgesetzt, sondern die vermittelnden Schleiermachers. Wurde die Berliner Universität doch nicht die völlig neue Anstalt zweckfreier wissenschaftlicher Bildung, die jenen vor Augen gestanden hatte, sondern die neuorganisierte Ausbildungsstätte für höhere Berufe, in der allerdings der Grundsatz der Einheit von Forschung und Lehre eine größere und nachhaltigere Bedeutung gewann, als Schleiermacher gemeint hatte. Zwar stellte auch er die neuhumanistische, wissenschaftsorientierte Bildungsidee, in der "Vernunft und Erfahrung, Spekulation und Empirie" vereinigt sind, in den Mittelpunkt; aber er tat es vor allem aus praktischen Gründen. Denn für Gesellschaft und Staat sei es von größtem Nutzen, wenn künftige Beamte, Pfarrer, Lehrer, Ärzte die prägende Kraft philosophisch begründeter wissenschaftlicher Bildung erfahren hätten, wie sie die Universität vermittle.

Zweifellos läßt sich Schleiermachers Festhalten an der korporativen Verfassung der Universität und an vielen ihrer tradierten Formen als ein Hindernis für neue Bildungsideen kritisieren. Man muß indes fragen, ob eine Institution, wie Fichte sie wollte, die Chance gehabt hätte, sich in einem Staat, der eben doch monarchischer Obrigkeitsstaat blieb, zu behaupten und die schon bald einsetzende Reaktion zu bestehen? Realistischer als Fichte oder sein Freund Steffens ging Schleiermacher davon aus, daß der Staat bei der Förderung der Wissenschaften stets eigene Interessen verfolgen, also unmittelbaren Nutzen erwarten werde und auch müsse. Deshalb wollte er die Selbstverwaltung der Universität gestärkt sehen, während Humboldt, wohl zu Recht skeptisch über die Fähigkeit von Professoren zu effektiver Verwaltung und zu bildungspolitischem Denken, die Beachtung wissenschaftlicher Grundsätze in der Hochschulpolitik durch eine wissenschaftliche Kommission bei der Regierung sichern, also die staatliche Hochschul- und Bildungsverwaltung reformieren wollte. Und wenn Schleiermacher in den studentischen Korpora-

tionen ein wertvolles Medium der Erziehung durch freie Geselligkeit sah,
wollte Humboldt sie abgeschafft wissen, weil sie von der individuellen Beschäftigung mit und von der Selbsterziehung durch Wissenschaft ablenkten.
So darf für Schleiermacher in der preußischen Universitäts- und Bildungsreform eine eigene Position beansprucht werden. Konservativer als diejenige
Fichtes und Humboldts, in mancher Hinsicht jedoch realistischer, entsprach
sie dem insgesamt moderaten Charakter der deutschen Staatsreformen zu Beginn des 19. Jahrhunderts. Auch und gerade in Preußen, wo die Erwartungen
besonders weit gesteckt waren und dem Bildungswesen als entscheidendem
Mittel und vornehmstem Ausdruck des Kulturstaates, den die Reformer an die
Stelle des Militär- und Verwaltungsstaates setzen wollten, größte Bedeutung
zugeschrieben wurde, haben sie in ihrer Mehrheit diesen Wandel nicht von
einem radikalen Umbruch erwartet, sondern von verbessernden Maßnahmen,
die politisch und wirtschaftlich notwendig waren und dem Bewußtseinsstand
der fortschrittlichsten Gruppe der Bevölkerung, der Gebildeten, entsprachen.
Als reale Utopie und regulative Norm hat die neuhumanistische Bildungskonzeption beträchtliche Wirkung gehabt; sie stieß sich jedoch von Anfang
an mit der Realität des Staates, der weit davon entfernt blieb, ein
idealistischer Kultur- und Bildungsstaat zu werden. Schleiermacher hat die
Spannung zwischen der Forderung nach autonomer Bildung des Individuums
und den politischen Zielsetzungen des Staates in Rechnung gestellt, jedoch
mit der Möglichkeit der Vermittlung gerechnet[34]. Es entsprach dies der
Grundstruktur seines Weltverständnisses, demzufolge die Welt unvollkommen
und deshalb voller Gegensätze ist, in der jedoch Religion und Bildung im
Tun des einzelnen Gutes bewirken können. Wie er dem Staate geben wollte,
was des Staates war, so der Universität als Korporation, was ihr nach seiner
Meinung zukam, um ihre Aufgabe erfüllen zu können. Er hat allerdings selber erkennen müssen, daß weniger die korporative Selbstverwaltung den Aufstieg der Universität bewirkte als vielmehr einerseits ihre Förderung durch
eine Bildungsverwaltung, die maßgeblich von Männern geleitet wurde, deren
Bildung und soziale Vorstellungswelt durch die Universität geprägt waren,
andererseits die sich als außerordentlich produktiv erweisende Verbindung
von Lehre und Forschung, von Bildung und wissenschaftlicher Erkenntnis.
Schleiermacher hat zu dieser Entwicklung erheblich beigetragen. Durch seine fast ein Vierteljahrhundert während Tätigkeit als akademischer Lehrer
hat er die Theologie als Wissenschaft neu begründet, an der Grundlegung
der Geisteswissenschaften und ihrer Methodologie wesentlich mitgearbeitet und
ein überzeugendes Beispiel umfassender, zugleich theoretischer und prak-

---

34 S. dazu auch Schleiermachers Abhandlung "Über den Beruf des Staates zur
   Erziehung" (1814). Abgedruckt in den Sämtlichen Werken Bd. III, 3, S.
   227-251.

tischer Bildung geboten. Das hat Wilhelm Dilthey wohl vor allem gemeint, als er von Schleiermacher sagte, er habe "Allseitigkeit nicht der Forschung, sondern des Lebens" verkörpert. "Man begreift, wie unendlich mehr er selber war, als alle Aufzeichnungen, alle Forschungen, die wir noch von ihm besitzen[35]." Der Historiker möchte es nüchterner ausdrücken: In der deutschen Bildungsgeschichte, in der die Vermittlung zwischen Theorie und Praxis, Wissenschaft und Leben, Philosophie und Politik, Humanismus und Realismus aufs Ganze gesehen wenig gelungen ist, und in der Blütezeit der deutschen Bildungsideologie hat Schleiermacher mit der Synthese von Pietismus und Aufklärung, Klassik und Neuhumanismus, Idealismus und Romantik, vor allem mit der lebendigen und tätigen Verknüpfung von Religion und "weltlicher Bildung" eine einzigartige und wirkungskräftige Stellung eingenommen.

---

35 Leben Schleiermachers, Einleitung, a.a.O., S. XLII.

LUTHER UND SCHLEIERMACHER

von Gerhard Ebeling

1.

Luther und Schleiermacher - diesen Problemknoten[1] hat nicht der Zufall benachbarter Gedenkanlässe uns zugespielt. Die Geschichte selbst hat ihn uns unausweichlich auferlegt. Auch wer lieber alternativ formulierte: Luther oder Schleiermacher![2] , kann sich der seltsamen Verbindung dieser ungleichen Theologen nicht entziehen. An Luthers Weg zu uns steht nun einmal Schleiermacher. Und unser Weg zu Schleiermacher trifft dort auf Luther. Jedenfalls für die protestantische Theologie und Kirche sind diese Namen nicht beliebig auswechselbar mit anderen. Der konfessionellen Herkunft Schleiermachers und der Quellenlage bei ihm entspräche zwar die Zusammenstellung mit anderen Reformatoren besser: mit Zwingli, dessen Lehre er mehr als der Luthers verpflichtet war, wie er beim Reformationsjubiläum 1817 gestand[3]; oder mit Cal-

---

1 Die Geschichte dieser Fragestellung kann hier nicht erörtert und bibliographisch erfaßt werden. Ausdrücklich thematisiert ist sie u.a. in folgenden Arbeiten: L. Fensch, Die beiden größten Theologen deutscher Nation, Luther und Schleiermacher, als Homileten. In: Die Predigt der Gegenwart 13 (1875), S. 272-282. 359-372. 431-443. 518-523. - C. Großmann, Das Problem der kritischen Erklärung Schleiermachers, Kants und Luthers. ZThK 21 (1911), S. 405-489. - G. Freybe, Luther und Schleiermacher über Franzosen und Engländer. Protestantenblatt. Wochenschrift für den deutschen Protestantismus. 48, 1915, S. 299-301. - G. Wobbermin, Luther, Kant, Schleiermacher und die Aufgabe der heutigen Theologie. ZThK NF 5 (1924), S. 104-120. - H. Mulert, Luther und Schleiermacher. Chr.Welt 42 (1928), Sp. 1050-1063. 1107-1117. - E. Hirsch, Fichtes, Schleiermachers und Hegels Verhältnis zur Reformation. Göttingen 1930. - G. Wobbermin, Gibt es eine Linie Luther - Schleiermacher? ZThK NF 12 (1931), S. 250-260. - P. Scholz, Vergleich zwischen Luthers und Schleiermachers Anschauung vom Gottesdienst. Breslau Diss. Masch. 1932. - G. Wobbermin, Die anthropologischen Gedanken in der Theologie Luthers und Schleiermachers. Nachrichten der Luther-Akademie in Sondershausen. Oktober 1933, Nr. 4, S. 25f. - W. von Loewenich, Luther und der Neuprotestantismus. Witten 1963, S. 56-70. - P. Seifert, Schleiermacher und Luther. In: Luther. Zeitschrift der Luther-Gesellschaft 40 (1969), S. 51-68. - H. Peiter, Nachfolge bei Schleiermacher und Luther. Zu der Frage nach dem inneren Zusammenhang zwischen den Luther-Feiern des Jahres 1983 und den Schleiermacher-Feiern des Jahres 1984. Dt. Pfarrerbl. 1984, S. 68-71.

2 Vgl. das persönliche Bekenntnis am Schluß des in Anm. 1 genannten Aufsatzes von H. Mulert: "Für mich wie für viele andere heißt die Losung nicht: Schleiermacher gegen Luther, oder: Luther gegen Schleiermacher, sondern wir müssen weiter dankbar zu Beiden stehen: Luther und Schleiermacher." (S. 1117)

3 Oratio in sollemnibus ecclesiae per Lutherum emendatae saecularibus tertiis in universitate litterarum Berolinensi d.III.Novembr. A. MDCCCXVII habita. In: Fr. Schleiermacher's sämtliche Werke, Erste Abt. Zur Theologie, 5. Bd., 1846 (S. 309-325), S. 311 f: Spero vestrum fore neminem ..., qui miretur quod in his tertiis restauratae veritatis evangelicae saecularibus coram vobis ego potissimum dicam, qui Zuinglii magis quam Lutheri, a quo tamen hic dies nomen et honorem adeptus est, doctrinae sim

vin, dessen Institutio er gründlicher kannte als irgendetwas von Luther[4];
oder mit Melanchthon, dem in der Glaubenslehre meistzitierten reformatorischen Autor. Und an der tatsächlichen Diskussion gemessen hat das Verhältnis von Luther und Kant zweifellos mehr Wellen geschlagen, obwohl es
hier erst recht am direkten historischen Rückbezug mangelt, abgesehen von
der aus der Kindheit stammenden Kenntnis des Kleinen Katechismus. Jedoch,
wenn überhaupt für die Geschichte des Protestantismus ein Name als epocha-
ler Gegenpol zu Luther in Betracht kommt, dann allein Schleiermacher.

Mit dieser Feststellung ist sachlich nichts vorentschieden. Sie markiert nur
Entscheidungen, die uns aufgegeben sind. Nicht was das Größenverhältnis
beider betrifft - das steht außer Diskussion. Eher schon sind wir gefragt,
wer von beiden uns ferner steht, uns fremder ist. Die Chronologie gibt dabei
nicht den Ausschlag. Obwohl von Luther-Fremdheit jetzt oft die Rede war und
das viele Reden über Luther an der Ferne zu ihm wenig geändert haben mag,
steht es mit Schleiermacher doch wohl weit ungünstiger. Was Albrecht Ritschl
vor mehr als hundert Jahren von Schleiermachers Reden über die Religion
sagte: das Buch sei "als Ganzes in seiner Art der Gegenwart so fremd wie
nicht viele Dokumente der christlichen Religion aus früheren Zeiten"[5], das
gilt heute - die Briefe ausgenommen! - mehr oder weniger von allen Schleier-
macher-Texten. Es wäre jedoch ungerecht, das sehr unterschiedliche Werk
beider Theologen überhaupt so aneinander zu messen. Wie es vollends un-
sinnig wäre, Luther und Schleiermacher theologisch harmonisieren zu wollen
oder etwa schlechtweg den einen zu kanonisieren und den andern zu indizie-
ren. Das Nebeneinander ihrer Namen fordert zur Rechenschaft darüber auf,
wie im Anschluß an die Reformation Theologie nach der Aufklärung zu ver-
antworten sei. Diese elementare Frage verbindet uns, weil mit Luther, mit
Schleiermacher, der sie keineswegs für uns gelöst, wohl aber lehrreicher als
jeder andere gestellt hat. Luther und Schleiermacher - das ist, verschlüsselt
in zwei Namen, seither immer noch, immer wieder die Konstellation protestan-
tischer Theologie.

---

addictus. Cuius enim rei memoriam his festissimis diebus pie celebramus,
ea Luthero ac Zuinglio communis est, auctoritatem supremam dico in rebus
ad christianam fidem vitamque pertinentibus libris sacris feliciter restitu-
tam, superstitionem operum arbitrariorum et mere externorum profligatam,
mediatores fiduciae in deum ponendae praeter Christum omnes excussos,
sacerdotii ethnici et iudaici speciem ex cultu christiano penitus sublatam,
certaminis ecclesiam inter et rem publicam occasionem et causam omnem ade-
emtam. ... Neque vero Lutherus aut Zuinglius hodie celebrandus, ad Dei
potius optimi maximi Spiritusque divini opus aeterna memoria dignissimum.

---

4 Charakteristisch dafür ist die unterschiedliche Bezugnahme Schleiermachers
  auf Calvin und Luther in seiner Schrift "Ueber die Lehre von der Erwählung" (s.u. Anm. 13), SW I, 2; S. 393-484.
5 A. Ritschl, Schleiermachers Reden über die Religion und ihre Nachwirkungen auf die evangelische Kirche Deutschlands. Bonn 1874, S. 53.

So aufgefaßt, verlangt unser Thema eine Behandlung, in der sich die Weite der Perspektive mit der Konzentration auf dasjenige paart, was für beide Gestalten zentral ist. Zugunsten einer möglichst scharfen Einstellung der Optik muß jetzt auf viele reizvolle Aspekte verzichtet werden. An die Andersartigkeit der Veranlagungen, Charaktere und Biographien sei nur erinnert. Eines verbindet sie allerdings bemerkenswert über die Differenzen hinweg: die unentwegte Stetigkeit in der Ausübung des Doppelberufs auf Katheder und Kanzel. Nur verwiesen sei ebenfalls, obwohl es für alles Folgende unabdingbar ist, auf die tiefe Verschiedenheit der Zeiten, denen sie angehörten, all die Umwälzungen in Politik, Gesellschaft und Kultur, in den Wissenschaften sowie in den Selbstverständlichkeiten des Daseins. Obschon eine und dieselbe Welt mit ihren immer wiederkehrenden Grunderfahrungen von Liebe und Leid, von Gut und Böse, von Leben und Tod, hat sie sich doch in einem Maße verwandelt, daß gerade dieses immer Gleiche sich so darstellt, als sei es eine ganz andere Welt geworden.

Unserer Aufgabe genügt nicht das Verfahren, aus allen bei Schleiermacher auffindbaren Zitierungen Luthers und Anspielungen auf ihn ein Mosaik zu bilden. Den Wert solcher Kleinarbeit unterschätze ich so wenig, daß ich bedaure, **sie** für diesen Vortrag zu leisten nicht vermocht zu haben. Der Ertrag könnte freilich nur sehr bescheiden sein. In Schleiermachers Bibliothek [6] stand zwar die 24bändige Walchsche Luther-Ausgabe (1740-1753)[7]. Durch deren breiiges Übersetzungsdeutsch verloren darin aber die lateinischen Schriften ihr Profil völlig. Dazu kamen ein Druck von De servo arbitrio (1591)[8], eine Ausgabe der Articuli Smalcaldici (1817)[9], die Aurifabersche Tischredenausgabe (1569)[10], die Briefedition de Wettes (1825-1828)[11] sowie innerhalb der Konkordienbuch-Ausgabe von 1732[12] auch noch der Kleine und der Große Katechismus in lateinischer Fassung. Was von all dem wirklich gelesen wurde, ist fraglich und bei Schleiermachers Zurückhaltung im Zitieren nicht zu ermitteln.

Denkbar wäre ein dogmatischer Vergleich in bestimmten theologischen Loci, wofür sich etwa die Christologie besonders anböte, zumal Schleiermacher in diesem Zusammenhang sich einmal wörtlich und eindrücklich auf Luther bezieht[13]. Jedoch alles, was die Art eines punktuell katechisierenden Examens

---

6 D. Rauch, Tabulae librorum e bibliotheca defuncti Schleiermacher ... derelictorum. Berlin 1835. (Auktionskatalog)
7 Rauch, S. 10, Nr. 305-328.
8 Rauch, S. 18, Nr. 564 (Neustadt).
9 Rauch, S. 9, Nr. 269 (Berlin).
10 Rauch, S. 4, Nr. 103. Die erste Ausgabe erschien 1566.
11 Rauch, S. 10, Nr. 332-326 (Berlin). Dazu s. auch u. S. 37.
12 Rauch, S. 28, Nr. 917 (Leipzig).
13 Ueber die Lehre von der Erwählung, besonders in Beziehung auf Herrn Dr. Bretschneiders Aphorismen. SW I, 2; (S. 393-484). S. 402. Zu Luthers Abweichung von der strengeren Darstellungsweise über den göttlichen Rat-

annähme, verfehlte die eigentliche Problemstellung. Die schlichte Gretchen-
frage aber: "Wie hast du's mit der Religion?" ist Schleiermachers eigene Le-
bensfrage geworden. Und eben hier stoßen wir auf einen geradezu verblüffen-
den Berührungspunkt mit Luther: die Abgrenzung gegen Metaphysik und Moral. Das ist denkwürdig genug, um dabei zu verweilen.

2.

"Darum ist es Zeit", erklärt Schleiermacher 1799 programmatisch in der zweiten Rede, betitelt "Über das Wesen der Religion", "die Sache einmal beim andern Ende zu ergreifen, und mit dem schneidenden Gegensatz anzuheben, in
welchem sich die Religion gegen Moral und Metaphysik befindet ... Sie begehrt nicht das Universum seiner Natur nach zu bestimmen und zu erklären
wie die Metaphysik, sie begehrt nicht aus Kraft der Freiheit und der göttlichen Willkür des Menschen es fortzubilden und fertig zu machen wie die
Moral. Ihr Wesen ist weder Denken noch Handeln, sondern Anschauung und
Gefühl." [14]   Nicht minder programmatisch heißt es am Anfang der Scholien
Luthers von 1515/16 zu Rm 7: Patet itaque, Quod Apostolus non metaphysice
neque moraliter de lege loquitur, Sed spiritualiter et theologice ... Modus
loquendi Apostoli et modus metaphysicus seu moralis sunt contrarii [15]. (Somit
ist klar, daß der Apostel nicht metaphysisch oder moralisch vom Gesetz
spricht ... Die Redeweise des Apostels und die metaphysische oder moralische
Redeweise sind gegensätzlich).
   Wie steht es mit der Vergleichbarkeit dieser Zitate? Gewiß ist vor übereil-
ter Gleichsetzung zu warnen. Man spürt sofort die atmosphärische Verschiedenheit. Immerhin aber handelt es sich in beiden Fällen nicht um Gelegen-
heitsaperçus. Hier wird ein Grundton angeschlagen, der bei dem einen wie
dem andern von der Frühzeit an in allen Entfaltungen und Wandlungen des

---

   schluß bemerkt Schleiermacher in einer Fußnote: "Citiren läßt sich wol
   hier nicht, man müßte den ganzen Luther ausschreiben. Indeß dienen
   statt alles anderen die folgenden Worte aus der Vorrede zur Erklärung
   der Epistel an die Galater. 'Denn in meinem Herzen herrscht allein und
   soll auch herrschen dieser einige Artikel, nämlich der Glaube an meinen
   lieben Herrn Christum, welcher aller meiner geistlichen und göttlichen
   Gedanken, so ich immerdar Tag und Nacht haben mag, der einige Anfang,
   Mittel und Ende ist.' Und diesen beschreibt er hernach als den 'einigen
   festen Fels und ewige beständige Grundveste alles unseres Heils und Seligkeit' so, 'Nämlich daß wir nicht durch uns selbst viel weniger durch
   unsere eigenen Werke und Thun, welche freilich viel geringer und weniger
   sind denn wir selbst, sondern daß wir durch fremde Hülfe, nämlich daß
   wir durch den eingebornen Sohn Gottes Jesum Christum von Sünden, Tod
   und Teufel erlöset und zum ewigen Leben gebracht sein'." Schleiermacher
   zitiert nach Walch VIII, S. 1524f (Urtext: WA 40, 1; S. 33, 7-20).

---

14 Die Erstausgabe von "Über die Religion. Reden an die Gebildeten unter
   ihren Verächtern" wird nach dem Originaldruck zitiert mit in Klammern

Denkens weiterschwingt. Dazu gibt es sonst kaum Parallelen. Polemik nach
der Seite der Metaphysik hin oder nach der Seite der Moral hin findet sich
auch sonst, beides miteinander aber, so daß daraus geradezu eine einzige
Front wird, ist ungewöhnlich. Darum treffen sich beide Äußerungen zumindest
auch darin, höchst unkonventionell dem Geist je ihrer Zeit zu widersprechen.
Selbstverständlich konnte Schleiermacher den soeben angeführten Luther-Text
nicht kennen. Ich halte es auch für sehr unwahrscheinlich, daß ihn zu seiner scharf abgrenzenden Äußerung in den Reden das Studium des Lutherschen
Galaterbriefkommentars von 1535 angeregt habe, in dem er Hinweise darauf
hätte finden können und aus dessen Vorrede er – allerdings erst zwei Jahrzehnte nach Entstehung der Reden – jene ihm wichtige christozentrische Äußerung zitiert[16]. Wie sich die seltsame Konvergenz erklären läßt, bleibe vorerst offen. Sie erstreckt sich auch anscheinend nur auf das Negative, ohne
daß selbst hier sicher wäre, ob mit dem Negierten dasselbe gemeint sei und
ob die Negation dasselbe intendiere. Schwierig hingegen ist es, das Positive,
den gemeinsamen Nenner zu formulieren. Was in dieser Weise gegensätzlich
abgegrenzt wird, ist nach Luther die Theologie, nach Schleiermacher die Religion. Und was nach Schleiermacher als differentia specifica herausspringt:
Anschauung und Gefühl, liegt anscheinend weit ab von dem, was entsprechend bei Luther anzugeben wäre. Um aber im folgenden das Problem
eines gemeinsamen Bezugspunktes überhaupt mit einem einzigen Begriff anpei-
len zu können, sei – abweichend von beiden, aber nicht willkürlich – von
der Gottesbeziehung als dem Subjekt der Antithetik zu Metaphysik und Moral
gesprochen.

Alle Problemaspekte überlagern und durchdringen hier einander. Dennoch
muß der Klärungsversuch schrittweise erfolgen. Er soll bei dem bedingten
Nein zu Metaphysik und Moral einsetzen, sodann nach einer Entsprechung
zu Schleiermachers Gefühlsbegriff bei Luther Ausschau halten und schließlich
zu der Differenz von Religion und Theologie Stellung nehmen.

2.1. Das bedingte Nein zu Metaphysik und Moral

Luthers Kritik an der aristotelischen Metaphysik und Ethik richtet sich, streng genommen, nicht gegen diese selbst, sondern gegen ihre scholastische Verwendung. Die Erneuerung und Reinigung der Theologie – und das betrifft die
Gottesbeziehung selbst – steht für Luther im Zeichen dieses Kampfes. An der
zitierten Stelle wird deutlich, daß es sich um einen einzigen Gefahrenkomplex

---

beigefügter Seitenzahl der Ausgabe von H.-J. Rothert, Ph.Bibl.255 (1958)
1961, samt den dort nicht angegebenen Zeilenzahlen. Oben: S. 50 (S. 28,
27-30; 28, 36-29, 3).
15 WA 56; S. 334, 3 f. 14 f.

---

16 S. o. Anm. 13.

handelt. Die aristotelischen Grundbegriffe samt ihrer anthropologischen Auswirkung sind ungeeignet dafür, das paulinische Verständnis von Gesetz und
Sünde zu erläutern; denn sie verursachen eine Verengung auf das menschliche Werk sowie die Vorstellung von einer naturhaften Wandlung, einer Neu-
formierung der Seelenpotenzen durch die Gnade. Die Sünde wird dadurch ver-
harmlost; um so mehr treibt dann aber deren Erfahrung in die Verzweiflung.
Schon früher war es Luther an anderem aufgegangen, daß die Bibel nicht
interpretierbar sei durch die herkömmliche philosophische Sprache. Dieser
hermeneutische Urimpuls bleibt in seiner Theologie weiterhin wirksam. Wohl
lassen sich die Ausstrahlungen in die Gotteslehre und in die Gnadenlehre
hinein deutlich voneinander unterscheiden: das Nein zur speculatio maiesta-
tis, um die Gotteserkenntnis im Gegensatz zu allen andern Religionen unten
in der Tiefe des Deus humanus crucifixus zu verankern, sowie das Nein zum
Vertrauen auf die eigene Leistung zugunsten der Rechtfertigung des Sünders
allein aus Glauben. Beides aber – die Verwerfung des spekulativen Auf-
schwungs zu Gott sowie das Nein zum Spekulieren auf das eigene Werk – ist
im Christusbezug zusammengehalten, und beides miteinander ist der ratio des
sündigen Menschen gleichermaßen zuwider. Eins hängt am andern.

Dennoch ist damit nicht im geringsten einem schwärmerischen Irrationalis-
mus und einer bilderstürmerischen Bildungsfeindlichkeit das Wort geredet.
Der Kampf gegen die Moralisierung des Christlichen, den Luther nach allen
Seiten hin führt [17], dient gerade der Freisetzung zu guten Werken. Und der
Kampf gegen die philosophische Überfremdung der Theologie schärft desto
mehr die Sprachverantwortung, die Sorge für eine sachgemäße theologische
Grammatik, wie Luther gelegentlich formuliert, die jedoch mehr an ontologischer Besinnung impliziert, als er selbst zum Gegenstand der Reflexion
macht. Die herausfordernde Formulierung, allein der Christ philosophiere
recht und nur der Glaube bringe ein gutes Werk hervor, hat eine theologische Pointe, die man mißverstünde, wenn man hier nicht zugleich die
Struktur der Zweireichelehre erkennte. Die Theologie und – als Inbegriff
aller Wissenschaften: – die Philosophie sind so wenig miteinander identisch,
schließen aber einander auch so wenig aus, daß sich die Verschiedenheit
der Horizonte durchaus mit Recht wahrheitsdifferenzierend auswirkt. Desgleichen hat die Unterscheidung zwischen dem, was theologice, und dem, was
moraliter gilt, ihren guten theologischen Grund. Dies durch die Unterscheidung zwischen der iustitia fidei und der iustitia civilis, dem usus theologicus und dem usus politicus legis einzuschärfen, wird Luther nicht müde. Daß
freilich in dem Bei- und Ineinander verschiedenartiger Gegensatzrelationen

---

17 Vgl. meinen Vortrag "Luthers Kampf gegen die Moralisierung des Christlichen", Jahrb. der Heidelberger Akademie der Wissenschaften für das Jahr
1983. Heidelberg 1984, S. 75–85.

- verträglicher und unverträglicher, polarer und ausschließender – die Antithetik dominiert, eine Antithetik, deren eschatologische Auflösung allein Gottes Sache ist, liegt an dem Gewicht, das dem Thema der Sünde bei Luther zukommt.

Luthers Einspruch gegen die Überfremdung der Theologie durch Metaphysik und Moral war an der Konstellation der Scholastik orientiert, zielte dabei aber auf das Unwesen des Menschen selbst unter der Herrschaft eines durch die Sünde pervertierten Umgangs mit der ratio. In der Erstauflage der Reden Schleiermachers verharrt der kritische Blick trotz der unbestimmten Weite des Religionsbegriffs faktisch im Erfahrungshorizont der Christentumsgeschichte, erreicht dabei aber eine große Mannigfaltigkeit der Phänomene und hat letztlich ebenfalls eine Verkehrung des Menschen selbst im Visier. Alles miteinander demonstriert einen einzigen Sachverhalt, den Zustand einer Vermischung, der mit schärfsten Worten angeprangert wird. Nicht bloß so gegensätzliche theologische Erscheinungen wie die Orthodoxie und der Rationalismus, auch alle kirchlichen Verfallssymptome wie etwa die Religionskriege oder die Verkümmerung der Frömmigkeit zu bloßen Gedächtnisübungen und Imitationen sind Auswirkungen dessen, daß man nicht zu unterscheiden vermag zwischen Religion, Metaphysik und Moral. Aber auch die zeitgenössischen philosophischen Kritiker des Christentums bleiben von derselben Anklage nicht verschont, teils weil sie das Zerrbild für das Urbild nehmen, teils weil ihre Gegenposition den gleichen Fehlansatz in sich birgt. Die Herausforderung könnte nicht umfassender sein und der Gegensatz nicht entschiedener. Obwohl das Hauptaugenmerk auf die Religion, auf ihre Entstellung und ihre Reinigung gerichtet ist, gilt das Interesse doch ebenfalls dem durch die Vermengung gestifteten Schaden außerhalb der Religion und dessen Behebung. Dabei wird vollends deutlich, daß auch hier die Zweiheit von Metaphysik und Moral im Grunde ein einziges ist gegenüber der Religion, die ihrerseits für beide gleichermaßen notwendig und unentbehrlich ist. Ohne Religion gehen aus den höchsten Fähigkeiten des menschlichen Geistes doch nur Übermut und Blendwerk hervor infolge der verhängnisvollen Sucht, den Menschen zum Mittelpunkt aller Dinge zu machen.

In der zweiten Auflage hat Schleiermacher die für unser Thema maßgebende Rede "Über das Wesen der Religion" mit Abstand am stärksten überarbeitet [18]. Am auffallendsten ist dabei die weitgehende Tilgung der Begriffe Metaphysik und Moral. Sie werden jedoch nicht durch eine andere entsprechend häufig verwandte Terminologie ersetzt, weichen vielmehr einem variierenden

---

18 Zum Folgenden vgl. Fr. Schleiermachers Reden Ueber die Religion. Kritische Ausgabe. Mit Zugrundelegung des Textes der ersten Auflage, besorgt von G. Ch. B. Pünjer. Braunschweig 1879, S. 32–146.

Sprachgebrauch, indem etwa von "Denkungsart" und "Handlungsweise" oder von "Wisenschaft des Seins" und "Wissenschaft des Handelns", vom "Theoretischen" und "Praktischen" oder ähnlich gesprochen wird. Diese Beobachtung recht einzuschätzen, ist diffizil. Die Veränderungen sind nicht schroff. Es handelt sich z.T. nur um Gewichtsverlagerungen innerhalb des bereits benutzten Vokabulars und um gedankliche Nuancierungen. Da nun aber dem Vergleich mit Luther an diesem Punkt der Boden entzogen scheint, muß nach den Gründen der Veränderung gefragt werden. Ein Dreifaches möchte ich hervorvorheben.

Zum einen wirkt hier offenbar Schleiermachers gesteigerte Sensibilität in wissenschaftstheoretischer Hinsicht ein, vor allem dank eigener Arbeiten auf den Gebieten der Ethik und Dialektik. Die pauschale Rede von Metaphysik und Moral mußte nun als unzureichend empfunden werden, zumal im Zuge der Zeit diese Termini veraltet klangen und Religion ohnehin nicht etwa wissenschaftstheoretisch zu orten ist. Hier drängen gewisse Unklarheiten zur Korrektur. Zum andern repräsentierten ja bereits in der ersten Auflage Metaphysik und Moral zwei Dimensionen des Menschseins: Denken und Handeln. Die dadurch gewiesene Bahn anthropologischer Ortsbestimmung von Religion wird nun entschlossener beschritten. Und schließlich tritt zusammen damit unverkennbar, obschon nicht dezidiert, eine Änderung des Interesses ein. Nicht die Vermischung in Hinsicht auf Religion samt den verheerenden Folgen für diese selbst wie für alle andern Lebensbereiche zu destruieren, steht jetzt im Vordergrund, vielmehr das Bemühen, den gesamten Sachverhalt konstruktiv zu ordnen. Das Antithetische schwächt sich dabei ab zugunsten des Gesichtspunktes der Einheit. Zu deren rechtem Verständnis wird die Verwendung des Lebensbegriffs intensiviert. Denn die Einheit des Systems hat sich nach der Einheit des Lebensvollzugs zu richten.

Von der polemischen Abhebung gegen Metaphysik und Moral bleibt schließlich in der Glaubenslehre nur der affirmative Aufweis übrig, welcher Seite des Menschseins die Gottesbeziehung zugehört. Die dabei noch einmal eintretenden Änderungen der Terminologie können vorerst zurückgestellt werden. Das soeben gebrauchte "nur" - "nur der affirmative Aufweis" - besagt jedoch nicht Bedeutungslosigkeit. Was sich in den betreffenden Paragraphen der Einleitung zur Glaubenslehre vollzieht, hat für das Ganze fundamentale Bedeutung. Und der Wechsel von der eher überhitzten Frühgestalt der Reden zum unterkühlten Klima der Dogmatik darf nicht darüber täuschen, wie stark auch hier auf das Unterscheiden Wert gelegt ist. Konnte man in der zweiten Auflage der Reden den Problemkontakt mit Luthers Handhabung des Unterscheidens für nahezu abgerissen halten, so belehrt doch die Direktive am Anfang der Glaubenslehre darüber, daß nun für alle theologischen Aussagen damit ernst gemacht werden soll, sie weder spekulativ noch moralisch zu interpretieren.

Freilich vertieft sich die Differenz zu Luther dadurch, daß die immer schon virulente Vermischung kaum noch Gewicht zu haben scheint. Die an die Zweireichelehre erinnernde Argumentation mit der vermeintlich evidenten Gliederung der Gesellschaft in Staat, Wissenschaft und Kirche[19] hätte gerade Anlaß geben können, nach der hier ständig wirksamen Ursache der Verwirrung zu fragen. Aber wie in dieser soziologischen so wird erst recht in der anthropologischen Statuierung der Fundamentalunterscheidung der Störungsfaktor ausgeklammert. Wohl stellt Schleiermacher im Einklang mit der Reformation den eigentlichen Hauptteil der Glaubenslehre entschieden unter den Gegensatz von Sünde und Gnade. Daß aber von Luther her vor allem zum Sündenverständnis Schleiermachers kritische Fragen zu stellen sind, ist unbestritten[20]. Hier liegt das Entscheidende im Hinblick auch auf die viel diskutierte Frage, ob nicht Schleiermacher seinen Versicherungen zum Trotz doch wieder der philosophischen Spekulation Einfluß auf die Theologie eingeräumt habe und dadurch seinem ursprünglichen Ansatz untreu geworden sei. Wie auch immer das Gelingen von Schleiermachers Vorhaben einzuschätzen ist, so muß doch berücksichtigt werden: Seine fundamentaltheologische Situation war eine andere als die des 16. Jahrhunderts. Er hatte völlig recht darin, daß das Verhältnis der Theologie zur Wissenschaft komplexer geworden war, als es sich für Luther noch darstellte, und zwar nicht nur infolge der Aufklärung, sondern auch durch Luther selbst. Die Abgrenzung gegen Metaphysik und Moral dient bei Schleiermacher wohl zur Klarstellung der Gottesbeziehung, jedoch nur indirekt zur Klärung theologischer Enzyklopädie und Methode.

2.2. Schleiermachers Gefühlsbegriff und dessen Entsprechung bei Luther

Konzentriert man sich nun auf die anthropologische Ortung der Gottesbeziehung, so stößt man auch hier auf terminologische Wandlungen Schleiermachers von der Erstauflage der Reden bis zur Endgestalt der Glaubenslehre. Anfänglich stehen Anschauung und Gefühl nebeneinander mit starkem Akzent auf dem ersten; sodann dominiert der Begriff des Gefühls, präzisiert als "Neigung und Bestimmtheit des Gefühls" und abgesichert durch die Alternativformulierung "unmittelbares Selbstbewußtsein"[21]. Dennoch hat kein anderes Stichwort Schleiermachers so viel Mißverständnis und Mißtrauen ausgelöst wie das Wort Gefühl. Zumal in der Konfrontation mit Luther scheint hier theolo-

---

19 Nur andeutend in GL[1] § 8,1 KGA I 7,1; S. 26, 24–30. Ausführlicher in GL[2] § 3,1 ed. M. Redeker I S. 15, 1–16,8.
20 Vgl. G. Bader, Sünde und Bewußtsein der Sünde. Zu Schleiermachers Lehre von der Sünde. ZThK 79 (1982), S. 60–79.
21 KGA I 7, 1; S. 26,3 und 4. Vgl. KGA I 7,3; S. 657. Ed. M. Redeker I, S. 14, 29 f.

gisch alles gegen Schleiermacher zu sprechen. An der Frühgestalt der Reden könnte man das Scherbengericht über seine ganze Theologie plakativ etwa so demonstrieren: Statt des Hineinhörens in die heilige Schrift das Anschauen des Universums! Statt der Exklusivität des Christusglaubens ein alles Mögliche inkludierendes Religionsverständnis! Statt der Externität des Wortes Gottes die sprachlose Innerlichkeit des Gefühls! Freilich hat man sich zuweilen auf Luthers Auslegung des ersten Gebots im Großen Katechismus als eine Gegeninstanz zu solcher Deutung berufen: Hier werde der Gottesbegriff sogar auf jede Pseudoreligion hin ausgeweitet, die Abhängigkeit des Herzens für religiös konstitutiv erklärt und das Sein Gottes aufgelöst in die Korrelation zum Glauben. Feuerbachs Berufung auf Luther hat sogar Anlaß gegeben, Luther selbst eines Schleiermacherschen Subjektivismus zu bezichtigen.

Einen ersten Schritt aus dieser Wirrnis heraus führt die Überlegung, was das Wort Gefühl nach Schleiermacher leisten soll. Trotz vieler Interpretationsprobleme gibt es dafür klare Anhaltspunkte. Es meint den Quellgrund innerer Lebendigkeit, die den Menschen als ganzen bestimmt und darum den Dimensionen des Erkennes und Handelns vorausliegt, zwischen ihnen vermittelt und sie begleitet. Das Gefühl signalisiert den Primat des Empfangens vor und in allen Weisen menschlicher Tätigkeit und weist deshalb über sich hinaus auf eine ihm externe Bedingung seiner selbst. Es trifft den Menschen in seiner Unvertauschbarkeit als Einzelnen, und zwar als solchen gerade in seinen Relationen zur Welt und zur Mitmenschheit. Und da nicht bewußtlos, sondern unmittelbares Selbstbewußtsein, ist ein wie auch immer näher zu definierendes Verhältnis zur Sprache im Gefühl mitgesetzt.

Diese Grundrißskizze vom Gefühl bei Schleiermacher lenkt die Aufmerksamkeit auf eine überraschende Entsprechung bei Luther: auf die Funktion, die bei ihm der Begriff des Gewissens ausübt. Näher läge es zwar, auf die ungewöhnlich starke Rolle der Affekte in seiner Schriftauslegung hinzuweisen [22]. Wenn etwas auf eine tiefe Gemeinsamkeit zwischen Luther und Schleiermacher im Verständnis der Gottesbeziehung hindeutet, so eben deren Verankerung weder in der ratio noch im liberum arbitrium, sondern in einem Affiziertsein, einem Ergriffen- und Bewegtsein des Menschen im Innersten seines Seins. Hauptsymptome der Denkweise beider Theologen liegen hier ursprunghaft beieinander: eine Ganzheitserfassung des Menschen, bei der sogar die Gottesbeziehung und die Animalität einander durchdringen; der intensive Lebensbezug der Frömmigkeit als Leitlinie auch der Theologie; das Gewicht, das der Erfahrung zukommt, nicht als einem Zusatz oder Gegensatz zur Gottesbeziehung, sondern als ihr wesenhaft zugehörig; schließlich – und auch

---

22 Vgl. G. Metzger, Gelebter Glaube. Die Formierung reformatorischen Denkens in Luthers erster Psalmenvorlesung dargestellt am Begriff des Affektes. Göttingen 1964.

das unterstreicht der Affektbegriff – die konstitutive Bedeutung der Extern-
relationen für das Menschsein.

Wenn ich trotzdem an dieser Stelle primär an Luthers Gewissensbegriff erinnere, so zum einen deshalb, weil sich im Beieinander von affectus und
conscientia eine bis ins Sprachliche verwandte Beziehung zur Affinität von
Gefühl und Selbstbewußtsein bei Schleiermacher einstellt. Zum andern meldet
sich damit eine höchst instruktive Verwickelung in der Geschichte der Luther-
Interpretation an. Die Deutung als "Gewissensreligion"[23] wurde als ein Signal
dafür empfunden, daß Kant einen angemesseneren Auslegungszugang   zu Luther
ermögliche als Schleiermacher.

Luthers anthropologische Begrifflichkeit ist im Gewissen zentriert[24]. Dieses
höchst bemerkenswerte Faktum wird jedoch zur Ursache von Fehldeutungen,
wenn man dabei das gängige Gewissensverständnis assoziiert: die moralische
Ausrichtung auf einzelne Akte des Menschen. In der gesamten Geschichte des
Gewissensbegriffs stellt Luthers Verständnis einen erratischen Block dar: die
Ausrichtung auf die Person als ganze, bestimmt durch das Sein vor Gott, gesteigert zur Präsenz des jüngsten Gerichts, lebenslang erfahren als der
Kampfplatz der Mächte, die über das ewige Heil des Menschen zu entscheiden in Anspruch nehmen, und darum der Ort stärkster Affekte. Kants kategorischer Imperativ ist sicher eine Fernwirkung und Transformation von Luthers
usus theologicus legis. Die Auffassung Kants schließt aber gerade das Wichtigste an Luthers Gewissensverständnis aus: daß Christus allein ein Recht
am Gewissen hat und allein der Glaube gutes Gewissen ist. Am idealistischen
Begriff des Sittlichen ist anzuerkennen, daß hier das Moralische auf eine
unbedingte Forderung und auf die Ganzheit des Menschen hin interpretiert
und dadurch die theologische Dimension des Ethischen berührt wird. Damit
ist aber der Zugang zur Spannweite von Luthers Gewissensverständnis durchaus nicht gewährleistet, eher sogar blockiert. Auch für Schleiermacher bleibt
der Gewissensbegriff einseitig der Erlösungsbedürftigkeit zugeordnet. Das
schlechthinnige Abhängigkeitsgefühl hingegen, das fromme Selbstbewußtsein,
wird als solches von ihm soteriologisch positiv gewertet. Insofern entspricht
es bei Luther also nicht der Ambivalenz des Gewissens, sondern der Eindeutigkeit des Glaubens.

Aus all dem ergibt sich ein überaus wichtiger, aber auch höchst kritischer
Berührungspunkt zwischen Schleiermacher und Luther. Die Schlagworte "Subjektivierung der Gottesbeziehung" oder "Anthropologisierung der Theologie"

---

23 K. Holl, Was verstand Luther unter Religion? In: Ders., Gesammelte Aufsätze zur Kirchengeschichte. Bd. I. Luther. Tübingen (1921) 1927[4.5] , S.
   1–110. "Luthers Religion ist Gewissensreligion im ausgeprägtesten Sinne
   des Wortes." (S. 35)
24 Vgl. meine Leitsätze zu: Das Gewissen in Luthers Verständnis, in: Was
   ist das: Gewissen? Zwei Beiträge von G. Ebeling und T. Koch, EKD-Texte
   8, 1984, S. 2–11.

helfen hier allerdings gar nicht weiter. Was Luther betrifft, so kämpfte er
gerade gegen eine krebsartige Wucherung des Menschen in der scholastischen
Theologie, der Erkenntnis- und Willenskraft Gott gegenüber, ob nun überna-
türlich übersteigert oder der Natur nach überschätzt. Das animal rationale
mit seinem liberum arbitrium liefert dort das anthropologische Grundmuster.
Die metaphysische Gotteserkenntnis und die als Tugendlehre ethisch gefaßte
Gnadenlehre erzeugen, theologisch geurteilt, eine Pseudo-Objektivität, die
der Mensch setzt, indem er dabei sein eigenes Personsein vor Gott vergißt.
Man darf hier nicht Luthers Insistieren auf dem pro nobis voreilig ins Spiel
bringen. Das pro nobis hängt ganz am extra nos, ist also nicht Ausdruck
eines erkenntnistheoretischen Relativismus, vielmehr soteriologisch gemeint.
Jedoch impliziert es eine tiefgreifende ontologische Umbesinnung, die der Kategorie der Relation Vorrang verleiht. Mutatis mutandis wird man dies auch
von Schleiermacher sagen dürfen. Er kämpfte ebenfalls gegen die Anthropologisierung von Religion. "Den mehrsten ist offenbar Gott nichts anderes als
der Genius der Menschheit. Der Mensch ist das Urbild ihres Gottes, die
Menschheit ist ihr alles ... Nun aber habe ich Euch deutlich genug gesagt,
daß die Menschheit nicht mein Alles ist ..."[25]. Dieses frühe Bekenntnis hat
Schleiermacher nie widerrufen. Ob er ihm jedoch genügend Rechnung getragen
hat, ist die Frage.

Am Lebensbegriff kommt es heraus. Daraufhin Schleiermacher mit Luther
zu vergleichen, erschiene mir besonders aufschlußreich. In der Stärke der
Zusammenschau von Gottesbeziehung und Leben übertrifft kaum einer den andern. Aber in der Art dieser Zusammenschau kündigt sich die Krise an. Für
Schleiermacher ist das Leben eine kontinuierliche Entwicklung. Sie unterliegt
zwar Schwankungen, doch die Gegensätze darin sind polarer Art und wirken
sich deshalb an der Gottesbeziehung nur quantitativ aus als ein Mehr oder
Weniger von Lebenshemmung und Lebensförderung. Daß sich das Gottesbewußtsein in allen Lebensmomenten mit stetiger Kräftigkeit geltend machen solle,
ist das soteriologische Modell Schleiermachers. Vorausgesetzt wird dabei, daß
das Gottesbewußtsein als solches eindeutig und heilsam ist. Luthers theologia
crucis fügt sich darein offensichtlich nicht: sein Verständnis der Anfechtung
als Gotteserfahrung und der Gegenwart Gottes als absconditas sub contrario
oder die Aussage, daß Sünde wesenhaft Todsünde ist und daß keinesfalls das
beginnende neue Leben als Grund der Rechtfertigung und des geglaubten ewigen Lebens gelten darf, sondern allein der Gekreuzigte als das Wort des
Lebens.

Die so zugespitzte Konfrontation tut freilich Schleiermacher nicht ohne weiteres Genüge. Achtet man auf seine Absicht und interpretiert man ihn gemäß

---

25 Über die Religion 1. Aufl. (s.o. Anm. 14), S. 125 (S. 69, 28-34).

seinem hermeneutischen Rat, gegebenenfalls den Autor besser zu verstehen, als er sich selbst verstand, so läßt sich das Gespräch mit ihm angesichts überlieferter und eigener Erfahrung nicht so schnell abbrechen.

Gefühl und Gewissen liegen bei Luther aufs dichteste beieinander: ... du must bey dyr selbs ym gewissen fulen Christum selbs und unwenglich [unerschütterlich] empfinden, das es gottis wort sey, wenn auch alle wellt da widder stritte, ßo lange du das fulen nicht hast, ßo lange hastu gewißlich gottis wort noch nicht geschmeckt und hangist noch mit den oren an menschen mund odder feder und nicht mit des hertzen grund am wortt ...[26] Was dem Leben Gewißheit verleiht, ist im Unterschied zum Wissen des Verstandes und zum Tun der Hand etwas, was unmittelbar das Herz berührt. Darin treffen sich Luther und Schleiermacher. Welche Rolle dabei aber dem Wort zukommt, daran trennen sich offenbar ihre Wege. Denn zum Gefühl gehört das Wort nur sekundär als Ausdruck. Jedoch für das Gewissen im Sinne Luthers ist, weil für das Leben selbst, das Wort als Urteil konstitutiv. Damit stehen wir an der Schwelle zum letzten Fragenkreis.

2.3. Religion und Theologie

Es sei daran erinnert, was dazu veranlaßte, auch dieses Thema noch einzubeziehen: Gegen Metaphysik und Moral hat Luther die Theologie abgegrenzt, Schleiermacher die Religion. Das klingt einfach, ist jedoch höchst komplex. Für Luther, der so sehr das Unterscheiden einschärfte, spielte diese Unterscheidung so gut wie keine Rolle. Anders als Zwingli und Calvin teilte er die humanistisch beeinflußte Vorliebe für das Wort religio nicht, ohne es etwa grundsätzlich pejorativ zu gebrauchen. Das Wort Theologie dagegen gewann für ihn, verglichen auch mit der Scholastik, erheblich an Gewicht. Bedeutungsmäßig hatte es für ihn die Weite, richtiger: die Strenge dessen, was direkt die Sache des Glaubens betrifft. Das entspricht der Dominanz, die er der Beziehung von Wort und Glaube beimißt. Schleiermacher hingegen stand in der auf Semler zurückgehenden Tradition scharfer Unterscheidung zwischen Religion und Theologie. Daran ändert auch nichts, daß er sich später zugunsten des Ausdrucks Frömmigkeit vom Begriff Religion distanzierte[27]. Das Motiv dieser Unterscheidung reicht allerdings viel weiter zurück und hatte besonders in der Mystik und dem Humanismus Widerhall gefunden: als der Primat des Lebens vor der Lehre. Die Wissenschaftssituation der Theologie in der Neuzeit wirkte darauf verschärfend ein. Mit Recht, sofern dies nicht eine

---

26 WA 10,2; S. 23, 6–11 = BoA 2; S. 321, 1–6 (Von beider Gestalt des Sakr., 1522).
27 GL^1 § 6 Anm. KGA I 7,1; S. 20, 17–26. GL^2 § 6 Zusatz. Ed. M. Redeker I, S. 45, 21–47,6. Vgl. meinen Aufsatz: Zum Religionsbegriff Schleiermachers. In: Reformation und praktische Theologie. FS W. Jetter. Göttingen 1983, S. 61–81.

Vernachlässigung der Theologie zur Folge hatte, sondern eine neue fundamentaltheologische Besinnung in Gang setzte. Das ist vornehmlich durch Schleiermacher geschehen. Ohne solchen Neuansatz in der theologischen Prinzipienlehre wäre der staunenerregende Aufschwung historischer Theologie im 19. Jahrhundert theologisch wertlos geblieben, sofern überhaupt zustandegekommen.

Theologie in angemessener Zuordnung zur Frömmigkeit, das ist Schleiermachers Programm. Enzyklopädisch wirkt sich dies in der wissenschaftstheoretischen Einschätzung der Theologie als positiver Wissenschaft und in ihrer Abzielung auf die praktische Theologie aus. "... nichts hatte ich mir weniger versehen," versichert Schleiermacher gegenüber Lücke, "als daß ich mit den spekulativen Dogmatikern so mannigfaltig zusammengestellt werden sollte, unter denen ich nicht einmal als Dilettant aufzutreten vermöchte, indem ich auch gar nicht darauf eingerichtet bin, in der Dogmatik zu philosophieren." [28] Bei Luther heißt es: "Die wahre Theologie ist praktisch, und ihr Fundament ist Christus, dessen Tod durch den Glauben ergriffen wird ... Die spekulative Theologie, die gehört in die Hölle zum Teufel." [29] Auch hier eine beachtliche Übereinstimmung trotz unverkennbarer Differenz. Nicht nur Hölle und Teufel passen schlecht zu Schleiermacher. Auch die gemeinsam gebrauchten Worte "spekulativ" und "praktisch" lassen bei genauerem Vergleich nicht unerhebliche Verständnisnuancen erkennen. Aber nicht hier, vielmehr an einer Stelle, wo sich Schleiermacher ausdrücklich auf Luther beruft, soll noch die notwendige Differenzierung bedacht werden.

In scharfem Gegensatz zu der weit verbreiteten Meinung, die Christoph Friedrich Ammon auf die Formel brachte, "die Religion sei eine Tochter der Theologie" [30], erklärt Schleiermacher, "daß die Frömmigkeit unabhängig ist von jeder Einsicht in irgendeinen Zusammenhang ergriffener Ideen" [31], und fügt hinzu: "War nicht auch unser Luther ein solcher und fing erst an, über seine Frömmigkeit nachzudenken, als es galt, ihren Besitz festzuhalten, so daß seine Theologie offenbar eine Tochter seiner Religion war?" [32] Was daran offenkundig falsch und dennoch untergründig wahr ist, liegt hier dicht ineinander. An Luthers intensives Studium der Schrift, aus dem erst die be-

---

28 Schleiermachers Sendschreiben über seine Glaubenslehre an Lücke, neu hg. von H. Mulert, Gießen 1908, S. 21, 13–17.
29 WAT 1; S. 72, 16–21 Nr. 153 (1531/32).
30 Chr. Fr. Ammon, Summa theologiae christianae. Leipzig 1816[3], 6: Religio ..., quae non nisi in creatura rationali locum habet, hominem pietate coniungit cum Deo; theologia autem, quae vel in numine cogitari potest (1. Cor. II, 11), Deum adducit in cognitionem hominis (Act.XVII,23) et religionem comitem habet, tanquam mater filiam. Die obige Zusammenfassung von Schleiermacher, 1. Sendschr. an Lücke (s.o. Anm. 28), S. 15, 33 f.
31 Ebda. S. 15, 37 f.
32 Ebda. S. 16, 6–9.

freiende reformatorische Erkenntnis erwuchs, braucht hier ebenso nur erinnert zu werden wie daran, daß er den auch von ihm in bestimmter Hinsicht durchaus bejahten Primat des Lebens vor der Lehre umkehrte in den unter anderem Aspekt entschieden bejahten Primat der Lehre vor dem Leben[33]. Jedoch wäre es absurd, die Genesis der Theologie Luthers von seiner religiösen Erfahrung abzulösen und das Einwirken innerer wie äußerer Biographie auf die weitere theologische Entfaltung zu übersehen. Die Auszeichnung mit dem von mir nicht sonderlich geschätzten Worte "existentiell" verbindet Luthers Theologie mit der Art, wie Schleiermacher Theologie nicht nur dachte, sondern auch lebte. Und was den Primat der Lehre vor dem Leben betrifft, so bringt er doch gerade das schlechterdings Lebensnotwendige zur Geltung und ist an einem Verständnis von Lehre orientiert, das aus dem Evangelium als der Quelle des Lebens gewonnen ist. Bei der dennoch nicht wegzudisputierenden Differenz muß freilich auch dies berücksichtigt werden: Schleiermacher wendet sich vornehmlich gegen das Konzept einer sogenannten natürlichen Religion oder rationalen Theologie. Dagegen ist in sein Verständnis des Christentums als positiver Religion das Mitteilungsgeschehen als für jeden Glaubenden konstitutiv inbegriffen.

Hermann Mulert hat 1928 in einem Vortrag, der gleichbetitelt war wie der meine[34], versucht, das Verhältnis Luthers und Schleiermachers zueinander mit Hilfe der Unterscheidung von Frömmigkeit und Theologie zu bestimmen. Nicht ohne einen Schein des Rechts meint er, ihre Theologien seien grundverschieden, ihrer beider Frömmigkeit aber - als das Wesentliche - sei einander viel ähnlicher. Von daher erschließe sich auch ihre Rangordnung: Luthers Hauptwirkung liege auf dem eigentlich religiösen Gebiet, Schleiermachers Hauptarbeit dagegen auf dem theologischen[35]. Der uns auferlegte Problemknoten "Luther und Schleiermacher" läßt sich aber so nicht lösen. Nur dann, wenn es gelingt, von Luthers Theologie zu lernen, und zwar in einer Weise, die dem Mut und der Kraft Schleiermachers zu selbständiger theologischer Rechenschaft in einer veränderten Welt nacheifert, kann bewahrt oder sogar verstärkt wieder zur Geltung gebracht werden, was sie beide trotz allem im Glauben verbindet.

3.

Das drängt mich noch zu einem Schlußwort in theologiegeschichtlicher Hinsicht.

---

33 S. meinen Aufsatz "Lehre und Leben in Luthers Theologie". Rheinisch-Westfälische Akademie der Wissenschaften. Vorträge G 270. Opladen 1984.
34 S. o. Anm. 1.
35 Chr.Welt 42, 1928, Sp.1108.1116.

Die Fülle der Quellen kann einen schier überwältigen. Diese Erfahrung hat etwas Demütigendes, zumal bei einem so weitgreifenden Thema. Wichtiger aber ist, sich in größtmöglicher Aufgeschlossenheit durch die Vielfalt anregen und beglücken zu lassen. Neben der bei mir vorherrschenden Luther-Forschung habe ich meine bescheidene Beschäftigung mit Schleiermacher stets so verstanden: als die stimulierende Freude an sehr anderen Texten. Wie sich alles miteinander reimt, das kann und soll man ruhig einmal zurückstellen, um sich durch die Lektüre überraschen und befruchten zu lassen. Allerdings nötigt die theologische Verantwortung früher oder später zu der Frage nach dem Sinn des "und" zwischen zwei so gewichtigen Namen. Darüber eine Zwischenbilanz geben zu müssen, war eine Herausforderung, für die ich dankbar bin. Es wäre aber zu hoch gegriffen, sähe man darin gar eine theologische Lebensbeichte.

Zu der noch offenen Frage, wie die erörterte Kontaktstelle historisch zu erklären sei, kann ich nur die Vermutung äußern, hier habe das allgemeine reformatorische Erbe eher unbewußt eingewirkt, z.T. konkreter vermittelt durch den Pietismus, außerdem aber eine gewisse Analogie der geschichtlichen Situation zu einer Sachkonvergenz geführt, bei Luther die Auseinandersetzung mit der Scholastik, bei Schleiermacher mit Orthodoxie und Rationalismus.

Auch bei einem so gewagten geschichtlichen Vergleich, der die unmittelbaren historischen Zusammenhänge transzendiert, sind die Kontexte zu berücksichtigen. Die Luther-Interpretation hatte dies lange versäumt. Der polemische Umgang mit Schleiermacher in systematischer Absicht während der zwanziger und dreißiger Jahre hat die historische Perspektive nur zu gern vernachlässigt. Selbstverständlich gehört in beiden Fällen der Gesichtspunkt der Wirkungsgeschichte mit hinzu. Geht es nun um die Konfrontation beider, so muß, was Schleiermacher betrifft, in erster Linie davor gewarnt werden, seine Theologie als ein abstraktes Gedankengebilde, isoliert von der geschichtlichen Bewegung, in die sie gehört, unmittelbar mit der ebenfalls zeitlos vorgestellten reformatorischen Theologie zu vergleichen. Es kann nur zu verhängnisvoller Ungerechtigkeit führen, wenn man Schleiermacher in dieser Weise direkt an Luther mißt, anstatt auf die Steuerung zu achten, die er in einer Luther sehr ferngerückten Situation vollzogen hat. In bezug auf Luther hingegen muß eine die Jahrhunderte übergreifende Betrachtung vor allem die Zukunftsträchtigkeit seiner Theologie im Blick haben. Nicht aus dogmatistischer Voreingenommenheit, sondern weil sich bei historisch unbefangener Sicht der Eindruck nicht umgehen läßt: Sofern man überhaupt von Theologie etwas hält, habe Luther, obwohl auch er ein Mensch seiner Zeit, auf Jahrhunderte hinaus einen Vorsprung, der bisher nicht eingeholt wurde.

Daraus ergibt sich mir eine These zu dem theologiegeschichtlichen Ort

Schleiermachers: Innerhalb der Wirkungsgeschichte Luthers stellt Schleiermacher den entscheidenden Drehpunkt dar von der zunehmenden Eskamotierung Luthers aus der protestantischen Theologie in den heute immer noch im Gang befindlichen Prozeß des Ringens um die angemessene theologische Rezeption Luthers. Zum ersten Teil der These wäre selbstverständlich vieles differenzierend zu sagen. In Hinsicht auf Luther gedenke man mit tiefem Respekt der bewahrenden Funktion der Orthodoxie, der partiell wiederentdeckenden Leidenschaft des Pietismus insbesondere bei Zinzendorf, des einsamen Grübelns Hamanns, der Intuition Herders sowie der spekulativen Energie, mit der Hegel auf so sperrige Elemente von Luthers Theologie wie die Erbsünde und das Kreuz einging. Einzeln absolut genommen, ist an jeder der erwähnten Stellen sicher mehr unmittelbarer Luther-Bezug vorhanden als bei Schleiermacher. Tatsächlich aber war nun einmal seine überragende theologische Potenz der auslösende Faktor für eine theologiegeschichtliche Wende, die in wechselnden Konstellationen Luther und Schleiermacher miteinander zum Thema werden ließ.

Von dem Ausgangs- und Kernpunkt dieses Geschehens war in meinem Vortrag die Rede. Schleiermachers frühes Fanal inspirierte ebenso wie sein reifes systematisches Gespräch mit der reformatorischen Bekenntnistradition zu erneuter Beschäftigung mit Luther. Als Symptom im unmittelbaren Umfeld wären etwa der Historiker Ranke zu nennen oder der Plan einer kritischen Gesamtausgabe von Luthers Werken, der 1819 im engsten Freundeskreis Schleiermachers von Lücke und de Wette gefaßt und publiziert, aber infolge ungünstiger Umstände beschränkt nur auf die Briefedition – ein Meilenstein der Luther-Forschung – verwirklicht wurde.

Die Geschichte der deutschsprachigen protestantischen Theologie seit dem ersten Drittel des 19. Jahrhunderts steht nicht etwa, wie man meinen könnte, primär im Zeichen der Konkurrenz von Kant oder Hegel mit Schleiermacher. Das sind nur Nebenaspekte dessen, was den roten Faden des Ganzen bildet: der zunehmenden Präsenz Luthers, verbunden mit der anhaltenden Brisanz des Verhältnisses von Luther und Schleiermacher. An die bekannten Brennpunkte dieser Entwicklung brauche ich nur zu erinnern: die Auseinandersetzung mit Hegel, wie sie durch Feuerbach und Kierkegaard repräsentiert wird, die Erlanger Schule mit Theodosius Harnack als Sonderfall, die Ritschlsche Schule mit ihren Seitentrieben Wilhelm Herrmann und Ernst Troeltsch, die Holl-Schule sowie die dialektische Theologie. Das Anschwellen des Umgangs mit Luther, das hier im Ganzen deutlich erkennbar ist, würde noch bestätigt, wenn man die Geschichte der Luther-Forschung abseits der systematischen Theologie in diesem Zeitraum würdigte. Für die durchlaufende Problembeziehung sind insbesondere Wilhelm Herrmann, Ernst Troeltsch und Karl Barth instruktiv.

Unter diesem Blickwinkel wären auch allzu selbstverständlich gewordene
Urteile über Geschichtszäsuren zu revidieren. Troeltschs großlinige Periodi-
sierung in Alt- und Neuprotestantismus verfehlt, wie ich meine, das Kernproblem. Luther läßt sich dabei nur gewaltsam und verstümmelt unterbringen
und Schleiermacher nur unter Verkennung dessen, was an ihm epochal ist.
Was aber die dialektische Theologie betrifft, so hat sie in ihrem vermeintlich radikalen Bruch mit dem 19. Jahrhundert dessen theologisches Hauptthema in neuer Variante fortgesetzt. Das Aufregendste an Barths Theologie
ist m.E. dies: Seine zunehmende Luther-Kritik steht in innerem Zusammenhang
mit seinem zwiespältigen Verhältnis zu Schleiermacher. Das Abrücken von
Luther korrespondiert seiner Annäherung an die problematische Tendenz
Schleiermachers, Gesetz und Evangelium zu vermischen und dadurch dogmatisch wie ethisch der reformatorischen Fundamentalunterscheidung Abbruch
zu tun.

Das Recht dieser theologiegeschichtlichen These und der damit verbundenen
Einzelurteile wäre noch zu erweisen. Um meines Themas willen meinte ich
aber, sie nicht verschweigen zu dürfen, auch wenn man ihr vorerst nur den
Rang einer Hypothese zubilligt.

SCHLEIERMACHERS DIALEKTIK ALS GRUNDLEGUNG PHILOSOPHISCH-THEOLOGISCHER SYSTEMATIK UND ALS AUSGANGSPUNKT OFFENER WECHSELSEITIGKEIT

von **Heinz Kimmerle**

Was in Frage steht, ist der Begriff des Subjekts als Grundbegriff systematischer Philosophie. Der Beitrag Schleiermachers zu diesem Problem paßt nicht ohne weiteres in die Tradition der Philosophie des Ich, die von der Selbstgewißheit des Subjekts aus alle anderen Gebiete des Wissens zu begründen sucht. Innerhalb der Philosophie des Deutschen Idealismus hat diese "Tradition ihren hervorstechendsten Vertreter in Fichte gefunden. Seine "Wissenschaftslehre" erschöpft sich nach Schleiermacher darin, "Wissenschaftswissenschaft" zu sein, daß heißt die Bedingungen aufzustellen, unter denen ein vom Subjekt Gewußtes als Wissen gelten kann[1]. Das ist aber nur die kritische Seite der Grundlegung philosophischer Systematik. Ihre konstruktive Seite besteht darin, die Prinzipien des realen Wissens in ihrem gesamten Zusammenhang aufzuweisen, die dem empirischen Wissen zugrundeliegen. Die Philosophie artikuliert dabei nach Schleiermacher nur ein Agens, das auf allen Gebieten des Wissens anzutreffen ist, nämlich den Zusammenhang des Gewußten zum Ausdruck zu bringen. Deshalb muß jede wahrhafte Philosophie von ihrem Ansatz her "eine Ethik und Physik wenigstens machen wollen" und damit den Organismus des gesamten Wissens konstruieren[2].

Aber wir können Schleiermacher auch nicht einfach der entgegengesetzten Strömung im Deutschen Idealismus zuordnen, die durch den Namen Hegels gekennzeichnet wird und die für die dialektische Begründung der philosophischen Systematik paradigmatisch geworden ist. Denn diese bleibt letztlich derselben Einseitigkeit der Ich-Philosophie verhaftet. Ihre umfassende Bemühung, das Andere des Subjekts zu denken, sei es nun als physische Natur oder als die übersubjektive Wirklichkeit des objektiven Geistes, mündet schließlich doch wieder zurück in die Ausgangsposition der Transzendentalphilosophie, daß das Denken als Denken des Subjekts nur in diesem seine Begründung finden kann. Das gelingt, indem die Struktur der "Rückkehr zu sich" im Sinne der Rückkehr des subjektiven Denkens aus dem anderen seiner selbst zu sich selbst zur Struktur der absoluten Subjektivität erhoben wird, so daß per definitionen nichts außerhalb ihres Kreises fallen kann. Demgegenüber hält Schleiermacher an der realistischen Prämisse der Kantischen Erkenntnistheorie fest, daß die Erkenntnis auf sinnliche Wahrnehmung angewiesen bleibt, die das Denken nicht aus sich selbst produzieren kann.

---

1 Vgl. F.D.E.Schleiermacher: Dialektik. Hg. von L.Jonas, in: Sämmtliche Werke, III. Abt., Bd. 4.2, Berlin 1839, S. 19 f.
2 Vgl. a.a.O., S. 25.

Dies erörtert er als die Irreduzibilität der organischen Funktion im Denken, ohne die das Denken kein Wissen zu werden vermag[3].

Die Sonderstellung Schleiermachers hängt damit zusammen, daß seine Grundlegung der philosophischen Systematik zugleich den Raum frei läßt für eine wissenschaftlich-systematische Entfaltung der theologischen Inhalte im Sinne einer von außen kommenden Offenbarungstheologie. Die gültige christliche Lehre muß sich dabei freilich stets als Erfahrung des unmittelbaren Selbstbewußtseins beschreiben lassen, wie sie in "ursprünglichen frommen Gemüthszuständen" gegeben ist[4]. Der Kosmos der Wissenschaften umfaßt deshalb auch die Lehre vom christlichen Glauben und von der christlichen Sitte, in denen das spezifische Wissen und Wollen in seinen Prinzipien auseinandergesetzt wird, die aus der christlichen Offenbarung und den durch sie induzierten Gemützuständen abgeleitet werden können. Die Bedingung der Möglichkeit dieser Wissenschaften kann indessen nicht selbst wieder theologisch aufgezeigt werden. Die "Dialektik" hat nicht wie z.B. die "Ethik" ein christliches Pendant. Sie muß aus philosphischen Gründen deutlich machen, daß zwar alles Wissen im Subjekt gegeben, aber nicht notwendigerweise auch vom Subjekt bewirkt ist. Das Mitgesetztsein eines Anderen, das nicht aus dem subjektiven Bewußtsein kommt, kann dann als das Mitgesetztsein Gottes im Selbstbewußtsein interpretiert werden.

Manfred Frank hat gezeigt, daß damit eine subjekttheoretische Position eingenommen wird, die für heutige philosophische Fragestellungen auf dem Gebiet der Sprachtheorie und der Grundlagen der Literaturwissenschaft wichtige Aufschlüsse zu bieten hat. Er weist auch mit Recht darauf hin, daß Schleiermacher innerhalb der Tradition des Deutschen Idealismus am ehesten in der Nachbarschaft Schellings verortet werden kann. Damit ist nicht die Prägung des begrifflichen Instrumentariums der Schleiermacherschen Philosophie durch Schellings identitätsphilosophische Schriften gemeint, auf die schon häufig hingewiesen worden ist, sondern die sachliche Affinität der Dialektik Schleiermachers als Grundlegung philosophischer und theologischer Systematik zu dem Programm einer negativen und einer positiven Philosophie, wie es der späte Schelling entwickelt[5].

Franks groß angelegter Versuch, auf der Grundlage von Schleiermachers Theorie des Subjekts Hermeneutik und Strukturalismus miteinander zu versöhnen, was inhaltlich zu einer Option für den Standpunkt Sartres führt, kann freilich nur als gelungen gelten, wenn sich diese Grundlage auch als tragfähig erweist. Daß das Subjekt in sich selbst stets auch anderes an-

---

3 Vgl. a.a.O., S. 55–57.
4 Vgl. Schleiermacher: Der christliche Glaube (1821/22), hg. von H.Peiter, in: Kritische Gesamtausgabe, I. Abt., Bd. 7.1, Berlin/New York 1980,S.16.
5 Vgl. M.Frank: Das individuelle Allgemeine. Textstrukturierung und -interpretation nach Schleiermacher, Frankfurt 1977; s. bes. S. 104 Anm. 60.

trifft, das es nicht aus sich selbst hervorgebracht hat, sei in der Dialektik
Schleiermachers mit der unaufhebbaren Sprachlichkeit des subjektiven Denkens
begründet, darin liege seine irreduzible organische Funktion, die bedingt,
daß sich das Subjekt im Umschlag vom Wissen zum Wollen nicht aus sich selbst
verstehen kann. Diese These wird indessen von Falk Wagner auf das Ent-
schiedenste bestritten. Er hält es für notwendig, von der realen Sprache auf
ihre ideale Bedeutung zurückzugehen, um das reine Denken in seinem universalen Begründungsanspruch zu erfassen. Seiner Auffassung nach war sich
Schleiermacher dessen auch durchaus bewußt, daß "das Denken, das als
Sprachgeschehen beschrieben würde, noch gar nicht a l s Denken erfaßt
wäre". Der "innere Nerv" des Schleiermacherschen Dialektik-Konzepts ist nach
dieser Interpretation darin zu erblicken, daß sie von den Differenzen zur
Einheit, vom Streit zur Einigkeit, von der Disparität zum Zusammenhang des
Wissens führen soll. Dieses Ziel verlange eine Wissenschaft des Wissens, die
sich in der Übereinstimmung von Denken und Sein vollendet. In diesem Punkt
bleibe Schleiermacher jedoch zweideutig. Einerseits gelange er zur Einheit
von Denken und Sein im unmittelbaren Selbstbewußtsein, andererseits fordere
er einen "transzendentalen Grund" für diese Einheit, der nicht im Selbstbewußtsein gegeben ist[6].

Damit ist bereits deutlich geworden, daß über die Interpretation der
Schleiermacherschen "Dialektik" tiefgreifende Kontroversen bestehen. Das
macht es notwendig, für einen eigenen Interpretationsansatz ausführlich auf
den Text selbst zurückzugehen. Daß dem Subjektbegriff hierbei eine zentrale Bedeutung zukommt, ist wohl unbestritten, so daß mit der Frage nach
der Interpretation der "Dialektik" immer auch die Frage nach der Subjekttheorie zu stellen und zu diskutieren ist. Wir wollen im folgenden untersuchen, ob die Argumentationen der Schleiermacherschen "Dialektik", die in
eine Subjekttheorie ausmünden, in sich konsistent sind und insofern eine
ernsthafte Alternative zu Fichte und Hegel bilden. In einem zweiten Abschnitt
soll dann die Frage behandelt werden, welche Bedeutung der Konzeption
Schleiermachers für heutige philosophische Probleme zukommt.

Dabei ist es nicht unser Ziel, die Argumentationen Schleiermachers konsistenter zu machen, als sie von sich aus sind. Dies hat Ulrich Barth versucht. Er stellt den Argumentationsgang Schleiermachers unter einen Anspruch, der diesem selbst nicht eigen ist. Er will eine "am Leitfaden der
formalen Logik orientierte Transzendentalphilosophie" bei Schleiermacher wiederfinden, eine "Theorie der Möglichkeit von Erkenntnis letztbegründenden

---

6 Vgl. F.Wagner: Schleiermachers Dialektik. Eine kritische Interpretation,
Gütersloh 1974; s. bes. S. 39 f.

Strukturen mentaler Aktivität des Bewußtseins"[7]. Demgegenüber suchen wir dem Argumentationsgang Schleiermachers im Sinne seiner eigenen Intentionen zu folgen. Sofern sich dieser Argumentationsgang als inkonsistent erweist, werden wir von diesen Punkten aus danach fragen, welche sachlichen Probleme diese Inkonsistenz verursacht haben und welche Wege des Denkens wir einschlagen müssen, um diese Probleme einer Lösung näher zu bringen.

1. Zur Frage der Konsistenz der Schleiermacherschen Subjekttheorie

Die "Dialektik" Schleiermachers liegt uns nicht in einer abgerundeten Darstellung vor. Wenn man dies der Tatsache zuschreibt, daß "sein unerwartet früher Tod eine letzte auktoriale Verfügung über den Textstand bzw. eine Ausarbeitung desselben nicht mehr [habe] zustandekommen lassen", mißt man diesem Sachverhalt systematisch keine weitere Bedeutung bei[8]. Es erscheint dann prinzipiell als möglich, aus den Manuskripten und Vorlesungsnachschriften der verschiedenen Jahrgänge die "Einheit der Dialektik" Schleiermachers zu rekonstruieren. Es kommt demgemäß darauf an, das "Ganze von Schleiermachers Dialektik in seiner systematischen Bedeutung und Konsistenz" vor Augen zu stellen. Das ist der Ansatz einer Interpretation der "Dialektik" Schleiermachers, die Hans-Richard Reuter vorgelegt hat[9]. Unsere These ist jedoch, daß es nicht äußere und zufällige Gründe sind, die verhindert haben, daß dieses Werk Schleiermachers wie die meisten Texte seiner "Sämmtlichen Werke" nicht zu einer definitiven Ausarbeitung gediehen ist. Die Frage nach der Konsistenz ihrer theoretischen Argumentationen läßt sich nicht einfach mit ja oder nein beantworten. Ihre Erörterung signalisiert vielmehr ein offenes Problem, das uns unmittelbar zu weiterer Gedankenarbeit an seiner Lösung veranlaßt.

Innerhalb des gesamten Systems der Philosophie hat die Dialektik zu erweisen, daß Ethik und Physik eine Einheit bilden, daß sie von entgegengesetzten Ausgangspunkten aus dieselbe Sache zur Darstellung bringen. Dies ist die Sache der Philosophie, die das Ineinanderverwobensein von Natur und Vernunft zum Gegenstand hat. Dieses Ineinanderverwobensein ist das Resultat des Handelns der Vernunft auf die Natur und der Natur auf die Vernunft. Dabei wird einmal der erste Aspekte als überwiegend gesetzt und zum anderen Mal der zweite.

Dieser Einheitsbegriff ist es, den die Dialektik zu begründen hat. Er fin-

---

7 Vgl. U.Barth: Christentum und Selbstbewußtsein. Versuch einer rationalen Rekonstruktion des systematischen Zusammenhanges von Schleiermachers subjektivitätstheoretischer Deutung der christlichen Religion, Göttingen 1983; s. bes. S. 21.
8 Vgl. Schleiermacher: Hermeneutik und Kritik, hrsg. von M.Frank, Frankfurt 1977, Einleitung des Herausgebers, S. 57.
9 Vgl. H.R.Reuter: Die Einheit der Dialektik Schleiermachers. Eine systema-

det sich zunächst in der wechselseitigen Akzentuierung von Aktivität und
Passivität im Wissen. Das Wissen kann ebensosehr von seiner spontanen intellektuellen wie von seiner rezeptiven organischen Funktion aus begriffen
werden. Denken und Sein sind in dem Sinne identisch, daß das eine nie ohne
das andere und beide wechselseitig als überwiegend aufgefaßt werden. Wenn
man diese These ernstnimmt, sieht man, daß Schleiermachers Position keinesfalls mit den transzendental-philosophisch-idealistischen Systemen gleichgesetzt werden kann, auch nicht mit der identitätsphilosophischen Konzeption,
die Schelling und Hegel von 1801 bis 1803 gemeinsam vertreten haben. Denn
für sie ist die absolute Identität von Denken und Sein in der Selbstüberbie-
tung der Seite des subjektiven Denkens ausgedrückt, so daß dieses das Sein
zu umfassen vermag. Schleiermachers Position ist in einem strikten Sinn
zwischen Idealismus und Materialismus situiert; sie ist ebensosehr (oder
ebensowenig) idealistisch wie sie materialistisch ist.

Als letzter Grund der Einheit von Aktivität und Passivität im Sinne des
wechselseitigen Überwiegens der einen oder der anderen Seite wird dann das
Verhältnis von Wissen und Wollen angegeben. Wie beim Übergang vom mehr
rezeptiven Wahrnehmen zum mehr spontanen Denken gibt es auch hier
zwischen beiden Reihen eine Diskontinuität. Wie das auf besondere Weise
Wahrgenommene in ein individuell geprägtes allgemeines Denken umgesetzt wird
und schließlich auch wie das besondere Wissen insgesamt in ein individuell
geprägtes allgemeines Wollen und das daraus hervorgehende Handeln umgesetzt wird, läßt sich von den Bedingungen des Bewußtseins aus, in dem diese Übergänge stattfinden, nicht auf zufriedenstellende Weise erklären. Es ist
nicht so, daß eine größere Allgemeinheit des Denkens gegenüber dem Wahrnehmen und des Wollens gegenüber dem Wissen die Besonderheit der ersteren
in sich auflösen kann. Das Subjekt bleibt in allen seinen Funktionen ein individuelles Allgemeines. Wie könnte es auch sonst als Begründungsinstanz
für das "In-Eins-Bilden" von Allgemeinem und Besonderem in allen Gestaltungen des ethisch oder physisch interpretierten Weltprozesses dienen? So verweist das Bewußtsein zur Erklärung seiner Einheit als einer individuell allgemeinen auf die Einheit von Besonderen und Allgemeinen im Sinne ihres unendlichen Einswerdens im Weltprozeß. Daraus ergibt sich für seine Einheit
ein "transzendenter Grund".

Mit Frank gehen wir davon aus, daß es das Festhalten an der Sprachlichkeit des Denkens ist, wodurch verhindert wird, daß Schleiermacher eine re-
flexionslogische Begründung für die Einheit des sich denkenden Denkens im
Subjekt des Denkens entwickelt hat. Der Ort des Denkens ist zwar immer das
Subjekt, aber in diesem Denken ist auch immer etwas mitgesetzt, das nicht

tische Interpretation, München 1979, s. bes. S. 22.

aus dem Subjekt herkommt, sondern aus der Sprache. Dementsprechend hat
Schleiermacher schließlich den Grund für die Einheit des Wissens und Wollens
jenseits des Bewußtseins aufgesucht.

In diesem Zusammenhang ist es von entscheidender Wichtigkeit, daß die
Sprache von Schleiermacher unter dem doppelten Aspekt betrachtet wird, daß
sie ein vorgegebenes System von Zeichen und deren Bedeutung ist und daß
dieses System nur im Gesprochenwerden konstituiert und zugleich verändert
wird. Man muß die gesamten Aussagen Schleiermachers zur Sprachphilosophie
hinzunehmen, wenn man begreifen will, was es mit der Identität von Denken
und Sprechen und der dadurch bedingten prinzipiell begrenzten Allgemeinheit
des Denkens auf sich hat. Die Interpretation der "Dialektik" kann sich nicht
damit begnügen, deren eigenen Argumentationsgang kritisch nachzuvollziehen.
Es ist notwendig, die Dialektik in ihrer Gesamtheit mit Rhetorik, Grammatik,
Hermeneutik und Kritik zu betrachten. Ferner sind die Äußerungen zur
Sprache in der Ethik, Ästhetik, Psychologie und Erziehungslehre mit heranzuziehen.

Die Zusammengehörigkeit von Dialektik und Hermeneutik ist von besonderer
systematischer Bedeutung. Sie "besteht darin, daß jeder Akt des Verstehens
ist die Umkehrung eines Aktes des Redens". Und "alles Werden des Wissens",
das in der Dialektik erörtert wird, ist "von beiden abhängig". Denn "das
Reden ist die Vermittlung für die Gemeinschaftlichkeit des Denkens", und das
Denken ist nie ohne diese Vermittlung, sei dies "auch Vermittlung des Denkens für den Einzelnen. Das Denken wird durch innere Rede fertig und in
sofern ist die Rede nur der gewordene Gedanke selbst"[10]. Von daher erklärt
es sich, daß Schleiermacher in der Vorlesung von 1822 und in der Vorbereitung der Druckfassung von 1834 ausdrücklich die "Kunst des Gesprächs" als
Ausgangspunkt für die Darstellung der "Dialektik" wählt[11]. Das Reden, das
Gemeinschaftlichkeit des Denkens erzeugt und das zu seiner vollen Erfassung
der Hilfe durch die Hermeneutik bedarf, vollzieht sich als Gespräch. Die Dialektik ist Gesprächsführung "auf dem Gebiet des reinen Denkens", das aber
nicht deshalb rein ist, weil es ohne alle sinnlich-organische oder sprachlich-
besondere Beimischung wäre, sondern weil es sich - im Unterschied zum geschäftlichen und künstlerischen Denken - auf das Wissen oder besser das
Wissenwollen richtet. Die Dialektik kann in ihrer Allgemeinheit "nur aufgestellt werden, für einen bestimmten Sprachkreis", in dem die betreffenden
Gespräche geführt werden.

Schleiermacher sagt an dieser Stelle ganz deutlich, daß durch die Sprach-

---

10 S.Schleiermacher: Hermeneutik. Hg. von H. Kimmerle, Heidelberg 1974,
   2. Aufl., S. 76 f.
11 S.Schleiermacher: Dialektik a.a.O., S. 370 ff und 569 ff; vgl. auch zum
   folgenden.

ichkeit "eine unaustilgbare Differenz im Denken gesetzt" ist. Die Formulie-rung, daß die Dialektik "zunächst" nur für einen bestimmten Sprachkreis aufgestellt werden muß, kann keine Vorläufigkeit in dem Sinne beinhalten, daß die Besonderheit des Denkens aufgrund seiner Sprachlichkeit irgendwann einmal aufhebbar wäre. Das "Zunächst" soll vielmehr die Tendenz signali-sieren, in der Verallgemeinerung des Wissens vom Wissen und von der Ein-heit von Wissen und Wollen so weit wie möglich zu gehen. Verschiedene Sprachkreise können sich einander annähern, so daß die Begrenzungen der gemeinsamen Allgemeinheit vermindert werden. Das ändert nichts an der prin-zipiellen Gültigkeit der Grenze, die mit der Sprachlichkeit des Denkens, so-fern es Wissen werden soll, gegeben ist. Ein bloß formales Denken, das sich dieser Begrenzung entziehen kann, indem es als Kalkül formuliert wird, führt nicht zum Wissen, sondern dient der nachträglichen Überprüfung bestimmter Aspekte des Wissens, das auf anderen Wegen aufgestellt worden ist [12].

Die Einheit des Wissens, die so zu erreichen ist, wird also immer nur eine vorläufige sein, ein mit Besonderheit behaftetes Allgemeines. Das folgt auch aus der durchgängigen Kennzeichnung sowohl der Dialektik als auch der Her-meneutik, die nicht von den genannten Bearbeitungsstufen abhängig ist, daß sie den Charakter einer Kunstlehre haben. Die Einheit des Wissens und auch die des Wissens und Wollens werden nicht direkt hergeleitet, sondern es wird der Weg aufgezeigt, auf dem sie sichtbar gemacht werden können. Die Kunst-lehre des Gesprächs über das reine Denken zeigt die Schritte auf, die in einem solchem Gespräch zurückgelegt werden müssen. Daß das Gespräch, wenn es wirklich geführt wird, etwa zwischen Schleiermacher und dem Leser seiner Dialektik-Entwürfe, auch gelingt, daß die Gesprächspartner nicht aneinander vorbeireden oder sich sonstwie mißverstehen, kann auch durch die Mithilfe der Hermeneutik nicht völlig sichergestellt werden. Die Erreichung der Ein-heit bleibt ebenso dem verfügenden Wissen transzendent wie diese selbst.

Aus der irreduziblen Besonderheit des Denkens, das Wissen werden will, ergibt sich die Unüberbrückbarkeit des Umschlags vom Wissen zum Wollen. Wenn es unausgemacht bleibt, was ein besonderes Wissen letztlich ist, kann

---

12 In diesem Punkt muß ich meine frühere Interpretation der Sprachlichkeit des Denkens bei Schleiermacher korrigieren. Der entwicklungsgeschicht-liche Aspekt, der zu einer gewissen Relativierung bzw. Akzentverschiebung in der Einheit von Denken und Sprechen führt, wurde überschätzt. Das hatte im Blick auf die Deutung der Hermeneutik zur Folge, daß die Ent-stehung der "Psychologischen Interpretation" als ein zu schwerwiegender Einschnitt genommen wurde. Es muß indessen noch immer gezeigt werden, was das Aufkommen dieses Begriffs und die damit verbundene Veränderung der Schleiermacherschen Hermeneutik-Konzeption bedeutet, wenn die Über-zeichnung dieses Sachverhalts in meinen früheren Arbeiten weggelassen wird. Vgl. H.Kimmerle: Die Hermeneutik Schleiermachers im Zusammenhang seines spekulativen Denkens, Heidelberg Diss. phil. 1957 (MS), bes. II. Teil, S. 63 ff. und Schleiermacher: Hermeneutik a.a.O., Einleitung des Herausgebers, S. 20-24.

auch das darauf sich basierende Wollen nicht völlig allgemein bestimmt werden, etwa als "reiner Wille" im Sinne Kants, der nur vernünftiger Wille ist
ohne alle Beimischung natürlicher Bestimmungsgründe. Es ist ein Nichtwissen
gesetzt von der Einheit beider Reihen. Die Einheit ist nicht faßbar für die
Dialektik und nicht erreichbar in dem Gespräch, das den Anweisungen der
dialektischen Kunstlehre zu folgen sucht. Das Subjekt erweist sich als ein
Durchgangsstadium auf dem Weg zur Einheit. Das ist bis zu diesem Punkt
völlig konsistent aufzuzeigen. Die unaufhebbare Besonderheit des Denkens,
die in seiner Sprachlichkeit beschlossen ist, läßt sich für ein Denken, das
nicht rein formal bleibt, sondern Wissen von Objekten sein will, nicht bestreiten. Sie ließe sich wohl konkreter fassen, indem die gesellschaftlich-ge-
schichtliche Bestimmtheit der Sprache in ihre theoretische Erfassung einbezogen wird. Ansätze hierzu bietet die moderne Soziolinguistik, die schichtenspe-
zifische Besonderheiten für das Sprachsystem und den Sprachgebrauch als
prägend erweist, oder auch Foucaults Begriff des discours, der in der
Sprache ihre geschichtlich-gesellschaftlichen Bedingtheiten geltend macht.

Worauf es ankommt, ist zu zeigen, daß in der Sprache die Strukturen des
gesellschaftlichen Handelns eingezeichnet sind. Dazu gehört vor allem auch
die gesellschaftliche Bearbeitung der Natur, die zur Reproduktion des
menschlichen Lebens unerläßlich ist. Eine Theorie der Sprechhandlungen kann
die rationalen Strukturen der verschiedenen Handlungssorten sichtbar machen.
Dabei möchte ich nicht den Vorschlag machen, eine universale Pragmatik zu
entwerfen, wie Habermas dies tut. Innerhalb einer dialektischen Begründung
des Wissens, die der Argumentationslinie Schleiermachers folgt und diese in
ihrer Konsistenz zu erweisen sucht, repräsentieren die Sprechhandlungen die
rationalen Strukturen der jeweiligen Zeit und des jeweiligen Lebenskreises.
Daß dabei bestimmte Organisationsformen der gesellschaftlichen Arbeit jeweils eine fundamentale Rolle spielen, ist in dem Entwurf Schleiermachers
so nicht vorgesehen, kann ihm aber in der Verlängerung seiner konsistenten
Argumentationslinie ohne Schwierigkeiten hinzugefügt werden.

Nach Schleiermacher verfügt das Bewußtsein indessen noch über eine Dimension, die tiefer reicht als Denken und Sprechen, deren Inhalte deshalb auch
weder gedacht noch ausgesprochen werden können. Das ist die Dimension des
Gefühls. Was sich hier ereignet, tut sich auf andere Weise kund als durch
die Vermittlung diskursiver Gedanken und sprachlicher Zeichen. Alles Reden
darüber kann immer nur indirekt anzeigen, was das Bewußtsein als fühlendes erfährt. Dieser Indirektheit trägt Schleiermacher Rechnung, wenn er den
"transzendent[al]en Grund" der Einheit des Wissens und Wollens im Gefühl,
die "Idee Gottes" und in Verbindung damit die "Idee der Welt", die "auf
eigene Weise" ebenfalls transzendental ist, in einem an Kant angelehnten
Sinn als "Ideen" charakterisiert. Ideen sind "problematische" oder "unausge-

füllte Gedanken", zu denen "das organische Element nur in entfernten Analogien besteht". Das hat zur Folge: "Die Anschauung Gottes [und der Welt]
wird nie wirklich vollzogen, sondern bleibt indirekter Schematismus"[13] .
Die spekulativen Aussagen Schleiermachers über Gott und die Welt, die sich
auf den transzendenten Grund der Einheit des Wissens beziehen und durch
die sichergestellt werden soll, daß seine Grundlegung neben der philosophischen auch für die theologische Systematik gilt, weichen aber in den verschiedenen Jahrgängen der Dialektik-Vorlesungen nicht unerheblich voneinander ab. Von Anbeginn (Entwurf von 1811) wird die Erkenntnisrestriktion in
Rechnung gestellt, die sich aus Kants "Kritik der reinen Vernunft" ergibt,
daß kein reales Wissen von den Ideen möglich ist. Allein das "Verhältnis
beider" kann als Erklärungsgrund für die Einheit des Wissens und Wollens
ausgesprochen werden, "in wie fern sie verschieden sind und in wie fern
dasselbe". Dabei ist es eine durchgängige Auffassung, daß "das absolute"
oder Gott ein "transzendentes Sein" und eine "transzendente Idee" als das
Wissen dieses Seins ausdrückt, während die "Idee der Welt" nur die "Grenze
unseres Wissens" bestimmt, das notwendig zu Denkende ist gegenüber dem Gegebensein mehrerer relativer Einheiten. Aber auch die Welt ist Einheit. Der
Unterschied liegt lediglich darin, daß die Idee Gottes direkt "unter der Form
der Identität" gedacht wird, während die Einheit der Welt "unter der Form
des Gegensatzes" steht[14] .
Der ausführliche Text des Entwurfs von 1814 fügt diesen Aussagen hinzu,
daß beide Ideen zwar "Correlata", aber nicht identisch sind. Sie stehen "an
entgegengesetzten Seiten jenseits des realen Wissens als dessen Grund" (terminus a quo) und Ziel (terminus ad quem). Dabei ist ihr "Zusammensein"
ein notwendiges ; keine kann ohne die andere gedacht werden. Gott steht
indessen jetzt für die "volle Einheit" und die Welt für die Vielheit. Die
erstere behält freilich gegenüber der letzteren ihren Primat. Das Denken und
Wissen begründet sich seiner Möglichkeit nach in der Einheit, aber es findet den Grund seines Fortschreitens zu immer neuen Akten des bestimmten
Wissens in der Vielheit, die das transzendentale Prinzip der "Tendenz zum
organischen Wissen" ausdrückt[15] . Diese Tendenz wird in den Notizen von
1818 unterstrichen, indem gesagt wird, daß das Denken ohne seine organische
Funktion als Ursprung der Eigentümlichkeiten und der Vielheit, "nicht mehr"
oder "noch nicht" als ein Denken gilt, das den Status des Wissens für sich
beanspruchen kann[16] .
Demgegenüber bringt der Entwurf von 1822 weitere Präzisierungen an, gelangt aber auch im Blick auf das soeben Ausgeführte zu unterschiedlichen

---

13 S.Schleiermacher: Dialektik a.a.O., S. 151 f. und 161.
14 S. ebenda, S. 328 f. und 333-335.
15 S. ebenda, S. 162-166.
16 S. ebenda, S. 368.

Auffassungen. Das Problem wird nunmehr ganz in die Einheit der beiden Einheiten des Wissens und des Wollens verlagert. Die letzteren scheinen ohne
Schwierigkeiten ableitbar zu sein. Aber erst ihre Vereinigung ist die Einheit des wirklichen Bewußtseins. Die Erfahrungsgrundlage dieser Einheit,
das Gefühl, wird als das "unmittelbare Selbstbewußtsein" bestimmt. Darin
sieht Schleiermacher eine "Analogie mit dem transzendenten Grunde, nämlich
die aufhebende Verknüpfung der relativen Gegensätze", daß jedes bestimmte
Wissen auch ein Wollen und jedes bestimmte Wollen auch ein Denken enthält.
Man wird eine Verbindung herstellen dürfen mit dem Erscheinen der "Glaubenslehre" im Jahre 1821/22, in der in diesem Zusammenhang das Gefühl als
"religiöses Gefühl" genauer gefaßt wird. Das "unmittelbare Selbstbewußtsein"
steht als solches zunächst nur in Analogie mit dem transzendenten Grund.
Erst wenn es diesen in sich selbst repräsentiert, drückt es seine transzendente Bestimmtheit aus und wird religiöses Gefühl. Das reine Daß der notwendigen Wechselseitigkeit von Denken und Wollen, Rezeptivität und Spontaneität wird erneut als Bedingtheit interpretiert und diese soll als "allgemeines Abhängigkeitsgefühl" erfahren werden. Mit dieser Erfahrung sei dann
das Problem der Dialektik aufgelöst. Denn damit sei der "Urgrund" alles
Seins im Bewußtsein gesetzt. Dies bilde die "Ergänzung der fehlenden Einheit" des wirklichen Bewußtseins, in der die jeweilige Einheit des Wissens
und des Wollens wiederum vereinigt wird[17].

Es ist jedoch die Frage, ob in diesem Schritt die durchgängige Besonderheit des Denkens aufgrund seiner Sprachlichkeit festgehalten wird, die sich
auch dem Wollen mitteilt, sofern jedes Wollen immer auch ein denkendes
Wollen ist. Der Gegensatz von vorgegebenen allgemeinen Regeln des Denkens
und der Sprache und besonderem subjektivem Denken und Sprechen, der in
der individuellen Sprachbildung aufgehoben wird, läßt das Subjekt ebensosehr von diesen Regeln abhängig sein wie diese in ihrem Fortbestand vom
subjektiven Sprechen abhängig sind. Dieses Wechselverhältnis, das als konsistente Begründung der Subjekttheorie zu erweisen ist, erlaubt keine Öffnung für das religiöse Gefühl als Grundlage der theologischen Systematik im
Sinne einer einseitigen allgemeinen Abhängigkeit. In moderner Terminologie
würde dies heißen, daß Heideggers Formulierung, das menschliche Dasein sei
"geworfener Entwurf" in Sartres Formel, es sei "zur Freiheit verdammt", nur
verkürzt wiedergegeben wird, weil auch die Geworfenheit nur in neuen Entwürfen fortbesteht.

Die genauere Bestimmung des religiösen Gefühls geht zusammen mit einer
Erklärung der Idee der Welt als Einheit, die zur Einheit der Idee Gottes in-

17 S. ebenda, S. 426-431.

sofern ein Gegenüber bildet, als diese "mit Ausschluß aller Gegensätze", jene "mit Einschluß aller Gegensätze" gedacht werden muß. In diesem Punkt kehrt der Entwurf von ' 1822 zur Auffassung der Konzeption von 1811 zurück. Die Vorlesung von 1822 präzisiert aber von hier aus noch einmal, inwiefern die Idee der Welt ein bloßer Grenzbegriff ist und wie sich ein solcher zur Idee Gottes verhält. "Die Idee der Welt ist die Grenze unseres Denkens. Der transzendente Grund liegt außer dem Denken, und so haben wir an jenem Ausdruck nur den Weg zum transzendenten Grund." Das Mitgesetztsein des transzendenten Grundes im Selbstbewußtsein als das Gefühl der allgemeinen Abhängigkeit rückt den Gedanken der Welt in die Perspektive der Vorstufe zu dieser Einheit. Die Welt ist nur "in einem untergeordneten Sinn transzendental", Einheit im Sinne der Zusammenfassung aller einzelnen Erfahrung. Gott ist die "noch weiter zurücklegende Voraussetzung", absolutes Subjekt und absolute Kraft und "also auch die Quelle der in der Welt als Einheit aller Kraft gesetzten Aktivität." Schleiermacher macht sich an dieser Stelle selbst den Einwand, daß die Welt dann ohne alle eigene Aktivität wäre und daß "die bloße Passivität kein Sein ist", sondern formlose und kraftlose Materie. Erst wenn die Welt auch als "ursprünglich aktiv" gedacht wird, ist der "dialektische Gang" der Argumentation wiederhergestellt[18] . Auf diese Weise würde die Schwierigkeit gar nicht entstehen, die man darin gesehen hat, daß die "Schlechthinnigkeit" des religiösen Gefühls der Abhängigkeit sich nicht fühlen kann, weil dazu notwendigerweise ein Stück Aktivität gehört[19] .

Der technische oder formale Teil der "Dialektik" ist dabei noch gänzlich außerhalb der Betrachtung geblieben. Er unterstreicht den Gesprächscharakter, der der gesamten Dialektik zugrundeliegt. Daß immer von einem wechselseitigen Überwiegen der Passivität und der Aktivität, der organischen und der intellektuellen Funktion des Denkens, der Besonderheit und der Allgemeinheit die Rede sein muß, drückt sich sowohl in der "Theorie der Begriffsbildung" als auch der "Theorie der Urteilsbildung" aus. Es zeigt sich vor allem darin, daß die "Construction des Wissens", zu der dieser Teil die formale Anleitung geben soll, sich nicht in der Theorie der Schlußbildung vollendet, sondern in der Lehre "von der Combination".

Die "Combination" vollzieht sich teils mehr heuristisch, teils mehr architektonisch. Sie findet im Besonderen Fragmente des Allgemeinen, oder sie baut das letztere systematisch aus den ersteren auf. "Die Vollendung des Wissens ist die erfüllte Idee der Welt. Die Zusammenordnung aller fragmentarisch entstandenen Erkenntnisse in Eins." Dies geschieht, indem eine "Mannigfaltigkeit von Urtheilen" heuristisch und architektonisch zur Einheit gebracht wird. Die Vorlesung von 1818 erläutert diesen Einheitsbegriff. Es

---

18 S. ebenda, S. 431 f. Anm. und S. 431–435.
19 Vgl. Wagner a.a.O., S. 163–168, 210–214 und 178 f.

handelt sich nicht um die "unmittelbare Einheit" des Allgemeinen und Besonderen "im Begriff", sondern um "eine losere, mehr mittelbare Einheit, die nur ein ganzes ist aus einer Mannigfaltigkeit." Das architektonische Verfahren behält einen heuristischen Charakter, es gibt "für die Einheit selbst ein Schwanken." Sofern die Dialektik Kunstlehre ist und nicht zur Wissenschaft ausgestaltet werden kann, bleibt die Einheit der architektonischen Kombination von Urteilen immer eine relative, d.h. es bleibt im Grunde eine Vielheit von Einheiten. Deshalb wird das architektonische Verfahren in einer idealisierten Weise betrachtet, wenn seine Aufgabe als die "Vollendung des Wissens" beschrieben wird, die in der "Zusammenordnung aller fragmentarisch entstandenen Erkenntnisse in Eins" besteht, da diese in der Wirklichkeit nie erreicht werden kann[20]. Das ist auch der Sinn, in dem im transzendentalen Teil der Dialektik von 1814 davon gesprochen wird, daß die Idee der Welt im Unterschied zur Idee Gottes nicht durch Einheit, sondern durch Vielheit gekennzeichnet wird.

Die Idee Gottes oder der transzendente Grund der Einheit des Wissens taucht im formalen Teil der Dialektik zuerst in dem Entwurf von 1822 auf. Für die mehr rezeptive Seite des Wissens, die in der Begriffs- und Urteilsbildung ebenso zu berücksichtigen ist wie in der Kombination der Urteile, wird hier die Möglichkeit des "reinen Auffassens" herausgearbeitet, die das "sich darbietende Sein" nur im Blick auf die daran darzustellende Idee des Wissens begreift. Das führt unmittelbar auf die Idee der Gottheit als den transzendenten Grund dieses Wissens. So kann der "Glaube an Gott" auch "im Erkennen" zur Darstellung kommen[21]. Diese Möglichkeit ist jedoch daran gebunden, daß es das "reine Auffassen" ohne alle Beimischung eigener Aktivität überhaupt geben kann, so daß hier die Aporie wieder entsteht, wie die reine Passivität sich ihrer selbst bewußt werden könne. Es stößt - wie es scheint - auf unüberwindliche Schwierigkeiten, von der Besonderheit des Denkens aus, die durch seine organische Funktion bedingt ist, die Grundlegung der christlichen Theologie zu entwickeln.

Im Entwurf von 1831 wird schließlich ausführlich darüber gehandelt, wie der transzendente Grund des Wissens im Begriff mit seinen beiden Seiten, die den Funktionen des Denkens entsprechen, und im Urteil jeweils gegeben ist. Dabei wird deutlich, daß er sowohl in der organischen Begriffsform als auch im Übergang vom Begriff in das Urteil und vom Urteil in den Begriff angetroffen wird. Denn die "absolute Gemeinschaftlichkeit des Seins" im System der Begriffe setzt die "unbestimmte Mannigfaltigkeit möglicher Urteile" voraus und umgekehrt. Der Übergang der ersten in das zweite und des zweiten in

---

20 S. Schleiermacher a.a.O., S. 302 f. und 303 ff. Anm.
21 S. ebenda, S. 437.

den ersten erschöpft die Bewegung des Denkens, das keine anderen Formen kennt, so daß dieser Übergang "der Grund sein muß von jedem Übergang", in dem der transzendente Grund der Einheit des Bewußtseins zum Ausdruck kommt[22]. Das bestätigt unsere Interpretation, daß die sprachliche Verfaßtheit des Denkens und die darin gelegene wechselseitige Angewiesenheit von Sprache und Denken aufeinander als der eigentliche Grund für die Einheit des Wissens gelten muß, wie sie sich im denkenden und sprechenden Bewußtsein bildet. Die Transzendenz dieses Grundes bestimmt sich von daher aus dem Verhältnis von Bewußtsein und Sprache. Denn die Sprache ist immer eher und immer mehr als das Bewußtsein des Subjekts. Zugleich ist sie niemals ohne dieses Bewußtsein und niemals als dieselbe, die sie vorher war und außerhalb ist, im subjektiven Bewußtsein.

Mit der Sprache ragt eine ganze Welt mit der Vielheit ihrer Gestaltungsformen in das Bewußtsein hinein und wirkt auf dieses ein. Umgekehrt ist die Innensphäre des Bewußtseins durch die Sprache mit dieser Welt verbunden, und das Sprechen gibt die Linien an, auf denen die Mitgestaltung der Welt durch das Bewußtsein verläuft. An dieser Stelle muß erneut auf die Hauptlinie dieses Gestaltens der Welt verwiesen werden, die bei Schleiermacher nicht als solche herausgehoben wird. Das Handeln der Vernunft auf die Natur, das Herausentwickeln von Kulturwelten aus dem Naturstoff basiert sich jeweils auf die Reproduktion des menschlichen Lebens durch die gesellschaftliche Bearbeitung der Natur. Die dabei entstehenden Sprechhandlungen werden deshalb auch in der umgekehrten Wirkungsrichtung die inneren Funktionen des Bewußtseins grundlegend bestimmen. Die "Combination" von Begriffen und Urteilen wird in grundlegender Weise auch den Zweck erfüllen müssen, daß sie den Entwurf von Arbeitsintentionen und deren schrittweise Korrektur im Vollzug ihrer Ausführung möglich macht.

Wenn man es so sieht, ist es das Resultat unserer bisherigen Überlegungen, daß Schleiermachers "Dialektik", fügt man ihr die erwähnte ergänzende Dimension der Prägung der Sprache durch die gesellschaftliche Arbeit hinzu, für sein philosophisches System eine konsistente Grundlegung darstellt, daß aber ihr Gedankengang für die Entfaltung des theologischen Wissens als des Zusammenhangs der kirchlichen Lehre kein zureichendes Fundament anbieten kann. Denn es wird kaum möglich sein, die Transzendenz der Sprache mit der Transzendenz Gottes gleichzusetzen, die noch hinter der Einheit bzw. Vielheit der Welt angesetzt wird. Wie soll ein Grund, der nur Einheit ist, zugleich für Vielheit und Besonderheit als Fundament dienen können? Von der Sprache und ihrer geschichtlich-gesellschaftlichen Bestimmtheit her läßt sich das Verhältnis einer allgemeinen oder schlechthinnigen Abhängigkeit nicht

---

22 S. ebenda, S. 503-507.

entwickeln. Sie begründet vielmehr die durchgängige Wechselseitigkeit. Sie ist der bewußtseinstranszendente Grund dafür, daß sich im Bewußtsein Wissen bilden kann, das auch als die rationale Grundlage des Handelns zu dienen vermag. Die Einseitigkeit einer allgemeinen Abhängigkeit paßt nicht in den Argumentationsgang einer Philosophie der Wechselseitigkeit; sie durchbricht deren Grundgedanken des individuellen Allgemeinen, an dem stets beide Seiten teilhaben, freilich stets auf verschiedene Weise und mit verschiedenen Anteilen.

Umgekehrt ist es freilich so, daß die Begründung der Individualitätsstruktur alles Seienden, in dem sich Vernunft und Natur ineinander gebildet haben, allein in der Sprachlichkeit und der sonstigen organischen Bedingtheit des Denkens für die Gesamtheit der Schleiermacherschen Philosophie als Einseitigkeit erscheinen muß. Dieser Begründungszusammenhang mag sich zwar aus den "Entwürfen zur Dialektik" als in sich konsistenter Argumentationsgang herausheben lassen, insbesondere wenn man Schleiermachers eigener Aufforderung gemäß Rhetorik, Grammatik und Hermeneutik sowie das Gesamtkonzept seiner Sprachphilosophie hinzunimmt. Schaut man jedoch auf die "Entwürfe zur Ethik" und auf die "Jugendschriften", einschließlich der "Reden über die Religion" und der "Monologen", wird der Begründungsversuch der "Dialektik" als zu schmal erscheinen, wenn er das religiöse Gefühl und seine Explikation in der kirchlichen Lehre nicht mit umfaßt. Zwischen Wissenschaft und Moral, Wissen und Wollen, Theoretischem und Praktischem befindet sich für Schleiermacher in allen diesen Texten der Ort der Religion, des reinen Anschauens, des Gefühls, kurz: der Gotteserfahrung. Die christliche Lehre wird auch stets als die adäquateste Explikation dieser Erfahrung angesehen. Wie das Gefühl dem Wissen gegenübersteht auf der Seite des symbolisierenden Handelns der Vernunft, bildet die Kirche das Pendant des Staates auf der Seite ihres organisierenden Handelns. Die religiöse Erfahrung und ihre institutionelle Ausformung in der kirchlichen Lehre haben im philosophischen Denken Schleiermachers ihre festen Orte.

Wenn die Dialektik ihren Begründungsanspruch einlösen will, muß sie im Blick auf die Gesamtheit des Schleiermacherschen Denkens dieser Gegebenheit Rechnung tragen. So ist es erklärlich, daß die unaufhebbare Besonderheit des Denkens und Wollens, die ihren Grund jenseits des subjektiven Bewußtseins findet, auch in der Dialektik schließlich auf Gott zurückgeführt wird, der durch das religiöse Gefühl im Bewußtsein repräsentiert wird. Damit soll innerhalb der Begründung der philosophischen Systematik für die theologische Wissenschaft der Raum freigehalten werden. Unter dem Gesichtspunkt der Konsistenz des Begründungsversuchs, den Schleiermacher in der "Dialektik" für sein Denken insgesamt vorführt, müssen wir jedoch darauf beharren, daß die Linie von dem Ausgangspunkt der Kunst des Gesprächs und der Be-

grenztheit der Dialektik auf einen Sprachkreis über die organische Funktion
des Denkens zur bleibenden Bestimmtheit des Denkens und Wissens durch die
Sprache führt, die sich dann weitervermittelt über die grundlegende Bedeutung des Wissens für das Wollen bis zur Begründung der Einheit des Bewußtseins in beiden Reihen.

Wenn man dieses Ergebnis mit Hegels Grundlegung des Systems der Philosophie in seiner "Wissenschaft und Logik" (1812/16) vergleicht, die den Gottesbegriff und die Religionsphilosophie wesentlich mit umfaßt, scheint es sich
auf den ersten Blick um einen völlig anderen Typus philosophisch-theolo-
gischer Systematik zu handeln. Für Hegel löst sich das Rätsel des Seins im
subjektiven Bewußtsein. Die Substanz ist selbst Subjekt. Die Bewegung der
Reflexion, als Rückkehr der Subjektivität aus dem Anderen ihrer selbst zu
sich selbst, wird ins Absolute erhoben und kann als der Gedanke der Persönlichkeit Gottes gefaßt werden. Die Einheit von Denken und Sein, Wissen
und Wollen ist nicht wechselseitig, sondern das Zurückholen des zweiten in
das erste. Sieht man indessen genauer zu, zeigt sich, daß die realphiloso-
phische Entfaltung des Systems auf der Grundlage dieser logischen Bestimmungen, die in der "Enzyklopädie der philosophischen Wissenschaften" (1817)
nur "im Grundrisse" ausgeführt worden ist, in ihrer weiteren Ausarbeitung
in den Vorlesungen (1817 - 1831) nicht zu befriedigenden Ergebnissen führt.
Immer wieder wird das begrifflich-logische Gerüst im Zuge der realphilosophischen Darstellungen umgebaut und auf andere Weise benützt. Auch von
der Seite der Anordnung des realphilosophischen Materials aus treffen wir
auf eine Reihe neuer Versuche, die für Hegel selbst letztlich nicht zu befriedigenden Ergebnissen führt. Die verschiedenen Gebiete der Wirklichkeit lassen
sich in ihrer vollen Realität nicht auf konsistente Weise in das Strukturgefüge der absoluten "Rückkehr zu sich" einordnen. Georges Bataille spricht
davon, daß man Hegels Arbeit an seinem System der Philosophie als die Geschichte seines Scheiterns begreifen muß, daß dies aber als authentische Bewegung eines in sich sinnvoll begründeten Ansatzes gesehen werden muß[23].
Aus dieser Sicht wären Hegel und Schleiermacher vollkommen parallel zu lesen. Das authentische Scheitern der sich in sich selbst begründenden Subjektivität sagt dasselbe wie das Hinausgehen über das subjektive Bewußtsein
bis zu seinem transzendenten Grund. Das Andere des Denkens auf das Sich-
Denken des Subjekts zurückzuführen, muß mißlingen. Wäre das nicht so,
hätte diese Philosophie totalitäre Konsequenzen. Deshalb ist es im höchsten
Maße empfehlenswert, das Scheitern der Hegelschen Philosophie als Gewinn
zu verbuchen. Die Weiterarbeit, die von diesem Punkt ausgeht, kann zumin-

---

23 Vgl. G.Bataille: Hegel, la mort et le sacrifice, in: Deucalion 5, Neucha-
tel 1955, S. 42.

dest experimentell im begrifflichen Rahmen eines Denkens der Wechselseitigkeit nach einer Alternative suchen. Damit gelangen wir zu der Frage nach
der Bedeutung der Schleiermacherschen Dialektik für heutige philosophische
Probleme.

2. Zur Frage der Aktualität der Schleiermacherschen Dialektik

Es zeugt aus meiner Sicht für überraschende Kühnheit, auf welche Weise
Manfred Frank die Dialektik Schleiermachers mit der modernen französischen
Differenzphilosophie in Verbindung bringt. Schleiermachers Begriff der Einheit bezeichnet ein "Schweben ... zwischen dem Aktiv und dem Passiv". Der
transzendente Grund enthält der Möglichkeit nach die "Differenz der Momente" des Aktiven und Passiven, des Organischen und Intellektuellen, des Ab-
bildlichen und des Vorbildlichen. Deshalb kann diese Einheit der "im Ereignis des 'Übergangs' wirkende Grund der Differenzierung" sein, den Frank
mit Derrida als "différance" bezeichnet[24]. Dies scheint sehr naheliegend zu
sein, wenn man in Derridas vorläufiger semantischer Analyse der différance
(in der Schlußsilbe mit a statt mit e geschrieben) folgendes liest: "Wir werden sehen, warum, was sich als différance bezeichnen läßt, weder einfach
aktiv noch einfach passiv ist, sondern eher so etwas wie eine mediale Form
... eine Operation ... die sich nicht denken läßt, weder als Leiden noch
als Tätigkeit eines Subjekts auf ein Objekt .. weder als ausgehend von irgendeinem dieser Ausdrücke noch im Hinblick auf sie." Obwohl sie nicht
selbst Tätigkeit ist, bringt sie die Differenzen hervor, indem sie diese ermöglicht. Sie ist nicht ihr Ursprung im Sinne einer vorhergehenden Ursache,
sondern ihre nicht-volle, nicht-einfache Ermöglichung[25].

Die letzte Formulierung läßt jedoch vermuten, daß die Analogie zu Schleiermacher schwierig wird. Statt von der "vollen Einheit" ist von etwas die
Rede, das nicht voll ist im Sinne des parmenideischen Seinsbegriffs und nicht
einfach. Zur Erleichterung der Diskussion möchte ich für unsere Zwecke
différance mit Unterschiedlichkeit übersetzen[26]. Weil oder sofern Unterschiedlichkeit ist, können Unterschiede sein. Dieser Gedanke ist wesentlich offener
als das Nichtwissen der vollen Einheit, die aber im Gefühl repräsentiert ist.
Schleiermacher vermag zwar das Andere zu denken, denn die Natur wird
nicht in die Vernunft, die organische Funktion des Denkens nicht in die intellektuelle und das abbildliche Denken des Wissens nicht in das vorbildliche
des Wollens aufgelöst. Beide repräsentieren auf identische Weise von entge-

24 S.Frank: Das individuelle Allgemeine a.a.O., S. 103 f. mit Anm. 59.
25 Vgl. J.Derrida: Randgänge der Philosophie, Frankfurt/Berlin/Wien 1976,
   S. 11-13, s. bes. S. 13 und S. 16 f.
26 Eine Übersetzung von différance, die die Vielzahl der semantischen Gehalte
   dieses Ausdrucks gleichzeitig enthält, ist nicht möglich. Deshalb unter-
   lasse ich es auch, die rein im Schriftbild, etwa in der Ersetzung von

gengesetzten Seiten aus den Fortgang des Weltprozesses. Das bedeutet: in
ihrer Getrenntheit sind sie eins aufgrund ihrer Wechselseitigkeit. Die "Differenz der Momente" ist ein bestimmter Unterschied: Identität Entgegengesetzter, die sich wechselseitig genau entsprechen.

Die Unterschiede, die von der Unterschiedlichkeit ermöglicht werden, sind
indessen nicht darauf festzulegen, entgegengesetzt zu sein, und auch nicht
darauf, in der Entgegensetzung durch wechselseitige Entsprechung Identität
zu repräsentieren. Sie sind repräsentationslos: Entgegensetzungen, gleichgültige Unterschiede oder Unterschiede anderer Art. Die Einheit des Weltprozesses
erweist sich als Fiktion. Daraus ergibt sich, daß Schleiermacher mit dem Gedanken der Welt als Vielheit am meisten in die Nachbarschaft der différance
gekommen ist. Dieser Gedanke schließt auf konsistente Weise bei dem Ausgangspunkt der "Dialektik" an, daß sie eine Kunstlehre des Gesprächs ist
und nur für einen bestimmten Sprachkreis gilt. Da die Summe der in einem
solchen Sprachkreis zu führenden Gespräche immer endlich bleibt, kann die
Einheit, die in ihnen erreicht wird, immer nur eine relative Einheit sein,
die andere Einheiten neben sich kennt. Wollte man Gott für diese Einheit
setzen, wäre seine Transzendenz nicht nur auf die der Sprache überhaupt,
sondern auf die der Sprache eines bestimmten Sprachkreises mit ihren geschichtlichen und gesellschaftlichen Bestimmtheiten eingeengt. Das läßt sich
mit dem universal verstandenen Gottesbegriff der christlichen Tradition auf
keine Weise zusammenbringen. Es ist indessen wohl im Sinne der Unterschiedlichkeit, die Idee der Welt als Vielheit verschiedener Einheiten aufzufassen.

Eine Schwierigkeit liegt freilich darin, daß Schleiermacher keine Hinweise
gibt, wie das Anderssein der anderen Einheiten zu denken ist, die sich in
anderen Sprachkreisen ergeben. Das Prinzip der Wechselseitigkeit, das Entgegengesetzte zur Einheit zusammenbindet, scheint universal gemeint zu sein,
denn es gilt auch für die schlechthin allgemeine Dimension des Handelns der
Vernunft auf die Natur und umgekehrt. Daß die Welt als Vielheit verschiedener Einheiten gedacht wird, setzt aber nicht voraus, daß diese Einheiten
von gleicher Art sein müssen. Nun kann zwar vom eigenen Sprachkreis aus
nichts darüber gesagt werden, welcher Art die Einheit anderer Sprachkreise
sein wird, aber die Möglichkeit der Andersartigkeit muß ihnen von vornherein zugestanden werden.

An dieser Stelle macht sich erschwerend bemerkbar, daß die Sprachlichkeit
des Denkens von Schleiermacher nicht konkreter gefaßt wird im Blick auf ihre

---

Buchstaben, gelegenen Gesichtspunkte auszudrücken; vgl. zu Differänz
und Unterschied meinen Artikel: Wege der Kritik an der Metaphysik, in:
L'héritage de Kant, Paris 1982, S. 354 Anm. 28.

gesellschaftlich-geschichtlichen Besonderheiten. Das ist nicht nur in der
"Dialektik" unterblieben, es bildet auch kein Thema der "Hermeneutik und
Kritik". Es ist für die Lösung der hermeneutischen und kritischen Aufgabe
bereits vorausgesetzt, daß die Besonderheiten einer Sprache und der darin
ausgedrückten Verhältnisse dem Interpreten bekannt sind. Für die Auslegung
des Neuen Testaments z.B. ist dieses Wissen nicht durch die Hermeneutik,
sondern durch die Einleitungswissenschaft zu vermitteln. Das bedeutet, daß
Schleiermacher diese Umstände nicht für relevant genug hält, um den hermeneutischen und dialektischen Prozeß zu bestimmen. Sein Problem ist, wie
in einer Sprache, die beide Gesprächspartner kennen und beherrschen, Verstehen und über das Verstehen Einheit im Wissen erzeugt werden kann. Daß
die Sprache und die Richtung des Denkens durch gesellschaftlich-geschicht-
liche Bedingungen so tiefgreifend beeinflußt sein können, daß womöglich mit
Angehörigen eines anderen Sprachkreises, die aber in einer verwandten gesellschaftlichen Konstellation leben, eher ein Verstehen und ein Weg zur Einheit im Wissen erreichbar wären als innerhalb des eigenen Sprachkreises,
ist Schleiermacher nicht in den Sinn gekommen.

Wenn man diese Dimension der gesellschaftlich-geschichtlichen Bestimmtheit
der Sprache und des Denkens hinzunimmt, ist man eher in der Lage, die Andersartigkeit anderer Einheiten in der Vielheit des Weltprozesses zu erfassen. Dies hat für die Auffassung der eigenen Einheit zunächst einmal zur
Folge, daß sie sich als nicht-universal versteht, daß sie die anderen Einheiten in ihrer Andersartigkeit nicht nur toleriert, sondern prinzipiell als
gleichberechtigt anerkennt[27]. Zwischen den verschiedenen Einheiten kann es
indessen erneut zu einer Art von Wechselseitigkeit kommen. Es entsteht ein
interkulturelles Gespräch, das aber nicht auf weitere Vereinheitlichung gerichtet ist, sondern auf den Erhalt der Vielheit, in der der Andere, mit dem
ich spreche, der Andere bleiben kann. Die Wechselseitigkeit öffnet sich für
andere Formen als die der genauen Entsprechung Entgegengesetzter. Der
Lebenskreis der Anderen mit ihren sprachlichen und gesellschaftlich-geschichtlichen Besonderheiten kann und soll erhalten bleiben, sofern mit ihnen
eine Wechselseitigkeit auf der Grundlage prinzipieller Gleichberechtigung gegeben ist. Es bedarf keiner Frage, daß die Bedingung der offenen Wechselseitigkeit unter den Voraussetzungen der kapitalistischen Produktionsweise,
die anderen Kulturen aufgezwungen wird, in keiner Weise als erfüllt gelten
kann.

Die Dialektik der Wechselseitigkeit erweist sich in dieser Hinsicht als
flexibler im Vergleich zur Dialektik der Aufhebung. Wechselseitigkeit setzt

----

27 Vgl. H.Kimmerle: Entwurf einer Philosophie des Wir. Schule des alterna-
   tiven Denkens, Bochum 1983, S. 138-145, zum folgenden 146 ff.

nicht notwendigerweise Entgegensetzung voraus, die dann mithilfe des Gedankens der genauen Entsprechung auf beiden Seiten als Einheit interpretiert
werden muß. Die Dialektik der Aufhebung geht immer von der Entgegensetzung
aus. Weil darin e i n e Seite die stärkere ist, vermag diese auf höherer
Stufe den allgemeinen Rahmen zu bestimmen, in dem die schwächere Seite als
besonderes Moment erhalten bleibt. Die stärkere Seite ist die der Negation,
die in sich die Kräfte versammelt, um gegen eine starr und quasi unveränderlich gewordene Position anzukämpfen. Diese Dialektik paßt auf den gesellschaftlich-geschichtlichen Prozeß der europäisch-abendländischen Geschichte, sofern diese als eine Geschichte von Klassengesellschaften zu sehen
ist. Im Bezug auf d i e s e Wirklichkeit ist sie die angemessenere Methode
des Begreifens. Die Dialektik der Aufhebung kann sich indessen transformie-
ren zur Lehre von der Auflösung nicht-antagonistischer Entgegensetzungen,
die zur theoretischen Erfassung bestimmter Prozesse von genereller Bedeutung
ist, in denen Spannungszustände vorgegeben sind, die dann allmählich zum
Austrag kommen.

Auf diesem Wege führt sie an die Grenze der Wechselseitigkeit. Sofern in
der Wechselseitigkeit Entgegensetzung gedacht wird, ist diese durch die genaue Entsprechung beider Seiten von vornherein als aufgehoben gesetzt.
Die Spannung liegt nunmehr darin, daß sich das Gleichgewicht dieser Entsprechung im Lauf einer langen Geschichte allererst herstellen muß. Diese
Geschichte kann als der umfassendere Prozeß gelten, innerhalb dessen die
antagonistischen Entgegensetzungen und ihre Aufhebung bestimmte Phasen bilden. Die europäisch-abendländische Geschichte und die darin hervorgetrete-
nen Formen der Naturbearbeitung mit ihrer antagonistischen gesellschaftlichen Organisation ist nicht universal. Wenn sie sich jetzt über den gesamten Erdball ausbreitet, kann das nicht darüber hinwegtäuschen, daß gesellschaftliche Verhältnisse, in denen andere Formen des Umgangs der Menschen
miteinander und der Menschen mit der Natur bestehen, von diesem Prozeß nur
überdeckt werden. Es ist konkret noch kaum abzusehen, auf welche Weise
die Universalität des Weltmarktes mit ihren gesellschaftlichen und politischen
Folgeerscheinungen von diesen überdeckten Formen aus aufs Neue individualisiert werden kann. Die Dialektik der Wechselseitigkeit entwirft einen geschichtlichen Horizont, innerhalb dessen diese Rückkehr zur Individualität
des Allgemeinen erwartet werden muß.

Denn diese Wechselseitigkeit läßt sich auch denken, ohne von Entgegensetzung und genauer Entsprechung auszugehen. Hier können wir noch einmal
auf Derrida zu sprechen kommen und dabei seinen Gedanken mithilfe des Mo-
tivs der Wechselseitigkeit eine bestimmtere Struktur zu geben versuchen. Den
Diskurs der politischen Ökonomie, der zugleich der dialektische Diskurs im
Sinne einer Dialektik der Aufhebung ist, will Derrida im Anschluß an

Bataille dekonstruieren und so die allgemeine Ökonomie als die ihr vorausliegende Struktur sichtbar machen. Statt den Mangel zu verwalten, geht es nach Bataille zunächst einmal darum, den Überschuß an vitaler Energie, der auf der Erde insgesamt vorausgesetzt wird, so zu verausgaben, daß es dabei nicht zu Explosionen kommen muß. Im Bereich der Geschichte bedeutet dies, daß die Gefahr des Anwachsens von Spannungszuständen, die sich in Kriegen und Revolutionen entäußern müssen, vermindert werden kann. Der Überschuß an vitaler Energie soll im Vorfeld des geschichtlichen Handelns so verausgabt werden, daß er der Verwertung im politisch-ökonomischen System definitiv entzogen bleibt[28].

Als ein Beispiel der gesellschaftlichen Organisationsform für diese Verausgabung des Überschusses bezieht sich Bataille auf die Sitte des Potlatsch, wie sie Marcel Mauss bei den Indianern der amerikanischen Nordwestküste beobachtet hat[29]. Der Potlatsch läßt sich als eine Form des Geschenkaustausches beschreiben, der nicht auf der Basis der Äquivalenz geschieht, dessen Wechselseitigkeit vielmehr ein Spiel ungleicher Kräfte reguliert, die sich im Sich-Weggeben zu übertreffen suchen. Im Verlust der Macht, die der überschüssige Reichtum gibt, gewinnt der Geber eine Form von Macht, die allein in seiner Großherzigkeit (générosité) begründet ist. Die Position des Schwächeren wird nicht absorbiert im Sinne einer Dialektik der Aufhebung, sondern respektiert im Sinne einer Wechselseitigkeit mit bleibender Verschiedenheit.

Worauf Derrida mit diesem Beispiel hinauswill, ist ein Potlatsch der Zeichen, der den bestehenden Sinn auflöst und in ein Spiel der Verweisungen überführt, das keine geschlossenen Sinnzusammenhänge zuläßt, sondern die Wörter einsetzt, um allenthalben die Relativität des Sinns sichtbar zu machen. Diesen Vorgang interpretiert Derrida mithilfe des Begriffs der Aufhebung, den er freilich in entscheidenden Punkten modifiziert[30]. Ich möchte demgegenüber vorschlagen, in diesem Prozeß die Sprachlichkeit des Denkens und seinen Gesprächscharakter geltend zu machen. Dann ergibt sich, daß das sprechende Subjekt, indem es aus der Sprache schöpft und in wechselseitigem Austausch mit Anderen steht, nicht darauf gerichtet ist, so viel wie möglich den eigenen Sinn zu behaupten, sondern ihn aufs Spiel zu stellen und zu verausgaben, so daß andere daran partizipieren können, es sei denn, daß sie selbst die größere Gabe eines relativen Sinns darzubieten haben. Das bedingt eine tatsächliche kopernikanische Wende, nicht nur auf dem Gebiet des Denkens, sondern auch auf dem der Moral[31]. Im Bereich der Ge-

---

28 Vgl. Bataille: Das theoretische Werk, Bd. 1: Die Aufhebung der Ökonomie, München 1975, S. 17.
29 Vgl. Bataille: La part maudite, Paris 1967, S. 100-115.
30 Vgl. Derrida: Die Schrift und die Differenz, Frankfurt 1976, S. 409-421, s. bes. S. 416.

schichte kann so das Nebeneinanderbestehen ungleicher Kräfte als möglich gedacht werden, die sich in offener Wechselseitigkeit respektieren und gelten lassen.

Schleiermachers Dialektik baut den Gedanken der Entgegensetzung ungleicher Kräfte in den größeren Zusammenhang einer evolutionären Perspektive ein, die besagt, daß die Aufhebung als wechselseitige Durchdringung der Entgegengesetzten begriffen werden muß. Dadurch wird sie zur Wegbereiterin des Gedankens der offenen Wechselseitigkeit, in der Verschiedene als Entgegengesetzte u n d als auf andere Weise Unterschiedene Anteil haben. Seine Dialektik erweitert sich so zum Denken der Differenz. Dieses Denken hat kein gesamtpolitisches Pendant. Aber es hat konkrete gesellschaftliche Anschlußpunkte, von denen ich hier nur einige als Beispiele nennen will, die ich an anderer Stelle genauer ausgearbeitet habe [32]. Ich meine die Veränderungen der familiären Strukturen, in denen eine Überwindung des Patriarchats zu beginnen scheint, die veränderte Haltung zur Natur und ihren Ressourcen für menschliche Bedürfnisse, deren Endlichkeit nicht nur der ungehemmten weiteren Ausbeutung ihre Grenzen setzt, sondern auch zu erhaltenden und regenerierenden Maßnahmen nötigt, und die Bestimmung allgemeinstaatlicher Funktionen, die von allen verschiedenen Gruppierungen und Interessen innerhalb einer Gemeinschaft ausgeht und zwischen ihnen einen Ausgleich sucht. Zum letzteren gehört auch die Frage der sog. Minderheiten und in außenpolitischer Hinsicht der Dialog zwischen Gemeinschaften verschiedener kultureller Prägung, sowie die Einschätzung fremder Rituale und Mythologien, die nicht mehr hierarchisch beurteilt oder in hoch und niedrig diskriminiert werden können.

---

31 S. Bataille, a.a.O., S. 64.

32 Vgl. Kimmerle, a.a.O., S. 92–113.

DIE PROBLEMATISCHE POESIE

Schleiermachers Beitrag zur Frühromantik

von **Hans Dierkes**

1.

"Ferner gilt, daß das glückliche Leben ein ethisch hochstehendes Leben ist. Ein solches aber erfordert Anstrengung und ist kein Spiel.[1] " Als Aristoteles diese Sätze im X. Buch seiner 'Nikomachischen Ethik' niederlegte, hatte er für Griechen gesprochen, und das hieß wohl so viel wie für die Ewigkeit. Indes sollte diese so lange nicht dauern; denn schon Kant war der letzte, der eine solche ethische Tradition noch ungebrochen übernehmen konnte. Ungebrochen wenigstens insoweit, als auch ihm die Verbindlichkeit zweier Voraussetzungen unverbrüchlich festzustehen schien: Einmal, daß Ethik selbst aus dem glücklichsten und entlastetsten Leben nicht fortgedacht werden kann, und ferner, daß diese Ethik Anstrengung sein muß, Anstrengung mindestens gegen die an sich selbst freilaufenden triebhaften Handlungsimpulse im Menschen. Gerade in der Kant nachfolgenden Schule 'radikaler Neukantianer', zu der u.a. ja auch Schleiermacher und Schlegel zu zählen sind, besteht aber jene Einmütigkeit, daß Glück etwas mit Ethik und Ethik etwas mit Arbeit zu tun haben muß, nicht mehr. An diesem bis heute nachhallenden Traditionsbruch ist die Frühromantik also alles andere als unschuldig. Zwar lautete auch ihr Kampfruf "Freiheit", aber aus dem Postulat der Praktischen Vernunft und ihrem Vermögen zur ethischen Selbstgesetzgebung war unter der Hand längst etwas anderes geworden. Was, das muß nicht nur für das Verständnis Schleiermachers, sondern der gesamten ersten Romantikergeneration von höchstem Interesse sein[2].

Zum Zeichen, daß man gewillt war, Kant zu überbieten, konnte das, was er in normativem Verstande immer "Freiheit" genannt hatte, nun geradezu mit dem von ihm verpönten Ausdruck "Willkür" bezeichnet werden – und hatte damit ja auch seine Bedeutung gewandelt. Freilich meinte man mit "Willkür" zunächst eine "schaffende Willkür" (KA 5, 59; s.a.R 57), also das universale

---

1 Aristoteles, Nikomachische Ethik (ed. Dirlmeyer), X. Buch, 1177a.
2 Häufig zitierte Schriften Schleiermachers erscheinen im folgenden unter diesen Siglen:
VB = Vertraute Briefe über Friedrich Schlegels Lucinde, in: Lucinde von Friedrich Schlegel. Eingeleitet von R. Frank, Leipzig 1907.
R = Über die Religion (Nach der Erstausgabe Berlin 1799), Stuttgart (Reclam) 1969.
Mo = Monologen nebst den Vorarbeiten, Hamburg (Meiner), 1978[3].
DO = Dialektik, hg. v. R.Odebrecht, Darmstadt 1976.
CSI = Christliche Sittenlehre. Einleitung, hg. v. H.Peiter, Stuttgart, Berlin etc. 1983.
Br = Aus Schleiermachers Leben. In Briefen, hg. v. L.Jonas u. W.Dilthey,Bd.1-4,

und absolute Schöpfungsvermögen des göttlichen Weltgrundes selbst. Es springt ins Auge, daß sich dieser Gottesbegriff an der ästhetisch freien Produktionskraft des Kunstgenies orientiert, das sich selbst seine Gesetze gibt und darum auch ihnen gegenüber noch einmal frei bleibt. Nur, daß im Unterschied zum menschlichen Künstler der "aus Nichts schaffende Weltschöpfer", wie noch der mittlere Schleiermacher in seiner 'Dialektik' sagt, "sich zuerst seinen Stoff selber macht"[4]. Ich stelle diesem theologischen Grundaxiom eine Nachlaßnotiz Schlegels zur Seite, die besonders schön den gemeinsamen metaphysischen Ausgangspunkt der beiden augenfällig macht:

"Zur poetischen Theologie gehört [...] die künstlerische Ansicht Gottes als eines Dichters, der Welt als eines Kunstwerks". (KA 18,91,Nr.749; s.a. KA 12, 105). In beiden Fällen, das sei schon hier festgehalten, ist der vorausgesetzte Geniegott nicht länger einer universalen logischen Vernünftigkeit ver-

---

Berlin 1860-63.
Friedrich Schlegels Werke zitiere ich unter der Sigle 'KA' nach der Kritischen Friedrich-Schlegel-Ausgabe, hg. v. E.Behler u.a., Paderborn 1958 ff. – Weitere Siglen:
LyF = Lyceumsfragmente
AF = Athenäumsfragmente
Id = Ideen   (alle in KA 2)
LN = Friedrich Schlegel, Literary Notebooks 1797 – 1801, edited with introduction and commentary by H.Eichner, London 1957.
Eine erste Darstellung des Problems habe ich versucht in meinem Aufsatz: "Friedrich Schlegels Lucinde, Schleiermacher und Kierkegaard", in: DVjS, H.3, 1983. Eine Neuausgabe der 'Vertrauten Briefe' mit einer ausführlichen Einleitung, die über die hier darzustellenden Zusammenhänge hinausgreifen soll, plane ich für 1985 im Verlag G.Narr (Tübingen) in der Reihe 'Deutsche TextBibliothek'.

3 Zu Kants Sprachgebrauch vgl. etwa: "Die Freiheit der Willkür ist jene Unabhängigkeit ihrer B e s t i m m u n g durch sinnliche Antriebe; dies ist der negative Begriff derselben. Der positive ist: das Vermögen der reinen Vernunft, für sich selbst praktisch zu sein. Dieses ist aber nicht anders möglich, als durch die Unterwerfung der Maxime einer jeden Handlung unter die Bedingung der Tauglichkeit derselben zum allgemeinen Gesetze". (Einleitung in die 'Metaphysik der Sitten', I, AB 6,7).
Dagegen der schon ästhetisierte Begriff der Freiheit als Willkür beim jungen Schlegel in seinem Aufsatz 'Vom ästhetischen Wert der griechischen Komödie' (1794): "Überhaupt wird Freiheit durch das Hinwegnehmen aller Schranken dargestellt. Eine Person also, die sich bloß durch ihren eigenen Willen bestimmt, und die es offenbar macht daß sie weder inneren noch äußeren Schranken unterworfen ist, stellt die vollkommene innre und äußre persönliche Freiheit dar. [...]. Daß die Verletzung der Schranken nur scheinbar sei, nichts wirklich Schlechtes und Häßliches enthalte, und dennoch die Freiheit unbedingt sei: das ist die eigentliche Aufgabe [...] auch der a l t e n G r i e c h i s c h e n K o m ö d i e." (KA 1, 23). S. weiter KA 5:18,26,49 ("Allmacht des Willens"), 59 u.ö. Für Schleiermacher vgl. VB 231,bes. aber R 35,57,109,203 ff.

4 DO 298, auch 300 f. Für den frühen Schleiermacher: R 60-65,70,84,86 f., 207.

pflichtet, sondern ein sich selbst produzierender Möglichkeitsgrund[5], der freilich in diesen freien Handlungen, insofern sie ihn 'im andern bei sich selbst' (Hegel) sein lassen, sein 'Sein' hat.

Wäre die Frühromantik freilich zu ihrer Zeit nichts anderes gewesen als eine Modeströmung ästhetisierender Intellektueller, man könnte sie heute getrost und mit einem Achselzucken den Archivaren der Literaturgeschichte überlassen. Nur bliebe dann rätselhaft, was ihr bis in unsere Tage den Rang einer maßgeblich das Leben orientierenden Tradition gesichert hat. Welche Entdeckung ist hier gemacht worden?

Wenn bereits die Frühromantik als Grund und Ziel der modernen Fortschritts- und Geschichtswelt ästhetische Freiheit als absoluten Schöpfungswillen eines göttlichen Subjekts ansetzt, so zieht sie damit nicht nur ontologisch und metaphysisch die Konsequenzen aus einer historisch schon vorgefundenen Wirklichkeit oder deckt deren Ursprung aus dem Geist der jüdischchristlichen Gottesvorstellung auf[6], sondern sie wird durch diese Interpretation selbst wirklichkeitsproduzierend. Indem sie nämlich den geschichtlichen Freiheits-resp. Willkürstatus dieser neuen Welt, dessen ontologische Kategorien H a n d l u n g, M ö g l i c h k e i t, W e r d e n, U n e n d l i c h k e i t, I n d i v i d u a l i t ä t, aber auch S e i n heißen, emphatisch bejaht, verstärkt sie ihn auch nach Art einer sich selbst erfüllenden Prophetie; hier gleichsam als Spezialfall unter ein von ihr selbst entdecktes hermeneutisches Gesetz fallend[7]. War auch die Erfahrung mit der Französischen Revolution recht zweideutig geblieben, so gab es ja zumindest noch "Liebe" und "Kunst", in denen man absolute Freiheit oder freie Absolutheit als gegenwärtig, wirklich und seiend anschauen konnte und nicht lediglich als Kantisches "Postulat" oder Schillersches "Ideal"[8]. Vor allem aber

5 Vgl. etwa Schlegel in Id 6: Gott als "Abyssus von Individualität". Schleiermacher R 173: "Von den unendlich vielen verschiednen Ansichten und Beziehungen einzelner Elemente, welche Alle möglich waren und Alle dargestellt werden sollten, wird durch jede solche Formation eine durchaus realisiert"; R 62: "Lücke" im realisierten Möglichkeitsspektrum als "negative Offenbarung des Universums", deren zukünftige Verwirklichung noch aussteht; oder Mo 50.
6 Vgl. für Schlegel u.a. AF 16, 222; Schleiermacher VB 282 f.
7 Man muß daher sehen, daß die Frühromantik gerade zentrale Motive aus der Philosophie des Th. Hobbes aufnimmt (Freiheit, Subjektivität, konstruierendes Handeln), ungeachtet ihrer sonstigen Frontstellung gegen alles mechanische und rationalistische Denken. Zu den geschichtsphilosophischen und hermeneutischen Konsequenzen vgl. meine Studie, Literaturgeschichte als Kritik. Untersuchungen zu Theorie und Praxis von Friedrich Schlegels frühromantischer Literaturgeschichtsschreibung, Tübingen 1980. Grundlegend zum Thema des sich entwickelnden Möglichkeitsbegriffes auch H.Blumenberg, "Nachahmung der Natur . Zur Vorgeschichte der Idee des schöpferischen Menschen", in: Studium Generale 10 (1957).
8 Dieser Ansatz bedarf besonders deshalb der Betonung, weil er leicht verdeckt wird, wenn man das romantische Denken, um es 'zeitgemäß' zu machen, ohne weiteres mit dem Begriff der 'Utopie' auszulegen sucht. Da-

der Mensch, den sein Schöpfer mit einer abbildhaften Freiheit begabt hatte, wächst jetzt in eine neue, bisher so noch ungeahnt bedeutungsvolle Rolle hinein. Er darf sich von nun ab nämlich schmeicheln, "Gehülfe der Götter" (KA 12/42) zu sein, wie Fr. Schlegel sagt, Mithandelnder bei der freien Vollendung einer auf Vollendung in Freiheit hin angelegten Schöpfung: "Frei ist der Mensch, wenn er Gott hervorbringt." (Id 29)[9].

Dennoch trägt die Romantik bis heute an dem Odium, sie sei eine rückwärtsgewandte, ja reaktionäre und antimoderne Bewegung gewesen. Zumindest für deren erstes Stadium ist ein solches Urteil aber kaum zu halten. Was in dieser Frühzeit ausdrücklich abgelehnt wird – Fr. Schlegel hat diese Frage ja ausführlich in seinem 'Studiumaufsatz' erörtert – , das ist so etwas wie ein 'Pluralismus ohne Primat', ein sich in sich selbst und seine subjektiven Strebungen isolierendes Wollen ohne absolutes Ziel und begrenzende Einheit, das Schlegel das 'Interessante' oder 'Modische' nennt. Der 'Organismus' ist dagegen die Zauberformel, die die Freiheit des Menschen für sich selbst freilassen und doch zugleich an einen absoluten Sinn zurückbinden soll; auch die 'Neue Mythologie' war ein Entwurf dazu[10]. Erst als immer deutlicher wird, daß die Geschichte solche Erwartungen nicht deckt, tritt das Absolute im Gewesenen, dem Ursprung noch Näheren, und damit auch das politisch Reaktionäre immer stärker hervor, bis dann das 'Junge Deutschland' die vorher pejorativ besetzte Kategorie des 'Interessanten' wieder in ein positives Programm ummünzt[11].

Die Entwicklung der Romantischen Schule zeigt aber schon früh, daß auch jene neue Freiheitserfahrung alles andere als eindeutig war, gerade wenn man sie für die Rolle des Menschen durchdachte. Sie konnte dann entweder bedeuten: Freiheit existiert und muß bewahrt bzw. erweitert werden; aber es ging dann immer um Erweiterung, nie um Totalität. Oder aber man dachte

---

her betont besonders Schleiermacher den Seins- und Wirklichkeitscharakter solcher Absoluta wie Religion, Liebe und Kunst: vgl. VB 213,216,252 für die "Existenz" der wahren Liebe in der "Wirklichkeit"; 280/81 für die 'Existenz' eines vollendeten Kunstwerks wie etwa der 'Lucinde'; R 163 dafür, daß wahre Religion auch "schon würklich erschienen ist", auch 128: "Ich versichere Euch aber, daß ich nicht von dem geredet habe, was sein soll, sondern von dem, was ist, [...], und 89. Für Schlegel s.u. Kap. 4 und außerdem LyF 69, AF 256 u. 412; LN 1041; KA 12, 58 u. KA 10, 484 noch für den ganz späten Schlegel; s.u. Anm. 47.
9 Vgl. auch: "Gott kann nur geschaffen werden". (KA 18, 330, Nr. 74); für Schleiermacher R 86 f. die freilich viel zurückhaltenderen Formulierungen. Interessant ist die Fortsetzung des Denkmotivs bei M.Scheler: "Der Mensch ist der einzige Ort, in dem und durch den das Urseiende sich nicht nur selbst erfaßt und erkennt, sondern er ist auch das Seiende, in dessen freier E n t s c h e i d u n g Gott sein bloßes Wesen zu v e r w i r k l i c h e n und zu heiligen vermag." (Max Scheler, Philosophische Weltanschauung, Bern 1958³, S. 15).
10 Dazu jetzt M.Frank, Der kommende Gott, Frankfurt 1982.
11 Vgl. dazu Verf. (= Anm. 7), S. 94–105. Zum Weiterleben der Kategorie des 'Interessanten' im Jungen Deutschland s. W.Rehm, Kierkegaard und der

den der modernen Welt innewohnenden Möglichkeits- und Freiheitsspielraum
radikal. Dann hieß das: Die Welt kommt so lange nicht zum Begreifen ihrer
selbst, bis sie sich universal in ein Kunstwerk verwandelt hat. Und diese
Verwandlung wird i n d e r Z e i t Wirklichkeit. Fr. Schlegel war derjenige, der in seinem berühmten 116. Athenäumsfragment solche Ansprüche
anzumelden wagte: "Die romantische Universalpoesie ist eine progressive Universalpoesie. Ihre Bestimmung ist nicht bloß, alle getrennte Gattungen der
Poesie wieder zu vereinigen, und die Poesie mit der Philosophie und Rhetorik in Berührung zu setzen. Sie will, und soll auch [...] das Leben und
die Gesellschaft poetisch machen, [...]."

Man sieht: Reform oder Revolution, das war schon damals die Frage[12].
Und Schlegel stellte zumindest eine geschichtsphilosophisch gestützte Bil-
dungsrevolution in Aussicht, indem er ankündigte: Freiheit wird allgemein
erfahrbar sein, wenn a l l e Herren, gerade auch die normativen einer
allgemeingültigen Ethik abgeschafft sind, abgeschafft zugunsten eines einzigen absoluten und autonomen Innenverhältnisses. Hier können dann – mit
letzter Konsequenz zuende gedacht – alle Dinge sein, wie sie sind und zugleich auch immer ihr Gegenteil. Hier wird die Freiheit des einen Menschen
durch die des anderen nicht länger beschränkt, sondern durch die Aufhebung
des Satzes vom Widerspruch gerade noch gesteigert. Es bedarf keiner allgemeingültigen Ethik mehr, da es auch keine kontingenten Handlungsfolgen
mehr gibt, die verantwortet werden müßten. Ethik hat sich – mit einem
Wort – in Ästhetik aufzulösen. Und wir werden eines Glückes teilhaftig, das
– anders als von Aristoteles bis Kant – weder Selbsteinschränkung noch Unterdrückung einschließt.

Nun aber endgültig zu Schleiermacher. Er, denke ich, steht für die erste
Lösung ein, weil er den von F. Schlegel propagierten Prozeß der Universal-
poetisierung so nicht mitvollzieht. Schlegel und Schleiermacher geraten zwar
1797 in Berlin über die neue göttliche Rolle der Kunst zueinander, aber
schon gut zwei Jahre später über sie auch wieder auseinander. Warum, das

---

Verführer, München 1949, S. 120. Insgesamt ist instruktiv der Art. 'Moderne' von H.U.Gumbrecht, in: Geschichtliche Grundbegriffe, Bd. 4, Stuttgart 1978, S. 93 ff., bes. 105 ff.
12 Vgl. für den frühen Schleiermacher in den VB 301: [...], da muß derjenige, dem sich ein Weib ergeben hat, schon aus Selbstverteidigung in
das bürgerliche Leben hinausgehen und da wirken", s.a. 301. Der Revo-
lutionsbegriff in den Re ist politisch-geschichtsphilosophisch bemerkenswert neutral und blaß gehalten, vgl. Re 57; politische Nebenbemerkungen
zielen in Richtung eines 'Bessern' der Gesetze und Verfassungen (Re 24).
Vgl. zum Thema aber auch die etwas anders akzentuierten Ausführungen
in der Arbeit von K.Nowak, "Die Französische Revolution in Leben und
Werk des jungen Schleiermacher" (als Vorlage in diesem Band). – Für
Schlegel vgl. wieder unten Kap. IV und etwa: "Der Schein des Endlichen
soll vernichtet werden; und um das zu thun, muß alles Wissen in einen
revoluzionären Zustand gesetzt werden." (KA 12,11).

möchte ich im folgenden durch den Vergleich von Schleiermachers 'Vertrauten Briefen' mit Schlegels 'Lucinde' vorführen.

Dabei kann ich mich jedoch kaum auf die seit geraumer Zeit wieder in Gang gekommene germanistische Romantikforschung stützen. Sie, die im Gefolge der kulturellen Umbruchstendenzen seit den sechziger Jahren neuen Aufwind erhielt[13], ist nämlich an dem frühromantischen Bundesgenossen F.D. Schleiermacher in auffälliger Weise vorbeigegangen. Daher läßt sich die Frage schwer unterdrücken: Ist Schleiermachers Beitrag dem rückwärtsgewandten Geist der Gegenwart, seinem Interesse an Selbstbegründung nur zu unbedeutend oder nur zu unbequem? Sollte die verständnisvolle Verachtung, mit der man ihm begegnet, in der geheimen Angst begründet sein, sich von ihm etwas sagen lassen zu müssen, das quer zu eingespielten Selbstverständnissen steht? Ich will damit nur sagen: Soll der frühromantische Theologe Schleiermacher aus seinem Dornröschenschlaf erwachen, dann müssen wir ihn mit einem zeitgenössischen Thema wecken. Vielleicht findet man dabei die geeignete Tonart, in der ein fruchtbares Gespräch wieder aufgenommen werden kann. Ich verstehe meinen Beitrag über die problematische Rolle der Poesie als einen solchen Versuch.

2.

Es gehört zu den unmittelbaren Folgen jener Vernachlässigung Schleiermachers in der germanistischen Romantikforschung, daß man bis heute kaum über das 1922 ergangene Urteil Paul Kluckhohns hinausgekommen ist: "Im ganzen betrachtet", schreibt er, "sind die Einwendungen Schleiermachers gegen die L u c i n d e doch nur peripher. Den Kerngedanken stimmt er zu.[14]" Man muß schon einen weiten Schritt zurück ins vergangene Jahrhundert tun, zu Schleiermachers einzigartigem Biographen Dilthey, um ganz andere Töne zu vernehmen: "Schleiermacher hat dann in seiner Verteidigung eine ästhetische Theorie des Romans entworfen, die man mit sehr schönen und geistreichen Beweggründen vergleichen kann, wie sie jemand nachträglich Handlungen unterschiebt, die nicht mit ihnen stimmen wollen.[15]" Diese beiden nicht leicht zu vereinbarenden Standpunkte umreißen aber das Spannungsfeld, in dem das Verhältnis Schleiermacher-Schlegel bis heute im großen und ganzen angesie-

---

13 Vgl. exemplarisch G.Dischner, R.Faber (Hg.): Romantische Utopie – Utopische Romantik, Hildesheim 1979.
14 P.Kluckhohn, Die Auffassung der Liebe in der Literatur des 18. Jahrhunderts und in der Romantik, Halle 1922, S. 449. Vgl. auch Eichner, KA 5, S. XLVI.
15 W.Dilthey, Leben Schleiermachers, in: W.D.: Ges. Schr. Bd. 13/1, Göttingen 1970, S. 503; schärfer noch S. 496: "[...] drückt sich in beiden Werken der totale Gegensatz der persönlichen Gesinnung, der Lebensansicht, der Behandlung aller Verhältnisse aus, [...]".

delt wird [16]. Wer hat nun recht? Das ist so einfach gar nicht zu sagen, sondern kann erst am Ende einer sehr genauen Untersuchung ausgemacht werden.

Unstrittig ist jedoch, daß überall da, wo in den 'Vertrauten Briefen' der
Wert der 'Lucinde' direkt beurteilt wird, dies in Wendungen enthusiastischen
Lobes geschieht. Kritische Kontrapunkte werden spärlich gesetzt und wenn,
dann erscheinen sie gegenüber der Masse des anderen eher als randständig
und dementsprechend unbedeutend. Auch kann man kaum übersehen, daß die
Beistimmung stets der in Schlegels Roman dargestellten Leib-Geist-Einheit in
der Liebe gilt, deren immer wiederkehrender Tenor etwa so lautet: "Hier hast
Du die Liebe ganz aus einem Stück, das Geistigste und das Sinnlichste nicht
nur in demselben Werk und in denselben Personen nebeneinander, sondern
in jeder Äußerung und in jedem Zug aufs innigste verbunden [...]." (VB
206; s.a. 207 ff., 214, 278, 296).

Schleiermacher wischt mit solcher Charakteristik nicht bloß alle antischle-
gelschen Pasquille vom Tisch [17], die gleich nach dem Erscheinen des Romans
reichlich aus dem Boden geschossen waren, er rückt, indem er seine konstruktive Kritik ganz auf jenen damals noch unerhörten, ja nachgerade als
'revolutionär' empfundenen Absolutheitsgedanken solcher Liebe zentriert, auch
den mit nicht weniger Sprengkraft befrachteten modernen Freiheitsanspruch
ins Blickfeld, von dem man bei den späteren Interpreten Dilthey und Kluckhohn schon nichts mehr liest. Mit Schleiermachers Paukenschlag war aber
vor allem gegenüber dem in Schwang gekommenen moralisierenden Ressentiment
das Verstehen auf eine gänzlich andere Ebene gerückt, auf der aber auch
wir uns heute weiterbewegen müssen, sofern wir um eine gegenwartsgewende-
te Lektüre der frühromantischen Schriften, und nicht nur der Schleiermachers, bemüht bleiben wollen. Um noch ein übriges für diesen ihm so we-

---

16 Aus der neueren Schleiermacherforschung nenne ich von germanistischer
Seite K.Lindemann, Geistlicher Stand und religiöses Mittlertum, Frankfurt
1971, eine Arbeit, die leider ganz an der einseitigen Zusammenstellung
positiver Zusammenhänge mit Fr.Schlegel im Mittlerbegriff interessiert ist,
die entscheidenden Differenzen aber unterschlägt. Von theologischer Seite
behandeln den frühen Schleiermacher drei größere neuere Arbeiten: H.
Timm, Die heilige Revolution, Frankfurt 1978, der allerdings auch ganz
auf die Gemeinsamkeiten der Frühromantik eingestellt ist, wenngleich auf
einem ganz anderen Niveau als die vorgenannte Arbeit. Kritisch behandelt das Thema Schleiermacher und die Frühromantik dagegen P.Seifert,
Die Theologie des jungen Schleiermacher, Gütersloh 1960, vor allem aber
E.Herms, Herkunft, Entfaltung und erste Gestalt des Systems der Wissenschaften bei Schleiermacher, Gütersloh 1974, der m.E. am bisher differen-
ziertesten die "Eigentümlichkeit" Schleiermachers gerade hinsichtlich Fr.
Schlegels herausgestellt hat.
17 Einen instruktiven Überblick gibt H.Eichner in seiner Einleitung zu KA
5, S. XLVIff., deren Kenntnis für die zur Debatte stehenden Zusammenhänge so unentbehrlich ist wie die Arbeiten Diltheys und Kluckhohns, und
hier allenthalben vorausgesetzt wird.

sentlichen Gedanken der Identität von Liebe und Freiheit zu tun, erfindet Schleiermacher für sein kritisches Gegenstück, die 'Vertrauten Briefe', ja auch ein eigenes ideales Paar: Eleonore und Friedrich genannt. Unmöglich, in den Namen die autobiographische Anspielung auf Schleiermachers beginnendes Freundschafts- und Liebesverhältnis mit Eleonore Grunow zu verkennen.

Aber darauf soll es hier nicht ankommen. Was die Generation der 'radikalen Neukantianer', von der ich eingangs sprach, am Phänomen der Liebe so faszinierte, war, daß Liebe im strengen Wortsinne weder geboten werden kann noch selbst des Gebotes bedarf[18]. In ihr vereinigen sich auf zwanglose, aber ethisch eben doch nie gleichgültige Weise Wollen und Sollen zu einer Freiheit, die sich in sich selbst gründet: Liebe w i l l ja nur das aus sich heraus, was der Mensch auch s o l l , nämlich den Selbstzweckcharakter des Geliebten achten und befördern. Dadurch entfällt in diesem absoluten Binnenraum sogar der innere Zwang eines praktisch-moralischen Gesetzes, des "Herr[n] in sich"[19], so daß da, wo vollendet geliebt wird, 'Freiheit' tatsächlich als 'Willkür' auftreten kann; denn was immer ein liebender Mensch tut, das ist ja gut.

Alles nun, was - wie die Liebe - seinen Zweck in sich selbst hat, heißt für die Frühromantiker in der Nachfolge vor allem Schillers "schön". "Schön" selbstverständlich nicht mehr im Sinne eines rhetorischen Mittels, das zur Veranschaulichung eines andernorts zu entwickelnden ethischen Zwecks dient, sondern "schön" im Sinne von etwas, was als Zweckfreies eben zugleich auch "gut" und "sittlich" sein muß[20]. Übersetzt in diese Sprache liest sich das Lob der 'Lucinde' dann auch wieder so: "Die Denkungsart ist es, der große und f r e i e Stil des G u t e n und S c h ö n e n [Hervorhebungen von mir], diese für den kleinlichen Menschen riesenhafte und ungeheure Moral, auf der die Lucinde als auf ihrem ewigen Fundamente ruht, [...]." (VB 296). Beide Redeweisen aber, die vom 'en kai pân' ("so Eins ist hier alles",

---

18 Vgl. etwa I.Kant: "Denn Liebe als Neigung kann nicht geboten werden, [...]." (Grundlegung zur Metaphysik der Sitten, BA 13); Schleiermacher: "[...]die Liebe, d.h. eine Gesinnung, eine Gesinnung kann aber nie gebothen werden." (CSL, 46); auch Mo 38 u. für Schlegel KA 12,70.

19 So der schöne Ausdruck des jungen Hegel, der in seiner Frankfurter Zeit ja auch den Liebesgedanken wegen dessen Freiheit und Herrschaftslosigkeit zum Thema macht: G.W.F.Hegel, Frühe Schriften (Theorie WA), Frankfurt 1971, S. 323.

20 Vgl. VB 209, 219, 232, 271, 292. Eine weitere Folge der geforderten Zweckfreiheit der Liebe ist denn auch das Verständnis der Kinderzeugung als absichtslose Nebenfolge eines Liebesaktes in Schleiermachers 'Idee zu einem Katechismus der Vernunft für edle Frauen', § 6: "Du sollst nicht absichtlich lebendig machen." (KA 2,231). Für die Kontinuität zum späten Schleiermacher vgl. Kluckhohn (= Anm. 14), S. 456, A.1. Vgl. zum 'Katechismus' auch die instruktive Interpretation von E.Quapp: "Schleiermachers Gebotsauslegung in seiner 'Idee' zu einem Katechismus (...)" (Kongreßbeitrag).

VB 207) einer organisch "in sich vollendeten" Liebe und die vom "Spiel" ihrer Sittlichkeit, Schönheit und eben - "Freiheit" (VB 209, 213, 250, 269), gehören zusammen und fallen in eins im selben Phänomen[21].

Damit nicht genug. Der ästhetische Schein eines sich in vollkommener Liebe vollendenden 'schönen Lebens' (VB 292) versteht sich in einem weiteren Schritt als bedeutender Schein, mithin als Abglanz und Vorschein zumal des universalen göttlichen Kunstwerks Welt und seines Schöpfers. Fr. Schlegel sagt es in seiner 'Lucinde' so: Die Liebe "ist nicht bloß eine Mischung, ein Übergang vom Sterblichen zum Unsterblichen, sondern sie ist eine völlige Einheit beider." (KA 5,60). Aber eher noch pointierter und evokativer redet Schleiermachers Metapher vom 'göttlichen Blitz', durch den das 'heilige Feuer der Liebe' im Menschen entzündet wird (vgl. VB 292 f.), dessen Licht in den Ursprung der Welt leuchtet. Von der "Einen und ewigen Liebe" nämlich, die das Chaos lichtet und die 'Welt bildet', gibt jene irdische Liebe Zeugnis (vgl. VB 284, 308; Re 60; bei Schlegel KA 5,61; Id 104; KA 12,52).

Damit ist die Verbindung zum ästhetischen Gott-Künstler wieder hergestellt, als dessen Attribute bei Schleiermacher und Schlegel in schönem Unisono "Fantasie" und "Liebe" genannt werden[22]. Es ist der Gott, dessen Liebe sich mit unendlicher Fantasie eine Welt-Geschichte erzeugt, deren Werden man dann umgekehrt als sich realisierende Möglichkeit dieses Schöpfergottes lesen kann.

Wenden wir von hier aus noch einmal den Blick zurück zum endlichen Leben, dann zeigt sich: Irdische Liebe, "die das Höchste im Menschen ist" (VB 269), und irdische Kunst, die zum vornehmsten Gegenstand die 'innere Schönheit' der 'Liebe' hat (VB 209; s.a. 271), nehmen Teil an der vom Absoluten selbst in Gang gebrachten und gehaltenen Freiheitsgeschichte. Wirkliche Liebe und vollkommene Kunst können deshalb darin übereinkommen, daß sie allein binden, um frei zu machen, frei für die unendlichen Variationen, Fortsetzungen und Vertiefungen, die im bedeutenden Spiel des Liebens und Dichtens liegen[23]. Ist nun das gute Leben "schön" und das schöne Kunstwerk "gut",

---

21 Schon der Schlußsatz der ersten Rezension der 'Lucinde' durch Schleiermacher im 'Berlinischen Archiv der Zeit und ihres Geschmacks' hatte den Ineinsfall von Liebe, Schönheit, Moral, Religion und Freiheit herausgestrichen: "Durch die Liebe eben wird das Werk nicht nur poetisch, sondern auch religiös und moralisch. Religiös, indem sie überall auf dem Standpunkt gezeigt wird, von dem sie über das Leben hinaus ins Unendliche sieht; moralisch, indem sie von der Geliebten aus sich über die ganze Welt verbreitet und für alle, wie für sich selbst, Freiheit von allen ungebührlichen Schranken und Vorurteilen fordert." (Abgedruckt bei Kluckhohn (= Anm. 14), S. 436). Vgl. zum Thema noch VB 313; R 36, 80 f.; Mo 18.

22 Für Schleiermacher vgl. R 38, 60-65, 70, 86; VB 308, 294. Für Schlegel: KA 5:18, 26, 61, 81; AF 419; Id 8, 91, 104, 109; KA 2:333, 334; KA 12, 79.

23 Vgl. VB 284 f., 292 f., 303.

sind auch beide für 'heilig' zu halten, für ein unerschöpfliches göttliches "Geheimniß" [24]. Liebe und Kunst weiten sich da wie von selbst zur "Religion der Liebe" (KA 5,12; s.a. VB 283,302), wenngleich nicht notwendig auch zur 'Kunstreligion': "Aber die volle Harmonie", so Schlegel von seinem Julius, "fand er [...] allein in Lucindens Seele, wo die Keime alles Herrlichen und alles Heiligen nur auf den Strahl seines Geistes warteten, um sich zur schönsten Religion zu entfalten." (Ka 5,58). Schleiermacher schließlich faßt all jene Überlegungen, in denen die frühromantischen Freunde zunächst einmal als einig gelten können, noch einmal zusammen, wenn er seiner Ernestine aus den 'Vertrauten Briefen' die begeisterten Sätze in die Feder legt: "Absicht soll nirgends sein in dem Genuß der süßen Gaben der Liebe, [...]. [...] Der Gott muß in den Liebenden sein, ihre Umarmung ist eigentlich seine Umschließung, die sie in demselben Augenblicke gemeinschaftlich fühlen, [...]. Ich nehme in der Begierde keine Wollust an ohne diese Begeisterung und ohne das Mystische, welches hieraus entsteht, [...]." "Nichts Göttliches kann ohne Entzweiung in seine Elemente von Geist und Fleisch, Willkür und Natur zerlegt werden." (VB 230 f., 208; KA 5,65).

Da ihr Einverständnis tatsächlich so weit geht, stehen Schleiermacher und Schlegel schließlich auch Schulter an Schulter im gemeinsamen Kampf gegen zwei Fehlformen des Liebens, die sie für typische Entstellungen ihres bürgerlich-zweckrationalen Zeitalters halten: Tugendplatonismus[25] und Libertinage, die ja ihre Belege nicht nur in der zeitgenössischen Moral, sondern auch in der schönen Literatur hatten. Den Gebildeten unter ihren Liebhabern waren sie zur Genüge geläufig aus dem empfindsamen Aufklärungsroman Richardsonscher Observanz, zu dessen Standartrepertoire die Tugendprobe der Hauptheldin gehörte. Für die andere Fehlform, Libertinage und lüsterne Prüderie, müssen in den 'Vertrauten Briefen' Name und Werk Wielands einstehen[26].

Obgleich die beiden frühromantischen Freunde also sicher sein konnten, in "Opposition" "gegen die Masse des Zeitalters" (VB 210 f.) zu handeln - beide mußten sich auch entsprechend anfeinden lassen[27] - , so beweist selbst eine derartige Identität noch nicht mit ausreichender Schlüssigkeit, ob ihr theologisch-ästhetischer Liebesbegriff auch gleichsam 'unterhalb' dieses gemeinsamen Vorverständnisses noch so deckungsgleich ist, wie Kluckhohn

---

24 Zu diesem Komplex vgl. bei Schleiermacher zunächst VB 209, 286, 292, 296; für Schlegel LN 1818; KA 5,65; KA 12,95; Sodann zum Geheimnisbegriff bei Schleiermacher VB 218, 220, 230, 249, 282 f., 292, 308; bei Schlegel vgl. KA 5:7,21.
25 Vgl. VB 214, 219, 221 f., 229, 271, 279; für Schlegel KA 5: 33, 21, 34.
26 Vgl.VB 214, 252, 277, 279; Br 3,282, 4,54.
27 Vgl. wieder Eichner in KA 5, S. L; auch Dilthey (= Anm. 15), S. 515; Kluckhohn (= Anm. 14), S. 450.

es annimmt.

Daß hier möglicherweise etwas nicht stimmt, drängt sich aber spätestens dann auf, wenn man in den 'Vertrauten Briefen' über den folgenden Satz der Eleonore stolpert: "Der Leib ist Dir (d.h. Friedrich) ja ganz hingegeben, als Werkzeug und Organ der Liebe nemlich, und das ist unteilbar." (VB 289). Man stutzt unwillkürlich, der Leib ein "Werkzeug"? Hatte man es nicht vor kurzem noch anders gelesen und verstanden, als die bedingungslose Leib-Geist-Einheit so emphatisch beschworen worden war? Soll denn hier schon alles zurückgenommen werden, was an Fortschritt gegenüber einem aufkläre-rischen Zweckrationalismus erreicht war?

Doch erscheint der Ausdruck "Werkzeug" nur solange als lapsus linguae, als man nicht eingesehen hat, daß Schleiermacher mit ihm etwas für ihn Grundlegendes zu sagen hat: Selbst in der vollkommensten Liebe, das ist der Sinn, muß es einen bleibenden Unterschied zwischen 'Geist' und 'Sinnlich-keit' geben. Bloße Sinnlichkeit als Naturtrieb ist ja von sich her mehrdeu-tig, ist "Instinkt" oder "Begierde" (VB 230; 251 f.), aber in beiden noch nicht geeignet, vollkommener Liebe zu ihrem freien Spiel zu dienen. Erst muß der Geist den Trieb geläutert haben, wenn aus der noch naturhaften "Be-gierde" enthusiastische "Wollust" entstehen soll. Immer also denkt Schleier-macher den Geist als einwirkend auf die Natur[28]. Immer also entsteht die gepriesene Leib-Geist-Einheit, die ja mit keinem Wort zurückgenommen wird, als Resultat von menschlicher Anstrengung und Arbeit, niemals ist sie bloßer, unproblematischer Ursprung, wenngleich die Anstrengung entschieden gemildert ist und gleichsam unmerklich werden soll durch das aus sich selbst Gutes wirkende Liebesspiel. Aber es führt doch kein Weg an der Erkenntnis vorbei, daß unter jenem alles entscheidenden Vorbehalt eben auch das unbe-streitbare Lob der Lucinde-Liebe steht.

Ganz anders freilich wird diese von Schlegel selbst aufgefaßt. Ihm gilt der "echte Buchstabe"[29], also schon die Sinnlichkeit qua Naturtrieb, als "allmächtig und der eigentliche Zauberstab" (KA 5,20). Jedenfalls – und hier muß ich ein wenig vorgreifen – in einer Welt, die – geschichtsphilosophisch gedacht – zu ihrer eigenen wesensgemäßen Schönheit zurückgefunden hat.

---

28 Es scheint mir daher auch nicht unerheblich zu sein, daß Schleiermacher in den 'Vertrauten Briefen' nur von einer "Verwebung" oder einem "Ver-schmelzen" spricht (VB 230), was einerseits mehr als eine "Mischung", an-dererseits aber auch weniger als Schlegels "völlige Einheit beider" ist (KA 5,60). S.a. VB 251: "[...] nur das Körperliche und Natürliche sehen, was sie hassen." Deutlicher noch formulieren die Mo den hier in Frage stehenden Gedanken der Priorität des Geistes: Mo 18 f., 22, 24, 50, 52 u.ö.; bes. deutlich vielleicht Mo 44, wo bloße Schönheit zu den "gemeinen Gefühlen" gehört, die "Liebe" nie begründen können. Zur Parallele beim späten Schleiermacher vgl. Kluckhohn (= Anm. 14), S. 458/59.

29 Wo vom 'echten Buchstaben' die Rede ist, da muß es auch einen 'unech-ten' geben. Diesen thematisiert Schlegel in AF 87, das nicht im Wider-

Schlegel kann deshalb auch ganz unvermittelt vom "heiligen Feuer der göttlichen Wollust" reden oder von 'geistiger Wollust' und 'sinnlicher Seligkeit'
(KA 5:7,20,27). Denn wenn im wieder vollendeten, dem Zustand der 'schönsten aller Welten', alles erneut "beseelt" und 'heilig' ist (KA 5:67,81f.,14,
54), dann eben auch die natürliche Sinnlichkeit[30].

So sind denn die Unterschiede im Liebesbegriff selbst so unübersehbar geworden, daß sie schon hier ihren ersten interpretatorischen Tribut fordern.
Zwar wird auch von Schleiermacher der Anspruch auf eine möglichst innige
Leib-Geist-Einheit nicht widerrufen. Es ist aber etwas anderes, wenn diese
auf dem Fundament einer prinzipiell nie überflüssigen menschlichen Anstrengung aufruht, und es ist etwas anderes, wenn diese sich in der Unschuld
eines wiedergewonnenen Paradieses (vgl. KA 5, 25 ff.) anstrengungslos von
selbst garantieren soll. Diesen Unterschied schon im theoretischen Ansatz
macht Kluckhohn nicht deutlich, sondern unterschiebt Schlegel im Grunde den
Schleiermacherschen Liebesbegriff, so daß er beide unter dem Dach einer gemeinsamen 'romantischen Weltanschauung' harmonisieren kann[31]. Weshalb
Schlegel den Schleiermacherschen Ansatz nicht teilt, soll später (s.u. 4) an
einer Durchsicht der 'Idylle über den Müßiggang' noch eingehender begründet werden. Zunächst jedoch möchte ich das bereits gewonnene Resultat an
Schleiermachers 'Versuch über die Schamhaftigkeit' zu erhärten und zu erweitern suchen.

                                     3.

Längst vor den Lucindebriefen war Schleiermacher intensiv mit ethischen
Überlegungen befaßt. So hatte er denn eigentlich schon eine kleine Abhandlung entsprechenden Inhalts parat, den 'Dialog über das Anständige', der
an sich auch Eingang in die 'Briefe' hatte finden sollen[32]. Schleiermacher

---

      spruch zu dem hier Gesagten steht, da es von 'schlechten' Menschen han-
      delt, die noch nicht in einer wiederversöhnten Welt leben.
30 Wie sehr sich dabei in der Auseinandersetzung auch schon einmal die
      Fronten verkehren können, zeigt das von Friedrich unterstützte Plädoyer
      der Eleonore für die Integration a l l e r Sinnlichkeit bei b e i -
      d e n Geschlechtern ins Ganze der e i n e n Liebe gegen den bei
      Schlegel angenommenen Rest "autonomer Sinnlichkeit und Leidenschaft" im
      Manne: VB 284, 293, 298, 309; vgl. weiter VB 295 u. 230; VB 229 vs KA
      5,8; zum ganzen auch Kluckhohn (= Anm. 14), S. 447.
31 Vgl. Kluckhohn (= Anm. 14), S. 429 f., 438, 439 A.1.
32 Vgl. dazu Dilthey (= Anm. 15), S. 512 ff. Dilthey interpretiert den 'Ver-
      such' weniger als daß er gegen ihn polemisiert. Kluckhohn (= Anm. 14),
      S. 440 f., referiert kurz die Hauptthesen und stellt das theoretisch Unbe-
      friedigende fest. Da so beide die Freiheitsethik unberücksichtigt lassen,
      trägt eine ausführliche Behandlung des Textes unter diesem Gesichtspunkt
      keineswegs Eulen nach Athen. Zum Thema vgl. allgemein auch Mo 74.

muß sich dann aber doch, aus welchen Gründen auch immer, zu einer neuen
Untersuchung entschlossen haben, die in den 'Briefen' unter der Kapitelüberschrift 'Versuch über die Schamhaftigkeit' erscheint. Daß dieser kleine Essay
dort zu den herausragenden Teilstücken gehört, legt schon sein Ort im ganzen nahe. Er schließt die eröffnenden Ernestine-Briefe mit einer Stellungnahme Friedrichs ab, die die Mißverständnisse der Schreiberin durch Rekurs
auf eine philosophische Metaebene definitiv zu klären sucht. Aber dieser
Essay gibt mehr als eine vorläufige Zwischenbilanz. Er ist gleichsam das
offenliegende theoretische Herz des Ganzen, das alle anderen Kapitel mit ar-
gumentativem Lebenssaft versorgt.

Worum geht es? Ernestine zweifelt, ob man mit der Liebe scherzen dürfe,
indem man – wie Fr. Schlegel seinen Julius vorschlagen läßt – durch öffentlich geäußerte "Zweideutigkeiten" den prüden Ernst gesellschaftlicher Konvention in Sachen Liebe aufbricht: "Man muß diesem schändlichen und leidigen
Hange aus allen Kräften und von allen Seiten entgegenarbeiten. Dazu sind
Zweideutigkeiten auch gut, nur sind sie so selten zweideutig, und wenn sie
es nicht sind, und nur einen Sinn zulassen, das ist eben nicht unsittlich,
aber zudringlich und platt." (KA 5, 34). Dieser Passus aus der 'Lucinde'
sagt selbst, daß 'leichtfertige Gespräche' bei Schlegel eben noch mehr sein
sollen als die ethisch legitimierte Praxis verallgemeinerter Obszönität. Schlegel geht es in erster Linie gar nicht um Moral, sondern um die unbeschränk-
te Sinnerweiterung des menschlichen Denkens in der Sprache, die vielleicht
bekannter ist unter dem Namen der berühmten 'romantischen Ironie' oder –
beim späteren Schlegel – des 'Witzes'![33] Auf diesem Wege soll der Mensch
sich zum 'bestimmt Unbestimmten' bzw. 'unbestimmt Bestimmten', wie Schlegel seinen Dichter-Gott auch nennt, hinaufbilden, um so wieder dessen absolutes Selbstdarstellungsmedium, Gottes unverstelltes 'Bild', zu werden[34].
Aber davon einmal abgesehen bleibt doch richtig: Auch der unanständige Witz
kann Element einer solchen universalpoetischen Sprache werden, und insofern
ist Ernestines Frage durch den Hinweis auf die unbestimmte, die poetische
Göttlichkeit im Menschen keineswegs erledigt, sondern bricht nur neu auf.

Friedrichs Antwort im 'Versuch über die Schamhaftigkeit' hat ihren Schwerpunkt in der folgenden Definition: "Schamhaftigkeit [...] ist eigentlich Achtung für den Gemüthszustand eines Anderen", die uns verbietet, "ungebühr-
liche Eingriffe in die Freiheit" dieses anderen Menschen vorzunehmen (VB
244). Ganz im Gegenteil gilt das Gebot, den anderen in seiner Individualität
kennenzulernen, "um zu wissen, wo seine Freiheit am unbefestigsten und ver-

---

33 Zum Begriff der 'Ironie' bei Schlegel vgl. etwa AF 51 und Id 69. Zum
   'Witz' die wichtige Definition KA 11,93. Selbst der späte Schlegel spricht
   in seiner letzten Vorlesung noch von der "Ironie der Liebe" (KA 10,357).
34 Vgl. dazu Verf. (= Anm. 7), S. 61 ff.

wundbarsten ist, um sie dort zu schonen." (VB 245). Der abschließende
Finalsatz enthält die Pointe: Das freiheitliche Wollen eines jeden Menschen
hat seine eigene ethische Unverfügbarkeit, mit der sich die Menschen
wechselweise in ihren Ansprüchen gegeneinander begrenzen: "Hier steh ich
an der Grenze meiner Willkühr durch fremde Freiheit [...].[35] " Auch wenn
es für die Kenntnis des Individuums naturgemäß keine ethischen Regeln
geben kann, so muß ich doch im allgemeinen wissen, w a s im Umgang mit
anderen ggf. zu vermeiden oder zu befördern ist. Zum Behufe einer solchen
formalen Bestimmung schamlosen und schamhaften Verhaltens muß Schleiermacher zunächst eine transzendentale Theorie des Vorstellungsvermögens entwerfen, die zweifellos an Kant und Schiller geschult ist und deren Grundzüge
ich zuerst darzustellen habe.

Erstens läßt sich ein jeder Sachverhalt vergegenständlichen. Dann erkennt
man ihn unter den Kategorien des Verstandes. Auf die Liebe bezogen bedeutet
das, sie als 'Physiologie', als gesetzlich geregelten "Mechanismus" biolo-
gischer Funktionen zu betrachten (VB 250).

Zweitens können Sachverhalte in der Vorstellung als "Reiz an das Begehrungsvermögen" herangebracht werden. Dann sind sie, wie im Falle der Liebe
besonders leicht ersichtlich, Objekte der "Leidenschaft" (VB 249).

Der dritte Zustand liegt schließlich "in der Mitte". Man kann Sachverhalte in der spielenden Einbildungskraft als zweckfrei-ästhetisch vorstellen.
Und was nun die Liebe angeht, so erkennen wir leicht jenes unbedingte Gefühl wieder, dessen immanente Freiheit seine Abstammung aus der unendlichen
Liebe Gottes selbst beglaubigt: "Denn eine solche Darstellung", schreibt
Schleiermacher, "läßt das Gemüth, wenn es sich an der Anschauung des Schönen gesättigt hat, ganz frei und enthält in sich nicht den geringsten bestimmten Reiz zum Uebergange weder in einen widrigen Begriff noch in ein
leidenschaftliches Verlangen." (VB 248). Nun lassen sich die Schamhaftigkeit
und ihr Gegenteil leicht als r e l a t i o n a l e Begriffe bestimmen.
Nicht etwa ist ja ein Mensch per se schamlos zu nennen, der sich im ersten
oder zweiten Zustand befindet, sondern nur dann h a n d e l t jemand

---

35 Mo 75. Wie wichtig der Gedanke der Unverfügbarkeit der Freiheit eines
jeden individuellen Menschen für Schleiermacher war, geht auch aus in
seinem Nachlaß gefundenen und von G.Meckenstock zur Erstveröffentlichung
vorbereiteten Manuskripten zur naturrechtlichen Vertragstheorie hervor:
Vertragspartner, die einmal eingegangene verbindliche Verpflichtungen
nicht einhalten, dürfen zur Erfüllung ihrer definitiv bekundeten Absichts-
erklärungen immer dann gezwungen werden, wenn der andere Partner den
Vertrag schon als feste Größe in seinen freien Handlungsspielraum einbezogen hat und nun in dieser Freiheit durch die nachträgliche Annullie-
rung von als verläßlich angesehenen Erwartungen eingeschränkt würde,
d.h. wenn er durch die Nichteinhaltung selbst als Naturding, das gezwungen werden soll, behandelt werden würde. (Vgl. den Beitrag Mecken-
stocks in diesem Bande).

schamlos, wenn er ohne Rücksicht auf das individuelle Wollen eines anderen
Menschen diesen von einer der drei Vorstellungsformen unvermittelt in eine
andere reißt. Denn dann unterwirft er die ihm unverfügbare Freiheit des anderen, die dessen Personwert und Individualität ja geradezu erst ausmacht,
seinem eigenen Willen und macht die fremde Freiheit zu einem Mittel im Kalkül eigener Zwecke, zum Naturdinge, zur 'Sache'.

Im Zustand eines durchgängig zweckrationalen Handelns, des "Geschäfte-
führens" einer primär ökonomisch operierenden Gesellschaft wird alles schamlos genannt werden, was Leidenschaft weckt und Genuß propagiert (vgl. VB
249). Aber das gilt eben auch umgekehrt. Denn – man höre und staune –
"der Zustand des Genusses und der herrschenden Sinnlichkeit hat auch sein
Heiliges und fordert gleiche Achtung, und es muß ebenfalls schamlos sein,
ihn gewaltsam zu unterbrechen" (VB 247; s.a. Re 64). Der Zustand absoluter
Liebe schließlich wird durch unfreiwillige Interventionen aus einer der beiden Sphären beleidigt, denn platonisierende Prüderie so gut wie lüsterne Libertinage müssen den "wirklich Liebenden ein Gräuel" sein (VB 251). Ihnen
gegenüber haben nicht nur die anderen die ethische Pflicht zur Selbsteinschränkung ihres Handelns, sondern d i e L i e b e n d e n s e l b s t
sollen diesen Geist der Zurückhaltung auch untereinander walten lassen. Die
Bedeutung dieser Forderung aber ist für unsere Zusammenhänge von gar nicht
zu überschätzender Wichtigkeit, und deshalb lasse ich Schleiermacher hier
selbst zu Worte kommen: "Diese [die zweckrationalen Störungen] also als
einen Eingrif in ihr freies Spiel zu fühlen und entfernt zu halten, ist die
Schaamhaftigkeit der Liebenden untereinander." (VB 250). Warum besteht
Schleiermacher so ausdrücklich auf einem aktiven Handeln selbst im Binnenraum wahrer Liebe? Erübrigten sich solche Hinweise denn nicht eigentlich
da, wo der innere Zustand der Liebenden ohnehin so 'frei' und so 'gut' ist,
will sagen so gebunden an die 'schöne Sittlichkeit' ihres eigenen 'Spiels'
(Vgl. VB 271, 296), daß sie gleichsam 'automatisch' weder Sinn für die
lüsterne Scham der Prüden, noch für die prinzipielle Schamlosigkeit der Un-
keuschen besitzen (vgl. VB 251 f.)?[36] Wenn Schleiermacher eine solche an-

---

36 Daß hier eines der Zentren des frühromantischen Denkens liegt, bestätigt
   der späte Schlegel, wenn er in seiner letzten Vorlesung mit dem Unterton
   leiser Resignation noch einmal diesen Kern seines frühen Denkens rekapituliert: "So wie im wirklichen Leben, bey der Liebe, die auf einen irdischen Gegenstand gerichtet ist, der gutmüthige und leise Scherz über
   eine scheinbare oder wirkliche Unvollkommenheit des anderen gerade da
   an (seiner) Stelle ist und eher einen angenehmen Eindruck macht, wo
   beyde Theile ihrer gegenseitigen Liebe gewiß sind, [...] ; [...]. Aber
   nur da, wo die Liebe schon bis zur höchsten Stufe der Entwicklung hinauf
   geläutert und innerlich fest geworden und vollendet ist , kann dieser
   in der liebevollen Ironie hervorgehobene Schein des Widerspruchs, keine
   Störung mehr in dem höhern Gefühl verursachen." (KA 10, 357).

strengungslose Selbstgarantie zwischenmenschlicher Harmonie und Güte jedoch
nicht einmal in jenem Binnenraum einer "wahren Ehe" (VB 215) zuläßt, dann
lohnt sich ein Blick zurück in das voraufgegangene Kapitel, um den Gründen
für diesen skeptischen Vorbehalt auf die Spur zu kommen. Dort hatten wir
den Nerv des Schleiermacherschen Gedankens ja darin freigelegt, daß im endlichen Menschen Geist und Sinnlichkeit nie ohne Rest zusammenfallen, daß
mithin eine jede Leib-Geist-Harmonie Resultat der versittlichenden Tat des
Menschen ist. Man braucht diesen Ansatz nur umzukehren, um die Unverzicht-
barkeit der Scham unmittelbar einzusehen. Denn eine je und je erst zu errin-
gende Einheit bleibt doch prinzipiell instabil und ist stets vom Rückfall in
bloße Natur und pure Sinnlichkeit bedroht, einem Rückfall mitnichten ins Paradies, eher einem in die - theologisch gesprochen - "Sünde"[37]. Oder noch
einmal anders: In die selbstsüchtige Rohheit, den Selbstwert eines freien Individuums einem diesem äußerlichen Verfügtsein durch die Freiheit eines anderen zu opfern. Deshalb gilt selbst für die, "die wirklich zu lieben verstehen", zuerst das Gebot der Schamhaftigkeit, um erst danach frei zu sein
"für das Schalkhafte, Reizende und wahrhaft Ueppige". (VB 251).

So ist Schleiermacher weit davon entfernt, der Schamhaftigkeit als einer
verallgemeinerbaren ethischen Regel und persönlichen Tugend den Laufpaß
zu geben. Selbstbeschränkung bleibt für den auf Dauer endlich bleibenden
und darin g l e i c h e n Menschen unverzichtbar, soll nicht die Freiheit
des einen in die Vormundschaft über den anderen umschlagen.

Es sei hier weder entschieden, ob der 'Versuch über die Schamhaftigkeit'
seinem selbstgesetzten Ziel denkerisch gerecht wird, noch, ob Schleiermacher
mit ihm lediglich den Versuch einer autonomen Moralbegründung im Auge gehabt hat, oder aber ob im Gegenstand der Liebe theologische und philosophische Ethik konvergieren. Entscheidend bleibt allein die der Liebe mindestens implizite Norm der Selbstbeschränkung, gleichviel in welcher Disziplin
sie letztendlich zu begründen wäre[38].

Zwar korrigiert Schleiermacher auf diese Weise die sittliche Enge der Ernestine, die Schamhaftigkeit bzw. ihr Gegenteil zur Essenz bestimmter Handlungen macht (vgl. VB 234 f.), aber er rechtfertigt damit nicht zugleich
auch die Theorie der Zweideutigkeiten in der 'Lucinde'. Schleiermacher kommt

---

37 R 194. Es macht eine Schwäche der Diltheyschen Darstellung aus, daß
   er diesen 'Realismus' und diese 'Nüchternheit' bei Schleiermacher nicht
   nur übersieht, sondern ihr Fehlen geradezu tadelt (Vgl. Anm. 15, S.
   515 f.).
38 Auf die Frage nach dem kontrovers diskutierten normativen Charakter von
   Schleiermachers Ethik einzugehen, ist hier nicht der Ort. Es sei lediglich
   angemerkt, daß Schleiermacher zwar die Entzweiungsgestalt der Kantischen
   Ethik überwinden will (vgl. VB 273), aber nicht alle Normen über Bord
   werfen wollte: vgl. etwa auch R 157 und vor allem CSI 41 f., 46, 48.

einfach nicht mehr auf diese zurück, sondern überläßt dem Leser die weiteren Folgerungen. Warum? Man kann nur mutmaßen, daß er der Unausweichlichkeit eines direkten Angriffes auf Schlegel enthoben sein wollte, zumal er in der kaum unbegründeten Hoffnung schweigen konnte, jener Leser würde schon selbst merken, daß die ästhetische Theorie der Zweideutigkeiten bei Schlegel mit seiner, Schleiermachers, Tugendethik unverträglich ist[39] . Wenn Schleiermacher nämlich fordert, vollkommene Dichtung solle durch Darstellung zweckfreier und d.h. ja eben immer auch schamhafter Liebe "den rechten Takt und Ton wieder [herstellen] für dasjenige, was das zarteste und schönste ist in der Lebenskunst" (VB 257), so hält Schlegel lakonisch dagegen: "Es fragt sich gar nicht, warum man sie [die Zweideutigkeiten] sagen soll, nur wie man sie sagen soll. Denn lassen kann und darf man's doch nicht" (KA 5, 34).

Ich denke, daß jetzt endgültig die Differenzen auf den Mittelpunkt der Kontroverse zurückzielen, nämlich auf den von der Gottheit selbst in sich gesetzten 'Entzweiungscharakter' alles Endlichen, dessen 'Duplizität' und innere 'Begrenztheit'[40] . Dieser Gedanke wird im 'Versuch über die Schamhaftigkeit' ganz ins Ethische gewendet, um so die Konsequenz aus der bleibenden Geschiedenheit von Geist und Fleisch zu ziehen, einer Geschiedenheit, die wiederum nur ethisch zur Einheit zu bringen ist. Demgegenüber löst Schlegel die Grenzen der bei Schleiermacher im Endlichen akurat getrennten Regionen des unendlichen Seins auf, um es in seine ursprüngliche poetische Unbestimmtheit zurückzuführen.

Ich möchte diese bedeutende und nicht leicht zu fassenden Differenz nun noch ein letztes Mal, jetzt jedoch aus Schlegelscher Perspektive, ins Auge fassen. Wenn ich dabei etwas weiter aushole, dann nur, weil die hier zu behandelnden Zusammenhänge alles andere als Allgemeingut sind.

4.

Mit der Gründung der Romantischen Schule in Jena und prinzipiell auch noch nach deren Zerfall sah Fr. Schlegel die Welt in einem Prozeß absoluter Selbstvollendung befaßt. Ich greife statt vieler nur eine Notiz aus jener Zeit zwischen 1798 und 1800 heraus, in der Schlegels frühromantische Naherwartung zweifellos ihren Siedepunkt erreichte. Er schreibt in vollem Ernst: "Wir haben nun die Pole d[er] Menschh[eit] ergriffen und sind im C[en]t[rum].

---

39 Schleiermacher hat daher, wie manch anderer, die öffentliche Zurschaustellung Dorotheas in der 'Lucinde', oder doch zumindest den Anschein davon, getadelt: Br 3, 113.
40 Vgl. dazu etwa R 6, 66, 110; Mo 59, 75; VB 220, 247/48, 256, 276 f., 289, 305; DO 268, 298 u.ö.

Was jetzt schon ist, wird s[ich] selbst ewig höher potenzieren, aber es wird keine neue Welt, kein totaler Abschnitt mehr kommen; wir stehn im lezten Mittelalter." [41]

Liest man nun die 'Lucinde' aus diesem geschichtsphilosophischen Kontext, dann gewinnt nicht allein eine beträchtliche Menge theoretischer Einsprengsel mit einem Male einen überraschend einheitlichen Sinn, auch der Roman selbst wird schon zum Bestandteil einer neuen, universalen Wirklichkeit, die sich mehr und mehr in eine unendliche Fülle qualitativ gleich absoluter Romanindividuen auflösen sollte[42] . In der Individualgeschichte des Julius und der Lucinde terminiert dann nicht nur die Liebe zur "völlige[n] Einheit" von Geist und Leib, sondern es kommt in ihr schon i n   d e r   Z e i t   d e r   W e l t g e s c h i c h t e   s e l b e r   zur "Rückkehr aller Epochen" (KA 12,13). Gelangt dergestalt der Prozeß der historischen Selbstkonstruktion des Dichtergottes an sein Ziel, indem er sich wieder ganz mit der von ihm schon als sein "Bild" hervorgebrachten Welt versöhnt, dann vollendet sich diese auch zur "schönsten" aller Welten, wie es im Roman gleich an mehreren Stellen heißt (KA 5:13; 7,9). Zu einer Welt, in der sich alles als ästhetisches Phänomen gerechtfertigt weiß und in der sich die Forderung des 116. Athenäumsfragments nach universaler Poetisierung des Lebens erfüllt hat. Die nachfolgende zentrale Passage aus der 'Lucinde' – eigentlich gehörte sie Wort für Wort auf die Goldwaage der Interpretation – , darf man daher nicht streng aufs Individuum bezogen lesen, wie dies im Falle Schleiermachers geschehen müßte, sondern sie erhebt einen totalitätsheischenden und eschatologischen Anspruch zumal: "Wie seine [Julius'] Kunst sich vollendete und ihm von selbst in ihr gelang, was er zuvor durch kein Streben und Arbeiten erringen konnte; so ward ihm auch sein Leben zum Kunstwerk, ohne daß er eigentlich wahrnahm, wie es geschah. Es war Licht in seinem Innern, er sah und übersah alle Massen seines Lebens und den Gliederbau des Ganzen klar und richtig, weil er in der Mitte stand. Er fühlte, daß er diese Einheit nie verlieren könne, das Rätsel seines Daseins war gelöst, er hatte das Wort gefunden, und alles schien ihm dazu vorherbestimmt, und von der frühesten Zeit darauf angelegt, daß er es in der Liebe finden sollte, zu der er sich aus jugendlichem Unverstand ganz ungeschickt geglaubt hatte." (KA 5,57).

---

41 KA 18, 356, Nr. 421; vgl. auch ebd. 347, Nr. 307; 395, Nr. 897; 398, Nr. 929; KA 2, 313, 315; AF 262; Id 124. In der 'Lucinde' selbst noch: "Nun ist alles klar! Daher die Allgegenwart der namenlosen unbekannten Gottheit. Die Natur selbst will den ewigen Kreislauf immer neuer Versuche; und sie will auch, daß jeder einzelne in sich vollendet einzig und neu sei, ein treues Abbild der höchsten unteilbaren Individualität." (KA 5, 73). - Die geschichtsphilosophischen Grundlagen des Schlegelschen Denkens sind dargestellt in meiner o.g. Studie (= Anm. 7), S. 58 - 73, 164 - 205, 251 ff., 256 f., 297 f.
42 Vgl. dazu AF 116, 406, 451; Id 11, 95.

Der Ausgriff aus das Ganze über die Zweierbeziehung hinaus wird noch deutlicher, wenn man sofort darauf erfährt, daß unsere frühromantischen Protagonisten Julius und Lucinde "eine freie Gesellschaft" um sich sammeln, "oder vielmehr eine große Familie, die sich durch ihre Bildung immer neu blieb" und "deren Schönheit [...] in der harmonischen Mannigfaltigkeit und Abwechslung bestand". (KA 5, 57)[43]. Auch wenn sich solche Stellen erst am Ende des Mittelteils, der 'Lehrjahre der Männlichkeit', finden, so holen sie thematisch wie sachlich doch nur wieder ein, was vorher schon unter der Überschrift 'Idylle über den Müßiggang' behandelt worden war. Durch diesen Rückgriff schließt sich einer der bedeutendsten Gedankenkreise des Buches so, daß die Einheit, das 'en kai pan' des geschichtsphilosophischen Prozesses mit der Vollendung der Liebe in Julius und Lucinde und mit der Auflösung der Gesellschaft in Müßiggang, alles zusammen aber mit dem Roman als Darstellungs- und Vollzugsmedium des poetischen Lebens, sichtbar wird. Denn was geschieht hier anderes, als daß "die Natur im Menschen zu ihrer ursprünglichen Göttlichkeit zurück[kehrt]." (KA 5, 67)? Freilich nicht zuerst der individuellen menschlichen, sondern jener Natur, von der die 'Ideen' sagen: "Der Mensch ist ein schaffender Rückblick der Natur auf sich selbst". (KA 2, 258, Nr. 28).[44] Da nun das wiederhergestellte "Ganze [...] in seinem Organismus Freyheit" und "die Geschichte der werdenden Gottheit" ist (KA 12,57/58; s.a. 46, 72 f.), kann auch der soziologische Status der neuen Gesellschaft in nichts anderem als der 'schönen Anarchie gottähnlicher Faulheit' (KA 5:15,25), d.h. einem absolut freien und sich selbst steigernden poetischen Leben bestehen, zu dessen Führer der 'allmächtige Wille der Fantasie' (KA 5:18,49) avanciert ist. All dies ist dann Gegenstand der 'Idylle'[45]. Es wäre aber ganz falsch, sich das wiedergewonnene Paradies einfach als pure Unmittelbarkeit vorzustellen; man hat es ja mit einer historisch vermittelten Natur zu tun, die mit aller Künstlichkeit begabt ist, die der Werdeprozeß in seiner Geschichte hervorgebracht hat. 'Passivität' und 'Müßiggang', deren Hohes Lied in der 'Idylle' gesungen wird, haben ja auch nichts mit Faulheit schlechthin zu tun, passiv erscheint das neue Leben einzig und allein im Gegensatz zu den prometheischen Anstrengungen der bürgerlichen Arbeitsgesellschaft, sich Natur - sei es physisch in Bezug auf die äußere, sei es ethisch in Bezug auf die innere Natur - in ewig rastlosem Streben zu unterwerfen (KA 5, 28 f.). In Wahrheit ist die 'echte Passivität' höchst aktiv, nämlich als künstlerisch-produktive Teilnahme des Menschen am "Denken und Dichten" (KA 5, 27) der Gottheit, nicht zu vergessen die nicht minder göttliche Lust einer "dauernden Umarmung" (KA 5, 25). Deut-

---

43 Vgl. Id 122, 126, 152.
44 Vgl. KA 12 : 39, 54, 58, 94 u.ö.
45 Vgl. KA 12, 84; außerdem 12, 46 (Kirche) und Id 95 (Bibel).

licher noch verbreitet sich eine Nachlaßnotiz, die nun mit den oben schon
erörterten geschichtsphilosophischen und kunstmetaphysischen Voraussetzungen zusammengedacht werden muß: "Nach d[er] vollendeten Weltentwicklung
geht doch die T h ä t i g k e i t im D i c h t e n immer fort, aber
sie ist nun ganz immanent". (KA 19, 115, Nr. 302)[46].

Das Thema der 'Idylle' ist damit bestimmt genug umrissen. Es geht um
die Darstellung des dem wiedergekehrten Unendlichen inhärenten Zustands
ästhetisch-freien Tätigseins des Menschen in "Willkür und Liebe" (KA 5, 26),
eines neuen 'theoretischen Lebens', nur nicht mehr auf dem Grunde von "Anstrengung", wie Aristoteles es gewollt hatte, sondern auf dem Grunde eines
lustvollen Spiels. Aber in dieser 'modernen' Wiederaneignung der 'Antike'
wird das Gute, Wahre und Schöne, wie die 'Lucinde' mehr als einmal betont,
nicht mehr in ewig rastlosem Streben gesucht, sondern es "ist schon da"
(KA 5: 26,60,72 f., 78). Und wenn auch der Mensch diese "Ruhe" nur in der
"Sehnsucht" finden soll (KA 5,78), dann allein mit dem Ziel, jene i n n e -
r e Unendlichkeit des Unendlichen, den "Abyssus von Individualität"
(Id 6), in absoluter Progression zyklisch zu entwickeln und zu entfalten.
Denn in dieser Entwicklung seiner immanenten Fülle hat ja das Absolute überhaupt erst 'Sein'. Nur ist solch absolutes Werde-Sein, und darauf
kommt hier alles an, etwas ganz anderes als das Streben nach einem ewig
transzendenten Ziel, Ideal oder Postulat[47].

Schlegel bestimmt seine ästhetisch-anarchische Gesellschaft kurz und bün-
dig als ein "Chaos, das nur durch Witz zu bilden und in Harmonie zu bringen ist". (KA 5, 35). Diese Definition vereinigt zwei konträre Elemente,
"Chaos" und "Harmonie", zur paradoxen Einheit einer coincidentia opposito-
rum oder, mit Schlegels eigenen Worten, einer 'antithetischen Synthesis'. Es
ist dies dieselbe Struktur, in der der ästhetisch-organische Staat und das
organisch-ironische Kunstwerk ihre verbindende Mitte haben[48]. Wir müssen
diese Struktur deshalb auch für das 'Sein' der neuen Gesellschaft in der
'Idylle' voraussetzen, die ja das Extremste im menschlichen Handeln, den
"ernsten Styl in der Kunst der Geselligkeit" nicht weniger als "jede nur reizende Manier und flüchtige Laune" (KA 5, 57) zur "ewig unwandelbare n
Symmetrie" (KA 5, 73) vereinigen will. Drückt man denselben Sachverhalt
dialektisch und in der Sprache der Jenaer Transzendentalphilosophie aus,
wie sie auch in der 'Lucinde' gesprochen wird, so kann man sagen, daß

46 Vgl. KA 18, 82 Nr. 637; AF 451; Id 44.
47 Wenn es bei Schlegel (KA 12 , 84) etwa heißt, die absolute Freiheit sei
   ein "I d e a l , welches nur durch A n n ä h e r u n g gefunden
   werden kann", so muß beachtet werden, daß Ideal bei Schlegel bedeutet:
   "zugleich Idee und Faktum" (AF 121). Daher: "[...] Ideale, die sich für
   unerreichbar halten, sind eben darum nicht Ideale" (AF 412); vgl. weiter
   AF 117, 406; Id 10, 15; und oben Anm. 8.
48 Vgl. KA 18, 82, Nr. 637: "B i l d u n g ist antithetische Synthesis und

im Zustand absoluten Seins das "Unbestimmte" und das "Bestimmte" zur 'Unbestimmtheit der Unbestimmtheit und der Bestimmtheit' vereinigt sind[49].

Ist dieser theoretische Hintergrund erst einmal freigelegt, so verstehen
sich die Verhaltensweisen der Personen in der 'Lucinde' fast von selbst. Sie
können nicht nur, sie m ü s s e n geradezu das Extremste aus sich selbst
und im Verein mit anderen handelnd entwickeln. Alle Entgegensetzungen dienen ja einzig und allein der ewig progressiv-zyklischen Produktion von etwas
Neuem, noch nicht Bestimmtem, Nichtidentischem und allezeit nur Möglichem.
Jede dieser Handlungen ist natürlich für sich bestimmt und muß sogar orga-
nisch-feste Form aufweisen[50], aber jede muß im Nacheinander der Zeit auch
wieder aufgehoben werden, um den 'Abgrund von Individualität', als den
Schlegel das nur in Gott denkbare zeitlose Zugleich aller Potenzen bezeichnet, zu entwickeln und so im Sein zu erhalten. Dem Menschen, der als
"Gehülfe der Götter" diese Entfaltung zeitigt, muß eine solche Freiheit allerdings auch genügen - darin liegt der einzige Unterschied, der ihn noch von
Gott trennt[51] - , um "unabhängig" nicht nur im "Denken und Dichten", sondern auch in "Lust und Liebe" (KA 5, 53) zu existieren. Seine Sinnlichkeit
darf sich emanzipieren zu 'schönem Egoismus und Narzißmus' (KA 5, 25),
weil das Absolute selbst sie mit dem Geist der Liebe zu einer nun im
wahrsten Sinne des Wortes 'absoluten' Leib-Geist-Einheit zusammengeschlossen
hat. Ja, man müßte nicht nur von einer unbedingten, sondern sogar von einer über-unbedingten Einheit sprechen, die sich jederzeit aus dem Überfluß
ihres Freiseins auch wieder aufheben kann. Was das bedeutet, wird bald zu
zeigen sein. Die gleichsam empirisch-faktische Bedeutung solch ironischen
Existierens hatten wir bereits an Schlegels Theorie der Zweideutigkeiten studieren können, von der man nun nur noch genauer versteht, warum sie geradezu gebietet, den anderen Menschen auch gegen dessen Willen in einen
entgegengesetzten, aber eben 'neuen' und darum apriori 'guten' Gemüthszustand zu reißen - koste es, was es wolle![52] Besser noch kann man die ironische Transformation der Ethik in Ästhetik aber am Beispiel der Eifersucht
verfolgen, die für Schleiermacher in vollendeter Liebe eigentlich zu schweigen hätte. Denn sie signalisiert ja eine Verletzung der Freiheit eines anderen Menschen, der sich im Zustand vollkommenen Geliebtwerdens wähnt und
ohne eigene Beistimmung daraus entfernt wird. Auch Schlegel lehnt zunächst

---

Vollendung bis zur Ironie"; weiter LyF 48, 108; AF 116, 121; Id 69, 131;
KA 12, 29; 2, 342 (Tasso); zum Staat: LyF 65; AF 214.
49 Vgl. KA 12,20 (Nachtrag), 28 mit KA 5,72 f. Analog gedacht ist bei Schleiermacher wohl die Trennung von Gott und Universum, vgl. R 77,88.
50 Vgl. AF 297 und KA 2, 306.
51 Daher gibt es für den Menschen noch den Tod, der aber zusehends ästhetisch entwirklicht wird, vgl. KA 5: 7, 11, 58, 71, 81.
52 Dazu, daß Schlegel aber keineswegs eine Gesellschaft der vollendeten Fri-
volität, des Zynismus und der Libertinage im Sinne hatte, sondern eine

das Eifersüchtigsein als typisches Phänomen bürgerlicher Ehen ab, in denen
man beständig "Treue" als "Verdienst" reklamieren kann. Hier würde Schleiermacher noch ohne Bedenken beipflichten, denn ohne Treue ist selbstzweck-
hafte Liebe ja nicht einmal denkbar. Auch Schleiermachers "Friedrich" könnte
zu seiner "Eleonore" sagen wie Julius zu Lucinde: "Verzeih mir, Liebe! ich
will nicht auffahren, aber ich begreife durchaus nicht, wie man eifersüch-
tig sein kann". (KA 5, 33). Aber nun folgt bei Schlegel ein begründender
Nachsatz, den Schleiermacher nie und nimmermehr unterschrieben hätte: "Denn
Beleidigungen finden ja nicht statt unter Liebenden, so wenig wie Wohltaten."

Natürlich läßt auch Schleiermacher keine Beleidigungen unter Liebenden
zu, aber Wohltaten? Die doch allemal, denkt man nur zurück an die prinzipielle Verpflichtung zur Schamhaftigkeit. Wenn demgegenüber Schlegel "Beleidigungen" und "Wohltaten" gleichermaßen aus dem Binnenraum vollkommener
Ehe verbannt wissen will, dann doch nur, weil in der geschichtsphilosophisch wiedergewonnenen absoluten Freiheit eines neuen Paradieses der
Mensch sich p r i n z i p i e l l in einem e t h i k f r e i e n Raum
bewegt, einem Raum reiner ästhetischer Möglichkeit und ironischer Dialektik.
Unter solchermaßen wirklich 'revolutionierten' Verhältnissen hat die Eifersucht aber doch noch nicht so ausgespielt, wie Schlegel es uns zunächst
glauben machen wollte. Schon bald muß Lucinde sich nämlich belehren
lassen, daß es auch eine Rechtfertigung der Eifersucht geben kann, eine
ästhetische natürlich. Erlaubt, ja erwünscht ist sie im Grunde immer, wenn
sie der immanenten, gleichsam wertfreien Steigerung der Liebe eines jeden
Partners dient, indem sie ihm eine neue Möglichkeit seines Daseins eröffnet:
"Und sieh! darum könnte ich mich mit der Eifersucht aussöhnen. Es ist alles
in der Liebe: Freundschaft, schöner Umgang, Sinnlichkeit und auch Leidenschaft; und es muß alles darin sein, und eins das andere verstärken und
lindern, beleben und erhöhen" (KA 5, 35)[53]. Mehr noch: Es kann ja auch
nicht dabei bleiben, daß die "Liebe Eins mit der Treue" (KA 5, 33, s.a. 11)
ist. Denn Treue verhält den Menschen im Wirklichem, im Identischen und
Endlichen. So kommt es, daß der Untreuegedanke von den beiden Protagonisten wechselweise vorgetragen wird: Lucinde deutet an, Julius einmal zu
verlassen; dieser hatte neben der großen und angeblich einzigen Liebe zu
Lucinde immer noch ein anderes Verhältnis (vgl. KA 5, 79). In den 'Vertrauten Briefen' wird diese 'mariage à quatre' auch gleich von mehreren Seiten
aufs Korn genommen (vgl. VB 278, 302, 305); denn zwei ewige Lieben in ei-

___

äußerste Spannung zwischen Möglichkeit und Wirklichkeit durchzuhalten
versuchte, vgl. Verf. (= Anm. 2), S. 443 - 446.
53 Vgl. AF 50 und die vielen Stellen zur dialektischen Ironie der Liebe in
KA 5: 9 f., 12, 19, 55 ff., 81 f. u.ö.

nem endlichen Menschen, das war Schleiermacher allemal eine zuviel! Schlegel dagegen trägt keineswegs Bedenken, Liebe mit Eifersucht und Treue mit Untreue verträglich zu machen, sofern solche 'antithetische Synthesis', solche reizende "Symmetrie von Widersprüchen" (KA 2, 318/19) dem poetisch-ironischen Leben zu dessen innerer Spannung gereicht: "Jede neue Ansicht" wird dem Menschen "ein neues Organ der Mitteilung und Harmonie" (KA 5,56)[54]. Und wodurch könnte dies besser geschehen als durch das temporäre Widerspiel von Sinnlichkeit und Geist gleichsam aus Überfluß an Identität, zumal der "Satz vom Widerspruch" ohnehin seine alles beherrschende Rolle für Erkennen und Handeln ausgespielt haben soll?[55] Wenn die "Verletzung der Schranken nur scheinbar" ist und "nichts wirklich Schlechtes und Häßliches" enthält (KA 1, 23), dann bedeutet das nichts anderes, als daß Entgegensetzungen im ironisch-harmonischen Chaos einer ästhetischen Gesellschaft jederzeit Modi der Harmonie der Einheit selber sind. Der bittere Nachgeschmack von nicht mehr rücknehmbaren Handlungsfolgen bleibt dem Menschen so erspart. Schließlich muß sich der durch Untreue Verletzte ja jederzeit wieder glücklich "stimmen" können[56] und wird ein "Du" bleiben (KA 5, 25, 60 f., 64), das nicht zur 'Sache' herabgewürdigt worden ist, sondern das nur eine neue Möglichkeit seines unendlich-endlichen Wesens entdeckt hat. Der berechtigten Frage, wie dieses universale Möglichkeitsspiel in der wirklichen Welt möglich sein soll, kann Schlegel leicht entgegenhalten, daß seine Beschreibungen des poetischen Lebens eben nicht mehr für das Leben in einer entzweiten und entfremdeten Welt gelten, sondern für eine 'schöne Welt' wiedergekehrter Göttlichkeit des Menschen. Hier ist alles Handeln, auch wenn es nach der Maxime 'das eine tun und das andere nicht lassen müssen' geschieht, als immanentes Moment und unmittelbarer Abdruck des unendlichen Spiels des Universums jederzeit – ob als Zweideutigkeit, als Untreue oder Eifersucht – ästhetisch gerechtfertigt: "Und wenn die Liebe es ist, die uns erst zu wahren vollständigen Menschen macht, das Leben des Lebens ist, so darf auch sie wohl die Widersprüche nicht scheuen, so wenig wie das Leben und die Menschheit; so wird auch ihr Frieden nur auf den Streit der Kräfte

---

54 Kluckhohn hat auf eine Parallele in Schlegels Gedicht 'Wechselgesang' aufmerksam gemacht, in dem es u.a. heißt: "Laß froh beim Kuß uns ew'ge Untreu schwören,/Wo Reize locken, kindlich sie versuchen, /Des Seelchens Wünsche sorgsam zu erhören, /[...]/So werden wir denn frei und freier Leben,/[...]/Sind nur der Treue Fesseln uns genommen,/Ist Liebe, ewig grün, des Lebens Leben;". (KA 5, 196). Daß hier eine Befestigung des Treuegedankens intendiert sei, wie Kluckhohn (= Anm. 14), S. 364, meint, sehe ich allerdings nicht; m.E. handelt es sich ganz schlicht eine Variation der bei Schlegel gerechtfertigten "Ehe à quatre" in AF 34.
55 Vgl. AF 83 und Blütenstaub Nr. 26 (= KA 2, 164): "Hat man einmal die Liebhaberei fürs Absolute und kann nicht davon lassen: so bleibt einem kein Ausweg, als sich selbst immer zu widersprechen, und entgegengesetzte Extreme zu verbinden. Um den Satz des Widerspruches ist es doch unvermeidlich geschehen, [...]."

folgen" (KA 5, 64)[57].

Es scheint mir bezeichnend genug, daß Schleiermacher gerade das so zentrale Idyllekapitel mit keinem Wort erwähnt, während die meisten der bedeutenden anderen Kapitel doch wenigstens mit dem Titel angesprochen werden.
Nur daß in den 'Vertrauten Briefen' wiederholt das Recht der bürgerlichen
Gesellschaft verteidigt wird, signalisiert, daß wenigstens indirekt auf Schlegels 'schöne Anarchie' geantwortet werden soll. Besonders virulent wird diese
indirekte – und ich meine darin für die 'Vertrauten Briefe' gerade typische – Polemik im Schlußgespräch zwischen Eleonore und Friedrich, das
als solches ja sowieso besondere Aufmerksamkeit verlangen kann.

Hier will Eleonore es dem Julius aus Schlegels 'Lucinde' sicher nicht zufällig darin gleichtun, ihr Leben zu einem Roman zu dichten. Gewiß hat sie
die Stelle im Ohr, an der von Julius nach seiner Begegnung mit Lucinde gesagt wird: "Auch er erinnerte sich an die Vergangenheit und sein Leben
ward ihm, indem er es ihr erzählte, zum erstenmal zu einer gebildeten Geschichte" (KA 5, 53), zum 'Roman seines Lebens' (KA 5, 15). Genau auf
diese Stelle wird also angespielt, wenn auch Eleonore von einem Zusammenfall ihrer   g a n z e n   Liebe zu Friedrich und ihres   g a n z e n   Lebens mit ihm in einer "Dichtung" schwärmt, in der man dann "die ganze
Menschheit mit ihren unendlichen Geheimnissen anschauen könnte, [...]". (VB
285). Es kommt aber ebensowenig von ungefähr, daß Friedrich gerade einen
derartigen Gedanken unanimos, aber entschieden zurückweist. Nicht aus
Rechthaberei, nicht aus Neid, sondern aus Grundsatz und mit Bedacht.
Warum? Erinnern wir uns: Liebe und Fantasie waren die Attribute des Göttlichen selbst. Wenn Eleonore nun die Singularität ihres gelungenen Lebens
in der Liebe zu Friedrich in die Allgemeinheit eines Romans erheben will,
dann soll eben auch ihr "Leben zum Kunstwerk" (KA 5, 57) werden, wie es
in der 'Lucinde' von dem des Julius geheißen hatte. Und damit entstünde
die Illusion – so merkwürdig spekulativ uns dies heute auch immer scheinen
mag – , daß dieser Mensch Eleonore sein ihm zufällig und in begrenzter Gestalt zuteil gewordenes Glück nun auch in Gestalt eines göttlich verfügbaren

---

56 Ich stüze mich hier auch LyF 55: "Ein recht freier und gebildeter Mensch
   müßte sich selbst nach Belieben philosophisch oder philologisch, [...],
   antik oder modern stimmen können, ganz willkürlich, wie man ein Instrument stimmt, zu jeder Zeit, und in jedem Grade."

57 Vgl. LN 1266: "Kann man aus Willkür lieben, so darf man auch aus Willkür hassen: Jedem Menschen ist in der Gesellschaft der Haß so nothwendig
   als die Liebe – [...]." Kluckhohn hat diese theoretischen Implikate nur
   beiläufig gewürdigt (= Anm. 14, S. 379 f., 361, 395 A.1, 445, 449 A.2),
   weil er die "Mißtöne" im Lucindekapitel 'Sehnsucht und Ruhe' im wesentlichen aus biographischen Konstellationen herleitet. Andererseits wäre zu
   erwägen, ob nicht Schlegel mit der 'Lucinde' gerade solch 'emanzipierte'
   Liebesverhältnisse quasi apriori rechtfertigen wollte, zumal er selbst
   schon während seiner Verbindung mit Dorothea ein Liebesverhältnis mit
   Sophie Mereau begann, das die erstere sehr kränkte (Kluckhohn,

und mithin ästhetisch verallgemeinerbaren Daseins genießen könnte; eines 'poetischen Lebens', in dem die ethischen Grenzen der Schamhaftigkeit ebenso entfallen könnten wie im Leben des Julius und der Lucinde mitsamt der sie umgebenden 'schönen Gesellschaft'. Den Zusammenfall von Fantasie und Liebe in der Person eines singulären Menschen (wohl schon nicht mehr in der eines Ehepaares) will Schleiermacher allerdings nicht ganz grundsätzlich ausschließen, aber er wäre "selten": "Die Liebe ist selten; aber Werke wie dieses [die 'Lucinde'] müssen noch seltner sein. Denn ihnen muß wirklich gefühlte Liebe zum Grunde liegen, ... " (VB 312). Und nähme diese Vereinigung einmal Fleisch und Blut an, so hätten wir wohl eine jener 'Mittlergestalten' vor uns, die Schleiermacher in seinen 'Reden' "Gesandte Gottes" nennt, welche u.a. in "heiligen Kunstwerke[n]" das Göttliche anschaubar machen, um die "Liebe zum Höchsten zu entzünden" (R 8, 10). Aber solche "Mittler" sind eben "mit solcher weisen Sparsamkeit in der Menschheit verteilt", daß durch sie das Universum nicht in seine Indifferenz zurückkehrt (R 11). In der 'Lucinde' allerdings soll jene Vereinigung von "wirklich gefühlte[r] Liebe" und vollkommener Kunst vonstatten gegangen sein (vgl. VB 214, 312 f., 316); warum also Schlegel und seinem Werk den Titel eines 'wahren Priesters des Höchsten' (R 10) vorenthalten? Ich denke, Schleiermachers Vorbehalt gründet in der deutlichen Erkenntnis, die fast jede Seite der 'Briefe' durchzieht, daß der Schlegelschen 'Lucinde' eine so andere Anschauung von Liebe zugrundeliegt, daß das überschwängliche Lob nur von einem in Schleiermachers eigenem Geiste gelesenen Werk gelten kann. Sieht man von den ganz vereinzelten Mittlerphänomenen aber einmal ab, so gilt vom 'Normalfall', daß hier ein noch so glückliches Leben als endliches auch ethische Selbstanstrengung einschließen muß, daher denn "Vollendung [...] auch für die Liebe nur im Tode" wäre (VB 311). Und die 'Monologen' sekundieren: "Der Gedanke in einem Werk der Kunst mein inneres Wesen und mit ihm die ganze Ansicht, die mir die Menschheit gab, zurück zu lassen, ist mir die Ahndung des Todes" (Mo 82; s.a. R 88 f.).

Aus diesem Grunde gilt eine strikte Grenzziehung zwischen Poesie und bürgerlicher Gesellschaft, die aber zwei Seiten hat, weil die letztere als Inbegriff alles Beschränkten und Endlichen eben auch ihr unabdingbares Eigenrecht, ihre individuelle, sicher untergeordnete, 'Heiligkeit' zugebilligt bekommt, wie vorher die bloße Sinnlichkeit auch schon[58]. Friedrich gibt in

---

S. 407 ff., 411 f.). Wie anders hat sich Schleiermacher Eleonore Grunow gegenüber verhalten!

58 Zu dieser bedingten Rechtfertigung der bürgerlichen Gesellschaft vgl. bei Schleiermacher noch R 148; Mo 44, 92-94. Selbstverständlich darf man das Bürgerliche nun nicht umgekehrt zuungunsten der zweckfreien Regionen des Lebens ausspielen (vgl. R 99 f.). S. weiter die immer auch positive Bewertung der Prometheusgestalt: R 36, 54; Mo 50 und dagegen Schlegel KA 5, 28 f.

seinem Schlußbrief an Ernestine zwar zu bedenken - aber das liegt ja völlig
in der Konsequenz seiner Lehre von den 'Grenzen des Schönen' (VB 276,
228) - , daß in der 'Lucinde' "von der bürgerlichen Welt und ihren Verhältnissen [...], weil sie so sehr schlecht sind", abstrahiert werden mußte. Indes: Diese Bereichstrennung gilt n i c h t für den am ganzen Sein teil-
nehmenden Menschen. Friedrich fährt daher fort: "Sobald vom Leben die Rede
ist, gebe ich Dir unbedingt recht, daß ein Mann, dem sich eine Frau ergab,
sich aus der bürgerlichen Welt, wie schlecht sie auch ist, nicht ausschließen
darf" (VB 314; s.a. 226 ff.). Sei es, daß dort zum Schutz, zur "Selbstverteidigung" (VB 228) der Liebe gewirkt wird, sei es, daß dort die materiellen Voraussetzungen für die menschliche Freiheit erarbeitet werden
müssen, wie es so klar in den 'Reden' herausgestellt wird (R 154) und wovon wir so symptomatisch wenig in der 'Lucinde' lesen.

Und nicht zuletzt dürfte schließlich in dieser illusionslosen Anerkennung
eines Weltbereiches, aus dem man sich nicht einfach herausreflektieren kann,
auch der Grund dafür zu suchen sein, daß Schleiermacher die Ehe als bürgerliche Institution gerade zum Schutz zweckfreier Liebe auch in der Frühzeit
immer hat gelten lassen, während Schlegel sie rundheraus verneint[59].

5.

Nun scheint mir denn ein Zweifel kaum noch möglich: Schleiermacher begreift
die 'Lucinde', die er begreifen w i l l. Seine ethisch-ästhetische Rechtfertigung des Buches gelingt ihm nur um den Preis einer 'besserverstehenden'
Uminterpretation aus dem Geiste des eigenen religiösen Idealismus[60]. Nicht
eigentlich Schlegels Roman und dessen genuine Intention mit all ihren Impli-
katen sind Gegenstand des Lobes, sondern es ist ein anderer, einer, wie ihn
Schleiermacher um die Jahrhundertwende vielleicht selbst gern geschrieben
hätte - literarische Pläne gab es in der Berliner Zeit ja genug[61]. Schlegels
Werk verfällt dagegen - unausgesprochen - einer ausgesprochen gründlichen
Kritik überall da, wo Schleiermacher im Denken seines Freundes eine innere
Übersteigerung gemeinsamer Anliegen aus einem bis dahin nicht gekannten
geschichtsphilosophischen Überschwang diagnostizieren muß: im Liebesgedan-
ken, bei der Rolle der Poesie, im Grundcharakter von Welt überhaupt.

---

59 Der Institutionscharakter der Ehe in Form der kirchlichen Trauung bleibt
    in den Lucindebriefen unerwähnt (z.B. VB 215, 301), woraus man aber
    nicht schließen darf, daß Schleiermacher ihn dort verleugnet. Vorausge-
    setzt wird er R 144 und im 'Katechismus', § 7 (KA 2, 231); vgl. auch
    Kluckhohn (= Anm. 14), S. 430 f., 442. Zur Ablehnung der Eheform bei
    Schlegel s. Eichner KA 5, S. XXX f.
60 Vgl. zur Hermeneutik des 'Besserverstehens' im Text selber VB 286, 293.
61 Vgl. Kluckhohn (= Anm. 14), S. 432, Anm.

Dafür, daß diese Töne dennoch nirgends in den Diskant drängen, sondern einzig und allein, da allerdings ostinat, im Baß mitbrummen, dafür ist allein das geschickte indirekte Verfahren der Kritik verantwortlich. Daher wird man systematisch irregeleitet, sobald man sein Augenmerk allein auf die expliziten, aber randständigen Einwände in den 'Briefen' richtet; denn sie verweisen nur auf die ungenannt bleibende Tiefenschicht der Auseinandersetzung, welche man erst gewahr wird, wenn man – wie hier versucht – die jeweiligen Denkkontexte rekonstruiert und kritisch vergleicht[61a]. Und wem auch dies noch nicht ausreicht, der sei zusätzlich auf die in ihren Vorbehalten eigentlich eindeutigen und unmißverständlichen brieflichen Glossen Schleiermachers verwiesen[62]. Daher hat denn Diltheys apodiktische Intuition im Prinzip richtiger gesehen als Kluckhohns minutiöse Rekonstruktion einer gemeinsamen romantischen Weltanschauung (s.o. Kap. 2), obwohl dem letzteren das bleibende Verdienst zukommt, mit stupender Sachkenntnis und imposanter Geschlossenheit Diltheys überscharfes Urteil vom "totale[n] Gegensatz" zwischen Schleiermacher und Schlegel korrigiert zu haben[63]. Aber eine neuerliche Durchsicht der Problematik, soviel hoffe ich gezeigt zu haben, führt doch zu dem Ergebnis, daß über beide Positionen hinausgegangen werden muß.

Warum denn aber angesichts solch offenkundiger theoretischer Querelen überhaupt noch eine Verteidigungsschrift für die 'Lucinde' aus Schleiermachers Feder, wo sich hier doch so eine prächtige Gelegenheit geboten hätte, die Kontroversen aus der gemeinsamen Berliner Gelehrtenstube in aller Öffentlichkeit auszutragen? Dilthey hat mit seinem Hinweis auf notwendige Freundschaftspflichten, auf den "gerechte[n] Ekel vor der aufgeblasenen Moralität der Gegner" und auf Schleiermachers "Verwandtschaft" mit Schlegel "in wichtigen moralischen Ideen" ganz zu Recht auf das komplexe Ineinander von grundsätzlich-sachlichen und freundschaftlich-pragmatischen Motiven aufmerksam gemacht, die ja auch hinreichend das indirekte kritische Verfahren erklären. Da mir die inhaltliche Problematik ausreichend erörtert scheint, möchte ich der Diltheyschen Äußerung hier auch nichts mehr hinzufügen[64].

61a Das scheint mir auch von der K. Barthschen Kritik an Schleiermacher zu gelten, Schleiermacher hätte den riesigen Unterschied zu Schlegel bemerken müssen, "wenn er eben – vorhanden gewesen wäre." (K. Barth , Die Theologie Schleiermachers, Zürich 1978, S. 219, 216 ff.).

62 Gut zusammengestellt bei Kluckhohn, S. 438, 447 Anm. 2. Ich hebe zwei Zeugnisse besonders hervor: "Sie [die Lucindebriefe] sind eigentlich mehr etwas über die Liebe als etwas über die Lucinde, und ich erwarte, daß wir in Rücksicht der wenigen Gedanken, die sie enthalten, eben nicht sonderlich differieren werden. Im Ganzen bedeuten sie eben nicht viel, [...]." (An Brinkmann, 4, 78). Anläßlich einer geplanten Kritik von Schlegels 'Alarcos': "Ganz rücksichtslos soll mein Urteil gewiß sein, da hier ja der Fall nicht ist, daß gegen das Werk öffentlich schon so heftig geschrieen worden ist." (abgedr. b. Kluckhohn, S. 438).

63 S.o. Anm. 15.

64 Dilthey (= Anm. 15), S. 515.

Wohl aber ist noch ein Wort zu der merkwürdigen Beobachtung angebracht, daß Schlegel die indirekte Polemik gegen ihn in den 'Vertrauten Briefen' nicht bemerkt zu haben scheint, jedenfalls soweit dies seine erhaltenen brieflichen Einlassungen erkennbar machen [65]. Dies verwundert deshalb, weil Schlegel sowohl in seiner im ganzen zwar warmen und wohlwollenden, im einzelnen jedoch nicht ohne gezielte Spitzen abgefaßten Rezension der 'Reden' im 'Athenäum' von 1799 wie auch in der 'Lucinde' selbst die Differenzen auch von seiner Seite mit bemerkenswerter Klarheit benannt hat. Ja, es muß als nicht unwillkommene Bestätigung der hier vorgetragenen Deutung verstanden werden, wenn sich in jener Rezension der aufschlußreiche Satz findet: "Die offenherzige Abneigung gegen die Poesie wird Dir [einem fiktiven Briefpartner] zuerst auffallen"(KA 2, 278). Und Schlegel wird noch deutlicher: Schleiermacher habe "die lebendige Harmonie der verschiedenen Teile der Bildung und Anlagen der Menschheit, wie sie sich göttlich vereinigen und trennen, nicht ganz ergriffen", es bleibe ein "Rest von Unpoesie" (KA 2, 280). Da ist sie wieder, die dialektische Ironie mit ihrem Totalitätsanspruch, der keine Grenzen, Trennungen oder Schranken mehr duldet. Weshalb ganz konsequent in der 'Lucinde' die Figur des Antonio, zu der ganz offenbar Schleiermacher Pate gestanden hat, von Julius mit der Bemerkung getadelt wird, daß sein, Antonios, "Verstand überall Grenzen erdichtet [...]" (KA 2, 76). Angesichts solch hellsichtiger Formulierungen ist es, wie gesagt, erstaunlich, daß Schlegel die 'Vertrauten Briefe' offenbar als wirkliche Unterstützung empfunden hat. Doch was wollen seine eher dankbaren als diskursiven Reaktionen schon besagen? Die Freundschaft der beiden war bald darauf empfindlich gestört und blieb es [66], und dazu sollten die 'Vertrauten Briefe' nicht das Ihre beigetragen haben?

Jede vergleichende Analyse der Schleiermacherschen und der Fr. Schlegelschen Frühromantik muß ihren Gegenstand verfehlen, die nicht mit äußerster Behutsamkeit und schärfster Differenzierung verfährt. Denn offensichtlich haben wir es bei den Auseinandersetzungen zwischen den beiden mit zwei g e g e n s ä t z l i c h e n Schulen, aber innerhalb eines g e - m e i n s a m e n Denkparadigmas zu tun. Das kluge Buch von P. Seifert über Schleiermachers 'Reden' hat deshalb vielleicht doch etwas zu pointiert die These zu vertreten gesucht, Schleiermachers frühromantische Sprache sein im wesentlichen exoterische Rhetorik [67]. Es scheint mir angesichts solcher

---

65 Vgl. Br 3, 163, 173 u.ö.; s.a. Kluckhohn (= Anm. 14), S. 449.
66 Vgl. dazu etwa die frostige Reaktion auf Schleiermachers 'Weihnachtsfeier' in der Darstellung der Wirkungsgeschichte dieses Werkes durch H.Patsch (Kongreßbeitrag).
67 Vgl. Seifert (= Anm. 16), S. 30-35, 45, 129, 172, 191.

Auslegungsdiffizilitäten nicht überflüssig, über das bisher Gesagte hinaus und gleichsam als komplementären Kontrapunkt dazu noch einige andeutende Überlegungen zu fundamentalen Gemeinsamkeiten anzustellen. Drei Gedankenkreise möchte ich, indem ich sie mehr behauptend als beweisend vorstelle, hierzu rechnen:

(1.) Die Welt hat einen absoluten Einheitsgrund in Gott, der weder bloßes Postulat noch reines Ideal, sondern eine ontologische Wirklichkeit sui generis darstellt, die im präreflexiven "Gefühl" zugänglich wird, gleichviel, ob man es nun Religion oder Poesie nennt. Weil die endliche Welt in der Unendlichkeit Gottes ruht, sind beide an und für sich e i n s, wenngleich die Meinungen über den Einigungsgrad im Status der Endlichkeit und Entzweiung diametral auseinandergehen können.

(2.) Der göttliche Einheitsgrund wird gedacht nach dem Modell eines selbstzweckhaft bildenden theologischen Künstlers, d.h. als 'causa sui', als Subjekt, Individualität, Freiheit. Daher die abbildhafte Heiligkeit aller Seinsbereiche, die nach diesem ästhetischen Modell der Freiheit organisiert und organisierbar sind. Daher das forcierte Interesse an allem nichtverzweckten, nichtunterdrückten Dasein, wie es sich in der modernen Geschichte als einer Freiheitsgeschichte immer mehr zu verwirklichen schien. Auch dieser Ansatz läßt Raum für zwei unterschiedliche Realisationsformen: Einmal kann die höchste Freiheit in der Religion gefunden werden, zu der dann auch die Kunst als eine Art Zwischenglied nur hinführt; so denkt bekanntlich Schleiermacher. Schlegel hingegen läßt den Freiheitsgedanken im in sich vollendeten Organismus des Kunstwerks terminieren, der dann mit der Religion zur "Kunstreligion" zusammenschießt[68].

(3.) Das Wesen des Göttlichen als 'causa sui' schließt die Schöpfung einer Welt ein, die dadurch zur ontologischen Wirkungsgeschichte dieses Gottes zwischen Anfang und Ende der Welt wird. Daher begreift man die positive Geschichte nicht mehr als toten Buchstaben, nicht als sinnlosen Kreislauf oder als ewig unvollendbare Progression einer an sich entgötterten Welt zu einem transzendenten Utopia absoluter Sinnerfüllung, sondern Geschichte ist stets individuell-allgemein und progressiv-zyklisch, weil sie als Bewegung gilt, die immer schon i m Unendlichen spielt. In ihr ist der Mensch aktiv handelnder und mitvollendender Teil, wenngleich Grad und Qualität dieses Mittätigseins noch ganz verschieden sein können. Denn es macht einen Unter-

---

68 Äußerst aufschlußreich ist dazu eine bislang unveröffentlichte Nachlaßnotiz Schlegels aus dem Jahre 1811, also des späten Schlegel, der schon kritisch auf seine hochromantische Periode zurückblickt: "S t a t t   d i e R e l i g i o n   i n   d e r   Ä s t h e t i k   z u   s u c h e n, h ä t t e   m a n   u m g e k e h r t   d i e   w a h r e   Ä s t h e - t i k   i n   d e r   R e l i g i o n   s u c h e n   s o l l e n - S c h m u c k, S c h e i n, S p i e l sollten des Heilige und Göttliche verherrlichen, sonst sind sie wohl verwerflich." (Zur Poesie u. Lit.,

schied, ob erwartet wird, daß das Absolute in der Geschichte schon während
der historischen Zeit und durch ihre Positivität hindurch mit sich selbst
identisch wird und die Reflexionslogik dieses Prozesses ins Bewußtsein tritt,
wie es Schlegel tut, oder ob dieses Absolute im Gang der endlichen Geschichte immer
nur teilidentisch mit dieser wird, sich seiner absoluten Vollendung lediglich
parabolisch annähert, weil Anfang und Ende dieser Geschichte "unerklärlich"
und "unbegreiflich" bleiben, was Schleiermacher behauptet[69]. Nur diesen
letzten Gedanken des Absoluten in der Geschichte, der so typisch frühroman-
tisch ist, daß auch der junge Schleiermacher ihn gleichsam mit der Mutter-
milch seiner Zeit aufsaugen und seiner Theologie einverleiben mußte, möchte
ich in Bezug auf die Lucindebriefe noch andeuten. Nicht allein, weil sich
in ihm Bezug und Widerspruch zu Schlegel ein letztes Mal zusammenfassen
lassen, sondern noch mehr, weil er, soweit ich sehen kann, für den frühen
Schleiermacher bislang ganz unbeachtet geblieben ist.

Vom Gedanken einer sich in ihrer Göttlichkeit perfektionierenden Welt mußte
Schleiermacher zumindest grundsätzlich Anschluß an Schlegels 'praktisch-
poetische' Literaturwissenschaft auf geschichtsphilosophischer Grundlage finden[70]. Diese Theorie lag in der Lyceums- und der Athenäumszeit schon in
sehr bestimmten Umrissen vor, die Schleiermacher darüber hinaus aber auch
aus den Gesprächen in der gemeinsamen Berliner Wohnung bekannt gewesen
sein dürfte. Schlegels Gedanke besagt: Der Mensch wirkt durch eine kritische
Literaturgeschichte als "Gehülfe der Götter" an der Weltvollendung mit. Das
setzt voraus, daß er sich auf den Standpunkt des sich in der Poesie vollendenden Absoluten stellt und dem in künstlerischer Form Ausdruck zu geben
hat: "Poesie kann nur durch Poesie kritisiert werden." Dieses bekannte 117.
Lyceumsfragment fordert die Identität von Inhalt (Darstellung des Absoluten)
und Form (Kunstorganismus) auch und gerade für eine geschichtlich 'produ-
zierende' Literaturkritik.

Schleiermacher trägt keine Bedenken, diese Konzeption aufzugreifen, soweit
er glaubt, sie teilen zu können. So gibt er seinen literarkritischen Lucinde-
briefen die Form eines Quasi-Brief-Romans. Denn auch er sieht den geschichtsphilosophischen Sinn seines kritischen Gegenstückes zur 'Lucinde'
darin, den historischen Prozeß der religiös-ästhetischen Wiederversöhnung
von Endlichem und Unendlichem aus der Vereinigung des Antiken und Christlichen (das Schlegel das Romantische nennt) mitzubefördern. In den Worten
der 'Vertrauten Briefe' selbst: Die "Zeit [...] herbei[zu]führen", in der die

---

1811,2). Vgl. zum Thema Kunstreligion auch M.Bollacher, Wackenroder und
die Kunstauffassung der frühen Romantik, Darmstadt 1983, S. 43 ff.,
102 ff.

69 Vgl. VB 308; 201, 254, 311; R 197, 204 ff.
70 Vgl. nochmals Verf. (= Anm. 7), Kap. 5, bes. S. 217 ff., 176 ff.

vollkommene Liebe nicht nur eine begrenzte und individuelle, sondern eine allgemeine Erscheinung von Welt und Mensch in ihrer Identität mit der Gottheit sein wird (vgl. VB 202 f., 254 f.)[71], wenn diese 'neue Welt' auch "Gott weiß wie weit noch entfernt ist" (VB 195, R 205). Weil man diese Zusammenhänge leicht übersehen kann, rücke ich die diesbezüglich wichtige Passage im ganzen hier ein: "Nun aber die wahre himmlische Venus entdekt ist, sollen nicht die neuen Götter die alten verfolgen, die eben so wahr sind als sie, [...]. Vielmehr sollen wir nun erst recht verstehen die Heiligkeit der Natur und der Sinnlichkeit, deshalb sind uns die schönen Denkmäler der Alten erhalten worden, weil es soll wiederhergestellt werden, in einem weit höheren Sinn als ehedem, wie es der neuen schönen Zeit würdig ist; [...]. Wer nicht so in das Innere der Gottheit und der Menschheit hineinschauen, und die Mysterien dieser Religion nicht fassen kann, der ist nicht würdig ein Bürger der neuen Welt zu sein" (VB 282/83).

Wiederherstellen impliziert in Schlegels geschichtsphilosophischer Hermeneutik das 'Besserverstehen' eines Werkes als seine kritische Vollendung auf das absolute Ziel der Geschichte hin, und zwar aus dem Geist der absoluten Liebe Gottes[72]. Schleiermacher, der auch hier grundsätzlich einig sein kann, wird deshalb auch keine Bedenken getragen haben, die 'Lucinde' besserzuverstehen, freilich in seinem eigenen Sinne, d.h. nur im Hinblick auf das unendlich entfernte und doch immer schon individuell wirkliche Ziel der Geschichte. Aber Schleiermacher übertreibt das Besserverstehen auch nicht, denn nie wird es von einer geschichtsphilosophischen Methode her gedacht, die es ihm erlaubte, Geschichte sozusagen 'in die Hand' zu bekommen.

6.

Der Kreis meiner Überlegungen kann sich erst runden, wenn auch die Ausgangsfrage nach Thema und Tonart beantwortet ist, mit der wir uns heute

71 Vgl. die Parallelstellen in den 'Monologen', 62 u. bes. 66: "Sie [die "Ehrfurcht vor dem Höchsten"] zu befördern sei mein Trachten in der Welt, [...]. So einiget sich meine Kraft dem Wirken aller Auserwählten, und mein freies Handeln hilft die Menschheit fortbewegen auf der rechten Bahn zu ihrem Ziele."
Die 'Reden' äußern sich, was die aktive Vollendung der Welt anbelangt, vorsichtiger: Neben dem "weiterführen" (R 155; 114) ist nur die Rede davon, die Zeit zu "beobachten", zu "erkennen" und zu "beurteilen", "nicht" aber, sie zu "beschleunigen" (R 67 ff.). Diese Unausgewogenheit findet ihre Erklärung wohl darin, daß die perfektionierende Aktivität des Menschen in Wissenschaft, Kunst und Arbeit (R 154 f., 114) und eben Kunstkritik (R 115) stattfindet, nicht aber in der Religion, die nicht handelt, sondern die Unverfügbarkeit des Göttlichen im ganzen zu wahren hat (vgl. R 113-116).
72 Zur Hermeneutik der genialen Liebe bei Schlegel vgl. Br 2, 124 u. Verf. (= Anm. 7), S. 109 ff. sowie Kluckhohn (= Anm. 14), S. 401 f. u. S. 427 zu Schleiermacher. Zur Fortsetzung des Themas bei M.Scheler vgl. Verf.,

über einen qualitativ wie quantitativ nicht unbedeutenden Zeitabstand mit dem Frühromantiker Schleiermacher zu verständigen haben. Denn: Bleibt über den Selbstzweck philologisch möglichst 'korrekter' Interpretation überhaupt noch etwas Lohnendes?

Jeder Versuch einer Durchsicht auf die wie immer fragwürdige oder richtungsweisende Aktualität des frühen Schleiermacher muß sich nicht allein davor hüten, die 'Vertrauten Briefe' als Sittenspiegel ihrer Zeit zu lesen. Selbst wenn die Lieb- und Leidenschaften, die damals die Gemüter bewegten, noch heute ein Echo bei diesem oder jenem und ggf. auch noch manch anderem finden sollten, für das Selbstverständnis unserer Gegenwart lassen sich daraus ebensowenig mehr zündende Funken schlagen wie aus den in der 'Lucinde' möglicherweise nachgestellten Intima aus dem Hause Schlegel-Veit. Nicht einmal die in der Frühromantik mächtig aufschießende und seitdem nicht mehr fortzudenkende Prätention auf vollendete Liebe in absoluter Personalität ist, weil im bloß Individuellen verbleibend, wirklich geeignet, jenes 'praktische Interesse' wachzurufen, das nicht nur die Geselligkeit, sondern auch die Gesellschaftlichkeit des Menschen mitumfassen muß. Diesem Anspruch, meine ich, genügt einzig und allein die Idee der Freiheit.

Tatsächlich braucht sie in diesem Moment auch nicht eigens herbeizitiert zu werden. Das Thema Freiheit hat die Untersuchung ja als durchgehende Tonart von Anfang an durchziehen und leiten können, weil es nicht von außen an die Texte herangetragen werden mußte, um sie zu künstlichen Antworten auf ebenso künstliche Fragen zu nötigen, sondern aus ihnen selbst widerklang. Und schließlich: Es spricht manches dafür, daß unsere heutigen Schwierigkeiten im Umgang mit der Freiheit Spätfolgen jener epochalen Auseinandersetzung sind, die zwischen Aufklärern und Romantikern ausgetragen wurde, wobei von vornherein gesehen werden muß, daß solche Oppositionen offene oder verdeckte Identitäten nie ausschließen. Während nämlich der politisch-ökonomische Sektor unserer Gesellschaft weitgehend vom aufklärerischen Fortschritts- und Trennungsdenken geprägt ist, dominiert im Kulturbereich 'frei flottierende' Romantik in Form von Einheits- und Unmittelbarkeitstheoremen, die sich gerade auch unter kulturpessimistischen Strömungen verbergen [73]. Dabei beruht aber wohl die Einheit des gesellschaftlichen Prozesses

---

"'Liebe und Erkenntnis' bei Max Scheler", in: Philosophie. Anregungen für die Unterrichtspraxis, H. 12, 1984.

[73] Ich beziehe mich hier vor allem auf die ebenso großartige wie großangelegte Studie von D.Bell, The Cultural Contradictions of Capitalism, dt.: Die Zukunft der westlichen Welt, Frankfurt 1976; aber auch H.Marcuse, Der eindimensionale Mensch, Neuwied 1967. Das dialektische Aufeinanderangewiesensein von zweckrationaler Verstandeskultur und der Idee zweckfreier ästhetischer Versöhnung findet sich aber schon bei Schiller vorgedacht: Vgl. dessen 'Ästhetische Briefe' und die Abhandlung 'Über naive und sentimentalische Dichtung'.

auf der insgeheimen und stillschweigenden Komplementarität beider Sektoren. Die neoromantische Kultur formuliert die Ziele, die eigentlich auch die politisch-ökonomischen Bestrebungen leiten, und diese stellen jenen den materiellen Reichtum bereit, der die Utopien universaler Emanzipation immer wieder anfacht, weil sie sich auf ihn allein gründen könnten.

Sollte also die Behauptung zu Recht bestehen, daß unser gesellschaftlicher Konsens im weitesten Sinne immer auf einer mehr dem einen oder dem anderen Pol zuneigenden Synthese zwischen Aufklärung und Romantik beruht, dann liegt nicht nur der Reiz, sondern mehr noch der Wert der Beschäftigung mit Schleiermacher gerade darin, von ihm gesagt und gezeigt zu bekommen, daß man Romantiker sein und doch auch Aufklärer bleiben kann, besser: bleiben m u ß! Ein Aufklärer im Vollsinne des Wortes, der nicht nur von einem universalen Fortschrittsoptimismus lebt, sondern der sich gerade die 'Nachtseiten' der menschlichen Natur, die Ursünde der Selbstsucht, das 'radikal Böse' nach Kant, nicht zu verschweigen braucht.

Schleiermacher war in diesem Sinne nicht einfach der Theologe der Frühromantik, als den man ihn gern sieht - neben dem Philosophen, dem Poeten, dem Philologen - , er war als Theologe in einem genauen Sinne ihr D e n - k e r   d e r   E n d l i c h k e i t![74] Dies mußte ihn, gerade einem Mann wie Friedrich Schlegel - aber nicht nur ihm - gegenüber, immer zu einem kritischen Mitgenossen im frühromantischen Bunde machen[75]. Seine bei allem Enthusiasmus nie aussetzende Zurückhaltung, um nicht zu sagen Skepsis gegenüber allem Überschwang[76] wird exemplarisch manifest in seiner Beurteilung der Poesie, sprich der Freiheit, auf dem Boden der menschlichen Geschichte, die er - als der liebenden Schöpfungswillkür Gottes entsprungen - selbst als Freiheitsgeschichte verstand.

Deshalb gibt es in dieser endlichen Welt auch eine stattliche Anzahl von sozusagen 'Oasen der Freiheit': Religion, Liebe, Kunst, Geselligkeit, Freundschaft sind die vornehmsten. Solche 'Oasen' müssen bewohnt, gepflegt und wo nur immer möglich auch ausgebaut werden, weil sie wirklich existierende Statthalter des Ewigen in der Zeit sind, in und an denen man schon jetzt die Wahrheit des Lebens erkennen und erfahren kann.

Weil aber das Unendliche sich selbst zur Endlichkeit entzweit hat, um dem zeitlichen Nacheinander der Geschichte in seiner Umwege und Rückschläge einschließenden Wiederannäherung an den absoluten Grund überhaupt Raum zu geben, kann aber selbst in jenen 'Oasen' Freiheit für den endlichen Men-

---

74 Vgl. etwa R 9, 73, 160, 178, 205 u.ö.; zur Abdankung des seiner selbst mächtigen Subjekts vgl. jetzt auch M.Frank, Das individuelle Allgemeine, Frankfurt 1977, etwa S. 102 ff. u.ö.
75 Hier schließe ich mich den Untersuchungen von P.Seifert (= Anm. 16), S. 50 ff. und E.Herms (= Anm. 16), S. 249-264, bes. 262 f. an, die je auf ihrem Felde zu analogen Ergebnissen kommen; das gilt besonders von Herms.

schen nur wirklich bleiben, wenn jede der Seinsregionen ihre eigene Endlichkeit in Form einer bereichsspezifischen ' G r e n z e ' in sich hinein-
nimmt [77]. Wo sie willkürlich überschritten wird, da nistet die Sünde, die
auch der unendliche Fortschritt im Zuerwerb von Freiheit, d.h. in der allgemeinen Konvergenz der individuell freien Seinsregionen, nie aufheben kann.
Es gilt stets: Die Religion, die freieste aller "Provinzen" (R 26), bleibt nur
autonomer Glaubensvollzug, indem sie sich die Ansprüche des Staates vom
Leibe hält, und der Staat selber kann nur freie Gemeinschaft der Menschen
garantieren, wenn er ihre religiöse Individualität, die sich unter kein allgemeines Gesetz subsummieren läßt - obwohl es in 'weltlicher' Hinsicht zum
Zusammenleben der Menschen unerläßlich ist - , auch unter kein solches
zwingt [78]. Kunst und Religion - hier sind wir besonders beim Thema - vermögen ihrer begrenzten Bestimmung, "Spiegel" eines idealen Daseins zu
sein [79], wiederum nur gerecht zu werden, wenn sie von den entzweiten Verhältnissen der bürgerlichen Arbeitsgesellschaft ebenso abstrahieren wie von
einer freigelassenen Sinnlichkeit, aber sie geben damit auch beide, Staat
und Natur, in deren je begrenztes Eigenrecht frei, um wiederum jene und
sich selbst vor unangemessenen, weil freiheitstötenden Totalitätsansprüchen
zu bewahren. Und selbst die Liebe muß ihre Grenzen nicht nur gegenüber
der bürgerlichen Gesellschaft bzw. deren Staat oder der Triebnatur wahren,
sondern nicht weniger gegenüber den Übergriffen einer sich allgemein absolut
setzenden Poesie; denn mit einer ethisch beschränkten, will sagen 'schamhaften' Poesie, verbindet die (ebenfalls schamhafte) Liebe nur eine Strukturana-
logie, aber beide können bestenfalls "selten" in der Person eines künstlerischen 'Mittlers' identisch sein. Aber solch ein Mittler bleibt selbst eine
singulär Erscheinung, getrennt von allen anderen Mittlern und Nichtmittlern,
damit nicht schon in der Zeit die in Gegensätze zerspaltene, 'duplizitäre',
endliche Wirklichkeit mit dem Absoluten zusammenfällt [80].
    Schleiermacher muß mit dieser Konzeption weder die bestehende Welt so to-
tal entwerten, daß das Wahre sich in ein restlos transzendentes Ideal oder
eine bloß negative Utopie flüchtet, noch erliegt er der Versuchung, die Wirklichkeit der endlichen Welt mit dem sich in ihr entwickelnden "Weltgeist"
ohne 'eschatologischen Vorbehalt' zu identifizieren. Daher, denke ich, hat
er uns die ethische Lebensregel selbst an die Hand gegeben, wenn er in den

---

76 Man lese nur die 'Monologen' mit ihrem streckenweise geradezu 'stoischen'
   Unterton: "Der Welt lass ich ihr Recht: nach Ordnung und Weisheit, nach
   Besonnenheit und Maass streb ich im äussern Thun." (Mo 94)
77 Vgl. R 37: "Alles Endliche besteht nur durch die Bestimmung seiner Grenzen, die aus dem Unendlichen gleichsam herausgeschnitten werden
   müssen."
78 Vgl. R 143 ff.
79 Vgl. in den VB 205 ('gedichtete Darstellung'), 280 f., 284 ("Spiegel"),
   312 ("schöne Fantasie"), 314/15.
80 Vgl. R 6, DO 297-314.

'Reden' von dem "zu gleicher Zeit geforderte(n) Lieben und Verachten alles
Endlichen" (R 160) spricht, das nicht möglich sei "ohne eine dunkle Ahndung
des Universums". Das klingt wie Schlegels ästhetische Maxime: 'Das eine tun
und das andere nicht lassen müssen', hat aber einen ganz entgegengesetzten
Sinn. Bei Schleiermacher bedeutet sie etwas Ethisches, nämlich zu wissen,
daß man das eine tun kann, ohne das andere lassen zu müssen nur in zwei
kategorial verschiedenen Seinsregionen, niemals aber in derselben[81]. Niemals
kann man also als wahrhaft Liebender zugleich wahrhaft lieben u n d seiner Triebnatur freien Lauf lassen. Wohl kann man das letztere, wenn ersteres gar nicht betroffen ist, so daß das ethische Leben bei Schleiermacher
auch eine Entscheidungsregel einschließt, die zweifellos beinhaltet, daß im
Zweifelsfall dem Geist, d.h. der Freiheit und der Personwürde, der Vorrang
zu geben sind.

Solche Selbstbeschränkung bedeutet bei Schlegel natürlich wieder etwas
diametral anderes, nämlich dialektisch-ironische Selbst b e s t i m m u n g
im Nacheinander der Zeit innerhalb der vereinigten Regionen des Seins aus
der virtuellen Zuhandenheit aller u n b e s t i m m t e n Möglichkeiten,
deren Konkretionen stets miteinander kompatibel sind. Selbstbeschränkung bei
Schleiermacher schränkt aber den absoluten Emanzipationswillen des Einzelnen w i r k l i c h ein[82] und sichert auf diese Weise die Freiheit des
anderen Menschen, dessen ästhetischen Selbstzweckcharakter, im Prinzip sogar
in den 'Oasen' der Freiheit selbst. Selbstbeschränkung bei Schlegel gibt dagegen dem Einzelwillen des Subjekts nur einen jeweils anderen besonderen,
durch Negation stets steigerungsfähigen Gehalt, aber geradezu 'wertfrei',
ohne ethisches Interesse für den Inhalt. Schleiermachers 'Monologen' formulieren daher einen auch zur Kommentierung der 'Vertrauten Briefe' bestens
geeigneten Satz, der sich so bei Schlegel nie finden könnte, wenn sie sagen:
"Nur wenn der Mensch im gegenwärtigen Handeln sich seiner Eigenheiten bewußt ist, kann er sicher sein, sie auch im Nächsten nicht zu verlezen." (Mo
37). Hören wir dagegen, um den Kontrast noch ein letztes Mal ins Ohr zu
bekommen, die "Satanisken" aus der 'Idylle': "'Wer nicht verachtet, der
kann auch nicht achten; beides kann man nur unendlich, und der gute Ton
besteht darin, daß man mit den Menschen spielt. Ist also nicht eine gewisse
ästhetische Bosheit ein wesentliches Stück der harmonischen Ausbildung?'
'Nichts ist toller', sagte ein andrer, 'als wenn die Moralisten euch Vorwürfe
über den Egoismus machen. Sie haben vollkommen unrecht: denn welcher Gott

81 Vgl. R 148 zur Doppelrolle des Priesters als Staatsbürger und Christen-
mensch: "Es ist nichts dagegen: nur muß er beides nebeneinander, und
nicht in- und durcheinander sein, er muß nicht beide Naturen zu gleicher
Zeit an sich tragen und beide Geschäfte in derselben Handlung verrichten sollen."
82 Zum Begriff der "Selbstbeschränkung" vgl. nochmals bei Schlegel LyF 37
und LyF 28. Zu Schleiermachers Verständnis s. dagegen R 109 f., 88 f.;

kann dem Menschen ehrwürdig sein, der nicht sein eigner Gott ist? [...]'
(KA 5, 28)."

Damit entsteht wirkungsgeschichtlich die ironische Situation, daß derselbe
Schleiermacher, der sich von Dilthey mangelnden ethischen 'Realismus' hatte
vorwerfen lassen müssen, sich von einer heutigen Interpretin seiner Lucinde-
briefe gerade für diesen 'Realismus' tadeln lassen muß: "Auch die ungelösten
Probleme der Relation von Individuierung der Liebe und Treue, die in
Schlegels Text ihre anmutigen, aber nur schwer lesbaren Spuren hinterlassen
haben, nimmt Schleiermacher nicht in ihrer Komplexität auf, [...] . [...] .
Von der Differenzierung und Individuierung, dem Eigenwert verschiedener
Lieben, zumal solcher 'im Scherz', ist keine Rede mehr, sondern allein von
einer als harmonisch gedachten Entwicklung und Bildung der Liebesfähigkeit,
bis sie ihr 'ewiges und einziges' Objekt findet"[83]. Das ist, soweit es Schleiermacher angeht, eher irreführend, aber prinzipiell korrekt in der Interpretation Schlegels und konsequent in dessen Bevorzugung, die weltanschaulichen
Präferenzen entgegenkommt. Dabei kann dann mit einer gewissen Zwangsläu-
figkeit das genuine Anliegen Schleiermachers nicht mehr ernstgenommen werden, daß nämlich das jeweils Neue und Nichtidentische oder Mögliche noch
nicht selbstverständlich das Gute ist, sondern, wenn es sich total zu setzen
sucht, sich gerade ins Böse verkehrt, indem es den unverfügbaren Selbstwert
des Mitmenschen aufhebt. Kein Wunder, daß ein Schleiermacher der neoromantischen Neurezption der Frühromantik nicht gerade als bevorzugtes Identifi-
kationsobjekt dienen konnte und am Wege liegengelassen werden mußte, sofern
man ihn nicht allein in seinen Konvergenzen mit Schlegel rezipierte[84].

Freilich hat Schleiermacher das ganze Ausmaß der Problematik, die mit
den Friedrich Schlegelschen Grenzgängen aufgebrochen war, so noch nicht
sehen können, diese Problematik tritt daher auch eher indirekt zu Tage, so
recht erst aus dem Blickwinkel eines historisch selbst fortgeschrittenen kritischen Vergleichs mit Schlegel; aber der Gegensatz ist doch da. Das romantische Experiment mit der neuen Freiheit bedurfte erst der Belehrung durch
die selbstproduzierte Wirklichkeit, die Schleiermacher schon deshalb nicht

---

Mo 52/53.

83 H.Beese in ihrem 'Nachwort' zu: Friedrich Schlegel 'Lucinde', F.Schleier-
macher 'Vertraute Briefe über Schlegels Lucinde', Frankfurt etc. 1980,
S. 188/89. Ganz Schleiermacherisch ist es dagegen gedacht, wenn C.F.
Geyer zur Rolle der modernen Kunst schreibt: "Gefordert wäre aber jene
neuzeitliche Ausdifferenzierung, die der Kunst neben der Wissenschaft,
der Religion und der Philosophie einen eigenen Wirklichkeitsbereich zuspricht, [...], der gleich der Religion, wenn auch mit anderen, eigenen
Mitteln, darauf hinarbeitet, den Menschen aus seinen heteronomen Bezügen
herauszulesen.", in: Orientierung, H.9, 1984, S.S. 108.
84 So etwa Lindemann (= Anm. 16).

am eigenen Leibe erfahren konnte, weil – ältere Denktraditionen Kants, Fichtes und vor allem auch Schillers 'aufhebend'[85] – Forderungen und Erwartungen von vornherein nicht überspannt hatte. Seine Schlegelkritik gehört ja
strenggenommen auch nicht in die Reihe jener romantischen Selbstkritiken,
die mit W.H. Wackenroders 'Berglingerfragmenten' (1797) einsetzen und dann
erst von der jüngeren Romantikergeneration (Brentano, Eichendorff, E.T.A.
Hoffmann) fortgesetzt werden.

Den schärfsten Neueinsatz romantischer Selbstkritik markiert aber erst
der junge Kierkegaard, der den 'schönen Egoismus' Schlegels als das durchschaut und denunziert, was er ist, wenn sich die geschichtsphilosophischen
Hoffnungen als Illusion erwiesen haben: als ästhetizistische Ideologie eines
sich lustvoll selbst genießenden Ich, das im 'Narzißmus' seiner 'schönen
neuen Welt' allemal auf Kosten seines alter ego zu leben versucht. Aber
Kierkegaard tut das mit Argumenten, von denen manche schon bei Schleiermacher hätten stehen können[86].

Schleiermachers Kritik und Rechtfertigung des Ästhetischen ist darüber
hinaus, freilich wieder von ganz verschiedenen Voraussetzungen her, überall
da im Spiel, wo bis zu – sagen wir – Camus und Kolakowski der Selbstzweckcharakter des Menschen durch Rehabilitation des Ethischen verteidigt
wird[87].

Die Schlegelsche Linie dagegen wurde vom Jungen Deutschland bis zur
Frankfurter Schule fortgesetzt, wenngleich nicht weniger tiefgreifend trans-
formiert[88].

Da es sich dabei aber jedesmal wenigstens implizit um Sinn und Unsinn
des Ästhetischen und der Poesie im Gefüge der modernen Freiheits- und Geschichtswelt handelt, ist dieses Trauma seit der Romantik aus der Literaturwissenschaft nicht mehr fortzudenken; einer Literaturwissenschaft, die sich

85 Die Nähe zu Schillers 'Ästhetischen Briefen' ist offenkundig, wenngleich,
   soweit ich sehe, in der Forschung noch nicht gewürdigt. Solche Bezüge
   bestehen einmal im Supremat des Geistes bzw. der Form über den Leib/
   Stoff (22. Brief); sodann im Bestimmen von "Grenzen des schönen Scheins"
   (26. Brief) und damit schließlich beim Festhalten von Ethik und Moral,
   die durch das Ästhetische nicht aufgehoben werden dürfen (10., 23., 26.
   Brief).
86 Vgl. zu Kierkegaard Verf. (= Anm. 2), S. 440 ff. Jetzt auch die Vorlage
   zum Schleiermachersymposium von H.Schröer, "Wie verstand Kierkegaard
   Schleiermacher?".
87 A.Camus, Der Mensch in der Revolte, Reinbek 1951; für Kolakowski etwa:
   "Der Mythos in der Kultur der Analgetika", in: L.K., Die Gegenwärtigkeit
   des Mythos, München 1973.
88 Vgl. K.Gutzkow, "Vorrede zu Schleiermachers 'Vertrauten Briefen über die
   Lucinde'", wieder abgedruckt in G.Dischner, Friedrich Schlegels 'Lucinde'
   und Materialien zu einer Theorie des Müßiggangs, Hildesheim 1980.
   Zur Frankfurter Schule möchte ich exemplarisch nur die beiden konträren
   Positionen Marcuses und Adornos nennen. Der letztere, für den jede bestimmte Wirklichkeit eo ipso schon unwiderruflich und gleichsam lücken-

ja seit jener Zeit in Reaktion auf die neue lebensorientierende Rolle der
Poesie seit der Spätaufklärung selbst von Philologie zu Philosophie, von
Wissenschaft zu Weltanschauung hat fortentwickeln müssen.

---

los verdinglicht ist, richtet gegen diese die negative Utopie des wahren
Kunstwerks auf, die ersichtlich frühromantische Züge trägt, wenn es von
ihr heißt, die "Freiheit der Kunstwerke" erinnere im "Verhältnis zur empirischen Realität [...] an das Theologoumenon, daß im Stande der Erlösung alles sei wie es ist und gleichwohl ganz anders." (Ästhetische Theorie; Ges. Schr., Bd. 7, Frankfurt 1970, S. 16). Für Marcuse, dessen Nähe
zur ästhetischen Staatswissenschaft der Frühromantik mit Händen zu greifen ist, wohnt der Industriegesellschaft bekanntlich die Tendenz inne,
in eine neue Kultur des freien Spiels, in eine "Kunst des Lebens" (Marcuse, = Anm. 73, S. 241 f.) umzuschlagen.

B. BEITRÄGE ZU DEN SEKTIONEN

SEKTION I

DER JUNGE SCHLEIERMACHER

DIE FRANZÖSISCHE REVOLUTION IN LEBEN UND WERK DES JUNGEN
SCHLEIERMACHER
Forschungsgeschichtliche Probleme und Perspektiven

von **Kurt Nowak**

Das Verhältnis des jungen Schleiermachers zur Französischen Revolution ist
bislang kaum einer genaueren Untersuchung für wert befunden worden. Abgesehen von den Beobachtungen Müsebecks und Strunks, die weiter unten zu
würdigen sind [1], wirken die in der Literatur verstreuten Hinweise eher poin-
tillistisch. Diese insgesamt aporetische Situation entspricht der unzureichen-
den Beachtung der Französischen Revolution in der evangelischen Theologie-
und Kirchengeschichtsschreibung generell [2].

Sind "Schleiermachers politische Gesinnung und Wirksamkeit" [3] in den Jahren der napoleonischen Fremdherrschaft und während der Befreiungskriege
tatsächlich so horizontausfüllend, daß alle anderen Aspekte in den Hintergrund treten und zur Marginalie werden müssen? Die Frage scheint, blickt
man auf die Fülle der Literatur, ein Ja zu erwingen. Gleichwohl sollte das
Problem Schleiermacher und die Französische Revolution nach wie vor als
offen gelten, einmal wegen der offenkundig bruchstückhaften Forschungslage,
zum anderen, weil allzu verfestigte Forschungspositionen stets zur Rückfrage
in ihre Entstehungs- und Bedingungszusammenhänge auffordern, damit die
tatsächliche und manchmal auch nur scheinbare Reichweite ihrer Ergebnisse
exakter bestimmt werden kann.

1.

Die von Wilhelm Dilthey zunächst in einem kleinen Kreis von Zuhörern darge-
botene und alsbald in den "Preußischen Jahrbüchern" zum Druck gebrachte

---

1 Ernst Müsebeck: Schleiermacher in der Geschichte der Staatsidee und des
  Nationalbewußtseins. Berlin 1927: Reiner Strunk: Politische Ekklesiologie
  im Zeitalter der Revolution. München/Mainz 1971.
2 Die Querschnittsanalyse Junkins zur Haltung zeitgenössischer Theologen und
  Kirchenmänner zur Französischen Revolution vermag diese Lücke nur partiell zu schließen (Edward D. Junkin: Religion versus Revolution. The Interpretation of the French Revolution by German Protestant Churchmen 1789-
  1799. Diss. theol. Basel 1968. Repro Austin/Texas 1974. - Daß der Autor
  ein Bürger der USA ist und seine Promotionsschrift in der Schweiz anfertig-
  te, mag immerhin als ein wissenschaftsgeschichtliches Faktum von tieferer
  Bedeutung angemerkt werden).
3 Wilhelm Dilthey: Schleiermachers politische Gesinnung und Wirksamkeit. In:
  Wilhelm Dilthey: Zur preußischen Geschichte (GS XII). Stuttgart/Göttingen
  1960 [2], S. 1-36. Der Aufsatz erschien erstmals in Preußische Jahrbücher
  10 (1862), S. 234-277.

Skizze über den preußisch-deutschen Patrioten Schleiermacher ist im Umkreis
des Historismus gewachsen, mochte Dilthey als Begründer der geschichtlichen
Lebensphilosophie von dem ihm eigentümlichen Verstehens- und Erlebnisansatz
her auch eine historiographische Position ganz eigener Prägung markieren.
In der Historismusforschung ist weitgehende Einigkeit darüber erzielt, "daß
historisches Denken nicht nur in der Anwendung eines bestimmten inner-
wissenschaftlichen Regelkodex zur Ermittlung von Wahrheit über die Vergangenheit besteht, sondern sich zu praktischen Lebensvollzügen in eine enge
Beziehung setzt"[4]. In diesem Sinne meinte Historismus die Ausarbeitung kritisch überprüfbarer Legitimationsprinzipien praktischen Verhaltens in einer
Situation, in der Traditionen, Normen, natürliche Gegebenheiten nicht mehr
als selbstevident und tragfähig erlebt wurden. Die Bestimmung des Stellen-
werts von Geschichte als Wissenschaft mußte dabei um so höher ausfallen,
je weniger Theologie und Philosophie in der Lage schienen, den Zusammenhang
des Geschichtlichen sicherzustellen und ihn zu einer lebenspraktisch wirksamen Identität auszuformulieren. Geschichtsschreibung bot sich in dieser
Situation als integrale Wissenschaft an, die alles in sich aufnahm, woran
andere Disziplinen vermeintlich oder tatsächlich scheiterten: die Kritik und
Zerstörung geistiger, sozialer, politischer und institutioneller Identitäten
ebenso wie deren Wandlung und neue Ingeltungsetzung auf anderem Niveau,
und zwar kraft der Beschreibung dieser Prozesse selbst. Dadurch wie auch
durch die Analogisierung individueller Denkmodelle mit kollektiven Erscheinungen und Entwicklungsprozessen vermochte sie zu Angeboten kollektiver
Identitätsbildung zu gelangen[5].

In besonderer Weise hat sich der borussisch geprägte Historismus in und
mit seiner wissenschaftlichen Aufgabenstellung stets auch einem gesellschaftlichen, ja politischen Anliegen verpflichtet gewußt. So ist auch Schleiermachers Bild als preußischer Patriot sehr stark in der borussischen Historiographie gepflegt worden. Zu ihren festen Topoi gehörte die Überzeugung von
der besonderen Sendung Preußens nebst allen sich daraus ergebenen Ablei-
tungen für das Verhältnis von Politik und Recht, Staat und Nation, Nation
und Religion. Da Schleiermacher seit seiner Würdigung durch Heinrich von
Treitschke [6] in der borussischen Historiographie einen privilegierten Platz
einnahm, stellt sich das Problem, wie sachangemessen oder auch nicht diese
konzeptionelle Einordnung war. Nach R. Wittram und F. Fischer ist eine Vermischung von Religion und Sittlichkeit zugunsten des höheren nationalen Te-

---

4 So Wolfgang Hardtwig: Von Preußens Aufgabe in Deutschland zu Deutschlands Aufgabe in der Welt. Liberalismus und borussianisches Geschichtsbild
  zwischen Revolution und Imperialismus. In: HZ 231 (1980), S. 265-324; 266.
5 Ebd., S. 271 f.
6 Heinrich von Treitschke: Deutsche Geschichte im Neunzehnten Jahrhundert.
  Erster Teil. Bis zum Zweiten Pariser Frieden. Leipzig 1913[9]. Das fünfbän-

los - auch dies ein Grundmuster borussischer Geschichtsschreibung - schon bei Schleiermacher selbst vorgebildet, der dadurch in eine Art geistiger Vorbild- und Vorläuferfunktion einrückt [7]. Es fragt sich aber, ob dieses Urteil nicht borussischer Kategorien rekapituliert, nunmehr in umgekehrter, d.h. kritischer Stoßrichtung.

Dilthey hatte seine Studie mit dem Wunsch zu Druck gegeben, sie möge ein "Vorurteil der Unwissenden" zerstören, welche Schleiermacher, diese "stahlharte Natur", für eine empfindsame Seele hielten, die am liebsten mit edlen Frauen die Fragen des menschlichen Gemüts besprochen habe [8]. Diltheys Anstoß, den nationalen Prediger, Geheimagenten der Patriotenpartei und Teilhaber am preußischen Reformwerk wieder der Nachwelt bewußt zu machen, war höchst folgenreich. In der Reichsgründungsära wurde Schleiermacher zu einem festen Bestandteil der preußisch-deutschen Nationalgeschichte. Daran war nicht die Profangeschichtsschreibung allein beteiligt. Auch die Kirchengeschichtsschreibung, ob streng borussisch oder national in mehr allgemeinem Sinn, partizipierte an dieser Tendenz. Exemplarisch sei auf Gustav Fricke und Gustav Bauer verwiesen [9]. Unter den Literaturhistorikern war es Wilhelm Scherer, der Schleiermachers nationales Engagement feierte und die patriotische Erziehungsmacht des Religiösen schon in den Reden "Über die Religion" vorgebildet fand [10].

Unter dem Aspekt der überragenden Bedeutung des preußischen Patrioten Schleiermacher erscheint die bereits für Dilthey kennzeichnende Unterbelichtung des Problemfeldes Schleiermacher und die Französische Revolution sowohl im Aufsatz von 1862 wie dann auch im "Leben Schleiermachers" von 1870 nicht weiter verwunderlich. Mochte sich dieser Sachverhalt im Aufsatz noch aus dessen spezieller thematischer Richtung erklären, so fällt er in der ganzheitlich konzipierten Biographie um so deutlicher auf. Immerhin meinte Dilthey in prononciert zurückdrängenden Wendungen schon 1862, nichts deute

---

dige Werk erschien zuerst 1879-1894.

7 Reinhard Wittram: Kirche und Nationalismus in der Geschichte des deutschen Protestantismus im 19. Jahrhundert. In: R.Wittram: Nationalismus und Säkularisation. Beiträge zur Geschichte und Problematik des Nationalgeistes. Lüneburg 1949, S. 40; Fritz Fischer: Der deutsche Protestantismus und die Politik im 19. Jahrhundert. In: HZ 171 (1951), S. 473-502.- In der Linie Wittrams vorher schon Franz Schnabel: Deutsche Geschichte im 19. Jahrhundert. 4 Bde. Bd. 4: Die religiösen Kräfte. Freiburg i.B. 1955³, S. 309-320.

8 W.Dilthey: a.a.O., S. 2.

9 Gustav Fricke: Über Schleiermacher. Ein Vortrag. Leipzig 1869; Gustav Bauer: Schleiermacher als Prediger in der Zeit von Deutschlands Erniedrigung und Erhebung. Vortrag gehalten am 3. Februar 1871 im Gewandhaussaale zu Leipzig. Zum Besten der deutschen Invaliden. Leipzig 1871.

10 Wilhelm Scherer: Friedrich Schleiermacher. In: Vorträge und Aufsätze zur Geschichte des geistigen Lebens in Deutschland und Österreich. Berlin 1874, S. 373-388. - Der Aufsatz des "Wahlpreußen" Scherer entstand 1870 in Wien und verstand sich als Ergänzung zu Diltheys Schleiermacherbio-

im früheren Leben Schleiermachers "auf ein besonderes Interesse am Staat
... Auch er diskutierte, wie alle Welt, gelegentlich über die Französische
Revolution, aber mit der Erhabenheit des in Eberhards Schule von aller Leidenschaft und allem realen Wollen gereinigten Weisen, welche den jungen Gesichtern jener Zeit so seltsam ansteht"[11] . An den Reden "Über die Religion"
tadelte Dilthey, daß in ihnen das Recht des Sittlich-Staatlichen "vollkommen"
verkannt werde. Erst in den "Monologen" sei dann ein Abbau der privatisie-
renden Entfremdung vom Staat erfolgt[12] . Schleiermachers briefliche Bekun-
dung über seine Liebe zur Französischen Revolution und sein abwägendes Urteil über die Hinrichtung Ludwig XVI. tat Dilthey im "Leben Schleiermachers"
in pejorativen Wendungen ab: "politisch höchst unreife(r) Radicalismus",
"unpolitische Paradoxien"[13] . In Schleiermachers Ja zur Trennung von Staat
und Kirche erblickte Dilthey eine "folgerichtige Schärfe", die in der eigenen
Ansicht des jungen Theologen über das Verhältnis von Staat und Kirche begründet gewesen sei, legte aber gleichzeitig Wert auf die Feststellung, es
zeichne sich hier auch eine Mäßigung des ursprünglichen Radikalismus ab.
An Schleiermachers Predigt zur Feier des Basler Friedens von 1795 vermißte
Dilthey die Einwirkung des Kanzelredners auf die "patriotische Gesinnung
seiner Gemeindeglieder" – ein Urteil, das ganz der preußisch-deutschen Blick-
richtung entsprach und deshalb auch der Eigenart der Predigt nicht gerecht
zu werden vermochte[14] . Schleiermachers Untersuchungen zur Vertragslehre
seit September 1796 stellte Dilthey zwar in einen Zusammenhang mit der Französischen Revolution, ließ es aber bei einer gänzlich peripheren Feststellung
dieses Umstandes bewenden[15] .

Dilthey sah seine historiographische Aufgabe in der Nachzeichnung der
Selbstbesinnung des "deutschen Geistes", in seiner intellektuellen und moralischen Umgestaltung im Aufgabenfeld des Nationalen, Politischen und Staatlichen. Die "scheinlose Macht des Geistes" und die Macht des Staates sollten
ineinander finden. Dementsprechend verstand Dilthey als den Kern der deutschen Geschichte im 19. Jahrhundert die Umprägung der Summe der inneren
Bildung des 18. Jahrhunderts in eine Form, in welcher "Gedanke und Poesie
sittliche Macht" wurden[16] . In dieser Interpretationslinie mußten Biographie

---

graphie, in der Scherer den Maßstab "unserer heutigen Überzeugungen"
nicht deutlich genug angelegt fand (S. 379). Vgl. auch Wilhelm Scherer:
Geschichte der deutschen Literatur. Berlin 1883, Ausgabe 1931, S. 683.
11 W.Dilthey: a.a.O., S. 2.
12 Ebd., S. 7.
13 W.Dilthey: Leben Schleiermachers. Berlin 1870, S. 57; 58; 64.
14 Ebd., S. 70. – Die Predigt "Anregung zum Danke gegen Gott wegen der
Wohlthat des wiedergeschenkten Friedens" ist gedruckt in: SW II/7, S.
340-353.
15 W.Dilthey: Leben Schleiermachers, a.a.O., S. 198 f.
16 Ebd., S. X f.

und Werk des jungen Schleiermacher unbeschadet aller eigenständigen Wert-
schätzung, welche Dilthey ihnen angedeihen ließ, gleichsam zum Propädeuti-
kum für die späteren und größeren Zwecke werden. Zum Ende der frühromantischen Lebensetappe bemerkte Dilthey: "Der Staat des Gedankens war zer-
trümmert ... Nun gewährt ein gütiges Geschick Schleiermacher, in dem großen
Gange der öffentlichen Angelegenheiten einzustehen mit seiner Person für die
Existenz des Staats und die Verwirklichung seiner Ideale in ihm. Sein Leben
gewinnt damit erst festen Boden, seine Gesinnung den Kreis der Handlung,
für die sie bestimmt war, seine männliche Seele die Welt, in der sie frei zu
athmen vermochte"[17].

Diese Sicht begegnete auch bei dem nationalliberalen Rudolf Haym, dessen
"Romantische Schule" – im gleichen Jahr wie das "Leben Schleiermachers" erschienen – unter dankbarer Benutzung von bereits im Druck vorliegenden Ma-
nuskriptteilen des Werkes von Dilthey abgefaßt worden ist[18]. Sie ging bei
dem stärker "realpolitisch" orientierten Haym noch deutlicher mit einer Depo-
tenzierung des Frühromantikers und Zeitgenossen der Französischen Revolution
einher[19]. Diltheys geistige Affinität zum romantischen Geist war bei Haym
geschwunden, mochte Haym auch aus nationalgeschichtlichen Gründen an der
Bewahrung mancher seiner Inhalte interessiert sein.

In Heinrich von Treitschkes "Deutscher Geschichte im 19. Jahrhundert" war
das Interpretament vom Zusammenfließen der in Philosophie und Dichtung
ausgebildeten geistig-sittlichen Werte mit dem Leben und den Aufgaben des
Staates in eine borussisch-nationale Geschichtsschau eingebracht, in welcher
der Primat des Politischen nicht mehr zu übersehen war. Schleiermachers Leben und Werk entsprachen nach dem Urteil Treitschkes der allgemeinen Synthese des alten männlich-harten preußischen Geistes mit der zur Frucht
kommenden Denkarbeit und den Schätzen der deutschen Literatur und Philosophie. Die Wiederherstellung der "alten preußischen Macht" sei Schleiermacher,
dem "geborenen Preußen", dabei immer eine selbstverständliche und unbe-
strittene Voraussetzung gewesen[20]. Aus diesem Grunde habe Schleiermacher
auch der "politische Lehrer der gebildeten Berliner Gesellschaft" werden
können[21].

So aufschlußreich es wäre, das Schleiermacherbild in der preußisch und

---

17 Ebd., S. 541.
18 Rudolf Haym: Die Romantische Schule. Berlin 1870(1928[5]). Nachdruck 1961.
   – Die konzeptionellen Unterschiede zwischen Dilthey und Haym ergeben sich
   u.a. aus den Vorbehalten Hayms gegen eine konstruktivistisch-genetische
   Geschichtsbetrachtung mit hegelianischen Nachklang. Vgl. dazu Rudolf
   Haym: Die Dilthey'sche Biographie Schleiermachers. In: Preußische Jahrbücher 26 (1870); S. 556-604. Wiederabdruck in: Gesammelte Aufsätze. Berlin 1903;, S. 355-407.
19 R. Haym: Romantische Schule, a.a.O., 391 ff.
20 Treitschke: Deutsche Geschichte, a.a.O., 301 f.

national betonten Geschichtsschreibung über die Jahrzehnte hinweg zu verfolgen - der forschungsgeschichtliche Weg würde dabei bis in das "Dritte Reich"
hineinführen müssen -, so kann es in unserem Zusammenhang doch nur als
Erklärung für das konstatierte Defizit seinen Ort haben. Die Vernachlässigung des Themas Schleiermacher und die Französische Revolution steht im
engen Konnex mit den Maßgaben und Wertvorstellungen einer seit den 1860er
und 1870er Jahren zunehmend wirkungsmächtigeren nationalen Historiographie.
Wo fortan Schleiermachers Stellung zur Französischen Revolution zur Sprache
kam, geschah es fast durchweg nebenher und oft genug nur im kontrastieren-
den Blick auf die Jahre nach 1806/07. Manche brieflichen Äußerungen des
jungen Schleiermacher zur politischen Entwicklung in Frankreich sind gar
nicht erst in das von Jonas/Dilthey betreute Briefkorpus eingegangen und
harren noch heute ihrer Drucklegung[22].

Bereits 1907 tadelte Georg Wehrung die Unterordnung der frühromantischen
Lebensperiode unter Leben und Werk des reifen Schleiermacher. Wehrung sah
deutlich, wie stark dabei Vorgaben leitend waren, die aus **späteren** Entwick-
lungsstadien stammten. Er hielt die "Verselbständigung, die wissenschaftliche
Emanzipation jenes bedeutsamen Lebensabschnittes Schleiermachers" für dringend geboten. Unter vorwiegend erkenntnistheoretischem Aspekt arbeitete Wehrung Schleiermachers frühe Philosophie der Geschichte heraus und legte in
ihr ein triadisches Schema frei: Naturzustand - Kulturzustand - Innerlichkeit als "Gemeinschaft der Geister". Der Umschlag von der zweiten zur
dritten Stufe wurde von Wehrung nicht eigens problematisiert. Er bestätigte
ihm vor allem die Grundeinsicht, daß für Schleiermacher das geistige Leben
"Kern und Stern aller Wirklichkeit" darstelle[23].

Da Schleiermacher neben Goethe, Schiller, Fichte, W. von Humboldt mehr
und mehr zu einem Praeceptor Germaniae aufgerückt war, wie sich an einer
Reihe um die Jahrhundertwende entstandener Dissertationen nachweisen
ließe[24], kam Wehrungs Ansatz eine hervorgehobene Bedeutung zu. Sozial-

---

21 Ebd., S. 305. - Zu den Reden: "Und mit einem patriotischen Stolze, der
    schon die Stimmungen späterer Jahre vorausnahm, wies er auf die unbe-
    zwingliche Macht der Heimat des Protestantismus" (210).
22 Archiv der Akademie der Wissenschaften der DDR/Nachlaß Schleiermacher
    (SN) Nr. 788 (Schleiermacheriana): Briefwechsel mit Spener (Abschriften);
    auch Nr. 771 (Abschriften). - Siehe auch Anm. 40.
23 Georg Wehrung: Der geschichtsphilosophische Standpunkt Schleiermachers
    zur Zeit seiner Freundschaft mit den Romantikern. Straßburg 1907; S. 95
    f.; 8 f.
24 Vgl. etwa Johannes Vogel: Die Pädagogik Fichtes in ihrem Verhältnis zu
    derjenigen Schleiermachers dargestellt und kritisch gewürdigt. Diss.phil.
    Erlangen 1909 (Druck: Borna/Leipzig 1910); Lukas Viktor: Schleiermachers
    Auffassung von Freundschaft, Liebe und Ehe in der Auseinandersetzung
    mit Kant und Fichte. Eine Untersuchung zur Ethik Schleiermachers. Diss.
    phil. Erlangen 1910 (Druck: Tübingen 1910). - Noch bei Josef Nadler,
    Literaturgeschichte der deutschen Stämme und Landschaften. 4 Bde.
    Regensburg 1912-1928, die in ihrem regionalgeschichtlichen Ansatz ein

geschichtliche und politische Fragestellungen kamen freilich nicht in den Blick. Der Stellenwert von Wehrungs Studie muß auch im Vergleich mit der wirkungsgeschichtlich so erfolgreichen Monographie des Königsberger Theologieprofessors Johannes Bauer "Schleiermacher als patriotischer Prediger" festgehalten werden. Bauer folgte nicht blindlings den nationalgeschichtlichen Linien Heinrich von Treitschkes, da bei ihm auch praktisch-theologische Erkenntnisimpulse leitend waren, die dem Homileten Schleiermacher und seiner vielbewunderten Kunst der Kanzelrede galten. Jedoch stand auch für ihn Schleiermachers Beitrag zur "Wiedergeburt Preußens", der vor allem in der evangelischen Kirche Deutschlands unvergessen bleiben müsse, im Vordergrund. Schleiermacher, so Bauer, war der "größte patriotische Prediger der evangelischen Kirche im Zeitalter der deutschen Erhebung". Auch Gottfried Menken und Bernhard Dräseke könnten sich mit ihm nicht messen[25]. Sowohl Anlage wie Zielstellung von Bauers Arbeit schlossen die Berücksichtigung des Revolutionsthemas aus.

Nach dem ersten Weltkrieg unternahm Günther Holstein den Versuch, Schleiermachers staatsphilosophisches Denken im genetischen Zusammenhang zu rekonstruieren. Holsteins zentrale These lautete, Schleiermacher ziehe mit seinem politischen Gedankensystem eine Trennlinie zu den Staatstheorien Hallers, Ancillons und Adam Müllers, aber auch zu denen des "vulgären konstitutionellen Liberalismus". Schleiermacher sei der Künder einer "organischen Staatstheorie" und in seinen politisch-staatstheoretischen Grundanschauungen vom Geist der preußischen Reformzeit geprägt[26]. Die Lehre vom "organischen Staat" als Gegenstück zum mechanistischen Staat der Aufklärung sei bereits in den "Monologen" greifbar. In dieser Schrift werde der Staat "aus den rationalen Zweckbezogenheiten der eudämonistischen Theorien befreit und als selbständige Größe von eigener Kraft und eigener, nur auf sich selbst bezo-

---

Korrektiv zur Nationalgeschichtsschreibung darstellte, hieß es: "Seit Fichte, ein Opfer der Kriegspflicht, tot war, verkörperte Schleiermacher die geistige Umwälzung, die das Preußen von 1813 geboren hatte". Im religiös betonten Staatswillen habe der romantische Geist seinen Wandel zur "schaffenden Tat" fortgesetzt (Bd. 4, S. 96).

25 Johannes Bauer: Schleiermacher als patriotischer Prediger. Ein Beitrag zur Geschichte der nationalen Erhebung vor hundert Jahren. Mit einem Anhang von bisher ungedruckten Predigtentwürfen Schleiermachers. Gießen 1908, S. 301 f.; 304 f. – Bauer sah die "nationale Empfindung" schon in den Predigten der Jahre 1794–1796 vorgebildet. "Gewiß, der Unterschied von der späteren Predigtweise ist unverkennbar. Von dem glühenden Eifer des begeisterten Patrioten um 1800 oder 1806 oder 1813 ist in diesen, im ganzen kühl und abstrakt gehaltenen Moralvorträgen, wenig zu bemerken ... Aber die Grundlage scheint mir hier doch vorzuliegen" (S. 239).

26 Günther Holstein: Die Staatsphilosophie Schleiermachers. Bonn/Leipzig 1923, S. 52; 198. Neudruck 1972.

gener Wesenheit" erfaßt. Der Staat sei das Zielbild der harmonischen Vollkul-
tur der geistigen Wesen und stelle den Ort Individuell-gemeinschaftlicher Ge-
borgenheit dar. Mit "Ungestüm" werde "das junge Lebensgefühl eines neuen
Staatsbewußtseins dem Lebensgefühl des vergreisenden Kosmopolitismus entge-
gengeworfen". In den Predigten seit 1806 habe Schleiermacher das besondere
Bürgergefühl des organischen Staatsbewußtseins dargestellt. Das innere Wesen
des neuen Staates war als Liebe zu definieren, als geistig-liebendes Be-
ziehungsverhältnis von Regierenden und Regierten im Volksorganismus. Der
höchste Stolz des preußischen Patrioten Schleiermacher sei es gewesen, daß
gerade die Geschichte Preußens "diese Gleichheit der Gesinnung von Fürst
und Volk, die das Zeichen wirklicher Staatsgesundheit ist", zeigte. Bereits
in den Reden sei in Spurenelementen der ursprungshafte soziologische Zusammenhang von Individuum und Gemeinschaft sichtbar, der dann in den
"Monologen" seine erste Gestalt finde. 1805 stehe Schleiermachers Staatslehre
in allen wesentlichen Punkten fest [27]. Die dieser Sicht zuwiderlaufenden
Äußerungen Schleiermachers vor 1800 galten Holstein als alsbald abgestreifte
Überlagerungen des eigentlichen Gedanken- und Erlebniszusammenhanges.

Nochmals verstärkt wurde die preußisch-nationale Linie im Jahre 1925
durch Franz Kade. Kade stand nicht an, schon die Religionsschrift als na-
tionalprotestantisches Dokument zu lesen. "Wie später Fichte in seinen Reden
an die deutsche Nation, so hat Schleiermacher in seinen Reden über die Religion zu seinen Deutschen gesprochen, er hat sie mitgerissen und zur Ein-
kehr gezwungen". Diese Sätze signalisierten eine unmittelbare Affinität zu
H. von Treitschke und W. Scherer[28].

Das breit ausladende Werk Holsteins von 1923 konnte als ein Beitrag zur
protestantischen Identitätsfindung im staatsethischen Bereich während der
Jahre der Weimarer Republik angesehen werden. Diese Intention lag – in
gänzlich anderer Perspektive – auch der Studie von Ernst Müsebeck zugrunde [29]. Müsebeck strebte danach, in der als notvoll charakterisierten deutschen Gegenwart "objektive Werte" zu gewinnen, "nicht in absolut gültiger
Form, da sie die Geschichte als solche nicht kennt, wohl aber Werte, die
so stark und so bestimmt aus der Unendlichkeit, aus dem Universum, aus
dem Absoluten, aus Gott geboren sind, daß sich jeder ernste Mensch mit
ihnen auseinandersetzen und messen muß". Diese großräumige Zielstellung
ließ Müsebeck sensibel auf nationale und "realpolitische" Verengungen Schlei-

---

27 Ebd., S. 43 f.; 91 ff. – In negativer Akzentuierung kehrt die These von
   dem um 1800 ausgebildeten "organischen Staatsbegriff" bei dem in Bristol
   lehrenden Germanisten Hans Reiss wieder: Politisches Denken in der deutschen Romantik. Bern/München 1966; S. 66–72.
28 Franz Kade: Schleiermachers Anteil an der Entwicklung des preußischen
   Bildungswesens von 1808–1818. Mit einem bisher ungedruckten Votum
   Schleiermachers. Leipzig 1925, S. 5.
29 S. Anm. 1.

ermachers reagieren. Müsebeck zeichnete eine Entwicklungslinie der "protestantischen Staatsidee" vom 16. bis zum 20. Jahrhundert, die für ihn in
Schleiermacher und Ranke, daneben auch in W. von Humboldt, ihre verpflich-
tende Fassung fand: Anerkennung der Souveränität des geschichtlich eigenständigen Staates, gleichzeitig Verständnis des Staates als Offenbarung des
höchsten Gutes, in der Göttliches und Ursprüngliches durch Völker und Menschen zum Durchbruch gelange. In der Staatsidee des Protestantismus sei für
einen "Imperialismus irgendwelcher Art" kein Platz, da sie auf der Autonomie
eines jeden Volkes als Träger seines Staates beruhe.

Diese dem originären Ansatz Schleiermachers verpflichtete Beobachtung be-
fähigte Müsebeck, Schleiermachers Stellung zu Frankreich und zur Französischen Revolution entschieden deutlicher wahrzunehmen als die bisherige
Forschung. Müsebeck formulierte eine Reihe von Erkenntnissen, die im Horizont des geschichtlich-genetischen Individualcharakters der Völker und
Staaten zum einen auf die Würdigung von Schleiermachers positiven Aussagen
zur Französischen Revolution hinausliefen, zum anderen auf die ruhige,
gleichfalls im engen Quellenbezug gewonnene Gewißheit, daß die Eigenart des
deutschen Volks- und Staatslebens keinen Export des französischen Modells
gestatten konnte. So richtig die Unterstreichung des Gedankens von der
Nichtübertragbarkeit politischer Prozesse in bestimmten politisch-kulturellen
Regionen auf andere Völker und Staatsgebiete auch war und Anhaltspunkte
an Äußerungen des jungen Schleiermacher finden konnte, so bleibt doch zu
fragen, ob Müsebeck das Material nicht dennoch etwas zu stark preßte. Das
betrifft seine These, Schleiermachers Predigten während der 1790er Jahre sei-
en bestrebt gewesen, das Überschlagen der Ideen von 1789 auf den eigenen
Staat zu verhindern. Wie dem auch sei. Wichtig waren folgende Einsichten:
a) Schleiermacher habe die unheilvollen Gebrechen des Absolutismus erkannt
und deshalb den Ausbruch der Revolution willkommen geheißen. b) Der
Schlüssel zum Verständnis der Predigten 1794-1797 sei die Revolution. c) Die
Eigentümlichkeit eines Volkes und Staates sei durch die "Weltbegebenheit"
Französische Revolution in das "helle Licht" von Schleiermachers Bewußtsein
getreten[30]. Die Problematik von Müsebecks Analyse lag dort, wo sie versuchte, den Widerspruch zwischen dem für die Predigten als konstitutiv behaupteten Plädoyer für eine ruhige Fortentwicklung des eigenen Staates und
die "Reform" des inneren Selbst als sichersten Weg zu besseren Zuständen
und den begeisterten politischen Äußerungen zur Revolution gleichsam kontra-
diktorisch aufzulösen, mochte der französische Weg als solcher auch nicht
der Verdammnis verfallen. Bei einer solchen Sicht blieb die Frage nach übergreifenden Verbindungselementen zwischen den Ideen von 1789 und der politischen Ideenwelt des jungen Schleiermacher unscharf. Die von Müsebeck an-

---

30 Ebd., S. 8 f.; 10; 18 ff.; 114 ff.

gestrebte ideelle Synthese von Reformation, Ranke und Schleiermacher im
Zeichen einer Staats- und Volksphilosophie, in welcher Geschichte und religiöses Leben wieder ineinanderfanden, damit im Nachkriegseuropa ein geistiges Bollwerk gegen den "militärischen Imperialismus und seine Verbündeten,
den nationalistischen Beute- und Finanzkapitalismus" geschaffen werden
konnte[31], ließ das Beziehungsgefüge Schleiermacher-Französische Revolution
nur partiell sichtbar werden.

Auf einem neuen Methodensockel ist Reiner Strunk in seiner bei Jürgen
Moltmann verfaßten Tübinger Dissertation von 1970 des Themas ansichtig geworden[32]. Der systematische Topos seiner Arbeit ist die innere Korrespondenz
von Revolution (bzw. auch Kritik an der Revolution) und der Theorie der
Kirche in der ersten Hälfte des 19. Jahrhunderts. Das Thema Ekklesiologie
wird hermeneutisch auf den Zusammenhang von sozialer Revolution und Theorie der Kirche bezogen. Zur Verhandlung kommen die Ekklesiologien von Novalis, des jungen Schleiermacher, von Gottfried Menken, F.J. Stahl und
A.F.C. Vilmar.

Strunk hat für sein Kapitel über Schleiermacher offenbar einen Anstoß
durch M. Honecker und durch T. Rendtorff erhalten. Bei Honecker hieß es:
"Mit ihren Gedanken (sc. der Französischen Revolution) hat sich auch Schleiermacher in den 'Reden' auseinandergesetzt, noch bevor Napoleons Siegeszug
durch Europa nicht nur den Untergang des Heiligen Römischen Reiches Deutscher Nation besiegelte und den preußischen Staat aufs stärkste erschütterte,
sondern auch den alten politischen und kirchlichen Institutionen ein unwider-
rufliches Ende bereitete"[33]. Ausgangspunkt Strunks ist die These, daß nach
Schleiermachers Einsicht die Revolution im Kontext gesellschaftlicher Umwälzungen einen "prinzipiell unangemessenen Ausdruck" finde. Die These, obzwar
ohne erkennbare Berührung des Autors mit der Frühromantikforschung formuliert, korrespondiert einer in der neueren Literaturgeschichtsschreibung gewonnenen Erkenntnis über die Rezeption der Revolution. Das Wesen der Revolution in ihrer gereinigt-widerspruchsfreien Gestalt sei in Schleiermachers
Kirchentheorie aufbewahrt. Damit hält Strunk den in der Forschung sonst nur
auf die Trennung von Staat und Kirche bezogenen Einfluß der Revolution auf

---

31 Ebd., S. 148. - Die unaufgebbare Dialektik von nationalen und weltbür-
   gerlichen Tendenzen bei Schleiermacher unterstrich zur gleichen Zeit auch
   schon der holländische Autor Andries David Verschoor: Die ältere deutsche
   Romantik und die Nationalidee. Amsterdam 1928 (Dissertation bei J.M.N.
   Kapsteyn/Groningen).

32 S. Anm. 1.

33 Martin Honecker: Schleiermacher und das Kirchenrecht. München 1968, 6
   (ThExh 148); Trutz Rendtorff, Kirche und Theologie. Die systematische Funktion des Kirchenbegriffs in der neueren Theologie. Gütersloh
   1966, S. 132 entwickelte die These von der Kirche als Synonym für er-
   fülltes Menschsein.

Schleiermacher auf höherem Niveau fest und verstärkt ihn. Das Wesen der Revolution wird als Freiheit und Menschwerdung des Menschen bestimmt, das dann in der Geselligkeit seinen Ausdruck gewinnt (Geselligkeit als "metapolitisches Organ" menschlichen Verkehrs).

Schleiermachers Geselligkeitstypus findet freilich die sozialgeschichtlich akzentuierte Kritik von Strunk. Eigentlich belangvoll sei die Geselligkeitstheorie im Blick auf die Konstituentien der wahren Kirche: Zweckfreiheit der Religion, Erfüllung des Menschseins, Hervorbringung mannigfacher Individuen. Aber auch Schleiermachers Kirchenideal unterliegt dann kritischen Einwänden. Diese Kirche sei die Kirche eines privilegierten Bürgertums, welche die Armen ausgrenze. Schleiermachers Theoriebildung entbehre des Verhältnisses zur Situation der Masse[34].

Insgesamt wird das zunächst hervorgehobene revolutionäre Potential in Schleiermachers Ekklesiologie auf eine Esoterik zurückgeschraubt, aus der sich keine wirklichkeitsverändernden Impulse ergeben könnten. Ein negatives Fazit. Hier liegt m.E. eine Grenze der sonst verdienstlichen Interpretation. Strunk unterliegt der Versuchung, mit einem massiven politisch-sozialgeschichtlichen Instrumentarium an Schleiermachers Gedankenwelt heranzutreten. Diese Schablone verdeckt manches, beispielsweise die tatsächlichen politisch-sozialen Impulse von Schleiermachers Theorie der Religion und der Kirche. Es scheint, als ob Strunk etwa unkritisch der Bewertung des Phänomens Romantik durch Carl Schmitt-Dorotic gefolgt ist [35]. Das in der literaturgeschichtlichen Forschung seit längerem auf seine berechtigten und unberechtigten Argumente zurückgeschnittene Pamphlet Schmitt-Dorotics[36] erfreut sich in der Theologie- und Kirchengeschichtsschreibung, sofern die Romantik zur Verhandlung steht, nach wie vor einer Vorzugsstellung, die sachlich kaum noch begründbar ist.

Die hier unter einem speziellen Aspekt in wenigen Schlaglichtern anvisierte "Gebrauchsgeschichte" Schleiermachers verfolgt den Zweck, die noch unausgeschöpften Möglichkeiten seiner Aneignung bewußt zu machen. Schleiermachers Werk ist mit den großen Entwicklungsfragen der modernen Menschheit verbunden. Diese Grundtatsache sichert das Überleben seiner Persönlichkeit und seines Werkes in der konträren Rezeption der Nachwelt. Diesseitsverwurzelung und die Erfahrung einer letzten Uneinholbarkeit von Mensch und Ge-

---

34 Strunk: a.a.O., S. 87. - Kann man in Schleiermachers "Kirche" indes nicht auch das Urbild einer demokratischen Gemeinschaft entziffern, die auch die soziale Dimension umgreift, da Schleiermacher ja die Befreiung aller Menschen von der unwürdigen Fron körperlicher Arbeit fordert und visionär die Verwandlung der Welt in einen "Feenpallast" verheißt? (Reden, S. 231).
35 Ebd., S. 65 (romantische Subjektivität, totale Interiorisierung usf.).
36 Vgl. bereits Alfred von Martin: Das Wesen der romantischen Religiosität. In: DVLG 2 (1924), S. 367-417; Julius Petersen, Die Wesenbestimmung der

schichte gehen dabei Hand in Hand und gewinnen ihre Dimension in der universalistischen Gesamtkonzeption Schleiermachers.

Was Schleiermachers Verhältnis zu dem bereits von den Zeitgenossen als weltgeschichtlicher Umbruch erlebten Ereignis Französische Revolution angeht, so muß resümierend gesagt werden, daß abgesehen von Müsebeck und Strunk und gelegentlichen Signalen, die auf die Wichtigkeit des Problemzusammenhangs verweisen, das Thema bislang unterhalb seiner tatsächlichen Bedeutung abgehandelt wurde. Die folgenden Erwägungen verstehen sich als Plädoyer zur Aufarbeitung eines Forschungsdefizits, nicht schon als fertige Ergebnisse.

2.

Schleiermacher war Generationsgenosse Hegels, Schellings, Hölderlins, Novalis', Friedrich Schlegels. Der überragende Eindruck der Revolution auf die Generation der um 1770 Geborenen ist vielfach unterstrichen worden. "Ob sie von Anhängern zu Gegnern der Revolution und zu Konservativen wurden, von Weltbürgern zu Nationalisten, ob sie in den Turm einer apolitischen Philosophie flohen oder über allen Gegensätzen der Zeit kunstvoll ausgedachte versöhnende Stellungen bezogen – ganz fort kamen sie nie von dem, was am Beginn ihres geschichtlichen Lehrganges gestanden hatte. Das hatten sie erlebt, das fuhren sie fort zu erleben, das gab ihnen Denkstoff ihr Leben lang"[37].

Das sich beim Thema Schleiermacher und die Französische Revolution eröffnende Problemfeld ist reicher und vielgestaltiger als die bisherige Forschung vermuten läßt. Bereits eine sorgsame Analyse der tagesaktuellen Äußerungen Schleiermachers bis 1799 wäre aufschlußreich. Schleiermacher würde dabei als Fallstudie innerhalb eines größeren Rahmens erscheinen können, der durch die differente Stellung der deutschen Gebildetenwelt zur Revolution während der 1790er Jahre bezeichnet wird. Das bislang im Druck vorliegende Brief- und Schriftenkorpus Schleiermachers enthält für die Jahre 1789 und 1790 allerdings keine Anhaltspunkte, welche über die Bewertung der Revolution durch den damals in Drossen/Mark, Berlin und Schlobitten (ab 22. Oktober 1790) lebenden jungen Theologen und Philosophen Auskunft geben könnten. Ein eher flüchtiger Hinweis findet sich lediglich in den Briefen "An Cecilie", deren Entstehung nach G. Meckenstock auf den Berlinaufenthalt von 1790 zu datieren ist[38]. Einen tragfähigen Einsatzpunkt stellt dann der Brief

---

deutschen Romantik. Leipzig 1926.

37 Golo Mann: Deutsche Geschichte des neunzehnten und zwanzigsten Jahrhunderts. Frankfurt/M. 1957, S. 58.

38 Günter Meckenstock (Hg.): Friedrich Daniel Ernst Schleiermacher. Jugendschriften 1787–1796. Berlin/New York 1984, S. LII f. (KGA I/1). Die frag-

vom 29. August 1791 an S.H. Catel dar. Er war veranlaßt durch die Zusammenkunft des Königs von Preußen, Leopolds II. von Österreich und des
Vertrauensmannes Ludwigs XVI., Graf Artois, aus der die Pillnitzer Deklara-
tion hervorging[39] . Weitere briefliche Äußerungen treten schwerpunkthaft 1793
und 1799[40] hervor. Hinzu kommen Hinweise und Anspielungen in den ge-
druckten Schriften der frühromantischen Jahre, in den Predigten aus Landsberg und Berlin und in den "Wissenschaftlichen Tagebüchern" - bis hin zu
den Ansätzen einer Theorie der Revolution".

Wenngleich Schleiermachers aktuelle politische Äußerungen das uns inte-
ressierende Thema keineswegs erschöpfen, so besitzen sie doch die Funktion
eines Indikators, der zumindest zweierlei anzeigt: Schleiermachers klaren
Blick für einzelne, besonders heraustretende Ereignisse in der Verlaufsge-
schichte der Revolution und sein auf ein einfaches Freund-Feind-Schema nicht
festzulegendes Verhältnis zu ihr, wobei Momente von begeisterter Zustimmung
oder jedenfalls starker Sympathie nicht zu übersehen sind. Eine genauere
Bestimmung, welcher politischen Strömung im damaligen Deutschland Schleiermacher zugeordnet werden könnte, müßte sich aus dem politischen Bewer-
tungszusammenhang der Revolution in der deutschen Öffentlichkeit im ganzen
ergeben. Dabei sind die unterschiedlichen Phasen der Urteilsbildung zu beachten. 1791 war noch immer eine breite, relativ unspezifische Revolutionsbe-
geisterung bei den Gebildeten sichtbar. Radikaldemokratismus, Liberalismus
und Konservatismus waren noch nicht mit hinlänglicher Deutlichkeit voneinander gesondert[41] . Die große Scheidung der Geister setzte nach dem Volks-
aufstand und dem Sturz des französischen Königtums am 10. August 1792 ein.

liche Stelle (KGA I/1, S. 204, Z. 19-28) richtet sich unter dem Aspekt der
Erörterung einer ausgewogenen Zuordnung von Vernunft, Empfindungen und
Handlungen gegen jene "Verfechter der Schwärmerei", die ihr Tun mit dem
Argument rechtfertigen, sie wollten die Vernunft in die ihr eigentlich zukommenden Rechte einsetzen und ihren Despotismus abwehren. Die Bezugnahme auf die "Befreier Galliens" hebt in diesem Zusammenhang die dema-
gogische Kunst in den "Sophismen" der Schwärmer hervor, die sich illegitim auf die für Frankreich kennzeichnende Entwicklung berufen.

39 SN Nr. 744-1 der Briefe 3,39.
40 SN Nr. 788, Bl. 25,39 u.ö. - Die Originale der Briefe an Spener sind erhalten in der Sammlung Varnhagen in der Biblioteka Jagiellońska in Kraków (VR Polen).
41 Die richtungspolitische Differenzierung im Verlauf der Revolution spiegelt
sich dann vor allem in Zeitschriften. Vgl. aus dem Angebot der Zeit-
schriftenforschung etwa Jörn Gaber, Kritik der Revolution. Theorien des
deutschen Frühkonservatismus 1790-1810. Bd. 1: Dokumentation. Kronberg/
Ts 1976; Paul Hocks/Peter Schmidt, Literarische und politische Zeitschriften. Von der politischen Revolution zur Literaturrevolution.
Stuttgart 1975; Bärbel Raschke, Revolutionskrieg in Zeitschriften von
1792/93. In: Weimarer Beiträge 30 (1984), S. 305-318.

Die in der allgemeinen Begeisterung von 1789/90 bereits schwelende Frage,
ob die Nationalversammlung nicht zu weit gehe, an die Stelle des aristokra-
tischen und monarchischen Despotismus einen demokratischen Despotismus setze
und dem Elend der Anarchie Vorschub leiste, brachen nunmehr mit voller
Wucht auf. Nach der Errichtung der Herrschaft Robespierres und seines
"Schwertträgers" Marat, dem Wüten des Revolutionstribunals und dem Terror
in den Departements gab es nur noch wenige deutsche Intellektuelle, die dem
revolutionären Frankreich nicht endgültig ihre Sympathie aufkündigten. Auf
dem Hintergrund der in mehreren Phasen sich entwickelnden Urteilsbildung
erlangt – um nur dieses Beispiel zu geben – Schleiermachers bekannter Brief
an den Vater vom 14. Februar 1793 ein viel größeres Gewicht als bislang
in der Forschung hervorgehoben. Die Atmosphäre der politischen Öffentlichkeit hatte sich zu diesem Zeitpunkt schon gewandelt, nicht zuletzt durch die
Zensurpraxis Leopolds II. von Österreich, die zum Vorbild für ähnliche Vor-
kehrungen in Preußen geworden war[42]. Noch im entlegenen Schlobitten waren
die politischen Gegensätze spürbar. H. Meisner ist, soweit ich sehe, einer
der wenigen gewesen, der Schleiermachers Weggang von Schlobitten im Früh-
jahr 1793 auch im Horizont der politischen Spannung zwischen dem Hauslehrer
und seinem Brotgeber, dem Royalisten Graf zu Dohna, interpretiert hat[43].

Schleiermacher war kein Radikaldemokrat. Er hat die Jakobinerherrschaft
abgelehnt und den Sturz Robespierres und seiner Anhänger als einen Segen
für das französische Volk, gleichzeitig als unumgängliche Voraussetzung für
den Friedensschluß zwischen Preußen und Frankreich (Basler Frieden von
1795) bewertet. Seine Haltung läßt sich als antidespotisch und republika-
nisch charakterisieren, wie auch noch der Briefwechsel mit Spener von 1799
belegt[44].

Wie tiefgreifend die Revolution auf den jungen Schleiermacher gewirkt hat,
zeigt die Stelle in den Reden, die von der "erhabensten That des Univer-

---

42 Zensuredikt Leopolds II. vom 3.12.1791; für Preußen vom 21.2.1792 (Druck:
   Archiv für Geschichte des Deutschen Buchhandels. Leipzig 1879. Bd. 4,
   S. 151 f.; 188.).
43 Heinrich Meisner: Schleiermachers Lehrjahre, hg. von Hermann Mulert.
   Berlin/Leipzig 1934, S. 62. – Der politische Aspekt von Schleiermachers
   Weggang aus Schlobitten war auch noch Daniel Schenkel: Friedrich Schlei-
   ermacher. Ein Lebens- und Charakterbild. Elberfeld 1868, S. 54 bewußt;
   dgl. Müsebeck, Schleiermacher, a.a.O. (Anm. 1), S. 19. – Mulert redu-
   zierte hingegen im gleichen Jahr, in dem er Meisner, Schleiermachers
   Lehrjahre, für den Druck betreute, den Gegensatz wiederum auf persönliche
   Differenzen: der von raschen Einfällen abhängige selbstherrliche alte Graf
   (Hermann Mulert, Schleiermacher und die Gegenwart. Frankfurt/M. 1934,
   S. 7).
44 Schleiermacher an Spener vom 21. November 1799/Abschrift: "Die Pariser
   Geschichte (sc. Napoleons Staatsstreich vom 9. November) geht mir gar
   gewaltig im Kopfe herum: ich verstehe kein Wort von Wie und Warum und
   begreife nicht, weshalb eine solche Revolution jetzt nötig gewesen, und
   fürchte den Umsturz der Republik. Statt an den Monologen zu arbeiten,

sums" spricht[45]. Auch wäre noch einmal auf den Brief vom 14. Februar 1793 zu verweisen. Dort bekennt der Briefschreiber dem Vater: "Offen, wie ich mit allen meinen Gesinnungen gegen Sie herausgehe, scheue ich mich gar nicht, Ihnen zu gestehn, daß ich die französische Revolution im ganzen sehr liebe, freilich ... ohne alles, was menschliche Leidenschaften und überspannte Begriffe dabei gethan haben und was, wenn es sich auch in der Reihe der Dinge als unvermeidlich darstellen läßt, doch nicht als gut gebilligt werden kann, mit zu loben ... ich habe sie eben ehrlich und unpartheiisch geliebt ..."[46]. Diese Sätze zeigen eine Reaktionsform auf die Revolution, die sich auch bei den späteren frühromantischen Weggenossen Schleiermachers findet, insbesondere bei Friedrich Schlegel und Novalis. Die Reaktionsform der Frühromantik auf die Französische Revolution kann als heuristische Plattform im Blick auf Schleiermacher angesehen werden. Interpretatorisch handelt es sich dabei um den Aufweis struktureller Zusammenhänge von Schleiermachers frühromantischer Ideenwelt mit der Revolution. Diese von Strunk an einem Teilaspekt bereits bewährte Fragestellung bedarf der weiteren Vertiefung. Ganz allgemein kann zum Verhältnis Frühromantik – Französische Revolution unter Verweis auf den in der Frühromantikforschung sichtbaren Konsens gesagt werden: Intention und Ziel der Revolution sollten nach frühromantischem Verständnis nicht an ihren unmittelbaren politischen, sozialen und kulturellen Erscheinungsbildern und auch nicht am Selbstverständnis ihrer intellektuellen Protagonisten in Frankreich erkannt werden. Die Revolution war aus diesem Geschehens- und Interpretationsrahmen herauszuheben und auf ihre eigentliche welt- und menschheitsgeschichtliche Importanz zu befragen[47]. Novalis fragte, ob die Revolution die französische bleiben solle wie die Reformation die lutherische war?[48] Jenseits der bruta facta ging es um die ideelle Rezeption der Revolution.

---

hätte ich gar zu gern einen Dialog mit Ihnen darüber gehalten."Nr. 788, Bl. 39).

45 Reden, S. 17.
46 Briefe 1, 107–109.
47 Dazu prinzipiell Richard Brinkmann: Frühromantik und Revolution. In: Deutsche Literatur und Französische Revolution. Göttingen 1974, S. 172–191. Brinkmann wendet sich dagegen, leicht zu beschaffende Zitate – etwa aus Alfred Stern, Der Einfluß der Französischen Revolution auf das deutsche Geistesleben. Stuttgart/Berlin 1928; Andreas Müller, Die Auseinandersetzung der Romantik mit den Ideen der Französischen Revolution. In: Romantikforschungen. Halle 1929, S. 245–333 u.a. – in ihrem Pro und Kontra zusammenzustellen, um so ein Abrücken von der Revolution zu belegen. Es gehe um die "Substanz und die epochal repräsentierte Auseinandersetzung" (S. 175). Dazu auch Günter Birtsch, Aspekte des Freiheitsbegriffs in der deutschen Romantik. In: Richard Brinkmann (Hg.), Romantik in Deutschland. Ein interdisziplinäres Symposium. Stuttgart 1978, S. 47–58 (Sonderband DVLG).
48 Novalis: Die Christenheit oder Europa. In: Novalis, Werke, Tagebücher und Briefe, hg. von Hans-Joachim Mähl und Richard Samuel. 2 Bde. München/Wien 1978, S. 732–750; 743.

Man ginge an dem für die Frühromantik konstitutiven Modell der geistigen
Transformation des Revolutionsimpulses vorbei, wollte man ihre philosophischen
und poetischen Programme als Eskapismus interpretieren, so als wären sie
mehr oder weniger unvermittelt auf politisches Ideengut hin zu dechiffrieren.
Gerade gegen eine Instrumentierung von Philosophie und Poesie für politische
Zielsetzungen hat sich die Frühromantik zur Wehr gesetzt. Ihr Praxis–Begriff
reichte weiter als ein politischer Praxis–Begriff und stand mit einem neuen
Verständnis der Autonomie des Geistigen im engen Zusammenhang. Die in der
frühromantischen Reaktionsform beschlossene Entpolitisierung der Perspektive
setzte sich im zeitgenössischen Umfeld in Kontrast zu den uferlosen Frei-
heits– und Demokratiedebatten der liberalen Reformkräfte, zu den Ideen der
revolutionär–demokratischen Publizistik und zu den Positionen des Konservatismus. Jene Standortfindung oberhalb des Politisch–Sozialen ist es, die den
in der Frühromantikforschung herausgearbeiteten Zusammenhang zwischen den
frühen politischen Äußerungen der Frühromantiker zur Französischen Revolution (Tieck, Wackenroder, F. Schlegel, Novalis u.a.) und ihrem späteren Weg
sichert.

Schleiermachers Eintritt in den Kreis der Frühromantik, der in der bisherigen Literatur noch kaum aus dem lebensgeschichtlichen Interpretationszirkel
hinausgeführt und auf seine tieferliegenden Gründe befragt worden ist, gewinnt innerhalb eines solchen Rahmens eine neue Dimension. Es handelt sich
bei seinem Anschluß an die Frühromantik offenbar um mehr als einen biographischen Zufall (Bekanntschaft und Freundschaft mit F. Schlegel), um
mehr auch als eine rational nicht aufzulichtende wechselseitige Anziehung
der "Dämmerungsmenschen" (so Ricarda Huch). Desgleichen erscheint Schleiermachers Radikalität, die immer wieder bemerkte kritische Attitüde des Frühromantikers, in einem neuen Licht. In der Frühromantik lebte der Drang zu
einer fundamentalen Erneuerung der Menschheit. Ausgangspunkt war das Erlebnis einer Krise, die alle Bereiche menschlichen Wissens, Erlebens und
Handelns durchdrang. In der frühromantischen Bewegung sind Krisenbewußt-
sein und Erneuerungswille gleichermaßen artikuliert worden. Beide Aspekte
verbanden sich im Ziel einer metakritischen Versöhnung von Geist und Natur
im Horizont von Vergangenheit, Gegenwart und Zukunft. Derartige, hier nur
im Umriß anzudeutende Voraussetzungen der Frühromantik lassen sich auf das
Werk des jungen Schleiermachers während seiner frühromantischen Lebensetappe umsetzen. Gemäß dem frühromantischen Anspruch auf "Symphilosophie"
kann es – unbeschadet aller im einzelnen vorliegenden Spannungen – als ein
Bestandteil des Programms von Kritik und Erneuerung angesehen werden. Damit wäre das Thema Schleiermacher und die Französische Revolution in ein
neues Bezugsfeld eingebracht. Da sich die Literaturgeschichtsschreibung nach
1945 dem Werk des Frühromantikers nur peripher genähert hat, auf der an-

deren Seite die Theologie- und Kirchengeschichtsschreibung noch immer weithin des Kontakts zu den Ergebnissen der modernen Frühromantikforschung
entbehrt, stellt sich hier eine bedeutende Forschungsaufgabe.

So wäre etwa zu fragen, wie das die Reden "Über die Religion" beherrschende endscheidungszeitliche Bewußtsein zu interpretieren ist, innerhalb dessen das gesamte Glaubens- und Religionsverständnis der Zeit radikal
zur Disposition gestellt wird. Man hat in der Reden-Forschung diesen Sachverhalt zumeist deskriptiv dargestellt, damit aber nur das Selbstverständnis
des Autors rekapituliert. Tatsächlich aber war die Epoche so religionslos
nicht, wie es Schleiermacher als geweihter Orator der religio vera behauptete. In Deutschland selbst, in der Schweiz, in England, Frankreich und in
Nordamerika war zur Zeit der Abfassung der Reden ein geistig-religiöser Umbruch sichtbar, der es verbietet, die Schwarz-Weiß-Bilder des Redners, die
lediglich im Hinblick auf den "väterlichen Boden" eine gewisse Schattierung
erfahren, hinzunehmen. Schleiermacher hat in den Reden die Zeit als Grenze
zwischen zwei verschiedenen Ordnungen der Dinge erfahren[49]. Er hat diese
Grenze an der Wiedergeburt der Religion demonstriert. Die diesbezügliche Ar-
gumentationsreihe in den Reden läßt die Um- und Neubesetzung des Revolutionsimpulses erkennen. Sie betraf zum einen den Gehalt der Revolution:
Überbietung ihrer politisch-sozialen Ziele auf eine neue Sicht des Weltganzen
aus dem Geist der Religion hin; zum anderen ihren Ort: Überbietung ihrer
lokalen Geltung hin auf universale Geltung, wobei die Präferenz des väterlichen Bodens bei der Wiedergeburt der Religion nicht "nationalistisch" eng-
geführt werden darf. Die politische Revolution setzte sich um in die heilige
Revolution, weil nur die Religion den universalen Sinnhorizont freizulegen
vermochte, aus dem heraus alle Manifestationen des menschlichen Lebens von
der Kunst und Moral bis hin zu den politischen Bewegungsabläufen der Zeit
ihre eigentliche Qualifikation erhielten.

Mit dem Aufweis innerer Zusammenhänge zwischen der politischen und der
heiligen Revolution müßte auch die Interpretation von Schleiermachers Verhältnis zur Aufklärung in eine andere Perspektive rücken. Die Schleiermacherforschung hat in diesem Bereich mit oftmals sehr harten Antithesen
gearbeitet. Dem von kantischen und Hallenser Aufklärungsgeist geprägten jugendlichen Schleiermacher trat der sich polemisch gegen die Aufklärung wen-
dende Frühromantiker gegenüber. Diese Sicht entsprach der traditionell behaupteten Antithetik von Aufklärung und (Früh-)Romantik generell.

Die Auffassung, die Frühromantik begreife sich durchgängig als Antithese
zur Aufklärung, ist in den letzten zwei Jahrzehnten in vielen Punkten revi-
diert worden[50]. Das fordert zu der Frage heraus, ob auch Schleiermachers

---

49 Reden, S. 311.
50 Vgl. etwa Wolfdietrich Rasch: Zum Verhältnis der Romantik zur Aufklä-

Stellung zur Aufklärung seit seinem Übergang zur Frühromantik primär dis-
kontinuierlich zu sehen ist. Sofern sich die Französische Revolution in den
Augen der Zeitgenossen als eine Aufgipfelung im Emanzipationsstreben des
Jahrhunderts darstellte und sich Schleiermacher ideell in ein positives Verhältnis zu ihr setzte, wird das Problem der Aufklärungselemente in Schleiermachers frühromantischem Werk unausweichlich. Seine entscheidende Kontur
gewinnt es in der Beschreibung der Relation von Aufklärung und Religion.

Mag die Forschung in anderen Bereichen (Betonung der Freiheit des sittlichen Individuums, Geschlechteremanzipation, Institutionskritik, Dogmenkri-
tik) Schleiermachers Verwurzelung in aufklärerischen Ideen durchaus gewürdigt haben – je nach Standort des Interpreten entweder kritisch oder affirmativ – , so scheint in Schleiermachers Wende zur Religion und der damit
verbundenen harschen Kritik an den moralischen, philosophischen und religiösen Grundlagen der Aufklärung ein Graben aufgerissen, der schwerlich
überbrückbar anmutet. Die antithetische Sicht von Aufklärung und frühromantischer Religionswende, die in Schleiermachers Religionsschrift von 1799 ihren
beredtesten Ausdruck gefunden habe, zieht sich in breiten Bändern durch
die Forschung.

Prinzipiell ist festzuhalten: mit ihrem menschheitlichen Harmoniestreben, das
sich bei den Frühromantikern als Versuch einer Wiedergewinnung der im Gang
des europäischen Bewußtseins verlorenen Identität von Geist und Natur aus-
formulierte, stand diese philosophische, literarische und religiöse Bewegung
im Progressionsdenken der Aufklärung. Der kritische Punkt der Unterscheidung lag in der Einsicht, daß die Aufklärung von ihren bislang ausgearbei-
teten Voraussetzungen her zur Realisierung des intendierten Ziels gar nicht
in der Lage war. Recht verstandene Vollendung des Menschen, die nicht zur
Anthropozentrik verkommen wollte, zur Ausspinnung eines dürftigen Weltalls
durch ein dürftiges Ich[51], bedurfte der Reintegration des Menschen in das
(religiös zu qualifizierende) Ganze. Vernunftreligion und natürliche Theologie schienen dazu nicht in der Lage. – Die in den Reden zum Ausdruck gebrachte Absage an Prometheus meinte dementsprechend auch nicht eine Zu-
rücknahme der emanzipatorischen Stellung des Menschen in Natur und Geschichte, wie sie durch Verweis auf Formulierungen wie "geräuschloses Verschwinden ... im Unermeßlichen" vor allem in der liberalen Forschungstradi-
tion seit H. Hettner immer wieder behauptet worden ist[52], vielmehr die Beschreibung der Dialektik von uneinholbarem Herkommen des Menschen und sei-

rung. In: Ernst Ribbat (Hg.), Romantik. Ein literaturwissenschaftliches
Studienbuch. Königstein/Ts 1979, S. 7 - 21.

51 Reden, S. 42.

52 Reden, S. 52. - Fortsetzung dieser Kritik in der marxistischen Forschung
("Verzicht auf Aktion"; "apriorischer Erkenntnisverzicht" usf.); vgl.
Gerda Heinrich, Geschichtsphilosophische Positionen der Frühromantik.
Berlin 1976, S. 198 u.ö.

nes Status als Freigelassener der Schöpfung. Die sozialgeschichtlichen Implikate, die sich mit Schleiermachers Konzeption des homo religiosus - totus
homo verknüpfen, liegen in der Linie neuzeitlicher Naturbeherrschung und
gesellschaftlicher Gestaltung. Der historische Aufklärungsbegriff ist, ohne
daß man ihn gewaltsam pressen muß, mit Schleiermachers religiös eingebette-
tem Mensch- und Weltverständnis auffüllbar, zumal sich der im heutigen Bewußtsein etablierte Begriff von Aufklärung als Durchsetzungspotential reli-
gionsfreier Emanzipation erst Jahrzehnte nach der Religionsschrift ausgebildet hat[53].

Schließlich sei noch ein drittes Forschungsfeld zur Diskussion gestellt, die
Verwendung der Sprache der Revolution, die auf der Aufklärung fußte, in
der philosophischen, dichterischen und religiösen Sprache in Deutschland.
Hier befindet sich die Literaturgeschichtsschreibung, auch international gesehen, noch am Anfang. Zu denken ist etwa an Wortfelder wie Superstition,
Vorurteil, Republik, Revolution, Tugend, allgemeiner Wille, aber auch neben
den Fahnenwörtern der Revolution an eine reiche literarische Metaphorik.
1796 notierte Georg Christoph Lichtenberg: "Die Französische Revolution hat
durch die allgemeine Sprache, zu der es mit ihr gekommen ist, nun ein gewisses Wissen unter die Leute gebracht, das nicht so leicht wieder zerstört
werden wird" [54]. Bereits Stichproben in Schleiermachers frühromantischen Arbeiten fördern hier einiges zutage, bei Novalis und F. Schlegel ohnehin[55].
Die Ebene der Sprachlichkeit, zumal in ihrer eigentümlichen literarisch-ge-
danklichen Umbesetzung, ist nicht die Ebene der politischen Revolution; indes
ist der Sprachproblematik als politischer Problematik eine erhebliche Bedeutung beizumessen, die im 18. Jahrhundert heranreifte.

                                    3.

Wie man Schleiermachers Verhältnis zur Französischen Revolution auch fassen
mag, ob eher als unreifen jugendlichen Radikalismus oder als strukturieren-
den Anstoß von großer Tragweite, dessen Rekonstruktion zum Verständnis seines Werkes unerläßlich ist - in beiden Fällen stellt sich das Problem von
Kontinuität und Diskontinuität in Leben und Werk des frühen und späteren
Schleiermacher. - "Nach einer kurzen Periode jugendlicher Begeisterung für
die französische Revolution ist Schleiermacher ganz Preuße und Deutscher".

---

53 Horst Stuke: Art. Aufklärung. In: GGB 1 (1972), S. 243-342; 274 ff.
54 So G.C.Lichtenberg in seinen "Sudelbüchern". Zit. nach Claus Träger:
   Sprache des Jakobinismus - Jakobinismus der Sprache. In: Zeitschrift für
   Germanistik 4 (1983), S. 134-141; 136.
55 Paradigmatisch seien genannt Wilfried Malsch: 'Europa'. Poetische Rede
   des Novalis. Deutung der Französischen Revolution und Reflexion auf die
   Poesie der Geschichte. Stuttgart 1965; Hans Wolfgang Kuhn, Der Apokalyp-
   tiker und die Politik. Studien zur Staatsphilosophie des Novalis. Freiburg

Mit diesem Satz eröffnete Martin Rade 1910 seinen Aufsatz "Schleiermacher als Politiker" [56]. Der Radesche Satz bezeichnete in seiner summarisch verknappten Form eine Übereinkunft der älteren Forschung, deren Nachwirkungen bis in die Gegenwart spürbar sind. In der Aussage Rades wie in allen ähnlichen Auskünften dieser Art liegt eine Spannung. Die ältere Forschung scheint diese Spannung gesehen zu haben: Sie hat sich bemüht, den für den späteren Schleiermacher als repräsentativ behaupteten staatsethischen und nationalen Ideengehalt schon im Frühwerk aufzuspüren. Dilthey und Holstein gingen dabei bis zu den "Monologen", H. von Treitschke und W. Scherer bis zu den Reden "Über die Religion" zurück. Die alles Nationale transzendierenden Elemente bei Schleiermacher wurden demgegenüber weniger akzentuiert, besonders auffallend bei den entsprechenden Passagen in dem Manuskript "Über den Werth des Lebens", die Dilthey in seiner Teiledition in den "Denkmalen" vernachlässigte [57].

Dem erkenntnisleitenden Interesse, den mittleren und späten Schleiermacher in jener der nationalen Historiographie eigentümlichen Interpretation schon im jugendlichen Schleiermacher vorgebildet zu finden, entsprach auch eine relativ einseitige Rezeption des Gedankens von der Dignität des Individuellen (Volk, Nation, Staat) in der Menschheitsgeschichte. Die nationale Historiographie hat das Credo der Individualität oftmals als Sprungbrett für Schleiermachers Selbstbesinnung auf Preußen und den "deutschen Geist" benutzt, dabei aber den vollen Richtungssinn dieser Konzeption unterbelichtet. Schon Müsebeck fragte in diesem Zusammenhang kritisch: "Ob ... Dilthey und Haym von den angeblich rein realpolitischen Erfolgen des Bismarckschen Genius so überwältigt waren, daß ihnen der Blick für den idealen Einschlag, ja die ideale Bestimmtheit der politischen Anschauungsform Schleiermachers darüber verloren ging?" [58] Der ideale Einschlag ist gegen den Isolationismus einer Interpretation, die aus dem Beruf aller Völker zu der ihnen gemäßen staatlich-politischen, nationalen und kulturellen Bestimmung hauptsächlich den Beruf Preußens und Deutschlands machte [59], an dieser Stelle als mensch-

i.B. 1961. - Bei Schleiermacher ist in diesem Zusammenhang besonders das Schriftenkorpus zwischen 1798 und 1800 befragbar: von den Fragmenten im "Athenaeum" bis zu den "Vertrauten Briefen über Friedrich Schlegels Lucinde".

56 Martin Rade: Schleiermacher als Politiker. In: Schleiermacher, der Philosoph des Glaubens. Sechs Aufsätze von Ernst Troeltsch u.a. Berlin-Schöneberg 1910, S. 125–151; 125.
57 KGA I/1, a.a.O. (Anm. 38), S. 417 (Manuskript, Bl. 49).
58 Müsebeck: Schleiermacher, a.a.O. (Anm. 1), S. 8.
59 Bezeichnend für diese Akzentuierung auch noch Johannes Wendland, Die religiöse Entwicklung Schleiermachers. Tübingen 1915, IV: "Mögen andre Völker es als Überhebung ansehen, wenn wir auch heute bekennen: 'Noch wird am deutschen Wesen die ganze Welt genesen'. Wir wissen, daß nicht eitle Großsprecherei und Ruhmsucht gemeint ist. Wir glauben, daß der Geist Luthers, Schillers, Goethes, Kants, Fichtes und Schleiermachers das

heitlich-universell zu bestimmen. Der geschichtlich-politische Weg der nicht-
deutschen Völker und politischen Kulturen war in der nationalgeschichtlichen
Perspektive gleichsam in den Rang einer real zwar vorhandenen, jedoch zu-
sammenhanglosen und für Deutschland negligeablen Wirklichkeit herabgesetzt.
Deshalb auch konnte es bei M. Rade über Schleiermachers Staatsethik, die
primär aus der Realität des preußischen Staates gesehen wurde, heißen, in
d i e s e r Wirklichkeit seien dann auch in "starken Gedankenreserven"
andere Wirklichkeiten "untergebracht" (Französische Revolution, englischer
Parlamentarismus, nordamerikanische Verfassung u.a.)[60]. Immerhin mag man
hier fragen, wie weit preußische Realstaatlichkeit und Schleiermachers
Staatsethik übereingehen. Eine durch selektive Interpretation hergestellte
oder herbeigezwungene Kontinuität zwischen dem jungen und dem späteren
Schleiermacher ist kaum besser als die stillschweigende oder offene Fixierung
einer Diskontinuität. Die Diskontinuität kommt in jenen Interpretationsansätzen
zum Ausdruck, die mit den Jahren 1806/07 eine große Wende beim politischen
Schleiermacher ansetzen. Auf der anderen Seite würde man die Aporien der
älteren Forschung lediglich unter veränderten Vorzeichen wiederholen, wollte
man nunmehr unter revolutionshermeneutischem Aspekt in gewaltsame Harmoni-
sierungen verfallen – oder auch auf Diskontinuität beharren, um so wenigstens den jungen Schleiermacher revolutionstheoretisch zu vereinnahmen. Es
gilt, das multiforme denkerische Spektrum Schleiermachers in seinen jeweiligen Entwicklungsstufen nachzuzeichnen und dabei Kontinuitäten wie Diskon-
tinuitäten, ebenso positive Rezeption wie Kritik der Revolution einzufangen.
Eine vorschnelle Eingrenzung auf bestimmte Themenfelder (Staatslehre, Poli-
tikverständnis) wäre sicher nicht ratsam. Wie produktiv das revolutionsher-
meneutische Muster überhaupt ist, etwa auch im Vergleich mit der revolu-
tionstheoretischen Analyse der Systeme von Zeitgenossen Schleiermachers[61],
muß sich im Gang der Forschung erweisen. Eine bloße Nachzeichnung der
über das Werk hin verstreuten Äußerungen Schleiermachers zur Revolution
würde die Schwierigkeit der Aufgabe unterschätzen. Vielleicht wäre auch eine
sorgsame Untersuchung jener blockierenden Gegenbegriffe nützlich, welche
die Wahrnehmung von inneren Zusammenhängen Schleiermachers mit der Französischen Revolution am stärksten behindert haben, zum Beispiel der Begriff
Patriot. Im 18. Jahrhundert verstand sich Patriotismus als eine auf das Ge-
meinwesen bezogene politisch-moralische Gesinnung, die das jeweils eigene

---

beste Erbteil unsres Volkes ist. Dafür kämpfen wir, daß dieser Geist in
unserm Volke die Oberhand gewinnt über die durchkreuzenden Geistesrich-
tungen. Diesen Geist braucht unser Volk, braucht die Menschheit. Unter
diesem Zeichen werden wir siegen".
60 Rade: Schleiermacher, a.a.O. (Anm. 56), S. 150.
61 Joachim Ritter: Hegel und die französische Revolution. Frankfurt/M. 1965;
   Bernard Willms, Die totale Freiheit. Fichtes politische Philosophie. Köln/
   Opladen 1967.

Vaterland als gesetzlich gesicherte Stätte menschenwürdiger Existenz einrich-
ten und erhalten wollte[62]. Die hier ausgebildete politische Kultur ist im Verlauf des 19. Jahrhunderts durch den Nationalismus überlagert und bis in das
20. Jahrhundert hinein dann schwer desavouiert worden. Gerechte soziale und
freiheitliche politische Verhältnisse, die dem Individuum den Raum eigenen
Daseins sichern, auf welche der Gestaltungswille des älteren Patriotismus
hinstrebte, sind andere Zielvorstellungen als diejenigen des Nationalismus
im Zeitalter deutscher "Realpolitik".

Seit einigen Jahren hat sich eine neue Hinwendung zu Schleiermachers theologischer und philosophischer Ethik bemerkbar gemacht. Das Interesse konzentriert sich im Politisch-Ethischen auch hier auf den Schleiermacher der
reiferen Jahre, während die politische und ethische Vorstellungswelt des jungen Schleiermacher nach wie vor am Rande bleibt. Gegenüber der älteren
Forschung, welche die Verwurzelung des ethisch-politischen Theoretikers in
der preußischen Reformzeit der nationalen Identitätsbildung dienstbar machte,
zielen die Forschungen seit den 60er Jahren – ebenfalls von diesem terminus
a quo – auf die Ausarbeitung neuer Konturen. Schleiermacher erscheint jetzt
als Theoretiker der bürgerlich-liberalen Gesellschaft. Y. Spiegel hat sogar
versucht, die Dogmatik Schleiermachers ("Glaubenslehre") sozialgeschichtlich
zu rekonstruieren, und zwar unter dem leitenden Gesichtspunkt des "Systems
des gegenseitigen Austausches und der wechselseitigen Abhängigkeit"[63]. Die
Wirtschaftslehren von Adam Smith gelten dabei als der zentrale Bezugspunkt.
Verhält sich Y. Spiegel insgesamt kritisch zur "Theologie der bürgerlichen
Gesellschaft", so insistiert S. Keil auf Elementen bei Schleiermacher, die "moderne gesellschaftlichen Strukturen" vorwegnehmen (Gleichheitsgrundsatz,
Öffentlichkeit und Meinungsfreiheit, Pluralismus u.a.). Keil kann sogar sagen, "daß Schleiermacher von seinen polaren Prinzipien der Gleichheit und
der Individualität her Gedanken ableitet, die bereits in der Aufklärung auftauchen und in dem politischen Programm der Revolutionen seit der Gründung
der Vereinigten Staaten und der Französischen Revolution immer wieder als
Forderungen erhoben wurden. Doch während diese Vorstellungen von Demokra-
tie und Pluralismus, Öffentlichkeit und Meinungsfreiheit in den weltlichen
Bereichen von Staat und Gesellschaft noch hart umstritten und umkämpft wurden und im Zeitalter von Restauration und Heiliger Allianz in Kontinentaleu-

---

62 Rudolf Vierhaus: "Patriotismus" – Begriff und Qualität einer moralisch-po-
litischen Haltung. In: Ders. (Hg.): Deutsche patriotische und gemeinnützi-
ge Gesellschaften. München/Wolfenbüttel 1980, S. 9 ff.
63 Yorick Spiegel: Theologie der bürgerlichen Gesellschaft. Sozialphilosophie
und Glaubenslehre bei Friedrich Schleiermacher. München 1968. – Zur Kritik der methodischen Grundhaltung Spiegels Wolfdietrich Schmied-Kowarzik,
Schleiermacher im zweihundersten Geburtsjahr. Ein Literaturbericht. In:
Archiv für Geschichte der Philosophie 52 (1970), S. 91–109; 95 f. (vordergründige Herstellung von Begriffsanalogien).

ropa noch einmal für eine ganze Epoche unterdrückt werden konnten, möchte
Schleiermacher diese Grundsätze in dem eigentlich kirchlichen Leben, das vom
politischen Kalkül frei ist, verwirklicht sehen"[64] . Solche Sätze sind weniger
eine Interpretation als eine Problemanzeige. Sie verweisen darauf, daß der
strukturelle Zusammenhang von Aufklärung und Revolution in seinen affirma-
tiven und kritischen Elementen im Werk Schleiermachers bei einer gereinigten
Perspektive ununterdrückbar ist. In diesem Sinne mag dann auch das 1813
erneut auftauchende Wort Schleiermachers von den zwei Zeitaltern, die sich
in allen Völkern gegenüberstehen[65] , nicht bloß auf das Zeitalter des Pa-
triarchalismus (Luthertum, Romantik, Restauration) und das liberale Gesell-
schafts- und Wirtschaftsdenken im Gefolge der Stein-Hardenbergschen Reformen
bezogen werden (so S. Keil), sondern auf das Europa vor und nach der
Französischen Revolution.

---

64 Siegfried Keil: Die christliche Sittenlehre Friedrich Schleiermachers. Versuch einer sozialethischen Aktualisierung. In: Neue Zeitschrift für systematische Theologie und Religionsphilosophie 10 (1968), S. 310-342; 338.
65 SW II/4, S. 675.

EIN GELEHRTER IST KEIN HUND

Schleiermachers Absage an Halle

(mit einem neu entdeckten Schleiermacher-Text)

von **Hermann Patsch**

Die Eroberung Halles durch Napoleon und die darauf folgende Auflösung der Universität im Oktober 1806 war ein tiefer Eingriff in das Leben Schleiermachers. "Es war, als ob seine Jugend von ihm schied", urteilte Dilthey in seiner meisterhaften Schilderung dieser Epoche[1]. "Von Halle kam er angebrochen zurück", folgerte die scharfsichtige Rahel Varnhagen aus dem Abstand eines Jahrzehnts[2]. Schleiermachers Briefe aus diesen Jahren der Entwurzelung sprechen von seiner "zertrümmerte[n] Wirksamkeit", von der "Schule", die er zu stiften im Begriffe war[3], von dem Verlust der ihm lebensnotwendig gewordenen Einheit von Katheder und Kanzel[4]. Er will um fast jeden Preis an Halle und seinem Lehramt festhalten, solange noch Hoffnung ist und er noch "Kartoffeln und Salz auftreiben kann"[5]. So unterschreibt er eine demütige Bittschrift der Professoren an Napoleon[6]. Der Verlockung eines ihn aller finanziellen Bedrängnis enthebenden Rufes nach Bremen entsagt er. Er lebt ohne feste Einkünfte als freier Schriftsteller und hochbedeutsam für den inneren Widerstand in Preußen – als politischer Prediger. Die wissenschaftliche Ernte dieser Jahre ist an Vielfalt und Umfang so reich wie nie wieder.

---

1 Leben Schleiermachers. Bd. 1/2, hg. von Martin Redeker, Göttingen 1970, S. 175–211, hier S. 193. Vgl. auch August Wächtler: Schleiermacher in Halle. Deutsch-Evangelische Blätter 20, 1895, S. 321–346 sowie die Monographien von Fr.Kantzenbach: F.D.E.Schleiermacher. In Selbstzeugnissen und Bilddokumenten, Reinbek 1967, S. 86–95 und Martin Redeker: Friedrich Schleiermacher. Leben und Werk, Berlin 1968, S. 108–126. Von erheblichem Quellenwert ist die zeitgenössische Abhandlung von Christian Daniel Voß, Professor zu Halle: Schicksal der Stadt und Universität Halle, während des (letztern) Krieges. In: Die Zeiten oder Archiv für die neueste Staatengeschichte und Politik. Hg. v. Chr.D.Voß, Bd. XII, Zwölftes Stück (December 1807), Halle 1807, S. 386–412; Bd. XIII, Erstes Stück (Januar 1808), Halle 1808, S. 91–115; Drittes Stück (März), S. 423–434.
2 Brief an Ludwig Robert, 5. Febr. 1816 (Fr.Kemp: Rahel Varnhagen und ihre Zeit (Briefe 1800–1833) [Lebensläufe Bd. 14], München 1968, S. 100).
3 Brief an Henriette Herz, 4.11.1806 (Aus Schleiermacher's Leben. In Briefen. Bd. 2 , Berlin 1860², S. 73, H.Meisner: Schleiermacher als Mensch. Sein Wirken. Familien- und Freundesbriefe 1804–1834, Stuttgart/Gotha 1923, S. 68) [künftig zit. Br. 1–4. bzw. M2]
4 Vgl. dazu auch das elegische Vorwort der Zweiten Sammlung der Predigten (datiert "Berlin im Februar 1808") (Sämmtl. Werke II. Abth./1, Predigten Bd. 1, Berlin 1834, S. 187 f.)!
5 Br. an Brinckmann, 22.12.06 (Br. 4, Berlin 1863, S. 128 f./M2, S. 84); vgl. auch Br. an Gaß, 30.11.06 (Fr. Schleiermacher's Briefwechsel mit J. Chr.Gaß, hg. v. W.Gaß, Berlin 1852, S. 57).
6 Abgedruckt in: Die Zeiten Bd. XIII, Erstes Stück, Januar 1808, S. 104–107; auch bei C.H.Freiherrn vom Hagen: Die Franzosen in Halle 1806–1808, Halle 1871, S. 98–100. Die Bittschrift blieb unbeantwortet.

Der Gedanke an die Neugründung einer preußischen Universität nach dem (lange vorausgesehenen) territorialen Verlust Halles an das neue Königreich Westphalen unter Hieronymus (Jérôme) Napoleon – im Tilsiter Friedensvertrag Anfang Juli 1807 – lenkte Schleiermachers Zukunftshoffnungen auf Berlin. Sein Beitrag zu der geistigen Vorbereitung dieser Gründung mit seiner Schrift "Gelegentliche Gedanken über Universitäten in deutschem Sinn, Nebst einem Anhang über eine neu zu errichtende" (Berlin 1808) ist bekannt[7]. Wer sich die "Schwachheit" konzediert, "ein Preuße zu sein"[8], steht unter libidinösem Zwang[9]: "Ich kann mich unter diese [sc. neue Westphälische] Regierung nicht fügen und muß, so lange es irgend einen giebt, unter einem deutschen Fürsten leben (...). Freudigkeit zu lehren kann ich dort nicht haben, und darum bin ich nun ganz gegangen und würde gegangen sein, auch ohne die lebendige Ueberzeugung, daß eine französische Regierung unmöglich kann eine deutsche Universität ruhig bestehn lassen"[10].

Das konnte Schleiermacher mit der ruhigen Gewißheit dessen schreiben, der durch einen "halb officielle[n]" Antrag[11] bereits vorläufig für die geplante Universität "in deutschem Sinn" in Beschlag genommen war und in Berlin eine feste Wohnung bezogen hatte. Der Abschied von Halle war de facto vollzogen, aber noch nicht coram publico ausgesprochen.

Die offizielle Absage wurde nötig, da parallel zu Schleiermachers Engagement in Berlin sich die Reinvestitur der Universität in Halle vollzog[12]. Lange war in den Zeitungen die Möglichkeit einer Wiederaufnahme skeptisch erörtert worden, aber schließlich widersprach die Regierung in Kassel Anfang November 1807 dem Gerücht, daß alle Hoffnung auf eine Wiederherstellung der Universität verschwunden sei, und erklärte die Entscheidung für noch offen[13].

7 Rudolf Köpke: Die Gründung der Königlichen Friedrich-Wilhelms-Universität zu Berlin, Berlin 1860; Max Lenz: Geschichte der Königlichen Friedrich-Wilhelms-Universität zu Berlin, Bd. I+IV, Halle 1910; Franz Kade: Schleiermachers Anteil an der Entwicklung des preußischen Bildungswesens von 1808-1818, Leipzig 1925.
8 Br. an Fr.v.Raumer, 12.1.1807 (Br. 2, S. 132, M2, S. 88).
9 Sehr treffend und nicht ohne Neid vergleicht Friedrich Schlegel das Verhältnis Schleiermachers zu Preußen mit dem zu einer Geliebten: "Daß Du Dich an Preußen halten würdest, so lange es noch besteht, habe ich mir wohl gedacht (...) Es liegt eine besondre Süßigkeit in einem solchen Verhältniß zu seiner Provinz selbst in Widerwärtigkeiten, wie in den Leiden, die man mit der Geliebten übersteht. Ein solches besonderes Vaterland ward mir nie" (Br. v. 26.8.07. Br. 3, Berlin 1861, S. 423).
10 Br. an Ch.v.Kathen, 31.12.07 (Br.2, S. 106, M2, S. 96 f.).
11 Br. an J.W.H.Nolte, den "Agenten" des zuständigen Kabinettrats K.F.v. Beyme, vom 3.1.1808 (Körte, a.a.O., S. 183 f/M2, S. 98). Das war am 19.Sept.1807 geschehen (s. Körte S. 44 und Lenz I, a.a.O., S. 123 Anm. 2). Wichtig an dieser Einschränkung ist, daß noch keine rechtskräftigen Vocationen ergangen waren, worauf Schleiermacher in dem angeführten Brief drängt.
12 Vgl. zu dieser Voß: Wiederherstellung der Hallischen Universität (Die Zeiten Bd. XIII, Erstes Stück, Januar 08, S. 116-134) sowie Wilhelm Schrader: Geschichte der Friedrichs-Universität zu Halle, Zweiter Teil, Berlin

In der Tat hatte sich die Bürgerschaft Halles, die zu einem guten Teil von der Universität wirtschaftlich abhängig war, politisch klug verhalten und z.B. den kaiserlichen Namenstag am 15. August mit allem nötigen Pomp begangen [14]. Die Kirchenleitung hatte nachgezogen und die Einbeziehung des Herrscherpaares in das Kirchengebet angeordnet – womit für Schleiermacher nach dem Katheder auch die Kanzel der Universitätskirche bzw. des Doms unmöglich geworden war [15]. Am 30. Oktober hatte die Universität ein Mémoire über den Intendanten der Stadt, Lud. Ant. Clarac, an die Regierung gerichtet, in dem sie die Bedeutung der Universität für die Entwicklung des Staates, ihre ehrenvolle Vergangenheit und günstige Lage hervorgehoben hatte [16].

1894, Kap. 17; Lenz I, a.a.O., S. 132–136.

13 Siehe Staats- und Gelehrte Zeitung des Hamburgischen unpartheyischen Correspondenten [künftig zit.: Hb.Corr.] 1807 Nr. 183 v. 17.Nov. mit Brief aus Halle vom 9.Nov.; Intell.Bl. d. Allgemeinen Literatur Zeitung [künftig zit.: ALZ] (Halle) Nr. 92 v. 18.11.07.

14 S. Hb.Corr. 1807 Nr. 135 v. 25.8. und den instruktiven Brief Blancs an Schleiermacher vom 15.8.1807 (Briefe von Ludwig Gottfried Blanc an Fr. Schleiermacher. Mitteilungen aus dem Literatur-Archive in Berlin N.F. II, Berlin 1909, S. 9 f.) sowie vom Hagen, a.a.O., S. 109 f.

15 Br. an Ch.v.Kathen, 31.12.1807 (Br. 2, S. 106/M 2, S. 96). (Nach der Umwandlung der Schulkirche in ein Magazin hatte Schleiermacher vor allem im Dom gepredigt. Siehe H.Hering: Der akademische Gottesdienst und der Kampf um die Schulkirche in Halle a.S., Halle 1909, S. 209 ff. 233 ff.). Ein offizielles Zeugnis für diese Mitteilung Schleiermachers habe ich nicht gefunden. Doch vgl. das Circular des Justiz- und Innenministers Siméon an die Bischöfe vom 4.1.1808 (mit Brief Jérômes), das die Geistlichkeit daran erinnert, "daß es eine ihrer ersten Pflichten ist, Gehorsam gegen den Souverain zu predigen" und "daß Gott mit der Pflicht seinen Nächsten zu lieben hauptsächlich auch die Pflicht der Liebe gegen die Fürsten verbunden hat, welche von ihm auf eine höhere Stufe als die übrigen Menschen gestellt worden sind", und das sehr bestimmt erwartet, daß der Bischof und seine Geistlichkeit den Monarchen nicht nur durch Gebete, sondern durch umfassende Loyalität unterstützt (Le Moniteur Westphalien Nr. 5 v. 7.1.1808, S. 21).

16 Die Zeiten Bd. XIII, S. 125–129; die Atnwort des Ministers vom 18.11.1807 ebd., S. 129 f. Vgl. auch den halb-privaten Brief des Staatsrats und Finanzministers von Beugnot an Voigtel vom 18.11.1807: 'Le fort de l'université de Halle n'est pas encore décidé. Le Roiaume a fait des pertes dans quelques personnages distingués de l'université, qui ont passé a Berlin; mais je fais que ces pertes font réparables et qu'il reste encore a Halle d'excellentes ressources' (August Hermann Niemeyer: Beobachtungen und Reisen in und außer Deutschland. Nebst Erinnerungen an denkwürdige Lebenserfahrungen und Zeitgenossen in den letzten fünfzig Jahren. Vierten Bandes Zweite Hälfte. Beobachtungen auf einer Deportationsreise nach Frankreich im Jahr 1807. Halle 1826, S. 565). Laut Niemeyer S. 484 war der Verfasser dieses Mémoires Schleiermachers Lehrer Eberhard. Ob Schleiermacher, der während der Abfassung in Halle war, dem Mémoire zugestimmt hat, ist unbekannt. Schwerlich wird er auch den 'Vorschlag zur Herstellung der Universität Halle' gekannt oder gar gebilligt haben, den der Dichter Ludwig Achim von Arnim im Dezember 1807 über Johannes von Müller an den Kultusminister in Cassel richtete, in dem die Finanzierung der Universität durch eine Stadt Halle aufzuerlegende Sondersteuer vorgeschlagen und als erste Anstellung für jede Fakultät nur e i n Gelehrter empfohlen wurde, nämlich für die Theolo-

Nun wollte Jérôme vor der Huldigung der Deputierten des Landes Westphalen (am 1. Januar 1808) [17] und der eigentlichen Inthronisation (am 10.
Januar) offensichtlich eine demonstrative konziliante Geste tun und empfing
bereits am 23. Dezember die offiziellen Deputierten der Universität Halle, bestehend aus dem Theologen August Hermann Niemeyer, dem Mediziner Johann
Christian Reil und dem Historiker Traugott Gotthold Voigtel[18]. Niemeyer hielt
eine förmliche und politisch geschickte Anrede an den Monarchen, in der er
die Universität dadurch empfahl, daß sie sich "seit ihrer Stiftung immer
durch treue Anhänglichkeit an ihre Regenten und Beschützer ausgezeichnet"
habe, und die "devoteste Versicherung" abgab, "daß sie sich unaufhörlich
bestreben werde, sich Seines gnädigen Schutzes werth zu erhalten"[19]. Der
König beschied die Deputierten, daß ihm die Verdienste der Universität Halle
um die Wissenschaften und das Vaterland bekannt und die Verbindung des
Wohles der Stadt Halle mit der Aufrechterhaltung der Universität bewußt
seien. Er sagte die Erhaltung und selbst Mehrung der Privilegien der Universität zu, soweit sie mit der Konstitution des Reiches verträglich seien.
In Bezug auf die Professoren sagte er: "(...) daß Sie [i.e. Hieronymus Napo-
leon] dagegen zu den Professoren das Vertrauen hätten, ihre Zuhörer nur
nach solchen Principien zu unterrichten, durch welche der Geist der Vater-
landsliebe, der Ordnung und des Fleißes in ihnen erweckt würde" (...)[20].
Nun ging alles sehr schnell. Noch am 29. Dezember erteilte der Justiz- und
Innenminister Siméon den Deputierten die ausdrückliche Erlaubnis, die Wie-
dereröffnung der Universität Halle öffentlich bekannt zu machen[21]. Mit dem
Datum des 31. Dezember erschien dann im Namen der Deputierten gleichzeitig in mehreren öffentlichen Blättern eine Anzeige mit folgendem Wortlaut[22]:

gische Niemeyer, für die Philosophische (!) Schleiermacher (bei Jürgen
Knaack: Achim von Arnim - Nicht nur Poet. Die politischen Anschauun-
gen Arnims in ihrer Entwicklung. Mit ungedruckten Texten und einem
Verzeichnis sämtlicher Briefe. Darmstadt 1976, S. 130 ff.).

17 Siehe dazu Le Moniteur Westphalien v. 3.1.1808.
18 Vgl. dazu auch Voigtels Briefe an C.G.Schütz v. 22.12.1807 und 1.1.1808
   (Chr.Gottfr.Schütz. Darstellung seines Lebens, Charakters und Verdienstes;
   nebst einer Auswahl aus seinem literarischen Briefwechsel. Hg. v. F.K.J.
   Schütz, Halle 1835, Bd. 2, S. 522 f.).
19 ALZ (Halle) Nr. 1 v. 4.1.1808, Sp.7 f [nachgedruckt Hb.Corr. 1808 Nr. 6
   v. 9.1.]. Die Zeiten Bd. XIII, S. 132 druckt in wörtlicher Rede bei ge-
   ringerer Devotion.
20 Hb.Corr. 1807 Nr. 207 v. 29.12. Entsprechende Berichte in den anderen
   Blättern. Vgl. auch Niemeyer, a.a.O., S. 495.
21 Siehe Die Zeiten Bd. XIII, S. 134 und Anlage 34 bei Schrader, a.a.O.,
   II, S. 532.
22 Hb.Corr. 1808 Nr. 3 v. 5.1. Wortgleich, aber mit dem Ausfertigungsdatum
   29.Dez.: ALZ (Halle) Nr. 8 v. 9.1.1808, Sp. 63; Neue Theologische Anna-
   len 1808, hg. v. Ludwig Wachler, Beilage: Theologische Nachrichten

Anzeige,
die Universität Halle
betreffend.

Die Unterzeichneten sind durch ein Decret Sr. Excellenz, des Ministers des Innern, vom 29sten December, bevollmächtigt, hierdurch bekannt zu machen, daß die Vorlesungen auf unsrer Akademie wieder eröffnet werden sollen. Den Anfang derselben, der sogleich nach Ostern Statt finden wird, werden die zeitig auszugebenden Lections-Catalogen und Zeitungen genauer bestimmen. Wir laden daher im Namen der Universität alle, die sich unserer Leitung anvertrauen wollen, zu uns ein; besonders aber wünschen wir, daß unsre vormaligen Mitbürger, deren treue Anhänglichkeit wir mit Rührung erfahren haben, zurückkehren mögen in den Schooß ihrer ersten Pflegerin, die vielleicht eine kurze Zeit ruhen sollte, um mit neuer Lebenskraft unter einer andern Ordnung der Dinge fortzuwirken. Willkommen aber soll ihr nur der seyn, den der Geist des Fleißes und der Ordnung beseelt, welchen auf alle Weise zu befördern der erhabene Wiederhersteller allen Lehrern zur heiligsten Pflicht gemacht hat. Cassel, den 31sten Dec. 1807.
Die Deputierten der Universität Halle.
Niemeyer.   Reil.   Voigtel.

In der 'Staats- und Gelehrten Zeitung des Hamburgischen unpartheyischen Correspondenten' erschien diese Anzeige am 5. Januar 1808. Kurz darauf folgte die Nachricht, daß Niemeyer zum Kanzler und rector perpetuus ernannt und als solcher vom König empfangen worden war, so daß sich für alle Universitäten des Königreichs "die schönsten Aussichten" eröffneten[23].

Diese Nachrichten muß Schleiermacher mit äußerster Begierde gelesen haben. Gleichzeitig muß er mündliche und schriftliche Nachrichten aus Halle erhalten haben, so von seinem Schüler Harscher, der ihm einen Brief des Hallenser Geistlichen Ludwig Gottfried Blanc vom 2. Januar übermittelte. Nur so ist zu erklären, daß er schon am 3. Januar an J.W.H. Nolte von "glänzende[n] Versprechungen" der Westphälischen Regierung über die Wiederherstellung von Halle schreiben konnte, "welche manche, die ihre Parthie nicht so völlig und aus innrem Gefühl genommen haben, wie ich, zurücklocken können", und sichtlich erregt auf "bestimmte Vocationen" drängte[24]. Ein Bericht in Blancs Brief muß ihn zugleich erbost und erleichtert haben: "Eine Stelle in Ihrem Briefe veranlaßte mich mit dem Intendanten [sc. Lud. Ant. Clarac] über die Universität besonders über die abgegangenen Professoren zu sprechen. Ueber letztere, besonders W. [i.a. Friedrich August Wolf],

---

1808, S. 50 f.

23 Hb. Corr. 1808 Nr. 5 v. 8.1. (auch: ALZ Halle Nr. 27 v. 26.1.1808; Jenaische ALZ Intell. Bl. Nr. 8 v. 17.2.08; s. Anlage 39 bei Schrader, a.a.O., II, S. 532). Nr. 11 vom 19.1. enthält dann den Bericht, daß die Thronbesteigung des Königs am 10. Jan. in Halle "aufs glänzendste gefeyert" wurde. Vgl. dazu auch Blancs Briefe v. 2.1. und 16.2. (a.a.O., S. 12 ff. 14 ff.) und Hallisches Patriotisches Wochenblatt, 1. Quartal 3. Stück v. 16. Jan., S. 40 f. Der Intendant der Stadt, L.A.Clarac, sandte zu diesem Ereignis dem Minister einen Ergebenheitsbrief, der betont, daß die Einwohner wie die Mitglieder der Universität sich beeifert hätten, "die lebhaftesten Zeichen ihrer Liebe und ihrer Dankbarkeit, welche sie ihrem neuen Regenten schuldig sind, an den Tag zu legen" (Le Moniteur Westphalien Nr. 10 v. 19.1.1808, S. 42).

24 M2, S. 97 f.

schien er sehr erbittert wobei der Umstand daß sie ihn weder um Rath gefragt noch ihm ihre Abreise gemeldet haben, das Meiste beigetragen zu haben
schien. Er erklärte mir mehr als einmal er sähe voraus es werde manchen
gereuen er aber werde auch nicht den geringsten Schritt thun um ihre Wiederherstellung zu bewürken. Es ist also kein Zweifel weiter daß er Sie und
die übrigen Berliner als Fremdlinge ansieht auch ist ihrer bei Auszahlung
der letzten zwei Monate Gehalt welche wenige Tage nach Ihrer Abreise erfolgten, durchaus keine Erwähnung geschehn"[25]. Aber das alles war noch keine
öffentliche Distanzierung von der einen oder anderen Seite, noch schien alles
offen zu sein[26]. Das gilt auch, wenn Schleiermacher am 26. Januar an
Brinckmann berichtet: "Nun hat man sogar von Cassel aus erklärt, wer am
1sten October nicht in Halle gewesen, solle provisorisch nicht als ein Mitglied der Universität angesehen werden, wodurch denn außer mir auch Wolf
und Steffens, Loder, Froriep, Schmalz, Leute verschiedner Art von dort aus-
gefegt sind, so daß sich Halle nun auf einmal alles fremdartigen Stoffes
entledigt, den es seit einigen Jahren eingesogen und nun ganz als das alte
wieder auferstehen kann (...)"[27]. Für Schleiermacher waren, wie die an-
gezogenen Äußerungen zeigen, die Würfel schon gefallen; entsprechend deute-
te er alle Informationen und Gerüchte, die er aus Halle erhielt. Nur so versteht man die Schärfe seiner Absage an Halle, die er mit dem Datum des
1. Februar 1808 in die Nr. 27 vom 16. Februar der 'Staats- und Gelehrte(n)
Zeitung des Hamburgischen unpartheyischen Correspondenten' gab und die
hier erneut publiziert wird. Offenbar hatte er dafür um weitere Unterschrif-
ten geworben, eine solche aber nur von dem Mediziner Ludwig Friedrich von
Froriep erhalten[28]. Friedrich August Wolf, mit dem Schleiermacher zu dieser

---

25 Br.v.Blanc, 2. Jan. 08, a.a.O., S. 12 f. Die Benachrichtigung von der
   Lohnnachzahlung erfolgte am 7. 12. 07 (Die Zeiten Bd.XIII, S. 130;
   Schrader, a.a.O., S. 11 f.), so daß ein terminus post quem non für
   Schleiermachers Aufenthalt in Halle gewonnen ist.
26 Auch juristisch war keine Entscheidung gefallen, denn es war im Tilsiter
   Frieden nicht entschieden worden, ob mit der Abtretung Halles auch die
   Universität als L a n d e s universität abgetreten und die Entlassung
   der Staatsdiener dieser Provinzen mithin auch für die Professoren gültig
   war. Jedenfalls klammerten sich manche an eine solche kühne Hoffnung
   (Die Zeiten Bd. XIII, S. 116 ff.).
27 Br. an Brinckmann v. 26. 1. 1808 (Br. 4, S. 143/M2, S. 100). Schleiermacher war zwar am 1. Oktober 07 noch in Berlin, weilte aber mindestens
   ab 10. Oktober (bis Anfang Dezember) wieder in Halle. - Das Schreiben
   der Regierung vom 2. Dezember enthielt übrigens keine Begrenzung, sondern sprach von den "in loco befindlichen Professoren"; der 1. 10. war
   der Termin, von dem ab das Gehalt nachgezahlt wurde (Die Zeiten Bd.
   XIII, S. 130). Die von Schleiermacher wiedergegebene Bestimmung ließ
   sich nicht belegen.
28 Zu Froriep s. Allgemeine Deutsche Biographie Bd. II, Leipzig 1875, S.
   552 f. Er spielte wegen seiner guten Französisch-Kenntnisse eine Rolle
   bei den Verhandlungen mit der Besatzungsmacht (s. Die Zeiten XII, S.
   405 ff.), gehörte aber auch zu einer Delegation von Hallenser Professoren
   zu König Friedrich Wilhelm im August 1807, die diesem die Verlegung der

Zeit noch gut harmonierte, konnte nicht unterschreiben, da er verreist war [29]; mit Schmalz gab es wohl niemals engere Kontakte. Der Wortlaut des offenen Briefes ist unzweifelhaft von Schleiermacher selbst:

Anzeige.

Unterzeichnete wünschen, in Hinsicht ihrer, jede Mißdeutung eines Halle betreffenden Artikels in No. 18 der Allg. Zeitung zu vermeiden, und erklären deshalb, daß sie nicht den geringsten Schritt gethan haben, um, nach Wiederherstellung der Universität, ihre Anstellung in Halle zu erhalten. Wer könnte sich auch wol, um anderer Verhältnisse hier nicht zu erwähnen, der Ansicht fügen, ein Professor habe durch seine interimistische, bey den damaligen Behörden nachgesuchte Entfernung von einem Orte, wo er weder sein Geschäft ausüben durfte, noch ihm die äußern Mittel des Lebens dargereicht wurden, rechtlich seinen Anteil an der nachher erfolgten Auferstehung der Universität verwirkt, so daß er nun erst, zurückgekehrt, wegen seiner Wiedereinsetzung suppliciren müsse. So kommt ein Hund, der davon gelaufen, zu seinem Herrn zurückgekrochen, und erwartet, auf dem Bauche liegend, ob er werde geschlagen werden, oder freudig an ihm hinaufspringen dürfen; ein Gelehrter, der nichts solches gesündiget, thut dergleichen nicht.

Berlin, den 1sten Februar 1808.

D.L.F. Froriep.

Dr.F.Schleiermacher.

Schleiermacher erwähnt und rechtfertigt den "Cynismus" dieser "Anzeige" in einem Brief an Brinckmann vom 1. März 1808: "(...) Es schien mir nöthig mit recht klaren Worten und so sinnlich anschaulich als möglich zu sagen, wie jene neue Regierung die Gelehrten behandelt; und niemand schien es so gut thun zu können als ich, von dem es unter Allen die mich überhaupt kennen, bekannt genug sein mußte, daß ich nicht saure Trauben schimpfte. Allgemein hat man freilich das Bild getadelt und es außer meinem Genre gefunden; indeß scheint mir doch der ganzen Sache der rechte Trumpf zu fehlen wenn ich es mir gestrichen denke" [30]. Die tiefe Verletzung Schleiermachers kommt hier noch einmal deutlich zum Ausdruck; das Selbstwertgefühl des Gelehrten von Ruf erzwang die überscharfe Antwort auf die empfundene Demütigung.

Diese öffentliche Schelte erfolgte auf eine in der Allgemeinen Zeitung Nro. 18 vom 18. Januar 1808 wiedergegebene Unterstellung[31]: "Alle hier gebliebe-

---

Universität Halle nach Berlin empfahl (s. Körte, a.a.O., S. 159 ff.; Lenz I, a.a.O., S. 76 ff.) Schleiermacher verschaffte dem inzwischen nach Tünbingen gegangenen Gelehrten einen Ruf nach Breslau, den dieser freilich nicht annahm (s. F.J.Bertuch an Schleiermacher, 24. Jan. 1812, in: Ungedrucktes aus dem Goethe-Kreise. Hg. v. Gustav Ad. Müller, München 1896, S. 69 f.).

29 S. seinen Brief an Immanuel Bekker vom 5. Febr. 1808, in: S. Reiter: Friedrich August Wolf. Ein Leben in Briefen. Ergänzungsband I Die Texte, hg. v. R.Sellheim, Halle 1956, S. 11. Während nämlich Schleiermacher, Schmalz und Froriep im Vorgriff auf die neue Universität sogleich mit Vorlesungen begonnen hatten, entfiel das von Wolf geplante Kolleg, weil er (wie Henriette Herz vermeldet) "zu hoch im Preise hält u[nd] man hier kein Geld hat" (Briefwechsel des jungen Börne mit der Henriette Herz. Hg. v. Ludwig Geiger, Oldenburg/Leipzig o.J. (1905), S. 190 - Br. v. 14. Januar 1808).

30 Br. 4, S. 150/M2, S. 102.
31 S. 72 (in einem Korrespondentenbericht aus Halle vom 8. Januar).

nen Professoren sind nun de facto bestätigt, und haben bereits seit dem 1. Okt. ihr· Gehalt bekommen. Aber von den nach Berlin Ausgewanderten, als S c h m a l z , W o l f , S c h l e i e r m a c h e r , F r o r i e p, will man in Kassel nichts wissen, obgleich, wie es heißt, dringende Vorstellungen gemacht worden sind."

Das ist, wie Schleiermacher erkennen mußte, keine offizielle Mitteilung aus Kassel, sondern der private Bericht eines Korrespondenten aus Halle. Die oben zitierten öffentlichen Texte hätten die scharfe Reaktion keineswegs gerechtfertigt. Die tiefe Verletzung des Selbstwertgefühls Schleiermachers, die aus der "Anzeige" spricht, wird darum weniger aus dem kolportierten Gerücht resultieren, er habe es nötig gehabt, in Kassel zu seinen Gunsten "dringende Vorstellungen" machen zu lassen, als aus den nicht-offiziellen Demütigungen, die die Professoren der stornierten Universität in der Zeit der Ungewißheit erlebten und die der gewachsene Preuße nationalistisch interpretierte. Die empört zurückgewiesene Anmutung, die zurückkehrenden Professoren müßten wegen ihrer Wiedereinsetzung "suppliciren", scheint auf einem Gerücht zu beruhen. Die Wirklichkeit sah keineswegs so erniedrigend aus. Henrich Steffens etwa, der anderthalb Jahre von Halle entfernt im Ungewissen herumgeirrt war und dem Schleiermacher trotz vielfältiger Bemühungen keine Aussicht auf eine Anstellung in Berlin hatte erwirken können, fand zur gleichen Zeit Halle großmütiger als gedacht: "Man erwartete von meiner Seite gar keinen Schritt. Ich trat stillschweigend in meine Stelle ein"[32].

Die "Anzeige" belegt zugleich die emotionale Reizbarkeit, die für Schleiermacher das Thema Universität und Staat mit sich brachte. Noch 1819 verlor er Hegel gegenüber die Kontenance, als dieser - aus Anlaß der Entlassung de Wettes (im Gefolge der Ermordung Kotzebues durch Sand) - die Meinung vertrat, der Staat habe das Recht, einen Lehrer abzusetzen, wenn er ihm nur sein Gehalt lasse: "Diese Theorie nannte ich erbärmlich, und er gab es mir zurück"[33].

---

32 Br. an Schleiermacher aus dem März 1808 (Br. 4, S. 153). Im Lections-Katalog der ALZ Halle vom 29. Febr. 1808 wird Steffens bereits aufgeführt (Nr. 64, Sp. 507). Vgl. Nr. 55 v. 5. April des Hbg.Corr. und JALZ Int. Bl. Nr. 23 v. 11. April 1808, Sp. 190.
33 Br. an Gaß v. 29. 2. 1820 (Wilhelm Dilthey: Drei Briefe Schleiermachers an Gaß. Literarische Mitteilungen. Festschrift z. zehnjährigen Bestehen der Literatur-Archiv-Gesellschaft in Berlin, Berlin 1901, S. 47). Die Auseinandersetzung fand wahrscheinlich am 13. 11. 1819 in der 'Gesetzlosen Gesellschaft' statt, der Schleiermacher wie Hegel angehörten - wobei, wie die erhaltenen Protokollbände belegen, Hegel einst von S. in die Gesellschaft eingeführt worden war (s. das Faksimile in: Friedrich Schleiermacher zum 150. Todestag. Handschriften und Drucke. Bearbeitet von A. Arndt u. W. Virmond, Berlin/New York 1984, S. 28). Schleiermacher entschuldigte sich brieflich mit Brief v. 16.11.19 (Johannes Hofmeister: Briefe von und an Hegel. Bd. 2, S. 221, Br. Nr. 361, Hamburg 1961, s. ebd. den Entwurf einer Antwort Hegels). Zum Sachhintergrund des Streites vgl. Karl-Heinz Ilting: Georg Friedrich Hegel. Vorlesungen über Rechtsphiloso-

Damit ist bereits der sachliche Hintergrund der öffentlichen und also kal-
kulierten, folglich politischen Absage an Halle angesprochen. Er liegt in der
Überzeugung Schleiermachers von der Freiheit des Gelehrten gegenüber dem
Staat, wie er sie in der soeben erscheinenden Universitäts-Schrift als die
einer "deutschen" Universität einzig angemessene und nur dort verwirklichba-
re Möglichkeit dargelegt hatte[34]. Zu der dort beschriebenen Wechselwirkung
von Staat und Wissenschaft gehört es, daß der Staat, weil er die Wissenschaften als etwas "Heilsames und Treffliches" ansieht, sich die "Zumutung"
ihrer Unterstützung einleuchten läßt, während umgekehrt die "wissenschaftlichen Männer" den Staat und seine Unterstützungen nur "zu ihrem Zwecke"
"gebrauchen" und sich im übrigen "möglichst zur Unabhängigkeit vom Staat
herauf(...)arbeiten" sollen [35]. Schleiermacher fordert, daß die staatliche
"Vormundschaft" aufhören und der Staat die Wissenschaften bezüglich ihrer
inneren Organisation sich selbst überlassen soll. Die "freie Vereinigung von
Gelehrten", als welche Schleiermacher die Universität ansieht, wird bestrebt
sein, den "allmählig vorherrschend gewordenen Einfluß des Staates" wieder

---

phie 1818-1831, Bd. I, Stuttgart/Bad Cannstatt 1973, S. 62 ff. - Zur Absetzung de Wettes siehe Lenz IV, a.a.O., S. 358 ff!

34 Veranlaßt wurde Schleiermacher zu dieser Schrift wohl durch Beymes Auf-
trag an Schmalz, Froriep, Wolf, Fichte und Nolte, Gutachten zur Neugründung zu erstellen, wobei S. sich übergangen fühlen mußte (s. Lenz I,
a.a.O., S. 81 ff. 122 ff.). Daraus erklärt sich Schleiermachers ursprüng-
licher Plan, die Schrift anonym erscheinen zu lassen. So fehlen fast alle
biographischen Spuren. S. erwähnt das Werk seinen Freunden gegenüber
erst nach dem Erscheinen (an Brinckmann, 1.3.08, Br. 4, S. 149/M2, S.
101 f.), mit Ausnahme natürlich des Briefwechsels mit seinem Verleger
Reimer (ungedruckter Br. an Reimer v. 6.11.1807; dessen Antwort v.
11.11. bei Lenz I, S. 124). Die Schrift muß gänzlich in Halle geschrieben
sein, und zwar zwischen Mitte Oktober und Anfang Dezember. Dadurch
verlängerte sich der "auf drei Wochen etwa" geplante Aufenthalt (Br. an
Gaß v. 18.9.07, Gaß-Briefe S. 72) bis in den Dezember (zu den genauen
Daten s.o. Anm. 25 und 27); am 22.11. hat S. noch "ungeheuer viel zu
thun" (ebd. S. 75). Unmittelbar im Anschluß an die Universitätsschrift
zu denken sind die bisher unbekannten Rezensionen S. s. über die 'Zwey
Schreiben die Errichtung einer akademischen Lehranstalt in Berlin betreffend. 1807' (JALZ 1807, Nr. 294 vom 17. Dec., Sp. 535 f.) und 'F.S.
G.Sack: Ein Wort der Ermunterung an meine Mitbürger und insbesondere
an die Mitglieder der Oberpfarr- und Dom-Gemeinde in Berlin. 1807' (erschienen JALZ 1813 Erg. Bl. Bd. II Nr. 67 Sp. 135 f.), die beide am
5.12.1807 bei der Redaktion eingingen, während die Rezensionen der die
Errichtung in Berlin ablehnenden Schriften 'Sendschreiben an Herrn G.S.
über die Verlegung der Universität Halle nach Berlin. 1807' und 'Soll
in Berlin eine Universität seyn? Ein Vorspiel zur künftigen Untersuchung
dieser Frage. 1808' (JALZ 1808, Nr. 23 v. 27. Jan., Sp. 183 f.) erst in
Berlin fertig wurden und der Redaktion am 21.1.08 zugingen (zur Zuschreibung und zu den Daten s. Karl Bulling: Die Rezensenten der Jenaischen Allgemeinen Literaturzeitung im ersten Jahrzehnt ihres Bestehens
1804-1813, Claves Jenenses 11, Weimar 1962, S. 174. 178. 334).

35 'Gelegentliche Gedanken über Universitäten' Kap. I (Friedrich Schleiermacher's Sämmtliche Werke. III. Abtheilung. Zur Philosophie. 1. Bd.,
Berlin 1846, S. 535-644, hier S. 541 ff. 550).

in seine "natürlichen" – nämlich ökonomischen – "Grenzen" "zurückzuweisen"[36].

Aber diese Begründung der Freiheit der Universität und ihrer Mitglieder
aus der "nationalen Ansicht von der Würde der Wissenschaft"[37] hat schon
F.H.C. Schwarz in seiner Rezension für einen "frommen Gedanken" erklärt:
"Dieses giebt der Staat nicht zu, und daher überall Collisionen"[38]. Diese
Freiheit hat der preußische Staat seinen Gelehrten niemals zugestanden, auf
diesen zentralen Punkt der "Gelegentlichen Gedanken" haben die Gründer der
Berliner Universität keine Rücksicht genommen. Die Absicht seiner Schrift
hatte Schleiermacher in einer – bisher unbekannten – Rezension in eine rhetorische Frage gekleidet: "Aber will sich denn Niemand die Mühe geben, weder die Wege anzugeben, wie diese Schwierigkeiten [sc. einer Universität in
Berlin] am besten zu lösen sind, noch auch die Art, wie man alle Vortheile
benutzen müßte, recht mit Liebe ins Licht setzen? Will man immer nur durch
kleine Schriften der Regierung übles Spiel machen beym Publicum, ohne daß
auch sie einmal etwas Reelles fände, wovon sie Gebrauch machen
könnte?"[39]. Schleiermachers tiefster Grund für seine scharfe Absage an Halle
war der Regierung nicht "reell" genug, um davon "Gebrauch" zu machen. Und
das keineswegs zufällig! Den preußischen Staat, den Schleiermacher erhoffte
– denn daß er eine "Idee" sah, "welche vielleicht in der Erscheinung die
wenigsten erkennen", wußte er wohl[40] – und für den er Halle so entschieden absagte, hat es nie gegeben. Und so wurde auch die Berliner Universität nach ihrer endlichen Gründung und Eröffnung 1810, so sehr auch Schleiermacher zu den prägenden Gestalten ihres Anfangs gehörte, nicht die ersehnte freie Gelehrten-Republik.

Man kann in dieser tragischen Fehleinschätzung den Grund für die von
Rahel Varnhagen beobachtete Gebrochenheit nach dem Abschied von Halle
sehen. Daß auch der preußische Staat seine Gelehrten (und seine Geistlichen!) nicht wie einen "Hund" behandeln dürfe, dafür zu kämpfen hatte

---

36 Ebd., S. 565. 583 f. 599.
37 Ebd., S. 605.
38 JALZ Nr. 115 v. 17. May 1809, Sp. 316. Zur Verfasserschaft dieser anonymen Rez. s. Bulling, a.a.O., S. 217. Schwarz hat auch die Parallelschrift von H. Steffens: Ueber die Idee der Universitäten (Berlin 1809)
   rezensiert (JALZ 1810, Nr. 21+22). Vgl. auch Savignys Besprechung in den
   Heidelberger Jahrbüchern für Philologie, Historie, Literatur und Kunst,
   Jg. 1, 1808, S. 296-305 (Vermischte Schriften von Friedrich Carl v. Savigny. Bd. 4, Berlin 1850, S. 255-269) und dazu Adolf Stoll: Der junge Savigny, Berlin 1927, S. 331.
39 Rezension von 'Soll in Berlin eine Universität seyn?', JALZ Nr. 23 v.
   27.1.1808 Sp. 184. Zur Zuschreibung dieser mit Pr.H. unterzeichneten Rez.
   s. Anm. 34.
40 Br. an Friedrich v. Raumer v. 12. Jan. 1807 (Meisner 2, S. 87 f.). Zu
   Schleiermachers Preußen-Bild s. auch Redeker, a.a.O., S. 126 ff. und
   Jerry F. Dawson: Friedrich Schleiermacher. The Evolution of a Nationalist, Austin/London 1966, S. 68-89.

Schleiermacher in seinem Leben noch weitere Gelegenheit. Und er hat es –
um in dem anfangs zitierten Bildbereich Diltheys zu bleiben – männlich
getan.

SCHLEIERMACHERS NATURRECHTLICHE ÜBERLEGUNGEN ZUR VERTRAGSLEHRE (1796/97)

von Günter Meckenstock

Wilhelm Diltheys epochemachendes Werk "Leben Schleiermachers" (1. [einziger] Bd, Berlin 1870) hat die Wahrnehmung und Darstellung der Entwicklung des jungen Schleiermacher auf Dauer geprägt. Die enorme von Dilthey verarbeitete Materialfülle, die reiche Präsentation bisher unveröffentlichter Quellenstücke, der Kenntnisreichtum des kulturellen und literarischen Umfeldes, die Meisterschaft der Einfühlung und des dichtenden Nachvollzugs – alles in allem die Plastizität und Tiefenschärfe des Bildes, welches Dilthey hier vom jungen Schleiermacher zeichnete, gaben diesem Werk in Verbindung mit seiner originellen hermeneutischen Konzeption die philosophiegeschichtliche Bedeutung eines Meilensteines. Die nachfolgende wissenschaftliche Schleiermacher-Forschung konnte sich der Prägekraft dieses Werkes nicht entziehen. Bestätigung und Bestreitung – beide waren ihm verpflichtet. Erst das Erschließen und Bereitstellen neuer Quellenstücke kann auch der Interpretation neue Felder eröffnen und zu einer modifzierten oder korrigierten Bewertung der bislang schon bekannten Quellen führen.

Diltheys breite Darstellung der ethischen und theologischen Überlegungen Schleiermachers hat dessen politisch-naturrechtliche Interessen fast ganz verdeckt. Dabei richtete Schleiermacher, als er im September 1796 das Amt des reformierten Krankenhauspfarrers an der Berliner Charité übernommen hatte, seine wissenschaftliche Aufmerksamkeit vorzüglich auf politisch-naturrechtliche Fragen. Er trug sich im Herbst 1796 mit dem Plan, in der "Berlinischen Monatsschrift" eine Abhandlung zur naturrechtlichen Vertragstheorie zu veröffentlichen. Dieser Publikationsplan zerschlug sich dadurch, daß diese Zeitschrift ihr Erscheinen einstellte[1]. Neben anderen, von Dilthey nicht publi-

---

1 Eine Anspielung in einem bisher unveröffentlichten Brief von Schleiermachers Onkel Samuel Ernst Timotheus Stubenrauch muß wohl auf Schleiermachers Studien und Publikationspläne zur Vertragslehre bezogen werden. Dieser Brief ist ebenso wie Schleiermachers Manuskripte zur Vertragslehre im Zentralen Archiv der Akademie der Wissenschaften der DDR im Schleiermacher-Nachlaß (abgk.: SN) archiviert. Am 30. Oktober 1796 schrieb Stubenrauch aus Landsberg (Warthe) an Schleiermacher in Berlin: "Daß aber durch Endigung der Berl[inischen] Mon(ats)Schrift Ihnen ein solcher Querstrich gemacht worden, bedaure ich sehr, dächte aber doch, daß – um in Ihrem Bilde fortzufahren – es ein unbehagliches Nest seyn müßte, wo nur e i n Wirtshaus anzutreffen – Sie also gewiß auch leicht Gelegenheit finden werden, Ihre Ausarbeitung in einer andern Zeitschrift einrücken zu lassen – ich hoffe daher auch sehr stark, daß Sie sich durch jenes kleine Hinderniß nicht sogleich werden haben abschrecken lassen." (SN 397, Bl. 16r) Diese Briefstelle wurde mir durch meine beiden Kollegen der Berliner Schleiermacher-Forschungsstelle, Drs. Andreas Arndt und Wolfgang Virmond, mitgeteilt.

zierten Überlegungen zu Rechtsfragen[2] haben sich in Schleiermachers Nachlaß
zwei Quellenstücke erhalten, in denen Schleiermacher seine Studien und Vorarbeiten zu seiner geplanten kritischen Vertragslehre niedergelegt hat[3]. Dilthey hat in seinem "Leben Schleiermachers" diesen Notizen nur eine knappe
Darstellung gewidmet[4] und in den "Denkmalen der inneren Entwicklung
Schleiermachers" daraus Auszüge veröffentlicht[5]. Die überlieferten Nachlaßstücke enthalten aber Überlegungen Schleiermachers, die durchaus eine nähere Betrachtung und Würdigung lohnend machen. In ihnen geht er nämlich
der grundsätzlichen Frage nach, worauf die Verbindlichkeit der Verträge und
damit das Recht basiere, andere Menschen zu vereinbarten positiven Leistungen zwingen zu können. Diltheys nur oberflächliche Beschreibung, die keines
der Schleiermacherschen Argumente darstellt und prüft, ist wohl deshalb so
knapp, weil die naturrechtlichen Überlegungen für Dilthey allenfalls ein mar-
ginales Interesse beanspruchen können: schon in Schleiermachers Ansatz
stecke der Grundirrtum der damaligen Naturrechtstheorien, ihren Ausgang von
isolierten, willkürlichen Individuen nehmen zu wollen. Und so läuft Diltheys
Referat ausgesprochenermaßen auf die Behauptung hinaus, die von Schleiermacher übernommene Aufgabe einer prinzipiellen Legitimation des Zwangsrechts sei im naturrechtlichen Argumentationsrahmen unlösbar[6]. Da Diltheys
Zurückhaltung gegenüber den Schleiermacherschen Überlegungen zur Vertragslehre offensichtlich von seinem abwertenden systematischen Qualitätsurteil
abhängig ist, diese Zurückhaltung aber zu einer Unterbelichtung des für
Schleiermacher durchaus wichtigen politisch-rechtlichen Interessenfeldes führt,
so ist eine Überprüfung des Diltheyschen Verdikts geboten. Die Nachlaßstücke

---

2 Die Aphorismen Nr. 1.2.4.5.6 in Schleiermachers Manuskript "Vermischte
  Gedanken und Einfälle" (SN 142), von Dilthey als "Erstes wissenschaftliches
  Tagebuch" bezeichnet, beschäftigen sich mit staatsrechtlichen, kirchenrecht-
  lichen und sexualrechtlichen Themen. Außerdem gehört noch das Manuskript "Zum Armen Wesen" (SN 227) in diesen Gedankenkreis.
3 Sowohl Schleiermachers Notizen und Exzerpte als auch sein "Entwurf zur
  Abhandlung über die Vertragslehre" werden unter der Nachlaß-Nummer 132
  im Zentralen Akademie-Archiv aufbewahrt; sie werden im Band I/2 der Kritischen Schleiermacher-Gesamtausgabe demnächst publiziert (S. 51-74).
4 Vgl. Wilhelm Dilthey: Leben Schleiermachers, hg. v. M.Redeker, Bd I/1,
  Berlin 1970[3], S. 222 f.
5 Wilhelm Dilthey hat die "Denkmale der inneren Entwicklung Schleiermachers,
  erläutert durch kritische Untersuchungen" als Anhang zu seiner Schrift
  "Leben Schleiermachers" (Berlin 1870; nur in dieser 1. Aufl.) mit eigener
  Seitenzählung veröffentlicht; hier S. 69-71.
6 Vgl. dazu Dilthey: "Die Frage nach den Grundlagen des Rechts hatte damals durch das Landrecht, das auf dem Naturrecht beruhte, und durch
  die französische Revolution das höchste Interesse erlangt; die verschiedenen Entwürfe des Naturrechts drängten sich. So versucht sich auch Schleiermacher an der Lösung der Frage nach dem Ursprung des Zwangsrechts.
  Und zwar bedient er sich wieder seines Verfahrens, aus dem Ansatz des
  Problems und der Kritik der vorhandenen Lösungen seine eigene Antwort
  zu entwickeln. Doch enthält schon dieser Ansatz die irrige Voraussetzung
  des gesamten damaligen Naturrechts in sich: isolierte, mit völliger Willkür

mit ihren fragmentarischen, zum Teil jedoch detaillierten Gedankengängen erlauben eine solche Überprüfung. Auf Grund der Argumente, die Schleiermacher bei seiner Kritik verschiedener ihm vorliegender Theorien des Vertragsrechts (besonders beschäftigt er sich mit Hufeland[7], Mendelssohn[8] und Schmalz[9]) vorbringt, und auf Grund der Argumente, die er in zwei Thesenreihen[10] zur Formulierung seiner eigenen Position entwickelt, lassen sich die Grundzüge seiner Vertragslehre rekonstruieren.

Ein Vertrag ist nach Schleiermacher eine Übereinkunft zwischen zwei Personen, zwischen dem Versprechenden (Promittenten) und dem Genehmiger (Akzeptanten oder Promissar). "Durch einen Vertrag d.h. eine von einem andern genehmigte Willenserklärung soll eine vorher bloß moralisch mögliche Handlung in Bezug auf den Genehmiger moralisch nothwendig werden."[11] Durch diese Definition sind einige wesentliche Elemente des Vertragsbegriffs eindeutig festgesetzt: daß der Vertrag eine zumindest zweiseitige Angelegenheit ist; daß er in der Darstellung einer Willensbestimmung besteht, die vom Vertragspartner verstanden und angenommen wird; daß er der Handlung, die in der Willensbestimmung intendiert ist, eine andere Qualität gibt. Doch diese Definition ist nicht das Resultat einer durchgeführten verästelten Theoriebildung, sie ist nicht das Ergebnis einer detaillierten Diskussion, das alle deren Differenzierungen in sich aufgenommen hätte, sondern sie ist der Ausgangspunkt für eine solche Theoriebildung. Dementsprechend läßt diese Definition einige wichtige Begriffselemente in der Schwebe. Diese Unbestimmtheit entspricht ihrem Theoriestatus. Sie spricht (allerdings verdeckt) alle die Fragen an, auf die eine ausgeführte Vertragslehre überzeugende Antworten wird

---

ausgestattete Individuen, zwischen denen ein Zwangsrecht entspringen soll. Als ursprünglich gänzlich frei, hätten sich diese Individuen nur selbst binden können. Schleiermacher zeigt nun zwar mit durchdringendem Scharfsinn, wie keiner bisherigen Theorie die Darlegung dieses Vorgangs gelang, wie sie alle eben die Verbindlichkeit der Verträge voraussetzen, um deren Erklärung es sich handelt. Aber er durchblickt noch nicht, wie dieser Zirkel für jeden, der den irrigen Ansatz des Naturrechts festhält, unentrinnbar ist. Auch hier wieder, wie in andern Arbeiten seiner früheren Zeit, erscheint er in der Aufdeckung der Schwächen einer Ansicht siegreich, verfolgt aber die Ursachen dieser Schwächen nicht weit genug rückwärts. Demgemäß bemüht er sich in seiner eigenen Theorie nur um die Lösung einer unter den von ihm angenommenen Voraussetzungen nicht lösbaren Aufgabe." (Leben Schleiermachers, Bd I/1³, S. 222).

7 Vgl. SN 132, Bl. 4r–7v und 11r zu Gottlieb Hufeland: Lehrsätze des Naturrechts, 2. Aufl., Jena 1795.
8 Vgl. SN 132, Bl. 11v–14r zu Moses Mendelssohn: Jerusalem, oder über religiöse Macht und Judentum, Berlin 1783 (zwei selbständig paginierte Teile), Teil 1, S. 29–56. Vgl. die frühere Notiz |1789|, Briefe 4, S. 40.
9 Vgl. SN 132, Bl. 9v–10v zu Theodor Schmalz: Das reine Naturrecht, Königsberg 1792.
10 Vgl. SN 132, Bl. 2r–3v und 9r+v.
11 SN 132, Bl. 2r.

geben müssen.

Ein erster Fragenkreis ist mit Schleiermachers Formu-
lierung "soll ... werden" verbunden: der Grund der hier geforderten Notwendigkeit ist selbst unbestimmt. Läßt sich dieses "soll ... werden" in ein
"wird" überführen? Wenn diese Frage überhaupt bejaht werden muß, treten
dann dazu gewisse Bedingungen auf? In dieser Formulierung spricht Schleiermacher die Frage an, worin die Verbindlichkeit des Vertrages gründe. Weshalb kann der Promittent zur Einhaltung seines förmlich gegebenen und angenommenen Versprechens gezwungen werden? Weshalb kann ihm verwehrt werden, seine Zusage zurückzunehmen? Worauf kann sich der Promissar bei seiner Forderung berufen, der Promittent müsse bei seiner Willenserklärung
bleiben und er müsse, falls er zur Erfüllung der versprochenen Leistungen
gezwungen werde, diesen Zwang als rechtens erdulden? Eine Theorie der Verträge muß deren Verbindlichkeit so erklären, daß sie in ihrer Erklärung
nicht wiederum auf einen schon vorhandenen Vertrag (den Gesellschaftsver-
trag) zurückgreift, dessen Verbindlichkeit sie selbstverständlich voraussetzt;
sie würde dadurch das Problem nur zurückverlagern, aber nicht lösen. Eine
überzeugende Lösung muß also auf jeden Fall die Figur des Zirkelschlusses
vermeiden. Zu diesem ersten Problemkreis des Grundes der Verbindlichkeit
gehört auch die Frage der Unveränderlichkeit der Verträge, die gleichsam
der temporale Aspekt der Verbindlichkeit ist.

Ein zweiter Fragenkreis verbirgt sich in Schleier-
machers Wendung "moralisch nothwendig": die Art der hier geforderten Notwendigkeit muß genauer bestimmt werden. Da der Vertrag dem Promittenten
eine positive Zwangspflicht (d.i. die Verpflichtung zu positiven Leistungen,
deren Erbringung der Promissar rechtens erzwingen kann) auferlegen soll,
so muß gezeigt werden, wie durch eine willkürliche Handlung etwas Mögliches
in etwas Notwendiges verwandelt werden könne. Durch das Beiwort "moralisch" scheint Schleiermacher diese Art der Verbindlichkeit genauer bestimmen
zu wollen. Doch kann er damit nicht mehr als eine freiheitsgesetzliche Notwendigkeit im Gegensatz zu einer naturgesetzlichen meinen. Damit ist aber
die Antwort noch völlig offengelassen, wie die hier intendierte vertragsrecht-
liche Notwendigkeit sich zur sittlichen Notwendigkeit des moralischen Gesetzes
verhalte. Wie können in der Rechtssphäre Willkürlichkeit und Notwendigkeit
zusammengedacht werden? Wie partizipiert die willkürlich-rechtliche Verbindlichkeit an der sittlichen Verbindlichkeit und worin unterscheiden sich beide?
Neben diesem Themenbereich des Verhältnisses von Recht und Sittlichkeit kann
die Frage nach der Art der Verbindlichkeit auch dahin konkretisiert werden,
daß gefragt wird, welches dasjenige Element des Vertrages sei, das letztlich
die Verbindlichkeit des Vertrages sicherstelle, das seine Gültigkeit verbürge
und durch das beide Vertragspartner sich auch einer zwangsweisen Einhal-

tung desselben unterwürfen.

Ein d r i t t e r F r a g e n k r e i s steckt in dem Begriffselement "Willenserklärung". Die wesentliche Zweiseitigkeit jedes Vertrages provoziert ein Erkenntnisproblem. Die Gültigkeit des Vertrages ist an die evidente Erkennbarkeit der Willenserklärung des Promittenten gebunden. Die Willenserklärung ist die sinnenfällige Darstellung der innerlichen Willensbestimmung; diese Darstellung muß intersubjektiv eindeutig vermittelbar sein, sonst könnte sich der Promittent immer mit dem Hinweis, sein Versprechen sei falsch aufgefaßt worden oder er habe es damit nicht ernst gemeint, aus jedem Vertrag wieder zurückziehen. Die nötige Eindeutigkeit der Willensartikulation und die nötige Evidenz der Wahrnehmung derselben verweisen jeden Vertrag auf eine vorvertragliche Erkenntnisgemeinschaft. Zu diesem dritten Problemfeld kann auch die Frage nach den wesentlichen und unverzichtbaren Elementen eines Vertrages gerechnet werden.

Trägt man die verstreuten kritischen und thetischen Bemerkungen Schleiermachers zum e r s t e n P r o b l e m f e l d, zur Frage nach dem Grund der Verbindlichkeit von Verträgen bzw. nach dem Grund eines positiven Zwangsrechts zusammen, so wird in Umrissen eine transzendentalphilosophische Antwort erkennbar. Ein negatives Zwangsrecht ist ihm selbstverständlich. Hier nimmt Schleiermacher den naturrechtlichen Grundsatz auf, daß jeder seine Handlungssphäre vor fremden Übergriffen schützen dürfe und müsse. Doch dieses defensiv-limitierende Recht ist ja etwas ganz anderes als das offensiv-reale Verfügungsrecht, jemand anderen zu bestimmten Leistungen zwingen zu dürfen, oder als die positive Zwangspflicht, notwendig eine bestimmte Leistung erbringen zu müssen und im Unterlassungsfall dazu bezwungen werden zu dürfen. Die Konstitutionsfrage des Zwangsrechts wird sich nur dann befriedigend aus Prinzipien beantworten lassen, wenn es gelingt, das offensiv-reale Verfügungsrecht, bestimmte Leistungen eines anderen erzwingen zu dürfen, an das limitative Schutzrecht, bestimmte Übergriffe eines andern abwehren zu dürfen, anzuknüpfen. Zwei transzendentale Begründungsversuche lehnt Schleiermacher als unzureichend ab. Hufelands Argumentation[12], der das Zwangsrecht aus dem Recht zum Schutz eines Guts, das hier als Erwartung bestimmt sei, herleite, führe nur auf die Frage, wie die Er-

---

12 Gottlieb Hufeland gibt in seinem Kompendium "Lehrsätze des Naturrechts und der damit verbundenen Wissenschaften" (2. Aufl., Jena 1795) eine breitangelegte Übersicht über das Naturrecht, das Staatsrecht und das bürgerliche Recht jeweils in ihrer Grundlegung, Entwicklung und Unterteilung. Schleiermacher kennt die meisten der von ihm besprochenen Autoren (außer Mendelssohn, Schmalz und Kant) wahrscheinlich nur durch die Hinweise und Kurzreferate Hufelands. Hufeland handelt das Vertragsrecht (§§ 257-327) als dritten Unterpunkt zum "Allgemeinen hypothetischen Naturrecht" (§§ 211-332) ab. Der Vertragsschluß ist für Hufeland deshalb ein sittliches Erfordernis, weil natürlicherweise kein Mensch Rechte über andere Personen ohne deren Einwilligung hat (§§ 257 f.). Rechte auf Per-

wartung als Gut habe erworben werden können[13], sei also nur eine Problem-
verlagerung, aber keine Problemlösung. Auch die von Schmalz vorgetragene
Begründung des Zwangsrechts aus der Idee der Selbstzweckheit überzeuge
nicht, weil Schmalz die Leistung als schon erbracht und damit den Vertrag
als bereits vollzogen voraussetzen müsse, damit sein Begründungsargument
überhaupt in Kraft gesetzt werden könne[14]. Eine empirische Begründung
- Garve und Pufendorf argumentieren aus dem Nutzenbedürfnis der Gesellschaft - genügt auf keinen Fall den Theorieansprüchen Schleiermachers.

---

sonen, deren Güter, Kräfte, Leistungen und Handlungen könne man nur
vertraglich erwerben, nicht aber sich ursprünglich zueignen. Das Sittengesetz bestimme nur die Form des Rechts, dessen Materie hänge allein
von der Willkür der Personen ab (§ 24). Jede Person könne also willkürlich Rechte erwerben oder aufgeben. "Dies Aufgeben und Erwerben geschieht durch Festsetzung neuer Maximen, die ich jetzt durch meine Willkür den übrigen sitttlichen Regeln an die Seite setze." (§ 260) Hufeland
begründet die Möglichkeit, unveränderliche Maximen willkürlich festzu-
setzen, aus der vom Sittengesetz freigelassenen Autonomie: Diese ohne
Zeitbegrenzung gültigen willkürlichen Maximen werden den aus dem Sittengesetz fließenden Regeln beigeordnet. Willensänderungen seien deshalb
unerlaubt (§ 270). Wenn mehrere Personen sich darüber verständigen, daß
sie ihre Handlungen durch koordinierte Maximen gesetzlich regeln wollen
(§ 262), so treten sie nach Hufeland in einen Vertragszustand: Dazu
müssen sie zeichenhafte Darstellungen ihrer Willensbestimmungen geben
(§§ 263 f.), sie müssen ihren Willen wahrhaftig erklären (§ 269). Zu
einem Vertrag gehört das Versprechen des Promittenten, d.h. die "Einwilligung, daß ein andrer eins meiner Güter künftig zu den seinen rechnen dürfe" (§ 265), und die Annahme dieses Versprechens durch den Promissar, "daß er das versprochene Gut als das seinige ansehen wolle"
(§ 266). Der Vertrag als ein "angenommenes Versprechen" ist also eine
"gegenseitige Einwilligung (consensus reciprocus)" (§ 267). Durch den
Vertrag entsage der Promittent seinem Recht an dem versprochenen Gut
und gliedere es gleichsam aus seinen Gütern aus, während der Promissar
dieses Gut nun zu den seinigen rechne (§ 271). "Alles, was jemand zu
seinen Gütern rechnet, darf er sich durch Zwang erhalten; folglich auch
das durch den Vertrag erworbene Gut." (§ 272) Promissar könne jeder
sein, der Einsicht in seine Zwecke und der eine willkürliche Selbstbestimmung habe (§ 274). Promittent könne jeder sein, der Vermögen und
Wille zur Weggabe eigener Güter habe und der außerdem einem Zwang unterworfen werden könne (§ 275). Gegenstand von Verträgen könne das
Nicht-Unmögliche und das Nicht-Verbotene sein (§ 276). "Bey allen diesen
Versprechen ist die gewisse Erwartung der Handlung oder die Bestimmung
der Handlungen andrer das Gut, das der Rechthabende durch Zwang
schützt; er zwingt also den Pflichttragenden, die Handlung zu thun."
(§ 290) "Der Versprechende muß alles halten, was er versprochen hat,
und dazu kann ihn der Rechthabende zwingen." (§ 291) Im Naturstand
sei alles Zwangsrecht und alle Verbindlichkeit auf das wirklich Versprochene als die konkrete Vertragsmaterie eingeschränkt; es gebe keine
besonderen Arten von Verträgen, die allgemeine Gesetze mit darin impli-
zierten Zwangsrechten begründeten (§ 293).

---

13 Vgl. SN 132, Bl. 5v.
14 Vgl. SN 132, Bl. 6r.

Schleiermachers eigene transzendentale Begründung des Zwangsrechts zielt auf eine Verknüpfung der Natursphäre mit der Freiheitssphäre; "zwingen heißt einen Menschen als Naturding behandeln, woher komt also mein Recht ihn in diesem Fall als Naturding anzusehn." [15] Schleiermachers Argumentation basiert auf dem Handlungsbegriff, in dem die Freiheits- und die Natursphäre als ursprünglich verschränkt gedacht werden. So ist jede Willensbestimmung zugleich noumenale Freiheitstat und sinnlich wahrnehmbare Begebenheit der Körperwelt. Indem Schleiermacher die Willensbestimmung als Handlung deutet, ist die in der Freiheitstat involvierte Begebenheit ihrem Wesen nach vollständig da. Die Realisierung der Willensbestimmung in der Sinnenwelt ist nämlich nur "körperlicher Mechanismus oder symbolische Darstellung." [16] Mit der Willenserklärung ist die Kausalität des Promittenten festgelegt. Die symbolische Darstellung bringt keinen Zuwachs an Verbindlichkeit; sie versinnlicht nur den Rechtscharakter der Willenserklärung, bewirkt ihn aber nicht. Die körperlich-mechanische Realisierung der Willenserklärung ist ein reiner Umsetzungsprozeß der bereits vollzogenen Determination, ein reiner Explikationsprozeß ohne Eigencharakter. Die Willensbestimmung als Handlung ist auch eine sinnlich-natürliche Erscheinung, die von anderen Menschen (wie jedes andere Phänomen) als Mittel benutzt werden kann und darf. Wenn nun jemand eine Willenserklärung abgegeben hat und ein anderer sie bereits als Mittel verwendet, der Promittent aber den realisierenden Mechanismus nicht folgen läßt, so annulliert der Promittent eine Handlung des Promissars und blockiert damit dessen Kausalität. Hier wird Schleiermachers Grundsatz der Vertragslehre wirksam: "Ich darf jeden zwingen, welcher mich hindern will meine Causalität in der Sinnenwelt zu gebrauchen." [17] Durch diesen Grundsatz kann Schleiermacher das offensiv-verfügende Zwangsrecht aus den limitativ-defensiven Naturrechtsprinzipien ableiten. Ihm gelingt so die Eingliederung des Vertragsrechts in das allgemeine Naturrecht. Denn indem der Promittent seine Willenserklärung, die der Promissar bereits in sein Handlungssystem integriert hat, nicht erfüllt, verhindert er die Wirksamkeit des Promissars und verneint in diesem Punkt dessen Personalität. "Ich darf ihn (sc. den Promittenten) also zwingen, ich darf ihn in Absicht auf diese einmal in die Sinnenwelt übergegangene Thätigkeit als eine ins Stoken geratene Maschine ansehn deren Gang ich nachhelfen darf." [18]

Schleiermachers transzendentale Deduktion des Zwangsrechts ist ganz auf den Handlungsbegriff ausgerichtet. Sie hilft der Unzulänglichkeit der Erwartungstheorie auf und stellt gleichsam eine Weiterentwicklung dieser Theorie dar. Die Erwartungstheorie beschreibt nämlich nur die Verbindlichkeitsstruk-

---

15 SN 132, Bl. 5v.
16 SN 132, Bl. 2v; Denkmale 70.
17 SN 132, Bl. 3r; Denkmale 70.
18 Ebd.; Denkmale 71.

tur eines Vertrages, begründet sie aber nicht. Die im Promissar erregte Erwartung, daß die und die Handlung geschehen würde, könnte allenfalls dann
der Grund des Zwangsrechts sein, wenn die Verbindlichkeit und Unveränderlichkeit der Verträge schon zweifelsfrei wäre. Denn es werden ja vielerlei
Erwartungen immer wieder erregt, ohne daß damit eine Erfüllungsverpflich-
tung verbunden wäre. Die Auskunft, ein vertragliches Versprechen errege
eben eine qualifizierte Erwartung des Promissars, setzt gerade das zu Ermit-
telnde voraus, daß nämlich die Verträge unveränderlich seien. Gegen diese
Voraussetzung könnte man behaupten, daß eine solche Erwartung eben töricht
sei, weil die Verträge nicht auf Dauer verbindlich seien, – und dann wäre
die Konstitutionsfrage wieder da! Die Erwartungstheorie kann die Gegenposition, die die Nichterfüllung eines Vertragsversprechens auf Grund einer neuen
Willensbestimmung gerade als Beleg für die Veränderlichkeit der Verträge und
des sie tragenden Willens interpretiert, nicht widerlegen[19]. Diesen Mangel
kann Schleiermacher durch seinen Rekurs auf die Handlungstheorie abstellen.
Ihm gelingt der Nachweis, daß Vertragsänderungen oder -unterlassungen von
Seiten des Promittenten ein abzuwehrender Eingriff in die Kausalitätssphäre
des Promissars sind. Die Erwartungstheorie hat darin ihr Wahrheitsmoment,
daß auch sie auf den Handlungsbegriff angelegt ist und durch ihn erschlossen werden kann. Auch für sie ist die Willenserklärung des Promittenten Teil eines Handlungsgeflechts, welches durch die Willensänderung zerrissen würde, welches aber nicht zerrissen werden darf und wo also ein
Zwangsrecht zum Schutz dieser Handlungen statt hat[20]. Schleiermacher führt
das Zwangsrecht und die Verbindlichkeit von Verträgen auf die für menschliche Persönlichkeit elementare Handlungsfreiheit zurück.

Das zweite Problemfeld, die Frage der Modalität der
Verbindlichkeit wird von Schleiermacher nur kritisch, nicht aber thetisch-
affirmativ behandelt. Hier ist das Fragmentarische seiner Überlegungen
augenfällig. Schleiermacher weist wohl das Unzureichende anderer Vertrags-
lehren (Hufeland, Mendelssohn, Hobbes, Feder) nach, doch kann seine eigene
Argumentation nur ansatzweise aus seinen sonstigen Thesen erschlossen werden. "Wie kann es eine selbst übernommene Zwangspflicht ursprünglich geben? (Denn alle im bürgerlichen Zustand übernommenen Zwangspflichten
fließen doch aus dem ersten Contrakt.)." [21] Wie kann der Promittent sich
selbst durch eine willkürliche Handlung eine Zwangspflicht auferlegen und
der Promissar durch eben diese Handlung ein Zwangsrecht erwerben? Im vor-
bürgerlichen Zustand kann die Verbindlichkeit nicht als das Resultat einer

---

19 Vgl. SN 132, Bl. 2r.
20 Vgl. SN 132, Bl. 3v; Denkmale 71.
21 SN 132, Bl. 6r.

vorausgegangenen Übereinkunft gleichsam von außen angeeignet werden. Die Modalität der Verbindlichkeit muß aus der Struktur des Vertragsverhältnisses erhoben werden. Unzulänglich sind nach Schleiermacher die Theorien, die die positiv-willkürliche Zwangspflicht durch eine Rückbindung an die Sittenlehre legitimieren wollen. "Hufeland sagt: es geschehe durch Aufnahme einer Maxime, welche den sittlichen Regeln beigesellt wird."[22] Doch dieser Annahme einer willkürlichen Erweiterung des sittlichen Regelsystems, diesem Konzept einer gleichsam willkürlich-produktiven sittlichen Autonomie hält Schleiermacher entgegen: "a.) kein Gesez kann gemacht werden. b.) kein Mensch kann zum Richter darüber gesezt werden."[23] In dieser doppelten Zurückweisung dringt Schleiermacher auf eine strikte Trennung von Sittlichkeit und Recht. Denn mit seinem ersten Kritikpunkt will er die exklusive Eigenart des moralischen Gesetzes bewahrt wissen vor Eintragungen aus der Rechtslehre; mit seinem zweiten Kritikpunkt will er das Recht vor einer Überforderung durch eine zu extensive Grenzziehung schützen: Recht hat es nicht wie die Sittlichkeit mit Gesinnungen, sondern mit intersubjektiv wahrnehmbaren, wirksamen und überprüfbaren Handlungen zu tun. "Mendelssohn sagt: es würde nicht geschehen können, wenn nicht schon vorher eine Gewissenspflicht das nemliche zu thun da gewesen wäre."[24] Mendelssohns Behauptung, daß die Verbindlichkeit der positiven Zwangspflicht aus der Verbindlichkeit der sittlichen Persönlichkeit herrühre, widerlegt Schleiermacher durch den Hinweis, daß sich aus der Persönlichkeitsidee vielleicht die Modalität der sittlichen Pflicht, nicht aber die der Rechtspflicht ergebe. Unzulänglich sind nach Schleiermacher auch die empirischen Theorien, die die Genesis der Zwangspflicht und damit die Modalität der Verbindlichkeit z.B. aus der Erwartung (Feder) oder aus dem ursprünglichen Friedensbedürfnis der Sozialität (Hobbes) erklären. "Daher ist man auch noch nicht darüber einig 1.) welches das eigentlich bindende Moment des Vertrages sei 2.) wie der Beweis zu führen sei daß dies da gewesen."[25]

Schleiermachers eigene Theorie zur Modalität der Verbindlichkeit wird man weder in einer Rückbindung des Zwangsrechts bzw. der Zwangspflicht an die Sittlichkeit noch in einer Beschränkung auf empirische Behauptungen suchen dürfen. Schleiermacher wird auch dieses Thema der Vertragslehre vom Handlungsbegriff aus entwickeln und sich damit rein immanent in den Grenzen des Rechtsbegriffs festmachen. Die Struktur des Vertrages setzt auch die Modalität der Verbindlichkeit. Nich eine willkürlich-freiwillige Handlung läßt isoliert die Zwangspflicht entstehen, nicht die willkürliche Willensbestimmung

22 Ebd.
23 SN 132, Bl. 1v; vgl. auch Bl. 4r.
24 SN 132, Bl. 6r.
25 SN 132, Bl. 1v.

des Promittenten wandelt allein durch sich eine mögliche in eine notwendige
Handlung, sondern die wesentliche Intersubjektivität des Vertrages bestimmt
die Modalität seiner Verbindlichkeit. Ein Mensch für sich allein könnte sich
keine Zwangspflicht auferlegen. Erst dadurch, daß er durch seine Willenserklärung sich selbst als Mittel in die Handlungssphäre des Promissars ein-
gliedert, bekommt die von ihm inaugurierte Handlung den Charakter einer
Zwangspflicht. So wie überhaupt die Interaktion von handelnden Subjekten
die Rechtssphäre konstituiert, so läßt die in der Vertragsstruktur beschlossene Verschränkung der Handlungssphären den Zwangscharakter der Verbindlichkeit entstehen. Weder der Promittent oder der Promissar je für sich, noch
eine einlinig gedachte Beziehung beider, sondern allein ihr Wechselverhältnis
geben dem Versprechen und seiner Genehmigung die Qualität einer durch
Zwang zu sichernden Verbindlichkeit.

Diese Schleiermachersche Theorie schließt auch eine Antwort auf die Frage
ein: "welches ist denn nun eigentlich das bindende Moment des Paktums,
nach welchem keine Retraktation mehr möglich ist. [...] Meine Erklärung
fällt wie die Kantische aus: Die Willenserklärung muß mit der Acceptation
verbunden gedacht werden." [26] Schleiermachers Antwort, die sich an Kants
Erklärung in dessen damals druckfrischer Schrift "Metaphysische Anfangsgründe der Rechtslehre" orientiert[27], legt alles Gewicht auf die Intersubjektivität des Vertrages. Erst die förmlich festgestellte, wechselseitig anerkannte
Verschränkung der Handlungssphären gibt dem Vertrag seine Gültigkeit und
setzt die damit verbundene Verbindlichkeit in Kraft.

Das   d r i t t e   P r o b l e m f e l d, die Frage der allgemein-eviden-
ten Erkenntnismöglichkeit von Willenserklärungen bearbeitet Schleiermacher
durch seine Theorie gesellschaftskonstitutiver Zeichen. Die Intersubjektivität
der Verträge schließt die Erkenntnisproblematik ein, daß die Vertragspartner
des wechselseitigen Verstehens ihrer Absichten und Erklärungen völlig gewiß
sein können müssen. Dies führt auf eine besondere Hermeneutik. Vor der
wirklichen Ausübung des Zwangsrechts gegen den Promittenten muß ja sichergestellt sein, daß dessen Willenserklärung auch tatsächlich vorhanden gewesen ist und in ihrer Intention richtig verstanden wurde. "Es fragt sich
also: giebt es verständliche und für allgemein anzunehmende Zeichen einer
Willensbestimmung? Ich antworte: es muß dergleichen geben, weil darauf die
Anerkennung der Personalität beruht." [28] Das Postulat allgemeiner Zeichen

---

26 SN 132, Bl. 6r+v.
27 Vgl. dazu: "Aber weder durch den   b e s o n d e r e n   Willen des Promittenten, noch den des Promissars (als Acceptanten) geht das Seine des
   ersteren zu dem letzteren über, sondern nur durch den   v e r e i n i g -
   t e n   W i l l e n   beider, mithin so fern beider Wille   z u g l e i c h
   declarirt wird". (Metaphysische Anfangsgründe der Rechtslehre, Königsberg Januar 1797, S. 98; Akademie-Ausgabe 6, 272, 11-14).
28 SN 132, Bl. 6v.

formuliert eine Wirklichkeitsbedingung der Personalität. Der für Schleiermachers Anthropologie und Ethik zentrale Begriff der Personalität, der die Integration von Körperlichem und Seelischen, von Rezeptivem und Spontanem, von Theoretischem und Sittlichem leisten soll, wird hier vom Willensbegriff her konstruiert.

Der Wille ist das Prinzip der Personalität des Menschen. Das bedeutet erstens, daß der menschliche Körper mit seinen organischen Kräften nur insoweit der Person zugerechnet wird, als er mit den Willen unmittelbar verknüpft gedacht wird. Hört er auf, dem Willen dienstbar zu sein, d.h. hört er auf, Willensbestimmungen darzustellen, so verliert er allen personalen Charakter und wird ein Stück Natur[29]. Das bedeutet für Schleiermacher zweitens, daß das menschliche Vorstellungsvermögen mit seinen intellektuellen Kräften nur insoweit personal gedacht werden kann, als es mit dem Willen unmittelbar verknüpft ist. Hören seine Äußerungen auf, vom Willen abhängig und durch ihn geprägt zu sein, so wird es zu einem Stück Natur und verliert allen Freiheitscharakter. Sowohl der mechanischen Naturgesetzen gehorchende Körper als auch das psychologischen Naturgesetzen gehorchende Vorstellungsvermögen sind ohne Verknüpfung mit dem Willen bloße Naturdinge und können deshalb von anderen Personen als Mittel zu beliebigen Zwecken gebraucht werden, weil sie allen Personalitätscharakter verloren haben, der allein sittliches Handeln erfordert. Nur die Willensbestimmung und das von ihr Abhängige hat personalen Freiheitscharakter, alles andere ist Naturbegebenheit. Diese Aussage hat für Schleiermacher nur eine indirekt-ausgrenzende Bedeutung. Beim Umgang mit anderen Menschen müsse zunächst deren Personalität unterstellt werden. Nicht sie müßten den Beweis ihrer Personalität antreten, sondern ich müsse den Beweis ihrer Nichtpersonalität erbringen. Die Beweislast falle also demjenigen zu, der die naturale Unfreiheit dem anderen zuschreiben wolle. Zunächst muß nach Schleiermacher davon ausgegangen werden, daß jeder Mensch mit seinen Lebensäußerungen eine Person ist: "Weil aber im Allgemeinen die äußre Person mit der innern verbunden ist so darf ich nichts als bloße Naturbegebenheit ansehn, wovon ich nicht weiß, daß es mit der Willensbestimmung nicht zusammenhängt."[30] Wenn bei erfolgter Willenserklärung die betreffenden Tätigkeiten des Körpers bzw. des Vorstellungsvermögens nicht nachfolgen, so können beide als Naturdinge behandelt werden, d.h. andere Personen können sie sich als Mittel zu ihren eigenen Zwecken zunutze machen[31].

Genau an diesem Punkt stellt sich die Erkenntnisfrage neu. Die Untätigkeit

---

29 Vgl. SN 132, Bl. 9r; Denkmale 70.
30 SN 132, Bl. 9r+v; Denkmale 70.
31 Vgl. SN 132, Bl. 9v; Denkmale 70.

dieser Instrumente ist nämlich ein sicheres Indiz für die Nichtpersonalität
nur dann, wenn die Willenserklärung vorab (d.h. unabhängig von diesen
Instrumenten der Willensdarstellung und deren Tätigkeit vorausgehend) erkannt werden kann. Könnte die Willenserklärung nur durch die Instrumente
(Körper und Vorstellungsvermögen) erkannt werden, so müßte es immer unge-
wiß bleiben, ob die Untätigkeit der Instrumente daher kommt, daß auf die
erfolgte Willenserklärung keine Realisierung folgt, oder ob diese Untätigkeit
auf dem Unterbleiben einer Willensbestimmung beruht. Ja, diese prinzipielle
Ungewißheit könnte dahin gedeutet werden, daß die ganze Voraussetzung
eines Willens überhaupt leer sei, daß die die Personalität verbürgende Annahme, es gebe einen Sittlichkeit fordernden und von Sittlichkeit geprägten
Willen, in dem sich die Freiheitsidee realisiere, ganz unerweislich und unbe-
gründet sei. Träfe diese Deutung zu, dann würde jeder Mensch den Vorteil
wahrzunehmen suchen, die anderen sich wie Naturdinge zuzueignen und dadurch als Mittel zunutze zu machen. Deshalb ist es von höchster Wichtigkeit, die Willenserklärung für sich zweifelsfrei feststellen und verstehen
zu können. "Jeder sieht sich also genöthigt zu streben nach verständlichen
Zeichen seines Willens, und die praktische Vernunft postulirt hier also eine
ursprüngliche allen übrigen zum Grunde liegende Gesellschaft, nemlich die
Gemeinschaft der Zeichen. Dies ist aber ein ganz anderes Postulat als die
ethischen, denn die Vernunft macht es auch wirklich, sie zeigt uns daß sie
die so noch nirgends ausgestorbene oder aufgehobene Gesellschaft wirklich
gestiftet hat, eine Gesellschaft die aller Kulturverschiedenheit, allen Kriegen und aller Bosheit trozt, denn selbst der boshafte Wortbetrüger führt seine Hinterlist so aus daß er die anerkannte Bedeutung der eingeführten
Zeichen gelten läßt und nur durch künstliche Zweideutigkeit seinem MitCon-
trahenten die Schuld einer verfehlten Auslegung aufzuheften sucht. Das Da-
seyn dieser Gemeinschaft ist sehr leicht zu beweisen." [32]

Schleiermacher unterscheidet drei verschiedene Arten von allgemein anerkannten und verständlichen Zeichen: positive, negative und feierliche. Positive Zeichen symbolisieren eine Willenserklärung, indem sie bei Vertragsschluß eine Handlung vorwegnehmen, die nur unter Voraussetzung des als
gewollt erklärten Zustandes möglich ist [33]. Negative Zeichen symbolisieren
eine Willenserklärung, die nicht wie bei den positiven Zeichen auf den Vollzug einer Handlung, sondern vielmehr auf das Unterlassen einer Handlung
geht; die negativen Zeichen symbolisieren so, daß hier eine Handlung ausgeführt wird, die das Nichteinhalten der angekündigten Unterlassung per se

32 **SN 132, Bl. 6v-7r.**
33 Vgl. dazu: "z.B. man aß gemeinschaftlich zum Zeichen der erneuerten
   Freundschaft, man opferte gemeinschaftlich zum Zeichen daß man einerlei
   Götter und einerlei Wunsch habe" (SN 132, Bl. 7r).

konterkarierte, d.h. durch die jede Abänderung der Willenserklärung den Promittenten teuer zu stehen käme[34] . Die feierlichen Zeichen unterstreichen die Ernsthaftigkeit der Willenserklärung, die sie durch die Inanspruchnahme Dritter symbolisieren; dabei werden solche Zeugen angerufen, die den Promittenten für einen Scherz oder für Hinterhältigkeit strafen würden. Doch zielen diese Zeichen der Solennität nicht auf die objektive Überwachung der Vertragsparteien, sondern auf die subjektive Betonung der Treue und Ernstwilligkeit[35] . Für alle drei Arten von allgemeinen Zeichen konstatiert Schleiermacher (anders als für die Wortsprache, bei der es keine ursprünglich-gesetzmäßige Verknüpfung des Bezeichneten mit dem Zeichen gebe) eine "a priori sich ergebende Hermeneutik". "Jene Zeichen sind alle symbolisch d.h. sie zeigen das intellektuelle an durch Darstellung des ihm correspondirenden sinnlichen. Das sinnliche Unvermögen zu schaden zeigt an das intellektuelle, nemlich die Abneigung. Der sinnliche Besiz der Freundschaft zeigt an den intellektuellen nemlich die Aussöhnung. Die sinnliche Uebergewältigung durch die gemeinschaftliche Kraft aller derer, die ein Interesse an der Treue haben, zeigt an die intellektuelle Uebergewältigung des Gemüths durch Wahrheit."[36] Die Akzeptationstheorie, die das unveränderlich Bindende eines Vertrages in die Dokumentation des Versprechens durch die Annahmeerklärung des Promissars setzt und damit die Akzeptation einseitig überbewertet[37] , hat darin ihr Wahrheitsmoment, daß sie auf den intersubjektiven Charakter und die Erkenntnisbedingungen eines Vertrages aufmerksam macht. Nur wenn die Willenserklärung des Promittenten durch allgemeinverständliche Zeichen zweifelsfrei kommuniziert und festgestellt werden kann, vermag ein Zwangsrecht erworben und dargetan werden[38] .

Der systematisierende Durchgang durch Schleiermachers Theorieskizzen fördert einen wichtigen eigenständigen Beitrag zur Prinzipiendiskussion der naturrechtlichen Vertragslehre zutage. Die Nähe zu Kantischen Überlegungen und Argumentationen ist unverkennbar. Doch ebenso markant ist die Selbständigkeit und Stringenz, mit der Schleiermacher seine Vertragslehre vom Handlungsbegriff her aufbaut.

---

34 Vgl. dazu: "signa pacis: z.B. Oelzweig statt der Waffe führen, mit Musik kommen und nicht in der Stille zum spioniren, die Friedenspfeife rauchen als Symbol der Unthätigkeit" (SN 132, Bl. 7r).
35 Vgl. dazu: "Hierher gehört auch bei Theistischen Völkern der Eid, welcher im Fetischismus ursprünglich nur Verpfändung war, und vielleicht auch in neuern Zeiten der Handschlag der ursprünglich Symbol der Tradition war. Hieher die verschiednen Formeln". (SN 132, Bl. 7v).
36 SN 132, Bl. 7v.
37 Vgl. dazu: "Die Acceptation kann auch der Grund einer entstehenden Zwangsverbindlichkeit nicht seyn, denn sie enthält nur die Erklärung daß der andre meinen Willen wiße, daß er ihn billige, daß er zur Erfüllung desselben beitragen wolle." (SN 132, Bl. 2v).
38 Vgl. SN 132, Bl. 3v; Denkmale 71.

DIE ERFAHRUNG DES JUNGEN SCHLEIERMACHER
ALS GRUNDLAGE SEINES PHILOSOPHISCH-THEOLOGISCHEN DENKENS

von Siegfried Müller

Schleiermachers Denken ist in der Hauptsache philosophisch-theologisches Denken. Wer das Gesamtwerk verstehen will, muß sich daher vor allem mit dem philosophisch-theologischen Denken befassen. Das Interesse an philosophisch-theologischen Fragen und die Kenntnis der philosophisch-theologischen Tradition sind dazu unerläßliche Voraussetzungen. Sie reichen aber allein gerade nicht aus, Schleiermachers Denken angemessen zu verstehn. Unter diesen Voraussetzungen begegnet man vielfältigen, unauflösbaren Schwierigkeiten.

Darüber berichtet bereits der junge Schleiermacher aus Schlobitten: "Ich weiß mich zu besinnen, daß ich in einer Viertelstunde in der nämlichen Stube von dem einen für einen Lavaterschen Christen, von dem andern wenigstens für einen Naturalisten, von dem dritten für einen strengen dogmatischen Orthodoxen.." gehalten wurde. (Br 1² 109) In der Zeit seiner Tätigkeit an der Berliner Universität schreibt Schleiermacher später in demselben Sinne an Brinckmann: "Aus mir wissen sie aber immer noch nicht was sie machen sollen, bald bin ich ein Atheist, bald ein Herrnhuter." (Br 4, 241 f) Daß diese widersprüchlichen Urteile der Zeitgenossen nicht zufällig sind, zeigt andererseits Schleiermachers Blick auf seine Predigthörer, die er Brinckmann gegenüber so schildert: "Bunter ist überhaupt wohl kein Fischzug als mein kirchliches Auditorium: Herrnhuter, Juden, getaufte und ungetaufte, junge Philosophen und Philologen, elegante Damen, und das schöne Bild vom h. Antonius muß mir immer vorschweben." (Br 4, 156)

Zu diesem bunten Predigtpublikum gehörte gelegentlich auch Heinrich Heine. Was er in seinen 'Briefen aus Berlin' über den Prediger Schleiermacher schreibt, paßt gewiß nicht ohne weiteres in das philosophisch-theologische Schleiermacher Bild: "Ich muß gestehn, keine sonderlich gottseligen Gefühle werden durch seine Predigten in mir erregt; aber ich finde mich im bessern Sinne dadurch erbaut, erkräftigt und wie durch Stachelworte aufgegeißelt vom weichen Flaumenbette des schlaffen Indifferentismus. Dieser Mann braucht nur das schwarze Kirchengewandt abzuwerfen, und er steht da als Priester der Wahrheit." (Heine W I 163).

Schleiermacher hat den widersprüchlichen Urteilen seiner Zeitgenossen gegenüber immer wieder die Einheit seines philosophisch-theologischen Denkens betont. So schreibt er in einem der zitierten Briefe an Brinckmann weiter: "Eine Dogmatik, die ich mich endlich überwunden habe zu schreiben ... wird Dir zeigen, daß ich seit den Reden über die Religion noch ganz derselbe bin, und in diesen hast Du ja doch auch den Alten wieder erkannt." (Br 4, 241).

Demnach ist die Anschauung als synthetisches Resultat vielfältiger historischer Erfahrungen selbst ein Teil neben anderen Teilen der Erfahrung. Als
Teilerfahrung zeichnet sie sich jedoch dadurch vor allen übrigen aus, daß
sie diese zu einer gemeinsamen Anschauung verbindet. Das geschieht gewöhnlich in der Jugendzeit des Lebens. In diesem Sinne schreibt Schleiermacher
von dem Augenblick, in dem die 'Fundamental-Anschauung' als das synthetische Resultat der Erfahrung eines Menschen entsteht: "Dieser Augenblick
ist nämlich zugleich ein bestimmter Punkt in seinem Leben, ein Glied in der
ihm ganz eigentümlichen Reihe geistiger Tätigkeiten, eine Begebenheit, die,
wie jede andere, in einem bestimmten Zusammenhang steht mit einem Vorher,
einem Jetzt und Nachher; und da dieses Vorher und Jetzt in jedem Einzelnen
etwas ganz eigentümliches ist, so wird es das Nachher auch." (R 265 f)
Schleiermachers Jugend muß diesen Bemerkungen zufolge als die Zeit der Genese seiner Erfahrung der Liebe aufgefaßt und untersucht werden. Sie muß
als eine Zeit begriffen werden, an die, wie Schleiermacher sich in den "Reden" ausdrückt, sodann das "ganze folgende religiöse Leben anknüpft und
sich gleichsam genetisch daraus entwickelt." (R 266) Die Zeitspanne, in der
Schleiermachers Erfahrung der Liebe entsteht, kann aus vereinzelten Bemerkungen in Briefen und Schriften eindeutig bestimmt werden.

Schleiermachers Erfahrung der Liebe entsteht in der Zeit zwischen seinem
Eintritt in die Brüdergemeine und dem Ende seiner Hauslehrertätigkeit in
Schlobitten. So schreibt Schleiermacher anläßlich eines späteren Besuchs in
der Brüdergemeine an seinen Verleger Georg Reimer: "Es gibt keinen Ort,
der so wie dieser die lebendige Erinnerung an den ganzen Gang meines
Geistes begünstigte, von dem ersten Erwachen des bessern an bis auf den
Punkt, wo ich jetzt stehe. Hier ging mir zuerst das Bewußtsein auf von dem
Verhältnis des Menschen zu einer höhern Welt, freilich in einer kleinen Ge-
stalt, wie man auch sagt, daß auch Geister oft als Kinder und Zwerge erscheinen, aber es sind doch Geister und für das wesentliche ist es einerlei."
(Br 1^2, 294 f)

Auf das Leben in der Brüdergemeine folgt die Studienzeit in Halle und
ein kurzer Aufenthalt in Drossen. Von dieser Zeit schreibt Schleiermacher
rückblickend an Eleonore Grunow: "Ich hatte schon damals einen so richtigen
Takt für das Falsche, Gemeine, Halbe und Verkehrte in allen Dingen, aber
das Rechte hatte ich noch nicht gefunden." (Br 1^2, 319) In einem anderen
Brief nennt Schleiermacher seine Studienzeit später auch die "wunderlichste"
seines Lebens, eine Zeit, "wie das Chaos ehe die Welt geschaffen wurde".
(Br 1^2, 248) Diese dem Chaos folgende Schöpfung findet dann in Schlobitten,
"in dem häuslichen Zirkel in Preußen", statt, wo Schleiermacher nach eigenen Aussagen, "durch die Kenntnis des weiblichen Gemütes ... die des wahren menschlichen Wertes" gewinnt. (Br 1^2, 319)

Diese mit Recht behauptete Identität schließt die unverkennbare Differenz
im Denken Schleiermachers nicht aus. Die schwierige Aufgabe der Schleiermacher Forschung besteht deshalb darin, Schleiermachers Denken in seiner
Identität und Differenz begründet zu erklären. Nur so kann auch die Bedeutung ermessen werden, die Schleiermachers Denken zu seiner Zeit und weit
über seine Zeit hinaus hat.

Zur Lösung dieser schwierigen Aufgabe gibt Schleiermacher selbst bereits
entscheidende methodische und erkenntnistheoretische Hinweise. In seiner
Selbstbiographie von 1794 steht ein Satz, den er sinngemäß in allen Briefen
und Schriften mit Nachdruck wiederholt hat. In diesem Satz sehe ich den
Schlüssel zu seinem schwer faßbaren philosophisch-theologischen Denken.
Schleiermacher schreibt, daß er seine "Denkungsart, die sich bei den meisten
Menschen unvermerkt aus Theorie und Beobachtung bildet, weit lebendiger
als das Resultat und den Abdruck seiner eigenen Geschichte ansehn kann."
(Br 1^2,7) Schleiermachers Denken muß demnach in seiner Identität und
Differenz als ein in der individuellen und identischen historischen Wirklich-
keit seiner Zeit begründetes Erfahrungsdenken begriffen werden. Dazu gehört
vor allem, daß die spezifische historische Erfahrung Schleiermachers ermittelt
und begründet erklärt wird.

2. Das philosophisch-theologische Denken und die Erfahrung der Liebe

Folgt man Schleiermachers Aussagen in den "Reden", so entsteht mit jeder
grundlegenden historischen Erfahrung eine ihr gemäße Anschauung des Universums. Der Erfahrende bildet aufgrund seiner Erfahrung ein ihr entsprechendes Welt- und Selbstverständnis, in dem sein gesamtes frühes Denken
aufgehoben und sein gesamtes späteres Denken wesentlich mit begründet ist.
In diesem Sinne spricht Schleiermacher in der Rede über die Religionen von
der 'Fundamental-Anschauung' einer jeden religiösen Gemeinschaft und Persönlichkeit. (R 265) Er schreibt: "... wenn einem der Sinn fürs Universum
in einem klaren Bewußtsein und in einer bestimmten Anschauung für immer
aufgeht, so bezieht er auf diese hernach Alles, um sie her gestaltet sich
Alles, durch diesen Moment wird seine Religion bestimmt." (R 262 f) Eine
solche 'Fundamental-Anschauung' ist auch in Schleiermachers Denken anzutreffen. Sie besteht in der Anschauung der Liebe als dem grundlegenden und
entscheidenten thematischen, methodischen und erkenntnistheoretischen Gehalt
seines gesamten philosophisch-theologischen Denkens.

Von der ersten bis zur letzten Seite seines Gesamtwerkes, von seinem Eintritt in die Brüdergemeinde bis zu seinem Lebensende bildet die Anschauung
der Liebe die spezifische thematische und intentionale Einheit seines Denkens.
In dieser Anschauung sind die spezifischen Aussagen Schleiermachers zu den

Hauptbegriffen seines philosophisch-theologischen Denkens begründet, wie zu
den Begriffen: Anschauung und Gefühl, Individuum und Universum, Religion
und unmittelbares Selbstbewußtsein.

So schreibt Schleiermacher bspw. in den 'Brautbriefen': "Liebe und Religion sind freilich eins, und so ist auch mir beides zugleich gekommen."
(M 240) Und in der 2. Rede über die Religion steht der für diesen Zusammenhang zentrale Satz: "Um die Welt anzuschauen und um Religion zu haben,
muß der Mensch erst die Menschheit gefunden haben, und er findet sie nur
in Liebe und durch Liebe. Darum sind beide so innig und unzertrennlich
verknüpft." (R 89) Dem entspricht auch der in den 'Predigten über den
christlichen Hausstand' nachlesbare, mit den zentralen Aussagen der Glaubenslehre übereinstimmende Satz: daß "Gott die Liebe, und eben deshalb auch
die Liebe die allgemeinste und vornehmlichste Offenbarung des ewigen Wesens
ist." (AW III 306).

Herzstück dieser Anschauung der Liebe ist das Geschehen der Liebe
zwischen Mann und Frau in Ehe und Familie. In seinen 'Predigten über den
christlichen Hausstand' nennt Schleiermacher die Ehe daher auch die
"innerste Tiefe der Liebe" und begreift den so verstandenen "heiligen Bund
der Geschlechter" als den "Grund aller anderen, einfacheren sowohl als
verwickelteren Lebensverhältnisse." (AW III 228 ff) In demselben Sinnzusammenhang steht die konzentrierte Bemerkung aus den Pädagogischen
Schriften: "Das Leben selbst besteht aus konzentrischen Kreisen von Liebe",
deren innerster Kreis die Familie ist, denn: "Ursprünglich ist gegeben die
Familienliebe." (PS I 404)

Diese Anschauung der Liebe ist das synthetische Ergebnis der historischen
Erfahrung Schleiermachers. Deshalb reicht die Kenntnis der Anschauung allein
nicht aus, Schleiermachers philosophisch-theologisches Denken begründet zu
erklären. Hegels einleitende Bemerkung zur 'Phänomenologie des Geistes',
daß das Resultat immer zusammen mit dem Werden des Denkens begriffen werden muß, gilt erst recht für Schleiermacher, der sein Denken ausdrücklich
als den Abdruck seiner eigenen Geschichte behauptet.

Nicht zufällig fordert Schleiermacher daher in den 'Reden', daß die Anschauung des Universums, als das "Objektive", stets im Zusammenhang mit
dem "Subjektiven" der Erfahrung begriffen werden muß. Schleiermacher
schreibt: "So wie jedes", menschliche Individuum, "nur aus sich erklärt, und
nie ganz verstanden werden kann, wenn Ihr nicht so weit als möglich auf
die ersten Äußerungen der Willkür in den frühesten Zeiten zurückgeht: so
ist auch die religiöse Persönlichkeit eines Jeden ein geschlossenes Ganze(s)
und ihr Verstehen beruht darauf, daß Ihr die ersten Offenbarungen derselben zu erforschen sucht." (R 268) Was das heißt hat Schleiermacher in diesem Zusammenhang zwar umständlich, aber doch deutlich genug erläutert.

Hauptsächliche Forschungsquelle für die theologischen Aspekte in der Genese der Erfahrung sind die Schlobittener Predigten. Aufschluß über die philosophischen Aspekte bieten dagegen vor allem die bislang nur auszugsweise bekannten Jugendschriften Schleiermachers, die ich für meine Forschungsarbeit aus dem handschriftlichen Nachlaß übertragen habe. (Mit einer Ausnahme sind diese Schriften mittlerweile im Band 1 der Kritischen Gesamtausgabe vollständig ediert.)

Die Reihe dieser für die Genese der Erfahrung besonders relevanten Schriften beginnt mit einer "Die Wasserfahrt" überschriebenen Schilderung einer Bootsfahrt. Sie fällt in die Herrnhuter Zeit und erinnert deutlich an die pantheistischen Naturschilderungen in Goethes Werther. Zu ihr gehört in engem sachlichem Zusammenhang ein Versuch "Über das Naive". Das Mittelstück bilden zwei grundsätzliche Auseinandersetzungen mit der praktischen Philosophie Kants. Sie tragen den Titel: "Über das höchste Gut" und "Über die Freiheit". Am Ende dieser Reihe steht ein Fragment, das Dilthey auch im handschriftlichen Nachlaß mit dem Titel, "Über den Wert des Lebens", versehen hat. In dieser Schrift bemüht Schleiermacher sich vor allem um die gehörigen Schlußfolgerungen aus seinen philosophischen Versuchen und um den synthetischen Abschluß seiner für das spätere Denken grundlegenden Genese der Erfahrung.

Schleiermacher hat diesen Zweck an mehreren Stellen ausdrücklich formuliert. An einer Stelle heißt es dazu: "Es gibt einen Zeitpunkt des Lebens, wo ich nach aufrichtigem Streben mit mehr Wahrscheinlichkeit als je hoffen darf, Wahrheit (über das Leben auf Erden) gefunden zu haben, an dessen Beschlüsse ich mich mit dem heiligsten Ernst halten muß, und dieser Zeitpunkt ist j e t z t . So lange man bergan steigt, kann man die Gegend umher noch nicht beurteilen; wenn man schon wieder herabsteigt ist es zu spät, sich erst danach umzusehn; aber oben, solange man auf der Höhe wandelt, ist es Zeit." (SN 135, 25) Diesen Höhepunkt seines Lebens sah Schleiermacher am Ende seiner Schlobittener Hauslehrertätigkeit erreicht. Er schreibt dazu: "Der Egoismus des Vergnügens ist der Begierde etwas für andere zu sein gewichen." (SN 135, 25 f) "Mein Streben nach Wahrheit hat seine Gründe und seine Grenzen gefunden." (SN 135, 26)

Bezeichnenderweise kommt Schleiermacher mit dem Abschluß der Genese seiner Erfahrung in dem Fragment "Über den Wert des Lebens" erstmals auch auf seine "Fundamental-Anschauung" der Liebe zu sprechen. Bezogen auf das Leben in der Familie schreibt er im Anschluß an seine Ausführungen zur allgemeinen Menschenliebe: "Indem endlich in so vielerlei Dingen die Befriedigung meiner Bedürfnisse zerstreut liegt, denen allen eine besondere Behandlung Not tut, und jeder von diesen andere Fertigkeiten, und eine andere Richtung der Seele, so macht das Leben mir die Erfüllung des innigsten, des

geheimsten Wunsches meiner geselligen Seele möglich: Mit wenigen auf lange
Perioden des Lebens, auf Leben und Tod das festeste, genaueste Band der
häuslichen Gemeinschaft zu knüpfen und den Eindruck aller zufälligen Ab-
wechslungen des Lebens mit ihnen zu teilen. Ihr stillen Freuden der gemeinschaftlichen Tätigkeit, des gemeinschaftlichen Gefühls, bleibt die Krone meines Lebens." (SN 135, 50) Auf die vorausgegangene Genese seiner Erfahrung
der Liebe bezogen fährt Schleiermacher fort: "Das drängte und trieb in mir
ehe ich es kannte, das waren die dunklen Wünsche meiner Brust, mit denen
ich zu hundert Gegenständen hinging, um zu versuchen, ob da nicht ihre
Erfüllung wohnte." (SN 135, 51)

3. Die Erfahrung der Liebe und die Voraussetzungen der Erfahrung

Nach den bisher genannten methodischen Überlegungen und Einsichten muß
Schleiermachers Erfahrung der Liebe nun in ihrem genetischen Zusammenhang
dargestellt werden. Sie muß als eine Teilerfahrung im Leben des jungen
Schleiermacher begründet erklärt werden, in der alle anderen Teilerfahrun-
gen in dieser Zeit als ihrer gemeinsamen Anschauung aufgehoben sind. Das
ist leichter gesagt als getan.

Zu keiner Zeit sind die Gegensätze und Widersprüche im Leben und Denken
Schleiermachers stärker ausgeprägt als in dieser Zeit der Genese seiner Erfahrung. So führt auch das genaueste Studium aller relevanten Erfahrungen
in der Zeit zwischen seinem Eintritt in die Brüdergemeinde und dem Ende
seiner Hauslehrertätigkeit in Schlobitten zu keiner schlüssigen Erklärung der
Erfahrung der Liebe. Auf der phänomenologischen Ebene der Erfahrung bleibt
unklar, wie Schleiermacher dazu kommt, die Erfahrung der Liebe über alle
anderen Erfahrungen in dieser Zeit zu stellen.

Daraus darf nun allerdings nicht etwa der voreilige Schluß gezogen werden, Schleiermachers Erfahrung der Liebe sei – als ein uraltes und rätsel-
haftes Thema der Menschheitsgeschichte – überhaupt keiner begründeten Erklärung zugänglich. Stattdessen muß die phänomenologische Erklärungsebene
um die ihr gemäße analytische Erklärungsebene ergänzt werden. Die Genese
der Erfahrung der Liebe muß zu den äußeren und inneren Voraussetzungen
der Erfahrung Schleiermachers in Beziehung gesetzt werden.

In diesem Sinne fordert Schleiermacher auch in den "Reden": Um die "Fundamental-Anschauung" religiöser Menschen verstehen zu können, muß man
herausfinden, "wie sie fürs Universum und durch dasselbe organisiert sind."
(R 269) Diese lapidare methodische und erkenntnistheoretische These hat
Schleiermacher bereits in seinem philosophischen Fragment "Über den Wert
des Lebens" durch zahlreiche entsprechende Aussagen erläutert. So schreibt
er beispielsweise über die Voraussetzungen der Anschauung des Universums

(ohne diese Begriffe freilich schon zu gebrauchen): "Bei jeder Nation und
jeder Volksklasse, welche das Bedürfnis der Naturerklärung fühlt, werden
immer auch Fantasie und Verstand ein Gebäude darüber errichten, und wie
sollen sie es anders ausführen als nach Maßgabe der Teile der Natur, welche
sie gewahr werden, der Verhältnisse, welche diese gegen sie haben, und der
Anlagen, welche sie schon in sich selbst finden?" (SN 135, 118)

Deutet man diese beiden Aussagen im Kontext weiterer, entsprechender methodischer und erkenntnistheoretischer Bemerkungen Schleiermachers, auf die
hier verzichtet werden muß, so besteht die analytische Erklärungsebene der
Erfahrung Schleiermachers in den äußeren historisch-kulturellen und den
ihnen gemäßen inneren, psycho-strukturellen Voraussetzungen der Erfahrung.
Schleiermachers Erfahrung der Liebe entsteht in der 2. Hälfte des 18. Jahrhunderts in Deutschland, das als Jahrhundert der Aufklärung bekannt ist,
aber nur unzureichend begriffen wird. Vielmehr wird diese Zeit von dem
Widerspruch und Widerstreit zwischen absteigender bäuerlich-feudaler und
aufsteigender handwerklich-industrieller materieller und geistiger Kultur bestimmt. Auf dem Boden und mit dem Aufstieg der handwerklich-industriellen
Kultur entsteht die geistige Bewegung der Aufklärung.

Letztlich sind es jedoch vier Kulturen bzw. kulturelle Strömungen, die in
dieser Zeit aufeinander treffen und das kulturelle Gesamtleben bestimmen.
Auf der Seite der bäuerlich-feudalen Kultur heben sich trotz der jahrhunder-
telangen christlichen Synthese bäuerliche und feudale Kultur auch zu dieser
Zeit deutlich voneinander ab. Auf der Seite der handwerklich-industriellen
Kultur bilden wiederum bürgerliche und plebejische Interessen einen unüber-
sehbaren kulturellen Gegensatz. Mit seiner Unterscheidung zwischen Aktiv-
und Passivbürgern der bürgerlichen Gesellschaft hat Kant diesen Gegensatz
innerhalb der handwerklich-industriellen Kultur bereits unmißverständlich
formuliert. (Kant W XI 150 f)

Zu jeder Kultur bzw. kulturellen Strömung gehört eine besondere, von den
anderen unterschiedene Aneignung der materiellen und geistigen Lebensmittel,
ein dementsprechendes Natur- und Gesellschaftsverhältnis, ein beiden Bedingungen gemäßes Objekt- und Selbstbewußtsein und eine diesem zweifachen
Sein und Bewußtsein eigentümliche Selbst- und Objektstruktur. Auf diesen
Grundlagen bringt jede Kultur ein eigentümliches, von dem der anderen unterschiedenes Welt- und Selbstverständnis hervor, das heißt mit den Worten
Schleiermachers: eine ihr gemäße Anschauung des Universums.

Durch Geburt und Erziehung ist Schleiermacher an jeder der genannten
Kulturen bzw. kulturellen Strömungen direkt oder indirekt, aber mit unter-
schiedlichem Gewicht und gegensätzlichem Interesse beteiligt. Unter diesen
konkret-allgemeinen historischen Voraussetzungen entsteht die Genese seiner
Erfahrung. Sie besteht darin, daß Schleiermacher den konkreten materiellen

und geistigen Bedingungen seines jugendlichen Lebens entsprechend schrittweise mit den weitgehend unbewußten Voraussetzungen seines Daseins konfron-
tiert wird, sich mit ihnen auseinandersetzt, sich teilweise mit ihnen identifiziert und sie in einem einheitlichen, seinem Interesse gemäßen Welt- und
Selbstverständnis aufzuheben sucht. Das Ergebnis dieses Prozesses ist die
Erfahrung der Liebe, von der Schleiermachers gesamtes Denken, vor allem
aber sein philosophisch-theologisches Denken entscheident bestimmt ist.

Im Lichte ihrer Voraussetzungen muß Schleiermachers Erfahrung der Liebe
als eine symbolische, antizipatorische Erfahrung begriffen werden, bestimmt
von der historischen Notwendigkeit seines Daseins, die überlieferte materielle
und geistige Kultur in einem neuen, zukünftigen materiellen und geistigen
kulturellen Gesamtorganismus aufzuheben. Was Schleiermacher in dem folgenden Satz aus den "Reden" allgemein von der Aufhebung im fortschreitenden
Gang der Menschheitsgeschichte schreibt, ist daher auch eine, zwar unbeab-
sichtigte, aber treffende Anweisung zum Verständnis seines gesamten philosophisch-theologischen Denkens: "Wie die vegetabilische Natur durch den Untergang ganzer Gattungen und aus den Trümmern ganzer Pflanzengenerationen
neue hervorbringt und ernährt, so seht Ihr hier auch die geistige Natur aus
den Ruinen einer herrlichen und schönen Menschenwelt eine neue erzeugen,
die aus den zersetzten und wunderbar umgestalteten Elementen von jener ihre
erste Lebenskraft saugt." (R 102) In jeder seiner Schriften ist Schleiermacher
den Voraussetzungen seines Daseins sowie dem jeweiligen Themen- und Tradi-
tionszusammenhang entsprechend um diese historisch notwendige Aufhebung
bemüht. Darin besteht die Identität seines gesamten philosophisch-theologischen Denkens. Er kann dieser Aufgabe jedoch nur gerecht werden mit Hilfe
der unterschiedlichen und gegensätzlichen Denkelemente, die er in den unterschiedlichen und gegensätzlichen kulturellen Strömungen seiner Zeit vorfin-
det. Dem weiteren Gang seiner Erfahrung und dem jeweiligen Sachzusammen-
hang seines Denkens entsprechend hat Schleiermacher diese Denkelemente im
Laufe seines Lebens überdies noch verschieden akzentuiert. So ist mit der
unverkennbaren Identität unweigerlich auch eine unverkennbare Differenz in
seinem Denken gesetzt. (Beides habe ich in einer größeren Forschungsarbeit
zu Schleiermachers Erfahrung der Liebe ausführlicher dargestellt, eingehender
begründet und inhaltlich genauer bestimmt)

Schleiermachers spezifische Problematik der Aufhebung hat dazu geführt,
daß in seinem philosophisch-theologischen Denken häufig ein Mangel an
sprachlicher und gedanklicher Klarheit, Präzision und Dichte anzutreffen ist,
der das angemessene Verständnis seines philosophisch-theologischen Denkens
außerordentlich erschwert. Schleiermacher hat darüber selbst wiederholt ge-
klagt. (Br 1², 122 f)

Schließlich hat Schleiermachers Erfahrung der Liebe mit dem Denken zugleich auch das praktische Verhalten entscheidend bestimmt. Wie wenige vor und nach ihm folgte Schleiermacher insgesamt und nicht nur in seinem Denken der grundlegenden Erfahrung seines Daseins. Schleiermacher war rückhaltlos darum bemüht, der in der Erfahrung der Liebe gewonnenen emotionalen und intellektuellen Einsicht in die historische Notwendigkeit seiner Existenz in allen Bereichen seines Lebens gerecht zu werden. Auch dies ist eine Wirkung seiner Erfahrung der Liebe. So war der aufrechte Gang das besondere, vielleicht sogar das wesentlichste Merkmal seines Lebens und seines Wirkens. Stets sieht man ihn in den Auseinandersetzungen Partei ergreifen, wo die meisten seiner Zeitgenossen es vorziehen zu schweigen. In der Sprache des Pietismus klagt er darüber gelegentlich: "Überall bin ich der, welcher vor den Riß treten muß." (Br 4, 331)

Schleiermacher hat wiederholt von der theoretischen und praktischen Problematik seines Lebens gesprochen und selbst mit der Zukünftigkeit seines Denkens und Verhaltens begründet. Treffend und nicht ohne wehmütigen Unterton schreibt er darüber in den Monologen: "So bin ich der Denkart und dem Leben des jetzigen Geschlechts ein Fremdling, ein prophetischer Bürger einer späteren Welt, zu ihr durch lebendige Phantasie und starken Glauben hingezogen, ihr angehörig jede Tat und jeglicher Gedanke." (Mo 89)

An dieser Fremdheit Schleiermachers hat sich 150 Jahre nach seinem Tode wenig geändert. Da die Rezeptions- und Wirkgeschichte Schleiermachers zunehmend auf getrennten Wegen vollzogen wurden, hat diese Fremdheit, zumindest was sein Denken angeht, sogar eher noch zugenommen als abgenommen.

Siglen:

Br   Aus Schleiermachers Leben. In Briefen, Bd 1^2, 2^2, 3, 4. Berlin
            1860–63.

R   Reden über die Religion, Ed. H.-J. Rothert, Hamburg 1958, (zitiert
            nach der Seitenangabe der 1. Auflage)

M   Schleiermachers Briefwechsel mit seiner Braut, Ed. H. Meisner, Gotha (1919)

AW   Fr. D. E. Schleiermacher, Werke. Auswahl in vier Bänden, Ed.
            O. Braun u. J. Bauer. Leipzig 1910–1913.

PS   Friedrich Schleiermacher, Pädagogische Schriften, Ed. E.Weniger,
            Düsseldorf/München 1966

SN   Schleiermacher-Nachlaß in der AdW der DDR. (Die Nachlaß-Nr. 135,
            im Ms. ohne Titel und Jahr, ist nun in der Kritischen Gesamtausgabe,
            Bd. 1 u.d.T. "Über den Wert des Lebens" ediert. Die von mir zitierten Sätze sind der heutigen Schreibweise angepaßt.)

Mo   Friedrich Schleiermacher, Monologen, Eine Neujahrsgabe. Berlin 1800

Kant W XI   Immanuel Kant, Werke Band XI, Ed. Weischedel, Frankfurt 1964,

Heine W I   Heinrich Heine's Sämtliche Werke, Band I, Hamburg 1876

FRIEDRICH SCHLEIERMACHERS GEBOTS- UND GLAUBENSAUSLEGUNG IN SEINER "IDEE ZU EINEM KATECHISMUS DER VERNUNFT FÜR EDLE FRAUEN"

von **Erwin Quapp**

1.1.   Die "Idee zu einem Katechismus der Vernunft für edle Frauen" findet sich im Athenäum, ersten Bandes zweytes Stück[1]. Unter den anonym veröffentlichten Fragmenten erschienen, wird diese "Idee" verfassermäßig von W. Dilthey Schleiermacher zugeordnet[2]. Zur Begründung verweist W. Dilthey auf einen Brief an Henriette Herz vom 3. Sept. 1798[3]: "... die Offenheit[4] habe ich der Cousine vorgelesen, einige von meinen kleinen haben ihr weit besser gefallen und gegen den Katechismus verschwindet ihr alles". Nach Dilthey fällt die Entstehungszeit des "Katechismus" in die Zeit zwischen dem 29. Sept. 1796 und dem März 1798. Gemäß der ihm so gesichert erscheinenden Verfasserschaft druckt Dilthey denn auch den "Katechismus" in den "Denkmalen der inneren Entwicklung Schleiermachers, erläutert durch kritische Untersuchungen"[5], ab.

1.2.   Im Unterschied zu W. Dilthey hält Terrence N. Tice, der Herausgeber der letzten Schleiermacher-Bibliographie[6], die Autorschaft Schleiermachers für unsicher: "It is not definite that this fragment from the Athenäum (1798) is by Schleiermacher himself"[7]. Da mich Diltheys Begründungen überzeugen, gehe ich von der gesicherten Autorschaft aus und folge bei der Interpretation einem Winke Diltheys in seiner Besprechung der "Vertrauten Briefe, die Lucinde betreffend".

2.1.   Schon in der 1. Auflage des "Leben Schleiermachers" von 1867 spricht Dilthey die Intuition aus: "Dieser ganze ethische Hintergrund der Briefe ist zu wenigen Sätzen koncentriert in dem 1798 entworfenen Katechismus für edle Frauen, gewissermaßen dem Programm dieser gesamten Richtung ..."[8]. Diltheys These also: der ethische Hintergrund der Vertrauten Briefe ist im Katechismus als der Programmschrift zusammengefaßt.

Welchen Vorteil hat es, wenn ich diesem Winke folge? Doch den, daß der knappe Text des "Katechismus", der ja "nur" aus umformulierten zehn Geboten und einem thematisch veränderten Glaubensbekenntnis besteht, einen größeren Kontext bekommt, aus dem ich die Begriffe des "Katechismus" interpretieren

---

Die abgekürzten Literaturangaben sind im Anhang aufgelöst.
1 Athenäum, S. 285-287.
2 Denkmale S. 79.
3 Br.Bd. 3, S. 97, zitiert nach Denkmale, S. 79.
4 Es handelt sich um ein Fragment Schleiermachers.
5 Denkmale S. 83-84.
6 Tice.
7 Tice, S. 13, Nr. 46.
8 Leben Schl. s. S. 498.

kann.

Verhalten sich aber Katechismus und Vertraute Briefe zueinander wie Programm und Ausführung des Programms, dann bin ich in der Lage, Begriffe wie Sabbath des Herzens, Barbarei der Männer etc., die im Katechismus singulär vorkommen, aus den Vertrauten Briefen zu interpretieren. Ich benutze also Divtheys Intution als heuristischen Schlüssel zum sonst eher verschlossenen Begriffshaushalt des "Katechismus".

Erstaunlicherweise geht Dilthey selber so nicht vor; er bietet nur hin und wieder Zitate aus dem Katechismus, doch muß sich ihm diese Intuition bei der vergleichenden Lektüre des Katechismus und der Vertrauten Briefe aufgedrängt haben, ohne daß er dieser seiner Spur gefolgt ist.

Die dabei unterstellte gewisse Konstanz des Begriffs- und Ideenhaushaltes bei Schleiermacher ist bei der ununterbrochenen Freundschaft zu Fr. Schlegel und bei dem ständigen Verkehr mit Henriette Herz und den romantischen Genossen und Genossinnen auch naheliegend.

Wie ersichtlich, vermag das folgende Zitat aus den Vertrauten Briefen diese Ansicht der Ideen- und Begriffskonstanz so zu stützen, daß sie sie in der Identität der Person gründet. Es heißt dort seitens Friedrichs an Ernestine: "Du weißt, es ist mein alter Grundsatz, daß ein Mensch sich nicht umkehren kann ..."[9].

2.2.   Die Vertrauten Briefe bieten mir im 9. Brief an Ernestine eine Anregung, einen weiteren Interpretationsansatz zu verwerten. In dem genannten Brief hört sich Friedrich die Klage der Ernestine an, daß die Liebe die Kunst des Julius zu wenig beeinflußt habe. Friedrich geht auf die Klage ein; er vermutet ein Übersehen und rät eine "Entfremdung" des Gegenstandes an. Wörtlich heißt es dazu: "Viel zu geringschätzig aber sprichst Du von dem, was die Liebe auf Julius' Kunst gewirkt hat, und hast das Beste darin gewiß übersehen. Du mußt Dir diesen Gegenstand mehr entfremden, so wirst Du sehen, daß mit wenigen Worten viel gesagt ist"[10]. Damit mir das "Übersehen" nun nicht auch bei den Aussagen des "Katechismus" unterläuft, werde ich die von Schleiermacher empfohlene "Entfremdung" so vornehmen, daß ich die Einzelaussage des "Katechismus" mit dem Text der ursprünglichen zehn Gebote, - analog wäre mit dem Apostolikum zu verfahren, - konfrontiere. Ein solcher synoptischer Vergleich wird als heuristische Methode hilfreich sein, den "Katechismus"-Text so zu entfremden, daß sein Proprium nicht überlesen wird. Denn das Merkmal, mit wenigen Worten viel zu sagen, ist ihm schon allein deswegen zu eigen, als er ja sowohl die Gebote als auch den Glauben umformuliert, beides aber ohne jede Erklärung so stehen läßt. Die so ge-

---

9 Vertr.Br. S. 22 f./95.
10 Vertr.Br. S. 148/154.

stellte Aufgabe der Synopse der zehn Gebote mit Schleiermachers zehn Geboten läßt zunächst nach den Texten fragen. Für den Katechismus ist unausweichlich der Text des Athenaeums der gebotene. Wie aber ist für den "ursprünglichen" Gebotstext vorzugehen? Welchen Text benutzte Schleiermacher?

Beobachtungen am Gebots-Text des "Katechismus" geben zu erkennen, daß
er einen reformierten Text benutzt haben muß, – eben wegen der reformierten Zählung der zehn Gebote, daß aber die Anordnung des katechetischen
Stoffes: erst die Gebote, – dann der Glaube, – einer Stoffanordnung des
Lutherischen Katechismus folgt. Welchen Text also soll ich der Synopse zugrunde legen?

Die "Tabulae librorum e bibliotheca defuncti Schleiermacher ... derelictorum ..." weisen insgesamt 4 reformierte, 2 lutherische, 1 anglikanischen,
1 polnischen, 3 christliche, 1 biblischen und 1 historischen Katechismus
aus[11]. Das Übergewicht der reformierten Katechismen und innerhalb der reformierten Gruppe des Heidelberger Katechismus, – er ist zweimal vertreten, – und auch die reformierte Zählung der Gebote veranlassen mich, aus
diesen äußeren Gründen der Synopse der Gebote den Text des Heidelberger
Katechismus zugrunde zu legen[12]. Bei dem Apostolikum gehe ich in gleicher
Weise vor.

3.1. Synopse der Gebote[13]

Gott redet alle diese Wort.	Idee zu einem Katechismus der Ver- nunft für edle Frauen. - Die zehn Gebote.
Das erste Gebott. Ich bin der Herr dein Gott/der ich dich auß Egyptenland auß dem Diensthauß ge- füret habe. Du solt kein ander Götter für mir haben.	1) (in das Kolorit der Liebe zu spielen und zu kokettiren) Du sollst keinen Geliebten haben neben ihm: aber du sollst Freundin seyn können, ohne in das Kolorit der Liebe zu spielen und zu kokettiren oder anzubeten
Das ander Gebott. Du solt dir kein bildnuß noch irgend ein gleichnuß machen/	2) Du sollst dir kein Ideal machen,

11 Ich gebe die Übersicht in der Reihenfolge der Aufführung der Katechismen in den "Tabulae ...": S. 10, Nr. 305-328: Luthers sämmtliche Schriften, herausgegeben von Walch. Halle 1746. – S. 15, Nr. 508: Explication
du catechisme de l'eglise anglicane, par Sam. Clarke. Amsterdam 1737.
– S. 18, Nr. 582: Heidelberger Katechismus. Berlin 723. – S. 20, Nr.
638: Katechismus des christlichen Glaubens, von Schüler. Leipzig 1832.
– Nr. 642: Der christliche Glaube nach dem lutherischen Katechismus, von
Rüthenick. Berlin 1829. – S. 21, Nr. 660: Bibel-Katechismus, von
Krumacher. Duisburg und Essen 1813. – S. 28, Nr. 916: Catechismus eccle-
siarum polonicarum 1609 a Joh. Crelio Franco et Schlichtingio a Bucowice.
Irenopoli 1659. – S. 37, Nr. 1139: Der Heidelbergische Katechismus. Bern-
burg 1770. – Nr. 1141: Katechismus der christlichen Lehre. Bonn 1819.–

weder deß/das oben im Himmel/
noch deß/daß vnden auff Erden/

oder deß das im Wasser vnder der
Erden ist/
Du solt sie nicht anbeten/
noch ihnen dienen/

denn ich der HERR den Gott/
bin ein starcker eyueriger Gott/
der die missethat der Vätter heimsucht
an den Kindern
biß ins dritt vnnd vierd Glied/

deren die mich hassen/
vnnd thue barmhertzigkeyt an viel
tausenden die mich lieben/
vnd meine Gebott halten.

Das dritte Gebott.
Du solt den Namen des HERREN
deines Gottes
nicht mißbrauchen/
Denn der Herr wirdt den nicht
vngestrafft lassen/
der seinen Namen mißbraucht.

Das vierde Gebott.
Gedenck des Sabbathtags/
daß du jn heiligest.
Sechs tag soltu arbeiten/vnnd
alle deine werck thun/
aber am siebenden tage ist der
Sabbath des HERREN deines Gottes/
da soltu keine arbeyt thun/
noch dein Son/noch deine tochter/
noch dein Knecht/noch deine Magd/
noch dein Vieh/noch der frembdling
der in deinen Toren ist.
Denn in sechs tagen hat der HERR
Himmel vnnd Erden gemacht/
vnnd das Meer/vnnd alles was
drinnen ist/ vnnd rhuete am
siebenden tage/
darum segnete der HERR den
Sabbathtag/vnnd heiligte jn.

Das fünffte Gebott.
Du solt deinen Vatter vnd
deine Mutter ehren/

weder eines Engels im Himmel,
noch eines Helden aus einem Gedicht oder
                                    Roman,
noch eines selbstgeträumten oder fantasir-
ten;
(oder anzubeten)
sondern du sollst einen Mann lieben wie er
                                    ist
Denn sie die Natur, deine Herrin,
ist eine strenge Gottheit,
welche die Schwärmerei der Mädchen heimsucht
an den Frauen
bis ins dritte und vierte Zeitalter ihrer
                                    Gefühle.

3)
Du sollst von den Heiligthümern der Liebe
auch
nicht das kleinste mißbrauchen:
denn die wird ihr zartes Gefühl verlieren,
die ihre Gunst entweiht
und sich hingiebt für Geschenke und Gaben,
oder um nur in Ruhe und Frieden Mutter zu
werden.

4)
Merke auf den Sabbath deines Herzens,
daß du ihn feyerst,
und wenn sie dich halten,

so mache dich frey

oder gehe zu Grunde.

5)
Ehre die Eigenthümlichkeit und die Willkühr
deiner Kinder,

Nr. 1148: Catechisme historique. Berlin 1757. - Nr. 1150: Katechismus zum
    Gebrauch der reformierten Kirche. Halle 1811. - Nr. 1151: Müllers Kate-
    chismus des christlichen Glaubens. Wesel 1819. - S. 5 Nr. 141 - 149:
    Joanni Calvini opera omnia ed. novissim. Amsterdam 1671.
12 Bekenntnisschriften, S. 186 f.
13 Die Texte sind entnommen aus: Bekenntnisschriften, S. 186 f und aus dem
    Athenaeum S. 285-287.

auff daß du lang lebest im Land/

daß dir der Herr dein Gott gibt.

Das sechst Gebott.
Du solt nit tödten.

Das siebend Gebott.
Du solt nit Ehebrechen.

Das acht Gebott.
Du solt nit stelen.

Das neunde Gebott.
Du solt kein falsch zeuguß reden wider
                deinen nechsten.

Das zehende Gebott.
Laß dich nit gelüsten deines nechsten
Hauß/
Laß dich nit gelüsten deines nechsten
weibs/
noch seines knechts noch seiner magd/
noch seines Ochsen/noch seines Esels/
noch alles daß dein nechster hat.

auf daß es ihnen wohlgehe und sie kräf-
                tig leben auf Erden.

6)
Du sollst nicht absichtlich lebendig
                                machen.

7)
Du sollst keine Ehe schließen, die gebrochen werden müßte.

8)
Du sollst nicht geliebt seyn wollen, wo
du nicht liebst.

9)
Du sollst nicht falsch Zeugniß ablgen für
                                die Männer;
du sollst ihre Barbarey nicht beschönigen
                        mit Worten und Werken.

10)
Laß dich gelüsten nach der Männer Bil-
                                dung,
Kunst,

Weisheit

und Ehre. —

3.2. Synopse der Glaubensbekenntnisse[14]

... die artickel vnsers Christlichen
glaubens ...

JCH glaub in Gott Vatter/Allmech-
tigen/
Schöpffer Himmels vnd der Erden.

Vnd in Jesum Christum seinen eingebornen Sohn/
vnsern Herren/

Der empfangen ist vom heiligen Geist/
Geborn auß Maria der junckfrawen/
gelitten vnter Pontio Pilato/gecreut-
ziget/gestorben/ vnnd begraben/abge-
stiegen zu der Hellen/ am dritten
tage wider aufferstanden von den
todten/auffgefahren gen Himmel/

Sitzet zu der rechten Gottes des
Allmechtigen Vatters/
Von dannen er kommen wirdt zu rich-
ten die lebendigen vnnd die todten.

JCH glaub in den heiligen Geist/

Der Glaube.

1)
Ich glaube an die unendliche Menschheit,
die da war,
ehe sie die Hülle der Männlichkeit und der
                        Weiblichkeit annahm.

2)
Ich glaube, daß ich nicht lebe, um zu gehorchen oder um
mich zu zerstreuen, sondern um zu seyn und
zu werden;
und ich glaube an die Macht des Willens
und der Bildung, mich dem Unendlichen wieder zu nähern, mich aus den Fesseln der
Mißbildung zu erlösen,

und mich von den Schranken des Geschlechts
unabhängig zu machen.

3)
Ich glaube an Begeisterung und Tugend,

---

14 Die Texte sind entnommen: Bekenntnisschriften, S. 185 und Athe-
    neum S. 286 f.

ein heilige allgemeine Christliche kirche/ die gemeinschafft der heiligenn	an die Würde der Kunst und den Reiz der Wissenschaft, an die Freundschaft der Männer und die Liebe zum Vaterlande,
vergebung der sünden/aufferstehung des fleisches/ vnd ein ewiges leben.Amen.	an vergangene Größe und künftige Veredlung.

4.1. Interpretation der Gebote mit Hilfe der Synopse und der Vertrauter Briefe

4.1.1. Das 1. Gebot

Die Synopse des 1. Gebotes läßt erkennen, daß es nicht Gott ist, der hier bei Schleiermachers Gebotsauslegung im "Katechismus" spricht, sondern eine Frau redet sich selbst an. Das Verbot läßt sich noch stofflich parallelisie- ren; für die Selbstvorstellung Gottes fehlt aber jede analoge Formulierung; auch dies eine Anzeige für das literarische Genus: es spricht die Geliebte sich selbst an. Wer richtet richtet also apodiktisch die Exklusivität des Ge- liebten auf? Die Geliebte selbst.

Damit ist an die Stelle Gottes in der Alttestamentlichen Formulierung der Geliebte getreten. Tritt also der jüdischen Religion die Religion der Liebe gegenüber? Offenbar ja!

Schleiermacher erweitert das Verbot, keinen Geliebten neben ihm haben zu sollen, noch um das Gebot: aber du sollst Freundin sein können, ohne in das Kolorit der Liebe zu spielen ... Mir scheint, daß Schleiermacher hier den Präpositionalausdruck: "aus Ägyptenland" gegen den Präpositionalaus- druck "in das Kolorit" ausgetauscht hat. Dort ein Geführtwerden aus der Knechtschaft, hier ein spielerisches sich selbst in die Knechtschaft Führen durch das Spiel in das Kolorit der Liebe, Knechtschaft wegen des Geliebten neben ihm!

Freundin sein können, ohne gefallsüchtig zu werden, erweitert das Verbot des Liebesspiels noch um die Koketterie. Was hier als Verbot auftritt, taucht im "Glauben" nochmals als Glaube an die Freundschaft der Männer auf. Dies macht die Frage unvermeidlich, wie sich Verbot und Glaube zu einander ver- halten. Anscheinend errichtet die Beachtung des "Du sollst nicht ..." eine Wirklichkeit, die den Inhalt des Glaubens ausmacht.

Das dritte Verbot: du sollst niemanden neben dem Geliebten anbeten, bezieht, wie die Synopse zeigt, seinen Stoff von dem 2. Alttestamentlichen Gebot her. – Als Ergebnis läßt sich festhalten: Gott und der Geliebte sind in bezug auf den exklusiven Anspruch des Habens gegeneinander ausgetauscht. Hat die Liebe zum Geliebten damit einen Gott stellvertretenden oder gotthaltigen Sinn bekommen? Ich möchte die Frage noch offen lassen. Jedenfalls:die Theo- nomie ist einer Autonomie seitens der Frau gewichen; die inhaltliche Anthropologisierung ist nicht von der Hand zu weisen.

4.1.2. Das 2. Gebot

Schleiermacher tauscht Bildnis und Gleichnis gegen ein Ideal aus. Bei diesem Verbot des Ideals eines Engels im Himmel oder eines Helden aus einem Gedicht oder Roman noch eines selbstgeträumten oder fantasierten (sc. Helden) ist das Ideal aus der von der Geliebten selbst geschaffenen Vorstellungswelt entnommen, – im Unterschied zu dem Bildnis oder Gleichnis, das aus der Wirklichkeit der dreifach gestuften Welt der Natur entnommen ist. Dementsprechend kommt Schleiermacher in seiner Begründung des Verbotes eines Ideals auch auf die Natur zu sprechen, die idealisierende Mädchen "heimsucht". Aus dem Verbot formuliert Schleiermacher so das Gebot, daß er vom Ideal zur Realität fortschreitet: Du sollst einen Mann lieben, wie er ist.

Warum? Weil die Natur, die Herrin der Mädchen, eine strenge Gottheit ist, die rächend auftritt. Wenn Schleiermacher hier von der Heimsuchung dieser Göttin an den Frauen bis ins 3. und 4. Zeitalter ihrer Gefühle spricht, so hat er diese Göttin und Herrin Natur lebensgeschichtlich ausgelegt. Es ist ein Handeln dieser Göttin, weswegen diese Frauen später von der Kontinuität dieser ihrer Schwärmerei bis ins 3. und 4. Zeitalter ihrer Gefühle heimgesucht werden.

Damit hat Schleiermacher die individuelle Lebensspanne gegen die 3 oder 4 Generationen des atl. Gebotes ausgetauscht, diese Lebensspanne aber in drei oder vier Gefühlszeitalter aufgeteilt. Warum also kein Ideal, sondern Realität des Mannes? Um der eigenen lebenslangen realen Gefühlsgeschichte willen.

Die Verhältnisbestimmung zwischen der Natur und der Frau erfolgt auf Veranlassung des idealisierenden Mädchens hin, ist darin aber von dem Charakter der Notwendigkeit geprägt; es handelt sich um eine necessitas consequentiae. Damit folgt aus dem frei gewählten Ideal die notwendige Rache an der Gefühlsgeschichte: diese zeitigt einen Wirklichkeitsverlust gegenüber dem realen Mann.

Hier ist von Frauen die Rede im Unterschied zu den "edlen Frauen" im Titel des Katechismus. Worin liegt die differentia specifica? Etwa darin, daß diese Frauen, die diese Heimsuchung erfahren, eben die Selbstappelle nicht an sich richteten und damit den Wirklichkeitsverlust erlitten auf Grund des mangelnden reflektierten und kontrollierten Selbstverhältnisses? Macht dies eingehaltene Selbstverhältnis den Adel aus? Sind die Pflichten gegen Gott in der 1. Tafel zu Pflichten gegen sich selbst geworden? Ich halte die Frage bis zum Ende des 4. Gebotes offen.

4.1.3. Das 3. Gebot

Das 3. Gebot handelt auch bei Schleiermacher vom Mißbrauch; entsprechend
der Themenveränderung wird aber der Stoff transponiert auf die Ebene der
Geliebten. So wird aus Gottes Anwesenheit in der Welt qua Name jetzt die
Anwesenheit der eigenen Liebe in deren Heiligtümern: Brief; Blick; Hände-
druck, Kuß, Umarmung etc.

Auch hier spricht die "edle Frau" wieder zu sich selbst: Du sollst von den
Heiligtümern der Liebe auch nicht das kleinste mißbrauchen! Formal parallel
zum 3. Gebot des AT erfolgt die Begründung auch hier aus der Strafandrohung.
Hat Schleiermacher die Parallelität der Konstruktion auch inhaltlich beachtet,
dann muß "ihr zartes Gefühl" als "Heiligthum der Liebe" interpretiert wer-
den. Aber eher bin ich geneigt, "Heiligthümer der Liebe" als Instrument der
Liebe, als Gunst anzusehen und zartes Gefühl als Produkt. Entweihung der
Gunst liegt nach Schleiermacher dann vor, wenn die Hingabe um irgendwelcher Geschenke und Gaben willen erfolgt, oder um in Ruhe und Frieden
Mutter zu werden. Damit ist jede Fremdbestimmung durch Personen oder
Sachen abgelehnt. In wessen Sinne sind dann aber die Heiligtümer der Liebe
zu gebrauchen? Im Sinne des Gewinnes des zarten Gefühles, – dies ist von
der causa finalis her formuliert; die Heiligtümer der Liebe wären in dieser
Begrifflichkeit die causa materialis. Man muß in Ablehnung der Fremdbestimmung durch intendierte Personen oder Sachen wohl von einer Bestimmung
durch die Natur sprechen, dieser strengen Herrin und Gottheit der Frau. Dies
ist insofern etwas anderes als die Selbstbestimmung, als die Selbstbestimmung
die Absicht ins Spiel brächte, die gemäß dem 6. Gebot von Schleiermacher
gerade abgelehnt wird. Auch die Vertrauten Briefe legen sich hier überdeutlich fest: "Absicht soll nirgends sein in dem Genuß der süßen Gaben der
Liebe, weder irgendeine sträfliche Nebenabsicht, noch die, an sich unschuldige Menschen hervorzubringen – denn auch diese ist anmaßend, weil man
es doch eigentlich nicht kann, und zugleich niedrig und frevelhaft, weil dadurch etwas in der Liebe auf etwas Fremdes bezogen wird"[15]. Wie diese Bestimmung näher zu beschreiben ist, führen die Vertrauten Briefe ebenfalls
aus: "Der Gott muß in den Liebenden sein, ihre Umarmung ist eigentlich seine Umschließung, die sie in demselben Augenblicke gemeinschaftlich fühlen
und hernach auch wollen"[16]. Diese Ablehnung der Frembestimmung der Liebe
macht den Konflikt mit der Fichteschen Ehetheorie unvermeidlich[17].

---

15 Vertr.Br., S. 43/105.
16 Vertr.Br., S. 44/105.
17 Fichte, § 27, S. 327 ff.
    Vgl. auch Vertr.Br., S. 38/103.

4.1.4. Das 4. Gebot

Das 4. Gebot vertauscht den Sabbath Gottes und die Ruhe für den Menschen mit dem Sabbath des Herzens. Was dies ist, läßt sich aus der Gesamtthematik etwas erheben. Das Verhältnis zu Gott als Thema der ersten Tafel war ja gegen das Verhältnis zu sich selbst bei der Liebe zum Geliebten ausgetauscht worden. Die Frau gebot sich also mit dem 1. Gebot, die Exklusivität des Geliebten zu wahren; mit dem 2. Gebot, sich kein Ideal eines Mannes zu machen; mit dem 3. Gebot, sich nur bei Bewahrung des zarten Gefühles hinzugeben und sich den Mißbrauch der Heiligtümer der Liebe verboten sein zu lassen. Es kann demnach gar nicht anders sein, als daß der Sabbath des Herzens es auch mit der Freiheit zu tun hat, mit der die Frau sich selbst ein Ge- oder Verbot im Verhältnis zum Geliebten auferlegt. Merke auf die Ruhe des Herzens, das unruhig war und beim Geliebten zur Ruhe gekommen ist und immer wieder zur Ruhe kommen kann, so möchte ich im Anschluß an Augustin existentialisierend formulieren.

Die conditio sine qua non für diese Ruhe des Herzens ist die Freiheit: "wenn sie dich halten, so mache dich frei oder gehe zugrunde!" Wie unbedingt hier die Liebe gedacht ist, - es geht um Leben oder Zugrundegehen, um Sein oder Nichtsein -, zeigt die Endformulierung des Gebotes auf. Hier zeigt sich die gebotene Feier des Herzenssabbaths als Lebenskunst der Befreiung durch Liebe. Eine Befreiung durch die Tat der Liebe in dem Augenblick, da sich der Sabbath des Herzens naht; daher: merke auf den Sabbath des Herzens, ist eine Art Weckruf der Liebe.

Die Vertrauten Briefe verwenden den Begriff der Ruhe für die Stimmung, "in der sich die Liebe nur nach sich selbst sehnt", auch durch die Erinnerung an frühere Ahndungen und Versuche[18]. Ruhe nennt Schleiermacher auch die erste Freude der Liebe, die von gar keiner Sorge weiß: "das ist die bräutliche Ruhe, in der sie einander nur sehen in ihrer göttlichen Unverlezlichkeit und Unsterblichkeit"[19]. Doch verwendet Schleiermacher den Begriff durchaus auch in der "Augustinischen" Bestimmung aus den Confessiones, wenn er zu Eleonore von einer Zeit spricht, da sie erst zur Ruhe gebracht ward[20]. Die "Augustinische" Bestimmung beinhaltet bei Schleiermacher, daß das Herz beim Geliebten zur Ruhe kommt.

4.1.5. Das 5. Gebot

Das 5. Gebot eröffnet die zweite Tafel, die ja ursprünglich das Verhältnis zum Nächsten betraf. Hier aber ist der Nächste aus der Sichtweise der Frau

---

18 Vertr.Br., S. 16/92.
19 Vertr.Br., S. 129/145.
20 Vertr.Br., S. 141/150.

gewonnen und daher auf die eigenen Kinder der Frau ausgelegt. Dieser Tausch der Eltern gegen die eigenen Kinder ergibt sich dadurch, daß die Frau die Notwendigkeiten der Liebe im Verhältnis zu sich selbst beachtete, also nie den Zwang der Verhältnisse (vgl. das 4. Gebot) oder Reichtum und Mutterschaftsglück (vgl. das 3. Gebot) zu Lasten des Liebesglückes über sich herrschen ließ. Diese Notwendigkeiten entsprangen aus einer individual-geschichtlich verstandenen Natur als der Herrin der Frau. Wenn nun nir-gendwo eine Vorherrschaft der auf Tradition oder Vergangenheit sich ab-stützenden Begründung der Sexualethik vorgetragen worden war, wenn gar absichtliche Zeugung von Kindern ausgeschlossen ist (vgl. das 6. Gebot), dann sind die freien Produkte der Liebe ebenso in ihre eigene Individualität und Freiheit gestellt. Dementsprechend muß also der Gebotstext lauten: Ehre die Eigentümlichkeit und die Willkür deiner Kinder! Hierbei stehen die Eigen-tümlichkeit für die zu beachtende Notwendigkeit, die Willkür für die Freiheit. Die Begründung erfolgt analog zum ursprünglichen Gebot aus einer Segensver-heißung. Die eigene Individualität der Kinder zielt ab auf das Wohlergehen der Kinder, die Willkür der Kinder soll ihr kräftiges Leben auf Erden nach sich ziehen. Träte an die Stelle dieses Notwendigkeits-Freiheitszusammenhan-ges, wie er in der Individualität und der Willkür der Kinder vorliegt, nun eine aufgedrungene Notwendigkeit, so blieben Wohlergehen und kräftiges Le-ben aus; das Leben würde zu einem Übelergehen und zu einem geschwächten Leben degenerieren.

Auf den Zusammenhang dieser Gebotsauslegung mit der nachfolgenden Inter-pretation des Glaubensbekenntnisses darf man nicht verzichten. Weil die Frau nämlich dort an die Macht des Willens und der Bildung glaubt, deswegen achtet sie die Individualitäten und die Willkür ihrer Kinder. Fremd-, Gehor-sam wie Selbst-Zerstreuung sind für die Frau wie für die Kinder ausge-schlossen.

Wenn die im 5. Gebot ursprünglich gebotene Ehrerbietung gegenüber Vater und Mutter durch die Ehrerweisung gegenüber der Eigentümlichkeit und der Willkür der eigenen Kinder ersetzt worden ist, stellt sich die Frage: Ist da-mit möglicher Parteinahme zugunsten von Patriarchat oder Matriarchat ein Riegel vorgeschoben? Die Frage des Verhältnisses der Geschlechter läßt sich hier noch nicht sicher beantworten, wenn auch die Vermeidung der Formulie-rung "Söhne und Töchter" auffällig ist und die getroffene geschlechtsneutrale Wortwahl "Kinder" aufmerksam hinhören lehrt.

Der Zusammenhang von Eigentümlichkeit und Willkür der Kinder mit der darin intendierten Folge von Wohlergehen und kräftigem Leben läßt offen-sichtlich die Kinder-Eigentümlichkeit und -Willkür zu einer eigenverursachten Lebensgeschichte reifen.

4.1.6. Das sechste Gebot

Das sechste Gebot verbietet absichtliches Lebendigmachen. Das Verhältnis zum Nächsten ist ausgelegt am Verhältnis der Frau zu ihrer eigenen Absicht, lebendig machen zu wollen. Aus dem Tötungsverbot ist so das Verbot des absichtlichen Lebendigmachens geworden. Die Liebe hat ihren eigenen Wert solcher Art, daß sie durch den Kinderwunsch nur entfremdet wird. Hier berührt sich das Gebot inhaltlich mit dem 3. Gebot, – dort auf das Selbstverhältnis als Mutter, hier auf das Verhältnis zu intendiertem anderen Leben ausgelegt. Weil die Liebe mit der Absicht, Leben zu zeugen, schon von sich selbst ablenkt, weil sie mißbraucht wird für einen anderen Zweck, – sie ist ja in sich selbst heilig, ist aus auf zartes Gefühl (3. Gebot), – deswegen ist fremde Absichtlichkeit untersagt.

Zusammenfassend läßt sich sagen: Das Walten oder Herrschen der Liebe (vgl. das 2. Gebot mit seiner Formulierung: die Natur, die Herrin der Frau –) verbietet Fremdabsicht, daher auch absichtliche Zeugung, – der Augenblick der Liebe ist zu heilig, als daß er mißbraucht werden dürfte.

Dieses Verständnis des 6. Gebotes wird durch die Vertrauten Briefe bestärkt und vertieft. Dort heißt es zur "Verwebung" oder "Verschmelzung" des Sinnlichen mit dem Geistigen in Abwehr von Mißverständnissen: "Absicht soll nirgends sein in dem Genuß der süßen Gaben der Liebe, weder irgendeine sträfliche Nebenabsicht, noch die an sich unschuldige Menschen hervorzubringen – denn auch diese ist anmaßend, weil man es doch eigentlich nicht kann, und zugleich niedrig und frevelhaft, weil dadurch etwas in der Liebe auf etwas Fremdes bezogen wird"[21]. Fragt man, wie die Begründung der Verwehrung jeglicher Absicht, – also auch des Lebendigmachens, – h i e r ausgeführt ist, so entdeckt man die Liebe als einen Notwendigkeitsvorgang, der vom Gott der Liebe in den Liebenden qua "Begeisterung" ausgelöst wird: "Der Gott muß in den Liebenden sein, ihre Umarmung ist eigentlich seine Umschließung, die sie in demselben Augenblicke gemeinschaftlich fühlen und hernach auch wollen. Ich nehme in der Liebe keine Wollust an, ohne diese Begeisterung, und ohne das mystische, welches hieraus entsteht, und von dem, welches wir oft zusammen verachtet haben, gar sehr verschieden ist"[22]. Das Primäre ist demnach das Handeln des Gottes, das sekundär Nachfolgende das Wollen des Menschen, die bejahende Einstimmung zu der von dem Gott ausgehenden Umschließung. Deswegen ist also jede Absicht der beteiligten Menschen im Sinne eines make love bis hin zum absichtlichen Lebendigmachen verwehrt.

---

21 Vertr.Br., S. 43/105.
22 Vertr.Br., S. 44/105.

4.1.7. Das siebte Gebot

Das siebte Gebot macht aus dem Ehebruchverbot ein zeitlich davor gelagertes
Verbot einer Eheschließung, die gebrochen werden müßte. Hier ist das Verhältnis der Frau zum Nächsten an der Institution Ehe ausgelegt.

Somit sind zwei Größen in ein Verhältnis gestellt: die Frau, die aktiv eine
Ehe schließt, und die Ehe, die passiv gebrochen wird; das aktive Nicht-
Sollen des Eheschließens ist in ein Verhältnis zum passiven Müssen des Ge-
brochenwerdens dieser Ehe gesetzt. Der Freiheitsakt des Eheschließens ist
dabei als stärker gedacht als das Notwendigkeitswiderfahrnis des Ehebruches.
Wie begründet Schleiermacher dies im Einzelnen? Etwa so, daß 'der Gott in
den Liebenden sein muß'? Daß sie hernach selber wollen, was er sie als
seine Umschließung erleben ließ? Sicher ja, es bleibt aber die Frage zu klären: Was macht den notwendigen Übergang von der durch den Gott erfahrenen
und hernach auch selbst gewollten Liebe zur Ehe aus? Auch hier führen die
Vertrauten Briefe weiter. Es heißt dort dazu: "Die erste Freude der Liebe
weiß von gar keiner Sorge, das ist die bräutliche Ruhe, in der sie einander
nur sehen in ihrer göttlichen Unverlezlichkeit und Unsterblichkeit. Wenn
aber die äußere Welt ihnen wieder aufgeht, und jeder Acht hat für den Anderen, daß sie ihn nicht unangenehm berühre, dann entstehen alle Gefühle,
welche die Liebe zur Ehe machen, denn alle Sorge ist mütterlich und väterlich"[23]. Der Übergang von der Liebe zur Ehe ist demnach der Übergang vom
Gefühl der Ruhe zum Gefühl der Sorge. Diese Sorge-Gefühle machen die Liebe
zur Ehe: das gegenseitige Achthaben auf den anderen, daß ihn die Welt
nicht unangenehm berühre. So sorgt sich die Frau mütterlich um den Geliebten, der Mann väterlich um die Geliebte. Damit ist der Übergang von der
Liebe zur Ehe über das "Aufgehen der äußeren Welt" vermittelt. Die Welt,
die als verletzende und tötende wahrgenommen wird, läßt in den Liebenden
das Gefühl der Sorge für den anderen entstehen.

Es muß betont werden: diese väterliche und mütterliche Sorge ist nicht
an ein Kind gebunden! So ist für Schleiermacher der Übergang von der Liebe
zur Ehe von diesem "innerlichen Unterschied" abhängig: "... in der Welt der
Gefühle fängt nichts so grob an mit einer äußeren Begebenheit oder einem
sichtbaren Zeichen"[24]. Daher ist ihm der Beginn einer Ehe durch ein Kind
zu einer "wunderlichen Ketzerei" geworden, die er gar nicht leicht widerlegen konnte: "Wie habe ich mich damit gequält, denn es liegt etwas in dem
Gedanken"[25]. Seine Lösung dieses ethischen Problems ist die schon kurz
skizzierte: Die Liebe der Frau zum Manne als zärtliche Mutterliebe und die
Liebe des Mannes zur Frau als Vaterliebe (- sie ist ja "seine ewige Schüle-

23 Vertr.Br., S. 129/145.
24 Vertr.Br., S. 130/145.
25 Vertr.Br., S. 129/145.

-in" -) machen den Inhalt der Väterlichkeit und Mütterlichkeit aus. Damit wird der andere von der Liebe des anderen her zum umsorgten Kinde.

In der äußeren Welt bewirkt dies für den Mann einen stärkeren Antrieb "... und achtest Du nicht schon lange die äußerlichen Dinge mehr als sonst meinetwegen? und treibt es Dich nicht ebenso die unsterblichen Früchte zu .ragen, welche Geist und Willkühr bilden?"[26] - so läßt Schleiermacher Leono-e fragen.

Fassen wir zusammen: Die Vertrauten Briefe entdecken den Übergang von der Liebe zur Ehe innerlich in der väterlichen und mütterlichen Sorge, äußerlich in der höheren Achtung der äußerlichen Dinge. Der Freiheitsakt der Eheschließung erfolgt also unter dem gewissen Druck dieses innerlichen und äußerlichen Unterschiedes von Liebe zu Ehe. Dieser gefühlsmäßige Sorge-druck und diese Höherachtung der äußeren Welt bilden das Gegengewicht ge-gen die "Notwendigkeit" des Ehebruches, - das Gebot formuliert ja: "ge-brochen werden muß" - . Mit diesen Herausarbeitungen von Notwendigkeitsim-plikaten bei dem scheinbar nur freiheitlich bestimmten Akt der Eheschließung korrigiert Schleiermacher mit behutsamer Hand Schlegels Reserven gegenüber der Institution Ehe und dessen damit gegebene Bevorzugung der freien Liebe. Es ist dies eine Korrektur des Freiheitsverständnisses als einer Willkürfrei-heit. Die Wendung Schleiermachers zur anderen Seite hin gegen Fichte wurde schon erwähnt[27].

Ohne Frage besteht die Feststellung einer Begründung des 7. Gebotes im ersten Gebote zu Recht; aber dieses: "Du sollst keinen Geliebten haben neben ihm" - wird hier an der Pforte zur Ehe durch Notwendigkeitsüberlegungen noch fester untermauert.

4.1.8. Das achte Gebot

Das achte Gebot legt das Verhältnis der Frau zum Nächsten an dem Gegenüber des Mannes aus; nirgendwo im ganzen Katechismus ist erkennbar, daß dies Gegenüber auch eine Frau sein könnte.

Hatte ursprünglich dieses Gebot dem Schutz des Eigentums gegolten, so ist diese Intention beibehalten; nur ist jetzt als wahres Eigentum das Lieben eingesetzt. Auch hier besteht die Möglichkeit des Diebstahls, eben des des Liebens. So entsteht die Formulierung des Verbotes: Du sollst nicht geliebt sein wollen, wo du nicht liebst. - Es ist die verbotene Koketterie, das ver-botene Spiel hinüber in das Kolorit der Liebe (vgl. das 1. Gebot) das Selbst-verhältnis, das die Frau sich autothetisch vorhielt. Hier im 8. Gebot zieht dieses Selbstverhältnis dieses Nächstenverhältnis nach sich. Bezugspunkt des

---

26 Vertr.Br., S. 130/145.
27 Vgl. Anmkg. 17.

verbotenen Sollens ist also bei der Frau jenes Ich, das zu sich selbst sagt
Du liebst nicht, d.h. du bist nicht dessen Eigentum noch willst du es sein
also begehre dann auch den nicht zum Eigentum, dessen Eigentum du selbs
nicht bist noch sein willst. Die Liebe gibt sich hin: ich bin dein- und erfährt die Antwort: du bist mein; sie sagt aber nicht: du sollst mein sein,
wenn ich auch nicht dein bin.

Neben der Begründung dieses Gebotes im 1. Gebot muß auch noch das 3
Gebot genannt werden. Denn wenn eine Frau geliebt sein will, ohne zu lieben, dann hat sie ja die Heiligtümer der Liebe schon mißbraucht, dann ha
sie ihr zartes Gefühl schon verloren, indem sie ihre Gunst entweihte, etwa
um bloßer Selbstbestätigung oder Selbststabilisierung willen.

Die Vertrauten Briefe bestätigen unsere Interpretation. Dort heißt es vor
der Frau - im Unterschied zum Mädchen: sie soll bestimmt wissen, ob sie mi
einem Manne "Einswerden und bleiben kann, und wo sie weiß, daß sie es
nicht kann, soll sie auch nicht das kleinste Verhältniß der Art beginner
lassen." [28]

Diese Stelle begründet das Gleichgewicht von Liebe zum anderen und Ge-
liebtseinwollen vom anderen [29] her in dem Einswerden und Eins-Bleiben-
Können. Daraus ergibt sich das Gebot: Da du den anderen liebst, sollst du
geliebt sein wollen, um des Einswerdens und Einsbleibens willen.

Die Schleiermachersche Verbotsformulierung: Du sollst nicht geliebt sein
wollen, wo du nicht liebst, hat also als tiefste Begründung dieses Einheits-
erlebnis und diese Einheitsbewahrung zum Grunde. Dennoch geliebt sein
wollen, wo man nicht liebt, ist also Verweigerung des Einswerdens und Eins-
Bleiben-Wollens. Die 'Einigkeit durch und durch'[30] ist also das Gut, das
dieses 8. Gebot schützt. Es ist dies eine Einigkeit von Ich und Du, von Vergangenheit und Zukunft, von Gedanken und Gefühlen[31].

4.1.9. Das neunte Gebot

Das Material des 9. Gebotes hat Schleiermacher in zwei Verbote umgegossen.
Während sich das erste Verbot noch recht eng an den ursprünglichen Text
anlehnt, hat das zweite Verbot einen eigenen Text geschaffen: Du sollst ihre

28 Vertr.Br., S. 95/129.
29 Vgl. Vertr.Br., S. 117/139:Jede (sc.Liebe) "ist Ursache und Wirkung der
   anderen, so gewiß als jede Liebe zugleich Gegenliebe und jede wahre Gegenliebe zugleich Liebe ist".
30 Vertr.Br., S. 118/140.
31 Vertr.Br., S. 118 f./140 heißt es dazu wörtlich: "Wenn wir unser Sinnen
   und Denken und Handeln bis in seinen geheimsten Sitz verfolgen, und
   überall aufs neue die unendliche Uebereinstimmung unserer Geister antreffen, daß Du entzükt ausrufst: sind wir denn mehr als Ein Wesen, Leonore? Dann durchglüht uns auch gewiß am stärksten und göttlichsten das
   heilige Feuer der Liebe, und dann feierten wir am liebsten ihre höchsten
   Mysterien. Und wenn Du, an meine Brust gelehnt, alle deine Freude an

(sc. der Männer) Barbarey nicht beschönigen mit Worten und Werken. Dieser Präpositionalausdruck: "mit Worten und Werken" kommt so in den Katechismen nur bei Luthers Kleinem Katechismus in der Erklärung zum 6. Gebot vor: "... daß wir keusch und züchtig leben in Worten und Werken ...".

Wie ist das Verhältnis der beiden Verbote zueinander gedacht? Es handelt sich offenbar um eine Stufung in den Graden der Wahrheit: falsch Zeugnis ablegen und davor gelagerte Beschönigung in Worten und Werken. Es ist dies der Übergang von der Schon-Lüge zur Noch-Nicht-Lüge. - Nach diesen allgemeinen Beobachtungen schreite ich zur Einzelinterpretation fort.

Die erste Verbotsformulierung hat am ursprünglichen Material dies verändert, daß aus der Konfrontation "wider deinen Nächsten" eine Begünstigung der Männer durch die Präposition "für" geworden ist. In apodiktischer Form ist hier das "falsch Zeugnis-Ablegen" zugunsten der Männer verboten. Fragt man, wo diese Zeugnisablage erfolgt, so ist gewiß nicht an einen Gerichtshof zu denken, auch nicht im vergeistigten Sinne an einen Gerichtshof der Vernunft, sondern an die reale Alltagswelt, in der Mann und Frau und Kinder leben. Warum aber soll dies "falsch-Zeugnis-Ablegen" untersagt sein, warum soll das Verhältnis der Frau zu den Männern vom 'recht-Zeugnis-Ablegen' für die Männer geprägt sein? Hier ist wieder auf die Begründung in der ersten Tafel zu verweisen. Im 2. Gebot hatte die Frau sich selbst auferlegt, sich kein Ideal (sc. des Mannes) zu machen. Aus diesem Gebot, den Mann zu lieben, wie er ist, also aus diesem durch eine Autothesie geprägten Selbstverhältnis: Mache dir kein Ideal des Mannes - folgt das Nächstenverhältnis: Lege kein falsch Zeugnis ab für die Männer. Dieser formale Hinweis enthält den materialen: um der Tatsache willen daß ein Mann zu lieben ist, wie er ist (2. Gebot), also wegen der Zusammenstimmung zwischen der Wirklichkeit der Männer und der Wahrhaftigkeit der Frau ist falsche Zeugnisablage verboten.

Die zweite Abstufung des 9. Gebotes ist, so hatte ich gesagt, die Abstufung von der Schon-Lüge zur Noch-Nicht-Lüge; in dieser Abstufung ist das Beschönigen der Barbarei der Männer mit Worten und Werken untersagt. Bezüglich des Zusammenhanges von Selbstverhalten zu Verhalten zum Nächsten ist zur ersten Form des 9. Gebotes schon das Nötigste gesagt worden; es gilt auch hier. Offen ist hier nur, was "Barbarei" meint.

---

mir, und alle deine Sehnsucht nach dem schönen Leben, das wir im Auge haben, in der unmittelbaren Nähe meines Herzens aushauchst: dann fühlen wir auch beide am tiefsten, wie einig wir sind durch und durch, und mich durchzükt, wie ein göttlicher Blitz, der mich fast verzehrt, eine unendliche, zusammenhängende Reihe von gleichen Gedanken und Gefühlen, die vom höchsten Himmel bis in den Mittelpunkt der Erde reicht, und mir Vergangenheit und Zukunft, und Dich und mich und Alles erleuchtet und erklärt. Und Dir ist es auch so, ich fühle es und weiß es, wenn Du auch nichts sagst ."

In dieser Frage helfen uns die Vertrauten Briefe weiter. Dort ist zurück-
verweisend von einer Männer-Barbarei die Rede[32] . Das, worauf sich der
Rückverweis bezieht, beschreibt folgendes Verhalten der Männer: die Frau
wird durch die Besitznahme der Männer gleichsam geadelt und verdient dann
erst seitens der Männer Achtung und Aufmerksamkeit. Was die Männer so in
den Frauen achten, sind nur sie selbst. Schleiermacher läßt eine gewisse
Karoline dies einen "Geschlechtsdespotismus", einen "fürchterlichen Männer-
Egoismus" und "allergewöhnlichste Denkungsart"[33] nennen.

D i e s e Barbarei also darf nicht beschönigt werden, die letztlich hinter
vorgegebener Achtung die Verachtung der Frau "verlarvt"[34] verbirgt. Das
Verbot des falschen Zeugnisses zugunsten der Männer ist sekundär auch
Schutz der Wahrheit zwischen Mann und Frau; primär ist diese Beschützung
der Männer durch die falsche Zeugnisablage der Frau aber eine Gefährdung
der Frau durch idealisierenden Selbstbetrug (vgl. das 2. Gebot) in Wort und
Werk (vgl. 9. Gebot). Dieses 9. Gebot dient also letztlich der Achtung der
Realität zwischen der Frau und den Männern und damit der Achtung und Be-
schützung der Frau[35] . Das Gebot läßt sich auf den Kurztext zusammenfassen:
Du sollst nicht zugunsten der Männer falsch zeugen, sondern realitätsgemäß
bezüglich der Männer für dich die Wahrheit bezeugen.

4.2.1.   Das zehnte Gebot: Seine Mittelstellung zwischen Gebot und Glaube

Das zehnte Gebot ist tatsächlich als Gebot formuliert; insofern ist es aus dem
Gegensatz zum 10. Gebot des Heidelberger Katechismus entwickelt. Haben wir
dort letztlich ein Sammelgebot vor uns, das das Eigentum an Haus, Weib,
Knecht, Magd, Ochs und Esel und noch an allem, "daß dein nechster
hat"[36], schützt, so hat hier ein überraschender Austausch stattgefunden.
Die materiellen und persönlichen Güter sind durch die geistigen: Bildung,
Kunst, Weisheit und Ehre ersetzt worden. Damit hat sich die Funktion des
10. Gebotes gewandelt: aus dem Summarium des Materials des 8. und 7. Gebotes ist ein Gebot geworden, das durch sittliches Handeln die genannten

---

32 Vertr.Br., S. 95/129.
33 Vertr.Br., S. 83/124.
34 A.a.O.
35 "... in Worten und Werken bezieht sich bei Luthers Erklärung des Ehe-
   bruchsverbotes auf einen keuschen und züchtigen Lebensstil. Wenn Schleiermacher "mit Worten und Werken" jegliche Beschönigung der Barbarei der
   Männer durch die Frau verboten sein lassen will: hängt dann der Formel
   in ihrem Verwendungsort im 9. Gebot nicht noch etwas von ihrem ursprünglichen Gehalt an? So daß das Beschönigen der Barbarei der Männer,
   der Gemeinheit und Rohheit (Vertr.Br., S. 34/101) im geistigen Sinne eine
   Unkeuschheit und Zuchtlosigkeit darstellen würde? Geistige Unzucht, weil
   sie etwa Rohes und Gemeines fälschlich mit Geist tüncht, eben beschönigt!
36 Zum Text vgl. hier S. 167

geistigen Güter erstellt, die im 2. und 3. Glaubensartikel als Glaubensinhalt geglaubt werden.

Im bisherigen Schleiermacherschen Gebotstext tauchte der Mann nur als Gegenüber auf; eine Rollenidentifizierung oder ein Rollentausch trat im bisherigen Text nicht in den Blick. Hier im 10. Gebot ist aber offenbar eine Übereignung der geistigen Welt des Mannes auf die Frau intendiert. Ist also sonst das Proprium der Frau auf Grund eines selbstgesetzten Verhältnisses der Frau zu sich selbst oder zum Manne gewahrt, so ist hier etwas angesprochen, was zielhaft beiden gemeinsam werden soll. Ein Unterschied in der Geistigkeit ist nicht gesetzt. Der Übergang von der Unterschiedenheit, wie sie die Gebote 1) bis 9) in aller Differenziertheit dargeboten hatten, zur im 1. Glaubensartikel geglaubten Einheit von Mann und Frau in der unendlichen Menschheit ist also über das 10. Gebot gewonnen worden. Das Nachstreben der Frau nach der Bildung, Kunst, Weisheit und Ehre der Männer bildet insofern die Brücke zwischen Unterschiedenheit und Einheit von Mann und Frau. Bei weiter entwickelter Geistigkeit läßt sich auch die Menschheit in dem anderen tiefer entdecken!

Das Verhältnis der Frau zum Manne ist damit ausgelegt an den von den Männern geschaffenen und bisher von ihnen allein okkupierten Welten der Bildung, Kunst, Weisheit und Ehre.

Laß dich gelüsten nach der Männer Bildung ...! Diese Gebotsformulierung ist deswegen so faszinierend, weil sie inhaltlich im Glaubensartikel aufgenommen wird und insofern einen systematisch-theologischen Zusammenhang zwischen Gebot und Glaube aufzeigt. Denn was das Gebot hier erstellt, ist ja, wenn es befolgt wird, jene Bildung, an die die Frau im Glaubensbekenntnis als an eine Macht der Bildung glaubt. Dabei muß man sich vor Augen halten: Im 2. Glaubensartikel, also im Artikel von der Erlösung, erscheint der Glaube an die Macht des Willens und der Bildung. Die Willens- und Bildungsmacht hat also erlösende Funktion. Dementsprechend heißt es auch in diesem Glaubensartikel bei Schleiermacher: "... und ich glaube an die Macht des Willens und der Bildung, mich dem Unendlichen wieder zu nähern, mich aus den Fesseln der Mißbildung zu erlösen ..."[37]. Diese Erlösung aus der Mißbildung muß näherhin als Selbsterlösung charakterisiert werden, wobei der Glaubensinhalt: Bildungsmacht – offenbar durch Transzendierung einzelner Akte des Sich-Gelüsten-Lassens der Frau nach der Bildung der Männer gewonnen wurde. S o gründet also die Dogmatik auf der Ethik!

Indem ein geistiger Wert, die Bildung, an die Stelle des materiellen Wertes, des Hauses, getreten ist, ist geistiges Eigentum das Ziel des Sich-Gelüsten-Lassens der Frau. Als zweites Ziel wird die Kunst der Männer genannt. Auch dieses ethische Ziel wird zum Inhalt des Glaubens erhoben. Im

37 Zum Text vgl. hier S. 167.

3. Glaubensartikel heißt es dazu: "Ich glaube an Begeisterung und Tugend, an die Würde der Kunst und den Reiz der Wissenschaft ..."[38] . Wiederum muß man auch hier sagen: Die Würde der Kunst als Glaubensinhalt der Frau ist aus der Transzendierung des Sich-Gelüsten-Lassens der Frau nach der Kunst der Männer entstanden. Auch hier hat also das Sollen ein Sein erstellt!

Als drittes Ziel des Sich-Gelüsten-Lassen der Frau wird die Weisheit der Männer genannt. Von ihr gilt analog das zur Kunst Gesagte. Der Reiz der Wissenschaft als Glaubensinhalt ist entstanden aus der Transzendierung des Sich-Gelüsten-Lassens der Frau nach der Weisheit der Männer. Die Weisheit der Männer als lockendes Ziel des ethischen Strebens und Begehrens der Frau wirft als verglichener Grundvorgang zum Transzendierungsprodukt "Reiz der Wissenschaft" ein charakteristisches Licht auf Schleiermachers Wissenschafts-verständnis: Es gründet in am Menschen erfahrener und orientierter Weisheit. Auch hier erstellt das individuelle Sollen vieler einzelner Frauen das Sein von Wissenschaft als Glaubensinhalt.

Der Ehre waren wir, zumindest in der Verbform, schon im 5. Gebot begegnet. Dort gebot sich die Frau: Ehre die Eigentümlichkeit und die Willkür deiner Kinder ..."Der Männer Ehre" wäre dann als Zielangabe des ethischen Handelns der Frau eine Ehre, erworben auf Grund der Durchsetzungskraft der fraulichen Individualität und Willkür. Danach also soll es sich die Frau gelüsten lassen!

Was fügen die "Vertrauten Briefe" dieser Interpretation noch hinzu? Offen-sichtlich dieses, daß sie den Zusammenhang zwischen den sexualethischen Geboten 1) bis 9) und diesem geistigen Wachstumsgebot 10) aufzeigen; sie beantworten die Frage: wie setzt geistiges Wachstum auf der rechten Liebe auf? Die Ausführungen dazu stehen in den "Vertrauten Briefen" unter dem Thema "Liebe und Welt". Dazu heißt es zunächst recht änigmatisch: "Mir scheint Liebe und Welt ebenso unzertrennlich zu sein als Mensch und Welt im Leben und in der Darstellung ..."[39] . Danach liegt in der Luzinde die richtige Idee doch darin, "daß die Liebe, wenn sie recht tief in den Menschen hineingegangen ist, auch wieder recht weit aus ihm herausgehen muß ..."[40] . In der Beilage zu den Vertrauten Briefen führt Schleiermacher diesen Gedanken nochmals genauer gearbeitet und geschlechtsspezifisch unterschieden vor: "Wie schön ist das überall angedeutet und durchgeführt, daß der Mann durch die Liebe an Einheit gewinnt, an Beziehung Alles dessen, was in ihm ist, auf den wahren und höchsten Mittelpunkt, kurz an Klarheit des Charak-ters; die Frau dagegen an Selbstbewußtsein, an Ausdehnung, an Entwicklung aller geistigen Keime, an Berührung mit der ganzen Welt. Mir wenigstens scheint dies ein ganz allgemeines Verhältniß zu sein. Ihr bildet uns aus;

---

38 Vgl. hier S. 167.
39 Vertr.Br., S. 41/104.   40 Vertr.Br., S. 42/104.

aber wir befestigen Euch. Wunderlich kommt es immer heraus, wenn man das Umgekehrte annimmt; aber gar toll ist jede Darstellung, wo Männer und Frauen schon ganz vollendet und fertig die Liebe nur so finden, als eine Zugabe oder als den höchsten Gipfel der Glükseligkeit. Da muß es freilich Intriguen und Katastrophen geben; denn was sollte in dem Buche sonst stehn? Den armen Leuten scheint es eben auch im geistigen Sinne unzüchtig, zu zeigen, wie die Menschen durch die Liebe gemacht werden"[41] . Deswegen also setzt das geistige Wachstumsgebot auf den vorherigen neun Liebesgeboten auf, weil die Menschen auch im geistigen Sinne durch die Liebe gemacht werden.

4.2.2. Der Glaube nach dem 1. Glaubensartikel

Die Synopse gibt zu erkennen, daß Gott Vater, der allmächtige Schöpfer, als Glaubensinhalt gegen die unendliche Menschheit ausgetauscht ist. Die unendliche Menschheit umfaßt entgegen unserm heutigen Sprachgebrauch nicht alle Menschen, sondern meint zunächst die Menschheit in dem geliebten Manne. Dies schon allein deswegen, weil die Frau ja noch immer ihr Glaubensbekenntnis spricht; aber auch der temporale Nebensatz zeigt das an. Wenn aber die Hülle der Männlichkeit und die Hülle der Weiblichkeit eine temporale Differenzierung der unendlichen Menschheit darstellen, dann gehört auch die Frau mit zur unendlichen Menschheit. Dann wäre aber die "unendliche Menschheit" ein Einheitsbegriff, der sich über die Hülle der Männlichkeit und Weiblichkeit spannt. Geht es hier um eine geistige Einheit, wie vom 10. Gebot herkommend, zu vermuten wäre? Offenbar geht es um mehr. Denn Schleiermacher spricht auch von einer Identität von Leib und Geist[42] und expliziert diese Identität im Rahmen seiner Ausführungen zur Religion der Liebe[43] wie folgt: "... die alte Lust und Freude und die Vermischung der Körper und des Lebens (ergänze: ist) nicht mehr das abgesonderte Werk einer eigenen gewaltigen Gottheit, sondern Eins mit dem tiefsten und heiligsten Gefühl, mit der Verschmelzung und Vereinigung der Hälfte der Menschheit zu einem mystischen Ganzen"[44] . Menschheit ist also dieses durch die Liebe gestiftete mystische Ganze zweier differenzierter Hälften.

Der Zeitpunkt der 'Annahme der Hülle der Männlichkeit und Weiblichkeit' würde heute biologistisch als der Zeitpunkt der Geschlechtsfixierung nach der Zeugung bestimmt. Bei Schleiermacher aber wird eine lebensgeschichtliche Entwicklung beachtet! Inhalt des Glaubens ist also die eigene weibliche Geschaffenheit wie auch die männliche Geschaffenheit als unendliche Menschheit. Dies erinnert noch entfernt an die lutherische Erklärung zum 1. Glaubensartikel; doch entdeckt man neben dem Gedanken der Geschaffenheit nicht die

---

41 Vertr.Br., S. 127/144.   42 u. 43 Vertr.Br., S. 106/134.   44 Vertr.Br., 106 f./135.

Erhaltung und Fürsorge. Dadurch wird die Frage unausweichlich: Was bedeutet es systematisch-theologisch, daß die unendliche Menschheit an die Stelle des Schöpfers getreten ist? Hier können nur die Vertrauten Briefe weiterhelfen, und sie tun es in der Tat!

Ich gehe zunächst auf den Begriff "unendlich" ein. Er wird als Abstraktum "die Unendlichkeit" auf den Roman Lucinde angewandt und erhält die Füllung: "nach innen zu unbegrenzt einen unerschöpflichen Reichtum von Gedanken und Gefühlen"[45] enthaltend. Diese Grenzenlosigkeit und Unerschöpflichkeit im Roman wird aber auch als Unendlichkeit an Eleonore ausgelegt. Hier ist die Unendlichkeit das Kein-Ende-Nehmen des Neuen, das der Verfasser dieses Briefes an Eleonore entdeckt[46]. Demnach ist die unendliche Menschheit eine unbegrenzte, unerschöpfliche, kein Ende nehmende Menschheit. Die Menschheit selbst ist nach den Vertrauten Briefen auch in der Geliebten zu entdecken. So wird an der Lucinde die "heiligste Anbetung der Menschheit und des Universums in der Geliebten"[47] gerühmt.

Immer noch ist aber die Frage offen: Was hat dieser 1. Glaubensartikel von den Vertrauten Briefen her mit der Schöpfung zu tun? Hierfür scheint mir das folgende Zitat im 5. Brief an Karoline aussagefähig zu sein: "Hast Du denn nicht gleich ... gesehen, daß der Verfasser der Lucinde der Meinung ist, in Euch Mädchen sei nichts ... klar und fertig, sondern Alles schwebe noch in einem reizenden Zauber dunkler Ahndungen, in einer anmutigen Verwirrung, bis sich einmal am letzten Schöpfungstage das Licht von der Finsterniß auf eine andere Art als gewöhnlich scheidet?"[48] Offenbar ist hier die Lebensgeschichte des Mädchens als eine solche Liebesentwicklungs- und -entdeckungsgeschichte gedeutet, daß dann die Schöpfung dieses Mädchens vollendet ist, wenn das Mädchen in die Lehrjahre der Weiblichkeit eintritt[49].

Das bedeutet für unsern Glaubensartikel, daß der Glaube an die unendliche Menschheit auch ein Glaube an das eigene Geschaffenwerden und -sein durch die Liebe ist. Glaube an die unendliche Menschheit ist also Glaube an die unerschöpfliche Menschheit als eine creatio continua! 'Die Menschheit ist unermüdet geschäftig, sich selbst zu erschaffen'[50] in Liebe, das wäre etwa der anfanglose Schöpfergedanke dieses Artikels. Recht vage gibt dies die Ersetzung des "Schöpfers Himmels und der Erden" durch die "Menschheit", die da war vor der Annahme der Hülle der Männlichkeit und Weiblichkeit, zu erkennen. Sind hier Himmel und Erde durch Männlichkeit und Weiblichkeit

---

45 Vertr.Br., S. 134/147.   46 a.a.O.
47 Vertr.Br., S. 16/92. Vgl. auch das Zitat zu Anmkg. 44 und ferner: Vertr. Br., S. 109/136: dort ist in Fritz und Leonore "die ganze Menschheit mit ihren unendlichen Geheimnissen anzuschauen."
48 Vertr.Br., S. 87/125.   49 Vgl. Vertr.Br., S. 93/128. Zum Ausdruck "Lehrjahre" s. S. 120/141 u. S. 127/144.   50 In Anlehnung an "Reden" S. 92 formuliert.

ersetzt? Ich neige dazu, diese Frage zu bejahen. – Die temporale Konjunktion "ehe" zeigt an, daß die Menschheit als der Schöpfungsträger vor der Existenz der Bekennenden liegt.

4.2.3. Der Glaube nach dem 2. Glaubensartikel

Hier ist das "Ich glaube" nochmals wiederholt, – im Unterschied zum Urtext des Apostololikums. Damit ist die fides qua creditur betont. Womit aber glaubt dieser Glaube und was glaubt dieser Glaube? Zunächst zur ersten Frage: der Akt des Glaubens ist vitalistisch bestimmt. Die fides qua 'Leben' erhält eine negative und eine positive Zielbestimmung. Der Gehorsam und die Zerstreuung werden als Ziele des Lebens negiert; bejaht werden die Ziele "Sein und Werden". Der Akt des Glaubens ist in negierter wie in bejahter Finalität das Leben; wenn nun aber der Gehorsam und die Selbstzerstreuung als Zielbestimmung verneint werden, adversativ dazu das Sein und Werden als Zielbestimmung bejaht werden, wie verhält sich dann das negierte Ziel zum bejahten? Etwa wie jugendlicher Ausgangspunkt zu erwachsenem Zielpunkt? Oder übt das verneinte Ziel einen Notwendigkeitsdruck in Richtung auf das bejahte Freiheitsziel aus? Eher Letzteres. Gehorsam und Selbstzerstreuung sind dann die antreibende Not, die durch Selbst-Sein und Selbst-Werden überwunden wird. Schleiermacher hat hier einen pädagogisch-ethischen Grundvorgang beschrieben[51], der von der Antithese zur These fortschreitet; woher jedoch kommt die Kraft, sich von der Negation zu entfernen? Offenbar von der Not selber her: der Glaube der Bekennenden will ein Leben als eigenes Sein und Werden im Unterschied zur Fremdbestimmung durch Gehorsam und Zerstreuung. Wie verhalten sich nun Sein und Werden zueinander? Besteht das Sein im Werden? Im Immermehr-Werden dessen, was man ist?[52] Offenbar! Hier gilt dieser Gedanke, der sich auch in den Monologen findet: Werde immer mehr, was du bist – personengemäß für die Frau.

Der Glaubenssatz: Ich glaube, daß ich lebe, um zu sein und zu werden, läßt natürlich fragen: um was als Frau zu sein und um was als Frau zu werden? Das, wäre zu antworten, was sie gemäß den Geboten schon ist. Die Frau ist die, die ein Verhältnis zu sich selbst aufstellt und aufrechterhält und dieses Verhältnis zu sich selbst auch zu anderen in Beziehung setzt. Was das Sein und Werden beinhaltet, ergibt sich aus dem realitätsbezogenen Sollen, wie es sich in den Geboten beobachten ließ.

---

51 Monologen, S. 50/37 heißt es entsprechend: "Wer sich zu einem bestimmten Wesen bilden will, dem muß der Sinn geöffnet sein für Alles, was er nicht ist" Vgl. auch Monologen, S. 87/51: "Ja, Bildung wird sich aus der Barbarei entwickeln und Leben aus dem Todtenschlaf! Das sind die Elemente des beßern Lebens ...".

52 Vgl. Monologen, S. 104/57: "Leb ich doch im Bewußtsein meiner ganzen Natur. Immer mehr zu werden, was ich bin, das ist mein einziger Wille;

Der Glaubensbekenntnissatz: Ich glaube, daß ich lebe, um zu sein und zu werden, - ist ein Satz, der den Glauben an Jesus Christus, Gottes eingeborenen Sohn, unsern Herrn, vertritt. Das Leben aus dem Glauben an das eigene Sein und Werden vertritt damit als anthropologisch-frauliches Bekenntnis zum eigenen Sein und Werden das christologische Bekenntnis.

"... und ich glaube an die Macht des Willens und der Bildung ...", fährt dieses Glaubensbekenntnis fort. Hier ist das genannt, was der Glaube glaubt: die fides quae. Bevor ich auf diese meine zweite Frage eingehe, werfe ich einen Blick auf den synoptischen Vergleich mit dem Apostolikum. Dieser Vergleich lehrt bezüglich des Schleiermacherschen Glaubensbekenntnisses dieses: Es kennt keine Empfängnis des Erlösers vom Hl. Geist, statt dessen den Glauben an die Macht des Willens; es kennt kein Wunder der Geburt des Gottmenschen, statt dessen den Glauben an die Macht der Bildung; Zielbestimmung dieser Willens- und Bildungsmacht ist die Wiederannäherung der Bekennenden an das Unendliche.

Woher entsteht diese fides quae, dieser Glaube an die Macht des Willens? Offensichtlich aus jener Willensfreiheit, die sich in 9 Geboten das "Dusollst"" selbst auferlegt hatte. Und dabei war diese Willensfreiheit so stark, bestimmte, je verschiedene Notwendigkeiten in den Geboten 3) und 6) bis 8) zu beachten. Ferner: Woher entsteht jene fides quae, die die Macht der Bildung zu ihrem Inhalt hat? Ersichtlich aus jenem Sich-Gelüsten-Lassen nach der Männer Bildung im 10. Gebot. Hier im Bekenntnis sind die Willensakte des 1. bis 9. Gebotes und die Begier nach Bildung des 10. Gebotes in Richtung auf die in ihnen angesprochene Macht transzendiert.

Beide Mächte: die des Willens und die der Bildung, werden einer Zielbestimmung unterworfen: es geht um Wiederannäherung ans Unendliche. Da es bei diesem Glauben an die Macht des Willens und der Bildung um einen erlösenden Glauben geht, ist die Frage nach der Inhaltsbestimmung der Sünde - gemäß der Interdependenz von Hamartiologie und Soteriologie - zu stellen. Hier zeigt sich nun unabweisbar, daß das Endliche, dem die Frau verhaftet ist, "die Fesseln der Mißbildung" sind. Wo immer sie sich also von den Fesseln der Mißbildung erlöst, nähert sie sich qua Willens- und Bildungsmacht wieder dem Unendlichen von Bildung und, ist mit dem 10. Gebot fortzufahren, von Kunst, Weisheit und Ehre an.

Es ist auffällig: Schleiermacher beschreibt die Erlösung, die eine Selbsterlösung ist, als einen Bildungsprozeß in der Form der Annäherung an das Unendliche, wovon die Frau getrennt worden ist oder sich getrennt hat. Dabei ist der Bildungsvorgang anscheinend nach dem Schema von Trennung und Wiederannäherung in Anlehnung an die Lebensbewegung der Liebe beschrie-

---

jede Handlung ist eine besondere Entwicklung dieses Einen Willens ...".

en. Findet sich dieser Gedanke noch öfter in Schleiermachers Jugendwerk? Kann er von dort zur Erhellung unserer Stelle hier herangezogen werden? n der Tat! In den Monologen, und zwar im zweiten Monolog: "Prüfungen" wird die Bildung des Gebildeten als Annäherung beschrieben; dieser teilweisen Annäherung steht das schöne Ideal der vollkommenen Vereinigung in Liebe und Freundschaft gegenüber; vollendete Annäherung ans Unendliche geschieht dann, wenn man wieder in den Schoß der Unendlichkeit zurückkehrt, also im Tode[53]. So ist also der Gedanke von der Entfernung und Annäherung an der Bildung, an der Liebe und Freundschaft und an Geburt und Tod ausgelegt.

Das bedeutet für unsere Passage im 2. Glaubensartikel, daß die Wiederannäherung ans Unendliche das Unendliche sowohl der Bildungsinhalte wie auch der Menschheit meint.

Die Leidensstationen des vergangenen Leides des Erlösers sind im weiteren Verlauf des Glaubensartikels Schleiermachers gegen die Zielbestimmung der Selbsterlösung aus den Fesseln der Mißbildung ausgetauscht worden. Geschickt ist damit die soteriologische Kraft des Leidens aufgenommen. Die erlösende Kraft erwächst hier aber nicht aus dem Leiden und dem Tod des Erlösers, sondern aus dem Glauben an die Willens- und Bildungsmacht mit der Zielbestimmung der Selbsterlösung aus den Fesseln der Mißbildung. Damit korrespondiert zu dieser Soteriologie eine Hamartiologie, die die Sünde der Substanz nach kognitiv und in ihren repressiven Folgen existentiell-lebensgeschichtlich und rollengeschichtlich bestimmt.

Der Glaube an die "Auffahrt gen Himmel" ist gegen den Glauben an die Willens- und Bildungsmacht mit der Zielbestimmung: sich von den Schranken des Geschlechts unabhängig machen – ausgetauscht. Das ist auch ganz systemgemäß, denn im 1. Artikel schienen ja auch Himmel und Erde durch Männlichkeit und Weiblichkeit ersetzt zu sein[54]. Sich-unabhängig-Machen von den Schranken des Geschlechtes (sc. des weiblichen, versteht sich) ist eine Zielbestimmung, die an der Bildung, Kunst, Weisheit und Ehre der Männer inhaltlich gemäß dem 10. Gebot orientiert ist.

Zu dieser dreifachen Zielbestimmung sei noch ein präzisierender Gedanke hinzugefügt. Es stellt sich die Frage, wie sich diese drei Ziele der Willens- und Bildungsmacht zueinander verhalten. Offenbar sind ja das "Sich-dem-Unendlichen-Nahen" und das "Sich-aus-den Fesseln-der-Mißbildung-Erlösen" von der Bekennenden ausgelöste Selbstbewegungen, die von der Notwendigkeit der Macht des Willens und der Bildung ausgehen. Die Selbstbewegung des Sich-von-den-Schranken-des-Geschlechts-unabhängig-Machens steht den beiden anderen intendierten Notwendigkeitsakten als intendierter Freiheitsakt gegenüber. Dabei haben die Fesseln der Mißbildung wieder jene Funktion und

53 Monologen, S. 65 f./43.   54 Vgl. hier S. 182 f.

Kraft der Negation, die die Position: hier Unabhängigkeit von den geschlechtsspezifischen Schranken – hervorbringen hilft[55] . – Eine Spannung
zwischen der fides quae des Schöpfungsglaubens und der fides qua und fides
quae des Erlösungsglaubens läßt sich nicht konstatieren.

4.2.4. Der Glaube nach dem 3. Glaubensartikel

Der Glaube an den Hl. Geist ist ersetzt durch den Glauben an Begeisterung
und Tugend. Es bedarf der Klärung, was die fides quae Begeisterung und
Tugend beinhalten. Der Text des Katechismus liefert dazu leider kein inter-
pretatorisches Material, wohl aber die Vertrauten Briefe.

Dort steht die Begeisterung im Zusammenhang mit dem Gott, der in den
Liebenden sein muß; deren Umarmung ist seine Umschließung, die die Liebenden im gleichen Augenblick gemeinschaftlich fühlen und hernach auch wollen.
Im Fortgang dieser Gedanken heißt es dann wörtlich: "Ich nehme in der
Liebe keine Wollust an ohne diese Begeisterung und ohne das mystische, welches hieraus entsteht ... [56]. Des Gottes Einwohnung und Umschließung, die
gemeinschaftlich gefühlt werden, sind also die Inhalte der Begeisterung;
daran glaubt die Frau deswegen, weil sie hier ein notwendiges Handeln der
Gottheit erlebt, ohne welches Handeln die Liebe zu einem Machwerk des Menschen würde. Wie paßt dazu der Glaube an die Tugend, die zum Glauben an
die Begeisterung hinzugefügt ist? Um diese Frage beantworten zu können,
muß man wissen, wie Schleiermacher den Begriff der Tugend definiert. Auch
hier schweigt sich der Katechismus aus und die Vertrauten Briefe sind zu
Rate zu ziehen.

Im "Versuch über die Schamhaftigkeit"[57] erfahren wir, daß zum Begriff einer
Tugend ein Inhalt gehört, worunter Vorstellungen verstanden werden. Schamhaftigkeit ist beispielsweise eine solche Tugend. Schon dieser Hinweis allein
genügt, um die Interpretation an unserer Stelle voranzutreiben. Denn die
Formulierung: Ich glaube an Begeisterung und Tugend – erfaßt dann zwei
Gegensätze; das "Und" scheint ein herausgehobenes "Und" von fast adversa-
tivem Charakter zu sein, so daß dieses Bekenntnis paraphrasiert werden
könnte: Ich glaube an Begeisterung durch den Gott der Liebe und dennoch
dabei gleichzeitig an die Tugend wie Schamhaftigkeit, Treue, Wahrhaftigkeit,
Freundschaft (vgl. das 1. Gebot!) etc.

Statt des Glaubensinhaltes "heilige allgemeine christliche Kirche" bekennt
die Frau den Glauben an die Würde der Kunst und den Reiz der Wissenschaft. Auf den Zusammenhang des 10. Gebotes mit diesem Glauben, also auf
den systematisch-theologischen Zusammenhang von Ethik und Dogmatik hatte
ich schon hingewiesen; ich verweise daher an diesem Ort nur nochmals

---

55 Vgl. hier S. 183 u. Anmkg. 51. 56 Vertr.Br.,S. 4/105.   57 Vertr.Br., S.
    50/108.

darauf zurück.

Der Glaube an Kunst und Wissenschaft anstelle eines Glaubens an eine religiöse Gemeinschaft kann nicht so überraschend sein, wenn man Schleiermachers spätere Ausführung zum Übergang von Kunst in Religion am Ende
der 3. Rede im Ohr hat[58]. Der Glaube an die Wissenschaft ist im Unterschied
dazu so von Schleiermacher später nicht mehr ausgesprochen worden.

Wenn ich zusammenfassend vom Glauben an die Kunst und an die Wissenschaft gesprochen habe, habe ich den Genetiv bei der "Würde der Kunst" und
bei dem "Reiz der Wissenschaft" als Genetivus auctoris interpretiert. Nun ist
noch offen, welche Funktion die "Würde" und der "Reiz" haben. Die "Vertrauten Briefe" sind uns auch hier nützlich. Die Aufgabe der Kunst wird dort
in Sachen der Religion der Liebe wie folgt beschrieben: "Nächst ihnen (sc.
den Frauen) ist das einzige, was den Menschen zu einer richtigen Anschauung von dieser Sache (sc. der Schamhaftigkeit) verhelfen kann, die Kunst,
wenn sie dasjenige, was sein soll und darf, in ihren Werken hervorbringt.
Die bildende Künste können sich Momente der Liebe zu ihren Darstellungen
wählen, und so beweisen, daß es auch hier eine Schönheit giebt, die den
Gegenstand würdig ausdrückt und einhüllt, ohne das Gefühl zu verletzen und
die Leidenschaft loszulassen. Besonders aber haben viele Gattungen der
Poesie den eigensten und nächsten Beruf zu zeigen, wie sich innerhalb der
Grenzen des Schönen die beiden entgegengesezten Arten der Schamhaftigkeit
vereinigen lassen"[59]. Der Glaube an die Würde der Kunst glaubt also an
würdigen Ausdruck und würdige Einhüllung der Schönheit ohne das Gefühl
zu verletzen und die Leidenschaft loszulassen.

Zum Glauben an den Reiz der Wissenschaft führen die Vertrauten Briefe
aus: "Jede Vorstellung läßt eine dreifache Beziehung zu, wenn sie vor das
Bewußtsein gebracht wird: sie kann zur Erkenntniß eines Gegenstandes verarbeitet werden, die Fantasie kann sie in Beziehung auf die Idee des Schönen
bringen, und sie kann als Reiz an das Begehrungsvermögen gebracht werden"[60]. "Reiz" ist demnach offenbar ein Begriff, den Schleiermacher im Zusammenhang mit dem Begehrungsvermögen denkt. Diesen Zusammenhang ergab
ja auch die Formulierung des 10. Gebotes: Laß dich gelüsten nach der
Männer Bildung etc.

Der Satz: "Ich glaube ... an den Reiz der Wissenschaft" glaubt also, daß
von der Vorstellung der Wissenschaft ein Reiz an das Begehrungsvermögen
der Frau gebracht wird. Dies ist gewiß nicht im Sinn einer modernen Wissen-
schaftsgläubigkeit zu interpretieren, sondern gemäß dem 10. Gebot vielmehr
im Sinne eines Glaubens, der sich zur Wissenschaft hinziehen läßt und diese
Welt als attraktiv für die Frau ansieht. Wenn das Glaubensbekenntnis fort-
fährt: Ich glaube ... "an die Freundschaft der Männer und die Liebe zum

---

58 "Reden", S. 165 f.   59 Vertr.Br., S. 73/119.   60 Vertr.Br., S. 64/114.

Vaterlande", so scheint dies die Stellvertretung der "Gemeinschaft der Heiligen" übernommen zu haben. Ist dies von der Religion der Liebe her sachge-
mäß? Ganz offensichtlich, denn es geht hier um die Gemeinschaft mit der
Männern. Seit dem 1. Gebot ist die Beziehung zu ihnen auf die Freundschaf
festgelegt, so daß wir auch hier wieder den Glaubensinhalt vom "Du Solls
..." des Gebotes her erstellt finden, der Glaube auf dem Gebot und dami
letztlich Dogmatik auf Ethik gründet. Glaubt sie also hier, was sie sich
selbst zum Gesetz gemacht hatte[61], so taucht die Liebe zum Vaterlande anscheinend unvermittelt auf. Ich stelle deswegen an dieser Stelle diesen Glaubensinhalt zunächst zurück und gehe weiter unten nochmals darauf ein.

Als vorletzter und letzter Glaubensinhalt werden vergangene Größe und
künftige Veredlung genannt. Während der Glaube an die künftige Veredlung
wohl den Glauben an ein ewiges Leben substituiert, ist der Glaube an vergangene Größe sehr wahrscheinlich als Substitut für die Auferstehung des
Fleisches anzusehen. Dies scheint auch ganz systemgemäß zu sein. Denn wenn
der eschatologische Glaube an ein ewiges Leben durch den teleologisch erreichbaren Gehalt einer zukünftigen Veredlung ersetzt wird, dann muß dieser
Austausch eschatologischen Glaubens gegen teleologisches Denken auch bei
der Auferstehung des Fleisches vorgenommen werden.

So stellt sich der Glaube an vergangene Größe als Auferstehung in die
geistige Größe in der Vergangenheit dar, der Glaube an die zukünftige Veredlung als Glaube an ein "ewiges" Leben in der Zukunft durch Veredlung
(sc. des Geistes?) vor.

Wenn diese Beobachtungen am Text zutreffen, fragt sich, was Schleiermacher aus dem Glauben an die Vergebung gemacht hat; sollte etwa die Liebe
zum Vaterland diesen Glauben ersetzt haben? Ich wage die Frage nur zu
stellen und will ihre Beantwortung offen lassen. In der Synopse habe ich
die Liebe zum Vaterlande der Gemeinschaft der Heiligen zugeordnet, aber daß
die Liebe zum Vaterlande zu der damaligen Zeit die Menge der Sünden zu-
decken könnte, läßt sich zumindest als Frage stellen.

Zurück zu den teleologisch-ethischen Ersatzstücken ehemals eschatologisch-
dogmatischer Gehalte: was als Auferstehung des Fleisches ehemals leiblich-
ganzheitlich gemeint war, ist hier nur noch geistig-geschichtlich gefüllt. Und
der Glaube an die künftige Veredlung ist ein Glaube der "edlen Frau", die
sich selbst nach Bildung, Kunst etc. (gemäß 10. Gebot) gelüsten läßt.

Eine letzte Beobachtung: Ein Amen schließt dieses Glaubensbekenntnis nicht
ab, wozu auch, da die Frau die Gebote für sich selbst definiert hat und der
Glaube sich, wie gezeigt, auf ihnen gründet. Eine Angewiesenheit auf eine
übergeordnete Macht, die die Gebote erfüllen hilft, oder eine Vergewisserung

---

61 Vertr.Br., S. 51/109 spricht vom Menschen als dem, der "... sich selbst
   das Gesetz macht ...".

in einer Macht, die den Glauben in seinem Unglauben stützt, kann daher nicht entstehen.

4.3.1. Das Vernunftverständnis des Katechismus

Nach der Einzelinterpretation verlangt der Katechismus abschließend nach einer Klärung dessen, was er unter Vernunft vorausgesetzt und dargestellt hat. Der Begriff selber taucht ja im ganzen Katechismus nur einmal, eben in der Überschrift als "Idee zu einem Katechismus der Vernunft für edle Frauen" auf. Bevor ich nun an Hand der Begriffe des Umfeldes der Vernunft zur Beschreibung des komplexen Vernunftverständnisses des Katechismus fortschreite, möchte ich die Vertrauten Briefe heranziehen.

In ihnen taucht die Vernunft in zusammengesetzten oder verwandten Begriffen auf. So wird auch dort von "edlen Frauen" gesprochen: "Wenn der Unverstand oder die Bosheit sich laut machen, sollte eine edle Frau schweigen?"[62] . Das Zitat gibt zu erkennen, daß der Adel der Frau mit Verstand (- im Sinne von Verstehen[63] -) und Güte gepaart ist; das läßt aber immer noch offen, was Vernunft beinhaltet.

Das Adjektiv "vernünftig" taucht zweimal auf; von "einigermaßen vernünftigen Menschen" [64] ist da die Rede, auch von "leidlich vernünftigen Menschen" [65]; beide Verwendungen lassen den genaueren Zusammenhang mit dem Liebesverständnis aber nur undeutlich hervortreten. Soviel wird jedoch klar: zumindest die Wendung gegen Fichtes Ehetheorie[66] ist bei diesem Vernunftverständnis mitimpliziert, doch was sagt diese Abgrenzung schon über die positive Füllung des Begriffes aus? Auf diese gehe ich nun unter der Überschrift "Elemente der Vernunft"[67] in Anlehnung an Schleiermachers Formulierung[68] ein. Es handelt sich offenbar um eine praktische setzende Vernunft, denn die Frau macht sich selbst die Gesetze, nach denen sie ihr Sexualleben gestalten will. Dabei ist diese autothetische Gesetzgebung durch ein Wechselspiel von Freiheit und Notwendigkeit vor reiner Übermacht der Freiheit im Sinne der Willkür bewahrt. Besonders trat dies im 2. Gebot[69] zutage, daß die Freiheit mit Rücksicht auf die für die Frau selbst negativen Folgewirkungen

---

62 Vertr.Br., S. 24/96.
63 Vgl. Vertr.Br., S. 26/97; dort ist von edlen Frauen die Rede, deren Beruf doch einmal die Liebe ist, und die notwendig (!) etwas davon verstehen müssen.
64 Vertr.Br., S. 33/100.
65 Vertr.Br., S. 35/101.
66 Vertr.Br., S. 38/103.
67 Vertr.Br., S. 21/94 reden von "Elementen der Unvernunft; gemeint ist dort offensichtlich "das Herrschende in der Welt".
68 A.a.O.
69 Im 3. Gebot lassen sich ähnliche Folgewirkungen beobachten: "Du sollst von den Heiligthümern der Liebe auch nicht das kleinste mißbrauchen; denn die wird ihr zartes Gefühl verlieren, die ihre Gunst entweiht und sich hingibt für Geschenke und Gaben, oder um in Ruhe und Frieden

eingeschränkt wurde. Eine Vernunft, die die Folgewirkung des Handelns noch vor
der Tat bedenkt, ist eine individuell-lebensgeschichtlich orientierte Vernunft
gleichwohl beansprucht sie auch allgemeinen Charakter, denn sie macht ja allgemeine Gesetze, die sich jede "edle Frau" vorhalten soll. Über dieser Vernunft ist die
Natur der Frau als Wächterin gedacht, die richtend und rächend herrscht. Die Beachtung der Realität des Mannes weist diese gesetzgebende Vernunft als eine durc
die geschichtliche Wirklichkeit begrenzte Vernunft aus: hier ist es die Reali
tät, die mit einem Notwendigkeitsdruck einengend auf die Vernunft wirkt. S
zwischen die eigene Natur und die Realität des Mannes gestellt, bestimmt die Frau
ihr Verhältnis zu sich selbst, das als dieses Verhältnis eine Geschichte dieses Verhältnisses erleben wird. Elemente dieser Vernunftgesetzgebung sind also das
ethische Kalkül, das die individuellen Konsequenzen bedenkt, – die necessita
consequentiae engt die Freiheit des Selbstverhältnisses ein, – und das be
wußte Einengen von Freiheit mit Rücksicht auf die eigene Natur und die Rea
lität des Mannes.

Diese Vernunft kennt im 4. Gebot auch einen Gott über sich: er sendet den
Augenblick der Umschließung, damit aber auch den Sabbath des Herzens. Dieser Augenblick substantiiert in gewisser Weise alle fernere Zeit mit Liebe;
ich sage in gewisser Weise, denn abgelöst vom Handeln des Gottes ereignet
sich die Liebe nicht. Hier geht es um ein Entweder – Oder: Lieben, durch
Liebe schöpferisch vollendet werden, auch im geistigen Sinne, oder zugrunde
gehen.

Der Augenblick, Das Entweder- Oder von Leben oder Tod, das Verhältnis
zu sich selbst, das bewußt aufrecht erhalten wird: das sind Elemente eines
lebensphilosophisch gewonnenen Vernunftverständnisses. Diesen Gott der Liebe
respektiert diese Vernunft im 4. Gebot, aber auch im 6., 7. und 8. Gebot.
Deswegen ist Absichtlichkeit in Sachen der Liebe letztlich Blasphemie, deswegen sind absichtliches Lebendigmachen wie absichtliches Eheschließen mit der
Aussicht des Ehebruches verboten.

Als Element dieser Vernunft muß ihre emanzipatorische Stoß- und Zielrich-
tung genannt werden: wir finden sie im 9. und 10. Gebot sowie im 2. und
3. Glaubensartikel vor. Die Einheit in der Menschheit bleibt aber im Handeln
wie Glauben dieser Vernunft das Maß der Emanzipation. Zum Beschluß eine
letzte Frage: Was macht den Adel der "edlen Frau" aus, die sich diesen Katechismus der Vernunft sagt?

Die Antwort auf diese Frage muß sich wohl auf den 3. Glaubensartikel
stützen: Dort glaubt sie auch an die eigene künftige Veredlung. Ihr Adel
als zukünftiges, edleres Leben wird dann aber schon seit dem 2. Glaubensartikel als gegenwärtiges Sein und Werden, als Glaube an die Willens- und
Bildungsmacht, als Selbsterlösung aus den Fesseln der Mißbildung und als
    Mutter zu werden".

Unabhängigkeitsstreben von geschlechtsspezifischen Schranken zu beschreiben sein.

4.3.2. Das theologische Profil des Katechismus

Es ist davon geprägt, daß der Katechismus den Glauben auf die Gebote und damit die Dogmatik auf die Ethik gründet, daß die Ethik aus einer auto-thetischen Vernunftgesetzgebung entspringt, die dennoch das theodote Element in den Gaben der Liebe anerkennt, daß die Dogmatik auf einer fides qua gründet, die das eigene Sein und Werden als Selbsterlösung aus den Fesseln der Mißbildung glaubt, daß die fides quae eine Menschheit ist, die in Mann und Frau schöpferisch in Richtung auf eine leiblich-geistige Einheit wirkt. Die Transzendenz des selbstgesetzten Sollens ergibt den Glauben an die Macht des Willens und der Bildung. Der Glaube ist seinem Gehalt nach volunta-ristisch-kognitiv (-insofern ist dies ein reformierter Katechismus!) und seiner Struktur nach eine Transzendierung von Willensmacht, die sich in der Imma-nenz der ethischen Akte aufbaut. Dies alles ist eine Theo-Anthropologisie-rung theologischer Gehalte, wie sie die Vertrauten Briefe wie folgt charakte-risieren: "Ich kann Dir nicht beschreiben, wie mir zu Muthe ist; ich fühle in mir selbst die Allgewalt der Liebe, die Gottheit des Menschen und die Schönheit des Lebens"[70]. Ein Ineffabile ist also auch noch zu beachten! Wen wundert's bei dem individuell-allgemeingültigen Charakter der Vernunft bei Schleiermacher?

Zur näheren Einordnung in die Typen der Ethik, die die Geschichte der Ethik gezeitigt hat, läßt sich die Ethik der Gebote des Katechismus als eine Güterethik bestimmen, bei der die Bewahrung bestimmter Güter entsprechende Pflichten aus sich gebiert. Solche Güter sind die Exklusivität der Individual-liebe; Männerfreundschaft; Liebesheiligtümer; Herzenssabbath; Kindereigentüm-lichkeit und -willkür; Leben, Ehe und Liebe als Gottesgeschenk; Wahrheit; Bildung, Kunst, Wissenschaft und Ehre. Die Begründungszusammenhänge sind nicht mehr der Vergangenheit entnommen, sondern in die gemäß dem Gegen-wartshandeln erwartbare Zukunft verlagert. - Die Dogmatik des Glaubensbe-kenntnisses formuliert den Glauben einer Frau, die glaubt, was sie tut. Han-delt der 1. Artikel von der Menschheit als einem creator continuatus et con-tinuans, so der 2. von der Frau, ihrem anthropologisch-christologisch be-stimmten Sein und Werden, aus dem die Willens- und Bildungsmacht ent-springt, die auch die Kraft zur Selbsterlösung von Mißbildung in sich trägt. Ziel ist die Unabhängigkeit von den weiblichen Geschlechtsschranken. Im 3. Artikel scheint das Schöne, Wahre und Gute als Ordnungsschema der Glau-

---

70 Vertr.Br., S. 132/146.

bensinhalte auf: das Schöne von Liebesbegeisterung und Tugend und Kunst das Wahre von Wissenschaft, Freundschaft und Vaterland und das Gute von vergangener Größe und künftiger Veredlung.

ANHANG: abgekürzt zitierte Literatur

Athenaeum   Athenaeum, von August Wilhelm Schlegel und Friedrich Schlegel. Fotomechanischer Nachdruck. Stuttgart 1960. Bd. 1.

Bekenntnisschriften   Bekenntnisschriften und Kirchenordnungen der nach Gottes Wort reformierten Kirche, von W. Niesel. 3. Auflage, Zürich o.J.

Denkmale   Denkmale der inneren Entwicklung Schleiermachers, erläutert durch kritische Untersuchungen. In: W. Dilthey, Leben Schleiermachers. Berlin 1867 (getr.Pag.).

Fichte   Johann Gottlieb Fichte, das System der Sittenlehre nach den Prinzipien der Wissenschaftslehre. Erste Ausgabe 1798. In: Fichtes Werke, herausgegeben von Immanuel Hermann Fichte, Band IV. Berlin 1971.

Kat. d. V.   Idee zu einem Katechismus der Vernunft für edle Frauen. In: Athenaeum S. 285-287.

Leben Schl.s   W.Dilthey, Leben Schleiermachers, Berlin 1867.

Monologen   Fr.Schleiermacher, Monologen. Eine Neujahrsgabe. Berlin 1800. Zitiert nach Fr.Schleiermacher, Kleine Schriften. 1800-1820, bearbeitet von Hyo Gerdes. Berlin 1970. Die erste Seitenangabe betrifft die Zählung der Erstausgabe, die zweite Seitenangabe die Zählung bei H. Gerdes.

Reden   Fr.Schleiermacher, Über die Religion. Reden an die Gebildeten unter ihren Verächtern. Hamburg 1961. Die Seitenzählung erfolgt nach der Erstauflage.

Tabulae   Tabulae librorum e bibliotheca defuncti Schleiermacher ... derelictorum ... per D.Rauch. Berlin 1835.

Tice   Terrence N. Tice, Schleiermacher Bibliography. With brief introductions, annatations and index. Princeton, N.J. 1966.

Vertr. Br.   Fr.Schleiermacher, Vertraute Briefe über Fr.Schlegels Lucinde. Lübeck u. Leipzig 1800. Zitiert nach Fr.Schleiermacher, Kleine Schriften. 1800-1820, bearbeitet von Hayo Gerdes. Berlin 1970. Die erste Seitenangabe betrifft die Zählung der Erstausgabe, die zweite Seitenangabe die Zählung bei H.Gerdes.

SCHLEIERMACHERS AUFFASSUNG VON DER EHE

von Harald Knudsen

Schleiermachers Auffassung von der Ehe kann uns Heutige, die wir mehr als 150 Jahre nach ihm leben, aus mehreren Gründen interessieren. Einer dieser Gründe muß sicher in der kulturgeschichtlichen Bedeutung gesucht werden, die Schleiermacher als einem der geistigen Repräsentanten seiner Zeit zukommt. "Die Reden über die Religion an die Gebildeten unter ihren Verächtern" aus dem Jahre 1799 ist zu einer Art Programmschrift des Zeitgeistes geworden. Schleiermacher schrieb sie aus der Absicht heraus, die christliche Religion mit dem allgemeinen Bildungsbewußtsein der Epoche zu versöhnen. Solche Verbindungen zwischen Christentum und Vernunft, in der die Kultur ihr wichtigstes Ideal erkannte, lagen Schleiermacher zeit seines Lebens am Herzen. In all seinen Schriften hat er sich um solche Verbindungen bemüht, die der Vernunft zur Einsicht in den Glauben und den Glauben zum Erkennen durch die Vernunft verhelfen sollten. In dieser Intention zumindest war er auch mit seinen Antipoden - wie etwa Hegel - durchaus verbunden, wobei er im Laufe seiner theologischen Entwicklung - dies zeigt die Zeit zwischen 1799 und den Erscheinungsjahren der Glaubenslehre (1. Aufl. 1821/22; 2. Aufl. 1830) nur zu deutlich - die idealistischen Bindungen seines Denkens abzustreifen versuchte.

Gleichwohl spiegelt gerade seine Auffassung von der Ehe den spezifischen Idealismus Schleiermacherscher Prägung wider, der generell in seinen grundlegenden Konzepten zu finden ist. Für Schleiermacher war das Thema "Ehe" so bedeutend, daß sich in ihm die wichtigsten Motive seines Denkens wiederfinden. Kein Wunder also, daß sich relativ mühelos die innere Zusammengehörigkeit dieses Themas mit der Ethik und den zentralen Stücken der Glaubenslehre, der Christologie, der Lehre von der Kirche bzw. dem Heiligen Geist herstellen läßt. In der Lehre von der Ehe lag so etwas wie ein Kernbereich seiner geistigen Existenz. Insofern sind wir bei der Erörterung dieses Gegenstandes in der glücklichen Lage, den weit ausgreifenden, um nicht zu sagen enzyklopädischen Geist Schleiermachers in einem sehr anschaulichen Beispiel zu fokussieren. So hat unser Interesse an diesem Thema auch systematische Gründe.

In seiner romantischen Sturm- und Drangzeit war Schleiermacher noch keineswegs der Überzeugung, daß die "Ehe die innerste Tiefe der Liebe aufdeckt" (Pr, S. 230). Die "Reden", die "Monologen" und auch sein öffentliches Eintreten für Fr. Schlegels "Lucinde" in "Vertrauten Briefen" sprechen eine andere Sprache. Und nicht nur das: Schleiermacher selbst hat eine nicht zu übersehende Wende in seiner persönlichen Entwicklung durchgemacht. Hiervon zeugt seine Beziehung zu Eleonore Grunow, der Frau eines Berliner Predigers,

und wie man in den einschlägigen Zeugnissen lesen kann, durchaus unerfreu-
lichen Zeitgenossen. In einem Brief vom 1. 7. 1801 an seine Schwester Charlotte berichtet Schleiermacher von der entscheidenden Begegnung mit E
Grunow, in der sie beide zu der Erkenntnis kamen, daß sie sich liebten
Als sie sich über die Tiefe ihres gegenseitigen Gefühls klar wurden, drängt
Schleiermacher sie zur Scheidung, der sie sich nicht vornherein verschließen
wollte. Doch zögerte sie die Entscheidung immer wieder hinaus, weil sie sich
auch in einer schwierigen Ehe durch ihr Gewissen gebunden glaubte. So ver-
gingen vier qualvolle Jahre, bis sie sich dann doch für eine endgültige
Trennung von ihrem Mann zu entschließen schien. Der Verhandlungstermin
für die Scheidung war festgesetzt; der Gatte, dessen Haus sie bereits verlassen hatte, um bei ihrem Bruder Schutz zu finden, willigte ein. Am Tage
vor dem Gerichtstermin, der über ihre Scheidung befinden sollte, packte sie
die "alte ängstliche Gewissenhaftigkeit", (Brief an Gaß, S. 38) und sie kehr-
te in das Haus ihres Gatten zurück. Mit Schleiermacher brach sie den Kontakt völlig ab. Schleiermacher, der hierüber seinem Freund Gaß in einem
Brief vom 16. 11. 1805 berichtet, war tief getroffen. Nur schwer hat er diese
Trennung verwunden; er ist lange Zeit darüber nicht hinweggekommen. Be
einer 14 Jahre später sich ereignenden Wiederbegegnung meinte er zu ihr
"Gott hat es doch gut mit uns gemacht." (bei Rade, S. 63) Inzwischen hatte
Schleiermacher selbst 1809 Henriette v. Willich, die Witwe eines Jugendfreun-
des geheiratet.

In das Jahr 1818 fällt die Abfassung der beiden für Schleiermachers Eheauffassung repräsentativen Ehestandspredigten, die sich im Rahmen von Predigten über den christlichen Hausstand befinden. Hier versteht Schleiermacher
die Ehe als u n a u f l ö s l i c h e Stiftung Gottes. Nach der Trennung
von Eleonore Grunow hat sich Schleiermachers Eheauffassung offenbar gewandelt.

Dennoch verleugnet Schleiermacher auch jetzt vergangene Entwicklungspha-
sen nicht. Für die Frühzeit Schleiermachers besonders aufschlußreich sind
die "Vertrauten Briefe über Fr. Schlegels Lucinde". Dieser Lucinde-Roman
hatte in der damaligen Zeit Aufsehen erregt. Schleiermacher ist freundschaft-
lich, aber keineswegs so akklamativ auf diese Briefe eingegangen, wie man
es später in ihn hat hineinlesen wollen. Dennoch muß man in den "Vertrauten Briefen" eine Verteidigungsschrift für Fr. Schlegel sehen. Für Schlegel
– nach den Worten Diltheys – ein "Genie für Sprache und Literatur" (Dilthey
S. 497) war wie für Schleiermacher der Gegensatz zwischen Freiheit und Notwendigkeit das große Problem seines Denkens, das sich in seinem dichterischen Schaffen und seinen gesellschaftlichen Maximen widerspiegelte. Gal
ihm die Bindung an die Gesetze der ästhetischen Form und damit an die Notwendigkeit der Werktreue unumstößlich, so will er für das Zusammenleben

der Geschlechter von der Freiheit her "eine Moral stiften" (Dilthey, S. 497). Er kämpfte für sein Ideal der Selbständigkeit der Frau, in der er Bildung, Enthusiasmus und einen festen Geist suchte. Hierzu dienten ihm auch eine geschichtliche und philosophischen Forschungen der griechischen Antike. Heute würde als Skandal angesehen, was den Alten in ihrer Freude am Eros Ausdruck von Kraft und Lebensgenuß war. Die Individualität und Selbständigkeit der Frau sei zugedeckt mit konventioneller Scheinsittlichkeit und Heuchelei, zugleich aber auch mit echter, rigider Sittlichkeit. Beides bedeutet für Schlegel die "Knechtschaft der Weiber" (Dilthey, S. 498). Dabei redet Schlegel nicht einem Vitalismus und Naturalismus à la Rousseau das Wort. Von diesem unterscheidet er sich durch die Ansicht, daß die Frau sich von kulturloser Unschuld zur Bildung zu erheben habe. Sie dürfe ihre Freiheit nicht an objektive Zwecke preisgeben und etwa auf die bürgerliche Sicherheit in einer Ehe spekulieren wollen. Freilich darf die Selbständigkeit der Frau ebensowenig einem trostlosen Mechanismus der Arbeit geopfert werden. Das Individuum soll sich selbst genießen; die "göttliche Faulheit" (Dilthey, S.499) schien ihm hierfür als paradoxes Vorbild das entsprechende Ideal zu sein. Von diesen noch von Dilthey als revolutionär empfundenen Gedanken verstand sich die Opposition gegen die Ehe von selbst. Die wahre Kultur entfaltet eine die Geschlechter verbindende und übergreifende gemeinsame Idee. Statt der Ehe als Institution entsteht aus freier Wahl eine Liebe, die ohne Zwang für das ganze Leben die tragende Bindung bedeutet; in ihr dürfen und sollen sich die Leidenschaften und sinnlichen Kräfte frei entfalten.

Dilthey, ein scharfer Kritiker Schlegels, bescheinigt dem Werk Aufrichtigkeit. Die künstlerische Qualität des Lucinde-Romans findet bei Dilthey ein ambivalentes Urteil. Ästhetisch betrachtet sei er ein "kleines Ungeheuer" (Dilthey, S. 501); daneben freilich würden Züge echter Poesie stehen. Der Charakter Schlegels hat für Dilthey allerdings etwas Widerwärtiges.

Die "Lucinde" war von Schlegel als psychologischer Entwicklungsroman gedacht. Julius, sein Held, durchläuft in den wilden Tumulten leidenschaftlicher Verirrungen alle Phasen abgründiger Begierden, um schließlich in Lucinde der geistesverwandten, modernen und selbständigen Frau zu begegnen; mit ihr findet er die wahre, von aller Konvention freie, gleichwohl beide unzertrennlich vereinende Liebe.

Schleiermachers Stellung zur Lucinde war zunächst die des mit dem Freunde verbundenen Apologeten, den es gegen die Doppelbödigkeit moralischer Entrüstung in Schutz zu nehmen galt: "Wie wunderschön und klar ist hier die Sehnsucht nach Liebe, die das Gemüt vernichten oder vollenden muß, und die Schmerzen, die ein Mensch, der zum höheren Leben bestimmt ist, zu leiden hat, ehe er geboren wird," (Dilthey, S. 493) schreibt er in seinen Vertrauten Briefen. Dennoch findet sich bei Schleiermacher eine durchgehende Kritik, mit der er auch dem Freunde gegenüber nicht hinter dem Berg hielt. Schlegel habe allzu autobiographisch sein Verhältnis zu seiner Geliebten Dorothea in der Lucinde untergebracht. Schleiermacher sprach von einer "öffentlicher Ausstellung" (Dilthey, S. 504), – vom Dilettantismus der Form ganz abgesehen. Nur mühsam war der Bruch mit Schlegel daraufhin zu vermeiden. Schlegel verstand es wohl, Schleiermacher um der Aufrechterhaltung der Freundschaft willen in Pflicht zu nehmen, um für ihn eine Verteidigungsschrift zu schreiben, – für ihn, der sich von allen Seiten der Kritik, ja dem Hohn ausgesetzt sah. Um des Freundes und dessen prekärer Lage willen, wohl auch, um es einem schmähsüchtigen Publikum nicht gar zu leicht zu machen und schließlich aus einer ursprünglichen Lust heraus, über die Moralität der Lucinde zu schreiben, entschloß er sich in den Vertrauten Briefen zu der heikler Aufgabe, Schlegel beizuspringen.

Seiner Kritik hat Schleiermacher freilich Gesichtspunkte entnommen, die für seine spätere, ausgereifte Form der Eheauffassung konstitutiv werden sollten. So ist ihm die Einheit von Geist und Sinnlichkeit in Schlegels Verständnis von Liebe nicht so deutlich, wie es Schlegel selbst behauptet hat. Die Liebe sieht Schlegel zudem als allzu wandelbar; die Ewigkeit der Liebe bezweifelt er für Schleiermacher in geradezu frevelhafter Weise. Außerdem schwebt diese Liebe wie auf Wolken, die von der Welt und ihren realen Bedingungen weit abgehoben sind. Schon für den jungen Schleiermacher gehören die Liebe des Mannes zu einer Frau und sein Gegründetsein in der Welt untrennbar zusammen.

Er kommt Schlegel in manchem wiederum nahe; so wenn er in einem der Vertrauten Briefe an Karoline schreibt: "Auch in der Liebe muß es vorläufige Versuche geben, aus denen nichts Bleibendes entsteht, von denen aber jeder etwas beiträgt, um das Gefühl bestimmter und die Aussicht auf die Liebe größer und herrlicher zu machen"; (Dilthey, S. 473) und weiter: "Hier Treue fordern und ein fortdauerndes Verhältnis stiften zu wollen, ist eine ebenso schädliche als leere Einbildung. Merke dir das, liebes Kind, Du wirst es brauchen, um über Deine ersten merklichen Anwandlungen von Leidenschaft und Liebe mit Dir selbst einig zu werden; und mache dir ja kein solches Hirngespinst von der Heiligkeit einer ersten Empfindung." (SW III, 1, S. 474) In dieser Zeit ist für Schleiermachers Ansichten von Liebe und Ehe vor allem der Individualitätsgedanke konstruktives Element. Der Wert der Individualität und deren Entwicklung steht ihm höher als der ethische Wert der Ehe. Die psychologische Dimension der Liebe und die ethische der Ehe sind daher ineinander verwoben. Darin zeigen sich seine Vertrauten Briefe mit den Reden über die Religion und den Monologen verwandt. Um 1800 kann er also noch sagen, daß die Ehe nicht das Ende der Entwicklung der Individualität sei oder sein muß, obowhl der Mann durch die Liebe an "Einheit gewinnt, an

Beziehung alles dessen, was in ihm ist, auf den wahren und höchsten Mittelpunkt, kurz an Klarheit des Charakters; die Frau dagegen an Selbstbewußtsein, an Ausdehnung, an Entwicklung aller geistigen Keime, an Berührung
mit der ganzen Welt." (SW III,1, S. 493) Die Identität des Geistes und des
Leibes sei das Geheimnis von Liebe und Ehe. Aus dieser Identität folgt die
totale Einheit alles Sinnlichen und Geistigen. Die Liebe spiegelt in dieser
Einheit die Einheit der Gegensätze wider, die Schleiermacher in seiner Religionsschrift noch pantheistisch im Begriff des Universums, dem romantischen
Begriff Gottes sah. Der Mikrokosmos, der in der Einheit zweier Menschen
durch Liebe entsteht, ist Abbild jener übergreifenden Einheit, in dem die
Gegensätze der Welt im allumfassenden Universum ihren Grund erfahren. Dilthey mag recht haben, wenn er meint, daß Schleiermachers "enormer Verstand
... jederzeit bereit (war), die Lücken echter Erfahrung durch Theorien auszufüllen. "Überdies habe (er) wohl nicht die starke "physische Organisation"
(Dilthey, S. 516) gehabt , die es ihm erlaubt hätte, starke Leidenschaften zu
erproben, deren Erfahrung sich Fr. Schlegel so sehr gerühmt hat.

Zur Zeit der Ehestandspredigten im Jahre 1818 liegt jene entscheidende Erfahrung mit Eleonore Grunow fast 10 Jahre zurück. Wir vernehmen jetzt einen
neuen Ton. Doch abgesehen davon: Schleiermachers Denken hatte sich entscheidend gewandelt. An die Stelle des pantheistischen Idealismus der Frühzeit tritt ein teleologischer Realismus, der immer noch idealistisch genug die
wichtigsten Werke durchdringt. Dieser teleologische Realismus ist in der
Glaubenslehre, in der Ethik und in der praktischen Theologie wiederzufinden.
Gegenüber den fast spinozistisch anmutenden Gedankengängen in den Reden
wird die Einheit von Natur und Geist, zu der die Liebe zwei Menschen bringen kann, durch das Moment der Entwicklung gebrochen. Die Einheit ist
keineswegs schon da, - allenfalls in Form projektierter Ideale; sie entwickelt sich allmählich und baut die Widerstände auf dem Wege zur Identität
der Gegensätze schrittweise ab. Dies geschieht mit Hilfe menschlicher Vernunft, die eine göttliche Kraft ist. Im Vertrauen auf die Vernunft ist Schleiermacher so ungebrochen wie seine ganze Zeit. Anders freilich als Fichte,
der einer widerspenstigen Natur den Willen des Geistes kraft ethischer Imperative unerbittlich aufzwingt, verläßt sich Schleiermacher auf eine sanftere
Form der vernünftigen Durchsetzung. Allmählich in fast liebevoller Annäherung und Bearbeitung natürwüchsiger Widerstände soll sich der Geist kraft
ihm innewohnender Teleologie der Natur nicht bloß bemächtigen, sondern sie
durchdringen und als schließlich vergeistigtes Wesen in sich befassen.
Gegenüber dem identifikatorischen und romantischen Idealismus, der sich beim
Ideal der Einheit von Natur und Geist bereits angekommen sah, wird dieses
Ideal nun doch eine die gesamte Geschichte umgreifende Menschheitsaufgabe.
In Sittlichkeit, Bildung und Kultur mögen zwar vorläufige Stadien dieser Ein-

heit erreicht werden, für die Gesamtheit der Menschheitsgeschichte gesehen
ist sie das Ziel nicht nur des Geistes, sondern des Heiligen Geistes. Erst
im Rahmen der Glaubenslehre wird klar, worauf dessen Energien abzielen,
nämlich auf die Erreichung des Reiches Gottes, dessen Anstoß und vorweggenommene Vollendung in Christus bereits gegeben ist. Die Menschheit, vorab
die christliche Kirche, befindet sich auf dem mit Widerständen zwar ge-
pflasterten, aber doch erreichbaren Weg der Christus-Werdung im Reiche
Gottes. Allen voran hat die Kirche kraft des ihr von Christus gegebenen Heiligen Geistes die Aufgabe, die Defizite, die von diesem Ziel abbringen, in
ihren eigenen Reihen, aber auch in der Welt schrittweise auszugleichen. Das
Böse sind die Verhinderungsfaktoren, die sich immer wieder in den Trübun-
gen des Bewußtseins durch unberechenbare Triebe Geltung verschaffen. In
diesen teleologischen Gedanken sind säkulare und christliche Sittlichkeit verbunden. Die Glaubenslehre ist in ihrer teleologischen Struktur eine Ge-
schichtskonzeption. Sie läuft auf die später dann heftig kritisierte These
heraus, daß die Fortschritte in Sitte und Kultur unabdingbare Schritte auf
dem Wege zum Reiche Gottes sind, die dem in Christus gründenden Heiligen
Geist gehorchen.

Die Ehe nimmt in diesem Prozeß eine herausragende Stellung ein. Sie ist
ein zentrales Lebensgebiet, in dem sich die Einheit von Natur und Geist,
Menschlichem und Göttlichem, Irdischem und Himmlischen teleologisch verwirklicht. In der Ehestandspredigt von 1818 über Eph. 5,22 - 31 bestimmt Schleiermacher sie eingangs als den "heiligen Bund der Geschlechter, den wir als
die erste Stiftung Gottes, nachdem der Mensch durch das Wort seiner Allmacht
hervorgegangen war, ansehen müssen. Aus diesem heiligen Bunde entwickeln
sich alle anderen menschlichen Verhältnisse; auf ihm ruht das christliche
Hauswesen, und aus diesen bestehen die christlichen Gemeinen; auf ihm beruht die Fortpflanzung des menschlichen Geschlechtes, und also auch die
Fortpflanzung der Kraft des göttlichen Wortes von einem Geschlecht auf das
andere." (Pr, S. 229) Ist die Ehe aber Ausgangspunkt, Grundlage der "ganzen christlichen Kirche" (ebd.), dann trägt sie auch einen wesentlichen Anteil an jener Bewegung, die von dieser Grundlage in die Vollendung führt,
- nämlich dorthin, wo die Kirche eschatologisch ihr Ziel findet.

In seiner Frühzeit, in den Lucindebriefen und den Monologen kann Schleiermacher die Liebe in möglichen Gegensätzen zur Ehe reflektieren. Der in
den Monologen mit sich selbst sprechende junge Mann zeigt sich ratlos angesichts der Kraft eigener Liebe, die frei ihren Weg zur Geliebten sich bahnen
möchte:" "Ergreift mich hier nicht gerade beim liebsten Wunsch des Herzens
das Schicksal? Wird sich die Welt nicht rächen für den Trotz der Freiheit,
für das übermütige Verschmähen ihrer Macht?" Wenn er endlich die Geliebte,
eben die Frau, die e r liebt, gefunden hat, wie mag sich das Schicksal

Mann zu der Freiheit seiner Liebe verhalten? "Hier" – so wird ihm klar –
steh ich an der Grenze meiner Willkür durch fremde Freiheit, durch den
Lauf der Welt, durch die Mysterien der Natur." (Mo., S. 54) Die Liebe aber
kann in ihrer Freiheit ein höheres Leben erzeugen, in dem der Liebende sich
zu "einem Wesen mit der geliebten Seele" (Mo., S. 53) vereint. Der esoterische Höhenflug zur Verschmelzung zweier Seelen und "ihrer heiligsten Verbindung" (ebd.) erhält seinen Antrieb in der "Götterkraft der Phantasie",
die über die "öde Wirklichkeit", die "träge Langsamkeit der Welt und ihre
matten Bewegungen" weit hinausträgt. Der Monologisierende versichert zwar,
der "Ehe heiliges Gebiet erforscht" zu haben: "ich weiß, was recht dort ist,
was nicht". Dies hindert ihn freilich nicht, "sich alle möglichen Gestalten
des Schicklichen auszubilden". Die Phantasie trägt die Freiheit der Liebe
weit über die Beschränkungen einer gesetzlich denkenden Welt hinaus. Auch
wenn der Monologisierende hier die eigene Anima in sein Selbstgespräch mit-
einbezieht, die einer Konkretion in weiblicher Gestalt noch fern steht, eine
Ehe mit ihr wäre wohl doch auch dann nicht ohne die Widrigkeiten des
Schicksals, – besonders dann nicht, wenn diese Frau sich bereits "unter dem
fremdem Gesetz" einer Ehe befindet. Die Götterkraft der Phantasie kann mit
der Welt und "und des Schicksals Trägheit" nur wenig in dem "schönen Paradies" geeinter Seelen anfangen. (Mo., S. 54 ff.)

So ist es bedeutsam, daß Schleiermacher 1818 im Rahmen seiner Predigten
über den christlichen Hausstand dem Ehe s t a n d einen herausragenden
Platz einräumt. Mochte sich die Einheit von Natur und Geist in den durch
Liebe erhobenen Seelen zur Einheit von Freiheit und Schicksal nicht so recht
fügen, so ist doch nun im Ehestand die Einheit von Irdischem und Himm-
lischem sichtbar und manifest geworden. Gerade die irdische Seite trägt dem
Schicksalsmoment in realistischer Weise Rechnung. Schleiermacher bringt an
dieser Stelle eine auch für uns noch überaus lehrreiche Phänomenologie möglicher Gestalten der Ehe.

Das entscheidende Kriterium, an dem die Ehe als Ehe erkannt werden
kann, und das einen Negativkatalog aufzustellen erlaubt, ist das Wort des
Apostels, daß die zwei e i n F l e i s c h werden. Auf Grund von Erfahrung stellt sich demgegenüber die Ehe freilich nur zu oft in ihrer "gräß-
lichen Gestalt" vor. "Die zwei, die ein Fleisch sein sollen, in Zorn gegeneinander ergrimmt, durch Zwiespalt und Streit getrennt, den sie nicht nur nicht
vermeiden, sondern, sind sie erst bitter gegeneinander geworden, geflissent-
lich aufsuchen; und daß da nicht zwei ein Fleisch geworden sind, darf nicht
erst gesagt werden!" Auch in der Ehe in ihrer "ängstlichen Gestalt" ist es
nicht dazu gekommen, daß die beiden ein Fleisch geworden sind, – dies vor
allem dann nicht, "wenn ohne alle freudige überzeugung einer inneren Zusammengehörigkeit jeder Teil sich behutsam in seinen Schranken hält, durch

zuvorkommendes Wesen, durch Nachgiebigkeit, durch entsagende Aufopferung
alle Gelegenheit zum Streit zu vermeiden sucht, und die zarteste Höflichkeit
die Stelle der wahren Liebe womöglich vertreten soll." (Pr, S. 231 f.) Hier
ist nicht die Liebe das haltende Band, sondern der Ehevertrag. Die Ehe
schließlich in ihrer "widrigen Gestalt" (ebd.) mag zwar den Schein einträch-
tigen Zusammenlebens wahren, wird aber durch Gewohnheit zu einer toten
Verbindung; Leben findet jeder nur für sich in anderen Beziehungen.

Das Irdische ist keineswegs von Natur mit alle diesen Betrüblichkeiten be-
haftet. Die irdische Dimension der Ehe hat ein höchstes Ziel, nämlich dies,
daß die beiden ein Fleisch werden. Vorgespiegelte, ausschließlich vertraglich
geregelte oder schlimmstenfalls korrumpierte "Einheit" zwischen zwei Eheleu-
ten gehören gewiß nicht zu jener Wirklichkeit, in der sich das Irdische eine
Ehe zu erfüllen hat. Diese irdische Vollkommenheit soll aber das ganze Bemühen bestimmen.

Dennoch - so fährt Schleiermacher fort: - "hat diese irdische Vollkommenheit nicht ihren Grund in einer höheren, so entspricht auch diese Ehe noch
nicht ganz dem Bilde, welches uns der Apostel vorzeichnet: denn wir ver-
missen noch immer die Ähnlichkeit mit dem Verhältnis Christi zu der Gemeine". (Pr, S. 233) Hierin liegt nun die "himmlische Seite" (ebd.) der Ehe.
Christus heiligt die Eheleute in ihrem Bund. Daher heiligen sich beide, einer
den anderen. Heiterkeit, Anmut des Lebens, Mäßigung, gegenseitige Achtung,
so unabdingbar sie sind, machen nicht an sich das Wesentliche aus, sondern
erst dann, wenn sie als Vermögen und Tätigkeiten der menschlichen Seele
zu Werkzeugen des Heiligen Geistes werden. Dieser führt nicht bloß zur Liebe,
sondern zur christlichen Liebe. "Das aber ist erst die christliche Liebe in
der Ehe, daß beide durcheinander immer mehr erregt werden im Geist; daß
immer mehr in der Natur des einen durch den anderen gebändigt werde und
gemildert, was sich der Einwirkung des Geistes widersetzt; daß jeder den
anderen durch seine Kraft hebe und trage, wenn er in dieser Hinsicht
schwach werden will; jeder sich in dem Auge des anderen reiner spiegele,
um zu sehen wie er gestaltet sei in bezug auf die Gemeinschaft mit Gott,
kurz: daß jeder in dieser Verbindung die Kraft des Geistes erhöht fühle und
gesteigert, wie es sonst nicht sein könnte. Wenn so das gemeinsame Leben
in der ganzen Wärme und Fülle der mannigfaltigen Segnungen, die Gott diesem Stande zugeführt hat, nicht als das Irdische gefühlt und genossen wird,
sondern das Gefühl beide durchdringt: Unser Wandel ist im Himmel; wenn die
gegenseitige Liebe durch die gemeinsame höhere Liebe zum Erlöser so geheiligt wird, daß das Weib zum Manne sagen mag: Du bist mir wie Christus
der Gemeine; und der Mann zum Weibe: Du bist mir wie die Gemeine Christo
... das m.Fr., ist die himmlische Seite der christlichen Ehe" (Pr, S. 234/
35). Ist die Ehe in dieser Wechselseitigkeit gegründet, dann "mögen wir mit

Recht sagen, daß sie im Himmel geschlossen" ist (ebd.). Denn es ist der ge-
heimnisvolle Zug des Geistes", der dem Mann sein Weib und dem Weib ihren
Mann zuführt. In diesem Geist wird das "wahre und täglich mehr sich be-
währende Vorgefühl" bestätigt, daß "jeder dem anderen vorher bestimmt sei
als ihm besonders angehörig, als das eigentümlichste Gut, als der kräftigste
Genosse auf dem gemeinsamen Wege. Wo aber dieses fehlt, sei auch alles andere noch so schön und preiswürdig, da fehlt doch die rechte Treue und Zu-
verlässigkeit und mit ihr der rechte christliche Gehalt des ehelichen Lebens." (Pr, S. 235)

Für Schleiermacher ist freilich klar, daß sich dieses Himmlische gegenüber
dem Irdischen nicht verselbständigen darf. Gefährlicher Irrtum wäre es, -
und hier denkt er reformatorisch - sich zugunsten des Himmels in der Ehe
von ihren irdischen Belangen zurückzuziehen. Dies wäre Weltflucht und "Ver-
blendung" (ebd.).

Schwieriger als die Abwehr dieses Irrtums wird nun die Problematik der
Übertragung jener Analogie, die die himmlische Seite der Ehe ausmacht: die
Beziehung von Christus zur Gemeinde auf die Beziehung vom Mann zur Frau,
so wie umgekehrt: die Beziehung der Gemeinde zu Christus auf die Beziehung
von der Frau zum Mann. Hier scheint es eine große "Ungleichheit" zu geben,
die aber - und wir würden es nicht mit Schleiermacher zu tun haben, wenn
es anders wäre - sich "in die vollkommenste Gleichheit auflöset". (Pr, S.
239)

Schwierig erscheint die Analogiebeziehung in mehrfacher Hinsicht: Christus
ist es der die Gemeinde liebt, die zwar zur Gegenliebe fähig ist, die aber
zur Liebe Christus gegenüber nichts beitragen kann. In der Analogie würde
das bedeuten, daß die Frau dem Manne gegenüber schlecht dran ist, da sie
für den Mann nichts tun, sondern von ihm nur empfangen kann. "Die Frau
bleibt immer im Nachteil". "Und wenn es (weiter) heißt, die Weiber seien untertan ihren Männern als dem Herrn, denn der Mann ist des Weibes Haupt
gleich wie Christus der Gemeine, und das Weib also soll immer untertan sein,
der Mann aber darf allein gebieten, wie ja die Gemeine nie und nirgend
über Christum gebieten kann, sondern er immer und in jeder Hinsicht der
Herr bleibt: so steht es auch insofern schlimm um das Verhältnis des Weibes
zu ihrem Mann." (Pr, S. 239) Abgesehen davon - so fügt Schleiermacher hinzu - steht der Mann durch die Christusanalogie so sehr unter einem Auf-
gabendruck, daß er hier wohl sehr schwer würde bestehen können.

Schleiermacher erinnert an die "Einführung dieses heiligen Bundes der Geschlechter in die Welt" (ebd.) im Alten Testament: der Mann wird Vater und
Mutter verlassen und seinem Weib anhangen. Dies beschreibe allgemeine göttliche Ordnung. Wodurch kommt diese aber anders zustande, als durch die
Kraft des weiblichen Gemütes, das sich des männlichen bemächtige. Soll der

Mann der Frau anhangen, "so muß von ihr eine Kraft ausgehen, die ihn so festhält, daß er sich alles Suchens erledigt fühle und alles Sehnen gestillt; und eben diese Kraft muß es gewesen sein, welche, unwissend was sie tat, ihn zuerst anzog und fesselte. Aber wenn das Weib das Ja ausspricht, wodurch der Mann ihr Haupt wird, ein frei gesprochenes Ja, ohne welches kein Mann des Weibes Haupt werden soll in der christlichen Gemeine: so fühle sie, daß er nach Gottes allgemeiner Ordnung und besonderem Rate ihr Haupt geworden ist durch eine unbewußte und unwillkürliche Wirkung dieser in ihr ruhenden Kraft, und daß für ihr beiderseitiges ganzes Leben von der fortwährenden Wirkung dieser Kraft die rechte christliche Treue, die volle ungeschwächte Anhänglichkeit abhängt, welche einen christlichen Ehebund über alles Vergängliche und Zufällige erhebt und als ein selbst ewiges Werk der ewigen Liebe darstellt, würdig, dem heiligsten und größtem Werk derselben verglichen zu werden." (Pr, S. 241)

Diese Gedanken verbindet Schleiermacher mit der biblischen Aussage, daß die Männer ihre Frauen lieben sollen wie Christus die Gemeinde liebt. Christus ist nicht in die Welt gekommen, daß er sich dienen lassen, sondern daß er diene; er hat sich hingegeben für die Gemeinde; darin heiligt er sie. Diese hingebende Liebe soll sich der Mann in der Liebe zu seiner Frau zum Vorbild nehmen. Auch wenn Schleiermacher nichts zurücknehmen möchte von dem Untertansein der Frau, die sich äußerlich darin zeigt, daß der Mann sich in das Draußen der Welt begibt, die Frau sich aber dem Innern des Hauswesens zuwendet, wird er doch ihr Haupt erst in dem Dienst an ihr und ihrem gemeinsamen Leben. Daher ist die Analogie Christus/Gemeinde und Mann/Frau nicht von dem Königssein Christi über die Gemeinde her zu verstehen, sondern von dem hingebenden liebenden Dienst, in dem Christus der Heiland und Retter der Gemeinde ist.

So bürgerlich Schleiermacher in Sachen Ehe denken mag, er hat kein Herrschaftsverhältnis zwischen Mann und Frau im Sinn, wenn er vom Untertansein der Frau spricht. Ist es in der irdischen Dimension der Ehe das frei gesprochene Ja der Frau, das den Mann sich zu ihrem Haupt erwählt, so ist dieses Haupt in der himmlischen Dimension zum Dienst am Leib der gemeinsamen Beziehung verpflichtet; d.h. erst in dieser Hingabe, die wie Christus fähig ist, das eigene Leben dranzugeben, ist der Mann das Haupt. So gesehen meint Schleiermacher "trifft uns die Ähnlichkeit gewaltig zwischen jenem tiefen heiligen Geheimnis der Liebe und dem großen Geheimnis der Erlösung" (Pr, S. 243), - und vor allem: die Ungleichheit zwischen Mann und Frau verschwindet.

Unter diesem christologischen Vorzeichen ist die Ehe eine eschatologische Größe, ja - wenn man bei Schleiermacher genau hinsieht - vorweggenommenes Eschaton. Denn an der ehelichen Beziehung von Mann und Frau soll "immer

schneller in Erfüllung" gehen, "was der Gemeine in ihrem Verhältnisse zu
Christo nur in der weiten Ferne des ewigen Lebens, des wir harren, ver-
neißen ist." (Pr, S. 244/45) Die Frau wird dem Manne immer mehr gleich,
d.h. sie versteht und durchdringt ihn in seinem Tun und Sein. Hier folgt
die optimistische Perspektive: "Wie ja dies in christlichen Ehen die tägliche
Erfahrung auf das erfreulichste lehrt und auf diese Weise unsere Frauen an
allem, was ihre Männer in den verschiedenen Kreisen des öffentlichen Lebens,
so wie der menschlichen Kunst und Wissenschaft verrichten oder bezwecken,
ihr billiges Teil auch wirklich genießen und sich dessen erfreuen." (Pr, S.
245).

Wie das Abbild der Gemeinde sich an das Urbild Christus eschatologisch
annähert, um sich schließlich ganz mit ihm zu vereinen, so soll dies durch
die Ehe "immer schneller" in dem "schöneren und höheren Gefühl einer vollkommenen Gemeinsamkeit des Lebens" (Pr, S. 245) Wirklichkeit werden. So
wird jeder "Schein der Ungleichheit" (ebd.) zwischen Mann und Frau verschwinden.

Hier scheint eine idealistische Weltsicht in christologischer Verklärung dazu geführt zu haben, daß "das alles" - um mit Karl Barth zu reden - "so
schön, viel zu schön ist." (Barth, S. 204) Und müssen wir Barth recht geben, wenn er meint, daß diese Predigt ein "Musterbeispiel dafür ist, daß
man ein großer Psychologe sein und von der realen Dialektik des Lebens,
auch der Ehe ... keine Ahnung haben kann."? Und: "Wo hat der kluge Mann
seine Augen gehabt, daß er nicht gesehen zu haben scheint, daß in der Ehe,
auch in der christlichen Ehe, doch Einer vor allem des Anderen Frage-
zeichen, wenn nicht Prüfung, wenn nicht Purgatorium, wenn nicht Kreuz ist,
und daß allein auf diesem Umwege und wahrlich nicht mit diesem direkten
Zugriff der Mann mit Christus, die Frau mit der Gemeinde verglichen werden,
die Vereinigung des Himmlischen und Irdischen ausgerechnet in der Ehe, diesem Übungs- und Kampfplatz sondergleichen, behauptet werden dürfte?"
(Barth, S. 205)

Dies so zu sehen, geht bei Barth nicht allein auf psychologische Beobachtung zurück. Barth hat bekanntlich die Urbild-Abbild-Analogie Schleiermachers zwischen Christus und dem Menschen abgelehnt, sofern sie die allgemeine Anthropologie mitumfaßt. Aus dem Urbild "Christus" läßt sich ein
Wesen des Menschen nicht deduzieren, - eben auch nicht über das Medium
kontinuierlicher Geschichtsübergänge zwischen der "Vollkommenheit des Erlösers" (vgl. GL II, S. 18 ff.) und einer teleologisch begriffenen Menschheitsgeschichte. Die urbildliche Beziehung zwischen Christus und der Gemeinde ist weder ein metaphysisches, noch ein notwendig praktisches Modell für
die Beziehung zwischen Mann und Frau. In keinem Fall also kann Eph. 5
auf eine ontologische Analogie hin gedeutet werden, wohl aber hin auf die Analogie

des Dienstes und der liebenden Hingabe. Gerade in dieser Sicht rückt Barth von einer wesenhaften Gleichordnung zwischen Christusgemeinschaft und Ehegemeinschaft ab.

In der Tat hat es den Anschein, als sei es gerade die Theorie der Christusgemeinschaft, die den Realismus aus der Eheauffassung Schleiermachers verdrängen würde. Immerhin war ja auch von der "garstigen", "ängstlichen" und "widrigen Gestalt" der Ehe die Rede gewesen. Die Kenntnis dieser Phänomene hat Schleiermacher nicht davon abgehalten, in ein und derselben Predigt eine empirisch greifbare Möglichkeit der Vollkommenheit der Ehe vor Augen zu stellen. Denn, "wenn so jede Ungleichheit aufgelöst wird in die gleiche, von beiden gleich freudig gefühlte Zusammenstimmung der Herzen; wenn so das gemeinsame Leben zusammengefügt ist zu einer reinen geistigen Einheit, worin das herrliche Bild der alles beseligenden und zur Gemeinschaft mit Gott aufstrebenden Liebe angeschaut wird; wenn so in erhöhter Kraft die gereinigten Herzen zu einem wirksamen Leben sich getrieben fühlen, um an sich und denen, die Gott ihnen gegeben und unter die Gott sie gesetzt hat, das Werk Gottes zu schaffen: so ist das nach dem Sinne des Apostels die Vollendung des heiligen Bundes der Ehe, welcher der Grundstein der Gemeine des Erlösers ist." (Pr, S. 245/46)

Schon die Ethik von 1812/13 (vgl. E., S. 320 ff.) zeigt, worauf Schleiermacher hinaus will. Es geht ihm um die Entwicklung der Persönlichkeit, die nicht für sich sich vollenden kann, sondern die Dualität der "Geschlechtsdifferenz" (E., S. 322) zur Einheit von Mann und Frau durchlaufen muß, um das Ziel der Vereinigung von Vernunft und Natur, Geist und Leib in der Person selbst zu erreichen.

Nun mag es zwar sein, daß Schleiermacher die Christologie und den Idealismus der Persönlichkeit zu dicht miteinander verwoben hat, Christologie und Anthropologie nahezu deckungsgleich werden, Christus also nichts anderes ist als das Urbild der sittlich vollkommenen Persönlichkeit. Auf der anderen Seite wird man Christologie und Anthropologie nicht völlig voneinander abkoppeln können, so als hätte Christus mit einer Vervollkommnung des Menschen gar nichts zu tun, oder als ließe die Menschheit Jesu die Menschlichkeit des Menschen unberührt. Barth selbst hat in seiner Kirchlichen Dogmatik (KD) durchaus engere Verbindungen gesehen, als seine Äußerungen über Schleiermachers Eheverständnis (aus dem Jahre 1923/24) vermuten lassen. Zwar ist auch in der KD eine ontologische Deduktion der Anthropologie aus der Christologie unmöglich, – geschweige denn ihre Identifikation; dennoch meint Barth jetzt, daß über das Wesen des Menschen nur von dem hellen Ort der Erscheinung Jesu Christi gesprochen werden kann. Wenn von einer Idee oder einem Wesen des Menschen die Rede ist oder sein soll, so wird dieses aus der Menschwerdung zwar nicht ableitbar sein, wohl wird man sie aber

n ihr voraussetzen müssen. H.U. v. Balthasar drückt diesen Sachverhalt
m Hinblick auf Barth so aus: "Weil Gott einer von uns geworden ist, darum
uß es in einem wahren ... Sinne Humanität als Möglichkeit bereits geben."
S. 12), d.h. eben auch die Humanität einer sich von Christus her ver-
tehenden Wirklichkeit und Verwirklichung der Ehe. Ohne die Menschwerdung
ottes in Christus wird von der Menschlichkeit der Ehe theologisch nicht zu
prechen sein; eine Verbindung wird es hier auch ohne metaphysische Analo-
ie in der Tat geben müssen.

Mögen wir Heutige dem bürgerlichen Idealismus von Persönlichkeit und Fa-
ilie aus vielen guten Gründen skeptisch gegenüberstehen, eine Eheauf-
assung im christlich-ethischen Sinne wird ohne die von Christus ausgehende
raft nicht denkbar sein. So bleibt mindestens dies von Schleiermachers
hristologischem Eheverständnis übrig, daß die in Christus hervorspringende
raft des Heiligen Geistes den Menschen auch dort ergreift und verwandelt,
o er in der Ehe sein Menschsein realisiert. Dies begründet keine Notwendig-
eit der Ehe – so wie es offenbar Schleiermacher gewollt hat – als sei
Menschsein ohne Ehe ausgeschlossen; wohl aber gehört die Ehe zu einer
enschlichen und geschöpflichen Wirklichkeit, die durch Christus geheiligt
st. "Daß die beiden ein Fleisch werden" ist ein geschöpflicher Status des
Menschen, der in der Menschwerdung Gottes, im Ja Gottes zum Menschen,
einen Grund und seine Ermöglichung hat.

Mit dem Erscheinen Christi hat sich die Situation des Menschen gewandelt
nd ist durch die Macht des Geistes weiter im Wandel. Unbeschadet der opti-
istischen und idealistischen Einkleidungen dieses Gedankens durch Schleiermacher wird man im Kontext von Christusgeschehen und der Wirksamkeit des
Heiligen Geistes diese grundlegende Veränderung der Situation des Menschen
vor Gott für die Ehe geradezu beanspruchen müssen. Von hier aus ist eine
christliche Ethik der ehelichen Gemeinschaft überhaupt erst möglich. An dieser Stelle jedenfalls hat Schleiermacher einen entscheidenden Schritt über
seine romantische Frühzeit hinaus getan.

Aus dem Bund Christi mit der Gemeinde ergibt sich zwingend die Unauflös-
lichkeit der Ehe. Diesen Punkt stellt die 2. Ehestandspredigt von 1818 über
Mt. 19,8 nachrücklich heraus. Es ist der Mangel an Liebe, d.h. die Härtig-
keit des Herzens, die die Ehescheidung zur traurigen Wirklichkeit werden
läßt. Für den Christen liegt hier freilich eine innere Unmöglichkeit. Denn
gerade die Liebe ist es ja, die Christus mit der Gemeinde verbindet, und
von daher Mann und Frau. Die Liebe Christi läßt sich nicht auflösen; so
ist auch der Bund der Ehe untrennbar. In der Unmöglichkeit der Ehescheidung erweist sich für Schleiermacher die Kraft der Christusanalogie, die
auch dann wirksam bleibt, wenn "einzelne Fehltritte einer gegen den anderen" (Pr, S. 259) geschehen sind und die Ehe geschwächt haben. Denn die

Liebe zeigt sich darin, daß sie das "geknickte Rohr nicht zerbricht und den glimmenden Docht nicht auslöscht" (ebd.). Mag sein, daß Schleiermacher auch hier die Dinge wieder einmal zu rosig sieht, für ihn liegt darin eins der entscheidenden Argumente gegen die Scheidung.

Diese kann von der Kirche ohnehin nicht vollzogen werden, sondern nur vom Staat. Die Kirche nimmt Scheidungen wegen der Herzenshärtigkeit der Menschen betrübt und ohnmächtig zur Kenntnis, – dies nachdem sie in der Seelsorge versucht hat, den Ehebund wiederherzustellen. "Ist ihr Bemühen vergeblich, so schweigt sie und trauert; aber nur die weltliche Gewalt ist es, welche trennt" (Pr, S. 262). Schleiermacher weiß nur zu gut, daß Fälle von Ehescheidung gerade auch in Kirchengemeinschaften vorkommen. Er behilft sich mit dem Hinweis auf die Praxis der römisch-katholischen Kirche, die weise darin handele, daß sie der Obrigkeit gehorcht, damit aber die Scheidung nicht billigt. Ganz unmöglich findet es Schleiermacher in diesem Zusammenhang, eine Scheidung durchsetzen zu wollen, damit ein geschiedener Ehepartner einen anderen heiraten könne. Im Hinblick auf die Kirchengemeinschaft soll man einen solchen für einen "Auswärtigen" halten (Pr, S. 263).

Die Verknüpfung von Idealismus und Christologie in der Eheauffassung, zudem jener noch aus den Monologen stammende Gedanke einer geradezu prädestinatianisch anmutenden Zugehörigkeit zweier Menschen, die sich zur Ehe eben deshalb zusammenfinden, weil sie nicht nur füreinander bestimmt, sondern vorherbestimmt sind, stehen natürlich jedwedem Motiv für eine Ehescheidung entgegen. Gerade von hier her scheint es aber, als mache es sich Schleiermacher in dieser Frage zu leicht, auch wenn der "Schmerz" über vorkommende Scheidungen tief empfunden ist. Daß er meint, die Kirche könne hier nur einfach beiseitestehen und "trauern", während sie den bürgerlichen Organen das unerfreuliche Geschäft der Ehescheidung überläßt, deutet darauf hin, daß an dem hochgestecktem Ehebegriff Schleiermachers etwas nicht stimmen kann. Die theologische Zurückhaltung angesichts faktisch vollzogener Ehescheidung mit all ihren in der Regel unerquicklichen Begleitumständen und die Delegation der Scheidungspraxis an den Staat müssen darüber nachdenken lassen, ob die Kirche sich aus den negativen, schwierigen, um nicht zu sagen sündhaften Realitäten dieser Welt so einfach verabschieden kann. Dies muß sie freilich tun, wenn die christologische Begründung der Ehe allzu idealistisch ausfällt. Dies wird sie aber nicht tun können, wenn sie sich der qualitativen, nicht nur gradweise aufzuhebenden Vorläufigkeit der Ordnungen dieser Welt, zu der auch die Ehe gehört, bewußt ist und schließlich darum weiß, daß die Aufhebung des Unterschieds zwischen Christus und dem Menschen nicht Sache einer geschichtlichen Teleologie sein kann, selbst wenn deren Kraft in Christus initiiert ist. Hier wird man doch fragen müssen, ob es theologisch rechtens sein kann, die Welt mit diesem so komplexen Problem allein zu lassen.

Schleiermacher betrachtet die Ehe für den Menschen und seine Entwicklung als notwendig; sie ist keine menschliche Ordnung, die auch nicht sein könnte. Ihre Notwendigkeit besteht einmal darin, daß in ihr Vernunft und Natur zusammenkommen müssen; zum anderen hat sich der Mensch in ihr zur Christusförmigkeit durch die Liebe zu entwickeln. Unter diesen beiden notwendigen Voraussetzungen steht die Ehe; insofern sind die beiden Seiten der weltlichen und der christlichen Existenz zusammengebunden. Gerade darum aber muß es noch einmal befremden, warum durch eine nolens-volens-Billigung der Scheidung durch den Staat der weltliche Teil der Notwendigkeit, nämlich die Vereinigung von Geist und Natur als aufhebbar gedacht, und von hier aus ganz offensichtlich auch der theologisch begründete Teil dieser Notwendigkeit de facto in Frage gestellt wird.

Die Einheit von Vernunft und Natur und die Ehe als Medium einer schrittweise realisierbaren Christuswerdung des Menschen sind die beiden die Eheauffassung Schleiermachers tragenden Motive. Müssen wir uns auch den Blick für die Schwächen dieser Konzeption von K. Barth schärfen lassen, ohne die durch Christus in die Geschichte und auf den Weg gebrachte Kraft des Heiligen Geistes wird es gerade in der christlichen Ehe nicht gehen, sofern sie mehr sein soll als ein bürgerliches Institut. Schleiermacher hat zu Recht gesehen, daß die Ehe nicht nur dieser Kraft bedarf, sondern daß sie als zentrale menschliche Realität, die zwei Menschen nach dem Gebot Gottes verbindet, selber zu einem Teil dieser Kraft wird, durch die es der Kirche und ihren Gliedern gelingen kann, auf dem Wege in das Reich Gottes als ihrem Ziel zu bleiben.

LITERATUR

v. Balthasar, H.U./Karl Barth, Darstellung und Deutung seiner Theologie; Köln 1962

Barth, K., Die Theologie Schleiermachers 1923/24; Zürich 1978 (abgek. Barth)

Barth, K., Kirchliche Dogmatik III,4; S. 127 ff.; 216 f.; 226 ff. (Mann und Frau) Zürich 1951 (abgek. KD)

Dilthey, W., Leben Schleiermachers; Band I, 1; Berlin 1970 (abgek. Dilthey)

Gaß, W., Friedrich Schleiermachers Briefwechsel mit J.Chr.Gaß. Mit einer biographischen Vorrede hrsg. von Dr. W.Gaß; Berlin 1852 (abgek. Gaß)

Rade, M., Die Stellung des Christentums zum Geschlechtsleben; Tübingen 1910 (abgek. Rade)

Schlegel, Fr., Lucinde; Berlin 1799 (reclam Nr. 320(2))

Schleiermacher, Fr., Sämtliche Werke III,1; Berlin 1846; darin: "Vertraute
    Briefe über Fr. Schlegels Lucinde"; S. 421 ff. (abgek. SW III,1).

Schleiermacher, Fr., Monologen; Berlin 1800; hrsg. von Otto Braun; Leipzig
    1911 (abgek. Mo.)

Schleiermacher, Fr., Predigten über den christlichen Hausstand; hg. v. Otto
    Braun; Band III, 228 ff.; Leipzig 1913 (Abgek.Pr)

Schleiermacher, Fr., Ethik 1812/13; hrsg. v. Otto Braun; Band II, 320 ff.;
    Leipzig 1913 (abgek. E)

SEKTION II

DIE THEORIE DER SUBJEKTIVITÄT –
GEFÜHL, ANSCHAUUNG, UNMITTELBARKEIT

IMMEDIACY AND DETERMINACY IN SCHLEIERMACHER'S PHENOMENOLOGY OF SELF-CONSCIOUSNESS

von Robert R. Williams

Hegel's attack on Schleiermacher in his forward to Hinrichs' "Die Religion im inneren Verhältnisse zur Wissenschaft" still evokes interest and in some cases critical approval.[1] Hegel raises three issues: 1) Gefühl is a subhuman form of bare awareness, such that a dog would be the purest instance of a feeling of utter dependence; 2) Gefühl may be a form of apprehension of being and truth, but as immediate, it is abstract, indeterminate and so purely formal. Hence it can justify any content whatsoever; it is strictly speaking, not truth, but mere subjective certainty. 3) The religious Gefühl, as immediate, attains only a formal, empty apprehension of the transcendent as limit. Contrary to its intentions, religious feeling deprives its object of all determinate features and so reduces the transcendent to a mere abstract Whence, void of any determinate content. Hegel regards Schleiermacher's theology as a retreat into inner subjective states of mind, which surrenders the substantial content and truth claims of Christianity. In Schleiermacher's theological reconstruction, faith has lost all substantial content and meaning; only the empty husk of subjective feelings remains. Reason, confined to finitude, has renounced claims to the knowledge of truth. The result is a theological agnosticism masquerading as theology.

Concerning the first charge, I have elsewhere[2] demonstrated that Hegel exploits an ambiguity in the terms "Gefühl" and "Empfindung" to caricature Schleiermacher's position. The distinction between the two is that Gefühl designates consciousness as such, the original pre-theoretical disclosure of and access to the world. As Lewis Beck has pointed out, Gefühl denotes a complex epistemological capacity which performs a variety of mediating functions. In contrast, Empfindung is not consciousness as such, but rather subjective in a private psychological sense. Schleiermacher was not the first to draw this distinction, but he did appropriate it. It is only by conflating the terms of this distinction that Hegel's caricature is even remotely plausible. But it is clear even in the 1821 edition of the Glaubenslehre that a dog would be incapable of a Gefühl of utter dependence, since this presupposes a consciousness of world and freedom. In other words, the feeling

1 See Merold Westphal, "Hegel's Theory of Religious Knowledge" and Introduction to Hegel's Forward to Hinrichs' Die Religion im inneren Verhältnisse zur Wissenschaft in: Beyond Epistemology. New Studies in the Philosophy of Hegel, ed. F. Weiss, The Hague 1974.
2 Robert R. Williams, "Hegel and Schleiermacher on Theological Truth," in Meaning Truth and God [Boston University Studies in Philosophy of Religion] Notre Dame 1982.

of utter dependence presupposes the attainment of transcendental consciousness or level of consciousness. But not even Hegel took his caricature seriously, for he himself makes use of a concept of Gefühl as original access
to the world in his Lectures on the Philosophy of Religion.

The critical issue is not the first, but the second, i.e., Gefühl, by virtue of its immediacy, is a form of truth, but only the poorest form of truth.
This is because Gefühl is for Hegel the lowest form or Stufe of subjectivity,
which strictly speaking can only attain subjective certainty, not truth. Gefühl is precognitive immediate consciousness; as immediate it stands in contrast to all determinate content. The problem is not that Gefühl has no content at all; rather the problem is that qua indeterminate it is equally hos-
pitable to any content: there is nothing that cannot be sincerely felt. But
such "sincere" feelings do not warrant the claim of truth; immediately everything is true. However, truth is in the strict sense not a matter of
psychological feelings, but rather of rational apprehension, insight and judgement. Thus Hegel writes: "... it is one thing whether such content as God,
Truth, Freedom, as simply felt, is supposed to have its warrant in feeling,
or whether on the contrary such an objective content possesses its own inherent validity before it enters into one's heart and feeling, so that the ...
warrant of feelings derives from that content. Everything turns on this difference of attitude." [3] If the warrant of feeling derives from its content, then
the level of mere feelings has been transcended and a process of rational
apprehension and mediation is under way. But Schleiermacher's alleged in-
sistence on immediacy makes feeling itself the warrant of feeling. Such re-
fusal of mediation, and the thesis that theology is to be a description of
immediate states of mind, appear to Hegel to be a retreat into bare subjective certainty which surrenders theological content and truth. All that remains is the empty husk of subjective convictions. [4] It is difficult to
disagree with Hegel's point; however his reading of Schleiermacher is a
caricature.

When Schleiermacher identifies Gefühl with immediate self-consciousness,
the significance of this identification is that Gefühl now designates global
self-consciousness as such. That is, Gefühl has become a designation for generic consciousness, which underlies and supports all determinate forms of
human thought and praxis. Hegel in contrast takes Gefühl to be basically
Empfindung and interprets it as a merely empirical-psychological self-con-
sciousness.He consistently assigns it to the merely empirical level. [5] Schleier-

---

3 Hegel's forward to Hinrichs' Die Religion, translated in: Beyond Epistemology op. cit. p. 240.
4 Ibid. p. 228.
5 See for example his discussion of Gefühl in his Vorlesungen über die Philosophie der Religion, Theorie Werkausgabe, Frankfurt 1969, Vol. 16, p. 124 f.

macher however is not advancing a concept of a merely individual-empirical subjectivity, but rather a transcendental thesis concerning consciousness as such. Conversely, consciousness as such is transcendental, and thus underlies and takes on various determinate modifications, intentional structures etc. Schleiermacher sets forth an existential ontology of self, world and transcendence in which Gefühl is the medium of access to such general structures, and conversely the structures of this ontology are existential in that they are structures of Gefühl, or lived structures in the sense of the Lebenswelt (Husserl). Thus, for example, the feeling of utter dependence is meant not as a piece of empirical psychology, but rather as a universal element, a formal-generic ontology of the structure of human existence.

However, Gefühl is not a transcendental subjectivity in the foundationalist Cartesian-Kantian sense. Gefühl is not meant as a transcendental foundation or condition of possible experience. Gefühl is not a self-sufficient foundation prescribing structures to and legislating for experience. Rather Gefühl is the original disclosure of the pre-given life-world, the immediate presence of whole undivided being. Gefühl then is not a transcendental foundation of experience, but only the medium of access to the foundation. But in this case the foundation turns out to be the world (Lebenswelt) as the ultimate horizon of consciousness. Thus Schleiermacher's turn to Gefühl is far from signalling a retreat into subjectivity as other than and in contrast to the world, as Hegel apparently believed. On the contrary the turn to Gefühl is a turn towards the world. Gefühl as Schleiermacher describes it, is a Being-in-the-World structure. This contention clarifies one important sense of the term "immediate" in Schleiermacher's thought. Immediate stands in contrast to the theoretical and reflective, which has as its correlate the theoretically reconstructed and represented world. Gefühl is thus distinct from knowing and doing. But this distinction is not a distinction between the non-cognitive and the cognitive. Rather Schleiermacher's thesis is that theoretical cognition is itself funded by and constantly presupposes Gefühl in the sense of primordial disclosure of the life-world, the horizon of thought and praxis. Seen from this perspective, Schleiermacher is not surrendering the truth question, but calling attention to truth in the sense of disclosure which precedes and funds truth in the sense of correspondence. This is the reason why Gefühl, although distinct from knowing and doing, nevertheless is said to stimulate and give rise to knowing and doing.

Gefühl then designates consciousness as such, the original disclosure of the world. It is a general disclosive capacity, which undergoes determination and modification in correlation with various disclosures and references. This point is crucial to understand the way in which Gefühl functions within Schleiermacher's theological prolegomena. He is not contending that religion

is a subjective feeling (Empfindung). Rather he contends that religion is
a determinate modification of Gefühl, namely a feeling of utter dependence.[6]
This implies that the warrant of feeling does not lie simply in feeling, but
in the intentional correlate. The existential-phenomenological genesis of the
term 'god' refers to the co-determinant, the Whence, the transcendent originally disclosed through the feeling of utter dependence. Since God is thus
given to feeling in an original way, the feeling of utter dependence dis-
places and replaces the traditional proofs for God, which are secondary
theoretical derivations. I have developed these points in much more detail
elsewhere.[7]

Granting that religion is a determinate modification of Gefühl, the question now becomes, how are we to understand this strange mixture of immediacy and determinateness? This question goes to the very heart and coherence of Schleiermacher's project of Glaubenslehre; it ultimately involves the
question how part II is related to part I, and what unifies the two parts
of the argument. Only when this unity is grasped, can one understand how
the feeling of utter dependence comes to actual expression in Christian religious experience, and what role it plays (other than a transcendental-foun-
dational role). Our thesis is that the prolegomena and part I of the Glaubenslehre set forth a generic-formal ontology of self, world and transcendence. This formal-generic scheme is initially presented through a methodological abstraction from actual Christian consciousness, and so is indeterminate. However, in the second part of the Glaubenslehre the formal-generic
scheme is set forth as qualified and rendered concretely determinate and modified by the transition from sin to redemptive existence. The way in which
the formal-generic scheme comes to actual concrete expression in the transition from sin to redemptive existence is meaning-determining. Schleiermacher's principle of positivity is that the formal-generic structures of part
I do not persist unchanged in part II, but undergo determinate modification.
When Hegel attacked Schleiermacher (1822) he did so on the basis of only
the first part of the work; since the second volume had not yet appeared,
Hegel did not see, much less appreciate the actual execution of Schleier-

---

6 Friedrich Schleiermacher, Der christliche Glaube 1st edition, § 8. (KGA I
  7.1.) cf. 1830 edition hg. Martin Redeker, Berlin 1960. I shall be citing
  the first (1821) edition because that is the edition which Hegel attacked
  and, I believe seriously misunderstood. Schleiermacher's methodological
  abstraction and principle of positivity are if anything, more clearly stated in the first edition. It is incomprehensible how Hegel could have
  missed these crucial points.
7 See my Schleiermacher The Theologian: The Construction of the Doctrine of
  God, Philadelphia, Pa. 1978. See also my article "Schleiermacher versus
  Feuerbach on the Intentionality of Religious Consciousness," Journal of Religion October 1973.

macher's theological program. Thus Hegel became the first to misinterpret Schleiermacher out of the prolegomena, and established a pattern of reading the Glaubenslehre that has obscured the meaning and coherence of Schleiermacher's thought down to the present. Specifically, what Hegel caricatures as a retreat into subjectivity, is Schleiermacher's methodological abstraction. Further Hegel takes Schleiermacher's transcendental-phenomenological program in part I as a piece of empirical psychology.

Schleiermacher repeatedly calls attention to the fact that the formal-generic ontological structures of self, world and transcendence set forth in the prolegomena and part I, are set forth as abstractions and so are indeterminate. Here we find a second sense of the term "immediate", namely a methodological sense. In short, this second sense of immediate is a reflective immediacy, in which the structures of lived experience (immediate in the first sense of pre-theoretical) are brought to expression, clarified and analyzed. This reflective, methodological immediacy is close to what Husserl calls the phenomenological reduction, a reflective device for suspending naive reality-acceptances in order to recover and express their sense, their immanent intentional structures. Thus in the Ideas Husserl seeks to reflectively recover and formulate the pre-theoretical acceptance of the world. This lived world-acceptance can be formulated in a quasi judgement, or treated as a potential judgement, which Husserl calls the thesis of the natural attitude.[8] The content of the thesis – that there is a world out there – is not originally a judgement; it is simply naively taken for granted without question, even by attempts to doubt it.

My thesis is that Schleiermacher is doing something very similar to Husserl's phenomenological reduction in the prolegomena and in part I of the Glaubenslehre. He is setting forth the structures of lived experience, religious experience in particular, in terms of a methodological abstraction. As he says, he is taking up a position "above" Christianity, not to deduce it, or to prove it, but to clarify and describe it as a lived historical-cultural phenomenon. This means that the feeling of utter dependence is not meant as a discrete experience (Erlebnis) in the empirical-psychological sense. No one "has" or "experiences" a feeling of utter dependence. Rather the feeling of utter dependence is an intentional structure, a depth dimension through which and by means of which a determinate content or thesis is meant. It is to be sure present in actual religious experience, but as a deep structure it is not thematized. It can be thematized but only through a ·reflective method such as the phenomenological epoche. Schleiermacher explicitly calls attention to this transcendental phenomenological reflection in

---

8 Edmund Husserl, Ideen zu einer reinen Phänomenologie hg. W. Biemel, The Hague, 1950, §§ 27 – 32.

the first edition of the Glaubenslehre: 'The original feeling of dependence does not appear all by itself in actual consciousness, but always together with and mediated by specific determinations. As something universal, it appears only through and by means of the particular. It is only in reflection that the feeling of dependence is portrayed as the self-identical element in particular instances of piety." [9] Schleiermacher denies that there is such a thing as an absolutely universal or general feeling of utter dependence; it always occurs as concretely modified and determined in reference to a specific historical-cultural content. Schleiermacher cautions that if we focus exclusively on the feeling of utter dependence as such, as he himself does in his prolegomena, then we must keep in mind that "the feeling of dependence is not an actual determinate consciousness, but only the inner structure and basic (Grundlage) of such..." [10] This transcendental phenomenological program Hegel caricatures as a piece of empirical psychology, as a retreat into empirical, private subjectivity and solipsism.[11] Hegel is right in sensing that the formal-generic structures of part I are empty and indeterminate. But he misses the for Schleiermacher crucial point that this indeterminacy is the result of a methodological abstraction, a phenomenological epoche. The feeling of utter dependence is abstract, formal and empty as it is presented in reflective immediacy in part I. But it does not concretely occur or exist as abstract, formal and indeterminate. Thus Hegel fails to appreciate that Schleiermacher too is seeking to correct Enlightenment formalism and rationalism.

The "standard interpretation" of Schleiermacher inaugurated or inspired by Hegel takes part I (and prolegomena) of the Glaubenslehre to be a philosophy of religion which is foundational, a priori and normative for part II. Part II is then taken to be simply a particular instance of the formal-generic structures of self, world and transcendence set forth in part I. Such a reading overlooks Schleiermacher's important principle of positivity which presides over and unifies the two parts of the argument. This principle of positivity expresses an different attitude towards history from that of Enlightenment formalism, and may be expressed in two theses: 1) The formal-generic structures isolated in transcendental-phenomenological reflection in part I are not meant as actual in such abstraction, or apart from part II. That is, the abstraction of part I is not ontological, but methodological. 2) The formal-generic structures do not persist unchanged in their concrete

---

9 Schleiermacher, Glaubenslehre ist (1821) ed. § 36.1.
10 Ibid., § 39.1.
11 This is not the only instance in which Hegel misconstrues a transcendental program. He commits the same error when he interprets Kant as offering merely another version of Locke's attempt to ground epistemology in psychology. See John E. Smith, "Hegel's Critique of Kant," Review of Metaphysics Vol. XXVI, No. 3, March 1973, 438–461.

state of actualization, but rather undergo concrete modification and determination. Thus, since such structures come to actual expression in Christian consciousness as qualified by the transition from sin to redemptive existence, their ontological significance can be determined only when they are taken as part of the larger concrete whole. This is not to claim that the formal-generic structures have no meaning at all apart from the distinctively Christian qualification/modification. Rather it is to deny that they have foundational ontological significance; they play a critical but not foundational role. Insofar as there is a foundation, it is the whole. Theological universals are not abstract but concrete, i.e., they are historically mediated and not directly or entirely accessible to transcendental reflection a priori.

Hegel finds Schleiermacher's position to be a confusion, an unsuccessful attempt to combine subjectivity and immediacy on the one hand, with universality and rationality on the other. When Schleiermacher turns to Gefühl as the Ortsbestimmung of theology, he is in fact turning to private, pre-cognitive subjectivity. When he realizes that this reduces theological doctrines to mere private opinions which are contingent, variable and incapable of institutionalization, he then claims universality for Gefühl and its structures. However, the universality which can be claimed for Gefühl is abstract – as Schleiermacher himself admits in part I of the Glaubenslehre. Such abstract universality is incapable of grounding or justifying any particular content. Rather it "justifies" any content whatsoever, since there is nothing, however erroneous or ill-conceived, which cannot be sincerely felt. The issue Hegel raises is that Schleiermacher fails to provide a theoretical-rational mediation between the formal-generic Gefühl of part I, and the determinate Christian content of part II. The formal-generic structures exist side by side with the concrete determinate elements, and Schleiermacher speaks of an oscillation between the two. But this term inadvertently conveys the point Hegel seeks to make, namely there is no theoretical mediation between universal and particular in Schleiermacher's argument. Although the universal structures co-exist with Christian content, they could co-exist with any other; Schleiermacher fails to show the internal relation of universal and particular.[12]

Hegel's critique is close enough to the truth to be plausible, but overlooks some important elements in Schleiermacher's argument. The heart of the matter of course is the question what is meant by mediation. In Hegel's case the mediation of universal and particular is accomplished by self-negating, self-specifying universal. Universal and particular are thus grasped as dialectical opposites, and this opposition is aufgehoben in the emergent

12 Hegel, Enzyklopädie, Hg. Nicolin & Pöggeler, Hamburg 1969, § 400.

concrete universal. But this dialectical development whereby the universal becomes for itself what it implicitly is, is not a temporal-historical development. In contrast, Schleiermacher's principle of positivity implies that the mediation of universal and particular in the Glaubenslehre is historical, not logical-dialectical. This means that the universal structures of part I do not serve as foundations for, or implicitly contain the determinate forms set forth in part II. Part II cannot be derived or deduced from part I by a dialectical move; the argument rests upon an historically mediated historical given fact. Now this is not to deny that Hegel too has discovered history, or to say that Hegel is unaware of Christianity as an historical religion. But it is to contend that Hegel ultimately replaces historical mediation by logical-dialectical mediation, particularly in his claim that religion is aufgehoben in philosophy.[13] And it is equally clear that Schleiermacher refuses to take such a step: Christianity is an historical, not the absolute religion. But this does not mean that there is no mediation of universal and particular at all, or that Schleiermacher ultimately must end up in theological agnositicism or non-cognitivism. There is a middle ground between historical relativism and a-historical rationalism, and that is what Schleiermacher is after.

Schleiermacher's departure from a-historical foundationalism is evident in his doctrine of God, particularly in his denial that the first four divine attributes set forth in part I are by themselves a doctrine of God.[14] Rather these are schematisms of transcendence, or limit-concepts. The limit-concepts of eternal-omnipotence, and omniscience come to expression in determinate modified form in part II. Specifically, divine wisdom is the determinate form of omniscience. And divine love is the only attribute which can be identified with God himself. Schleiermacher himself does not develop the ontological implications of these concrete modifications and determinations. To this extent his argument is incomplete and vulnerable to Hegel's attack. But Schleiermacher's omission of the ontological import of his doctrine of divine attributes does not mean that there is no ontological import, and therefore no ontological-integral mediation between universal and particular at all. When

---

13 This move is notoriously difficult to understand. If religion is simply canceled then speculative philosophy has consumed its own basis. On the other hand when the duality between Bewußtsein and Gegenstand constitutive of Vorstellung is overcome, it appears as if the divine-human distinction is collapsed, resulting in a reductive illegitimate interpretation of Christianity. Or it might mean that only historical Christianity is aufgehoben, while the Sache selbst continues in another form. In this case, the transition from religion to philosophy is only an historical transition and change, not a logical-dialectical one.

14 Schleiermacher, Glaubenslehre §§ 64, 69 Zusatz; this point is more clearly stated in the 1830 edition (§ 56 Zusatz) but it is there in the 1821 edition.

the implications of Schleiermacher's express statements are developed and
made explicit, it is evident that Schleiermacher's theological method prepares
the way for a significant departure from classical conceptions of divine
transcendence and immutability.[15] This is not to claim that Schleiermacher
has solved all the problems, but it is to contend that his thought deserves
better treatment and fairer consideration than it has received thus far.

---

15 See my Schleiermacher The Theologian, chapter 7. See also I.A.Dorner,
   "Ueber die richtige Fassung des dogmatischen Begriffs der Unveränderlichkeit Gottes," in Gesammelte Schriften aus dem Gebiet der systematischen
   Theologie, Berlin 1883. I have written an article on the relation of Dorner
   to Schleiermacher, "I.A.Dorner's Concept of Ethical Divine Immutability"
   published in the Proceedings of the 19th Century Theology Workgroup 1983,
   (Contact Dr. Claude Welch, Graduate Theological Union, Berkeley,California).

FRÖMMIGKEIT ALS GEFÜHL SCHLECHTHINNIGER ABHÄNGIGKEIT
Zu Schleiermachers Religionstheorie in der "Glaubenslehre"

von Jan Rohls

"Die meisten deutschen Schriftsteller führen alle religiösen Vorstellungen auf das Gefühl des Unendlichen zurück", kann Madame de Stäel in ihrem Werk "D'Allemagne" dem französischen Publikum mitteilen[1]. Und von Schleiermacher heißt es, daß er "mit viel Wärme und Klarheit das Gefühl des Unendlichen entwickelt" habe[2]. Tatsächlich definiert Schleiermacher in der "Glaubenslehre" die Frömmigkeit ja als eine "Bestimmtheit des Gefühls", und zwar als Gefühl schlechthinniger Abhängigkeit[3]. Mit dieser Definition tritt er als Zertrümmerer der theologischen Scholastik auf, der jenseits von Supranaturalismus und Rationalismus das irreduzible fromme Gefühl zur Grundlage seiner Dogmatik macht. Angesichts dieses theologischen Paradigmenwechsels kann David Friedrich Strauß mit vollem Recht erklären: "Schleiermacher ist der Kant der protestantischen Theologie"[4].

1.

Nun begegnet die Definition der Frömmigkeit als Bestimmtheit des Gefühls ja nicht erst in der "Glaubenslehre". Vielmehr findet sich schon in den "Reden über die Religion" in Abgrenzung gegen die rationalistische Reduktion der Religion auf Wissen und den kantischen Versuch einer auf die Ethik aufbauenden Religionsphilosophie die Bemerkung, daß das Wesen der Religion "weder Denken noch Handeln, sondern Anschauung und Gefühl" sei[5]. Dort heißt es auch wohl, daß Gefühl und Anschauung "ursprünglich Eins und ungetrennt" seien[6] und "jede Anschauung ihrer Natur nach mit einem Gefühl verbunden" sei[7]. Doch wie diese Verbindung zu denken sei und vor allem, worum es sich eigentlich bei dem Gefühl handelt, bleibt hinter dem Schleier romantischer Rhetorik verborgen. Ein Gefühl komme zustande, wenn durch den Einfluß eines Gegenstandes unsere "Organe" erregt würden und infolgedessen eine Veränderung unseres "innern Bewußtseins" statthabe. Ein Gefühl könne schwach sein, es könne aber auch "zu einer solchen Heftigkeit heranwachsen, daß Ihr des Gegenstandes und Euerer selbst darüber vergeßt"[8]. Das Univer-

1 A.L.G. de Staël-Holstein, Über Deutschland, übers. v. R. Habs, München o.J., S. 494.
2 a.a.O., S. 503.
3 F.D. Schleiermacher, Der Christliche Glaube, hg. v. M. Redeker, Bd. 1, Berlin 1960[7], S. 14.
4 D.F. Strauß, Chrakteristiken und Kritiken, Leipzig 1839, S. 205.
5 F.D. Schleiermacher, Über die Religion, Berlin 1799, S. 50
6 a.a.O., S. 73.
7 a.a.O., S. 66.   8 ebd.

sum im Endlichen anschauend, würden wir notwendigerweise von mancherlei Gefühlen ergriffen[9]. "So wie die besondere Art, wie das Universum sich Euch in Euren Anschauungen darstellt, das Eigentümliche Eurer individuellen Religion ausmacht, so bestimmt die Stärke dieser Gefühle den Grad der Religiösität"[10]. Von den diversen religiösen Gefühlen heißt es, daß sie ihrer Natur nach die menschliche Tatkraft lähmten und zum "stillen, hingebenden Genuß einlüden[11]. Was das Verhältnis von Anschauung und Gefühl in der ersten Auflage der "Reden" betrifft, so bemerkt allerdings H. Süskind zu Recht "Das Gefühl hat keine selbständige Bedeutung neben der Anschauung, sondern ist nur der subjektive Reflex derselben. Das Gefühl gibt überall die Farbe und Stimmung, in die die Anschauung getaucht erscheint, aber nicht das Gefühl bestimmt den Inhalt der Anschauung, sondern der Inhalt der Anschauung bedingt diese oder jene Bestimmtheit des Gefühls"[12].

Bekanntlich hat Schleiermacher in der zweiten Auflage der Reden von 1806 einige "Einzelheiten" geändert, "welche allzuleicht bei denen welche an die Sprache des heutigen Tages gewöhnt sind, und die das gestrige nicht kennen, Mißverständnisse verursachen konnten, zumal wo es auf das Verhältnis der Philosophie zur Religion ankam, und das Wesen der letzteren durch ihren Unterschied von der ersteren sollte bezeichnet werden"[13]. Süskind hat in diesem Zusammenhang auf Schelling verwiesen, durch dessen Reklamation der Anschauung des Universums für die Philosophie als wissenschaftliche Erkenntnis Schleiermacher genötigt worden sei, die Religion nicht länger als Anschauung zu definieren. "Die Anschauung, die ganze Welt des gegenständlichen Bewusstseins, wird zum Gebiet des wissenschaftlichen Erkennens geschlagen, und das religiöse Leben eingeschränkt auf die Welt unserer subjektiven Empfindungen, auf die Reihe des Gefühls"[14]. Gleichwohl kann Schleiermacher im Vorwort zur dritten Auflage der "Reden" 1821, dem Erscheinungsjahr der "Glaubenslehre", konstatieren, daß seine "Denkungsart über diese Gegenstände" schon 1799 "in eben der Form ausgebildet gewesen (sei) wie sie seitdem geblieben ist"[15]. Tatsächlich läßt sich jedoch die von Süskind beobachtete Tendenz Schleiermachers verifizieren, den Anschauungsbegriff in den späteren Auflagen der "Reden" durch andere Begriffe zu ersetzen und diese dem Gefühlsbegriff anzugleichen. So heißt es etwa in der zweiten Auflage, daß zur Religion nur gehöre, "was Gefühl ist, und unmittelbare Wahrnehmung"[16] oder - so die dritte Auflage - "unmittelbares Be-

---

9 a.a.O., S. 67.
10 a.a.O., S. 68.
11 a.a.O., S. 69.
12 H. Süskind, Der Einfluß Schellings auf die Entwicklung von Schleiermachers System, Tübingen 1909, Nachdruck Aalen 1983, S. 153.
13 F.D. Schleiermacher, Über die Religion, Berlin 1806², S. V.
14 H. Süskind, op. cit. S. 154. Vgl. Schelling.
15 F.D. Schleiermacher, SW I/1, Berlin 1843, 142.
16 ders., Über die Religion, Berlin 1806², S. 164.

wußtsein"[17] . Hatte die erste Auflage noch erklärt: "Religion haben heißt das
Universum anschauen"[18] , so ist bereits in der zweiten Auflage der Anschauungsbegriff eliminiert. Stattdessen wird die Religion nunmehr begriffen als
'das unmittelbare und ursprüngliche Sein Gottes in uns durch das Gefühl" [19]. Frömmigkeitsregung sei ein Gefühl nur insofern, als in ihm nicht
das spröde Einzelne als solches, sondern in und mit ihm das Ganze, d.h.
Gott, uns berühre. Die Anmerkungen der dritten Auflage der "Reden" verweisen dabei ausdrücklich auf die Erklärungen zum Religionsbegriff in den §§
3 - 5 der "Glaubenslehre"[20] . Schleiermacher selbst möchte also die Definition der Frömmigkeit in der "Glaubenslehre" nur als Explikation des bereits
in den "Reden" vertretenen Religionsbegriffs verstanden wissen.

Dementsprechend grenzt er die Religion gegenüber dem wissenschaftlichen
Erkennen ab als "das unmittelbare Bewußtsein von dem allgemeinen Sein alles
endlichen im unendlichen und durch das unendliche". Religion selbst sei eben
dies, "das Leben selbst im unmittelbaren Gefühl nur haben und kennen als
dieses Sein" [21]. Und während das sittliche Handeln sich immer nur als ein
'Selbstbewegen" zeige, erscheine die Religion als "ein sich Bewegenlassen
von dem ganzen, welchem der Mensch gegenübersteht"[22] . Denn "alles beschränkte nicht in seinem Gegensatz gegen anderes, sondern als eine Darstellung des unendlichen in unser Leben aufnehmen und uns davon bewegen
lassen, das ist Religion" [23]. Gerade in diesem Punkt koinzidieren Schleiermacher zufolge die Aussagen der "Reden" und der "Glaubenslehre". Denn insofern das Einzelne nicht als einzelnes, sondern als Teil des Ganzen auf uns
einwirke, so sei unser Zustand "das Gefühl einer gänzlichen Abhängigkeit
in dieser Bestimmtheit" [24]. Damit haben wir die Definition der Frömmigkeit
in der ersten Auflage der "Glaubenslehre" von 1821 erreicht. Denn ihr zufolge gilt ja: "Die Frömmigkeit an sich ist weder ein Wissen noch ein Thun,
sondern eine Neigung und Bestimmtheit des Gefühls"[25] , wobei das "gemeinsame aller frommen Erregungen, also das Wesen der Frömmigkeit ... dieses
(ist), daß wir uns unsrer selbst als schlechthin abhängig bewußt sind, das
heißt, daß wir uns abhängig fühlen von Gott"[26] .

Schleiermacher arbeitet hier mit einem präzise definierten Gefühlsbegriff.
Denn ein Gefühl ist für ihn "das unmittelbare Selbstbewußtsein, wie es, wenn

---

17 ders., SW I/1, Berlin 1843, S. 253.
18 ders., Über die Religion, Berlin 1799, S. 126.
19 ders., Über die Religion, Berlin 1806², S. 165.
20 ders., SW I/1, Berlin 1843, S. 279.
21 a.a.O., S. 185.
22 a.a.O., S. 186.
23 a.a.O., S. 200.
24 a.a.O., S. 269.
25 ders., Der christliche Glaube, Teilband 1, hg. v. H. Peiter, Berlin 1980,
   S. 26.
26 a.a.O., S. 31.

nicht ausschließend, doch vorzüglich einen Zeittheil erfüllt, und wesentlich
unter den bald stärker bald schwächer entgegengesetzten Formen des angenehmen und unangenehmen vorkommt" [27]. Er geht also davon aus, daß das
Gefühl als unmittelbares Selbstbewußtsein nicht immer nur begleitenden Charakters ist, sondern in gewissen Augenblicken alles Denken und Wollen hinter
einem bestimmten Gefühl zurücktritt, dieses mithin den Augenblick beherrscht.
Mit seiner Definition der Frömmigkeit will er zudem keine erschöpfende Deskription der Frömmigkeit liefern, sondern einzig und allein deren gattungs-
mäßiges Wesen bestimmen. Dem dient die Abgrenzung gegen Wissen und Tun.

Machte das Wissen das Wesen der Religiosität aus, so bemäße sich die
Frömmigkeit eines Menschen an der Vollkommenheit des Wissens theologischer
Sachverhalte. "Welches wol niemand zugeben wird, sondern gestehen, daß bei
gleicher Vollkommenheit dieses Wissens bestehen können sehr verschiedene
Grade der Frömmigkeit, und bei gleich vollkommener Frömmigkeit sehr verschiedene Grade dieses Wissens" [28]. Tatsächlich kann eine bestimmte Eigenschaft F nicht das Wesen oder die Essenz einer bestimmten Eigenschaft G
sein, wenn die Steigerung von F nicht die Steigerung von G impliziert.
Schleiermacher selbst trifft nun die Unterscheidung zwischen dem gewußten
Sachverhalt und der Gewißheit als einer epistemischen Modalität. Man könnte
daher die These vertreten, das Wissen theologischer Sachverhalte sei nur
aufgrund der Gewißheit Frömmigkeit, "das Maaß ... der Ueberzeugung sei
auch das Maaß der Frömmigkeit" [29]. Glauben sei "Ueberzeugungstreue". Doch
Schleiermacher hält dem entgegen, daß sich die Gewißheit bei allem eigentlichen Wissen, z.B. von mathematischen, naturwissenschaftlichen oder historischen Sachverhalten, einzig und allein an der "Klarheit und Vollständigkeit
des Denkens selbst" bemesse. Aber ebensowenig wie ein Wissen theologischer
Sachverhalte soll nun die Frömmigkeit ein Handeln oder Tun sein. Die Art
der Handlung selbst könne ohnehin kein Kriterium für die Religiosität sein,
"indem alles, auch das scheußlichste neben dem vortreflichsten, und neben
dem sinnvollsten das leerste und bedeutungsloseste, Anspruch darauf macht,
fromm zu sein" [30]. Wenn überhaupt im Handeln, so könne die Frömmigkeit nur
im Antrieb oder Erfolg der Handlung bestehen. Doch da der Erfolg einer
Handlung nicht ausschließlich von meinem Willen abhängt, wird man Schleiermacher darin zustimmen müssen, daß die Frömmigkeit sich nicht nach der
Realisierung dessen, was ich will, bemessen kann. Solle daher das Wesen
der Frömmigkeit ein Handeln sein, so könne nur der Handlungsantrieb gemeint sein, d.h. das Wollen einer Handlung. Doch das Wollen setze seiner-

---

27 a.a.O., S. 26.
28 a.a.O., S. 27.
29 a.a.O., S. 28.
30 ebd.

seits ein Gefühl voraus, und die Frömmigkeit sei nun eben ein bestimmtes Gefühl. Sie sei daher weder als Wissen noch als Tun zu definieren.

Damit ist allerdings noch nicht gesagt, um welches spezifische Gefühl, d.h. um welche Bestimmtheit des Gefühls es sich bei der Frömmigkeit handelt. "Das gemeinsame aller frommen Erregungen, also das Wesen der Frömmigkeit ist dieses, daß wir uns unsrer selbst als schlechthin abhängig bewußt sind, das heißt, daß wir uns abhängig fühlen von Gott"[31]. Wie gelangt Schleiermacher zur Definition der Frömmigkeit als schlechthinnigem Abhängigkeitsgefühl? Er geht von der Annahme aus, daß unser Selbstbewußtsein durch zwei "Bestandtheile" konstituiert werde, nämlich dem Bewußtsein von uns "als den sich immer gleichbleibenden" und dem von uns "als den von einem Augenblick zum andern veränderlichen". Es gibt für Schleiermacher demnach kein Selbstbewußtsein, in dem man sich ausschließlich seines reinen Ich an sich ohne Beziehung auf etwas anderes bewußt wäre. Vielmehr betrachtet er das Selbstbewußtsein als "ein unmittelbares Bewußtsein des Menschen von sich als verändertem". Ich bin mir demzufolge meiner selbst stets nur bewußt als ein so und so seiender, und damit ist laut Schleiermacher das Bewußtsein verbunden, "es sei etwas von uns unterschiedenes, ohne welches unser Selbstbewußtsein jetzt nicht so sein würde". Mein Sosein, dessen ich mir bewußt sei, setze stets eine mitwirkende Ursache voraus, da es nicht von mir selbst produziert sei. Ich sei mir meiner selbst also nur als so und so Seiender und in meinem Sosein als durch etwas anderes bestimmt bewußt. Das bedeute aber, daß wir an uns "Empfänglichkeit" und "Selbstthätigkeit" unterscheiden müßten. Schleiermacher meint nun, daß das fromme Gefühl nur als reines Abhängigkeitsgefühl bestimmt werden könne. Mein Verhältnis zu dem mein Sosein Bestimmenden lasse sich in diesem Fall nicht als Verhältnis der Wechselwirkung charakterisieren, während es in allen anderen Fällen immer nur ein teilweises Abhängigkeitsgefühl impliziere. "Dies gilt auch von der Welt, als der Gesammtheit alles leiblichen und geistigen endlichen Seins, und das Selbstbewußtsein des Menschen als durch diese mitbestimmt, ist eben das Bewußtsein der Freiheit. Denn indem er auf jeden Theil derselben Gegenwirkung ausüben kann, übt er Einwirkung auf alle"[32]. Die Frömmigkeit als schlechthinniges Abhängigkeitsgefühl impliziere dagegen die absolute Unendlichkeit der mein Sosein bestimmenden Ursache, und insofern sei "sich schlechthin abhängig fühlen und sich abhängig fühlen von Gott einerlei".

In der ersten Auflage der "Glaubenslehre" geht Schleiermacher vom schlechthinnigen Abhängigkeitsgefühl als einem Faktum aus. In der zweiten Auflage von 1830 will er darüber hinaus die Notwendigkeit seiner Existenz

31 a.a.O., S. 31.
32 a.a.O., S. 32.

darlegen. Auch präzisiert er hier den Begriff des Gefühls. Einmal soll unter einem Gefühl nur ein b e w u ß t e r Zustand verstanden werden, ein bewußtloser Zustand also nicht als Gefühl betrachtet werden. Und zwar handelt es sich bei dem Gefühl laut Schleiermacher um ein S e l b s t bewußtsein. Doch dieses Selbstbewußtsein möchte er nicht mit dem Bewußtsein vor sich selbst verwechselt wissen, "welches mehr einem gegenständlichen Bewußtsein gleicht, und eine Vorstellung von sich selbst und als solche durch die Betrachtung seiner selbst vermittelt ist" [33]. Beim Gefühl handle es sich gerade nicht um ein vermitteltes, sondern um ein unvermitteltes oder u n m i t t e l b a r e s Selbstbewußtsein. Und anders als das vermittelte oder reflektierende Selbstbewußtsein, d.h. die "Vorstellung von uns selbst, wie wir uns in einem gewissen Zeitteil finden", sei das Gefühl nicht ausschließlich begleitend. Vielmehr verweist Schleiermacher auf eine doppelte Erfahrung. "Einmal daß es Augenblicke gibt, in denen hinter einem irgendwie bestimmten Selbstbewußtsein alles Denken und Wollen zurücktritt; dann aber auch, daß bisweilen dieselbe Bestimmtheit des Selbstbewußtseins während einer Reihe verschiedenartiger Akte des Denkens und Wollens unverändert fortdauert, mithin auf diese sich nicht bezieht und sie also auch nicht im eigentlichen Sinne begleitet" [34]. Fragt man nun nach Beispielen für ein unmittelbares Selbstbewußtsein im geforderten Sinn, so führt Schleiermacher Reue, Zerknirschung, Zuversicht, Freude und Leid als solche Gefühlszustände an, während er etwa die Selbstmißbilligung im Unterschied zur Scham zum gegenständlichen, vermittelten Bewußtsein von sich selbst rechnet, obgleich die Selbstmißbilligung in Leid, präziser in Scham, übergehen könne [35]. Gefühle dieser Art werden dabei ausschließlich der Empfänglichkeit des Subjekts zugerechnet, also nicht als etwas von diesem Bewirktes und Resultat seiner Selbsttätigkeit angesehen, sondern als etwas, das in ihm zustandekommt [36].

Schleiermacher unterscheidet nämlich am Subjekt die Empfänglichkeit und Selbsttätigkeit, denen im zeitlichen Selbstbewußtsein ein Ich an sich, Sein oder Sichselbstsetzen und ein veränderliches Sosein, Irgendwiegewordensein oder Sichselbstnichtsogesetzthaben entsprächen [37]. Die jeweilige Bestimmtheit des Ich, sein Sosein setze noch etwas anderes als das Ich als Ursache voraus. Und das Wesentliche des u n m i t t e l b a r e n Selbstbewußtseins sei eben dies, daß in ihm dieses andere nicht gegenständlich vorgestellt werde. Schleiermacher meint nun, je nachdem, ob die Empfänglichkeit

33 ders., Der christliche Glaube, Bd. 1, hg. v. M. Redeker, Berlin 1960[7], S. 16.
34 a.a.O., S. 16 f.
35 a.a.O., S. 17, 21.
36 a.a.O., S. 18.
37 a.a.O., S. 24.

oder die Selbsttätigkeit überwiegend ist, zwischen Abhängigkeits- und Freiheitsgefühl unterscheiden zu können[38] . Zwar rechnet er Gefühle generell der
Empfänglichkeit des Subjekts zu und betrachtet sie gerade nicht als Resultat
seiner Selbsttätigkeit. Doch er glaubt zugleich, daß man grundsätzlich
zwischen zwei Fällen differenzieren müsse, da die Relation des Ich zu dem
mitgesetzten Anderen verschieden sein könne. Wenn wir uns primär dessen
bewußt seien, daß wir dieses Andere bestimmten, so fühlten wir uns frei.
Wo dagegen das Bewußtsein vorherrsche, daß das Andere uns bestimme, dort
fühlten wir uns abhängig. Das "Gesamtselbstbewußtsein" sei daher unter
Voraussetzung der Identität des Subjekts und des mitgesetzten Anderen das
der Wechselwirkung zwischen beiden und, sofern man das gesamte Außeruns
als Welt begreife, das "Bewußtsein unseres Seins in der Welt oder unseres
Zusammenseins mit der Welt, eine Reihe von geteiltem Freiheitsgefühl und Abhängigkeitsgefühl"[39]. Wo es sich bei dem mitgesetzten Andern um die Welt
handelt, kann es also Schleiermacher zufolge weder ein s c h l e c h t-
h i n n i g e s Freiheits- noch ein s c h l e c h t h i n n i g e s Abhängigkeitsgefühl geben.

Doch schon aufgrund seiner Beschreibung des Selbstbewußtseins muß
Schleiermacher ein schlechthinniges Freiheitsgefühl generell verwerfen, würde
es doch das eine notwendige Element des wirklichen Selbstbewußtseins, nämlich das Sosein, Irgendwiegewordensein oder Sichselbstnichtsogesetzthaben eli-
minieren. Auch setze jedes Freiheitsgefühl einen Gegenstand voraus, auf den
die Selbsttätigkeit des Subjekts gerichtet sei, und dieser Gegenstand sei uns
nur gegeben durch seine Einwirkung auf unsere Empfänglichkeit. Zudem sei
unser eigenes Dasein nicht das Produkt unserer eigenen Selbsttätigkeit. Vielmehr seien wir uns unserer selbst gerade auch als selbsttätige Subjekte nur
bewußt als solche, die ihre eigene Existenz nicht sich selbst verdankten.
Jedes Freiheitsgefühl impliziere daher ein Abhängigkeitsgefühl. Doch während
er ein schlechthinniges Freiheitsgefühl als unmöglich erachtet, hält Schleiermacher ein schlechthinniges Abhängigkeitsgefühl nicht nur für m ö g -
l i c h. Er meint überdies, daß seine Existenz unter der Voraussetzung des
relativen Freiheitsgefühls n o t w e n d i g sei. Denn "das unsere gesamte Selbsttätigkeit, also auch, weil diese niemals Null ist, unser ganzes
Dasein begleitende, schlechthinnige Freiheit verneinende Selbstbewußtsein ist
schon an und für sich ein Bewußtsein, daß unsere ganze Selbsttätigkeit
ebenso von anderwärts her ist, wie dasjenige ganz von uns her sein müßte,
in Bezug worauf wir ein schlechthinniges Freiheitsgefühl haben sollten"[40] .

Bei diesem absoluten Abhängigkeitsgefühl soll es sich nun aber der Defini-

---

38 a.a.O., S. 25.
39 a.a.O., S. 26.
40 a.a.O., S. 28.

tion des Begriffs "Gefühl" gemäß um ein u n m i t t e l b a r e s Selbstbewußtsein handeln. Abgewiesen wird damit die Auffassung, daß es "erst entstehe aus dem anderwärts her gegebenen Wissen um Gott"[41] . Denn in diesem
Fall würde es sich ja nicht um ein unmittelbares, sondern ein vermitteltes
Selbstbewußtsein, mithin nicht um ein Gefühl, sondern ein dem gegenständlichen Bewußtsein ähnliches Bewußtsein davon handeln, daß ich von Gott abhängig bin. Im schlechthinnigen Abhängigkeitsgefühl sei Gott jedoch auf ursprüngliche Weise nur als das "mitgesetzte W o h e r unseres empfänglichen und selbsttätigen Daseins" gegeben [42] . Zwar kann Schleiermacher
konstatieren, daß das Sich-schlechthin-abhängig-Fühlen identisch sei mit dem
Sich-seiner-selbst-als-in-Beziehung-mit-Gott-bewußt-sein. Doch dieses Bewußtsein davon, daß ich mich selbst in Beziehung mit Gott befände, dürfe nicht
in der Weise dem gegenständlichen Bewußtsein angeglichen werden, daß Gott
dabei als etwas äußerlich Gegebenes betrachtet würde. Schleiermacher ist zu
der These von der U n g e g e n s t ä n d l i c h k e i t Gottes genötigt, weil ein Gegenstand für ihn dadurch definiert ist, daß seine Einwirkung auf uns eine Gegenwirkung auslöst.

Mit dem schlechthinnigen Abhängigkeitsgefühl glaubt Schleiermacher das
sich selbst gleiche Wesen der Frömmigkeit gefunden zu haben. Selbstverständlich könne es nur in der Analyse derart isoliert werden. Faktisch komme es
dagegen niemals getrennt von dem Bewußtsein unseres Seins in der Welt, das
Schleiermacher als sinnliches Selbstbewußtsein bezeichnet, wird. Beide seien
aufeinander bezogen. "Niemand kann sich auch in einigen Momenten ausschließend seiner Verhältnisse im Gegensatz und in andern wiederum seiner
schlechthinnigen Abhängigkeit an und für sich und im allgemeinen bewußt
sein, sondern als ein im Gebiet des Gegensatzes für diesen Moment schon auf
gewisse Weise bestimmter ist er sich seiner schlechthinnigen Abhängigkeit
bewußt" [43] . Zum s i n n l i c h e n unmittelbaren Selbstbewußtsein zählt
Schleiermacher die natürlichen wie die geselligen Gefühle, insofern das in
ihnen mitgesetzte Andere, auf das wir unser jeweiliges Sosein zurückschöben,
dem Bereich der Wechselwirkung, d.h. der Welt angehöre. Darin unterschieden sie sich vom schlechthinnigen Abhängigkeitsgefühl als h ö h e r e m
unmittelbaren Selbstbewußtsein, in dem das mitgesetzte Andere ja gerade etwas sei, worauf wir nicht unser jeweiliges S o s e i n, sondern unser einzelnes endliches, d.h. empfängliches und selbsttätiges D a s e i n zurückschöben und das folglich nicht zum Bereich der Wechselwirkung gehöre. Von
dem schlechthinnigen oder absoluten Abhängigkeitsgefühl als dem h ö h e -
r e n unmittelbaren Selbstbewußtsein heißt es nun: "es ist entweder gar
nicht da, oder so lange es überhaupt da ist, auch immer da und immer sich

41 a.a.O., S. 29.
42 a.a.O., S. 28.
43 a.a.O., S. 35.

selbst gleich", wobei gelte, daß es nur zugleich mit dem sinnlichen unmittelbaren Selbstbewußtsein auftreten könne [44]. Dessen Bezogenwerden auf das
schlechthinnige Abhängigkeitsgefühl in der Einheit des Moments betrachtet
Schleiermacher als den Vollendungspunkt des Selbstbewußtseins, so daß ein
Mensch desto frömmer sei, je mehr er sich in jedem Moment sinnlichen Gefühls
zugleich schlechthin abhängig fühle. Nur dadurch, daß das selbst unveränderliche schlechthinnige Abhängigkeitsgefühl in den verschiedenen Momenten
zugleich mit jeweils verschiedenen sinnlichen Gefühlen auftrete, entstünden
die b e s o n d e r e n frommen Gefühle wie etwa Reue, Zerknirschung
und Zuversicht. Nur dadurch auch partizipierten die frommen Gefühle an dem
die sinnlichen Gefühle kennzeichnenden Gegensatz von Lust und Unlust, seien
also entweder angenehm oder unangenehm. Damit meint Schleiermacher nun
allerdings nicht, daß mit einem unangenehmen sinnlichen Gefühl notwendigerweise ein unangenehmes frommes Gefühl zugleich existiere. Vielmehr "ist das
jedesmalige leichte Hervortreten desselben (sc. des schlechthinnigen Abhängigkeitsgefühls), um auf ein bestimmtes Sinnliches, dieses sei nun angenehm
oder unangenehm, bezogen zu werden, ein leichter Verlauf jenes höheren Lebens, und trägt ... das Gepräge der Freude" und "ist das schwierige Hervortreten desselben Annäherung an das Ausbleiben, und kann nur als
Hemmung des höheren Lebens gefühlt werden" [45]. Die Frömmigkeit erreicht daher Schleiermacher zufolge ihren Höhepunkt, wenn das leichte Hervortreten
des schlechthinnigen Abhängigkeitsgefühls zu einem beharrlichen Zustand
wird und das höhere unmittelbare Selbstbewußtsein dadurch ein Übergewicht
über das sinnliche erlangt [46].

Schleiermacher meint nun, daß die Tatsache, daß es sich bei dem schlechthinnigen Abhängigkeitsgefühl um die höchste Stufe des unmittelbaren Selbstbewußtseins handle, bereits impliziere, daß es "ein der menschlichen Natur
wesentliches Element" sei [47]. Es soll sich hier also nicht um etwas "Zufälliges" oder "persönlich Verschiedenes", sondern um etwas, das zur Vollständigkeit der menschlichen Natur in allen gehöre [48]. Aus diesem Grunde kann
Schleiermacher erklären, daß in der Glaubenslehre an die Stelle der Argumente für die Existenz Gottes die Anerkennung der Notwendigkeit und Allgemeinheit des schlechthinnigen Abhängigkeitsgefühls trete. Als wesentliches
Element der menschlichen Natur werde es jedoch die Basis einer Gemeinschaft. Denn das Gattungsbewußtsein des Menschen finde seine Befriedigung
nur im Heraustreten aus den Schranken der eigenen Persönlichkeit durch die

---

44 a.a.O., S. 34 f.
45 a.a.O., S. 38.
46 a.a.O., S. 39, 77 f.
47 a.a.O., S. 41.
48 a.a.O., S. 174, Vgl. S. 42.

Manifestation des frommen Gefühls in Mimik, Ton und Sprache. Durch diese Manifestation kommt es Schleiermacher zufolge zur Entstehung frommer Gemeinschaften, die, wenn sie relativ abgeschlossen seien, als Kirchen klassifiziert werden müssen[49]. Die Kirche sei mithin "nichts anderes als eine Gemeinschaft in Beziehung auf die Frömmigkeit"[50].

2.

Den Paragraphen 3 - 6 der "Glaubenslehre" liegen "Lehnsätze" aus der Ethik" zugrunde. Sie dienen dazu, schrittweise den Begriff der Kirche zu entwickeln. Die Entwicklung dieses Begriffs am Anfang der Dogmatik ist deshalb notwendig, weil für Schleiermacher die Dogmatik eine theologische Disziplin ist, "also lediglich auf die christliche Kirche ihre Beziehung hat"[51]. Da aber die Kirche eine auf f r e i e n   m e n s c h l i c h e n H a n d l u n g e n   beruhende Gemeinschaft sei, müsse der allgemeine Begriff der Kirche aus der   E t h i k   als der spekulativen Darstellung der Vernunft in ihrer Gesamtwirksamkeit entlehnt werden[52]. Deshalb legt es sich, auch wenn man näheres über die Definition der Frömmigkeit als schlechthinniges Abhängigkeitsgefühl erfahren will, nahe, zunächst einmal die "Ethik" zu konsultieren. In der "Ethik" von 1816 wird das Gefühl als unmittelbares Selbstbewußtsein charakterisiert. "Selbstbewußtsein nämlich ist jedes Gefühl. Denn jedes Bewußtsein eines anderen wird Gedanke. Aber auch nur unmittelbares; denn das mittelbare, in dem wir uns selbst wieder Gegenstand geworden sind, wird Gedanke"[53]. Der Vorzug des Ausdrucks "unmittelbares Selbstbewußtsein" besteht Schleiermacher zufolge darin, daß er anders als der Terminus "Gefühl" nicht dem Mißverständnis ausgesetzt ist, er beziehe sich nur auf eine "niedere Region"[54]. Als unmittelbares wird das Gefühl auch hier vom reflektierten Selbstbewußtsein abgegrenzt. Und wie die "Glaubenslehre" zwischen sinnlichem und höherem so unterscheidet die "Ethik" zwischen bestimmtem menschlichen und transzendentem Selbstbewußtsein. Das bestimmte menschliche Selbstbewußtsein wird dabei als das die bestimmte W i r k l i c h k e i t   des Selbstbewußtseins bedingende "Veränderlichkeitsbewußtsein" charakterisiert, das transzendente Selbstbewußtsein hingegen als das die bestimmte   I n t e l l e k t u a l i t ä t   des Selbstbewußtseins bedingende "absolute Abhängigkeitsbewußtsein", in dem das Ich als

---

49 a.a.O., S. 43 ff.
50 a.a.O., S. 15.
51 a.a.O., S. 10.
52 a.a.O., S. 12. Vgl. Kurze Darstellung des theologischen Studiums, hg.v. H. Scholz, Darmstadt 1961[4], S. 8 f.
53 Werke, Bd. 2, hg. v. O. Braun, Leipzig 1927[2], Neudruck Aalen 1967, S. 589 f.
54 a.a.O., S. 647.

olches sich seiner selbst als unter einem anderen, der "absoluten Einheit" gehalten bewußt sei. "Dies ist nun das sich begleitende und nicht für sich allein einen Moment erfüllende Abhängigkeitsbewußtsein"[55] . Das absolute Abhängigkeitsbewußtsein tritt demnach niemals isoliert auf, sondern immer zugleich mit dem Veränderlichkeitsbewußtsein.

Nun behauptet Schleiermacher dort, wo er in der "Glaubenslehre" das Verhältnis des Gefühls zu Wissen und Tun klärt, daß es sich hier nur um ein "Geliehenes aus der Seelenlehre" handle. Man wird daher auch die Definition der Frömmigkeit als Gefühl nur dann richtig verstehen, wenn man dabei den Gefühlsbegriff der "Psychologie" zugrundelegt. In der "Psychologie" geht Schleiermacher nun von dem Menschen als einem körperlichen Wesen aus, das dadurch gekennzeichnet sei, daß es "ich" sage. "Der äußerliche (sc. Gegenstand) ist der Mensch, denn in diesem ist uns überall gegeben das Ich-sagen und wo dies vorkommt, sezen wir Seele voraus"[56] . Das Personalpronomen "ich" gestatte uns also den Rückschluß, daß dasjenige leibliche Wesen, das sich seiner bediene, eine Seele besitze. Und zwar könne als Ich nur das ganze aus Leib und Seele konstituierte Wesen betrachtet werden. Bei dem Ich "denken wir immer an die Identität von Leib und Seele"[57] . Damit ist von vornherein ein Dualismus von Leib und Seele vermieden. Das Personalpronomen "ich" verweist stets auf einen einzelnen Menschen. Das wird zumal daran deutlich, daß Schleiermacher sofort auf das sprachliche "Correlatum" zum Ich, nämlich das "Du" verweist. Das Ich oder Selbst impliziere den Gegensatz zum Du als etwas anderem, d.h. die Unterscheidung von anderen Menschen [58] . Schleiermacher verzichtet bewußt auf Fichtes Terminus "Nicht-Ich", da durch ihn kein Unterschied oder Gegensatz ausgedrückt werde, sondern eine bloße Negation, das Nicht-Ich also auch nichts sein könnte. Dieser Gegensatz von Ich und Du sei nun aber nicht nur ein empirischer Tatbestand, sondern die apriorische "Grundbedingung aller Erfahrung", so daß "es ein Ich-sagen gar nicht geben könne ohne ein Du-sagen zugleich mitzusetzen"[59] .

Wie in der "Glaubenslehre" sieht Schleiermacher nun in der "Psychologie" das jeweilige Ich durch den Gegensatz von Rezeptivität und Spontaneität oder Empfänglichkeit und Selbsttätigkeit bestimmt[60] , wobei er Wahrnehmung und Selbstbewußtsein (Gefühl, Empfindung) als rezeptive Tätigkeiten charakterisiert [61] . Wie in der "Glaubenslehre" wird hier konstatiert, daß es "ohne Ge-

---

55 a.a.O., S. 648.
56 SW III/6, Berlin 1862, S. 3.
57 a.a.O., S. 8.
58 a.a.O., S. 18.
59 a.a.O., S. 19. Vgl. Werke, Bd. 2, ed. O. Braun, S. 448
60 SW III/6, S. 43.
61 a.a.O., S. 70.

fühl auch keinen Übergang von Anschauen zum Handeln" gebe[62]. Und während das reinste Anschauen das vollkommenste Sichselbstvergessen sei, gelte für das reinste Gefühl, daß es "das vollkommenste Vergessen des einwirkenden Gegenstandes" sei[63]. Von der Frömmigkeit in ihrer einfachsten Form als Andacht kann Schleiermacher sagen, daß sie sich "ohne alle Sprache durch die ursprünglichen Äußerungen des Tons und der Geberde" kundgebe. Und da er als die einzige psychische Verfaßtheit, die sich auf diese Weise manifestiere, die "Erregtheit des Selbstbewußtseins" betrachtet, kann er folgern, daß es sich bei der Frömmigkeit ihrem Wesen nach um ein Gefühl handeln müsse[64]. Denn "der natürliche Ausdruck des Gefühls ist der Gesang, und alle Töne, die sich dem Gesang nähern und von der Sprache entfernen, wie Lachen, Weinen, Seufzen, Aufschreien, Jauchzen u.s.w. sind unmittelbar Ausdruck des Gefühls"[65]. Damit sei zugleich deutlich, daß die Frömmigkeit nicht als gegenständliches, objektives Bewußtsein von Gott bestimmt werden könne. Denn die Gefühlszustände, die sich so manifestierten, seien auf einer Stufe des Bewußtseins lokalisiert, wo von einem Gottesgedanken noch gar nicht die Rede sein könne. In der religiösen Entwicklung sei mithin das Gefühl das Ursprüngliche und Primitive[66].

Doch damit ist noch nicht gesagt, worin Schleiermacher in der "Psychologie" das Charakteristische des frommen Gefühls erblickt. Er unterscheidet dort verschiedene Arten von Gefühl: geselliges Gefühl, Naturgefühl, ästhetisches und religiöses Gefühl. Letzteres vergleicht er nun mit dem "ästhetischen Gefühl", das durch das Schöne und Erhabene evoziert werde[67]." Es wird leicht sein sich zu überzeugen, daß das religiöse die größte Analogie hat mit dem Eindruck des erhabenen", weshalb primitive Religionen die erhabene Natur als Andachtsplatz wählten[68]. Denn der Eindruck des Erhabenen sei doch damit verknüpft, "daß wir dem Außer-uns, welches auf uns einwirkt, eine Macht über uns einräumen und uns ihm unterwerfen"[69]. Auch die Andacht sei nämlich "ein eben solches sich selbst einem anderen untergeben finden, ein in der Unerschöpflichkeit des Gegenstandes gleichsam untergehen und doch wieder von demselben angezogen werden"[70]. "Es ist ein sich verlieren in das unendliche, mit dem Bewußtsein verbunden, daß hier eine jede Reaction völlig unstatthaft ist." Denn Gott ist der "absolut erhabene

---

62 a.a.O., S. 424.
63 a.a.O., S. 421.
64 a.a.O., S. 196.
65 a.a.O., S. 443.
66 a.a.O., S. 461.
67 a.a.O., S. 462.
68 a.a.O., S. 211. Zum Erhabenen vgl. Vorlesungen über die Aesthetik, ed. C. Lommatzsch, Berlin 1842, Nachdr. Berlin 1974, S. 240 ff.
69 SW III/6, S. 200.
70 a.a.O., S. 211.

Gegenstand"[71]. Daher kann Schleiermacher sagen, daß im religiösen Gefühl der Gegensatz zwischen dem bewußten Sein und dem dem Bewußtsein gegebenen Sein rein auf der subjektiven Seite des Bewußtseins, d.h. im Selbstbewußtsein aufgehoben werde. Dies sei aber nur deshalb der Fall, weil ich hier als bewußtes Sein von etwas anderem affiziert würde, auf das ich nicht mehr reagieren könne, es sich bei dem religiösen Gefühl also um ein a b s o l u - e s Abhängigkeitsgefühl handle[72]. Bei den verschiedenen religiösen Gefühlen handle es sich also um das "Bewußtsein der absoluten Einheit alles Lebens" bezogen auf die unterschiedlichen Lebensumstände[73].

Da Schleiermacher zufolge das religiöse Gefühl dem ästhetischen Gefühl des Erhabenen am meisten ähnelt, empfiehlt sich ein Blick in die "Ästhetik", wo es vom Erhabenen heißt, daß es das Bewußtsein so dominiere, "daß man sich n dasselbe versenken muß"[74]. Die "Ästhetik" trägt zudem wesentlich dazu bei, das unmittelbare Selbstbewußtsein, als welches das Gefühl charakterisiert wird, näher zu bestimmen. Hierunter sei nämlich nicht das Denken des Ich zu verstehen. "Das Denken des Ich und selbst das Denken des bestimmten Ich, wenn ich mich als dieses Einzelne denke, bleibt immer dasselbe als der Ausdruck der Beharrlichkeit desselben Lebens in der Verschiedenheit der Momente"[75]. Demgegenüber sei das unmittelbare Selbstbewußtsein "die Verschiedenheit der Momente selbst, die einem bewußt sein muß, da ja das ganze Leben nichts ist, als ein sich entwickelndes Bewußtsein". Schleiermacher meint also, daß das Selbstbewußtsein im Sinne eines Bewußtseins der Identität des einzelnen Ich über eine Zeitreihe hinweg stets ein vermitteltes sei, während es sich bei dem unmittelbaren Selbstbewußtsein um ein Bewußtsein der unterschiedlichen Lebensmomente, das "Andersgewordensein" handle. Und als Beispiel für ein unmittelbares Selbstbewußtsein nennt er das Bewußtsein einer Gemütsstimmung. "Stimmung deutet eine Fortwirkung an, nicht blos momentan, doch irgendwann entstanden und irgend wann vorüber; ein bestimmter qualitativer Moment, der einem andern vorangegangen ist und einem andern folgen wird"[76]. Vom unmittelbaren Selbstbewußtsein heißt es, daß es "das völlige Aufgehn des ganzen Daseins in einen Moment" sei[77]. Und als unmittelbares unterscheide es sich sowohl von jenem Selbstbewußtsein, das wir besitzen, wenn wir uns in einem Spiegel erblicken als auch von jenem, das entsteht, wenn wir uns an frühere Lebensmomente erinnerten. Denn in diesen beiden Fällen liege ein vermitteltes, dem gegenständlichen Bewußtsein ähn-

---

71 Aesthetik, ed. R. Odebrecht, Berlin 1931, S. 104.
72 SW III/6, S. 522. Vgl. a.a.O., S. 212 f., 546 f.
73 a.a.O., S. 400.
74 Aesthetik, ed. C. Lommatzsch, S. 243 f.
75 a.a.O., S. 68.
76 ebd.
77 a.a.O., S. 122.

liches Selbstbewußtsein vor.

Nun trifft Schleiermacher in der "Ästhetik" eine Unterscheidung zwischen dem unmittelbaren Selbstbewußtsein als rein geistiges und als rein sinnliches im Zusammenhang mit der Leiblichkeit[78]. Im jeweiligen Moment seien beide allerdings stets miteinander verknüpft. Wie diese Verknüpfung zu denken ist, wird durch ein Beispiel veranschaulicht. In einem Krankheitszustand sei zwar unser sinnliches unmittelbares Selbstbewußtsein das einer Depression. Doch mit ihm zugleich könne eine geistige Heiterkeit vorliegen "als das Selbstbewußtsein der Stimmung, die die kranken Einflüsse zurückdrängt, so daß jeder Moment ein Zusammensein beider Selbstbewußtsein ist" [79]. Das sinnliche unmittelbare Selbstbewußtsein zeichne sich durch einen "Wechsel von Lust und Unlust", d.h. von entgegengesetzten Momenten der Erhebung und Depression aus[80]. Dagegen ist Schleiermacher zufolge das geistige unmittelbare Selbstbewußtsein an sich nicht durch einen derartigen Gegensatz charakterisiert. Vielmehr habe es an ihm nur teil aufgrund seiner Verknüpfung mit dem sinnlichen unmittelbaren Selbstbewußtsein, insofern sich "von dem rein das leibliche ausdrückenden Selbstbewußtsein, dem Bewußtsein des animalischen Lebens ... Thätigkeiten einleiten, die die eigentlichen geistigen Thätigkeiten hemmen" [81].

Das geistige unmittelbare Selbstbewußtsein partizipiert diesen Ausführungen zufolge allein dadurch an dem Gegensatz von Lust und Unlust, daß es vom sinnlichen unmittelbaren Selbstbewußtsein entweder gehemmt oder nicht gehemmt wird. An und für sich betrachtet stehe es jedoch in einer Relation, "die über den Gegensatz hinaus liegt". "Was aber über den Gegensatz hinaus liegt, ist nur das, was wir in verschiedenen Benennungen als das Absolute, die höchste Einheit, das höchste Wesen bezeichnen; so ist das unmittelbare Selbstbewußtsein, was in der Relation zu diesem wäre, das Maximum des geistigen Gehaltes, und in seiner Isolirtheit an und für sich betrachtet aller Störung unfähig"[82]. Damit wird das geistige unmittelbare Selbstbewußtsein als religiöses bestimmt. Doch dieses geistige unmittelbare Selbstbewußtsein, religiös wegen seiner Relation zum Absoluten, kommt für Schleiermacher niemals isoliert, sondern immer nur in Verbindung mit dem sinnlichen vor. Zwar gehe "religiöses Selbstbewußtsein an und für sich ... nicht von der Differenz aus", wohl aber sei "die Art und Weise des Hervortretens des religiösen Selbstbewußtseins im Zeitlichen ... ein Ausdruck der Differenz"[83].

---

78 a.a.O., S. 70.
79 ebd.
80 a.a.O., S. 71.
81 a.a.O., S. 72.
82 a.a.O., S. 78.
83 a.a.O., S. 78.

Bislang ist von der "Dialektik" noch nicht die Rede gewesen. Die "Glaubenslehre" gibt im Zusammenhang der Definition der Frömmigkeit zwar Hinweise auf die "Ethik" und "Psychologie". Und die in der "Psychologie" behauptete Analogie zwischen religiösem und ästhetischem Gefühl legt einen Rekurs auf die "Ästhetik" nahe. Doch wie steht es mit den Ausführungen der "Dialektik" zum religiösen Gefühl? In der "Ästhetik" findet sich folgende Bemerkung: "Wenn nicht diese Form des Selbstbewußtseins, welche wir das religiöse nennen, zusammenträfe und dasselbe sagte mit dem Höchsten, welches wir voraussetzen müssen in der spekulativen Richtung des Denkens, so wäre keine Wahrheit darin" [84]. Das Höchste, das die Philosophie oder Spekulation laut Schleiermacher voraussetzen muß, ist jedoch "das Seiende und Denkende in der höchsten Einheit", d.h. das Absolute als "das über dem Gegensatz stehende Sein"[85]. Das religiöse Selbstbewußtsein lasse sich daher nur charakterisieren als "Bestimmtheit des Selbstbewußtseins durch das Sein"[86]. Nun bestimmt die "Dialektik" den transzendenten Grund, das Absolute ja in der Tat als dasjenige, was über allem Gegensatz hinausliege. Und in Anlehnung sowohl eines auf dem Denken gründenden Bewußtseins von Gott als auch einer ethischen Begründung des Gottesgedankens sucht Schleiermacher hier den transzendenten Grund auf im Gefühl als der relativen Identität des Denkens und Wollens, das er als unmittelbares Selbstbewußtsein von dem reflektierten Selbstbewußtsein und der Empfindung abgrenzt[87]. Das Gefühl sei präsent im Übergang vom Denken zum Wollen, und da im Wollen unser Sein in die Dinge gesetzt sei, kann Schleiermacher von diesem Übergang sagen, daß unser Sein als das setzende "in der Indifferenz" von Denken und Wollen als Gefühl in ihm übrigbleibe. "Im Gefühl sind wir uns die Einheit des denkend wollenden und wollend denkenden Seins irgendwie, aber gleichviel wie, bestimmt. In diesem also haben wir die Analogie mit dem transzendenten Grunde, nämlich die aufhebende Verknüpfung der relativen Gegensätze"[88]. Das Gefühl sei aber nicht nur im Moment des Übergangs vom Denken zum Wollen und vice versa präsent, sondern begleite Denken und Wollen beständig. Doch das Gefühl als die Aufhebung der für Wissen und Wollen konstitutiven Gegensätze könnte gar "nicht u n s e r Bewußtsein sein, wenn wir uns selbst darin nicht ein bedingtes und bestimmtes wären und würden"[89]. Damit stellt Schleiermacher die Beziehung her zwischen dem Gefühl allgemein und dem religiösen Gefühl, das er als allgemeines Abhängigkeitsgefühl deshalb charak-

84 a.a.O., S. 76.
85 a.a.O., S. 78.
86 a.a.O., S. 76.
87 SW III/4, 2, S. 428.
88 a.a.O., S. 428.
89 a.a.O., S. 430.

terisiert, weil das Gefühl nur insofern die Aufhebung der Gegensätze ist, als es durch etwas bestimmt ist, was selbst nicht diesem Gegensatz angehört, d.h. durch den transzendenten Grund. "Diese transcendente Bestimmtheit des Selbstbewußtseins nun ist die religiöse Seite desselben, oder das r e l i -g i ö s e   G e f ü h l, und in diesem also ist der transcendente Grund oder das höchste Wesen repräsentirt"[90].

Von August Twesten besitzen wir eine Beschreibung der Frömmigkeit, die sich eng an diejenige Schleiermachers anschließt und die rückblickend noch einmal ein Licht auf die "Glaubenslehre" werfen kann. Auch Twesten orientiert sich an dem "Lehrsatz der Psychologie", "daß Erkennen, Wollen und Fühlen die drey Grundthätigkeiten der Seele sind" und weist die Religion, da sie weder Erkennen noch Wollen sei, dem Gefühl zu[91]. Die religiösen Lebensmomente - z.B. die Andacht, Erhebung zu Gott, Ergebung in seinen Willen, Schmerz über unsere Entfernung von ihm - gelten ihm als "Modificationen des Gefühls". Wir hätten es hier mit ursprünglichen und primitiven Gefühlen zu tun, die nicht durch Reflexion vermittelt, sondern unmittelbar seien.

Bei seiner Bestimmung des Gefühlsbegriffs geht Twesten von dem Faktum aus, daß jedes endliche Wesen in steter Wechselwirkung mit anderen sich befindet, die auf es einwirken und auf die es zurückwirkt. Der Mensch als b e w u ß t e s   Wesen zeichne sich nun aber dadurch aus, daß er die Einwirkungen   e m p f i n d e   und seine Rückwirkungen von einem   B e -g e h r e n   ausgingen. Als nicht bloß mit tierischem Bewußtsein ausgestattetes Wesen erwachse bei ihm zudem aus der Empfindung die Anschauung und Erkenntnis, aus dem Begehren der Wille und Entschluß. Und das vermittelnde, "gewissermaßen der Indifferenzpunkt zwischen Wirkung und Gegenwirkung, zwischen Empfinden und Begehren, Erkennen und Wollen, jenes unser mit Bewußtseyn verknüpftes Seyn, wo die empfangenen Eindrücke enden und unsere Reactionen beginnen, jener Mittelpunct unsers Lebens, in welchem wir uns selber haben und sind, ist das   G e f ü h l"[92]. Twesten bestimmt das Gefühl als das "u n m i t t e l b a r e   Innewerden seiner selbst", d.h. als Selbstbewußtsein, dessen Eigenheit es sei, unter den Gegensatz des Angenehmen und Unangenehmen, der Lust und Unlust zu fallen[93]. Mithin unterscheide es sich sowohl von der Anschauung, dem Vorstellen und Erkennen als objektivem Bewußtsein wie auch von dem mittelbaren Selbstbewußtsein der Reflexion, in dem wir uns selbst mit unseren Gefühlen ein Gegen-

90 ebd. Vgl. S. 474 f.
91 A.D. Chr. Twesten, Vorlesungen über die Dogmatik der Evangelisch-Lutherischen Kirche, Bd. 1, Hamburg 1826, S. 11.
92 a.a.O., S. 13.
93 a.a.O., S. 14.

stand der Anschauung würden. Die Empfindung hingegen sei ein Mittleres
zwischen Anschauung und Gefühl. "Wir e m p f i n d e n z.B. den plötz-
lichen Eindruck eines hellen Lichts; wir f ü h l e n uns dadurch unangenehm afficirt, oder wir e r k e n n e n (schauen an, stellen uns vor)
den leuchtenden Gegenstand, jenachdem das Selbstbewußtseyn oder das Bewußtseyn des Objects das Uebergewicht erhält; hinterher richten wir vielleicht unsere R e f l e x i o n auf uns selbst und den in uns vorgegan-
genen Wechsel von Empfindung, Gefühl und Anschauung" [94]. Das Gefühl ist
für Twesten stets das Bewußtsein eines Gegenwärtigen. Darin unterscheide
es sich schließlich auch vom Wollen, durch das etwas angestrebt werde, das
nicht gegenwärtig sei und vom Wollenden vorgestellt werde. "Näher dem Gefühle liegt das Begehren; die Gefühle der Lust und Unlust können unmittelbar in Begehrungen und Verabscheuungen übergehn; doch sind sie an sich
noch keins von beiden; es muß noch eine gewisse Anregung der Thatkraft
hinzukommen, obgleich diese nicht immer zur wirklichen That wird" [95].
Damit hat Twesten das Gefühl ähnlich wie Schleiermacher in § 3 der "Glaubenslehre" gegen andere psychische Tätigkeiten abgegrenzt. Er beläßt es
aber nicht dabei, sondern versucht stattdessen, die Struktur von Gefühlen
präzise zu bestimmen. Und zwar meint er, daß in jedem Gefühl neben dem
unmittelbaren Selbstbewußtsein mittelbar zugleich das Bewußtsein eines anderen gegeben sei. Wir seien uns im Gefühl nämlich nicht unseres Ich an sich,
"des reinen Ich in abstracto" unmittelbar bewußt, sondern bestimmter Zustände des Ich, die durch Einwirkungen bedingt seien, so daß wir mit dem Gefühl auch immer ein Bewußtsein dieser Bedingtheit besäßen. "Im Gefühle liegt
also eine Veranlassung, uns ein Anderes entgegenzusetzen, von welchem wir
uns irgendwie abhängig fühlen" [96]. Das Abhängigkeitsgefühl könne jedoch
entweder ein weltliches oder ein religiöses sein, wobei letzteres ein Gefühl
absoluter, d.h. jede Gegenwirkung ausschließender Abhängigkeit vom Unendlichen sei. Insofern es sich nun bei dem Gefühl um den "mit Bewußtseyn verbundenen Mittelpunct des geistigen Lebens selber" handle, würden alle
Lebensäußerungen durch es bestimmt, und dies gelte gerade auch für das
religiöse Gefühl [97]. "Läßt sich das schmerzliche G e f ü h l unserer Entfernung von Gott wohl von der V o r s t e l l u n g trennen, daß wir
vor ihm des Ruhmes ermangeln, den wir haben sollten, oder von dem
S t r e b e n , diejenigen Mittel zu ergreifen, wodurch diese Entfernung ver-

94 a.a.O., S. 14 f.
95 a.a.O., S. 15.
96 ebd.
97 a.a.O., S. 17.
98 ebd.
99 Aristoteles, De an. III, 9 f.

ringert werden kann?"[98] Doch dies ändere nichts an der Tatsache, daß die
Religion ihren Sitz ausschließlich im Gefühle habe.

Twesten geht wie Schleiermacher von einer Trichotomie der seelischen
Grundtätigkeiten als "Lehrsatz der Psychologie" aus. Diese Dreiteilung war
erst in der zweiten Hälfte des achtzehnten Jahrhunderts an die Stelle der
traditionellen Zweiteilung getreten. Bis dahin war nämlich im Anschluß an
Aristoteles von Denken und Begehren als den zwei ausschließlichen psychischen Grundvermögen die Rede gewesen[99]. Erst die Psychologie der Empfindsamkeit hatte das Gefühl als e i g e n s t ä n d i g e Seelentätig-
keit entdeckt. Bei Autoren wie Sulzer, Eberhard, Platner, Mendelssohn und
Tetens begegnet erstmals die auch von Schleiermacher vertretene Dreiteilung
der seelischen Grundvermögen. So spricht etwa Tetens in seinen 1777 publizierten "Philosophischen Versuchen über die menschliche Natur" von Verstand, Tätigkeitskraft und Gefühl [100], Mendelssohn von Erkenntnis-, Be-
gehrungs- und Empfindungs- bzw. Billigungsvermögen. "Man pfleget gemei-
niglich das Vermögen der Seele in Erkenntnißvermögen und Begehrungsvermögen einzutheilen", heißt es in den "Morgenstunden", "und die Empfindung
der Lust und Unlust schon mit zum Begehrungsvermögen zu rechnen. Allein
mich dünkt, zwischen dem Erkennen und Begehren liege das Billigen, der
Beifall, das Wohlgefallen der Seele, welches noch eigentlich von Begierde
weit entfernt ist" [101]. Je nachdem etwas Lust oder Unlust errege, habe es
die Billigung oder Mißbilligung der Seele zur Folge [102]. Die Empfindung oder
das Gefühl stelle also eine irreduzible psychische Tätigkeit dar. Dementsprechend heißt es in K.H. Heydenreichs "System der Ästhetik", daß die "Empfindung, ganz allein für sich betrachtet, weder Vorstellung, noch Begier
oder Abneigung, lediglich das Gefühl des Angenehmen oder Unangenehmen
selbst" sei [103]. Von dieser irreduziblen Trichotomie der psychischen Vermögen
geht Kants "Kritik der Urteilskraft" aus: "Alle Seelenvermögen oder Fähigkeiten können auf die drei zurückgeführt werden, welche sich nicht ferner
aus einem gemeinschaftlichen Grunde ableiten lassen: das Erkenntnisvermögen, das Gefühl der Lust und Unlust, und das Begehrungsvermögen"[104]. Dieselbe Dreiteilung liegt auch der Kantischen "Anthropologie" zugrunde, wobei

100 J.N. Tetens, Über die menschliche Natur I, Leipzig 1777, S. 625.
101 M. Mendelssohn, Gesammelte Schriften, ed. G.B. Mendelssohn, Bd. 2, Leip-
    zig 1863, Nachdruck Hildesheim 1972, S. 295.
102 ebd.
103 W. Doktor/G. Sander ed., Empfindsamkeit, Stuttgart 1976, S. 103.
104 I. Kant, Kritik der Urteilskraft (KdU), Berlin 1799, S. XXII f.
105 J.A. Eberhard, Allgemeine Theorie des Denkens und Empfindens, Berlin
    1776, S. 61 f. Vgl. S. 35, S. 165; J.N. Tetens, op. cit. S. 620 ff.
106 M. Mendelssohn, op. cit. S. 259

es vom Gefühl heißt, daß es sich im Unterschied zur Erkenntnis und zum Begehrungsvermögen dadurch auszeichne, daß in ihm eine Vorstellung   n u r
a u f   d a s   S u b j e k t   bezogen sei.

Daß Schleiermacher in seiner Beschreibung des Verhältnisses von Wissen,
Tun und Gefühl an diese Überlegungen der zeitgenössischen Psychologie anknüpft, dürfte schon deshalb wahrscheinlich sein, weil sein eigener philosophischer Lehrer Johann August Eberhard mit seiner 1776 erschienenen "Allgemeinen Theorie des Denkens und Empfindens" zu den Vätern eben dieser
Psychologie gehört. Bezeichnend ist, daß Eberhard der Empfindung oder dem
Gefühl, das als Rezeptivität und Empfänglichkeit von der Selbsttätigkeit unterschieden wird, dieselbe Stellung zuweist wie Schleiermacher. Denn was den
"Uebergang des Denkens in das Wollen und Handeln" betrifft, so kann er erklären: "Die Erfahrung lehrt, daß dieser Uebergang allemal durch das Gebiet
des Empfindens geschehen müsse" [105]. Auch daß es sich bei dem Gefühl selbst
um ein   u n m i t t e l b a r e s   Bewußtsein handle, ist eine These, die
sich nicht erst bei Schleiermacher findet, sondern bereits bei Mendelssohn
begegnet. In seinen "Morgenstunden" spricht er von einem "unmittelbare(n)
Bewußtseyn der Veränderungen, die in uns vorgehen"[106]. Und als Beispiele
solcher Veränderungen nennt er unter anderem die Gefühle. "Wenn ich ...
fühle, so leidet es weiter keinen Zweifel, daß ich wirklich ... fühle. So
auch, wenn ich Lust und Unlust empfinde, hoffe, fürchte, Mitleiden habe,
liebe, hasse u.s.w. Irrthum findet bei ihnen nicht statt" [107].

Will man verstehen, inwiefern Schleiermacher vom Gefühl als einem unmittelbaren   S e l b s t bewußtsein sprechen kann, so empfiehlt sich ein
Blick auf den schottischen Kantianer William Hamilton, der die Dreiteilung
der psychischen Tätigkeiten übernimmt und das Gefühl als unmittelbares
Selbstbewußtsein von dem reflektierten Selbstbewußtsein in einer Schleiermacher durchaus vergleichbaren Weise abgrenzt.Hamilton geht dabei aus von
der Erkenntnis (cognition), in der das Bewußtsein ein gewußtes Objekt von
einem wissenden Subjekt unterscheide. Bei dem gewußten Objekt könne es sich
sowohl um die Qualität eines mit dem Subjekt nicht identischen Gegenstandes
als auch um einen Zustand des Subjekts selbst handeln. Im ersten Fall bezeichnet Hamilton das gewußte Objekt als "o b j e c t - o b j e c t", im
zweiten Fall als "s u b j e c t - s u b j e c t". Für das   s u b j e c t-
o b j e c t   gelte, daß es "is given as really identical with the conscious
ego, but still consciousness distinguishes it, as an accident, from the ego,

---

107 a.a.O., S. 270.
108 W. Hamilton, Lectures on Metaphysics and Logic, Edinburgh 1861 - 66^2,
    Bd. 2, Neudruck Stuttgart 1969, S. 432.
109 ebd.

- as the subject of that accident, it projects, as it were, this subjective
phaenomenon from itself, - views it at a distance, - in a word, objectifies
it"[108]. Das Gefühl zeichnet sich hingegen laut Hamilton dadurch aus, daß
das Bewußtsein in diesem Fall keinen Zustand des Subjekts verobjektiviert
"Consciousness does not place the mental modification or state before itself
it does not contemplate it apart, - as separate from itself, - but is, as i
were, fused into one. The peculiarity of Feeling, therefore, is that there
is nothing but what is s u b j e c t i v e l y   s u b j e c t i v e; there
is no object different from self, - no objectification of any mode o
self"[109]. Wohl könnten wir unsere Schmerz- und Freudezustände, also unsere Gefühle zu Gegenständen unserer Reflexion machen. Doch bei der reflexiven
Erkenntnis von Gefühlen handle es sich nicht länger um Gefühle. Und ebenso
wie von der Erkenntnis sei das Gefühl von dem Begehren (conation) zu unterscheiden. Hunger und Durst als Schmerzzustände zu verspüren, sei etwa
völlig anderes als den Hunger und Durst stillen zu   w o l l e n. "Thus
conation is not the feeling of pleasure and pain, but the power of overt activity, which pain und pleasure set in motion"[110].

Wollte man Schleiermachers These, daß das Gefühl ein unmittelbares Selbst
bewußtsein sei, in Hamiltons Terminologie übersetzen, so müßte man sagen
daß es ein Bewußtsein von den eigenen psychischen Zuständen sei, das sich
als "s u b j e c t i v e l y   s u b j e c t i v e" bezeichnen lasse und
dadurch von dem reflexiven Selbstbewußtsein unterschieden sei, in dem wir
unserer eigenen psychischen Zustände als "s u b j e c t - o b j e c t
bewußt seien. Das Gefühl wird somit abgegrenzt von dem, was Kant als em
pirische Apperzeption bezeichnet, deren Gegenstand das Ich der Apprehension
d.h. ein Mannigfaltiges der empirischen inneren Anschauung sei. "Ich, al
denkendes Wesen, bin zwar mit Mir, als Sinnenwesen, ein und dasselbe Sub
ject; aber als Object der inneren empirischen Anschauung, d.i. so fern ich
innerlich von Empfindungen in der Zeit, so wie sie zugleich oder nach ein
ander sind, afficirt werde, erkenne ich mich doch nur, wie ich mir selbs
erscheine, nicht als Ding an sich selbst"[111]. Denn hierbei handelt es sich
zwar um ein Bewußtsein seiner selbst, eine Apperzeption, die von der reinen
Apperzeption unterschieden wird, in welcher das reflektierende Ich, d.h. da
Ich als Subjekt des Denkens eine ganz einfache Vorstellung, das Ich an sich
sei[112]. Doch das so von der reinen abgehobene empirische Selbstbewußtsein
in dem das Ich sich seiner diversen psychischen Zustände bewußt ist, is

---

110 a.a.O., S. 433.
111 I. Kant, Werke, Akademie-Ausgabe, Bd. 7, Berlin 1968, S. 142.
112 a.a.O., S. 134.
113 W. Doktor/G. Sander (ed.), op.cit., S. 103.
114 I. Kant, KdU 4

nichtsdestoweniger eines, in dem diese Zustände als "subject-object" auftreten, so daß das Gefühl als unmittelbarem Selbstbewußtsein keine empirische
Apperzeption sein kann.

Die These von der Selbständigkeit des Gefühls gegenüber Erkenntnis- und
Begehrungsvermögen hat ihren Ursprung vor allem in der Diskussion über
die Grundlagen der Ästhetik. So kann Heydenreich sagen, daß "jedes Werk
der Schönen Kunst die Darstellung eines bestimmten Zustandes der Empfindsamkeit" und sein Zweck "allezeit Rührung" sei[113] . Dementsprechend bezeichnet Kant das Geschmacksurteil als eines, "dessen Bestimmungsgrund nicht
anders als subjektiv sein kann"[114]. Die grüne Farbe der Wiesen etwa gehöre
zur objektiven Empfindung, d.h. zur Wahrnehmung eines empirischen Gegenstandes, ihre Annehmlichkeit hingegen zur rein subjektiven Empfindung, d.h.
zum Gefühl[115] . Dabei stellt Kant eine Verbindung her zwischen dem ästhetischen und religiösen Gefühl, insofern ersteres "etwas einem religiösen Gefühl Ähnliches an sich" habe[116] . Es lag daher nahe, in Abwendung von
Kants eigenem Konzept einer rein ethisch fundierten Religionstheorie, aber
in Anlehnung an die "Kritik der Urteilskraft" eine ästhetisch begründete Religionstheorie zu entwerfen, wie dies bei J.F. Fries und seinen Schülern
M.W.L. de Wette und E.F. Apelt denn auch geschah. Rückblickend urteilt
Rudolf Otto: "Besonders Kants Kapitel über das Erhabene kommen hier in Frage, in denen seine große Ideenlehre viel echtere Keime einer Religionslehre
ansetzt, als jene Gewalt- und Kunstprodukte, die die Postulatenlehre hervorgebracht hatte"[117] . Denn das Erhabene ist für Kant ja ein Naturgegenstand,
"dessen Vorstellung das Gemüt bestimmt, sich die Unerreichbarkeit der Natur
als Darstellung von Ideen zu denken"[118] . Als erhaben in diesem Sinne gilt
ihm der Anblick des bestirnten Himmels oder der gigantischen Gebirgsmassive,
der beim Betrachter heiligen Schauer auslöse und ihn die Ursache fühlen
lasse, der er unterworfen sei[119] . An diese Gedanken knüpft Fries an, wenn
er erklärt, "das Gefühl, worin ihm eigentlich die Religiosität besteht, sey
die Ahndung des Ewigen im Endlichen"[120] . Während das Wissen aus der naturgesetzlichen Erklärung der Erscheinungswelt resultiere und der moralische Glaube sich auf die unerkennbaren Vernunftideen Gott, Freiheit und

115 a.a.O., S. 9.
116 a.a.O., S. 479.
117 R. Otto, Kantisch-Fries'sche Religionsphilosophie und ihre Anwendung auf
    die Theologie, Tübingen 1909, S. 122.
118 I. Kant, KdU, S. 115.
119 a.a.O., S. 117 f.
120 J.F. Fries, Wissen, Glaube und Ahndung, Jena 1805, in: Sämtliche
    Schriften, Bd. 3, Aalen 1968, S. 64.
121 ders., Julius und Evagoras, ed. W. Bousset, Göttingen 1910, S. 448 f.
    Vgl. M.L.W. de Wette, Über die Religion, Berlin 1815, S. 11 f., 59 ff.
122 M.W.L. de Wette, Über die Religion, Berlin 1827, S. 80.

Unsterblichkeit beziehe, überbrücke das ästhetisch-religiöse Gefühl, die Ahndung, die Kluft zwischen Erscheinungs- und Ideenwelt[121] . Und wenngleich
sich Schleiermachers Religionstheorie von der ästhetisch-religiösen Weltansicht eines Fries und de Wette dadurch unterscheidet, daß sie das Gefühl
nicht als jene Instanz einführt, die zwischen praktischen Vernunftideen und
Erscheinungswelt vermittelt, trifft sie sich mit ihr doch in der Annahme, daß
das ästhetische Gefühl als dasjenige namhaft gemacht wird, das am meisten
Ähnlichkeit mit dem religiösen aufweist.

In seinen Vorlesungen "Über die Religion, ihr Wesen, ihre Erscheinungsformen und ihren Einfluß auf das Leben" rechnet de Wette neben Fries und
Schleiermacher auch Jacobi zu denen, "die im menschlichen Gemüth etwas Ursprüngliches, welches aller Verstandes-Erkenntniß vorhergeht, den Glauben
oder das Religiöse Gefühl, aufzeigten"[122]. Tatsächlich hatte Friedrich Heinrich
Jacobi, dem Schleiermacher die "Glaubenslehre" widmen wollte, ja als erster
jenen von Kant bespöttelten "vornehmen Ton in der Philosophie" erhoben und
die Vernunft als das Organ für das Übersinnliche bezeichnet[123] . Die Ver-
nunftanschauung galt ihm als die Art, wie dem Verstand das Übersinnliche
in Gefühlen als Objektives gegeben wird, so daß er die Vernunft mit dem
von der Sinnesempfindung abgegrenzten Geistesgefühl identifizieren und als
unmittelbares, weil nicht anderweitig vermitteltes Wissen ausgeben
konnte[124] . "Und so gestehen wir denn ohne Scheu, daß unsere Philosophie
von dem Gefühle, dem objektiven nämlich und reinen ausgeht; daß sie seine
Autorität für eine allerhöchste erkennt, und sich, als Lehre von dem über-
sinnlichen, auf diese Autorität allein gründet"[125] . Dementsprechend erklärt
de Wette, daß es sich bei dem religiösen Gefühl um ein "geistiges Vermögen"
handle, das uns unmittelbare und gewisse Erkenntnis gebe[126] .

Wenn nun Schleiermacher die Frömmigkeit als schlechthinniges Abhängigkeitsgefühl bestimmt, so steht er auch damit nicht alleine. Bereits 1808 hatte
nämlich Carl Daub in den Vorlesungen zu seinen "Theologumena" die Religiosität oder Frömmigkeit charakterisiert als "das Gefühl der Abhängigkeit
des Menschen von Gott"[127] . Daub meinte sogar, daß die Tatsache, daß das
Bewußtsein der Menschen von Gott ein Bewußtsein ihrer Abhängigkeit von ihm
sei, bereits der Beweis seiner Wahrheit sei[128] . "Dieses Bewußtseyn oder

---

123 F.H. Jacobi, Werke, ed. F. Roth/F. Köppen, Bd. 2, Leipzig 1815, Nach-
    druck Darmstadt 1968, S. 9.
124 Vgl. a.a.O., S. 11 f., 31, 59.
125 a.a.O., S. 61. Vgl. I. Kant, Theorie-Werkausgabe, ed. W. Weischedel,
    Bd. 6, S. 377 ff.
126 M.W.L. de Wette, op. cit. S. 70 f. Vgl. S. 39 f.
127 C. Daub, Einleitung in das Studium der christlichen Dogmatik aus dem
    Standpunkte der Religion, Heidelberg 1810, S. 34.
128 a.a.O., S. 87 f.
129 a.a.O., S. 88.
130 G. Ryle, Der Begriff des Geistes, übers. v. K. Baier, Stuttgart 1969,
    S. 253.

Anerkenntniß aber seiner Abhängigkeit von Gott ist dem Menschen zugleich ein Gefühl, welches sich in den Gefühlen seiner Demuth und Andacht, seiner Bewunderung, Verehrung und Anbetung Gottes äußert"[129].

3.

Nachdem die in der "Glaubenslehre" aufgestellte Definition der Frömmigkeit von der "Ethik", "Psychologie", "Ästhetik" und "Dialektik" aus beleuchtet und in ihren philosophiegeschichtlichen Kontext eingeordnet worden ist, stellt sich nunmehr die Frage nach ihrem sachlichen Gehalt. Es soll im folgenden versucht werden, die Definition der Frömmigkeit als unmittelbares Selbstbewußtsein oder Gefühl absoluter Abhängigkeit mit dem Instrumentarium der analytischen Philosophie zu interpretieren.

Wenn Schleiermacher von Gefühl als unmittelbarem Selbstbewußtsein spricht, so meint er ein Selbstbewußtsein, das wir dem Ich als Identität von Leib und Seele zuschreiben. Der Terminus "Ich" steht also weder für eine res cogitans noch für ein transzendentales oder absolutes Ich. Vielmehr orientiert sich Schleiermacher ja am Ich-sagen von Individuen, d.h. aber an deren Verwendung des Personalpronomens "ich". Wo ein Individuum "ich" verwendet, ist der Schluß erlaubt, daß es sich bei dem Sprecher um ein Ich oder Selbst handelt. Fragt man sich nun, worauf der Sprecher mit "ich" verweist, so lautet die Antwort, daß er auf sich selbst als eben diejenige Entität verweist, auf die andere mit Namen, bestimmten Kennzeichnungen oder anderen Pronomina verweisen. Gilbert Ryle hat darauf hingewiesen, daß es sich bei dem Pronomen "ich" um ein Indexwort, einen deiktischen Ausdruck handelt [130]. "'Ich' ist ein Deckname für 'Gilbert Ryle'; es weist auf die Person hin, die 'Gilbert Ryle' heißt, wenn Gilbert Ryle 'ich' verwendet" [131]. Verallgemeinert läßt sich sagen, daß mit dem Indexwort "ich" der jeweilige Sprecher sich selbst bezeichnet [132]. Für Schleiermacher hat das "Ich" das "Du" zum notwendigen "Correlatum". Diese These läßt sich jetzt folgendermaßen verdeutlichen. Es gehört zur Verwendung von "ich", daß wer "ich" sagt, weiß, daß er von andern Sprechern, die er mit "du" anredet, mit "du" angeredet werden und er mit "ich" eine einzelne Entität von allen anderen Entitäten unterscheidet, die er mit "sie" bezeichnen kann[133]. Die Erklärung des Wortes "ich" impliziert also eine Pluralität von Sprechern, die wechselseitig aufeinander Bezug nehmen können.

---

131 a.a.O., S. 255.
132 E. Tugendhat, Selbstbewußtsein und Selbstbestimmung, Frankfurt 1979, S. 73.
133 a.a.O., S. 74.
134 H. Castañeda, Sprache und Erfahrung, Frankfurt 1982, S. 165.
135 a.a.O., S. 166.

Dabei zeichnet sich das Indexwort "ich" durch mehrere Eigentümlichkeiten aus, auf die Hector Castañeda hingewiesen hat. Einmal kann der "richtige Gebrauch des 'ich' niemals darin fehlgehen, sich auf die Entität zu beziehen, auf die es sich zu beziehen vorgibt; weiterhin kann der richtige Gebrauch des 'ich' auch nicht bei der Bestimmung der Kategorie der Entität fehlschlagen, auf die es sich beziehen soll" [134]. Im Unterschied etwa zu "dies" bezieht sich "ich" notwendigerweise auf etwas, und zwar notwendigerweise den jeweiligen Sprecher selbst. Zum andern gilt: "Der Indikator der ersten Person ist nicht analysierbar" [135]. Ich kann ihn nicht etwa durch die Kennzeichnung "die Person, die dieses Zeichen äußert" ersetzen. Denn während z.B. die Aussage "die Person, die dieses Zeichen äußert, äußert nichts' widersprüchlich ist, trifft dies auf die Aussage "ich äußere nichts" nicht zu [136]. Die Nichtsubstituierbarkeit von "ich" durch Namen, Kennzeichnungen oder Indikatoren spielt nun gerade im Zusammenhang der Analyse des Selbstbewußtseins eine entscheidende Rolle. Wie Castañeda gezeigt hat, ist die Aussage (1) "ich weiß, daß ich krank bin" nicht gleichbedeutend mit (2) "ich weiß, daß J.R. krank ist", obgleich ich mit "ich" auf dieselbe Entität verweise, auf die andere sich mit dem Eigennamen "J.R." beziehen. Es ist nämlich durchaus denkbar, daß zwar (2), nicht aber (1) oder umgekehrt (1), nicht aber (2) wahr ist. Nur im Falle von (1) liegt ein Selbstbewußtsein in dem Sinne vor, daß ich weiß, daß i c h   s e l b s t eine bestimmte Eigenschaft besitze. Dementsprechend läßt sich (1) von anderen auch nicht durch (3) "J.R. weiß, daß J.R. krank ist", sondern nur durch (4) "J.R. weiß, daß e r   s e l b s t krank ist" widergeben [137].

Der Indikator "ich" ist also nicht weiter analysierbar und bezeichnet unfehlbar denjenigen, der "ich" gebraucht, d.h. in dem Fall, daß ich oder meinesgleichen ihn gebraucht, einen bestimmten Menschen. Damit daß ein Mensch die Verwendungsregeln von "ich" beherrscht, erfüllt er eine notwendige Bedingung dafür, um als Person zu gelten. Schleiermacher bemerkt zurecht, daß das menschliche Ich die Identität von Leib und Seele sei. Denn jeder Mensch, der "ich" sagen kann, zeichnet sich dadurch aus, daß er sich sowohl materielle als auch seelische oder psychische Eigenschaften zuschreiben kann. Auf diesen Sachverhalt hat Peter F. Strawson bei seiner Erklärung des Personbegriffs aufmerksam gemacht. Strawson erklärt: "Mit dem Begriff der Person meine ich den Begriff eines Typs von Entitäten derart, daß ein

---

136 E. Tugendhat, op. cit. S. 78.
137 H. Castañeda, op. cit. S. 58 ff. Vgl. S. 9 ff.; G.E.N. Anscombe, Die erste Person, in: P. Bieri (ed.), Analytische Philosophie des Geistes, Königstein 1981, S. 223 ff.
138 P.F. Strawson, Einzelding und logisches Subjekt (Individuals), übers. von F. Scholz, Stuttgart 1972, S. 130.
139 a.a.O., S. 131.

und demselben Individuum von diesem einen Typ s o w o h l Bewußtseinszustände a l s a u c h körperliche Eigenschaften, eine physikalische Situation etc. zugeschrieben werden können" [138]. Wie Schleiermacher, indem er
das Ich als Identität von Leib und Seele bestimmt, vermeidet Strawson, indem
er den Begriff der Person als primitiven Begriff charakterisiert, die du-
alistische Konstruktion, die die Person als Verbindung zweier verschiedener
Subjekte denkt, nämlich eines Ich an sich als cartesianisches Subjekt des
Bewußtseins und eines Subjekts körperlicher, materieller Eigenschaften. Denn
"eine notwendige Bedingung dafür, daß Bewußtseinszustände überhaupt zugeschrieben werden, ist, daß sie e b e n d e n s e l b e n Subjekten zugeschrieben werden wie gewisse körperliche Eigenschaften, eine bestimmte physikalische Situation etc. Das bedeutet: Bewußtseinszustände könnten überhaupt
nicht zugeschrieben werden, wenn sie nicht P e r s o n e n zugeschrieben
würden" [139]. Wir schreiben uns verschiedene Dinge zu. Handlungen, Absichten, Empfindungen, Gedanken, Wahrnehmungen, Erinnerungen und Gefühle,
aber auch physikalische Eigenschaften wie Größe, Farbe und Gewicht. Das
heißt aber, daß wir uns einige Dinge zuschreiben, die wir ebenso anderen
materiellen Gegenständen zuschreiben, denen wir andere Dinge, die wir uns
auch zuschreiben, niemals zuschreiben würden. Es verhält sich also so, "daß
wir unsere Bewußtseinszustände, unsere Gedanken und Empfindungen g e -
n a u d e m s e l b e n D i n g zuschreiben, dem auch eine physikalische Situation und physikalische Eigenschaften zugeschrieben werden" [140] .
Nichts anderes will Schleiermacher sagen, wenn er, ausgehend vom "Ich-sagen" eines "äußerlichen" Gegenstandes, nämlich des Menschen, erklärt, beim
Ich "denken wir immer an die Identität von Leib und Seele". Tatsächlich bezieht sich ein Mensch mit dem "Ich-sagen" ja auf sich selbst als eine Entität, auf die sowohl solche Prädikate, mit denen wir Bewußtseinszustände zuschreiben als auch solche, die wir ebenso auf materielle Körper anwenden
zutreffen [141] .

Mit der Unterscheidung von M-Prädikaten und P-Prädikaten hängt nun aufs
engste diejenige zweier Verwendungsweisen von "ich" zusammen. Wittgenstein
unterscheidet "two different cases in the use of the word 'I' (or 'my')
which I might call 'the use as object' and 'the use as subject'" [142] . Beispiele für den Objektgebrauch von "ich" sind etwa "ich bin blaß" oder "ich
bin dick", Beispiele für den Subjektgebrauch hingegen "ich sehe einen Baum"
oder "ich habe Zahnschmerzen". Wittgenstein bestimmt den Unterschied

---

140 a.a.O., S. 114.
141 a.a.O., S. 134 ff.
142 L. Wittgenstein, The Blue and Brown Books, Oxford 1978, S. 66
143 a.a.O., S. 67.
144 S. Shoemaker, Selbstreferenz und Selbstbewußtsein, in: P. Bieri (ed.),
    op. cit. S. 210 ff.

zwischen Objekt- und Subjektgebrauch von "ich" folgendermaßen: "The cases
of the first category involve the re-cognition of a particular person, and
there is in these cases the possibility of an error ... On the other hand,
there is no question of recognizing a person when I say I have toothache.
To ask 'are you sure that it's y o u who has pains?' would be nonsen-
sical" [143]. Aussagen, in denen "ich" im Subjektgebrauch erscheint, sind anders als solche, in denen "ich" im Objektgebrauch auftritt, immun gegen
Fehlidentifikation. Einige jener Aussagen können falsch sein, aber daß sie
falsch sind, beruht niemals auf einer Fehlidentifikation [144]. Wenn ich sage
"ich bin dick", so kann ich mich in der Identifikation des Gegenstandes,
dem ich das Prädikat "ist dick" zuschreibe, irren. Eine derartige Fehlidentifikation ist im Fall der Aussage "ich habe Zahnschmerzen" nicht möglich.
Denn dort, wo "ich" im Subjektgebrauch verwendet wird, verhält es sich
nicht so, daß wir einem Gegenstand eine Eigenschaft zuschreiben und ihn
mit uns selbst identifizieren. Das bedeutet aber, daß nicht jedes Selbstbewußtsein oder Wissen von sich auf einer Identifikation beruht [145]. "Die Aussage 'Ich habe Schmerzen' unterliegt nicht dem Irrtum durch Fehlidentifikation relativ zu 'ich': Es ist nicht möglich, daß ich mich bei der Aussage
'Ich habe Schmerzen' deshalb irre, weil ich, obgleich ich von jemanden
weiß, der Schmerzen hat, fälscherlicherweise annehme, daß ich diese Person
bin" [146]. Wenn ich sage "Ich sehe einen Baum", dann ist es zwar möglich,
daß überhaupt nichts vorhanden ist, das gesehen werden kann. Aber nichtsdestoweniger gilt auch in diesem Fall, daß die Aussage nicht deshalb falsch
ist, weil ich mich selbst als den identifiziert habe, auf den das Prädikat
"sieht einen Baum" zutrifft. Darin unterscheidet sie sich von der Aussage
"Ich bin dick", in der "ich" nicht im Subjekt-, sondern im Objektgebrauch
vorkommt. Auf diese Unterscheidung eines Objekt- und Subjektgebrauchs von
"ich" stoßen wir bei Schleiermacher dort, wo er von dem Bewußtsein der eigenen Gestalt spricht, das ich habe , wenn ich mich in einem Spiegel sehe.
Denn wenn ich mir aufgrunddessen eine körperliche Eigenschaft zuschreibe,
so liegt offensichtlich ein Objektgebrauch von "ich" vor. Wenn Schleiermacher
von einem unmittelbaren Selbstbewußtsein spricht, so kann ein derartiges
Selbstbewußtsein, das ein gegenständliches Bewußtsein ist, bei dem ich das
Objekt bin, nicht gemeint sein. Für das unmittelbare Selbstbewußtsein muß
vielmehr gelten, daß ein Subjektgebrauch von "ich" vorliegt.

Nun gibt es eine besondere Klasse von Aussagen in der ersten Person Sin-
gular, in denen "ich" im Subjektgebrauch verwendet wird. Aussagen dieser

145 E. Tugendhat, op.cit. S. 83 ff.
146 S. Shoemaker, op.cit. S. 210 f.
147 L. Wittgenstein, Philosophische Untersuchungen, Frankfurt 1967, S. 114.
148 a.a.O., S. 580.

Kategorie zeichnen sich dadurch aus, daß sie nicht nur immun sind gegen Irrtum durch Fehlidentifikation relativ zu "ich". Vielmehr eignet ihnen eine Immunität gegen jede Art von Irrtum. Um solche Änderungen handelt es sich bei Aussagen, mit denen ich meine Gefühle und Stimmungen ausdrücke. Beispiele dafür sind die Sätze "ich habe Schmerzen", "ich fühle mich krank", "ich freue mich", "ich schäme mich". Gefühle wie Schmerzen, Freude oder Scham sind Schleiermacher zufolge stets b e w u ß t e Zustände. Und da es sich in dem Gefühl um ein Bewußtsein davon handelt, wie e i n e m s e l b s t ist, läßt sich hier sinnvoll von einem S e l b s t bewußtsein sprechen. Es ist offenkundig dieses sich in Aussagen wie "ich freue mich" artikulierende Selbstbewußtsein, das Schleiermacher im Auge hat, wenn er Gefühle oder Gemütsstimmungen als unmittelbares Selbstbewußtsein ausgibt und von dem reflektierten Selbstbewußtsein unterscheidet. Doch inwiefern läßt sich im Hinblick auf Gefühle und Stimmungen von einem u n m i t t e l - b a r e n Selbstbewußtsein sprechen?

Schleiermacher betont zurecht, daß sich Gefühle primär in Ton und Gebärde manifestieren, ihre sprachliche Artikulation in Aussagesätzen hingegen sekundär ist. Der natürliche Ausdruck des Schmerzes etwa ist der Schrei, an dessen Stelle der Ausruf "au" oder die Aussage "ich habe Schmerzen" treten kann. Über den Zusammenhang zwischen Schrei, Ausruf und Aussage schreibt Wittgenstein: "Ein Kind hat sich verletzt, er schreit; und nun sprechen ihm die Erwachsenen zu und bringen ihm Ausrufe und später Sätze bei. Sie lehren das Kind ein neues Schmerzbenehmen"[147] . Nun ist es sicher richtig, daß jemand anderes sich m e i n e s Schmerzes nur m i t t e l - b a r bewußt ist. Zu seiner Meinung, daß ich Schmerzen habe gelangt er induktiv. Zwischen meinem Schmerz und meinem Schmerzbenehmen besteht demnach ein Zusammenhang derart, daß mein Schmerzbenehmen anderen als Kriterium dafür gilt, daß ich Schmerzen habe. Denn – wie Wittgenstein sagt – ein "'innerer Vorgang' bedarf äußerer Kriterien" [148] . Doch das heißt natürlich nicht, daß i c h s e l b s t gleichfalls nur m i t t e l b a r, d.h. auf induktivem Wege, nämlich durch Reflexion oder Introspektion ein Bewußtsein von meinen Schmerzen erlange. Vielmehr verfüge ich selbst über ein u n m i t t e l b a r e s Bewußtsein davon, daß ich Schmerzen habe. Dieses Bewußtsein ist k r i t e r i e n l o s. Insofern hat Sidney Shoemaker recht, wenn er erklärt: "it is nonsense to speak of my knowing on inductive grounds, or on the basis of the testimony of others, that I am in pain" [149] . Es zeichnet Gefühle aus, daß derjenige, der sie hat, sich dessen, daß er sie hat u n m i t t e l b a r bewußt ist, während andere nur

149 S. Shoemaker, Self-Knowledge and Self-Identity, Ithaka 1963, S. 224.
150 E. Tugendhat, op.cit., S. 121.
151 R.H. Chisholm, Erkenntnistheorie, München 1979, S. 42. Vgl. S. 48.

ein durch Induktion   v e r m i t t e l t e s   Bewußtsein davon haben [150]. Roderick Chisholm hat deshalb Gefühle neben anderen Bewußtseinszu-
ständen als unmittelbar evident und selbstpräsentierend charakterisiert. Wenn
ich wirklich Schmerzen habe, dann ist mir unmittelbar evident, daß ich
Schmerzen habe. "Der Sachverhalt wird 'durch sich selbst erfaßt'"[151]. Denn
die Frage "wie weißt du, daß du Schmerzen hast?" läßt sich vernünftiger-
weise nur durch "ich habe eben Schmerzen" beantworten. Daher hat Schleiermacher recht, wenn er das Gefühl als unmittelbares Selbstbewußtsein charakterisiert.

Doch Gefühle bringen es nun nicht nur mit sich, daß man sich ihrer unmittelbar bewußt ist. Das Bewußtsein, das man von ihnen besitzt, ist
darüber hinaus auch unkorrigierbar. Wenn ich sage "ich habe Schmerzen",
so gebe ich damit zu verstehen, daß ich Schmerzen habe. Gilbert Ryle hat
derartige Äußerungen als Bekenntnisse (avowals) charakterisiert[152]. Es handelt sich um expressive Äußerungen. Doch vom Schrei oder Ausruf unterscheiden sie sich dadurch, daß sie entweder wahr oder falsch sind. Wir haben
es hier also mit expressiven   A u s s a g e n   zu tun. Insofern ist es irreführend, wenn Wittgenstein erklärt: "The difference between the propositions
'I have pain' and 'he has pain' is not that of 'L.W. has pain' and 'Smith has
pain'. Rather, it corresponds to the difference between moaning and saying
that someone moans" [153]. Denn das Stöhnen hat anders als die expressive
Aussage oder das Bekenntnis "ich habe Schmerzen" keinen Wahrheitswert.
Auch handelt es sich bei "ich habe Schmerzen" nicht etwa um eine performa-
tive Äußerung. Denn für eine solche gilt, daß die Äußerung selbst identisch
ist mit einer bestimmten Handlung. Die Äußerung "ich verspreche dir zu
kommen" ist identisch mit meinem Versprechen zu kommen, nicht aber ist das
Bekenntnis "ich habe Schmerzen" identisch mit meinem Schmerz. Bekenntnisse
sind also expressive Aussagen, die wie alle Aussagen wahr oder falsch sind.
Dabei besteht zwischen dem Bekenntnis und der entsprechenden Aussage in
der dritten Person eine   v e r i t a t i v e   S y m m e t r i e [154]. Mein
Bekenntnis "ich habe Schmerzen" ist genau dann wahr, wenn die Aussage "J.
R. hat Schmerzen" wahr ist. Wie Raziel Abelson von solchen Aussagen sagt:
"They correspond or fail to correspond to equivalent third-person descrip-
tions. 'Jones has a toothache' when said by Smith and 'I have a toothache'
when said by Jones assert the same fact and are true or false together" [155]. Beide Aussagen behaupten also denselben Sachverhalt, obgleich

---

152 C. Ryle, op.cit. S. 131, 247.
153 L. Wittgenstein, The Blue and Brown Books, S. 68.
154 E. Tugendhat, op.cit. S. 88 f.
155 R. Abelson, Persons, London 1977 S. 18.
156 S. Shoemaker, Self-Knowledge, S. 219.
157 G. Ryle, op.cit. S. 130.

nur ich mir seiner unmittelbar bewußt bin und somit eine e p i s t e - m i s c h e   A s y m m e t r i e vorliegt. Zudem gilt, daß der Sachverhalt, daß ich Schmerzen habe, notwendigerweise wahr ist, wenn er von mir ehrlicherweise behauptet wird. Shoemaker stellt mit recht fest, "that its being honestly asserted is a logically sufficient condition of its being true" [156] . Das Bewußtsein, das ich von meinen Gefühlen habe, ist daher irrtumsfrei.

Bei dem Gefühl haben wir es also mit einem irrtumsfreien unmittelbaren Selbstbewußtsein zu tun. Nun wird man allerdings zwischen verschiedenen Arten von Gefühlen differenzieren müssen. Bei dem Zahnschmerz handelt es sich offenbar um eine körperliche E m p f i n d u n g , während wir es bei der Freude, Reue und Melancholie mit einer S t i m m u n g zu tun haben. Wenn Schleiermacher von religiösen Gefühlen spricht, so meint er offensichtlich keine Empfindungen, sondern Stimmungen. Von einer Stimmung soll dabei gelten, daß es sich um ein unmittelbares Existentialverhältnis handelt. In ihr seien wir uns unseres ganzen ungeteilten Daseins unmittelbar bewußt. In seiner Analyse der Stimmungen gelangt Gilbert Ryle zu einer ähnlichen These. Von Stimmungswörtern sagt er nämlich, daß sie "zur Kennzeichnung der Gesamt-Ausrichtung einer Person ... verwendet werden" [157] . Es ist immer der ganze Mensch, der heiter oder traurig, zuversichtlich oder zerknirscht ist und dementsprechend dazu neigt, die ganze Welt als freundlich oder düster zu beschreiben. Die Stimmungen, in denen ich mich befinde, sind dabei durch den Gegensatz von Lust und Unlust gekennzeichnet. Denn wie ich mich fühle, hängt davon ab, ob mir etwas angenehm oder unangenehm ist. Daß ich beispielsweise depressiv bin, wenn ich eine Krankheit habe, resultiert daraus, daß mir die Krankheit unangenehm ist.

Laut Schleiermacher haben wir es bei den religiösen Gefühlen eines Menschen mit derartigen Stimmungen zu tun, die am Gegensatz von Lust und Unlust partizipieren. Zwar definiert er die Frömmigkeit als Gefühl absoluter Abhängigkeit. Doch dieses Gefühl kommt niemals isoliert für sich vor. Es gibt keinen Moment, in dem ich mich schlechthin abhängig fühle n e - b e n einem, in dem ich mich aufgrund meiner Krankheit niedergeschlagen fühle. Sondern schlechthin abhängig kann ich mich nur a l s   i n   e i - n e r   b e s t i m m t e n   S t i m m u n g   b e f i n d l i c h e r fühlen. Als eines, das sich beispielsweise in einem Schmerzzustand befindet, fühlt sich das fromme Individuum dank seines Vertrauens auf Gott gleichwohl heiter. Die jeweilige religiöse Stimmung kommt also dadurch zustande, daß das geistige Gefühl schlechthinniger Abhängigkeit z u g l e i c h   m i t

---

158 a.a.O., S. 128.
159 M. Trowitzsch , Zeit zur Ewigkeit, München 1976, S. 115.

einem bestimmten sinnlichen Gefühl auftritt. Der Grad der Frömmigkeit de
Individuums bemißt sich dabei an dem Übergewicht des absoluten Abhängig
keitsgefühls über die sinnlichen Gefühle, d.h. an der Ungehemmtheit und be
harrlichen Leichtigkeit des Hervortretens des absoluten Abhängigkeitsgefühls
In diesem Fall ist die Frömmigkeit ein chronisches Gefühl. Bei Ryle heiß
es: "Wir sagen gewöhnlich von Leuten, daß sie sich zu gewissen Zeiten au
kürzere oder längere Dauer in einer gewissen Stimmung befinden. Wir sage
z.B., jemand sei deprimiert, glücklich, verschlossen oder unruhig, und zwa
seit Minuten oder schon seit Tagen. Nur wenn eine Stimmung chronisch ist
verwenden wir solche Stimmungswörter als Charakterbezeichnungen. Es kan
jemand heute melancholisch sein, ohne jedoch ein Melancholiker zu sein" [158]
Wenn wir einen Menschen als fromm bezeichnen, so verwenden wir das vo
Schleiermacher als Stimmungswort eingeführte Wort "fromm" als Charakterbe-
zeichnung und bringen damit zum Ausdruck, daß die Frömmigkeit des betreffenden Individuums chronisch ist, es also so disponiert ist, daß das absolute Abhängigkeitsgefühl bei ihm ungehemmt hervortritt und im jeweiliger
Moment seine Gesamtstimmung determiniert. Ein Mensch ist demnach fromm,
wenn es sich bei dem Gefühl schlechthinniger Abhängigkeit um ein Grundge-
fühl handelt, das darüber entscheidet, wie die jeweilige Stimmung, in der
er sich befindet, insgesamt beschaffen ist.

Trowitzsch hat mit Recht auf eine Ähnlichkeit zwischen Schleiermachers Bestimmung des Gefühls und Heideggers Beschreibung der Befindlichkeit aufmerksam gemacht [159]. "Was wir o n t o l o g i s c h mit dem Titel Befindlichkeit anzeigen, ist o n t i s c h das Bekannteste und Alltäg-
lichste: die Stimmung, das Gestimmtsein" [160]. Auch Heidegger grenzt die Befindlichkeit, die Stimmung, die einem erschließt und offenbar macht, "wie
einem ist", vom reflektierenden Selbstbewußtsein, dem reflektierenden Erfassen des "Innern" ab. "Die Stimmung hat ja schon das In-der-Welt-sein
als Ganzes erschlossen und macht ein Sichrichten auf ... allererst möglich".
Als solche ist sie eine "existenziale Grundart der gleichursprünglichen Er-
schlossenheit von Welt, Mitdasein und Existenz, weil diese selbst wesenhaft
In-der-Welt-sein ist" [161]. Wenn als fromm derjenige zu gelten hat, bei dem
das absolute Abhängigkeitsgefühl ungehemmt hervortritt und seine jeweilige
Stimmung bestimmt, so handelt es sich bei der Frömmigkeit offenbar um jene
Befindlichkeit, die seine "affektive Aufgeschlossenheit bzw. Verschlossenheit
mit Bezug auf das 'im ganzen' betrifft" [162].

160 M. Heidegger, Sein und Zeit, Tübingen 1967[11], S. 134.
161 a.a.O., S. 137.
162 E. Tugendhat, op.cit. S. 205.
163 F.D. Schleiermacher, Der christliche Glaube, ed. M. Redeker, S. 174 f.
164 a.a.O., S. 175.

Nun will Schleiermacher seine These, daß es sich bei der Frömmigkeit an und für sich um das Gefühl schlechthinniger Abhängigkeit handle, allerdings nicht in dem Sinne verstanden wissen, daß die Frömmigkeit ein kontingentes Gefühl sei, das einige besitzen und andere nicht. Vielmehr soll die Anerkennung, daß das absolute Abhängigkeitsgefühl "nicht etwas Zufälliges ist, noch auch etwas persönlich Verschiedenes, sondern ein allgemeines Lebenselement" alle Argumente für die Existenz Gottes ersetzen [163]. Es handle sich bei ihm um etwas, das zum "schlechthin gemeinsamen Wesen des Menschen" gehöre, da der "Intelligenz in ihrer subjektiven Funktion ... die Richtung auf das Gottesbewußtsein mitgegeben ist" [164]. Doch welche Gründe könnte es dafür geben, das religiöse Gefühl als etwas zum Wesen des Menschen gehöriges anzuerkennen? In der zweiten Auflage der "Glaubenslehre" behauptet Schleiermacher, daß unser Gefühl, nicht schlechthin frei zu sein, bereits an und für sich das Gefühl schlechthinniger Abhängigkeit sei. Diese These ist jedoch offenkundig falsch. Wenn ich mich nicht schlechthin frei fühle, so ist darin keineswegs impliziert, daß ich mich schlechthin abhängig fühle. Sondern wenn ich mich zwar frei, aber nicht schlechthin frei fühle, dann heißt dies nur, daß ich mich relativ frei, also auch relativ abhängig fühle. Insofern bietet die "Glaubenslehre" zumindest keinen überzeugenden Grund für die von Schleiermacher geforderte Anerkennung des schlechthinnigen Abhängigkeitsgefühls als eines Wesensmerkmal des Menschen.

Doch selbst wenn man einmal voraussetzte, daß es einen derartigen Grund gebe, wäre damit nichts gewonnen, was Schleiermachers Definition der Frömmigkeit als schlechthinniges Abhängigkeitsgefühl vor den Einwänden der Religionskritik schützte. Schleiermacher betont, daß Gott uns im Gefühl auf eine ursprüngliche Weise, nämlich als das Woher unseres empfänglichen und selbsttätigen Daseins gegeben sei. Abgelehnt wird hingegen die Vorstellung, als sei Gott in irgendeiner Weise äußerlich gegeben, da wir von einem äußerlich Gegebenen niemals s c h l e c h t h i n abhängig sein könnten. Es stellt sich aber gleichwohl die Frage, was in der Aussage, daß wir uns schlechthin abhängig fühlten, eigentlich impliziert ist. Die Tatsache, daß es sich bei dem Gefühl um ein unmittelbares Selbstbewußtsein handelt, könnte den Eindruck erwecken, daß wir uns mit dem unmittelbaren Bewußtsein unserer absoluten Abhängigkeit auch der Existenz Gottes als des darin mitgesetzten Woher unserer Abhängigkeit unmittelbar gewiß seien. Doch dieser Eindruck täuscht. Wenn ich sage "ich fühle mich traurig", wobei man das Stimmungswort "traurig" auch durch "heiter", "depressiv", "niedergeschlagen" o.ä. ersetzen könnte, so bedeutet dies, daß ich traurig bin. Zwischen dem Sachverhalt, daß ich mich traurig f ü h l e und dem, daß ich traurig

b i n, gibt es keinen Unterschied. Ähnliches gilt jedoch nicht für jede Verknüpfung mit "fühlen". So impliziert etwa die Aussage "ich fühle mich krank
keineswegs, daß ich auch krank bin. Ich kann mich vielmehr, wie das Beispiel des eingebildeten Kranken eindrucksvoll belegt, krank fühlen und
gleichwohl kerngesund sein. Gilbert Ryle hat den Unterschied zwischen "sich
krank fühlen" und "sich traurig fühlen" so charakterisiert, daß nur im
letzten Fall das Verb "fühlen" und sein Objekt "traurig" zwei Ausdrücke für
dasselbe Ding seien [165]. Auf "fühlen" und "krank" trifft das jedoch ebensowenig zu wie auf "fühlen" und "schlechthin abhängig". Die Aussage "ich
fühle mich schlechthin abhängig" impliziert, selbst wenn es sich bei dem Gefühl schlechthinniger Abhängigkeit um ein Wesensmerkmal des Menschen handeln sollte, nicht, daß ich schlechthin abhängig bin. Deshalb ist mit diesem
Gefühl auch nicht die unmittelbare Gewißheit von der Existenz Gottes als des
in ihm mitgesetzten Woher unseres ganzen Daseins gegeben. Die Aussage "ich
fühle mich schlechthin abhängig" impliziert zwar aufgrund der Logik des relationalen Prädikats "sich abhängig fühlen", daß ich mich von etwas abhängig fühle. Insofern ist das Wovon meiner absoluten Abhängigkeit im religiösen Gefühl tatsächlich stets mitgesetzt. Doch nichts schützt vor dem Einwand, daß es sich bei diesem Wovon ja durchaus um einen fiktiven Gegenstand handeln könne. Impliziert mein schlechthinniges Abhängigkeitsgefühl
nicht meine schlechthinnige Abhängigkeit von etwas, das nicht der Sphäre
der Welt angehört, dann hat die Religionskritik ein leichtes Spiel. Denn gegen deren Waffen wäre Schleiermachers Rekurs auf das fromme Gefühl ja nur
gefeit, wenn dieses Gefühl mir zugleich das unbezweifelbare Bewußtsein davon
gäbe, daß ich schlechthin abhängig bin und es somit etwas gibt, von dem
ich schlechthin abhängig bin.

---

165 G.Ryle, op.cit. S. 132.

SCHLEIERMACHER ALS THEOLOGE DER SELBSTLIEBE

von Otto Wullschleger

Daß beim Zustandekommen religiöser Gefühle psychosoziale Faktoren eine Rolle spielen, hat Schleiermachers älterer Zeitgenosse, Johann Heinrich Pestalozzi, bereits deutlich erkannt. Auch das Wort "Gott" taucht im Verlauf der religiösen Sozialisation auf, und es kommt sehr darauf an, wie es entsteht. Schleiermacher (dem Pestalozzis Ideen bekannt gewesen sind) nimmt genetische Aspekte in seinen Begriff des Gefühls ebenfalls auf.

In unserem Jahrhundert ist es die Psychoanalyse, die einen wichtigen Beitrag zu dieser genetischen Frage gebracht hat und auch ein entsprechendes Instrumentarium zur Erforschung genetischer Zusammenhänge bereitstellt, welches laufend weiterentwickelt wird. Im Zuge dieser Weiterentwicklung erfolgte die (mit einer kopernikanischen Wende vergleichbare) Erweiterung der psychoanalytischen Theorie um eine neue Selbst-Psychologie, und es kam auch die psychohistorische Forschung auf, die allerdings noch in ihren Anfängen steckt. Erste Kriterien dieser angewandten Psychoanalyse lieferten Erikson und Kohut (1977a, 145 ff.). Die psychoanalytisch orientierte Biographik geht jedoch bis in die Anfänge der Psychoanalyse zurück (Cremerius 275 ff.).

Wir handeln durchaus im Sinne Schleiermachers, wenn wir diese neuen empirischen Möglichkeiten nutzen und in unser theologisches Denken einbeziehen. Psychohistorische Aspekte vermögen v.a. darauf hinzuweisen, daß sich Person und Werk eines Autors nicht trennen lassen, und liegt nicht gerade die Aktualität von Schleiermachers Denken in dessen empirischer und theologischer Anschaulichkeit?

Die theoriekritische Frage nach dem historischen und systematischen "Ort" der Vergleichbarkeit der Selbst-Konzepte bei Schleiermacher und in der neueren psychoanalytischen Selbstpsychologie würde die praktische Intention dieses Referats verschieben. Damit sei die Notwendigkeit, Theorien der Subjektivität theoretisch miteinander zu vergleichen (Daniel) nicht bestritten.

Selbstfindung

Schleiermachers Monologen sowie "Vertraute Briefe über Friedrich Schlegels Lucinde" (beide Werke sind 1800 erschienen) werden in der Regel einer "frühromantischen" Phase des Autors, also geistesgeschichtlich eingeordnet. Man legt Wert darauf festzustellen, daß Schleiermacher später die hier dargelegten Auffassungen in verschiedener Hinsicht "korrigiert" habe. Ähnlich sieht man seine Beziehung zu Eleonore Grunow, die ihn in dieser Zeit persönlich am stärksten prägte.

Schleiermacher hat sich aber auch später immer zu den Monologen und

Lucinde-Briefen bekannt, den Text nie grundsätzlich geändert, und das Wort, das er Jahre später an Eleonore richtete ("liebe E-, Gott hat es doch gut mit uns gemacht" Br. 1, S. 138), darf wohl kaum so interpretiert werden, als seien jene Erfahrungen für ihn nicht mehr gültig.

Mir scheint, die neuere Narzißmusforschung ermögliche es, die beiden genannten Schriften noch anders zu verstehen, als Ausdruck einer Selbst-Erfahrung Schleiermachers. Wenn es gelingt nachzuweisen, daß Schleiermacher in den Monologen über die geisteswissenschaftlichen Zusammenhänge hinaus ein Psychogramm verfaßt hat, welches mit Hilfe der psychoanalytischen Narzißmustheorie, wie sie Kohut u.a. entwickelt haben, zugänglich gemacht werden kann, wird es möglich, darin ein hermeneutisches Kriterium zu sehen, das für das Verständnis auch des späteren Schleiermachers unerläßlich ist.

Der psychohistorische Zugang zu Schleiermacher ist nicht der einzige. Er kann aber vielleicht auf ein tieferliegendes Kontinuum im Leben Schleiermachers und in seinen Schriften aufmerksam machen, welches bedeutsamer ist, als es die geistesgeschichtlichen Harmonisierungsversuche zeigen können.

Vielleicht hat Schleiermacher in den Monologen sogar Einsichten vorweggenommen, wie sie heute in der Narzißmusforschung neu beschrieben werden. So könnte die Thematik der Monologen, die man gerne als überholt betrachtet, überraschend eine neue Aktualität erhalten. Vielleicht hat Schleiermacher in freier Verwendung der ihm aus der philosophischen Auseinandersetzung zugekommenen Terminologie und mit dichterischer Metaphorologie wirklich jenen Bereich "jenseits des Gewissens" beschrieben, den wir in unseren Tagen wieder neu zu ergründen versuchen.

Auf dem Weg über ein psychologisches und religionspsychologisches Verständnis wird es möglich, Schleiermacher auch als Theologe näher zu kommen, auch seine "Mystik" positiver zu sehen als es Emil Brunner ("Die Mystik und das Wort") getan hat. Schleiermacher hat in den Monologen und Lucinde-Briefen Aussagen zur menschlichen Selbstliebe gemacht, mit denen sich gerade die Theologie unserer Tage auseinandersetzen müßte, die sich einer Flut von "wilden" Selbsterfahrungskonzepten gegenübersieht.

Introspektion

Die Monologen Schleiermachers verraten ein außerordentliches psychologisches Einfühlungsvermögen. Als Herrnhuter-Schüler hatte es der Autor seinerzeit jahrelang gelernt, auf sich selbst zu achten, die Regungen seines Innenlebens genau zu beobachten. Daß er nun mit seinen neuen Einsichten auch eine neue Sprache findet, ist ohne den ebenso jahrelangen Umgang mit der Philosophie (bis zu Fichte) nicht denkbar. Das "Sprachereignis" muß aber auch einen aktuellen emotionalen Hintergrund haben.

Introspektion wird heute als eine narzißtische Fähigkeit dargestellt (Kohut), die sich allerfrühesten Verschmelzungserlebnissen verdankt. Voraussetzung dazu ist eine einfühlsame Mutter, die Schleiermacher ohne Zweifel gehabt hat. Er ist durch die vielen Abwesenheiten des Vaters auch in besonderer Weise auf die Mutter angewiesen gewesen, und die Herrnhuter-Zeit war als Fortsetzung der mütterlichen Welt geplant. Die Mutter hatte hier wesentlich die Hand im Spiel. Nur so ist auch verständlich, weshalb Schleiermacher dann trotz der kognitiven Dissonanz mit dem Vater ein "Herrnhuter höherer Ordnung" (Br. 1, S. 295) hat werden können.

In seinen Reden (ein Jahr vor den Monologen erschienen) hat er seinen persönlichen religiösen Narzißmus deutlich in Worte gefaßt: "Religion war der mütterliche Leib, in dessen heiligem Dunkel mein junges Leben genährt und auf die ihm noch verschlossene Welt vorbereitet wurde, in ihr atmete mein Geist, ehe er noch seine äusseren Gegenstände, Erfahrung und Wissenschaft, gefunden hatte, sie half mir, als ich anfing den väterlichen Glauben zu sichten und das Herz zu reinigen von dem Schutte der Vorwelt, sie blieb mir, als Gott und Unsterblichkeit dem zweifelnden Auge schwanden ..." (26 f.).

Im Freundeskreis haben die frühen Spiegelungswiderfahrnisse neue Nahrung gefunden. Bestimmt auch durch die herrnhutischen Erziehungsmethoden. Auch zur Zeit der Abfassung der Monologen lebte Schleiermacher in einem Kreis von Freunden und Freundinnen. Zur Zeit der Reden und Monologen ist es aber vor allem Eleonore Grunow, die es ihm ermöglicht, zu sich selber zu kommen.

In den Lucinde-Briefen kommt sie selber zu Wort, und in den Monologen ist sie gemeint, wo Schleiermacher "verschmelzen" will "mit einer geliebten Seele" (S. 61 f.). In der Verbindung mit ihr wird Religion anschaulich. In der Geliebten kann er das "Universum" anbeten.

Unter allen Frauen-Freundschaften bis zu Bettina von Arnim ist die Freundschaft mit Eleonore Grunow eine besondere. Keine andere ist für ihn so sehr zur "Liebeskatastrophe" (H. Gerdes) geworden. Die Freundschaft mit Eleonore Grunow hat bei Schleiermacher auch narzißtische Tendenzen wiederbelebt. Die Monologen können als Ausdruck dieser Erfahrungen gelesen werden. Schleiermacher wollte mit Eleonore nicht nur eine Liebesheirat nach romantischem Muster (Luhmann, S. 163 ff.) eingehen, er stellte in der Beziehung mit dieser Frau sich selber aufs Spiel, die Beziehung zu sich selber, und entdeckte dabei das narzißtische Prinzip der Sicherheit, das er in beispielhafter Weise zu gestalten verstand.

Neuere Narzißmusforschung

Durch die neuere Narzißmusforschung hat der Begriff Narzißmus den negativer
Beigeschmack verloren, der ihm seit Freud anhaftete. Nach Kohut u.a. ist
der frühkindliche Narzißmus nicht ein zu überwindender infantiler Rest, der
sich im weiteren Verlauf des Lebens höchstens als Störfaktor bemerkbar
macht, verantwortlich gemacht werden muß für destruktive Größenphantasien.
Aufgrund eines umfangreichen klinischen Materials läßt sich zeigen, daß der
Mensch neben jenen seelischen Mechanismen, die ihn gesellschaftsfähig
machen, zeitlebens auch eine Beziehung zu sich selber hat und eine narzißtische Entwicklungslinie genauso zum Mittelpunkt der Betrachtung gemacht
werden kann wie ein seelischer "Apparat", der uns zu anpassungsfähigen,
nützlichen Gliedern einer auf Leistung und Erfolg ausgerichteten Gesellschaft macht.

Durch umwandelnde Verinnerlichung (transmuting internalization) schafft
der Säugling ein archaisches Größen-Selbst sowie Selbstobjekte. Dies geschieht
vor der Bildung der sog. "Objektbeziehungen", die durch René Spitz u.a.
erforscht worden sind. Die allererste Selbstwertgefühle entstehen also in
einer Zeit vor der Über-Ich- bzw. Gewissensbildung, und sie sind zeitlebens
ebenso konstitutiv wie die elementaren "Triebe" der Libido und Aggression.

In einem Aufsatz über "Spinoza und die neuere Religionspsychologie" hat
H.-G. Heimbrock die Ausdrucksformen des Narzißmus wie folgt zusammengefaßt:

1. Die Vorstellung der Entgrenzung der eigenen Person, die Fragmentierung
der Persongrenzen, im Zusammenhang damit das Vorkommen archaischer
Größenphantasien vom Selbst bzw. von den Selbst-Objekten;
2. die Thematik des Schwebens und Fliegens in kosmischen Räumen, die Erweiterung der gesamten Szenerie ins Unendliche;
3. die Aufhebung der Subjekt-Objekt-Schranke der bewußten Alltagswahr-
nehmung, Zustände symbiotischer Verschmelzung des Selbst mit äußeren Objekten, vor allem in Gestalt der 'harmonischen Verschränkung' zwischen
Mutter und Kind;
4. das Gefühl unendlichen Wohlbehagens, ewiger Harmonie und einer durch
nichts zu erschütternden Sicherheit.

Die neuere Narzißmusforschung hat der Religionspsychologie neue Impulse gegeben. Eine ihrer wichtigsten Einsichten ist diese, daß Religion nicht nur
ödipale Konflikte verdichtet und mit deren Überwindung zur "Illusion" wird,
sondern daß religiöse Symbole oft narzißtische Vorstellungen aufnehmen (wie
z.B. das "Aufgehen im Universum") mit deren Hilfe Trennungserlebnisse und
die Versöhnung mit dem Tod (auch mit dem eigenen!) möglich wird. Auch die
christliche Religion hält eine Fülle solcher universaler Symbole bereit. J.
Scharfenberg hat darauf aufmerksam gemacht (Umkreis der Aussagen über den
Geist, bestimmte Wundergeschichten, bestimmte göttliche Eigenschaften,

Mystik, Paradiesesvorstellungen, aaronitischer Segen u.v.a.).

Auffällig ist die Tatsache, daß sich die neuere Narzißmusforschung selber
in "religiöser" Sprache Ausdruck gibt: "Das Selbst bleibt zerstückelt, wenn
sein Da-Sein nicht mit freudiger Erregung vonseiten der elterlich-mütterlichen
Umgebung begrüßt wird. Ein Echo braucht das Kind, einen Glanz im Mutter-
auge, der sagt: 'Du bist recht so.' Dieser Widerhall gibt dem kleinen Jungen oder dem kleinen Mädchen das Gefühl, etwas wert zu sein, lange ehe
sie ihr Selbstvertrauen in Worten ausdrücken können. Sein Fehlen ist die
Erbsünde'; sie schafft das Gefühl tiefster Wertlosigkeit, ein Gefühl der
Wertlosigkeit, das nicht auf einer Schuld beruht. Aber sein Dasein ist ebenso
unverdient im Rahmen einer moralischen Anschauung; es ist die 'Gnade' der
lebenserhaltenden elterlichen Freude am Kind. Das ist das 'göttliche' Echo,
das zum inneren Frieden führt, das ist der 'Gott', der die Bruchstücke des
Selbst zusammenhält." (Kohut 1977b, 67 f.).

Die Monologen als Psychogramm

Wenn wir auf dem Hintergrund des Narzißmuskonzeptes die Monologen lesen,
so fällt uns auf Schritt und Tritt die Affinität der Vorstellungen und Aussagen auf, und es scheint, die Tragweite der Schleiermacherschen Entdeckung
könne erst heute richtig abgeschätzt werden.

Schon der Titel (Monologen) sowie die Kapitelüberschriften (Metaphern der
Spiegelung, des Gesichtes, der Kontinuität von "Jugend") machen deutlich,
daß es dem Autor um ganz andere Zusammenhänge geht, als sie mit einem
moralischen oder spekulativen Gewissensbegriff ins Blickfeld treten. Es ist
denn auch die Ablehnung des Gewissensbegriffs, was die Interpreten verwirrt. Gleich zu Beginn ist das narzißtische Spiegelwiderfahrnis jedoch mit
Händen zu greifen. Wer dieses Vorzeichen nicht beachtet, muß auf geistesgeschichtliche Zusammenhänge ausweichen.

H. Gerdes bemüht sich nachzuweisen, daß Schleiermacher in der Ablehnung
des Gewissensbegriffs ("Was sie Gewissen nennen, kenne ich nicht mehr") von
Schlegel verführt worden sei und damit lediglich seiner "durch die Berührung
mit der Frühromantik bestimmten Krisenzeit" verpflichtet sei. Schleiermacher
habe in der zweiten Auflage eine Korrektur vorgenommen ("... kenne ich so
nicht mehr"). Diese Präzisierung darf aber nicht darüber hinwegtäuschen,
daß Schleiermacher in den Monologen in einen Bereich jenseits eines "zum
Schulmeister erniedrigten" Gewissens vorgedrungen ist und Vorgänge beschrieben hat, wie sie heute in der Tiefenpsychologie unter andern Voraussetzungen wieder sichtbar werden.

Daß Schleiermacher in diesem Bereich auch die Religion angesiedelt hat,
zeigt, wie aktuell seine Schrift gerade heute ist. Es ist der Bereich des

"Geistes" mit den Prozessen der Selbst-Erfahrung ("inneres Tun", "inneres
Leben", "innerer Trieb", "inneres Spiel der Fantasie" etc.), der Bereich der
"Freiheit", im Unterschied zur "Welt", zum "Selbstverkauf" an die äußeren
Gesetze.

Die narzißtische Weltbewältigung ist ein Spiegelungsvorgang, der nur möglich ist, weil das Individuum ein "ewiges Leben in steter Selbstbetrachtung"
kennt, sorg-los, nur darum bemüht, sich selbst nicht zu verlieren ("..
weine, wenn du dahin treibst im Strome der Zeit, ohne den Himmel in dir
zu tragen"). Dieses persönliche Leben "außer der Zeit" ist jedoch nicht eine
bloße Projektion. Das machen die Lucinden-Briefe Schleiermachers sowie das
(z.T. erhaltene) Briefcorpus deutlich. Es ist immer gebunden an ganz konkrete Erfahrungen, wie z.B. an eine "Revolution zu zweit" (Alberoni), in
denen auch die narzißtischen Strebungen neu gestaltet werden können, um
der "Nacht der Vernichtung" (Monologen S. 22) zu entgehen.

Wenn Kohut (1975, S. 161 ff.) es als ein Merkmal gestalteten Narzißmus
bezeichnet, die Endlichkeit seiner Existenz zu sehen und "im Einklang mit
dieser schmerzlichen Einsicht zu handeln" (als "fast religiöse Feierlichkeit
des kosmischen Narzißmus"!), so springt die Verwandtschaft mit der Entdeckung Schleiermachers in die Augen, und man darf Schleiermachers
epochales Werk höchstens dann als "romantisch" bezeichnen, wenn die Zeit
der Romantik selber auch als ein Durchbruch narzißtischer Tendenzen gewürdigt wird: Die romantische Ironie, der Humor, die neue Sicht der Frau, das
Verschmelzen mit Landschaft und Heimat mit allen politischen Folgen sind
auffallende Zeichen einer Zeit, die Schleiermacher in seinen Monologen verdichtet hat, ja überholt hat mit einer Hinwendung zur conditio humana, die
bis heute nichts von ihrer Aktualität eingebüßt hat.

Anschauliche Mystik

Bekanntlich hat Emil Brunner der Schleiermacherschen "Mystik" das "Wort"
entgegengehalten. Auf dem Weg über die psychohistorische Fragestellung muß
diese Alternative als hinfällig betrachtet werden, und zwar auch theologisch.
Selbstliebe und Nächstenliebe sind eben nicht zu trennen. Psychologisch gesprochen: In jeder Objektliebe ist der Narzißmus mit im Spiel, und von der
Gestaltung des Narzißmus ist die Objektlibido mitbetroffen. Theologisch gesehen steht beim Hören auf das Wort Gottes die zwischenmenschliche Kommunikation im Vordergrund. Wer will jedoch behaupten, es spielten dabei keine
"mystischen" Verschmelzungsvorgänge eine Rolle. Ebenso ist in der Selbst-Re-
flexion das Mitteilungsbedürfnis deutlich spürbar. Der Mensch, der zu sich
und dadurch zu Gott findet, brauch ein Gegenüber, jedenfalls bei Schleiermacher.

Wir verkürzen die Theologie Schleiermachers, wenn wir nur von seinen späteren Schriften ausgehen und mit Genugtuung feststellen, daß dort der Gewissensbegriff eine zentrale Rolle spielt. Das ist eben kein Gegensatz und nicht bloß eine "Entwicklung" zu gesellschaftsfähigerem Denken. Es handelt sich um zwei Komponenten der menschlichen Psyche, die Schleiermacher wohl zu unterscheiden verstand.

So hört die narzißtische Linie auch nicht einfach in einer angeblich "frühromantischen Krise" auf. Sie geht weiter, auch in die Glaubenslehre hinein, und ihre Spuren lassen sich durch das ganze Werk Schleiermachers hindurch feststellen.

Die Definition der Religion in den Reden ("andächtiges Anschauen und Fühlen des Universums") kann als Ausdruck eines gestalteten Narzißmus verstanden werden, ebenso die darin enthaltene Darstellung der "heiligen Wehmut" (Timm, S. 62 ff., Moretto). Es entspricht ebenfalls der narzißtischen Linie im Denken Schleiermachers, wenn er die Gotteslehre als Lehre von den göttlichen Eigenschaften darstellt, die im "frommen Selbstbewußtsein" mitgesetzt sind, und wenn er die "Allmacht" als die Grundeigenschaft Gottes hervorhebt, ist es doch ein Merkmal narzißtischer Gefühle, daß sie von Omnipotenzphantasien begleitet sind. So hat auch das "schlechthinnige Abhängigkeitsgefühl als Gottesbewußtsein" (Ebeling) einen narzißtischen "Sitz im Leben", ebenso Schleiermachers Begriff der Anschauung. Während der Arbeit an seinen "Reden" schreibt er an Henriette Herz (Br. I, 202), wie er Mühe damit habe und deshalb schon "aus Religion um der Religion willen" nach Berlin kommen müsse – "aus Religion, denn wahrlich, ich will das Universum in Ihnen schauen."

Schleiermachers Einsicht in narzißtische Zusammenhänge verleiht seiner Theologie eine unüberholbare Konkretion. Von Schleiermacher her wird es möglich, die Erkenntnisse der neueren Religionspsychologie theologisch positiv aufzunehmen, sich jedenfalls kritisch damit auseinanderzusetzen. Umgekehrt erlauben die Narzißmustheorien mit ihrer Darstellung eines gestalteten wie eines gestörten menschlichen Selbstbezuges auch kritische Fragen an die "Mystik" Schleiermachers und deren Auswirkung in seinem Leben und in der Wirkungsgeschichte.

In einer Zeit jedoch, in der "Nächstenliebe" als "Ware" bezeichnet wird, dürfte es sich die Theologie angelegen sein lassen, auf dem Weg über eine neue Besinnung auf die Selbstliebe auch die Nächstenliebe wieder zu gewinnen. Die vielen Konzepte und Aktionen von "Selbsterfahrung" fordern die Praktische Theologie heraus. Diese kann die Herausforderung nicht ohne Bezug auf die Tradition der Selbstliebe annehmen. Darum muß sie auch die Auseinandersetzung mit Schleiermacher aufnehmen.

LITERATUR

Schleiermacher, Friedrich, Monologen, Vertraute Briefe über Friedrich Schlegels Lucinde (beide in: Hayo Gerdes/Emanuel Hirsch, (Hg.), Kleine Schriften und Predigten, Band 1, Berlin 1970.

Ders., Ueber die Religion, Reden an die Gebildeten unter ihren Verächtern, Göttingen 1967.

Ders., Briefe, Berlin 1860 zit. Br. (Band 1).

Alberoni, Francesco, Verliebtsein und lieben – Revolution zu zweit, Stuttgart 1983.

Brunner, Emil, Die Mystik und das Wort, Tübingen 1924.

Cremerius, Johannes, Neurose und Genialität, Psychoanalytische Biographien, Frankfurt/M 1971.

Daniel, Claus, Theorien der Subjektivität, Einführung in die Soziologie des Individuums, Frankfurt/New York 1981.

Dilthey, Wilhelm, Leben Schleiermachers, Göttingen 1970.

Ebeling, Gerhard, Schleiermachers Lehre von den göttlichen Eigenschaften, in: Zeitschrift für Theologie und Kirche 4/1968, S. 459 ff.

Ders., Schlechthinniges Abhängigkeitsgefühl als Gottesbewußtsein, in: Wort und Glaube III, Tübingen 1975, S. 116 ff.

Erikson, Erik H., Lebensgeschichte und historischer Augenblick, Frankfurt/M 1977.

Heimbrock, Hans-Günter, Spinoza und die neuere Religionspsychologie, in: Wege zum Menschen, 2/1977, S. 79 ff.

Ders., Vom Heil der Seele, Studien zum Verhältnis von Religion und Psychologie bei Baruch Spinoza, Zugleich ein Beitrag zur Vorgeschichte der modernen Religionspsychologie, Frankfurt/Bern 1981. Diese Publikation ist mir erst nach Abfassung meines Referats bekannt geworden (vgl. v.a. die Abschnitte über die Spinoza-Rezeption Schleiermachers S. 31 ff., sowie über Spinozas psychologische Anthropologie!)

Kantzenbach, Friedrich Wilhelm, Friedrich Daniel Ernst Schleiermacher, Reinbek 1967.

Kohut, Heinz, Die Zukunft der Psychoanalyse, Frankfurt/M 1975.

Ders., Introspektion, Empathie und Psychoanalyse, Frankfurt/M 1977 (a).

Ders., Narzißmus, Empathie und die Fragmentierung des Selbst, in: Wege zum Menschen 2.2, 1977 (b), S. 49 ff.

Ders., Die Heilung des Selbst, Frankfurt 1979.

Luhmann, Niklas, Liebe als Passion, zur Codierung von Intimität, Frankfurt/M (Suhrkamp)

Moltmann-Wendel, Elisabeth, Bettina von Arnim und Schleiermacher in: Evangelische Theologie 8/1971, S. 395 ff.

Moretto, Giovanni, Angezogen und belehrt von Gott, Der Johannismus in Schleiermachers "Reden über die Religion", in: Theologische Zeitschrift Basel 5/1981, S. 267 ff.

Neidhart, Walter, "Mit einer Stimme, die es noch nie hörte ..." (Pestalozzi), Zur Bedeutung vokaler Signale in der frühesten religiösen Erziehung, in: Kirchenblatt für die reformierte Schweiz 12/1977, S. 178 ff.

Redeker, Martin, Friedrich Schleiermacher, Berlin 1968.

Scharfenberg, Joachim, Narzißmus, Identität und Religion, in: Psyche 10/1973, Stuttgart S. 949 ff.

Ders., Einige Probleme religiöser Sozialisation im Lichte neuerer Entwicklungen der Psychoanalyse, in: Wege zum Menschen 8.9, 1974, S. 343 ff.

Schmidbauer, Wolfgang, Helfen als Beruf, Die Ware Nächstenliebe, Reinbek 1983.

Spitz, René A., Die Entstehung der ersten Objektbeziehungen, Stuttgart 1973[3].

Ders., Vom Säugling zum Kleinkind, Naturgeschichte der Mutter-Kind-Beziehungen im ersten Lebensjahr, Stuttgart 1967.

Timm, Hermann, Die heilige Revolution, Das religiöse Totalitätskonzept der Frühromantik, Schleiermacher-Novalis-Friedrich Schlegel, Frankfurt/M 1978.

Wullschleger, Otto, Anschauliche Christologie, Empirische und theologische Aspekte zur Erzählbarkeit der Jesusgeschichte in der Grundschule, Aarau/Frankfurt 1977.

Ders., Der Gottesglaube in der "Methode" Pestalozzis, in: Theologische Zeitschrift Basel 1970, S. 254 ff.

Ders., Pestalozzi und Schleiermacher, in: Pestalozzianum Zürich 3/1978, S. 17 ff.

Ders., Religiöse Erziehung und Jugendkriminalität, Grundlagen religiöser Sozialisation am Beispiel ehemaliger Anstaltszöglinge, Aarau/Frankfurt 1974.

Ders., Religion und Kriminalität, in: Die Psychologie des 20. Jahrhunderts, Band XIV, Zürich 1981, S. 622 ff.

SCHLEIERMACHERS DIVINATIONSTHEOREM UND
PEIRCE'S THEORIE DER ABDUKTION

von **Roland Daube-Schackat**

1. Einleitung: Genialisches Divinationsverständnis

"Wenn also die fremde Individualität nie vollständig verstanden werden kann, so kann die Aufgabe der Hermeneutik nur durch unendliche Approximation gelöst werden".

"Für das Gefühl wird jedoch in gewissen Fällen ein vollständiges Verständnis erreicht, und der hermeneutische Künstler wird umso vollkommener sein, je mehr er im Besitz eines solchen, den Knoten zerhauenden, aber freilich keiner weiteren Rechenschaft fähigen Gefühls ist".

"Es tritt hier an die Stelle des Verstandes die Phantasie als hermeneutische Tätigkeit".

"Es gibt solche, die von Natur Blick zum Verstehen haben, und dagegen sind manche Erklärer von Grund auf verkehrt, weil die Menschen ebensowohl zum Mißverstehen wie zum Verstehen geboren sein können".

Diese vier Zitate aus August Boeckhs 'Enzyklopädie und Methodenlehre der philologischen Wissenschaften'[1] scheinen mir gut geeignet, das Problem der Divination auf dem Hintergrund der Frage einer Theorie der Subjektivität zu thematisieren, zumal hier auch genau die Konstellation von 'Subjektivität und Gefühl' gegeben ist, wie sie durch den Titel unserer Sektion jedenfalls naheliegt. Zwar beschreibt Boeckh völlig deckungsgleich mit Schleiermacher in dem ersten Zitat die Aufgabe des Hermeneutikers, fremde Individualität zu verstehen, als unendliche Approximation, die ihr Ziel nie vollständig erreicht; aber gleich darauf wird dann doch als Möglichkeit v o l l s t ä n d i - g e s Verständnis zu erreichen, das G e f ü h l ins Spiel gebracht, von dem Boeckh sagt, daß es keiner weiteren Rechenschaft fähig sei. Allerdings, so wurde aus der dritten Zitatstelle deutlich, übernimmt, im Falle des Gefühls die Phantasie anstelle des Verstandes die hermeneutische Tätigkeit. Hierin deutet sich schon jenes genieorientierte Hermeneutikverständnis an, das Boeckh auch sofort festschreibt, indem er die Menschen zum Mißverstehen wie zum Verstehen geboren sein läßt. Ja, im Abschnitt über die Kritik bricht der Mystizismus ganz hervor, wenn Boeckh für die Fähigkeit des Textkritikers feststellt: "Wo Enthusiasmus fehlt ist nichts zu machen"[2]. Im Zustand der Ratlosigkeit "möchte man ein Orakel befragen. Wir haben aber in der Tat ein solches Orakel in der divinatorischen Kraft des Geistes. Der kri-

---

1 Boeckh (1966), S. 86 f.
2 Ebd., S. 184.

tische Künstler (...) produziert in einem Augenblick das Wahre;"[3].

Müssen wir annehmen, daß auch Schleiermacher, als der Lehrer Boeckhs, das Verstehen des Individuellen und dessen, was das Individuum an noch nicht Dagewesenem schöpferisch hervorgebracht hat, dem Gefühl des begnadeten Genies vorbehalten hat? Sind wir zum Verstehen des Fremden, Neuen, angewiesen auf göttliche Offenbarung, so wie sie den Rhapsoden überkommt, wenn er in der Ekstasis gänzlich außerhalb seines Verstandes steht?

Etymologisch läge dieser Sinn von Divination nahe, zumal Schleiermacher diesen Begriff, wenigstens an einer Stelle, gegen den des Profetischen ausgetauscht hat[4] und man hier eine Beeinflussung Schleiermachers durch die romantische Genieästhetik wittern könnte. Und wenn Schleiermacher gelegentlich davon spricht, daß das Individuelle bzw. der 'Styl' eines Autoren immer nur in der 'unmittelbaren Anschauung' aufgefaßt werden kann[5], so könnte man vermuten, daß er damit das Divinatorische, wenn schon nicht für göttliche Eingebung hält, so doch mindestens in den Bereich des Intuitiven rückt, das uns den u n m i t t e l b a r e n Zugang zum Sinn der gegebenen Rede ermöglicht.

Bezugnahme auf das Intuitive deutet an, daß die Divination als Problem der Erkenntnistheorie begriffen werden muß, was ja auch darin seine Berechtigung findet, daß Schleiermacher die Divination im wesentlichen im Rahmen seiner Vorlesungen über Hermeneutik und Kritik abgehandelt hat, die Hermeneutik von ihm aber wegen des Zusammenhangs von Sprechen und Denken in der Philosophie angesiedelt wird[6]. In ihr hat das Thema der Intuition seit der Antike eine lange Tradition herausgebildet, indem viele der großen Philosophen neben der Erkenntnisfähigkeit des diskursiven Denkens eine zweite, nämlich die der unmittelbaren Erkenntnis, angenommen haben, die bei den meisten die Funktion hatte, dem diskursiven Denken einen Anfangspunkt, ein fundamentum inconcussum, zu liefern. Dieses ist denn auch die wesentliche Funktion, die Schleiermacher der Divination zuspricht, indem sie für das komparative Verfahren einen ersten Anknüpfungspunkt bereitstellen soll[7]. Und die Begriffe Gefühl, Anschauung und Unmittelbarkeit scheinen dieses Auffassen der Subjektivität in der Tat adäquat zu beschreiben; aber Schleiermacher betont für die Subjektivität a u c h und gerade die Rolle des W i l l e n s, wenn er bei der Beschreibung der 'technischen Aufgabe insbesondere' sagt: "Allein was wir als Entwicklung von dem ersten

---

3 Ebd.
4 Vgl. Schleiermacher (1977), im folgenden 'HF' abgekürzt, S. 93.
5 HF 176.
6 HF 76.
7 Vgl. z.B. HF 326 f.

Keime aus betrachten, muß doch Sprache geworden sein. Hier ist die Sprache die lebendige Tat des Einzelnen. Sein W i l l e hat das Einzelne darin produziert. Durch die Gewalt der psychologischen Tatsache kommt eine Zusammenstellung von Elementen, die noch nicht zusammen gewesen sind zustande"[8]. Und weiter: "Gehen wir zurück auf den Impuls, so sehen wir, es kann kein W i l l e n s a k t als unter der Form eines Gedankens gegeben sein. Ein Impuls, der nicht im Subjekt selbst als Gedanke gegeben ist, ist kein Willensakt, ist bloß Moment des Instinkts". Und an anderer Stelle, in seiner Vorlesung über 'Begriff und Eintheilung der philologischen Kritik' heißt es: "Nämlich im eigentlichen Sinne des Wortes ist nur Urheber, wer etwas mit Wissen und W i l l e n hervorbringt"[9]. D.h. Subjektivität, sofern sie sich als Sinnschöpfung in der gebenen Rede zum Ausdruck bringt, entstammt dem menschlichen Wollen und hat die Struktur des Gedankens, ist ein Akt und keinesfalls als Moment zu begreifen, der unmittelbarer Anschauung zugänglich wäre. Ebensowenig kann ein Denk- oder Willensakt g e f ü h l t werden, und es soll im folgenden der Versuch unternommen werden zu zeigen, wie die Divination ohne Rückgriff auf die Begriffe von Gefühl, Anschauung und Unmittelbarkeit als Erkenntnisvorgang beschrieben werden kann.

2. Divination als Theorem

In seinen Arbeiten über Schleiermachers Hermeneutik beschäftigt Manfred Frank sich ausgiebig mit dem Problem der Divination und spricht in diesem Zusammenhang immer wieder von dem Divinations t h e o r e m[10] oder von dem 'Theorem eines sinnstiftenden Subjekts'[11] womit er nahezulegen scheint, daß Schleiermacher die Divination im Rahmen seiner allgemeinen Hermeneutik als einen Lehrsatz begriffen hat, der einen wissenschaftstheoretischen Stellenwert hat, was natürlich nur Sinn macht, wenn man Schleiermachers Hermeneutikentwurf für ein w i s s e n s c h a f t l i c h e s System hält.

Frank sagt nun aber in der Einleitung seiner Bearbeitung der Lücke-Ausgabe: "So behauptet Schleiermacher nicht nur nicht, daß die Divination – als "Erraten" – die Hermeneutik als positive Wissenschaft fundiere – ... er sagt das Gegenteil: Das Ziel der technischen Interpretation (vollkommenes Verstehen des Stils) "ist nur durch Annäherung zu erreichen (...). Individuelle Anschauung ist nicht nur niemals erschöpft, sondern auch immer (noch) der Berichtigung fähig" (HL 145; vgl. HK 108). Im Grunde gebe die

---

8 HF 210.
9 HF 359.
10 Vgl. HF Einleitung S. 47 und 51, ferner Frank (1977), S. 314, sowie Frank (1980), S. 18.
11 Frank (1980), S. 18.

Individualität ihr Geheimnis nie ganz preis; darum "das Nichtverstehen sich
niemals gänzlich auflösen will"[12]. Ob die Divination also trotzdem als Theorem zu begreifen ist, ist mir in Franks Auffassung unklar geblieben, wenngleich ich selber ausdrücklich an dieser begrifflichen Determination und dem
damit beanspruchten wissenschaftlichen Status festhalten möchte.

2.1. Diskursivität

Die Auffassung als Theorem schließt allerdings den Intuitionismus aus, weil
sich immer wieder gezeigt hat, daß mit Hilfe von Intuition niemals Intersubjektivität herstellbar ist. Die ist immer nur im diskursiven Verfahren gewährleistet, weil nur hierin ein Nachvollzug des Erkenntnisvorganges möglich
wird; eine Auffassung resp. ein Prinzip, welches auch Schleiermacher bestätigt, wenn er in der Dialektik davon redet, daß es zur Herstellung des
Wissens einer ständigen intersubjektiven Bestätigung dafür bedarf, daß auch
alle das Wissen in identischer Weise konstruieren[13].

Es wäre also nachzuweisen, daß die Divination den Charakter der Diskursivität hat. Diskursives Denken ist aber Erkenntnis dadurch, daß man etwas
bereits Erkanntes noch einmal d u r c h l ä u f t und dadurch etwas ermittelt, das man noch nicht wußte, d.h. Erkenntnis dadurch, daß man von
Voraussetzungen (Prämissen) auf ein Ergebnis (eine Konklusion) schließt.

Beispiel für solch ein diskursives Vorgehen ist die Komparation, als das
vergleichende hermeneutische Verfahren, welches Schleiermacher allgemein beschreibt, indem er sagt, daß "wir immer wieder ein schon Verstandenes dem
noch nicht Verstandenen nahebringen und so das Nichtverstehen in immer engere Grenzen einschließen"[14]. Dieses Vergleichen kann aber sowohl deduktiv vorgenommen werden: "Man setzt erst den zu Verstehenden als ein Allgemeines und findet dann das Eigentümliche, indem mit anderem unter demselben Allgemeinen befaßten verglichen wird"[15], als auch induktiv: "indem
ja nur durch Gegeneinanderhaltung dessen, was in mehreren Werken dasselbe
ist und der daneben bestehenden Differenzen das allgemeine Bild einer
Gattung sich gestalten und das Verhältnis des fraglichen Werkes dazu sich
feststellen läßt"[16]. Das komparative Verfahren zeigt sich also bei genauerem
Hinsehen als induktives oder deduktives Schließen, das seinen Ort überall
dort hat, wo bereits Bekanntes vorliegt, miteinander verglichen werden und
so erkannt resp. verstanden werden kann[17].

12 HF 52.
13 Schleiermacher (1942), im folgenden 'DO' abgekürzt, S. 373 f.
14 HF 324.
15 HF 169.
16 HF 340 f.
17 Zum deduktiven und induktiven Vergleichen s. Eisler (1927[4], Stichwort)
   Deduktion bzw. Induktion.

2.2. Über den Gegenstand der Divination

Um welchen Ort bzw. Bereich genau es sich dabei handelt, wird deutlich, wenn man sich Schleiermachers Bestimmung des Gegenstands der Hermeneutik vor Augen hält: "... überall wo es im Ausdruck der Gedanken durch die Rede für einen Vernehmenden e t w a s F r e m d e s gibt, da sei eine Aufgabe, die nur mit Hilfe unserer Theorie (id est, der Hermeneutik) gelöst werden kann"[18]. Mit anderen Worten, verstanden werden soll das F r e m - d e im sprachlichen Ausdruck; wobei Schleiermacher sofort hinzufügt, daß dieses Fremde im Spannungsfeld steht zwischen dem total Fremden und dem vollkommen   Bekannten ; denn weder kann das total Fremde verstanden werden, weil wir für es überhaupt keinen Anknüpfungspunkt haben, noch muß das vollkommen Bekannte verstanden werden, weil es immer schon verstanden ist. Daß diese beiden Grenzpunkte des hermeneutischen Bereichs nur idealiter bestehen können, wird deutlich an Schleiermachers Unterscheidung zwischen der 'laxeren' und der 'strengeren Praxis', eine Unterscheidung, die mir ohnehin der eigentliche Wendepunkt in der Geschichte der Hermeneutik zu sein scheint; denn die Zusammenstellung der verschiedenen hermeneutischen Regeln und Theoreme durch Schleiermacher ist zwar eine enorme systematische Leistung, bringt aber, wie u.a. Hendrik Birus in seinen Arbeiten gezeigt hat [19], gegenüber der Hermeneutiktradition nichts wesentlich Neues. Erst durch Schleiermachers Erkenntnis, daß zwischen Redendem und Hörendem eine 'Differenz in der Sprache und in der Kombinationsweise' besteht, wird das Mißverstehen für jede Kommunikation zum grundsätzlichen Problem, dem sich nicht mehr durch ein 'Aggregat von Observationen' beikommen läßt, sondern nur noch durch eine hermeneutische Grundeinstellung, die davon ausgeht, daß das Verstehen "auf jedem Punkt muß gewollt und gesucht werden"[20]. Kommunikation, d.h. Verstehen und Verstandenwerden, ist also nur dort mög- lich, wo das Fremde, das es zu verstehen gilt, 'an dem Bekannten ange- troffen' wird[21], so daß dieses Fremde, vage ausgedrückt, mindestens schon immer i r g e n d w i e bekannt sein muß. Hermeneutik kann also nie zum Verständnis des v ö l l i g Neuen, bisher noch ü b e r - h a u p t n i c h t Dagewesenen, führen, was Konsequenzen hat für das Verständnis der Subjektivität, für die dadurch nämlich ausgeschlossen werden muß, daß sie das g a n z Andere hervorbringen kann.

---

18 HF 314.
19 Vgl. Birus (1980) und (1982).
20 Vgl. hierzu HF 92; siehe auch Schleiermacher (1984), S. 377: Schon in dieser, erst jetzt veröffentlichten, frühen Abhandlung Schleiermachers 'Über den Stil' (von 1790/91) konstatiert er, daß "man vielmehr i m m e r eine Neigung zum Mißverstand voraussetzen müße". (Hervor- hebg. von mir).
21 HF 327.

Schleiermachers Hermeneutik ist also eine Theorie darüber, daß man und wie
man mit dem r e l a t i v Fremden im sprachlichen Ausdruck umgehen
kann. Hierbei übernehmen komparatives und divinatorisches Verfahren offenbar unterschiedliche Funktionen; denn durch komparativen Umgang mit dem
Fremden zeigen sich für das zu Verstehende häufig Anknüpfungspunkte in
den konventionellen Bedeutungen, die im Sprachsystem, der 'Langue', bereits
bestehen und so problemlos decodierbar sind, weil die ehemals individuelle
Sinngebung hier bereits vom 'Localwerth' zum 'ganzen Sprachwerth' geworden ist, d.h. objektiviert oder verallgemeinert worden ist[22].

Problematisch wird die Sache erst dort, wo die Subjektivität des Einzelnen
ein, wie Frank es treffend nennt, individuelles Allgemeines gesetzt hat[23],
eine Kombination der Sprache, die so noch nicht gegeben war und ergo auch
noch nicht verstanden worden ist. Daß es solches Fremde überhaupt geben
kann, liegt begründet in der o.g. Differenz, die sich aus der 'strengeren
Praxis' ergab und wird von Schleiermacher als Faktum der Sprachphilosophie
schon in seiner Akademieabhandlung 'Über die verschiedenen Methoden des
Übersezens' von 1813 gesehen: "Jeder Mensch ist auf der einen Seite in der
Gewalt der Sprache, die er redet; er und sein ganzes Denken ist ein Erzeug-
niß derselben. (...) Auf der andern Seite aber bildet jeder freidenkende
geistig selbsttätige Mensch auch seinerseits die Sprache. (...) In diesem
Sinne also ist es die lebendige Kraft des einzelnen, welche in dem bildsamen
Stoff der Sprache neue Formen hervorbringt"[24].

Mit diesen neuen Formen läßt sich nach Schleiermachers Überzeugung zunächst nur divinatorisch umgehen, d.h. dadurch daß wir dem späteren komparativen Verfahren einen ersten Anknüpfungspunkt setzen. Und das   Problem, um das es im folgenden gehen muß, ist die Frage, wie dieses
S e t z e n zustandekommt – durch ein Fühlen, durch einen Akt der Unmittelbarkeit, durch Anschauung?

2.3. Beschreibung der Divination durch Schleiermacher

Vergegenwärtigen wir uns, wie Schleiermacher die Divination in seiner 'Hermeneutik und Kritik' beschreibt: Ein synoptischer Vergleich der entsprechenden Textstellen läßt die Divination in drei verschiedenen Dimensionen erscheinen, und zwar als Erkenntnis t ä t i g k e i t, als Erkenntnis-
w e i s e und als Erkenntnis f ä h i g k e i t[25].

---

22 HF 134 ff.
23 Vgl. hierzu die in Anm. 10 angegebenen Titel.
24 Zitiert nach Birus (1980), S. 218 n 30; auch zu dieser für das Schleiermachersche Denken zentralen Stelle finden sich erste Ansätze in der unter
   20 gen., frühen Abhandlung.
25 Genaue Stellenangaben sind aufgeführt in Daube-Schackat (1981), S. 31.

Als Erkenntnistätigkeit bezeichnet er die Divination folgendermaßen: Ahnden, unmittelbar auffassen, Einheit gewähren, nach Analogie entscheiden, erfinden, erraten, finden durch innere Beweisgründe, ergänzen und wählen, fixieren, hypothetisch darstellen.

Hinsichtlich der Erkenntnisweise spricht er von: Methode, Verfahren, Operation, Verfahrungsweise, unmittelbare Anschauung.

Divination als Erkenntnisfähigkeit schließlich bezeichnet Schleiermacher als Talent, als allgemeine Naturgabe und als Vermögen.

Als Voraussetzung für jede Divination nimmt Schleiermacher Kongenialität in Anspruch, welche Fähigkeit zwischen den Individuen allerdings nur graduell voneinander abweicht; denn letztlich liegt die Kongenialität in unserer gattungsmäßigen Organisation begründet, insofern, wie Schleiermacher sagt, jeder ein Minimum des anderen in sich trägt"[26]. Aus dieser gattungsmäßigen Organisiertheit leitet Schleiermacher die Auffassung ab, daß das divinatorische Verfahren 'vorzüglich durch die eigene Produktivität geweckt wird'[27], weil dadurch 'Vergleichung des anderen mit sich selbst'[28] möglich wird: "Die glückliche Ausübung der Kunst beruht auf dem Sprachtalent und dem Talent der einzelnen Menschenkenntnis", und er fährt fort: "Insofern nun diese Talente allgemeine Naturgaben sind, ist auch die Hermeneutik ein allgemeines Geschäft"[29], d.h. ein Geschäft, das jeder mehr oder weniger gut betreiben kann.

Aus der Bezeichnung als Talent wird auch deutlich, daß es zum Verstehen nicht des Genies bedarf, wie sich dies eingangs bei Boeckh angedeutet hatte. Gegen diese Auffassung spricht ferner die Reziprozität (oder wie Schleiermacher selbst sagt, die 'Quadruplizität der Einteilung'[30]) beider hermeneutischer Verfahren auf beide Seiten des hermeneutischen Gegenstandes: Sowohl die grammatische als auch die psychologische Seite werden mit Hilfe des divinatorischen und des komparativen Verfahrens bearbeitet. Schleiermacher stellt dieses sogar explizit als Erfordernis heraus, weil das, was divinatorisch gesetzt resp. gefunden wurde, i m m e r, a u s n a h m s l o s, der Bestätigung durch das komparative Verfahren bedarf[31]. Damit schreibt er dem divinatorischen Verfahren jedoch die Eigenschaft der Fallibilität zu, eine Eigenschaft, die im Ernst doch niemand für die Intuition des Genies behaupten dürfte; denn Divination, begriffen als göttliche Eingebung oder intuitive Offenbarung, würde gänzlich ihren Sinn, ihre wahrheitstiftende Funktion verlieren, wollte man sie unter Fallibilitätsvorbehalt stellen[32].

---

26 HF 170.
27 HF 335.
28 HF 170.
29 HF 81.
30 DO 397; zitiert nach Birus (1982), S. 37.
31 HF 169 und HF 80 f.
32 Dieses wird ganz klar nachgewiesen von Oehler (1962), S. 245 ff.

Hiermit wäre zwar der eingangs zugegebenermaßen rhetorisch ausgesprochene Verdacht einer genieorientierten Hermeneutikauffassung Schleiermachers ausgeräumt, aber noch nicht geklärt, ob Divination in ihrer expliziten G e g e n ü b e r stellung zum diskursiven Verfahren der Komparation nicht doch als ein unmittelbares Fühlen oder Anschauen zu begreifen
ist? Allerdings deutet die Kennzeichnung als Methode, Verfahren, Verfahrungsweise und Operation auf den Prozeßcharakter des Divinatorischen hin.
Und die auch von Frank in seiner Einleitung zitierte Auffassung Schleiermachers, "es handele sich beim divinatorischen Konjizieren um ein analo-
gisches Verfahren. Nur analogice, nämlich gestützt auf die 'Selbstbe-
obachtung', läßt sich der individuelle Sinn eines fremden Zeichengebrauchs
erraten" [33], diese Ausweisung des divinatorischen Verfahrens als a n a -
l o g i s c h e s ist ein weiterer Hinweis auf die Diskursivität desselben; denn die Analogie ist eine Form des logischen Schließens, die in der
traditionellen Logik zu den Wahrscheinlichkeitsschlüssen gerechnet wird.

2.4. Divination als terminus technicus in der Philologie

Es gibt ein weiteres, sehr gewichtiges Indiz in dieser Richtung, wenn man
bedenkt, daß der Terminus Divination nicht nur im Kontext der Romantik Verwendung gefunden hat, sondern ein terminus technicus der Philologie, genauer der Textkritik, darstellt, über den sehr lehrreich Heinz Schaefer in seinem Aufsatz "Divinatio. Die antike Bedeutung des Begriffs und sein Gebrauch
in der neuzeitlichen Philologie" informiert[34].

Hier wird gezeigt, daß seit Cicero, der den Terminus erstmals verwendet
hat, die Doppeldeutigkeit der Divination besteht, indem das Wort zum einen
für alt-griechisch μαντική, die Mantik, als Hellseherei oder Wahrsagekunst
steht, andererseits aber bloß soviel wie 'Vermutung' bedeutet. Und diese
Doppeldeutigkeit zieht sich durch die gesamte Tradition dieses Begriffs, was
Schaefer unter anderem daran zeigt, daß beispielsweise der englische Text-
kritiker Richard Bentley, aus dem 18. Jahrhundert, die Divination durchaus
im oben von Boeckh zitierten genialischen Sinne begriffen hat, während andererseits in der Philologischen Kritik des 19. Jahrhunderts der Divination,
speziell durch die Einführung der Lachmannschen Methode der Textkritik,
nur noch in wenigen Fällen eine Ergänzungs- oder Hilfsfunktion zukam, ohne
daß dieser Funktionsverlust durch eine terminologisch sachgemäßere Umbe-
nennung kenntlich gemacht worden wäre, so daß Schaefer ausdrücklich darauf
hinweist, man müsse sich bewußt bleiben, "daß divinatio im antiken Latein

---

33 HF 52.
34 Schaefer (1977).

auch bloß Vermutung bedeutet"[35], dann ließe sich die Verwendung des Wortes auch heute noch rechtfertigen. Hierbei bezieht er sich auf den zeitgenössischen Philologen E.J. Kenney, der in seinem Buch, 'The Classical Text', von 1974 der oben gen. Position Bentleys und Boeckhs entgegentritt, indem er sagt: "A conjecture is another name for a hypothesis and the forming and verifying of hypotheses is a strictly scientific procedure"[36].

Da Schleiermacher neben den anderen genannten Synonymen auch das Wort Konjektur bzw. Konjekturalkritik benutzt, ergibt sich hier also aus philologisch-hermeneutischer Sicht ein weiteres Argument für die Auffassung, daß es sich bei der Divination um ein diskursives Verfahren handelt, genau gesagt, um eine Hypothesenbildung. Und ich möchte im letzten Abschnitt meines Referates die Theorie der Hypothesenbildung, wie sie von dem amerikanischen Philosophen, Semiotiker und Logiker, Charles Sanders Peirce, als erstem entwickelt wurde, vorstellen.

2.5. Divination als Abduktion

Hierzu möchte ich mich wiederum eines Boeckh-Zitates bedienen. Im zweiten Abschnitt seiner Enzyklopädie, über die 'Theorie der Kritik', heißt es: "Die Kritik soll im Verein mit der Hermeneutik die historische Wahrheit ausmitteln. Diese beruht auf denselben logischen Bedingungen wie die Wahrheit überhaupt, nämlich 1. auf der Richtigkeit der Prämissen 2. auf der Richtigkeit des Schlußverfahrens. Die Prämissen können unmittelbar als wahr erkannt werden, wie die mathematischen Grundsätze und überhaupt alle an sich klaren, einfachen Anschauungen des menschlichen Geistes"[37]. Daß es in der Hermeneutik und Kritik auch um die Richtigkeit des Schlußverfahrens geht, ist eine Auffassung, die meinen Intentionen sehr entgegenkommt. Daß allerdings die Richtigkeit der Prämissen für dieses Schließen u n m i t t e l - b a r als wahr erkannt werden können, ist Ausdruck des Descartesschen Intuitionismus, den Peirce zeitlebens heftig bekämpft hat; denn unter Intuition verstand Peirce eine Erkenntnis, die nicht durch eine vorhergehende Erkenntnis determiniert ist[38]. Und um genau so eine unmittelbare, nichtdeterminierte Erkenntnis würde es sich handeln, wenn die Prämissen unmittelbar als wahr erkannt werden sollten. Zwar e r s c h e i n t uns die notwendige Wahrheit des deduktiven Schlusses: Alle Menschen sind sterblich. Sokrates ist ein Mensch. Also ist Sokrates sterblich, als unmittelbar einsichtig; aber dieses Gefühl der Unmittelbarkeit stellt sich für uns doch nur ein wegen der

---

35 Ebd. S. 224.
36 Kenney (1974), S. 147.
37 Boeckh (1966), S. 175.
38 Peirce (1976), S. 13, (CP 5.213).

scheinbaren Gleichzeitigkeit von Vernehmen und Verstehen[39]. (Überhaupt wäre
an vielen Stellen in Schleiermachers Hermeneutik der Terminus unmittelbar
durch den Terminus gleichzeitig ersetzbar). Indes, die Notwendigkeit der
Wahrheit dieses deduktiven Schlusses darf nicht verwechselt werden mit der
von Boeckh behaupteten unmittelbaren Einsehbarkeit der Wahrheit seiner Prämissen; denn die Wahrheit der Prämisse: Alle Menschen sind sterblich, ist
das Ergebnis einer seit Jahrtausenden wirkenden induktiven Erkenntnis, woran sich zeigt, daß die Induktion eine die Wahrheit der Prämissen eines
deduktiven Schlusses bestätigende, d.h. verifizierende oder falsifizierende,
Funktion hat. Damit ist aber noch nicht behauptet, daß wir den Besitz dieser Prämissen der Induktion verdanken. Ihr verdanken wir nur die Glaub-
würdigkeit. In den Besitz von Prämissen gelangen wir letztlich immer nur
durch Hypothesenbildung, d.h. dadurch, daß wir einen Satz a l s w a h r
a n n e h m e n, ihn a l s w a h r s e t z e n, weil er uns wahr oder
mindestens plausibel erscheint, um dann deduktiv die Konsequenzen aus dieser Annahme zu ermitteln, die wir dann induktiv bestätigen können. Und erst
diese Bestätigung würde die Gültigkeit einer Theorie gewährleisten. Es ist
also der forschungslogische Zusammenhang von Hypothesenbildung, Deduktion und Induktion, der die Struktur des Erkenntnisakts ausmacht, und es
ist die Frage, wie das Verfahren der Hypothesenbildung als Anfang jeder
Erkenntnis zu denken ist.

In der traditionellen Logik hatte man nicht danach gefragt, wie die Hypothese zustande kam, sondern sie, wenn man sie entdeckt hatte, benutzt.
Viele, vor allem auch Naturwissenschaftler, haben dieses Geschehen dem Bereich des Irrationalen zugeordnet, obwohl es verschiedentlich auch Ansätze
gab, Hypothesenbildung als Unterart von Induktion und Deduktion einzuglie-
dern. So weist Gadamer in 'Wahrheit und Methode'[40] auf die Bemühungen
Helmholtzens hin, der die Induktion in logische und künstlerisch-instinktive
Induktion unterschied, wobei er die logische Induktion den Naturwissenschaften und die künstlerisch-instinktive den Geisteswissenschaften, als ihrem Gegenstand adäquates Verfahren, zuordnete, das er als u n b e w u ß -
t e s Schließen begriff. Andererseits gibt es in der neueren Logikforschung
die Unterscheidung des hypothetisch-deduktiven Verfahrens, das dazu dient,
neue Theorien über bisher nicht erklärte oder so nicht länger zu legitimie-
rende Phänomene zu entdecken[41].

Peirce war es nun, der herausgefunden hat, daß sich auch die Hypothesenbildung in der Form des logischen Schlusses vollzieht; aber nicht so, daß
man, wie bei der Deduktion, von der Regel über den Fall auf das Resultat

39 Vgl. HF 314.
40 Gadamer (1975), S. 3.
41 Vgl. Frey (1970), sowie Gutmann et al. (1975).

schließt und auch nicht so, wie bei der Induktion, vom Fall über das Resultat auf die Regel, sondern man schließt von einer allgemeinen Regel über das vorliegende Resultat auf einen Fall[42]. Peirce hat dieses Schlußverfahren dann auch der Deduktion und Induktion als drittes unter dem Namen Abduktion an die Seite gestellt.

Die drei Verfahren unterscheiden sich aber nicht nur durch die unterschiedliche Anordnung ihrer Sätze, sondern eben dadurch bedingt ist auch ein unterschiedlicher Wahrheitswert; denn während die Deduktion notwendig-wahre Schlüsse liefert und die Induktion wahrscheinliche, besteht das Ergebnis einer Abduktion immer nur in einer Möglichkeit, die eher wahr als falsch ist. Damit teilt die Abduktion ein wesentliches Merkmal der Schleiermacherschen Divination, das in ihrer Fallibilität besteht, so daß auch für die Peircesche Forschungslogik gilt, daß immer komparativ bestätigt werden muß, was abduktiv gefunden wurde. Wie die von Peirce angeführten Beispiele für die Abduktion zeigen, besteht das eigentlich Abduktive nicht darin, das zu erkennende fremde Phänomen als v ö l l i g neu zu erkennen, sondern darin, Vorwissen, Erkenntnisse, die man schon zur Verfügung hatte, so zusammenzustellen, wie dies bisher noch nicht der Fall war. Damit deckt sich die Abduktion in einem Punkt mit der Divination, indem nämlich auch für sie vorausgesetzt ist, daß nicht alles fremd sein dürfe, sondern immer auch Bekanntes an dem Fremden gegeben sein müsse. Hiermit sehe ich übrigens schon bei Schleiermacher und bei Peirce systematisch berücksichtigt, was in der späteren Hermeneutik von Heidegger und Gadamer als V o r h a b e bzw. H o r i z o n t beschrieben wurde, was als conditio sine qua non jedes Verstehens immer schon gegeben sein muß.

Die Tatsache, daß die Abduktion immer nur m ö g l i c h e Ergebnisse liefert, die so, für sich, nicht stehen bleiben können, eröffnet andererseits die Möglichkeit, daß nur in der Abduktion etwas Neues erkannt werden kann. Peirce sagt: Die Deduktion gebe an, was unter bestimmten Bedingungen notwendig der Fall sein muß, die Induktion, was wirklich resp. tatsächlich der Fall ist, und die Abduktion, was der Fall sein könnte: "It is the only logical operation which introduces any new idea"[43].

An dieser Stelle läßt sich jetzt zwar sagen, daß der Vergleich der Divination mit dem Verfahren der Abduktion geeignet ist, sich von dem divinatorischen Vorgang eine konkretere Vorstellung zu machen, deren Vorteil darin besteht, plausibel und nachvollziehbar zu sein; aber die entscheidendere Frage, w i e es nun kommt, daß das Individuum auf die Idee kommt, Vorwissen in einer neuen, kreativen Art zu kombinieren, um so zu einem Ver-

---

42 Für eine genaue Beschreibung mit Beispielen vgl. Peirce (1976), S. 231.
43 Peirce (1931-35), im folgenden 'CP' abgekürzt; Band V, § 171 u. 181.

ständnis des ihm vorliegenden Fremden zu gelangen, ist bis jetzt noch unbeantwortet.

Auch Peirce kann hier nicht anders, als auf so etwas wie T a l e n
zurückzugreifen, indem er auf den I n s t i n k t rekurriert, der die Bedürfnisse der Menschen, (wie der Tiere) schon lange vor jeder mentaler
Operation treffsicher befriedigt hätte. Und es geht auch hier bei Peirce nich
ohne Metaphysisches (wozu er sich allerdings auch explizit bekennt), wenr
er von 'Affinität des Menschen zum Kosmos' spricht[44], weil wir selbst auch
Teil dieses Kosmos' wären. Das Kongenialitätsargument Schleiermachers
scheint hier auf den Bereich der Kosmologie ausgedehnt zu sein. Er sagt.
"However man may have acquired his f a c u l t y o f d i v i -
n i n g the ways of nature, it has certainly not been by a selfcontrolled
and critical logic. It appears to me that the clearest statement we can make
is to say that man has a certain insight not strong enough to be oftener
right than wrong into the thirdnesses, the general elements of nature"[45]
Diese instinktive Einsicht ist genau wie das Schleiermachersche Talent eine
Eigenschaft unserer Gattung, also eine Eigenschaft, über die wir alle verfügen und der wir uns auch ständig in unserem täglichen Leben bedienen. Und
überall, wo wir abduktiv oder divinatorisch verfahren, ist immer die Voraussetzung, daß wir mit dem, was wir als Fremdes verstehen wollen, schor
i r g e n d w i e vertraut sein müssen und daß Divinationen umso besser
gelingen, je mehr wir uns mit dem in Frage stehenden Fremden in unserem
Denken vertraut gemacht haben. Es ist also eine Art Erraten oder Vermuter
auf dem Hintergrund geschichtlich erworbener Kompetenz. Und da die Erfahrung mit dem Erkennen oder Verstehen des Neuen dies auf allen Gebieten
menschlichen Wissens immer wieder bestätigt hat, scheint es mir berechtigt
zu sein, auch diese Denkweise als u n b e w u ß t e s zwar, aber immerhin l o g i s c h e s Schließen zu begreifen. Wir können dann auf die
Annahme einer zweiten Erkenntnisfähigkeit des Menschen verzichten, was für
den Status gerade der Schleiermacherschen Hermeneutik mit ihrem Divinations t h e o r e m entscheidende und wie ich finde, begrüßenswerte Konsequenzen hat. Dieses ist umso mehr der Fall, als sich ja gezeigt hat, daß
man auch in der wissenschaftlichen Erforschung der Natur nicht auf das
Prinzip der Divination verzichten kann[46] und somit das Anerkenntnis dieses
Prinzips durch Peirce den Absolutheitsanspruch des Positivismus dahingehend relativiert, daß wir zwar in sich konsistente und sich in der Praxis

---

44 CP 1.121, 1.316, 5.47.
45 CP 5.173.
46 Vgl. hierzu Kisiel (1971), der sich aus dieser Einsicht heraus um eine
   H e r m e n e u t i k naturwissenschaftlicher Entdeckung bemüht.

ewährende Theorien haben können, diese aber, was ihre Prämissen angeht, mmer unter einem prinzipiellen Fallibilitätsvorbehalt stehen, so daß (was ch hier nicht weiter ausführen kann, was aber von Schleiermacher in dessen ialektik ebenso gesehen wird wie bei Peirce) auch die exakteste Wissenschaft nicht zu absoluten Wahrheiten führen kann, weil Wahrheit sich nicht nders als durch diskursive Konsensbildung herstellen läßt, diese aber immer wesentlich hermeneutische Implikationen aufweist.

. Schluß: Eine Konsequenz für die Schleiermachersche Hermeneutik

er Mensch verfügt, um sich das ihm gegenüberstehende Fremde intellektuell neignen zu können, über nur   e i n e   Erkenntnisfähigkeit, nämlich die es logischen Schließens in den genannten drei Formen, das immer darauf ngewiesen ist, aus gegebenen Zeichen auf das zugrundeliegende Bezeichnete urück zu schließen. Dabei können wir je nach Lage der Dinge verschieden orgehen. Wir können jedoch nicht den unmittelbaren Zugang zum Bezeichneen haben, d.h. wir sind immer auf Vermittlung durch Zeichen angewiesen. iese Grundüberzeugung der semiotischen Erkenntnistheorie von Peirce war, um Teil aus den oben genannten Gründen, aber auch wegen seiner 'Dialekik' und der darin entwickelten Sprachtheorie, schon vorher auch für Schleirmacher anzunehmen und zu erwarten gewesen. Durch die jüngste Veröffentichung der frühen Abhandlung 'Über den Stil'[47] hat sich hierfür jetzt eine estätigung ergeben, die sogar verblüffend genaue Parallelen sehen läßt. Es eißt dort u.a.: "Nichts von dem was wir in unserer Seele gewahr werden, s sei Gedanke, Begriff oder Empfindung läßt sich unmittelbar mittheilen, ondern zu allem haben wir Zeichen nöthig; (...) Um ein Zeichen zu vertehen muß uns eine Verbindung desselben mit der bezeichneten Sache so geenwärtig seyn, daß die Empfindung von jenem sogleich die Erinnerung an iese herbeibringt"[48]. Auch darauf, daß unser Denken nur mit Hilfe von eichen möglich ist, finden sich eindeutige Hinweise[49].

7 Schleiermacher (1984).
8 Ebd. S. 365.
9 Ebd. S. 367. Wenn Birus ((1982), S. 23) auch zu Recht feststellt, daß Schleiermacher "eine solche 'Hermeneutica generalis' (wie G.F. Meiers 'Versuch ...', Anm. d. Verf.) im Sinne einer 'allgemeinen Semiotik' nie als seine Aufgabe betrachtet" hätte, so scheint es auf dem Hintergrund dieser frühen zeichentheoretischen Überlegungen Schleiermachers doch zunehmend berechtigt, davon zu sprechen, daß Schleiermacher, wie Frank behauptet hat, "als erster - zeichentheoretische Konsequenzen aus dem Scheitern des Reflexionsmodells gezogen (hat), die sich im Projekt seiner Hermeneutik niedergeschlagen haben". (vgl. Frank (1980), S. 18). Ob es allerdings sinnvoll ist, von der "äußersten Ausdehnung der   t r a n s - z e n d e n t a l e n   Wende auf den Bereich des Signifikanten überhaupt" zu sprechen, wie Frank das in diesem Zusammenhang tut (vgl. HF 8), scheint mir sehr problematisch, weil die für jedes transzendentale Denken notwendige Bedingung der Apriorizität bei Schleiermacher nicht

Es hat sich also gezeigt, daß Hermeneutiker wie Naturwissenschaftler und letztlich jeder Fragende, wenn ihm Fremdes begegnet, daß sie alle in derselben Ausgangssituation sind, so daß die hierfür zur Verfügung stehende divinatorische oder abduktive Verfahrensweise, die also jeder anwenden muß nicht mehr als Argument benutzt werden kann, dem einen, etwa dem Hermeneutiker, wegen dieser Anwendung unwissenschaftliche Vorgehensweise zu unterstellen, während der andere als exakter Wissenschaftler gilt. Was wir uns diskursiv aneignen, läßt sich auch diskursiv vermitteln und ebenso auch diskursiv überprüfen resp. intersubjektiv nachvollziehen.

Damit wäre dann aber auch für die Hermeneutik Schleiermachers die wesentliche Forderung für Wissenschaftlichkeit, nämlich die der intersubjektiven Nachvollziehbarkeit und Überprüfbarkeit, in a l l e n Teilen seiner Methodologie gewährleistet. Und es wäre so die Voraussetzung geschaffen, Schleiermachers Hermeneutik auch heute noch als Wissenschaft einzuordnen, ohne damit auf die Tatsache der Subjektivität des Menschen und ihrer großen Bedeutung als Erkenntnisquelle und Ort der Sinnschöpfung zu verzichten. Verzichten können wir allerdings auf das O r a k e l, von dem Kant so treffend bemerkt: "Alle dünken sich vornehm nach dem Maße als sie glauben, nicht arbeiten zu dürfen; und nach diesem Grundsatz ist es neuerdings so weit gekommen, daß sich eine vorgebliche Philosophie, bei der man nicht arbeiten, sondern nur das Orakel in sich selbst anhören und genießen darf, um die ganze Weisheit, auf die es mit der Philosophie angesehen ist, von Grunde aus in seinen Besitz zu bringen, unverhohlen und öffentlich ankündigt"[50].

---

mehr erfüllt ist. (Vgl. zu dieser Problematik, Oehler (1984), wo die Verwässerung des Transzendentalitätsbegriffs durch historisierende Umdeutungen nachgewiesen wird.) Auch Volp (1982) spricht in seinem Aufsatz über "Die Semiotik Schleiermachers" davon, daß "Schleiermacher eine universale Semiotik inauguriert zu haben" scheine. (Ebd. S. 114) Schon diese wenigen Andeutungen zeigen, daß eine Verhältnisbestimmung von Semiotik und Hermeneutik (nicht nur in bezug auf Schleiermacher) innerhalb der betroffenen Disziplinen immer mehr zum Thema wird.

---

50 Vgl. Kant (1923), S. 478.

LITERATUR

Birus, Hendrik (1980), "Hermeneutische Wende? Anmerkungen zur Schleier-
    macher-Interpretation", in: Euphorion 74, S. 213 - 222.

Birus, Hendrik (1982), "Zwischen den Zeiten. Friedrich Schleiermacher als
    Klassiker der neuzeitlichen Hermeneutik", in: Hermeneutische Positionen.
    Schleiermacher-Dilthey-Heidegger-Gadamer, hg. u. eingel. v. H. Birus,
    Göttingen, S. 15 - 58.

Boeckh, August (1966), Enzyklopädie und Methodenlehre der philologischen
    Wissenschaften, hg. v. E. Bratuschek, Stuttgart.

Daube-Schackat, Roland (1981), Schleiermachers Hermeneutik in zeichentheore-
    tischer (semiotischer) Sicht, Magisterarbeit: Hamburg.

Eisler, Rud. (1927^4), Wörterbuch der Philosophischen Begriffe, Berlin.

Frank, Manfred (1977), Das individuelle Allgemeine. Textstrukturierung und
    -interpretation nach Schleiermacher, Frankfurt.

Frank, Manfred (1980), Das Sagbare und das Unsagbare. Studien zur neu-
    esten französischen Hermeneutik und Texttheorie, Frankfurt.

Frey, Gerhard (1970), "Hermeneutische und hypothetisch-deduktive Methode",
    in: Zeitschrift f. allg. Wissenschaftstheorie, Bd. 1, S. 24 - 40.

Gadamer, Hans-Georg (1975^4), Wahrheit und Methode, Tübingen.

Gutmann, W.F./Mollenhauer, D./Peters, D.S. (1975), "Wie entstehen wissen-
    schaftliche Einsichten? Die hypothetiko-deduktive Methode der Wissen-
    schaft speziell in der Erforschung der Phylogenetik", in: Natur und Mu-
    seum, 105, S. 335 - 340 (Teil I) und S. 368 - 374 (Teil II).

Kant, Immanuel (1923), "Von einem neuerdings erhobenen vornehmen Ton in
    der Philosophie (1796)", in: Ders., Werke, Band VI: Schriften von 1790-
    1796, hg. v. E. Cassirer, Berlin, S. 477 - 496.

Kenney, E.J. (1974), The Classical Text. Aspects of Editing in the Age of
    the Printed Book, Berkeley/Los Angeles/London.

Kisiel, Theodore (1971), "Zu einer Hermeneutik naturwissenschaftlicher Ent-
    deckung", in: Zeitschrift f. allg. Wissenschaftstheorie II/2, S. 195 -
    221.

Oehler, Klaus (1962), Die Lehre vom noetischen und dianoetischen Denken bei
    Platon und Aristoteles, München.

Oehler, Klaus (1984), "Ist eine transzendentale Begründung der Semiotik mög-
    lich?", in: Zeichen und Realität. Tagungsakten des 3. Semiotischen
    Kolloquiums, Hamburg 1981, 3 Bde., hg. v. K. Oehler, Tübingen.

Peirce, Charles S. (1931-35), Collected Papers, Vol. I-VI, Ed. by Charles
    Hartshorne and Paul Weiss.

Peirce, Charles, S. (1976), Schriften zum Pragmatismus und Pragmatizismus,
    hg. v. K.-O. Apel, Frankfurt.

Schaefer, Heinz (1977), "Divinatio. Die antike Bedeutung des Begriffs und
    sein Gebrauch in der neuzeitlichen Philologie", in: Archiv für Begriffs-
    geschichte, Bd. 21, S. 188 - 225.

Schleiermacher, F.D.E. (1942), Dialektik, hg. v. R. Odebrecht, Leipzig.

Schleiermacher, F.D.E. (1977), Hermeneutik und Kritik, hg. u. eingel. v
    M. Frank, Frankfurt.

Schleiermacher, F.D.E. (1984), "Über den Stil (1790/91)", in: Krit. Ges
    ausg., I. Abt. Band 1: Jugendschriften 1787–1796, hg. v. Günter Mecken-
    stock, Berlin/New York, S. 363 – 390.

Volp, Rainer (1982), "Die Semiotik Schleiermachers", in: Zeichen. Semioti
    in Theologie und Gottesdienst, hg. u. eingel. v. R. Volp, München,
    Mainz, S. 114 – 145.

SEKTION III

THEOLOGIE UND PHILOSOPHIE

GOTT, WELT UND MENSCH IN SCHLEIERMACHERS PHILOSOPHISCHER THEOLOGIE

von Michael Eckert

I. Fragestellung

In der Rezeptionsgeschichte Schleiermachers hat sich in den letzten Jahren ein neues Forschungsinteresse zur Geltung gebracht, das sich in ersten Ansätzen einer Auseinandersetzung katholisch-theologischen Denkens mit dem Werk Schleiermachers zeigt. Diese Forschungstendenz läßt sich in gewisser Hinsicht als Wiederaufnahme jenes Gesprächsfadens verstehen, der aus dem Einfluß Schleiermachers auf die katholische Tübinger Schule resultierte. Wenn Schleiermacher als evangelischer Theologe die Grunddisziplin einer "Philosophischen Theologie" programmatisch entwirft, aus der sich die Prinzipien theologischen Denkens ergeben sollen, dann muß auch heute dieses Vorhaben in ökumenischer Hinsicht die Aufmerksamkeit auf sich ziehen. Ein Blick auf die Wirkungsgeschichte Schleiermachers zeigt zudem, daß das Verhältnis von Philosophie und Theologie nicht nur als das "Kernproblem der Schleiermacherinterpretation" (Ebeling) bezeichnet werden kann; vielmehr spiegeln sich in Problemen dieser Verhältnisbestimmung ganz eigene Schwierigkeiten jedweden evangelisch-theologischen Denkens gegenüber Ansprüchen philosophischen Denkens.

Vom Selbstverständnis katholisch-theologischen Denkens her, das die theologische Bedeutung philosophisch-ontologischer Orientierung in Fragen des Glaubens traditionsgemäß betont hat[1], ist es daher kein Zufall, daß sich das gegenwärtige Interesse gerade den philosophischen Voraussetzungen der Theologie Schleiermachers zuwendet. Eine Auseinandersetzung mit Schleiermacher von katholisch-theologischer Seite her erscheint längst überfällig, wird sie doch von der unabweisbaren Annahme genährt, in Schleiermachers Philosophischer Theologie könnten ontologische Fragestellungen theologische Bedeutung gewinnen, die katholischer Theologie unverzichtbar erscheinen. Die thesenartige Formulierung des Titels zielt genau auf diese Frage- und Problemstellung in Schleiermachers Begriff des "schlechthinnigen Abhängigkeitsgefühls".

Es soll allerdings im folgenden nicht auf die ökumenische Bedeutung der Philosophischen Theologie als Fundamentaltheologie eingegangen werden, ein Zusammenhang, den ich an anderer Stelle auch unter wissenschaftstheoretischen Aspekten eingehend erörtert habe[2]. Allein auf die allgemeinen Prinzi-

---

1 R.Schaeffler, Die Wechselbeziehungen zwischen Philosophie und Katholischer Theologie, Darmstadt 1980.
2 Vgl. M. Eckert, Gott - Glauben und Wissen. F.D. Schleiermachers Philo-

pien der Philosophischen Theologie Schleiermachers soll hier das Gewicht der
Überlegungen gelegt werden. Schleiermacher gewinnt seine Philosophische
Theologie in Anlehnung an eine Theorie des Selbstbewußtseins, die er in
verschiedenen Entwürfen der "Dialektik" vorgelegt hat. Thematisch führt die
Theorie des Selbstbewußtseins auf den ontologischen Begriff des "Gefühls" als
unmittelbarem Selbstbewußtsein, dem konstitutive Bedeutung für den Zusammenhang von Gott, Welt und Mensch zukommt. Die der "Dialektik" entlehn-
ten Bestimmungen werden dann auf den theologischen Grundbegriff der Philosophischen Theologie, d.h. das "schlechthinnige Abhängigkeitsgefühl", übertragen. Von diesen Voraussetzungen her sucht Schleiermachers Philosophische
Theologie schließlich in der Vermittlung von historisch-theologischer und
systematisch-philosophischer Methode in einem vergleichenden Verfahren das
geschichtlich Veränderliche und Zufällige vom allgemein Wesentlichen und
Gleichbleibenden, d.h. die theologischen Prinzipien des Glaubens, kritisch
zu ermitteln.

2. Die Unmöglichkeit reflexiver Selbstbegründung des Selbstbewußtseins ("Gefühl").

In der Theorie des unmittelbaren Selbstbewußtseins wird die metaphysisch-
ontologische Grundlage der gesamten Philosophie Schleiermachers thematisiert.
Man muß - gerade gegen alle interpretatorischen Verzerrungen [3] - den in
keiner Weise subjektivistisch reduzierbaren Begriff des "Gefühls" bzw. unmittelbaren Selbstbewußtseins in seiner ontologischen Bedeutung aufnehmen,
um die Vermittlungsebene von Gott und menschlicher Welt, die Schleiermacher
im "Gefühl" festmacht, überhaupt zutreffend verstehen zu können. Es ist
allerdings zunächst nötig, sehr genau zu beachten, wie Schleiermacher zur
begrifflichen Bestimmung des unmittelbaren Selbstbewußtseins gelangt. Mit
Blick auf Kant und Fichte - in freilich nur knapper Erinnerung - kann man
verstehen, welche entscheidenden Unterschiede Schleiermachers philosophisches Denken setzt.

   Den transzendentalen Begriff des Selbstbewußtseins als "ursprünglich-syn-
thetische Einheit der Apperzeption" übernimmt Schleiermacher als subjektive
Bedingung der Einheit von intellektueller und organischer Funktion des Denkens von Kant [4]. Das transzendentale Selbstbewußtsein bildet den Erkenntnis-

sophische Theologie und ihre ökumenische Bedeutung als Fundamentaltheologie, Habilitationsschrift 1984, Erscheinen in Vorbereitung.
3 Hervorzuheben ist hier R.Stalders (Grundlinien der Theologie Schleiermachers, Wiesbaden 1969) Feststellung, daß "das 'Gefühl' nicht das geringste mit irgendwelcher subjektiven Befindlichkeit gemein (hat), wie namentlich von katholischer Seite immer wieder zu Unrecht behauptet wird"
(a.a.O., 334).
4 Vgl. DO,234 (F.Schleiermacher, Dialektik, hg. v. R.Odebrecht, Neudr. der
Aufl. v. 1942, Darmstadt 1976) (DO,Hs = Handschrift von 1822).

grund für die Beziehung von Denken und Sein, d.h. für das Gegenstandsbewußtsein, wie Schleiermacher im Entwurf von 1814 deutlich zum Ausdruck
bringt: "Allein im Selbstbewußtsein ist uns gegeben, daß wir beides sind,
Denken und Gedachtes, und unser Leben haben im Zusammenstimmen beider"[5]. Selbstbewußtsein wird damit verstanden als durch Reflexion vermitteltes Wissen von uns selbst. Aus diesem Wissen leitet Schleiermacher dann die
im Selbstbewußtsein gegebene Identität des erkennenden Subjekts ab für die
Beziehung von Denken und gedachtem Sein. Es ist hier aber zu betonen, daß
Schleiermachers Interesse nicht vorrangig einer Theorie des reflektierten
Selbstbewußtseins gilt. Dies wird sichtbar, wenn Schleiermachers Differenz
zu Kant in den Blick genommen wird.

Kant hatte bekanntlich auf die zirkuläre Struktur der Reflexion hingewiesen, die in einer Theorie des Selbstbewußtseins die grundsätzliche Schwierigkeit aufwirft, daß das Selbstbewußtsein allein im Prozeß einer Reflexion
erreicht werden kann, in dem dieses sich als Wissen von sich selbst erfaßt.
Damit setzt jedoch der Prozeß der Reflexion bereits eine Vorstellung von dem
voraus, was Selbstbewußtsein eigentlich ist; denn die Reflexion muß dasjenige, was sie erklären soll, in welcher Form auch immer, schon   kennen. Kant
hat diesen Zusammenhang in der "Kritik der reinen Vernunft" genau formuliert: "Zum Grunde derselben können wir aber nichts anderes legen, als die
einfache und für sich selbst an Inhalt gänzlich leere Vorstellung: Ich, von
der man nicht einmal sagen kann, daß sie ein Begriff sei, sondern ein
bloßes Bewußtsein, das alle Begriffe begleitet[6]. Durch dieses Ich, oder Er,
oder Es (das Ding), welches denket, wird nun nichts weiter, als ein
t r a n s z e n d e n t a l e s   S u b j e k t   d e r   G e d a n -
k e n   v o r g e s t e l l t = x, welches nur durch die Gedanken, die
seine Prädikate sind, erkannt wird ...; um welches wir uns daher in einem
beständigen Zirkel herumdrehen, indem wir uns seiner Vorstellung jederzeit
schon bedienen müssen, um irgend etwas von ihm zu urteilen; eine Unbe-
quemlichkeit, die davon nicht zu trennen ist, weil das Bewußtsein an sich
nicht sowohl eine Vorstellung ist, die ein besonderes Objekt unterscheidet,
sondern eine Form derselben überhaupt, sofern sie Erkenntnis genannt werden soll; denn von der allein kann ich sagen, daß ich dadurch irgend etwas
denke"[7].

---

5 DJ,53 (F.Schleiermacher, Dialektik, aus Schleiermachers handschriftlichem
   Nachlasse hg. v. L.Jonas, SW, Abt. III, Bd. 4,2).
6 An dieser Stelle sei nur erst darauf aufmerksam gemacht, daß Schleiermacher an zentraler Stelle seiner Argumentation den Begriff "begleiten"
   selbst aufgreift: "Wie können wir nun nachweisen, daß der transzendente
   Grund des Seins das Für-sich-sein des Denkenden auf zeitlose Weise begleitet?" (DO,291).
7 Kant, KrV, B 404, Herv. von mir. Es sei vorgreifend darauf hingewiesen,
   daß Schleiermacher Kants Terminologie des "Ich" als "x", ontologisch gewendet, wieder aufnehmen wird. Der Begriff des "Gefühls" wird von Schlei-

Schleiermachers Begriff des reflektierten Selbstbewußtseins ist in gleicher Weise von dieser von Kant verdeutlichten zirkulären Selbstbeziehung des Selbstbewußtseins geprägt. Es wäre nun allerdings zu kurz gegriffen, wollte man annehmen, Schleiermacher beschränke sich in der Suche nach der Einheit des wirklichen Bewußtseins auf Kants transzendentalen Begriff des reflektierten Selbstbewußtseins. Schleiermacher zielt vielmehr darauf ab, die ursprüngliche Einheit des Ich, d.h. jenes immer schon mitvorausgesetzte "x" im Prozeß reflektierten Selbstbewußtseins näherhin zu bestimmen. Hatte Kant diesen Versuch als illegitim abgewiesen und das im Denken etwas = x nur als transzendental-reflektiertes Selbstbewußtsein für erkennbar erklärt, so intendiert Schleiermacher nun, den transzendentalphilosophischen Einheitsgedanken des Selbstbewußtseins als "Identität des Subjekts in der Differenz der Momente"[8] identitätsphilosophisch zu erweitern. Die Identität des erkennenden Subjekts hat ausschließlich Gültigkeit für die organische und intellektuelle Funktion des Denkens, um die Identität des Gegenstandsbewußtseins zu sichern. Gegenüber Kant begreift Schleiermacher Selbstbewußtsein aber nicht nur als eine Art des Wissens, sondern zugleich als eine Art des Seins.

Im Entwurf von 1814 bindet Schleiermacher daher das Wissen des reflektierten Selbstbewußtseins in den für sein philosophisches Interesse zentralen Zusammenhang des Seins ein. So heißt es: "Allein das Wissen selbst ist uns im Selbstbewußtsein nur im Sein gegeben, aber als ein von ihm verschiedenes"[9]. Schleiermacher zielt mit dieser Aussage, wie noch näher zu zeigen sein wird, auf zwei grundlegende Unterscheidungen. Zum einen hebt er darauf ab, daß das Wissen des reflektierten Selbstbewußtseins allein zugänglich ist im Ausgang vom Sein des Selbstbewußtseins; mit diesem benennt Schleiermacher den ontologischen Einheitsgedanken des Selbstbewußtseins. Zum anderen hebt Schleiermacher mit der Differenz von Wissen und Sein auf das P r o b l e m   d e r   B e g r ü n d u n g   d e r   E i n h e i t d e s   S e l b s t b e w u ß t s e i n s ab, womit die Frage nach dem einheitlichen Grund von Denken und Sein thematisch werden wird.

Die zitierte Textstelle führt folglich auf den Begriff des unmittelbaren Selbstbewußtseins im Unterschied zum reflektierten Selbstbewußtsein. Es sei vorgreifend darauf hingewiesen, daß, in Erweiterung des kantischen   i m D e n k e n   e t w a s   =   x   als transzendental-reflektiertes Selbstbewußtsein, von Schleiermacher in bewußter Absetzung von Kant, ein   " i m S e i n   e t w a s   =   x"[10] als ontologisch-unmittelbares Selbstbewußtsein,

ermacher darüberhinaus als "Form des Wissens" behauptet werden.

---

8 DO, Hs, 288.
9 DJ, 53, Herv. von mir.
10 DO, Hs, 303, Herv. von mir.

»etont werden wird. Man kann, diesen Ansatz betreffend, S c h l e i e r -
ᴉa c h e r s   D e n k e n   a l s   o n t o l o g i s c h e   E r w e i -
    e r u n g   d e s   "t r a n s z e n d e n t a l e n   S u b -
    e k t s"   K a n t s   verstehen. Dies gilt es im folgenden näherhin einsich-
ig zu machen.

Schleiermacher hat die Schwierigkeiten einer Theorie des Selbstbewußtseins
ᴉn einer bewußten Abgrenzung des unmittelbaren Selbstbewußtseins von re-
lektiertem Selbstbewußtsein zu überwinden versucht. Welche Bedeutung kommt
ᴁenem dann aber zu als Begriff der Einheit des Selbstbewußtseins? In welcher
Weise, so ist schließlich zu fragen, führt diese Einheit des Selbstbewußt-
ᴁeins auf den transzendenten Einheitsgrund allen Seins?

Der im folgenden zitierte Text der Dialektik (1822) schließt direkt an die
ᴣinheit von Denken, Wollen und Sein an, in der Schleiermacher die Einheit
ᴉes wirklichen Bewußtseins zu fassen sucht. "Das Denken setzt das Sein der
ᴅinge in uns, weil sie uns Gegenstände sind; die Willenstätigkeit macht un-
ᴁer Sein zum Sein der Dinge, weil wir unsere Zweckbegriffe in ihm realisie-
ᴙen. So bleibt unser reines Sein nur im Selbstbewußtsein; in den beiden an-
ᴅeren Funktionen ist es schon mit dem Sein der Dinge vermischt"[11]. Und:
"Also, sofern nicht mehr das Sein der Dinge in uns gesetzt wird, wird unser
ᴣein in die Dinge gesetzt. Aber unser Sein ist das setzende, und dieses
ᴐleibt im Nullpunkt übrig; also unser Sein, als setzend, in der Indifferenz
ᴐeider Formen. Dies ist das unmittelbare Selbstbewußtsein = Gefühl"[12]. Im
ᴣegensatz zu Fichte wird nicht das Ich von Schleiermacher als selbstsetzend
ᴉedacht, sondern das "reine Sein" des Menschen wird als "setzend" behaup-
ᴛet. Das unmittelbare Selbstbewußtsein ist als "setzendes" Sein das Daß
ᴍenschlichen Seins in seiner unmittelbaren Einheit, von der erst das ver-
ᴍittelt-reflektierte Selbstbewußtsein als Ich-Bewußtsein, i n d e m   e s
a l l e r d i n g s   d a s   D a ß   s e i n e s   e i g e n e n
ᴣe i n s   s c h o n   v o r a u s s e t z e n   m u ß, ein Wissen von
ᴁich selbst auszubilden vermag. Zunächst muß daher die Unmöglichkeit re-
ᴦlexiver Selbstbegründung des Selbstbewußtseins auf ihre Konsequenzen hin
ᴐesehen werden.

In der von Schleiermacher ebenso wie von Kant vorausgesetzten Differenz
ᴠon denkendem Bewußtsein und gegenständlichem Sein bildet, wie gezeigt
ᴝurde, das reflektierte Selbstbewußtsein die subjektive Bindung der Möglich-
ᴋeit der Beziehung des Denkens auf das Sein. Das reflektierte Selbstbewußt-
ᴁein ist somit die ratio cognoscendi des Gegenstandsbewußtseins. Kant hatte
ᴢu Recht die "synthetische" Einheit des reflektierten Selbstbewußtseins be-
ᴛont; denn in ihr kommt die notwendige Identität des erkennenden Subjekts

11 DO, 291, Herv. von mir.
12 DO, 288, Herv. von mir.

zur Geltung, ohne die der Bezug des denkenden Bewußtseins auf den Gegen stand nicht zu erklären ist. Aber diese synthetische Einheit behaupte Schleiermacher, wie Kant, zugleich als " u r s p r ü n g l i c h e E i n h e i t, die das Gegenstandsbewußtsein immer schon "begleitet". Al "verschieden von dem reflektierten Selbstbewußtsein = Ich"[13]) muß das un mittelbare Selbstbewußtsein, wie Schleiermacher dann ausdrücklich über Kan hinausgehend sagt, als ursprüngliche Einheit explizit gemacht werden. Den das reflektierte Selbstbewußtsein als Resultat der Reflexion, d.h. als Wisse von sich selbst, muß für seinen eigenen Reflexionsprozeß sich selbst noc einmal dessen "bedienen", was es allererst erklären will, nämlich das "rein Sein". Schleiermacher thematisiert nun dieses ontologisch mitgesetzte "x" de Denkens als "die allgemeine Form des Sich-Selbst-Habens"[14] im unmittelbarer Selbstbewußtsein. Dieses unmittelbare Sich-Haben des Selbstseins liegt der vermittelten Sich-Selbst-Wissen immer schon zugrunde.

Bildete das reflektierte Selbstbewußtsein die ratio cognoscendi des Gegen standsbewußtseins, so bildet, gemäß identitätsphilosophischem Kontext, da unmittelbare Selbstbewußtsein die ratio essendi der Einheit von Denken und Sein. Schleiermachers ontologisches Denken sichert sich mit der Einbeziehung des Wissens ins Sein die Möglichkeit, das mitgesetzte "x" in der Reflexion des Denkens auf sich selbst so aufzunehmen, daß nicht nur die transzenden tale Identität des erkennenden Subjekts, sondern die ontologische Identitä von erkennendem Subjekt und erkanntem Objekt, d.h. die ontologische Ein heit von Denken und Sein thematisiert werden muß.

Ein unmittelbares Bewußtsein des ursprünglich-unmittelbaren Daß seines Selbstseins, das Schleiermacher auch die "höchste Lebenseinheit"[15] nennt, kann der Mensch aber nicht erreichen, da sein Wissen von seinem Selbstsein stets ein vermitteltes ist. Der Selbstbezug in der Reflexion gehört in den Be reich des Gegensatzes, aus dem die Einheit des Selbstseins nicht zu begrün den ist. W e i l d i e s e o n t o l o g i s c h e E i n h e i von Denken und Sein im unmittelbarer

---

13 DO, Hs, 288.

14 DO, 288. H.J.Rothert (Die Dialektik F.Schleiermachers, in: ZThK 67 (1970) S. 182-214) hat diesen Begriff des "Sich-Selbst-Habens" sehr genau ge troffen, wenn er ihn als "Sein-vom-Grund-her, dem das Sein-zum-Ziel ent spricht" (a.a.O., S. 203) interpretiert. Ein "In-Besitz-genommen-Haben" (a.a.O.) durch das menschliche Selbstbewußtsein ist darin ausgeschlossen. F.Wagners (Schleiermachers Dialektik, Gütersloh 1974) Interpretation des unmittelbaren Selbstbewußtseins als "Selbst-Setzen" (a.a.O., S. 144 ff.) betont demgegenüber, Vermittlung der Unmittelbarkeit pointierend, den "konstruktiven Charakter des unmittelbaren Selbstbewußtseins" (a.a.O., S. 149 ff.). Wagner mißversteht allerdings den Begriff des "Setzens", in dem Schleiermacher am Denken Fichtes gemessen wird. Vgl. demgegenüber zutreffend M.Frank, Das individuelle Allgemeine. Frankfurt a.M. 1977, S. 108 f. u.ö.

15 DJ. 153.

S e l b s t b e w u ß t s e i n   v o m   r e f l e k t i e r t e n
S e l b s t b e w u ß t s e i n   a l s   p r ä r e f l e x i v   m i t -
g e s e t z t e s   "x"   s e l b s t   i n   A n s p r u c h   g e n o m -
m e n   w e r d e n   m u ß ,   l ä ß t   s i c h   a u s   d e n   M ö g -
l i c h k e i t e n   d e r   R e f l e x i o n   d i e   U n m i t t e l -
b a r k e i t   d e r   E i n h e i t   d e s   S e l b s t b e w u ß t -
s e i n s   n i c h t   b e g r ü n d e n. Fichtes Versuch der reflexiven Selbstbegründung des setzenden Ich wird in Schleiermachers Ansatz als undurchführbar verworfen. Anders gesagt: das Denken als zur endlich-gegensätzlichen Seinsweise des Menschen gehörig kann nicht selbst als Grund der Daß-Einheit unseres Seins behauptet werden.

Fichtes Theorie des Selbstbewußtseins intendiert demgegenüber die zirkuläre Selbstbeziehung des Selbstbewußtseins so zu überwinden, daß das Selbstbewußtsein für sich Unmittelbarkeit beansprucht. Eine Erklärung des Selbstbewußtseins durch Reflexion wird angestrebt, die auch jenes ursprüngliche Selbstbewußtsein, um das die Reflexion immer schon wissen muß, noch einzuholen vermag und so die Einheit des Selbstbewußtseins durch sich selbst zu begründen versucht. So heißt es in der Wissenschaftslehre Fichtes 1794: "Das Ich setzt sich selbst, und es ist, vermöge dieses blossen Setzens durch sich selbst; und umgekehrt. Das Ich ist, und es setzt sein Seyn, vermöge seines blossen Seyns"[16]. Und: Das Ich setzt ursprünglich schlechthin sein eigenes Seyn"[17]. Ohne hier auf Einzelheiten eingehen zu können, läßt sich leicht einsichtig machen, daß die von Kant notierte Unvermeidbarkeit eines Zirkels in der reflexiven Selbstbegründung eines sich selbst setzenden Ich wieder zu finden ist. Der Anspruch auf Unmittelbarkeit des Selbstbewußtseins kann durch den immer vermittelten Selbstbezug des Ich auf sein eigenes Sein nicht widerspruchsfrei behauptet werden[18].

---

16 DJ. G.Fichte, Sämtliche Werke I, Berlin 1971, S. 95 f.
17 DJ. G.Fichte, a.a.O., S. 98.
18 Das transzendentale Selbstbewußtsein setzt in der vermittelnden Reflexion des Denkens auf sich selbst nach Schleiermacher das ontologische Selbstbewußtsein als "unmittelbares Selbstbewußtsein" notwendig voraus. Aus diesem Ansatz resultiert allerdings die grundlegende Schwierigkeit, in welcher Weise das unmittelbare Selbstbewußtsein um sich selbst wissen kann, wenn jede in der Reflexion auf sich selbst notwendige Vermittlung mit der Behauptung der Unmittelbarkeit ausgeschlossen sein soll. Auf diese zugegeben problematische Seite im Denken Schleiermachers konzentriert sich das Erkenntnisinteresse der "kritischen Interpretation" F. Wagners. In ihrem Insistieren auf einer Vermittlung der Unmittelbarkeit – einer Vermittlung durch Reflexion, Sprache und Tradition, ohne die ein unmittelbares Selbstbewußtsein nicht behauptet werden könnte, stimmt die vorliegende Interpretation der Forderung Wagners zu. Eine andere Frage ist, inwieweit Schleiermachers eigene Intention einer Vermittlung ausdrücklich gemacht werden kann.

Im Blick auf Schleiermachers Entwurf einer Philosophischen Theologie, die
im Begriff des "Gefühls" als unmittelbarem Selbstbewußtsein ihre entscheidende Argumentationsbasis findet, kann bereits hier das Verhältnis von "Gefühl"
und philosophischer Reflexion in seinen Grundvoraussetzungen, d.h. Möglichkeiten und Grenzen, sichtbar werden. So hat der Gang unserer Interpretation nun mit der Einheit des unmittelbaren Selbstbewußtseins den eigentlichen
"Ort" im Sein thematisch gemacht, um das Problem des "Mitgesetztseins Gottes
in uns" aufzuklären. Die gesuchte unbedingte Einheit Gottes muß in dieser
Einheit der Unmittelbarkeit zu finden sein.

3. Die Vermittlung von Gott, Welt und Mensch im "Gefühl"

Gegenüber Kants transzendentalphilosophischem Einheitsgedanken des Selbst-
Bewußtseins reflektiert Schleiermacher auf den ontologischen Einheitsgedanken
des Selbstbewußt-Seins im Menschen und sucht diese Einheit von Bewußtsein
(Denken) und Sein in der unbedingten Einheit des transzendenten Grundes
zu begründen. Schleiermacher entwirft dafür eine transzendental-ontologische
Anthropologie. Es kann daher kein Zweifel sein, daß der Begriff des "Gefühls" die anthropologische Vermittlung von Gott, Welt und Mensch zum Ausdruck bringen soll. Die Absicht Schleiermachers liegt darin, den Begriff des
"Gefühls" in seiner religiösen Dimension, d.h. seiner Bestimmtheit durch den
transzendenten Grund philosophisch zu erschließen. "Der transzendente Grund
bleibt immer außerhalb des Denkens und wirklichen Seins, aber er ist immer
die transzendente Begleitung und der Grund beider. Es gibt daher keine andere Repräsentation dieser Idee als im unmittelbaren Selbstbewußtsein; denn
in die beiden Formen der Denkfunktionen kann er nie aufgehen, weder als
terminus ad quem noch a quo"[19] . Man wird Schleiermacher nur dann zutreffend interpretieren, wenn man davon ausgeht, daß in seinem identitätsphilosophischen Denken die Parallelisierung von Idealem und Realem auch
in seiner Theorie des unmittelbaren Selbstbewußtseins konsequent durchgehalten
ist.

Von dieser Annahme aus gelangt man zu einem Verständnis jener rätselhaf-
ten Formulierung aus der Handschrift des Entwurfs von 1822: "Logisch zwar
kann man das Verhältnis denken (!): Gott = Einheit mit Ausschluß aller Gegensätze. Aber real ist es nicht auszudrücken als nur: es muß im Sein etwas

---

19 DO,307. Bereits an dieser Stelle sei ergänzend hervorgehoben, daß Schleiermacher sehr scharf unterscheidet zwischen dem transzendenten Grund
   und dessen Repräsentation im "Gefühl". Denn, so heißt es in der Vorlesung 1818, gemeint "ist eine Repräsentation des höchsten, nicht das
   höchste selbst" (DJ, 157, Anm.). Von dieser Klarstellung her, ist zu verstehen, daß die Einheit des "Gefühls" als "das Göttliche in uns" (DJ,155,
   Anm.) bezeichnet wird.

= x diesem logischen Ausdruck entsprechen und dies ist das Obige"[20] . Vergleicht man in der vorgelegten Auslegung die Bestimmungen des unmittelbaren Selbstbewußtseins ("Gefühls") mit den begrifflichen Bestimmungen des Verhältnisses der Ideen Gottes und der Welt[21] , so drängen die offensichtlichen
begrifflichen Parallelen und Übereinstimmungen auf eine Übertragung der erkenntnistheoretischen Ergebnisse, den Bereich des Idealen betreffend, auf
die ontologischen Darlegungen, den Bereich des Realen als unmittelbarer Einheit des Idealen und Realen, d.h. das "Gefühl" betreffend. Erst so wird
Schleiermachers identitätsphilosophisches Konzept in sich vollständig und ver-
stehbar.

Das "im Sein etwas = x", bezogen auf die Idee der Welt, kann nur die
zeitlose Identität des Denkens und Seins im menschlichen Sein meinen, d.h.
das unmittelbare Selbstbewußtsein als zeitloses "Gefühl" der Identität unseres Seins. Die in der Idee der Welt gedachte zeitlose Einheit des Zeitlichen
findet in menschlichem Sein als Einheit des Idealen und Realen ihre zeitlose Entsprechung im Realen.

Unser Interesse der Interpretation richtet sich notwendig auf die Frage
nach dem Verhältnis dieser zeitlosen Identität des unmittelbaren Selbstbewußtseins zur zeitlosen Einheit Gottes[22] . Denn im Verhältnis der Idee Gottes
und der Idee der Welt muß Schleiermachers Verständnis des Zusammenhangs
von Gott und Mensch vorgezeichnet sein, wenn das unmittelbare Selbstbewußtsein die "Repräsentation dieser Idee" darstellt. In menschlicher Wirklichkeit
muß daher auf zeitlose Weise das Ganze des Seins als Identität von Idealem
und Realem, von Denken und Sein sich abbilden, d.h. i m "G e f ü h l"
b r i n g t s i c h i m S e i n d e s M e n s c h e n d a s
V e r h ä l t n i s G o t t e s z u r W e l t z u r D a r s t e l -
l u n g. In der zeitlosen Einheit des Zeitlichen im unmittelbaren Selbstbe-

---

20 DO, Hs, 303, Herv. v. mir. Es ist offensichtlich, daß ein realer, aus der
Erfahrung entlehnter Ausdruck für das mit "im Sein etwas = x" Gemeinte
immer nur ein Ausdruck vermittelten Denkens sein kann, d.h. er kann
nicht adäquat dasjenige benennen, wofür Unmittelbarkeit beansprucht werden muß. Eine transzendental-ontologische Bestimmung des "Gefühls" darf
jedoch nicht verwechselt werden mit einer realen Aussage objektiver Er-
fahrungserkenntnis. Das "im Sein etwas = x" meint darüber hinaus nicht
etwas, das als Gegenstand des Bewußtseins durch dieses konstituiert wird,
sondern thematisiert als Einheit von Idealem und Realem die ontologische
Voraussetzung aller bewußtseinsmäßigen Vollzüge.
21 Vgl. DO, 297-314.
22 "Die eigentliche Wahrheit daran ist nur das Interesse an der Sache, das
sich darin ausspricht, und das selbst nur ein Ausdruck davon ist, daß
es das Wesen des Geistes constituiert, sich des transzendenten zu bemächtigen, daß alle Wahrheit des Selbstbewußtseins in seiner Zeitlosigkeit betrachtet, alle Wahrheit des Denkens und alle Realität des Wollens von dem
Gesetztsein des transzendenten in uns abhängt" (DJ, 167).

wußtsein wird in ontologischer Hinsicht die Untrennbarkeit Gottes und der Welt thematisch. So kann Schleiermacher den Grundsatz aufstellen: "Wir wissen um das Sein Gottes in uns und in den Dingen, gar nicht aber um ein Sein Gottes außer der Welt oder an sich"[23].

Dieses "Sein Gottes in uns" – hervorgehoben sei die ontologische Bedeutung dieser Aussage – kann Schleiermacher aber nur im Verhältnis der zeitlosen Einheit Gottes und der zeitlosen Einheit der Welt im Menschen entwerfen. Aus dieser für seine Philosophie notwendigen Einsicht gelangt Schleiermacher in seiner Theorie des unmittelbaren Selbstbewußtseins dazu, für das "Gefühl" eine "Analogie mit dem transzendenten Grunde"[24] zu behaupten. Von Schleiermachers Gottesbegriff her bestimmen sich daher Identität und Differenz von Gott und Mensch, die in der Formulierung eines "Seins Gottes in uns" gemeint ist.

Schleiermacher faßt diese Analogie als z e i t l o s e s V e r - h ä l t n i s d e r A b h ä n g i g k e i t d e r E i n h e i t d e r G e g e n s ä t z e i m u n m i t t e l b a r e n S e l b s t b e w u ß t s e i n v o n d e r E i n h e i t a u ß e r h a l b a l l e r G e g e n s ä t z e , d e m t r a n s - z e n d e n t e n G r u n d. So heißt es im Entwurf 1831 in der wohl präzisesten Bestimmung des "im Sein etwas = x" ("Gefühl"): "Das Mitgesetzt- sein Gottes in unserem Selbstbewußtsein ist der wesentliche Grund der Einheit unseres Seins im Übergang ... von Thun zum Denken und vom Denken zum Thun"[25]. Ist das unmittelbare Selbstbewußtsein die zeitlose Einheit von Den- ken und Sein in menschlicher Wirklichkeit, dann begründet das zeitlose "Mit- gesetztsein Gottes" in ihm das zeitlose Verhältnis der Abhängigkeit der Welt von Gott im Menschen. Zugleich aber wird das zeitlose unmittelbare Selbstbe- wußtsein damit Grund der Wirklichkeit des zeitlichen Übergangs vom Denken und Wollen in ihrem Bezug zum Sein. So läßt sich das Verhältnis der Idee Gottes und der Idee der Welt für das Denken im Verhältnis von Sein Gottes und "Gefühl" im menschlichen Sein wiederfinden als jene ontologische Be- stimmung des "im Sein etwas" "x".

Hatte Schleiermachers Philosophie das Vermittlungsproblem erkenntnistheo- retisch sichtbar gemacht, so muß, identitätsphilosophischem Ansatz gemäß, ontologisch die Vermittlungsebene von Gott und menschlicher Welt im un- mittelbaren Selbstbewußtsein anzutreffen sein: Vermittelt für das Denken die Idee der Welt die Idee Gottes mit dem Prozeß des Wissens, so muß für das Sein das unmittelbare Selbstbewußtsein die Vermittlung zwischen dem zeitlosen

23 DJ, 154.
24 DO, Hs, 289. Vgl. dazu auch M.Frank, a.a.O., 108, Anm. 69.
25 DJ, 525.

Sein Gottes und dem zeitlichen Sein des Menschen leisten.

Das wesentliche Ergebnis unserer Interpretation liegt darin, daß der ontologischen Vermittlungsebene von Gott, Mensch und Welt im "Gefühl" begründender Charakter zukommt für das transzendentale Wissen, d.h. Gottes Sein
im Menschen begründet erst als "mitgesetzt" ein Wissen des Menschen von
Gott. M.Frank hat diesen Zusammenhang treffend so formuliert: "Das Gefühl
verzichtet in der religiösen Einstellung ausdrücklich darauf, den Grund seiner Bestimmtheit als sich selbst einholen zu wollen ..., sondern nimmt sie
hin als unverfügbares Widerfahrnis einer 'transzendenten Bestimmtheit'
(0,290), der die umgangssprachliche Konvention den Ausdruck 'Gott' vorbe-
hält. In dem Maße freilich, wie es nicht selbst das ist, was ihm mangelt
(Gott), entdeckt es eine Verneinung in sich, die der Erkenntnisgrund ist für
die Wirkung des Signifikanten"[26].

In der zeitlosen Identität des zeitlichen Übergangs von Denken, Wollen und
Sein findet sich daher zugleich die **e x i s t e n t i e l l e   V e r -
m i t t l u n g s e b e n e** von ontologischem und transzendentalem Bereich, d.h. von unmittelbarem Selbstbewußtsein und endlichem Selbstbewußtsein. Existentiell meint hier das ganze Dasein des endlichen Menschen, d.h.
sein In-der-Welt-Sein betreffend. Schleiermacher nimmt diese für sein gesamtes Denken wohl zentrale Thematik im Begriff des religiösen Selbstbewußtseins
als schlechthinnigem Abhängigkeitsbewußtsein auf.

4. Die Philosophische Theologie des "schlechthinnigen Abhängigkeitsgefühls"

"Als Sitz der Frömmigkeit" konzentriert sich im "Gefühl" das ganze Dasein des
Menschen, die Einheit des sinnlichen und geistigen Lebens des Menschen in
allen existentiellen Vollzügen. Schleiermachers Begriff der Frömmigkeit geht
aus von einem Bestimmt-Sein des Menschen, von dem alle existentiellen Vollzüge unmittelbar, ursprünglich geprägt sind. Diesem Bestimmt-Sein und Be-
stimmt-Werden menschlichen Seins gilt Schleiermachers Interesse der Philosophischen Theologie, um das Wesen des Glaubens zur Darstellung zu bringen.

Daß Schleiermacher die Frage nach dem Wesen des Glaubens als Frage nach
der Notwendigkeit des Glaubens für den Menschen versteht, ist unbezweifel-
bar. Der philosophische Anspruch dieser Aussage ist ebenfalls unübersehbar.
"Dies ursprüngliche Abhängigkeitsgefühl ist nicht zufällig, sondern ein wesentliches Lebenselement, ja nicht einmal persönlich verschieden, sondern
gemeinsam in allem entwickelten Bewußtsein dasselbige"[27]. Die Notwendigkeit

---

26 M.Frank, a.a.O., S. 108 f.
27 1. Aufl. § 37, S. 124 (F.Schleiermacher, Der christliche Glaube (1821/22),
    in: Kritische Gesamtausgabe, hg. v. H.Birkner, G.Ebeling, K.Fischer, H.
    Kimmerle, K.-V.Selge, Abt. 1, Bd. 7).

des Glaubens für den Menschen kann nur behauptet werden, wenn der Vernunft ein Wissen über das Sein des Menschen möglich ist, von dem her das V e r h ä l t n i s   d e s   M e n s c h e n   z u   G o t t   a l s   w e - s e n t l i c h e s   L e b e n s e l e m e n t   einsichtig gemacht werden kann. Zugleich muß das "schlechthinnige Abhängigkeitsgefühl" als diese allgemeine Wesenbestimmung des Menschen im konkreten, wirklichen Selbstbewußtsein des Menschen bewußt und bestimmend werden.

Im folgenden soll das "allgemeine Abhängigkeitsgefühl", d.h. die transzendente Bestimmtheit (G o t t) und die immanente Bestimmtheit (W e l t) des unmittelbaren Selbstbewußtseins herausgearbeitet werden. Mit dieser Bestimmtheit gelangt die o n t o l o g i s c h - n o t w e n d i g e   W e - s e n s s t r u k t u r   d e r   F r ö m m i g k e i t   ins Blickfeld. Die umfassendste und genaueste Fassung des anstehenden und zu klärenden Zusammenhanges findet sich im § 36 (1. Aufl.), der all jene Begriffe enthält und in Beziehung zueinander setzt, die den Begriff des "absoluten Abhängigkeitsgefühls" bestimmen: "Indem im unmittelbaren Selbstbewußtsein wir uns schlechthin abhängig finden, ist darin mit dem eigenen Sein als endlichem das unendliche Sein Gottes mitgesetzt, und jene Abhängigkeit ist im allgemeinen die Weise, wie allein beides in uns als Selbstbewußtsein oder Gefühl Eins sein kann"[28]. Dieser Text des § 36 soll im folgenden in seine Bestandteile zerlegt werden, denn er enthält die grundlegenden Bestimmungen des Wesens der Frömmigkeit.

Was heißt nun "schlechthinnige Abhängigkeit", wenn sie abgegrenzt wird von jeder teilweise gegebenen Abhängigkeit? Teilweise Abhängigkeit meint für Schleiermacher das Mitbestimmtsein des menschlichen Selbstbewußtseins entweder von einzelnem Endlichen bzw. von der Welt als der Gesamtheit des endlichen Seins. Schleiermacher redet daher vom "Gefühl der Notwendigkeit". Auf Endliches aber kann der Mensch selbsttätig einwirken oder diesem Endlichen entgegenwirken, d.h. gegenüber Endlichem kommt das "Freiheitsgefühl" zur Geltung.

Schlechthinnige Abhängigkeit kann aber gerade nicht ein Verhältnis des Menschen zur Welt als Inbegriff des Endlichen besagen. Der Mensch gehört zu endlicher Wirklichkeit als Teil derselben, d.h. partielle Abhängigkeit findet sich innerhalb endlicher Bezüge und endlicher Gegensätze. Schlechthinnige Abhängigkeit schließt daher ein, die Einheit alles Endlichen betreffend, daß "unser Selbstbewußtsein zugleich die Gesamtheit alles endlichen dar-(stellt)"[29]. Das Bewußtsein unserer eigenen Endlichkeit muß, insofern wir Teil der Welt sind, die Endlichkeit des Seins in sich begreifen. "Das Einssein

28 1. Aufl. § 36 I, 123.
29 1. Aufl. § 36, 2 I, 124.

mit der Welt im Selbstbewußtsein ist das Bewußtsein seiner selbst als mitle-
benden Theiles im Ganzen"[30] . Ist sich der Mensch so in seiner Endlichkeit
als schlechthin abhängig bewußt, so ist mit unserem Selbst alles Sein des
Endlichen in diese Abhängigkeit miteingeschlossen. Das unmittelbare Selbstbewußtsein ist für Schleiermacher nicht isoliert von endlicher Wirklichkeit
denkbar. M e n s c h   u n d   W e l t   sind in der Einheit des Selbstbewußtseins untrennbar verbunden. Worauf bezieht sich aber die schlechthinnige Abhängigkeit menschlicher Welt?

Die Einheit alles Endlichen, die Schleiermacher in das Selbstbewußtsein als
Endlichkeitsbewußtsein einbindet, meint die Welt als "die geteilte Einheit,
welche zugleich die Gesamtheit aller Gegensätze und Differenzen ist"[31] . Das
Woher schlechthinniger Abhängigkeit kann dann aber nur   G o t t   als "un-
geteilte absolute Einheit" [32] sein. Nur vor dem Hintergrund der "Dialektik"
kann folglich der Begriff schlechthinniger Abhängigkeit verstanden werden.
Schleiermachers philosophischer Gottesbegriff stellt daher die unabdingbare
Voraussetzung für das Verständnis des Entwurfs seiner Philosophischen Theologie dar.

Wenn vom "s c h l e c h t h i n n i g e n   A b h ä n g i g k e i t s-
g e f ü h l"   die Rede ist, bringt Schleiermacher die   B e z i e h u n g
v o n   G o t t   u n d   m e n s c h l i c h e r   W e l t   i n   i h r e m
K o n v e r g e n z p u n k t   d e s   u n m i t t e l b a r e n
S e l b s t b e w u ß t s e i n s   zum Ausdruck. "Wenn daher in dem die
frommen Erregungen auszeichnenden Gesetztsein einer vollkommenen, stetigen,
also auf keine Art von einer Wechselwirkung begrenzten oder durchschnittenen
Abhängigkeit, die Unendlichkeit des mitbestimmenden nothwendig mitgesetzt
ist, so ist dies nicht die in sich getheilte und endlich gestaltete Unendlichkeit der Welt, sondern die einfache und absolute Unendlichkeit. Und dies ist
der Sinn des Ausdrucks, daß sich schlechthin abhängig fühlen und sich abhängig fühlen von Gott einerlei ist"[33] . Frömmigkeit heißt, als in die Endlichkeit eingebundener Mensch sich des Von-Gott-her-Seins bewußt werden.

Von daher wird verständlich, daß Schleiermacher in seiner "Kurzen Darstellung des theologischen Studiums" den Vorwurf, Frömmigkeit sei eine Ver-
irrung des menschlichen Geistes, als Atheismus bezeichnet. Wenn die Bestimmtheit des Selbstbewußtseins als schlechthinnigem Abhängigkeitsbewußtsein in der Unendlichkeit Gottes begründet ist,   d a n n   h e i ß t   d i e
F r ö m m i g k e i t   l e u g n e n ,   G o t t   s e l b s t   z u   l e u g-
n e n .

---

30 1. Aufl. a.a.O.
31 1. Aufl. a.a.O.
32 1. Aufl. a.a.O.
33 1. Aufl. § 9,3 I, 32.

Es ist freilich darauf hinzuweisen, daß Schleiermacher in dieser absoluten
Bestimmtheit des Selbstbewußtseins eine allgemeine Struktur aufzeigt, die in
ihrer unmittelbaren, d.h. ursprünglichen Form "so an und für sich nicht im
wirklichen Bewußtsein, sondern immer nur mit näheren Bestimmungen, also
wie ein allgemeines nur durch das besondere"[34] erscheint. Schleiermacher zielt
auf das allen einzelnen Erscheinungen der Frömmigkeit Identische, das zugrundeliegt und das die Frömmigkeit, wie immer sie gelebt werden mag, ab-
hebt von teilweisem, auf bloß Endliches bezogenem Abhängigkeitsbewußtsein.
Von den wirklichen, die allgemeine Struktur realisierenden Bestimmungen muß
von unserer eingegrenzten Fragestellung her verzichtet werden.

Es ist hier allein wichtig zu sehen, daß Schleiermachers Philosophische
Theologie die ontologische Struktur der Subjektivität der Frömmigkeit als Einheit von göttlicher Ursächlichkeit und menschlich schlechthinniger Abhängigkeit faßt. Ist aber innerlich das "Mitgesetztsein Gottes" das Bestimmende,
dann ist als nachgeordnet zu verstehen, was das menschliche Selbstbewußtsein als "Gefühl" äußerlich bestimmt, denn dies ist dem Bereich des Zufälligen, nicht Wesentlichen zuzurechnen. Gottes Offenbarung in Christus bezieht sich demgegenüber auf die im Menschen noch nicht verwirklichte Einheit
von Gott und Mensch, die nur als "schlechthinniges Abhängigkeitsgefühl" auf-
scheint.

5. Aktualität und Bedeutung Schleiermachers

Abschließend seien den vorgelegten Ausführungen einige Bemerkungen ange-
fügt, die die weitreichende Bedeutung sichtbar machen, die Schleiermachers
Gedanken in Ansätzen gegenwärtiger Theorien der Subjektivität finden, deren
grundlegendes Theorem die Deutung von Subjektivität am Prinzip der "Selbsterhaltung" orientiert[35]. Eine ausdrückliche Beeinflussung oder Bezugnahme
auf das Denken Schleiermachers muß man freilich nicht unbedingt antreffen.

So hat D. Henrich, ohne in irgendeiner Weise von Schleiermachers Denken
inspiriert zu sein, Gedanken entwickelt, die in auffälliger Weise an Fragen
und Problemstellungen Schleiermachers erinnern. In seinen philosophischen
Essays "Das Selbstbewußtsein und seine Selbstdeutungen" sowie "Selbstbewußtsein und spekulatives Denken"[36] verhandelt Henrich unter dem Begriff des
"Grundverhältnisses" genau jenen Problemzusammenhang, den Schleiermachers

34 1. Aufl. § 36, 1 I, 123.
35 Vgl. Subjektivität und Selbsterhaltung. Beiträge zur Diagnose der Moderne. hg. v. H.Ebeling, m. Beitr. v. M.Horkheimer, R.Spaemann, D.Hen-
   rich, H.Blumenberg u.a. (Theorie-Diskussion, hg. v. J.Habermas, D.Hen-
   rich, N.Luhmann u. J.Taubes) Frankfurt a.M. 1976.
36 D.Henrich, Fluchtlinien. Philosophische Essays. Frankfurt a.M. 1982,
   S. 99-125, 125-181.

egriff des "Gefühls" thematisiert, d.h. die ontologisch-anthropologisch orien-
ierte Frage nach dem "S i n n - Z u s a m m e n h a n g   m e n s c h-
i c h e n   L e b e n s"[37], nach dem Verhältnis von   G o t t, W e l t
i n d   m e n s c h l i c h e m   S e l b s t b e w u ß t s e i n.

"Es besteht ein Zusammenhang zwischen dem, was unserem alltäglichen
Weltverstehen und der in es eingeschlossenen Selbstverständigung seine Ver-
assung gibt, und den letzten Aussagen über das uns mögliche bewußte Le-
en"[38]. Und: "Die gesamte Verfassung des Grundverhältnisses ist darauf an-
jelegt, den Gedanken des Absoluten hervorzutreiben und sich selbst über sich
on diesem Gedanken her sowohl zu verständigen als auch insofern zu ver-
vandeln, als nur von diesem Gedanken her in das bewußte Leben diejenige
Einheit des Verstehens kommen kann, die gegenüber allen Beirrungen stand-
lält, welche aus den ihm gleich wesentlichen aber gleichermaßen gegenläufi-
jen Tendenzen der Selbstauslegung kommen"[39]. Von diesen Überlegungen her
jelangt Henrich zu dem Schluß, daß die Gegebenheit des "Grundverhältnisses"
von sich her ausschließt, daß durch philosophisches Denken eine "selbstge-
lügsame Weltorientierung in Kraft gesetzt werden kann. Auch das metaphysische Denken bleibt, indem es das Grundverhältnis transzendiert, an dieses
Verhältnis gebunden – und zwar insofern, als es sein Ziel, Aufklärung über
das Ganze dessen zu geben, was im Grundverhältnis unverständlich bleibt,
doch nur über eine fortdauernde implizite Bezugnahme auf die Sachverhalte
erreichen kann, die im Grundverhältnis selbst begründende Bedeutung
haben"[40].

Schleiermachers Konzentration auf das unmittelbare Selbstbewußtsein mußte,
wie gezeigt wurde, als Versuch interpretiert werden, die Vorgegebenheit des
"Grundverhältnisses" als innere, jedem Menschen zukommende,   o n t o l o-
g i s c h e   Einheit von göttlichem Sein und endlichem Sein im "absoluten
Abhängigkeitsgefühl" sicherzustellen, das sich sprachlich-reflexiv erschließt
im Scheitern des Versuchs reflexiver Selbstbegründung des Selbstbewußtseins.

Von der Einsicht in diesen Zusammenhang philosophischer Kritik aller Versuche autonomer Selbstbegründung und Selbsterhaltung der Subjektivität her
läßt sich in begründeter Weise theologisches Denken dort in sein Recht
setzen, wo eine "Diagnose der Moderne"[41] feststellt, die Theologie sei "für
die Prozesse sich selbst erhaltender Subjektivität ... bedeutungslos geworden"[42]. Die Erinnerung an Schleiermachers Philosophische Theologie wird damit zum Widerspruch gegen die philosophisch undifferenzierte und unkri-

---

37 A.a.O., S. 13.   38 A.a.O., S. 99.   39 A.a.O., S. 179 f.   40 A.a.O., S. 177 f.
41 Vgl. Subjektivität und Selbsterhaltung, a.a.o.
42 H.Ebeling, Einleitung: Das neuere Prinzip der Selbsterhaltung und seine
   Bedeutung für die Theorie der Subjektivität, in: Subjektivität und Selbsterhaltung, a.a.O., S. 13.

tische Behauptung, die "Ausgrenzung gegenüber theologischer Fremdbestim
mung" sei erreicht, "sobald der Durchgang durch die transzendental-philo
sophische Kritik zur selbstverständlichen Ausgangsbasis geworden ist"[43]

Auch M. Frank gelangt, angeregt durch die Philosophie des späten
Schelling [44], in seinem Buch "Das individuelle Allgemeine" - in Überein
stimmung mit den Ergebnissen der vorliegenden Interpretation Schleier
machers - zu philosophisch und theologisch weitreichenden Konsequenzen sei
ner Deutung Schleiermachers: "Im Innersten des Bewußtseins vollzieht sich
ein Umschlag des Transzendentalen ins Transzendente: eine wirkliche Subver
sion des subjekt-philosophischen Paradigmas der Neuzeit. Er (Gott) ist unbe
wußt auch in dem Sinne, daß das am Phantasma autonomer Selbstbegründung
scheiternde Subjekt in diesem Ausdruck die Erfahrung einer Reflexion auf
sein eigenes Nichtwissen und Nichtkönnen niederlegt. 'Gott' ist Resultat ei
ner Reflexion auf dies doppelte 'Nicht' im Herzen des Bewußtseins"[45]. Inso
fern sich - so wird hier erneut deutlich - die Macht der Reflexion an der
Unverfügbarkeit des Seins von M e n s c h u n d W e l t bricht, er
schließt sich dessen t r a n s z e n d e n t e B e s t i m m t h e i t,
d.h. das "Mitgesetztsein Gottes im Gefühl" als Grundsituation menschlicher
Lebens, und damit die schlechthinnige Abhängigkeit allen Seins von Gott.
Mit dem Nachweis der Unmöglichkeit transzendental-autonomer Selbstbegrün
dung der Subjektivität legitimiert sich zugleich Schleiermachers ontologische
Denken in der Deutung des Selbstbewußtseins.

Läßt sich die Spannung zwischen transzendentalphilosophischem und onto
logischem Denken auch nicht gänzlich auflösen, so ist doch die theologische
Bedeutung der ontologischen Fragestellung Schleiermachers offensichtlich.
Schleiermachers P h i l o s o p h i s c h e T h e o l o g i e erweist
sich über alle Aktualität für die gegenwärtige Subjektivitätstheorie-Dis
kussion hinaus, in ökumenischer Hinsicht als Anknüpfungspunkt für eine Dis
kussion katholischer Theologie und evangelischer Theologie über jene stritti
gen philosophischen Fragestellungen und Probleme, die katholisch-theolo
gischem Denken traditionsgemäß unverzichtbar erscheinen.

43 A.a.O., S. 13.
44 Vgl. M.Frank, Der unendliche Mangel an Sein, Frankfurt a.M. 1975.
45 M.Frank, Das individuelle Allgemeine, Frankfurt a.M., 1977, S. 114.

THE CHRISTIAN AND THE ETHICAL IN SCHLEIERMACHER'S CHRISTIAN ETHICS

von James O. Duke

References to a field of study called Christian ethics are prevalent, but there seems to be little agreement about the character of the field itself – its subject matter, its method, and its aim. So much may perhaps pass by way of observation.[1] A lack of consensus about the character of familiar academic disciplines is too common these days to justify an indictment or a doxology. What is striking about this case, however, is that the condition appears to be congenital.

The very title "Christian Ethics" harbors a root problem, for it implies at once reflection on what is Christian and reflection on what is ethical. The connection, if any, between these two regions of investigation, and among the types of investigation most appropriate to them, has long been a matter of dispute. Ever since it emerged as a field of study in the early modern era,[2] Christian Ethics has been destined to exercise a mandate over disputed territory.

Strategies for coping with this problem have been many. Before the Enlightenment era, especially, a standard procedure was to "apply" the conclusions of theological inquiry to the moral realm. Thus certain presumably assured biblical-doctrinal propositions, equated with divinely revealed truth, might be used to replace, correct, or supplement the ethical precepts derived from natural reason.

By the end of the eighteenth century, confidence in this modus operandi had flagged considerably. The reasons are numerous, complex, and not altogether clear even now. At least three deserve mention. First, unresolved conflicts among rival orthodoxies fanned hopes that morality might be secured on a foundation more firm than that provided by theological axioms. Second, the persuasiveness of direct appeals to sources of information about revealed truth was undercut by biblical, historical, and philosophical criticisms. Third, reliance on provincial, i.e., confessionally-bound, ethics was

---

1 See, e.g., the observations by James M. Gustafson, Ethics from a Theocentric Perspective Chicago 1981, I p. 1–85.
2 On the history of the field, see Isaac August Dorner, "Ethik", Real-Encyklopädie für protestantische Theologie und Kirche, ed. Herzog, lst ed., vol. 4 p. 349–373; Wilhelm Gass, Geschichte der christlichen Ethik, 2 vols. (Berlin 1887); Christoph Ernst Luthardt, Geschichte der christlichen Ethik, 2. Hälfte Leipzig 1893. The field emerged in the age of protestant scholasticism: see Inge Mager, Georg Calixts theologische Ethik und ihre Nachwirkungen, Studien zur Kirchengeschichte Niedersachsens, 19, Göttingen 1969, and Johannes Wallmann, Der Theologiebegriff bei Johann Gerhard und Georg Calixt, Beiträge zur historischen Theologie, ed. Gerhard Ebeling, 30, Tübingen, 1961.

challenged by the renewal of the ancient tradition of moral philosophy which
aspired to a universally valid ethics beholden only to the autonomous exercise of reason. Indeed, for many who welcomed the dawn of the nineteenth
century, the ethics of Kant confirmed the fruitfulness of reflection "within
the limits of reason alone."

Such was the situation when Friedrich Schleiermacher set about to reform
the field of Christian Ethics. In his judgment the status quo jeopardized the
best interests of both historic Christianity and modern culture, for it burde-
ned the modern Christian with a grave dilemma. If Christian ethics were
fully the same as philosophical ethics, then it would appear to be superfluous. If it were not fully the same, then Christians would be subject to
two masters and forced to choose either to be Christian or to be ethical.[3] Under these circumstances it might well seem advisable to delay the
writing of yet another book on Christian ethics pending a thorough reapprai-
sal of the field, and this in turn would demand a careful reconsideration
of the relationship between what is Christian and what is ethical. For his
own part, Schleiermacher based his lectures on Christian ethics, posthumous-
ly compiled under the title D i e c h r i s t l i c h e S i t t e,[4] on
just such foundational thinking.

The Task of christian Ethics

The reconception of the field of Christian ethics was but one facet of Schleiermacher's overall program for the reform of theological education in the
German university. He sketched out his plan in a B r i e f O u t -
l i n e o f t h e S t u d y o f T h e o l o g y, an "encyclopedic"
account of the unity, disciplinary branches, and aim of theological
science.[5] Fundamental to this work is the conviction that the study of theo-

---

3 This phraseology sharpens, for the sake of emphasis, the more even-handed
   formulation offered by Schleiermacher: "If both are the same, it appears
   that one of the two is superfluous. ... If the two are not the same, the
   difficulty is equally serious, for either piety must contradict philosophy
   or philosophy must contradict piety. Either the philosophical person cannot
   be devout or the devout person cannot be philosophical. ..." (Friedrich
   Schleiermacher, Die christliche Sitte, nach den Grundsätzen der evangelischen Kirche im Zusammehang dargestellt, ed. Ludwig Jonas, in Friedrich
   Schleiermachers sämmtliche Werke, 2d ed., Berlin 1884, I.12:25; see also
   p. 27. Hereafter referred to as CS. Unless otherwise noted, all translations
   are my own; for CS, the draft translation by Dr. John Shelley of Furman
   University is gratefully acknowledged.

4 Ibid., title page. Jonas supplied the title and explained that the materials
   were "edited from Schleiermacher's handwritten literary remains and from
   the lecture notes [of students]."

5 Friedrich Schleiermacher, Kurze Darstellung des theologischen Studiums,
   zum behuf einleitender Vorlesungen, 3rd, critical ed. by Heinrich Scholz
   Leipzig, 1910; reprint: 5th ed., Darmstadt: 1982. On the literature of
   "theological encyclopedia" and Schleiermacher's contribution to it, see the
   recent works by Edward Farley, Theologia: The Fragmentation and Unity
   of Theological Education Philadelphia 1983, and by Wolfhart Pannenberg,

ɔgy orient itself to the life of faith that constitutes the distinctive identi-
y of the Christian community. In keeping with this conviction, theology as
  whole is assigned the task of forming that understanding of Christianity
equisite for responsible church leadership. In the formation of such an un-
erstanding it is to be assumed that an interest in, i.e., commitment to,
ne faith of the church will promote rather than constrain scholarly rigor
nd intellectual honesty.

T h e   B r i e f   O u t l i n e   organizes the theological disciplines
round three distinct, but interrelated, concerns: the identification of the
efining characteristics of the faith constitutive of the Christian church
philosophical theology), the description of the condition of this faith-commu-
ity in the past and in the present (historical theology, embracing biblical
tudy, church history, and dogmatics), and the delineation of the means by
which the integrity of this faith-community may be preserved as the present
ives way to the future (practical theology).[6] In this tripartite schema the
tudy of Christian ethics (Christliche Sittenlehre, the Christian doctrine of
norals) is paired with study of the Christian doctrine of faith (Glaubens-
ehre) to form dogmatics - that branch of historical theology devoted to "the
ystematic presentation of the doctrine that is valid at any given time" for
he church.[7]

This placement makes Christian Ethics a thoroughly human enterprise, an
nstance of "faith seeking understanding." The field has to do not with the
compilation of eternal truths enshrined in sacrosanct texts or derived from
ɔhilosophical first principles but with the "living morals" of a historically
determinate community of faith. It serves the church by producing a contem-
ɔorary explication, at once critical and coherent, of the action appropriate
o corporate Christian identity, set out in the form of principles or rules.

In the   B r i e f   O u t l i n e   Schleiermacher only points to such a
field. A clear impression of its outline and contours must come from his lecture materials. These, and especially the "General Introduction" to the study, attest that much thought had been given to the question of the rela-

---

Theology and the Philosophy of Science, trans. Francis McDonagh, Philadelphia: 1976.
6 Schleiermacher, Kurze Darstellung, §§ 1-42.
7 The full statement reads: "The coherent presentation of doctrine, as it is
valid [geltend] at any given time, whether it be in the church as a whole
when there is no division or whether in an individual part of the church
[Kirchenpartei], we characterize by the term dogmatics or dogmatic theology" (ibid., § 97). Given the fact that the church is divided, Schleiermacher relates his own Christian ethics to protestantism. Ont he propriety
of translating "geltend" as "valid", see John E. Thiel, "Orthodoxy and
Heterodoxy in Schleiermacher's Theological Encyclopedia: Doctrinal Development and Theological Creativity", Heythrop Journal, forthcoming.

tionship between what is Christian and what is moral. There can be no doubt, however, that Schleiermacher's answer to that question is complex and because he worked out not only a Christian ethics but a philosophical ethics as well, an account of the Christian and the ethical in the former work must reckon also with the latter work.[8] By necessity the reading of Schleiermacher offered here must be limited to certain basic considerations which can be dealt with only in brief.

What is Ethical

The quest for moral guidance is a deep human need, to be addressed adequately by a moral philosophy that lays claim to universal validity – this Schleiermacher assumed without question. The development of such a philosophy was among his lifelong preoccupations. At home in an age of system building, he set ethics within the cycle of sciences that together represented the totality of knowledge (the ideal) about the totality of being (the real). Its theme was the action of reason upon nature, taking both terms as comprehensively as possible, and its goal was the identification of the universal principles, processes, and forms by which human beings – rational beings – act to bring about the progressive unification of the ideal and the real.[9]

An ethics in this key may be called, perhaps more justly, a philosophy of culture.[10] Inasmuch as it deals with the great objective social goals that maintain and enhance the worth of human beings, it develops the "principles of history," that is, the fundamental categories necessary for a rational un-

---

8 See the discussion "On the History of the Influence and Interpretation [of Schleiermacher's ethics]" by Hans-Joachim Birkner, Schleiermachers christliche Sittenlehre, im Zusammenhang seines philosophisch-theologischen Systems, Berlin pp. 20-28.

9 The now standard text of the philosophical ethics is Philosophische Ethik, in Schleiermachers Werke Auswahl, ed. Otto Braun and Johannes Bauer, 2d ed., vol. 2 Leipzig 1927-28, hereafter referred to as E.
    Of the many interpretations of the philosophical ethics in the context of Schleiermacher's thought, three have contributed especially to this account: Albert L. Blackwell, Schleiermacher's Early Philosophy of Life: Determinism, Freedom, and Phantasy, Harvard Theological Studies, 33 Chico, CA: 1982; Wilhelm Dilthey, Leben Schleiermachers, in idem, Gesammelte Schriften XIV.2, ed. Martin Redeker Göttingen 1966; Eilert Herms, Herkunft, Entfaltung und erste Gestalt des Systems der Wissenschaften bei Schleiermacher, Gütersloh 1975.

10 The point is often made in the literature. Special treatments of the theme, however, are made by Eckhard Garczyk, Mensch, Gesellschaft, Geschichte: Friedrich Daniel Ernst Schleiermachers philosophische Soziologie, München 1964; Johann Ulrich Hauswaldt, Schleiermachers Güterlehre und die Wertphilosophie Mainz: 1953; Hans-Joachim Iwand, "Schleiermacher als Ethiker," Evangelische Theologie 11 (1951-52): 49-64; Dieter Schellong, Bürgertum und christliche Religion, Munich 1975; Yorck Spiegel, Theologie der bürgerlichen Gesellschaft, München 1978.

erstanding of the course of human events. From this vantage history itself
is a display of the infinite variety of products (cultural systems and their
components) which arise as humans collaborate to construct an inhabitable
world of meaningful relations with their natural environment and with one
another.[11]

The speculative pitch of this conception should not, however, lead anyone
to underestimate its relevance for a theory of morality. By means of this
grand design, Schleiermacher sets the parameters within which he may explo-
re the moral dimension of human experience and thereby disclose the conditions for the possibility of any proper theory of moral judgment.

The moral dimension of human experience, Schleiermacher recognized, is
not so simple and so accessible that it comes fully into view from any one
perspective. The history of moral philosophy confirmed as much, for it in-
cluded a number of alternative ethical theories – theories of virtue focused
on the determination of the moral agent, theories of duty focused on the determination of the moral act, and theories of the good focused on the determination of the moral product.[12] In critical dialogue with the tradition
Schleiermacher aspired to a non-reductionistic theory that would integrate
these viewpoints. In his work primacy falls to the theory of the good, but
this status is to be justified only because the realization of projects that
unite reason and nature, and in so doing spur further effort in this direction, will be correlative to the power of the agent (virtue) and to the rationale for the action (duty).[13] Thus a sketch of his theory of the good
provides a fair sense of his ethical theory as a whole.

The point of departure for his theory of the good is philosophical anthro-
pology. Given the modern "turn to the subject" and the challenge of Kant's
ethics, especially, the decision must have seemed obvious. If the moral is
that which reason attests to be appropriate to human being as such, then
ethical theory must be grounded in features constitutive of human being as
such. Two of these features take on special significance in Schleiermacher's
philosophical ethics.

First, human being is a chiasm of reason and nature: it is embodied self-
consciousness. And because the self is being-in-the-world, its life is made
up of those activities by which the world is assimilated and "organized" into a web of human meanings and those activities by which its own capacity
for "organizing" its world is represented or "symbolized" to itself in exter-

---

11 Birkner, Schleiermachers christliche Sittenlehre, pp. 36-50.
12 Schleiermacher's critical appraisal of the field appeared in his Grundlinien einer Kritik der bisherigen Sittenlehre (1803), in Sämmtliche Werke
   Berlin 1846, III.1:1-344. The analysis by Blackwell, Schleiermacher's Early Philosophy of Life, is very helpful.
13 E, pp. 550-57, esp. 555.

nal, objective forms.[14]

Second, human being is at once individual and social: it is intersubjective self-consciousness. And because the self is a being-with-others, its life is a process of interpersonal exchange made up of those actions expressive of the identity of social groupings, shaped by the contributions of each individual, and of those actions expressive of the identity of each individual shaped by the contributions of various social groups.[15]

By crossing these categories Schleiermacher identifies four types of human action productive of human good: the organizing-universal, the organizing-individual, the symbolizing-universal, and the symbolizing-individual. Each type represents a distinct sphere of life manifesting itself in a distinct form of social association (the state, the community of knowledge, "free sociality," and the church), and each is directed towards its own fulfillment in a vision of the highest good (eternal peace among nations, a community of knowledge in the commonality of language, a "perfect world," and a "kingdom of heaven"). Yet life itself is nothing less than the interpenetration of all four spheres. Thus the philosophical ideal of the highest good is nothing less than the interpenetration of all four goals.[16] Although Schleiermacher admits that human history presents only approximations to this ideal, he nonetheless maintains that the ideal itself is the telos inherent in human-being-in-the-world-with-others.

Obviously the universality of this ethics comes only at the price of considerable conceptual abstraction. Philosophical ethics is concerned with the eidetic structures or generic features constitutive of moral life; it does not specify the various concrete manifestations of the moral life in history. Insofar as it contains, and implies, a theory of morality, that theory may be classified as descriptive, material, and teleological. Its adequacy as a philosophy of culture or as a theory of morality cannot be judged here. What is crucial for the question at hand is this. This account of the moral dimension of human experience brings religion within the purview of ethical reflection.

Religion in Ethical Perspective

The discussion of religion in the lectures on philosophical ethics is relatively brief and schematic. A few points may be noted in capsulized form. First, the cultural phenomena linked with religion are expressions of the symbolizing-individual capacities of human selfhood. Second, religion is

---

14 Ibid., pp. 430-34.
15 Ibid., pp. 434-40.
16 Ibid., p. 429; see also Schleiermacher's two addresses to the Prussian Academy of Sciences, "Über den Begriff des höchsten Gutes," Philosophische und vermischte Schriften, in Sämmtliche Werke, III.2:446-95.

rooted in individuality, but makes its appearance only with the formation
of religious communities, each with its own distinctive religious identity.
Third, the telos of religious activity embraces within itself the moral activities of the other three spheres of life. In religious communions persons
direct their lives as a whole, including their moral involvements in state,
in education, and in free sociality, toward the religious good.

Exactly what ethical inquiry can disclose about the religious sphere of
life comes into focus when the schematic comments in the lectures on philosophical ethics are supplemented by "propositions borrowed from ethics" in
the Introduction to T h e   C h r i s t i a n   F a i t h.[17] Once again
analyses of human selfhood grant access to the subject matter.

Lived experience, Schleiermacher argues, is a continual interaction between
the self and the world. This interaction, whether in the form of thinking
or of doing, is marked by a reciprocal relationship between the states and
objects of consciousness. Undergirding, mediating, and unifying the moments
that comprise this process is immediate self-consciousness, or feeling, which
is the self's pre-reflective, global awareness of its being-in-the-world-with-
others.

In immediate self-consciousness the self is aware of itself as the integrative center of all its reciprocal, i.e., finite, relations with the world. This
awareness, at the core of individual identity, also arouses the self to think
and to act, and imprints itself upon every act the self undertakes. At the
same time, in immediate self-consciousness the self is aware that its own
existence as the integrative center of all interaction with the world is produced neither by its own action upon finite being or in response to the action of finite being upon itself. It finds itself in "an immediate existential
relationship"[18] of utter (non-reciprocal) dependence upon something other:
the "Whence" of its existence is the transcendent as limit. Within this context, Schleiermacher claims, is formed the "original meaning" of the word
God, designating the conterminate of this state of awareness. It is this modification of immediate self-consciousness as an awareness of utter dependence
or, which is the same thing, of being in relationship with God," that forms
the religious feeling, or piety, at the basis of every religious communion.[19]

7 Friedrich Schleiermacher, Der christliche Glaube, nach den Grundsätzen
   der evangelischen Kirche im Zusammenhange dargestellt, 7th ed., ed. Martin Redeker Berlin, 1960, §§ 3-6. Hereafter referred to as GL. Insightful
   commentary is provided by Doris Offermann, Schleiermachers Einleitung
   in die Glaubenslehre: Eine Untersuchung der "Lehnsätze,", Berlin:
   1969.
8 The phrase appears in Schleiermacher's own apologia for his Glaubenslehre: On the "Glaubenslehre": Two Letters to Dr. Lücke, trans. James
   Duke and Francis Fiorenza, AAR Texts and Translations, 3, Chico, CA:
   1981, p. 40.
9 GL, § 4.

By isolating the essence of piety, Schleiermacher distinguishes the realm of
the religious from the other realms of life. Yet he insists that in actuality
religious feeling is never isolated from these other realms. The two "levels"
of immediate self-consciousness – that determined by the self as the unity
of reciprocal interactions with the world and that determined by the Whence
of that unity – are always found to be conjoined. On the one hand, the self's
awareness of its being-in-the-world-with-others permits and conditions the
appearance of religious feeling in the course of life. On the other hand
religious feeling modifies the self's awareness of its being-in-the-world-with-
others and passes over into thought and action. Thus religious feeling is
the source and ground of the moral dimension of the self's interactions with
world and with others.

What is Christian

In Schleiermacher's view, philosophical ethics approaches human action by
way of asking what is ethical. That way leads eventually to a consideration
of religion. The treatment accorded religion, however, is limited to the identification of generically universal features constitutive of religiosity as
such. The philosophy of religion, a sub-specialty of ethics, advances one
step toward concreteness by comparing and contrasting the various forms that
religiosity has assumed in the religious communities of the world.[20] But ethical inquiry is content to ascertain that "the religious element" is "equally
capable of different forms" and to "place it in a similar relation to all (the
forms) that are possible."[21] It does not proceed to investigate how generic
and particularizing features combine to make up the distinctive essence of
any given religion. To do so would be to relinquish its claim to universal
applicability. In the case of the Christian religion, of course, this task has
been, and may be, undertaken – not by ethics but by Christian theology

Christian theology assumes this task not as a servant of philosophy but
as a servant of the church. Its subject matter comes to it from the social
fact of Christian piety, and oriented to the needs of the church it is free
to use or to ignore the resources of philosophy as its own best interests dic-
tate. As a branch of theology, Christian Ethics thematizes only that action
of reason which has been determined by Christian religious feeling, that is,
the action by and in the church. It approaches that action by way of asking what is Christian.

The character of this field is shaped by its placement, along with the
Glaubenslehre, in dogmatics. From philosophical theology both branches of

---

20 Schleiermacher, Kurze Darstellung, 23; cf. the "Lehnsätze aus der Reli-
    gionsphilosophie" in GL, §§ 7-10.
21 CS, p. 75.

dogmatics receive their understanding of the essence or "idea" of Christiani-
y: "Christianity is a monotheistic faith [Glaubensweise] belonging to the
teleological direction of piety, and it is in its essence distinguished from
other such [faiths] in that everything in it is related to the redemption
brought about by Jesus of Nazareth."[22] Dogmatics is to describe the condition of the historically determinate community of faith, the Christian church,
by reference to this idea. But this description carries with it normative
force. That is, it identifies the condition of the church insofar as that
church is in fact true to its own identity. Why, then, does this description
divide into a doctrine of faith and a doctrine of morals?

Schleiermacher traces the division of labor back to its roots in Christian
piety itself.[23] Analyses of human selfhood had shown that "the piety which
forms the basis of all church communion is, considered purely in itself, neither a knowing nor a doing, but a modification of feeling, or of immediate
self-consciousness."[24] They also showed that piety never appears "purely
in itself" but always in conjunction with knowing and with doing. Dogmatics
must therefore do justice both to the relationship between piety and knowing
and to that between piety and doing. Or, as Schleiermacher puts it in the
General Introduction to his Christian ethics, two elements are "essentially
united" in piety: "the interest in the object" of religious awareness and "the
impulse" that "always passes over into action."[25] Reflection on the object
of religious awareness gives rise to the church's doctrine of faith, under
the formula "what must be [the case] because there is Christian piety." Reflection on the impulse toward action inherent in religious awareness gives
rise to the church's doctrine of morals, under the formula "what must come
to be [the case] because and by means of Christian piety."[26] In sum, the
two branches of dogmatics view the same subject matter from differing yet
complementary perspectives.

Schleiermacher contended that the impulse inherent in piety is conducted
through modulations of religious affectivity. This claim, of course, not only
reflects his pietist roots but brings him into association with the likes of
Edwards and Kierkegaard, although his account of Christian affectivity develops along very independent lines. Religious feeling is always formed by
a connection between awareness of God and awareness of worldly interactions. When awareness of God is heightened with ease in company with awareness of worldly interactions, the result is the feeling of religious joy.

---

22 GL, § 11.
23 CS, pp. 22-24.
24 GL, 3; cf. CS, pp. 20-22.
25 CS, p. 22.
26 Ibid., p. 23.

When the heightening of awareness of God attained in such moments is obstructed by awareness of worldly interactions, the result is the feeling of religious pain. From these stimuli the will receives its inducements for movement.

In Christianity, the passage from impulse to action can be traced only with due regard for three factors. It is conditioned, first, by the "teleological" character of Christian piety. In it, everything that comes into connection with Christian awareness of God does so by reference to a moral task. The self's interactions with the world, even those in which the self is mainly passive, arouse awareness of God "only is insofar as we know that something ... is to be done by us, so that the action connected to and proceeding from that state has precisely this God-consciousness as its impulse." [28] What is to be done by the Christian, that is, the totality of ends to which the Christian is directed, is summed up in the idea of the Kingdom of God. So determined, pleasure and pain due to worldly interactions contribute but then give way to the formation of specifically religious affections that stimulate moral activity.

Before citing the second conditioning factor, one may note that Schleiermacher puts this description of the modulations of Christian affectivity to daring use in his exposition of Christian ethics. From it is derived the organizational plan for the entire field. The line of argument can be stated in brief here. All actions appropriate to Christian identity arise from modalities of Christian affections, and differing modalities lead to differing types of action. A predominance of religious pain or a predominance of religious joy give rise to "efficacious activities" that seek to move the Christian from one condition to another. These are of two sorts. Awareness of relgious pain expresses itself in action aimed at restoring lost communion with God (restorative activities); awareness of religious joy expresses itself in action aimed at maintaining communion with God through other moments of life (expansive activities). A relative equilibrium between pleasure and pain gives rise to another sort of action altogether. From such moments emerge "representational activities" that seek to make manifest the condition of the Christian for no purpose other than to make it accessible to others. Within these categories fall the various activities of the Christian life. Church discipline, for example, is restorative activity; Christian education, expansive; worship, representational. [29]

The second conditioning factor in the passage from impulse to action is the Christian experience of redemption in Jesus Christ. In the Introduction

---

28 Ibid., § 9,1; cf. §§ 62-64.
29 CS, pp. 35-75.

o the   G l a u b e n s l e h r e   Schleiermacher explains that in
Christianity "all pious moments, insofar as the feeling of utter dependence
s freely expressed in them, are posited as having developed through that
redemption, and insofar as the feeling still remains bound in them, |are po-
sited| as being in need of that redemption."[30] This experience is characteri-
ed as an "antithesis of sin and grace," or, using equally traditional language, "the antithesis of flesh and spirit." [31]

This characterization of Christian self-awareness has significant implica-
ions for Christian ethics. The religious joy of the Christian betokens the
efficacy of the Redeemer, communicated through the power of the Spirit, and
he religious pain of the Christian betokens the residual power of sin, that
s, the lure of that which is other, and less, than God. Implicit in the experience of this "antithesis" is a standard of comparison. Schleiermacher
holds that the unconditional communion of Jesus Christ with God represents
he norm of Christian ethics and that the power of the Spirit represents its
active principle.[32]

The third conditioning factor is the dialectic of sociality and individuali-
y. In Christian piety the Spirit is understood to be the divine gift granted
o the faithful, individually and corporately. The Christian affections are
therefore marked by the antithesis between the "common feeling" and the "individual feeling", and the discussion of the action appropriate to Christian
dentity attends both to the process by which "the common feeling assimi-
ates the personal" and that by which "the personal assimilates the
common." [33]

Conditioned in these ways, Christian piety is characterized by its own
distinctive source, telos, and norm: the Redeemer who communicates a new
life with others, a life responsive not only to divine demand (the law) but
to divine grace, a life empowered by the Spirit to love of God and to neigh-
bor. Schleiermacher does not shrink from the logical conclusion of this train
of thought. For Christians the highest good is communion with Jesus Christ.
Inasmuch as the church itself is a life of communion with God mediated by
communion with Jesus Christ, it is nothing other than the in-breaking of the
kingdom of God, and the action appropriate to its identity is that action
directed toward the full realization of the kingdom.[34]

The Christian and the Ethical

The reading of Schleiermacher given here suggests that the question of the

---

30 GL, § 11,3; cf. § 9.
31 CS, pp. 35-37, 44-45.
32 Ibid., pp. 33, 35, 37-42, 57, 60-61, 64.
33 Ibid., p. 71, in the context of pp. 59-75.
34 Ibid., pp. 75-81, 168; GL, § 113.

relationship between what is Christian and what is ethical becomes in his thought the question of the connection between Christian religious awareness and human moral awareness. Therefore his decision to work out both a Christian ethics and a philosophical ethics follows from the fact that this connection may be approached from both of its sides. What might be expected, then would be on the one hand an ethical account of Christian religious awareness and on the other hand a Christian religious account of human moral awareness.

In fact, however, this expectation is not fulfilled, for the two works are not truly parallel at all. The philosophical ethics stops short of investigating the moral awareness distinctive to Christians, and the Christian ethics stops short of investigating the moral awareness of anyone except the Christian. Thus even when the rationale for two sorts of ethics has been clarified, a final judgment on the relationship between the two remains uncertain. The two press toward the connection between human moral awareness and Christian religious awareness, they converge upon the notion of church as a community at once moral and pious.[35] But philosophical ethics does not thematize the determinate features of the Christian church, and Christian ethics does not thematize the universal features common to all churches. How, then, do the two inquiries shed light on that connection, and how do their results fit together?

Schleiermacher's own direct statements about the relationship between philosophical and Christian ethics are helpful but not definitive. From them one gains this. If one thinks merely of the diverse theories set out in books called "ethics," it is impossible to ascertain any fixed relationship between the two fields of study. If, however, one thinks of the tasks that Schleiermacher assigns to the fields, it can be said that they are to be "completely the same" (vollkommen gleich) with respect to content but "completely different" (vollkommen ungleich) with respect to form.[36]

This terminology, which is of course only a statement of intention, requires considerable, and careful, explication. The difference of form is by no means a minor matter: "... Christian moral doctrine is to expound rules for living, but it is Christian moral doctrine only insofar as it shows that those who desire to be Christian must in any given situation arrange their lives in a particular way and not otherwise. Philosophical moral doctrine also expounds rules for living, but not returning to this presupposition; rather,

35 As Offermann notes (Einleitung, pp. 66–234), the propositions borrowed from ethics and philosophy of religion are designed to clarify the notion, and role, of religious community in human life. An interpretation of Die Christliche Sitte that concentrates on ecclesiological issues is Holger Samson, Die Kirche als Grundbegriff der theologischen Ethik Schleiermachers, Zollikon: 1958.
36 CS, p. 28.

making claim to universal validity, it always goes back to the presupposition that whoever desires to be a human (ein Mensch) in the sense of a definite, pre-established concept is able to desire to act only in conformity with this concept ." [37]

By form, then, Schleiermacher refers to nothing other than the entire "logic" of argumentation proper to each field. A descriptive philosophical ethics that lays claim to universal validity must be conformed to the generic universal structures constitutive of human being-in-the-world-with-others; a descriptive Christian ethics must be conformed to the determinate features constitutive of Christian corporate self-consciousness.

Under these circumstances the phrase "completely the same with respect to content" cannot mean that Christian ethics is merely a translation of the philosophical ethics into Christian terminology.[38] The differences in form extend to the source from which each discipline derives its principles, to the organizational schemata by which each explicates its principles, and to the normative force with which each applies its principles. And since both disciplines are descriptive, these differences betoken certain differences with respect to the manner in which "the same content" has been made available to reflection.

Indeed, Schleiermacher's claim that the two disciplines are completely the same with respect to content appears only in the course of arguing that "the elements of the one cannot contradict the elements of the other."[39] And this claim is clearly based on a matter of principle: if philosophical ethics identifies the moral precepts appropriate to human being as such, and if Christian ethics presents the moral precepts appropriate to Christianity as such, then since Christian faith witnesses to the redemption rather than the abnegation of the human self, an ethics arising from that faith must be compatible with that arising from philosophical inquiry.

To ascertain that the two sorts of ethics are to be compatible, however, is not yet to establish that in fact Schleiermacher's Christliche Sitte incorporates both what is Christian and what is ethical. Given the long-standing conflict of interpretations about the relationship between philosophy and theology in Schleiermacher's thought, consensus on this issue can hardly be expected. Yet two of the most significant studies of Schleiermacher's ethical thinking, that by Hans-Joachim Birkner and that by Marlin E. Miller, have

---

37 Ibid., p. 7.
38 Contra Paul H. Jørgensen, Die Ethik Schleiermachers, Forschungen zur Geschichte und Lehre des Protestantismus, ed. Ernst Wolf, s. 10, 14, München 1959, p. 184.
39 CS, p. 28.

constructed detailed and forceful cases in favor of this claim.[40]

Despite many differences in approach and in emphasis, these studies are in fundamental aggreement at two key points. First, in describing the principles governing the ethos of the Christian community, Schleiermacher's Christian ethics presupposes and implicitly "contains" the universal moral categories set forth in his philosophical ethics. Since the religious feeling of the Christian is always united with the self-awareness of worldly interactions, Christian ethics encompasses the principles of the moral life appropriate to and binding upon human being as such. As Birkner phrases it, "all norms that are produced from the universal laws and structures of human-historical life are also obligatory for the Christian doctrine of morals." [41]

Second, Christian ethics is not reducible to philosophical ethics, but in effect makes a distinctive contribution to ethical reflection as such in that it clarifies the principles governing the lived experience – communion with Jesus Christ – that empowers human beings who are Christian to fulfill the universal norms of philosophical ethics. As Miller puts it, Schleiermacher's Christian ethics "complements" philosophy by supplying what philosophical inquiry can only presuppose: the terminus a quo of the moral life is immediate self-consciousness as modified by proper relationship to God.[42] Thus Christianity fosters, actualizes, and protects a humane ethics.[43]

These lines of interpretation depend, of course, on noting that Schleiermacher's philosophical ethics focuses on universal, and therefore abstract, features of human moral life and that his Christian ethics focuses on a particular, and concrete, manifestation of the moral life. The two inquiries approach the connection between religious awareness and moral awareness not only from different directions but at different levels.

Yet the significance   of this difference has yet to be appreciated by even sympathetic interpreters. Birkner speaks of a distinction between philosophical abstractness and Christian concreteness, Miller of that between philosophical possibility and Christian actualization.[44]   As helpful as these distinctions are, they are somewhat misleading inasmuch as the moral life discussed in the Christian ethics does not merely "fill in," "instantiate," or "actualize" the universal categories of philosophical ethics but at the same time modifies those categories.

40 Birkner, Die christliche Sittenlehre, pp. 81–97; Marlin E. Miller, Der Übergang: Schleiermachers Theologie des Reiches Gottes im Zusammenhang seines Gesamtdenkens, Studien zur evangelischen Ethik, ed. Trutz Rendtorff, et al., 6, Gütersloh 1979, pp. 217–37.
41 Birkner, Die christliche Sittenlehre, p. 88; see also pp. 49–50; Miller, Der Übergang, p. 82.
42 Miller, Der Übergang, pp. 219–20, 229.
43 Birkner, Die christliche Sittenlehre, pp. 91–93.

Operative in the Christian ethics is the principle of positivity that is central to Schleiermacher's thought in general and to his theology in particular. By this is meant, as Robert Williams explains, "the actualizations of
abstract eidetic structures involves modifications. Temporal actualizations
of generic structures are more than mere instantiations which leave the former unmodified and unchanged. In such actualization the eidetic structures
themselves undergo modification and determination."[45] The principle can also
be stated without using language that implies "motion" on the part of eidetic
structures.[46] In that case one attends to the movement of thought characte-
ristic of reflective acts which seek to be in conformity with states of affairs
ranging from empirical particularities at the one pole to eidetic universals
at the other pole.

The identification of generic universals occurs by way of abstraction from
particularities, and this is true of the structures of moral life identified
in Schleiermacher's philosophical ethics, even though they represent "specu-
ative" (transcendental) rather than empirical genera. That is, philosophical
ethics sets forth world-structural features inherent in and constitutive of
human historicality. Compared to the philsophical ethics, the Christian
ethics is certainly more "concrete," for it thematizes only one specific ethos.
Nonetheless, it too represents a certain degree of abstraction inasmuch as
it describes the principles governing types of activity rather than particular actions themselves. In thematizing these principles, it attends to the
determinate, modified form in which the universal features of human being-
in-the-world-with-others present themselves in the Christian life. That is,
these generic features are present not in their abstract "purity" but in their
"conditionedness" by Christian faith.

Thus with respect to its content, Schleiermacher's Christian ethics is "the
same" as his philosophical ethics only at the point of universal structures
and abstract categorial description. The philosophical ethics identifies moral
agency, moral duty, and the moral good to be features essential to the moral
life and therefore to moral judgment. These features persist – unthematized
and presupposed – in the Christian moral life. But the Christian moral life
is not reducible to these features, for in a historically determinate manifestation of what is ethical they persist only in modified form. Moral agency
is not simply freedom, but freedom under the conditions of sin and grace.

---

44 Birkner, Die christliche Sittenlehre, pp. 63–64; Miller, Der Übergang,
    p. 229.

45 Robert R. Williams, Schleiermacher the Theologian: The Construction of
    the Doctrine of God Philadelphia: 1978, p. 12. With respect to this prin-
    ciple, and to the danger of "generic formalism," he cites Edward Farley,
    "Can Revelation be Formally Described?" Journal of the American Academy
    of Religion 37 (September 1969): 270–385.

46 See Edward Farley, Ecclesial Reflection: An Anatomy of Theological

Moral duty is not simply the imperative to act upon a universalizable rule, but that imperative as conditioned by divine forgiveness and divine empowerment. The moral good is not simply a kingdom of heaven, but the kingdom of the God who creates and redeems and who unites humanity in a love transcending all natural and social qualifications.

Method, Philadelphia: 1982, chaps. 13-14.

DIE "GRUNDLINIEN EINER KRITIK DER BISHERIGEN SITTENLEHRE" ALS QUELLE FÜR SCHLEIERMACHERS ANSATZ DES ETHISCHEN UNIVERSALSYSTEMS

von **Horst Beintker**

. Die sich im Menschen bildende Menschheit als Maß der von einer höchsten Wissenschaft abgeleiteten Ethik

Wilhelm Dilthey hob in einer Arbeit aus der ersten Zeit seiner Schleiermacherstudien zum Thema "Kritik der ethischen Prinzipien Schleiermachers" 1863/64) hervor, "daß das Fundament der Ethik, die ein Maß des Guten in sich enthaltende Anschauung des Menschen, dies Maß bereits aus ethischer Betrachtung oder wenigstens ethischer Gesinnung mitzubringen scheint"[1]. Der Mensch also – oder die Menschheit im Menschen bzw. die sich im Menschen bildende Menschheit – ist Schleiermacher die Antwort auf das ihm damals "durch Platon und Fichte gegebene Grundproblem der ethischen Systematik". Das trat, wie Dilthey in der selten genug unternommenen Analyse der "Grundlinien einer Kritik der bisherigen Sittenlehre" bemerkt, in einer gewissen Analogie des Schleiermacherschen Systems zu Fichte klar heraus[2]. Freilich räche sich nach Dilthey "die Fichte folgende einseitige Fassung des Problems", daß nämlich die wissenschaftliche "Grundlegung des ethischen Prinzips einer Ethik von Natur und Vernunft" später bei Schleiermacher in Durchführung einer bildenden Ethik nur die Möglichkeiten, nicht die Notwendigkeiten ins Auge faßt[3]. Aus der "transzendentalen Identität von Vernunft und Natur" in einem höchsten Wissen, das "sich in unserem Bewußtsein nicht unmittelbar" zeige, sondern "darin nur als der innerste Grund und Quell alles anderen Wissens" wirksam sei – "so wie das höchste Sein für unser Bewußtsein nicht unmittelbar vorhanden ist, sondern als innerer Grund und Quell alles anderen Seins"[4] –, folgere er "nur die Einwirkung der Vernunft auf die Natur, weil er diese gewinnen will"[5]. Aus der vorausgesetzten transzendentalen Identität folgt aber, wendet Dilthey ein, "ebensogut ... die mög-

---

[1] W.Dilthey, Leben Schleiermachers. Zweiter Band. Hrsg. v. M.Redeker. Berlin 1966, S. 350.
[2] Ebd.; das "Fundament der Ethik" visiert Schleiermacher im "Entwurf eines Systems der Sittenlehre" (= Ethik) SW III/5; 1805/06 im "Brouillon zur Ethik" = 'd', wie folgt an: "Die Ethik ist abhängig von der theoretischen Philosophie, weil diese ihr den Menschen geben muß, dessen klare Anschauung das letzte Resultat der theoretischen Philosophie ist. Diese hängt aber selbst wieder von der Gesinnung ab; also stehen beide in Wechselwirkung" (S. 57 'd'). Diesen Gedanken aus Fichte genommen zu haben, fand Dilthey von der Kritik der Sittenlehre (1803, S. 20 f. SW III/1, S. 18) bestätigt.
[3] W.Dilthey, a.a.O., S. 351.
[4] Ethik § 33,18.
[5] W.Dilthey, a.a.O., S. 351.

liche Herrschaft der Natur über die Vernunft"[6]. Und hier findet sich sein
bemerkenswerter Hinweis auf die G r u n d l i n i e n   e i n e r
K r i t i k   d e r   S i t t e n l e h r e aus dem Jahre 1803, den wir
als Anregung zu weiterer vergleichenden Beachtung und Bewertung dieser
Quelle für den ganzen Schleiermacher aufgreifen. Denn er meint, dort habe
Schleiermacher als Wissenschaftstheoretiker und Ethiker tiefer angesetzt.

Das müssen wir uns vor der genaueren Befassung mit unserer Quelle noch
etwas ins einzelne gehend entwickeln; denn die einseitige Fassung und Abhängigkeit von Fichte im Ausgehen von einem "keiner Demonstration" fähigen
"Prinzip, welches in dem System seinen Beweis habe"[7], ist bei der Ableitung
und Begründung der Ethik als ein kritisch durchschlagender Vorwurf noch
nicht recht einzusehen. Denn in dem allerdings der Wirklichkeit abgelausch-
ten System, das Schleiermacher in seiner späteren systematischen Periode in
feiner Kunst und Stringenz darstellt, liegt wohl doch ein Wahrheitsbeweis.
Schleiermacher leitet bekanntlich jede Wissenschaft und so auch die Ethik
ab "v o n   e i n e m   a n g e n o m m e n e n   h ö c h s t e r
W i s s e n" (§ 21)[8], das er freilich rational nicht abschließend demonstrieren kann. "Sie fängt also auch nicht an mit einem sogenannten sittlichen
Prinzip, wie sie bei jener Form aufgestellt werden, alle aber sich als einseitig und unbestimmt zeigen bei der kritischen Behandlung"[9].

Schleiermacher setzt eine prinzipielle Einheit von Natur und Vernunft vor
deren Gegenübertreten zur Strukturierung des ethischen Systems voraus; er
hält aber dieses Prinzip nicht für beweisbar – außer durch das System und
seine Schlüssigkeit selbst. Für die Ableitung der einzelnen Bereiche und Begriffe der Ethik muß wiederum aus der vorausgesetzten Einheit ein Gegenüber
annehmbar sein: "Indem wir einen höchsten Gegensatz aufstellen wollen", was
man als willkürlich kritisieren wird, wenn man immer nur mit Prinzipien im
Wissensfelde und in der Ethik zu arbeiten gewohnt ist, "kommen wir notwendig in das Gebiet jener Mannigfaltigkeit von Darstellungen des höchsten
Wissens, die sämtlich unvollkommen sind. Die Willkür beginnt, und die
Ü b e r z e u g u n g , d i e u n s e r V e r f a h r e n b e -
g l e i t e t, kann nur fest werden durch den Erfolg, daß nämlich eine zusammenhängende Ansicht des Wissens klar und bestimmt ausgesprochen

6 Ebd.; dies läßt sich auch mit Schleiermachers Programmschrift für den
  ethischen Gehalt der Lucinde-Problematik belegen, wenn er in der Umdeu-
  tung des Bilderverbots eben die "Idee zu einem Katechismus der Vernunft
  für edle Frauen" (Athenaeum. 1798) beim zweiten Gebot die Natur als
  "strenge Gottheit" und Herrin einer edlen Frau im Sinne von Notwendigkeit,
  ihr zu entsprechen, geltend macht.
7 A.a.O., S. 350.
8 Ethik, im Text fortan die Paragraphenzählungen des Entwurfs (s. Anm. 2),
  also nach der Fassung um 1816.
9 Auch die erklärende Beweisführung und wie hier die Erläuterung zu § 21
  ist, wenn nicht anders gekennzeichnet, aus der Fassung um 1816.

wird"[10] . Und das zeigt sich alsbald[11] , obschon niemals prinzipiell Voll-
ommenheit und auch keine Allgemeingültigkeit durch das System an sich begründet werden: " § 22. E h e   d i e   o b e r s t e   W i s s e n -
c h a f t   v o l l e n d e t   i s t ,   k a n n   a u c h   d e m ,   w a s
e h u f s   d e r   A b l e i t u n g   e i n e r   u n t e r g e o r d -
e t e n   a u s   i h r   m i t g e t e i l t   w i r d ,   k e i n e
A l l g e m e i n g ü l t i g k e i t   z u k o m m e n. Auch nicht",
schließt die Erläuterung an, "wenn auf eine bereits bekannte Darstellung
gebaut wird; denn auch diese ist nur eine von vielen und nicht allgemein
geltend. Gewiß nicht, wenn wie hier nur einzelne Züge ausgehoben werden.
Die Überzeugung", die ja für ein sittliches Handeln unerläßlich ist, "kann
hier nur entstehen aus dem Zusammentreffen dieser Züge mit dem, was jeder
n seinem eigenen Bewußtsein findet".

Bei Schleiermacher liegt also die Einsicht   korrelierender und letztlich so-
idarischer Bezüge im Wesen nicht nur des Menschen, sondern der Wirklichkeit überhaupt vor. Und so ist im Ansatz der Versuch des Menschen, dem
sittlich zu entsprechen, eine wissenschaftliche Betrachtungsweise, die Natur
und Vernunft als zutiefst verbunden allem Wirklichwerden von Leben und
Sein, Erkennen und Tun impliziert. Mag auch immer bei der sich im einzelnen entfaltenden Entwicklung das Gegenübertreten und das oft geradezu mit
einander ausschließender Gegensätzlichkeit hervorstechende Spannungsverhältnis für die Weltzustände und Naturverhältnisse, in die der Mensch wie alles
hineingehört, absolute Wirkung zu bekommen scheinen: in der Tiefe und im
Hintergrund, weil eben im Ansatz und im Ziel, ist die universale Harmonie,
der Ausgleich und das gerechte Walten von liebebestimmtem Erhalter- und
Schöpferwillen versöhnend und in einem sich glaubend ergebenden Gemüt auch
erlösend wirksam. Die menschliche Identität vor und jenseits der harten
Differenzen zu finden, war Schleiermachers Anliegen in den mancherlei Äußerungen vor seiner eigentlichen Gedankenausführung in den Hauptwerken, die
dem nicht zuwiderläuft. In den "Reden über die Religion" liegt die religiöse Lösung dieses Problems ganz offen vor; auch die   M o n o l o -
g e n[12] beleuchten es. Sollte es in der zweiten großen ethischen Frühschrift
übergangen worden sein? Ihre gewisse Verknüpfung mit den Reden steht für

10 Ethik, S. 24; die Hervorhebung durch mich, um den Argumentationshintergrund zu unterstreichen.
11 Vgl. R.Hermann, Gesammelte und nachgelassene Werke. Bd. 4. Ethik. Hrsg.
   v. J.Haar. Göttingen 1970, S. 36-43, und in meiner Schleiermacher-Aus-
   wahlausgabe (Quellen 36/I-III), Bd. 2. Der Erneuerer von Theologie und
   Kirche. Berlin 1963; Bd. 3. Lehrer und Prediger der Ethik. Berlin 1963,
   jeweils die ausgewählten Texte (2, S. 27-44; 3, S. 19-90. 140-144. 150
   f.) und Hinweise auf die Struktur der Ethik, z.B. 3, S. 10-16.
12 Die erste Ausgabe 1800 anonym und ohne Vorrede, die späteren erhielten
   sie: 1810[2] ; 1821[3] ; 1829[4] ; eine kritisch von J.H. v. Kirchmann erläuterte
   Ausgabe bei L.Heimann, Berlin 1868 (mit Skizze zu Schleiermachers Leben

316   H. Beintker

luzide und auslotende Erfassung der G r u n d l i n i e n[13], wie die Kri
tik Schleiermachers von ethischen Hauptentwürfen vor ihm in der Forschung
verkürzend benannt wird, zwar fest, muß aber weit mehr als geschehen allgemein bewußt gemacht werden. Das bedingt zunächst ein Aufdecken auch
der Entstehungszusammenhänge dieser Schrift, die für seine eigene Einschätzung und für die Verbindung zwischen dem Schleiermacher der Reden
und dem der Grundlinien aufklären können.

2. Sachlich bedingte Verbindungen theologischer und ethischer Ansätze

In der "Geschichte der deutschen evangelischen Theologie"[14] notierte der Leipziger Systematiker Horst Stephan einiges zum Zusammenhang von Religion bei
Schleiermacher und anderen, für sich freilich immer - wie die Religion auch
- s e l b s t ä n d i g e n Hauptgebieten des kulturellen Lebens. Jedenfalls hat sein Schüler Martin Schmidt in Mainz 1960 als Bearbeiter der Neu-
auflage das als spezieller Schleiermacherkenner[15] stringent unterstrichen; sogar Schleiermachers "Verbindung der Spekulation mit der Empirie", derent-
wegen sein philosophischer Nebenweg gern als "Idealrealismus" bezeichnet
werde, lasse sich "überhaupt nicht rein philosophisch" verstehen. Sie sei
letztlich, trotz ihrer philosophischen Zusammenhänge etwa mit Kants Erkenntnistheorie "religiös bedingt"[16].

Nicht weniger gilt das für sittliche Maßstäbe. Schleiermacher lehnte zwar
"je reifer" sein Denken wurde, "desto bewußter ... jede Vermischung der
theoretischen mit religiöser Erkenntnis ab", und hier liegt ein Schlüssel für
die klare Trennung von Religion und Moral in den Reden 1799[17]. Die Grundlinien betonen 1803 nun aber, was wir gleich genauer hören werden,
e i n f r e i e s H a n d e l n , d a s o h n e e i n e w a h r -
h a f t i g e i n n e r e B i n d u n g d u r c h d e n G l a u -
b e n i r r e a l w ä r e .

Freilich besteht Einmütigkeit in der Schleiermacherforschung über die "unbewußten Wechseleinflüsse" (H.Stephan) und das beständige Oszillieren bei
ihm zwischen Gefühl und Verstand. Und auch die Ethik wie jede andere ist
für ihn eine Wissenschaft, in der spekulatives und empirisches Denken sich
und Schriften).

13 Grundlinien einer Kritik der bisherigen Sittenlehre, im Verlag der Real-
   schulbuchhandlung Berlin 1803; 1834² bei G.Reimer Berlin (leicht überarbeitet); dann 1846 SW III in Bd. 1, S. 1-346 = AW (s.Anm.23) 1 (1970),
   S. 3-345.
14 In "Sammlung Töpelmann" 1938; 2. neubearb. Aufl. Berlin 1960 von M.
   Schmidt.
15 Vgl. Vorwort: "... vor allem in der Beurteilung Schleiermachers, über
   dessen Grundverständnis der Geschichte die Habilitationsschrift des Bear-
   beiters handelte", liegen Eingriffe vor.
16 H.Stephan, Geschichte a.a.O. (Anm. S. 14) S. 47.
17 Ebd.; vgl. a.a.O., S. 45 f.

verbinden, ohne daß die Unterschiede verwischt werden dürfen. Dennoch gilt, daß bei jeder spekulativen Besinnung, eben auch in der Ethik, Vorverständnis und Vorentscheidungen wirken, die in das Religiöse übergreifen. So verhält es sich nun einmal in allem, was das Beisammen von Endlichkeit und Unendlichkeit betrifft, auf das man beim sittlichen Bewußtsein jedes einzelnen Menschen oft genug stößt. Ein sich Beziehen der Endlichkeit auf Unendlichkeit sieht nach Stephans Urteil Schleiermacher als Grund an für das Streben der Gegensätze, "durch immer neue Selbstaufhebung zur gegensatzlosen Einheit des Unendlichen"[18] zu gelangen.

Während Schleiermacher in den Reden das Hohelied des Unendlichen bei den Glaubenden in der Religion sang, suchte er in den Monologen der geforderten 'Selbstbildung zu individueller Gestaltung der Menschheit im Menschen"[19] Geltung zu verschaffen, um dann von den bis dahin gewonnenen Standpunkten aus in den Grundlinien eine streng wissenschaftliche Auseinandersetzung mit den vorliegenden geschichtlichen Gestaltungen der Ethik zu geben. Wie sehr ihn diese tief eindringende Arbeit in der Einsamkeit des Sommers und Herbstes 1802 in Stolp bedrängte, kann man aus einer Reihe von Briefstellen entnehmen.

An seine Schwester Charlotte berichtet er aus Berlin unter dem 17. März von der Annahme des Rufes nach Stolp in Pommern und von der Abreise dorthin am 1. Juni: "Durch meine Studien macht mir diese Abreise einen entsezlichen Querstrich. Ich habe ein Buch bereits als im Herbst erscheinend angekündigt, wozu ich aber eine Menge von alten Werken brauche, die ich aus hiesigen Bibliotheken mit großer Leichtigkeit haben konnte, die ich in Stolpe aber gewiß nicht finde, und auch selbst, wenn ich das Geld dazu hätte, nicht anschaffen könnte, weil sie nicht so immer zu haben sind. Da werde ich also wortbrüchig werden müssen und das ist sehr unangenehm"[20]. Am 28. August schreibt er aus Stolp dann an Eleonore Grunow: "An meine Werke glaube ich jezt je länger je mehr, und auch ich werde den Winter sehr still und fleißig zubringen. Die Kritik der Moral soll geschrieben werden" (325), und am 3. September: "... fast eben so viel sollte Ihre Neugierde auf die Kritik helfen ... Allein ich glaube fast, Sie werden sich diese auf die Moral selbst versparen müssen, und in der Kritik von dem, was Sie suchen, nur einzelne Winke finden. Denn da ich meine moralischen Grundsäze nicht voranschicke, so kann ich auch die bisherigen Moralen nicht von der Seite angreifen, daß ich sie für unmoralisch halte, sondern nur von Seiten der wissenschaftlichen Unvollständigkeit und Schlechtigkeit, wobei also

---

18 A.a.O., S. 46.
19 A.a.O., S. 45.
20 L.Jonas und W.Dilthey, Aus Schleiermachers Leben. In Briefen, Berlin 1860, Bd. 1, S. 293; die weiteren Nachweise daraus im Text mit reinen Zahlen in ().

jenes nur sehr", nämlich seine eigene Position, für die bloß einzelne Wink
in den Grundlinien gegeben werden, nur sehr unvollständig "seltwärts durch
schimmern kann. Träge bin ich übrigens eigentlich nicht und komme jetz
täglich mehr in's Arbeiten hinein. Aber Sie glauben nicht, wie mir das Le
sen, sobald es irgend in kritischer Hinsicht geschehen muß, langsam vor
Statten geht". Er erläutert das am "Beispiel, daß einen Dialogen des Platon
so zu verstehen, wie ich wünsche – wobei ich Alles, was die Sprache be
trifft, schon vorausseze – mir gut und gern noch einmal so viel Zeit kostet
als ihn bis zur Vollendung zu übersezen. Und dabei ist Platon unstreitig
der Schriftsteller, den ich am besten kenne ... Jezt leide ich besonders an
Kant, der mir je länger je beschwerlicher wird; habe ich den glücklich
überstanden, dann komme ich zum Fichte und Spinoza, an denen ich mich
erholen will; beim lezten finde ich doch inneres Leben, und beim ersten we
nigstens eine gewisse äußere Vollkommenheit, die den Leser nie so ganz vor
Kräften kommen läßt. Zeither haben mich die Stoiker gequält, bis ich nur
endlich genau weiß, was für arme Schächer es gewesen sind. – Viel Mühe
wird es mich kosten, in diesem Buche überall die Milde vorwalten zu lassen,
welche für die gründliche Strenge eine so schöne Begleiterin ist" (326 f.).

An Henriette Herz äußert er sich noch direkter am 6. September: "Heute
habe ich einen bedeutenden Fortschritt in der Kritik der Moral gemacht; ich
habe den ganzen Plan vollständig entworfen und mir für jeden Abschnitt ein
eigenes Heft gemacht, in welche ich nun die bereits gesammelten Materialien
nach und nach eintrage, wobei sie auch schon etwas an Ausbildung gewinnen,
und nun kann ich bei dem weiteren Lesen und Sammeln gleich genauer auf
die Stelle Rücksicht nehmen, die ein Jedes bekommen soll, wodurch dann alles
sehr erleichtert wird. Aber freilich, ich habe doch noch Kant's Tugendlehre,
Fichte's Sittenlehre, manches vom Platon und die lezte Hälfte des Spinoza
zu lesen; das will etwas sagen. Ueberdies wäre es eigentlich meine Schuldig-
keit, noch die beiden Werke des Helvetius zu lesen, wenn ich sie nur zu bekommen wüßte. ... die Kritik soll übrigens wohl ein ganz gutes Buch werden, und so künstlich, daß Niemand, selbst nicht ein kritisches Genie wie
Friedrich [Schlegel in Jena], meine eigene Moral daraus soll errathen
können, so daß diese den Leuten noch vollkommen neu sein wird. Gott gebe
seinen Segen zur Vollendung" (328 f.).

Schleiermacher hält also in den Grundlinien sich verdeckt, obschon er auf
dem von ihm immer besonders gepflegten Gebiet der Ethik recht originale Mo-
ralansätze und durch philosophische Ableitung und denkerische Entfaltung
sehr anschauliche Moralauffassungen bereithält und alsbald schon in Halle
den Studenten vorlegt[21]. Und gewiß lassen sich von der philosophischen

---

21 Er schreibt (s. Anm. 20) an E.v.Willich am 28.1.1804 nach Berichten über
   die ersten Urteile zu den Grundlinien: "Mein eignes System wird, im

Ethik und von der christlichen Sitte her, also mit Hilfe der darin ausgeführ-
en Moral in den Grundlinien die Ansätze und Positionen seines ethischen
Universalsystems divinatorisch auffinden. Er meint in einem der nächsten
brieflichen Äußerungen zu den Grundlinien auch selber, daß mit ihnen dann
schon alles im Ansatz da sei, woran ihm gelegen gewesen ist.

Am 15. September 1802 schreibt er an E. v. Willich: "Meine Kritik der Moral wächst zusehends und ich hoffe, sie soll dies Jahr fertig werden" (336).
Am nächsten Tag berichtet er Henriette von guten "Aspekten für die Kritik
..; ich bin jezt am Fichte und kriege ihn recht gut klein, wenn es nur
nicht ein so fatigantes Manoever wäre, einen in einem Athem zu bewundern
und zu verachten" (339). Darüber notiert er an Eleonore G. einiges am 17.
und unter dem 29. 9. (341), dann wieder am 10. 12. (354) und am 5. 1.
1803, daß ihn "eine solche Arbeit jedesmal so ganz verzehrt" (356); an Georg
Reimer am 12. 1.: "Die arme Kritik der Moral geht auch durch viele Schwierigkeiten zur Wirklichkeit ein! Gott gebe, daß man es ihr nicht allzusehr
ansieht" (357)!

Alsbald litt Schleiermacher allerdings tief unter der Veränderung seiner
Beziehungen zu Eleonore G., wie die Briefe von Anfang März 1803 bezeugen.
Ein Brief an G. Reimer zeigt am 20. April sein Absinken fast bis zur Verzweiflung: "Erkläre mir doch, was ich auf der Erde soll. Meine Freunde bedürfen meiner nicht; sie kennen mich, und Alles was ihnen jemals mein Leben sagen könnte, wissen sie schon; denn sie haben von dem, was ich bin,
ein treues lebendiges Bild; Neues würde sich, wenn ich noch so lange lebte,
nicht aus meinem Innern für sie entwickeln. ... Denn von allem, was ich
noch sagen könnte, liegt, wenn die liebe Kritik fertig sein wird, und auch
wohl ohne sie schon, der Keim in dem, was ich schon gesagt habe; und so
immer die alte Melodie wiederholen, weil die Leute noch nicht Ohren haben
zu hören, das wäre ein schlechter Beruf ..." (363 f.). Schließlich an Henriette Herz am 10. 6. (366) und am 2. 8. (374) und da überzeugter von den
Grundlinien als je zuvor von einer eigenen Arbeit: "übrigens gefällt es mir
beim Wiederlesen im Ganzen besser, als ich mir gedacht hatte, und besser
als mir sonst unmittelbar nachher meine Sachen zu gefallen pflegen ...".
Am 20. 8. ist an Eleonore G. vom Abschluß die Rede, freilich im Sinne der
literarischen Schlußarbeit wie an Reimer, und als Abschluß der Arbeiten des
jungen Schleiermacher ist es zu sehen: "Morgen denke ich die lezten 2 oder
3 Seiten an der Kritik der Moral zu schreiben; dann wäre diese Schuld auch

---

wissenschaftliche Kleide angethan, wohl so bald noch nicht erscheinen,
indessen werde ich es in Würzburg als christliche Sittenlehre, auf die
ich besonders gewiesen bin, vielleicht schon im ersten Halbjahr meines
Lehramtes vortragen müssen" (390). Verwirklicht hat sich das dann allerdings für Halle; vgl. H.Beintker, Schleiermacher in Halle. In: Standpunkt
8 (1980), S. 19–24.

abgetragen. Das Buch ist mein Leichenstein, aber Niemand weiß es, ein
Trümmer aus einer alten schöneren Zeit, der Niemand ansieht, wohin sie gehört hat" (379)[22], und dann im Dezember 1803 gibt es einige Äußerungen
an Reimer über die ersten Reaktionen auf die Grundlinien – von Spalding;
von Brinkmann; von A.W. Schlegels freundlicher Reaktion hatte er schon am
30. 7. an Henriette Herz berichtet – , auch über das, was von Fichte und
Jacobi zu erwarten ist (388 f.). Am 28. 1. 1804 an E. v. Willich, in einem
Brief zur Aussicht einer Würzburger Professur, an deren Stelle alsbald Halle
trat, berichtet er über "ein sehr verständiges Urtheil durch die dritte Hand
gehört von Scheffer in Königsberg, dem vertrauten Freund des seligen
Hippel", vermutlich erst "der zweite, von dem ich weiß, daß er es recht
gründlich gelesen hat, und über beide Urtheile konnte ich mich freuen.
Scheffer ist auch ein alter Freund von Kant; indessen meint er doch, noch
keiner wäre so schlimm, aber auch so anständig mit Kant umgegangen als
ich" (390).

Soweit die Verflechtungen der Grundlinien mit den Lebensumständen Schleiermachers vor der Berufung ins theologische Lehramt; schauen wir nun auf
die Andeutungen zur eigenen "Moral", die darin eben doch nicht bloß keim-
haft angesagt ist, wenn wir die hohe Anerkennung und Selbsteinschätzung
sowie etwas versteckte Bemerkungen ernst nehmen.

3. Die Eigenposition der Ethik Schleiermachers gegenüber Fichte und Kant

Die Frage, wie weit die Forschung befriedigend geklärt hat, welchen Beitrag
Schleiermacher auf dem von ihm sehr gepflegten Gebiet der Ethik gegeben
hat und zu welchen Nachwirkungen es hierdurch kam, lassen wir offen. Jedenfalls sind Beitrag und Wirkung größer als allgemein bewußt ist. Wir
müssen jedoch festhalten, wie wenig sich die Grundlinien im Unterschied zu
den Reden und auch zu den Monologen, der ersten ethischen Programmschrift
von ihm, durchgesetzt haben. Das gilt nicht für ihn selbst; er schätzt sie
und hat mit ihnen die Geleise für sein ethisches System gelegt. Wohl aber
gilt es für das Schleiermacher-Lesepublikum; und auch in der Forschung!
Obschon in den Reden viel Philosophie steckt, wie z.B. W. Seifert 1960 in
der "Theologie des jungen Schleiermacher" als Kommentar zu den Reden mit
Bezug auf R. Otto, E. Hirsch, H. Süskind, G. Wehrung u.a. aufgezeigt, werden bei ihm und überhaupt immer nur die Reden breit behandelt. Für die

---

22 Wie hoffnungslos "das Herz durch herbe Pein" war und er nur noch an
   die mit der Platonübersetzung übernommene literarische Pflicht dachte,
   die er auf mindestens 10 Jahre neben den Pfarramtspflichten ansetzte, zeigen die Briefe an E.v.Willich und Henriette Herz (367 f.!), auch das Gedicht, das er Charlotte v.Kathen am 10.8.1803 bei Übersendung der erbe-
   tenen Monologe beilegt, und das so schließt: "In liebeleere Wüste streng
   verbannt,/Wird unter Thränen wenig mir gelingen" (378).

heologie des jungen Schleiermacher wäre schon der Kantische Hintergrund
n seinem philosophischen Denken Anlaß genug, die dritte frühe Hauptschrift
benso lebhaft wie die Reden zur Deutung des Gesamtwerkes wieder zu disku-
ieren und kommentierend heranzuziehen.

Schleiermacher hat wohl von Fichte Anregungen genommen, aber nie die
dee des absoluten Ich als Prinzip gelten lassen. Die Grundlinien zeigen den
anderen methodischen Ansatz. Fichte mache die Anknüpfung seiner Sittenlehre
an die Wissenschaftslehre nicht einsichtig, sondern schaffe seine Wissenschaftslehre um und knüpfe so eben nicht eigentlich an[23]. Die Lehre eines
höchsten Wissen setzt Schleiermacher voraus, aber es geht nicht um ein Ab-
eiten der Ethik daraus, sondern um ein Beschreiben und dabei Zusammenhänge Aufdecken, die das Empirische zugleich spekulativ und das Spekulative
zugleich empirisch erfahren lassen[24]. Denn die höchste Einheit des Wissen,
"Weltweisheit", umfaßt sowohl alles, wie es auch jedes Gesonderte ermöglicht,
und doch es "in seinem Für-sich-Sein durch einander bedingt" erkennt[25].
Sehen, Beobachten und Denken, Empirie und Spekulation gehen Hand in Hand,
nicht wie bei Fichte, zu dessen System es gehöre, alles schon "im Voraus
zu wissen" (390).

Auch für die eigene Moral hat Schleiermacher viel von Kant gelernt, aber
sein eigenes System ist doch sehr anders. Kant hat auf dem Hintergrund der
lutherischen Reformation eine radikale Kritik an der aristotelischen Tugendlehre geübt und eine absolute Moral gefordert. Mit ihr reicht ihm etwas in
die irdischen Verhältnisse hinein, was nicht von dieser Welt ist, besonders
eindrücklich durch seine Postulate Gott, Freiheit, Unsterblichkeit; das Sittengesetz ist als Idee der Moral "ein kategorischer Imperativ" und reicht diesen
Postulaten die Hand. Die Sittlichkeit des Menschen ist zwar autonom, selbst-
gesetzlich, da der Mensch zum Handeln frei gedacht wird, aber die Freiheit
des sittlichen Tuns und die Unsterblichkeit des sittlich Handelnden hat in
Gott gleichsam den Garanten für alles. So werde der Mensch empfänglich für
das Gute, was nun über die Tugend zur Heiligkeit in die Ewigkeit gehen
soll. Und das ist der Grund für Unsterblichkeit: Wir werden mit unserer sittlichen Aufgabe niemals fertig! Die sittliche Bildung bei Kant hebt nicht wie
bei Aristoteles an bei der Besserung der Sitten, sondern bei der radikalen
Umwandlung der Denkungsart. Dahinter steckt der ganze Freiheitsgedanke
Kants.

---

23 Bezogen wird auf unsere Quelle, die mir in der zweiten Ausgabe bei G.
   Reimer, Berlin 1834 vorlag. Obgleich deren Text angeführt wird, sind die
   Nachweise mit Seitenangaben nach der Auswahlausgabe von O.Braun gegeben (Neudruck der 2. Aufl. Leipzig 1928: Aalen 1967): 1 S. 26-34;
   abgk. AW.
24 AW 2, S. 498; in meiner Auswahlausgabe (s. Anm. 11) 3, S. 21 § 66 (b).
25 Ebd.

Schleiermachers Kantkritik in den Grundlinien richtet sich gegen das spe
kulativ prävalierende Denken. Die Idee vom höchsten Wesen Gott sei in de
theoretischen Philosophie ein Fehler, in der praktischen überflüssig. Di
Ethik "nur als Gesezgebung der Vernunft für die Freiheit, von der für di
Natur unterschieden zu sehen, ... heißt die Wissenschaften selbst verlarven
um zugleich desto leichter ein ungeschicktes Verfahren verhüllen z
können" [26]. Die Ethik zur allgemeinen begründenden Wissenschaft nehmen
gehe nicht an, weil man so die Stellung der übrigen Wissenschaften aus ih
nicht begründen können wird. Die Ethik, "welche nur den Inhalt der Ver
nunftgebote für das Handeln aufstellt", darf man nicht "mit den zur Sanc
tion hinzugefügten Drohungen und Verheißungen" verbinden (24). Es se
"gleichfalls nur leerer Schein" eine Brücke zwischen dem theoretischen un
praktischen System durch die Ideen von Freiheit, Unsterblichkeit und Got
zu suchen, "auf eben soviel Willkührlichkeit als Mißverstand" beruhend (23)
Auf den richtigen Weg komme man, wenn solche Ideen als Phantasieprodukt
entlarvt werden. Dafür gesteht Kant selber, "daß die Glükkseligkeit nur ei
Ideal der Fantasie sei, ... ihm zufolge aber sind die Ideen von Unsterblich
keit und Gott im praktischen, nur um jener willen gleichsam aufgedrungen
und da sie nun im theoretischen auch nicht vernunftsmäßig entstanden sind"
wie Schleiermacher Kant mit Kant schlägt, "so bleibt nur übrig, daß si
überall einem Handeln der Fantasie ihr Dasein verdanken" (26).

Für Schleiermacher mit dem klassischen Typ einer deskriptiven Ethik zeig
sich, "daß auch Kant die Ethik nur vorgefunden, daß er sonst auch nich
den Gedanken gehabt haben würde, sie hervorzubringen, und von einem Mittel
punkte des menschlichen Wissens aus zu beschreiben" (26); und diese Kritik,
an die mit negativen Feststellungen angeschlossen und argumentiert wird
verrät eben nun doch Grundzüge von Schleiermachers System, wie er es spä
ter ja ausführt. Was Kant nicht hat - er wirft es ihm hier vor - , zieh
er durch: Ethisches Wissen wird bereits überall vorgefunden - so auch ana
log zur Religion in den Reden! Es gibt für dieses besondere Wissen auch ei
Wissen, das alles Wissen in sich vereint; und da Sittenlehre, Ethik al
Wissenschaft, eine besondere Wissenschaft ist, muß sie aus dem Begriff de
Wissenschaft, wie diese aus dem Begriff des menschlichen Wissens überhaup
gewonnen werden. Von da werden die Begriffe abgeleitet; gewonnen wir
solch Ableiten und Gliedern des vorhandenen und ständig zu erweiternder
Wissens aber durch Beobachten, Sehen und Beschreiben. Kant vermeidet es,
die Ethik "auf einen Begriff der menschlichen Natur" zu gründen; Schleiermacher unternimmt es. Kant ist gar nicht darum bemüht, "dasjenige, wa
seinem Ausdrukke des ethischen Gesezes zum Grunde liegt, nemlich die Mehr-

---

26 AW 1, 22 f.; im Original S. 19; fortan beziehen sich die reinen Zahle
() im Text auf AW 1.

eit und Gemeinschaft vernünftiger Wesen irgendwo her abzuleiten"; Schleiermacher ist gerade das die Voraussetzung für Sittlichkeit und für die Herlei-
ung einer Sittenlehre. Dabei widerlegt er wieder Kant mit Kant, indem er
leich hinzusetzt: "und doch ist ihm diese Vorraussezung so nothwendig, daß
hne sie sein Gesez nur ein unverständliches Orakel sein würde" (26).

Schleiermacher setzt in seinem System überhaupt, also beim höchsten
Wissen, das in Wechselbeziehung mit allem anderen Wissen, mit dem Wissen
und Erfahren von Religion wie mit dem Wissen und Erfahren von Sittlichkeit
wie mit allem anderen besonderen Wissen steht – er setzt ein mit dem Gegen-
atz des Endlichen und Unendlichen. Es scheint das am einsichtigsten für
die Religion zu sein: hier ist sie zuhause! Ist es mit Sittlichkeit und Moral,
o sehr sie am Menschen, der Menschheit in ihm und an der Gemeinschaft
vernünftiger Wesen interessiert und wahrzunehmen sind, nicht ebenso? Wenn
das Unendliche als der tiefste Sinn alles Seins erfaßt wird, dann bekommt
chleiermachers Moral unausweichlich diesen Bezug des Gegensatzes auch von
einem religionsphilosophischen Ansatz her. Hier wäre noch manches zu klä-
en, ob nicht z.B. metaphysisch verankerte Gegensätze – wie H. Stephan bzw.
M. Schmidt meinen – "mehr Spielarten der Mannigfaltigkeit und ästhetisch
anmutende Polaritäten" sind[27]. Es wäre auch zu überprüfen, ob Schleiermacher wirklich "die Kämpfe der Geschichte und das Verhältnis der Geistes-
funktionen zu rasch in harmlosen Zusammenklang" einbettet, ob er, "das Motiv des Organischen vereinseitigend, das geschichtliche Werden zur naturähn-
lichen Entfaltung der dem Menschen einwohnenden Anlagen" abstumpfe[28] – was
a harte Kritik seines Systems bedeutet.

Kant und Schleiermacher verbindet in der Frage der Moral das Ausgehen
von der sittlichen Verantwortung. Das bedingt ein Streben nach Vollendung
unter scharfen Maßstäben, ein Ausgehen und ein Sichanschließen an das
Hochziel der Freiheit, wie sie beiden von Luther als Reformator vorgegeben
erschien. Was beide scheidet, ist das "Glaubensdenken" – um mit Rudolf Hermann diesen Ausdruck für Theologie im Schleiermacherschen Sinne aufzunehmen. Diese Linien lassen sich in diesem Rahmen nicht ausziehen; für den
ganz anderen Ansatz Schleiermachers aber muß das Trennende etwas ausgeführt werden.

4. Die Selbständigkeit und die Aufgeschlossenheit füreinander bei Glaube und
   Moral

Vor der sittlichen Verantwortung, die Schleiermacher mit den großen Lehrern
der Ethik vor ihm, besonders mit Platon und Kant verbindet, steht bei ihm

---

27 H.Stephan, Geschichte a.a.O. (s. Anm. 14) S. 46.
28 Ebd.

als etwas Eigenes das andere, das religiöse Selbstbewußtsein; so nennt e
es oder das "Gottesbewußtsein" - was wir glaubendes Verhalten und Glaub
nennen. Das Gottesbewußtsein des vernünftigen Menschen ist ihm das erste
Dadurch haben wir eine tiefere Verantwortlichkeit. Schleiermachers Ethik un
Moral sind in vielem realistischer als die Kants. Das kommt in de
G r u n d l i n i e n klar heraus und natürlich von diesem Ansatz he
bei den Ausführungen in der P h i l o s o p h i s c h e n E t h i
wie in der C h r i s t l i c h e n S i t t e n l e h r e, die wir beid
leider nur posthum haben. Aber es gibt viele von ihm selbst veröffentlicht
Predigten, sogar aus der allerersten Predigttätigkeit, in denen man den au
religiösem Antrieb geborenen ethischen Mahnungen häufig begegnet[29]. Sie be
ziehen sich und weisen zurück auf den Ursprung allen Seins in Gott, z.B
in der Predigt über 1Kor 12,31-13,1, obschon das formulierte Thema der Pre
digt: "Daß Vorzüge des Geistes ohne sittliche Gesinnung keinen Wert haben"
nach aufklärerischer Morallehre klingt. Im letzten Grunde ist seine Ethi
trotz ihrer philosophischen Zusammenhänge mit Platon, auch in methodische
Hinsicht mit Kants Erkenntnistheorie, religiös verankert. Das Unendliche al
der tiefste Sinn alles Seins erfüllt sein Glaubensdenken in Fragen der Reli
gion, ebenso in Fragen der Sittlichkeit beim Verbinden von Empirie und Spe
kulation.

Wenn schon nach Schleiermacher beim religiösen Menschen etwas von de
Kräften des Universums durchströmt, so wird auch die Sittlichkeit, sei e
beim einzelnen, sei es in Familie und Volk, vom Blick auf das Unendlich
und beim Empfinden des Universums von diesem belebt. Die Bereiche Mora
und Religion sollen sich nicht mischen. Ihr je Eigentliches darf nicht aufge
geben werden, noch darf der Hebel für Religion im moralischen Sittengesetz
liegen bzw., dann umkehrend, die Religion für Moral sorgen. Für Schleier
macher ist Religion Sache des Erlebens, der Intuition, Anschauung und Ge
fühl. Für Kant ist sie der Inbegriff aller Pflichten als göttlicher Gebote;
seine Philosophie führte unmittelbar ins Christentum, wie er es verstand,
hinein. Der Kantsche Kategorische Imperativ will gleich der goldenen Regel das Ge
bot der Liebe als höchste Norm der Gemeinschaft setzen. Dieser Rigorismus Kants in
der Moral ist nur von seiner christlichen Tradition her zu verstehen.

Kants Rigorismus, dessen Schwäche in einer drohenden Verzweiflung oder min
destens in Selbsttäuschung liegt, vermeidet Schleiermacher. Kantianer ziehen
ihn so leicht des Mangels an Notwendigkeit im Handeln und der rechten Be
grifflichkeit für Gut und Böse, obschon ihm an Entschiedenheit und Klarheit
im sittlichen Urteil nichts fehlt. Bei ihm führt anders als bei Kant auf die
Religion unmittelbar nur die Religionsphilosophie, und das auch nur auf dem

---

29 Vgl. Einführung und Textauswahl mit Überblick über die Predigtsammlun-
   gen in meiner Auswahlausgabe (s. Anm. 11) 3, S. 6 ff.

Wege des Beschreibens und Verstehens in der Verbindung von Empirie und
Spekulation. Ihre individuellen Einzelverwirklichungen gehen nicht so selbstverständlich wie bei Kant über die christliche Religion und das traditionelle
Christentum. Dieses ist vielleicht die höchste Religion, jedenfalls aber nicht
die ausschließlich wahre.

Dieser Ansatz bedingt, daß die Religion nicht in irgendwelchen metaphysischen Spekulationen oder dogmatischen Begriffen besteht, nicht Dienerin des
Staates und der Moral ist, nicht als Mittel herhält, um die Untertanen zur
Ruhe anzuhalten und ihre Freiheit zu mißbrauchen. Die Religion beschreibt
er als selbständig; sie ist Sache des unmittelbaren Erlebens des Unendlichen,
wie Schleiermacher Gotteserfahrung und Gottesanschauung mit einem erweiterten Gottesbegriff faßt. Aber von dem Anschauen des Universum, mit dem er
ein Verhältnis eigener Art zwischen dem Endlichen und Unendlichen in der
Religion beschreibt, geht ein mittelbarer Einfluß auf das ganze Leben aus,
das sich nach Unendlichkeit sehnt. Auch Metaphysik und Moral haben es mit
dem Verhältnis zwischen dem Menschen und dem Universum zu tun. Der
Mensch handelt nach seiner Moral in Richtung auf das Universum. Das Verhältnis des Menschen zum Universum wird jedoch nicht erschöpft durch philosophische Metaphysik und Moral. Vielmehr drücken die religiösen Gefühle
recht eigentlich Spontaneität gegenüber dem Universum aus. Vollständig erfaßt ist aber das Verhältnis zwischen Mensch und Universum erst dann, wenn
das vollständige Bedingtsein des Menschen durch das Universum trotz dieses
spontanen Verhältnisses zu ihm im Anschauen und Fühlen verstanden ist. So
ermöglicht und erwirbt die Religion die Individualität, die in der Religion
eine Sache des unmittelbaren Erlebens und in der Moral eine Quelle des ihm
entsprechenden Tuns ist.

Schleiermacher setzt seine G r u n d l i n i e n mit der Kritik am Religionsverständnis, die er in den R e d e n durchführt, wie folgt in Beziehung: Er hofft auf die Billigung des Zwecks der neuen Schrift, nämlich
wie bei den Reden nun in den Grundlinien einen Strich zu ziehen unter die
bisherigen Entwürfe, um zu neuen, besseren Einsichten zu führen. Er erinnert seine Leser an seinen "Versuch ... auf einem anderen Gebiet", nämlich
dem der Religion, und in anderer Form, nämlich in der Gestalt von "Reden".
Diese seien "unglükklich genug von vielen" mißdeutet worden als Absage an
die christliche Religion und auch als Verachtung der Moral. Er wünscht als
Verfasser nun, "nicht so mißverstanden zu werden, als sei es mit dieser
Prüfung der bisherigen Sittenlehre darauf abgesehen, das ganze Bestreben
für nichtig zu erklären, und sich denjenigen zuzugesellen, welche die Ethik
als besondere philosophische Wissenschaft verneinen. Vielmehr glaubt er seinen Glauben an die Möglichkeit dessen, was noch nicht zur Wirklichkeit gekommen", will sagen konkrete Gestalt gefunden und im Leben verwirklicht

worden "ist, genugsam beurkundet. Ja, es war in diesem Werke, worin von seinen eignen Grundsäzen nicht ausdrükklich die Rede sein konnte, eine nie aus den Augen gesezte Nebenansicht dasjenige, was er sagen mußte, so darzustellen und so zu verknüpfen, daß dem Leser recht oft und von allen Seiten Punkte vor Augen geführt würden, von welchen nach des Verfassers Ueberzeugung jede gründliche Verbesserung der Ethik ausgehen muß. So daß er hofft für diejenigen, welche in dem philosophischen Calculus nicht ungeübt sind, und dasjenige vergleichen wollen, was gelegentlich in den Reden über die Religion noch mehr aber in den Monologen angedeutet worden, seine Ideen auch hier schon deutlich genug niedergelegt zu haben, und sich deshalb leichter beruhigen wird, wenn ihm das Schikksal die Zeit verweigern sollte, um die Sittenlehre nach seiner Weise irgend befriedigend darzustellen" (5 f.).

So versteckt Schleiermacher seine eigene Sittenlehre im Hintergrund laut Vorwort in den Grundlinien halten wollte und doch kein Mißverständnis über seine positive Einstellung zur Ethik durch die Kritik der bisherigen Systeme darüber aufkommen lassen will, so unerläßlich ist es auch, darin seinen eigenen Ansatz richtig zu erfassen. Das soll als Erinnerung und zur weiteren Anregung der Forschung unternommen sein.

5. Schleiermachers neue Beiträge für die Sittenlehre mittels Kritik in den Grundlinien

Keinesfalls kann den Grundlinien die angemessene Beurteilung ohne Rückblenden bei einer Gesamtbeschreibung des vielschichtigen Unternehmens der Sittenlehre Schleiermachers zuteil werden. Jedoch lassen sich seine Gedanken und Vorstellungen zu diesem Wissenschaftsgebiet aufs Kürzeste schon an der Abgrenzung von den anderen wahrnehmen. Sodann kommt der Grundriß einer v o l l s t ä n d i g e n Ethik nach Form und Inhalt auch in den oft positiven Sätzen, wie die Anordnung, die Aufstellung von Grundsätzen, die Einteilung der ethischen Begriffe und ihre richtige Verknüpfung in systematischer Ausführung der Sittenlehre es fördern, heraus. Die Grundlinien der Kritik sind weithin eben doch eine Art vorausgegebener Grundriß des später ausgeführten und in Kollegwiederholungen mehr und mehr entfalteten Ganzen seiner Ethik.

Das liegt schon an der Absicht bei den Grundlinien der Kritik. Denn Schleiermacher konstatiert bei jedem Philosophen und Theologen Vorgaben durch die Wirklichkeit. Menschliches und gesellschaftliches Verhalten sind zu beobachtende und beschreibend zu erfassende Objekte eines jeden Ethikers; sie lehren ihn, wie man sich verhält, und leiten zum Nachdenken an, wie man sich verhalten soll. Sokrates und Platon sind Schleiermacher auch für

die Methode dabei wichtige Lehrer. Aber nun geht es um die Moral als
W i s s e n s c h a f t. Methodisch ist sie als besonderes Wissen und inhaltlich nach bestimmten Realien abzugrenzen. Daher kommt der Systematik
und dem Messen einzelner Ausführungen von Sittenlehre am System so ent-
cheidende Bedeutung zu. Als besonderes Wissen ist sie abzugrenzen von anderem Wissen und abzuleiten von höherem Wissen. Schleiermacher will eine
wissenschaftliche Form der Ethik aufstellen und diese durch Kritik aller bisherigen Aufstellungen gewinnen. Die Gestalt soll dem Gehalt entsprechen (10).
Das ist das Maß, wodurch er selber für die Ethik "den Anspruch, eine eigne
und ächte Wissenschaft" zu sein, bewähren will. So soll es keine nach Schu-
en, also nach Namen und Systemen, sondern nur eine als Wissenschaft zu
diskutierende Ethik geben. Und dabei spielen Ableitung und Abgrenzung eine
größere Rolle als Prinzipien, Begriffe und Vollständigkeit der Systeme der
Sittenlehre. D i e W i s s e n s c h a f t, s o w i e e r s i e
v e r s t e h t u n d b e g r ü n d e t, w i r d i h m d i e
Q u e l l e f ü r G e s t a l t u n d G e h a l t d e r
E t h i k, d i e e r ü b e r d e n W e g d e r K r i t i k
u n d d e r e i g e n e n E r a r b e i t u n g ü b e r h a u p t
e r s t b e w u ß t u n d z u g ä n g l i c h f ü r a l l e
V e r s t ä n d i g e n g e m a c h t w i s s e n w i l l.
Nicht das "zufällige menschliche Handeln" soll darum Gegenstand seiner
Untersuchung werden, weil und "wiefern es der Inhalt dieser Wissenschaft
ist" (13 f.) und bereits früher einmal in ein System aufgenommen wurde,
sondern, wie für die menschliche Natur dem körperlichen Bau nach "alles
in ihr nothwendig erfolgt" und weil es im Bereich der Kunst auch "über die
künstlerischen Handlungen des Menschen und das Gelingen derselben ein
System der Beurtheilung nach dem Ideale" gibt (ebd.), soll für ihn und seinen "Versuchen der wissenschaftlichen Ethik" (10) maßgeblich sein "die leitende Idee oder der oberste Grundsaz, welcher diejenige Beschaffenheit des
Handelns aussagt, durch welche jedes einzelne |Handeln| als gut gesezt
wird, und welche sich überall wieder finden muß, indem das ganze System
nur eine durchgeführte Aufzeichnung alles desjenigen ist, worin sie erscheinen kann" (17). Die Sittenlehre "als ein nothwendiges Glied in einem alles
umfassenden System menschlicher Erkenntnis" (27), also ihr Anschluß und
ihre Ableitung sichern ihre Wissenschaftlichkeit. Die Kritik der höchsten
Grundsätze (19-119), gefolgt von der Kritik der ethischen Begriffe (121-246)
und der Kritik der ethischen Systeme (247-346), alle drei Bücher der Grundlinien umreißen und erschließen ein ethisches Universalsystem, wie es vor
Schleiermacher so übersichtlich und vollkommen noch nicht das menschliche
Handeln bzw. das Sittliche im Allgemeinen und im Individuellen beschrieben
und herausgefordert hatte. Sein Maß ist nicht Gott, auch nicht eine "Ethik

der Gottseligkeit" oder eine "Darlegung des gebietenden Inhalts einer Offenbarung", wie ebenso keine praktischen Grundsätze einer allgemeinen Moral "mit den halben und schiefen Begriffen des gemeinen Verstandes" maßgeblich sein können. Allerdings steht dies alles mit der wissenschaftlichen Ethik "in einer unvermeidlichen Wechselwirkung ..., und in sofern wird in einzelnen Fällen auch auf sie Rükksicht zu nehmen sein" (12). Das Maß ist die werdende Menschheit im Menschen, des zunächst zwar endlichen Menschen, aber in seiner Richtung aufs Unendliche; denn der wirkliche Mensch hat im unmittelbaren Selbstbewußtsein Gott als Ziel seiner Erfahrung.

Schleiermacher legt der Ethik den Wissenschaftscharakter zu; zweitens arbeitet er den universalen Ausbau der Sittenlehre aus; drittens gehört ins Fundament der wissenschaftlichen Ethik die menschliche Anschauung und Erfahrung noch vorwissenschaftlicher Art. Viertens soll vom System allein keine Allgemeingültigkeit der Ethik begründet sein; denn nur die Anschauung und das sittliche Urteil, wodurch "etwas von der That ausgesagt würde ..., in wiefern es auch auf den Thäter überzutragen sei" (14)[30], lassen die sittliche Erkenntnis zunehmen, gewiß auch durch ihr Hinterfragen. Fünftens kommen in Wechselwirkung die besondere Wissenschaft der Ethik und die Freiheitsfrage, die höhergreift [31], zusammen. Die Begriffe Freiheit und Bedingtsein des Handelns beziehen deutlich die religiösen Verhältnisse des Menschen ein, wobei das unmittelbare Selbstbewußtsein nach Schleiermachers Glaubenslehre unter dem Gegensatz von Sünde und Gnade und der Mensch also, reformatorisch gesehen, nicht anders als im Rechtfertigungsglauben die sittliche Aufgabe bewältigen kann.

Diese evangelische Grunderkenntnis gehört mindestens ebenso implizit in die Ethik, wie unsere sittlichen Urteile insofern wirklich ethisch sind, bevor wir die höchste Idee entwickelt haben, als sie eben diese Idee unentwickelt enthalten und nur dadurch, daß sie wenigstens so vorhanden, sittlich sind[32]. Schleiermacher klärt den P f l i c h t b e g r i f f in die drei Beziehungen gegen sich selber, gegen andere, gegen Gott (143), bringt sie aber doch auf einen Nenner, daß nur geschriebene Rechtspflichten übrig bleiben, wenn man sich nicht durch Gottes Willen verpflichtet weiß. Wird Gott

30 R.Hermann hat bei seinen Ausführungen zum reflexiven Charakter des sittlichen Urteils in der Vorlesung zur Ethik (s. Anm. 11), S. 112 ff. sich nicht auf Schleiermacher bezogen, obschon dort die Wechselwirkung mit Hermanns "Rückbeziehung" (vgl. nach J.Haars Register) verglichen werden sollte.

31 Das betrifft die Wechselwirkung zu Religion als auch zum höchsten Wissen: "Höher aber, als die besondere Wissenschaft der Ethik, liegt die Frage selbst von der Freiheit, in sofern sie die menschliche Natur in ihren wesentlichsten Beziehungen erst zusammensezend darstellen, und die Verhältnisse der Persönlichkeit zu der Eigenschaft des Menschen, vermöge deren er ein Theil eines Ganzen ist, bestimmen soll" (15).

32 Vgl. den Anfang vom Zweiten Buch der Grundlinien (121-127).

abgelehnt, bleibe auch das nur von den Pflichten gegen andere übrig, die
außerdem mit den Pflichten gegen sich selbst identisch seien (144). Stichhal-
ig sei nur die Einteilung der Pflichten gegen Leib, Geist und Gesamtheit
.148). Den T u g e n d b e g r i f f finden wir dicht angeschlossen; es
ist Tat und Gesinnung untrennbar zu sehen: immer ist eine Richtung des
Willens aus der Gesinnung vorhanden, sie ist das einzig ethische Reale und
muß tugendhaft sein (152-154). Und hier wird dann der Keim für die Güterlehre gelegt, indem die Tugenden als G ü t e r erscheinen (167 f.): Güter
sind die Darstellung der sittlichen Gesinnung (177); "am vollständigsten ...,
wenn gleich auch nur unentwickelt" findet sich der Güterbegriff "in der
Sittenlehre des Platon. Denn so dachte er sich die Gottähnlichkeit des Menschen als das höchste Gut, daß, so wie alles seiende ein Abbild ist und eine
Darstellung des göttlichen Wesens, so auch der Mensch zuerst zwar innerlich
sich selbst, dann aber auch äußerlich, was von der Welt seiner Gewalt übergeben ist, den Ideen gemäß gestalten solle, und so überall das sittliche
darstellen. Hier also tritt das unterscheidende Merkmal des Begriffs deutlich
heraus, und die Beziehung desselben sondert sich ab von der That sowol als
der Gesinnung" (178).

In der Entfaltung der "einzelnen realen ethischen Begriffe" (179-234) werden die äußerlichen und gemeinschaftlichen Güter "Reichtum", "bürgerliche
Gewalt", dann "Freundschaft" und als weniger feste Verbindungen "Gast-
freundschaft" und "Gastmahl" vorgestellt, ferner "Werke der Kunst" als Güter
erwogen. Güter des Leibes, Pflichten daraus und Tugenden (Mäßigkeit,
Keuschheit, Schamhaftigkeit) holt er im Gespräch mit anderen Ethikern ans
Licht. Wahrhaftigkeit, Aufrichtigkeit und Treue als Tugenden, Selbstschätzung
und Selbsterkenntnis als Pflichten des Gewissens nehmen positive Formen an,
anderes wird in Auseinandersetzung mit der bisherigen Sittenlehre zurückgewiesen[33] . Die "Anwendung der Idee eines Systems auf die Ethik" zur Einleitung des dritten Buches reflektiert auf Vollständigkeit des Inhalts eines
Systems. Der universale Charakter, um ein vollständiges Bild menschlichen
Handelns zu bringen, wird betont (259); die Entfaltungen nach dem allgemeinen (identischen) und individuellen (persönlichen) des Sittlichen sind bedacht (263 ff.). Das Entwickeln der drei Hauptbegriffe Pflicht, Tugend, Gut,
unter denen als unter verschiedenen Behandlungsarten alles Sittliche vor-

---

33 Auch herangezogen, z.B. Phantasie, das Vernunftvermögen frei zu verknüpfen und hervorzubringen (271) oder daß die w e i b l i c h e
   S i t t l i c h k e i t und die der m e c h a n i s c h a r -
   b e i t e n d e n G e s e l l s c h a f t s k l a s s e n abhänge
   vom Beherrschen der inneren Gemütsvorgänge, auch daß der S c h e r z
   sittlich gesehen, Zweck und Bedeutung habe (274.277), daß in j e d e r
   Ethik zur Staatslehre auch über wissenschaftliche und religiöse Gemeinschaften zu handeln sei (326), welche Probleme das Naturrecht stelle usw.

kommt, muß aus dem Wesen des Systems gelingen[34].

Als Anhang und Ausklang zu dieser ganz auf das Wesentliche reduzierten
Skizze über Schleiermachers neue Beiträge mittels seiner Kritik und Position
in den Grundlinien soll die Stellung der Ethik, wie er sie im Wissenschafts-
system dann vornimmt, und könnte ihr grundlegender Aufbau in der späteren
Ethik, der die Bestätigung seines Ansatzes in den Grundlinien bringt, nach
der "Kurzen Darstellung des theologischen Studiums" (1811; 1830^2) etwas gezeigt werden; die mit KD abgekürzt zitierte Schrift gibt knappe Definitionen
und zeigt Querverbindungen auf; wir begnügen uns mit der wissenschaftlichen Stellung der Ethik.

Schleiermacher hat diese Einführung in den Zusammenhang der theologischen Fächer gleich im ersten Semester in Halle 1804/1805 als "Enzyklopädie und Methodologie" angekündigt und gelesen, also als nächste große
systematische Arbeit konzipiert (vgl. die Einleitung von H. Scholz, Leipzig
1910, zur kritischen Ausgabe dieser Quelle, S. VIII-X); zwölfmal hat er sie
insgesamt gelesen. Wir halten uns an die ausgereifte Fassung in der zweiten
Ausgabe von 1830. Der Heidelberger Dogmatiker und spätere Freund F.H.Chr.
Schwarz erhob als Rezensent der ersten Druckausgabe in den Heidelberger
Jahrbüchern der Literatur 1812, S. 511 - 530, "Zweifel an der Berechtigung
und Durchführbarkeit des Gedankens, die Theologie auf die Ethik zu gründen
und dadurch organisch mit der absoluten Wissenschaft zu verbinden" (S. 523,
zit. nach Scholz). Schleiermacher hat daran aber festgehalten und m.E. mit
Recht; denn Theologie will Wissenschaft des Glaubensdenkens sein und ihm
ist "Wissenschaft methodisch geschulter Wahrheitssinn, sonst nichts" (nach
Scholz, S. XXV). Und wenn es dafür ein umgreifendes Denken geben soll, in
das die Theologie nicht nur als wissenschaftliches Gewand der Frömmigkeit
und des Glaubensdenkens, sondern als Verteidigung und innere Kritik der
Glaubenssätze und Strukturen des Christentums anzusehen und einzuordnen
ist, dann ist die Ethik oder wissenschaftliche Sittenlehre der Keimgrund und
Garant für allen Wahrheitssinn. Laut KD^2 § 33 denkt Schleiermacher diese Grundlegung der Theologie rein logisch-formal - wie auch das Postulat einer philosophischen Theologie ü b e r dem Christentum, d.h. als Aufstieg zum
Allgemeinbegriff der Religion so gedacht ist - , also durchaus nicht als inhaltliche, von Werturteilen bestimmte Grundlegung bzw. Erhebung über das
Christentum (XV).

Es geht ihm darum, die Theologie als Wissenschaft zu erweisen und über
das Wie in das gewachsene geschichtliche Ganze des Christentums und überhaupt dann weiter in alles Vorhandene dabei ein Ordnungsprinzip zu bringen, mittels dessen die wissenschaftlichen Untersuchungen und Verhandlungen

---

34 Platon z.B. habe Freundschaft und Liebe daraus entwickelt und nicht bloß
   angeklebt (287).

möglich werden: "§ 35. Da die Ethik als Wissenschaft der Geschichtsprinzi-
pien" - womit eine begriffliche Definition vorgenommen wird - "auch die Art
des Werdens eines geschichtlichen Ganzen" - womit im konkreten Fall trotz
dieser unbestimmten Formulierung das Christentum durch Anschluß an KD^2
§ 33 gemeint ist - "nur auf allgemeine Weise darstellen kann" - (was eben
das logisch-formale Vorgehen bedingt): "so läßt sich ebenfalls   n u r
k r i t i s c h durch Vergleichung der dort aufgestellten allgemeinen Differenzen mit dem geschichtlich Gegebenen ausmitteln, was in der Entwicklung
des Christentums reiner Ausdruck seiner Idee ist, und was hingegen als Abweichung hiervon, mithin als Krankheitszustand,   angesehen werden muß."
- Beachtlich, daß in KD^1 das in § 35 gerückte bereits in §§ 6-9 steht! Und
außerdem betont der Begriff des Kritischen mit den Worten "nur kritisch",
die von mir kursiv hervorgehoben sind und erst 1830 kamen, durchaus das sozusagen Rankesche Prinzip der historischen Wissenschaft gegenüber dem
Hegelschen dadurch, daß hier nach Schleiermacher ohne das gegen die Be-
griffsskala gehaltene Empirische kein historischer Begriff zustande kommt.

Die §§ 223-231 legen das Verhältnis Dogmatik-Ethik näher fest. In § 223
wird auf die übliche Teilung der dogmatischen Theologie in die theoretische
Seite des Lehrbegriffs, oder die Dogmatik im engeren Sinne, und in die Behandlung der praktischen Seite, oder die christliche Sittenlehre, um so weniger Rücksicht genommen, als diese Trennung nicht als wesentlich angesehen
werden kann. Die Verbindung beider ist in der evangelischen Kirche etwas
Ursprüngliches, wie mit Hinweis auf orthodoxe Autorität gesagt werden kann.
Es wird jedoch in § 226 ein Grund für die Trennung beider gebracht: Mit
Recht würden Dogmatik und Ethik für sich behandelt, als für die Dogmatik
"die Bewährung" aus dem biblischen Kanon und dem kirchlichen Bekenntnis
(Symbolon) sich bedeutend anders gestalte als bei den ethischen Sätzen, als
sie auch darin zu begründen ist, "daß die Terminologie für die einen und
die andern aus verschiedenen wissenschaftlichen Gebieten herstammt". Die
Schleiermachersche Erläuterung dazu spreche für sich: "Wir haben zwar in
dieser |letzteren| Beziehung die theologischen Wissenschaften überhaupt auf
die Ethik und die von ihr abhängigen Disziplinen zurückgeführt; betrachten
wir aber die dogmatische Theologie insbesondere, so rührt doch die Terminologie der eigentlichen Glaubenslehre großenteils aus der philosohischen
Wissenschaft her, die unter dem Namen rationaler Theologie ihren Ort in der
Metaphysik hatte, wogegen die christliche Sittenlehre überwiegend nur aus
der Pflichtenlehre der philosophischen Ethik schöpfen kann". In der ersten
Ausgabe 1811 kam es begrifflich noch nicht so deutlich präzisiert heraus,
aber der Ansatz in den Grundlinien für das beim Entwickeln des Ganzen
durchgehaltenen ethischen Universalsystems und insbesondere für die wissenschaftliche Sittenlehre bzw. Moral oder Ethik wird überall bestätigt; die all-

gemeinere Befassung mit den   G r u n d l i n i e n, deren Studium im Vergleichen mit späteren Schriften und Vorlesungsmaterialien und daraus resultierende gegenseitige Interpretation ist angeraten.

DER GLAUBE ALS GESCHICHTSBILDENDES SUBJEKT UND SEIN TRANSZENDENTALER RAUM IN SCHLEIERMACHERS "GLAUBENSLEHRE"

von **Sergio Sorrentino**

Die Umschreibung eines transzendentalen Raums des Glaubens ist sicherlich eines der wichtigsten Motive der neuen Weise, in der Schleiermacher das Problem der Religion im allgemeinen und des Glaubens im besonderen dargelegt hat, und die die Grundlage der bis dahin ungewohnten Formulierung der theologischen Lehre bildet. Deshalb verdient dieses Motiv in seiner ganzen Tragweite verstanden zu werden. Um die Thematisierung des Transzendentalen als eines eigenen Raums der Glaubenserfahrung, wenigstens in der Art, wie es in der G l a u b e n s l e h r e umrissen wird (darin aber kommt der gesamte Kern von Schleiermachers Auffassung zum Ausdruck), in ihren innersten Gründen zu verstehen, muß man zuerst zwei Arten von Problemen lösen.

1) Die Klärung des Ausgangspunktes, oder wenn einem das lieber ist, der Sprachebene der G l a u b e n s l e h r e. Es geht weder um die Frage der Wissenschaftlichkeit der theologischen Lehre, noch um die Frage der B e g r ü n d u n g dieser Lehre (also um die Problematik des O b - j e k t e s dieser Glaubenslehre). Es ist offensichtlich, daß diese beiden Fragen in der Definition der Sprachebene enthalten sind; immerhin eröffnet letztere ein neues, problematisches Gebiet und stellt gerade die Klärung des konkreten Inbegriffs der christlichen Frömmigkeit in Frage. Die christliche Frömmigkeit hat einen wesentlichen Aspekt von P h ä n o m e n a l i - t ä t. Es geht also darum, in die Dichte des Phänomens einzudringen, um den Aufbau hervorzuheben und den autonomen Bereich (und die eigentliche Sprachebene) dieser E r f a h r u n g s w i r k l i c h k e i t, d.h. des Glaubens, zurückzugewinnen. Schon in dieser Phase der Erörterung des Problems zeichnen sich zwei Pole ab, welche die Glaubenserfahrung ausmachen: der a n t h r o p o l o g i s c h e P o l, der von der Phänomenalität eines solchen Erfahrungsbereichs, der vom Glauben erschlossen wurde, und von seiner Verwurzelung im Menschlichen Rechenschaft ablegt, und der k e r y g m a t i s c h e P o l, der im Gegensatz dazu vom Übergang in die Sphäre des Gottesbewußtseins, das auf dem Boden des Glaubens bewirkt wurde, Rechenschaft ablegt. Tatsächlich hat dieser Übergang einen unausweichlichen anthropologischen Aspekt und stellt gerade darum ein Problem dar. Die Herausforderung, die von einer solchen Problemstellung her-

Die vorliegende Abhandlung stellt einen Abschnitt der Einleitung des Autors zu seiner italienischen Übersetzung von "Der christliche Glaube" (Bd. I) dar, die im Paideia-Verlag, Brescia veröffentlicht ist.

rührt, brachte Schleiermachers Denken eben dazu, das Motiv des transzenden
talen Raums des Glaubens zu schaffen. Eben hier steht die eigentlich
Sprachebene der G l a u b e n s l e h r e in Frage: wenn der l o
g o s versucht, die enorme vulkanische Masse der Glaubenserfahrung (wi
wollen uns stets vor Augen halten, daß der Glaube ein geschichtsbildende
Subjekt ist), zu bewältigen, kommt er nicht umhin, sich auf eine besonder
Sprachebene festzulegen. Daraus geht die t r a n s z e n d e n t a l
P r o b l e m s t e l l u n g, die die gesamte Abfolge der Darlegung i
der G l a u b e n s l e h r e kennzeichnet, hervor, definiert sie doc
im eigentlichen Sinn ihre Sprachebene.

2) Die Frage, die in der Terminologie der damaligen Kultur als Verhältni
zwischen Philosophie und Theologie formuliert werden konnte. Aber auch hie
muß man zwei kritische Vorbehalte anbringen: a) Vor allem enthält Schleiermachers Problemstellung zu dieser Frage (sie wird i n   a c t u   e x e r-
c i t o in der G l a u b e n s l e h r e selbst und i n   a c t e
s i g n a t o, d.h. mit einer spezifisch thematisierenden Überlegung, in der
beiden Briefen an Lücke aufgegriffen) Elemente, die über den beschränkter
Rahmen der damaligen Kultur, die grundsätzlich der Alternative Rationalis-
mus/Supranaturalismus verhaftet war, hinausgehen. Die wesentlichen Element
dieser Problemstellung sind: die Bejahung des Glaubens (und der Frömmigkeit) als eines eigenen Erfahrungsbereichs, der weder auf das "t h e o -
r e i n" noch auf das "p r a t t e i n" zurückzuführen ist; die kirchlich
Verwurzelung, oder wenn wir so wollen, die unverlierbare kirchliche Dimension dieses Erfahrungsbereichs; das hermeneutisierende Verhalten des "logos"
dem Glauben gegenüber: der Glaube konstituiert sich unabhängig vom "logos"
(entgegen den Rationalisten); aber er ist anderseits offen (gerade wegen seiner Erfahrungsdichte) für die Initiativen und für die hermeneutische Überprüfung eines Verstehens, das zu begreifen und zu erfassen sucht (entgeger
den Supranaturalisten). b) Anderseits ist es notwendig, die Barthsche Auslegung dieses Verhältnisses (die lange Zeit die Interpretation von Schleiermachers Denken im allgemeinen und seiner G l a u b e n s l e h r e im
besonderen bestimmte) zu entmystifizieren.

Nachdem diese beiden kritischen Vorbehalte angebracht sind, können wir
den eigentlichen Sinn der Frage, die das Verhältnis Philosophie/Theologie
betrifft, angehen. Ich will eine Formulierung p e r   a b s u r d u m   zu
geben versuchen. Wenn dieses g e s c h i c h t s b i l d e n d e
S u b j e k t, d.h. der Glaube (dessen wesentliche Gemeinschaftlichkeit wir
uns stets vor Augen halten wollen) keinen transzendentalen Aspekt hätte,
stellte sich das Problem des Verhältnisses zwischen Philosophie und Theologie
(d.h. zwischen Vernunft und Glaube) überhaupt nicht, und dann hätten die

Supranaturalisten recht, die sowohl die Forderung des Verstehens (zugunsten der
Forderung der Unterwerfung und des Gehorsams), als auch die Forderung der Aneignung (diesmal zugunsten der autoritären und normativen Forderung) zurückweisen.
Aber der Glaube, insofern er sowohl ein Subjekt geschichtlicher Ausgestaltung als
auch glaubende Erfahrung ist, besitzt einen transzendentalen Raum; letzterer läßt
das Eindringen des "logos", wenn auch nur zu den oben angeführten Bedingungen (d.h. kein konstruktiver "logos", sondern ein entkodifizierender "logos") zu. Es gibt mindestens drei Bereiche, in denen dieses Eindringen des
"logos" (freilich unter verschiedenen Bedingungen), wenigstens in seinen
letzten Gründen, durch den transzendentalen Raum des Glaubens (und noch
allgemeiner, der religiösen Erfahrung) bedingt ist.

a) Der d o x o l o g i s c h e Bereich der Äußerung, d.h. der sprachlichen Umsetzung des Glaubens; dies ist der Ursprung der theologischen
Sprache. Indem sich der Glaube den Ansprüchen der äußeren Erscheinung und
der mitreißenden M i t t e i l u n g unterzieht, geht er in der Sprache
auf (wir befinden uns hier unmittelbar auf doxologischem Niveau, d.h. dem
der G l a u b e n s s ä t z e); aber die Sprache ist ein Ausdrucksmittel
des "logos". Schleiermacher hat dazu eine ganze Theorie erarbeitet, welche
seiner Hermeneutik zugrunde liegt. Davon finden wir in der G l a u -
b e n s l e h r e nur eine Zusammenfassung; die ergänzenden Elemente
dieser Theorie der Sprache (und vor allem der doxologischem Sprache) und
der M i t t e i l u n g sind über das ganze Werk Schleiermachers ver-
streut zu finden. Das ist ein interessantes Forschungsgebiet, das noch der
Bearbeitung harrt.

b) Der Bereich der Religionsphilosophie (im heutigen Sinn; für Schleiermacher war sie ein Teil der Ethik). Hier ist das Eindringen des "logos" eher
augenfällig; aber es ist immer von jenem transzendentalen Raum, der den
Bereich der Glaubens- und der Religionserfahrung ausmacht, bedingt. Zwei
Dinge müssen dazu klargestellt werden (auch um möglichen Mißverständnissen
zuvorzukommen). Einmal: in der Überprüfung der Religion durch den "logos"
stellt sie sich als ein Bereich heraus, der weder auf das Denken, noch auf
das Tun (auf die Vernunft in ihrer doppelten, d.h. theoretischen und praktischen Funktion) zurückzuführen ist. Er ist nur (und gerade darum macht
er das Objekt der Religionsphilosophie aus) auf seine t r a n s z e n -
d e n t a l e n B e d i n g u n g e n (d.h. vor allem auf das
"schlechthinnige Abhängigkeitsgefühl") zurückzuführen. Zum anderen bedeutet diese Einordnung des Glaubens unter dem Gattungsbegriff "Religion" ganz
und gar nicht eine H e r l e i t u n g des Glaubens von der Religion.
Anders gesagt, der Grundbegriff von Schleiermachers Religionsphilosophie ist
durch den Begriff "Frömmigkeit" gegeben, der eben die transzendentale Bedingung (d.h. der "oboedientiale" Aspekt) jeglichen religiösen Erlebens und

des eigentlichen gläubigen Erlebens ausdrückt. Die Tatsache, daß die Religion und der Glaube (ich erläutere dies, um dem heftigen Vorwurf von Barth
gegen Schleiermacher zuvorzukommen: auch wenn der Gebrauch der Kategorien
"Religion" und "Glaube" im Bereich der "dialektischen Theologie", wo sie bekanntlich eine entscheidende und kennzeichnende Rolle spielen, abzuwägen
wäre) im Bereich des "genus" zu behandeln sind, entspricht einerseits dem
eigentlichen Umfang, d.h. der u n i v e r s a l i s i e r e n d e n Ausdehnung des philosophischen "logos", und andererseits muß sie in Schleiermachers Verständnis der Religion als k o n k r e t e E r f a h r u n g
eingeordnet werden (darum wissen wir z.B., daß für ihn keine Religion, die
nicht g e s c h i c h t l i c h ist, besteht). Wenn wir diese beiden Aspekte zusammenfassen und uns diejenigen, die die Lehre von der "Frömmigkeit" eröffnet haben, vergegenwärtigen, dann verstehen wir auch, daß die Einordnung in "genus" und "species" (Gattung und Art) keine konstruktive, sondern vielmehr eine kategorisierende Funktion hat, welche besonders mit dem
transzendentalen Aspekt der Glaubens- und Religionserfahrung zusammenhängt.

c) Das Gebiet der Theologie, aber vor allem jener Bereich der Theologie
welcher der Apologetik entspricht. Hier will ich bloß zwei Erläuterungen bei-
fügen. Das Eindringen des "logos" in die theologische Lehre ist einmal nur
möglich, weil der Glaube (unvermeidliches Objekt der Theologie) unabdingbar auch einen transzendentalen Aspekt hat, ohne den weder eine doxolo-
gische, noch eine wissenschaftliche Forderung entstünde (letztere befindet
sich auf der Linie der doxologischen, bezieht aber ein viel größeres Potential des Glaubensbewußtseins mit ein). Dieser Aspekt einer Stetigkeit zwischen
der doxologischen Forderung von Erscheinung und Mitteilung und der theologischen Forderung der wissenschaftlichen Ordnung muß betont werden, da
gerade Schleiermacher sie auf überraschende Art thematisiert hat. Diese beiden Forderungen entsprechen allerdings zwei verschiedenen Ebenen der Entwicklung der mitteilenden Sprachlichkeit. Zum anderen muß die erstaunliche
Nähe zwischen dem Forschungsbereich der Apologetik und dem der Religionsphilosophie (Schleiermacher würde "Ethik" sagen) betont werden: beide betrachten, wenigstens insofern sie zum transzendentalen Raum des Glaubenser-
lebnisses gelangen, die gleiche Erfahrungstatsache, indem sie sie von zwei
verschiedenen Standpunkten aus angehen. Während die Religionsphilosophie
aber auf diesen transzendentalen Raum stößt, indem sie vom allgemeinen Begriff einer "frommen Gemeinschaft" ausgeht, so gelangt die Apologetik dazu,
indem sie sich innerhalb einer bestimmten "frommen Gemeinschaft", z.B. der
christlichen "frommen Gemeinschaft" bewegt. Indem ich nun diese Nähe beider
erfasse, will ich auf eine Thematik hinweisen, die Schleiermachers Problemstellung (wenigstens in der G l a u b e n s l e h r e) unbestimmt läßt.

Schleiermacher vertieft das Problem des Verhältnisses zwischen Apologetik und Ethik (heute würden wir sagen zwischen Fundamentaltheologie und Religionsphilosophie) nicht ausdrücklich; er gibt uns bloß ihre Abfolge, anhand einer (aber gerade diese Tatsache ist interessant) k r i t i s c h e n P h ä - n o m e n o l o g i e (die er eben "Religionsphilosophie" nennt) verschiedener "frommer Gemeinschaften". Aber schon diese Abfolge und diese wechselweise Vermittlung zwischen Ethik und Apologetik ist wesentlich für die Thematik, auf die ich oben angespielt habe. Hier ist allerdings nicht der Ort, um eine so weitreichende Thematik zu diskutieren.

Glaube und Frömmigkeit

Um Schleiermachers Thema der "Frömmigkeit" zu verstehen, d.h. das Thema des religiösen Wesens des Glaubens und seines transzendentalen Raums, muß man von jener Auffassung des Glaubens als eines konkreten Inbegriffs, die wir schon kennen, ausgehen. Der Glaube ist ein konkreter Inbegriff oder, noch genauer, ein g e s c h i c h t s b i l d e n d e s S u b j e k t, an dessen Zusammensetzung die Kirchlichkeit, die geschichtliche und konkrete Beziehung zu Jesus von Nazareth (dem Erlöser) und das Gottesbewußtsein (als wirkliche Ausgestaltung des religiösen Selbstbewußtseins) beteiligt sind. Dies ist der Ausgangspunkt von Schleiermachers transzendentaler Betrachtung, die mit der Kategorie der Frömmigkeit und mit der Erklärung des transzendentalen Raums abschließt. Um aber einen Bezugspunkt, der den Weg dieser transzendentalen Betrachtung zum konkreten Inbegriff des Glaubens aufzeigt, zu bieten, müssen wir die § 2, 3, 4, 15, 19 der G l a u - b e n s l e h r e und das Thema der "Positivität" der Theologie, das in der K u r z e n D a r s t e l l u n g zusammenfassend dargelegt und erörtert ist, betrachten. Aus diesem ganzen Zusammenhang treten zwei Punkte klar hervor, die es uns erlauben, den authentischen Sinn von Schleiermachers Thematisierung des Transzendentalen zu erfassen: a) die A u t o - n o m i e des Glaubens (sie ist die Wirklichkeit, die dem Begriff "Positivität" entspricht, den wir in der K u r z e n D a r s t e l l u n g finden), hier als die Bestätigung eines u n a b h ä n g i g e n E r - f a h r u n g s b e r e i c h e s verstanden (er ist, wie wir gesehen haben, weder auf das "abbildliche Denken", noch auf das "vorbildliche Denken", d.h. weder auf die theoretische, noch auf die praktische Funktion der Vernunft zurückzuführen); b) die transzendentale Verknüpfung dieses unabhängigen Erfahrungsbereichs (all dies wird anhand der Einordnung in die Kategorie des "Gefühls" behandelt, das nicht die Kategorie "Affektivität", sondern vielmehr die transzendentale Kategorie meint, mit der Schleiermacher die Ergebnisse seiner transzendentalen Reflexion über den konkreten

Inbegriff des Glaubens bezeichnet).

Wir müssen diese beiden Sachverhalte festhalten, wenn wir die strukturellen Gründe, welche Schleiermachers Darstellung in der G l a u b e n s -
l e h r e beherrschen (wenigstens auf diesem genau umrissenen Gebiet der
transzendentalen Reflexion) erfassen wollen. Wahrscheinlich kann das Vorgehen, das in diesem Werk angewandt wurde, dazu führen, daß die frag-
liche Thematik mißverstanden wird. Tatsächlich ist hier Schleiermachers Vorgehen eine Zusammenstellung von "Lehnsätzen" (d.h. die Grundsätze, die er
von andern Fachgebieten entlehnt hat, oder anders: das thematisch erklärte
"Vor-Verständnis", das der G l a u b e n s l e h r e zugrunde liegt),
die der theologischen Darlegung der G l a u b e n s l e h r e voran-
gehen, und darum scheint diese Abfolge (Ethik, Religionsphilosophie, Apologetik) eine konstruktive H e r l e i t u n g des konkreten Inbegriffs des
Glaubens aus seinen wesentlichen anthropologischen Gründen anzuzeigen. In
Wahrheit würde eine solche Interpretation von Schleiermachers Vorgehen völlig
den Sinn seiner Lehre verfälschen. Wenn man nämlich die innere Ausrichtung und die Gründe verfolgt, welche die Thematisierung der "Frömmigkeit"
stützen, dann kann man unmöglich das, was doch reine t r a n s z e n -
d e n t a l e R e f l e x i o n ist[1], als eine konstruktive Herleitung
mißverstehen. Man sollte dazu den Satz, der Schleiermachers G l a u -
b e n s l e h r e eröffnet, niemals vergessen, sondern ihm vielmehr das
nötige Gewicht beimessen: um den Sinn dieses Fachgebiets (d.h. die geeignete Sprachebene) zu verstehen, muß man ein "Verständnis" (und zwar ein an-
gemessenes Verständnis) von der Kirche, d.h. von jenem geschichtlichen und
konkreten Inbegriff, auf dem der Glaube fußt, haben.

Ich habe diesen kirchlichen Zusammenhang (besser noch: diese ausschließliche kirchliche Zuordnung) von Schleiermachers Theologie und besonders seiner G l a u b e n s l e h r e schon angedeutet. Hier will ich
bloß die beiden Tatsachen, die im Mittelpunkt von Schleiermachers Lehre von
der "Frömmigkeit" stehen und die letztlich seine transzendentale Reflexion
über den konkreten Inbegriff des Glaubens begründen, besser erklären und
ins rechte Licht rücken. Wenn man diese ganze Betrachtung im Zusammenhang
erwägt und wenn man das diskursive Vorgehen, das in der G l a u -
b e n s l e h r e zur Anwendung gelangte, umkehrt, dann kann man die
Frage, die die gesamte Thematisierung des Transzendentalen vorantrieb, etwa
folgendermaßen ausdrücken: Wenn der Glaube ein E r f a h r u n g s b e -
r e i c h, darüberhinaus ein unabhängiger Erfahrungsbereich, dazu noch
ein g e s c h i c h t s b i l d e n d e s S u b j e k t ist, was ist
dann sein anthropologischer Zusammenhang? Nun, in der allgemeinen Auf-

1 Vgl. Der christliche Glaube (= GL), hg. v. M.Redeker, Berlin 1960[7], II,
  S. 500 (Notiz zu § 5).

assung Schleiermachers, der in diesem Punkt den unumgänglichen Nutzen
aus dem modernen Denken zieht, bezieht jede Erfahrung als Erfahrung ein
transzendentales Subjekt oder aber das S e l b s t b e w u ß t s e i n
mit ein. Natürlich ist damit nicht gemeint, daß das Selbstbewußtsein die einzige Wurzel der Erfahrung sei (wie etwa der "konsequente Idealismus", d.h.
Gentiles Aktualismus zu behaupten wagte). Vielmehr ist es die B e d i n -
g u n g   a   p r i o r i   d e r   M ö g l i c h k e i t, d.h. die Bedingung dafür, daß die E r f a h r u n g und der Umfang, der sie ausmacht, Erfahrung sei (wobei Erfahrung in ihrer ganzen möglichen Breite,
d.h. also nicht nur als jede Art von kognitiver Erfahrung, sondern auch
als die projektual-kreative Erfahrung, die des "Pathetischen" und die religiöse, verstanden werden muß). Hier könnte man auf die Details von Schleiermachers Auffassung eingehen und seine Vorstellung vom S e l b s t -
b e w u ß t s e i n[2] gründlich klarstellen. Allerdings ist die Problemstellung in Schleiermachers Einleitung zur G l a u b e n s l e h r e
zu diesem Punkt ziemlich knapp abgefaßt, gerade weil er sich darauf beschränkte, andernorts ausgearbeitete Denkanstöße zusammenzufassen und auszuwerten. So scheint es mir nicht nötig zu sein, diese Spur in Schleiermachers Lehre weiter analytisch zu verfolgen. Ich begnüge mich damit, nur
zwei Aspekte anzuführen, die m.E. unbedingt berücksichtigt werden müssen,
wenn man die ganze Breite von Schleiermachers Betrachtung zur "Frömmigkeit"
verstehen will.

1) Vor allem darf das "Selbstbewußtsein" nicht auf ein "Bewußtsein von sich
selbst" reduziert werden, das den Endpunkt der erkennenden Funktion (wenn
auch nach der verschiedenen Skala der gnoseologischen Werte abgestuft) bezeichnet. Zweifellos war die Neigung des transzendentalen Idealismus und
der von ihm beeinflußten Kultur die, das Selbstbewußtsein der erkennenden
Funktion gleichzusetzen. Wahrscheinlich ist Hegels große Illusion von der
Philosophie (d.h. der höchstmöglichen s e l b s t b e w u ß t e n
L e i s t u n g in der Geschichte des Menschen) als Prinzip der "Gestaltung" einer neuen Epoche in der Weltgeschichte (eine Illusion, die bald von
den "Junghegelianern" und von der ätzenden Marxschen Kritik entmystifiziert
wurde) auf diese ausschließliche Schätzung der erkennenden Funktion im Bereich des Selbstbewußtseins zurückzuführen (zu dieser Einschätzung neigte
das gesamte moderne Denken). Andererseits bezeichnete gerade die Schaffung
der Kategorie "Selbstbewußtsein" die klare Hegemonie der erkennenden Funktion, und sie lag den schwerwiegenden Widersprüchen, die sich auf dem Gebiet des modernen Denkens (mit außerordentlichen Rückwirkungen auf die ge-

---

2 Ich müßte sowohl auf die Dialektik als auch auf die Ethik verweisen;
  darüber habe ich eine Untersuchung in meinem Schleiermacher e la filosofia
  della religione, Brescia 1978, angestellt.

gesamte Geschichte des modernen Menschen) auftaten, zugrunde. Allerdings
stellt Schleiermacher die Hegemonie der erkennenden Funktion im Bereich des
Selbstbewußtseins gerade in Frage. Für ihn ist das Selbstbewußtsein ein
S u b s t r a t (die Analogie zum "hypokeimenon" der platonischen und
aristotelischen Tradition nimmt vor allem die Verdrängung der räumlicher
Vorstellung in Anspruch) des gesamten Erfahrungsbereiches (der die erkennende Funktion einschließt, sie aber nicht ausmacht), d.h. der s u b -
j e k t i v i e r e n d e und a n e i g n e n d e B e z u g s -
p u n k t der Erfahrung, oder die "Bedingung a priori ihrer Möglichkeit".
Unter diesem Blickpunkt stellt das Selbstbewußtsein eine Funktion des "Seins"
in seiner werdenden Dialektik dar. Diese Funktion gliedert sich, über die
ganze Spanne des Daseienden hinweg, in abgeleitete Funktionen auf, die das
Selbstbewußtsein mit seinem gesamten Zusammenhang verknüpfen: diese Funktionen sind, auf höchster Ebene des geistigen Daseienden, das "abbildliche
Denken" und das "vorbildliche Denken". Aber es gibt noch eine dritte Funktion, auf die Schleiermacher bei seiner transzendentalen Reflexion über den
Glauben (und die Glaubenserfahrung) stößt: das G e f ü h l nämlich.
Diese Funktion des Selbstbewußtseins hat eine totalisierendere Weite im Verhältnis zu den andern beiden, gerade weil sie die Funktion des u n -
m i t t e l b a r e n S e l b s t b e w u ß t s e i n s, d.h. des auf
den gesamten Zusammenhang des Daseienden bezogenen Selbstbewußtseins,
ausdrückt (und es ist die Bedingung a priori der Möglichkeit der K r e a -
t ü r l i c h k e i t).

2) Im so verstandenen Selbstbewußtsein subjektiviert sich alles, was zur gesamten Bandbreite der Erfahrung gehört. Auf dieser Ebene läßt uns Schleiermacher eine wichtige Beschränkung der erkennenden Funktion und, im Gegensatz dazu, eine außerordentliche Ausweitung des Erfahrungsbereichs er-
ahnen. Mit andern Worten: die transzendentale Reflexion (d.h. jene Reflexion, die in Selbstbewußtsein gipfelt) ist aus Schleiermachers Sicht alles
andere als einschränkend (sie gipfelt nicht im schwachen "Ich denke" von
Kants transzendentaler Reflexion, wo ja diese schattenhafte Form genau die
idealistische und einschränkende Neigung des gesamten modernen Denkens bezeichnet); sie gipfelt in einem e x i s t e n t i a l e n Bezugspunkt
(d.h. nicht nur ontisch, sondern auch ontologisch), der eine überreiche
Struktur darstellt. In dieser Hinsicht verringert Schleiermacher die erkennende Funktion des Selbstbewußtseins, indem er es auf das objektive Bewußtsein reduziert. Auch das Selbstbewußtsein als ein "Bewußtsein von sich selber" wird schließlich von einer Objektivierung des Bewußtseins vermittelt,
das seinerseits die objektivierende "Erregung" des andern voraussetzt. Die
ganze erkennende Funktion endlich ist von Schleiermacher in die teilweise

Abhängigkeit vom Andern eingefügt, insofern sie in der "Empfänglichkeit"
des Selbstbewußtseins gründet (Empfänglichkeit eben im Bezug auf das Andere). Zweitens wird die vorbildende Funktion des Selbstbewußtseins im transzendentalen Sinn aufgewertet (insofern sie im Selbstbewußtsein gründet); sie
drückt die teilweise "Selbsttätigkeit" des Selbstbewußtseins als antreibendes
Prinzip des vorbildlichen Denkens aus. Dieser Raum von "Selbsttätigkeit" des
Selbstbewußtseins (die ontologische Wurzel der Freiheit) ist i m m e r mit
dem der "Empfänglichkeit" verwoben: deshalb habe ich von t e i l w e i -
s e r "Empfänglichkeit" gesprochen. Andrerseits übersetzt die transzendentale Verwurzelung dieser beiden Funktionen genau ihre unauflösliche Verknüpfung; es sind beides Funktionen desselben S u b s t r a t s
(h y p o k e i m e n o n) und darum miteinander verflochten, wie die beiden Atembewegungen (übrigens liefert uns gerade Schleiermacher dieses Bild
von "Atmen des Seins" in einem bekannten Abschnitt der R e d e n, in dem
er eine der wichtigsten Vorstellungen seines Denkens[3] ausspricht, die im
gesamten Verlauf seines Werkes immer wieder vorkommt). Die Verflechtung
dieser beiden Funktionen, in ihrer ganzen Skala von Möglichkeiten, gibt die
Pluralität aller möglichen Erfahrungsbereiche wieder: die Erfahrung des "Pathetischen", wie die des "Politischen", um nur gerade zwei, die im Bewußtsein unserer Epoche eine große Bedeutung erlangt haben, zu nennen. Aber
es gibt einen Erfahrungsbereich, wo, außer als Folge ihrer transzendentalen Konstitution, die vermittelnde Verflechtung dieser beiden Funktionen
bezüglich des Selbstbewußtseins nicht zustande kommt: es ist dies eben der
Erfahrungsbereich der Religion und des Glaubens. Es handelt sich um einen
Erfahrungsbereich, der sich eben gerade im u n m i t t e l b a r e n
S e l b s t b e w u ß t s e i n subjektiviert, d.h. in jenem Bereich des
Selbstbewußtseins (aber hier sind wir im Stand, Schleiermachers Sinn dieser
Kategorie zu erfassen), der die Unmittelbarkeit, oder anders gesagt, das
Fehlen einer V e r m i t t l u n g der beiden Funktionen, ausdrückt. Ei-
gentlich ist es ungenau zu sagen, "das Fehlen einer Vermittlung"; das Un-
mittelbare des Selbstbewußtseins ist V o r a u s s e t z u n g jeder Vermittlung und begleitet jede Vermittlung, im Sinne gerade der Definition des
Ursprünglichen und des Unmittelbaren des Selbstbewußtseins, die Schleiermacher erlaubt, den Begriff "Gefühl" zu benutzen, um dieses Unmittelbare
zu bezeichnen, das den subjektivierenden Sitz der gesamten Erfahrung der
Religion und des Glaubens ausmacht (das ist ja gerade Schleiermachers Entdeckung).

Kehren wir also zur vorigen Frage zurück: Wenn der Glaube ein Erfahrungsbereich ist, welches ist dann der transzendentale Raum für seine Subjektivierung? Nun sind wir vielleicht im Stand, diese Frage in ihrer vor-

---

3 Vgl. Über die Religion. Reden an die Gebildeten unter ihren Verächtern,

dringlichen Bedeutung besser zu verstehen, die Schleiermachers höchste Anstrengung hervorruft, um den transzendentalen Raum des Glaubens zu erklären und die "Frömmigkeit" zu thematisieren. Andrerseits genügt das, was ich
schon ausgeführt habe, um ohne Mißverständnis Schleiermachers Problemstellung in der Lehre über die "Frömmigkeit" zu erklären: Keine Beschränkung des Glaubens auf die Religion, sondern vielmehr die Suche nach einer
subjektivierenden Begründung des Glaubens und der Religion, verstanden als
Größe der geschichtlichen Erfahrung (die unvermeidliche "Anstrengung des
Begriffs", mit der das moderne Denken jede Reflexion, welche die Realität
angreifen und das Verfallen in eine   I d e o l o g i e, vor allem im Bereich der Reflexion über Glaube und Religion verhindern wollte, unterbaute).
Aber ich will noch einige Betrachtungen hinzufügen, um das Problem besser
zu beleuchten.

Bestimmt ist für Schleiermacher der Glaube an das "Wort" gebunden (ich
verstehe diesen Ausdruck in seiner kerygmatischen Dichte), d.h. er ist an
die kerygmatische Provokation, die von Jesus von Nazareth herstammt, gebunden; er ist wiederum an die   o f f e n b a r e n d e   F u n k t i o n
dieses Wortes gebunden; schließlich ist diese Funktion in der eigentlichen
kerygmatischen Dimension, auf welche ich hingewiesen habe, enthalten. In
der   G l a u b e n s l e h r e   wird diese offenbarende Funktion auf die
erlösende Einwirkung (d.h. die fördernde Befreiung des Gottesbewußtseins)
des Wortes zurückgeführt. Wenn wir uns nun dies alles vor Augen halten,
und wenn wir die beiden grundlegenden Paragraphen (d.h. die § 11 und 13)
der Darlegung der   G l a u b e n s l e h r e   miteinander verbinden,
dann können wir die Formel aussprechen, die die kerygmatische Grundlage
des Glaubens definiert, und die die Basis von Schleiermachers gesamter Auffassung des Glaubens als eines geschichtsbildenden Subjekts enthält: d e r
"G l a u b e" (d.h. jene konkrete Umwandlung der "Frömmigkeit") i s t
e i n   w i r k l i c h e s   "S i c h - B e z i e h e n"   a u f   d a s
E r s c h e i n e n   v o n   J e s u s   v o n   N a z a r e t h   i n
d e r   G e s c h i c h t e   a l s   d e r   E r l ö s e r. Es sind drei Elemente, die den konkreten Inbegriff der Tatsache des Glaubens gliedern: ein
a n e i g n e n d e s   S u b j e k t (auf dieser Linie drückt sich der
transzendentale Raum, der von der "Frömmigkeit" angedeutet wird, aus); eine
k e r y g m a t i s c h e   P r o v o k a t i o n (das "Wort", oder das
Erscheinen Jesu von Nazareth in der Geschichte; vergessen wir nicht, daß
Schleiermacher die gesamte   G l a u b e n s l e h r e   als eine Weiter-
führung des Johanneswortes betrachtete: "Und das Wort ward Fleisch und
wohnte unter uns, und wir sahen seine Herrlichkeit ..." Joh. 1,14); eine
e r l ö s e n d e   E i n w i r k u n g (im Stande, das Gottesbewußtsein

Berlin 1799, S. 6 f.

u befreien und zu fördern). Gerade diese Komplexität des kerygmatischen Ereignisses läßt verstehen, daß für Schleiermacher weder die kerygmatische Provokation, noch die erlösende Einwirkung (wenn wir diese beiden **Aspekte** verbinden, gelangen wir zu Schleiermachers Auffassung der "Offenbarung") formelle Begriffe sind, sie sind vielmehr im g e s c h i c h t l i c h e n E r e i g n i s enthalten; und gerade als solche verlangen sie, der transzendentalen Dimension des "Gefühls" zugeordnet zu werden.

Es gibt noch eine Frage (auch wenn sie das Problem, von dem wir ausgegangen sind, abwandelt und spezifiziert), die sich Schleiermacher stellt: Wie verhalten sich die kerygmatische Provokation und die erlösende Einwirkung zum Selbstbewußtsein, und wie subjektivieren sie sich demzufolge transzendental? Wenn wir dieses Problem analytischer formulieren wollen, dann müssen wir zwei Arten von Fragen aufwerfen: a) Auf welche Art wird die kerygmatische Provokation subjektiv angeeignete Erfahrung, und dadurch zum Antrieb einer geschichtsbildenden Subjektivität? Wenn wir uns vor Augen halten, daß Barth aufs stärkste diesen kerygmatischen Aspekt des Glaubens und der Kirchlichkeit betont hat, dann führen wir die vorausgehende Frage in folgende über: Auf welche Art kann die "Synthese a priori", die "absolute Voraussetzung" zu einem Element der m e n s c h l i c h e n E r - a h r u n g und geschichtlichen Ereignis werden? Das Paradox darf nicht abgeschwächt werden, doch verlangt es nach einer hermeneutischen Überprüfung. Nun, Schleiermachers Antwort auf diese Frage bezieht sich auf den transzendentalen Bereich des "Gefühls". Es ist dies der einzige Bereich, in dem das Unmögliche möglich ist, d.h. das Zusammentreffen von Sein des Menschen mit dem unendlichen Sein Gottes[4]. So ist also eine erste Begründung des Themas "Frömmigkeit" abgegrenzt; in dieser Hinsicht entspricht dieses Thema völlig dem Bereich der Problematisierung des Glaubens, und die transzendentale Reflexion erscheint zweifellos berechtigt.

b) Welches ist der anthropologische Raum, in dem die erlösende Einwirkung stattfindet? Oder: Was verändert die Erlösung im Menschen, im Sinn einer Befreiung und einer Förderung? Welches ist das Objekt der erlösenden Einwirkung, die am Anfang (d.h. am Ursprung) der gesamten christlichen Erfahrung steht? Das sind mehr als berechtigte Fragen, wenn man der erlösenden Einwirkung ihre historisch-utopische Sprengkraft wieder geben will, und wenn man sowohl die Formalisierung als auch die Ideologisierung der christlichen Auffassung der Erlösung bestreiten will. Auch hier kann das Problem in der Form der Subjektivierung gestellt werden: Wie ist es möglich, daß der Mensch sich die erlösende Einwirkung aneignet? Nun, in der Beantwortung solcher Fragen legt Schleiermacher das Thema des "Gottesbewußtsein"

---

4 Vgl. GL I, 32.

dar: Das "Gottesbewußtsein" ist der Ort der erlösenden Einwirkung, und dadurch kommt die Befreiung und die Förderung zustande. Andrerseits wissen
wir, daß das Gottesbewußtsein (das mit Gott gelebte Verhältnis) jenen Bereich belegt, den Schleiermacher als subjektives Bewußtsein bezeichnet und
der sowohl das unmittelbare Selbstbewußtsein als auch das Gefühl ins Spiel
bringt. Wir werden also auch auf diese Weise wieder zum Thema der
"Frömmigkeit" zurückgeführt.

Bevor wir dieses Thema klären wollen, möchte ich mit zwei Bemerkungen
schließen. Das Motiv "Frömmigkeit" erscheint ständig am Horizont der
G l a u b e n s l e h r e   (wie wir schon gesehen haben). Aber es setzt
sich besonders in den entscheidenden Augenblicken der Darlegung durch, und
vor allem dort, wo sich das Problem der   t a t s ä c h l i c h e r
W i r k l i c h k e i t, d.h. der nicht ideologisierten, nicht von der geschichtlichen Wirklichkeit getrennten Wirklichkeit der Erlösung stellt. Der
ganze Aufbau der   G l a u b e n s l e h r e   wird von der Dichte der
Wirklichkeit dieser Befreiung und dieser Erlösung bestimmt. Es ist dies
vielleicht ein Motiv, das am entschiedensten die transzendentale Reflexion,
die der   G l a u b e n s l e h r e   zugrunde liegt, begründet. Dann
können wir an dieser Stelle auch die Struktur der formellen Abfolge von
Schleiermachers "Einleitung" anfügen, da wir deren Tragweite jetzt verstehen. Der Glaube ist nichts anderes als eine geschichtlich bestimmte Form
der "Frömmigkeit"; jede geschichtliche Religion (und Schleiermacher anerkennt keine andere) ist eine "Glaubensweise"; der christliche Glaube ist eine
besondere "Glaubensweise", d.h. eine geschichtlich bestimmte Gestaltung der
"teleologischen Glaubensweise". Das entscheidende Element dieses christlichen
Glaubens ist die   B e z i e h u n g   zu Jesus von Nazareth als dem Erlöser
(der ganze dritte Teil der   G l a u b e n s l e h r e   wird der Darlegung
dieser Beziehung in ihrer geschichtlichen Quelle der Aneignung und in ihrer
geschichtlich-weltlichen Projektion, d.h. der Kirche als "Glaubensgemeinschaft", gewidmet sein). Also muß eine Überprüfung dieser geschichtlich bestimmten "Frömmigkeit", die den christlichen Glauben ausmacht, die ganze
transzendentale Struktur der Frömmigkeit miteinbeziehen, d.h. sie muß die
ganze Lehre über das "Gefühl" und über seine dialektische Gliederung ("angenehm – unangenehm") in der "Einheit des Moments" miteinbeziehen. So ist
also Schleiermachers Lehre in ihren Grundzügen wie auch in ihrem wesentlichen Motiv dargelegt, und es gilt nun, dieses zu erforschen.

er transzendentale Raum des Glaubens bzw. die bipolare Dimension des
erygmatischen Ereignisses

n der "Einleitung" will Schleiermacher die "Frömmigkeit" untersuchen,
gerade weil er als Ausgangspunkt (oder als Problemstellung des Glaubens)
die bipolare Zusammensetzung des kerygmatischen Ereignisses genommen hat,
die seiner Glaubenslehre zugrunde liegt. Tatsächlich ist die Abfolge im Aufbau der Lehre folgende: Die Theologie (d.h. die Glaubenslehre) ist der "gewußte" Ausdruck einer bestimmten frommen Gemeinschaft (die Kirche); aber
diese "fromme Gemeinschaft" wiederum ist an eine "Frömmigkeit" gebunden;
letztere ist also das grundlegende Element der Gemeinschaft. Es geht also
darum, die "Frömmigkeit" in ihren begründeten Gliederungen zu erklären,
um die Struktur zu erfassen und somit den konkreten Inbegriff des Glaubens
zu verstehen. Wie man sieht, besteht die ganze Problematik bezüglich der
"Frömmigkeit" aus zwei untrennbaren Bezugspunkten (auch wenn die Darlegung sie trennt und sie in verschiedene Momente aufteilt): einerseits eben
das Thema der "Frömmigkeit", andrerseits dagegen der Pol des Glaubens (als
eines konkreten Inbegriffs) und des kerygmatischen Ereignisses (als einer
bipolaren Wirklichkeit). Man muß aber noch hinzufügen, daß diese transzendentale Reflexion über den Glauben (Schleiermacher zieht "Glaubensgemeinschaft" vor) darauf abzielt, ein Verstehen der Glaubenstatsache und des
Glaubens als geschichtsbildendes Subjekt zu erfassen; und die treibende
Kraft, die dieses Verstehen belebt, ist nichts anderes, als das Verständnis
(wir sind auf der Linie einer transzendentalen Reflexion, und deshalb ist
ein hermeneutischer Bogen mit einbezogen) des anthropologischen Sitzes des
Glaubens. Der Glaube geht in die Geschichte ein - dies ist die Überzeugung,
zu der Schleiermacher gelangte - . Welches ist dann sein subjektivierender
Bezugspunkt, d.h. worauf bezieht er sich in der Wirklichkeit dieses geschichtsbildenden Subjekts, das der Mensch ist, und noch genauer, in der
vor- und abbildenden Funktion seines Selbstbewußtseins?
  Schleiermachers Lehre der "Frömmigkeit" schreitet anhand von Annäherungen
voran. Vor allem ist sie eine Idee (ein "eidos", ein "Wesen"), die nicht ein
Abstraktum, sondern ein Konkretum meint. Sie besteht somit nie getrennt vom
konkret Phänomenalen; sie ist nicht ein "noumenon", eine nur gedachte Realität. Die "Frömmigkeit" ist stets der Entstehungskern einer "frommen Gemeinschaft", d.h. seine "entelecheia". Um also die "Frömmigkeit" zu thematisieren, muß man die "Bedingung a priori ihrer Möglichkeit" überdenken, und
vor allem anhand einer transzendentalen Reflexion ihre Subjektivierung im
Selbstbewußtsein klären, dessen von Schleiermacher beschriebene Dichte wir
schon kennen. Wenn die "Frömmigkeit" unter diesem Gesichtspunkt betrachtet
wird, dann ist sie weder auf das Denken (d.h. auf die abbildende Funktion

des Selbstbewußtseins) noch auf das Handeln (d.h. auf die vorbildende Funktion) zurückführbar. Diese Annahme wird in der G l a u b e n s l e h r e
(§ 3) als gegeben betrachtet, auch wenn sie dann im Verlauf des Paragraphen begründet wird. Doch Schleiermachers ganze Begründung beschränk
sich in der G l a u b e n s l e h r e auf das Erklären der Funktionen
des Selbstbewußtseins, aber das Motiv der Autonomie der Welt der Frömmigkeit wird als gegeben betrachtet. Daß die Kirche, so meint Schleiermacher,
eine Gemeinschaft sei, die mit der "Frömmigkeit" zu tun hat, ist für jeder
evangelischen Christen über jeden Zweifel erhaben. Tatsächlich entsprich
dieses Motiv einer von Schleiermachers tiefsten und reifsten Anschauungen:
es ist ein Leitmotiv der R e d e n , wo es breit erörtert wird.

Was entspricht genau dieser Anschauung der Autonomie des Religiösen und
dem andern Motiv, d.h. jenem des Glaubens als eines geschichtsbildender
Subjekts? M.E. stellt sie den Niederschlag eines e p o c h a l e n B e -
w u ß t s e i n s säkularer Art dar. Ein solches Bewußtsein hat eine Anzahl von Stellungnahmen hervorgebracht, die das Ergebnis sowohl jener
Kämpfe, die die Aufklärung im Bereich der Religion ausgefochten hat, als
auch jener historischen Umwandlungsprozesse einer Gesellschaft, die der
Übergang vom "Ancien régime" zur Vorherrschaft des Bürgertums bestimmen,
sind. Natürlich kann ich diese Problematik hier nicht weiterverfolgen. Ich
will nur einige Denkanstöße liefern, die das epochale Bewußtsein, das Schleiermacher in seiner Anschauung von der Autonomie der Religion (natürlich
ist nicht die Autonomie der M y s t i k oder der "Weltflucht" gemeint)
bestärkt hat, analytisch ausdrücken. Es handelt sich dabei um Denkanstöße,
die ich nur anführe, auch wenn ich sehr gut weiß, daß sie eine genauere
Erörterung verdienten.

a) Die Kirche, in der neuen geschichtlichen Situation, verliert ihre Funktion als vereinigendes Prinzip einer gesellschaftlichen Gestaltung, d.h. sie
neigt dazu, im Lauf der geschichtlichen Entwicklung die Merkmale einer "soziologischen" Kirche zu verlieren. Aber indem sie die Funktion der s o -
z i a l e n V e r m i t t l u n g verliert, die sie mindestens seit der
nachkonstantinischen Zeit hatte, welche Funktion bekommt sie dann? Bestimmt
eine a n d e r e Funktion, eine autonome Funktion.

b) Es stellt sich die Frage der Stellung der Religion in der Wirklichkeit
und in der Geschichte. Indem sie die früheren Identifizierungsmerkmale verliert, verlangt die Religion (wenn man nicht ihre völlige Verneinung vorschlagen will: aber das ist ein späteres Phänomen, und es scheint doch,
daß es nie die Proportion eines Massenphänomens angenommen hat) eine neue
Identifikation. Dies ist das große Problem des Säkularisierungsprozesses:
Wenn die Religion kein soziales oder ethisches Projekt, kein Surrogat unsres
Erkenntnismangels und auch kein therapeutisches Surrogat unsrer psychischen

törungen ist, welches Projekt stellt sie dann dar?

c) Das Problem der s t a t u t a r i s c h e n   R e l i g i o n wird
ordringlich: Wenn man die statutarische Religion ablehnt (und somit auch
ie geschichtliche Funktion der Religion selbst), dann kann man die Religion
uf die Funktion der Vernunft (wenn auch nur auf die "praktische Vernunft")
eschränken. Aber wenn man das Thema des Glaubens als geschichtsbildendes
ubjekt in seiner ganzen Tragweite nimmt (und wenn man sich die Mühe
immt, an eine statutarische Funktion der Religion zu denken), dann kann
ian sich der Pflicht, die Religion selbst auf einen subjektivierenden, auto-
omen Bezugspunkt zurückzuführen, nicht entziehen; dies alles, indem man
ich sowohl den Verlust der Funktion einer sozialen Vermittlung (auch wenn
ie Aufklärung im großen und ganzen bekanntlich der Religion eine andere
'unktion der sozialen Vermittlung zukommen ließ) als auch das moderne Pro-
lem der subjektiven Aneignung vor Augen hält.

Dies sind die komplexen Umstände, durch die Schleiermacher in seiner An-
chauung von der Autonomie der Religion bestärkt wurde und in denen sich
or allem das Thema des autonomen Raums der Subjektivierung des Glaubens,
las zu erforschen uns vordringlich erscheint, ausformt.

Da die "Frömmigkeit" nun also weder auf die vorbildliche Funktion (die
'unktion, aus der der Bereich der Ethik erwächst) noch auf die abbildende
'unktion (dies ist der Bereich, wo die Intelligenz und das Wissen entstehen)
zurückführbar ist, muß sie in jenem Raum des u n m i t t e l b a r e n
s e l b s t b e w u ß t s e i n s subjektiviert sein, dessen Funktion mit
'Gefühl" bezeichnet wird. Schleiermacher sagt: "Die Frömmigkeit ... ist rein
'ür sich betrachtet weder ein Wissen noch ein Tun, sondern eine Bestimmtheit
des Gefühls oder des unmittelbaren Selbstbewusstseins"[5]. Versuchen wir, diese
Annahme zu ergründen, da darin Schleiermachers Thema der Subjektivierung
des Glaubens zusammengefaßt ist und sich seine transzendentale Reflexion
über dieses geschichtliche Objekt verdichtet. Die ausgesprochene Behauptung
enthält drei Probleme, die geklärt werden müssen: das unmittelbare Selbst-
oewußtsein, das "Gefühl" und die "Bestimmtheit".

Die Erklärung des "unmittelbaren Selbstbewußtseins" ist in der G l a u-
o e n s l e h r e ziemlich knapp; aber die D i a l e k t i k enthält
wichtige Aussagen darüber[6]. Das unmittelbare Selbstbewußtsein ist das
Selbstbewußtsein, das jedem zeitlich bestimmten Moment (oder Zustand) des
Selbstbewußtseins vorausgeht, oder mit andern Worten: das unmittelbare
Selbstbewußtsein ist der transzendentale Bezugspunkt jeder Praxis und jedes
Erkenntniszustandes. Schleiermacher entdeckt seinen sich selber formenden
Raum anhand einer doppelten Erfahrung: die Erfahrung der Rückkehr zum

5 Vgl. GL I, 3.
6 Ich habe diese Aufführungen in meinem Schleiermacher ... a.a.O., S. 116ff.
besonders berücksichtigt.

Nullpunkt der vor- und abbildenden Funktion; die Erfahrung des identische
Verharrens der "Bestimmtheit" dieses Selbstbewußtseins während der Daue
einer Serie von Denk- und Willensakten. Aber dies ist nicht der Aspekt, de
uns am meisten interessiert (vielmehr befindet er sich auf der Linie eine
a p a g o g i s c h e n Argumentation). Wir erachten es als vordring
lich, die - nennen wir sie ontologische - Funktion dieses Bereichs de
Selbstbewußtseins zu bedenken. Wir wissen, daß er (das meint das Adjekti
"unmittelbar") der vor- und abbildenden Funktion zugrunde liegt. Nun, dies
beiden Funktionen haben ein ontologisches Gewicht: sie drücken den Atei
des Seins in seinen beiden Phasen Empfänglichkeit/Selbsttätigkeit aus. E
handelt sich dabei um eine Empfänglichkeit und eine Selbsttätigkeit, die voi
der Endlichkeit und der Einseitigkeit bestimmt sind (d.h. sie schließen de
Zwiespalt des Gegensatzes mit ein). Im Gegensatz dazu erscheinen im un
mittelbaren Selbstbewußtsein neue ontologische Werte: vor allem eine totalisie
rende Wiederaufnahme des Gegensatzes (das unmittelbare Selbstbewußtsei
stellt sich ja jenseits des Zwiespalts Empfänglichkeit/Selbsttätigkeit); dani
eine neue Art von Gegensatz und eine neue (absolute) Empfänglichkeit.

Was den ersten Punkt betrifft (die totalisierende Wiederaufnahme des Ge
gensatzes), so gibt das unmittelbare Selbstbewußtsein die Endlichkeit de
Seins an sich, jenseits jeglichen Gegensatzes zwischen dem endlichen Seien
den, und somit jeglichen selbsttätigen und empfänglichen Zwiespalts wieder
Im Unmittelbaren des Selbstbewußtseins zeichnet sich das Sein durch sein
Endlichkeit aus, die auf totalisierende Art wiederaufgenommen wird. Sie is
eine Funktion - nennen wir sie einmal so, um uns verständlich zu
machen - welche die Gesamtheit der möglichen Erfahrungen zusammenfaßt
Diese Gesamtfunktion ist ein wesentliches Ergebnis der transzendentalen Re
flexion. Daran schließen sich zwei Themen an, denen wir schon begegne
sind, und die das, was wir aus Schleiermachers Sicht etwa das r e l i -
g i ö s e A p r i o r i nennen könnten, modulieren: Die K r e a t ü r -
l i c h k e i t und das "Vertreten" (d.h. die Wiederaufnahme des gesamter
endlichen Seins im Selbstbewußtsein). Aber diese Funktion des unmittelbarer
Selbstbewußtseins deckt, immer auf der Linie der transzendentalen Reflexion,
zwei andere, damit aufs engste verbundene Funktionen auf: einerseits eine
Funktion, die auf eine andere Totalität hinweist (jene, die in der D i a -
l e k t i k "Urgrund des Seins"[7] genannt wird; immerhin finden wir diesen Begriff, worauf ich schon aufmerksam gemacht habe, auch in Schleiermachers handschriftlichen Notizen zur ersten Ausgabe der G l a u b e n s -
l e h r e); andrerseits eine neue E m p f ä n g l i c h k e i t oder
P a s s i v i t ä t im unmittelbaren Selbstbewußtsein, die sich durch ihre

---

7 Die Ansicht, daß Schleiermacher den Ausdruck "Urgrund des Seins" im Sinn
   von Schellings "Identitätsphilosophie" verwandt hätte (wie G.Wehrung und

bsolutheit auszeichnet, und die eine Funktion (das "Gefühl") hervorbringt, ie dazu dient, die Perzeption dieser Empfänglichkeit (aber hier steht "Perzeption" für "transzendentale Apperzeption": wir befinden uns im Bereich des u b j e k t i v e n   B e w u ß t s e i n s, wie Schleiermacher mehrmals etont) entstehen zu lassen. Diese andern beiden Funktionen, oder wenn wir ieber wollen, Dimensionen des unmittelbaren Selbstbewußtseins zu klären, edeutet die transzendentale Verankerung der "Frömmigkeit" zu begründen.

Um dies zu klären, ist es nötig, vom G e f ü h l auszugehen, d.h. von er transzendentalen Apperzeption dieser absoluten Empfänglichkeit, die das M e d i u m, immer auf der transzendentalen Ebene, sowohl des Verweises uf den U r g r u n d   d e s   S e i n s, als auch der religiösen Verteilung und des religiösen Niederschlags des unmittelbaren Selbstbewußtseins darstellt. Das Gefühl wird sofort zum r e l i g i ö s e n   G e f ü h l[8], und seine Wiedergabe mit dem transzendentalen Ausdruck "schlechthinniges Abhängigkeitsgefühl" gibt genau die transzendentale Begründung der Frömmigkeit wieder. Aber warum wählt Schleiermacher gerade die Kategorie 'Gefühl", um das Ergebnis der transzendentalen Reflexion über die Frömmigkeit wiederzugeben? Dies hat seinen Grund m.E. darin, daß sie ausgesprochen geeignet ist, die beiden Aspekte, die in der transzendentalen Dimension des unmittelbaren Selbstbewußtseins enthalten sind, auszudrücken: a) die Apperzeption des "Her-Seins", d.h. die "Bestimmtheit" des Selbstbewußtseins, verstanden als ein passiver Pol einer aktiven Polarität (der Gepol der "schlechthinnigen Abhängigkeit"); unter diesem Gesichtspunkt schien das Gefühl, indem es die Kategorie des "Erregtseins von" schlechthin ausmacht, zu der Wiedergabe dieser transzendentalen Reflexion geeignet zu sein; b) die Bedeutung der f o r m a l e n (im Sinn von Kant), d.h. k o n s t i t u i e r e n d e n Qualität dieses Gefühls: es besteht nämlich in seiner Funktion nur im Konkreten der E i n h e i t   d e s   M o - m e n t s und bezeichnet so die produktive Verbindung des höheren Selbstbewußtseins, das der Raum des Gottesbewußtseins ist (d.h. des religiös konstituierten Selbstbewußtseins, wobei es nur auf das Problem einer konkreten Ausgestaltung der Frömmigkeit, die zeitlich bestimmt ist, ankommt) mit dem niederen Selbstbewußtsein (dem Selbstbewußtsein, das von den äußeren Einflüssen erregt wird). Mit der Kategorie "Gefühl" werden sowohl der empfängliche, als auch der produktive Aspekt des unmittelbaren Selbstbewußtseins zutreffend wiedergegeben. Dazu äußert sich Schleiermacher in einer seiner handschriftlichen Notizen folgendermaßen: "Unter u n m i t t e l b a r ... verstehe ich u r s p r ü n g l i c h, daß es nämlich nicht an einem Wissen oder Tun haftet. - Es ist dem Gefühl wesentlich, Wissen und Tun

---

und M.Redeker meinten), ist anfechtbar.

8 Vgl. GL I, 3,2.

zu erregen, und für die Empfindung ist es die Einheit dieser beiden. Weder Vernunft noch Geist noch Gemüt kann ich als die Einheit zu diesen dreien ansehen, sondern bin eher zufrieden mit dem Ausdruck 'der tiefste Grund' ohne weiters. Vernunft ist freilich in allen drei Formulierungen; allein das Gesetztsein Gottes im vernünftigen Wissen ist die philosophische Richtung. Das Gesetztsein Gottes im vernünftigen Tun ist die sittliche Richtung. Glaube ist besonders die im Selbstbewußtsein gesetzte Gewißheit von dem Mitgesetzten"[9].

Kehren wir nun zu jener Dimension des unmittelbaren Selbstbewußtseins, worin sich eine a b s o l u t e   E m p f ä n g l i c h k e i t   formt, zurück. Wenn das Sein des Selbstbewußtseins einmal die t o t a l i s i e -r e n d e   W i e d e r a u f n a h m e   vollbracht hat, entdeckt es sich als nicht in sich selbst begründet (gerade weil es das Endliche wiederaufnimmt, und den Raum des Gegensatzes); aber in seinem Bereich formt sich ein neuer Gegensatz und eine "schlechthinnige Abhängigkeit". Die "schlechthinnige Abhängigkeit" ist nichts anderes als die fundamentalste ontologische Bedeutung, die das   e x - s i s t e r e   des endlichen Seienden, das im unmittelbaren Selbstbewußtsein totalisiert wird, kennzeichnet. Andrerseits ist es diese totalisierte Endlichkeit, die zu einem anderen Gegensatz führt: den zwischen dem Seienden, das in der Abhängigkeit, und dem Wesen, das als U r g r u n d   d e s   S e i n s   existiert. Gerade wegen der "schlecthinnigen Abhängigkeit" im unmittelbaren Selbstbewußtsein nimmt der Verweis - auch dieser auf der transzendentalen Linie - auf eine aktive Polarität Gestalt an. In diesem transzendentalen Raum ist kein Element weder der vor- noch der abbildenden Funktion vorhanden; es ist dies eben der transzendentale Grund, worin sich die Frömmigkeit ausgestaltet. Andrerseits ist klar, daß auf dem Niveau dieses "tiefsten Grundes", über den hinaus die transzendentale Regression nicht gehen kann, das Transzendentale sich mit dem Ontologischen verbindet und umgekehrt.

Indem nun die transzendentale Reflexion zum Ursprünglichen und Unmittelbaren zurückkehrt, trifft sie auf ein "Her-sein", d.h. auf einen Verweis auf eine aktive Polarität, die dergestalt ist, daß sie in der Hülle des Selbstbewußtseins drei Aspekte, die sich in einem "schlechthinnigen Abhängigkeitsgefühl" überschneiden, einschließt. Diese drei Aspekte, deren analytische Abfolge das Resultat einer Reflexion ist, die i n   d e r   Z e i t   stattfindet, die aber sicher auch von einer ursprünglichen und unmittelbaren Einheit Rechenschaft ablegen muß, sind: a) eine B e s t i m m t h e i t, d.h. ein "Erregtsein von", das die ontologische Qualität des "Erregtseins von", das dem objektiven Bewußtsein eigen ist, nicht mehr besitzt, das sich immer auf eine Funktion des Selbstbewußtseins bezieht, wohingegen sich dieses neue

---

9 GL II, S. 500 (Notiz zu § 8).

Erregtsein von" auf das   e x - s i s t e r e   selbst des unmittelbaren
Selbstbewußtseins bezieht; während nun das erste immer einseitig ist, ist
dieses neue "Erregtsein von"   a b s o l u t; d.h. unabhängig von jeglicher
Bestimmung der Funktion des Selbstbewußtseins. Mit dem Ausdruck "Bestimmtheit" möchte ich genau diese "Apperzeption" der "schlechthinnigen Abhängigkeit", die im "Gefühl" ihre Funktion und ihr transzendentales Organ findet,
bezeichnen. b) Ein aktiver Pol dieser "Bestimmtheit", d.h. die aktive Seite
der "schlechthinnigen Abhängigkeit", wird von der transzendentalen Reflexion
mit der notwendigen Genauigkeit als "schlechthinnige Unabhängigkeit" bezeichnet (wobei auch die Ebene dieser Unabhängigkeit eine ontologische ist,
d.h. sie bezieht sich auf das   A u s - s i c h - B e s t e h e n - i m
S e i n. c) Eine absolute Ursächlichkeit, d.h. kein Verhältnis kategorialer Art (hier soll nicht von der Ursächlichkeit des "Naturzusammenhanges"
die Rede sein) zwischen zwei Polen, die in diesem Verhältnis von "schlechthinniger Abhängigkeit" enthalten sind: d.h. der aktive Pol der "schlechthinnigen Abhängigkeit" und die "Bestimmtheit". Tatsächlich zog Schleiermacher es vor, den Ausdruck "Ursächlichkeit" zu vermeiden (wegen der Mißverständnisse, die er hervorrufen konnte, da er mit der Ursächlichkeit des
Naturzusammenhanges" verwechselt werden konnte), und er beschränkte sich
darauf, die grammatikalische Form des Passiv (den Ausdruck "Abhängigkeit
von" selbst prägte er beim Gebrauch des Passiv) zu gebrauchen.

Wenn wir diese drei Motive, d.h. "Bestimmtheit", aktiver Pol und Ursächlichkeit, in einem einzigen Ausdruck zusammenfassen, wie es die transzendentale Regression verlangt, dann erhalten wir die Formel, die ihr Auftreten
im unmittelbaren Selbstbewußtsein aufs anschaulichste wiedergibt: "schlechthinniges Abhängigkeitsgefühl". Dieses Gefühl (das die zur Diskussion stehende "Bestimmtheit" wiedergibt) ist es, das zusammen mit dem historisch-empirischen Element in der "Einheit des Moments" die spezifisch gebildete transzendentale Wurzel jeder Frömmigkeit ausmacht. Aber bevor wir uns diesem
weiteren Aspekt von Schleiermachers Lehre zuwenden (der vom Übergang des
k o n s t i t u i e r e n d e n   zum   k o n s t i t u i e r t e n   Moment
Rechenschaft ablegt und demzufolge von der Ausgestaltung des "schlechthinnigen Abhängigkeitsgefühls" in einem spezifischen Gottesbewußtsein) möchte
ich noch einige Erläuterungen geben. Vor allem ist der Endpunkt der transzendentalen Regression, worauf ich schon hingewiesen habe,   e i n h e i t-
l i c h: er ist eben die "Bestimmtheit" des unmittelbaren Selbstbewußtseins.
Aber wenn die ontologische Ebene dieser "Bestimmtheit" gegeben ist, schließt
sie diese drei Elemente, deren Abfolge ich gegeben habe, ein. Andrerseits
gibt es in dieser "Bestimmtheit" und in den Elementen, in die sie sich gliedert, kein Eindringen weder der vor- noch der abbildenden Funktion. Vor
allem läßt sie sich nicht mit dem Ausdruck "objektives Bewußtsein" wieder-

geben, wenn man nicht die Sprachebene, auf der die Reflexion sich hier be
wegt, völlig verfälschen will, und darum übertrifft sie ganz und gar all
Funktionen und Kategorien des o b j e k t i v i e r e n d e n   D e n
k e n s. Das heißt nun aber nicht, daß diese "Bestimmtheit" nichts mit dem
objektiven Bewußtsein zu tun hätte: nur daß sie sich auf transzendental
Art, d.h. indem sie damit die "Einheit des Moments" bildet, auf das objek
tive Bewußtsein bezieht. Wenn man also die zur Rede stehende "Bestimmtheit
(d.h. das "schlechthinnige Abhängigkeitsgefühl") mit einer Funktion des ob
jektiven Bewußtseins verwechselt, heißt das, daß man sich der   z u
s a m m e n g e s e t z t e n   K o n s t i t u t i o n   der religiöse
Erfahrung (die die transzendentale Verwurzelung, d.h. die "Bestimmtheit"
von der die Rede ist, und die empirische und geschichtliche Einteilung, di
den konkreten Bereich des Religiösen ausmacht, miteinbeziebt) nicht bewuß
ist. Vor allem sollen der objektivierenden Erfassung durch die Vernunft di
beiden Elemente, die im Bereich dieser "Bestimmtheit" auftauchen, entzoge
werden: d.h. der aktive Pol (der Urgrund des Seins) der "Bestimmtheit" un
das absolute, ursächliche Verhältnis (wobei der Gegensatz   auf   die   ge
t e i l t e   U r s ä c h l i c h k e i t   des "Naturzusammanhanges" ab
zielt). Es ist somit klar, daß das von der transzendentalen Regression er
reichte Niveau des unmittelbaren Selbstbewußtseins als prä-logisch und prä
praktisch erscheint. Da schließlich das Verhältnis zwischen den beiden Pole
der "Bestimmtheit" im Bereich des "schlechthinnigen Abhängigkeitsgefühls
gegeben ist (die transzendentale Wurzel des Religiösen), zeichnet sich ei
"sich Darreichen", ein "sich Schenken" des aktiven Pols, der in der "Be
stimmtheit" enthalten ist, ab. Diese schenkende Struktur, die Schleiermache
in der transzendentalen Sprache lieber mit der oft gebrauchten Kategorie de
"Mitgesetztseins" (d.h. an der "Bestimmtheit" des unmittelbaren Selbstbewußt
seins mitbeteiligt sein) wiedergab, drückt eines der wesentlichen Merkmal
des Religiösen aus und bezeichnet eigentlich genau die transzendentale Wur
zel des kerygmatischen Pols. Sobald sich nämlich das "schlechthinnige Ab
hängigkeitsgefühl" mit der "Erregung", die das objektive Bewußtsein in Be
wegung setzt, verbindet, auch auf der niedrigsten Entwicklungsstufe de
Selbstbewußtseins, erscheinen sofort die beiden wesentlichen Aspekte der ge
samten religiösen Tradition der Menschheit: die absolute göttliche Initiativ
und das göttliche "Entgegenkommen" oder "sich Schenken" (die eigentlich
Offenbarung in den Religionen, wo eine solche vorkommt, ist nichts andere
als ein göttliches "sich dem Erkennen Darreichen"). Die Analyse des unmittelbaren Selbstbewußtseins hat das "schlechthinnige Abhängigkeitsgefühl" hervorgebracht. Aber ist dieses Gefühl schon die   k o n s t i t u -
i e r t e   F r ö m m i g k e i t? Wenn dem so wäre, verlangte die Religion
stets die Mühe dieser transzendentalen Regression und wäre demnach nur fü

eine Elite von Menschen erreichbar. Aber aus dem schon Gesagten geht hervor, daß dieses Gefühl nur die transzendentale Wurzel des Religiösen ist. Es macht den transzendentalen Raum aus, in dem die religiöse Erfahrung entsteht, d.h. den subjektivierenden Bezugspunkt dieser letzteren. Kurz, das "schlechthinnige Abhängigkeitsgefühl" ist das k o n s t i t u i e r e n - d e Moment, während die religiöse Erfahrung das k o n s t i t u i e r - t e Moment darstellt.

Wie findet dann der Übergang von der transzendentalen Ebene der Konstitution zur konstituierten Ebene der Erfahrung statt? Diese weitere Frage der G l a u b e n s l e h r e führt zu zwei weiteren Themen von Schleiermachers Lehre (positiv ausgesprochen in § 5): erstens dem Thema der Verbindung – in der "Einheit des Moments" – der höheren Ebene (d.h. der transzendentalen Ebene, wo sich der Raum des Gottesbewußtseins formt) mit der tieferen Ebene (der Ebene des objektiven Bewußtseins, in das auf unabdingbare Weise die objektivierende V e r m i t t l u n g des Andern eingeht) des Selbstbewußtseins. Zweitens dem Thema der Dialektik (gerade bei der Diachronie der M o m e n t e) zwischen "angenehm" und "unangenehm", der tiefsten Wurzel der Dialektik "Förderung/Hemmung" des Gottesbewußtseins. In der D i a l e k t i k finden wir eine interessante Formulierung dieses Problems; sie dient hier nur dazu, die Absicht der aufgeworfenen Frage zu erklären. Schleiermacher stellt die Frage[10], welches Verhältnis zwischen dem U r g r u n d d e s S e i n s, zu dem er in der transzendentalen Reflexion gelangte, und dem Gott der religiösen Tradition, bzw. den Inhalten der Formeln, die in den verschiedenen kulturellen und philosophischen Welten versucht haben, die Lehre vom Absoluten zu erfassen, bestehe. Die Antwort ist die, daß zwischen diesen beiden ein Verhältnis besteht, das von dem "endlich bestimmten Bewußtsein" vermittelt wird; das zur Rede stehende Gefühl ist die vereinigende Wurzel, während das "endlich bestimmte Bewußtsein" der Multiplikator ist. Mit anderen Worten, der Urgrund, der im "schlechthinnigen Abhängigkeitsgefühl" enthalten ist, ist der transzendentale Bezugspunkt der "Gestalt", die Gott in der religiösen Tradition annimmt. Zwischen dem anonymen (gerade weil nicht objektivierbaren) Urgrund der transzendentalen Reflexion und der "Gestalt" Gottes in der religiösen Tradition ist die Vermittlung des sinnlichen Selbstbewußtseins eingeschoben, d.h. die Vermittlung der Ebene des Empirischen und der des Phänomens. Nur wenn wir diese Vermittlung einbeziehen, können wir den Kreis "konstituierend/konstituiert", in dem sich die Frömmigkeit in ihrer unabdingbaren historisch-empirischen Ausgestaltung darstellt, schließen. Auf diese Weise tritt die Temporalität in den Bereich des Religiösen, und noch genauer

---

10 Vgl. mein Schleiermacher ... a.a.O., S. 123 f.

das, was wirklich einen eigentlichen transzendentalen S c h e m a t i s-
m u s des Religiösen ausmacht, d.h. die Diachronie "angenehm/unange-
nehm".

Das "schlechthinnige Abhängigkeitsgefühl", das transzendentale Konstitutiv
der Frömmigkeit, besteht nie in seiner ungeteilten Formalität, sondern bloß
in seiner zeitlichen Erscheinung, d.h. nur in der Form der religiösen "Erregung", die das zeitliche Moment, worin sich das Konstituierende der Frömmigkeit darstellt, ausmacht. Damit ist das andere wichtige Motiv dieser transzendentalen Reflexion, die in der Auslegung der Frömmigkeit oder des "eidos"
des Religiösen gipfelt, ausgesprochen. Schleiermacher erwägt dieses Motiv,
indem er von der konkreten religiösen Erfahrung ausgeht: die Frömmigkeit
lebt in einer Pluralität "frommer Erregungen". Diese zeitliche Erscheinung
des "schlechthinnigen Abhängigkeitsgefühls" (d.h. ihr konkretes Vorkommen
in der Einheit des Moments) zu erklären und vom Ausdruck "Erregung", der
im Verlauf der dogmatischen Darlegung immer wieder auftaucht, Rechenschaft
abzulegen, heißt nun den Kreis der transzendentalen Reflexion, in deren Verlauf der Grund der religiösen Tatsache und des gläubigen Erlebnisses dargelegt wird, schließen. Die Zusammenfassung dieses letzten Teils der transzendentalen Reflexion finden wir vor allem im § 5 der G l a u b e n s l e h-
r e, wenn auch andere zum Verständnis wertvolle Elemente anderwärts zu
finden sind, vor allem in der Behandlung der o b o e d e n t i a l e n
V o r a u s s e t z u n g, auf die wir ja schon zu sprechen gekommen
sind. Schleiermachers Erklärung der zeitlichen Erscheinung thematisiert zwei
Motive, die für die Ökonomie der G l a u b e n s l e h r e äußerst wichtig sind: das Motiv der Verbindung zwischen "höherem" und "niederem"
Selbstbewußtsein (tatsächlich ist dies, nach dem Schema in § 5,1, ein mittleres Selbstbewußtsein), in deren Verflechtung sich das Gottesbewußtsein ab-
zeichnet; und das Motiv des transzendentalen Schematismus des religiösen
Bewußtseins, d.h. des Schemas "angenehm/unangenehm" (oder "Förderung/
Hinderung"), das die zeitliche Abfolge der "frommen Erregung" einleitet.

Aber kommen wir zum ersten Motiv zurück, in dem der Begriff "fromme Erregung" angekündigt wird. Ich möchte sofort darauf hinweisen, daß dieser
Begriff besonders komplex ist, weil er dazu neigt, in einem begrifflichen
Kern die Dichte des religiösen, transzendental begründeten Moments zu definieren und festzuhalten; diese "Erregung" beinhaltet nämlich zwei "Empfänglichkeiten" und eine "mitteilende Macht". Die beiden "Empfänglichkeiten" geben einerseits die transzendentale "Empfänglichkeit" des "schlechthinnigen
Abhängigkeitsgefühls" wieder (es handelt sich dabei um eine absolute Empfänglichkeit, die sich jenseits des Gegensatzes im endlichen Sein formt),
und andererseits die "endliche Empfänglichkeit" (eine Empfänglichkeit, die
vom Gegensatz der Spontaneität vermittelt wird), die das sinnliche Selbstbe-

wußtsein ausmacht, d.h. jenen subjektivierenden Bezugspunkt, in dessen Bereich sich die Wechselwirkung zwischen der Gesamtheit des Ichs und der Gesamtheit des Andern auswirkt. Die "mitteilende Macht", die auch zum Aspekt
der "Erregung" gehört, bezeichnet das k o n s t i t u i e r t e Ergebnis
der Vereinigung der beiden Momente des Selbstbewußtseins, d.h. den Mitein-
bezug in die Einheit des Moments des "schlechthinnigen Abhängigkeitsge-
ühls", das die Grundlage der zeitlichen Erscheinung der Frömmigkeit und
der mitteilenden Gestaltung des Gottesbewußtseins ausmacht. Gerade vom
Punkt der "frommen Erregung" aus verzweigt sich die Religion in eine Geschichte, und der Glaube (mit seiner umfassenden nicht nur sprachlichen und
darstellenden, sondern auch organisatorischen Fähigkeit, die Schleiermachers
"Mitteilung" meint) teilt sich im Bereich einer frommen Gemeinschaft, einer
Kirche mit. Andrerseits muß man auch einen andern wichtigen Aspekt des
Begriffs "Erregung" im Blick darauf, wie Schleiermacher die zeitliche Erscheinung des religiösen Selbstbewußtseins versteht, in Betracht ziehen. Es
handelt sich um einen Aspekt, der in der G l a u b e n s l e h r e nicht
ausdrücklich geklärt wird, der aber m.E. in Schleiermachers Darlegung enthalten ist, nämlich um das Verhältnis zwischen "frommer Erregung" und kerygmatischer Struktur des gläubigen Erlebnisses. Wir haben gesehen, daß
der Glaubenserfahrung das kerygmatische Ereignis zugrunde liegt; wir haben
auch schon geklärt, daß im "her-sein", das im unmittelbaren Selbstbewußtsein enthalten ist, sich eine transzendentale Wurzel der kerygmatischen
Struktur abzeichnet, d.h. jener bereitwilligen "Hingabe" des aktiven Pols
der schlechthinnigen Abhängigkeit. Nun muß man noch hinzufügen, daß auch
bei diesem Moment des unmittelbaren Selbstbewußtseins (ein konstituierendes
und nicht schon konstituiertes Moment: in der religiösen Darstellung erscheint es zwar schon konstituiert, wie Schleiermacher ausdrücklich bezüglich
der im Namen von Gott[11] enthaltenen darstellenden Inhalte bemerkt) die Verflechtung zwischen dem "höheren" (der Sitz des schlechthinnigen Abhängigkeitsgefühls) und dem sinnlich erregten Selbstbewußtsein stattfindet. Deswegen muß der transzendentalen Wurzel des kerygmatischen Ereignisses eine
sinnliche "Erregung" kerygmatischer Art entsprechen; nur in der Verflechtung
dieser beiden Momente entsteht wahrhaftig das kerygmatische Wort. Jeder Versuch, das kerygmatische Ereignis zu interpretieren oder zu verstehen, ohne
seine konkrete Ausformung (die gleichfalls die doppelte Polarität des kerygmatischen Ereignisses wiedergibt) in Betracht zu ziehen und insbesondere
ohne das Moment des Wortes e x a u d i t u (d.h. das Moment des Wortes, das durch die religiöse Erfahrung einer Gemeinschaft und ihrer Geschichte vermittelt wird), ermangelt nach Schleiermachers Ansicht der Klarheit.

---

11 Vgl. GL I, 4,4.

Aber kommen wir nun zum Problem der zeitlichen Erscheinung des "schlechthinnigen Abhängigkeitsgefühls". Um es zu klären, müssen wir von der gesamten Wiedergabe des Seienden im unmittelbaren Selbstbewußtsein ausgehen, das den Ausgangspunkt für die Erörterung des "schlechthinnigen Abhängigkeitsgefühls" darstellt. Tatsächlich gibt Schleiermacher seiner Darlegung einen Aufbau, der weniger transzendental als induktiv ist. Er geht nämlich von der konkreten religiösen Erfahrung aus, in der das religiöse Selbstbewußtsein als eine Serie von — in einigen Fällen sogar widersprüchlichen — Momenten auftritt. Diese Verschiedenheit der Momente kann ihren Grund nicht im eigentlichen "höheren" Selbstbewußtsein haben, das nach der Definition immer identisch mit sich selbst ist und keine zeitliche Brechung kennt. So wird Schleiermacher durch das Feststellen des Vorhandenseins dieser zeitlichen Brechung im Innern der Frömmigkeit selbst veranlaßt, das Leitmotiv der transzendentalen Reflexion wieder aufzunehmen und die Verflechtung von "höherem" und sinnlich erregtem Selbstbewußtsein, die in der Zusammensetzung der "Frömmigkeit" enthalten ist, zu betonen. Darum taucht gerade an dieser Stelle die Lehre von der gesamten Wiedergabe des Seienden im unmittelbaren Selbstbewußtsein wieder auf. Es ist dies der Boden, aus dem die Verflechtung dieser beiden Ebenen des Selbstbewußtseins wächst und so zum Anlaß der zeitlichen Erscheinung der Frömmigkeit wird. Schleiermacher sagt nämlich: "Die Forderung einer Beharrlichkeit des höchsten Selbstbewußtseins kann nur aufgestellt werden unter der Voraussetzung, daß zugleich mit demselben auch das sinnliche Selbstbewußtsein gesetzt sei. Natürlich aber kann dieses Zugleichgesetztsein nicht als ein Verschmelzen beider gedacht werden, welches völlig gegen den aufgestellten Begriff von beiden sein würde, vielmehr ist damit gemeint ein Zugleichsein beider in demselben Moment, welches allerdings, wenn das Ich nicht gespalten sein soll, ein Bezogensein beider aufeinander in sich schließt"[12].

Nun ist gerade dieser gegenseitige Bezug ein Problem. Er ist in der gesamten Wiedergabe des Seienden im Selbstbewußtsein begründet. Auf dem Niveau dieses Moments des unmittelbaren Selbstbewußtseins findet nämlich ein doppelter Verweis statt: einerseits ein Verweis auf die transzendentale Dimension der "schlechthinnigen Abhängigkeit", deren Verlauf wir verfolgt haben (im Verlauf der transzendentalen Regression, die zum "Gefühl" gelangte); andrerseits aber auch ein Verweis auf den G e g e n s a t z, der im Bereich des Endlichen herrscht. Die gesamte Wiedergabe des Seienden im Bereich des unmittelbaren Selbstbewußtseins ist nur möglich, wenn man diesen Gegensatz, d.h. ein sinnlich erregtes Bewußtsein konkret voraussetzt; dort zeichnet sich ein Bruch zwischen Selbstbewußtsein und Anderem ab. Das heißt, daß das

---

12 Vgl. GL I, 5,3.

unmittelbare Selbstbewußtsein sicher der Bereich ist, in dem das Religiöse verwurzelt ist, aber auch, daß das Selbstbewußtsein immer mit dem sinnlichen Selbstbewußtsein, ohne das ein Anreiz zur transzendentalen Regression unmöglich wäre, Hand in Hand geht. Wenn das sinnliche Selbstbewußtsein nicht vorhanden wäre (d.h. das Selbstbewußtsein, in dem sich der Gegensatz zwischen Subjekt und Objekt abspielt: ein Gegensatz, der nicht bloß n t e n t i o n a l oder gnoseologisch, sondern vielmehr auch praktisch ist), dann hätten wir keine Gelegenheit, zum unmittelbaren Selbstbewußtsein zu gelangen. Daraus schließt Schleiermacher, daß die erwähnte Hypothese unmöglich ist, "wenn nicht unser Vorstellen und Tun ganz von Selbstbewußtsein entblößt sein soll, wodurch der Zusammenhang unseres Daseins für uns selbst unwiederbringlich zerstört würde"[13]. Dieser Zusammenhang unseres Daseins, der eben in der Gesamtheit des Seienden enthalten ist, ist also die Grundlage, auf der die Aufgliederung der Einheit des Moments in "schlechthinniges Abhängigkeitsgefühl" ("höheres" Selbstbewußtsein) und in sinnlich erregtes Selbstbewußtsein ("niederes" Selbstbewußtsein) gründet.

Indem Schleiermacher den Sinn dieser Einheit des Moments klärt, gelingt es ihm auch, die kleinste zeitliche Einheit der gesamten religiösen Erfahrung auszudrücken. Mit dieser zeitlichen Einheit schließt sich der Bogen der transzendentalen Reflexion, und zugleich zeichnet sich das ab, was wir die "weltliche" Stellung der Frömmigkeit (d.h. jene Stellung, die auch die Säkularisierung einbezieht, obschon es sich dabei in Bezug auf Schleiermacher um eine Begriffsprägung a n t e l i t t e r a m handelt) nennen. "Niemand" – schreibt Schleiermacher – "kann sich auch in einigen Momenten ausschließend seiner Verhältnisse im Gegensatz und in anderen wiederum seiner schlechthinnigen Abhängigkeit an und für sich und im allgemeinen bewußt sein, sondern als ein im Gebiet des Gegensatzes für diesen Moment schon auf gewisse Weise bestimmter ist er sich seiner schlechthinnigen Abhängigkeit bewußt. Dieses Bezogenwerden des sinnlich bestimmten auf das höhere Selbstbewußtsein in der Einheit des Momentes ist der Vollendungspunkt des Selbstbewußtseins"[14]. Gerade hier, am Höhepunkt dieser Sättigung, bildet sich (als Objekt der Erfahrung) die Frömmigkeit in ihrem unterschiedenen Moment der Zeitlichkeit. Und damit wird uns sogleich offenbar, daß gerade dem Zusammentreffen dieser beiden Momente des Selbstbewußtseins ein t r a n s z e n d e n t a l e r S c h e m a t i s m u s eignet (analog zum transzendentalen Schema von Kant, das dazu diente – obschon mit vielen Aporien – , das Moment der sinnlichen "Kategorisierung" mit dem Moment der Kategorisierung gemäß der Denkformen zu verbinden). Zuvor aber möchte ich ein paar Worte zur "weltlichen" Stellung der Frömmigkeit verlieren.

---

13 Ebd.
14 Ebd.

Die Aufgliederung in "höheres" und "niederes" Selbstbewußtsein erlaubt
Schleiermacher einerseits, die Frömmigkeit (als k o n s t i t u i e r t e
Moment) mit transzendentalen Begriffen zu erklären, anderseits erlaubt die
ihm auch, es in einen "weltlichen" Zusammenhang einzubauen; d.h. es er
laubt ihm, die beiden Bereiche des objektiven Bewußtseins (das sich, nac
Schleiermacher – wie ich nochmals betonen möchte – , nicht im gnoseolo
gischen Bereich der Vorstellung erschöpft, sondern den Bereich der Ethik
der Politik etc. einschließt) und der Frömmigkeit (d.h. des subjektiven Be
wußtseins, im uns nunmehr klar verständlichen Sinn) voneinander unabhän
gig (und also von einer Logik einer selbständigen Entwicklung geregelt) z
machen. Schleiermacher stellt sich nämlich drei Fälle vor, die die drei mög
lichen Ausrichtungen des Verhältnisses zwischen Frömmigkeit und objektiver
Bewußtsein (d.h. das Bewußtsein, durch dessen R e i f u n g ^{15} di
S ä k u l a r i s i e r u n g positiv gekennzeichnet ist) ausmachen. De
erste Fall ist eine Reifung des objektiven Bewußtseins bei gleichzeitiger
Schwund des religiösen Bewußtseins: dieser Fall ist möglich, bezeichnet abe
eine geringe – nach Schleiermacher gibt es kein völliges Fehlen – Entfaltun
des "höheren" Selbstbewußtseins: "Für denjenigen, der einmal die Frömmigkei
anerkannt und als Forderung in sein Dasein aufgenommen hat, ist jeder Mo
ment eines bloß sinnlichen Selbstbewußtseins ein mangelhafter und unvoll
kommener Zustand" ^{16}. Auf jeden Fall aber wird hier dem objektiven Bewußtsein der autonome und "weltliche" Wert zuerkannt. Die zweite Hypothese stell
den Anspruch des orthodoxen Integralismus (im Gegensatz zur Säkularisierung) dar, wonach die Entfaltung der Frömmigkeit an die Stelle der Entfaltung des objektiven Bewußtseins tritt. Natürlich kann dieser Anspruch de
Integralismus verschiedene Formen annehmen und hat sie auch im Lauf der
Geschichte tatsächlich angenommen, was aber hier nicht analysiert zu werden braucht. Dennoch gilt für alle das, was Schleiermacher dazu meint (und
die Behauptung könnte auch als Anspruch einer Entmystifizierung gelten, da
sie immer eine mystifizierte Verbindung zwischen religiösem und objektivem
Bewußtsein voraussetzt): "Aber auch, wenn das schlechthinnige Abhängigkeitsgefühl im allgemeinen der ganze Inhalt eines Momentes von Selbstbewußtsein wäre, würde dies ein unvollkommener Zustand sein; denn es würde ihm
die Begrenztheit und Klarheit fehlen, welche aus der Beziehung auf die Bestimmtheit des sinnlichen Selbstbewußtseins entsteht" ^{17}. Schließlich der dritte
und letzte Fall, jener nämlich, der nach Schleiermacher die vollständige Rei-

---

15 Nicht nur, im Sinn von Kant (Beantwortung der Frage: was ist Aufklärung? AA VIII, 34), Reifung der Intelligenz, sondern auch, in der Sicht
   von Marx, die Aneignung der eigentlichen produktiven Möglichkeiten und
   der eigentlichen sozialen Gewalt.
16 GL I, 5,3.
17 Ebd.

fung des Religiösen (und den Höhepunkt seiner Authentizität) ausmacht; dies ist die völlige Entfaltung des religiösen Selbstbewußtseins in Verbindung mit der völligen Entfaltung des objektiven Bewußtseins[18].

Damit kommen wir nun zum transzendentalen Schema des religiösen Bewußtseins. In diesem Punkt ist Schleiermachers Lehre sehr geradlinig und verdient ausführlich wiedergegeben zu werden. Sie durchläuft folgenden Weg: Um wirkliches Bewußtsein zu werden, muß sich das "schlechthinnige Abhängigkeitsgefühl" mit dem objektiven Bewußtsein verbinden; aber in dieser Verbindung entsteht ein zeitlicher Bruch im religiösen Bewußtsein. Er zeichnet sich gerade durch dieses Verhältnis aus, in dem sich die beiden Pole des Selbstbewußtseins verfestigen, d.h. je nach dem, ob in diesem Verhältnis das Gottesbewußtsein (der k o n s t i t u i e r t e Schlußpunkt der Verflechtung zwischen den beiden Ebenen des Selbstbewußtseins) gefördert oder behindert ist; d.h. im Zusammentreffen von "schlechthinnigem Abhängigkeitsgefühl" und von sinnlich erregtem Selbstbewußtsein läßt das wirkliche Moment entweder das Gefühl "angenehm" (d.h. die Förderung des Gottesbewußtseins ist vorhanden) oder aber das Gefühl "unangenehm" (d.h. das Gottesbewußtsein ist gehemmt) entstehen. Die zeitliche Abfolge dieser beiden Momente, in allen ihren Schattierungen, macht den eigentlichen Bereich der Frömmigkeit aus, d.h. der Frömmigkeit, die, je nach dessen besonderer Begründung, geschichtlich gelebt wird (bei der christlichen Frömmigkeit handelt es sich bekanntlich um die Beziehung zu Jesus von Nazareth). Schleiermacher drückt sich bezüglich der zeitlichen Brechung folgendermaßen aus: "Das sinnlich bestimmte Selbstbewußtsein zerfällt seiner Natur nach und von selbst in eine Reihe ihrem Inhalt nach verschiedener Momente, weil unsere Tätigkeit auf anderes Sein eine zeitliche ist, und die Einwirkungen des andern Seins auf uns ebenfalls zeitliche sind. Das schlechthinnige Abhängigkeitsgefühl hingegen würde, als an und für sich immer sich selbst gleich, nicht eine Reihe von eben so unterscheidbaren Momenten hervorrufen; sondern wenn es sich nicht so damit verhält, wie eben beschrieben worden, so könnte es entweder gar kein wirkliches zeiterfüllendes Bewußtsein werden, oder es müßte ohne alle Beziehung auf das in mannigfaltigem Wechsel auf- und absteigende sinnliche Selbstbewußtsein neben demselben unison mittönen. Nun aber gestaltet sich unser frommes Bewußtsein weder auf die eine noch die andere Art, sondern so wie es der gegebenen Beschreibung gemäß ist. Nämlich auf ein als Moment Gegebenes von teilweisigem Freiheits- und teilweisigem Abhängigkeitsgefühl als den Moment mit konstituierend bezogen, wird es hierdurch erst eine besondere fromme Erregung, und in einem anderen Moment auf ein anwie Gegebenes bezogen eine andere, so jedoch daß das Wesen, nämlich das

---

18 Ebd.

schlechthinnige Abhängigkeitsgefühl, in beiden und so durch die ganze Reihe
hindurch dasselbe ist, und die Verschiedenheit nur daraus entsteht, daß
dasselbe mit einem andern sinnlich bestimmten Selbstbewußtsein zusammen-
gehend ein andrer Moment wird, aber immer ein Moment der höheren Potenz" [19]. Was hingegen das Schema "angenehm/unangenehm" angeht, drückt
sich Schleiermacher folgendermaßen aus: "Das sinnliche Selbstbewußtsein nämlich zerfällt seiner Natur nach und für sich selbst auch in den Gegensatz
des Angenehmen und Unangenehmen oder der Lust und Unlust. Nicht etwa als
ob das teilweise Freiheitsgefühl immer die Lust wäre und das teilweise Abhängigkeitsgefühl die Unlust, wie diejenigen vorauszusetzen scheinen, welche
fälschlich meinen, das schlechthinnige Abhängigkeitsgefühl sei seiner Natur
nach niederschlagend ... Das höhere Selbstbewußtsein hingegen trägt einen
solchen Gegensatz nicht in sich. Das erste Hervortreten desselben ist allerdings Erhöhung des Lebens, wenn sich dem Selbstbewußtsein eine Vergleichung darbietet mit einem Zustande des isolierten sinnlichen Selbstbewußtseins. Denken wir es aber in seinem Sich-selbst-gleich-Sein ohne Beziehung auf jenes: so erwirkt es auch nur eine unveränderliche Gleichheit
des Lebens, welche jeden solchen Gegensatz ausschließt. Dieses nun denken
wir uns unter dem Ausdruck der Seligkeit des Endlichen als den höchsten
Gipfel seiner Vollkommenheit; wie wir aber unser frommes Bewußtsein wirklich
finden, ist es nicht ein solches, sondern es unterliegt einem Wechsel, indem
einige fromme Erregungen sich mehr der Freude nähern, andere mehr dem
Schmerz ... Dieser Gegensatz haftet dem höheren Selbstbewußtsein an vermöge
seiner Art, zeitlich zu werden und zur Erscheinung zu kommen, indem es
nämlich in bezug auf das andere ein Moment wird. Nämlich wie das Hervortreten überhaupt dieses höheren Selbstbewußtseins Lebenserhöhung ist: so ist
das jedesmalige leichte Hervortreten desselben, um auf ein bestimmtes Sinnliches, dieses sei nun angenehm oder unangenehm, bezogen zu werden, ein
leichter Verlauf jenes höheren Lebens, und trägt, wenn es durch Gegeneinanderhaltung zur Wahrnehmung kommt, das Gepräge der Freude. Und wie das
Verschwinden des höheren Bewußtseins, wenn es wahrgenommen werden könnte,
Lebensverringerung wäre: so ist das schwierige Hervortreten desselben Annäherung an das Ausbleiben, und kann nur als Hemmung des höheren Lebens
gefühlt werden"[20].

---

19 GL I, 5,4.
20 Ebd.

Theologie und innere Erfahrung

Die bis hierher verfolgte Erörterung des transzendentalen Raums des
Glaubens, der die eigentliche Sprachebene der Glaubenslehre ausmacht, hat in seinem Innern drei Dimensionen hervortreten lassen, von denen
Schleiermacher die gesamte Auslegung der Glaubenslehre herleitet: das religiöse Selbstbewußtsein (der transzendentale Raum der "Frömmigkeit", der von
der Autonomie der Frömmigkeit Rechenschaft ablegt); das Gottesbewußtsein,
als das Ergebnis der Verbindung der transzendentalen mit der geschichtlichen
Ebene der Wirklichkeit (hier kommt auch das sinnlich erregte Selbstbewußtsein mit ins Spiel, und die Zeitlichkeit dringt in das religiöse Selbstbewußtsein ein); und schließlich die Glaubenserfahrung (es handelt sich dabei um
eine Dimension, die nicht besonders herausgearbeitet wurde, die aber in der
transzendentalen Reflexion, deren Verlauf wir verfolgt haben, beständig zutage tritt) in ihrer t a t s ä c h l i c h e n Wertigkeit, oder wie Schleiermacher oft wiederholt, als "Tatsache". Gerade diese letzte Dimension ist
es, die ich hier hervorheben möchte; sie ist ein Angelpunkt (oder noch genauer, der vorzügliche Bezugspunkt) der ganzen Darlegung Schleiermachers.
In der Titelgebung der drei Zyklen, in die die G l a u b e n s l e h -
r e aufgeteilt ist, finden wir den Ausdruck "Tatsache", der das Begrün-
dungs- und Auswahlkriterium des dogmatischen Materials darstellt.

Was nun diese tatsächliche Dimension angeht (wobei die g e -
s c h i c h t l i c h e Qualität – im engern Sinn – der Glaubenserfahrung und jenes geschichtsbildenden Subjekts, das die Glaubensgemeinschaft
ausmacht, betont wird), muß man unbedingt einige Mißverständnisse aus dem
Weg räumen. Vor allem die Gesamtheit der "Tatsachen" der religiösen Erfahrung (diese Tatsachen sind die einfachen Elemente des geschichtlichen Lebens
der Glaubensgemeinschaft) machen stets den Bereich des s u b j e k t i -
v e n S e l b s t b e w u ß t s e i n s aus, das immer dem o b -
j e k t i v e n B e w u ß t s e i n entgegensteht. Aber läßt sich nun
dieses subjektive Selbstbewußtsein genauer definieren? Bestimmt nicht im Sinn
eines "Bewußtseins von sich", das Schleiermacher stets im objektiven Bewußtsein festsetzte. Aber auch nicht (und gerade dies ist eines der häufigsten
Mißverständnisse in der Schleiermacher-Literatur) im Sinn eines psychologischen Bewußtseins (das Schleiermacher dem Bereich des objektiven Bewußtseins zuweisen würde). Im Gegenteil: Das subjektive Selbstbewußtsein (das
Schleiermacher manchmal auch "höheres" Selbstbewußtsein nennt) ist der Bereich, in dem sich die religiöse Erfahrung subjektiviert, indem dieser Bereich durch die drei folgenden Koeffizienten begrenzt wird: a) eine transzendentale Verwurzelung, woraus folgt, daß das subjektive Selbstbewußtsein ein
k o n s t i t u i e r t e r Raum ist; b) eine subjektivierende Aneignung,

woraus folgt, daß die religiöse Erfahrung (die sich gerade in diesem subjek
tiven Selbstbewußtsein ausformt) ohne die völlige Teilnahme des gläubigen
Subjekts unvorstellbar ist; c) ein geschichtsbildendes Subjekt, d.h. ein Sub
jekt, das geschichtlich produktiv ist; dies ist vielleicht der Aspekt, der mit
dem Ausdruck "subjektives Selbstbewußtsein" benannt wird.

Es ist also im Bereich eines solchen subjektiven Selbstbewußtseins, in der
sowohl der ständige Verweis (der die gesamte Darlegung in der G l a u
b e n s l e h r e begleitet) auf die T a t s a c h e n der frommen
christlichen Erfahrung, als auch jener Verweis auf die i n n e r e E r
f a h r u n g viele Forscher dazu verleitet hat, es im Sinn einer psychologischen Erfahrung zu verstehen[21] . Wenn wir nun diese drei Koeffizienten
des subjektiven Selbstbewußtseins, in dem sich die Besonderheit des reli
giösen Bewußtseins eigentlich ausdrückt, uns vor Augen halten, verstehen
wir gut, daß der Verweis auf die innere Erfahrung kein Hinweis auf ein
psychologisches Bewußtsein (und damit der Versuch, den Glauben zu psycho
logisieren und die Theologie auf die Psychologie zu reduzieren) bedeutet
sondern vielmehr eine Aufforderung, die transzendentale Verwurzelung und
die subjektivierende Aneignung miteinzubeziehen, die auf ganz besondere Wei
se die Tatsachen der religiösen Glaubenserfahrung ausmachen. Schließlich
gelangt man zur gleichen Ansicht, wenn man in Betracht zieht, daß die inne
re Erfahrung, von der Schleiermacher spricht (als eines Bezugspunktes, um
das dogmatische Material auszuwählen und auszuwerten) nie die innere Er
fahrung des einzelnen Gläubigen, sondern vielmehr die innere Erfahrung der
"frommen Gemeinschaft", d.h. der Kirche, ist. Wir wissen ja, daß der Bereich
dieser Glaubenslehre von der Kirchlichkeit begrenzt ist, und daß die "fromme
Gemeinschaft" die Grundlage jeder theologischen Lehre ausmacht.

Wenn Schleiermacher dagegen von der "Tatsache" des religiösen Selbstbe
wußtseins spricht, dann will er damit den historischen, konkreten Nieder
schlag jenes geschichtsbildenden Subjekts, das die "fromme Gemeinschaft" ist
betonen und in der Darlegung der G l a u b e n s l e h r e selbst verwerten, und zugleich das k o n s t i t u i e r t e Element des subjektiven Selbstbewußtseins anführen. Der Glaube verhält sich also der Geschichte
gegenüber nicht unbeteiligt. Er ist nicht in der mystischen Innerlichkeit einer Weltflucht verfangen; er ist im Gegenteil geschichtlich produktiv, er hat

---

21 In Bezug auf diesen Aspekt der i n n e r e n E r f a h r u n g hat
   man oft auf die herrnhutische Bildung Schleiermachers hingewiesen. Es
   ist hier nicht der Ort, um das Verhältnis zwischen Schleiermacher und
   der herrnhutischen Religiosität zu erörtern. Doch wird dieses Verhältnis
   m.E. gewöhnlich überschätzt. Zu diesem Problem möchte ich zwei Gesichtspunkte anführen: 1) Die herrnhutische Bildung gehört zwar zum W e r -
   d e n der Persönlichkeit Schleiermachers; doch muss man auch die Zä-
   sur, die in Beziehung auf das herrnhutische Universum eingetreten war,
   in Betracht ziehen (vgl. dazu die interessante Untersuchung von E.Quapp,

s zu tun mit "Tatsachen" (von denen wir im übrigen die autonome Ausge-
taltung kennen). Nur wenn wir uns auf diese beziehen, ist eine theologische
,ehre, die fähig ist, das A u t h e n t i s c h e der Glaubenserfahrung
:u thematisieren und wissenschaftlich zu gestalten, überhaupt möglich. Diese
Tatsachen" beleben das ganze geschichtliche Leben der "frommen Gemein-
chaft" und versetzen dadurch die Weltgeschichte selbst in Gärung. Dieses
etzte Motiv wird im dritten Zyklus der G l a u b e n s l e h r e wieder-
ufgenommen und dort, wo die weltliche Projektion des grundlegenden Kerns
ler Glaubenserfahrung (d.h. die Beziehung zu Jesus von Nazareth als dem
:rlöser) thematisiert wird, weiterentwickelt, und damit wird die K i r c h e
um Hauptthema der dogmatischen Auslegung. Ohne Zweifel dient für Schleier-
nacher die Betonung der "Tatsachen" der frommen Erfahrung dazu, den ge-
chichtlichen Einfluß und – sagen wir einmal – die konkrete Einwirkung des
ilaubens betonen zu können. Er will damit verhindern, daß der Glaube zur
deologie absinkt; darum setzt er in der Glaubenslehre den Glauben als
j e s c h i c h t s b i l d e n d e s S u b j e k t in den Mittelpunkt,
von dem die "Tatsachen" gerade die geschichtliche Übersetzung und die wirk-
iche Verdichtung ausmachen.

Das Motiv des Glaubens als geschichtsbildendes Subjekt, das uns zum Aus-
jangspunkt zurückführt, wirft noch ein anderes Problem auf, mit dem ich
neine Erörterung abschließen will. Es ist dies das Problem der "Gestaltung",
i.h. des gestaltenden Prinzips einer geschichtlichen Epoche. Dies ist ein
Thema, das in der G l a u b e n s l e h r e nicht erörtert wird. Aber
ich glaube, daß die Elemente zur Verfügung stehen, um dieses Motiv weiter
zu entwickeln. Schleiermacher ist sich mit Marx gegen Hegel einig: die Philosophie kann nicht das Prinzip der "Gestaltung" einer neuen Epoche der
Weltgeschichte sein. Aber kann es dann die Religion (genauer noch, der
christliche Glaube) sein? Hier wird die Sache kompliziert. Für Schleiermacher
ist es ganz klar, daß der Glaube (der ein lebendiges Prinzip darstellt, im
Gegensatz zur Philosophie) ein Prinzip der G e s t a l t u n g der Geschichte sein kann und im wesentlichen dazu ausersehen ist. Darin zeigt sich
überdeutlich der Unterschied zwischen Schleiermacher und Marx (der nie zu
einer positiven Bewertung der Religion gelangte, auch wenn seine Religionskritik der Religion selbst große Dienste erwiesen hat, indem er das Verfallen in eine Ideologie entmystifiziert hat). Immerhin wird die Sache da-

---

Christus im Leben Schleiermachers. Vom Herrnhuter zum Spinozisten,
Göttingen 1973). 2) Im allgemeinen haben die von Schleiermacher gebrauchten Kategorien keine u n m i t t e l b a r e herrnhutische
Herkunft, sondern nur eine solche, die von der geschichtlichen Einwirkung der herrnhutischen Gemeinde auf das kulturelle und religiöse Mi-
lieu der Zeit v e r m i t t e l t worden war.

durch kompliziert, daß Schleiermacher zwei Bereiche oder zwei Ebenen de
Lebens entdeckte: die des subjektiven Selbstbewußtseins und die des objek
tiven Bewußtseins. Dennoch ist es möglich, daß eine geschichtliche Epoch
sich um zwei verschiedene Prinzipien der "Gestaltung" formt, wie das Leber
selbst (wonach der Begriff "geschichtliche Epoche" irgendwie diese Idee wie
dergibt) sich um etliche verschiedene Zentren formt. Die Geschichte besteh
also für Schleiermacher nicht aus Monaden. Gerade diese Betrachtungen brin
gen uns dazu, in die Vielfalt dieser Lehre einzudringen und uns vom "welt
lichen" Rahmen der Religion Rechenschaft abzulegen, was ich mehrmals beton
habe. Natürlich ist für Schleiermacher der Glaube G e s t a l t u n g s-
p r i n z i p: sonst würde sich seine geschichtsbildende Energie ver-
wässern. Dennoch erhebt dieses Gestaltungprinzip keinen Anspruch auf Vorherrschaft, sondern besteht neben andern Gestaltungsprinzipien (vor allen
jenem Prinzip, das vom objektiven Bewußtsein ausgeht). Daraus kann man
die ganze antidogmatistische Kraft und die Modernität von Schleiermachers
Verständnis des Glaubens ersehen. Und nicht nur dies: Der Verzicht auf die
V o r herrschaft des Glaubens als Gestaltungsprinzip hebt eine Dimension
des Glaubens, die in Schleiermachers Lehre stets vorhanden ist, hervor; es
handelt sich dabei um die utopische Kraft, die dem Glauben innewohnt. Wenn
wir also so wollen, dann ist es gerade diese utopische Kraft, dieses Wirken
für ein "unmögliches" Projekt in der Geschichte, das die Nicht-Vorherrschaf
des Glaubens und der Gemeinschaft, die er zusammenhält, erklärt, und zwar
im Bezug auf die "Gestaltung" der Zukunft sowohl des Menschen als auch der
Geschichte. Aber damit ist diese Erörterung nicht mehr bloß eine Art Einführung in die G l a u b e n s l e h r e, sondern vielmehr eine Provokation
die auch uns Heutige herausfordert.

SCHLEIERMACHER UND AUGUSTINUS

von **Giovanni Moretto**

Verfolgt man die Geschichte der philosophischen Historiographie, so fällt auf, wie die Namen und Schriften einiger der qualifizierten Denker der gesamten westlichen Philosophie auf längere Zeit in Vergessenheit geraten sind, und dies sogar bis weit hinein in den sich durchsetzenden Historismus der Goethezeit. Sollte etwa nicht die Feststellung befremden, wie spärlich doch Kants und Fichtes Kenntnisse über Platon waren? Alles läßt darauf schließen, daß beide, statt Platons Dialoge selbst zu lesen, das wenige, was sie von ihm wußten, einem kümmerlichen Abriß der Platonischen Lehre entnommen hatten, wie sie damals in der gängigen Philosophiegeschichte, z.B. in der von Brucker, im Umlauf waren [1]. Und was ist über Plotin und den Neuplatonismus zu sagen, die bis zu den Bemühungen Creuzers als barbarische und verworrene Phantasiegebilde abgetan wurden [2]? Oder über Scotus Eriugena – die Feststellung von dessen Affinität zu idealistischem Denken konnte sich in den Jahren nach Hegels Tode geradezu bis zur Euphorie steigern [3] – oder über Cusanus, den Hegels Vorlesungen über die Geschichte der Philosophie kein einziges Mal erwähnen [4]?

Daß in einer derartigen Lage Augustin auch kein besseres Schicksal beschieden war, dürfte somit nicht weiter verwundern, hätte es sich bei den großen deutschen Idealisten nicht gerade um Denker gehandelt, die aus jenen protestantischen Stiftern hervorgegangen waren, deren ratio studiorum den Bischof aus Hippo wohl nicht hätte ignorieren dürfen. Und dennoch erwähnt ihn Fichte kein einziges Mal, obwohl gerade er seine "zweite" Philosophie aus einem Begriff wie dem des "Bildes" entwickelt, der geeignet ist, die Spekulationen in Augustins "De Trinitate" in Erinnerung zu rufen. Ernst Troeltsch wundert sich also mit Recht über "die höchsterleuchtende Analogie", die Fichtes eng zusammenhängende Schriften "Die Grundzüge des gegenwärti-

---

1 Vgl. J.-L.Vieillard-Baron, Platon et l'Idéalisme allemand (1770-1830), Paris 1979, bes. S. 40: "La référence à Platon est loin d'être rare dans les textes kantiens. Pourra-t-on affirmer que Kant ait lu les dialogues dans le texte? Certes pas, car, selon le mode du temps, il se contente d'allusions générales à des points fondamentaux de la philosophie platonicienne ... Brucker, dont on peut penser qu'il est la source principale de la connaissance que Kant pouvait avoir de la philosphie platonicienne, trouvait Platon bizarre et incohérent. Au contraire, sans l'avoir lu, sans en avoir subi l'influence, Kant a admiré Platon et donné dans plusieurs textes les éléments de ce qui, pour l'époque, pouvait être considéré comme une réhabilitation de ce grand penseur". Ueber den Platon Fichtes vgl. die Anmerkung "Influences et Convergences: Platon, Rousseau et Fichte" in J.G.Fichte, Conférences sur la destination du savant (1794) hrsg. von J.-L. Vieillard-Baron, Paris 1968, S. 133-147.
2 Vgl. W.Beierwaltes, Platonismus und Idealismus, Frankfurt a.M. 1972, S. 83 f.   3 Ebd.,S. 188.   4 Vgl. H.-G.Gadamer, Nicolaus Cusanus und die Philosophie der Gegenwart, in Kleine Schriften III, Tübingen 1972, S. 80.

gen Zeitalters", die "Reden an die deutsche Nation" und die "Anweisung zum
seligen Leben" zu Augustinus "De civitate Dei"[5] darbieten. Auch Schelling,
dessen Abhandlungen von gelehrten Zitaten nur so strotzen, der sich von
Anfang bis zum Ende seines Denkweges wie wenige andere mit dem Problem
der Erbsünde befaßte, zitiert von Augustin, der zu Recht oder Unrecht
als "der Vater der Erbsünde" bezeichnet wurde[6], in seinen "Philosophischen Untersuchungen über das Wesen der menschlichen Freiheit" aus
dem Jahre 1809 nicht mehr als zwei Texte. Und doch dürfte er großzügi-
ger gewesen sein als Kant, der überhaupt kein Bedürfnis verspürte, seine
eigenen Überlegungen über das radikal Böse mit denen des afrikanischen
Bischofs in Verbindung zu bringen, oder als Hegel, der Philosoph, dem die
Feinfühligkeit einiger Kritiker nachsagt, es sei ihm daran gelegen, augustinische Themen zu bearbeiten[8], "der aber keineswegs eine direkte Kenntnis
der Schriften Augustins unter Beweis stellen kann"[9]. Seine umfangreichen
"Vorlesungen über die Geschichte der Philosophie" sagen nichts Wesentlicheres
aus, als daß die Scholastik zu den einzelnen Glaubenspunkten das zusammengestellt habe, was die Kirchenväter und insbesondere Augustinus gelehrt
hatten, daß Thomas von Aquino der zweite Augustinus genannt wurde, daß
man mehrere Jahrhunderte hindurch von Aristoteles nur die Logik über Boe-
thius, Augustin ... gekannt habe und daß einige Behauptungen von Male-
branche in Augustin ihre Bestätigung fänden[10]. Für die "Vorlesungen über
die Philosophie der Geschichte" und die über die "Religionsphilosophie" - wie
auch übrigens für alle von Hegel selbst herausgegebenen Werke - scheint der
Philosoph der Spätantike überhaupt nicht existiert zu haben, dessen Namen
Wittgensteins "Philosophische Untersuchungen" eröffnet, der Husserls "Carte-
sianische Meditationen" abschließt und der "die gesamte Bewegung der zentralen Linie der modernen Reflexion von Luther bis Pascal, von Rousseau bis
Kierkegaard inspiriert"[11]. Damit findet auch Jaspers' Einsicht Bestätigung,

5 E.Troeltsch, Augustin, die christliche Antike und das Mittelalter, München
  1915, S. VII; vgl. auch die Hinweise in J.Drechsler, Fichtes Lehre vom
  Bild, Stuttgart 1955, S. 13-16.
6 Vgl. J.Gross, Entstehungsgeschichte des Erbsündendogmas, München-Basel
  1960, S. 294; H.Häring, Die Macht des Bösen. Das Erbe Augustins, Zürich-
  Gütersloh 1979, S. 183 ff. aber auch S.Lyonnet, Rom. 5, 12 chez saint
  Augustin. Note sur l'élaboration de la doctrine augustinienne du péché
  originel, in L'homme devant Dieu, Mélanges offerts au P.H. de Lubac,
  Bd. I, Paris 1963, S. 329-342.
7 F.W.J.Schelling, Sämtliche Werke, Stuttgart-Augsburg 1860, Abt. I/7, S.
  368. 373.
8 Vgl. E.De Negri, L'elaborazione hegeliana di temi agostiniani, in "Revue
  internationale de Philosophie", 6(1952) S. 62-78, nun auch in ders., Tra
  filosofia e letteratura, Neapel 1983, S. 103-121. Zum Thema Hegel-Augustin
  vgl. auch B.Lakebrink, Studien zur Metaphysik Hegels, Freiburg 1969,
  S. 179; E.Booth, Hegel's Conception of Self-Knowlegde Seen in Conjunction
  with Augustine's, in "Augustiniana", 30(1980); E.Brito, La christologie
  de Hegel. Verbum Crucis, Paris 1983, S. 190 und passim.
9 E.Booth, a.a.O., S. 225.

die Augustin zusammen mit Platon und Kant unter die "fortzeugenden Gründer des Philosophierens" einreiht, deren Lektüre die Erfahrung der Produktivität des Denkens selber verschafft, "die Erfahrung dessen, was Kant sagt: man könne nicht Philosophie, sondern nur Philosophieren lernen. Im Verstehenden werden durch sie die ihm eigenen philosophischen Kräfte erweckt. Durch sie ist die Freiheit des Philosophierens zu erwerben, nicht nur die Scheinfreiheit eines vermeintlich unabhängigen Verstandes. Nichts ist bei ihnen fertig, sofern es weitergeht im Denken, und jederzeit ist alles fertig in der Möglichkeit der Gegenwärtigkeit des Wesentlichen"[12].

Um zu erklären, warum Augustin in der Goethezeit derartig in Vergessenheit geraten war, ist es nicht einmal möglich, sich auf die mangelnde Verbreitung seiner Werke zu berufen. In allen europäischen Bibliotheken war die Mauriner-Ausgabe aus dem 18. Jh. zahlreich vertreten (Schleiermachers Bibliothek enthielt die Bände dieser Ausgabe[13]), von den unzähligen Einzelausgaben der "Confessiones" und vor allem von "De civitate Dei" einmal abgesehen. Vielleicht wäre dazu eine plausible Erklärung die Abneigung, die das Jahrhundert der Aufklärung - auch hierin wären sich Pietisten und Aufklärer einig[14] - Augustin gegenüber empfand. Er wird nun als der Erfinder der Lehre von der Erbsünde und Vorherbestimmung angesehen mit den entsprechenden antihumanistischen Folgen[15] und als Verteidiger der Großkirche und unnachgiebiger Verfolger der Ketzer, in primis des Pelagius, den der Pietist Gottfried Arnold als erster in seiner "Kirchen- und Ketzer-Historie" rehabilitierte[16]. "Augustin", schreibt der Historiker der Theologie der Lessingzeit, "war im Zeitalter der Neologie der meistgehaßte Mann. Schien er doch der Idee der Menschenwürde am meisten Abbruch getan zu haben. Wo das Wort von der Würde der Seele einmal erklungen ist, da ist kein Raum mehr für den ethischen Pessimismus, der dem natürlichen Menschen Willen

10 G.W.F.Hegel, Vorlesungen über die Geschichte der Philosophie, in Theorie Werkausgabe Frankfurt a.M. 1979, Bd. XIX, S. 550; Bd. XX, S. 201.
11 P.Piovani, Ragioni e limiti del situazionismo etico, in L'etica della situazione. Studi raccolti da Pietro Piovani, Neapel 1974, S. 530.

12 K.Jaspers, Die großen Philosophen, München 1957, S. 231.
13 Vgl. D.Rauch, Tabulae librorum e bibliotheca defuncti Schleiermacher, Berolini 1835, S. 2.
14 K.Barth, Die protestantische Theologie im 19. Jahrhundert, Zürich 1946 (it. Übers. La Teologia protestante nel XIX secolo, Bd. I, Mailand 1979, S. 81-84).
15 Vgl. E.Cassirer, Die Philosophie der Aufklärung, Tübingen 1932 (it. Übers. La Filosofia dell'Illuminismo, Florenz 1973, S. 191 ff.).
16 Vgl. E.Seeberg, Gottfried Arnold. Die Wissenschaft und die Mystik seiner Zeit, Meerane in Sachsen 1923 (reprograph. Nachdruck Darmstadt 1964), S. 102.

und Kraft zum Guten abspricht"[17] . Bezeichnend für diesen Zusammenhang is
der Brief vom 12. Januar 1747, in dem Jerusalem seine Abneigung gegen Hie
ronymus und den "schwarzgalligen Augustin" [18] seinem Lehrer Gottsched anver
traut: "Ich bin beiden so nicht recht gut, weil sie dem Pelagio oft unrech
getan und die an sich so deutliche Lehre von der Gnade, der eine durc
seine unbändige Hitze und der andere durch seine Künsteleien so verworre
haben, daß wir noch nicht recht wissen, was wir sind, und bald wie di
Pelagianer, bald wie die Enthusiasten sprechen"[19] . Aber das wohl strengst
Urteil über Augustinus enthält der 15. Band der "Christlichen Kirchenge
schichte" von Johann Matthias Schroeckh, der schreibt: "Als Theologe blie
er stets nicht viel mehr als ein Anfänger": "Wie er die Glaubenslehre mi
einem Schwall von Spitzfindigkeiten überhäuft hat, so hat er auch die Sitten
lehre oft nur als ein Kasuist behandelt, und bei Ermangelung fester Grund
sätze durch die seltsamsten Behauptungen verunstaltet". Augustin sei de
Haupterfinder jener theologischen Methode gewesen, "welche, ohne wahre Ge
lehrsamkeit zu fordern, einen nachdenkenden und gewandten Kopf zum Herre
über Religion und Bibel macht"[20] .

Diese ganze Reihe gegen Augustin gerichteter Urteile stammt aus Schriften
die in Schleiermachers Bibliothek vorhanden waren [21] . Übrigens hatte de
Breslauer Theologe und Philosoph ja seine Universitätsstudien in Halle voll
endet, wo er bereits ähnliche Urteile aus dem Mund der größten Geister de
Halleschen Universität vernommen hatte. Unter ihnen waren Semler, für de
"alle Mühe und Arbeit Augustins dem praktischen Christentum mehr feindlic
als nützlich gewesen"[22] seien, und Eberhard, der es für eine widerrechtlich
Anmaßung hielt, Augustin, den angeblich "ungestümen und hartherzige
Bischof von Hippon"[23], als Heiligen anzureden. Sicher kann man nicht sagen
daß der von Schleiermacher in seiner Umgebung eingesogene Anti-Augustinis
mus ohne Einfluß auf sein eigenes Bild von Augustin geblieben ist. Auch fü
ihn "verfiel (Augustinus) so öfters in Sophistereien, wenn auch in unbe
wußte, in der Verwechselung der Begriffe und im Vergessen, daß der Aus
druck bei ihm nicht bedeute, was er bei jenen (i.e. den Pelagianern) bedeu

---

17 K.Aner, Die Theologie der Lessingzeit. Halle 1929 (reprograph. Nachdruc
   Hildesheim 1964), S. 162. Gegen diese These Aners spricht D.Bourel, L
   vie de J.J.Spalding. Problèmes de la théologie allemande au XVIIIe siècl
   (Diss.), Paris 1980, Dazu vgl. auch B.Bianco, "Vernünftiges Christentum"
   Aspects et problèmes d'interprétation de la néologie allemande du XVIII
   siècle, in "Archives de Philosophie", 46(1983), S. 193. 202.
18 J.F.W.Jerusalem, Nachgelass. Schriften, Berlin 1792, Bd. I, S. 433.
19 Zit. in K.Aner, a.a.O., S. 223.
20 Zit. ebd., S. 336.
21 Vgl. z.B. Tabulae librorum e bibliotheca defuncti Schleiermacher, S. 1
   Nr. 49 (J.M.Schroeckh, Christliche Kirchengeschichte), 3 (Arnold), 13 Nr
   48 (Semler), 85 (Eberhard).
22 Zit. in K.Aner, a.a.O., S. 104.
23 Zit. ebd., S. 157.

tet"[24] . Auch für ihn übertrieb Augustin in seiner Polemik gegen die Pelagianer[25] mit unglücklich gewählten Antworten an die Gegner "durch unpassen-
de Beispiele aus anderen Gebieten"[26] , und mit Konsequenzmachereien, "um
seine Gegner in ein nachteiliges Licht zu setzen; so sagte er gegen Pelagius
ersten Brief, es seien darin auch Irrthümer in Bezug auf die Trinität, die
schon von der Kirche entschieden war; denn jeder thue der Dreieinigkeit Abbruch, der das gute, welches aus Gott ist, nicht von ihm herleite. Er macht
den Streit, um die Kirche auf jede Weise von Irrthümern frei zu halten, auch
äußerlich auf kirchlichem und bürgerlichem Wege durch Strafmittel, obgleich
der Irrthum nur durch Widerlegung unterdrückt wird"[27] . Außerdem beteuert
Schleiermacher in seiner Glaubenslehre, daß Augustin zu tadeln sei, "wenn
er behauptet, die Begierde könne nicht mit der ursprünglichen Gerechtigkeit
zugleich gedacht werden, sondern sei erst nach dem Verlust derselben entstanden"[28] .

Aber trotz dieser Einschränkungen, die alles in allem doch nie den über-
spitzten Ton der anfechtbaren Urteile aus den damaligen theologischen Lehr-
traktaten erreichen, darf man sagen, daß in Anbetracht der Vergessenheit
und der Obstruktion, mit der Augustins Namen und Werk von den anderen
verdammt werden, Schleiermachers Bemühen, den Bischof von Hippon klassisch
zu profilieren, zweifellos als einer der Hauptvorzüge sowohl seiner theologischen als auch seiner philosophischen Geschichtsschreibung hervortritt. Übrigens sollte die Schleiermacher-Forschung mehr als bisher ihre Aufmerksamkeit gerade auf diese Art Geschichtsschreibung konzentrieren[29] . Sie sollte
jedenfalls imstande sein, ein übereiltes Urteil zu dementieren, in dem Dilthey
nach Rudolf Haym den Breslauer Philosophen als "unhistorischen Kopf" bezeichnete[30] . Außer in den ausgewählten Augustin-Zitaten, die an neural-
gischen Stellen der Glaubenslehre auftauchen und mit Sicherheit die direkte
Lektüre Augustins dokumentieren[31] , drückt Schleiermacher sein Interesse an
Augustin am passendsten und reifsten in den bedeutungsvollen Passagen aus,
die er in den Vorlesungen über Kirchen-[32] und Philosophiegeschichte[33] und
in der Einführung zu der Abhandlung "Über die Lehre von der Erwählung"[34] Augustin widmet. Hier handelt es sich um eine Reihe von Texten,

---

24 F.Schleiermacher, Geschichte der christlichen Kirche, in: Sämtliche Werke,
   Berlin 1840, Abt. I/11, S. 305.
25 Ders., Geschichte der Philosophie, in SW III/4.2, S. 171.
26 SW I/11, S. 300.
27 Ebd., S. 296 f.
28 Der christliche Glaube, hg. v. M.Redeker, Berlin 1960, S. 335 (§ 61, 5).
29 Vgl. jedenfalls H.Jursch, Schleiermacher als Kirchenhistoriker, Jena 1933.
30 Dazu vgl. G.Moretto, Etica e storia in Schleiermacher, Neapel 1979, S.
   14 ff.
31 Anderer Meinung ist R.Osculati, Schleiermacher. L'uomo, il pensatore, il
   cristiano, Brescia 1980, S. 376.
32 SW I/11, S. 290-305.
33 SW III/4.2, S. 165-174.

die uns einer besonderen Analyse würdig erscheinen, von der die nachfolgenden Seiten ein erster Versuch sein sollen.

Tatsache ist, daß bereits andere Kritiker, obgleich nur zufällig, einen
Zusammenhang und eine Abhängigkeit zwischen einigen Überlegungen Schleiermachers und den diesen ähnlichen Lehren Augustins gesehen haben. Hirsch
z.B. stellte fest, daß in bezug auf die Lehre von der Freiheit der afrika-
nische Bischof zusammen mit Luther und Calvin auf der Seite Schleiermachers
steht[35]. Diese Feststellung wird dann den ihr zustehenden Platz einnehmen,
wenn man an die übrigens von der Kritik bisher noch wenig erforschte Bedeutung denkt, die dem Thema der Freiheit im intellektuellen Kosmos Schleiermachers zukommt. In seinem Band "Christentum und Wissenschaft in Schleiermachers Glaubenslehre", der einer der lesbarsten und intelligentesten Beiträge im unermeßlichen und oft verwirrenden Wust der Schleiermacher-Sekun-
därliteratur ist, hatte Heinrich Scholz zum übereilt vorgetragenen topos einer
Abneigung Schleiermachers dem Alten Testament gegenüber hervorgehoben,
welche Wirkung biblische Begriffe bei Schleiermacher haben, eine Wirkung
"wie bei Augustin, überraschend und neu, wie Edelsteine in dem Geschmeide
der dogmatischen Sprache"[36]. Auch diese Feststellung sollte von der Schleiermacher-Forschung besser genutzt werden, die, statt sich der abgenutzten Formel von der auf einen gedankenarmen und zugleich absurden Kulturprotestantismus orientierten liberalen Theologie zu bedienen, sich fragen sollte, ob
es zur korrekten Interpretation des ethisch-religiösen Gedankenreichtums
Schleiermachers nicht richtig wäre, den Sinn der ihn belebenden Liberalität
neu zu überdenken. Eine solche Liberalität – das Wort wird hier mit dem
starken Aussagewert verwandt, den ihm Jaspers in seiner bekannten Auseinandersetzung mit Bultmann zusprach[37] – ist nicht bereit, religiöse Themen
wie das des Bösen, der Sünde, der Negativität und der damit zusammenhängenden Soteriologie[38] zu vernachlässigen, weil sie sich mit dem "unmittelbaren Existentialverhältnis"[39] befassen will. Deshalb ist Scholz zuzustimmen,
wenn er schreibt: "Wie lebendig wird (in Schleiermacher, der dem Beispiel
Augustins folgt: beide sind gleichermaßen Freunde der Kanzelrede[40]) die

34 Ueber die Lehre von der Erwählung, besonders in Beziehung auf Herrn
   Dr. Bretschneiders Aphorismen, in "Theologische Zeitschrift", 1(1819), S.
   1-119, nun in SW I/2, S. 394-484.
35 E.Hirsch,Geschichte der neuen evangelischen Theologie im Zusammenhang
   mit den allgemeinen Bewegungen der europäischen Denken, Gütersloh 1975⁵
   (1.Aufl.1951), Bd. V, S. 395.
36 H.Scholz, Christentum und Wissenschaft in Schleiermachers Glaubenslehre.
   Ein Beitrag zum Verständnis der Schleiermacherschen Theologie, Berlin
   1909, S. 84.
37 Vgl. R.Bultmann und K.Jaspers, Die Frage der Entmythologisierung, München 1954, S. 41.
38 Vgl. A.Caracciolo, Rez. von H.Zahrnt, Die Sache mit Gott. Die protestantische Theologie im XX. Jahrhundert, in "Giornale critico della Filosofia
   Italiana", 1970, S. 450-452.
39 F.Schleiermacher,Ueber seine Glaubenslehre, an Herrn Dr. Lücke (1829),

Lehre von der Sünde durch die unerwarteten biblischen Klänge: Widerstreit von Fleisch und Geist! Und wie muß es den Leser der Christlichen Sitte überraschen, wenn er, inmitten einer ganz abstrakten Untersuchung, plötzlich der Freude am Herrn als dem bestimmenden Grundton eines Christenlebens begegnet![41]"

Die am besten belegte und durchdachte Erörterung über den Einfluß Augustins auf Schleiermacher findet sich jedenfalls in den Schriften von Werner Schultz und Robert Stalder, die sich darin einig sind, Schleiermacher in die große platonisch-augustinische Tradition einzureihen. Während ersterer in seiner Arbeit die Elemente der "theologia cordis" Schleiermachers hervorhebt – den Themenkreis Liebe und Vermittlung –, die ohne Zweifel auf platonisch-augustinische Einflüsse zurückzuführen sind[42], zögert der zweite nicht, das Denken Schleiermachers vom deutschen Idealismus abzutrennen[43] oder zumindest folgendermaßen darzulegen: "Gewiß war Schleiermacher in Bezug auf die Begriffe und Problemstellungen dem Idealismus verpflichtet, doch nicht mehr als Augustinus der platonischen Philosophie"[44]. Jedenfalls: "Seine (i.e. Schleiermachers) und Augustins Verwurzelung im selben Grunde griechischer 'Weltweisheit' zeitigt notwendig ähnliche Früchte. Wie Augustin sichtete auch er die Grundanschauungen der Antike mit christlichen Augen"[45]. Damit deckt Stalder den humus auf, in dem die Auffassung der "Idee als Seele des Einzelnen" wurzelt, die die Schleiermachersche Ethik vertreten hatte[46], nicht ohne die Gefahr eines Rückfalls in einen "Okkasionalismus", in die Unterdrückung der Wirklichkeit des Menschen[47] im Zusammenhang mit der Geschichte des Augustinismus hervorzuheben. Zutreffender scheinen uns auf jeden Fall die Überlegungen Stalders zu sein, die die Übereinstimmung zwischen dem religiösen Empfinden Schleiermachers und der augustinischen Lehre der sapientia[48] erkennen lassen, eine Übereinstimmung, die sowohl im "Gang zur Innenschau"[49] – "Der Gott Schleiermachers ist der Gott Augustins : 'Deus interior intimo meo'"[50] – als auch in der Auffassung des menschlichen

---

SW 1/2, S. 586.

40 Vgl. K.Barth, Die Theologie Schleiermachers. Vorlesungen Göttingen WS 1923/24, hg. v. D.Ritschl, Zürich 1978, S. 13 ff.

41 H.Scholz, a.a.O., S. 84.

42 W.Schultz, Schleiermacher und der Protestantismus, Hamburg 1957, S. 99-127.

43 R.Stalder, Grundlinien der Theologie Schleiermachers, I. Zur Fundamentaltheologie, Wiesbaden 1969, S. 304 f.

44 Ebd., S. 341. Vgl. auch S. 330: "Unser Vergleich zwischen Augustinus und Schleiermacher ist zumal umso weniger aus der Luft gegriffen, als der Idealismus, wie wir schon darauf hinwiesen, 'Plotinerneuerung' (H.U. von Balthasar) ist. Schleiermacher wendet sich gegen die 'intellektuelle Anschauung' Fichtes und Schellings, gegen die Möglichkeit eines Begreifens des Absoluten, wie Augustin gegen die neuplatonische Gottesschau".

45 Ebd., S. 153.   46 Ebd., S. 152.   47 Ebd., S. 154.   48 Ebd.,S. 204.   49 Ebd. S. 336.   50 Ebd., S. 241.

Innenlebens als "Streben nach Gott"[51] ihre Bestätigung findet und die sowohl für die Dialektik als auch die Ethik Schleiermachers bezeichnend ist.

Stalder hebt besonders hervor, daß Schleiermacher 1805/06 in seinen Vorlesungen über Ethik das Böse als "an sich nichts" definiert, was mit der Abhängigkeit von Augustins Definition des "malum" als "privatio boni"[52] gleichzustellen wäre. Diese Bemerkung ist beachtenswert, sie ist aber noch mehr als in der Ethik im § 62 der ersten Auflage der Glaubenslehre begründet, wo zu lesen ist: "Der Schein aber als ob die Welt auch ohne Uebel sein könnte, und als ob diese deshalb nicht so unmittelbar könnten von Gott geordnet sein, entsteht daher, daß man sich fälschlich das Uebel als etwas an sich, und als in sich abgeschlossen denkt, da es doch in der That überall ist und vom Guten unzertrennlich (...) Eben deshalb aber, weil man das Uebel nicht absondern kann, und weil es auf ein Seiendes bezogen immer nur das Nichtsein desselben ist, hat man auch recht zu sagen, daß man das Uebel nicht für sich und als solches durch Gott geordnet denken kann"[53]. Es sind also Behauptungen solcher Art, auf die sich eine Interpretation im Sinne Augustins, wie die, die Lücke den Seiten der Schleiermacherschen Glaubenslehre über das Böse gegeben hat, stützen sollte. Schleiermacher schreibt dazu in einem Absatz seines am 18. Juni 1823 an Lücke gerichteten Briefes: "Nur eine Frage daraus (d.h. aus einem vorhergehenden Brief von Lücke) fällt mir ein, nämlich ob ich Augustinisch sei in der Lehre vom Bösen. Aber ich möchte Sie nur wieder fragen, was denn eigentlich Augustinisch sei? Denn ich finde den Augustin weniger sich selbst gleich als ich zu sein glaube, welches von der polemischen Stellung herkommt, die er genommen hat. Genau genommen würde ich mir sagen können, daß ich dem Augustin da beistimme wo er über diesen Gegenstand am meisten antimanichäisch redet. Wie denn auch meine Tendenz grade die ist, das schlimmste vom Bösen zu sagen, was man sagen kann ohne manichäisch zu werden"[54].

Bemerkenswert in diesem Brief ist, wie Schleiermacher die Vielschichtigkeit des im Grunde schwankenden intellektuellen Werdegang Augustins im Vergleich zum eigenen als gradlinig empfundenen Denkweg wahrnimmt, obwohl er weiß, wie verschieden er selbst interpretiert wurde: als Gnostiker, Alexandriner, Anhänger Schellings oder Jacobis, Katholiker, Kyrenaiker, kurz

---

51 Ebd., S. 234   52 Ebd., S. 189
53 Der christliche Glaube (1821-1822), in Kritische Gesamtausgabe, Abt. I/7, hg. v. H.Peiter, S. 182 f. (§ 62, 3).
54 Aus Schleiermacher's Leben. In Briefen, hg. v. W.Dilthey, Berlin 1863 (photomech. Nachdruck Berlin-New York 1974), Bd. IV, S. 314. Vgl. auch ebd., S. 358 Brief Schleiermachers an Groos vom 22. Sept. 1826: "... und eines der größten Kirchenlehrer hätte er hinzusezen sollen, wenn nicht etwa Augustin ein Spinozist ante Spinozam war ...", und S. 297: "Doch Sie wissen, dass ich niemals ein Manichäer bin, und also immer ein Optimist" (Brief Schleiermachers an Blanc vom 13. August 1822).

gesagt als Eklektiker[55] . Schleiermacher dürfte hierbei die Veränderungen vor Augen haben, die sich in Augustins Anstrengungen offenbaren, des Problems des Bösen Herr zu werden. Sie reichen vom fast körperlichen Vorhandensein des manichäischen ontologischen Prinzips des Negativen bis zur ästhetisierenden und dialektischen Theoretisierung des Bösen als Schatten im Rahmen der kosmologischen Ordnung, vom Begriff des Bösen als Werk des bösen Willens eines Einzelnen bis zur beunruhigenden Vision einer Menschheit, auf die sich die Sünde auswirkt, die jede Generation an die Menschenkinder weitervererbt [56] . Aber Schleiermacher denkt noch mehr an die vielschichtige und manchmal widersprüchliche Gestaltung der Diskussion Augustins zum Thema des Bösen im Hinblick auf die "manichäischen und pelagianischen Streitigkeiten", eine Kapitelüberschrift, mit der Schleiermachers Vorlesungen über die Kirchengeschichte die Gestalt Augustins einführen[57] . Andererseits hatte Schleiermacher schon in seiner Jugendschrift "Philosophische Rhapsodien" zum Thema Freiheit auf den "polemischen" Charakter im Gedankengang Augustins, des Vorläufers im Streit über die Gnade, hingewiesen, "der seitdem eigentlich gar nicht aufgehört hat, die Kirche zu theilen" [58] . Bezeichnend ist dabei, daß der Name Augustins in Schleiermachers Schriften das erste Mal in einem Zusammenhang auftaucht, der sich mit dem Problem der Freiheit befaßt, für dessen Lösung "bedurfte es einer klaren Einsicht in die Idee der Notwendigkeit oder Causalität und in die sittliche Ideen, und dazu eines gleichgewogenen Interesses an beiden". Aber, so fährt der junge Schleiermacher fort, "es scheint mir wenigstens ganz natürlich zuzugehen, daß wir von diesem ganzen Artikel in der alten Philosophie fast keine Spuren finden und daß überhaupt nicht eher die Rede davon ist, als bis man anfing, über die christliche Religion zu philosophieren"[59] . Dies ist sicher eine historiographische Vereinfachung, die Schleiermacher nicht beabsichtigt später zu dementieren, sondern die er in seinen Vorlesungen zur Philosophiegeschichte sogar bestätigt. Auch darin tritt nach den Notizen von 1812 das Problem der Freiheit auf, das die alte von der modernen Philosophie unterscheiden soll: 'die alte Philosophie ist überwiegend das Bewußtwerden der Vernunft unter der Form der Ideen, die neue überwiegend das Bewußtwerden der Vernunft unter der Form des Willens ... Daher sieht sich in der alten Philosophie der Mensch allgemein als Naturwesen an. Keine Opposition gegen das Schicksal, keine Philosophie über die Freiheit aus diesem Gesichtspunkt; wogegen in der neuen dieses die immer wiederkehrende Aufgabe ist. Denn als Wille setzt

---

55 Vgl. An Herrn Dr. Lücke, SW I/2, S. 581.
56 Vgl. das bezeichnende schon zitierte Werk Härings, Die Macht des Bösen. Das Erbe Augustins.
57 SW I/11, S. 290.
58 Denkmale der inneren Entwicklung Schleiermachers, in W.Dilthey, Leben Schleiermachers, Berlin 1870, S. 40.
59 Ebd.

sich der Mensch der Natur entgegen und sieht das Schicksal als Eingri[
an" [60]. Und sowohl für den Verfasser der "Philosophischen Rhapsodien" a[
auch für den der Philosophiegeschichte taucht im Zentrum der ethischen Pro[
blematik der Freiheit, – die das Christentum in den Vordergrund gestel[
hatte, – auf vollkommen neue Art die quälende Frage der Theodizee auf[61].

Wenn im Jugendwerk über die Freiheit das Thema der Theodizee zunächs[
in engem Zusammenhang und kritischem Vergleich mit dem berühmten Wer[
von Leibniz[62] auftritt, erhält es in den Vorlesungen über die Philosophiege[
schichte eine historische Profilierung, die es zum eigentlichen Problem moder[
nen Denkens erhebt: "Was im Christentum das philosophische Bestreben a[
meisten reizen konnte, war die Lehre vom Geist als von Gott kommend, vo[
Siz und Ursprung des bösen, von Entstehung der Welt. Eben dieses di[
Hauptpunkte in der ganzen neuern Philosophie, die sich auch bei Kant wie[
derfinden; denn mit Freiheit und Unsterblichkeit hangen die letzten beid[
genau zusammen" [63]. Und dies ist im Grund die "wesentlichste Idee der neue[
Philosophie in ihren ersten Keimen", die Augustin den Nachfolgern mitgibt
"von Anselm bis Leibniz"[64]. "Die Philosophie kommt (in seinem Werk, be[
dem theologische Themen vorherrschen) nur eingesprengt vor, aber als bedeu[
tender Bestandteil. Seine Philosopheme sind wesentlich dieselben, wie di[
frühern" – dabei knüpft er wieder an die griechische Philosophie an, beson[
ders an Platon; er verfügt über kein transzendentales System mit Prinzipie[
für die reale Wissenschaft[65]. Aber Augustin schlägt eben hier im Vergleic[
zur Antike zwei verschiedene Ideen vor, d.h. über die Natur Gottes un[
dessen Verhältnis zur Welt sowie über die Natur des Menschen. Die Dialekti[
Schleiermachers sieht sie als Kernprobleme, soweit sie hier in einem theolo[
gischen Zusammenhang eingefügt sind. Um sie herum baut sich die modern[
höchste Wissenschaft der Dialektik auf[66], und durch sie wird die Ewigkei[
der augustinischen Bewegung des Denkens wahr: "Deum et animam scir[
cupio" (Sol. I, 7). Augustins Vorstellung von dem Absoluten würde nac[
Schleiermacher fast einer Art ontologischem Beweis der Existenz Gottes gleich-
kommen (aber "das ist nicht auf eine verwerfliche Art zu verstehen, als ob

---

60 SW III/4.2, S. 147.
61 Ebd., S. 153.
62 Vgl. Denkmale, S. 24 f. 34. 37. 41.
63 SW III/4.2, S. 155.
64 Ebd., S. 165.
65 Ebd., S. 165 f.
66 Vgl. F.Schleiermacher, Dialektik, hg. v. R.Odebrecht, Leipzig 1942, S.[
   84–91, 297 ff. mit dem Kommentar von L.Oranje, God en Wereld. De Vraa[
   het transcendentale in Schleiermachers 'Dialektik', Kampen 1968; F.Wag-
   ner, Schleiermachers Dialektik. Eine kritische Interpretation, Gütersloh
   1974, S. 215ff.; H.-R.Reuter, Die Einheit der Dialektik Friedrich Schleiermachers, München 1979, S. 251 ff.

er hätte objectiv demonstriren wollen"): sie steht tatsächlich "am Anfang jedes menschlichen Denkens", da "alles unvollkommne das vollkommne voraus-
sezt; alles andre gedachte ist immer zugleich als Negation gedacht. Die Anschauung des absoluten ist die Basis zu allem Denken des endlichen und relativen" [67]. Der so definierte Gott stimmt sicher mit der Idee des geistigen
und einfachen Seins überein, die Augustin dank seines Weges über den "Platonismus" zum Christentum annimmt[68], wie er auch identisch ist mit Schleiermachers dialektischem Theorem, daß "im Absoluten Subject und Prädicat
schlechthin zusammenfallen" [69]. Hierzu kann bemerkt werden, daß sowohl bei
Augustin als auch bei Schleiermacher Spuren aus Exodus 3,14[70] nicht zu
übersehen sind. Auch für Schleiermacher ist es wahr, daß Gott "ganz
Substanz ist und nicht Accidenz hat, überhaupt nichts hat, sondern nur
i s t schlechthin" [71] – eine Behauptung, die ihre Bestätigung in der Argumentation der Dialektik findet: "Steigen wir hinaus bis zu einem absoluten
Subjekt, in welchem alles Sein gesetzt und alles Nichtsein ausgeschlossen ist,
so kann nichts von ihm prädiziert werden in einem eigentlichen Urteil. Das
identische Urteil ist hier allein möglich: Das Sein ist" [72].

Wenn auch das erste Zitat aus Augustin in der Glaubenslehre zum Ziel
hat, "die noch aus dem patristischen Zeitalter herrührende Verwechselung
von Philosophie und Dogmatik" zu dokumentieren, da "was aus Vernunft und
Philosophie geschöpft ist, nicht kann christliche Theologie sein" [73], ist es
doch bezeichnend, wie Schleiermacher in seinem theologischen Hauptwerk die
Worte des afrikanischen Bischofs vor allem dann hinzuzieht, wenn dank
dessen Autorität die Lehren von den Eigenschaften Gottes und von der Sünde
bekräftigt werden sollen. Zu den Eigenschaften Gottes bemerkt er mit einem
treffenden Zitat aus "De Trinitate", daß ihre Zuschreibung nichts Besonderes
in Gott zeigen soll, sondern nur etwas Besonderes in der Art, das Gefühl

---

67 SW III/4.2, S. 166.
68 Vgl. W.Pannenberg, Christentum und Platonismus. Die kritische Platonre-
   zeption Augustins in ihrer Bedeutung für das gegenwärtige christliche
   Denken, Vortrag vom 7. Jan. 1984 an Colloquio internazionale "Judaisme,
   hellénisme, christianisme" in Rom. Vgl. auch J.Ratzinger, Der Weg der
   religiösen Erkenntnis nach dem hl. Augustin in Kyriakon, II, 1970, S.
   553–564.
69 Schleiermacher: SW III/4.2, S. 166. Dazu erinnert Scholz (a.a.O., S. 158)
   an Goethe zu Eckermann, den 23. Febr. 1831: "Ich frage nicht, ob dieses
   höchste Wesen Verstand und Vernunft h a b e, sondern ich fühle, es
   i s t der Verstand, es i s t die Vernunft selber. Alle Geschöpfe sind
   davon durchdrungen, und der Mensch hat davon so viel, daß er Teile
   des Höchsten erkennen mag".
70 Vgl. W.Beierwaltes, Deus est esse – Esse est Deus. Die onto-theologische
   Grundfrage als aristotelisch-neuplatonische Denkstruktur in Platonismus
   und Idealismus, S. 27–38.
71 SW III/4.2, S. 166.
72 Dialektik, S. 206.
73 Der christliche Glaube, hg. v. M.Redeker, S. 174 (§ 33, 3).

der absoluten Abhängigkeit auf ihn zurückzuführen[74]. Ausdrücklich bestätigt Schleiermacher, daß sich zu diesem Thema "auch schon Augustinus sehr richtig geäußert hat"[75], daß dieser in seinem "Enchiridion" über die Allmacht Formeln geprägt habe, "auf die man hier immer zurückkommen muß"[76], und daß zum Lehrstück der Allwissenheit Gottes die gesamte Abhandlung Augustins "De diversis quaestionibus ad Simplicianum" "vor allem andern zu empfehlen ist"[77].

Zum Thema der Sünde, genauer genommen der Erbsünde, hat die Glaubenslehre nichts gegen Augustin einzuwenden, außer daß im Urzustand beim Menschen Begierde und Gerechtigkeit nicht nebeneinander bestehen können und daß die Anwendung des Wortes concupiscentia[78] schwankend sei; alle übrigen Zitate erhalten volle Zustimmung. So sei zum Beispiel die Definition der Sünde in "De vera religione", "welche sagt, Sünde sei, wenn wir begehren, was Christus übersieht und umgekehrt", nicht nur "ursprünglich christlicher", sondern "auch mit der unsrigen unmittelbar zusammenstimmend"[79]. Ein Konsens mit den Zitaten aus Augustin liegt auch dann vor, wenn dieser behauptet, daß trotz der Erbsünde "immer noch etwas von dem ursprünglichen Guten in der menschlichen Natur übrigbleiben muß"[80], daß der Mensch gesündigt habe "durch Mißbrauch seines freien Willens", obwohl in ihm die Neigung zur Sünde bereits "unter der Gestalt des Stolzes"[81] vorhanden war, und weiter, daß die wirkliche Sünde immer von der Erbsünde ausgeht[82]. Zum Thema Erbsünde ist Schleiermachers Haltung in seiner Glaubenslehre im Zusammenhang mit der biblischen Erzählung vom Sündenfall äußerst interessant, auf die außer auf Röm. 5,12[83] Augustin seine entsprechende Lehre begründet. Während Schleiermacher in seinen Vorlesungen über Kirchengeschichte bedauert, daß die Synode von Karthago im Jahre 418 "die Sache auf Adam zurückgeschoben hatte, auf ein alttestamentliches Buch, wo keine eigentliche Lehre und Ge-

---

74 Ebd., S. 255 (§ 50, 1). Vgl. Denkmale, S. 138 Nr. 146: "Entweder muß ich einmal die Gespräche über die göttlichen Eigenschaften als philosophische Dialogen herausgeben, welches aber nicht so bequem wäre, weil ich mich mit dem metaphysischen einlassen müsste, und es wieder Deutungen geben könnte. Lieber also in Katechisationen und Predigten, wenn die ersten nur einen Verleger finden". Über die göttlichen Eigenschaften in der Schleiermacherschen Glaubenslehre hat G.Ebeling geschrieben: Schleiermachers Lehre von den göttlichen Eigenschaften, in "Zeitschrift für Theologie und Kirche", 65(1968), S. 459–494, nun auch in G.Ebeling, Wort und Glaube, Bd. II, Beiträge zur Fundamentaltheologie und zur Lehre von Gott, Tübingen 1969, S. 305–342.
75 Der Christliche Glaube, S. 197 (§ 66, 1; erste Auflage).
76 Ebd., (hg. v. M.Redeker), S. 287 (§ 54, 4).
77 Ebd., (erste Aufl.), S. 213 (§ 68 b, 1).
78 Ebd., (zweite Aufl.), S. 335 (§ 61, 5).
79 Ebd., S. 358 (§ 66, 2).
80 Ebd., S. 372 (§ 70, 2).
81 Ebd., S. 383 (§ 72, 2).
82 Ebd., S. 398 ff. (§ 73).
83 Ebd., S. 417. 392.

chichte war"[84] , erklärt er in der Glaubenslehre, ohne sich auf Fragen der
ermeneutik und Kritik einlassen zu wollen, daß man nach dem Beispiel von
ugustins "De Genesi contra Manichaeos" die mosaische Erzählung benutzen
önne, da sich deren symbolische Interpretation dazu eigne, "die allgemeine
eschichte von der Entstehung der Sünde, wie sie immer und überall dieselbe
st,[85] " zu veranschaulichen. Jedenfalls hat die Glaubenslehre, die nicht aus-
rücklich dazu Stellung nimmt, keinen Grund, das in den Vorlesungen zur
irchengeschichte ausgesprochene Urteil zu dementieren: "Man muß unterschei-
en die Lehre von der Unfähigkeit der menschlichen Natur zum guten, abge-
ehen von der Gnade in Christo, welche die Grundlage der occidentalischen
ogmatik ist, und die Lehre von dem Anerben der Sünde, welche letztere
chon auf einer bestimmten Theorie von den Seelen beruht, die in einer Dog-
atik nicht vorkommen kann und rein philosophisch ist"[86] . Und es ist ge-
ade die Einführung dieser philosophischen Auffassung von der Seele im Zu-
ammenhang mit dem Traduzianismus, die die Haltung Augustins in der "sonst
egründeten Polemik gegen die Pelagianer"[87] übertrieben erscheinen lassen
uß.

Schleiermacher erkennt somit als erster in der Reihe der liberalen Theolo-
en, daß Augustins Polemik gegen Pelagius begründet war. Der Pelagianismus
tellt für Schleiermacher zusammen mit dem Manichäismus, dem Doketismus
nd dem Ebionitismus eine der "natürlichen Ketzereien am Christentum" dar,
.h. eine derjenigen Häresien, die aufgrund ihrer theologischen und anthro-
ologischen Postulate die Soteriologie in Frage stellen. Denn "wenn das ei-
entümliche Wesen des Christentums darin besteht, daß alle frommen Erregun-
en auf die durch Jesu von Nazareth gesehene Erlösung bezogen werden": so
ird Häretisches entstehen können auf eine zwiefache Weise, wenn nämlich
die menschliche Natur so bestimmt (wird), daß genau genommen eine Erlö-
ung nicht vollzogen werden kann, oder der Erlöser auf eine solche Weise,
aß er die Erlösung nicht vollziehen kann"[88] . Nach christlicher Auffassung
at die Erlösung als Werk des Vermittlers und der göttlichen Freiheit zum
Irsprung einen Akt der Gnadenwahl Gottes. In ihrer Radikalität wurde die
ehre von der Erwählung - so Schleiermacher in seiner diesem Thema gewid-

84 SW I/11, S. 299.
85 Der christliche Glaube, S. 396 (§ 72, 5).
86 SW I/11, 299.
87 SW III/4.2, S. 171. Vgl. P.Ricoeur, Le "péché originel": étude de signifi-
    cation, in: Le conflit des interprétations. Essais d'herméneutique, Paris
    1969, S. 265-282.
88 Der christliche Glaube, S. 129 f. (§ 22). Vgl. dazu K.-M.Beckmann, Der
    Begriff der Häresie bei Schleiermacher, München 1959, bes. S. 103 ff. Be-
    merkenswert ist die Bilanz der Auseinandersetzung zwischen Augustin und
    dem Pelagianismus in Schleiermachers Vorlesungen über die Kirchenge-
    schichte (SW I/11, S. 301-305).

meten und von Hegel[89] als sehr schwach befundenen Abhandlung - "zuerst vc
Augustin, zuletzt von Calvin vorgetragen, - von beiden so, daß sie sic
einestheils durch die deutlichsten Aussprüche der Schrift gedrungen fühlte
sie so und nicht anders zu stellen, anderntheils aber auch zeigten, wie noth
wendig Widersprüche gegen die reinsten Vernunftvorstellungen von dem göt
lichen Wesen entständen, wenn man von dieser strengen Fassung abwiche.
Diese Fassung hat "nur bei einem kleinen Theil der christlichen Kirche ein
dauerhafte Überzeugung bewirkt", ist "von dem größeren Theil aber nac
mancherlei Kämpfen, und zwar jedesmal grade deshalb zurückgewiesen worde
..., weil diese Fassung wohl den deutlichen Aussprüchen der Schrift wider
streite, als auch eben so offenbar der gesunden Vernunft"[90] . Bezeichnen
ist die Überraschung Schleiermachers diesem "Erfolg" gegenüber, in dem sic
die extremen Ergebnisse der Neologie sammeln und die Resultate eine
schlecht verstandenen liberalen Theologie vorweggenommen werden: "Währen
ich auf der entgegengesetzten Seite niemand fand, der eine unbegrenzter
Ehrfurcht gegen die Schrift bewiesen hätte als jene beiden. Denn selbst de
großen Luther möchte ich hierin keinen Vorzug vor Calvin einräumen, da auc
wo sie in der Schriftauslegung von einander abweichen der eine eben so fes
an der Schrift hängt als der andere; und es handelt sich nur um eine ver
schiedene Art scheinbar widerstreitende Aussprüche zu versöhnen. Eben s
wenig möchte ich behaupten daß irgend einer von den entschiedenen Gegner
jener Ansicht den heiligen Augustin und den frommen Calvin an Strenge i
der Verknüpfung der Gedanken übertroffen habe; und es war mir deshal
unwahrscheinlich, daß ihre Behauptungen mit andern allgemein und auch vor
ihnen anerkannten Wahrheiten in offenbaren Widersprüchen stehen sollten
welche jene Männer selbst nicht sollten gemerkt haben, sondern welche ihner
erst von ihren Gegnern hätten gezeigt werden müssen"[91] .

Auch hier wird, wie man sieht, die Behauptung von Gerhard Ebeling bestä
tigt, nach der "die Struktur der Verbindung von Theologie und Philosophie
das "Kernproblem der Schleiermacher-Interpretation"[92] darstellt, und diese
Bestätigung ihrerseits durch die Feststellung bekräftigt, wie ähnlich diese
Schleiermacherschen Denkstrukturen denen der "Verbindung von Autoritä

89 Vgl. Brief Hegels an Daub vom 9. Mai 1821 (in Briefe von und an Hegel
   (1785-1831), hg. v. Hoffmeister, Hamburg 1952 ff.).
90 SW I/2, S. 395.
91 Ebd., S. 395 f. Vgl. auch S. 397: "Weshalb mir denn immer der Muth
   fehlte mit dem größten Teile der Zeitgenossen in die Aburtheilung der
   Lehre jener Männer (Augustin und Calvin) als einer vernunftwidrigen und
   schriftwidrigen einzustimmen".
92 G.Ebeling, "Theologie und Philosophie", RGG[3] VI, 813 f. Dazu vgl. auch
   H.-J.Birkner, Theologie und Philosophie. Einführung in Probleme der
   Schleiermacher-Interpretation, München 1974.

)ffenbarung) und Vernunft" sind, die bereits der junge Schleiermacher mit
₂m Kern Augustinischen Denkens identifizierte[93] . Wenn also Schleiermacher
ᵈer Muth fehlt", "mit dem größten Theile der Zeitgenossen" die Verdammung
ᵒn Augustins und Calvins Lehre von der Erwählung "als einer vernunftwid-
gen und schriftwidrigen" gutzuheißen, kann man von ihm zusammenfassend
ₐs sagen, was er von Calvin sagte: "er ist freilich so unläugbar ein
ᶜhüler des Augustinus, wie nur irgend ein ausgezeichneter Mann der Schüler
ⁱnes andern kann genannt werden"[94] .

(Aus dem Italienischen übers. v. Ingeborg Donhauser)

---

93 Vgl. Denkmale, S. 40.
94 SW I/2, S. 396.

DIE MONOTHEISMUSDISKUSSION ZWISCHEN SCHELLING UND SCHLEIERMACHER

von Wolfgang Ullmann

1. Zur Geschichte des Verhältnisses von Schelling und Schleiermacher

Eichendorff [1] hat uns überliefert, wie Schleiermacher am Anfang seiner akademischen Lehrtätigkeit als der Theologe unter den von Schelling angeführten Romantikern angesehen wurde. Anlaß dazu gab gewiß nicht nur die damals in Halle jedermann bekannte enge Freundschaft zwischen dem Naturphilosophen Steffens und Schleiermacher, sondern die auch dem philosophisch nicht tiefer Blickenden deutliche Zugehörigkeit des Verfassers der Reden zum Umkreis der von Schelling ausgehenden Identitätsphilosophie.

Man ist diesen Zusammehängen bereits monographisch nachgegangen [2]. Noch längst nicht geschlossen scheinen mir die Akten der Frage danach, inwieweit die identitätsphilosophische Intuition, die nach Schellings eigenen Aussagen [3] für sein weiteres Denken bis in die Spätphilosophie bestimmend sein sollte, überhaupt zuerst angeregt ist durch Schleiermachers suggestive Beschreibung des "geheimnisvollen Augenblicks" in der zweiten Rede. Denn wie man weiß, wich Schelling in Form des "Epikuräisch Glaubensbekenntnis Heinz Widerporstens" zunächst trotzig auftrumpfende erste Reaktion schon bald einer uneingeschränkten Bewunderung für die Originalität der wahrhaft revolutionären Religionsphilosophie [4].

Schleiermacher seinerseits nahm den Faden des Gesprächs auf in einer ausführlichen Rezension von Schellings 1803 erschienenen "Vorlesungen über die Methode des akademischen Studiums" [5], deren wichtigstes Ergebnis, die Abgrenzung von Schellings philosophischer Konstruktion des Christentums, einen der Ausgangspunkte der "Kurzen Darstellung des theologischen Studiums" [6] bildet und darum mit gutem Grund in ihr die Paragraphen über die philosophische Theologie eröffnet [7]. Aber auch die Grundlinien der im gleichen Werk enthaltenen Schleiermacherschen Historik sind von dieser Entscheidung geprägt. Ich halte diese Darlegungen Schleiermachers zur Historik für so wichtig, daß ich auf sie weiter unten zurückkommen werde.

Abkürzungen: Ww = Schelling, Sämtliche Werke, Stuttgart und Ausgburg 1856
1 In seiner autobiographischen Schrift "Halle und Heidelberg".
2 H.Süskind, Der Einfluß Schellings auf die Entwicklung von Schleiermachers System, Tübingen 1909
3 X.Tilliette, Schelling - une philosophie en devenir, Bd. 1, Paris 1970.
4 W.Dilthey, Leben Schleiermachers, Berlin/Leipzig 1922, S. 482 ff.
5 Ww V, S. 207-352.
6 1811 in erster Fassung schon 1804 in Halle vorgetragen.
7 A.a.O., § 32.

Daß es in dem Disput zwischen Schelling und Schleiermacher auch um metaphysische Grundfragen geht, zeigen schon jene nachdrücklichen Absager
Schleiermachers[8] an die Lehre vom ontologischen Ur-Abfall, die die Existenz
der wirklichen Welt erklären sollte, wie sie Schelling in "Philosophie und
Religion" entwickelt hatte[9].

Zentrum und Höhepunkt der ganzen spannungsreichen Beziehung zwischen
den beiden großen Denkern scheint mir nun aber die in Schellings sogenannte
Spätphilosophie fallende Auseinandersetzung über den Inhalt des Monotheis-
musbegriffes zu sein, in der das immer prekäre Verhältnis von Theologie und
Philosophie im Rahmen des idealistischen Systemdenkens des deutschen
Idealismus eine für die Zukunft katastrophale Wendung nimmt. Daß dieser
Fragenkomplex bisher relativ wenig Beachtung gefunden hat, ist wohl in
erster Linie auf den Umstand zurückzuführen, daß er in den bisher veröffentlichten Schellingtexten kaum zutage tritt. Die vor nicht allzu-
langer Zeit neu edierte Berliner Vorlesung über "Philosophie der Offenbarung"[10] vom WS 1841/42 enthält in ihrem Monotheismuskapitel eine Reihe von
Sätzen, die auf die Auseinandersetzung mit Schleiermacher Bezug nehmen,
allerdings - was für die ganze Paulusnachschrift gilt - in einer Ver-
knappung, die es dem in den Gesamtzusammenhang nicht eingeweihten Leser
nahezu unmöglich macht, den Sinn von Schellings Polemik zu verstehen. Ganz
anders aber wird das Bild, wenn man einen knapp anderthalb Jahrzehnte
älteren Text zugrunde legt, Schellings WS 1827/28 in München gehaltene Über-
blicksvorlesung über das "System der Weltalter". Diese bisher ungedruckte,
in Schellings Manuskript und mehreren Nachschriften, deren ausführlichste[11]
ich hier zugrunde lege, erhaltene Vorlesung verwendet dort, wo sie auf das
Monotheismusproblem zu sprechen kommt, fast eine ganze Vortragseinheit auf
die Auseinandersetzung mit den Paragraphen 56 und 172 von Schleiermachers
Glaubenslehre. Erst hier wird die nicht weniger entschiedene, aber im jetzigen Überlieferungszustand höchst änigmatische Schleiermacherpassage der Berliner Vorlesung ihrem Inhalt und ihrer Tendenz nach voll verständlich.

2. Der Argumentationsgang von Schellings Monotheismuspolemik gegen
    Schleiermacher

Schelling greift die Schleiermachersche Glaubenslehre so an, daß der Leser

---

8 Dialektik, in: Ausgewählte Werke, hg. v. O.Braun und J.Bauer, Leipzig,
   o.J., III 83.
9 Ww VI, S. 38.
10 Schelling, Philosophie der Offenbarung, 1841/42, hg. v. M.Frank, Frankfurt a.M. 1977.
11 Tholuckarchiv Naumburg. Schellings Manuskript kürzlich durch H.Fuhr-
   manns wieder aufgefunden.

och jetzt spürt: Schelling sieht in ihr die wissenschaftlich relevante Vertre-
ung einer Position, von deren grundsätzlicher Unhaltbarkeit er doch über-
eugt ist. Ganz anders als Hegel in einem analogen Fall – in seiner bekann-
en Kritik an Tholucks Monographie zum Trinitätsdogma[12] – beruft er sich gegen
chleiermacher nicht auf sein eigenes christliches Bekenntnis, sondern nimmt
ie Glaubenslehre beim Wort und mißt sie an ihrem Vorhaben, den historisch
egebenen Lehrbestand systematisch aufgearbeitet und durchdrungen in einer
usammenfassung wiederzugeben.

Daß sie das im Fall des Monotheismus und der Trinitätslehre nicht leistet,
st der in der Münchener wie in der Berliner Vorlesung erhobene Hauptvor-
urf. Monotheismus, das ist für Schelling ein weltgeschichtlicher Begriff[13],
hne den weder der geschichtliche Zusammenhang der Mythologien, noch der
chritt vom Polytheismus zum Christentum begreiflich wird. Was aber soll
ine Glaubenslehre leisten, fragt Schelling, die nicht einmal in der Lage ist,
ie geschichtliche Faktizität der von ihr interpretierten Religion wissen-
chaftlich verständlich zu machen?

Schelling führt diesen Mangel darauf zurück, daß auch die Schleiermacher-
che Glaubenslehre nicht herausfindet aus dem unentscheidbaren Pluralis-
us der Gottesvorstellungen, in welchem seit dem 18. Jahrhundert Deismus,
heismus, Pantheismus und Atheismus um die besten Plätze in der Sonne der
ffentlichen Gunst wetteiferten. Freilich, Schleiermacher war allen anderen
heologen weit voraus dadurch, daß er auf unreflektiert und unkritisch
bernommene Hilfsbegriffe wie Person und Persönlichkeit, Naturalismus und
upranaturalismus verzichtete und sich auch nicht auf unfruchtbare Alterna-
iven wie kritische Historie und unhistorische Dogmatik einließ. Aber um
o auffallender für Schelling, wenn die Glaubenslehre dort, wo es um das
Woher ganz bestimmter frommer Erregungen geht, sie deren Erörterung nur
nhangsweise zulassen will.

Schelling erklärt sich diesen Widerspruch zunächst einfach damit, daß
chleiermacher, dem historischen Augenschein erliegend, die eigene Situation,
n der wegen des faktischen Nichtvorhandenseins von polytheistischer Religion
nd eines unverkennbaren Zuges der Zeit zum Unitarismus – Paragraph 172
der Glaubenslehre beruft sich ausdrücklich auf die Unitarier in Nordamerika – ein Monotheismusproblem weder für Theologie noch Philosophie zu
xistieren scheint, für die einzig mögliche und normale hält.

Schellings Polemik versucht nun zu zeigen, was die eigentlichen Gründe
ür diese historische Sinnestäuschung sind. Er behauptet[14], das Mißverständ-

---

2 Cf. Hegels Brief an Tholuck vom 3.7.1826, Original im Tholuckarchiv
  Naumburg.
3 Tholuckmanuskript, S. 390, Frank 190.
4 Tholuckmanuskript, S. 385.

nis beginne da, wo man Monotheismus als Verbot verstehe, Gott mehrmal nach dem Schema a+a+a zu setzen. Das für Schelling gänzlich Unzulänglich an dieser Auffassung ergibt sich schon allein daraus, daß sie nicht einma dem Polytheismus gerecht zu werden vermag. Er stellt ihr darum die Thes entgegen: Monotheismus ist überhaupt erst dort gegeben, wo Gott außer sic keinen anderen Gott hat [15]. Und er wirft von ihr aus Schleiermacher vor er bleibe wie die übrigen Dogmatiker beim bloßen Theismus stehen, nämlic bei dem Satz, zu Gott und außer Gott gebe es nichts als Seiendes. Die lo gisch doch durchaus mögliche Frage, ob damit denn auch als Gott Seiende ausgeschlossen sei, wird gar nicht erst ins Auge gefaßt [17]. Ebensowenig wir erörtert, ob die Einzigkeit Gottes nur faktisch oder grundsätzlich gegebe ist. Wie beurteilt Schleiermacher z.B. die logisch ebenso nicht ausschließba re Möglichkeit eines Antitheos?

Schelling kommt schließlich zu dem Ergebnis, daß selbst die Glaubensleh re an dieser Stelle genau so abstrakt wird wie alle anderen Dogmatiken wenn sie gegen den offenkundigsten Augenschein der alltäglichen religiöse Wirklichkeit dekretiert: "Es gibt eigentlich nur Theisten und Atheisten i der Welt" [18]. Alles, was dieser Einteilung nicht entspricht, muß sie dann fü irrelevante oder obsolet gewordene Vorstufen oder aber für krankhafte Entar tungen erklären.

Schelling prophezeit darum: Weil dieser abstrakte Theismus in sich so we nig Substanz und Halt besitzt, wird er von dem mächtigen Trend der Zei zum Pantheismus früher oder später seiner völligen Hilflosigkeit überführ werden.

Wenn ich weiter oben von einer in der Schelling-Schleiermacher-Diskussio eintretenden katastrophalen Wendung gesprochen habe, so ist jetzt der Momen gekommen, sie zu bezeichnen. Ich sehe sie in Schellings Antwort auf das Mo notheismusproblem, die ich hier um ihrer Bedeutung willen wörtlich anführe muß: "Welchen Sinn hat dann also der Monotheismus? Offenbar den, daß e (sc. Gott) nicht einzig ist in Bezug auf sich selbst. Gott ist einzig seine Gottheit nach. Abgesehen von der Gottheit ist er nicht der einzige, sonder mehrere" [18]. Das Bestürzende an dieser Formel ist ihre Tragweite. Schellin hat ganz richtig gesehen: Zu einem System der Weltalter und das heißt de Gesamtwirklichkeit, nicht nur z.B. des Weltgeistes oder der Weltmaterie, ge langt nur, wer Gott selber zum letzten Subjekt des Werdens macht und i dieser Redeweise dann auch die exklusive wie inklusive Kraft des Monotheis mus findet.

---

15 A.a.O., S. 385.
16 A.a.O., S. 387.
17 A.a.O., S. 389.
18 A.a.O., S. 389.

3. Kritische Würdigung

Oberflächlich erschiene mir der Einwand, Schellings Kritik treffe Schleiermacher deswegen nicht, weil sie der philosophischen Spekulation angehöre, die per definitionem außerhalb des Bereiches und der Inhalte der Glaubenslehre liegt. Denn Schleiermacher wäre der letzte gewesen, die Einheit von philosophischem und religiösem Bewußtsein in Frage stellen oder destruieren zu wollen. Und vor allem: Schleiermacher und Schelling gemeinsam ist die Voraussetzung von der Unzerreißbarkeit des Gott-Welt-Zusammenhanges, aus dem heraus auch Schelling in seiner Monotheismusthese gegen Schleiermacher polemisiert.

Ich halte es nicht für ausgemacht, daß Schleiermacher nicht sehr viel auf Schellings Kritik zu antworten gehabt hätte, wäre sie ihm nur je zu Gehör oder zu Gesicht gekommen. Das eigentliche Problem aber liegt ganz woanders. Gerade eine erfolgreiche Verteidigung der Glaubenslehre, etwa auf der Basis der philosophischen Theologie der Schleiermacherschen Dialektik, würde erst recht die Frage aufwerfen, ob nicht die Glaubenslehre widerspruchsfrei (mit gewissen letztenendes aber peripheren Modifikationen) in ein System wie das der Schellingschen Weltalter eingehen kann, oder ob sie nicht sogar genau den Typ von Theologie realisiert, der diesem System entspricht. Mir scheint, daß man diese Frage bejahen und in dieser Bejahung das eigentliche Symptom der hier vorliegenden philosophisch-theologischen Grundlagenkrise sehen muß.

Ich will das erläutern, indem ich nochmals auf den Argumentationshintergrund der beiden Gesprächspartner eingehe. Wenn auch Schellings seit 1811 konzipiertes "System der Weltalter" wegen seiner zyklopischen Ausmaße immer nur fragmentarisch Gestalt gewinnen konnte - Schelling ist gegen den größeren Teil seiner Interpreten darin recht zu geben, daß er, seit 1815 das Konzept dieses Systems feststand [19], konsequent aus ihm gedacht und argumentiert hat.

Der Grundriß dieses Systems ist ebenso einfach wie monumental. Sein erster Teil behandelt die Vergangenheit, die immer nur gewußt werden kann. Inhaltlich geht es in ihr um Prinzipien-, Potenzen- und Gotteslehre, in deren Zentrum um den Übergang von der Philosophie der Natur zur Philosophie der Mythologie als der Philosophie des entfremdeten menschlichen Bewußtseins. Der zweite Teil heißt Gegenwart; Gegenwart, die nicht gewußt, sondern erkannt wird. Im Bereiche dieses Erkennens spielt sich ab der Übergang von der Philosophie der Mythologie zur Philosophie der Offenbarung, jener Vorgang, in dem die Entfremdung des menschlichen Bewußtseins überwunden wird. Der dritte Teil kann dann nur der Zukunft gewidmet sein, die ihrerseits sich nur der Ahnung erschließt. Deshalb muß der Übergang von der

---

19 Ww VIII, S. 199 ff.

Philosophie der Offenbarung zur reinen Geistesphilosophie inhaltlich wie methodisch immer fragmentarisch bleiben.

Es ist darum nunmehr wohl deutlich: Die Schleiermacherpolemik der Münchener und Berliner Vorlesung Schellings gehört in den Zusammenhang der
Philosophie der Offenbarung (d.h. nicht einer offenbarungsgemäßen Philosophie, sondern einer Philosophie, deren Gegenstand die Offenbarung ist) und
kritisiert an der Glaubenslehre, daß von ihr aus jener Übergang von Mythologie zur Offenbarung, um den es hier zu tun ist, gerade nicht verständlich
wird.

Auf höherer Ebene wiederholt sich hier die Auseinandersetzung über die
philosophische Konstruierbarkeit des Christentums von 1803 bzw. 1804.
Schleiermacher hatte damals gegen Schelling die hohe Willkür der Geschichte
und des Geschichtlichen ins Feld geführt, das jeder philosophischer
Konstruktion spotte. Ein nur auf den ersten Blick schlagendes Argument!
Denn Gegenstand der Schellingschen Konstruktion war ja gerade der Übergang, der im Bereich des Natürlich-Gesetzlichen so etwas wie Freiheit erscheinen läßt und damit jene von Schleiermacher mit Recht betonte Willkür
allererst ermöglicht. Schleiermacher suchte Geschichte aus der Vermittlung
von Physik und Ethik zu konstruieren. Schelling dagegen meinte, Geschichte
mit Freiheit und Willkür sei überhaupt nur denkbar unter der Voraussetzung
eines unvordenklichen Übergangs von blindem Sein ins Sein-Können.

Der Gegensatz der Geschichtsauffassungen, der sich hier auftut, reicht sehr
tief. Ich stehe nicht an, der von Schleiermacher in der kurzen Darstellung[20] entworfenen Historik mit ihrer Entfaltung der Begriffe Epoche und
Periode vor Schellings dem gleichen Thema gewidmeten Ausführungen[21] den
Vorzug der größeren Differenziertheit und des höheren methodischen Gehaltes
zu geben.

Trotzdem darf man nicht das relative Recht übersehen, das auf Schellings
Seite war, wenn er als unnachsichtiger Kritiker eines negativen, spekulativen
und spiritualistischen Zeitalters auch Schleiermacher nicht verschonen konnte,
wenn er ihn an diesen Eigenschaften seiner Epoche partizipieren sah[22].

Der Preis für diese Kritik, den Schelling zu zahlen bereit war, ist hoch
gewesen, zu hoch, wie uns heute erscheint.

Doch auch hier gilt es zu differenzieren. Wer, wie Georg Lukács zur Diagnose "Irrationalismus" kommt, sollte bei allem Recht derselben nicht vergessen, daß die neue "Mythologie", die Friedrich Schlegel um 1800 mit seinen
Freunden gefordert hatte[23], abzielte auf eine Selbstkritik des Idealismus und

---

20 § 71 - 78, § 150 ff.
21 Ww V, S. 286-316.
22 Cf. etwa Schellings wohlwollende, doch ironische Besprechung von Schleiermachers Weihnachtsfeier, Ww VII, S. 498-510.
23 Gespräche über die Poesie, in: Schriften zur Literatur, hg. v. W.Rasch,

eine dem Menschen nicht mehr entfremdete Natur.

Dem freilich damit zweifellos heraufbeschworenen Irrationalismus wird man aber mit der gegenteiligen Losung gewiß nicht gewachsen sein, etwa durch die Proklamation von einer Art von philosophischem Rousseauismus, der Rückkehr in den erkenntnistheoretischen Naturzustand, in dem angeblich jederzeit empirisch verifiziert werden kann, was Objekt, was Ding, was Realität ist.

Richtiger dürfte demgegenüber die Erinnerung daran sein, daß schon 1811 Jacobi angesichts des Schellingschen Philosophierens seiner Zeit eine Neigung "zum religiösen Materialismus"[24] bescheinigte. Solchem metaphysischen Positivismus gegenüber hat er, unentwegt und hartnäckig mißverstanden, immer neu einzuschärfen versucht, daß menschliche Freiheit stehe und falle mit der Freiheit der Erkenntnis, einer Freiheit, die daran hängt, daß der Mensch nicht selber die Voraussetzungen menschlichen Bewußtseins, individuelles Sein und transpersonale Sprache, negiert, eine Aufgabe, in der wir unschwer noch immer die unsere erkennen.

Kann Schleiermacher uns bei ihrer Lösung behilflich sein? Ich neige dazu, die Frage mit ja zu beantworten, wenn man zugesteht, daß das freilich heißt, bestimmte Ansätze Schleiermacherschen Denkens unter ganz neuen Gesichtspunkten zu sehen. Dann freilich wäre es möglich, daß die These der "Reden" einen eminent philosophiekritischen Sinn bekäme, als ein noch immer aktueller Appell, den fruchtlosen Konkurrenzkampf zwischen Philosophie und Theologie um die ideologische Herrschaft über die Gesellschaft zu beenden.

Ebenso bedeutsam könnte dann Schleiermachers Hinweis[25] auf den Übergang der Philosophie zur Wissenschaftslehre im Lichte neuer und neuester Forschungen zur Wissenschaftstheorie werden. Und gerade wenn wir heute Platon mit ganz anderen Augen als sein großer Übersetzer lesen, mit einem ganz anderen Bewußtsein von der ungeheuren logischen, mathematisch-mengentheoretischen Tragweite der Ideenlehre, folgen wir dann nicht doch Schleiermachers Hinweis auf Platon als das unüberbietbare Paradigma nicht systemgefesselten und doch kritisch-konstruktiven Denkens?

Sollte diese Frage zu bejahen sein, dann freilich erhielte auch Schellings ergreifender Nachruf auf Schleiermacher, der ihn in der Sitzung vom 26. 3. 1834 in der Bayerischen Akademie der Wissenschaften[26] zuordnet einer durch die Namen Leibniz und Lessing ausgezeichnete Tradition, eine ganz unerwartete Legitimität.

München 1970, S. 302 ff.
24 Von den göttlichen Dingen und ihrer Offenbarung, Leipzig 1811, S. 63.
25 Grundlinien einer Kritik der Sittenlehre, Buch 1, Einleitung, S. 26;
26 Ww IX, S. 463–465.

SCHLEIERMACHER UND GOGARTEN

Die Theologie als Krise

von **Giorgio Penzo**

"Soweit man 'wissen' kann, besteht die Trennung von Gott und Mensch"
(F. Gogarten, Fichte als religiöser Denker, Jena 1914, S. 70)

1. Das grundsätzliche Problem

Schleiermacher (1768 - 1834)[1] und Friedrich Gogarten (1887 - 1967) sind beide als Denker Philosophen und Theologen zugleich[2]. In zwei verschiedenen Jahrhunderten und somit unter verschiedenen kulturellen Voraussetzungen lebend, treffen sie sich doch darin, daß sie philosophisch-theologisches Denken vorantreiben. Beide machen die Grundlage des Menschseins zum Gegenstand; beide entdecken sie diese Grundlage in der Dimension des Anderen, die sich in die Dimension Gottes verwandelt. Gott ist transzendent, jedoch von einer Transzendenz der Art, die sich allein im Menschen eröffnet, auch wenn freilich der Mensch sie nie ausschöpfen kann. Gott und Mensch sind ein und dieselbe Sache und sind es doch wiederum nicht. Die Grundlage des Menschen erhellt sich als der Horizont, in dem sich die Dimension Gottes offenbart, der jedoch seiner eigensten Natur nach dasjenige bleibt, das darüber hinausgeht. Jene Jenseitigkeit offenbart sich als die Grundlage des echten Selbstbewußtseins des Menschen. Das Selbstbewußtsein ist der Schauplatz der Erscheinung Gottes, die zugleich die Grundlage des Menschen selbst bildet. Diese göttliche Dimension fällt mit dem authentischen Sinn für das Religiöse, das Heilige zusammen. Das Heilige ist demnach für beide, Schleiermacher wie Gogarten, das was jenseitig ist und seinem Wesen nach jenseitig bleiben muß. Dabei offenbart sich das Göttliche zwar im Bewußtsein, bleibt aber doch stets für das Bewußtsein das Andere. Unter diesem Gesichtswinkel finden sich Gogarten und Schleiermacher gewissermaßen als zwei Denker einer und derselben Zeit.

Schleiermacher wirkt im ersten Drittel des 19. Jahrhunderts im Rahmen einer idealistisch-romantischen Kultur. Unter theologischem Aspekt kann man ihn

---

1 In Italien sind über Schleiermachers philosophisch-theologisches Denken die folgenden Arbeiten erschienen: G.Vattimo, Schleiermacher filosofo dell' interpretazione, Milano 1968; S.Sorrentino, Schleiermacher e la filosofia della religione, Brescia 1978 (vgl. von Sorrentino auch die große Einleitung zu seiner Übersetzung von: F.Schleiermacher, La dottrina della fede, in: Opere scelte, Brescia 1981); G.Moretto, Etica e storia in Schleiermacher, Napoli 1979; R.Osculati, Schleiermacher. L'uomo, il pensatore, il cristiano, Brescia 1980 (vgl. von Osculati auch Einleitung und Übersetzung

einen "Liberalen" nennen. Gogarten arbeitet im 20. Jahrhundert in einer von Phänomenologie, Historismus und Existentialismus beherrschten Zeit. Man rechnet ihn mit Barth und Bultmann zu den "dialektischen" Theologen. Im kritischen Urteil gilt Schleiermacher einhellig als der bedeutendste theologische Kopf seines Jahrhunderts. Nicht so Gogarten. Dieser Platz wird in der Regel für unser Jahrhundert Barth zugewiesen. Dies Urteil bedarf jedoch nach meiner Meinung der Überprüfung. Verschiedene Umstände haben Gogarten zum Nachteil gereicht: sein Bruch mit Barth nach der langen Zusammenarbeit in der Zeitschrift "Zwischen den Zeiten", und vor allem seine Parteinahme für die evangelisch-nationalsozialistische Gruppe der "Deutschen Christen". Diese Entscheidung ist von der Theologenwelt nach dem Kriege niemals verziehen worden. Man muß aber darauf hinweisen, daß Gogartens Anhängerschaft für den Nationalsozialismus wenig länger als einen Monat gedauert hat. Nach dieser Erfahrung hüllt er sich für über 10 Jahre in Schweigen.

Nach meiner Auffassung ist unter den genannten drei großen Theologen der ersten Hälfte unseres Jahrhunderts Gogarten derjenige, der sich am weitesten auf philosophische Fragen eingelassen hat. Seine Theorie der Säkularisation, die die Bultmannsche Entmythologierungsthese aufgenommen und philosophisch vertieft hat, ist im Grunde eine philosophische Theorie. Gogarten will nicht, wie Barth, eine theologische Summe schreiben. Ihm geht es darum, der Kultur seiner Zeit einen transzendenten Sinn abzugewinnen. Diese Kultur, wie sie von Stirner und Nietzsche entworfen war, war eine nihilistische Kultur. Das Problem der Säkularisierung verflicht sich mit dem des Nihilismus im Versuch, dessen positives Element zu erhellen: Gogarten sieht dies eben im christlichen Glauben.

Der christliche Glaube kann sehr wohl aus der Kulturkrise entspringen, sofern man diese nur in ihrer ontologischen Dimension erfaßt. Die Kultur als solche, als Sprache des Menschen, muß sich immer in der Krise befinden. Indem man die Grenze der Kultur entdeckt, stellt man sich bereits in den Horizont der Nicht-Kultur. Der christliche Glaube ist echte Kultur, insofern er Nicht-Kultur ist. Es ist offenkundig, daß das theologische Denken lieber dem Weg eines systematischen Denkers wie Barth folgt als dem eines problematischen Denkers wie Gogarten. Aber der Glaube ist Problem, nicht System. Der Glaube ist immer ein Mensch, der in der Kultur wirkt, in der er lebt; er ist zugleich immer offen für das Risiko.

von: F.Schleiermacher, Lo studio della teologia, con postface di A.Agnoletto, Brescia 1978 und die Einleitung und Übersetzung von: F.Schleiermacher, La Confessione di Augusta, Padova 1982); B.Gherardini, L'Enciclopedia di Schleiermacher, in: "Lateranum", 1980 (1).

2 Über das philosophisch-theologische Denken Gogartens vgl.: G.Penzo, F.Gogarten. Il problema di Dio tra storicismo ed esistenzialismo, Roma 1981.

2. Die Dialektik zwischen Sich-selbst-sagen und Sich-sagen-lassen und das Problem der Theologie bei Goarten

Eine der Schriften von Gogartens erster Periode, "Theologische Tradition und theologische Arbeit", aus dem Jahr 1927, trägt den Untertitel: Geistesgeschichte oder Theologie? [3] Mit dieser Frage will Gogarten die gegensätzlichen Begriffe einer zu seiner Zeit lebhaft entbrannten Debatte auf ihren Nenner bringen. Es handelt sich um das Verhältnis von Idealismus ("Geistesgeschichte") und Christentum. Man stritt darüber, ob das Christentum von der Theologie der Reformation richtig verstanden wurde oder von der Philosophie des Idealismus, mithin auch darüber, ob man den Idealismus als eine christliche Philosophie bezeichnen könne.

Nach Gogartens Überzeugung ist das für die liberale Theologie kennzeichnende Denken nicht als wirkliche Theologie zu bezeichnen, sondern lediglich als Geistesgeschichte oder Geisteswissenschaft. Es ist nicht sein Vorhaben, einer bestimmten Weise des Theologietreibens, wie z.B. der der liberalen Theologie, eine andere bestimmte Weise, wie eben die dialektische Theologie, entgegenzusetzen. Auf dieser polemisch-apologetischen Linie würde man Gogarten nicht verstehen. Wenn er von dialektischer Theologie spricht, so meint er nicht eine bestimmte Theologie, sondern die Theologie überhaupt, da Theologie überhaupt nur als dialektische Theologie sein kann. Dies kann man an Denkern wie Augustin, Luther und Calvin sehen.

Die Pole dieser Dialektik kann man im Untertitel der genannten Schrift fassen. Der Pol der Theologie wird als Sich-sagen-lassen bestimmt, der der Geistesgeschichte als Sich-selbst-sagen. Nur im Horizont des Sich-sagen-lassens kann man von echter Theologie reden. Gogarten legt Wert darauf festzustellen, daß man es in diesem Horizont nicht mit einer Welt der Ideen im Inneren des Bewußtseins zu tun hat; sondern man findet sich einem Prozeß gegenüber, der sich in einer wirklichen Welt abspielt. Dieser Horizont des Sich-sagen-lassens, der ein philosophischer ist, zeigt seine theologische Kehrseite dort, wo Gogarten annimmt, daß es sich darum handle, sich das Wort der Bibel sagen zu lassen. Damit will Gogarten unterstreichen, daß das philosophisch-theologische Denken nur in einer innersten Beziehung zur Heiligen Schrift ein solches ist.

Die verschiedene Weise nun, das Wort der Heiligen Schrift zu erfassen, führt uns eben vor die Unterscheidung zwischen authentischer oder nicht-authentischer Theologie. So wird in der Dimension des Sich-selbst-sagens die Bibel als Selbsterzeugnis des religiösen Bewußtseins des Menschen gelesen

---

3 F.Gogarten, Theologische Tradition und theologische Arbeit. Geistesgeschichte oder Theologie?, Leipzig 1927.

und empfängt ihren Offenbarungscharakter darin, daß das eine sich im ande
ren wiedererkennt. In diesem Kontext wird das Hören der Heiligen Schrif
zur Selbsterinnerung des hörenden Geistes. In der Dimension des Sich-sagen
lassens auf der anderen Seite wird das Wort Gottes nicht zum Selbstzeugnis
des Bewußtseins reduziert, weil Gott eben gerade wider das Bewußtsein des
Menschen spricht. Daher kann das Wort Gottes nicht als Selbsterinnerung gelesen werden, da in einem solchen Zusammenhang die Bibel nicht als Wort
Gottes gehört wird, sondern als bloßes Selbstzeugnis des religiösen Bewußtseins des Menschen. Gogarten bemerkt, daß diese beiden Pole des dialektischen Denkens, obgleich sie grundsätzlich verschieden sind, einander sehr
nahestehen und leicht verwechselt werden können.

Es gibt kein objektives Maß, dank dessen es möglich ist zu unterscheiden,
ob das vom anderen gesagte Wort nicht stattdessen dasselbe Wort ist, das
innerhalb des Bewußtseins gesagt wird und also nur ein weiteres Erzeugnis
des Bewußtseins ist. Das heißt, man kann nicht leicht unterscheiden, ob das
Sagen des Anderen nicht vielmehr der Prozeß des Sich des Inhalts des eigenen Geistes Erinnerns ist. Deswegen spricht Gogarten von der Gefahr, daß
der Horizont des Sich-sagen-lassens "paralysiert" wird und sich in den anderen Horizont des Sich-selbst-sagens verwandelt. Eine solche Dialektik kann
nach Gogarten nicht als "Auffassung" bezeichnet werden. Mit dem Begriff
"Auffassung" wird der Akt der Erfassung eines Gegenstandes bezeichnet. Im
fraglichen Zusammenhang ist dieser Gegenstand die Bibel.

Im allgemeinen bedeutet sich einen Begriff von einem Gegenstand machen,
ihn auf der Grundlage des vernünftigen Ich und kraft der Identität mit dem
Ich zu begreifen. In einem solchen Zusammenhang empfängt der Gegenstand
seinen Sinn in seiner Unterordnung unter den Geist, das heißt unter das vernünftige Ich. Da im Begriff der Auffassung diese subjektive Wertung enthalten ist, ergibt sich, daß die Dimension des Sich-sagen-lassens nicht angemessen als "Auffassung" bestimmt werden kann. Daraus erklärt sich, warum
es nicht möglich ist, eine Methode zu entwickeln, um die authentische Dimension der Theologie zu erfassen. Die "Auffassung" stellt sich genauer gesehen
als Selbstauffassung oder Auffassung seiner selbst dar. Gogarten unterscheidet betreffs jenes besonderen Gegenstandes, der die Bibel ist, drei Weisen
des Selbstseins.

Wird das Ich auf der Ebene des Logos betrachtet, so wird die Bibel als
Hinterlassenschaft göttlichen Denkens gelesen. Betrachtet man das Ich auf
der Ebene des Ethos, so wird die Bibel als Zeugnis persönlichen Lebens gelesen. Betrachtet man das Ich auf der Ebene der Geschichte, so liest man
die Bibel als geschichtliche Entfaltung der Offenbarung. In jeder dieser drei
Weisen bleibt bestimmend der subjektive Akt des Begreifens. Gogarten ist
überzeugt, daß in der Analyse dieses Aktes gerade das außerhalb der Sphäre

es Erkannten bleibt, was den Menschen konstitutiv ausmacht.

Das Begreifen bezeichnet lediglich den Akt des Geistes, der sich eines Gegenstandes bemächtigt, der jedoch als etwas solches erfaßt wird, das vom Geist her bestimmt ist. Im Grunde impliziert das Begreifen den Akt der urteienden Vernunft. Daher die Kritik Gogartens, die charakteristisch ist für Existenzphilosophen wie Stirner, Nietzsche, Heidegger und Jaspers: daß das Begreifen als Akt der Vernunft niemals den Menschen als Menschen erfaßt, da ja die Grundlage des Menschen selbst draußen bleibt[4]. Die Vernunft bleibt die Gefangene ihrer selbst. In diesem Zusammenhang tendiert der Geist, der als solcher ein ständiges Erschaffen ist, dazu, das Wort Gottes im faustischen Sinne zu begreifen, also ihm Gewalt anzutun. Nach Gogarten scheidet auf dieser Ebene die Gottheit Gottes aus, die ihrem Wesen nach immer jenseits des Umkreises des Bewußtseins liegt. Das heißt, das Wort Gottes ist als solches das Andere. Daher die schwere Anklage Gogartens gegen die idealistische Philosophie, und infolgedessen gegen die liberale Theologie, sie sei ein Denken ohne Gott. Die Rede über Gott wird zur Rede über einen Götzen.

3. Gefühl und Endlichkeit und die Dimension des frommen Seins bei Schleiermacher

Wenn man sich dies vergegenwärtigt, so meine ich sagen zu können, daß Schleiermacher mit seiner Thematik des Anderen, die sich bei ihm näher darstellt als Thematik der Abhängigkeit, nicht in den Umkreis der liberalen Theologie gestellt werden darf, sondern vielmehr als Vorläufer der dialektischen Theologie angesehen werden muß. Nach meiner Meinung gewinnt seine Hermeneutik gerade unter diesem Gesichtspunkt eine tiefe Gültigkeit. Im allgemeinen stellt man Schleiermacher vor allem als den Denker dar, der den Gedankenkreis der Aufklärung überwunden hat. Und das mit Recht. Nicht in dem Sinne, daß Schleiermacher die Aufklärung hätte widerlegen wollen, aber in dem Sinn, daß er versucht hat, sie zu überwinden. Er vertritt die These, die nach meiner Auffassung von wahrlich grundlegender Bedeutung ist, daß ein wahrer Philosoph auch ein wahrer Christ sein kann. Dies erklärt, warum seine tiefsten philosophischen Auffassungen mit seinem religiösen Gefühl zusammentreffen.

In der Aufklärung wird die These vertreten, man könne von Gott ein Wissen im Sinne eines Beweisens haben. Die Theologie nimmt so die Gestalt

---

4 Über diese Denker vgl. G.Penzo, Max Stirner. La rivolta esistenziale, Bologna 1981[2]. Ders., Dialettica e fede in Karl Jaspers, Bologna 1981[3]; Karl Jaspers. Filosofia-Scienza-teologia, a cura di G.Penzo, Brescia 1983.

einer natürlichen Theologie an oder einer moralischen Theologie, die an Kant anknüpft. Die Frömmigkeit wird in diesem Zusammenhang als Anhang der kantischen Ethik betrachtet. Die Theologie der Aufklärung gründet auf dem Prinzip der Trennung zwischen Gott und Welt und darin zwischen Gott und Mensch.

Gott ist der Schöpfer der Welt. Der Mensch kann daher von Gott nur sprechen, indem er sich auf die eigene Vernunft stützt, die - um einen Heidegger teuren Ausdruck zu verwenden - als rechnende Vernunft angesehen wird. Eben dieser Vernunft wird die christliche Tradition unterworfen. Daher die ganze historische Kritik an der Bibel, die für die Periode typisch ist, die im Grunde die Kritik Rousseaus und Voltaires und insgesamt diejenige des englichen Deismus weitertreibt. Die These der Unterscheidung zwischen Gott und der Welt wird von Rationalisten wie Supranaturalisten vertreten, auch wenn die einen denken, Gott könne nicht in die Weltordnung eingreifen, während die anderen meinen, Gott könne sehr wohl von Fall zu Fall der Weltordnung Gewalt antun. Dies schließt die Möglichkeit des Wunders als Voraussetzung der Beweisbarkeit Gottes ein.

Schleiermacher lebt in diesem kulturellen Klima und eignet es sich unter einigen Gesichtspunkten an, wie man an dem starken Einfluß sehen kann, den Kant auf ihn ausgeübt hat. Er nimmt jedoch auch die These Spinozas vom deus sive natura wieder auf, die im Grunde derjenigen der Aufklärung zuwiderläuft. Daher rührt die für die Romantik charakteristische These von der Identität des Endlichen mit dem Unendlichen, auch wenn die Romantik sich nicht die geometrische Methode Spinozas zueigen macht. Das Prinzip der Dualität zugunsten dessen der Identität verlassen, heißt anerkennen, daß Gott als Schöpfer jedes Seienden in jedem Seienden gegenwärtig ist. Dies Prinzip führt Schleiermacher dazu, seinen Begriff der Religion zu klären. Und eben auf dieser Ebene ist Schleiermacher nicht mehr als Philosoph und Theologe des vergangenen Jahrhunderts anzusehen, sondern gehört unserem Jahrhundert zu.

Der erste Schritt der Ausarbeitung des Religionsbegriffs ist in seiner Schrift von 1799 zu fassen: "Über die Religion. Reden an die Gebildeten unter ihren Verächtern"[5]. Einen zweiten Schritt kann man in den verschiedenen Ausarbeitungen der Dialektik sehen[6], einen dritten schließlich in dem Werk "Der christliche Glaube", auch als "Glaubenslehre" bekannt, in dem der Begriff der Religiosität und damit des Heiligen in der Dimension des Anderen

---

5 F.D.E.Schleiermacher, Über die Religion, Reden an die Gebildeten unter ihren Verächtern, Berlin 1799. Italienische Übersetzung: Discorsi sulla religione e Monologhi, a cura li G.Durante, Firenze 1947.
6 F.D.E.Schleiermacher, Dialektik, hrsg. von Halpern, Berlin 1903.

ls Abhängigkeit ans Licht gestellt wird. Die beiden Thesen der Aufklärung
einerseits die Möglichkeit eines theoretischen Erweises Gottes, unabhängig
avon, ob diese Möglichkeit rational oder suprarational verstanden wird,
ndererseits das moralische Postulat Kants - , setzen beide eine Trennung
wischen Subjekt und Objekt voraus. Auf der einen Seite das Ich als Subjekt,
uf der anderen Gott als Objekt.

Im Identitätsprinzip wird eben diese Grundthese der Aufklärung überwun-
en. Die Identität ist in uns selbst gegenwärtig, und der Akt der Erfahrung
ieser Identität heißt Gefühl. Wie es verschiedene Kritiker bemerkt haben,
st der Begriff nicht glücklich gewählt und kann im psychologischen Sinne
nterpretiert werden. Schleiermacher meint damit kein subjektives Moment,
ondern lediglich den Eindruck des Universums in uns, das heißt in der
iefe unseres Seins, wo die Momente des Subjekts und des Objekts eben
ranszendiert werden. Dies erklärt, weshalb Schleiermacher auch den Begriff
er "Anschauung" verwendet, genauer der Anschauung des Universums. Man
egreift auch, weshalb er diese Anschauung als Divination beschreibt. Mit
iesen Ausdrücken will Schleiermacher die im Bewußtsein hervorgerufene Em-
findung von etwas andeuten, was außerhalb des Bewußtseins liegt.

In "Der christliche Glaube"[7] wird die Dimension der Religiosität nicht mehr
nit den Begriffen Gefühl oder Anschauung des Universums zum Ausdruck ge-
racht, sondern mit dem Ausdruck "Gefühl der schlechthinnigen Abhängig-
eit". Von diesem Problemkreis ist auch in den Reden "Über die Religion"
ie Rede, insbesondere in der zweiten Rede, die die grundlegende ist, weil
ie vom Wesen der Religion handelt. Die Religion wird von der Metaphysik
nd von der Moral unterschieden. Metaphysik und Moral haben mit der Reli-
jion den Gegenstand gemeinsam, nämlich das Universum und die Beziehung
des Menschen zu ihm. Diese Gemeinsamkeit des Gegenstandes hat zu verschiedenen Irrtümern geführt, durch die in die Religion Redeweisen eingedrungen
sind, die der Metaphysik und der Moral eigentümlich sind. Nach Schleiermacher behandelt die Religion zwar denselben Gegenstand wie Metaphysik und
Moral; sie tut dies aber auf ganz andere Weise. Wenn die Metaphysik die
Gründe für alles Seiende sucht, so kann die Religion ihr auf dieses Feld
nicht folgen. Sie kann nicht letzte Ursachen suchen, ewige Wahrheiten ausdrücken. Dasselbe gilt für die Moral.

Das Wesen der Religion ist darum weder Gedanke (Metaphysik) noch Handlung (Moral), sondern eben Anschauung und Gefühl. Sie sucht im Menschen
nicht weniger als in allen anderen einzelnen und endlichen Dingen den Abdruck des Unendlichen zu entdecken. So tritt sie als eine dritte Dimension

---

7 F.D.E.Schleiermacher, Der christliche Glaube nach den Grundsätzen der
   evangelischen Kirche im Zusammenhang dargestellt, Berlin 1822; italienische
   Übersetzung: La dottrina della fede, a cura di S. Sorrentino (s. oben Anmerkung 1).

neben die Dimensionen der Metaphysik und der Moral. Spekulation und Praxi besitzen zu wollen und die Religion beiseite zu lassen, ist bewegende An maßung und darum Feindschaft wider die Götter. Wenn der Mensch sich da Gefühl seiner Unendlichkeit und Gottähnlichkeit geraubt hat, darf er nich die in diesem Gefühl eingeschlossenen Grenzen vergessen.

Bestimmend in den Überlegungen Schleiermachers ist, daß er unablässi das Moment der Individualität als für die Religiosität konstitutiv betont Jedes endliche Ding besteht mittels der Bestimmung seiner Grenzen, die jedoc immer der Dimension des Unendlichen abgewonnen werden müssen. In diese Rede unterstreicht Schleiermacher mehrmals die Beziehung zum Anderen. Jed Anschauung entspringt einem Einfluß des angeschauten Gegenstandes auf da anschauende Subjekt. Das Andere wird als ursprünglich und unabhängig vor Subjekt Handelndes beschrieben. Das Universum ist ununterbrochen Tätigkei und offenbart sich dem Menschen in jedem Augenblick. Jede Gestalt, die e hervorbringt, ist eine Einwirkung auf den endlichen Menschen.

Deswegen stellt es die Dimension der Religiosität dar, jedes einzelne Din als Teil des Ganzen, jedes Endliche als Ausdruck des Unendlichen anzu nehmen. Will man aber tiefer in das Wesen des Ganzen eindringen, so steh man bereits außerhalb der Religion. Religiös sein heißt also, die verschie denen Geschehnisse der Welt als Reflexe des handelnden Gottes zu betrach ten. Die Religiosität bringt die verschiedenen endlichen Beziehungen in Ver bindung mit einem unendlichen Ganzen zum Ausdruck. Will man jedoch da Problem der Existenz dieses Unendlichen, dieses außerweltlichen Gottes zu Debatte stellen, so betreibt man Metaphysik, steht aber nicht mehr im Hori zont authentischer Religiosität. Ebenso verhält man sich in der für das ab strakte Denken typischen Weise, wenn man die verschiedenen Anschauunger des Universums, die immer etwas Besonderes, Individuelles, Getrenntes sind insofern es sich bei jeder um eine unmittelbare Wahrnehmung handelt, mitein ander verbinden will.

Jede Anschauung und jedes Gefühl sind Wirklichkeiten, die für sich selbs existieren. In der Religion ist nur das Individuelle wahr und notwendig Nichts ist in diesem Zusammenhang beweisbar. Jedes Einzelwesen hat ein eigene religiöse Anschauung, die von der des anderen verschieden ist. Da erklärt, weshalb die Religion verdorben wird, wenn man metaphysische und ethische Überlegungen in sie einführt. Schleiermacher bemerkt, daß die soge nannten Religionskriege genaugenommen für die mit der Religion verbunden Moral und vor allem für ihre metaphysische Konstruktion geführt werden. Er ist überzeugt, daß zwar die Philosophie alle Denkenden einem gemeinsamer Wissen unterwerfen möchte, die Religion aber nicht die Glaubenden einem ein zigen Glauben, die Fühlenden einem einzigen Gefühl unterwerfen will. Das neue Rom schleudert Bannflüche – das alte Rom ist fromm und religiös, wei es sich gastfreundlich erweist gegen jede Gottheit.

Mit diesen Betrachtungen will Schleiermacher den ursprünglichen und für sich bestehenden Kern der Religion ins Licht stellen, wo Anschauung und Gefühl noch zuinnerst verbunden sind. Anschauung ohne Gefühl fällt ins Leere, ebenso Gefühl ohne Anschauung. Beide Dimensionen sind nur dann etwas, wenn sie vereint und ungeschieden sind. Auf diese Weise wird auch der Begriff der Gottheit dem der Religion und damit den beiden Momenten des Gefühls und der Anschauung unterworfen. Gott ist für das Individuum der Gegenstand einer besonderen Anschauung. Eine Religion ohne Gott kann besser sein als eine andere mit Gott. Gott ist daher das Universum. Daher die These, Gott sei in der Religion nicht alles, sondern nur ein Teil.

4. Endlichkeit und Nichts als Von-etwas-abhängig-Sein, und die Religiosität
   bei Schleiermacher

Wie man sieht, ist es Schleiermachers Hauptanliegen in den "Reden" wie auch in den "Monologen", die Dimension des Endlichen im Umkreis des Unendlichen selbst ins Licht zu stellen. Nur so kann der Horizont des Unendlichen sein ontologisches Gelände finden, das eben dasjenige der Endlichkeit des Menschen ist. Wenn der Mensch sich imstande glaubt, das Unendliche selbst zu erfassen, befindet er sich einer abstrakten Dimension der Unendlichkeit gegenüber, ob diese nun im Bereich des Wissens liege oder in dem des sittlichen Tuns. Dank der Anschauung und des Gefühls kann aber allein die Religiosität der Ort der Enthüllung des Unendlichen im Endlichen sein. Dies ist, wie ich glaube, der Kern der zweiten Rede über die Religion.

In den verschiedenen Entwürfen der "Dialektik" vertieft Schleiermacher sein Verständnis des Wesens der Religiosität als des Ortes des Göttlichen weiter. Er verlagert hier jedoch den Gesichtswinkel seiner Betrachtungen. Während in den "Reden" von Anschauung und Gefühl als Momenten der Frömmigkeit die Rede ist, handelt es sich in der Dialektik vielmehr um die Voraussetzungen des Wissens und des Handelns. Die auf diesen Seiten enthaltenen Analysen graben im Vergleich zu den "Reden" mehr in die Tiefen des Bewußtseins. So wird auch jenes typische Bedürfnis der Romantik entschiedener unterstrichen, jede Reflexion auf einen einheitlichen Horizont hinzuführen.

Insbesondere unterstreicht Schleiermacher die Dimension der Transzendenz als grundlegendes Moment, um die innerste Natur des Anderen zu verstehen. So offenbart sich anstelle der Anschauung als entscheidend um die Dimension der Religiosität zu verstehen das Moment der Abhängigkeit. Er spricht von schlechthinniger Abhängigkeit, die als unmittelbares Selbstbewußtsein zur Klarheit kommt. Indem er das Selbstbewußtsein tiefer durchdenkt, gelangt Schleiermacher so zu einem Transzendenzverständnis, das zuinnerst mit einem

ursprünglichen Gefühl des Selbstbewußtseins verknüpft ist. Das Gefühl stell
sich nun als das Feld des unmittelbaren Selbstbewußtseins dar, das verschieden ist von dem reflexiven Selbstbewußtsein, wie es dem Ich eignet.

Im ersten Teil der "Dialektik" unter dem bezeichnenden Titel "Allgemeine
Betrachtung" ist von der ursprünglichen Grundlage des Denkens und des
Wollens im Bereich des Selbstbewußtseins die Rede. Das fromme Gefühl wird
als unmittelbares Bewußtsein der Ort, an dem diese beiden Momente des
Geistes, Wissens und Wollen, zur Einigkeit finden. Im Selbstbewußtsein ist
in jedem Augenblick das Wollen als Denken (abbildliches Denken) und das
Denken als Wollen (vorbildliches Denken) zugegen.

Schleiermacher bemerkt außerdem noch, daß das fromme Gefühl nie rein
da ist als absolute Unmittelbarkeit, sondern immer eines Gegenstandes bedarf, von dem es abhängt. Das heißt, daß es keine Religiosität gibt in der
Auffassung des Denkens als höchster Einheit oder in der Auffassung des
Wollens als höchster Zweckrichtung. Die beiden Produkte des Denkens und
des Wollens, der Gedanke und das Gesetz, können nicht durch sich selbst
das authentische Moment der Religiosität darstellen. Allein die Überwindung
dieser beiden Momente des Geistes kann das Göttliche in uns zum Ausdruck
bringen.

Mit anderen Worten, ein unmittelbares Gottesbewußtsein ist weder unter
dem Aspekt des Denkens noch unter dem des Wollens möglich, sondern allein
dann, wenn man der Abhängigkeit vom Gegenstand als dem Anderen innewird.
Im übrigen würde sich ein auf das Absolute gerichtetes Wollen als ein reines
Nichts enthüllen, weil es den Menschen zu keinerlei bestimmtem Handeln führen würde. Das gleiche ist vom Denken zu sagen, das bei einer leeren und
unbestimmten Idee des Absoluten enden würde, in der das Göttliche seiner
Bestimmtheit entbehrte. Darum kann Gott nicht als Teil unseres Selbstbewußtseins angesehen werden, sondern offenbart sich allein im Horizont des Anderen.

Auf diese Weise klärt sich das Gefühl in seinem ontologischen Aspekt als
Einheit von Aktivität und Passivität. In der "Dialektik" bleiben diese beiden
Momente nach meiner Meinung noch an den Umkreis des Selbstbewußtseins gebunden. Das heißt, es tritt noch nicht in seiner ganzen tiefen Bedeutung
das Moment der Transzendenz als Abhängigkeit-von zu Tage, wie es dann
in dem grundlegenden Buch "Der christliche Glaube" der Fall ist.

Man findet diese neue Auffassung bereits im dritten Paragraphen des
ersten Kapitels dieses Werkes (nach der 2. Auflage von 1830/31). Dort ist
zu lesen, die Frömmigkeit sei weder ein Wissen noch ein Tun, sondern eine
Bestimmtheit des Gefühls oder des unmittelbaren Selbstbewußtseins. Schleiermacher erläutert, daß er mit der gleichgeltenden Nebeneinanderstellung
von Gefühl und Selbstbewußtsein beide dennoch nicht gleichsetzen wolle.

Das Gefühl ist nicht vermittelt, sondern unmittelbar, weil es nicht die Darstellung irgendeinen Gegenstandes und daher nicht Bewußtsein eines bestimmten Gegenstandes ist. Zwischen den beiden Momenten des Geistes, dem Wissen und dem Tun, steht das Gefühl dem Wissen näher.

Wenn das Leben als ein Wechsel zwischen In-sich-bleiben und Aus-sich-heraustreten zu bestimmen ist, gehören Wissen und Gefühl ersichtlich zur Dimension des In-sich-bleibens, das Tun dagegen zu der des Aus-sich-heraus-gehens. Während aber das Wissen auch Handeln ist, insofern der Besitz von Erkenntnissen nur im Tun wirksam wird, ist das Gefühl bloß Empfänglichkeit. Es ist ein In-sich-bleiben als ein Bewegtwordensein. Im vierten Abschnitt liest man, die Frömmigkeit gehöre trotz ihrer Verknüpfungen mit Wissen und Tun allein zum Gefühl. Wenn die Frömmigkeit überhaupt zum Wissen gehören würde, müßte sie als Inhalt gekennzeichnet werden. Das würde jedoch bedeuten, daß derjenige, der einen solchen Inhalt in vollkommener Form besäße, der Frömmste wäre. Dasselbe gälte hinsichtlich der Überzeugung, die den religiösen Inhalt begleitet; die verschiedenen Stärkegrade der Überzeugung wären das Maß der Frömmigkeit. Das fromme Gefühl kann nie als Vorstellung erläutert werden, sondern nur als unmittelbare Existenzbeziehung.

Diese Betrachtungen lassen sich auch hinsichtlich der Dimension des Tuns anstellen. So kann, auch wenn Wissen und Tun zur Frömmigkeit gehören, keines der beiden sich das Recht anmaßen, das Wesen der Frömmigkeit darzustellen. In diesem Zusammenhang muß man auch bemerken, daß das Gefühl nicht dem Wissen und dem Tun untergeordnet werden kann; denn das hieße, das Gefühl als etwas Verworrenes und Unwirksames anzusehen.

Die Analyse des frommen Gefühls erreicht ihren Höhepunkt im vierten Paragraphen. Es ist gezeigt worden, daß das fromme Gefühl von jedem andern Gefühl verschieden ist, weil es nicht von einem bestimmten Gegenstand abhängt, sondern sich als Abhängigkeit schlechthin bestimmt. Die ontologische Dimension des Gefühls als Nicht-abhängen-von, und zwar eben von einem bestimmten Gegenstand, kann, auch wenn Schleiermacher es nicht ausdrücklich sagt, mit der Dimension des Nicht-Gegenstandes erläutert werden, oder, was dasselbe ist, des Nichts des Gegenstandes, das heißt: des Nichts. Das Abhängigsein-von als Abhängigkeit schlechthin eröffnet uns so die Dimension des Nihilismus in einem positiven Sinn. Und es ist eben diese Dimension des Nichts, die mit der Dimension Gottes zusammenfällt. Schleiermacher schreibt hierüber ausdrücklich: "Das Wesen der Frömmigkeit ist dieses, daß wir uns unser selbst als schlechthin abhängig, oder, was dasselbe sagen will, als in Beziehung mit Gott bewußt sind."

Daher stellt Schleiermacher die beiden grundlegenden Momente des Selbstbewußtseins in den beiden Ausdrücken des Sich-selbst-setzens und des Sich-selbst-nicht-so-gesetzt-habens ins Licht. Dem zweiten Ausdruck entspricht der andere des Irgendwie-geworden-seins. Diese zweite Dimension setzt offenbar die Dimension des Jenseits als Jenseits des Ichs voraus, aus der man eine für das Selbstbewußtsein notwendige Bestimmung erlangen kann.

Jedoch legt Schleiermacher Wert darauf festzustellen, daß dieses "Andere" nicht gegenständlich vorgestellt wird. Nur deswegen kann man von unmittelbarem Selbstbewußtsein reden. Diese Doppellast des Selbstbewußtseins erklärt es nun, daß der Mensch ständig gedrängt ist, das andere zu suchen, wobei er es sich gegenständlich vorstellt, eben um sich über sein Abhängigkeitsgefühl Rechenschaft zu geben. In diesem Zusammenhang spricht Schleiermacher auch vom Akt. Im Selbstbewußtsein ist so ein Element das das Sein des Subjektes für sich, und ein anderes, das das Mit-einem-anderen-zusammen-sein ausdrückt. All das bedeutet, daß im Selbstbewußtsein ein Moment der Spontaneität, der "Selbsttätigkeit" vorhanden ist, das in Beziehung zum Ich steht, und ein Moment der Passivität, der Empfänglichkeit, das die Beziehung zum anderen bezeichnet. Bestimmend für das Selbstbewußtsein ist dieses letztere Moment, das die Dimension des Abhängig-seins-von einschließt.

Ohne das Moment des Anderen wäre das Selbstbewußtsein auf die reine Spontaneität im Sinne eines Hervortreten-wollens reduziert; es wäre also eine farblose Agilität. Das würde jedoch bedeuten, das Selbstbewußtsein in einer absoluten Immanenz zu verschließen. Ebenso bestimmt sich das Gefühl der Frömmigkeit näher als ein Sich-abhängig-fühlen und als Freiheitsgefühl. Von diesen beiden Aspekten des Gefühls ist der erstere der entscheidende, denn nur dank des Abhängigkeitsgefühls vermögen wir die unserer Selbsttätigkeit innewohnenden Grenzen ins Licht zu stellen. Man sieht so, daß es in dieser Konzeption niemals möglich ist, von absoluter Freiheit oder absoluter Spontaneität zu reden.

Im Grunde handelt es sich immer um die Grundfrage, die in den "Reden" zum Thema gemacht worden war, nämlich die Dimension der Endlichkeit als grundlegendes Moment des Bewußtseins herauszustellen. Diese Dimension offenbart sich als eine ontologische; denn es handelt sich dabei nicht um einen bestimmten Gegenstand als Objekt der Erkenntnis oder des Handelns, sondern um die Dimension des Nicht-Gegenstandes als des Anderen. Das Abhängigkeitsgefühl ist also nicht relativ, sondern absolut. Nur in diesem Zusammenhang ist es möglich, von Gott zu reden.

Dank des frommen Gefühls empfinden wir uns einerseits als abhängig; daher die Möglichkeit der Dimension Gottes. Und andererseits empfinden wir uns als freie Wesen. Tatsächlich könnte ohne unsere Selbsttätigkeit die Dimension des Anderen keine Bestimmung finden. Das Selbstbewußtsein ist darum ein solches dank dieser Wechselwirkung; ich nenne sie lieber eine "polare Existenzdialektik". Schleiermacher spricht von der Einheit der beiden Momente. Jedoch handelt es sich um eine Einheit, die nie eine wirkliche Einheit, sondern immer Prozeß ist, dank eben dieser Wechselwirkung.

Schleiermacher spricht von dem Anderen auch als von einem Mitgesetzten".
Das Moment des "Mit" bezeichnet den Akt der Erstellung von seiten des Ich
allein dank des Anderen, das nicht wie ein Gegenstand etwas Bestimmtes ist,
sondern sozusagen das Anderswerden. Und das, weil allein der Gegenstand
der Natur bestimmt ist und als solches dazu bestimmt, von dem ihn erkennenden Subjekt abzusehen.

Man darf nicht vergessen, daß Schleiermacher sich in der Dialektik bemüht, die Subjekt-Objektspaltung zu überwinden, um die Einheit zu erzielen.
Ebenso darf man nicht vergessen, daß dies Trachten nach der Einheit charakteristisch ist für die idealistisch-romantische Problemstellung. Jedoch
sucht Schleiermacher außerdem jede Versuchung zu überwinden, die Dimension
der Einheit als etwas Vorstellbares zu begreifen. Es handelt sich um eine
Einheit, die - wie gesagt - auf einen dialektischen Prozeß beruht (Wechselwirkung), in dem die Pole der spontanen Selbsttätigkeit und der Empfänglichkeit ständig aufeinander verweisen. Die Dimension des Anderen tritt eben
als ein Mitgesetztsein zutage und nicht nur als ein Gegebensein.

Dieser ganze Prozeß bringt die eigentümliche ontologische Dynamik des
Selbstbewußtseins zum Ausdruck, in der allein es möglich ist, von Gott zu
reden. Von Gott reden bedeutet vom Abhängigkeitgefühl als solchen reden,
oder besser vom Woher dieses Gefühls. Dies Woher kann nicht die Welt sein,
denn das Gefühl, das aus der Welt hervortritt, ist ein sehr genau bestimmtes Abhängigkeitsgefühl. Schlechthinnige Abhängigkeit dagegen bezeichnet im Grunde Abhängigkeit vom Nichts.

Es ist offensichtlich, daß ein solches Gottesgefühl als Gefühl des Nichts
eicht von einem Wissen über Gott bedingt sein kann; denn auf diese Weise
würde man von einem in einen rationalen Gedanken gebundenen Gefühl reden. Schleiermacher leugnet nicht, daß man auf diesem Wege ein ursprüngliches Wissen erreichen könne. Jedoch ist eine derartige Ursprünglichkeit sehr
verschieden von der des Gefühls als unmittelbaren Selbstbewußtseins. Die
Frömmigkeit kann nichts anderes sein als dieses Gefühl schlechthinniger Abhängigkeit. Wenn einer behauptet, er besitze ein absolutes Wissen, stellt er
sich damit außerhalb der Dimension der Frömmigkeit. Daher die Grundthese
Schleiermachers, daß Gott auf ursprüngliche Weise nur im Gefühl gegenwärtig
sein könne. Wie man sieht, handelt es sich um ein Gefühl, das seine Wurzeln
in einem ontologischen Horizont hat.

Im Paragraphen 32 der Glaubenslehre spricht Schleiermacher von der inneren Beziehung zwischen allgemeinem und christlichem Humanismus oder, wenn
man so will, zwischen dem Bewußtsein auf ontologischer und dem auf theologischer Ebene. Jedes christlich fromme Selbstbewußtsein setzt grundlegend
voraus das schlechthin Sich-abhängig-finden. Daher die Grundthese Schleier-

machers, daß das Gefühl der Endlichkeit als Gefühl schlechthinniger Abhän
gigkeit, wie im Paragraphen 33 ausdrücklich zu lesen ist, alle sogenannten
Gottesbeweise ersetzt.

Wir können diese kurzen Betrachtungen nun zusammenfassen. Wie wir ge
sehen haben, hat Schleiermacher ein doppeltes Hauptanliegen. Das eine is
die Herausstellung der inneren Beziehung zwischen Philosophie und Frömmig
keit und also zwischen Glauben und Vernunft; im zweiten geht es um de
Aufweis einer neuen Dimension der Vernünftigkeit, die zwar den Umkreis de
Bewußtseins nicht verläßt, sich jedoch der Einengung in die Immanenz des
selben entzieht. Auf diese Weise kann das Moment des Heiligen und de
Frömmigkeit in einem objektiven Horizont angeschaut werden, der voi
idealistischen Denken gefährdet worden war, und zwar, ohne dabei zur tra
ditionellen Metaphysik oder zur Problematik der kantischen Ethik zurückzu
kehren.

Ich bin der Meinung, daß man auch bei Schleiermacher vom Tod Gottes re
den kann, da Gott nicht mehr als das höchste Sein zum Thema gemacht wird
weder in dem objektiven Sinn der klassischen Metaphysik noch in dem sub
jektiven der idealistischen. Schleiermacher bleibt jedoch noch im Bereich de
Bewußtseins, das er ergründet, um seine objektive Grundlage zu erhellen
er erkennt diese in einer polaren Dialektik, einer Wechselwirkung zwische
Selbsttätigkeit und Empfänglichkeit. Er unterstreicht das Moment der Em
pfänglichkeit als Abhängigkeit, die auf die Dimension des Anderen verweist
Es handelt sich nicht um eine Abhängigkeit von einem bestimmten Gegenstan
– sonst fände man sich einem beliebigen Seienden gegenüber – , sondern ur
eine Abhängigkeit "schlechthin". Diese verweist auf den Nicht-Gegenstand
das heißt auf das Nichts. Die Frömmigkeit tritt eben in diesem Gefühl de
Nichts zutage, innerhalb dessen man allein von Gott reden kann.

Wenn man nun in Betracht zieht, daß Schleiermachers Analysen im Bereich
des Selbstbewußtseins und dabei in dem der Erkenntnis erfolgen, so sieh
man, wie die Frömmigkeit in der Beziehung zwischen Glauben und Wissen an
Licht gestellt wird. In dieser Beziehung steht das Erkennen als objektiv
Erkenntnis hinsichtlich der Wahrheit des Menschen nicht mehr im Vorder
grund. Diese Wahrheit gründet auf einem Wissen, das sich nicht mehr den
Gegenstand, sondern dem Nicht-Gegenstand gegenüber sieht. So kommt es zu
Krise der objektiven Erkenntnis oder, wenn man so will, des rechnenden In
tellekts auf dem Felde des Heiligen. Eine solche rechnende Erkenntnis ha
ihre Geltung nur im Felde der Einzelwissenschaft, nicht im Felde der Philosophie und Theologie. Die Krise der Erkenntnis beschränkt sich auf den Bereich des Selbstbewußtseins. Das philosophisch-theologische Denken, wie e
unter diesem besonderen Gesichtspunkt vorangetrieben wird, kann als philosophisch-theologisches Krisendenken angesehen werden. Glaube und Wisser

Is Krise, so lautet die Antwort, die Schleiermacher auf das philosophisch-theologische Denken des Idealismus und damit auf das Denken der liberalen Theologie gibt, womit er dem neuen philosophisch-theologischen Denken einen neuen Weg weist.

. Abhängig-sein-von und Gogartens Verständnis der Säkularisierung als Beziehung zwischen Kultur und Sakralem

Auch Gogarten unterstreicht die innere Beziehung zwischen Frömmigkeit und Philosophie und daher auch zwischen Glauben und Vernunft. Nach meiner Meinung ist dies sogar der Hauptantrieb seines gesamten Denkens. Seine Säkularisierungsthese will im Grunde die innere Beziehung zwischen allgemeiner und christlicher Vernunft aufweisen. Ich glaube sagen zu können, daß kein anderer Philosoph oder Theologe unseres Jahrhunderts es wie Gogarten vermocht hat, die Grundbewegung dieser inneren Beziehung zu erhellen. So will auch Gogarten, wie Schleiermacher, die subjektive Dimension der Vernunft durch die Gewinnung einer objektiven Dimension überwinden. Auf dem Felde der hiermit gegebenen Fragen treffen sich womöglich alle seine philosophisch-theologischen Betrachtungen.

Anders als Schleiermacher jedoch behandelt Gogarten dies Problem nicht als Beziehung zwischen Glauben und Wissen, sondern als Beziehung zwischen Glauben und Geschichte, Glauben und Kultur. Sein kultureller Lebenskreis ist ein anderer als derjenige Schleiermachers. Bekanntlich hat Gogarten Phänomenologie, Existenzphilosophie und Historismus in sich verarbeitet. Man darf nicht vergessen, daß Gogarten nie die Bewunderung für seinen Lehrer Troeltsch verloren hat, auch wenn er nicht alle Thesen von dessen Historismus zu teilen vermochte. Daraus erklärt sich, daß er von seinen ersten Werken an den Bereich des Selbstbewußtseins verläßt, um sich entschieden dem der Kultur zuzuwenden und zwar alsbald dem seiner eigenen Zeit, deren Kultur als solche eine nihilistische ist.

Gogarten betrachtet die Krise der Kultur in einer Wesensbetrachtung, da eine jede Kultur als solche nur ein Anzeichen der Krise manifestieren kann. Wie bei Schleiermacher handelt es sich um eine ontologische Krise. Wir haben gesehen, wie Gogarten in einer frühen Schrift ("Theologische Tradition und theologische Arbeit") von einer Dialektik mit den Polen Sich-sagen-lassen und Sich-selbst-sagen spricht; in ihnen verbergen sich letztlich die Pole der Schleiermacherschen Dialektik von Empfänglichkeit und Selbsttätigkeit. Im Sich-sagen-lassen, das der Empfänglichkeit entspricht, sieht Gogarten das authentische Moment der Theologie. Diese Dialektik wird vor allem in seinen reifen Werken herausgestellt.

In einer seiner grundlegenden Arbeiten, "Die Verkündigung Jesu Christi"[8] schreibt Gogarten, das Wesen des Menschen sei von den zwei Grundkräfte des Tuns und des Empfangens bestimmt. Mit dem Begriff Tun wird das Han- deln des Menschen als In-der-Welt-Seienden bezeichnet, das heißt in seine Beziehung zu Natur und Geschichte; es handelt sich also um das allgemein Feld des Wissens. Mit dem Begriff Empfangen wird der Bereich des Nicht- Wissens bezeichnet, also das Verhalten des Menschen zu sich selbst, insofer er dem Nichts geöffnet ist. Es handelt sich um die Dimension, die dem Han- deln des Menschen als in der Welt Seienden Sinn verleiht. Der Begriff Em- pfangen spricht die Dimension des Menschen als Gebundensein aus, die sich näher als Hören des Wortes Gottes bestimmt.

Der Mensch unterscheidet sich so vom Tier nicht dank der Vernunft, son- dern nur insofern er empfangen und als ein hierfür Geöffneter auch hören kann. In dieser Dialektik findet sich der in der Welt handelnde Mensch i einer authentischen Position nicht, wenn er die Welt gemäß asketischem Ver- halten verläßt, sondern nur dann, wenn er sich in diesem seinen Tun i der Dimension des Gebundenseins befindet als ein Abhängigseiender. Nur i dieser Bestimmung des Menschen ergibt seine Autonomie gegenüber dem Geset der Welt und der Geschichte Sinn.

Zugleich findet sie auch ihre inneren Grenzen. Der Mensch genießt absolut Autonomie allein auf der Ebene des Tuns oder, was dasselbe ist, auf de des Erkennens. Das schließt aber nicht aus, daß der Erkenntnissinn von de Ebene des Nichterkennens abhängt. Wie Schleiermacher, nimmt auch Gogarter sich vor, in jeder Handlung und jeder Erkenntnis des Menschen die letzt Dimension der Einheit und Ganzheit des ganzen Menschen ins Licht zu setzen. Der Mensch reduziert sich nicht auf das Wesen, das die Dinge handhabt; er kann darum nicht zerteilt werden je nach den verschiedenen Materien, die er untersucht. Er reduziert sich nicht z.B. auf sein Arzt-, Psychologe-, Me- chanikersein. Wäre es anders, verlöre der Mensch die Verantwortlichkeit, die aus seiner Einsamkeit resultiert. Verzichtet man auf diese Vision der Einhei und Ganzheit, so endet man bei einem unmenschlichen Bild von Mensch und Welt. In ihm stehen der Mensch und die wissenschaftlich-technische Welt ein- ander wie zwei Fremde gegenüber. Wie Schleiermacher spricht Gogarten aber vom "ganzheitlichen Menschen".

In einem anderen grundlegenden Werk, "Der Mensch zwischen Gott und Welt", weist Gogarten darauf hin, wie der neuzeitliche Mensch mit seinem Autonomieverständnis das Gegenteil der beabsichtigten Wirkung, nämlich die

---

8 F.Gogarten, Die Verkündigung Jesu Christi, Heidelberg 1948, S. 528; ita- lienische Übersetzung: L'annuncio di Gesù Christo, übersetzt von G.Penzo und U.Penzo Kirsch, Brescia 1978.

Zerstörung der Welt, erziele[9]. Die Autonomie der Kultur verwandelt sich folglich in "schreckliche Kultur". Die nur technisch verstandene Weltherrschaft hat den Menschen in die "tiefste Sklaverei" geworfen. Daher die Gefahr der Vermassung.

Bezeichnenderweise verwendet Gogarten für die beiden entgegengesetzten Pole der Existenzdialektik ganz ähnliche Ausdrücke wie Schleiermacher. Der Mensch ist nach ihm ursprünglich durch die beiden Momente der Selbständigkeit und Angewiesenheit konstituiert. Und ebenso wie Schleiermacher erklärt Gogarten, diese beiden Momente stellten das Schicksal des Menschen nicht nur in Beziehung auf die Dinge, sondern auf sein Menschsein überhaupt dar.

In "Die Verkündigung Jesu Christi" bemerkt Gogarten bei der Rede vom Gebundensein als Abhängigkeit genau wie Schleiermacher, auch wenn er ihn nicht anführt, daß diese Abhängigkeit im innersten Selbstbewußtsein zutage tritt. Er erklärt ferner, wenn im Sein des Menschen nur das Moment der Autonomie ohne das der Abhängigkeit existiere, so verwandle sich das Selbstbewußtsein In Selbstbehauptung, in der die Autonomie zur unwahren Freiheit werde. Daher ergibt sich die Folgerung, daß der Mensch nur in der Dimension des Empfangens als Angewiesensein oder Abhängigkeit für den Horizont des Göttlichen offen ist, während er im Tun als In-der-Welt-Sein für die Welt offen ist.

In der Säkularisierungsfrage geht es im Grunde darum, daß die göttliche Ebene (des Empfangens) und die menschliche (der Selbständigkeit) miteinander verflochten sind und in einem ontologischen Gleichgewicht verbleiben. In diesem wechselseitigen Gleichgewicht, von dem auch Schleiermacher im Begriff "Wechselwirkung" spricht, haben nach Gogarten die Einheit und die dynamische Ganzheit des Menschen ihren Platz. Wird die Balance durch das Überwiegen des Tuns und des Wissens zerstört, so verfällt die Säkularisierung in den Säkularismus. Mit anderen Worten, um uns den Begriffen Schleiermachers anzunähern, das Selbstbewußtsein verkommt zur Selbstbehauptung, die Wissenschaft reduziert sich auf Technik, der Mensch wird zur Masse.

Daher ist nach Gogarten die Säkularisierung als Horizont der ursprünglichen Wahrheit gleichzeitig geschichtliche Wahrheit. Die Säkularisierung wird auch als legitime Weltwerdung der Welt dargestellt, während Säkularismus die (unerlaubte) Verweltlichung des christlichen Glaubens bezeichnet. Mit Weltwerdung der Welt soll gesagt sein, daß die Welt nur als solche, eben als Welt, betrachtet werden darf. In diesem Bereich findet die Vernunft die ihr eigenen Grenzen. Die Welt darf allein mit dem Verstand erklärt werden. Um die verschiedenen Geheimnisse der Gesetze der Welt aufzuklären, darf

---

9 F.Gogarten, Der Mensch zwischen Gott und Welt, Heidelberg 1952; italienische Übersetzung: L'uomo tra Dio e mondo, übersetzt von A.Molinaro, Bologna 1971.

man nicht auf das Heilige zurückgreifen, da dieses sich seinem Wesen nach nicht auf dem Feld der Gesetze der Welt, daher auch nicht auf der Ebene der Erkenntnis anfindet. Mit der Weltwerdung der Welt soll der Horizont des Sakralen aus dem Bereich der Gesetze der Welt entfernt werden. Daher bedeutet Säkularisierung auch Reinigung des Heiligen. Die echte Sakralität des Heiligen findet sich nur auf der Ebene des Nicht-Wissens, nicht auf der des Wissens, wie sie für die Gesetze der Welt gilt. Mit anderen Worten, nur im Horizont des Nichts kann eine echte Rede über das Heilige statthaben.

Um Säkularismus oder Profanation dagegen handelt es sich, wenn der Mensch bei der Rede vom Heiligen nicht auf der Ebene des Nicht-Wissens bleibt und die Idee der Totalität allein auf der Ebene des Wissens sucht. Man meint dann, die Vernunft, als bloßes Erkennen verstanden, könne auch den Sinn des Erkennens aufdecken, der sich jedoch dem Zugriff des Erkennens entzieht. Das Wissen als Erkennen ist an das determinierte Objekt gebunden. Das Wissen als Nicht-Erkennen ist mit der Ebene des Nicht-Gegenstandes, des Nichts verbunden, wo allein die Dimension der Einheit ins Licht treten kann, die sich als die Sakralität des Sakralen enthüllt.

Daher folgt die innere Beziehung zwischen Glauben und Kultur, sofern die letztere als Krise der Kultur begriffen wird. Der Begriff der Krise erhält so einen ontologischen Sinn. Bei Gogarten, wie übrigens auch bei Schleiermacher, bedeutet die Rede von der Theologie als Krise eine Vertiefung des philosophisch-theologischen Diskurses, in der der Mensch, trunken von seinen wissenschaftlichen Errungenschaften, dennoch seiner Grenzen bewußt bleibt. Der Begriff der Säkularisierung drückt im Grunde die Endlichkeit des Menschen aus, während der Begriff des Säkularismus das faustische Streben des Menschen zum Ausdruck bringt, der sich Gott gleich dünkt. Auf diese Weise begegnen sich Gogarten und Schleiermacher in der Grundthese, mit der sie das Wesen des christlichen Glaubens auf philosophische Weise als dialektische Balance erklären, deren letztes Ziel es ist, beständig die Grenzen der menschlichen Erkenntnis ins Licht zu stellen. Das heißt, der christliche Glaube bringt in seinem innersten Wesen die Anstrengung zum Ausdruck, dem Menschen beständig seine Endlichkeit vor Augen zu führen.

Es kann also nur im ursprünglichen Bewußtsein der Endlichkeit das ursprüngliche Gefühl der Frömmigkeit (Schleiermacher) oder der Authentizität des Sakralen (Gogarten) entstehen. Nach Schleiermacher wie nach Gogarten stellt das Bewußtsein der eigenen Endlichkeit das einzige Gelände dar, auf dem die Rede vom Heiligen, Göttlichen, von Gott noch möglich ist. Der Horizont des Göttlichen entfaltet sich in der Endlichkeit des Menschen, auch wenn er stets jenseits des Menschen bleibt. Die Dimension des Anderen ist das Zeichen einer Transzendenz der Art, die niemals in der Immanenz des Menschen aufgehen kann.

(aus dem Italienischen übersetzt von K.-V. Selge)

SEKTION IV

ÄSTHETIK UND KUNSTVERSTÄNDNIS

SELBSTMANIFESTATION IST KUNST

Überlegungen zu den systematischen Grundlagen der Kunsttheorie
Schleiermachers

von **Thomas Lehnerer**

1.

Mit der Ästhetik deckt Schleiermacher nicht nur einen seit Alexander Baumgarten zur philosophischen Disziplin erhobenen Teilbereich der Wissenschaft
ab, sondern er löst mit ihr auch ein im Zusammenhang seiner Subjektivitätstheorie entstandenes Problem. Denn der Gedanke, daß die Gesamtwirklichkeit
in letzter Instanz in einer mit dem Selbstverhältnis des individuellen
e m p i r i s c h e n   S u b j e k t s unmittelbar gesetzten, gleichwohl
t r a n s z e n d e n t e n   E i n h e i t gründet, ist weder durch das
theoretische noch durch das praktische Bewußtsein erfaßbar. Einzig in dem
von Schleiermacher ebenfalls als eine Form des Bewußtseins gedachten
G e f ü h l s v e r m ö g e n ist das Subjekt fähig, sich unmittelbar seiner selbst und dabei zugleich des totalen Gegründetseins seiner und so auch
aller Realität in einer Einheit gewiß zu werden. Zwar kann diese alles begründende Einheit an sich selbst nicht mehr bestimmt werden: sie bleibt un-
bestimmbar, transzendent, und daher irrational; aber sie ist als solche unmittelbar an das intimste Selbstverhältnis des Menschen geknüpft: an das
Gefühl, und damit – so Schleiermachers Behauptung – vor aller Reflexion unmittelbar gewiß. Soll dieses unmittelbar gewisse Bewußtsein des absoluten
Gegründetseins (schlechthinnige Abhängigkeit) nicht im solipsistischen (unübertragbaren) Selbstverhältnis des Gefühls verharren, sondern Allgemeingut
werden, so muß eine Möglichkeit der   M i t t e i l u n g gegeben sein.
Eine derartige Möglichkeit kann zumindest unmittelbar nicht in der Sprache
bestehen. Denn diese vermittelt a l s   S p r a c h e nur Inhalte des
denkenden Bewußtseins. Einzig der unwillkürliche Gefühlsausdruck und – in
bewußter und vollkommener Form – d i e   K u n s t sind Schleiermacher
zufolge geeignet, die Inhalte des Gefühlsbewußtseins (also auch den im religiösen Gefühl gesetzten Inhalt absoluten Gegründetseins) in genuiner Weise
zu äußern und damit zur perzipierbaren Darstellung zu bringen.

Ist mit diesem Gedanken das innere Movens der Ästhetik Schleiermachers,
das Prinzip seines Kunstbegriffs benannt: die Kunst als das genuine Kommu-
nikationsmedium des Gefühls, so ist damit gleichwohl nur das Resultat der
Analyse zur Geltung gebracht. Denn Schleiermachers Unternehmen gilt dem
Versuch, diesen Kunstbegriff in den traditionellen Themenstand der ästhetischen Theorie einzubauen und ihn auf diese Weise als das Wesen der histo-

risch vorgefundenen Kunstwelt zu erweisen. Ausgangspunkt seiner Überlegungen ist dementsprechend zunächst die Frage nach einem einheitlich gültigen
Begriff der Kunst (erster Teil der Ästhetik, Akademierede)[1]. Erst in einem
zweiten Schritt (zweiter Teil der Ästhetik) sucht er von dieser Einheit ausgehend die Besonderheiten der einzelnen Künste (Mimik, Musik, Skulptur, Ma-
lerei, Poesie) abzuleiten.

Teilt Schleiermacher dieses methodische Vorgehen auch mit den ästhetischen
Theorien seiner Zeit[2], so ist doch sein Ansatzpunkt von diesen grundsätzlich
verschieden. Denn die Einheit der Kunst läßt sich seiner Konzeption zufolge
nicht aus einem Absoluten oder einer höchsten Idee deduzieren, sie kann
nicht als eine bestimmte Stufe oder Potenz innerhalb eines philosophischen
Begriffssystems konstruiert, sondern muß als eine besondere Form wirklicher,
m e n s c h l i c h e r   T ä t i g k e i t   nachgewiesen werden[3]. Dieser

1 Schleiermacher, Friedrich: Vorlesungen über die Ästhetik. Hg. C. Lommatzsch, SW III, 7, Berlin 1842 (Nachdruck: Berlin/New York, 1974).
Schleiermacher, Friedrich: Schleiermachers Ästhetik. Hg. R. Odebrecht,
Leipzig/Berlin 1931. Schleiermacher, Friedrich: Ueber den Begriff der Kunst
in Bezug auf die Theorie derselben. In: Schleiermacher, Friedrich: Reden
und Abhandlungen, der königlichen Akademie der Wissenschaften vorgetragen. Hg. L. Jonas, SW III, 3, Berlin 1835, S. 181-224. Schleiermacher,
Friedrich: Ästhetik (1819/25). Über den Begriff der Kunst (1831/32). Hg.
v. eingel. v. Thomas Lehnerer, Hamburg 1984.

2 Darin gleichen sich sämtliche zeitgenössischen philosophischen Ästhetiken,
daß sie aus einem einheitlichen Kunstbegriff die besonderen Verhältnisse
der einzelnen Künste entwickeln. (Vgl. u.a. Ast, Friedrich: System der
Kunstlehre oder Lehr- und Handbuch der Aesthetik zu Vorlesungen und zum
Privatgebrauch. Leipzig 1805. - Solger, Karl Wilhelm Ferdinand: Vorlesungen über Ästhetik (Nachdruck) Darmstadt 1973. - Hegel, Georg Wilhelm
Friedrich: Vorlesungen über Ästhetik (Werke Bd. 13-15) Frankfurt 1970.
- Schelling, Friedrich Wilhelm Joseph: Philosophie der Kunst (Nachdruck)
Darmstadt 1974.).
Die "Verwissenschaftlichung der Kunsttheorie" (Henrich), die Ende des
19. Jahrhunderts einsetzte und die gegenwärtige Situation weitgehend
prägt, hat zur Folge, daß von der Konstruktion eines für alle Künste in
gleicher Weise gültigen Kunstbegriffs abgesehen und eine an den besonderen Künsten der Kunstformen orientierte Theoriebildung unternommen wird.
Die Idee einer die Einheit der Kunst am Ort des Besonderen zur Geltung
bringenden, "integrativen Kunsttheorie" (Henrich) wird dadurch vernachlässigt - sie harrt ihrer Realisierung (vgl. Henrich, Dieter: Theorieformen
moderner Kunsttheorie. In: Theorien der Kunst. Hg. D. Henrich, W. Iser,
Frankfurt 1982, S. 11-32).

3 Das allgemeine Thema der Akademierede (die Einheit der Kunst) wird
von Schleiermacher dahingehend präzisiert, daß er fragt, "ob und inwiefern die verschiedenen Hervorbringungen, welche alle wir durch den
gemeinsamen Ausdrukk Kunst zu bezeichnen pflegen, wirklich als Thätigkeit des Geistes Eins sind, woraus ja erst folgen muß, ob und inwiefern sie gemeinsame Principien haben und ein gemeinsames Maaß."
(Schleiermacher: Ueber den Umfang des Begriffs der Kunst in Bezug
auf die Theorie derselben. SW III, 3, Hg. L. Jonas, Berlin 1835, S.
183 f.).

Sachverhalt ergibt sich konsequent aus seiner Subjektivitätstheorie, derzufolge nicht das Absolute oder der Geist, sondern das menschliche Individuum Angelpunkt aller Bestimmtheit ist. Insofern daher im Bereich der Ästhetik alle Kategorien, durch die die Kunst traditionellerweise definiert ist (etwa die Kategorie der Schönheit), an den Tätigkeitsformen des individuellen Subekts reflektiert werden müssen und die Einheit der Kunst nur als die Einheit der K u n s t t ä t i g k e i t namhaft gemacht werden kann, muß Schleiermachers Ästhetik als eine wesentlich psychologisch ausgerichtete Produktionsästhetik charakterisiert werden. Sowohl die näheren Bestimmungen der K u n s t r e z e p t i o n, als auch diejenigen des W e r k s, die Schleiermacher als das der Kunsttätigkeit gegenüberstehende "objektive Kunstelement" (ÄO, 20) zusammenfaßt, haben sich aus der Theorie des künstlerischen Schaffens zu ergeben[4].

2.

Dem wissenschaftlichen D e n k e n wird die als solches am G e - f ü h l und nicht an der Bewußtseinstätigkeit des Denkens orientierte Kunsttätigkeit in mehrfacher Hinsicht zum Gegenstand. Zunächst läßt sie sich s p e k u l a t i v, d.h. als Moment einer quadruplizitären Begriffskonstruktion, in das symmetrische Gefüge sub- und koordinierter Bestimmungen einfügen. Die Wissenschaft, in der Schleiermacher die Kunsttätigkeit in diesem Sinn als ein Moment rein logischer Gegensatzbildung deduziert, ist die spekulative Ethik. Sie liegt in mehreren Entwürfen vor. In allen Fassungen zeigt sich Schleiermacher dabei mit zunehmender Ausführlichkeit bemüht, die entfalteten Inhalte aus einer obersten (absoluten) Einheit rein logisch abzu-

---

4 Sowohl in Bezug auf die Kunstrezeption als auch in Bezug auf das objektive Kunstelement (die Schönheit), bedarf der dargelegte Gedanke erheblicher Präzisierung und Ausführung. Nur angedeutet sei, daß - die R e - z e p t i o n betreffend - von Schleiermacher eine von der Kunsttheorie völlig unabhängige Theorie des ästhetischen Gefühls entwickelt wurde, in der er in der Auseinandersetzung mit Kant einen eigenständigen Begriff des "Wohlgefallens am Schönen" vorlegt (vgl. Schleiermacher: Psychologie. SW III, 6, Hrg. L. George, Berlin 1862, S. 199-216; 462-465).
Die für die zeitgenössische philosophische Ästhetik zentrale Kategorie der S c h ö n h e i t sucht Schleiermacher in seiner Theorie der elementaren und organischen Vollkommenheit der Kunsttätigkeit einzuholen (Vgl. Schleiermacher: Ästhetik, Hrg. R. Odebrecht, Berlin/Leipzig 1931, S. 91-116). Dabei nimmt er allerdings Philosopheme in Anspruch, die sich zumindest nicht unmittelbar aus dem psychologisch-ethischen Begriff des Kunsthandelns ableiten lassen. Der Gedanke des Ideals etwa, als eines "makellos" dargestellten, "ewigen reinen Sein(s)" (ÄO, 98), auf das sich die elementare Vollkommenheit des Kunstwerks stützt, ist nicht ohne Schleiermachers Rekurs auf platonische Tradition verständlich zu machen - darauf hat Gunter Scholtz gegenüber Odebrecht und T.H. Jörgensen zutreffend hingewiesen (vgl. Scholtz, Gunter: Schleiermachers Musikphilosophie, Göttingen 1981, S. 102-110).

leiten. In der Tat ist es aber nicht das Absolute, sondern die Vorstellung vom handelnden menschlichen Subjekt, von der die ethische Begriffskonstruktion ihren Ausgang nimmt[5]. Pflichtenlehre, Tugendlehre und Güterlehre explizieren daher nichts anderes als das ins denkende Bewußtsein aufgenommene und zur spekulativen (begrifflich strukturierten) Wissenschaft erhobene, praktische Verhalten des Menschen. In dieser Wissenschaft ist daher zwar das ganze menschliche Subjekt als ein denkendes, wollendes und fühlendes Wesen thematisch, aber lediglich aus der Perspektive einer seiner Funktionen: der des Wollens und Handelns. Durch die quadruplizitäre Konstruktion wird dieses Handeln in der Güterlehre – an der räumlichen Vorstellung des Individuums orientiert – in eine sich nach innen und eine sich nach außen bewegende Richtung (Symbolisieren und Organisieren) und beide Richtungen selbst wieder in eine die Individualität als solche, und eine die Identität zwischen den Individuen betreffende Form geteilt. Auf diese Weise ist dem Schleiermacherschen Selbstverständnis zufolge zwar die Gesamtwirklichkeit menschlichen Handelns in begriffliches Wissen überführt und als ein vernünftiges, d.i. nach reinen Gegensätzen geordnetes Ganzes ausgewiesen, zugleich aber mit dem doppelten Vorbehalt, daß durch die spekulative Konstruktion weder das allen Denkbemühungen auch materialiter vorausgesetzte L e - b e n des individuellen Subjekts eingeholt, noch die einzelnen Tätigkeiten dieses Subjekts in der ihnen unmittelbar eigenen Authentizität, d.h. in i h r e r Bestimmtheit, begriffen werden können. Der im denkenden Bewußtsein entwickelte Begriff gilt Schleiermacher nicht als die Wahrheit der Sache selbst, sondern lediglich als deren 'Gedankenwahrheit'. Die im Gefühl unmittelbar erfahrene 'Wahrheit' ist durch diese nicht berührt.

Der Begriff des individuellen Symbolisierens, durch den die Kunsttätigkeit spekulativ begriffen und als notwendige Teilfunktion einer vernünftigen Welt ausgewiesen wird, setzt daher die als solches von der Denk- und Willensfunktion unabhängige Basis der Kunsttätigkeit: das Gefühlsbewußtsein, prinzipiell voraus. Eine nähere Beschreibung der Gefühlsfunktionen liefert Schleiermacher in der als Psychologie durchgeführten Anthropologie, die um ihres fundamentalen Gegenstandes willen – sie thematisiert die Gesamtheit der natürlichen und intellektuellen Funktionen des menschlichen Subjekts – als Grundlage für alle Wissenschaften (auch für die Ethik) gelten muß. Dort

---

5 Zahlreiche Textstellen machen deutlich, daß sich Schleiermacher (auf dem Hintergrund seiner Philosophie) der Unmöglichkeit einer rein logischen Ableitung ethischer Inhalte bewußt war und daher die von ihm faktisch als Prinzip der Ableitung vorausgesetzte empirische Subjektivität auch e x - p l i z i t zum Ausgangspunkt seiner Konstruktion macht (E 1812/13, § 81 f, 255. E 1816, § 84, 542. In: Friedrich Ernst Daniel Schleiermacher: Werke. Auswahl in vier Bänden. Hg. O. Braun und J. Bauer (2. Auflage Leipzig 1927-1928), Neudruck, Aalen 1967.

wird das Gefühl – ganz im Sinne der Dialektik und der Glaubenslehre – als
ein Bewußtseinszustand gedacht, durch den sich das Subjekt unmittelbar,
d.h. ohne Vermittlung eines objektiv Gegebenen, seiner selbst und darin zugleich eines bestimmten Bestimmtseins bewußt ist[6].

Zwei vom alltäglichen und philosophischen Sprachgebrauch abweichende
Besonderheiten zeichnen Schleiermachers Gefühlsbegriff dabei aus. Er verwirft
erstens die Ansicht, der Mensch e r h e b e seine Gefühle ins Bewußtsein
und beziehe d a d u r c h emotionale Inhalte in geistige Zusammenhänge
ein. Vielmehr ist seiner Konzeption zufolge das Gefühl als solches unmittelbar s e l b s t a l s B e w u ß t s e i n zu denken: Ein Bewußtsein,
durch das sich der Mensch zwar in einer je besonderen Bestimmtheit (als
Freudiger oder Trauriger etwa), zugleich aber unmittelbar selbst (als konkretes Individuum) erfaßt. Das Gefühl ist daher ein allem objektiven Bewußtsein prinzipiell enthobenes, in wechselnden Bestimmtheiten auftretendes,
gleichwohl unmittelbares Selbstbewußtsein.

Die zweite Besonderheit besteht darin, daß Schleiermacher das Gefühl nicht
als ein Formelles denkt, durch das beliebige Inhalte, seien es physische
Kräfte oder geistige Vorstellungen (z.B. religiöse Gehalte) an die körperliche
Befindlichkeit des individuellen Subjekts gebunden werden, sondern als ein
an sich selbst inhaltlich schon Bestimmtes, das einen eigenen bloß subjektiv
gültigen Bereich auszufüllen vermag. Das **religiöse** Gefühl ist (anders als
etwa in der Hegelschen Psychologie) nicht durch religiöse Vorstellungen
v e r m i t t e l t, sondern bleibt als religiöses unmittelbar der selbständigen Sphäre des subjektiven Bewußtseins zugeordnet.

Beide Besonderheiten des Gefühlsbegriffs haben grundlegende Bedeutung
nicht nur für Schleiermachers Religions-, sondern ebenso für seine Kunsttheo-

---

6 Die Tatsache, daß Schleiermacher in der Dialektik das Gefühl qua unmittelbares Selbstbewußtsein von der Empfindung unterscheidet, widerspricht unserer Interpretation nicht. Denn es ist, wie Wagner zutreffend ausführt
(vgl. Wagner, Falk: Schleiermachers Dialektik. Eine kritische Interpretation. Gütersloh 1974, S. 208 ff), lediglich der unterschiedliche Denkansatz,
aufgrund dessen Schleiermacher gegenüber der Glaubenslehre und der
Psychologie in der Dialektik zunächst nicht das empirische konkrete Gefühl vor Augen hat, das aus einer sichselbstsetzenden und einer sich-
selbstnichtsogesetzthabenden Seite aufgebaut ist (vgl. Schleiermacher,
Friedrich: Der christliche Glaube. 1. Bd., Hg. M. Redeker, Berlin 1960[7],
§ 4,1,24), sondern nur die eine (sichselbstsetzende) Seite dieses Gefühls
(vgl. Schleiermacher, Friedrich: Dialektik, Hg. R. Odebrecht, Darmstadt
1976, S. 288). Daß Schleiermacher aber auch in der Dialektik diese Ab-
straktion nicht als die R e a l i t ä t des Gefühlsbewußtseins denkt,
beweist der Fortgang seiner Argumentation. Denn er betont, daß das an
der sichselbstsetzenden Seite des Gefühls gesetzte Gefühl schlechthinniger Abhängigkeit empirisch stets mit einer sichselbstnichtsogesetztha-
benden endlichen Bestimmtheit verknüpft ist (vgl. ebd., S. 290).

rie. Denn nur wenn das Gefühl für sich schon als ein B e w u ß t
s e i n gedacht wird, und nur wenn I n h a l t e nicht nur ins Ge
fühlsbewußtsein eintreten können, sondern als solche schon dessen F o r
konstituieren, ist es möglich, die A u t o n o m i e eines auf dem Gefühl
aufbauenden Bereichs, namentlich den Bereich der Kunst, zu behaupten.

Die psychologische Beschreibung des Gefühlsbewußtseins, auf die Schleier
macher in der Dialektik und der Glaubenslehre seine Ausführungen zur Fra
ge der Letztbegründung der Wirklichkeit aufbaut, ruht ihrerseits auf der
Überzeugung, daß das Gefühl als Gefühl nicht in das an sich selbst als in
tersubjektiv angelegte, wollende und denkende Bewußtsein aufgehoben, son
dern nur im einzelnen Menschen unmittelbar erlebt werden kann. Die Freude
ist wahrhaft Freude nur dort, wo das menschliche Subjekt sich dem Inhalt
(die Freude) als eine Bestimmtheit seines Selbstseins u n m i t t e l -
b a r zurechnet, sie ist Freude nur als vom Individuum empfundene Freude.
Soll das Gefühl, das auf diese Weise gegenüber dem theoretischen und praktischen Bewußtsein als autonom geltend gedacht wird, nicht in den herme-
tischen Schranken privater Subjektivität gefesselt und die autonome Geltung
nicht in solipsistisches Schweigen gehüllt bleiben, soll es als bloßes Selbstbewußtsein nicht nur subjektive, sondern durch Darstellung des Selbsts,
durch Selbstmanifestation, zugleich allgemeine Bedeutung erringen, so muß
eine Mitteilungsform konstruiert und gefunden werden, die sowohl den Bedingungen empirischer (raum-zeitlich bestimmter) Subjektivität, als auch der
Gesetzen des Gefühlsbewußtseins gerecht zu werden vermag: Diese Mitteilung
kann nicht u n m i t t e l b a r von Selbstbewußtsein zu Selbstbewußtsein
verlaufen, sondern bedarf, weil zwischen den mit Selbstbewußtsein begabten
Individuen eine räumliche (und zeitliche) Distanz besteht, eines äußeren
O b j e k t s - zugleich aber darf dieses Objekt, soll es Medium der Selbstmanifestation (im Sinne der Mitteilung des im Gefühl unmittelbar bewußten
individuellen Selbsts) sein, nicht nur objektive, sondern muß wesentlich zugleich s u b j e k t i v e B e d e u t u n g[7] besitzen .

Gemäß der methodologischen Vorgabe verfolgt Schleiermacher in der philosophischen Ethik das Ziel, die begriffliche Möglichkeit und damit die sittliche

---

7 Auf diesen Sachverhalt hat zurecht Rainer Volp hingewiesen, der in dem
von ihm herausgegebenen Band "Zeichen - Semiotik in Theologie und Gottesdienst" (München 1982) nicht nur den Versuch unternimmt, Schleiermachers
Theologie und Philosophie mit den Mitteln der modernen Semiotik zu rekonstruieren, sondern weitergehend behauptet, Schleiermacher selbst habe "eine
universale Semiotik inauguriert" (vgl. ebd., S. 114). Auch wenn man diese
Einschätzung nicht teilt, ist Volps Unternehmen doch bezüglich kunsttheo-
retischer Fragestellungen fruchtbar zu machen. So bringt etwa der Gedanke, das Gefühl stelle im Kontext künstlerischen Handelns "ein Differential zur Verfügung, welches die Interpretantenregeln bildet und steuert"
(vgl. ebd., S. 131), die prinzipiierende Bedeutung des Gefühls auch für
die rezeptive Seite der Kunsttätigkeit zur Geltung.

Notwendigkeit einer derartigen Selbstmanifestation zu erweisen. Dabei geht er so vor, daß er zunächst das Gefühlsbewußtsein selbst durch den (spekulativ deduzierten) Begriff des i n d i v i d u e l l e n   S y m b o l i - s i e r e n s   rekonstruiert, um in einem zweiten Schritt zu zeigen, daß erstens dieser Begriff dem Gedanken der Selbstmanifestation genau entspricht und zweitens, daraus folgend, die Selbstmanifestation (als individuelles Symbolisieren) mit der ethischen Bestimmung des Gefühls (ebenfalls individuelles Symbolisieren) kompatibel ist. Bei dieser Argumentation macht er sich den doppelten, in sich gespannten Sinn des Wortes 'individuelles Symbolisieren' zunutze. Denn das Individuelle muß, weil es das Nichtteilbare ist, als das Nichtmitteilbare gedacht werden: es ist das   U n ü b e r t r a g b a r e.   Die Tätigkeit des Symbolisierens dagegen bezeichnet gerade eine Form des Ü b e r t r a g e n s,   insofern durch sie etwas in ein anderes, das Symbolisierte in das Symbol überführt und so der allgemeinen Kommunikation zugänglich gemacht wird.

Die psychische Tätigkeit des Fühlens läßt sich insofern durch den ethischen Begriff des individuellen Symbolisierens interpretieren, als sich das Subjekt in seiner jeweiligen Befindlichkeit selbst als Symbol seiner selbst setzt und wiedererkennt. Weil dieses Symbol aber nichts anderes zum Inhalt hat als den eigenen emotionalen Zustand des Subjekts, ist zwischen dem Symbolisierten und dem Symbol keine Differenz aufzumachen: Das fühlende Subjekt (Symbolproduzierendes) ist sich im jeweiligen Zustand (Symbol) seiner als Gefühltes (Symbolisiertes) unmittelbar selbst bewußt (Symbolrezipierendes). Die Handlung des Symbolisierens spielt sich daher   i m   Individuum ab und hat entsprechend nur Individuelles zum Inhalt.

Der Einsicht allerdings, daß die psychische Tätigkeit des Fühlens dabei nicht nur aufgrund der gedanklichen Reinterpretation mittels des Symbolbegriffs, sondern aufgrund ihres wirklichen Verlaufs als ein höchst differenzierter (vermittelter) Vorgang gedacht werden muß, kann Schleiermacher nur das Postulat entgegensetzen, man möge sich in den (alle Unterschiede in unmittelbare Einheit verschmelzenden) Zustand des Gefühls versetzen, um anschließend (durch Reflexion) zu erkennen, daß nicht das Gefühl selbst, sondern die Reflexion auf das Gefühl Ursache der am Gefühl erkannten Unterschiede ist. Tatsächlich ist aber nicht nur die Unterscheidung, sondern auch die Voraussetzung eines an sich Ununterschiedenen Produkt der Reflexion. Der Gedanke eines im Gefühl gesetzten unmittelbaren Selbstverhältnisses des Subjekts zerrinnt Schleiermacher dabei nur deshalb nicht in den Aporien des reflektierenden Denkens, weil er – die logischen Spannungen aller reflexiven Überlegungen in Kauf nehmend – davon ausgeht, daß das Gefühl nicht nur als gedachtes zu Bewußtsein kommt, sondern vor aller Reflexion als solches selbst Bewußtsein ist. Dieses Bewußtsein, das seinerseits im Gefühl schlecht-

hinniger Abhängigkeit eine letzte, allerdings irrationale 'Begründung' erfährt, garantiert die Selbständigkeit und unmittelbare Einheit der im Gefühl
gesetzten Inhalte.

Macht Schleiermacher bei der ethischen Rekonstruktion des Gefühls den Gedanken des Individuellen stark, so begründet er die Möglichkeit der Gefühlsmitteilung (Selbstmanifestation) durch Betonung der im Begriff des Symbolisierens gesetzten Kommunikationsstruktur. Weil das Gefühl im Sinne des individuellen Symbolisierens als eine ethische Größe anerkannt ist, darf es
so Schleiermachers Überlegung – nicht in der Individualität verschlossen
bleiben, sondern muß sich symbolisch auch zur äußeren Darstellung bringen
(vgl. E 1812, §§ 49 ff, 270). Gefühl ohne Darstellung gilt ihm daher als Un-
sittlichkeit (vgl. E 1812, § 237, 316).

Mit dieser in der Ethik vorgelegten Argumentation kann Schleiermacher nur
in abstrakter Weise zeigen, daß die im Begriff des individuellen Symbolisierens gedachte Mitteilungsform den psychologischen Bestimmungen des Gefühlsbewußtseins gerecht zu werden und einen für sich gültigen Raum des Handelns auszufüllen vermag. Wie eine auf bloß individueller unübertragbarer
Symbolisierung beruhende Bewußtseinstätigkeit zugleich für ein anderes Bewußtsein Bedeutung gewinnt, wie ohne Verlust des unübertragbaren Gehalt
tatsächlich eine Mitteilung zustandekommen kann, wird von Schleiermacher
in der Ethik nicht näher ausgeführt. Auch der Gedanke, die gesamte Welt
der Kunst lasse sich als die Vervollkommnung dieser Mitteilungsform begreifen,
muß in der Ethik als (spekulative) Behauptung stehen bleiben. Erst auf dem
Hintergrund methodisch anders gearteter Wissenschaften lassen sich diese
Fragen einer Lösung zuführen.

                                   3.

Schleiermachers wissenschaftstheoretischer Konzeption zufolge erfaßt das
d e n k e n d e Bewußtsein Realität nicht nur durch spekulative B e -
g r i f f s konstruktionen, sondern ebenso durch das nach der Logik des
U r t e i l s konstituierte empirische Wissen. Die Verknüpfung verschiedenartiger (also noch nicht gegensätzlich aufeinander bezogener) Begriffe, die das eigentliche Urteil in momentaner Selbständigkeit gegenüber
dem begrifflichen Denken leistet, vermittelt dem Menschen ein Wissen von der
empirisch historischen Realität als solcher. Nicht allgemeine Formen und Gesetze, sondern E i n z e l n e s ist daher Gegenstand dieses Wissens[8].

---

8 Die Bedeutung dieser Wissenschaftsform ist für den Gesamtzusammenhang
  der Theologie und Philosophie Schleiermachers nicht zu unterschätzen. Denn
  die Inhalte des Gefühlsbewußtseins stellen sich, weil sie als prinzipiell

Nur die Übereinstimmung und Durchdringung von empirischem und begriff-
ich deduziertem Wissen aber kann dem denkenden Subjekt die Gewißheit der
Wahrheit des in diesen Formen gesetzten Wissens geben. Denn die aller Theo-
riebildung vorausgesetzte (und für sie konstitutive) Einheit von Denken und
Sein läßt sich durch die Wissenschaft nur einholen, wenn sie ihre beiden
Formen (Spekulation und Empirie) im Sinne der Idee der Welt im Einzelnen
in Übereinstimmung bringt. Da die vollständige Durchdringung unter end-
ichen Bedingungen aber niemals erreicht werden kann, bedarf sie eines
Denkverfahrens, das schon bei noch unvollkommenem Erkenntnisstand in der
Lage ist, empirisches und spekulatives Wissen aufeinander zu beziehen. Dieses Verfahren, dessen Regeln von Schleiermacher am ausführlichsten in der
(nicht nur auf sprachliche Gegenstände bezogenen) "Wissenschaft der Kritik"
dargelegt werden, ist das der doktrinalen Kritik[9]. Durch sie wird das aus
bloßer Erfahrung Gewußte und das durch begriffliche Deduktion Konstruierte
miteinander verglichen und so in Beziehung gebracht, daß das Gefühl der
Wahrheit des Wissens, d.i. das Überzeugungsgefühl, entsteht.

Bezieht man dieses wissenschaftstheoretische Modell auf die Theorie der
K u n s t, so zeigt sich, daß Schleiermacher (anders als im Fall der Religion) keine empirisch-historische, wohl aber eine kritische Wissenschaft der
Kunst (die Ästhetik) vorgelegt hat. Dem formellen Begriff der Kritik entsprechend rekurriert aber auch die Ästhetik, die übrigens als paradigma-
ische Durchführung einer kritischen Wissenschaft gelten darf, zumindest in-
dern auf empirisches Wissen. Dieses Wissen betrifft nun aber nicht nur die
historisch vorgefundene Welt der Kunst, sondern auch die als Handlungsform
der Kunst gesetzte Selbstmanifestation. Denn Schleiermacher sucht in der
Ästhetik zu zeigen, daß die Manifestation des Gefühls erstens nicht nur sitt-
ich, sondern auch empirisch möglich ist, und daß sie zweitens tatsächlich
die Tätigkeit des Künstlers konstituiert.

---

verschieden von gedanklichen Inhalten gelten, dem theoretischen Bewußtsein
gegenüber als unzusammenhängende Einzelheiten dar. Die einzige Möglichkeit daher, die konkrete Welt des Gefühls auch dem Wissen zugänglich zu
machen, besteht in dem konstatierenden Urteil. Die theologische Dogmatik,
die von den christlichen Glaubenssätzen ihren Ausgang nimmt, beruht in
diesem Sinne auf den bloßen "Auffassungen der christlich frommen Gemüts-
zustände". (Schleiermacher, Friedrich: Der christliche Glaube. 1. Bd., Hg.
M. Redeker, Berlin 1960[7], § 15, 105.).

---

9 Während sich die philologische Kritik auf den Vergleich von Einzelnem beschränkt - die Prüfung philologischer Echtheit besteht in dem Vergleich
einzelner Aussagen mit einzelnen historischen Tatsachen -, hat die doktri-
nale Kritik, die auch die ethische Kritik miteinschließt, das Verhältnis
von Einzelnem (Empirischem) und Begriff (Spekulativem) zum Gegenstand.
(Vgl. Schleiermacher, F.D.E.: Hermeneutik und Kritik. Hg. M. Frank,
Frankfurt 1977, S. 239 ff; bes. S. 249 f).

Schon in der Ethik findet sich der Hinweis, die Darstellung des Gefühls
sei nicht nur sittlich geboten, sondern erfolge auch aufgrund von "Naturnot-
wendigkeit" (E 1812, § 241, 317). Dieser Gedanke wird von Schleiermacher
in der Psychologie aufgegriffen und im Begriff des "M a n i f e s t a -
t i o n s t r i e b s" (Psychologie 1834, S. 549) als eine Form empirischer
Spontaneität fortbestimmt. Mit diesem Begriff macht er die gemeinsame
p s y c h i s c h e B a s i s aller Formen der Selbstmanifestation namhaft (seien sie kunstloser oder künstlerischer Natur), durch ihn ist derer
anthropologische Möglichkeit gesetzt.

Um nun die k ü n s t l e r i s c h e Gefühlsmitteilung, deren kritische
Explikation das Thema der Ästhetik ist, einer näheren Bestimmung zuzufüh-
ren, wählt Schleiermacher ein Verfahren, das auf den ersten Anblick überflüssig scheint, in der Tat aber durch die dargelegte wissenschaftssystema-
tische Konstellation geboten und zudem für die Entfaltung seines Kunstbegriffs in vieler Hinsicht hilfreich ist[10]. Denn um nicht durch rein begriffliche Deduktion das empirisch Gegebene – das als solches "Inconstruible'
(ÄO, 29) – aus der künstlerischen Theorie auszuschließen, konstruiert
Schleiermacher die Bestimmungen der Kunsttätigkeit "aus der Differenz des
sonst Aehnlichen aber Kunstlosen" (ebd.).

Diese Konstruktion kann nicht als logische Ableitung gedacht werden –
nicht nur Schleiermachers Begriff des empirischen Wissens verbietet dies. Es
ist grundsätzlich nicht möglich, aus einem unter einer gemeinsamen Bestimmung (hier: dem Manifestationstrieb) subsumierten empirischen Sachverhalt einen anderen, koordinierten abzuleiten (das Tier, das nicht Hund ist,
ist noch lange nicht Katze). Vielmehr müssen beide Sachverhalte der Vorstellung schon vorschweben, damit man aus ihrer Gegenüberstellung näheren
Aufschluß über ihre Eigenschaften erhält. Welche Bedeutung aber besitzt unter diesen Umständen die genannte Konstruktion aus der Differenz von kunst-
losem und künstlerischem Gefühlsausdruck, wie hängen die beiden Formen der

10 Zum Schaden seiner Interpretation beschränkt sich Odebrecht streng auf
die Darstellung der künstlerischen Selbstmanifestation und ignoriert die
differenzierte ästhetische Bedeutung des Kunstlosen (vgl. Odebrecht, Rudolf: Schleiermachers System der Ästhetik. Grundlegung und problemge-
schichtliche Sendung. Berlin 1932). Seinem Beispiel ist auch Krull gefolgt
(vgl. Krull, Harold P.: Creative Imagination. A Study of Schleiermacher's
Aesthetik. Diss., Princeton, New Jersey 1975). Die einzige Interpretation,
die ausführlich das Kunstlose thematisiert und seine ästhetisch-theore-
tische Funktion zutreffend analysiert, legte T.H. Jörgensen vor (vgl. Jörgensen, Theodor Holzdeppe: Das religionsphilosophische Offenbarungsver-
ständnis des späteren Schleiermacher. Tübingen 1977, S. 90 ff; 101 ff).
Der Nachteil seiner Untersuchung besteht darin, daß er die Sphäre des
Kunstlosen überbestimmt. Während Schleiermacher zufolge erst die künstlerische Gefühlsmitteilung durch Maß, Regel und in diesem Zusammenhang
durch die Tugend der Besonnenheit ausgezeichnet ist, spricht Jörgensen
diese Eigenschaften schon der kunstlosen Äußerung zu (vgl. ebd. S. 33;
95; 97; u.ö.).

selbstmanifestation zusammen? Schleiermachers Äußerungen zu dieser Frage bleiben unbestimmt [11]. Nur auf dem Hintergrund einer Gesamtinterpretation der Ästhetik lassen sich daher präzise Antworten formulieren, durch die zugleich Aufschluß gegeben werden kann über die empirischen Grundlagen der Kunsttätigkeit.

a) Jedes unwillkürliche Äußern von Gefühlen produziert oder hinterläßt einen Gefühlsausdruck, eine wahrnehmbare Formation, die als ein äußeres Zeichen Symbol) des Inneren gilt. Diese Formationen führen stets, auch unabhängig von ihrem aktualen Vollzug, mehr oder minder klar die Bedeutung bei sich, spezifische Ausdrucksträger von Gefühlen zu sein. Zu diesen eigentümlichen Symbolformationen gehören vornehmlich der stimmlich produzierte Ton, die Gebärde (im Sinn körperlicher Bewegungen), aber auch das Erscheinungsbild der menschlichen Gestalt, in gewisser Weise sogar das Bild der Natur (die Landschaft) und die Sprachform. Diese gegenständlich wahrnehmbaren Zeichenträger, die an sich selbst schon als Ausdruck von Innerlichkeit und Gefühl gelten oder zumindest gelten können, sind in der Sphäre des Kunstlosen tatsächlich und unmittelbar Ausdruck eines jeweils aktuellen Gefühls. Im Kunstlosen werden daher die als Träger von Emotionen geltenden Symbolformationen überhaupt erst gültig: Sie werden dort erstens g e b i l - d e t und zweitens u n m i t t e l b a r g e b r a u c h t. In der Kunst dagegen f u n g i e r e n sie lediglich, und zwar als formbare E l e m e n t e der Gestaltung. Damit diese Kunstelemente aber schon in ihrer bloßen, gegenständlichen Erscheinung (also unabhängig von ihrem aktualen Gebrauch) als Ausdrucksträger der Innerlichkeit gelten können, bedürfen sie notwendig einer L e b e n s w e l t, in der sie in unmittelbarer und natürlicher Weise konstituiert und verwendet werden.

(b) Die Worte 'Gefühlsausdruck', 'Selbstmanifestation', u.ä., sind doppelsinnig. Sie können ein Objekt, eine gegenständlich wahrnehmbare Formation bezeichnen (vgl. a). Sie bezeichnen aber ebenso eine Tätigkeit: das Gefühleausdrücken, das Manifestieren und Symbolisieren innerer Zustände. Diese Tätigkeit tritt nun im Bereich des Kunstlosen in zwei verschiedenen Formen auf: als natürlicher Gefühlsausdruck, Gebärdung im weitesten Sinn, und als das konzeptionslose freie Spiel der Phantasie. Ausgehend von der empirischen Beschreibung dieser beiden Tätigkeitsformen und deren näherem Verhältnis zum Gefühlsbewußtsein gewinnt Schleiermacher allererst die kritischen Bestimmungen des Kunsthandelns - und zwar in doppelter Weise. Künstlerische Tätigkeit verläuft p a r a l l e l zur kunstlosen: vom Gefühl zur

---

11 Die kunstlosen Gefühlsäußerungen gelten Schleiermacher als die "Naturanfänge" (SW III, 3), an welche die Künste anzuschließen haben (vgl. ÄO, 39). Sie "entlehnen" (ÄO, 52) ihre Darstellungsformen aus dem Bereich des Kunstlosen und "halten" (ÄO, 152) sich an die Möglichkeiten natür-

äußeren Darstellung. In diesem Sinne fungiert die kunstlose Tätigkeitsform (und zwar sowohl der unmittelbare Gefühlsausdruck als auch die freie Phantasie) als P a r a d i g m a der künstlerischen. Zum anderen aber u n t e r s c h e i d e t sich die Kunsttätigkeit von aller kunstlosen Gefühlsdarstellung durch ein eigentümliches Ineinanderverschobensein von Gefühlsausdruck und Phantasie, besonders aber durch die Unterbrechung (Besinnung) des natürlichen Zusammenhangs von Gefühl und Darstellung. Während in den spontanen Gefühlsäußerungen und den unkontrollierten Assoziationsketten der Phantasie die Gefühlslage des Menschen unbewußt und ungewollt zum Ausdruck kommt, ist die künstlerische Selbstmanifestation durch geistige Vermitteltheit, d.h. durch Bewußtsein und Wille, ausgezeichnet.

Aus dieser Überlegung wird noch einmal das die gesamte Ästhetik Schleiermachers leitende Problem deutlich. Denn die schon im Kontext der Ethik diskutierte Frage, wie das als sittliche Bewußtseinsform interpretierte Gefühl mitgeteilt werden könne, stellt sich im Zusammenhang der kritischen Theorie verschärft. Es ist die Frage, ob sich tatsächlich (empirisch) nicht nur irgendeine, sondern eine bewußt und willentlich vollzogene Gefühlsäußerung denken läßt, deren Authentizität (Gefühlsechtheit) nicht von vornherein bezweifelt werden muß. Alle Bestimmungen, durch die Schleiermacher die Kunsttätigkeit in der Ästhetik charakterisiert, lassen sich als Lösungsversuche dieses Problems kenntlich machen. Denn die von der Tugend der Besonnenheit bewirkte Unterbrechung der natürlichen Selbstmanifestation hat zunächst einmal den (auch zeitlich bestimmten) Zerfall der Gefühlsäußerung in Erregung (Gefühl), Urbildung und Ausführung zur Folge.

Weiter aber bewirkt dieser, durch die geistige Konzeptualisierung der Selbstmanifestation bedingte Zerfall auch am Ort der jeweiligen Momente eine Veränderung. Nicht die plötzliche Gefühlsregung, sondern das aufgrund 'emotionaler Subsumption' gehaltene Gefühl, die S t i m m u n g, ist der Ausgangspunkt künstlerischer Selbstmanifestation. Nicht das von momentaner Emotionen veranlaßte, unbestimmte Spiel der Assoziationen, sondern die von der Stimmung ausgehende und an den Gesetzen der elementaren und organischen Vollkommenheit orientierte i d e a l e P h a n t a s i e t ä - t i g k e i t ist die Basis für die künstlerische Vorbildung (Planung) der Kunstwerke. Und auch die materiale Ausführung dieser Werke ist keine natürliche Reaktion auf innere Bewußtseinszustände, sondern eine nach den Regeln technischer Vollkommenheit durchgeführte b e w u ß t e H a n d - l u n g.

Aufgrund dieser Intellektualisierung der Gefühlsäußerung stellt sich die

---

lichen Gefühlsausdrucks. Die Kunst "schließt sich zunächst den natürlichen Aeußerungen des Gefühls an" (Psychologie 1818, S. 470).

Frage, ob man es bei einem Kunstwerk überhaupt noch mit einer auf das subjektive Bewußtsein gegründeten Selbstmanifestation zu tun haben kann. Schleiermachers eindeutig positive Antwort begründet er zunächst mit dem Hinweis darauf, daß die Kunsttätigkeit nur in der Identität von B e - s o n n e n h e i t und B e g e i s t e r u n g möglich sei. Letztere nämlich garantiert - so Schleiermacher schon in der Tugendlehre - den emotionalen Idealgehalt menschlicher Handlungen, mithin auch die tatsächliche Gefühlsbestimmtheit künstlerischer Manifestationen.

Eine Konkretisierung erfährt dieser Gedanke allerdings erst durch den von der Literatur bisher nicht präzise bestimmten Begriff der künstlerischen Urbildung. Denn der Künstler b e n u t z t bei seiner Konzeption die aus der kunstlosen Selbstmanifestation (Gefühlsausdruck, Phantasie) stammenden Formationen als E l e m e n t seiner Gestaltung. Diese für sich schon als Gefühlsausdruck geltenden Elemente unterwirft er erneut seiner, aus der eigenen besonderen Stimmungslage hervorgehenden urbildlichen P h a n t a - s i e. Im künstlerischen Werk hat man es daher mit einem d o p p e l - t e n G e f ü h l s a u s d r u c k zu tun: Zum einen mit den kollektiv als spezifische Ausdrucksform des Gefühls bekannten Elementen und zum anderen mit der auf die emotionale Welt des Künstlers zurückgehenden Komposition. Erst der Gedanke dieser Doppelstruktur k ü n s t l e - r i s c h e r S e l b s t m a n i f e s t a t i o n macht die im Begriff der Begeisterung gesetzte subjektive Bedeutsamkeit mit der im Begriff der Besonnenheit gedachten Vermitteltheit der Kunsttätigkeit kompatibel.

(c) Die Parallelisierung und Gegenüberstellung von lebensweltlich alltäglicher und künstlerischer Selbstmanifestation hat drittens einen ganz einfachen, in der wissenschaftlichen Formbestimmung des kritischen Wissens angelegten Grund. Denn nicht nur aufgrund ethischer Deduktion, sondern auch historisch läßt sich zeigen, daß Kunst stets im Rahmen des geselligen Verhaltens der Menschen auftritt. Zwischen bloß geselliger kunstloser und artifizieller Gefühlsmitteilung besteht in der historischen Wirklichkeit ein fließender Übergang. Auch ein sittlich geführtes Leben kann als ein Kunstwerk aufgefaßt werden, insofern sich in ihm die Individualität des Menschen zu erkennen gibt; sogar kirchliche Gemeindeversammlungen oder Volksfeste dürfen nicht strikt aus der Sphäre des Kunsthandelns eskamotiert werden, denn auch sie spiegeln eine Stimmungslage.

In diesem Sinne machen Schleiermachers Ausführungen zum Kunstlosen weder nur auf die E l e m e n t e der Kunst aufmerksam, noch bieten sie nur ein P a r a d i g m a für die Tätigkeitsform künstlerischen Handelns, sondern sie bringen historisch lebendige Bereiche g e s e l l i g e r G e f ü h l s m i t t e i l u n g zur Sprache, die neben dem künstlerischen Schaffen existieren. Auf diese Weise kann Schleiermacher zudem die

Wirkung der Kunst auf die ästhetische Gestaltung und Formgebung des Alltags thematisieren.

Die Beschreibung des Kunstlosen dient Schleiermacher – faßt man die drei Punkte zusammen – dazu, die Besonderheiten der Kunsttätigkeiten gegenüber allen anderen menschlichen Tätigkeiten, insbesondere auch gegenüber den Phänomenen alltäglicher Gefühlsmitteilung empirisch-kritisch darzulegen. Insofern entspricht seine Ästhetik der ersten Forderung der Kunstphilosophie seiner Zeit, die begriffliche Einheit der Kunst als gültig zu erweisen. Die Tatsache aber, daß Schleiermacher diesen Erweis nicht durch eine Konstruktion "aus dem Absoluten" (ÄO, 29), sondern aufgrund unterschiedlicher wissenschaftstheoretisch genau aufeinander abgestimmter M e t h o d e n (spekulativ, empirisch, kritisch) zu erbringen sucht, daß er die Einheit der Kunst nicht in einer Idee (der Idee der Schönheit etwa), sondern in einer a n t h r o p o l o g i s c h gegebenen einheitlichen Willensform (Manifestationstrieb), einer einheitlichen e t h i s c h e n Handlungsform (individuelles Symbolisieren) und schließlich in einer auch h i s t o - r i s c h einheitlich gegebenen Kunsttätigkeit wiederfindet, unterscheidet ihn nicht nur von seinen Zeitgenossen, sondern macht ihn in vieler Hinsicht durchaus modern.

Erst aber Schleiermachers Behauptung, daß diese einheitliche Tätigkeit nichts als die S e l b s t m a n i f e s t a t i o n   d e s   I n d i - v i d u u m s zum Inhalt hat, gibt seiner Kunsttheorie Kontur. Denn zum einen läßt sich nur aufgrund dieses Gedankens die Kunst als ein a u t o - n o m e r, zugleich aber mit den systematischen Problemen seiner Philosophie und Theologie zutiefst verwobener Sachverhalt entfalten. Zum anderen kann nur ausgehend von seiner Absage an die objektive Erkenntnisfunktion der Kunst und das radikale Plädoyer für deren strikt subjektive Bedeutsamkeit der Versuch einer geistesgeschichtlichen Einordnung seiner Kunsttheorie unternommen werden – eine Einordnung, die mit der zeitgenössischen Romantik einsetzend, den Expressionismus und Surrealismus, vielleicht sogar den Neoexpressionismus unserer Tage einzubeziehen hätte.

KUNST ALS SPRACHE VON RELIGION

Ein Beitrag zur Semiotik Friedrich Schleiermachers

von **Rainer Volp**

1. Zur Aktualität der Schleiermacherschen Fragestellung

Die mit viel Animositäten belastete gegenseitige Einschätzung bemerkenswerter Kunstproduktion auf der einen und kirchlicher Traditionen auf der anderen Seite verdeckt immer noch den unbefangenen Blick auf beides: auf die authentische Kunst der Avantgarde und auf deren religiöse Komponente. Allerdings wächst die Einsicht, daß über den Offenbarungsglauben ohne die Reflexion auf seine Gestalt schlechterdings keine Aussage denkbar ist; aber auch die Frage nach Spiritualität und Religion in der aktuellen Kunstproduktion ist kein obsoletes Thema mehr[1]. Es gibt viele Gründe, in dieser Diskussion Schleiermachers Meinung zu befragen. Zwei scheinen mir besonders hilfreich und notwendig zu sein:

a) Seitdem Philipp Otto Runge "die Vereinigung der Künste" gefordert hatte, bestimmte der "Hang zum Gesamtkunstwerk"[2] viele Kunstentwicklungen und ästhetische Theorien bis in die Gegenwart hinein, ohne zu einem befriedigenden Ergebnis zu gelangen. Die Wurzeln von Runges Ideen jedoch sind stärker als üblicherweise angenommen im Umkreis der Ästhetik Schleiermachers zu suchen[3]. Dieser entwickelte entscheidende Vorstellungen vom religiösen Fest als Gesamtkunstwerk[4], was ebenso seine Gottesdiensttheorie wie seine Ästhetik insgesamt prägte. Mehr noch: indem er das Gefühl als Erkenntnisfunktion bestimmte, konnte er die für das Gesamtkunstwerk entscheidende Frage nach Intersubjektivität lösen, ohne den Anspruch authentischer Erfahrung des Individuums zu überfremden.

b) Diese Zusammenhänge klären sich im Bedingungsrahmen zeichen-theoretischer Denkmuster, in denen Schleiermacher sowohl den kommunikations- wie den erkenntnistheoretischen Status von Kunst und Gefühl erweisen wollte und m.E. auch konnte. Im Unterschied zum Sensualismus wie zur spekulativen Ästhetik seiner Zeit bediente er sich einer in der neueren Semiotik üblichen

---

1 Vgl. R.Beck u.a. (Hg.): Die Kunst und die Kirchen, München 1984.
2 Vgl. R.Volp: Transzendenz als Prüfstein, in: Kunst und Kirche (KuKi) 2/ 1978, S. 71-76.
3 Vgl. die 3./4. der "Reden über die Religion" (1799), hg. G.Ch.B.Pünjer 1879; im folgenden 'R'.
4 Vgl. "Der Hang zum Gesamtkunstwerk - Europäische Utopien seit 1800" (Katalog), hg. Verlag Sauerländer, 1983². Zur Zeichentheorie Schleiermachers s. u.a. R.Volp: Die Semiotik Friedrich Schleiermachers, in: ders. (Hg.), Zeichen - Semiotik in Theologie und Gottesdienst, Mainz/München 1982, S. 114-145.

Relationenlogik, mit deren Hilfe Kunst und Religion als kulturelle Werte eines
semiotisch entwickelten ethischen Entwurfs gesehen wurden. Auch wenn in
den "Reden über die Religion" Kunst und Religion metaphorisch als "zwei befreundete Seelen" genannt werden (R 173), so wird die erkenntnistheoretische
Nähe zu einem anderen Kritiker Kants, nämlich Charles S. Peirce, spätestens
seit der philosophischen Ethik von 1812/13 unübersehbar[5]: "Wenn das Bilden
der Phantasie in und mit seinem Heraustreten Kunst ist, und der Vernunftgehalt im eigenthümlichen Erkennen Religion, so   v e r h ä l t   s i c h
K u n s t   z u   R e l i g i o n   w i e   S p r a c h e   z u m
W i s s e n". Beides, die erkenntnistheoretische Begründung der Kunst im
Interesse der intersubjektiv nachprüfbaren Relationen eines Festes sowie die
Relationenlogik, mit der das Verhältnis von Kunst und Religion dem von
Sprache und Wissen parallelisiert wird, deuten darauf hin, daß das Semi-
otische bei Schleiermacher kein Problem bloßer Terminologie ist, sondern -
durch Augustin und die Traditionen der Artes liberales vermittelt[6] - Be-
gründungsfragen von Philosophie, Sprachwissenschaft und Theologie betreffen.

2. Religion im ethischen Prozeß

a) Für Schleiermacher gibt es "keine Form des Bewußtseins, die anders als
mit ihrer Leiblichkeit zugleich hervortreten könnte"[7]. So ist auch Religion
in einen geschichtlichen Horizont eingebunden - schon in den "Reden über
die Religion" hatte er festgestellt: mit der Geschichte "hebt sie (die Religion)
an und endigt mit ihr" (R 102). Religion ist ihm stets "bestimmte Religion",
im Unterschied zum Wissen als "subjektive Thätigkeit der erkennenden Function" stets eigentümlich und unverwechselbar strukturiert, nichts Unbestimmtes[8].

Dieser Einsatz für die Leiblichkeit und Authentizität des Religiösen nötigt
eine doppelte Einsicht ab: gegenüber der Sprache, die Schleiermacher in der
Dialektik als "allgemeines Bezeichnungssystem" entwickelt[9], muß die Gestalt

---

5 Entwürfe zu einem System der Sittenlehre, in: F.D.Schleiermachers Werke,
  Auswahl in vier Bänden, hg. O.Braun, Bd. II, Leipzig 1913, S. 324 f. §
  228; im folgenden 'E'.
6 S. ebd., Einleitung.
7 Über den Begriff des höchsten Gutes (1827), SW III, § 2, S. 487.
8 Der christliche Glaube, 1831², neu hg. v. M.Redeker, Berlin 1960, S. 41,
  § 6; im folgenden 'GL' vgl. auch S. 45 (Zusatz); da sich das semiotische
  Denkmuster im gesamten Werk Schleiermachers findet, begrenze ich meine
  Belege weder zeitlich noch auf Arbeitsgebiete, sondern achte vor allem auf
  die ethischen, ästhetischen und praktisch-theologischen Texte.
9 Dialektik, hg. R.Odebrecht, Leipzig 1942/Darmstadt 1976, S. 378 f.; im
  folgenden 'DO'.

der Religion dem Besonderen und Individuellen, nicht zuerst dem Allgemeinen gerecht werden. Auf der anderen Seite sind die "Zeichen des Gefühls", das "ja ... nur erkannt werden soll", als Zeichen einer möglichst vollkommenen Anschauung zu denken (E 99). Sie müßten daher eine der Sprache wenigstens adäquate Erkenntnisfunktion besitzen. Deshalb postuliert Schleiermacher im Brouillon von 1805/6, daß die Sprache, die kein Äußerlichwerden des Gefühls sein könne, lediglich "Element" höchster Kunst sei (ebd.). Für die Leiblichkeit der Religion ist die Sprache, welche "nur die Elemente" gebe, unzureichend; Religion braucht die auf das Gefühl gewiesene "freie Combination durch Fantasie". Nicht nur, weil "die eigentliche Sphäre des Gefühls im sittlichen Sein" die Religion ist, vor allem ist die Fantasie "die Vernunft unter dem Charakter der Eigentümlichkeit in der Function des Darstellens" (ebd.). Diese Apologie des Vernünftigen im subjektiven Tun ist es, welche Schleiermacher dazu veranlaßt, "die sittliche Ansicht der Kunst" mit der der Religion zu identifizieren (E 100) und dies späterhin zu differenzieren. In jedem Fall aber bleibt es dabei: die Kunst übernimmt für die Religion eine Art Sprachfunktion - "Sprache" als System gedacht: "in dem Maaß als eine Religionseinheit sich als Kirche ausbildet, bildet sie sich auch ein Kunstsystem an" (E 360, § 200).

b) Das beliebte Verdikt des Ästhetizismus und Subjektivismus gegenüber Schleiermacher erledigt sich, sobald man jenseits bloß spekulativer oder empirischer Zugänge "Wissen" und "Religion" als oberste Prädikationen im Sinne einer zeichentheoretischen Relationenlogik ansieht. Die Geschichtlichkeit der Religion erfordert für sie dieselbe Tragfähigkeit metatheoretischer, d.h. ethischer Begründungsschlüsse wie das Wissen. Anders wäre die Kunst - auch die der Hermeneutik - nur eine Befragung moralischer oder metaphysischer Symbole, eine "große instinktive Metapher"[10] , nicht aber eine der Sprache adäquate und also durch Erkenntnis geprägte Gestaltungsmodalität. Der bloße Hinweis auf den Zeichenbegriff, etwa im Sinne der "Zeichen des Gefühls" wäre zu wenig. Entscheidend ist, wie mit dem Zeichen- und Symbolbegriff erkenntnistheoretisch argumentiert wird.

Schon die "Grundlinien einer Kritik der bisherigen Sittenlehre" von 1803 verwerfen das "reine Erkennen apriori" und fordern Analysen, welche "soviel (wie) möglich in Absicht auf die Zeichen selbst und ihrer Verknüpfung auf die Strenge und Einfachheit der mathematischen Analyse" zurückführen[11] . Es sind hier keine bloßen Zahlen und Figuren gemeint, sondern Produkte einer Reihe von Relationen in unserem Bewußtsein. Ob Schleiermacher von

---

10 So die Kritik U.Ecos an einem durch B.Croce vermittelten Schleiermacher: Zeichen - Einführung in einen Begriff und seine Geschichte, Frankfurt/ Main 1977, S. 114.

11 AW, hg. v. O.Braun (s. Anm. 5), Bd. I, Leipzig 1910, 8; im folgenden 'Grundlinien'. Vgl. E, 305; dazu R.Volp, Die Semiotik F.Schleiermachers,

Einzelheit, Einerleiheit oder Einheit spricht, von Vielheit oder Partikel, von Ganzheit oder Zyklus, von Organ oder Symbol – stets wird das Argument von der Frage vorangetrieben, wie die Regeln der einen Klasse von Zeichen bzw. Symbolen mit den Regeln der anderen Klasse von Zeichen bzw. Symbolen kombiniert oder zur Kombination im praktischen Vollzug je neu theoretisch konstruiert – also organisiert – werden sollen. Die gesamte Ethik wird als Prozeß bildender und bezeichnender Tätigkeiten aus den semantischen Achsen des Organisierens und Symbolisierens heraus entwickelt[12]. So sind es gegenüber den Signifikaten (Bedeutungsgehalten) Wissen und Religion die Regeln von Sprache und von Kunst, welche als Signifikanten jene auszuweisen haben, gilt doch seit der Kritik der Sittenlehre von 1803 der methodische Grundsatz, daß sich "Gestalt und Gehalt einander gegenseitig zur Bewährung dienen"[13]. Auch wenn die notwendige Bedingung für das Bestehen der Signifikanten das Signifikat ist, erhält dieses seine Bedeutung nur als Produkt einer Reihe von sinnlich wahrnehmbaren Relationen. Selbst Religion ist in ihrer konkreten Ausprägung das Produkt einer Menge von Vorgängen unseres Bewußtseins und Seins: erkennbar in den Interpretationsbeziehungen der Zeichenvorgänge, genauer: des Symbolisierens und Organisierens. Um jede unbegründete Spekulation zu verhindern, wird das Symbolisieren und Organisieren von praktischen Handlungsmodellen her bestimmt: jede "anbildende Thätigkeit ist nach außen begrenzt durch die bezeichnende" (E 573, § 28), "die bezeichnende Thätigkeit" dagegen "ist wesentlich begrenzt nach innen durch die bildende" (E 576, § 33). Deshalb wird "die innerste Einheit des Lebens als solche" immer nur vorausgesetzt gedacht, ist nie "Gegenstand" für das Bewußtsein (ebd.), woraus folgt, daß "alles Sittliche Organ ... und Symbol zugleich" ist (E 577, § 34), den Funktionen der semiotischen Begriffe Kode und Zeichen durchaus adäquat[14]. Organ und Symbol sind die sich als Größtes und Kleinstes bedingenden Endpunkte eines Prozesses, bei dem auch das Ethos der Religion "auf jedem Punkt ein Mehr oder Minder von beiden zugleich" ist (ebd.).

c) Die Einsicht in das Geschichtliche des Lebens verhindert, daß die unendlichen Prozesse des Signifizierens und Organisierens (Dekodierens und Kodierens) für die Religion unkontrollierbar werden. Was Schleiermacher für das theologische Studium aus den Beziehungen zwischen den wissenschaftlichen

---

a.a.O., S. 119 f.
12 Vgl. bes. E 432 f.; 565 ff. Im Organ zeigen sich die Kompositionen für wirksame Beziehungen, die das Symbol setzt, vgl. R.Volp, Die Semiotik F.Schleiermachers, a.a.O., bes. S. 132 ff.
13 Grundlinien, S. 11.
14 S. R.Volp, Die Semiotik F.Schleiermachers, a.a.O., bes. S. 132–135.

Kenntnissen und Kunstregeln als philosophische, historische und praktische Dimensionalität entfaltet[15], begründet die Ethik semantisch, syntaktisch und pragmatisch: 1. werden unter dialektischen, ethischen und physischen Prämissen alle möglichen B e d e u t u n g e n einer Religion auf die gemeinte "Einheit und Totalität bezogen" (E 315, § 229); 2. die "D a r – t e l l u n g" der Religion, welche stets im Werden und zudem in ihren Signifikanten nur fragmentarisch greifbar ist, kann "nur die innerlich gegebene Gradation des Vernunftgehalts" (Signifikats) bezeichnen", angelegt auf Arbeitsteiligkeit (E 315, § 230 f); 3. die "b e s o n d e r e   V e r – w a n d t s c h a f t" des in der Religion T ä t i g e n "z u   d e m D a r s t e l l u n g s m i t t e l" (§ 232) hat zur Folge, daß sich das Gefühl in der Kunst sammelt; diese fixiert und objektiviert den momentanen Ausdruck (§ 233); daraus ergibt sich das Problem des permanenten Selbstbewußtseins (§ 234), aber auch das der Dominanz des Darstellungstriebes über das Gefühl (§ 235) sowie die Spannung zwischen dem moralischen Durchschnitt eigentümlichen Erkennens in den Darstellungsmitteln einerseits und der künstlerischen Tiefe andererseits (E 316, § 236).

Methodisch geht es stets um die Frage, inwiefern der Signifikant "Kunst", der ja "nichts anderes sein will als Darstellung" und also lediglich im Interesse der "Gemäßheit" des richtigen Handelns nach Kunstregeln fragt[16], Funktionen von Sprache übernehmen oder begrenzen kann: ist diese doch orientiert an der scharfen Trennung zwischen Bezeichnetem und Bezeichnendem, zwischen mitteilendem und mitgeteiltem Dasein (§ 233).

Alle ethischen Darlegungen Schleiermachers haben das Ziel, den Vernunftgehalt von Religion zu erweisen, obwohl bzw. weil diese im Sinne des subjektiven Erkennens mit der Kunst identisch ist. Er begegnet damit dem Romantikverdacht, die Kunst allzu unbestimmt im Kontinuum der Erfahrungen als sacrificium intellectus der Substanz unmittelbarer Bestimmtheit zuzuordnen[17]. Dennoch bleibt die Frage, wie einerseits die der Religion gegenüber autonome Kunst und wie andererseits das Sein des Wissens hinsichtlich Religion und Kunst zu rechtfertigen ist. Dies läßt mich zunächst nach Funktion und Grenze von Sprache, sodann nach der Eigenständigkeit der Kunst und schließlich nach der Religion im Kunst-Sprache-Prozeß des Festes fragen.

---

15 Kurze Darstellung des theologischen Studiums, hg. v.H.Scholz, Darmstadt 1969, S. 2, § 5.

16 Ebd., S. 102, § 265; S. 3, § 9; Die praktische Theologie nach den Grundsäzen der evangelischen Kirche im Zusammenhange dargestellt, hg. J.Frerichs, Berlin 1850(SW I, 13), 71; im folgenden 'PT'; s. dazu R.Volp, Praktische Theologie als Theoriebildung und Kompetenzgewinnung bei F.D.Schleiermacher, in: Praktische Theologie heute, hg. F.Klostermann u.a., München 1974, S. 52 – 64.

17 K.Oehler, Ein in Vergessenheit geratener Zeichentheoretiker des Deutschen Idealismus: Johann Gottlieb Fichte (in: Annemarie Lange-Seidl, Hg., Zeichenkonstitution, Berlin 1981, S. 75-81) macht darauf aufmerksam, daß

3. Sprache als "allgemeines Bezeichnungssystem"

Wenn Schleiermacher die Sprache als "allgemeines Bezeichnungssystem" defi
niert (DO 372 f), scheint er mit De Saussures Auffassung übereinzustimmen
wonach sich Sprache als "System" der Zeichen vom Mitteilungsakt (parole
unterscheidet[18]. Diese Annahme vorausgesetzt, muß geklärt werden, wori
die Identität eines Systems liegt, welches nach dem bis jetzt Gesagten nu
unter der Voraussetzung eines Prozesses zu begreifen ist.

a) Ich gehe von jenen Passagen aus, wo das Erkennen "unter der Bedingun
der bloßen Persönlichkeit" beschrieben wird (E 292; DO 131-134 u.ö.): wil
eine Erkenntnis "aus einem Bewußtsein auf das andere" übertragen werden
dann muß der Erkenntnisakt "als ein ursprünglich Inneres ein Aeußeres wer
de(n)"; was "für den Hervorbringenden als A u s d r u c k erscheint"
müsse jedem Anderen dastehn "als Z e i c h e n, woran er vermöge de
Identität des Schematismus das Innere oder den ursprünglichen Act erkenne
(E 305). Zeichen sind Elemente intersubjektiver Gesetzmäßigkeiten. Schon i
den Monologen schrieb Schleiermacher: "Mein Tun ist frei, nicht so mein Wir
ken in der Welt der Geister; das folgt ewigen Gesezen. Es stößt die Freihei
an der Freiheit sich, und was geschieht, trägt der Beschränkung und Gemeinschaft Zeichen ... Notwendigkeit ist außer uns gesetzt ..."[19]. Dahe
heißt, von Sprache reden, vom Allgemeinen reden[20].

b) Die "I d e e d e s S c h e m a t i s m u s" stellt sich am deutlichsten in der "Gebärdensprache" dar, d.h. vor allem bei Kindern, Taub-
stummen und Menschen mit differenten Sprachen, welche sie als "Surrogat"
für intendierte Bedeutungen einsetzen, will doch die Gebärde "nichts anderes
sein als ein Zeichen", also ein Korrelat von Signifikant zu Signifikant (PT
295). Wo sich hingegen die Menschen schon "in einer wahren Gemeinschaf
des Erkennens finden", zeigt sich Sprache als "Tonsprache", welche "au
einem eigenen organischen System" ohne bestimmte Bedeutung beruht (E 30!
f.), nämlich dem der Beziehung von Zeichen untereinander. Es sind Zeichen,
die "als Zeichen schon wieder etwas bezeichnetes sein" wollen (PT 295). Anders die Idee des Schematismus: sie will Antwort geben auf die Frage, ob

---

für Fichte das absolute Ich das Unbestimmte sei, das nicht gewußt werden kann; was tatsächlich im Bewußtsein vorkomme, seien die Bilder ("Die
Bestimmung des Menschen", 1800).

18 M.Frank, Das individuelle Allgemeine, Frankfurt/Main 1977, S. 54 ff., hat
die Vorwegnahme und vorweggenommene semantische Korrektur des Saussure'schen Sprachmodells bei Schleiermacher dargelegt ("erst der Bezug-auf-
Anderes konstituiert den Selbstbezug der Bedeutung", ebd., S. 57).

19 Monologe, Betrachtung (1), hg. v. A.Messer, Stuttgart 1923, S. 22 f.

20 Vorlesungen über die Ästhetik, hg. C.Lommatzsch, Berlin 1842 (SW III,
7); im folgenden 'ÄL',S.638; nicht die Übereinstimmung, sondern die Differenz veranlaßt, von Sprache in der Religion zu reden, also auch von
"Klerus" und "Laie" (E 361; § 209).

bestimmte Zeichen für die Anwesenheit von Bedeutungen fungieren. Die dafür verwendeten Bilder vermitteln – wie bei Kant[21] – zwischen Sinneswahrnehmung und Verstand. Im Unterschied zu Kant ist das System, auf das sich alles Wissen nach Schleiermacher reduzieren läßt, "Sprache": ihre Allgemeinheit versteht sich entweder als Resultat (Schemata) oder als Präposition (Urbilder) der Denkoperationen (DO 133). Dies ist der Grund, warum das Allgemeine für die Tonsprache "organisch" gedacht sein kann. Das organisch gedachte Allgemeine wird nur dann zum Signifikanten in Korrelation zum Signifikat, wenn das Zeichen jenseits des Ausdrucks auf ein System schließen läßt, das jenem System entspricht, in dem sich die Ideen als "Totalität aller Erkenntnisacte" darstellt (E 305). Deshalb müssen die Schemata beides sein: im Interesse der "Identität des menschlichen Bewußtseins" (DO 374) "allgemein", in Rücksicht darauf, daß diese Identität nur als die "eines Prozesses aller Denkenden" gedacht werden kann (DO 129), "verschiebbar" (DO 31) – Bühnenbilder quasi, aus denen das Bewußtsein besteht, modus der Kunst.

c) Mit der Kunst scheint die Sprache darin übereinzustimmen, daß für beide die Zeichen nicht aus sich heraus existieren, sondern "A c t e" d e s B e w u ß t s e i n s repräsentieren[22]. Für die Sprache, die Mißverständnisse verringern will, ist das erprobende Vergleichen der Zeichenrelationen kennzeichnend, aber ebenso der Wille zur Verständigung. Deshalb sind "die eigentlichen Appellativa der erste Kern der Sprache und nichts anderes als die Fixierung der allgemeinen Bilder" (DO 372). Auch die Sprache als System wäre ohne Rücksicht auf die Situation unsittlich, sie ist auch in ihrer allgemeinsten Funktion, nämlich Wissen zu organisieren, auf menschliche Praxis bezogen.

Selbst der "Begriff" ist nie ganz vom Kommunikationsvorgang ablösbar, immer nur eine "schwebende Einheit" (DO 196, 342 f.). Denn die Sprache ändert in jedem Wort ihren Gesamtsinn, so daß ein auch noch so universeller Sprachcode, wie Manfred Frank treffend feststellt, "nur aufgrund prinzipiell instabiler Übereinkunft ihrer Sprecher" behauptet werden kann[23]. Auf diese Weise entgeht Schleiermacher der Versuchung, Sprache entweder mit den Gesetzen des Denkens (Locke) oder denen eines naturgegebenen Universums (Schelling) gleichzusetzen. Und im Unterschied zu De Saussure ist sie nicht bloß ein Zeichensystem im syntaktisch eingeschränkten Sinn, sondern sie bleibt immer auch auf die praktisch zu denkenden Zeichenvorgänge bezogen, mithin ein "allgemeines Bezeichnungssystem" (DO 372 f., vgl. E 161 u.ö.).

---

21 Schematismuskapitel in der "Kritik der reinen Vernunft".
22 E 298-301; jede erkennende Funktion prozediert durch die Bewegung der relationalen Beziehung, auch in den Gegensätzen des Sprachsystems. Zum Morphem und Phonem s. R.Volp, Die Semiotik F.Schleiermachers, a.a.O., S. 126-128.
23 Das individuelle Allgemeine, a.a.O., S. 196 f.

4. Kunst als offenes Bildungssystem

a) Den fundamentalsten Unterschied zur Kunst bildet nicht die Sprache, son
dern die   W i s s e n s c h a f t : "Die Wissenschaft ist Receptivität, di
Kunst ist Productivität"[24] . Während die Sprache auch als Anwalt des Allgemeinen in ihrem notwendig praktischen Bezug zum Sprechen als System de
Z w e c k e des Bezeichnens gedacht werden muß, stellt sich die Wissen
schaft auch in ihrer geschichtlichen Erscheinung als dasjenige ethisch
"System" dar, auf das alles Wissen als Resultat oder als Präposition bezoge
wird (DO 133; E 488, A.1), als ein System "von F o l g e r u n g e r
aus einem bestimmten Punkt" (E 519).

Die Mathematik erweist zudem, daß mit noch anderer "Verknüpfung festge-
wordener Elemente" (ÄL 640 f.) als die der sprachlich orientierten Schemat
zu rechnen ist. Aber je deutlicher eine Wissenschaft auf Resultate und Präpositionen verwiesen wird, desto nötiger braucht sie Hypothesenbildung, Erfindung und also "Kunst". Daher kann Schleiermacher sogar sagen, Mathematik sei nur Wissenschaft, "als sie Kunst ist" (DO 134), wissenschaftliche Verfahren müssen Kunst geworden sein, wie umgekehrt "alles, was sich in der
Kunst auch nur ansatzweise als Theorie zeigt", Wissenschaft werden müsse
(DO 76).

Auch wenn sich das Allgemeine in der Kunst unter den Aktionen des subjektiven Erkennens findet und zeigt (E 362, § 213), wird die Kunst insofern
zu so etwas wie Sprache, als sie das Allgemeine zum Signifizieren bereitstellt, das heißt, Kunst als so etwas wie ein System denkbar macht. Die Andersartigkeit dieses Systems liegt darin, daß Kunst alles umfaßt, was das
bloß Reproduzierbare überschreitet[25] : Anwalt gegen den Tod einer Sprache
und Gegenpol wissenschaftlichen Interesses.

Bleibt die Frage: wie kann "Kunst" in diesem weiten Sinn von "Productivität" ästhetisch faßbar und als so etwas wie Sprache von Religion verifiziert
werden? Das läßt sich am Prinzip der Kunst: dem Gefühl und an ihrem Ziel,
der Vollkommenheit zeigen.

b) Dem   G e f ü h l fällt die Aufgabe zu, jede Einzelheit - sei es eine
atmosphärische "Notiz" (PT 73), eine authentische "Stimmung" (ÄO 52) oder
die "Andeutung" eines größeren Ganzen - als "nie vom Allgemeinen getrennt"
zu erkennen (ÄO 75). Andernfalls verläßt man die Grenzen der Kunst (als
die Grenzen des authentischen Gefühls), z.B. beim bloßen Spiel mit dem Ein-

---

24 Ästhetik, hg. v. R.Odebrecht, Berlin/Leipzig 1931, S. 120; im folgenden
   'ÄO'; vgl. E 303; DO 73; 133: "je mehr das persönliche in Rechnung
   kommt, umso weniger ist in der Operation das Wissen anwendbar; nur je
   mehr es wegbleibt, umso mehr tritt die Idee des Wissens heraus ...".
25 Das in aller Produktion Identische wird als "Bewegung" gekennzeichnet
   (ÄO 46); sie ermöglicht den hermeneutischen Zirkel - wie jede Bewegung,
   in der "das relativ Bewußtlose immer mehr in Bewußtes verwandelt wird"

zelnen bzw. dessen Bedeutung oder bei bloß dekorativen, polemischen oder pornografischen ("Lasziven") Produktionen, die nicht wieder aufs Allgemeine zurückführen und die bewirken, daß das Einzelne bedeutungslos bleibt, bloßes Gerede etwa (ÄO 73 f.).

Die Ethik, welche "alles wahrhaft menschliche Handeln umfassen und verzeichnen" soll (E 246), wäre verfehlt, würde sie nicht das in allem Bewußtsein Identische als Produktivität der Vernunft respektieren; da jedoch die schon bekannten Sprachen stets eine fehlende Einheit in der Brisur zwischen Bezeichnendem und Bezeichnetem aufweisen, müssen die Zeichen sowohl in ihrer "Vielheit" – selbst unter ihren indexalischen Funktionen – als auch in symbolischen Darstellungen zu noch oder wieder unbekannten Sprachzusammenhängen generieren können. Das "Alphabet", um die stärksten Erregungen darzustellen, "ist entweder verloren oder noch nicht gefunden" (E 316, § 236). So ist es naheliegend, daß Schleiermacher alle Künste im engeren Sinn "uneigentlich und versteckt" "gleichsam als Ausfluß der Poesie" betrachtet (E 314, § 226), aber auch entsprechend die Kunst im weitesten Sinne, die ars vivendi – etwa als "Staats-Kunst", als "Kunst der Gesprächsführung" (Dialektik) oder überhaupt als die Kunst, in Werken hervorzubringen, "was sein soll und darf"[26] – ethisch neu bestimmt.

Im Unterschied zur Sprache hält die Kunst das allgemein Angenommene (also auch die ästhetischen Kodes!) nicht zuerst für vergleichbar, sondern für metasprachlich "verschiebbar" (E 362), denn die Geburt neuer Systemelemente muß individuell angemessen und situativ verhältnismäßig sein: das Gefühl erweist seine vernünftige Potenz in der Fähigkeit, im rechten Moment zutreffend etwa das Reden zu ermöglichen oder auszuschließen. Seine Aufgabe ist es, "Einheit und Mannigfaltigkeit" auseinanderzuhalten und zu binden (E 625, § 39; ÄO 44): daher wird das Gefühl auch "combinatorisches Princip" (E 311, A.2; 646) und die (individuell verankerte) "differente Thätigkeit" (E 646) genannt[27].

Eine erkennende Funktion ist das Gefühl dadurch, daß es (unter dem Charakter eigentümlicher Bestimmtheit) für die "bezeichnende Thätigkeit" selbst steht (E 647): es steuert die Zeichenvorgänge zwischen unendlichem Progreß und endlicher Bestimmtheit, stets die Sprache auf ihrer produktiven Seite mitverantwortend. Zugleich steht das Gefühl für das höchst mögliche Bewußtsein, die "Stetigkeit des Selbstbewußtseins" (E 646), weil ihm im Entscheidungsakt das Woher absoluter Abhängigkeit als Urakt eigener Freiheit trans-

---

(Die christliche Sitte, hg. L.K.Jonas, Berlin 1884, S. 509; im folgenden 'CS'.)

26 Vertraute Briefe über F.Schlegels Lucinde, Jena/Leipzig 1907, S. 73.
27 Im Zusatz zur Ethik von 1816 heißt es: "zwischen jeden Moment tritt Selbstbewußtsein, weil sonst die Acte nicht zu unterscheiden wären": E 311, Anm. 1

parent wird — ihm wird "das Gesez, bezogen auf einen bestimmten Fall" als Möglichkeit neuer Zeichenkombinationen für sich selbst wie für andere bewußt[28].

Selbstredend ist für Schleiermacher auch das "Bewußtsein" nur "Symbol" des bezeichnenden Handelns — das "unmittelbarste freilich" (E 573, § 30; 433 586). Das Gefühl wird zum "Träger aller anderen Funktionen" des Menschen (DO 286), weil es Tätigkeit zugleich in doppelter Weise dimensioniert: Bewußtsein seiner selbst als Subjekt wie Bewußtsein, "Exemplar einer Gattung zu sein"[29]. Immer charakterisiert das Gefühl: "1. die erkennende Function 2. das Eigenthümliche im Gegensatz zum Identischen" (ÄO 46; 73 f). Dadurch wird sichergestellt, daß die von ihm gesteuerte Kunst "nicht Anhang .. eines Empfindungsmomentes, bloß Begleitung" ist, sondern ein r e i n e s Handeln, also ein Darstellen im Zustand reiner und voller Besinnung, ein immer leidenschaftsloses und gemessenes" (CS 509)[30]. Die anderen Funktionen (also etwa wirksames oder reinigendes Handeln) werden nicht ausgeschlossen, sondern in ihrem ineinander Übergehen bewußt. Diese relative Unabhängigkeit gegenüber festgelegten Konstruktionen macht das Gefühl zur höchsten Interpretanten der die Sprachen und Metasprachen konstituierenden Vorgänge, zum gesuchten "Differential"[31], mit dem alle Zwecke als sittlich erkannt werden können (PT 39).

c) Des Begriffs der "V o l l k o m m e n h e i t" bedient sich Schleiermacher, um die Vollständigkeit der ethisch zureichenden Zeichenvorgänge ins Bewußtsein zu rufen. Denn die Kunst, in Werken hervorzubringen, "was sein soll und darf"[32], betrifft alle Verhältnisse, deren Regeln erkannt und zu jeweiligen Stärkung oder Schwächung einer Wirkung im Blick auf das Ziel bedacht werden müssen. "Für alles, was Kunst ist", gilt: es soll ein "gewisses Verhältnis der Regeln zur Aufgabe" gefunden werden (PT 37).

Auch wenn man Kants Postulat der Kunst hinsichtlich der "Zwekkmäßigkei

---

28 E 312, § 215; vgl. ebd., 311, Anm. 2 und §§ 211–214. Danach beruht die "Möglichkeit des Geselligen" darauf, "die Eigenthümlichkeit zur Anschauung zu bringen, welche nur in einem vermittelnden Gliede sein kann, welches zugleich Ausdruck und Zeichen ist" (§ 211), Organ des Subjekts und Symbol für andere, "Zeichen für die synthetische Combination" (§ 214)
29 CS 510; vgl. PT 839. Das "schlechthin Innere" kann nie selbst Symbol werden, sondern nur solches "suchen oder hervorbringen" (E 576, § 33)
30 Vgl. GL 3, § 3; dadurch gelingt es Schleiermacher, das Ikonische nicht nur als Schema repräsentativ, sondern auch funktional in Bewegung zu denken, als produktive Urbilder. Der Zweck wird nicht "durch Nachahmung, sondern nur durch Aufschließung der eigenen eigenthümlichen Bestimmtheit" erreicht: E 667.
31 Für Schleiermacher "ist mit jeder Empfindung schon das Differential einer mimischen, und mit jedem Affekt das einer transitiven Bewegung verbunden" (Begriff des höchsten Gutes III, 2, 487). Ebenso E 447, § 46
32 S. o. Anm. 18; Wissenschaft wird dann "Kunst", wenn "in jedem Act all vier Momente als Gefühl vollkommen menschlichen Bewußtseins vereinigt werden: Quantität, Lust, Gewissen, Religion" (E 312, Anm. 3).

ohne Zwekk" [33] folgt, ist die subsidiare Funktion der Kunst gegenüber der Sprache bei Schleiermacher nie "bloß subjektiv" [34]: wenn sie "ohne eigentlich(en) Zwekk" poetische Funktionen erfüllt, müssen Detail- und Globalziele übereinstimmen, muß gerade Erkenntnis "im Moment des Wohlgefallens" zur Ruhe kommen können (DO 7). Vollkommen ist die Produktivität daher an jenem Punkt, an dem die kombinatorischen Vorgänge über dem Weg der "Erregung" (mit ihren "Anzeichen", d.h. Indices der "Begeisterung") und der "Urbildung" (welche "Regel und Maaß" festlegt) zur individualen "Ausbildung", der "wirkliche(n) Darstellung selbst" gelangen (ÄO 36; 92; 110 f.). An den "Asymptoten" der realen Zeichenvorgänge gegenüber den hypothetischen wird die schlechthinnige Differenz zwischen unübertragbarer innerer Anschauung und Mitteilungsdrang evident[35].

Die "wirkliche Darstellung" vollendet sich in organischer und elementarischer Vollkommenheit: jene tritt ein, wo "das Ganze im Einzelnen mitgesetzt" ist (ÄO 110), so daß es nicht nur in sich Totalität darstellt, sondern auch "in einem organischen Verhältnis zur Totalität seines Kunstgebietes stehe" (ebd.); diese, die elementarische Vollkommenheit erkennt man überall dort, wo sich "die freie Production" vom "traumartig Chaotischen" , vom "Kunstlosen" entfernt und als "fixierte, bestimmt unterschiedene" Zeichen mit appellativem Charakter zu so etwas wie Sprache wird (ÄL 222; ÄO 94–107). Es sind Symbole, in denen "die ganze Welt von einer bestimmten Seite ergriffen ist" (ÄO 101; 106; 323 u.ö.); sie geben zu erkennen, daß ebenso das kleinste Epigramm wie die große Tragödie in sich einen je absoluten Wert bergen, d.h. einen "Wert ohne Vergleichung", der das innere Bild "vollendet" (ÄJ 215). Sie sind aber nur denkbar, wenn man das, was gewöhnlich "Vernunft" heißt, "die bezeichnende Thätigkeit selbst" genannt wird (E 584, § 45), läßt sich doch "jede Sprache in eine Zeichensprache übersetzen" (E 161 f.).

Was Schleiermacher an den Grenzpunkten der Ton- und Gebärdensprache als syntaktische und als semantische Zeichenbeziehung entwickelte und was in den semantischen Achsen der Ethik als Organ und Symbol konstitutiv für alle Erkenntnisbeziehungen wurde, sind demnach semiotische Prozesse. Dadurch ist es gerechtfertigt, Kunst sehr generell in Bewegungen, d.h. in Prozessen zu sehen, die dadurch ihren Sinn erfüllen, daß sie jene der Sprache fehlende Einheit zwischen Bezeichnendem und Bezeichnetem hilfsweise um-

---

33 PT 788; vgl. 65 u.ö. Zu Kant s. Kritik der Urteilskraft § 42, Akad. Ausg. 5, 301.
34 Ebd., S. 188 (Einleitung).
35 Als Element der Tugendlehre meint Vollkommenheit die Übereinstimmung idealer (hypothetischer) und realer Kodes: E 200 ff.; 563 (Zusatz v.1824).

schreiben. Es wäre unsittlich, eine solche Funktion dem Wissen auch im Sein unterzuordnen, da erst die Gleichzeitigkeit von Erkenntnis und Eigentümlichkeit darüber entscheiden kann, ob sich Tun vollendet. Über die Differenz symbolischer Werte untereinander hinaus, ist es die Differenz zum absolut gesetzten Wert des Tuns, welche das Interesse am Göttlichen und also tendenziell Religiösen vom Interesse am bloß "Richtigen" unterscheidet. Das zeigt sich in jeder Kommunikations- und Erkenntnisbeziehung als "erhöhtes" Bewußtsein. Hier wird Kunst zu einer die Sprachen generierenden "Sprache", welche die stets schon organisierten Formen angemessen umbildet. Als Anwalt der zugleich einmaligen wie unabschließbaren Würde des Einzelnen bildet sie Werte "ohne Vergleichung", welche jedoch die inneren Bilder zu Elementen der Zeichenverständigung vollendet. Auf diese Weise kann Kunst, auf die soziale Dimension des Festes gewiesen, Sprache von Religion werden.

5. Das religiöse Fest als Zeichenprozeß

Das prinzipiell unübertragbare, weil authentische Gefühl erhält mit dem Begriff der "Zeichensprache" die Chance, das sprachliche Prinzip der Verständlichkeit (E 128) und damit die die Sprache bedingende soziale Dimension eigenständig zu erschließen. Sie wird im Begriff des Festes metasprachlich und ästhetisch virulent.

Das Fest, in dem sich die Sprachen produktiv je neu kombinieren, liegt "im Gebiet der Kunst" (PT 839). Indem man jene Symbole, welche dem System des Wissens als "Bezeichnung" zur Verfügung stehen, als Spiel und als Kunst je neu organisiert und somit gemeinsam neue Symbole und Sprachkreise bildet (CS 58-61), bleibt die Sprache nicht auf das soziale Symbol der Arbeit bezogen; vielmehr wird sie als Fest "gemeinsame Darstellung eines gemeinsamen Interesses" (PT 839). Das Fest steht damit im Mittelpunkt des sozialen Lebens, "die Thätigkeit selbst", denn es ist im sozialen Zusammensein das "erhöhte Bewußtsein" schlechthin (PT 71; vgl. CS 61). Hier ist die "Darstellung" "die Hauptsache" (PT 736). Dies läßt sich semantisch (a), syntaktisch (b) und pragmatisch (c) auch für die Religion erweisen.

a) "Das Einzelne ist nur wahr, sofern es d a s   A l l g e m e i n e des Produzierenden in sich trägt" (ÄO 80) lautet der Schlüssel für das Verständnis ästhetischer Wahrheit. Dieses Allgemeine lebt nicht vom "Geschäft", "die Welt so aufzunehmen, wie sie gegeben ist", nicht vom relativen Gegensatz zwischen Mensch und Welt, der Grundlage des objektiven Erkennens (ÄO 80). Im Unterschied zur "organisierenden Thätigkeit, welche Arbeit ist", ist darstellendes Handeln Spiel und Kunst, die Differenz ist ihr Gegenstand, nämlich die "Beschäftigung des Menschen mit sich selbst" (ÄO 80). Die "gemeinsame Darstellung des gemeinsamen Interesses" im Fest (PT 839) gilt daher nicht der Aufgabe, sondern der Auflösung des Gegensatzes von Mensch und Welt, so daß dafür Benennungen - also Prädikationen - entstehen wie "das absolute Sein" oder "das Heilige" (ÄO 81). Dies gilt nicht, wenn das Allgemeine als Gesellschaftliches, Spielerisches oder Dekoratives gedacht ist (ÄO 66 f.), sondern nur, sofern der Mensch durch das Allgemeine "zum Bewußtsein seiner Freiheit gelangt" (ÄO 83): wo dies gelingt, ist er zu einem "permanenten Bewußtsein des Göttlichen in sich selbst" fähig (ebd.). Dieser Punkt ist deshalb notwendig zu denken, weil "jeder ein anderer ist als der andere" (PT 73), so daß die "Stimmung" als die "Permanenz des religiösen Gefühls" nicht Ausdruck eines allgemein Gedachten ist, sondern aus unendlich vielen "Zeichen eines Allgemeinen" in jedem Produzierenden besteht (PT 71).

b) Das Fest als sozialer Ursprungsort der bezeichnenden Tätigkeiten wird von Schleiermacher - insbesondere im Blick auf die liturgische Praxis - auch s y n t a k t i s c h überprüft. Anders als das Allgemeine muß das eigentümliche Erkennen daraufhin befragt werden, wie sich der Vernunftgehalt "graduiert" (E 315; § 230). Es ist die Vollständigkeit einer gottesdienstlichen Handlung, weniger ihre "Richtigkeit", welche den intendierten Sinn preisgibt. Da das Richtige aber um des Sprachcharakters willen nicht ausgeklammert werden darf, überprüft Schleiermacher die Vollständigkeit der Handlung dadurch, daß er die Integrale aller bildenden und bezeichnenden Tätigkeiten nämlich das "Darstellen" und "Mitteilen" als gegenseitige Zeicheninterpretanten untersucht[36].

Der Zeichenkosmos des darstellenden Handelns, kennzeichnend für christliche Gottesdienste, muß um der Wahrheit willen vom Kosmos des Mitteilens her überprüfbar sein. Deshalb bündelt Schleiermacher die Zeichenrepertoires der Gottesdienste in Einheiten, in denen die "mitteilende Darstellung" überwiegen: Liturgie und Gesang auf der einen Seite korrespondieren solchen, in denen die "darstellende Mitteilung" auf der anderen Seite prägend ist wie Rede und Gebet (PT 75 ff; 786 ff.). Erst im Zusammenwirken aller vier Elemente erhält der Gottesdienst jene Struktur, welche Bedeutung und Wirkung des intendierten Gesamtzeichens Gottesdienst aufs Vollständigste in Übereinstimmung bringt. In dem Maße, in dem eines der genannten Elemente aufgrund überschießender Zeichenrepertoires bestimmte Funktionen eines anderen Ele-

---

36 Schon in den Reden über die Religion hatte Schleiermacher den "einförmigen Zeichen" im Wissensinteresse die des religiösen Festes gegenüber gestellt, wo "alles einer doppelt und dreifachen Darstellung bedürfte, indem das ursprünglich Darstellende wieder müßte dargestellt werden ..." (R 182 f.). Reden und Hören ist jedem gleich unentbehrlich, weil jeder, seine Ergänzung suchend, "lauscht auf jeden Ton", den er für "den der Religion" erkennt: so organisiert sich gegenseitig Mitteilung, ist doch der "eigentliche Zwekk der religiösen Gemeinschaft die Circulation des religiösen Bewußtseins" (PT 65).

ments ersetzen oder ergänzen kann, gerät es in die glückliche Lage, auch als unvollständige Gottesdiensteinheit Vollkommenheit im oben beschriebenen Sinn darzustellen: für Schleiermacher ist dies am ehesten der Gesang, der etwa an die Stelle einer Predigt treten kann (vielleicht denkt er an die "Singstunden" der Herrnhuter), aber auch an die eines liturgischen Stückes (z.B. Credolied) oder eines Gebetes (PT 83 ff.). Solche Operationen gelingen natürlich nur dann, wenn Sprache und Kult, Mitteilung und Darstellung nicht als addierbare Formen, sondern als Einheiten kultureller Zeichen angesehen werden, welche sich als semantische Achsen eines Prozesses gegenseitig interpretieren. Dadurch wird das Wissenwollen zum notwendigen Katalysator des Glaubenwollens, nicht zum segmentierten Bildungsziel, mit dem die Utopie des sog. Gesamtkunstwerks scheitern mußte.

c) Die p r a k t i s c h e Frage nach dem Gottesdienst erweitert sich nach dem bisher Gesagten zugleich auf die individuale wie universale Dimension des Festes: hier müssen die Entscheidungen zugleich "alle Actionen des subjektiven Erkennens" im Einzelnen wie "die höchste Tendenz der Kirche im Ganzen" im Auge haben. Jeder religiös Affizierte soll, wo und wie immer sein Wissensschatz erweitert wird, das gemeinsame Leben eigenständig aussprechen und zudem jeden Augenblick Zutritt zum gemeinsamen "Kunstschaz" haben. Auch er "nährt" ihn, aber er kann sich dadurch in jedem Augenblick Darstellungen aneignen, wenn "seine darstellende Production mit seinem Gefühl nicht Schritt hält (E 362). Damit wird das Fest nicht nur zu einer Entlastung für die von authentischen Gefühlen ungedeckten Mitteilungen – incl. künstlerische Aussagen, wie sie die Nazarener initiierten! – , es setzt auch den empirischen Ort für das theologische Prinzip des "extra nos", die Unverfügbarkeit Gottes im menschlichen Handeln. Denn das Fest, in dem "die gesamte Kunst des Volkes ... lebt und webt" (PT 839), ist deshalb bester Interpretant des geglaubten Gottes, weil die im Gottesdienst Feiernden ebenso schon religiös sind wie die "geselligen Vereinigungen nur für Menschen sind, die schon fröhlich sind" (PT 73): Ihre Differenzen zeigen sie sprachlich in der Nötigung zum Mitteilen, ethisch dagegen in der Darstellung gegenüber dem gemeinsam intendierten höchsten Wert. Da aber von Gott, der "sich zeigt" (PT 67), dem Signifikat im Signifikat "Religion" nur mittelbar zu reden ist, ist niemand sein unmittelbares "Symbol", jeder aber "Organ des göttlichen Geistes" (CS 525), ein also konventionalisiertes Schema bzw. Bild höherer Regeln; wie jeder Kode legt es in aller Unvollkommenheit die Wirkungen der Zeichen praktisch fest[37].

Ein "wirkliches und lebendiges Fest", zumal als Gottesdienst, gelingt somit nur, wenn es "nicht zu bestimmten erziehenden Zwekken durch Regie-

---

37 Vgl. U.Eco, Zeichen, a.a.O., S. 184.

ungen verordnet wird", sondern "von selbst aus dem Volke ausgehet" (PT
'0). Denn nicht ein das Mißverstehen korrigierendes Mitteilen, vielmehr das
durch den Kosmos der Botschaften angeregte Darstellen hat den Vorrang: es
sind Tätigkeiten, die zugleich "in sich ruhend, doch (auch) gemeinsam"
sind, obwohl sie, "in die Erscheinung heraustretend, nichts Gemeinsames haben als das äußere Erscheinen" (PT 71). Auf diese Weise bleibt die Würde
des von Gott in den Einzelnen investierten Allgemeinen bis ins kleinste Detail
jeder Kommunikationsbeziehung gewahrt. Aber zugleich macht Schleiermachers
Auffassung vom Gottesdienst als ein grundsätzlich unabschließbarer ästhetischer Zeichenvorgang darauf aufmerksam, daß ein den Glauben übergreifen-
des Wissen jede Lebenskunst ethisch pervertieren würde.

5. Die erkenntnistheoretische Alternative

In der Offenheit individualer und sozialer Beziehungen als "Erlebnis" zeigt
sich Schleiermachers Unabhängigkeit von empiristischen wie spekulativen
Denkmustern seiner Zeit. Seine Relationengleichung, nach der sich "Kunst zu
Religion wie Sprache zum Wissen" verhält (E 324), schließt ebenso die Pragmatik bloßer Affektengläubigkeit aus wie eine mit Sicherheit zu benennende
oberste Gestalt von Wissen und Glaube. Jede Zeicheneinheit hat einen Indifferenzpunkt, in dem sie nur "relativ für sich gesezt" ist (DO 74). Wer im unendlichen Interpretationshorizont intersubjektiv gültige Repräsentationen ausmachen will, muß sich entweder orientieren an der Gesamtheit all dessen,
was partiell existiert, an dem mit "Welt" prädizierten "terminus ad quem"
(DO 307; 314); oder aber an ethisch evidenten Zeichenrelationen: sie sind
orientiert an einem Signifikat, "wo alle Gegensätze ausgeschlossen sind" und
das, ohne vorzeitliche Spekulationen zu benötigen (DO 314), unter dem Prädikat "Gott" als "terminus a quo" auch logisch operationabel ist (DO 307; 314).
Die semio-logische Denkweise Schleiermachers ermöglichte es, mit Hilfe dreier kategorialer Grundfunktionen zu verhindern, Glaube und Wissen mit falschen Schlüssen voneinander abzuleiten oder aber gegenseitig zu überdecken.
Wenn Unübertragbarkeit und Mitteilbarkeit auseinander gehalten werden
sollen, muß alles als "Welt" Prädizierbare in drei Hinsichten unterschieden
werden: es ist entweder 1. "Object für die Erkenntnis", oder 2. "Symbol für
die Darstellung" oder 3. "Organ für beides" (E 88; vgl. E 305; DO 151 f.).
Da die Objektbeziehung Relata des Bewußtseins im Blick hat, die bestenfalls
als Indices unmittelbar zum Subjekt sind (E 599), da darüberhinaus das
Symbol die metasprachlich erkennbare Intention der Zeichenvorgänge meint
und das "Organ" deren regelgebende Präpositionen, sind hier die erkenntnistheoretischen Kategorien anzunehmen, welche das System Schleiermachers

begründen[38].

Wenn sich der Mensch als "Organ des göttlichen Geistes" (CS 525) unmittelbar vom transzendenten Grund abhängig fühlt, dann auf eine Weise, welche die dort unterstellte größte innere Freiheit impliziert: göttliche "Weisheit" und "Liebe" (GL § 164–169) sind als die Kunst der "Einfachheit" und der "Keuschheit" (PT 741) Evidenzen des Verhältnisses zu sich selbst und zu anderen in und unter den Zeichenvorgängen des Lebensstils und der Lebensäußerungen. Diese permanente Nötigung zur Kunst der Gruppenprobe erweist die Ikonizität recht unplatonisch als Funktion eines kombinatorischen Zeichenvorgangs wie die Symbolizität unaristotelisch als Fähigkeit zu metasprachlichem Fortschritt erkennbar wird.

So ist es die Komplexität rationaler und die Integrität affektiver Zeichenvorgänge, welche Schleiermacher dazu veranlaßte, Kunst als so etwas wie Sprache von Religion zu beschreiben. Er war mit Heinrich von Kleist der Auffassung, daß auch der Kunst das Paradies verriegelt sei mit der Folge: "Wir müssen die Reise um die Welt machen und sehen, ob es vielleicht von hinten irgendwo wieder offen ist" (Über das Marionettentheater, 1810). Auf dieser Reise ist der Glaube an das Paradies nie identisch mit den Zeichen, die davon künden, so sehr sie einander brauchen.

---

38 Vgl. R.Volp, Die Semiotik F.Schleiermachers, a.a.O., S. 135–142.

THE ROLE OF MUSIC IN SCHLEIERMACHER'S WRITINGS

von **Albert L. Blackwell**

Die Muse der Harmonie, deren vertrautes Verhältniss zur Religion noch zu den Mysterien gehört ...

... Über die Religion (1799)

Schleiermacher's writings from around the year 1800 – Über die Religion, Monologen, and Weihnachtsfeier – make repeated reference to music and employ a multitude of musical images. Consideration of these musical references and images in relation to Schleiermacher's discussions of music in his lectures on aesthetics and in certain of his other writings discloses a predominant role of music in Schleiermacher's writings. For Schleiermacher musical experience exemplifies a most intimate access to "immediate self-consciousness," so central to his interests in these early writings. More particularly, Schleiermacher finds in musical experience the nearest analogies to religious self-consciousness, which in later writings he calls our "feeling of absolute dependence."

1.

We should begin our considerations with a few observations concerning the role of music in Schleiermacher's personal life. Schleiermacher always admitted, and on occasion gently lamented, a lack of artistic sensitivity, temperament, and talent in himself.[1] Yet he attained enough keyboard mastery to play chorales for his own enjoyment,[2] and he made provision for music lessons within his household. For the musical instruction of his daughters during the years around 1830, for example, he secured the services of Otto Nicolai, later to become the composer of many operas, including the perennially popular Die lustigen Weiber von Windsor.[3] "Gute Lieder," Schleiermacher once remarked, "sind eine gute Mitgabe fürs Leben."[4]

---

1 On doubts concerning his artistic sensitivity, see Schleiermacher als Mensch. Sein Werden. Familien- und Freundesbriefe 1783 bis 1804, ed. Heinrich Meisner, Gotha 1922, p. 314-315. On his relatively unartistic temperament, see Monologen. Eine Neujahrsgabe, critical ed. by Friedrich Michael Schiele (Leipzig 1902), 34. On his "certain natural deficiencies" in artistic talent, see Aus Schleiermachers Leben in Briefen, Vol. I, 2nd ed., Berlin 1860, p. 162.

2 Friedrich Schleiermachers Briefwechsel mit seiner Braut, ed. Heinrich Meisner, Gotha 1919, p. 36, 229.

3 See Walther Sattler, "Beiträge zur Schleiermacherforschung," Theologische Studien und Kritiken, Vol. 89 (1916), p. 529-530.

4 Walther Sattler, "Vergessene Dokumente aus dem musikalischen Leben Schleiermachers," Zeitschrift für Musikwissenschaft, Vol. 7 (October, 1924 – September, 1925), p. 539. See also Schleiermacher's expressions of delight

Schleiermacher attended musical performances with pleasure, if somewha
infrequently, preferring more intimate recital settings to larger concert productions.[5] As is well known, the inspiration for his Weihnachtsfeier came
to him "ganz wunderbar" as he was returning from a flute recital.[6] Of music
on a larger scale he much preferred sacred music, such as that performed
by Berlin's Singakademie. It reminded him, he said, of festival music and
antiphonal choruses from his Herrnhuter upbringing.[7] After his move from
Halle to Berlin in 1807, Schleiermacher became a lifelong member of the
Singakademie, in which he sang tenor.[8] "Mit großer Freude bin ich jeden
Dienstag da," he wrote to his fiancée in 1808; "an diesem Tage weißt Du
bestimmt, wo Du mich zu finden hast Abends zwischen Sechs und Sieben."[9]

2.

Schleiermacher's involvement in the Singakademie brings us to a few observations concerning his view of the role of music in public life, and in particular, music's role in the life of the church. He loved sacred choral music
for reasons far deeper than mere nostalgia for his upbringing in Herrnhuter
pietism. Sacred oratorios in the concert style, while not the most appealing
form of sacred music to Schleiermacher personally,[10] nevertheless come in
for praise in the Weihnachtsfeier, where Eduard, the host of the Christmas
Eve celebration, speaks of Händel's Messiah as "eine compendiöse Verkündigung des gesammten Christenthums."[11] At one point in the Reden Schleiermacher even appeals to such concert productions as analogous to the complex, cooperative life of the church.[12]

But Schleiermacher's chief love was for sacred music on the less heroic
scale of actual church usage – the participatory chorales, hymns, and choruses of Christian worship.[13] Even in the civic context of the Singakademie he
valued the unifying power of such music.[14] No other form of expressive activity, he believed, can offer so many such direct participation in the
creation of beauty.

over a domestic musicale performed by members of the Dohna household:
Schleiermacher als Mensch, p. 104.
5 See Schleiermacher als Mensch, p. 119–120, 205.
6 Aus Schleiermachers Leben, IV, p. 122.
7 Schleiermacher als Mensch, p. 198.
8 Sattler, "Vergessene Dokumente," p. 539, 543.
9 Briefwechsel mit seiner Braut, p. 229.
10 See his dubious comments in anticipation of hearing Haydn's Die
Schöpfung in Schleiermacher als Mensch, p. 198, 205.
11 Weihnachtsfeier, critical ed. by Hermann Mulert Leipzig 1908, p. 63.
English tr. by Terrence N.Tice, Christmas Eve: Dialogue on the Incarna-
tion,Richmond, Virginia 1967, p. 47.
12 Reden über die Religion, critical ed. by G.Ch.Pünjer, Braunschweig 1879,
p. 223. English tr. by John Oman, On Religion: Speeches to Its Cultured
Despisers New York 1958, p. 190. See also Schleiermacher's term geistiges

Schleiermacher valued even more highly the proclamatory and unifying functions of music in the context of the church's communal worship. In the Weihnachtsfeier Eduard says of genuine religious feeling: "Man redet so viel darüber hin und her, wie man dem gemeinsamen Ausdrukk desselben wieder aufhelfen könnte; aber fast Niemand denkt daran, daß leicht das Beste dadurch geschehen möchte, wenn man den Gesang wieder in ein richtigeres Verhältniß sezte gegen das Wort." [15]

Over twenty years later, through his services on the Gesangbuch-kommission of the Berliner Kreissynode, Schleiermacher was to labor in reality to remedy the complaint of his fictional character Eduard. The Vorrede to the resulting Berliner Gesangbuch of 1829, authorship of which has been attributed to Schleiermacher, concludes its list of five criteria of selection: "Zuletzt lag es keineswegs in der Überzeugung der Synode, daß in Gesang-büchern dieser Art, welche nicht den Bedürfnissen der wissenschaftlichen Forschung, sondern allein der öffentlichen Erbauung sowohl der jetzt lebenden als der nächstfolgenden Geschlechter gewidmet sind, an den aufgenommenen Liedern durchaus nichts geändert werden dürfe. Vielmehr sollte zwar jedem Liede sein eigentümliches Gepräge gelassen, aber die schonend bessernde Hand unbedenklich angelegt werden ... wenn der Ausdruck sprachwidrig oder für den guten Geschmack anstößig oder nicht verständlich genug gefunden ward." [16]

Thus Schleiermacher put into practice his conviction that church music, enlivening the Word, most adequately serves "als Äußerung des frommen Gefühls" [17] – or even church music without words, for that matter. [18] He believed that sacred music, together with sacred visual art, best displays genuine piety outside the church as well, and can help to awaken pious sensibilities "in Menschen, die selbst gar nicht fromm sind." [19] But Schleiermacher cautions that if sacred music strives directly for such public effects, it is cer-

---

Verhältnis describing the relation between composer and performer and between performer and instrument: Ästhetik, ed. Rudolph Odebrecht, Berlin and Leipzig 1931, p. 188.

13 See Schleiermacher's definitions and discussions of the terms Choral, Motette, Chor, and Oratorium in Vorlesungen über die Aesthetik, ed. Carl Lommatzsch, Berlin 1842, p. 409–412.

14 See Schleiermacher's memorial words over the coffin of the Singakademie's director of many years, Carl Friedrich Zelter: "... wohl dem, der sein Andenken und sein Ansehen gründet auf das gemeinsame Leben und Wirken für ein Größeres und Höheres!" Sattler, "Vergessene Dokumente," p. 540.

15 Weihnachtsfeier, p. 22 (Christmas Eve, p. 46).

16 Sattler, "Vergessene Dokumente," p. 537. On p. 536 Sattler calls the Vorrede "unverkennbar aus der Feder Schleiermachers," though he offers no further verification of this assertion. The Vorrede is signed by nine members of the Kommission, including Schleiermacher.

17 Sattler, "Vergessene Dokumente," p. 537.

18 See Reden, p. 185 (Speeches, p. 152): "so giebt es eine Musik unter den Heiligen, die zur Rede wird ohne Worte, zum bestimmtesten verständ-

tain to compromise its integrity and debase the beauty of holiness it is commissioned to express. Sacred music, like sacred speech, may fail to evoke any response,[20] and so it must be. Sacred art, like all art in its proper integrity, is neither designed nor suited to call forth "Willensbewegungen". "Wenn daher aus der Anschauung eines Kunstwerks Willensbewegungen entstehen, so kann dies nur ein fremdes Element sein, oder eine Combination, die in der Auffassung, aber nicht in der Beschaffenheit des Kunstwerks ihren Grund hat."[21] For the encouragement and promulgation of public effect, church "festivals" are the suitable medium.[22]

3.

Perhaps this background will help us appreciate why Schleiermacher calls music "die heiligste unter den Künsten ..."; die heilige Kunst ..."; "die herrlichste Dienerin der Kirche ..., " uniting "in begeisterter Frömmigkeit" those who love her, and consecrating them to "dem Ausdruck der innigsten, wahrhaftigsten, christlichsten Frömmigkeit ..."[23] Let us now consider more closely the two principal themes suggested by these laudatory characterizations of music. First, the role music plays in Schleiermacher's writings on the I n n i g s t e n, the W a h r h a f t i g s t e n about us, namely, our immediate self-consciousness; and then, as our chief concern, the role music plays in Schleiermacher's writings on our specifically religious self-consciousness, our feeling of absolute dependence.

The central role of music in Schleiermacher's writings on our immediate self-consciousness is neither difficult to understand nor to justify. Schleiermacher's lectures on aesthetics define art as springing "aus dem unmittelbaren Selbstbewußtsein "[24] Visual arts, he asserts, relate more nearly to our "objective" and music more nearly to our "subjective" self-consciousness.[25] While this distinction between "objective" and "subjective" is not absolutely clear from Schleiermacher's discussion – and in any case he insists that art's origins in and effects upon our immediate self-consciousness are always

---

lichsten Ausdruck des Innersten." Similarly, Schleiermacher's bold assertion in Weihnachtsfeier, p. 22 and p. 63 (Christmas Eve, p. 47): "Ein Miserere, ein Gloria, ein Requiem, wozu sollen ihm die einzelnen Worte?", explained and somewhat moderated in Ästhetik, ed. Odebrecht, p. 196–197.

19 Briefwechsel mit seiner Braut, p. 229.

20 See Reden, p. 148 (Speeches, p. 119–120).

21 Aesthetik, ed. Lommatzsch, p. 215. See also p. 381, 397, and 408 on the theme of Ausartung, and see the observation that Schleiermacher "removed from Aesthetic its imperativistic character" in Benedetto Croce, Aesthetic as Science of Expression and General Linguistic, tr. Douglas Ainsle, London 1909, p. 317.

22 See the remark of Ernst on church festivals in Weihnachtsfeier, p. 48 (Christmas Eve, p. 77).

23 Sattler, "Vergessene Dokumente," p. 539–540.

rofoundly complex[26] - still it is clear that Schleiermacher believes music o be the most inward of the arts, the art most intimately related to our mmediate self-consciousness. In "der Richtung auf innere Beweglichkeit," e read in the lectures on aesthetics, "... liegt ... der Keim von der echenschaft die wir uns geben können von dem ganzen Gange der Musik. enn fragen wir, was ergreift sie eigentlich, und womit hat sie es überwie-end zu thun, so kommen wir nur auf dies zurück, immer sind es nur die nnern Zustände als solche, nämlich das geistige Einzelleben in seinem echsel und in dem ganzen Umfange seiner Beweglichkeit, welches sie dar-tellt." [27]

A few common sense observations may help us to understand and justify chleiermacher's emphasis upon the inwardness of musical experience. First t should be said that Schleiermacher, like Martin Luther,[28] was personally ore inclined to music than to visual art. Doubtless this personal proclivity n Schleiermacher's part traces in some degree to his upbringing in Herrn-uter pietism; as Karoline exclaims in the Weihnachtsfeier, "Denn bei den errnhutern hält man nichts auf Bildwerke ..."[29] In addition we should re-all that from childhood Schleiermacher suffered poor eyesight. "Der Töne rinnere ich mich weit eher als der Gestalten ...," he writes of his recollec-ions of boyhood.[30]

We may think of more universal justifications for Schleiermacher's emphasis pon the intimacy of music as well. Visual experience we may shut out at ill, instantaneously and completely, by an effortless flick of the eyelids. ndeed, in blinking we do this involuntarily many times a minute. In this ense visual art is external to us, arbitrary to our inward consciousness, ptional to our view. As auditory experience, in contrast, music penetrates ur consciousness regardless of our will. We are able to shut it out only ith the most deliberate, even awkward, effort, and usually with only par-ial success.[31] In this basic sense, then, music is more inward, a more in-imate part of our consciousness, more unavoidable.

4 Aesthetik, ed. Lommatzsch, p. 376. See also p. 125 et passim.
5 Aesthetik, ed. Lommatzsch, p. 121-122, 284.
6 See Aesthetik, ed. Lommatzsch, p. 379, 391, 394 et passim.
7 Aesthetik, ed. Lommatzsch, p. 400.
8 See Endel Kallas, "Martin Luther in Praise of Music," Journal of Church Music, Vol. 25 (October, 1983), p. 16. See also the useful complementary articles from Musical Quarterly: Walter E. Buszin, "Luther on Music," Vol. 32 (1946), p. 80-97, and Charles Garside, Jr., "Calvin's Preface to the Psalter: A Re-Appraisal," Vol. 37 (1951), p. 566-577.
29 Weihnachtsfeier, p. 19 and 62 (Christmas Eve, p. 44).
30 Schleiermacher als Mensch, p. 160. See also Aus Schleiermachers Leben, I, p. 162 et passim.
31 See the discussion of the ear as "helpless" in Margaret Miles, "Vision: The Eye of the Body and the Eye of the Mind in Saint Augustine's De trinitate and Confessions," The Journal of Religion, Vol. 63 (April, 1983),

Or again, in our visual experience the retina, like the cornea, is "trans parent"; that Is, we do not feel its activity in the visual process. Norma vision seems simply to register the external objects we view. But auditor sensation is precisely our feeling of the organ of the inner ear. Hearing a palpably inward sensation.

Musical experience, in short, resembles our experience of self-consciousnes in being immediate, involuntary, insistent, and intimate. And so it is natu ral that in speaking of phenomena of self-consciousness Schleiermacher em ploys examples, parallels, analogies, and figures of speech drawn from th musical realm. Schleiermacher's Monologen offer abundant illustrations. H labels the subtle interplay of human agents in community "die hohe Harmoni der Freiheit." He names the complex interplay of human freedom and materi necessity "der Tanz der Horen, melodisch und harmonisch nach dem Zeitmaa doch Freiheit spielt die Melodie und wählt die Tonart, und alle zarte Uebergänge sind ihr Werk." He speaks of refined language, capable of ex pressing our most inward spiritual thoughts, our most sublime intuitions our most profound depths of consciousness, and our most private self-reflec tions as a "wunderbare Musik," a "hohe Musik." Of intimate friendship h writes: "Es ist das Leben der Freundschaft eine schöne Folge von Accorder der, wenn der Freund die Welt verlässt, der gemeinschaftliche Grundton ab stirbt. Zwar innerlich hallt ihn ein langes Echo ununterbrochen nach, un weiter geht die Musik: doch erstorben ist die begleitende Harmonie in ihm zu welcher ich der Grundton war, und die war mein, wie diese in mir sei ist." And he extols the "Harmonie" of marriage and family life, when the are truly spiritual bonds.[32]

4.

In the Reden, too, Schleiermacher extols marriage in musical terms, husban and wife awakening in each other "lebende und geistvolle Töne." And family life Schleiermacher writes: "Eine Familie kann das gebildetste Elemen und das treueste Bild des Universums sein; wenn still und mächtig alles i einander greift, so wirken hier alle Kräfte, die das Unendliche beseelen wenn leise und sicher alles fortschreitet, so waltet der hohe Weltgeist hie

128, with its reference to a superlative illustrative passage from the Con fessions, p. 6. 8. 13.
32 Monologen, p. 17-18, 64, 66, 81, and 57. English tr. by Horace Lelan Friess, Schleiermacher's Soliloquies, Chicago 1957, 17-18, 66, 67, 87, an 57.

vie dort; wenn die Töne der Liebe alle Bewegungen begleiten, hat sie die Musik der Sphären unter sich."[33]

With Schleiermacher's mention here of the Universe, the Infinite, the Worldspirit, and the Music of the Spheres, however, we have passed beyond our discussion of the role of music in Schleiermacher's writings on self-consciousness to our final and central topic, the role of music in Schleiermacher's writings on religious self-consciousness. "Und grade dem religiösen Gefühl ist die Musik am nächsten verwandt," says Eduard in the Weihnachtsfeier;" ... darum müssen beide fest an einander halten, Christenthum und Musik, weil beide einander verklären und erheben."[34]

What, then, is the role of music in Schleiermacher's writings on religious self-consciousness? Frederick Copleston is certainly correct when he writes that "though for Schleiermacher the religious consciousness stands closer to the aesthetic consciousness than to theoretical knowledge, the feeling on which the religious consciousness is based, namely the feeling of dependence on the infinite, is peculiar to it. Hence Schleiermacher avoids the romantic tendency to confuse the religious with the aesthetic consciousness."[35] Schleiermacher himself is quite specific on this point: "Religion und Kunst stehen neben einander wie zwei befreundete Seelen ..."[36] The role of musical experience in Schleiermacher's writings on religious experience is that of close kinship, never that of identity.[37]

What then is the nature of that kinship? Professor Margaret Miles, in her discussion of the role of vision in the writings of Augustine, speaks of "the necessity, for all theological work, of finding the fruitful metaphor."[38] In Schleiermacher's theological work, music offers that "fruitful metaphor." Music's role in his writings on religious experience is to provide him with the nearest analogies to our feeling of absolute dependence.

More precisely, Schleiermacher's writings employ analogies drawn from our experiencing of music, as contrasted with our creating of music or our expressing ourselves through music. These various relations to music - our hearing it, composing it, and performing it - are not radically different, Schleiermacher believes; all three relations, if sensitive, proceed "aus einem Impuls."[39] But Schleiermacher speaks of hearing as the most basic of our

33 Reden, p. 94, 214 (Speeches, p. 71, 178).
34 Weihnachtsfeier, p. 22 (Christmas Eve, p. 46-47).
35 A History of Philosophy, Garden City, New York 1965, Vol. 7, Part I, p. 187.
36 Reden, p. 173 (Speeches, p. 140).
37 See Aesthetik, ed. Lommatzsch, p. 74-75.
38 Miles, "Vision," p. 125.
39 "Über den Begriff des Erlaubten," quoted in Sattler, Beiträge, p. 531.

relations to music; the others, he suggests, presuppose at least "ein innere
Hören."[40] Our primary relation to music, then, is our most receptive rela
tion.

Have we perhaps arrived here at a key to appreciating the central role
of musical analogies in Schleiermacher's writings on religious self-conscious
ness? For as our primary relation to music is a receptive relation, so
Schleiermacher insists, our primary relation to the world is a receptive rela
tion. "So ist auch in jedem für sich hervortretenden Selbstbewußtsein das
Element der irgendwie getroffenen Empfänglichkeit das erste ...," he writes
in Der christliche Glaube.[41] And our primary relation to God is an absolute
ly receptive relation: "Sich-schlechthin-abhängig-Fühlen und Sich-seiner-
selbst-als-in-Beziehung-mit-Gott-bewußt-Sein einerlei ist ..."[42] Our religious
self-consciousness "ist an und für sich ein Bewußtsein schlechthinniger Abhängigkeit."[43]

Let us now conclude by considering several of Schleiermacher's particular
and closely interrelated analogies between our experiencing of music and our
religious feeling of absolute dependence. First, music's contact with our
self-consciousness, according to Schleiermacher, is "ursprünglich,"[44] prior
to language and will; the contact of our religious self-consciousness with
the universe is likewise "ursprünglich."[45] Schleiermacher summarizes this
kinship of musical and religious U r s p r ü n g l i c h k e i t
succinctly in this exchange from the W e i h n a c h t s f e i e r:"'Ja
gewiß, 'sagte Friederike,' der frömmste Ton ist es, der am sichersten ins
Herz dringt'. 'Und die singende Frömmigkeit,' fügte Karoline hinzu, 'ist es,
die am herrlichsten und geradesten zum Himmel aufsteigt'".[46]

Second, as musical sense conveys harmony immediately to our self-consciousness, so also religious intuition conveys a sense of cosmic unison. Says
Eduard in the Weihnachtsfeier, "Was das Wort klar gemacht hat, muß der
Ton lebendig machen, unmittelbar in das ganze innere Wesen als Harmonie
übertragen und festhalten."[47] And Schleiermacher writes in the Reden, "so
ist es allerdings das Ein und Alles der Religion, Alles im Gefühl uns Bewegende in seiner höchsten Einheit als Eins und dasselbe zu fühlen ..."[48]

Third, the conveyance of harmony by musical sense finally defies conceptual analysis,[49] and so also the conveyance of unity by religious sense.

40 Aesthetik, ed. Lommatzsch, p. 418.
41 Der christliche Glaube, ed. Martin Redeker, Berlin 1960 , § 4.1.
42 Der christliche Glaube, § 4.4.
43 Der christliche Glaube, § 4.3.
44 See Aesthetik, ed. Lommatzsch, p. 425.
45 Reden, p. 53 (Speeches, p. 41). See my discussion of issues relating to
   musical and religious U r s p r ü n g l i c h k e i t in my book
   Schleiermacher's Early Philosophy of Life: Determinism, Freedom, and
   Phantasy, Chico, California: 1982, p. 194-195, 222-225.
46 Weihnachtsfeier, p. 22-23 (Christmas Eve, p. 47).

of so-called religious systems that attempt to conceptualize religious self-consciousness Schleiermacher writes in the Reden: "Und wahrlich, sie sind auch schlecht genug und bei weitem nicht etwa zu vergleichen mit den Theorien über die Tonkunst, mit der wir die Religion eben verglichen haben, wieviel auch in diesen ebenfalls Verfehltes sein mag."[50]

Fourth, musical appreciation, performance, and composition cannot be directly imparted by teacher to student, and similarly with religious sense and practice. In this connection we may note a striking similarity between two passages from Schleiermacher's writings. First, from the Ästhetik on musical education: "im Vortrag ist immer etwas, das sich weder durch Zeichen noch Worte darstellen läßt, und was also durch Divination gefunden sein will. Die zusammengesetzten Bezeichnungen, welche recht die Idee darstellen sollen, sind größtentheils lächerlich. Und auch, wenn der Erfinder selbst den Spieler einlernen wollte, kann er nur tadeln; aber finden muß dieser doch das Rechte allein." [51]

Then, the Reden on religious education: "Darum ist jedem, der die Religion so ansieht, Unterricht in ihr, in dem Sinn als ob die Frömmigkeit selbst lehrbar wäre, ein abgeschmacktes und sinnleeres Wort. Unsere Meinungen und Lehrsätze können wir Andern wol mittheilen, dazu bedürfen wir nur der Worte, und sie nur der auffassenden und nachbildenden Kraft des Verstandes: aber wir wissen sehr wohl, daß das nur die Schatten unserer religiösen Erregungen sind, und wenn unsere Schüler diese nicht mit uns theilen, so haben sie, auch wenn sie das Mitgetheilte als Gedanken wirklich verstanden, doch daran keinen wahrhaft lohnenden Besitz. Denn dieses Insichergriffensein und darin sein selbst Innewerden läßt sich nicht lehren ..."[52]

Fifth and finally, as the actual manifestations of music are manifold and its possible manifestations infinite, so also with the manifestations of our religious sense and taste for the infinite. Of music we read in the Ästhetik: "die Erweiterung der Musik ist eine unendliche in Vergleich mit den andern Künsten ... So ist die Richtung auf die unendliche Mannigfaltigkeit der Combinationen im Gebiete des gemessenen Tons nichts anderes, als die äußere Repräsentantin der Unendlichkeit in den Beziehungen des Selbstbewußtseins ..." [53]

---

47 Weihnachtsfeier, p. 22 (Christmas Eve, p. 47).
48 Reden, p. 60 (Speeches, p. 49-50).
49 Aesthetik, ed. Lommatzsch, p. 425, 382-383, 389.
50 Reden, p. 63-64 (Speeches, p. 52).
51 Ästhetik, ed. Odebrecht, p. 187.
52 Reden, p. 151 (Speeches, p. 122).
53 Aesthetik, ed. Lommatzsch, p. 392, 394.

And of religion Schleiermacher writes in the Reden: "Und so giebt es i
der Religion ein unendliches sich Bilden und Gestalten bis in die einzeln
Persönlichkeit hinein und jede von diesen ist wieder ein Ganzes und eine
Unendlichkeit eigenthümlicher Aeusserungen fähig. ... Wenn ich die Religio
in dieser Beziehung vergleichen soll, so weiß ich sie mit Nichts schöner zu
sammenzustellen, als mit einem ihr ohnedies innig verbundenen: die Tonkuns
meine ich." [54]

Und so weiter. The analogies between musical experience and religiou
sense suggested by Schleiermacher's writings seem themselves virtually infi
nite. But perhaps these have sufficed to help us more fully understand an
aprreciate the vital role of music at the heart of Schleiermacher's writings.

> In heiligen Hymnen und Chören, denen die Worte der Dichter nur los
> und luftig anhängen, wird ausgehaucht, was die bestimmte Rede nich
> mehr fassen kann, und so unterstützen sich und wechseln die Tön
> des Gedankens und der Empfindung, bis alles gesättigt ist und vol
> des Heiligen und Unendlichen.
>
> ... Über die Religion (1799)

---

54 Reden, p. 62 (Speeches, p. 51).

REZEPTION UND WIRKUNGEN DER ÄSTHETIK SCHLEIERMACHERS IN ITALIEN

von **Karl August Ott**

1.

"Als Ästhetiker blieb Schleiermacher ohne Einfluß". Diese lapidare Feststellung findet sich bei René Wellek, der die Geschichte der Literaturkritik
von 1750 bis 1950 in seinem bekannten monumentalen Werk mit ebenso viel
Sachkenntnis wie eingehendem Verständnis beschrieben hat[1]. Indessen gilt
Welleks Feststellung zwar für Deutschland; sie gilt nicht, wie ich zeigen
werde, für Italien – auch wenn meine Demonstration, wie ich einräumen muß,
vielleicht überraschend erscheinen mag.

In Deutschland haben die "Vorlesungen über die Ästhetik", die Friedrich
Schleiermacher erstmals im Jahre 1819, dann wieder 1825 und erneut im Jahre
1832 – 33 gehalten hat, keine Beachtung und erst sehr spät ein gewisses
historisches Interesse gefunden. Bezeichnend für das Desinteresse des 19.
Jahrhunderts ist, daß selbst in den 1870 erschienenen großen Biographien
von Haym und Dilthey die Ästhetik Schleiermachers nicht einmal erwähnt
wird, und zwar offenbar deshalb nicht, weil beide Biographen eine merkwürdige Vorstellung von dem Kunstverstand und dem ästhetischen Urteilsvermögen
Schleiermachers haben und weil beide auf ebenso merkwürdige Weise zu dieser
Vorstellung gelangt sind. Aus dem "überschwenglichen Lob", das die "Ver-
rauten Briefe" dem künstlerischen Wert der "Lucinde" spenden, und das
heißt: dem Werk eines Mannes, der später zum Katholizismus übertrat, zog
Rudolph Haym nämlich den Schluß, daß Schleiermacher jeder "Sinn für die
Schönheit, für die harmonische Vermählung des Geistigen und Sinnlichen" ab-
ging und der "rein ästhetische Tact und Geschmack" nicht in seiner Natur
lag[2]. Ebenso konnte sich auch Wilhelm Dilthey mit Friedrich Schlegels "Lucinde" durchaus nicht befreunden und folgert daraus, eigentlich habe auch
Schleiermacher das "sowohl unsittliche als dichterisch formlose und verwerfliche" Werk verdammen müssen. Tat er es nicht, und war er im Gegenteil
bemüht, ein solches Werk zu verteidigen, so war das möglich, weil sein "wenig ästhetisch gearteter Geist" ihn eine "Auffassung von den Grenzen (...)
künstlerischer Darstellung des Sinnlichen" entwickeln ließ, die nach Diltheys
Meinung "von unserem sittlichen Gefühl weitab liegt"[3]. Wie man bemerkt, ist

---

R. Wellek, Geschichte der Literaturkritik 1750 – 1950, Darmstadt 1978, Bd.
1, S. 553.
R. Haym, Die Romantische Schule, Berlin 1928[5], S. 579.
W. Dilthey, Das Leben Schleiermachers, Berlin 1922[2], S. 324 ff.

Schleiermachers positives ästhetisches Urteil über ein vermeintlich moralisch verwerfliches Werk für Haym wie für Dilthey der Anlaß, Ihm jedes ästhetische Urteilsvermögen abzusprechen: "Schön" kann für sie nicht sein, was moralisch "verwerflich" ist. Und wenn sie beide auch in gleicher Weise das Künstlerische vom moralischen Standpunkt aus beurteilen, so bemerken sie offensichtlich nicht, daß ihr eigener Moralbegriff seinerseits auf bestimmten ästhetischen Grundwerten beruht.

Traute man aber Schleiermachers ästhetischem Urteilsvermögen nicht, so konnte man guten Gewissens auch seiner ästhetischen Theorie mißtrauen, noch bevor man sie zur Kenntnis genommen hatte. Und dem entspricht, daß seine "Vorlesungen über die Ästhetik" in der deutschen wissenschaftlichen Literatur des 19. Jahrhunderts nur zu dem Zweck erwähnt werden, um sie in Grund und Boden zu verdammen. Als einen "formlosen Gedankenbrei" hat Eduard von Hartmann sie bezeichnen können[4]. Nicht viel anders urteilte auch Robert von Zimmermann in seiner berühmten "Ästhetik" (1858), und die gleiche negative Einstellung findet sich ebenso bei Hermann Lotze in seiner "Geschichte der Ästhetik in Deutschland" (1868). Es ist nicht meine Aufgabe, das Schicksal der Vorlesungen Schleiermachers darzustellen. Jedoch scheint mir, daß ich nicht umhinkomme, wenigstens auf einige Gründe hinzuweisen, die meines Erachtens für ihre Geringschätzung im ganzen 19. und auch noch im 20. Jahrhundert ausschlaggebend waren.

Gewiß spielte der Umstand eine wesentliche Rolle, daß die "Vorlesungen" in einem sehr schlechten Zustand überliefert sind und das späte 19. Jahrhundert nur jene Ausgabe kannte, die Bernhard Lommatzsch, Schleiermachers Schwiegersohn, 1842 aufgrund einer einzigen Nachschrift aus dem Wintersemester 1832 - 33 herausgegeben hatte und die nach allgemeinem Urteil, insbesondere auch nach dem Urteil Rudolf Odebrechts, in der Tat sehr unbefriedigend ist. Aus diesem Umstand allein läßt sich indessen die Geringschätzung nicht erklären, die Schleiermachers Ästhetik in Deutschland erfahren hat, zumal ja die Italiener, von denen ich reden werde, auch keinen anderen Text kannten. Eigentlich entscheidend war vielmehr, wie ich meine, die Tatsache, daß die Schleiermachersche Ästhetik eben das nicht leistet, was man in Deutschland im ganzen 19. Jahrhundert als die Aufgabe einer philosophischen Ästhetik ansah, und sich statt dessen in einer Richtung bewegt, die nur dort weiterverfolgt werden konnte, wo man unabhängig von den Zielsetzungen aller metaphysischen und transzendentalphilosophischen Spekulation nach dem Sinn und der Bedeutung der Kunst fragt und die Antwort auf diese Frage allein durch die Betrachtung der Kunst, wie sie historisch existiert, zu finden erwartet.

---

4 E. von Hartmann, Ästhetik, T. I, Leipzig 1886, S. 157.

Das Problem der Ästhetik ist in der Tat für Schleiermacher nicht die Frage nach dem Wesen des Schönen oder des Erhabenen und auch nicht die Frage nach der Bedingung der Möglichkeit von Geschmacksurteilen. Die Sonderstellung seiner Ästhetik beruht vielmehr schon darauf, daß sie von der Einsicht ausgeht, daß jeder bestimmte Geschmack, der etwas als schön beurteilen läßt, überhaupt erst durch die Kunst entsteht und gebildet wird und insofern ein Produkt historischer Entwicklung ist[5]. Demgemäß fragt Schleiermacher auch nicht danach, was die reine, die "absolute" Kunst sei und was sie abstrakt und unabhängig von aller Erfahrung zu leisten habe; und er gerät daher auch nicht (wie Schelling und andere) in die Gefahr, den philosophischen Begriff der "Kunst an sich" von der empirisch gegebenen wirklichen Kunst zu trennen. Ebenso fremd ist Schleiermacher jene die Ästhetik seines Zeitalters kennzeichnende Unentschlossenheit, die sich beinahe notwendig aus Baumgartens Ansatz ergab und die Zeitgenossen unermüdlich mit dem Dilemma beschäftigte: Ob denn die Kunst nur das Organ "sinnlicher Erkenntnis" sei oder ob sie nicht zu weit Höherem befähigt sei, etwa gar zur Erkenntnis der "Urbilder" des Schönen und Vollkommenen und daher auch der "Ideen", und insbesondere der "Idee des Unendlichen". Wie bekannt, haben sich hieraus alsdann, da man das eine wie das andere festhalten wollte, die berühmten Spekulationen darüber entwickelt, wie das Unendliche im Sinnlichen zur Erscheinung gelangen könne und wie die im Grunde doch an die Sinnlichkeit gebundene Kunst gleichwohl oder eben dadurch eine "Versöhnung" der beiden Naturen des Menschen oder auch von Natur und Mensch überhaupt und allgemein bewirken solle. Der Ästhetik Schleiermachers sind, wie gesagt, solche Spekulationen fremd, und zwar schon deshalb, weil dem Theologen Schleiermacher der religiöse, besser gesagt, pseudoreligiöse Charakter dieser Spekulationen nicht verborgen bleiben konnte. Er erwartet ja die "Versöhnung" des Menschen mit sich selbst und mit dem unendlichen All, der Natur, mit Gott nicht von der Kunst. Und eben deshalb kann er eine Theorie der Kunst entwerfen, die im Vergleich mit den ebenso überspannten wie im Grunde unentschiedenen und in sich widersprüchlichen Theorien seiner Zeitgenossen von einer erstaunlichen Nüchternheit und sachlichen Adäquatheit ist. Andererseits hatte er jedoch einen zu hohen Begriff von der Kunst, als daß er ihre Möglichkeiten auf die bloße "sinnliche Erkenntnis" beschränkt hätte. Und sicher waren die Erfahrungen, die er in seinem frühen Umgang mit den führenden Köpfen der romantischen Schule gewonnen hatte, nicht ohne Einfluß auf die in seinen Vorlesungen ausgedrückte Überzeugung, daß die Möglichkeiten und der Sinn der Kunst nicht abstrakt und vor allem nicht in Rücksicht auf ein apriorisches System des Geistes überhaupt festzulegen sind.

---

5 Friedrich Schleiermachers Ästhetik, hg. v. R. Odebrecht, Berlin und Leipzig 1931, S. 5.

Der Gegenstand der Ästhetik ist für Schleiermacher daher nicht in den Urteilen über das Schöne und nicht in der sinnlichen oder auch idealen, urbildlichen Erkenntnis gegeben, sondern allein in der künstlerischen Produktion, denn sie "setzt Handlungen, die wir unter Kunst bezeichnen,
voraus"[6]. Die Ästhetik selbst ist somit für ihn eine Reflexion über die
künstlerische Produktivität, sie ist "Theorie der Kunst". Als solche aber gewinnt sie ihren philosophischen Rang dadurch, daß sie allgemein fragt: "Was
eigentlich das Streben nach Kunst in der menschlichen Natur bedeute"[7], und
was "das Identische in allem, was Kunst ist", überhaupt sei[8]. Nun ist alle
Kunst für Schleiermacher indessen das Resultat einer bewußten Tätigkeit,
einer solchen geistigen Tätigkeit jedoch, die das menschliche, und das heißt,
das je schon bewußte Leben erneut und auf eigentümliche Weise zur ausdrücklichen Bewußtheit bringt. Auch wenn sie sich ihrer Zielsetzung nach
von der auf objektive Erkenntnis gerichteten Wissenschaft unterscheiden, so
sind doch die großen Werke der Kunst daher den wissenschaftlichen Leistungen insofern gleichrangig, als sie selbst ein Ausdruck höchster menschlicher
Bewußtheit sind. Und daraus folgt wiederum, daß die als Theorie der Kunst
verstandene Ästhetik eine Reflexion nicht nur in zweiter, sondern sogar in
dritter Potenz ist: Sie ist das reflexive Bewußtwerden von Formen der Bewußtheit, die ihrerseits bereits das "unmittelbare Selbstbewußtsein" des
Menschen zum Gegenstand haben und das, was der Mensch als "bewußtes
Sein" erlebt, eben nicht nur mimetisch reproduzieren, sondern durch ihre
Darstellung auf die Stufe ausdrücklicher Bewußtheit bringen.

Zwar betont Schleiermacher, daß das "Verhältnis der Künste untereinander"
ein "Hauptpunkt" der Theorie sein müsse. Und er hat in seinen "Vorlesungen"
dieser Frage seine Aufmerksamkeit in solchem Maße gewidmet, daß sie alle
anderen Gesichtspunkte zu überwiegen scheint. Trotzdem ist es meines Erachtens falsch, von seinem "System der Ästhetik" zu sprechen, wie es Odebrecht
tut[9]. Da die Ästhetik für ihn eine Reflexion über die gegebenen Kunstwerke
und insofern historisch ist, kann sie niemals abgeschlossen und fertig sein,
da das in der Natur des Menschen angelegte "Streben nach Kunst" auch gegenwärtig ja nicht aufgehört hat und nicht etwa dadurch zum Stillstand gebracht wird, daß zu irgendeinem Zeitpunkt die Reflexion über die Kunst einsetzt. Eben diese Offenheit für die Möglichkeiten weiterer künstlerischer Entwicklung ist kennzeichnend für Schleiermachers Ästhetik, und sie erklärt
sich, wie mir scheint, in erster Linie daraus, daß er auch als der große
Theologe, als den wir ihn anerkennen, niemals den Kontakt zu der literarischen Entwicklung seiner Zeit verloren hatte. Goethe und Schiller, aber

---

6 ebd., S. 10.
7 ebd.
8 ebd., S. 19.
9 R. Odebrecht, Schleiermachers System der Ästhetik, Berlin 1932.

och intensiver hatten ihm ja die Freunde seiner Jugend, Friedrich Schlegel
ind Novalis, den unvergeßlichen Eindruck gegeben, daß auch im gegenwär-
igen Zeitalter noch eine neue Kunst und eine neue Dichtung entstehen
.önne. Und wenn Schleiermachers Ästhetik vor allen entsprechenden zeitgenössischen Bemühungen schon dadurch ausgezeichnet ist, daß sie das Phäno-
nen der Kunst eben so wenig auf die sinnliche Apprehension reduziert, wie
ie in ihm einen Religionsersatz zu finden sucht, so beruht doch ihre Sonderstellung und ihr wissenschaftlicher Rang im wesentlichen darauf, daß sie
die Kunst nicht als etwas Totes, sondern als durchaus lebendig und entwick-
ungsfähig begreift. Insofern unterscheidet sie sich grundsätzlich und vor-
eilhaft von der Hegelschen Ästhetik, die die Bedingung ihrer eigenen Mög-
ichkeit an die Voraussetzung knüpft, daß die Kunst "etwas Vergangenes"
ei und "wir" gar kein Bedürfnis mehr hätten, "einen Gehalt in der Form
der Kunst zur Darstellung zu bringen"[10].

2.

Nicht Schleiermachers, sondern Hegels Ästhetik hat indessen im 19. Jahrhundert in Deutschland Schule gemacht. Und wie weit ihr Einfluß auch gegenwärtig noch reicht, bezeugt jeder Blick in das literaturwissenschaftliche
Schrifttum unserer Tage. Die Gründe für diesen weitreichenden Einfluß Hegels
sind offenkundig, auch wenn man sie sich zumeist nicht eingestehen will:
Seine Prämisse, daß Kunst und Poesie tot und vergangen seien, erlaubte es
der sich im 19. Jahrhundert konstituierenden Literaturwissenschaft, nach dem
möglichen Wahrheitsgehalt der Dichtung nicht zu fragen und sich damit die
methodologische Komplexität zu verschleiern, die schon die Idee, daß die Literatur Gegenstand einer Wissenschaft sein könne, impliziert; in unseren Tagen ist man aufgrund der gleichen Prämisse dazu gelangt, daß die Literatur
selbst für weit weniger wichtig erachtet wird als die literaturwissenschaftlichen Erkenntnisse und jeder sich daher unter allgemeinem Beifall für be-
fugt halten darf, alles Mögliche in die Werke der Vergangenheit hineinzu-
lesen und die Bedeutung der Literatur aller Zeiten nur daran zu messen,
ob sie den heute geltenden, zumeist politischen Ansichten entspricht und für
deren Durchsetzung nützlich sein kann.
   Die in Wahrheit zwar nicht nur durch Hegel verbreitete, aber durch seine
Ästhetik doch so mächtig geförderte Auffassung des Zeitgeistes, daß alle
Kunst und Poesie uns eigentlich nichts mehr zu sagen haben und nur noch
historisch interessant seien, lag indessen auch der positivistischen Betrachtungsweise des späten 19. Jahrhunderts zugrunde, die da glaubte, die Ent-

---

10 G.W. Hegel, Ästhetik, hg. v. F. Bassenge, Berlin 1955, S. 57.

wicklung der Literatur wissenschaftlich erklären zu können, indem sie alle
möglichen äußeren "Fakten" – die Lebensumstände des Autors, die sozialen
Gegebenheiten, die politischen Ereignisse, wenn nicht gar das Klima oder
sonstige geographische Bedingungen – als deren Ursachen hinstellte. Allerdings suchte man andererseits auch nach inneren, "psychologischen" Gründen,
die das Entstehen von Kunstwerken und deren Eigentümlichkeit erklären sollten. Ein Hippolyte Taine behauptete damals, der Mensch erzeuge Dichtung
in der gleichen Weise, wie die Seidenraupe ihren Kokon produziert[11]. Und
dieser Vergleich ist symptomatisch für die ganze Richtung des Psychologismus, der sich damals auch in den ästhetischen und literaturwissenschaftlichen Untersuchungen breitmachte und sich aufgrund seiner Voraussetzungen
zwangsläufig dazu geführt sah, die Frage nach der psychischen Anomalie
des künstlerischen Genies ins Zentrum seiner Forschungen zu stellen. Wie
hätte man, da man Kunst und Dichtung als eine Art höheren Unfug betrachtete, auch anders als "psychologisch" fragen sollen?

Positivismus und Psychologismus, die auf dem von Hegel vorbereiteten Boden im Laufe des 19. Jahrhunderts entstanden waren, dominierten auch in
Italien zu der Zeit, als Benedetto Croce schon als junger Mann in die Diskussion eingriff. Und von Anfang an stand das große Werk, das er in seinem
langen Leben geschaffen hat, im Gegensatz zu beiden Richtungen. Damit
stand es aber auch stets im Gegensatz zur Hegelschen Ästhetik, wie besonders
deshalb hervorzuheben ist, weil Croce sich intensiv mit Hegel auseinandergesetzt hat und sein Werk in solchem Maße durch diese Auseinandersetzung
geprägt ist, daß man es in Deutschland zumeist als einen "allerdings eigentümlich modifizierten Neuhegelianismus" betrachten konnte[12].

Croces Gegensatz zu Hegel ist indessen schon in seinem Vorsatz klar erkennbar, die Kunst als das Produkt einer notwendigen und unersetzbaren Aktivität des Geistes, und zwar als eine "Form des Erkennens", zu erweisen.
War für Hegel die Kunst etwas Vergangenes und Totes, so unterschied Croce
nun seinerseits, was von Hegels Philosophie gegen Ende des 19. Jahrhunderts an "Lebendigem" und "Totem" noch übrig geblieben war, und das Ver-
gänglichste an ihr schien Croce die in der Tat sonderbare These zu sein,
daß wir kein "Bedürfnis" mehr haben sollen, "einen Gehalt in der Form der
Kunst zur Darstellung zu bringen"[13]. Man bemerkt, daß hier ein Italiener
spricht, für den auch die Kunst der Vergangenheit auf selbstverständliche
Weise etwas durchaus Gegenwärtiges ist. Hatte Hegel aber behauptet, nur

---

11 H. Taine, La Fontaine et ses Fables, Paris 1853, S. V.
12 M. Frischeisen-Köhler, Die Philosophie der Gegenwart, in: Die Geschichte
   der Philosophie, hg. v. M. Dessoir, Berlin 1925, S. 610.
13 B. Croce, Lebendiges und Totes in Hegels Philosophie. Deutsche, vom
   Verfasser vermehrte Übersetzung von K. Büchler, Heidelberg 1909, vgl.
   bes. S. 98 - 108.

auf der ersten Stufe der Entwicklung des Weltgeistes sei die Kunst die damals allein mögliche und notwendige Form des "Erkennens" gewesen, so galt
Croces ganzes Bemühen daher umgekehrt dem Nachweis, daß das Erkennen
in der Form der Kunst keine bloß historische Episode und nichts Relatives
ist, sondern eine Grundform der geistigen Tätigkeit und eine notwendige Bedingung des Denkens überhaupt.

Wie man weiß, hebt bei Hegel das "Denken in Begriffen" die früheren,
niedrigeren Formen des sinnlichen und symbolischen Erkennens auf, indem
es diese überwindet und zugleich in sich begreift. Croce betont demgegenüber, daß es zwei Formen des Erkennens gibt, die sich nicht aufheben, sondern nur wechselseitig ergänzen können: das logische Erkennen des Allgemeinen und der Beziehungen der Dinge, das die Begriffe produziere, und andererseits das intuitive Erkennen des Individuellen und der einzelnen Dinge,
das Bilder produziere[14]. Die intuitive Erkenntnis beschränkt sich für ihn
indes nicht auf Wahrnehmung und Sinnesempfindung, sondern umfaßt auch
die Vorstellung nicht gegebener einzelner Dinge, so daß er sie im Gegensatz zu der logischen Erkenntnis durch den Verstand auch als "conoscenza
per la fantasia" bezeichnen kann. Alle begriffliche Erkenntnis aber setzt seiner Ansicht nach die intuitive voraus und bleibt an sie gebunden, und zwar
in der gleichen Weise, wie die wissenschaftliche Begriffsbildung von der natürlichen Sprache ihren Ausgang nimmt und notwendig auf der in der Sprache
je schon gegebenen vorwissenschaftlichen Anschauung der Dinge aufbaut.

Wie Hegels Auffassung der drei großen Entwicklungsstufen des Weltgeistes
und seine entsprechende Einschätzung der relativen Bedeutung der Kunst
letztlich auf der von ihm angenommenen Hierarchie der Erkenntnisformen be-
ruhten, ist nun auch Croces ästhetische Theorie auf seinen Begriff einer intuitiven Erkenntnis gegründet, in welcher "sinnliche Anschauung" (oder
Wahrnehmung) und "reine Vorstellung" ununterschieden sind und eine "unità
indifferenziata" bilden[15]. Um von diesem Begriff zur Theorie der Kunst zu
gelangen, nimmt Croce des weiteren an, daß die Intuition und ihre Expression miteinander identisch seien, womit er vielleicht nicht behaupten
will, daß jede Intuition spontan zum Ausdruck kommen müsse, als vielmehr,
daß der Ausdruck der Intuition nicht mehr enthalte als diese selbst. Sagt
er aber nun, daß alle Kunst Ausdruck von Intuitionen sei, so meint er
nicht, daß das vorgestellte oder wahrgenommene Einzelne der Gegenstand der
Kunst sei. Er meint vielmehr, daß die intuitiven Akte selber den Bereich
darstellen, der in der Kunst zum Ausdruck kommt, wobei er zugleich annimmt, daß die Eigentümlichkeit der Kunst und ihre unersetzliche Funktion

---

14 B. Croce, Estetica come scienza dello spirito e linguistica generale. Otta-
    va ediz. riv., Bari 1945, S. 3.
15 ebd., S. 14.

eben dadurch bedingt seien, daß sie die vor-logischen, nichtbegrifflichen
Intuitionen als solche und zwar als Formen geistiger Tätigkeit zum Ausdruck
bringe. Indem die Kunst die "wirklich primitiven" theoretischen Formen zur
Darstellung bringt, und zwar so, daß ihr vor-logischer Charakter bewahrt
bleibt, wird sie, anders gesagt, selbst zum Ausdruck bloßer Intuitionen, so
daß Croce sich schließlich zu der Behauptung genötigt sieht, daß zwischen
den alltäglichen Gefühlsausdrücken und dem künstlerischen Ausdruck keine
qualitative, sondern nur eine quantitative Verschiedenheit bestehe[16].

Da die Kunst für Croce Ausdruck ist, ist die Ästhetik dementsprechend für
ihn "scienza dell'espressione", Wissenschaft vom Ausdruck, und das zentrale Problem in seiner "Estetica" bildet daher die Frage, welche Bedeutung
das sinnliche Erfassen von Gegenständen für das Denken hat und in welchem
Verhältnis das "intuitive" zum "begrifflichen" Erkennen steht. Das heißt
aber, daß sich für ihn eben jene Fragen von neuem stellten, die in der
klassischen deutschen Ästhetik von Baumgarten bis Herbart erörtert worden
waren. Darüber war Croce sich bei seinem ausgeprägten historischen Sinn
im klaren, und eben dieser Umstand veranlaßte ihn dazu, sich gründlich
mit der Geschichte der Ästhetik zu befassen und insbesondere die betreffenden deutschen Autoren zu studieren. Der historische Teil seiner "Estetica"
gibt hierüber Auskunft und zeigt zugleich, mit welcher Sorgfalt Croce geprüft
hat, inwieweit seine Fragen und Lösungsversuche mit früheren Theorien übereinstimmten.

Wie Croce selbst sagt, sollten der historische und der theoretische Teil
seiner Ästhetik sich wechselseitig ergänzen. Und man wird es ihm daher
nicht verdenken, daß seine Darstellung der Geschichte der Ästhetik an der
Frage ausgerichtet ist, inwieweit der Bereich, den er als den ästhetisch
wahrhaft relevanten erkannt hatte, in früheren Theorien berücksichtigt worden war. Das schien ihm im Verlauf ihrer ganzen Geschichte nur selten, und
auch dann zumeist nur annäherungsweise, der Fall gewesen zu sein. Gewiß
aber nicht in der romantischen Ästhetik und dem metaphysischen Idealismus,
bei Friedrich Schlegel, Fichte, Schelling und Hegel, über die er sarkastisch
bemerkt, sie hätten die Kunst so hoch in die Wolken gehoben, bis sie
schließlich selber wahrnehmen mußten, daß sie so hoch da droben zu nichts
mehr nütze war. Aus den geringschätzigen Urteilen, die E. von Hartmann und
R. von Zimmermann über Schleiermachers Ästhetik gefällt hatten, folgerte er
hingegen, daß sie Aufmerksamkeit verdiene. Auch für ihn war die Lektüre
der "Vorlesungen" (in der Ausgabe von Lommatzsch), wie er später selbst
gestanden hat, kein reines Vergnügen[17]. Und doch vermittelte sie ihm den

---

16 ebd., S. 16 ff.
17 B. Croce, L'Estetica di Federico Schleiermacher, in: ders.: Filosofia.
   Poesia. Storia, Milano/Napoli 1951, S. 416 - 430.

indruck, daß in der "metaphysischen Orgie" seiner Zeit, in dem gewaltigen
ıetöse leeren Wortgeklingels, das seine Zeitgenossen über den reinen Begriff
ıer Kunst veranstalteten, Schleiermacher allein sich an die Sache selber ge-
ıalten und von ihr ausgehend auch die richtigen Fragen gestellt habe, denn
il teologo Schleiermacher, con filosofico acume, appuntò l'occhio a ciò che
ıi veramente proprio ha il fatto estetico"[18] . Daß die Ästhetik bei ihm den
ıhr bis dahin anhängenden "imperativischen Charakter" verloren habe, hatten
ıartmann und Zimmermann ihm zum Vorwurf gemacht. Bei Croce wird dieser
̄adel zum Lob, wie er auch sonst an ihm gerade das rühmt, was den ge-
ıannten Kritikern als verdammenswert erschienen war. So vor allem, daß
chleiermacher, indem er die Ästhetik der als einer Wissenschaft von den
ıenschlichen Tätigkeiten verstandenen Ethik zuordnete, ihr den ihr zu-
ommenden Platz im System der Wissenschaften zugewiesen habe. Und ebenso
ıuch, daß er sie von der metaphysischen Betrachtung einer nicht existieren-
ıen, dafür aber absoluten "Kunst an sich" losgelöst habe und sie in seinen
ʼVorlesungen" endlich auf den Boden einer anthropologischen Betrachtungs-
ʼeise gestellt worden sei.

Besonders beeindruckt war Croce nun offenbar von dem Faktum, daß
ıchleiermacher anerkennt, das Produzieren von Bildern finde im mensch-
ichen Geist auch ohne Absicht und sogar unbewußt statt, nämlich im Traum,
ınd daß er sagen kann, das "wachende Träumen des Künstlers" bilde "den
ıunklen Hintergrund, aus welchem das klar hervortritt, was ihn zur äußern
ʼroduction antreibt"[19] . Hier schien ihm genau das getroffen zu sein, was
ür ihn das Wesentliche an der intuitiven Erkenntnis als der Grundlage
ıünstlerischer Aktivität war. Und er hebt in seinem Referat der "Vorlesun-
ıen" denn auch besonders hervor, daß die künstlerische Tätigkeit in ihnen
ıls eine freie Produktivität beschrieben wird und das spontan erzeugte
ʼinnere Bild" als das "eigentliche Kunstwerk" gilt. Diese Bestimmungen er-
ıöglichten ihm des weiteren, auch bei Schleiermacher den Gedanken zu ent-
ıecken, daß die "innere" geistige Aktivität, die in der Kunst zur Erschei-
ıung gelangt, auf keine äußere Gegebenheit zu beziehen sei und daß daher
ıas konkrete Kunstwerk nicht anders denn als "Ausdruck" des inneren Lebens
ıufgefaßt werden könne. Auch Schleiermachers Grundgedanken, daß das "un-
ıittelbare Selbstbewußtsein" als der eigentliche Bereich der Kunst anzusehen
ıei, hebt Croce besonders hervor und erläutert die weittragenden Konsequen-
ıen, die sich aus diesem Gedanken ergeben. Durch ihn habe Schleiermacher
ıen doppelten Irrtum der Sensualisten und Hegels vermeiden können. Und in-

---

8 B. Croce, Estetica, a.a.O., S. 359 f.
9 F.D. Schleiermacher, Vorlesungen über die Ästhetik, hg. v. C. Lommatzsch, SW III/7, Berlin 1842, S. 81.

dem er festgehalten habe, daß dem Kunstwerk zwar nicht "das Geringste von
Wissen" zu entnehmen sei, sehr wohl aber die "Wahrheit des einzelnen Be
wußtseins" in ihm zum Ausdruck gelange, habe er dem f a t t o
e s t e t i c o sein Eigenrecht zuerkannt und die wahre humane Bedeutung der Kunst beschrieben[20].

Obwohl Schleiermachers Ästhetik kaum bekannt sei, hält Croce sie dennoch
für das bedeutendste Werk seiner Epoche. Und trotz der geringen Rolle, die
sie nach allgemeinem Urteil gespielt hat, zögert er nicht, ihr einen
besonderen Ehrenplatz in der Entwicklung der ästhetischen Theorie zuzuer-
kennen: Nach Aristoteles und Giambattista Vico ist für ihn nicht Kant und
nicht Schiller, sondern Schleiermacher der Dritte, der die wissenschaftliche
Betrachtung der Kunst am entschiedensten gefördert hat.

3.

Croces Würdigung der Ästhetik Schleiermachers hat in Italien Schule gemacht,
auch wenn wohl nur wenige sich in die schwierige Lektüre der "Vorlesungen"
vertieft haben werden. Durch sie wurde Schleiermachers Ansehen zugleich allgemein gefördert, wofür ich nur einen, aber sicher überzeugenden Beweis anführe, nämlich das große und auch ins Deutsche übersetzte Werk des römischen Rechtshistorikers Emilio Betti: "Teoria generale della interpretazione"
aus dem Jahre 1955, das die auf Schleiermachers Hermeneutik gegründeten
Bemühungen um eine Theorie des Auslegens und Verstehens von August
Boeckh, Dilthey und Joachim Wach wiederaufnimmt und fortsetzt[21]. – Hat aber
Croce bewirkt, daß die Ästhetik Schleiermachers zumindest in der ersten
Hälfte dieses Jahrhunderts in Italien bekannter war als bei uns, so ist diesem Lob zugleich hinzuzusetzen, daß ihre Kenntnis natürlich sehr einge-
schränkt war. Es wurde angedeutet, daß Croce sich in seinem Referat der
"Vorlesungen" Schleiermachers vor allem an die Darstellung jener Gedanken
gehalten hat, die mit seinen eigenen Ansichten übereinstimmten. Daß er auf
diese Weise nicht den ganzen Gedankengang der "Vorlesungen" beschreiben
konnte, liegt auf der Hand und ist auch Croce nicht verborgen geblieben.
Dazu kommt jedoch, daß er die wirklich entscheidenden Abweichungen seiner
Theorie von der Schleiermachers entweder nicht bemerkt oder nur unzureichend beschrieben hat, indem er jene Punkte, in denen er sich von ihm
trennt, als Schleiermachers "Fehler" hinstellte.

Ein solcher "Fehler" schien ihm der Umstand zu sein, daß die "ästhetische"
und die "sprachliche" Aktivität bei Schleiermacher nicht in der Weise mitein-

---

20 B. Croce, Estetica, a.a.O., S. 360.
21 E. Betti, Teoria generale della Interpretazione, I, II, Milano 1955; ders.:
   Allgemeine Auslegungslehre als Methode der Geisteswissenschaften, Tübingen 1967.

ander verbunden sind, wie er selbst es in seiner Gleichsetzung von "Intuition" und "Expression" postuliert hatte. Er erwähnt auch nicht, daß
Schleiermacher ausdrücklich statuiert, die "reine Identität zwischen dem
innern Zustande und der äußern Darstellung" sei der genaue Gegensatz zu
aller Kunst, das "schlechthin Kunstlose"[22] . Und während Schleiermacher den
größten Teil seiner Ausführungen über die Dichtung der Frage widmet, wie
überhaupt die "Wahrheit des einzelnen Bewußtseins" sprachlich mitgeteilt werden kann und unter welchen Bedingungen ein Kunstwerk als der "momentane
Ausdrukk eines ganz einzelnen Lebens in dem bestimmt gegebenen Falle" anzusehen sei, da dafür ja in der Sprache "etwas zu leisten ist, was eigentlich nicht durch die Sprache erreicht werden kann"[23] , tut Croce diese bedeutsamen Erörterungen mit wenigen Worten ab. Er deutet in einem kurzen
Absatz nur an, daß Schleiermacher die Auffassung vertritt, der Dichter habe
aus der Sprache als einem universellen Kommunikationsmittel die individualisierenden Elemente zu ziehen, um sie auf diese Weise zum Ausdruck des Einzelnen überhaupt erst fähig zu machen. Er betont jedoch sogleich, daß diese
Auffassung ein großer Irrtum sei, da sie im Widerspruch zu der Einsicht
stehe, daß das intuitive Erkennen die Grundlage und Voraussetzung für alles
begriffliche Denken bildet.

Nun hatte Croces Ästhetik einen aufmerksamen Leser in der Person des
Dichters Luigi Pirandello gefunden, den wir heute als einen Klassiker der
modernen Literatur ansehen. In ihm fand Croce jedoch auch einen scharfen
Kritiker, und Croce revanchierte sich wiederum, indem er seinerseits Pirandellos literarisches Werk in Grund und Boden verdammte – geradezu notge-
drungen, würde man sagen, da diese philosophische Dichtung seiner Philosophie ebenso radikal entgegengesetzt war wie seiner Auffassung der Kunst und
ihr bloßes Erscheinen und ihr internationaler Erfolg in seinen Augen ein
wahres Skandalon waren. Sein vernichtendes Urteil über Pirandello hat die
italienische Intelligentia viele Jahrzehnte lang in solchem Maße beeindruckt,
daß dessen literarisches Schaffen in seinem Heimatland die ungünstigste Aufnahme fand und seine theoretischen Schriften so wenig ernst genommen wurden, daß man dort erst heute beginnt, ihre tatsächliche Bedeutung zu würdigen.

Zur Entschuldigung Croces ist allerdings zu sagen, daß die kritischen
Schriften Pirandellos, akademisch gesehen, in der Tat erhebliche Mängel aufweisen, obwohl Pirandello doch seinen Doktortitel in Deutschland, und zwar
an der Universität Bonn, in Romanischer Philologie erworben hatte. Und ich
kann als Vertreter eben dieses Fachs auch die bedauerliche Tatsache nicht

---

22 F.D. Schleiermacher, a.a.O., S. 91.
23 ebd., S. 641.

verhehlen, daß eine ganze Reihe von Plagiaten in diesen Schriften nachzuweisen sind [24]. Sie entstanden in der Hauptsache in der kurzen Zeit seiner
Lehrtätigkeit an einer Pädagogischen Hochschule in Rom und dienten dem
offenbaren Zweck, seine wissenschaftliche Reputation zu festigen. Sie sind
trotzdem interessant, und zwar nicht nur deshalb, weil sie zeigen, wie Pirandello sich in beständiger Auseinandersetzung mit Croce Klarheit über das
Wesen der Kunst und nicht zuletzt auch über seine eigenen künstlerischen
Möglichkeiten zu verschaffen suchte, sondern vor allem, weil sie darüber hinaus beweisen, daß Pirandellos philosophische Thesen, sein vermeintlicher
Relativismus und Nihilismus, in Wahrheit der literarischen Kritik entstammen.

Fassen wir aber Pirandellos kritische Überlegungen zusammen und suchen
wir nach dem Grundproblem, das ihn beschäftigt hat, so läßt sich die Frage, von der er als Kritiker ausgeht, folgendermaßen formulieren: Wie kann
überhaupt eine subjektive Empfindung als solche, nämlich unter Wahrung ihrer Subjektivität, künstlerisch zum Ausdruck kommen? Diese Frage impliziert, wie auf der Hand liegt, gewisse Voraussetzungen, deren Herkunft nicht
schwer zu entdecken ist. In der Tat nimmt auch er an, daß das "innere Leben" der wahre Bereich der Kunst sei und in ihr nichts anderes ausgedrückt
werde als eine innere Vorstellung des Schaffenden, eine "visione della vita",
ein "modo di considerare il mondo" [25]. Erinnert diese Auffassung an Schleiermachers Bestimmung, daß in der Kunst nicht ein wirkliches Sein, sondern
die "eigenthümliche Welt" eines Einzelnen, sein "unmittelbares Selbstbewußtsein" dargestellt werde, so trügt dieser Eindruck keineswegs. Pirandello
kannte nämlich die "Vorlesungen" Schleiermachers - mit Gewißheit zumindest
aus Croces Referat, wahrscheinlich aber auch im Original (wie sogleich zu
zeigen sein wird), und seine frühen kritischen Schriften sind unverkennbar
durch diese Kenntnis beeinflußt und geprägt. Das beweisen schon die weiteren Folgerungen, die er aus dieser ersten Voraussetzung zieht. Hatte
Schleiermacher die "unwillkührlichen Productionen" etwa von Traumbildern
mit aller Schärfe von den "willkürlich" geschaffenen Bildern der Kunst abge-

---

24 Das Studium der Plagiate in Pirandellos Essays nimmt inzwischen einen
   breiten Raum in der ihm gewidmeten Literatur ein, zumal es notwendig
   mit der Frage nach dem Einfluß verbunden ist, den Pirandello in Deutschland und durch die deutsche Literatur und Philosophie erfahren hat. Besonders erwähnt seien hier nur: F. Rauhut, Wissenschaftliche Quellen von
   Gedanken Luigi Pirandellos, in: Romanische Forschungen 53 (1939), S.
   185 - 205; G. Andersson, Arte e Teoria, Studi sulla poetica del giovane
   Luigi Pirandello, Stockholm 1966; W. Hirdt, Luigi Pirandello und Hans
   Vaihinger (Mit Hans Vaihingers Aufsatz "Das Als-Ob auf dem Theater"),
   in: Italia Viva, Studien zur Sprache u. Literatur Italiens; Festschr. für
   H.L. Scheel, Tübingen 1983, S. 185 - 199.
25 L. Pirandello, L'Umorismo, in: Saggi, hg. v. M. Lo Vecchio Musti,
   Milano 1939, S. 139.

grenzt, so betont auch er, daß der Anfang aller Kunst die willkürliche, freie Fixierung der subjektiven "visione della vita" sei[26] . Und wenn Schleiermacher gesagt hatte, das unwillkürlich entstandene innere Bild erlange, indem es "fixiert" wird, eine neue Qualität, denn sein "Dasein" werde dadurch "ein vollkommen freier innerlicher Act"[27] , so entspricht dem die Feststellung Pirandellos, daß schon der Vorsatz, eine innere Vorstellung um ihrer selbst willen festzuhalten, eine qualitative Differenz zu dem unwillkürlich Vorgestellten herstellt[28] .

Das eigentliche künstlerische Schaffen stellen demgemäß für Pirandello wie schon für Schleiermacher jene Akte dar, die das "innere Bild" materiell fixieren. Und während für Croce sich die "intuitive Erkenntnis" von selbst und gleichsam automatisch in die "Expression" umsetzt, bedarf es für beide der bewußten technischen Ausführung, der Herstellung der künstlerischen "Form", damit das "Urbild" festgehalten und reproduziert werden kann. Behauptet Pirandello nun auch, daß im geschaffenen Kunstwerk "Gehalt" und "Form" identisch sind, so meint er damit indessen gerade nicht die von Croce intendierte Identität von Intuition und Expression. Die Form bleibt vielmehr für ihn die bewußte Materialisierung des Bildes, und das Verhältnis des inneren Bildes zu seiner materiellen Darstellung faßt er demgemäß nicht gleich dem Verhältnis eines Begriffes zu seinem Gegenstand auf, sondern analog der Beziehung des Begriffes zum Wort, des Denkens zur Sprache[29] . Hatte Schleiermacher diese Beziehung in der Weise erläutert, daß er sagte, für den Nachvollziehenden stelle sich das Werk nicht als Bild eines gegebenen Seins dar, sondern nur in der Weise, daß "in dem Betrachtenden aus der Betrachtung wieder das Urbild hervorgehen" kann[30] , so sagt auch Pirandello: Wie das Werk für den Schaffenden eine "creazione spontanea e indipendente" sei, so stelle es sich auch für den Nachvollziehenden als eine "realtà da creare" dar, die ihn dazu auffordere, "a vivere d'una realtà tutta da creare"[31] .

Jedoch nimmt Pirandello andererseits durchaus nicht an, daß mit der Schaffung eines solchen künstlerischen Bildes nun bereits auch das subjektive Empfinden zum Ausdruck gebracht werde. Und während Croce einfach voraussetzte, daß die Expression einer intuitiven Erkenntnis zugleich auch der Ausdruck eines individuellen Gefühls sei, stellt für ihn die Möglichkeit, daß wir das künstlerisch geschaffene Bild als einen subjektiven Ausdruck der Person aufzufassen vermögen, das Ergebnis und die besondere Leistung der

---

26 ebd., S. 88.
27 Friedrich Schleiermachers Ästhetik, a.a.O., S. 79 f.
28 L. Pirandello, a.a.O., S. 88.
29 L. Pirandello, Illustratori, attori e traduttori, in: Saggi, a.a.O., S.231.
30 F.D. Schleiermacher, a.a.O., S. 64.
31 L. Pirandello, a.a.O., S. 443.

künstlerischen Gestaltung dar. Wir sagten schon, daß Schleiermacher sich
in seiner Erörterung der Dichtung mit dieser Frage ausführlich auseinandergesetzt hat und hier zu einer Auffassung gelangt ist, die einem Croce nicht
nur überflüssig, sondern auch fehlerhaft erschien. Pirandello hingegen übernimmt sie mitsamt all ihren Implikationen, und aus dem Wortlaut seiner dies-
bezüglichen Ausführungen ist zu erkennen, daß er sich hier nicht nur an
Croces Resümee der "Vorlesungen" gehalten hat, sondern das Original zumindest eingesehen haben muß. Schleiermacher hatte eine doppelte Schwierigkeit
gesehen, die sich dem Versuch, das Innere sprachlich auszudrücken, entge-
genstellt: die Idealität der inneren Bilder und den logischen Gehalt der
Sprache, der "niemals das Einzelne giebt, sondern gegen dies schlechthin
irrational ist, und eben so wenig das Innere geben kann, in sofern es sich
in der Bestimmtheit eines einzelnen Moments darstellt"[32]. Die Lösung dieser
doppelten Schwierigkeit sah Schleiermacher darin, daß der Dichter eine "Subjektivation" der allgemeinen Kommunikationsmittel vollziehen müsse, durch
welche die Sprache von jeder "geistigen Function, die sich auf das wirkliche
Sein bezieht", abgelöst werde, so daß der sprachliche "Abdruck des einzelnen Lebens" sich gerade "nicht aus dem Gemeingeltenden erklären läßt"[33].
Eben diesen Begriff der "Subjektivation" der allgemeinen Kommunikationsmittel (der bei Croce nicht erscheint) übernahm Pirandello nun, indem er
über die formale Gestaltung der Dichtung schreibt: "L'artista adopera stru-
menti che di lor natura non son fatti per l'individuale, ma per l'universale: tale il linguaggio. L'artista, il poeta, deve cavar dalla lingua l'individuale, cioè appunto lo stile. La lingua è conoscenza, è oggettivazione;
lo stile è il subiettivarsi di questa oggettivazione. In questo senso è creazione di forma"[34].

4.

Ich kann in der Kürze der Zeit nicht eingehender erläutern, in welchem Verhältnis Croce und Pirandello zu Schleiermacher und in welcher Beziehung
beide zueinander stehen. Jedoch dürfte aus meinen Darlegungen ersichtlich
geworden sein, daß Croce der Ästhetik Schleiermachers weitgehend zugestimmt
hatte, Pirandello indessen gegen Croce eben jene Gedanken Schleiermachers
vertrat, die Croce entweder vernachlässigt oder als dessen Irrtümer abgetan
hatte. Den eigentlichen Streitpunkt der ganzen Diskussion bildete dabei in
Croces und auch in Pirandellos Sicht die Frage nach der Möglichkeit des
Ausdrucks des inneren Lebens. Hatte Croce sich daran gehalten, daß auch

32 F.D. Schleiermacher, a.a.O., S. 643.
33 ebd., S. 270.
34 L. Pirandello, a.a.O., S. 56.

bei Schleiermacher die Kunst "Ausdruck" eines "inneren Bildes" ist, und hatte er ihm gleichzeitig zum Vorwurf gemacht, daß er Intuition und Ausdruck nicht gleichgesetzt habe, so stellte Pirandello seinerseits wiederum eben diese Gleichsetzung in Frage. Und er konnte sich in seiner Polemik gegen Croce mit Recht auf Schleiermacher beziehen, da in dessen Ästhetik ja in der Tat der unmittelbare Ausdruck des Gefühls als das schlechthin Kunstlose gilt und erst die "Besinnung" dazwischentreten muß, damit die bloße Empfindung, das "rein innerliche Bild", der Ausgangspunkt für die bewußte Gestaltung eines Kunstwerks werden kann.

Ich hatte eingangs bemerkt, meine Ausführungen könnten unerwartet und überraschend erscheinen. Und wenn ich auch, wie ich glaube, mit einiger Berechtigung nachweisen konnte, daß Pirandello von Schleiermacher beeinflußt war und daß er ihn offenbar besser verstand, als Croce ihn verstanden hatte, so würde ich mich dennoch nicht sehr darüber wundern, wenn meine Darlegungen trotzdem einige Zweifel hinterlassen haben sollten. Denn zu verkennen ist ja nicht, welche Welten den protestantischen Berliner Theologen der deutschen Romantik und Restauration in Wahrheit von dem sizilianischen Dramatiker der modernen internationalen Avantgarde trennen!

Wie kommt es aber andererseits eigentlich dazu, daß das Werk des einzigen großen modernen Dichters, der sich mit Schleiermacher beschäftigt und ihn offenbar auch verstanden hat, gleichwohl so völlig inkompatibel mit dessen Wirken und Wollen zu sein scheint? Diese Frage ist vielleicht nicht ganz so sinnlos, wie man zuerst vermeint, und wenn auch tausend äußere Gründe zur Erklärung ihrer Grundverschiedenheit anzuführen wären, so ergibt sich eben aus dem Faktum, daß beide trotz aller historischen Differenz die gleichen kunsttheoretischen Ansichten teilen konnten, dennoch das Problem, inwiefern ihr ganzes geistiges Wirken trotz dieser Gemeinsamkeit von solch extremer Gegensätzlichkeit ist.

Nun scheint mir, daß der Punkt sehr wohl zu bezeichnen ist, an dem beide sich voneinander trennen, und zwar exakt jener Punkt, an dem es Pirandello nicht mehr möglich gewesen wäre, Schleiermachers Positionen weiter zu teilen, und dieser seinerseits wohl nur den Kopf geschüttelt oder aber den Eindruck gehabt hätte, daß er sich eines Angriffs auf die Grundvoraussetzungen seines Denkens erwehren müsse. Wie kompliziert Schleiermacher der Weg von der spontanen Vorstellung bis zur künstlerischen Darstellung auch erscheinen mochte, so bezweifelte er doch niemals, daß in der Kunst die Innerlichkeit des einzelnen Lebens tatsächlich zur Erscheinung gelange. Und niemals zweifelte er auch daran, daß die Mitteilung der subjektiven Erfahrung an sich sinnvoll sei und der höchste Zweck der Dichtung sein könne, "die Verschiedenheit der Momente des einzelnen Lebens zum Bewußtsein der andern Einzel-

nen zu bringen"[35] . Dieses Vertrauen aber beruhte letztlich auf seiner Überzeugung, daß jeder einzelne Mensch zwar "von allen anderen verschieden"
ist, andererseits jedoch "auf rein geistige Weise" eine "eigentümliche Modifikation der in allen selbigen Intelligenz" darstellt, so daß das Interesse an
der Eigentümlichkeit des andern für ihn gleichbedeutend ist mit einer geistigen Verwandlung des Einzelnen zur Gattung[36] . – Dieser Glaube an eine gemeinsame Natur der Menschheit und an die Gemeinsamkeit der uns "innewohnenden Formen des geistigen Lebens" war Pirandello hingegen abhanden
gekommen. Und obschon er mit Schleiermacher in dem "freien Spiel der Phantasie" den Ursprung aller Kunst gegeben fand, so ging für ihn doch aus diesem Spiel nicht die Wahrheit des einzelnen Bewußtseins hervor, sondern nur
eine neue Scheinwelt, eine bloße "realtà fantastica". Zwangsläufig wurde für
ihn daher auch der Sinn der Produktion solcher Scheinwelten problematisch,
und das in um so höherem Maße, als er aus der Lebensphilosophie seiner
Zeit gelernt hatte, daß der Mensch, schon indem er sich als den und der
bestimmt und etwas sein will, was er von Natur aus nicht ist, in dem künstlichen Gehäuse einer von ihm selbst konstruierten Scheinwelt lebt.

Die Frage aber, wie die illusorischen Konstruktionen der Kunst und des
Lebens überhaupt Bestand haben können, war für Pirandello, wie er selbst
gestanden hat, sein Leben lang die "Qual seines Geistes". Diese Frage stellte
sich ihm in dem von mir behandelten literaturkritischen Zusammenhang zunächst als das Problem der ästhetischen Evidenz. Sie führte ihn alsdann
aber zu der weiteren Frage, wie der Mensch überhaupt in der von ihm konstruierten Scheinwelt leben kann. Und da er aufgrund solcher Prämissen es
nicht mehr vermochte, die Erzeugung bloßer Illusionen als sinnvoll anzusehen
und in der "Freiheit", die sich in dem freien Spiel der Kunst bezeugt, das
eigentlich menschlich "Verbindende" zu erblicken, kam er auf den paradoxen
Gedanken, in seinem eigenen epischen und dramatischen Werk nicht die üblichen konventionellen Bilder des Lebens zu schildern, sondern die Un-
stimmigkeit aller solchen Bilder zu erweisen, ja, wie er selbst gesagt hat,
die Bilder der Kunst überhaupt zu zerstören[37] .

Die Zerstörung der Bilder der Kunst hat Pirandello indessen wiederum in
der Form der Kunst vollzogen. Wie das geschehen konnte und inwiefern dieses
paradoxe Unterfangen die Grenzen des literarisch Darstellbaren erweitert und

---

35 F.D. Schleiermacher, a.a.O., S. 124.
36 ebd., S. 687.
37 In einem Interview aus dem Jahre 1936 sagte Pirandello über sein Werk:
   "Nietzsche diceva che i greci alzavano bianche statue contro il nero
   abisso, per nasconderlo. Sono finiti quei tempi. Io le scrollo, invece,
   per rilevarlo". Zitiert bei L. Bàccolo, Pirandello, 2a Ed. Milano 1949,
   S. 129, und seither öfters in der Pirandello-Literatur.

auch die Theorie der Dichtung auf eine neue Grundlage gestellt hat, ist hier nicht mehr zu erörtern. Mir muß es hier genügen, angedeutet zu haben, daß die Vorstufe zu seinem modernen, alle Konventionen durchbrechenden Theater seine literarische Kritik war und daß diese seine Kritik und damit sein ganzes literarisches Werk ohne den Einfluß der Ästhetik Schleiermachers wohl nicht das geworden wären, was sie sind.

SEKTION V

DIALEKTIK

UNMITTELBARKEIT ALS REFLEXION

Voraussetzungen der Dialektik Friedrich Schleiermachers

von **Andreas Arndt**

1.

Ihrem Anspruch nach begründet sich Friedrich Schleiermachers Dialektik im Vollzug ihrer selbst als dem Vollzug des Philosophierens unter der Form reinen Denkens, das allenfalls eines Anknüpfungspunktes bedarf[1]. Mit diesem Selbstverständnis unterwirft sie sich einem Anspruch, der dem der Hegelschen "Wissenschaft der Logik" adäquat ist[2]. Wo sie daran gemessen wird, zieht sie sich allerdings leicht den Vorwurf der Inkohärenz und des Eklektizismus zu[3]. Die Begründung der philosophischen Positionen gelingt an der zentralen Stelle der Dialektik, der Theorie des Gefühls als unmittelbarem Selbstbewußtsein, nur durch den Rekurs auf theologische Argumente, mit deren Hilfe eine Identität als Indifferenz erborgt wird, die mit philosophischen Mitteln nicht zustande kommt.

Mit den Voraussetzungen der Dialektik sind jedoch nicht nur die theologischen angesprochen, denn die Interessiertheit des Theologen Schleiermacher kann ebensowenig als Ursache der Aporien seiner Dialektik gelten wie sein etwaiger – von ihm selbst eher kokettierend eingestandener – philosophischer Dilettantismus[4].

Voraussetzung der Dialektik als philosophischer Theorie ist zunächst die

---

1 Vgl. Friedrich Schleiermacher: Dialektik. Hg. Ludwig Jonas, Berlin 1839, S. 1; 315; 362; 370. Schleiermacher geht von der ursprünglichen Zirkelstruktur eines Wissens aus, das nur weiß, indem es schon ein Wissen ist. Ein Wissen vor dem Wissen im Sinne der Kantischen Erkenntniskritik ist ihm nicht weniger absurd als Hegel.

2 Schleiermachers Dialektik ist zwar nicht als Konkurrenzunternehmen zu Hegel entstanden, hat aber auch und gerade als eine Theorie der Logik diesen Status gewonnen, indem sie untergründig die l o g i s c h e Hegelkritik des 19. Jahrhunderts nachhaltig beeinflußte. Vgl. Friedrich Überweg: System der Logik und Geschichte der logischen Lehren. Bonn 1868[3], S. III ff. Diese Wirkungsgeschichte der Schleiermacherschen Dialektik, die über Twesten zu Trendelenburg und dessen Schülern reicht, ist noch zu schreiben.

3 Der Vorwurf des Eklektizismus macht nur dann einen Sinn, wenn Schleieramchers Dialektik nicht als Systemversuch gesehen wird. Diejenige Schleiermacher-Rechtfertigung, die in dem Unsystematischen gerade die Stärke seiner Dialektik sieht, liefert ihn diesem Vorwurf geradezu aus.

4 Vgl. Friedrich Schleiermacher: Über seine Glaubenslehre, an Herrn Dr. Lücke. Zweites Sendschreiben. In: SW I, 2, S. 650: "Lassen Sie mich [...] freuen, daß ich dem Vorsaz treu geblieben bin, meinem eignen philosophischen Dilettantismus [...] keinen Einfluß auf den Inhalt der Glaubenslehre gestattet zu haben."

romantische Weltansicht, wie sie in der Formel des "individuellen Allgemeinen" zum Ausdruck kommt. Die Schwierigkeit, sie zu systematisieren, liegt in der romantischen Ansicht selbst begründet: die Apriorität des Individuellen verweist auf ein Nichtidentisches als Voraussetzung, das gleichwohl im unmittelbaren Zusammengehen mit sich Allgemeines soll darstellen können.

Schleiermachers Dialektik läßt sich als der Versuch begreifen, der romantischen Weltansicht eine systematische Form zu geben. Die als "Programmschrift der romantischen Weltanschauung" apostrophierte Gegensatzlehre Adam Müllers von 1804 liest sich denn auch wie ein Problemaufriß des späteren Schleiermacherschen Systemversuchs: "Es ist Zeit [...], daß wir die neben- und ineinanderbestehenden beiden Reiche der Wissenschaft und Religion mit aller Strenge, die uns unsre Ansicht der Welt an die Hand gibt, voneinander scheiden und sie dann mit der ganzen Kraft unsers Gefühls wieder vereinigen." [5] Das Problem dieser "Philosophie des Selbstbewußtseins"[6] versucht Schleiermacher mit der Kraft seines B e g r i f f s des Gefühls als unmittelbarem Selbstbewußtsein zu lösen.

Dieser Begriff zielt auf die Vermittlung von Getrenntem, dem Übergang vom Wissen zum Wollen und darin auf die Einheit von Wissen und Tun. Er soll das leisten, was bei Kant der Begriff der Reflexion als eines ursprünglichen Vermögens des Subjekts leistet. Indem er Kants Subjektbegriff im Rahmen einer Individualitätstheorie aufnimmt, kommt Schleiermacher zu der Auffassung, daß das Reflexive als ein selbst Vermitteltes nicht Grund der Vermittlung sein könne. So entzieht er die in der Reflexion vorausgesetzte Selbstgewißheit des Ich durch deren Fundierung im unmittelbaren Selbstbewußtsein der Reflexion. Die Unmittelbarkeit tritt an die Stelle der Reflexion.

In einer gegenläufigen Bewegung zum Denkweg Schleiermachers hat Hegel die Struktur des transzendentalen Subjekts in einen Begriff der Wirklichkeit der Idee als Totalität aufgehoben, der das Subjekt nicht mehr als Vorausgesetztes und Äußerliches der Wirklichkeit begreift, sondern diese Wirklichkeit als Selbstbewegung ist für ihn die Selbsterzeugung des transzendentalen Subjekts in der Arbeit des Geistes.[7] In der Struktur des Geistes ist die Leistung

5 Adam Müller: Die Lehre vom Gegensatze. Erstes Buch. Der Gegensatz. (Berlin 1804). In: Adam Müller: Kritische, ästhetische und philosophische Schriften. Kritische Ausgabe hg. von W.Schroeder/W.Siebert. Neuwied/Berlin 1967, Bd. 2, S. 247. Müller, der von Schleiermacher nicht sonderlich geschätzt wurde, feiert Novalis, Fichte, Fr.Schlegel, Schelling und Schleiermacher als Helden einer noch zu vollendenden wissenschaftlichen Revolution (S. 230).
6 Vgl. ebd., S. 206.
7 "Arbeit" ist hier nicht metaphorisch zu verstehen; der für die Tätigkeit des Geistes charakteristische Begriff der Arbeit wurde vielmehr vom Jenaer Hegel in der Auseinandersetzung mit dem ökonomischen Arbeitsbegriff gewonnen. Vgl. Heinz Kimmerle: Das Problem der Abgeschlossenheit des Denkens, Hegels 'System der Philosophie' in den Jahren 1800-1804. Bonn 1982[2], S. 219 ff. Zur systematischen Bedeutung des Hegelschen Arbeitsbe-

der Reflexion als Vermittlung ihrem auf Allgemeinheit zielenden Weltbegriffe gemäß fundiert; objektiv gegenüber den Individuen als einzelnen Subjekten. Sie sind dann aber nicht an und für sich, sondern nur durch ihre Aufhebung in den Geist – dessen vermittelnde Bewegung – Allgemeines (etwa als Werkzeuge einer listigen Vernunft). In ihrer Selbständigkeit als Endliche erweisen sie sich als vielmehr Unselbständige, die sich nur durch die Beziehung auf Anderes erhalten[8].

Dagegen protestiert – bis heute – eine romantische Ansicht, die für das Individuum selbst die Fülle der Möglichkeiten seiner Verwirklichung reklamiert und dieses Individuum als Selbstbewußtsein an die Stelle einer konkreten Allgemeinheit setzt. Die universelle Teleologie des Weltprozesses als Werden des Geistes zu sich (die in der Tat zu massiven Verlegenheiten im Umgang mit Hegel Anlaß gibt) scheint für die Individuen nur einen abstrakt-allgemeinen Zusammenhang zu bezeichnen, in dem sie sich nicht als in ihrem eigenen Produkt wiedererkennen können. Das dagegen gesetzte individuelle Allgemeine soll diese Entfremdung aufheben, indem die Möglichkeit einer abstrakt-allgemeinen Vermittlungsstruktur durch den Rekurs auf die behauptete Struktur des Selbstbewußtseins geleugnet wird[9] – eine Aufhebung nur in der Theorie.

Schleiermacher will die Vernunft in ihrer Endlichkeit als Individualität zur Geltung bringen, diese Individualität aber zugleich als allgemein und objektiv fassen. Damit spricht er, seinem Selbstverständnis nach, den Gegensatz gegen "die gewöhnlichen Formen der Transcendental-Philosophie" aus, "die ein allgemeines objectives Wissen abstrahirt von aller Individualität sezen will".[10] Mit dieser Formulierung grenzt sich Schleiermacher nach zwei Seiten ab: gegen die Äußerlichkeit der Reflexion als eines Vermögens gegenüber der durch sie vermittelten Wirklichkeit u n d gegen die Objektivierung des in der Selbstbewegung der Wirklichkeit werdenden und sie vermittelnden Subjekts gegenüber den endlichen Individualitäten. Die Leistung der Reflexion wird an die Wirklichkeit von Individuen gebunden, die die

griffs für Hegels Dialektik-Verständnis vgl. Peter Furth (Hg.): Arbeit und Reflexion. Zur materialistischen Theorie der Dialektik – Perspektiven der Hegelschen 'Logik'. Köln 1980.
8 Zur Dialektik des Endlichen bei Hegel vgl. Paul Guyer: Hegel, Leibniz und der Widerspruch im Endlichen. In: Seminar: Dialektik in der Philosophie Hegels. Hg. R.-P.Horstmann. Frankfurt/M. 1978, S. 230–260.
9 Vgl. dazu meinen Aufsatz: "Der berechtigte Gegensatz der Romantik" – Aspekte der Geschichtstheorie Friedrich Schleiermachers. In: Hegel-Jahrbuch 1982, Rom 1984.
10 Friedrich Schleiermacher: Entwürfe zu einem System der Sittenlehre. Hg. O.Braun. Leipzig 1913 (= Werke. Auswahl in 4 Bd., Bd. 2; im folgenden zitiert als "Sittenlehre"), S. 175.

Vernunft in ihrer Endlichkeit repräsentieren.

Diese Position enthält die Schwierigkeit, die Allgemeinheit und Objektivität der individualisierten Vernunft im Zusammenbestehen der Individualitäter
zu denken. Sofern Schleiermacher in seiner philosophischen Ethik das ver-
tragstheoretische Modell der Vergesellschaftung ablehnt, d.h. den Staat nich
als mechanistisches Aggregat oder Maschine aus dem Zusammenwirken unge-
sellschaftlicher Individuen erklären [11], zugleich aber auch die Gesellschaf
den Individuen nicht als ein Vorausgesetztes voranstellen will, läßt sich das
Problem auch auf der handlungstheoretischen Ebene formulieren: wie läßt
sich die Gesellschaftlichkeit als ein von den Handlungen der Individuen Vermitteltes begreifen? Dies ist das zentrale Problem der philosophischen Ethik,
deren Gegenstand das Handeln der Vernunft ist. Die Schwierigkeiten dieses
Handlungsbegriffs strukturieren den Einsatz der Dialektik, in der, als philosophischer Kunstlehre, die theoretischen Mittel zur Lösung des Problems der
Vermittlung im Endlichen entwickelt werden müssen. Sofern dies mit der
Strenge des von Schleiermacher beanspruchten reinen Denkens geschieht, wäre
zu fragen, ob die Preisgabe der Reflexion an die Unmittelbarkeit eines Gefühls der Kritik durch einen B e g r i f f der Reflexion standhält, der
beansprucht, eben diese Struktur der Unwahrheit überführen zu können. Indem aber dieser Begriff der Reflexion selbst nicht als voraussetzungslos genommen werden kann, sondern sich einer bestimmten Perspektive auf den Prozeß gegenständlicher Vermittlung im Arbeitsprozeß verdankt, wie sie der
Geistesphilosophie Hegels zugrundeliegt, ließe sich die Berechtigung des romantischen Gegensatzes jenseits der durch diesen Gegensatz bezeichneten Extreme erweisen, ohne den Zauber der Unmittelbarkeit im Sinne einer Philosophie des Selbstbewußtseins zu erneuern.

2.

"Verhältnisse", auf die sich die Ethik bezieht, sind - so Schleiermacher -
"Selbst Producte des menschlichen Handelns", woraus für die Ethik folge,
"daß alle socialen Verhältnisse in ihr entstehen müssen nach denselben Gesetzen, nach welchen das Verhalten in diesen Verhältnissen regulirt wird.
Analogisch folgt, daß auch das Wissen als Wirkliches, als Handeln durch
die Ethik entstehen muß." [12] Die Verhältnisse erscheinen hier als Einheit mit
dem Verhalten, aus denen sie hervorgehen, wobei das Verhalten denselben

---

11 Vgl. ebd., S. 140 f.
12 Ebd., S. 79. Hier und im folgenden wird in der Regel auf den ersten erhaltenen Gesamtentwurf Schleiermachers, das "Brouillon" von 1805/06 Bezug
   genommen, das der ersten Dialektik-Vorlesung 1811 vorangeht und deren
   Problematik vorzeichnet.

Gesetzen folgt, wie das Hervorbringen. Für diese Einheit steht der Begriff des "Producirens"; in ihm sind die Grundfunktionen der Vernunfttätigkeit zusammengefaßt, die Bildung und der Gebrauch der Organe und darin zugleich die erkennende und darstellende Funktion der Vernunft[13]. Die Einheit dieser Funktionen hat zur Folge, daß für die Ethik in der Darstellung der Güterlehre (die für das Handeln der Vernunft in der Totalität der Individuen steht) "Produciren und Product [...] identisch gesetzt ist"[14]. Mit anderen Worten: das Produzieren ist an dem Begriff der Praxis orientiert, die ihr Telos in sich selbst hat und auf keinen außerhalb ihrer liegenden Zweck gerichtet ist. In diesem Sinne betont Schleiermacher, daß es in der Ethik "keine Mittel" geben könne: "Jedes Handeln soll entweder für sich sein, oder es darf auch als Mittel nicht sein."[15]

Das Handeln der Vernunft ist die Totalität ihrer Handlungen in ihrer unaufhebbaren Individualität. Den Individuen als den Subjekten der Handlungen muß die Allgemeinheit, d.h. der Zusammenhang ihrer Handlungen als intersubjektives Verhalten im Handeln schon immer gewiß sein können. Denn als Praxen sind die Handlungen nichts anderes als Entäußerung von Subjektivität, deren Objektivierung auch in der intersubjektiven Verschränkung der Praxen in der Verfügung der handelnden Subjekte bleiben soll. Der Begriff des Handelns sollte die Gesellschaftlichkeit als ein von den Handlungen der Individuen Hervorgebrachtes erklären; aus dem Begriff der Handlung als Praxis kann aber nicht die Komplementarität der Praxen gefolgert werden, zu deren Sicherung es zusätzlicher begründender Annahmen bedarf[16].

Statt die Verhältnisse aus dem Verhalten der Individuen in ihren Handlungen zu erklären durch die "Beschreibung", "schlichte Erzählung" oder "das Aufzeigen" der Gesetze des Handelns (ein geradezu empiristisch anmutendes Programm)[17], erneuert sich die konstitutionstheoretische Problematik. Die reflexive Selbstgewißheit, die in der Intersubjektivität der Handlungen angezeigt ist, kann nicht aus ihnen selbst hervorgehen, sofern sie als P r a - x e n unvermittelte Selbstbezüglichkeit der Momente des Handlungsprozesses bedeuten, in der weder am Gegenstand noch an den Mitteln der Handlung die Struktur der vermittelten Selbstbezüglichkeit als Beziehung auf sich durch anderes zustandekommen kann, für die der Name der Reflexion steht. Reflexion also kann in der Konsequenz des Schleiermacherschen Handlungsbe-

13 Vgl. ebd., 89; 92.
14 Ebd., S. 256 (Ethik 1812/13). Der Sache nach schon im Brouillon, S. 84 ff.
15 Ebd., S. 86.
16 Zur Problematik des an der Praxis orientierten Handlungsbegriffs vgl. Andreas Arndt/Wolfgang Lefèvre: Poiesis, Praxis, Arbeit. Zur Diskussion handlungstheoretischer Grundbegriffe. In: Damerow/Furth/Lefèvre (Hg.): Arbeit und Philosophie. Bochum 1983, S. 21-34.
17 Sittenlehre, a.a.O. (Anm. 10), S. 80.

griffes der Handlung als sie ermöglichender Grund nur vorgeordnet sein, indem sie als Vermögen der Subjektivität vorausgesetzt wird. Diese Voraussetzung erscheint bei Schleiermacher in doppelter Gestalt, zum einen direkt
als Naturausstattung der Individuen, denn "Wissen und Handeln sind als
Vermögen Natur und müssen als solche nachgewiesen werden"[18]; zum anderen
auf dem Umweg der Anerkennung der Individuen im Tauschen und Sprechen:
Geld und Sprache sind der "ewige" "Präliminarvertrag" der Gesellschaft[19]
Diese Auffassungen laufen darauf hinaus, die Äußerlichkeit der Reflexion als
eines Vermögens gegenüber der durch sie vermittelten Wirklichkeit zu erneuern und zugleich in die Aporien des vertragstheoretischen Vergesellschaf-
tungsmodells zurückzufallen.

Die Modellierung des Handlungsbegriffs nach dem Muster der aristotelischen Praxis stößt vor allem dort auf Schwierigkeiten, wo sich das "Produciren" auf nichtidentische Voraussetzungen bezieht, nämlich die Naturbasis
und Naturseite des Handelns. Das Handeln ist nicht nur als Vermögen Natur,
sondern vollzieht sich als "Beseelung der menschlichen Natur durch die Vernunft" im "Bilden der Natur zum Organ und Gebrauch des Organs zum Handeln der Vernunft."[20] Die Vervollkommnung im Sinne der Ethik besteht in
der "Aufhebung der Irrationalität zwischen Natur und Vernunft."[21] Wie aber
kann Handeln unter der Voraussetzung der noch bestehenden Irrationalität
als Entäußerung von Subjektivität gefaßt werden, wenn das Subjekt in seinem
Handeln an die Natur als einer noch ihm fremden gebunden bleibt?

In dieser Beziehung auf Anderes könnte die Reflexion als Prozeß, als
selbst in sich vermittelt in der Handlung als Arbeit begriffen werden. Diesen
Weg geht, zeitlich nahezu parallel zu den Hallenser Ethik-Vorlesungen Schleiermachers, Hegel in seinen Jenaer Systementwürfen, indem er die Selbsterzeugung des Subjekts als vermittelt durch den von ihm hervorgebrachten Gegen-

---

18 Ebd. Diesen Nachweis von Seiten der Natur lieferte für Schleiermacher
    Henrich Steffens: Grundzüge der philosophischen Naturwissenschaft. Ber-
    lin 1806. Die Einleitung dieser Schrift endet (S. XXII) mit einer Huldi-
    gung an Schleiermacher. Schleiermacher seinerseits empfand Steffens'
    "Wissenschaft der Ideen" (S. 15) als dem Unternehmen seiner Dialektik
    kongenial (Vgl. Friedrich Schleiermacher: Beilage G der Dialektik, Hg.
    Bruno Weiß, Nr. 27. In: Zeitschrift für Philosophie und Philosophische
    Kritik. NF, 73, 1878, Anhang; im folgenden als "Beilage G" zitiert). Den
    Zuhörern seiner ersten Dialektik-Vorlesung empfahl er sie als seinen
    Ansichten am meisten entsprechend (vgl. A.Twesten: Vorrede. In: Fried-
    rich Schleiermachers Grundriß der philosophischen Ethik. Berlin 1841,
    S. XCVII).
19 Vgl. Andreas Arndt: Tauschen und Sprechen. Zur Rezeption der bür-
    gerlichen Ökonomie in der philosophischen Ethik Friedrich Schleier-
    machers 1805/06. In: Philosophisches Jahrbuch der Görres-Gesellschaft,
    1984/II.
20 Sittenlehre, a.a.O. (Anm. 10), S. 87; 89.
21 Ebd., S. 87.

tand, als Arbeitsprozeß beschreibt[22] . Diese Möglichkeit einer Begründung
von Reflexion hat Schleiermacher nicht ergriffen, obwohl schon im Begriff
des Produzierens als Bildung und Gebrauch der Organe der Schluß auf das
Organon als Mitte nahe lag. Das aber hätte bedeutet, die unmittelbare Einheit
des Individuellen und Allgemeinen und damit die Grundannahme der roman-
ischen Weltansicht preiszugeben.

Schleiermacher geht einen anderen Weg als Hegel. In der Totalität erweist
sich die Irrationalität von Natur und Vernunft als bloß scheinbar, indem
"die Natur überall für die Vernunft gebraucht werde, und [...] alles, was
in der Vernunft an sich liegt, auch durch die Natur in der endlichen Vernunft zu Bewußtsein komme. Die Möglichkeit dieses liegt in der durch die
Naturphilosophie aufgezeigten Harmonie der menschlichen Natur mit der allgemeinen"; die Natur ist so schon immer "ein vollkommenes Organ der Vernunft." [23] Die prästabilierte Harmonie von Natur und Vernunft kommt systematisch in dem wechselseitigen Begründungsverhältnis von Naturphilosophie und
Ethik zum Ausdruck, die zusammen die beiden Seiten der Philosophie als
theoretische und praktische umfassen. Ihre Einheit setzt voraus, daß Natur
und Vernunft, Reales und Ideales auf einen gemeinsamen Grund zurückgeführt
werden, aus dem sie als gleichursprünglich hervorgehen und der weder das
eine noch das andere ist: Schleiermacher will einen Monismus jenseits des
Idealismus oder Materialismus. Diese Voraussetzung ist aber nur dann zwingend, wenn die Reflexion nicht als Prozeß, sich in dem wechselseitigen Bestimmen von Natur und Vernunft immanent erzeugende gefaßt wird, sondern
beide   u n m i t t e l b a r   identisch sein sollen.

Das Vermögen dieser Einheit soll nun weder in die Wirklichkeit eines
Geistes als Subjekt des Weltprozesses gesetzt werden, noch soll sie etwas
äußerlich Vorausgesetztes sein. Die Individuen müssen als wirkliche Individuen nicht nur die reflexive Selbstgewißheit der gelingenden intersubjektiven
Komplementarität ihrer Praxen mitbringen, sondern sie müssen zugleich der
Einheit von Natur und Vernunft, Realem und Idealem in ihrem Handeln unmittelbar gewiß sein.

In der Hallenser Ethik 1805/06 wird dieses Vermögen einer ursprünglichen
Anschauung zugeschrieben[24] , die der Anschauung des Universums in den
"Reden über die Religion" verwandt ist. Wie diese ist sie vom Wissen und

---

22 Interessant an dieser Parallele ist, daß Schleiermacher und Hegel – wie
   es scheint, konkurrenzlos – der ökonomischen Problematik eine entscheidende systematische Funktion zuschreiben. Vgl. meinen in Anm. 19 genannten Aufsatz sowie, für Hegel, Manfred Riedel: Die Rezeption der Na-
   tionalökonomie. In: (Ders.:) Studien zu Hegels Rechtsphilosophie. Frank-
   furt/M 1969, S. 75-99.
23 Sittenlehre, a.a.O. (Anm. 10), S. 96; 99.
24 Vgl. ebd., S. 82-84; 88.

Tun als ein eigenes Vermögen geschieden und ihnen als Grund vorgeordnet
Dieses Vermögen als Grund der Reflexion aber muß von den Voraussetzungen
Schleiermachers her wiederum individuell gefaßt werden.

Die Anschauung des Lebens in der philosophischen Ethik bezieht sich auf
die Totalität der Vernunfthandlungen. Sie scheint in der durch sie begründe
ten Reflexion das Einzelne als unselbständig zu setzen. Das Einzelne soll
aber als Punktualität die Sittlichkeit ganz in sich enthalten; dies nachzuwei
sen ist die Aufgabe der Tugendlehre, die von dem einzelnen Subjekt der
Handlung ausgeht, bzw. der Pflichtenlehre, die von dem einzelnen Moment
der Handlung ausgeht[25]. Die Anschauung als Vermögen des Einzelnen ver
mittelt diesen mit dem Allgemeinen durch die Erfahrung der Totalität, deren
subjektives Innewerden auf Seiten des Gefühls fällt. Ebenso vermittelt die
Anschauung als innerer Entwurf die Objektivierung des Subjekts als subjek
tive telos-Realisation in einer einzelnen Handlung, während mit dem Gefühl
das in das Subjekt eingeschlossene Spiel der Fantasie als Spekulation bezeichnet wird. In der Nebenordnung von Gefühl und Anschauung würde sich
aber der Dualismus, den Schleiermacher vermeiden will, erneuern, wenn sie
nicht beide "auf Einer Potenz stehen" und sich unmittelbar auseinander ergeben würden[26]. Das einzelne Subjekt als Einheit dieser Vermögen und der
an ihnen jeweils hervortretenden Charaktere der Rezeptivität und Spontaneität ist, nach dieser Konzeption, ein Vermitteltes. Es bedarf in sich eines
Grundes der Vermittlung als Bedingung der Möglichkeit seiner Reflexion. Diesen nachzuweisen wird die Aufgabe der Dialektik, der Prinzipien der Kunst
zu philosophieren, deren Inhalt die "Zurückführung aller Verknüpfungen aus
Gegensätzen zur Indifferenz"[27] ist.

                                    3.

Von den problematischen Voraussetzungen der Ethik her hat die Dialektik die
Aufgabe, die Einheit der Vernunft in ihrer Individualität und darin zugleich
die Einheit von Natur und Vernunft, Realem und Idealem im Individuellen
als Grund der Reflexion nachzuweisen, ohne diesen der Wirklichkeit in äußerer Weise vorzuordnen. Die Zuweisung dieser Aufgabe an die Dialektik ist
schon insofern problematisch, als sie nicht gegenüber den sich wechselseitig
begründenden realphilosophischen Systemteilen der Naturphilosophie und Ethik
verselbständigt werden darf. Sie fällt aber auch nicht in die Ethik des
Wissens[28], denn dann wäre die Ethik (als unter dem Titel der Einbildung

---

25 Ebd., S. 201.
26 Ebd., S. 211.
27 Beilage G, a.a.O. (Anm. 18), Nr. 27.
28 Vgl. Eilert Herms: Die Ethik des Wissens beim späten Schleiermacher. In:
   Zeitschr. f. Theol. und Kirche, 73, 1976, S. 471-525.

▌er Vernunft in die Natur stehend) das Übergreifende und das Gleichgewicht ▌es Idealen und Realen wäre zugunsten eines Monismus der Vernunft ide-▌listisch aufgelöst. Umgekehrt dürfen auch nicht die Naturbasis und Natur-▌eite des Handelns als das Übergreifende dargestellt werden, eine Alterna-▌ive, die Schleiermacher freilich nie ernsthaft erwogen hat. Wenn keine der ▌eiten der Philosophie über die andere übergreifen darf, bedürfen sie eines ▌ritten, worin sie als gleich aufeinander bezogen werden. Dies war die An-▌chauung, deren Funktion jedoch innerhalb der Ethik selbst nicht begrifflich ▌egründet werden konnte. Die Dialektik thematisiert nun dieses Dritte (das ▌ein Drittes sein soll), ohne doch den anderen Systemteilen als ein Drittes ▌egenübertreten zu können. Sie soll aber auch nicht nur formal sein. So ▌chwebt sie zwischen Natur und Vernunft, von ihnen losgelöst, im Absoluten ▌doch deren Grund aufweisend.

Die Unmöglichkeit, der Dialektik einen festen Ort zuzuweisen, reproduziert ▌deren interne Schwierigkeit, jenseits des obersten Gegensatzes des Seins und ▌Denkens oder Realen und Idealen eine Einheit zu finden, die deren Grund ▌ist, aber nicht selbst in die Endlichkeit der Entgegensetzung fallen darf, ▌also auch mit den endlichen Mitteln des Erkennens nicht erfaßt werden kann. ▌Als der Reflexion verschlossener Grund der Reflexion ist er schon darum ein ▌unmittelbar Gegebenes. Indem er aber den Mitteln der Reflexion im End-▌lichen sich entzieht, ist er nicht im Endlichen selbst als Grund anwesend. ▌Er soll aber nicht außerhalb der endlichen Wirklichkeit verortet werden, also ▌muß er in ihr als Beziehung des Endlichen auf das Absolute anwesend sein. ▌Das Endliche als Ich, Subjektivität des Einzelnen, wie er sich in der End-lichkeit seiner selbst reflexiv gewiß werden kann, reicht aber als reflektier-tes und reflektierendes nicht an das Unendliche, denn dies wäre dann selbst als ein Vermitteltes der Reflexion zugänglich. So muß die Beziehung aufs Un-endliche im Einzelnen unmittelbar anwesend sein, ohne daß sie in ihm auf äußere Weise als ein Vermögen gesetzt wäre, und der Einzelne muß sich ihrer unmittelbar inne sein können.

Für dieses unmittelbare Gegebensein des Absoluten im Endlichen, als Be-ziehung des Endlichen auf das Absolute aus dem Endlichen selbst, stehen die Begriffe der Anschauung bzw. des Gefühls. In der Dialektik-Vorlesung von 1811 werden beide noch, dem Entwurf der philosophischen Ethik von 1805/06 entsprechend, als zwei Vermögen einer Potenz vorgestellt[29]. Weder dort noch in den Lemmata aus der Dialektik in der Ethik 1812/14 wird je-doch die Gleichsetzung mit dem Selbstbewußtsein vollzogen. In der zweiten Dialektik-Vorlesung von 1814 steht für die Funktionen der Anschauung und des Gefühls nur noch das Gefühl, das aber, dem jeweiligen Überwiegen der Totalität bzw. Individualität in diesen Funktionen entsprechend, als "Be-

29 Dialektik, ed. Jonas, S. 322.

standtheil unseres Selbstbewußtseins sowol als unseres äußeren Bewußtseins verortet wird[30].

Selbstbewußtsein und äußeres Bewußtsein sind jedoch von den Voraussetzungen Schleiermachers her gar nicht zu trennen. Ihre Identität muß sich im Handeln zeigen, sofern es als Entäußerung von Subjektivität begriffen wird, in der das Subjekt mit sich zusammengeht und darin Allgemeines darstellt. Um die Komplementarität der Praxen zu sichern, muß aber in dem unmittelbaren Zusammengehen mit sich selbst zugleich die Beziehung auf Anderes anwesend sein. Dieses Andere ist nicht nur das der Reflexion Zugängliche, das durch ein reflektiertes Selbstbewußtsein erschlossen sein kann. Wird, wie bei Schleiermacher, das Handeln als Produzieren nicht im Sinne der Genesis der Reflexion aufgefaßt, so muß die Vermittlung von Natur und Vernunft unmittelbar gegeben sein und also metaphysisch vorab gesichert werden in der Identität aller Gegensätze als Indifferenz. Ebenso muß dann das Bewußtsein dieser Indifferenz dem Subjekt der Handlung unmittelbar gegeben sein als ein Unmittelbares. Dieses kann nur als Selbstbewußtsein auftreten, da die Handlung nichts sein soll, als Entäußerung von Subjektivität. Als unmittelbares Selbstbewußtsein ist es der Grund der Reflexion, der diese übersteigt. Ohne es wäre das Handeln grundlos.

Eine solche Konzeption des Selbstbewußtseins trägt Schleiermacher erstmals in der Dialektik-Vorlesung 1822 vor [31]. Er unterscheidet das unmittelbare Selbstbewußtsein (= Gefühl) von dem reflektierten Selbstbewußtsein (= Ich). Während letzteres "nur die Identität des Subjekts in der Differenz der Momente aussagt", ist der Ort des unmittelbaren Selbstbewußtseins die Identität des Denkens und Wollens. Das Denken bezeichnet das Gesetztsein der Dinge in uns auf unsere Weise, das Wollen das Gesetztsein unseres Seins in die Dinge auf unsere Weise. Die Identität von Denken und Wollen steht also für die Indifferenz aller Gegensätze im Handeln und namentlich für die Einheit der ursprünglich unter Gefühl und Anschauung (bzw. dem Gefühl im Selbstbewußtsein und äußeren Bewußtsein) gefaßten Funktionen. Was im Selbstbewußtsein identisch ist, tritt "im Leben als Reihe" in der Zeit auseinander. Im Nullpunkt des aufhörenden Denkens und anfangenden Wollens bleibt unser Sein als das Setzende übrig. Dies ist das unmittelbare Selbstbewußtsein, das, als Grund der Reflexion, in jedem Moment des Wissens und Wollens anwesend sein muß. Als dieser immanente Grund in seiner kontinuierlichen Anwesenheit ist das Gefühl geschieden von der Empfindung als einer momentanen Affektion des Subjekts.

Damit will Schleiermacher dem Vorwurf des Subjektivismus entgehen. In

30 Ebd., S. 152.
31 Friedrich Schleiermachers Dialektik. Hg. R.Odebrecht, Leipzig 1942 (Reprint Darmstadt 1976), S. 288.

der Tat bezeichnet das Gefühl ein Vermögen, in dem sich das Subjekt als
setzend in seiner Freiheit und zugleich der Bedingungen seines Seins und
Handelns, seiner Determiniertheit, bewußt wird. Indem es als Grund der Vermittlung aber nicht selbst ein Vermitteltes ist, besteht die Objektivität des
unmittelbaren Selbstbewußtseins nur zum Schein, denn es bleibt darin unmittelbar bei sich. Das unmittelbare Selbstbewußtsein ist nur ein anderer
Name für die Behauptung, Handeln sei unmittelbare Objektivierung von Subjektivität. Als Grund der Reflexion, ohne den es keine Vermittlung der Welt
zur Einheit gäbe, sondern sie in eine Vielheit von gleich-gültig indifferenten
Prozeßatomen auseinanderfiele, würde es aber als Selbstbewußtsein eines Subjekts dieses zum Gott qualifizieren.

Diese mögliche Konsequenz hat der Schleiermacher-Schüler Max Stirner in
seinem "Einzigen" auf der Grundlage der Feuerbachschen Religionskritik gezogen. Die Aufblähung des Selbst zur Welt hat Schleiermacher gerade vermeiden
wollen. Die Behauptung, das Endliche sei das Absolute, kehrt aber nur im
Feuerbachschen Sinne um, was Schleiermacher behauptet: daß das Endliche
analogisch das Absolute repräsentiere. Diese analogische Repräsentanz des
Absoluten im Endlichen ist nur die Übersetzung des im Schöpfungsmythos gebrauchten Bildes der Ebenbildlichkeit des Menschen in Beziehung auf Gott.
Sie ist eine theologisch-dogmatische Behauptung, die angenommen werden kann
oder auch nicht. Dessen scheint sich Schleiermacher freilich nicht vollständig bewußt gewesen zu sein[32]. Nur von dorther konnte er zu der Auffassung
kommen, theologische Dogmatik und Philosophie könnten auf verschiedenen
Wegen dasselbe leisten, ohne sich auf diesem Wege wechselseitig zu beein-
flussen. Tatsächlich aber ist deren Verhältnis bei Schleiermacher nicht das
gleich-gültiger Differenz, sondern das des Übergreifens der Theologie über
die Philosophie. Will man dies innerhalb der p h i l o s o p h i s c h e n
Voraussetzungen Schleiermachers vermeiden, so sind keine Mittel erkennbar,
mit denen der von STirner gezeigten Konsequenz entgangen werden könnte.

4.

In der Unmittelbarkeit des Selbstgefühls befindet sich das Subjekt "im
W i d e r s p r u c h seiner in seinem Bewußtsein systematisierten Totalität und der besondern in derselben nicht flüssigen und nicht ein- und unter-

---

32 Jedenfalls behauptet Schleiermacher, die Grenze zwischen Theologie und
   Philosophie auch hier zu beachten, indem das Selbstbewußtsein zum religiösen noch einmal ausdrücklich in Beziehung gesetzt wird.

480   A. Arndt

geordneten Bestimmtheit, - die V e r r ü c k t h e i t." [33] Was Hegel als
pathologische Struktur der Seele diagnostiziert, trägt eine Spannung zwischen
dem Subjekt und der Welt aus, die noch in dieser Form, als Ver-rückung der
Totalität in die Seele, die dem Bewußtsein eigene Würde eines reflexiven
Innewerdens des abstrakten Selbst des Gefühls und Bewußtseins im Widerspruch ihrer bewahrt. Sie ist damit zugleich eine notwendige Gestalt der
Selbsterzeugung des Geistes auf dem Wege der Reflexion. Sie ist aber nicht
nur Gestalt als Moment seines Werdens, sondern anthropologisch-naturwüchsi-
ges Element der endlichen Individuen, das sie als Moralität auf der Stufe
ihres vernünftigen Bewußtseins heimsuchen kann, indem sie ihr Inneres als
abstrakten Widerspruch gegen die Welt kehren und, dem Gesetz des Herzens
folgend, in den Wahnsinn des Eigendünkels verfallen, der nicht eine bestimmte Ordnung, sondern mit dieser die Sittlichkeit schlechthin negiert[34].
Diese Pathologie im Sittlichen bezeichnet die Struktur des romantischen Protestes gegen die Wirklichkeit, in dem die unmittelbare Einheit des Einzelnen
und Allgemeinen als das Subjektive zur Totalität erweitert wird[35].

Vor dem Hintergrund seiner Kritik an der S t r u k t u r des romantischen Bewußtseins ist Hegels fast durchweg als ungerecht empfundene Polemik gegen Schleiermachers Gefühlstheologie zu lesen[36]. Der polemischen Form
entkleidet, behauptet Hegel zweierlei: (1) Ist das Gefühl die Grundbe-
stimmung des Wesens des Menschen, so befestigt diese Bestimmung seine
Knechtschaft als absolut und setzt ihn dem Tiere gleich. (2) Da das Gefühl
als bloße Form jeden Inhalt ermöglicht, bedeutet diese Bestimmung aber zugleich auch, "dem S u b j e k t e es zu überlassen, w e l c h e Gefühle es haben will; es ist [...] die Willkür und das Belieben, zu sein und
zu tun, was ihm gefällt"[37]. Mit dem unvermittelten Gegensatz, den Hegel
Schleiermacher zuschreibt, beschreibt er die Struktur eines Bewußtseins, das

33 Georg Wilhelm Friedrich Hegel: Enzyklopädie der philosophischen Wissenschaften im Grundrisse (1830), Hg. F.Nicolin/O.Pöggeler, Berlin (DDR)
   1966, § 408 (S. 337).
34 Die Beziehung zur Pathologie im Sittlichen wird hergestellt in den Zu-
   sätzen zu § 408 der Enzyklopädie (vgl. Werke. Hg. Moldenhauer/Michel,
   Frankfurt/M 1970, S. 170 f.); damit nimmt Hegel die Romantik-Kritik auf,
   die er in der "Phänomenologie des Geistes" in dem Abschnitt "Das Gesetz
   des Herzens und der Wahnsinn des Eigendünkels" entwickelt hatte.
35 Die Struktur des romantischen Bewußtseins und ihre Kritik durch Hegel
   als Kritik einer bis in die Gegenwart reichenden Reflexionsphilosophie ist
   eindringlich untersucht von Nicola de Domenico: Alienazione, Riflessione,
   Utopia. La Critica dei Paradossi della Riflessione in Hegel e Marx. In:
   Nuovo Annali della Facoltà di Magistero dell'Università di Messina 1983.
36 Georg Wilhelm Friedrich Hegel: Vorrede zu Hinrichs' Religionsphilosophie
   (1822). In: Werke. Hg. Moldenhauer/Michel, Bd. 11, S. 42 ff; bes. S.
   58 f. Die Antikritik an Hegel hat zumeist nur das Wort von dem Hund als
   dem besten Christen beachtet und den Amphibolievorwurf, der für Hegel
   den Kern der Kritik bildet, übersehen. Ob Hegels Vorwurf theologisch anders gewertet werden muß, als es hier geschieht, lasse ich dahingestellt,
   da es im Rahmen meiner Erörterung nur auf die Bestimmung der Struktur

er als Verbindung der "Z u f ä l l i g k e i t und W i l l k ü r des
S u b j e k t i v e n Gefühls [...] mit der B i l d u n g _d e r
R e f l e x i o n" charakterisiert[38] und an anderer Stelle (ebenfalls gegen
Schleiermacher) als Scheindialektik, "leere Verstandesdialektik" bezeichnet [39]. Hegel behauptet nicht, daß Schleiermacher die eine oder die andere
Intention verfolge, sondern er behauptet, daß sein Prinzip keine t h e o -
r e t i s c h e n Mittel enthalte, die Amphibolie zu vermeiden. In der Re-
ligion ist das "natürliche Gefühl des Herzens, die besondere Subjektivität"
gebunden[40] von Seiten des Geistes, der dem Gefühl einen objektiven Inhalt
gibt, aber nicht aus der Unmittelbarkeit des Gefühls: "Auf d i e s e n
U n t e r s c h i e d d e r S t e l l u n g kommt alles an." [41]
Läßt man sich auf den Kern des Hegelschen Arguments ein, so schreibt er
Schleiermacher lediglich zu, was dieser mit "Schweben"/"Oszillation" als Re-
flexionsform des unvermittelten Ineinanderschlagens der Gegensätze beschreibt. Sie ist für Hegel im strengen Sinne des Begriffs eine Scheindialektik als Dialektik bloß des Scheins. Ihr adäquater Begriff ist der der setzenden Reflexion, in der das Unmittelbare unmittelbar als ein Vermitteltes gesetzt wird; das heißt: die Unmittelbarkeit wird der Vermittlung vorausgesetzt. Das Einzelne ist unmittelbar Allgemeines; diese Einheit des Einzelnen
und Allgemeinen läßt aber, als unmittelbare, ihr Substrat als deren Einheit
unberührt: Einzelheit und Allgemeinheit sind ihm gleich-gültige Bestimmungen, deren unendliches, nicht-fixierbares Ineinanderspiegeln eben jene
Dialektik des Scheins ausmacht. Es kann sich ebensogut ins Allgemeine verlieren wie in die Einzelheit versenken oder im Spiel der Spiegelungen in der
Schwebe halten.

Die setzende Reflexion geht in die äußere über, indem die Unmittelbarkeit
als Voraussetzung genommen wird, wie sie als Ereignis der setzenden Reflexion gefunden wird. Indem sie das Unmittelbare als Vermitteltes setzt,
setzt sie es dem Vermittelten voraus. Es bleibt, als der Reflexion entzogen,
ein Nichtidentisches gegenüber der ihm äußerlich zugeordneten reflexiven
Identität. Das Einzelne schlägt zwar nicht unmittelbar in Allgemeines um,
indem es, als Einzelnes, jenseits der in der Reflexion gesetzten Form der
Allgemeinheit bleibt; in der Äußerlichkeit der Reflexion aber sind die
Substrate gleichgültig gegen ihre Bestimmungen in der Reflexion, die nur ge-

---

einer philosophischen Theorie ankommt.

37 Ebd., S. 59 f.

38 Ebd., S. 61. Die Spitze dieser Formulierung richtet sich gegen Friedrich
   Schlegel.

39 Georg Wilhelm Friedrich Hegel: Exzerpt aus Schleiermachers Glaubenslehre,
   Bd. 2 (1822). In: Berliner Schriften. Hg. J.Hoffmeister, Hamburg 1956,
   S. 688.

40 Hegel: Vorrede zu Hinrichs' ..., a.a.O. (Anm. 36), S. 58.

41 Ebd., S. 60.

bunden ist an die unvermittelte Vermitteltheit ihrer Voraussetzung, die sie
auch gegeneinander als gleichgültig qualifiziert.

Im Übergang von der setzenden zur äußeren Reflexion erschöpft sich die
Scheindialektik in der Verstandesdialektik, die die Reflexion an einem Gegebenen entfaltet. Diese Kombination von Unmittelbarkeit als Nichtidentischem
und Reflexion war es, die Hegel Schleiermacher vorhielt. In ihr kann sich
im Spiel der Indifferenz, die zugleich als gleich-Gültigkeit Differenz bezeichnet, das individuelle Allgemeine in das allgemeine Individuelle verwandeln
und umgekehrt. Auf dieser Austauschbarkeit der Substrate als der Reflexion
vorgeordnete und nicht in ihr vermittelte beruht die Möglichkeit analogischer
Repräsentanz des Einzelnen und Allgemeinen. Sie ist nur eine positive Formel
für die Amphibolie der Reflexionsbestimmungen. In diesem Sinne kann Hegel
Schleiermacher zu Recht vorwerfen, mit seinem Prinzip die Abhängigkeit vom
Allgemeinen wie die Willkür des Subjektiven nur zum Schein, d.h. als Formen des Scheins, unterschieden zu haben, die nicht in eine wesentliche Vermittlung der Entgegengesetzten übergeführt sind.

Das tierische Ausgeliefertsein an die Allgemeinheit bezeichnet für Hegel
einen Mangel an reflexiver Distanz zur Natur als unmittelbare, reine Vermittlung, für die das bloß konsumptive Verhalten steht: die Erlösung des
Begehrens durch den Gegenstand ist dessen reines Verschwinden und darin
die Erneuerung der Begierde. Sie ist, nicht anders als die Unmittelbarkeit
des Selbstgefühls, naturwüchsige Voraussetzung als Moment des Werdens der
Reflexion (die Hegel am Modell der Arbeit orientiert), die die reflexive
Distanz in der Hemmung der Begierde gewinnt. Die reine Vermittlung geht
in eine vermittelte über, in der das Mittel der Arbeit dasjenige ist, worin
die Subjektivität wahrhaft zur Allgemeinheit erhoben wird, weil es einen
selbständigen Inhalt gegenüber dem in ihrer Vereinigung immer wieder aus-
einandertretenden Subjektiven und Objektiven bildet, der diese vermittelt und
in sich als einem Subjekt-Objektiven selbst reflektiert. Die Arbeit ist so die
Reflexion als ihr Werden.

Dies kommt in der Entwicklung des Reflexionsbegriffs in der Weise zur
Geltung, daß sich die Wahrheit der setzenden und äußeren Reflexion in der
bestimmenden Reflexion nun nicht mehr als Scheindialektik entwickeln läßt. Indem die Unmittelbarkeit, wie sie in der äußeren Reflexion vorausgesetzt ist,
als Vermitteltes gesetzt wird, ist das Wesen des Unmittelbaren selbst ein Allgemeines, d.h. sie ist ein Gesetztsein. Als Einheit von Unmittelbarkeit und
Vermittlung ist sie Beziehung auf Anderes und darin Zusammengehen mit sich.
In der Wiederherstellung der ursprünglichen Unmittelbarkeit als vermittelter
erweist das Subjekt der Arbeit sich als in der Beziehung auf Anderes mit
sich so zusammenschließendes, daß es am Ende das ist, was es am Anfang
war. Mit anderen Worten: die Einheit des Werdens dieser Reflexion wird über

die Antizipation des ausgeführten Zwecks in der Zwecksetzung gesteuert, die mit der Realisation identisch ist. Arbeit wird von ihrem subjektiv-teleologischen Moment her begriffen als Entäußerung von Subjektivität, die sich darin in ihrem Anderen reflektiert.

5.

Mit der Struktur der Selbsterzeugung des Geistes als Reflexion der Unmittelbarkeit in sich wiederholt Hegel auf einer anderen Stufe das, was er der Dialektik des Scheins vorhielt. Indem der Geist so zwar gegenüber den endlichen Subjekten eine sie vermittelnde und durch sie vermittelte Objektivität darstellt, ist er für sich betrachtet nichts anderes als eine intelligible Gottheit, deren Begriff durch eine Setzung zustandekommt, die nicht weniger dogmatisch ist als die Schleiermachersche, nämlich, daß es ein sich identisch reproduzierendes Absolutes als Subjekt gäbe. An diesem Punkt wird deutlich, daß und inwiefern Hegel und Schleiermacher von denselben Voraussetzungen ausgehen. Insofern beide die Wirklichkeit aus ihr selbst begreifen wollen, deren Einheit aber auf die Seite eines Unendlichen, Gottes oder Absoluten schlagen, der sie schon immer garantiert und entweder (wie bei Hegel) selbst als Subjekt, oder (wie bei Schleiermacher) als Grund analogischer Repräsentanz in der Struktur endlicher Subjektivität gefaßt wird, verhalten sich beide indifferent zueinander. In der Gleichgültigkeit dieser Hinsicht aber fällt die Kritik der Romantik selbst der romantischen Kritik anheim.

Dies zeigt sich in der Auflösung der Hegelschen Schule, in der, unter dem Generaltitel einer "Philosophie des Selbstbewußtseins", die Struktur des Geistes entweder (wie bei Feuerbach) als Gattungswesen den Menschen zurückgegeben, oder – mit allen absurdistischen Konsequenzen – in die endliche Subjektivität selbst gesetzt wird. Stirner ist nicht nur der legitime Schüler Schleiermachers, sondern auch Hegels. In ihm verbindet sich der Protest gegen die Verselbständigung ihres Zusammenhangs gegenüber den Individuen mit der Religionskritik, die mit Hegel das Absolute als in der Verfügung der Reflexion stehend und darin zugleich die Reflexion als absolute, unmittelbare Selbstbezüglichkeit begreift, zur Ohnmacht eines subjektivistischen Protestes, der alle Züge der von Hegel diagnostizierten Verrücktheit der Seele und der Moralität trägt.

Die Naturwüchsigkeit dieser Verrücktheit, die in der neoromantischen Be- und Empfindlichkeit der unmittelbaren Selbstverwirklichung als sozialpathologisches Phänomen auch in der Gegenwart aufbricht, wollten Hegel und Schleiermacher – jeder auf seine Weise – durch die Verpflichtung des endlichen Subjekts auf die Objektivierbarkeit seiner Handlungen binden. Hegel, indem er das Subjekt im Endlichen als Moment einer sich ihm gegenüber objektiv

vollziehenden Reflexion faßte; Schleiermacher, indem er die Unmittelbarkei
des Selbstbewußtseins des endlichen Subjekts unmittelbar als Reflexion setzte.
Konnte Hegel mit seinen theoretischen Mitteln gegenüber Schleiermacher die
Unmittelbarkeit des Selbstbewußtseins im Endlichen überzeugend ihres Ge-
setztseins überführen, so gelingt ihm das doch nur, indem er sie auf einer
anderen Ebene erneuert. Gegen diese Festschreibung eines verselbständigter
Allgemeinen richtet sich zu Recht der Protest der romantischen Ansicht. Indem sie aber die Reflexion an die Unmittelbarkeit preisgibt, verzichtet sie
auf das Begreifen dessen, wovon die Individuen abhängen, und befestigt darin, nicht anders als Hegel, deren Abhängigkeit.

Es ergibt sich das scheinbar paradoxe Resultat, daß die entgegengesetzten
Ansichten der Romantik und ihrer bürgerlichen Kritik sich in einem Zirkel
bewegen, in dem die eine die Voraussetzungen der anderen, die sie kritisieren wollte, erneuert. Sie bewegen sich in der Tat innerhalb derselber
Voraussetzungen der bürgerlichen Gesellschaft, in der der Arbeit als Quelle
allen Reichtums übernatürliche Schöpferkraft zugeschrieben, d.h. von der Naturbasis und der Naturseite der Arbeit als der grundlegenden Gattungstätig-
keit der Individuen abstrahiert wird[42]. Dieser Mythos der bürgerlichen Gesellschaft trägt den fragwürdigen Begriff des Handelns als Entäußerung von
Subjektivität, dessen sich Schleiermacher und Hegel auf je eigene Weise bedienen, um die Reflexion begrifflich zu erfassen. Erst indem diese Voraussetzung kritisiert wird, läßt sich jenseits der in dem aufgezeigten Zirkel
sich bewegenden scheinbaren Alternative der historische Gegensatz als der
Standpunkt der Selbsterzeugung der Menschen durch Arbeit formulieren, der
mit der Einsicht in die Bedingungen der Produktion und Reproduktion der
gesellschaftlichen Individuen der Hypertrophierung der Subjektivität ebenso
entgegensteht, wie er darin deren Möglichkeiten begründet, durch Umformung
des Gegebenen die unmittelbare Abhängigkeit von den vorgefundenen Bedingungen der Produktion und Reproduktion zu brechen.

---

42 Dazu und zu dem materialistisch verstandenen Zusammenhang von Arbeit
   und Reflexion vgl. Peter Furth: Arbeit und Reflexion. In: (ders.:) Arbeit
   und Reflexion, a.a.O. (Anm. 7), S. 70 ff.

HERMENEUTIK UND DIALEKTIK BEI SCHLEIERMACHER

von Maciej Potępa

Mein Vortrag beschränkt sich auf einen Schwerpunkt, nämlich auf die Frage nach dem Subjekt im Zusammenhang mit dem Problem der Sprache in Schleiermachers Dialektik und Hermeneutik. Ich gehe davon aus, daß Schleiermacher die Vorstellung eines sich selbst begründenden Subjekts, wie sie in der philosophischen Tradition formuliert wurde, zu überwinden versucht. Er verneint die Annahme eines unendlichen Bewußtseins, in welchem der Sinn von Sein zu einer letzten übergeschichtlichen Gestalt käme, die sich in der deutschen Tradition vor allem im Begriff des sich als Totalität durchsichtigen Subjekts geäußert habe. Damit widerspricht er dem Selbstverständnis der Philosophie, die von Descartes bis Husserl Subjektivität als das grundlegende Prinzip der Welterklärung betrachtet hat. Diese These hat Schleiermacher in der "Dialektik", in der "Glaubenslehre" und in der "Psychologie" formuliert. R. Odebrechts maßgebende Abhandlung, nach welcher Dialektik "eine Kunst der Gesprächsführung im Gebiet des reinen Denkens" ist, stellt die Dialektik in einen engen Zusammenhang mit der Hermeneutik[1]. Dialektik steht, unter diesem Gesichtspunkt, nicht bloß in der Polarität zur Hermeneutik (Hermeneutik als Gegenpol zur Dialektik), sondern ist als "Fundamentallehre" von der Wirklichkeit des menschlichen Seins zugleich die philosophische Grundlegung einer Reihe wesentlicher Kategorien philosophischer Hermeneutik[2].

Ausgehend von der Gesprächssituation, in die verschiedene Subjekte verwickelt sind, bestimmt Schleiermacher in der Dialektik das Subjekt, unfähig in monologisch verfahrender Deduktion über die geschichtliche Welt zu urteilen, als auf den Dialog angewiesen. Das sprechende Subjekt ist von vornherein in einem dialogischen Vollzug begriffen. Als natürliche Anfangssituation des Gesprächs wird der Zustand des Streites festgestellt. Dialektik

---

1 Im Jahre 1942 hat Rudolf Odebrecht die "Dialektik" Schleiermachers neu ediert. Odebrechts Ausgabe stützt sich auf die reifste Vorlesungsform der "Dialektik" von 1822, in welcher Schleiermacher die Dialektik eindeutig als Lehre von den "Grundsätzen einer kunstmäßigen Gesprächsführung" konzipiert. Gegenüber den bisherigen Ausgaben von Jonas und Halpern hat sie den großen Vorteil, daß sie zum erstenmal die "Dialektik" als ein geschlossenes Ganzes in das Blickfeld der philosophischen Betrachtung rückt.
2 Schleiermacher, F., Dialektik, hg. v. R.Odebrecht, Leipzig 1942, S. XXIII. Darin stimmt Odebrecht mit Wilhelm Dilthey überein, der in seiner Monografie: Leben Schleiermachers, 2. Band, 1.Halbband: "Schleiermachers System als Philosophie, aus dem Nachlaß von W.Dilthey mit einer Einleitung, hg. v. M.Redeker, Berlin 1966, den Bezug von Dialektik und Hermeneutik auf der Basis kantischer Transzendentalphilosophie entfaltet.

ist die Kunst, im Gespräch durch methodisch sich vollziehende Gedankenentwicklung, Übereinstimmung herzustellen [3].

Der Gegenstand der Dialektik ist das "reine Denken". "Rein" ist dieses
Denken, weil es sich vom geschäftlichen und künstlerischen Denken durch
seine strenge Wissensbezogenheit unterscheidet. Das "reine Denken" vollzieht
sich in einem geschlossenen Erkenntniszusammenhang, der das einzelne Subjekt umgreift und es mit anderen verbindet. Sein Ziel ist seine eigene Vollendung: das Denken als Wissen. Die unbedingte Entfaltung des reinen Denkens
konstituiert den Fortgang des Erkenntnisprozesses. Das "reine Denken" befindet sich immer in Bewegung; erst in der Totalität des Wissens würde das
reine Denken sich selbst aufheben. Solange es Menschen mit endlichem Erkenntnisvermögen gibt, ist reines Denken "streitiges Denken". Die Aufgabe
der Dialektik als einer Kunstlehre des reinen Denkens liegt darin, Anweisungen zur Schlichtung des Streites im reinen Denken selbst zu geben. Die Regeln, die die Kunstlehre des reinen Denkens geben soll, müssen selbst vom
Erkenntnisprozeß her gefunden werden, weil es kein System a priori streitfreier,
in unmittelbarer Anschauung erfaßter Sätze gibt, das als apriorischer Be-
dingungs-Begründungs-Zusammenhang des Wissens fungieren könnte. Die
Dialektik selbst, die keine fertigen Resultate liefert, ist Ausdruck des inneren Werdegangs des reinen Denkens; sie ist wesenhaft Methodenlehre, ihre
Fragen und Antworten empfängt sie aus der inneren Dynamik des Erkenntnisprozesses, dessen Gesetzmäßigkeit sie aufzeigt und formuliert. Der Modus, in
dem der Streit im reinen Denken zur Erscheinung kommt, ist das Gespräch.
In der Dialektik geht es um das Wesen des - vor allem philosophischen -
Gesprächs. Schleiermacher versteht unter Dialektik nicht, wie Hegel, ein
Selbstbewußtsein des sich in der Vermittlung bewegenden reinen Denkens,
sondern vielmehr das Strukturgefüge einer Gemeinschaft miteinander sprechen-
der individueller Personen. Dialektik wird so zum philosophischen Selbstbewußtsein einer Kunst der Gesprächsführung. Die Entfaltung des reinen Denkens ist ein dialogischer Vorgang in der Weise der Gesprächsführung. Alles
Denken ist für Schleiermacher sprachgebunden, Denken ist immer "sprechendes Denken".

Die Sprache tritt nicht äußerlich zum Denken hinzu, sondern das Denken
vollendet - da der Gedanke sich im Wort konstituiert - seine Bestimmtheit

---

3 Schleiermacher beruft sich nicht nur bei der Bestimmung der Bedeutung des
  Wortes 'Dialektik' gemäß der Ableitung von διαλέγεσθαι als "Kunst ein
  Gespräch zu führen" (Dialektik, S. 47) auf Platon, sondern auch wenn er
  Ziel der Dialektik formuliert: "Mit dieser Kunst des Gesprächs sollen aber
  nach platonischer Ansicht auch die höchsten Prinzipien der Philosophie und
  die Konstruktion der Totalität des Wissens gegeben sein" (Dialektik, S. 48).

erst in der Sprache. Gedanke und Begriff finden ihre Bestimmtheit erst durch
die sprachliche Form. Denken ist ohne Rede nicht möglich und diese ist die
Bedingung der Vollendung des Denkens. "Rede und Denken stehen in einer
festen Verbindung, sind eigentlich identisch"[4]. Im Begriff der Rede als Bewegung des Bewußtseins denkt Schleiermacher, anders als Hegel, von vornherein
Individualität: Denken als "sprechendes Denken" ist in seinem Ursprunge
immer individuell. Die Allgemeingültigkeit des Denkens als die Allgemeinver-
bindlichkeit der Rede erfordert keine allgemeine Sprache durch Aufhebung
der individuellen Grenzen der Sprache. Die Dialektik kann diese Allgemeingültigkeit vielmehr nur im Rückgang in die Individualität der Sprache suchen
und deshalb ist das Thema der Dialektik die Kunst der Gesprächsführung.

Als eine Unterweisung in der Gesprächsführung ist Dialektik selbst das
Gespräch katexochen. Das "Gespräch über das Gespräch" sucht die allgemeinen Voraussetzungen des Gesprächs[5]. Das Gespräch ist für Schleiermacher
kein entbehrliches Mittel des Gedankenaustausches, sondern bezeichnet den
notwendigen Weg zum Erkennen und zum Wissen. Daher bedeutet für ihn
Dialektik soviel wie Wissenschaftslehre, in welcher die Idee des Wissens im
Geist der Sprache und des Gesprächs begründet wird. Das Leben des Gesprächs, in welchem sich die Individualität realisiert, ist zugleich auch
dasjenige der Wissenschaft. Das Gespräch zwischen Individuen findet nicht
um seiner selbst willen statt, sondern hat sein Ziel im Wissen. Deshalb ist
Dialektik zugleich Wissenschaftslehre: in ihr fragt Schleiermacher transzendental nach der Möglichkeit der ersten Bedingung der dialogischen Gedankenentwicklung, die zum Wissen führt. Als erste Bedingung des Gesprächs erweist sich der "transzendente Grund", der aber als transzendente Voraussetzung des Denkens an sich selber nicht gedacht werden kann. Der Übergang vom Denken zum Sein kann, bezogen auf den transzendenten Grund als
Prinzip der Einheit von Denken und Sein, auf dem Boden des Denkens nicht
vollzogen werden.

Indem Schleiermacher zeigt, daß der transzendente Grund des Seins kein
Gegenstand des Denkens sein kann, weil andernfalls das Unbedingte durch
das Bedingte bedingt wäre, teilt er das negative Ergebnis der Kantischen
Dialektik. Aber im Unterschied zu Kant verwirft er damit überhaupt die Be-
mühung sich auf denkend – diskursivem Wege des transzendenten Grundes zu
vergewissern. Weder dem Denken noch dem Wollen kommt eine konstruktive
Bedeutung für die Erfassung des transzendenten Grundes als der absoluten
Identität von Denken und Sein zu. Der transzendente Grund entzieht sich dem
Zugriff des Denkens und Wollens. Während das Denken als solches und das

---

4 Schleiermacher, F., Dialektik, S. 127.
5 Pohl, K., Die Bedeutung der Sprache für den Erkenntnisakt in der Dialektik F.Schleiermachers, in: Kant-Studien, Bd. 46, 1954/55, S. 308.

Wollen als solches nicht fähig sind, des transzendenten Grundes adäquat inne
zu werden, soll im unmittelbaren Selbstbewußtscin - Gefühl, als der Bedingung der Möglichkeit der Einheit von Denken und Wollen ein Analogon zum
transzendenten Grund gedacht werden[6]. Dieses Selbstbewußtsein ist nich
reflexiv, vielmehr liegt es allen Akten der geistigen Tätigkeit zugrunde: da
Gefühl (unmittelbares Selbstbewußtsein) ist die allgemeine Form des "Sich-
selbst-Habens". Es begleitet auf zeitlose Weise das wirkliche Sein und is
nur als ein die Tätigkeiten des Bewußtseins begleitendes bewußt, kann abe
nie selbst Gegenstand des Begreifens werden.

Nach den Worten des frühen Schleiermacher ein "Unendliches im Endlichen"
kommt das Selbstbewußtsein an und für sich als Inhalt im Bewußtsein nich
zur Erscheinung. Dieses "unmittelbare Bewußtsein" muß von dem im Sinne de
transzendentalen Apperzeption Kants gefaßten Selbstbewußtsein als Bedingung
der Möglichkeit des Ineinanders von intellektueller und organischer Funktior
des Denkens, von Selbstbewußtsein und Selbstbewußtem unterschieden werden
Denn dieses reflektierte Selbstbewußtsein verdankt sich einer Reflexion au'
das denkende Ich, wodurch aber der bekannte Zirkel entsteht, daß die Reflexion, die das Selbstbewußtsein erklären will, ein Wissen um das Selbstbewußtsein schon voraussetzt. Das reflektierte Selbstbewußtsein setzt sich au'
diese Weise schon als Subjekt-Objekt-Einheit voraus, ohne damit dem Zirke
zu entkommen[7]. Die gegen das reflektierte Selbstbewußtsein der idealistischer
Philosophie gerichtete Prämisse des unmittelbaren Selbstbewußtseins verbiete'
nach Schleiermacher, die Instanz des Selbstbewußtseins als Ort einer "absoluten" Wahrheit zu beanspruchen. Dieses unmittelbare Bewußtsein enthäl'
nicht mehr die Vorstellung aller Tatsachen der geschichtlichen Welt, die es
in monologisch verfahrender Weise aus sich freigäbe. Das Subjekt ist sich bewußt, daß es eine Einheit ist, sieht aber zugleich ein, daß es weder Urheber
dieser Einheit selbst noch des Wissens um diese Einheit sein kann.

Anders gesagt: Schleiermacher expliziert in der Dialektik eine konstruktive
Entfaltung des unmittelbaren Selbstbewußtseins als Abhängigkeitsgefühl des
Subjekts[8]. Die Aufhebung des Gegensatzes von Denken und Wollen im unmittelbaren Selbstbewußtsein kann sich nur dann als Selbstbewußtsein erfassen, wenn sich das Selbstbewußtsein in dieser Aufhebung als bedingt und
bestimmt ergreift. Die freie Selbsttätigkeit des unmittelbaren Selbstbewußt-

---

6 Von dieser Analogie zwischen dem unmittelbaren Selbstbewußtsein und dem
  transzendenten Grund handelt Schleiermacher nur im Entwurf von 1822. In
  diesem Entwurf nimmt er auch eine deutliche Abgrenzung zwischen dem unmittelbaren Selbstbewußtsein - Gefühl als Bestimmung der spekulativen
  Philosophie und dem religiösen Gefühl vor, das als allgemeines Abhängigkeitsgefühl den transzendenten Grund repräsentieren soll (vgl. Dialektik,
  S. 289).
7 Vgl. Wagner,F., Schleiermachers Dialektik. Eine kritische Interpretation,
  Gütersloh, 1974, S. 14.
8 Wagner,F., Schleiermachers Dialektik. Eine kritische Interpretation,S. 194.

eins ist in ihrer Freiheit dadurch schlechthin abhängig, daß sie sich nicht
selbst ursprünglich dazu gemacht hat, freie Selbsttätigkeit zu sein; letztlich
findet sie sich als sich gegeben. Wenn das unmittelbare Selbstbewußtsein als
Repräsentation des transzendenten Grundes auch nicht als Gegenstand erkannt
werden kann, so ist es - wie Schleiermacher in der Glaubenslehre ausführt - jeweils im "religiösen Gefühl" - allgemeines Abhängigkeitsgefühl präsent. Aus der Religionsphilosophie Schleiermachers ist das Gefühl als das
Organ" bekannt, welches der Erfahrung des Unbedingten angemessen ist.
Wenn das "religiöse Bewußtsein" als "Gefühl" gefaßt wird, so handelt es sich
nicht um eine zufällige Stimmung oder ein sinnliches Fühlen des Subjekts,
sondern um ein jeweils von der endlichen Subjektivität aus geschehendes Ge-
genwärtighaben des zeitlosen Unbedingten.

Diese Deutung des "Gefühls" schlägt sich in entsprechender Weise auch in
der Lehre vom Erkennen, Denken und Sprechen nieder. Schleiermacher sieht
im Gefühl den ursprünglichen Ort der Universalität und zugleich der Individualität, aber er will es durchaus nicht mit der Subjektivität vermengt
wissen. "Gefühl ist durchaus nichts Subjektives, wie man gewöhnlich annimmt, sondern geht ebenso auf das allgemeine, wie auf das individuelle
Selbstbewußtsein"[9]. Schleiermacher steht also in der Dialektik nicht auf dem
Standpunkt einer reinen, allgemeinen Vernunft, die durch die Konfrontation
mit sich selbst eine "Dialektik des Scheins" entwickelt[10]. Individuen, die
die Geschichte ihres Dialogs im Denken entwickeln, sind als jeweils konkretes
Subjekt geschichtlich seiendes Denken. Dieses Subjekt bewegt sich zwischen
verschiedenen abstrakten Polaritäten, wie denjenigen des Denkens und Seins,
der intellektuellen und organischen Funktion, des Denkens und des Wollens,
der Freiheit und Notwendigkeit, des Gottes und der Welt. Jeder konkrete geschichtliche Zustand realisiert eine Vermischung der Pole bei einem Über-
bzw. Untergewicht jeweils des einen der Pole. Daher gibt es kein reines Denken ohne sprachlichen Ausdruck. Ebensowenig das reine Ich ohne Außenwelt.
Jedes Denken ist ein gemeinschaftliches Ereignis der menschlichen Vernunft
und der menschlichen Organisation. Die Untrennbarkeit von intellektueller
und organischer Funktion spiegelt sich in der Zusammengehörigkeit von Denken und Sprechen. "Es gibt kein Denken ohne organische Tätigkeit; und so
wird freilich jeder Gegenstand durch die Rede"[11]. Der Vollzug des Denkens
ist nicht Sache des bloßen Denkens, sondern geschieht in der Sphäre des or-
ganisch-leiblichen Miteinanderseins. Das Subjekt als sprechendes Individuum
begreift sich als Gegenüber eines mit ihm in Dialog befindlichen anderen.

Schleiermacher stellt durch den Gedanken der multiplen Individualität die

9 Schleiermacher, F., Dialektik, S. 288.
10 Vgl. Kaulbach,F., Schleiermachers Idee der Dialektik, in: ZThK 10, 1968,
   S. 245.
11 Schleiermacher,F., Dialektik, S. 176.

idealistische Reflexionsstruktur des Subjekts in Frage. Auf diese Weise gibt
er der kantischen Konzeption der Transzendentalphilosophie eine bedeutsame
Wendung. Er reflektiert nicht nur über die Möglichkeiten, die dem Subjekt
zur Erkenntnis der Gegenstände gegeben sind, sondern zieht auch den Kommu-
nikationsbezug zwischen dem einen und dem anderen Subjekt und deren gemeinsame apriorische Erkenntnisbewegungen in Betracht. Das andere Subjekt
ist für mich weder bloßer Gegenstand noch reiner kommunikativer Mitvollzug
des von mir behaupteten Standpunktes und der von mir geleisteten Akte. Das
andere Subjekt ist ein sprechendes Subjekt, das für mich organisch-leiblich
gegenwärtig ist. Die Kommunikation zwischen Subjekten ist die Geschichte der
sprechenden Subjekte, an deren Anfang der Streit und an deren Ende die
Übereinstimmung steht.

Das Scheitern des Reflexionsmodells des Subjekts hat hermeneutische Konsequenzen, weil die Subjekte die Wahrheit ihrer Erkenntnisse auf dem Feld
zwischenmenschlicher Verständigung suchen müssen. Aber das bedeutet nicht,
daß Schleiermacher auf den Begriff eines sinnstiftenden Subjekts verzichtet [12]. Weil die absolute Wahrheit unerreichbar ist, müssen die Subjekte die
Intersubjektivität ihrer Übereinkünfte in dem Gespräch zu erzielen
suchen [13]. Aus der Angewiesenheit des Denkens auf die Sprache folgt, daß
es niemals den Status einer außergeschichtlichen, absoluten Wahrheit erreichen kann. Dialektik als Theorie der im Gespräch sich vollziehenden und
zum Wissen führenden Gedankenentwicklung ist vermittels der Sprachlichkeit
des Denkens selbst Teil der geschichtlichen Welt [14]. Denn es gibt keine Gemeinschaft, die ihre dialektisch erzielte Übereinstimmung nicht in der

12 Das Problem der "Krise des Subjekts" kommt noch stärker zum Vorschein
   in der nach-heideggerschen Hermeneutik, die sich sehr stark gegen die
   idealistische Konzeption des Subjekts wendet. Heidegger und die meisten
   seiner Schüler (z.B. Gadamer) haben daran festgehalten, daß Subjektivität
   und Selbstbewußtsein eine Ableitung aus einer ursprünglichen Realität - sei es das Verstehen, sei es die Sorge-Struktur - sein muß. Bei Gadamer übernimmt die Tradition die Funktion des Subjekts. Der hermeneutische Einspruch Gadamers gegen die Subjektivität bewahrt Grundrisse des
   Modells der Reflexivität, weil der von Gadamer so genannte spekulative
   Charakter des Verstehens - der darin besteht, daß Eines (zum Beispiel
   eine Tradition) sich im anderen (aktuelles Verstehen) als in sich selbst
   spiegelt - die Struktur der Reflexion-in-sich hat. Bei Gadamer finden wir
   eigentlich kein wirklich neues zwingendes Argument gegen die Reflexionsphilosophie. Gadamer ersetzt das idealistische "Subjekt" durch die "Tradition", hält aber dennoch die idealistische Reflexionsstruktur aufrecht,
   während Schleiermacher sie durch den Gedanken der multiplen Individualität eher in Frage stellt, so daß also Gadamer im Grunde "idealistischer" bleibt als Schleiermacher. Vgl. dazu Frank,M., Das individuelle Allgemeine, Frankfurt am Main 1977, S. 25.
13 Frank,M., Das Sagbare und das Unsagbare, Frankfurt/Main 1980. S. 19.
14 Schleiermacher,F., Hermeneutik und Kritik, hg. v. M.Frank, Frankfurt/
   Main 1977, S. 422.

Grammatik eines Sprachkreises äußerte und tradierte. Die Dialektik ist auf Grund dieser irreduziblen Relativität des Denkens auf die Hermeneutik als Auslegungskunst verwiesen. Die Hermeneutik betrachtet jede Sprachäußerung daraufhin, inwiefern in ihr das Individuelle sich zur Geltung bringt, weil Verstehen der einzelnen Sprachäußerung die Realisation des Allgemeinen im Besonderen (Individuellen) aufzeigt. Die Dialektik hingegen betont den Aspekt, daß auch jede individuelle Sprachäußerung im Vorblick auf eine allen Denkenden gemeinschaftliche Idee des Wissens erfolgt. Aus dem Gedanken der Geschichtlichkeit der Sprache folgt eine notwendige Verbindung von Hermeneutik und Dialektik. "Dialektik ist solche Auflösung des Denkens in Sprache, daß vollständige Verständigung dabei ist, indem man dabei immer die höchste Vollkommenheit, die Idee des Wissens im Auge hat. Daraus ist klar, daß beide nur miteinander werden"[15].

Schon in der Einleitung zum Manuskript seiner Hermeneutik von 1819, das in der Lückeschen Ausgabe vorliegt, bringt Schleiermacher die Hermeneutik mit der Lehre vom innerlich sprachlichen Denken (Dialektik) und der Rhetorik in Zusammenhang. "Wo der Denkende nötig findet, den Gedanken sich selbst zu fixieren, da entsteht auch Kunst der Rede, Umwandlung des Ursprünglichen, und wird hernach auch Auslegung nötig. [...] Jeder Akt des Verstehens ist die Umkehrung eines Aktes des Redens; indem in das Bewußtsein kommen muß, welches Denken der Rede zum Grunde gelegen"[16].

Man behauptet mit Recht, daß die Geschichte der Hermeneutik bei Schleiermacher eine Wende erfahren habe[17]. Schleiermacher intendiert nicht die Fortführung der traditionellen Hermeneutik, sondern deren theoretische philosophische Begründung, weil nämlich der überlieferten theologischen Hermeneutik, die nur in einer Zusammenstellung von Auslegungsregeln bestand, die "rechte Begründung" fehlte. Die Hermeneutik vor Schleiermacher gelangte nicht zu einer allgemeinen Theorie, die über alle Verschiedenheit der auszulegenden Werke hinweg Gültigkeit beanspruchen konnte. Obwohl schon Chladenius und Meier eine allgemeine Theorie der Hermeneutik zu entwickeln versuchten, legten sie das Fundament ihrer Theorie nicht in den Akt des Ver-

---

15 Schleiermacher,F., Hermeneutik und Kritik, S. 411.
16 Schleiermacher,F., Hermeneutik, hg. v. H.Kimmerle, Heidelberg 1974, S. 76.
17 Dilthey,W., Die Entstehung der Hermeneutik, in: Ders., Gesammelte Schriften Bd. 5, Stuttgart-Göttingen 1961, S. 320. Es scheint im Lichte der von Dilthey für die Geschichte der Hermeneutik postulierten Gesetzmäßigkeit problematisch, ob die Fundierung der Hermeneutik in der Analyse des Verstehens, wie bei Schleiermacher, einfach ein Zeichen des Fortschritts in der Entwicklung der Hermeneutik ist, oder aber die Folge einer Wende zur Begründung einer philosophischen Hermeneutik. Vgl. Szondi,P., Einführung in die literarische Hermeneutik, Frankfurt am Main 1975, S. 143 und 155, aber auch Kimmerle,H., Hermeneutische Theorie oder ontologische Herme-

stehens[18]. Die Hermeneutik bekommt eine qualitativ andere Funktion, denn
sie soll das Verstehen überhaupt erst ermöglichen, d.h. in jedem einzelnen
Fall bewußt herbeiführen. Die Aufgabe der Hermeneutik ist damit universal,
weil sie nicht allein auf biblische Texte bezogen ist, sondern in allen Fällen
von Verstehen in Anwendung gebracht wird. Hermeneutik hat nicht nur, wie
Ast lehrte, mit Werken von Schriftstellern zu tun, oder ist, wie Wolf meinte,
nur auf fremdsprachliche Texte beschränkt, sondern befaßt in sich das Verstehen von Rede oder Gespräch[19].

Schleiermacher will für das Verstehen eine "strengere Praxis" begründen,
die davon ausgeht, daß das Verstehen "auf jedem Punkt muß gewollt und gesucht werden". Wirkliches Verstehen ist für ihn eine nach einem umfassenden Regelsystem verfahrende Kunst, die den Sinn einer gegebenen Rede zu
erschließen vermag. Ihre Aufgabe wird modifiziert; denn es geht nicht mehr
um die Erkenntnis der Bedeutung einer bestimmten Textstelle, sondern um das
Verstehen der Genesis dieser Textstelle und deren Modifikation. Hermeneutik
tritt für Schleiermacher nicht erst in Aktion, wo das Verstehen auf Schwierigkeiten stößt, sondern wo der "gewöhnliche Grad des Verstehens" sich nicht
als genügend erweist[20]. Die Unmittelbarkeit des Verstehens entspricht nicht
dem wissenschaftlichen Standpunkt und wird dementsprechend nicht in der
Hermeneutik berücksichtigt. Die Unmittelbarkeit bildet nicht den immer schon
bestehenden Ausgangspunkt für die strengere Verstehensbemühung. Sowohl die
Aneignung von Sprach- und Geschichtskenntnissen als auch die Darlegung
des Verstandenen ist vom eigentlichen Verstehen geschieden. Obwohl das
strenge, wissenschaftliche Verstehen mit Hilfe hermeneutischer Regeln erst
einsetzen kann, wenn eine Gleichstellung des Verstandenen mit dem Urheber
der "gegebenen Rede" erreicht wird, ist die Gleichstellung, weil Gegenstand
der Sprach- und Geschichtserkenntnis, für die Hermeneutik kein grundsätz-
liches Problem mehr. Die Darstellung des Verstandenen, von Ernesti 'subtilitas explicandi' genannt, gehört ebenfalls nicht zur Aufgabe der Hermeneutik,
wohl aber die 'subtilitas intelligendi'. Damit ist der historischen Verstehenspraxis, die die zeitliche, geschichtliche Distanz überspringen will,
um in der Betrachtung des Vergangenen aufzugehen, der Weg gebahnt. Der
zeitlichen Distanz kommt in der Hermeneutik Schleiermachers keine produktive
Rolle zu, während die spätere Hermeneutik (z.B. Gadamers) darauf insistiert,

---

neutik, in ZThK 53, 1962, S. 114-116.
18 Im Jahr 1742 erschien in Leipzig das Buch: Johann Martin Chladenii Ein-
    leitung zur richtigen Auslegung vernünftiger Reden und Schriften. Im Jah-
    re 1757 erschien das Buch: Meier,G.Fr., Versuch einer allgemeinen Ausle-
    gungskunst. Die 'Hermeneutiken' von J.M.Chladenius, und G.F.Meier sind
    vorzüglich referiert bei Peter Szondi, Einführung in die literarische Her-
    meneutik, S. 27-154.
19 Gadamer,H.G., Wahrheit und Methode, Tübingen 1972, S. 174.
20 Schleiermacher,F., Hermeneutik, S. 31.

daß man bei der Interpretation von der eigenen Situation nie völlig abstrahieren kann[21].

Schleiermacher gilt die Sprache als universaler Gegenstand des Verstehens: Alles vorauszusetzende in der Hermeneutik ist nur Sprache und alles zu findende, wohin auch die anderen objektiven und subjektiven Voraussetzungen gehören, muß aus der Sprache gefunden werden"[22]. Die konkrete Sprache ist nach den Ausführungen Schleiermachers nicht als ein für sich vorhandenes, von ihrem Gesprochenwerden unabhängiges aufgefaßt, sondern sie ist – mit seinen eigenen Worten – "etwas Geschichtliches". Dies kommt in Schleiermachers Lehre von der "wesentlichen Einheit" des Wortes zum Ausdruck. Zu einem Wort gehört immer eine allgemeine Bedeutungssphäre und verschiedene Bedeutungsmodifikationen, in denen die Einheit jeweils zur Darstellung kommt. Die wesentliche Einheit eines Wortes ist gedacht wie ein ideales Unendliches, das sich in der unendlichen Summe seiner einzelnen Modifikationen darstellt. Die besondere Anwendung einer allgemeinen Bedeutung verbindet in der Weise eines Kunstwerkes das Einzelne mit dem Allgemeinen, so daß das letztere niemals ganz in dem ersteren gegenwärtig ist[23]. Das kunstvolle Ineinander von zugleich allgemeiner und besonderer Bedeutungsanwendung realisiert sich immer im Zusammenhang eines gesprochenen Satzes. Und auch die Bedeutungssphäre ist nichts an sich Übergeschichtliches, insofern sie sich durch die einzelnen Modifikationen nicht in jeder Epoche mit gleicher Vielfältigkeit darstellt. Es ist nicht zu übersehen, daß im Postulat der Einheit des Wortes die patristisch-scholastische Lehre vom Mehrfachen Schriftsinn völlig negiert ist[24]. Das Verstehen vollzieht sich als das kunstgerechte Nachbilden und Nachkonstruieren der individuellen Einheit einer Bedeutung, insofern verstanden wird, welche einzelne Bedeutungsmodifikation aus einer allgemeinen Wortsphäre hervorgegangen ist.

In seinen späten Schriften über Hermeneutik, den beiden Akademiereden von 1829 und den Randbemerkungen von 1832/33, unterscheidet Schleiermacher im Verstehensakt zwei Momente: "[...] Die Rede zu verstehen als herausgenommen aus der Sprache, und sie zu verstehen als Tatsache im Denkenden. [...] Hiernach ist jeder Mensch auf der einen Seite ein Ort, in welchem sich eine gegebene Sprache auf eine eigentümliche Weise gestaltet, und seine Rede ist nur zu verstehen aus der Totalität der Sprache. Dann aber auch ist er ein sich stetig entwickelnder Geist, und seine Rede ist nur als eine Tatsache von diesem im Zusammenhang mit den übrigen. Das Verstehen

---

21 Gadamer,H.G., Wahrheit und Methode, S. 275-283.
22 Schleiermacher,F., Hermeneutik, S. 38.
23 Schleiermacher,F., Hermeneutik, S. 61.
24 Vgl. Szondi,P., Einführung in die literarische Hermeneutik, S. 179.

494   M. Potępa

ist nur im Ineinandersein dieser beiden Momente. Die Rede sei auch als Tatsache des Geistes nicht verstanden, wenn sie nicht in ihrer Sprachbeziehung
verstanden ist. |...| Sie ist auch als Modifikation der Sprache nicht ver-
standen, wenn sie nicht als Tatsache des Geistes verstanden ist. |...|"[25]
Beim frühen Schleiermacher ist die Hermeneutik auf das Verstehen der besonderen Sprache eines Einzelnen ausgerichtet. Die Einheit des Allgemeinen und
Besonderen in der individuellen Sprache wird nach bestimmten Regeln aus
der Struktur, ihren allgemeinen Gesetzen (durch die sog. grammatische Interpretation), und aus der Eigenart des Sprechenden, seinem Stil erklärt (durch
die sog. technische Interpretation).

Kimmerle hat recht, wenn er behauptet, daß der späte Schleiermacher (seit
1819) immer mehr zu einem anderen, nämlich psychologischen Verständnis der
Individualität tendiert[26]. Die einzelne sprachliche Äußerung wird nicht primär auf die Allgemeinheit der Sprache bezogen, sondern auf die Gesamtheit
des bestimmten konkreten Lebens. Der Akzent in den Notizen aus der Zeit
1805 und 1811 liegt also durchaus auf der grammatischen, später (seit 1819)
liegt er mehr und mehr auf der psychologischen Interpretation. Allerdings – und dies ist ein Einwand gegen Kimmerle – kann man nicht von
einem Bruch zwischen zwei Phasen der Schleiermacherschen Hermeneutik
sprechen; angemessener ist es von einer Akzentverschiebung vom grammatischen auf den technisch-psychologischen Aspekt der Interpretation zu
sprechen, weil auch in der späten Periode der grammatische Aspekt ein wichtiger Baustein der Hermeneutik ist und höchst bedeutsame Präzisierungen erfährt[27]. In der psychologischen Interpretation wird eine sprachliche Äußerung nicht primär auf die Allgemeinheit der Sprache bezogen, sondern auf
die Gesamtheit des bestimmten Lebens, das sie hervorgebracht hat. Vor allem
will er erklären (nachkonstruieren), wie eine einzelne Rede oder eine Tat
Moment des Gesamtlebens ist. Diese Ansätze des späten Schleiermachers werden mit voller Entschiedenheit erst bei Dilthey durchgeführt[28]. Die grammatische Interpretation stellt die Beziehung des Interpreten zur Sprache, die
psychologische die zum Denken her. Eine solche Doppelkonzeption kann nur
dann überzeugen, wenn die beiden Interpretationen im engen Verhältnis zueinander stehen. Im Problem der psychologischen Interpretation ist ein be-

25 Schleiermacher,F., Hermeneutik, S. 77.
26 Kimmerle,H., Die Hermeneutik Schleiermachers im Zusammenhang seines spekulativen Denkens, Diss. Heidelberg 1957 (Masch.Schr.), S. 117.
27 Vgl. Szondi,P., Einführung in die literarische Hermeneutik, S. 186.
28 W.Dilthey nimmt die Gedanken der psychologischen Interpretation auf. Die
   Hermeneutik vertritt hier jedoch nicht mehr den Anspruch jedes Verstehen
   überhaupt zu ermöglichen. Sie wird zur Methodenlehre der Geisteswissenschaften, die das wissenschaftliche Verstehen sicherstellen soll. Um eine
   Äußerung einer bestimmten Zeit zu verstehen, muß sich der Ausleger in
   den Zusammenhang der Zeit versetzen. Hermeneutik soll die "Objektivität"
   des Verstehens des geschichtlichen Daseins gewährleisten.

timmtes Verhältnis von Denken und Sprechen gedacht. Im System der Ethik
von 1805/6 behauptet Schleiermacher eine Identität von Denken und
prechen[29] . Es gibt kein Denken, das nicht von vornherein schon ein inneres
Denken ist, das sich äußern will. Aber in der Dialektik von 1831 behauptet
r, daß wir das allgemeingültige reine Wissen in dem differenten sprach-
ichen Denken immer voraussetzen als etwas, das für sich besteht, und unser
Ziel ist, es möglichst rein darzustellen. Das Denken ist demnach logisch zu-
rst als allgemeine reine Vernunfttätigkeit zu erfassen, die dann ihren
prachlichen Ausdruck erhält. Denken und Sprechen sind nicht mehr iden-
isch. Durch die Sprache wird das Denken in zweifacher Weise individuali-
iert: 1) durch das innere Sprechen – auf eine ideale Weise und 2) durch
das äußere Sprechen – auf empirische Weise. In den Akademiereden von 1829
und in den Randbemerkungen von 1832/33 ist das Verstehen nicht mehr allein
auf die Sprache bezogen, sondern zugleich auf die äußere Sprache und das
nnere Denken. Die äußere erscheinungsmäßige Modifikation des inneren Denkens soll durch die Hermeneutik zum Verständnis gebracht werden. Deswegen
richtet sich das hermeneutische Verfahren: 1) auf die Gesamtheit der Sprache
und 2) auf das gesamte Denken des Sprechenden, "um die Rede zu verstehen
.. als Tatsache im Denkenden". Der grammatischen Interpretation steht jetzt
die psychologische gegenüber, die die Eigentümlichkeit des Sprechenden in
seinem jeweiligen Denken zu erfassen sucht. Die Individualität einer Rede
bestimmt sich aus der Besonderheit des der Sprache zugrundeliegenden Denkens (nicht aus der speziellen Ausdrucksweise oder Schreibart eines Au-
ors). Ein vollständiges Erfassen der individuellen Einheit von Denken und
prechen ist dabei nur möglich, wenn man das geschichtliche Gewordensein
der Sprache und des Denkens berücksichtigt. Im Zusammenwirken dieser In-
erpretationen einer sprachlichen Äußerung wird das in dieser enthaltene Ineinander von innerem Denken und empirischer Sprache nachkonstruiert. Die
psychologische Interpretation kann aber nicht radikal der grammatischen ge-
genübergestellt werden, weil der Gegenstand der psychologischen Auslegung
auch auf das objektive Moment der Sprache als Medium der Verknüpfung von
Gedanken und Bildern bezogen ist.

Beim späten Schleiermacher bewegt sich Hermeneutik als Kunstlehre
zwischen der empirischen Sprache und dem reinen Denken. Durch den Übergang von der technischen zu der psychologischen Interpretation besteht jetzt
zwischen diesen ein relativer Gegensatz. Bei der technischen liegt die Betonung auf der technè, auf dem individuellen Stil, als der Kompositionsweise
und besonderen Modifikation der Sprache; in der psychologischen auf dem
Lebensganzen des Individuums: "Ersteres (das Psychologische) mehr die Ent-

---

29 Schleiermacher,F., Ethik, hrsg. von Braun, Leipzig 1913, S. 97.

stehung der Gedanken aus der Gesamtheit des Lebensmoments. Letzteres (das
Technische) mehr Zurückführung auf ein bestimmtes Denken oder Darstellen-
wollen, woraus sich eine Reihe entwickelt"[30].

Die Aufgabe der technischen Interpretation ist das vollkommene Verstehen
des Stils, wobei der Begriff Stil nicht nur auf die Behandlung der Sprache
beschränkt ist. In der kompendienartigen Darstellung von 1819 schreibt
Schleiermacher: "Gewohnt sind wir unter Styl die Behandlung der Sprache
zu verstehen. Allein Gedanke und Sprache gehen überall ineinander über,
und die eigentümliche Art den Gegenstand aufzufassen, geht in die Anordnung und somit auch in die Sprachbehandlung über"[31]. Der Begriff der Eigentümlichkeit des Stils kann niemals aus der Semantik und der Syntax (der
Grammatik) deduziert werden. Aus der Grammatik als virtuellem, formal de-
terminierendem System folgt niemals ein ganz bestimmter Sprachgebrauch. Die
Sprache spricht nicht von selbst, wie Heidegger formuliert hat. Die Rede von
der völligen Autonomie der Sprache ist eine Illusion. Die Sprache braucht
immer den Interpreten, der die Bedeutung ihrer Zeichen in der Gesprächssituation individualisiert, und in der Verwendung der Sprache ihre Eigentümlichkeit als eine unübertragbare Qualität ins Spiel bringt.

Die Übertragung des hermeneutischen Endziels einer Erfassung der Struktur
der Sprache auf den psychologischen Prozess des Sprachwerdens des Denkens betrachte ich (im Gegensatz zu Kimmerle) als sehr produktives Moment
der Schleiermacherschen Konzeption der Sprache. Danach realisiert sich die
Sprache erst durch das Sprechen. Keine mögliche Sprachäußerung offenbart
ihren Sinn bereits auf der Ebene einer rein grammatikalischen Interpretation.
"Die Rede ist |...| auch als Modifikation der Sprache nicht verstanden, wenn
sie nicht als Tatsache des Geistes verstanden ist, weil in diesem der Grund
von allem Einflusse des Einzelnen auf die Sprache liegt, welche selbst durch
das Reden wird"[32].

Die Rekonstruktion einer grammatischen Sequenz und der in ihr verkette-
ten Bedeutungselemente wird zu einer hermeneutischen Operation erst mit der
Bestimmung des Sinns derselben, die zwar nur vermittels jener Elemente,
nicht aber nur durch sie zustande kommt. Das Sprachsystem befindet sich
aufgrund interpretatorischer Beurteilung durch Individuen in Bewegung und
erreicht niemals den Status einer letztfundierenden Idee, die keine Interpretation zuläßt. Es gibt keine allgemeine Sprache, denn die Verständigung über
die allgemeine Sprache selbst ist den einzelnen Sprachen unterworfen. Die
nicht-individuelle allgemeine Sprache durchschaut Schleiermacher als eine

30 Schleiermacher,F., Hermeneutik, S. 163.
31 Schleiermacher,F., Hermeneutik, S. 104.
32 Schleiermacher,F., Hermeneutik, S. 77.

szientistische Utopie. Die Sprache ist somit ein individuelles Allgemeines, wie
es M. Frank treffend formuliert hat [33]. Sie besteht als universales System
nur auf Grund prinzipiell widerrufbarer Übereinkünfte ihrer Sprecher und
verändert ihren Gesamtsinn mit jeder Redewendung und in jedem Augenblick,
sofern wenigstens dieser semantischen Neuerung der Durchbruch ins gramma-
ische Repertoire gelingt, wie es in den Gesprächshandlungen ständig geschieht.

---

33 Frank,M., Das Sagbare und das Unsagbare, S. 27.

MODIFIKATION – SCHLEIERMACHERS FASSUNG DES MÖGLICHKEITS–WIRKLICHKEITSVERHÄLTNISSES IN SEINER BEDEUTUNG FÜR DIE HERMENEUTIK, DIALEKTIK UND ETHIK

von **Christoph Hubig**

1. Hinweise zur Begriffsgeschichte

Während in der Umgangssprache unter "Modifikation" die V e r ä n d e - r u n g der Daseinsweise eines Dinges oder Sachverhaltes begriffen wird, steht der philosophische Terminus für die Beantwortung der Frage, w i e die Daseinsweise z u s t a n d e k o m m t. Die scholastische Auffassung bezüglich der determinatio rei in (akzidentielle oder substantielle) Seinsmodi und logische Modi wird im wesentlichen noch von Descartes (Princ.philosoph. I, 56) übernommen, der die Modifikation der Substanz als konstitutiv für den Z u s t a n d (Modus) eines wirklichen Dinges erachtet. Spinoza - "per modum intelligo substantiae affectiones, sive id quod in alio est, per quod etiam concipitur" (Eth., I, def. 5) - verbindet mit dem Zustand erstmals den Gedanken seiner e i n g e s c h r ä n k t e n begrifflichen Bestimmtheit der Substanz und ihrer Attribute; die Dinge sind Modi der göttlichen Substanz, die ihnen logisch voranliegt (XXIII), haben also keine absolut selbständige Existenz. Die modifizierte Endlichkeit der Dinge steht somit einer unendlichen Substanz gegenüber - ein Gedanke, den Hamann und Herder wieder aufnehmen, um damit zu erklären, warum die Begrifflichkeit der Menschen nicht rational aus einer Ontologie abgeleitet werden könne, sondern nur als göttliches Geschenk zu denken sei, und um zugleich zu begründen, daß diese Begrifflichkeit nicht in der Lage sei, das Wahre als Unendliches zu erfassen.

Demgegenüber behauptet Locke (Essay concern. human understanding II, 12, § 4 f., 13), daß der Geist in den existierenden Dingen die Modifikationen von einfachen oder zusammengesetzten Ideen antreffe (z.B. Distanz als Modifikation des Raumes, Ort als Modifikation der Distanz etc.), und Kant begreift in seiner kritischen Umwendung des Empirismus die Modi bloß noch als Kategorien, die das Verhältnis der Urteile zum Erkenntnisvermögen ausdrücken. In der Philosophie des Idealismus, die die scholastisch–ontologische Fassung des Modifikationsbegriffes ablehnen muß und die kritische Fassung Kants überschreiten will, kommt dem Begriff der Modifikation zentrale Bedeutung bei der Aufgabe zu, hier zu erklären, wie aus der unendlichen Unbestimmtheit die Vernunft aus eigener Kraft Bestimmungen hervorbringen kann, und diese reflektierend auf jene Unendlichkeit rückzubeziehen vermag (siehe dazu Punkt 4.).

"Ich besinne mich, daß mir schon bei meinen ersten philosophischen Medi-

tationen das principium individuationis als der feste kritische Punkt der theoretischen Philosophie vorschwebte ..." (Schleiermacher, Spinozismus, Dilthey
186). Zur Lösung seines immer wiederkehrenden Grundanliegens, die Spannweite zwischen dem Unendlichen (Religion) und endlicher Individualität sowohl auszuloten als auch zu vermitteln, greift Schleiermacher auf das spino-
zistische Konzept der Modifikation zurück. Obwohl jener Begriff in seiner
Schriften oft nur beiläufig erwähnt wird, kommt ihm zentrale Bedeutung für
die Gesamtarchitektonik der Schleiermacherschen Theorien zu. Gleichzeitig läß
sich an der Verwendung jenes Begriffes der spezifische Unterschied sowoh
zum klassischen Spinozismus als auch zum Denken des Idealismus insbes. Hegels ablesen.

Begreift der junge Schleiermacher Spinozas unendliche Substanz zunächs
mit Kant als "Noumenon", das nur als Totalität der Möglichkeit der Erscheinungen, auch des Ich, aufgefaßt werden kann, so stellt sich für ihn die
Frage nach deren Verursachung neu, da er die metaphysische Lösung Leib-
nizens und die postulierte Lösung Kants verwirft. Vielmehr faßt er bereits
in seinen "Reden ..." das Endliche als Handlung, die das Universum als Tat
ausdrücke. Im Augenblick der Tat als Ausdruck des Unendlichen ist der
Mensch selbst unendlich. Denn Endliches wird von Schleiermacher nicht wie
bei Spinoza durch Negation aus dem Unendlichen abgeleitet. Individualität
ist nicht bloß Determination/Negation, denn da sie als Tat, insbesondere
künstlerischer Akt auftritt, führt sie Unendlichkeit vor.

Diese Auffassung unterscheidet ihn sowohl vom radikaleren mystischen Kon-
zept, wie es Jacobi zur Lösung jenes Problems entwerfen mußte, als auch von
Fichte, der die Individuation als bloße Beschränkung des Absoluten durch
Reflexion zwar aufhebbar erachtete, aus diesem Grunde jedoch als vorauszu-
setzenden Begriff den des Strebens zur Reflexion annehmen mußte. Da für
Schleiermacher das Verhältnis von unendlicher Einheit und endlicher Vielheit sich im Akt selbst ausdrückt, ist kein Drittes zur Überbrückung jener
Differenz aufzusuchen. Und indem das Verstehen als Konstruktion ebenfalls
als Akt begriffen wird, läßt sich seine Reflexionsstruktur ebenfalls entwickeln, ohne daß eine vermittelnde Instanz als metaphysischer Grund dieser
Reflexion anzuführen wäre.

Im folgenden soll nun die Binnenstruktur jener Individuation als Modifikation untersucht werden, und im Anschluß daran diejenige ihrer "Umkehrhand-
lung", des Verstehens als Konstruktion/Reflexion, daraus abgeleitet werden.

2.   Modifikation in Schleiermachers Hermeneutik

2.1. Die Modifikationsbeziehung zwischen Sprache und Denken

Nachdem Schleiermacher in der "Einleitung" zu seiner Hermeneutik (im folg. zit. nach der Ausgabe Frank, abgek. HF) in erster Annäherung das Verstehen als aus zwei Momenten bestehend, dem grammatischen und dem psychologischen, charakterisiert hat (These 5 der "Einleitung"), erläutert er das "Ineinandersein" dieser beiden Momente (These 6) erstens dadurch, daß die "Rede als Tatsache des Geistes nicht verstanden [sei], wenn sie nicht als Sprachbeziehung verstanden ist, weil die Angeborenheit der Sprache den Geist modifiziert" (HF 79). Dabei geht Schleiermacher davon aus, daß es die angeborene Sprache ist, die ein Denken, das als Geist nur ein Mögliches ist, zur Wirklichkeit bringt. Die Angeborenheit der Sprache scheint also die nicht mehr hinterfragbare Instanz, die diesen Prozeß initiiert. Das unendliche Denken wird zur endlichen Tatsache nur in der Form des Sprachlichen.

Daß Geist andernorts als Totalität charakterisiert wird, und diese dem zeitgenössischen Wortgebrauch folgend, als Inbegriff der Möglichkeit, "Totalität des Möglichen" verstanden wird (HF 177 u.a.), fügt sich in jene Architektonik. Die "Tatsache des Geistes" ist eine endliche, die ihre Form durch die Sprache als "System der Modifikationen", wobei hier Modifikation als "Bedeutung" verstanden wird (HF 78), erhalten hat. (Daß Sprache hier als System oder "Schema" von Bedeutungen als den Regeln der Hervorbringung der wirklichen Ausdrücke bestimmt wird, ist eine Antizipation des Paradigmas der gegenwärtigen Sprachphilosophie.)

Dem Dichter, der in einer Periode gültiger Formgesetze arbeite, werde ein "Gebiet der Sprache und also auch einer bestimmten Modifikation von Vorstellungen" durch die Sprache abgeschlossen oder eröffnet (HF 322). Die Form der Wörter legt dabei ein System der Verwandtschaft von Vorstellungen fest, die das "Fortschreiten des Einzelnen im Denken" bedingt. Ist die Sprache nun eine notwendige oder hinreichende Bedingung für die Konstitution der Rede als Tatsache des Geistes als Fortschreiten im Denken?

2.2. Die Modifikationsbeziehung zwischen Denken und Sprache

Diese Frage läßt sich im Lichte der zweiten Erläuterung zur These 6 beantworten. Dort wird (neben der noch zu behandelnden These, daß die Rede die Sprache modifiziert) vom Geist gesagt, daß in "diesem der Grund von allem Einflusse des Einzelnen auf die Sprache liegt, welche selbst [erst] durch das Reden wird" (HF 79). "Die individuelle Natur der Sprache ist Darstellung einer bestimmten Modifikation des Anschauungsvermögens", "die Elemente der Sprache als Darstellungen eines besonders modifizierten Anschauungsvermögens kann nicht apriori konstruiert werden ... " (HF 172). Über den Geist und

die Modifikation des Anschauungsvermögens sind individuelle Natur und die
Elemente der Sprache erst als wirkliche gegeben. Sprache ist offenbar kein
apriori, wenngleich angeboren. Angeboren ist sie demnach nicht als wirkliche
sondern nur als mögliche, als Kompetenz.

Wenn die Sprache eine Instanz wäre, die hinreichende Bedingung dafür
ist, daß der Geist als Totalität sich in einer Rede aktualisiert, wäre es
nicht nötig, anzunehmen, daß der Geist selbst Grund dafür sei, daß die
Sprache, ihrerseits von Schleiermacher als objektive Totalität charakterisiert
(HF 78, 326), also selbst nur Möglichkeit, sich in der Rede verwirklicht.
Wir haben also zunächst zwei Totalitäten, Sprache und Geist, die wechselseitig notwendige Bedingungen zu ihrer Verwirklichung in der Rede sind. Eine
Verwirklichung kann jedoch nur eine wirkliche, nicht eine mögliche "Ursache"
haben – denn eine solche wäre eine bloße Disposition. Zur Verwirklichung
muß also ein drittes hinzukommen.

Dem entspricht Schleiermachers Forderung, daß Sprache nicht bloß als neu-
trales Medium, und Geschichte nur als "die Modalitäten der Existenz von Personen" betrachtet werden dürfen. Denn damit verfehlt man die Eigenschaft
der Sprache als modifizierender Kraft sowie insbesondere die modifizierende
Leistung der Personen selbst (HF 319). Wenn die Rekonstruktion jener Modifikationen durch bloße Beobachtung der Modi ersetzt wird, ist das Verstehen
auf diejenigen Personen beschränkt, die sich ihm am willigsten aufschließen
(ebd.).

2.3. Die Modikationsbeziehung zwischen Sprache und Individuum

Sprache als Totalität, als System von Bedeutungen, kommt nur in der Rede
"zum Vorschein" (HF 78). In dieser Formulierung Schleiermachers ist impliziert, daß er Bedeutung nicht als Reales auffaßt, sondern als Schema
(Frank, HF 32 ff.) von Bezeichnungen. Schemata oder Systeme sind erst als
ausgefüllte oder ausgeführte real. Um die Sprache aus dem Status ihrer Möglichkeit herauszuführen, bedarf es der Rede. Diese ist von Schleiermacher
als Akt charakterisiert. Wodurch kommt dieser Akt zustande? (Bisher sind
nur notwendige, keine hinreichenden Bedingungen angeführt.) Er gründe in
der Individualität des Autors, der "schriftstellerischen Totalität" (HF 171).
"Zusammengesetztes durch den Menschen. Also auch aus dem Menschen" (HF
171). Erst die Individualität des Menschen, die sich als Binnenbeziehung
zwischen Stil und Charakter darstellt, vermag durch Herstellung Sprache in
der Rede zu aktualisieren. Sie ist ihrerseits Resultat einer Modifikation, die
Natur und Sprache am Denkvermögen vornehmen (dazu 2.4.).

In seinen Anmerkungen zur technischen Interpretation charakterisiert
Schleiermacher den Menschen als einerseits Organ der Sprache, andererseits

diese nur als Organ des Menschen, im Dienste seiner Individualität. Neben der notwendig wechselseitigen Bedingung zwischen Sprache und Geist finden wir hier also einen wechselseitig notwendigen Bedingungszusammenhang zwischen Sprache und Individualität dergestalt, daß das Individuum mittels der Sprache sich verwirklicht, andererseits dadurch, daß es damit auch Sprache zum Vorschein bringt, Sprache verwirklicht (so wie jede Regel zu ihrer Befolgung eines handelnden Menschen bedarf, dieser aber durch sein Handeln implizit die Gültigkeit der Regel bestätigt.) Jeder Entwurf zu einem Werk unterliege der Gewalt der Form (HF 322), das "Ganze der Tat" umfasse in ihren Teilen das Bewegende des Stoffes und das Bewegte der Form (HF 167). Individualität als Resultat der sprachlichen Modifikation des Denkvermögens (qua Form) ist zugleich diejenige Instanz, die die Sprache zur Rede modifiziert.

2.4. Die Modifikationsbeziehung zwischen Denkvermögen und Natur sowie dem "Totalzusammenhang" des Lebens

Individualität besteht jedoch nicht einzig aus der Kraft, die eine Form bewegt, indem sie ihr einen Stil aufprägt. Das "treibende" ist der Stoff. Ein Stil kann nur verstanden werden, wenn jene Ursache rekonstruiert ist. Unter technischen Gesichtspunkten d.h. der Frage, wie sich die Ursache für den Einsatz bestimmter stilistischer Mittel darstellt, impliziert dies die Frage nach dem "Charakter": "Technisch wird der Stil nur verstanden durch die völligste Kenntnis des Charakters." (HF 172). Was sich psychologisch als Stoff (HF 167) präsentiert, ist technisch gesehen der Charakter (als Intentionalität).

Dieser Charakter (neben dem Stil als Mittel die Wirk- und Zweckursache, die zusammen mit dem Stil Individualität ausmacht) ist ebenfalls Resultat einer Modifikation.

Analog zu der "Binnen-Modifikationsbeziehung" im sprachlichen Bereich nimmt daher Schleiermacher nun noch eine solche im Bereich des Denkens selbst an, insofern, als "der Charakter als individuelle Natur eine bestimmte Modifikation des Denkvermögens" sei (HF 172). Diese Modifikationsbeziehung basiert darauf, daß Charakter als individuelle Natur "organisch mit Naturwesen" sei, so wie jede Pflanze eine Modifikation ist. Hier wird Natur als Bedingung der Modifikationsbeziehung angesehen. Lebensumstände, der "Totalzusammenhang des bestimmten Lebens" (HF 338) werden zwar ebenfalls als Modifikationsinstanz gewürdigt, jedoch nicht in dem Maße eigens behandelt, wie dies später Dilthey unter dem Topos der Selbstbiographien und der Kategorie des objektiven Geistes thematisieren wird.

Im Überblick stellen sich nun die Modifikationsbeziehungen wie folgt dar:

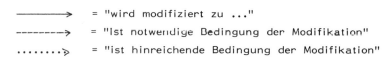

= "wird modifiziert zu ..."

= "ist notwendige Bedingung der Modifikation"

= "ist hinreichende Bedingung der Modifikation"

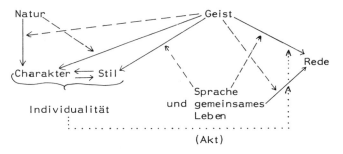

(Akt)

2.5. Verstehen als Umkehrung der Modifikation: Identität und Differenz

Indem Schleiermacher das Verstehen als "das allmähliche Sichselbstfinden des denkenden Geistes" (Über den Begriff der Hermeneutik, HF 328) bestimmt, das der Aufgabe folgt, "den Menschen als Erscheinung aus dem Menschen als Idee zu verstehen" (HF 235), wodurch der Mensch über sein "höchstes Interesse" (HF 235) (das religiöse, als "Geschmack für das Unendliche") klar wird, bestimmt er das Verstehen als Reflexion. Die Aufgabe ist es, "die Totalität des Möglichen durch beständiges Vergleichen zu ermitteln und wiederzugewinnen" (HF 177). Während die Modifikation durch Tätigkeit aus der unendlichen Totalität des Möglichen, von der keine Anschauung gegeben ist, das Wirkliche bildet, bezieht das Verstehen diese Wirklichkeit als Tatsache auf die Totalität zurück, indem es die Differenz zwischen der Totalität und der "konkreten Kombinationsweise" (HF 92) auf die Identität zurückführt, d.h. das Wirkliche als Mögliches erfaßt, und somit auch die Art seiner Spezifikation.

Dabei zielt das Verstehen nicht auf die historische Individualität als solche. Vielmehr soll die historische Konstruktion "unser Selbst und andere" befruchten (HF 340), nur ein Mittel zur "objektiven Betrachtung" sein; die "verkleinernde Kleinlichkeit" ist mit dieser "großartigen" Aufgabe zu verbinden (ebd.). Jene Forderung markiert sogleich den Unterschied zu Hegels Reflexionsphilosophie: Die Bestimmtheit des Endlichen wird nicht etwa durch den Prozeß der Reflexion aufgehoben, sondern i n der Endlichkeit des Individuellen wird erkannt, daß es ein Unendliches ist, da es den Akt als ein Unendliches ausdrückt. "Das Letzte ist ein Unendliches (HF 130), und dementsprechend ist auch "jede Anschauung des Individuellen" unendlich" (HF 80). Die Unendlichkeit der Anschauung qua Unendlichkeit, Nichtanschaulichkeit des Verstehens als Akt dokumentiert die Unendlichkeit des zu verstehenden Individuellen bzw. sein Hervorgebrachtsein – sie erkennt es als Aufweis on Kompetenz, Verfügung über die Fähigkeit, Mögliches in Wirklichkeit zu überführen. Individualität ist somit, wie Gott, ein Terminus ad quem.

Die "individuelle Allgemeinheit", d.h. die verstandene Anwesenheit des Allgemeinen als Möglichkeit im Artefakt qua dessen Hergestelltsein ist somit nicht etwa allgemeine Individualität, die Anwesenheit des Absoluten im Individuellen wird keineswegs dogmatisch behauptet. Daß vielmehr das Verstehen als Akt das zu Verstehende ebenfalls als Akt erfaßt, bedeutet gerade, in der Endlichkeit des Artefakts die Möglichkeit seiner Herstellung nachzukonstruieren, und ihn insofern als unendlich zu erweisen. Unendlich ist er, wie jeder Akt, im Blick auf sein Anders-sein-können. Es gilt also nicht die Hegelsche Dichotomie: "Das Nichtsein des Endlichen ist das Sein des Absoluten" (Hegel. Logik 62), sondern "Das Sein des Endlichen, rekonstruiert und verstanden als Hergestelltes, drückt die Kompetenz der Herstellung aus, weist somit Unendliches auf." Verstehen ist also Umkehrung der Modifikation, da es die Aktualisierung von Unendlichem durch ihren Aufweis als Teil des Unendlichen erscheinen läßt.

Von diesem Ansatz aus lassen sich die drei großen Spezifikationen der Schleiermacherschen Hermeneutik systematisieren:

a) der Verstehensarten des grammatischen, psychologischen und technischen Verstehens, die sich als jeweilige Umkehrungen der Modifikation der Sprache durch den Geist, des Geistes durch die Sprache (notwendige Bedingung) und beider durch den Akt der Herstellung (hinreichende Bedingung) begreifen lassen. Da Modifikation letztlich ein Akt ist, so gilt dies auch für ihre Umkehrung, das Verstehen (vgl. HF 76: "Umkehrung"). Das Einzelne wird verstanden, wenn es in seiner "Spezifik als ..." aus der Totalität herausgegliedert erscheint.

b) der Verstehensmethoden, der divinatorischen und der komparativen, von denen erstere die Reflexion implizit bei der begrifflosen Totalität und der Beziehung des Einzelnen zu dieser anheben läßt, letztere begrifflich das Allgemeine als Hypothese des Vergleiches setzt und die Totalität explizit "wiedergewinnt", wodurch beide die Differenz Möglichkeit-Wirklichkeit auf ihre Identität zurückführen.

Auf dem Hintergrund der Modifikationsbeziehungen erhellt sich zudem zweierlei: Erstens müssen die beiden Verstehensarten des grammatischen (etwas "herausgenommen aus der Sprache") und des psychologischen Verstehens (etwas als "Tatsache im Denken", "aus der eigentümlichen Einheit des Geistes" (HF 79) zu verstehen) als "völlig gleich" erachtet werden. Zweitens ist das technische Verstehen, das auf die Mittel der Herstellung zielt, nicht kategorial neben die beiden anderen Verstehensarten zu stellen, sondern setzt sie voraus. Mittel der Herstellung können als sinnvoll verstanden werden nur im Blick auf das Ziel, den Ausdruck der Rede, die ihrerseits, wie die Mittel, Modifikation des Geistes und der Sprache ist.

c) der Werte des Auszulegenden für die Reflexion, und zwar als "Nullwert" (HF 82 f.), klassisch, originell oder genial: Im ersten Fall – dem gemein- samen Leben – liegt keine Differenz vor – das Wirkliche erweist sich nicht als auf ein Mögliches transzendierend, d.h. nicht als eines, dessen Spezifi- kation aus der Möglichkeit seine Bedeutung ausmacht; in den letzteren drei Fällen liegt eine Differenz vor, die für das Klassische jedoch keine eigentüm- liche, sondern nur eine allgemeine Bedeutung, für das Originelle zwar eine eigentümliche Bedeutung, jedoch ohne feststellbaren Bezug zur Totalität, und für das Geniale eine individuelle Abweichung mit eben einem solchen Bezug beinhaltet. "Verstehen ist somit die Konstruktion eines endlichen Bestimmten [Tatsache] aus einem unendlichen Unbestimmten [Totalität]" (HF 80). Indem diese Konstruktion vollzogen wird, erhellt sich die Spezifik des Endlichen als gemacht, als je spezifische Konstruktion. Da jede Konstruktion aus einem Unendlichen niemals als sichere gegeben ist, da ein Individuelles aus einem Unendlichen auf die verschiedensten Weisen konstruierbar ist (aus der Unend- lichkeit der Sprache und des Geistes (HF 80), und Unendliches nie voll- ständig gekannt werden kann), ist auch die Anschauung des Individuellen nie abgeschlossen, selber unendlich. Der Mensch als Idee ist Herstellungs- kompetenz. Allerdings lassen sich regelhafte "Einwirkungen" auf den Modifi- kationsprozeß (sprachlich: z.B. Sprachkreise – s.u. – , sprachlich vermittel- te Lebensformen, technisch: z.B. Stile ausmachen) – jedoch ist damit die "Sicherheit der Anwendung der Regeln" nicht gegeben, und diese Einwirkun- gen nehmen überdies, je näher man sich konstruierend zur Totalität hin bewegt, in ihrer Bedeutung ab (HF 81).

3. "Modifikationen" und "Modifikabilität" in Schleiermachers Dialektik

In seiner Hermeneutik weist Schleiermacher insbesondere in zweierlei Hinsicht auf den Bezug zur Dialektik hin: Erstens, indem das Verstehen als auf das gerichtet ist, was einem Denken und/oder einer Rede "zu Grunde liegt" (HF 76), die D i f f e r e n z e n des menschlichen Geistes (die ethisch-geschicht- lich und physisch bestimmt sind) zu einer Einheit des Wissens zurückzuführen hat – Identität und Differenz sind die zentralen Topoi der Dialektik –; zwei- tens darin, daß dieser Prozeß als ein "Werden von Wissen" beschrieben wird (HF 77). Im "transzendentalen Teil" seiner Dialektik behandelt Schleiermacher die Frage der Modifikation im Zusammenhang mit den "drei Stufen des Denk- prozesses" (§ 113 ff.). Das "reine Denken", basierend auf dem "Wissenwollen" (DO 33, 130, 174 u.a.) (vgl. Hegels "Trieb des Bestimmenwollens") oder Den- kenwollen (DO 318), das sich auf die Beseitigung des Zweifels richtet, kann

...ur aufgefaßt werden als eine "ursprünglich sich fortschreibend in allem ...enken realisierende Richtung", die nicht von diesem Denken selbst gesetzt ...st, nicht im individuellen Bewußtsein ihren Ursprung hat, sondern im Be- ...ußtsein des Absoluten, der Religion (DO 91). Wenn nun das Denken auf eine ...allgemeine Identität" des Gesetzten (der Tatsache) zielt (DO 129), dann kann ...issen kein Faktum mehr sein, sondern "die Identität des Prozesses aller ...enkenden", die im Begriff der Verallgemeinerbarkeit "mitgesetzt" ist (DO ...29). Unter dieser "Antizipation" (DO 162) kann der Relativismus aufgelöst ...erden: "Was uns das Gebiet des Wissens zu beschränken schien, [das Eigen- ümliche als Gedachtes] ist so selbst ein Wissen geworden" (DO 134).

Die drei Denkstufen des Denkprozesses, das Wahrnehmen, das Denken als ...ntellektuelle Funktion und die Anschauung als Synthese beider, als Resul- ...at eines "Gleichgewichtes" des Bezuges der beiden ersteren, – man vergleiche ...pinozas ähnliche Unterscheidung dreier Erkenntnisgattungen (Eth. II, Ls. ...8-40; V, Ls. 24) – verlangen nun die Einführung eines neuen Terminus, der ...en dispositionellen Charakter des Denkens im Blick auf die Wahrnehmung ...Denkbarkeit) und der Wahrnehmung im Blick auf das Denken (Wahrnehmbar- ...eit) formuliert: M o d i f i k a b i l i t ä t (DO 163). Wenn das Denken ...nd Wahrnehmen in der Anschauung "ein Wissen werden will", so muß in je- ...em Akt des Wissens die "Totalität" des anderen Wissens implizite mitgesetzt ...erden. Für das physikalische Wissen um die Kraft gilt nun z.B., daß "die ...inzelne Kraft in bestimmten Modifikationen vorkommen" kann; diese aber ...üssen wir ebenfalls mitsetzen in den allgemeinen Begriff als ihre ...n n e r e M o d i f i k a b i l i t ä t (Herv. Schl.). Verallgemeinert: ...n der Anschauung einer Gattung, also dem Wissen um etwas Allgemeines als ...otalität des Ganzen müssen wir diese als Modifikabilität betrachten, um ...allen Spezies darin einen Platz (als Modifikation) anweisen zu können, und ...üssen die Gattung selbst als Modifikation einer anzunehmenden höheren Mo- ...ifikabilität setzen, um sie als spezifisch zu anderen Gattungen zu wissen. ..."Innere Modifikabilität" beschreibt das Verhältnis der Gattung zu den Spe- zies, "äußere Relationen" ihren Stellenwert unter einer angenommenen höheren ...Modifikabilität.

Wie kann nun von einer Modifikabilität als Inbegriff einer endlichen An- zahl von Modifikationen eine Anschauung möglich sein? Sie liegt im Medium ...der Begrifflichkeit: "In jedem Urteil, in dem wir abweichen von der Identi- tät, bedienen wir uns der Begriffe, die dem gemeinsamen Wissen angehören" (DO 166). Diese Begriffe stellen gemeinsames vorgängiges mögliches Wissen in den jeweiligen historisch-kulturellen Sprachkreisen dar. In Anspielung ...auf Ciceros Schwierigkeit, Aristoteles zu adaptieren, (DO 14), stellt Schlei- ...ermacher fest, daß jeder Streitende einerseits versucht, den Streitgegenstand in seinen Sprachkreis hineinzuziehen, andererseits den Sprachkreis erweitern

muß, um die transzendentale Voraussetzung, daß der Streit um dasselbe gehe
zu garantieren. (Denn das Gebiet eines Streites kann nicht selber stritti
werden, DO 23.) Die Sprachkreise erfüllen dabei die Funktion eines Schemas
das die Möglichkeiten begrenzt. Das Apriori wird dadurch, wie er sagt, ge
schichtlich - und durch die Relativierung des Aprioris (unter dem oberster
Ethos des Anstrebens von Allgemeinheit) kann die Relativität der einzelner
Modifikationen aufgehoben werden. Das bedeutet umgekehrt, daß Relativitäter
als solche erwiesen werden können, wenn sie als "zu frühes Abschließen" der
Beziehungen des wahrgenommenen Bildes zum allgemeinen Begriff erkann
sind. Das Ziel eines identischen allgemeinen Wissens kann jedoch als abso
lutes nicht als b e s t i m m t e s vorausgesetzt werden, sondern nur
als unbestimmtes, indem der Gegensatz zwischen den partiellen organischer
Funktionen (Wahrnehmung) und der geistigen Funktion (Denken) "als ver-
schwindend gedacht wird" (DO 162), da die Wahrnehmung immer dichter mi
dem Denk b a r e n und die das Gedachte immer dichter mit dem Wahr-
n e h m b a r e n verbunden (DO 164) würden, also Modifikation auf Modifikabilität zurückbezogen wird.

Auch an dieser Stelle läßt sich Schleiermachers Anliegen in Absetzung vor
dem Anspruch der Hegelschen Reflexionsphilosophie besonders verdeutlichen:
Da für Hegel das Allgemeine im Partikularen nur negativ, als bestimmtes
auftritt, ist das Ziel seiner Reflexion die Aufhebung im Begriff, der, wenn
er sich selbst als Prozess der Bestimmung bestimmt hat, absolute Idee ist.
Jene Favorisierung des Begrifflichen wird von Schleiermacher, der nicht das
Allgemeine, sondern das Individuelle als Unendliches erweisen will, abgelehnt: Nicht soll die Wahrnehmung in den Begriff aufgehoben werden, sondern
die Vorstellungen sollen auf den Begriff "bezogen" werden, "verknüpft" werden. Diese Verknüpfung ist aber keineswegs so zu denken,daß die Vorstellung
durch den Begriff ersetzt wird. Vielmehr dient eine lange Reihe von Bemerkungen zur technischen Interpretation (HF 172) dazu, zu zeigen, daß sowohl
unter grammatischen als auch unter technischen Gesichtspunkten Individualität (da als Herstellungsindividualität unendlich) nur a n g e s c h a u t
werden kann, während die allgemeinen Begriffe zwar zu erkennen sind, nicht
jedoch apriori, sondern nur durch Vergleichen.

Der Abschluß eines Verstehensaktes ist, da dieses prinzipiell unendlich
ist, nur durch eine praktische Entscheidung möglich, wenn die "Behandlung"
der Anschauungsseite (Divination) und die des Begrifflichen (Komparation)
keine Änderung bei der anderen mehr erfordert, insofern als eine "Harmonie"
in der Beziehung vorliegt, und die unendliche Aufgabe dadurch gelöst wird,
daß man die Frage, wie weit man "mit der Annäherung gehen will, ... praktisch" entscheidet (HF 80, 94). Das Primat des Begrifflichen für die Komparation und das Primat des Anschaulichen für die Divination, resp. die Konzen-

ration auf die Begrifflichkeit beim grammatischen und die Konzentration auf
Anschauung beim Psychologischen und individuell-technisches Verstehen finden in der Dialektik das Regulativ ihrer Beziehung: Das Denkbare und das
Wahrnehmbare dürfen sich nicht gegenseitig restringieren, etwa durch die Favorisierung des Begrifflichen, das ja Wirklichkeit fixiert. Daher bleibe in
jeder Totalität "ein nicht zu Beschreibendes" (HF 177, 80, 94). Interessan-
terweise verwendet Schleiermacher jenen Begriff der Harmonie in seiner Ethik
für die Freiheit, die die Freiheit des anderen achtet.

Harmonie in der Beziehung des Individuellen zum Allgemeinen liegt also
vor, wenn der Totalitätscharakter beider, d.i. ihre Unendlichkeit als Möglichkeit gewahrt bleibt, und Begrifflichkeit als Verständigungs m i t t e l,
nicht als Verständigungs z i e l erkannt ist. Dieser Gedanke findet sich
radikalisiert und ausgearbeitet in der "Negativen Dialektik" Theodor W.
Adornos. Daß Schleiermacher an der Unbegrifflichkeit des höchsten Punktes,
der höchsten Einheit im Gegensatz zur Identitätsphilosophie Hegels festhält,
erlaubt ihm, einen Freiheitsbegriff zu erhalten, der diese nicht als Einsicht in die Notwendigkeit" (Hegel) begreift, sondern eher als "Einsicht in
die Unendlichkeit von Akt-Kompetenz". Jene Harmonie ist daher Bedingung der
Freiheit.

4. Konsequenzen für die Ethik

Der Terminus "Modifikation" kommt in Schleiermachers Ethik (1812/13) nicht
explizit vor. Indem er jedoch seine Ethik, die er in Abgrenzung zu Kant
nicht als Ausschlußethik, sondern als positive Ethik verstanden wissen will,
explizit aus der Dialektik ableitet, wird der Topos der Modifikation bzw.
das Verhältnis Identität-Differenz auch für die Ethik relevant. Indem er den
Begriff des höchsten Gutes an dem des höchsten Wissens festmacht, jenes
höchste Wissen als den "schlechthin einfachen Ausdruck des ihm gleich
höchsten Seins" (EB 194) als Aufhebung aller Gegensätze definiert, impliziert
er damit, daß dieses Wissen oder Sein nicht als Satz, Ding oder Tätigkeit
möglich ist, denn diese wären begrenzt und durch Gegensätze gekennzeichnet. Daher erscheinen alle bestimmten Charakterisierungen von Gut und Böse
als relativ zu jener höchsten Einheit bzw. als relativ auf ein Gebiet bezogen
– beide erscheinen als M o d i f i k a t i o n e n jener höchsten Einheit, wobei diejenige des Guten einen jeweiligen Gegensatz von Vernunft und
Natur aufhebt, die des Bösen durch immanente Gegensätzlichkeit charakterisiert ist, die des jeweiligen Bösen also eine immanente Begrenztheit, die des
Guten eine Begrenztheit im Blick auf das transzendente Höchste ist. "Der Gegensatz von Gut und Böse bedeutet nichts anderes, als in jedem einzelnen
sittlichen Gebiet das Gegeneinanderstellen dessen, was darin als Ineinander-

sein von Vernunft und Natur [Gutes], und was als Außeinander von beider [Böses] gesetzt ist." (EB 212) In dieser Architektonik, die in unserem Zusammenhang nicht weiter ausgeführt werden kann, kommt dem "einzelnen sittlichen Gebiet" der Stellenwert zu, den in der Dialektik die "Sprachkreise" hatten: Es sind die jeweiligen - vorläufig - abgeschlossenen Bereiche (Horizonte), innerhalb derer die Differenz des wirklichen Gesetzten zur Totalität partiell auflösbar ist, wobei die Gebiete jedoch nicht die Grenzen des Prozesses festlegen, der sie übersteigen muß hin zu jener Einheit.

Schleiermacher bemerkt allerdings, daß weder Gegensätze des schlechthin Einzelnen aufgelöst werden können, weil von diesem ein Aufstieg zum "niedrigsten Besonderen", also der konkretesten Modifikation nicht möglich sei, noch jemals auf der anderen Seite vom Allerallgemeinsten (- der höchsten Modifikabilität -) der Übergang zum schlechthin Höchsten bewerkstelligt werden könne, da jene immer als Begriffe auftreten (EB 195). Der Zwischenbereich ist derjenige menschlichen Wissens und Handelns - das Höchste hingegen ist "innerster Grund und Quell" (des Tuns), der nicht für unser Bewußtsein setzbar, sondern nur anschaubar ist. (Damit bleibt der Kernpunkt der Lehre Spinozas erhalten.)

Gut und Böse sind also erstens nur relativ zu einem sittlichen Gebiet zu bestimmen, und zweitens nur negativ und formal insofern, als nicht ein Zwiespalt von Vernunft und Natur als Favorisierung des Einen über das Andere auftreten darf. Vernunft als Medium der Begrifflichkeit garantiert aber Intersubjektivität, Natur, aufweisbar im Medium der organischen Funktion, insbesondere individueller Vorstellung, garantiert (als "Modifikation des Denkvermögens" - s.o. -) Individualität. Die Harmonie zwischen beiden im Blick auf die höchste Einheit garantiert Freiheit.

Die Umkehrung der Modifikation durch das Verstehen als Reflexion ist also nicht bloß Topos hermeneutischer Theorie, sondern bildet mit seiner Metatheorie der Dialektik und seinem Bezug zur ethischen Grundlegung eine Einheit. Deren maßgebliches Fundament, der Aufweis des Unendlichen als höchste Einheit, die durch Individualität nicht negiert wird, sondern sich in der Individualität als Herstellungskompetenz wiederfindet, ist in Schleiermachers Arbeiten zur Religion thematisiert.

5. Vergleich mit dem Sprachgebrauch bei Fichte, Hegel, Humboldt

Bei Fichte und Hegel wird zwar der Begriff der Modifikation m.W. nicht an zentralen Stellen eingesetzt; es läßt sich jedoch beobachten, daß seine Verwendung im Zusammenhang einiger Studien dem Sprachgebrauch Schleiermachers entspricht, so daß man ihm insgesamt eine Funktion im idealistischen Paradigma zuweisen kann. Fichte bemerkt in seinem Aufsatz "Von

der Sprachfähigkeit und dem Ursprung der Sprache" (GA, W 3, 100), daß
der Mensch darauf ausgehe, die Natur "nach seinen Zwecken zu modificie-
ren", d.h. in ein Verhältnis zu sich zu setzen. Dieser "Trieb" (vgl. analog
die Einsetzung eines Vernunftbetriebes an dieser Stelle bei Hegel und Schleiermacher) sei untergeordnet dem höchsten Prinzip im Menschen, der Identität
mit sich selbst. Die Modifikation der Natur als "roher", unbestimmter muß
daher, weil sie als Modifikation - Differenz - in einen Widerspruch mit sich
selbst gerät (ebd. 101), da sie mit dem "Trieb zur Herstellung von Identität
nicht übereinstimmt", aufgehoben werden zu einer Allgemeinheit, die nur im
Medium der Sprache möglich ist.

Bei Hegel steht an der Stelle, die der Modifikation entspräche, die Negation bzw. Negativität des Fürsichseins. Allerdings verwendet er - in seiner
Ästhetik - dort, wo er die "Auflösung der romantischen Kunstform" diskutiert
(ÄB 569 f.), den Begriff der Modifikation in kritischer Absicht: Wo die Kunst
die schrankenlose Modifikation des Wirklichen reproduziert, in der Prosa,
löst sie sich selbst auf; sie fällt zurück in das bloße begrenzte Dasein und
begibt sich ihrer Funktion, im ästhetischen Schein die Notwendigkeit der Idee
vorzuführen.

In Humboldts Sprachtheorie kommt dem Begriff der Modifikation zentrale
Bedeutung zu, und zwar in der doppelten Charakterisierung von Sprache als
"wirkender Kraft"/Form sowie "wirklicher Tätigkeit" im Bereich des Stoff-
lichen, von der letztere eine "Modifikation" ersterer sei. Das "Eigenthümliche", die Individualität des Menschen, ist etwas, was die Unendlichkeit
der Sprache in ihrer Eigenschaft, objektiv und qualitativ andeutend zu sein,
subjektiv und quantitativ "modificiert" (VW 206), wodurch der Mensch als
Individuum zwar quantitativ begrenzt real "wirkt", zugleich aber als Maßstab dieser Wirkung auftritt, da jene Wirkung eben nur "Modification" ist.

KÜRZEL:

ÄB   = Georg Wilhelm Friedrich Hegel, Ästhetik, Ausg. F. Bassenge, Berlin/
         Weimar/Frankfurt o.J.

Dilthey = Wilhelm Dilthey, Leben Schleiermachers, Berlin/Leipzig 1922

DO   = ders., Dialektik, Ausg. R.Odebrecht, Darmstadt 1976

EB   = ders., Ethik 1812/13, Ausg. H.J.Birkner, Hamburg 1981

GA   = Johann Gottlieb Fichte, Gesamtausgabe, Werke Bd. 3, Stuttgart 1966

HF   = Friedrich D.E.Schleiermacher, Hermeneutik und Kritik Ausg. M.Frank,
         Frankfurt/M. 1977

LL   = Georg Wilhelm Friedrich Hegel, Logik II, Ausg. G.Lasson, Hamburg
         1969

VW   = Wilhelm von Humboldt, Über die Verschiedenheit des menschlichen
         Sprachbaues, Ausg. E.Wasmuth (Faks. 1836). Berlin 1935

STANDPUNKTFRAGE UND GESPRÄCHSMODELL

Das vergessene Elementarproblem der hermeneutisch-dialektischen
Wissenschaftstheorie seit Schleiermacher

von **Wolfgang Hinrichs**

1. Problemstand

Eine wissenschaftliche Diskussion, die dem Fortschritt in der Forschung dienen soll, ist absurd ohne Konsens in den Grundlagen. Sie ist wie ein
Brückenbau ohne Pfeiler oder wie ein Gefecht ohne Fechtplatz. Das ist die
Situation im pluralistischen Westen. Und dem steht ein monolithischer Wissen-
schaftsblock im kommunistischen Osten gegenüber - was die Gefahr nicht eben
mildert. Konkret muß man befürchten, daß subtile Kenner einer Wissen-
schafts-Disziplin den Wald vor lauter Bäumen nicht mehr sehen, während das
ganz Elementare, das aufzufinden man mitleidig den Pädagogen überläßt, so
einfach ist, daß es verachtet wird. Als neunmalkluger Gelehrter vergißt man
leicht das Einfache und Grundlegende, so daß die Wissenschafts-Gebäude im
Detail von höchster Präzision sein können, aber auf Sand gebaut sind. Man
braucht zur Bestätigung nur hinzuweisen auf die Zerstrittenheit der Heer-
scharen der "Kritischen Rationalisten" einerseits und der "Hermeneutiker",
die sich ideologiekritisch nennen, andererseits. So zeigt sich zumindest für
das westliche Wissenschaftsverständnis: Die Lage ist kritisch.

Gerade die Herausforderung der westlichen Wissenschaftler durch die
ideologisch einheitlich gegründete Wissenschaft der kommunistischen Systeme
kann uns aber wieder auf die Elementarprobleme der Wissenschaft überhaupt
lenken[1]. Denn von dort dringt die Forderung, man solle als Wissenschaftler
Partei nehmen, mit Macht in die westliche Diskussion ein. Der Streit ist
nicht neu, sondern im wesentlichen schon lange bekannt als "Werturteils"-
Streit[2].

Gegenwärtig treten die K r i t i s c h e n   R a t i o n a l i s t e n
bei uns für die W e r t f r e i h e i t der Wissenschaft ein, womit eine
Parteinahme als Wissenschaftler unzulässig wird. Dagegen fordert Habermas,
der sich als Hermeneutiker versteht, die Offenlegung des "erkenntnisleitenden
Interesses" und kommt damit in die Nähe derer, die jedem Wissenschaftler
Parteilichkeit unterstellen[3]. Kann der Hermeneutiker sich davor schützen,
einer Partei zugerechnet zu werden? Kann er Überparteilichkeit anstreben,
da er doch n i c h t   w e r t f r e i, sondern stellungnehmend interpretiert?

---

1 Vgl. Wolfgang Hinrichs 1972. Vgl. dazu Werner Linke 1966.
2 Vgl. Wolfgang Hinrichs 1975, hierzu S. 147 u. dort Anm. 7,8,21.
3 Jürgen Habermas 1967, S. 98 f. Vgl. auch Jürgen Habermas 1971, S. 115,

Ich vertrete die Auffassung, daß sich offenbar für wissenschaftliche Bemühungen, sofern sie nie nur das Produkt e i n e s Denkers sind, Mo-
delle des Gesprächs im weiten Sinn eignen: wie Diskurs, Auseinandersetzung, Diskussion, Gespräch im engen Sinne. Dieses "echte Gespräch" analysiert Otto
Friedrich Bollnow als "idealtypisch" für eine gemeinsame Suche und als der
"Ort" der Wahrheit.

Er hat gegenüber Habermas in einer ausführlichen Analyse mit Recht
darauf hingewiesen, daß es zweckmäßig ist, das Objekt, also z.B. den Text
und seinen Verfasser, als Gegenstand einer wissenschaftlichen Diskussion
zu unterscheiden von den darüber diskutierenden Wissenschaftlern. Das gilt
auch dann, wenn der Verfasser des Textes einer der beiden Streitenden oder
Diskutierenden ist, so daß dies nur als ein Sonderfall der allgemeinen Konstellation anzusehen ist. Bollnow hat ferner m.E. mit Recht das G e -
s p r ä c h schärftens unterschieden von dem Diskurs im Sinne von Habermas. Denn dieser bedeutet zumindest in der Tendenz nur einen Interessen-
ausgleich ("Verständigung") wie bei einer "Verhandlung" streitender Partei-
en. Das Gespräch dagegen zielt grundsätzlich auf das Verstehen im Sinn einer Einstellung auf den anderen, eines Sichhineinversetzens in den anderen
im Blick auf die Sache, und es zielt auf Mitteilung der eigenen Sicht der
Sache. Bollnow betont den "hermeneutischen Vorgang" des V e r s t e h e n s
der Sache. Er wendet sich damit gegen den Begriff von Hermeneutik, den
Habermas geltend machen will[4]. Ich versuche, auch dahinter noch zurückzugehen bis auf das Problem der E i n s t e l l u n g zum anderen und
zur Sache, das ich hier besonders untersuche.

2.   Thesen und begriffliche Abgrenzungen

2.1. Standpunktbedingtheit

Für die Einstellung als Moment wissenschaftlicher Kommunikation und des
Gesprächs gilt folgendes: Es wird vorausgesetzt, daß jeder Mensch auf einem

---

117, besonders S. 121 f. und 137 f., wo vom "zwanglosen Zwang des
besseren Arguments" und dem "herrschaftsfreien" Diskurs die Rede ist. Man
kann Habermas zugestehen, daß er selbst sich bei seinen Überlegungen
gerade auf den Bereich der P r a x i s beschränkt hat, und zwar aus
methodischen Überlegungen, nämlich "auf den Kulturausschnitt" "gesellschaftlicher Institutionen", "der durch Handlungsnormen bestimmt ist":
Vgl. J. Habermas 1973, S. 227. - Zur methodisch begründeten Beschränkung vgl. J.Habermas 1968, S. 157. Aber das n i c h t primär handelnde, hermeneutische V e r s t e h e n beruht für ihn ebenfalls auf
"kommunikativer Erfahrung", d.h. auf einem "Interaktionszusammenhang"
von "Gegen-Spielern": Vgl. Habermas 1967 a.a.O. (s.o.). Habermas hat
das Verstehen also wohl auf Aktion reduziert, statt demgegenüber die rezeptive Seite zu betonen als hervorstechendes Merkmal des Verstehens,
freilich in polarer Spannung zur Aktivität (des Mitteilens).
4 Vgl. Otto Friedrich Bollnow 1975, S. 28 ff., bes. S. 41 f., zu Habermas
S. 53 ff., vgl. S. 51-53, und bes. S. 55 und S. 69-71.

anderen S t a n d p u n k t steht. Jeder ist als I n d i v i d u u m
in einem bestimmten Ort und zu einer bestimmten Zeit geboren und beginnt
dort sein Leben, und zwar nur er allein. (Selbst eineiige Zwillinge sind
trotz ihrer Nähe nicht beide an identischer Stelle.) Für dieses "Geworfen-
sein" an eine bestimmte Stelle kann der Mensch nichts. Er kommt s c h o n
d u r c h G e b u r t in eine bestimmte Zeit, ein bestimmtes Jahrhundert, eine bestimmte Kultur, ein bestimmtes Volk, eine bestimmte Wissen-
schafts-Situation, ja auch in eine bestimmte Geschwister-Konstellation, Fami-
lienkonstellation hinein usw., und das alles hat er sich nicht ausgesucht.
Aber es ist sehr wichtig als prägendes U m f e l d, das ihm auf einmali-
ge Weise vorgegeben ist, wo er dann im Laufe seines Lebens einen Standpunkt bezieht, vielleicht auch einmal wechselt. So leuchtet es unmittelbar
ein, daß jeder Mensch auf seinem e i g e n e n und insofern unver-
wechselbaren Standpunkt steht. Dieser muß durchaus nicht der von ihm bewußt "erklärte Standpunkt" sein. In bezug auf den eigenen Standpunkt mag
es sein, daß der Mensch irren kann oder daß er ihn verleugnen oder gar
verraten kann. Das ändert nichts an der Evidenz der je eigenen
S t a n d p u n k t g e b u n d e n h e i t oder S t a n d p u n k t -
b e d i n g t h e i t eines jeden Menschen. Nur aus dieser Standpunktgebundenheit kann er eine bestimmte E i n s t e l l u n g zur Welt, zu
anderen Menschen, zum Leben entwickeln. Dabei ist sein Bewußtsein, sein
Wollen, seine Aktivität beteiligt. Nun kann er sich auf seinen oder einen
Standpunkt stellen. Daß dem Menschen ein Standpunkt vorgegeben ist, bedeutet nicht, daß er ihn auch nachher einnimmt, sondern nur, daß er an diese
Tatsache gebunden ist und, ob er will oder nicht, "seinen" Standpunkt nicht
unabhängig von seiner ursprünglichen Standpunktgebundenheit beziehen kann.

2.2.   Verstehen

2.2.1.   Verständigung (Kommunikation)

An anderer Stelle habe ich aus diesem evidenten menschlichen Ursachverhalt
erste Grundsätze menschlichen Zusammenlebens und menschlicher Verständigung entwickelt (Axiome der Interaktion und Kommunikation)[5]. Dabei bin
ich nicht vom Begriff der Verständigung bei Interessengegensätzen in Form
einer "Verhandlung" ausgegangen - wie Bollnow ihn m.E. weitgehend zu
Recht hinter der Lehre vom Diskurs bei Habermas sieht. Auch setze ich nicht
denjenigen Begriff der Kommunikation voraus, der orientiert ist an einer
apparativen Konstruktion und Funktion von Sender, Empfänger, Zeichen und

---

5 Vgl. Wolfgang Hinrichs a.a.O. (s.o. Anm. 2): bes. S. 152 ff., wo ich gegen einseitige Parteinahme u. Indifferenz einen pluralistischen Ansatz
  auch wissenschaftstheoretisch zu begründen versuche.

Nachricht (oder Information)[6].

Mit dem Wort Verständigung (Kommunikation) meine ich hier im Gegensatz zu Habermas' geistvoller pragmatischer Auslegung in der Nähe der Gesellschaftstechnologie, und ich meine im Gegensatz zu den modernen, z.T. extrem technologischen kommunikationstheoretischen Ansätzen etwas Ursprünglicheres.

Es ist zuzugeben, daß V e r s t ä n d i g u n g, im Unterschied zu "Verstehen" im engeren Sinne, den pragmatischen Aspekt des Einander-Verstehens betont. Sein Zweck ist das Miteinander-Auskommen im Umgang, in einem Handlungszusammenhang wie etwa in einem fremden Land, mit nicht unbedingt nur sprachlichen Mitteln, sondern mit Zeichen, soweit das Sprechen nicht möglich ist. Verständigung und Verhandlung sind gewiß in einem ursprünglichen Sinne nah beieinander. Aber in unserem Zusammenhang ist hervorzuheben: Ohne ein Minimum an V e r s t e h e n wird jede Verständigung sinnlos und leblos. Die sich verständigenden Menschen könnten sonst rein technologisch vorgehen. Sie könnten durch Computer ersetzt werden, und das Menschliche ginge verloren. – Die Anwendung von Kommunikationstheorien, besonders in ihrer Popularisierung und Trivialisierung, ist Mode geworden, und das selbst im Lehrerstudium und in Lehrplänen. Man hat manchmal – und nach dem Bisherigen wohl nicht zufällig – den Eindruck, daß so die Tendenz gestärkt wird, die Sprache und das Sprechen als gesellschaftstechnisches Herrschafts- und Durchsetzungs-Intrument bloß zu entlarven und damit auch entsprechend zu benützen und zu demoralisieren[7].

2.2.2. Grundlagen-Bedeutung des Standpunktes im Verstehen, im menschlichen Leben und Zusammenleben

Die Absicht meiner Untersuchung ist im Gegensatz zu den beschriebenen theoretischen Bemühungen ein R ü c k g a n g   a u f   j e n e n   g a n z   e i n f a c h e n   G r u n d s a c h v e r h a l t   d e r   S t a n d p u n k t g e b u n d e n h e i t   d e s   M e n s c h e n   u n d   d e r   V e r s t ä n d i g u n g   m i t   a n d e r e n   M e n - s c h e n   sowie auf die daraus ableitbare   e t h i s c h e   K o n -

---

6 In der modernen "Kommunikationswissenschaft" muß der begrenzte Ursprung gesehen werden, gegen dessen Universalanspruch ich mich wende. Sie ist entstanden aus technischen Problemen der Nachrichtenübertragung, z.B. Morsen, die eine mathematisch-statistische Erfassung menschlicher Verständigung mit einfachen, sensorisch wahrnehmbaren Zeichen voraussetzt. Daraus ist die Informationstheorie hervorgegangen, die kybernetisch, regeltechnisch (Automation) und von der Spieltheorie beeinflußt ist und sich somit auch mit den behavioristischen Bemühungen gut vereinbaren läßt: Reiz-Reaktions-Schema, Verhalten als Grundbegriff. Die Nähe zur Linguistik und die Berührung mit ihr erklärt sich daraus, daß in ihr die Tendenz bemerkbar wurde, die Struktur der Sprache zu erhellen. Vgl. C.E.Shannon/

s e q u e n z   d e s   V e r s t e h e n s   des je anderen Menschen im
Sinne der Achtung (was zumindest Toleranz erfordert) und Würdigung seines
eigenen Wertes im Gespräch und Umgang mit ihm.

Es wird behauptet, daß hier ein Ursachverhalt v o r   u n d   i n
allen spezielleren Problemen des menschlichen Umganges, v o r   u n d
i n allen sozialen, politischen, rechtlichen Problemen getroffen ist, vor und
in allen Problemen des Gesprächs, des Sprechens, der Kommunikation, auch
des erziehenden und unterrichtenden Handelns, ja des Handelns, der Einstellung und des Verhaltens ü b e r h a u p t, d.h. auch ein ethischer
Ursachverhalt, eine Voraussetzung jeder Wert- und Zielproblematik, eine
Grundlage vor und in allem Denken, so daß dieses auf Mitteilung und Verstehen angelegt ist und am Ende sich wissenschaftlich besondern und wieder
fachwissenschaftlich differenzieren kann – kurz daß hier ein Ursachverhalt
sowohl am Anfang jeder Wissenschaft und Wissenschaftstheorie getroffen ist
(Denken) wie am Anfang jeder Kultur und Ethik (Handeln, Verhalten – Einstellung).

Wenn wir die Standpunktgebundenheit als einen solchen Sachverhalt
w i s s e n s c h a f t s t h e o r e t i s c h zuordnen wollen, so
bleibt nur die a x i o m a t i s c h e Ebene zwischen naivem Denken
und Wissenschaftsansatz. Wollen wir sie w i s s e n s c h a f t l i c h
zuordnen, so bleibt die Ebene des Ansatzes einer L e h r m e i n u n g,
des Punktes der K o n z e p t i o n einer Theorie, die Ebene der bewußten und stillschweigenden, ja auch unbewußten V o r a u s s e t z u n -
g e n, u.U. auch der Punkt der glaubens- und ideologiebedingten Einflüsse.
Wenn wir die Standpunktbedingtheit in der subjektiven Struktur der P e r -
s ö n l i c h k e i t aufsuchen, so stoßen wir auf den G e m ü t s -
g r u n d, wofür die Standpunktgebundenheit das Hauptdatum ist, dasjenige, was ihn objektiv bedingt. Wir stoßen auf das, was Pestalozzi den Fix-
punkt für die "Individuallage" und vorgegebenen Ort für das Z e n t r u m
des Menschen nennen könnte, und was Eduard Spranger das Moment raumzeit-
licher Gegebenheit an demjenigen nennen könnte, was dem Menschen zur Heimat wird. Überall aber ist die Grundlagenbedeutung, die fundierende Ebene,
die Bedingungsebene kennzeichnend. So hoch man sich nachher auch darüber
erheben mag, e i n e n   S t a n d p u n k t   k a n n   m a n   n u r
a u f   f e s t e m   G r u n d   h a b e n. Spranger sprach auch von
(Heimat-)Verwurzelung[8].

W.Weaver 1949. Ferner Y.Bar-Hillel 1964. Zum Einfluß von Sprachphilosophie und formaler Logik R.Montagne 1974; F.Kutschera 1975. Vgl. J.B.Wat-
son 1968.
7 Vgl. hierzu Wolfram K.Köck 1972, S. 275-367, wo sehr interessant gezeigt
wird "in einem Zeitalter, das der 'Rationalität' eine eindeutige Vorrang-
stellung eingeräumt hat", wie im Grunde durch Verkürzung menschlichen
Lebens und Sprechens-Verstehens auf das Apparative (Ziel: der Mensch

Dabei gilt es freilich, den Begriff Standpunkt freizuhalten von allen Spe-
zialbedeutungen der Begriffe, mit denen er zu tun hat und die in ihrer Tradition hier nicht belastend wirken dürfen. Vielmehr sollen all diese Denkli-
nien einzig und allein dazu dienen, den Punkt selbst zu bezeichnen in den
Regionen des Menschlichen, wo er aufzusuchen ist.

2.3.   Gesprächsmodell
(Standpunktüberlegenheit)

Vorausgesetzt ist im Begriff des Standpunktes immer: einmal der Punkt, wo
das   S u b ' j e k t   steht, zum anderen   d i e   S a c h e ,   d a s   O b -
j e k t ,   z u   d e r   e s   e i n e n   S t a n d p u n k t   e i n -
n i m m t .   Es ergibt sich aus dem Bisherigen ferner als Norm: der notwendige   B e z u g   z u   a n d e r e n   S u b j e k t e n , die ebenfalls
Standpunkte einnehmen und somit zu achten und zu   v e r s t e h e n
sind.

Das Wort   V e r s t e h e n   deutet, wie die Worte "vertreten", "Stellvertretung", "sich hineinversetzen" in den anderen Menschen, auf die Notwendigkeit hin,   s i c h   a u f   d e n   S t a n d p u n k t   d e s
a n d e r e n   z u   s t e l l e n , um zu sehen, was er   m e i n t , d.h.
welche Sicht (Perspektive) der Sache er hat, wenn er etwas mitteilt. Umgekehrt ist jede Mitteilung eines Menschen darauf angelegt, einmal: seine Sicht
der Sache zur Geltung zu bringen, zum anderen: vom anderen verstanden
zu werden, d.h. auf den Verstehenshorizont des anderen Rücksicht zu nehmen. Diese doppelte Norm gilt selbst dann, wenn der andere übervorteilt
werden soll. Immer ist jede Mitteilung darauf angewiesen, daß wenigstens
in einem Mindestmaß der andere verstanden wird, dem ich etwas mitteile
(damit die Mitteilung so wird, daß er sie verstehen kann). Der Mensch kann
andererseits beim Verstehen des anderen seinen eigenen Standpunkt insofern
nicht ganz aufgeben, als er selbst standpunktbedingt ist. Somit bringt er
sich durch sein mutiges Verstehen des anderen doch noch mitteilend zur Geltung. Er muß umgekehrt die Möglichkeit haben, sich wenigstens im Bewußtsein und in Gedanken über den eigenen Standpunkt zu erheben und folglich
diesen Standpunkt selbst ins eigene Gesichtsfeld zu bekommen in seiner Ortung und Relativität (es gibt auch andere Standpunkte), aber auch in seiner
Festigkeit ("Stand"-Punkt).

---

als Automat) manipuliert werden kann, vgl. dort S. 281, 299 u.a.
8 Vgl. Wolfgang Hinrichs 1974 und die dort angegebene weitere Literatur,
  insbes. von Spranger, sowie meine dort angegebenen Aufsätze über Heimat
  und Heimatbindung.

Damit ist es ihm möglich, ein größeres Gesichtsfeld, einen größeren Hori-
ont zu erringen, weil er ein höheres Niveau erreichen kann, als bloß in
der Enge des kleinen Umfeldes seines Standpunktes befangen zu bleiben[9].
Er stellt sich gleichsam über seinen Standpunkt auf einen Turm.

Gemeint ist die Bemühung, sich mit verschiedenen Perspektiven

- einmal auf die Sache des Denkens, Tuns oder Sprechens zu richten (Ob-
jektseite)

- und zum anderen, sich in die anderen Menschen (Subjekte) als Partner
einzuversetzen, auch deren Standpunkte im Bewußtsein und in der Phantasie einzunehmen (Subjektseite).

Gemeint ist damit die Bemühung um Überwindung der Standpunktenge,
d.h. um einen   S t a n d o r t , wie man es nennen kann, und ein entsprechendes Standortbewußtsein.

Ziel oder Norm ist somit weder Standpunktenge noch Standpunktlosigkeit,
sondern   S t a n d p u n k t ü b e r l e g e n h e i t   oder Standortbewußtsein. Sie schließt   S t a n d f e s t i g k e i t   nicht aus, sondern
setzt sie voraus und fordert sie. Standpunktenge wäre bloße Subjektivität.
Ohne Subjektivität geht es andererseits auch nicht. Objektiv kann nur ein
Subjekt sein. Die Übereinstimmung mit dem Objekt wäre nicht mehr Objektivität des Subjekts, sondern Identität mit dem Objekt, damit die Auflösung
des Gegenstandsbezuges. Sie wäre die Auflösung des Subjekts zugunsten des
Objekts. Anders gesagt: Im Einbeziehen anderer Standpunkte, in der Auseinandersetzung mit anderen Interpretationen, im Gespräch der Subjekte wird
die subjektive Einseitigkeit relativ überwunden. Die Objektivität nimmt somit
zu.

Gemeint ist damit auch eine Konstellation verschiedener Subjekte mit ihren Standpunkten (S_1, S_2 ..... S_n) z u r   Sache (Objekt oder Welt = O),
eine Konstellation von Subjekten, die sich aber zugleich aufeinander mitteilend und verstehend richten entsprechend den beiden normativen Folgerungen des Sich-zur-Geltung-Bringens (Mitteilung) und Verstehens (also der Anerkennung und Würdigung des anderen in dem, was er meint).

Gesprächsmodell

Zeichenerklärung
(z.T. oben im Text):
———— Sachbezug
—·— Verstehen
X Standpunkt

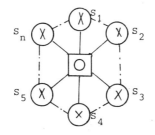

9 Karl Ulmer (1959) hat eine Art Geschichte des Gewinnens der Sache der
Philosophie vorgelegt, wobei die leitenden Begriffe "Horizont und Ferne,
Standpunkt und Boden, Anblick und Öffnung" vielleicht eine ähnliche Ele-

Diese Konstellation erscheint am reinsten im Phänomen des G e -
s p r ä c h s. Das Gespräch wird damit zum Urphänomen für den Grundsachverhalt der hermeneutisch-dialektischen Konstellation.

2.4. Zum Rekurs auf einen Punkt wissenschaftstheoretischen Grundkonsenses

Das Gesprächsmodell kann also der Erhellung der Elementarproblematik
menschlicher Grundverhältnisse dienen, so auch der Wissenschaft und Wissenschaftstheorie. Es bedeutet noch keine Festlegung im Streit der Wissenschaftler und Wissenschaftstheoretiker, sondern es ermöglicht erst dieser
Streit und stellt seine Grundstruktur dar. Es bedeutet weder eine Entscheidung für die Hermeneutiker noch für die "Positivisten" und Empiriker. Aber
dieses Modell des Gesprächs fordert die Objektivierung, d.h. die empirische
Erfaßbarkeit und allen zugängliche Fixierung (oder mindestens in den Expe-
rimentbedingungen herstellbare Identität) des Gegenstandes gemeinsamer
wissenschaftlichen Denkens (z.B. als Text, Protokoll, Tonbandaufzeichnung,
Film, Bild). Das Gesprächsmodell fordert jedoch auch ein Verstehen des
Fachkollegen oder Kollegen mit der anderen Lehrmeinung oder Theorie über
denselben Gegenstand.

Wenn man sich auf diesen Ausgangspunkt einigen könnte, dann wäre die
Chance zur Überwindung des gefährlichen Grundlagen-Dissenses in den westlichen Wissenschaftslagern gegeben. Es geht dann zuerst nicht mehr um den
Gegensatz Geisteswissenschaftler - Empiriker. Wir müssen dann noch einmal
hinter den geisteswissenschaftlichen Ansatz zurückgehen und untersuchen,
ob vielleicht der Grundsachverhalt des Gesprächsmodells eine konsensfähige
Elementar-Struktur hergibt, welche die Geisteswissenschaftler seit Dilthey
gesucht, aber zu kompliziert bedacht haben, indem sie zu viele Angriffs-
flächen geboten haben.

Ich behaupte, daß der wichtigste Vorläufer, nicht Begründer der geisteswissenschaftlichen Tradition, Friedrich Schleiermacher, diese Elementar-
Struktur wissenschaftlichen Denkens am Beispiel des wissenschaftlichen Er-
fassens eines Textes herausgearbeitet hat. Daß seine Konzeption als Kern
seiner Akademieabhandlung über Hermeneutik von 1829 bisher verborgen bleiben mußte, ergibt sich daraus, daß die Standpunktfrage bisher nicht als

mentartendenz haben, vgl. dort S. 10-17, aber eher im Sinn einer gleichnishaft phänomenologischen, manchmal mythisch anmutenden Geschichte
menschlichen Denkens über die Welt und der kopernikanischen und anderen
Wandlungen unserer Weltsicht. Er geht z.B. gleichnishaft von der Horizont-
erfahrung des Menschen am Meeresufer aus (a.a.O.), während ich konkret
mit dem Standpunkt die evidente raumzeitliche Bedingtheit der Menschen
meine: als Voraussetzung seiner natürlichen, seiner geographischen und
geschichtlich-kulturellen Individual-Situation, als Voraussetzung seines
Lebens und Denkens im Sinn eines Ursachverhalts. - Vgl. hierzu meine
Aufsätze über Heimat und Heimatbindung, die in die Nähe unseres Pro-

die Grundlagenfrage der Wissenschaftstheorie in Verbindung mit dem Gesprächsmodell in den Mittelpunkt des Selbstverständnisses der Wissenschaft
gerückt ist. Infolgedessen ist die Akademieabhandlung Schleiermachers auf
der Grundlage der Diskussion über seine Hermeneutik in ihrem inneren Ge-
dankenaufbau genau zu untersuchen.

3.   Standpunktfrage und Gesprächsmodell in Schleiermachers Abhandlung
      über Hermeneutik

3.1. Bisheriges Verständnis der Hermeneutik Schleiermachers

Bisher scheinen mir drei Richtungen des Verständnisses von Schleiermachers
Hermeneutik besonders bemerkenswert: eine deduktive, an Schleiermachers
Dialektik orientierte (3.1.1.), eine sprachtheoretische (3.1.2.) und eine
dritte Richtung (3.1.3.), wonach gefragt wird, inwiefern Schleiermacher das
Objekt der Interpretation sieht oder ästhetisierend verwischt.

3.1.1. Johannes Schurr

Johannes Schurr hat sich im Zusammenhang seiner Interpretation von "Schleiermachers Theorie der Erziehung" (1975) eingehend mit Schleiermachers
Dialektik und Hermeneutik auseinandergesetzt. Er hat im wesentlichen die
Dialektik der Hermeneutik übergeordnet und die Hermeneutik weitgehend von
der Dialektik abgeleitet (dort §§ 7 und 8, S. 99-170). Demgegenüber habe
ich in meiner Abhandlung über die pädagogische Schleiermacherforschung
(1977) Wert gelegt auf die doppelte Bedeutung der Dialektik bei Schleiermacher. Die Dialektik im weiten Sinn ist Theorie des Gesprächs oder der
Kunst der Gesprächsführung. Insofern ist sie der Hermeneutik als der Theorie des Verstehens übergeordnet. Dialektik im engen Sinne kann aber auch
- als Theorie des Sprechens - der Theorie des Verstehens gleichwertig gegen-
übergestellt werden. Weil Sprechen und Verstehen beide zum Gespräch gehören, ergeben Dialektik i.e.S. und Hermeneutik zusammen die Dialektik
i.w.S. Eine Deduktion der Hermeneutik von der Dialektik allein genügt nicht.
Sie führt zu Unklarheiten, wenn nicht die Klärung der Doppelbedeutung der
Dialektik vorangeht. D e r   S c h l ü s s e l   z u m   t i e f e r e n
V e r s t ä n d n i s   d e r   D i a l e k t i k   u n d   H e r m e -
n e u t i k   S c h l e i e r m a c h e r s   e r g i b t   s i c h

blems führen, wie die Lehre von den Lebenskreisen (Pestalozzi) und die
Heimatkunde-Konzeption von E.Spranger. Eine Konzentration dieser Proble-
matik mit Angabe der Literatur soll mein Artikel "Heimat, Heimatkunde"
(W.Hinrichs 1974) darstellen, s.o. Anm. 8. Vgl. auch Hinrichs 1980 ("Le-
benskreis").
    Vgl. ferner Karl Ulmer 1972 - und zum Begriff der "Lebenswelt", den
Ulmer verwendet, W.Hinrichs 1983, S. 178 f. und meine dort angeführte
Schrift zur Begriffserklärung von "Heimat", "Lebenswelt" usw.

n a c h   m e i n e r   A u f f a s s u n g   e r s t   i m   Z u s a m -
m e n h a n g   m i t   s e i n e r   T h e o r i e   d e r   G e -
s e l l i g k e i t   (u n d   d e m   G e s p r ä c h s m o d e l l,
d a s   i h r   z u g r u n d e l i e g t).Das kam auf dem Schleiermacherkongreß 1984 auch von anderer Seite mehrfach zum Ausdruck. Hinzu
kommt, daß Schleiermacher oft das "Gebiet" (wörtlich) der Sprache (des
Sprechens) mit dem des "Wissens", "Denkens", der Wissenschaft und der
Schule bzw. Akademie gleichsetzt oder vermengt, was eine sorgfältige unterscheidende Interpretation der Schleiermacher-Texte umso nötiger macht.
Schleiermacher kommt damit bezüglich der weiten Auslegung der Sprache als
eines Vehikels der Wahrheit in die Nähe einer Philosophie der symbolischen
Formen, in der nicht nur der Begriff, sondern auch die Anschauung wichtig
wird. Er erkennt den Zusammenhang von Forschen und Lehren mit dem Zusammenhang von Wissenschaft und Schule, wenn auch wissenschaftstheoretisch vieles bei ihm ungelöst bleibt. Die "Dialektik" Schleiermachers kann
auch als Theorie des Kulturgebietes der Wissenschaft (des Wissens, Denkens,
der Sprache, der Schule/Akademie) verstanden werden im Rahmen seiner
ethischen Kulturphilosophie[11]. Dann steht dieses Gebiet im Verhältnis zu den
drei anderen von Schleiermacher analysierten Kulturgebieten: Staat, Kirche,
freie Gesellkeit. Eine derart konkretere Untersuchung der Dialektik dürfte
interessante, bisher nicht erforschte Zusammenhänge aufzeigen, die auch für
die heutige Wissenschaftstheorie u.U. entscheidend neue Fragen aufwirft[12].
        Auf die sprachtheoretische Seite des Problems und auf das Verhältnis von
Anschauung und Begriff sind die Schleiermacher-Interpreten bisher noch am
ehesten eingegangen.

3.1.2.   Anschauung und Begriff, Individuelles und Allgemeines (sprachtheo-
         retisch): Manfred Frank

Johannes Schurr (1975) sieht zwischen Anschauung und Begriff (oder Wissenschaft) eine Aporie – vor allem am Beispiel der Erziehungstheorie. Somit
entsteht für ihn auch eine Kluft zwischen der Erfassung des Individuellen
und dem Vorgehen nach Gesetzen und Regeln, das "intersubjektiv überprüf-

---

11 Vgl. meinen Aufsatz a.a.O., s.o. Anm. 2 u. 5, hierzu besonders S.152 f.
   (Das Gesprächs-Schema meines Manuskripts zum damaligen Aufsatz ist dort
   unvollständig abgedruckt ist nunmehr in dem hier vorgelegten Beitrag
   vollständig in seiner ursprünglichen Form wiedergegeben). – Vgl. ferner
   W.Hinrichs 1965, hierzu s.u. Anm. 20.
12 Schleiermacher, Werke, Bd. 2, 1927², hg. v. Otto Braun, S. 97 (über
   "Denken", "Sprechen", "Sprache"), 101 (über "Akademie"), kulturphilos.
   Ansatz: S. 106 f., 108, 140, 142 – vgl. 123-130 – im Zusammenhang mit
   dem gesellkeitstheoretischen Ansatz der Entstehung von Kultur; vgl.
   147 ff.: Übergang zum Kulturgebiet der "Wissenschaft" 151 f.; vgl. 161
   ff.: über "Sprache", 168-171 "Schule" und "Akademie" im Zusammenhang

bar" sein muß[13].

Für Schleiermacher machen aber Anschauung und Begriff, für ihn machen Intuition einerseits und diskursives, gesetzmäßiges Vorgehen andererseits eine notwendige (polare) Spannung aus. Vorauszusetzen ist dabei die erkenntniskritische Klärung bei Kant: "Gedanken ohne Inhalt sind leer, Anschauungen ohne Begriffe sind blind" (Kritik der reinen Vernunft, B 75)[14]. Schleiermachers wissenschaftstheoretischen Bemühungen liegt zumindest in seiner Hermeneutik das Standardproblem, das Problem perspektivischen (anschaulichen) Denkens zugrunde, was im folgenden zu zeigen ist.

Schurr greift hier in eine Diskussion ein, die von Dilthey begonnen wurde und von einer Reihe heutiger Interpreten seit den 50er Jahren unseres Jarhunderts fortgeführt wurde, obgleich er den Beginn bei Dilthey nicht besonders würdigt[15]. Auf diese Diskussion komme ich nachher zurück.

Zunächst ist die sprachtheoretische Richtung des modernen Verständnisses der Hermeneutik Schleiermachers kurz zu würdigen. Sie kommt meinem Verständnis von Hermeneutik am nächsten. Manfred Frank, der Schleiermachers "Hermeneutik und Kritik" neu herausgegeben hat, hat die s p r a c h - t h e o r e t i s c h grundlegende Bedeutung des I n d i v i d u u m s bei Schleiermacher gezeigt. Sein Verdienst ist der Hinweis darauf, daß schon Schleiermacher die Unmöglichkeit einer Einheits-Sprache für alle Menschen

mit dem "Wissen" - 168 f., 170 - und der "Kritik" - 169. Vgl. zu den vier Kulturgebieten - "freie Geselligkeit", "Staat, Kirche, Akademie" - a.a.O., S. 130. Vgl. 190-200: Kirche, Schule, Erziehung-Gesellschaft, Staat.

13 Vgl. Wolfgang Hinrichs 1965, s.u.Anm. 20. Ferner derselbe: 1977, S. 285-299, vgl. hierzu S. 290-292. Mir scheint, Schleiermachers wichtigste Definition des Begriffs "Dialektik" ist "Kunst der Gesprächführung" (wörtlich nach Schleiermacher), die er, der Plato-Kenner, bewußt auf diese alte Tradition sokratischer Dialoge zurückbezieht und dann mit einer kritischen Würdigung von Hegels Dialektik-Begriff verbindet. Bei Hegel verliere die Dialektik ihre alte Bedeutung und scheine nur noch die innere Bewegung des Denkens und Seins (und zwischen Denken und Sein) auszumachen, die sich vom verborgenen Geist im Sein - als Natur - zum offenbaren Geist vollziehe. Vgl. dazu Friedrich Schleiermachers Dialektik, 1942, S. 8 f., S. 153, 177, besonders 238 ff. u.a. Vgl. auch die Ausgabe von J.Halpern der Dialektik von Schleiermacher, Berlin 1903, S. 94, "Gesprächführen", das im Anschluß daran schließlich als "Übereinstimmendes Denken, und: Dem Sein gleiches Denken" charakterisiert wird. Vgl. zum Verhältnis Rede : Verstehen = Denken : Verstehen = Dialektik : Hermeneutik Odebrecht a.a.O., S. XXIII: Hermeneutik als Gegenpol zur Dialektik i.e.S. Ü b e r e i n s t i m m u n g kann m.E. als aus der Wechselbeziehung der Denkenden (Mitteilen und Verstehen) im Gespräch verstanden werden, d.h. als Beziehung zwischen den denkenden Subjekten im G e s p r ä c h s m o d e l l, wie ich es hier zum besseren Verständnis der Dialektik (und Hermeneutik) Schleiermachers vorgeschlagen habe. Das schließt auf dem engeren Gebiet der Wissenschaft nicht - als "Voraussetzung" - aus, daß "das Wissen aus dem Streit hervorgegangen" ist, also das "streitige Denken" (oder streitende): Ausgabe von Halpern a.a.O., S. 94; vgl. dort auch S. 87 f. und die handschriftlichen Beilagen Schleiermachers nach Jonas (Hg.): SW 3/4[2],

oder denkenden Wesen, d.h. einer "allgemeinen Sprache" begründet gezeigt
hat. Frank hat dies noch einmal – nach seiner Schrift "Das individuelle Allgemeine (Textstrukturierung und -interpretation nach Schleiermacher)" – in
Kurzform im 1. Kapitel seines Buches "Das Sagbare und das Unsagbare (...
zur französischen Hermeneutik ...)", 1980 ausgeführt. Dort streift er mit
einer beachtlichen Formulierung das von mir behandelte Problem: "Im Durch-
schauen der Relativität des eigenen Standpunktes ist gleichsam schon der
Durchbruch zur Wahrheit geöffnet", so daß "Relativität und Allgemeinheit
der Seinsauslegung" für Schleiermacher "gleichzeitig" zu denken sind (dort
S. 20).

Allerdings möchte ich noch größere Klarheit vorschlagen, indem ich for-
muliere: Es gibt kein Denken an sich, sondern nur (individuelle) denkende
Subjekte oder standpunktbedingt denkende Subjekte (vgl. auch Frank,
a.a.O., S. 21-23) [16].

3.1.3. Dilthey und die heutigen Interpreten Schleiermachers

Im Gegensatz zu Schurr weist Wolfdietrich Schmied-Kowarzik auf die große
Bedeutung des erst 1966 veröffentlichten 2. Bandes von Wilhelm Dilthey, "Le-
ben Schleiermachers" hin. Die Hermeneutik Schleiermachers ist darin im 2.
Halbband untersucht. Aber es ist im wesentlichen die Hermeneutik, soweit
sie nur Teil der Theologie Schleiermachers ist (SW, 1/7: "Hermeneutik und
Kritik").

In der Einleitung zu diesem großen Werk Diltheys stellt der Herausgeber
Martin Redeker einige Mißverständnisse von Heinz Kimmerle und Hans-Georg
Gadamer richtig, die Schleiermacher letztlich ein Ignorieren der Objektge-
mäßheit des zu interpretierenden Textes und die Neigung zu einem ästhetisch
gefärbten Psychologismus unterstellen [17].

S. 384 f. und S. 46; Hervorhebung im Zitat von mir.
"Dem Sein gleiches Denken" kann dann als der Sachbezug, Objektbezug
in diesem Gesprächsmodell aufgefaßt werden. Vgl. Halpern a.a.O., S.
94 f., dazu die handschriftlichen Beilagen Schleiermachers in der Ausgabe von Jonas der Dialektik von Schleiermacher, SW 3/4², S. 490 und
486 f. Vgl. ferner Halpern a.a.O., S. 106: "Grundbedingung des Ge-
sprächführens" ist "die Voraussetzung einer gemeinsamen Welt außer uns"
(entspricht dem Objekt, der Sache, worüber gesprochen wird, im Gesprächsmodell).
14 Vgl. Hinrichs a.a.O., S. 291 (s.o. Anm. 12).
15 Vgl. Hinrichs a.a.O., S. 291 f. u. z.B. Theodor Schulze 1955.
16 Vgl. Manfred Frank 1979, dort über "Standpunkt" gleichlautend; S. 131,
vgl. über "Positionen" S. 122, 126. Derselbe 1980.
17 Demgegenüber hat Redeker mit Recht auf Schleiermachers Bewußtsein des
überindividuellen metaphysischen Gehalts einer jeden menschlichen Äußerung als einer individuellen Spiegelung des Universums verwiesen und
die Neigung Schleiermachers zum Ästhetischen dabei nur bedingt zugegeben. – Vgl. Dilthey 1966, S. LV-LVII der Einleitung des Herausgebers
Redeker. – Er hat die Kritik von Gadamer insofern bestätigt, als er zu-

Schließlich muß wieder richtiggestellt werden, was Schmied-Kowarzik zu einseitig aus Diltheys Darstellung der Hermeneutik Schleiermachers herausfiltert: Dilthey kritisierte ebenso wie Gadamer, daß Schleiermachers Hermeneutik den zu interpretierenden Text "nicht auf seinen sachlichen Inhalt hin, sondern als ästhetisches Gebilde" auffasse. Der gemeinte S i n n würde bei Schleiermacher "ausgeklammert", der Verstehenshorizont würde "auf das Grammatische einer Sprachgemeinschaft eingeengt". Schleiermachers "Neigung zu psychologischen Hypothesen" und sein "ahistorischer, rein ästhetischer Formbegriff" führten zu einem "Abweg des Schematisierens".

Dagegen ist Diltheys gerechtere Würdigung Schleiermachers zu betonen. Er spricht vom "übertriebenen Formprinzip" bei Schleiermacher, das nur aus objektivem Anlaß, nämlich wegen einer entsprechenden Unklarheit der von Schleiermacher interpretierten Teile der Heiligen Schrift (Evangelien der Synoptiker) hervortrete. Dem stehe bei Schleiermacher eine stärker objektbezogene Auffassung von Sprache und Form in den Platon- und Paulus-Interpretationen gegenüber. Dilthey nennt Schleiermacher eine "so durchaus – sollen wir sagen logisch oder ästhetisch? – bestimmte Natur", die u.U. auf den "Abweg des Schematisierens" gerät, womit er wohl übertriebenes Schematisieren, nicht aber eine Verurteilung des Schematisierens überhaupt meint, denn er zeigt auch den relativen Sinn anschaulich klassifizierender Darstellung[18] . Schleiermacher neigt nach Dilthey gerade n i c h t so sehr wie Fichte und Wilhelm von Humboldt zur "subjektiven Fassung der ästhetischen Begriffe", sondern er hat nach Dilthey wie Schelling und Friedrich Schlegel "diese Anschauung mit einer leichten Wendung zum objektiven Standpunkt umgebildet"[19] .

Der Rest von Kritik an Schleiermacher soll hier nicht aufgehoben oder verwässert werden. Aber man sollte heute auf ein Moment der Hermeneutik Schleiermachers hinweisen, das für den Pluralismus modernen Verstehens unentbehrlich ist. Es ist der Zusammenhang des i n t u i t i v e n Z u - g r i f f s d e s I n t e r p r e t e n, womit er die Sachperspektive des zu interpretierenden Textes erfaßt, mit dem P r o b l e m d e s S t a n d p u n k t e s. Schleiermacher hat hier etwas gesehen, was bis

gibt, daß Schleiermacher auch in der Sicht von Dilthey die h i s t o - r i s c h e Intention einer Hermeneutik nicht in ihrem vollen Gewicht erkannt habe, sondern dazu noch zu stark an der theologischen Hermeneutik orientiert sei, so daß erst "die eigene universale Hermeneutik Diltheys ... pluralistisch" sei. (Vgl. a.a.O., S. LVIII f.).

Gegenüber Kimmerles Interpretationsansatz, Hermeneutik im Sinne Schleiermachers sei ursprünglich und wesentlich sprachphilosophisch und sprachanalytisch gemeint, muß man außerdem m.E. die Frage stellen: Was versteht Schleiermacher denn wohl unter "Sprache"? Er meint damit oft gerade das "Gebiet" des Wissens, der Wissenschaft. Und es ist nicht ausgeschlossen, daß Schleiermacher daran denkt, wie jede Wissenschaft ihre Kunstprobe entwickelt, worin sie sich und ihr Gegenstandsbewußtsein dann manifestiert.

heute in seiner Bedeutung für die Hermeneutik selbst von Dilthey nicht vol
erkannt ist und was vielleicht am ehesten ins Auge springt, wenn mar
wissenschaftliches Denken im Gelehrtenstreit[20] als Gespräch über eine Sache
sieht, worin jeder einen Standpunkt einnimmt.

3.2.   Schleiermachers "Begriff der Hermeneutik" (1829)
3.2.1.   Intuitive und i.e.S. rationale Gewißheit

Für das Folgende wird ausgegangen von Schleiermachers Akademieabhandlung
von 1829 "Über den Begriff der Hermeneutik mit Bezug auf F.A.Wolfs Andeutungen und' Asts Lehrbuch". Diese Abhandlung ist nicht in der 1., sondern
in der 3. Abteilung Philosophie der Sämmtlichen Werke von Schleiermacher
(in Band 3) erschienen. Sie ist bisher nicht so eingehend gewürdigt worden
wie der Band 7 von Schleiermachers Sämmtlichen Werken, 1. Abteilung
Theologie, nämlich die "Hermeneutik und Kritik". Daher rührt vermutlich ein
Teil der Unklarheiten.

In der wissenschaftstheoretischen Abhandlung Schleiermachers von 1829
aber hat der Begriff des Standpunktes eine hervorragende Bedeutung, und
darin sind frühe Motive seiner Geselligkeitstheorie von 1799 konsequent
weiterverfolgt. Ich habe den Begriff des Standpunktes als den des Mittel-
punktes einer individuellen Gedanken- und geistigen Interessen-Sphäre ausführlich behandelt in meinem Buch über Schleiermachers Geselligkeitstheorie
1965, worin ich auch auf den wissenschaftstheoretischen, hermeneutisch-
dialektischen Aspekt eingehe[21].

Zum methodenbewußten (hermeneutischen) Verstehen gehören nach Schleiermacher zwei Arten von Gewißheit. Ich nenne sie die i n t u i t i v e und
die i. e. S. r a t i o n a l e, d.h. diskursive, begründungs- und be-
weisgebundene G e w i ß h e i t. Die erstere bezeichnet Schleiermacher
als "divinatorische ... Gewißheit", die letztere als "demonstrierende" oder
"komparative", weil die Art der Begründung oft der Vergleich ist (generali-
sierend-spezifizierend). Beide Gewißheiten bedingen einander nach Schleiermacher (1829) im Verstehensprozeß (dort S. 354 f. und 361 f.). Er spricht
hier zwar auch jedesmal von einer "Methode" oder einem "Verfahren", kann

"Sprache" ist also oft auch im übertragenen Sinn bei Schleiermacher gemeint, ähnlich, wie Cassirer den "symbolischen Formen" eine hohe Bedeutung beimißt, wofür die Sprache ein Hauptbeispiel ist. So meint Schleiermacher wieder mit "grammatischer Interpretation" oft mehr die Denkstruktur des Gesagten als die i.e.S. bloß grammatischen Besonderheiten: Vgl.
Heinz Kimmerle 1972, S. 57 (aus Schleiermachers Niederschriften über Hermeneutik).
18 Dilthey 1966, S. 786 f. und 784 f.
19 A.a.O., S. 785. Vgl. dazu überhaupt Wolfdietrich Schmied-Kowarzik 1970,
   S. 90–108, hier besonders S. 105–107.
20 Vgl. über den "Streit" im Denken als Ursprung des "Wissens", der

aber erst in der gegenseitigen Ergänzung (a.a.O., S. 361) beider Denkinten-
tionen das volle h e r m e n e u t i s c h e M e t h o d e n b e -
w u ß t s e i n sehen. Erst so, durch Annäherung von zwei Seiten her,
kann die Theorie an die humane Wirklichkeit herankommen.

In seiner Akademieabhandlung von 1829 bezeichnet Schleiermacher am
Schluß die so zu verstehende Hermeneutik als "Disziplin" und "Kunstlehre",
die "ihre Regeln in geschlossenem Zusammenhang" zu "entwickeln" habe
(a.a.O., S. 386). Insofern ist diese Kunstlehre insgesamt rational i. w. S.

3.2.2. Standpunkt des Interpreten und Standpunkt des Text-Autors

Entscheidend für Schleiermachers gesamten Ansatz der Hermeneutik ist eine
bezeichnende Wendung des Gedankenganges seiner Abhandlung, eine Stelle,
die bisher m.W. nicht beachtet, geschweige denn in ihrer zentralen Bedeutung erkannt wurde. Schleiermacher wendet sich mit ausdrücklichem "Protest"
g e g e n die Auffassung von Friedrich August Wolf, "daß die Gedanken
des Schriftstellers" vom Interpreten "mit notwendiger Einsicht sollen aufgefunden werden". Er erinnert daran, daß e i n W o r t zwar oft nach-
weislich in einem bestimmten, "gegebenen" Zusammenhang ("Verbindung") nur
eine einzige Bedeutung haben kann, oft aber auch mehrere Bedeutungen hat.
Dann komme es auf den "Stützpunkt" an, den er kurz zuvor auch
S t a n d p u n k t nennt, "von dem ... aus" man den Text sieht und
von wo aus man "etwas anderes (eine andere Bedeutung) wahrscheinlich
machen kann als (ein anderer Interpret) von dem anderen" Standpunkt. Und
folglich komme es "dabei nicht allein wie Wolf es darstellt, auf Zusammenstellung und Abwägung minutiöser geschichtlicher Momente an, sondern auf
das Erraten der individuellen Kombinationsweise eines Autors" (Klammerbe-
merkungen von mir ergänzt). Damit verteidigt Schleiermacher die relative
Wahrheit einer Sachperspektive beim Verstehen gegen den Anspruch, die absolute Wahrheit als d a s i m T e x t l e t z t l i c h G e -
m e i n t e e n d g ü l t i g z u e r g r ü n d e n. Diese Stelle des
"Protests", mit dem Begriff "Standpunkt", ist der historische Augenblick,
wo sich die Geister scheiden und die moderne pluralistische Hermeneutik entsteht.

Von dort leitet Schleiermacher über zu seiner hermeneutischen Lehre von
den zwei Gewißheiten, der divinatorischen und der rationalen. Dabei legt
er Wert auf die "divinatorische" Gewißheit, die ich Intuition nenne und die

---

Wissenschaft bei Schleiermacher: hier weiter oben, Anm. 12.
21 Vgl. Wolfgang Hinrichs 1965, bes. S. 26 f., überhaupt 23-36, bes. 25,
27, 30 f., 32 f., 35 f., auch 41 f.

s t a n d p u n k t b e d i n g t, d.h. nur aus der Spannung des einer
individuellen Kraftzentums (des Interpreten) zum anderen (des Textver-
fassers) zu verstehen ist, "die daraus entsteht, daß der Ausleger sich in
die ganze Verfassung des Schriftstellers möglichst hineinversetzt". (Vgl.
überhaupt Schleiermacher a.a.O., S. 353-355)[22].

Seinen h i s t o r i s c h e n Aspekt bekommt dieses Verstehen als
weitgehendes (nicht absolut sicheres) Sichhineinversetzen ("möglichst"), indem es zur Einsicht gelangt "in das Verhältnis eines Schriftstellers zu den
in seiner Literatur schon ausgeprägten Formen", d.h. zum "Strom des Denkens und Dichtens" in der Gegenwart des Schriftstellers. Schleiermacher beschreibt die Unruhe des Stroms in seinem Strombett und meint damit offenbar
das geistesgeschichtliche Hin und Her, wie wir es heute nennen würden, und
er hebt das Sichversetzen nach Möglichkeit ("möglichst") in einen solchen
Standpunkt des Verfassers zu seiner Zeit als wesensnotwendiges "Moment der
Auslegung" ganz besonders hervor (a.a.O., S. 359).

3.2.3. Intuitive Seite des Verstehens: Divination als Kongenialität und Wei-
         terinterpretieren (Sehergabe)

Verstehen ist auf seiner i n t u i t i v e n (divinatorischen) Seite also
für Schleiermacher e i n m a l das kongeniale (geistes-"verwandte", a.a.
O., S. 355) "Ahnen" (a.a.O., S. 365) gleichsam des i n d i v i d u -
e l l e n K r a f t z e n t r u m s, v o n w o h e r d i e
Ä u ß e r u n g e n und Werke der betreffenden Person i n i h r e r
j e w e i l i g e n K o m p o s i t i o n e r f a ß b a r werden,
d.h. das Sichversetzen in die Sachperspektiven, den S t a n d p u n k t
d e s a n d e r e n vom eigenen Standpunkt des Interpreten her. Dazu
erst gehört Schleiermachers meisterhafte Vorwegnahme der Ausgestaltung einer
Theorie der Hermeneutik und dessen, was Dilthey später den hermeneutischen
Zirkel (wechselseitiger Abhängigkeit von Teil und Ganzem in einer objekti-
vierten Äußerung) nannte (a.a.O., S. 365 ff.). Z u m a n d e r e n
sieht Schleiermacher – der Wortbedeutung der divinatio entsprechend – in
diesem V e r s t e h e n "im höheren Sinne des Wortes" (a.a.O., S. 357),
etwas von der Sehergabe, die vermutlich auf dem Durchdrungensein des Interpreten und der zu interpretierenden, individuell gestalteten Äußerung von

---

22 Vgl. Kimmerle 1972, S. 132 als gleiche Stelle der Neuausgabe der Herme-
   neutik-Abhandlung Schleiermachers von 1829 nach den Handschriften, vgl.
   die früheren Fassungen der Hermeneutik auf Parallelstellen hin, so
   a.a.O., S. 38 "... alles Gesprochene aus dem Mittelpunkt eines Künstlers
   versteht", S. 48-50: Problem des "subjektiven Prinzips", der "parteiischen
   Stimmung" des Interpreten, wovor man sich hüten müsse, und im Unterschied dazu des "Objektiven" als der "Schriftsteller-Gesinnung" (1805,
   1809/10). Vgl. a.a.O., S. 70 f. (1810/11).

demselben göttlichen Geist beruht: Soll nämlich der Interpret die Fähigkeit erstreben, den "Autor besser zu verstehen als er selbst" sich versteht (a.a. O., S. 362), so dank der intuitiven (divinatorischen) Komponente des Verstehens und nicht speziell dank der rational begründenden, diskursiven und sachlogischen Komponente. Es gibt also ein kongeniales Verstehen. Der Gipfel des Hermeneutischen ist jedoch das Weiterinterpretieren, es ist ein höheres Verstehen, d.h. die Fähigkeit, d e n   A u t o r   b e s s e r   z u v e r s t e h e n,   a l s   e r   s i c h   s e l b s t   v e r – s t e h t [23]. Einmal stellt der Interpret sich   a u f   den Standpunkt des anderen oder versetzt sich   i n   ihn hinein. Zum anderen erhebt er sich ü b e r   den Standpunkt dessen, den er interpretiert.

3.2.4. Verstehen und Hermeneutik im vollen Sinn

So kommt Schleiermacher schließlich zu einer genialen Analyse der Aufgabe der Hermeneutik in einer kleinen Skizze: "dieses Geschäft des Verstehens und Auslegens ist ein stetiges sich allmählich entwickelndes Ganze, in dessen weiterem Verlauf wir uns immer mehr gegenseitig unterstützen, indem jeder den übrigen Vergleichspunkte und Analogien hergibt, das aber auf jedem Punkt immer wieder auf dieselbe ahnende Weise beginnt. Es ist das allmähliche Sichselbstfinden des denkenden Geistes. Nur daß ... die Seele ... im umgekehrten Verhältnis ihrer Empfänglichkeit träger wird ..., daß aber auch in der lebendigsten, eben weil jede in ihrem Sein das Nichtsein der anderen ist, das Nichtverstehen sich niemals gänzlich auflösen will." (A.a. O., S. 365.)

Hier sind folgende Merkmale der hermeneutisch kunstgerechten Interpretation vereinigt:

1. die (S t a n d p u n k t-) V e r s c h i e d e n h e i t der Interpreten einunddesselben Textes (oder Gegenstandes), die ein absolutes Erfassen ausschließt und auch unzulängliche Interpretationsbemühungen betrifft,

2. die   w e c h s e l s e i t i g e, vergleichende   K o r r e k t u r d e r   I n t e r p r e t (a t i o n) e n, die sich (mit der Kultivierung des Interpretierens in der Geschichte) "immer mehr gegenseitig unterstützen", also eher ein Interpretationsideal, eine Norm, als ein wirklich historisches Merkmal,

3. das Vergleichen der Interpretations-Ansätze (-Standpunkte) und vielleicht

---

23 Vgl. zur Geschichte und zum differenzierten Verständnis dieses Wortes Otto Friedrich Bollnow 1982, S. 48-72. Vgl. Frank 1979, S. 358-364 (s.o. Anm. 15).

der Teile des interpretierten Gegenstandes ("Vergleichspunkte und Analogien"), was dann zur bekannten Analyse des Z i r k e l v e r h ä l t -
n i s s e s   z w i s c h e n   d e m   G a n z e n   u n d   d e m
T e i l   d e s   i n t e r p r e t i e r t e n   G e g e n s t a n d e s
übergeleitet wird (a.a.O., S. 365 f.). Diesen schon oft bedachten Zirkel-
aspekt der Hermeneutik brauche ich hier nicht des weiteren an Hand von
Schleiermachers Akademieabhandlung zu interpretieren.

. Mit den Merkmalen der S t a n d p u n k t v e r s c h i e d e n -
h e i t   d e r   I n t e r p r e t e n   u n d   d e r e n   w e c h s e l -
s e i t i g e r   K o r r e k t u r   bei der Interpretation ist jedoch das
Moment der hermeneutischen und wissenschaftstheoretischen Notwendigkeit des
G e l e h r t e n s t r e i t e s   getroffen, der bis heute in der wissenschaftstheoretischen Diskussion als Faktum zu wenig beachtet und ernstgenommen wird (s.o. Anm. 20 und vgl. W.Hinrichs 1983, S. 165 f.).

3.3.   Hermeneutisches Methodenbewußtsein im Unterschied zur haltlosen
         Spekulation
3.3.1.   Hermeneutik als wissenschaftliches Gespräch (nicht Spekulation)

Wenn wir die divinatorische Komponente heute Intuition nennen können, so
wird der für die Bibelauslegung wichtige theologische Aspekt uninteressant,
und es bleibt nur die Annahme der Geistesverwandtschaft (oder Kongenialität) und das Ideal des Weiterinterpretierens. Es wäre verfehlt, hierin "Spekulation" zu sehen. – Zwar wird das Wort "Intuition" oft auch für die
idealistische "intellektuelle Anschauung" gebraucht. Aber der Terminus "Spekulation" hat sich für das spezifisch Idealistische daran eher eingebür-
gert. – Vielmehr unterscheidet sich die methodenbewußte hermeneutische Interpretation von den idealistischen Denkansätzen darin, daß a n   k e i -
n e r   S t e l l e   v o m   A b s o l u t e n   h e r,   s o n d e r n
ü b e r a l l   n u r   v o n   e i n e m   i n d i v i d u e l l e n
S t a n d p u n k t   h e r   gedacht werden kann und soll. Doch damit
darf man sich nicht einfach zufrieden geben, wie es üblich ist, wenn man
nun noch die Lehre vom hermeneutischen Zirkel irgendwie damit verbindet.
Denn dabei macht das hermeneutische Denken nicht halt. Sondern es unterscheidet sich durch seine rationale Methode, die dort erst anfängt, von jedem Subjektivismus: E r s t   i n   d e r   g e g e n s e i t i g e n
K r i t i k   u n d   K o r r e k t u r   v o n   T e i l i n t e r p r e -
t a t i o n   u n d   G e s a m t i n t e r p r e t a t i o n,   v o n
I n t e r p r e t a t i o n   e i n e s   E i n z e l w e r k e s   u n d
d e s   h i s t o r i s c h e n   Z u s a m m e n h a n g e s,   v o n
I n t e r p r e t i e r e n   u n d   d e m   I n t e r p r e t i e r t e n

s o w i e   in der gegenseitigen Kritik und Korrektur v e r s c h i e-
d e n e r   I n t e r p r e t a t i o n e n   d e s s e l b e n   G e -
g e n s t a n d e s   (G e l e h r t e n s t r e i t, wissenschaftliches
Gespräch, auch g e s c h i c h t l i c h zu sehen) wird das Deuten und
Verstehen w i s s e n s c h a f t l i c h. Kurz: Standpunktbedingtheit
reicht nicht aus. Vielmehr ist schon bei Schleiermacher ein Standpunktbe-
wußtsein erforderlich, das zur S t a n d p u n k t ü b e r l e g e n-
h e i t,   nicht Standpunktlosigkeit führt. Darin ist ein bedeutender Schritt
gemacht zu dem, was Litt (1946) in anderer geschichtlicher Situation
g e s c h i c h t l i c h e s   S t a n d o r t b e w u ß t s e i n
nennt[24].

3.3.2. Empirisches Moment der Hermeneutik

Wenn man zögert, die Hermeneutik wissenschaftlich zu nennen und sie als
Kunst und Kunstlehre bezeichnet, so beruft man sich heute auf den Mangel
an Empirie. Doch das läuft leicht auf einen Streit um Worte hinaus, und
darin wird das empirische Moment der Hermeneutik verkannt. Das e m -
p i r i s c h e   Moment dieser Denkmethode besteht in der Identifikation
und dem Vergleich auffälliger Formelemente an einer o b j e k t i -
v i e r t e n   (allen zugänglichen, sinnlich wahrnehmbaren) Äußerung.
Z.B. können in einem Text die Worte "einerseits" und "andererseits", "zwar"
und "aber", "hoch" und "höher" oder "tief" usw. durch ihre von jedermann
feststellbare (konstatierbare) vordergründige Beziehung zueinander auffallen.
Oder es kann - sogar quantitativ empirisch - das gehäufte Auftreten des
gleichen Wortes auffallen und als Tatsache festgehalten werden. Hinzu tritt
dann zu diesem Erfassen von Teilcharakteristika die Annahme (Hypothese)
einer Funktion (Stellenwert) jedes Teiles in einem sinnvollen (wertbedeut-
samen) Ganzen. M.a.W. es wird von dem methodologischen Axiom ausgegangen, daß zu interpretierende Gegenstände eine Struktur (Form) und damit
auch einen (Sinn-)Gehalt haben, der hinter vordergründigen Inhalten das
Ganze auch im Inneren zusammenhält.
    Darum hält Dilthey mit Recht den Begriff der "inneren Form" für einen
bedeutsamen Fortschritt in der Theorie der Hermeneutik[25]. Dabei ist die
S t r u k t u r   rational erfaßbar und in ihren Elementen und äußeren Beziehungen empirisch identifizierbar und konstatierbar. (Im Einzelfall kann

---

24 Vgl. Theodor Litt a.a.O. (s.o. Anm. 10). Vgl. Hinrichs 1983.
25 Vgl. Dilthey 1966, S. 673, 779; ferner derselbe 1957, S. 335 (in der berühmten Abhandlung über die Entstehung der Hermeneutik).

eine Objektivation sich auch als wenig strukturiert oder strukturlos erweisen, womit ihr vermuteter Sinn widerlegt oder falsifiziert wäre). Dagegen bleibt die Sinn-Intention angewiesen auf Intuition und damit auf die Kritik und Korrektur von Standpunkten her in jeweiliger Auseinandersetzung mit der allen zugänglichen Sache. Dieses letztere ist die dialogisch-dialektische Seite desselben Vorgangs. Während nun die Dialektik i.w.S. bei Schleiermacher notwendig alles wissenschaftliche Denken im (auch historischen) Gelehrtenstreit um eine Sache umfaßt, auch das n a t u r - w i s s e n s c h a f t l i c h e, kann die spezifisch h u m a n - w i s s e n s c h a f t l i c h e Denkweise erst durch Hinzutreten der Hermeneutik (Kunstlehre des Verstehens) zur Dialektik i.e.S. (Kunstlehre des Sprechens bzw. Gesprächs) erreicht werden.

Die rationale, diskursive Auseinandersetzung unter Gelehrten setzt voraus, daß diese verschiedene S t a n d p u n k t e einnehmen. Das ist ebenso selbstverständlich, wie es bisher als Prämisse auf der letzten Ebene wissenschaftstheoretischer Reflexion systematisch noch nicht für eine pluralistische Wissenschaftsauffassung ausgewertet wurde [26]. D e r B e - g r i f f d e s S t a n d p u n k t e s i s t i n d i e s e m S i n n e v o n d e r d i a l e k t i s c h e n S e i t e h e r d e r B e r ü h r u n g s p u n k t m i t d e r I n d i v i - d u a l i t ä t s - B e z o g e n h e i t d e r H e r m e n e u t i k. Die Kritik und Korrektur (durch Vergleich) sind in beiden Fällen die diskursiv-rationale Seite des Denkens. Weder die Dialektik (umfassende Wissenschaftstheorie) noch die Hermeneutik (spezielle Verstehenstheorie) sind aber naturgemäß mit menschlichen Mitteln rational restlos zu erhellen. Die Auseinandersetzung, Meinungsverschiedenheit und Herstellung von Konsens läßt sich allgemein dialektisch und speziell hermeneutisch-humanwissenschaftlich verstehen. Sie läßt sich mit speziell naturwissenschaftlichem Denken, also i.e.S. empirisch jedenfalls n i c h t erfassen, auch nicht, wenn nur ein Gelehrtenstreit unter Naturwissenschaftlern gemeint ist. Denn der Streit selbst, auch der verbale, unter Menschen (in diesem Fall Gelehrten) kann eben nicht zum Gegenstand im Sinne des naturwissenschaftlichen Denkens werden, allenfalls die für den Streit unwesentlichen, bloß materiell quantitativen, akustischen, optischen Phänomene, chemischen Gehirnprozesse usw. (z.B. wieviel Bände und Papier dieser Streit füllt).

---

26 Vgl. Wolfgang Hinrichs 1975, S. 149 f.: ferner derselbe, 1965, S. 24 f., 26 f., 29-33; ferner zum Zusammenhang des (hermeneutischen) Verstehens nicht nur mit der regelgebundenen Ratio, sondern auch mit dem (intuitiven) Anschauen: Vgl. derselbe 1962, hier über "Sinn", "Geschmack" und den Begriff der Wertorgane S. 148, 152 f.

3.3.3. Gemeinsame wissenschaftstheoretische Basis: Zur Frage des wertneu-
tralen und wertorientierten Denkens

Für Naturwissenschaften und Humanwissenschaften kann man demnach eine
gemeinsame wissenschaftstheoretische Basis finden, wenn jede wertneutrale
naturwissenschaftliche Disziplin als Ganzes in ihrer Axiomatik als eine bestimmte W e l t - u n d S e i n s - P e r s p e k t i v e gilt. Der
Ansatz dieser Disziplin ist dann w e r t e n d von einem a l l g e -
m e i n s u b j e k t i v verbindlich zur Geltung gebrachten
S t a n d p u n k t aus. Ihr i m m a n e n t e s Verfahren bleibt
aber dann w e r t n e u t r a l. Entsprechendes würde auch für bestimmte Theorien der Humanwissenschaften gelten, soweit sie Wertneutralität
beanspruchen, z.B. für die Systemtheorie von Niklas Luhmann, für gewisse
Ansätze im Geist des "Kritischen Rationalismus". Immanent verfahren sie,
Konsequenz vorausgesetzt, wertneutral. Ihr Wert jedoch als Ansatz für die
Erkenntnis des Menschen ist nicht absolut. Er ist relativ und steht zur Diskussion. Er reicht nicht über den im Ansatz konsequent gesetzten Rahmen
hinaus - wie bei jeder Disziplin und jeder Theorie. Der Gegensatz zum wert-
neutralen Denken ist daher in der Wissenschaft nicht das bloß wertende Denken, sondern das w e r t k r i t i s c h e Denken, das trotz der Stand-
punktfestigkeit nicht in der Enge der Parteilichkeit befangen ist, sondern
sich darüber selbstkritisch erhebt zur Standpunktüberlegenheit.

Wie es nicht um die Alternative "Standpunktenge - Standpunktlosigkeit"
geht, so nicht um wertneutrale oder "wertende" Wissenschaft. Der Standpunktüberlegenheit entspricht das wertkritische Denken in den Humanwissenschaften.

ANHANG: Über die Behandlung der Standpunktfrage in der Gegenwart

Die Standpunkt- und Standortfrage wird in der modernen Diskussion nicht
nur bei Habermas in merkwürdiger Weise umgangen. Das sei nur an drei
Schriften aufgezeigt.

Karl-Otto Apel (1971) weist in einem interessanten Beitrag darauf hin, daß
man nicht nur geistige Faktoren zu berücksichtigen habe, die in ein hermeneutisch faßbares Gespräch eingehen, sondern auch ein "Leibapriori", womit
man zu rechnen habe und bewußt oder unbewußt rechne. Daher weist er einen
Universalanspruch der Hermeneutik zurück und will sie ergänzen durch Szien-
tistik und Ideologiekritik.

Gewiß wirken unbewußte Motive, Strukturen und Mechanismen in der Menschenwelt und verhindern es, daß alles gesprächsweise und durch Verstän-

digung gelöst oder einer Lösung näher gebracht wird. Nicht alles läßt sich
rationalisieren, sublimieren und kultivieren, es gibt einen Rest von Unver-
söhnlichkeit und Kampf, ja Feindschaft und Destruktion, und dieser "Rest"
schlägt die Menschheit mit Angst und Aggression.

Es gilt aber u.a., die theoretische Auswirkung dieser destruktiven Tendenzen zu begreifen, die einem Gespräch entgegenwirken: Mein Vorschlag ist,
hierfür das Schema der subjektiven Standpunkte zu einer Sache (Objekt) zu
Hilfe zu nehmen, die es zu erfassen gilt oder um die es in anderer Weise
geht oder die strittig ist.

Karl-Otto Apels Beitrag müßte uns dann zu dem Hinweis veranlassen:
Die Standpunktbedingtheit eines bestimmten Theoretikers ist immer zugleich
Abhängigkeit von Geburtsort (Weltteil), Geburtsjahr (Epoche), prägenden
Früheinflüssen der sozialen Umgebung, Erbgut der Eltern, früher Ernährung,
frühem Umgang mit Dingen und Geld, gesellschaftlichen, politischen und ökonomischen überindividuellen Strukturen und Zwängen usw. - kurz von b e -
r e i t s g e g e b e n e n Tatsachen. An diesen Faktoren können das
menschliche Individuum und die Gesellschaft nachträglich nichts ändern.
Daher rühren z.T. schwer oder gar nicht auflösbare Motivations-Strukturen,
verbale und nichtverbale Handlungs-Mechanismen. Hierfür sind z.T. Psychoanalyse und Psychotherapie zuständig (vgl. Apel 1971, S. 38-44, ferner zu
den mehr i.w.S. gesellschaftlichen Bedingungen Ulrich Beck 1974, S. 231-233).

Nicht bedacht ist bei derartigen wichtigen Erörterungen das Folgende: Das
Bisherige ändert nichts daran, daß der Mensch (als Erwachsener) im Leben
Stellung bezieht, ja daß er gezwungen ist, einen S t a n d p u n k t
e i n z u n e h m e n u n d d i e s e E n t s c h e i d u n g z u
v e r a n t w o r t e n (auch Einsiedler wird nur, wer sich dazu entscheidet). Ob der Mensch will oder nicht: alle genannten Faktoren, die in dieser
Stellungnahme wirksam werden, ergeben mit seiner Entscheidung zusammen
einen Komplex, der seine Humanität, seine Geistigkeit, seine Kultur ausmacht. Einen Standpunkt kann man also oft nur schwer ausmachen, und ihn
verstehen heißt immer: eine besondere Leistung erbringen, die infolge der
komplexen Bedingtheit rational nur zum Teil möglich ist.

Es bleibt dabei, daß zum Verstehen, als einem wissenschaftlichen Metier,
Intuition notwendig, wenn auch nicht hinreichend ist. Alle Metaphysik-Geg-
nerschaft hat an dieser Stelle einen Ansatz für berechtigtes Mißtrauen, aber
auch ihre Grenze: Wer die Intuition aus der Wissenschaft beseitigen will,
überschätzt irrational die Grenzen diskursiven Denkens und begibt sich selbst
in Metaphysik und Ideologieabhängigkeit.

Dies z.B. muß man Jürgen Oelkers entgegenhalten, der dem Modell geselliger Gesprächs-Perspektiven von Schleiermacher und der "geisteswissenschaft-
lich-kulturistischen Pädagogik", besonders Theodor Litt, Eduard Spranger und

Herman Nohl in der Dilthey-Tradition den Metaphysik- und Subjektivismus-
Vorwurf macht (Oelkers 1975, S. 216 f.). Schleiermachers Modell geselliger
Perspektiven spricht er zwar wegen der Verweltlichung sonst theologischer
Probleme "Fortschrittlichkeit" nicht ab. Letztlich jedoch stuft er dieses Theo-
rie-Modell mit Hilfe des Metaphysik-Verdachts wieder ausdrücklich als "rück-
schrittlich" ein, auch wenn er über die "schlichte Formel von progressiven
und konservativen Tendenzen in Wissenschaft und Praxis" hinwegzukommen
sucht. (Vgl. Oelkers 1975, S. 56 f., dazu S. 368 f., Anm. 11–13, bes. Anm.
13; vgl. dazu a.a.O., S. 2, ferner S. 70. Oelkers berücksichtigt die Literatur über Schleiermacher im übrigen sehr lückenhaft, z.B. erwähnt er
Vorsmann 1968 nicht im Literaturverzeichnis, obwohl in Oelkers' Buch viel
über den Platonismus steht, vgl. schon die Überschrift in Oelkers 1975, S.
54.)

Ferner kann man für die Wertentscheidung, die einem Standpunkt entspricht, wieder verschiedene Faktoren-Ebenen differenziert wirksam sehen,
eine subjektive, eine thematische, eine "subtheoretische" und eine "erkenntnisinstrumentelle" Wertbasis, wie sie Ulrich Beck unterscheidet. Je nach
Thema einer Untersuchung (thematisch), je nach Antriebsstärke (Hinnehmen
oder handelndes Wirkenwollen - "subtheoretische Wertbasis"), je nach ideolo-
gischer Tendenz und Verwertung (erkenntnisinstrumentelle Wertbasis) modifiziert sich die Einstellung eines Wissenschaftlers (vgl. Beck 1974, S. 235–237).
Beck kommt der Standpunktfrage sehr nah. Denn selbst wenn der Wissenschaftler g e g e n seine Überzeugung handelt, so bleibt es doch bei der
Feststellung: Dann ist eben d a s sein Standpunkt, wozu er auf Grund
komplizierter Verhältnisse in ihm s e l b s t und in seiner W e l t sich
schließlich e n t s c h e i d e t . Daher bleibt über eine bloß verrechen-
bare "subjektive" und sonstige Wertbasis und Bedingtheit hinaus zuletzt doch
die persönliche Verantwortung, sofern wir den Betreffenden in seiner Mündig-
keit ernst nehmen: er muß am Ende für das eintreten, was er getan hat,
wenn es dem "Glück" und der Geschicklichkeit auch oft gelingen mag,
darüber hinwegzutäuschen.

Das Bewußtsein aber dieser Standpunktbedingtheit setzt die Erweiterungs-
fähigkeit des eigenen Horizontes und die Erhöhung des eigenen Niveaus
voraus. Das Sichversetzenkönnen in einen anderen Standpunkt ist nur möglich, wenn es außer dem bloßen perspektivischen S a c h bezug noch die
Fähigkeit gibt, andere p e r s ö n l i c h verantwortete Perspektiven mit-
zuvollziehen und andere Standpunkte zu überblicken, ihre relative Objektivität oder Berechtigung zu würdigen. Diese S t a n d p u n k t ü b e r -
l e g e n h e i t ist nicht Standpunktlosigkeit. Sie ist das Gegenteil von
Standpunktenge, die zum Ausschließlichkeitsanspruch tendiert und damit zum
Verlust des Bewußtseins eigener Perspektivenabhängigkeit und Unzulänglich-

keit. Die zum Verstehen nötige Standpunktüberlegenheit entspricht also im
Ideal etwa dem, was Theodor Litt (1964), wenn auch ohne derartige Analyse,
g e s c h i c h t l i c h e s S t a n d o r t b e w u ß t s e i n nennt
(s.o. Anm. 23).

Die Problematik von Karl-Otto Apel ist in einer sprachtheoretisch und erkenntnistheoretisch wichtigen Abhandlung von Helmut Gipper 1982 noch einmal
aufgegriffen worden. Gipper knüpft (dort, S. 226) an die Sprachphilosophie
Wilhelm von Humboldts und die Eigenweltlehre Jakob v. Uexkülls ("Umweltleh-
re") an sowie an Eduard Spranger: Der Eigengeist der Volksschule, Heidelberg
1955. Gipper benützt den von Spranger vorgeschlagenen Terminus "Eigenwelt"
(vgl. Spranger a.a.O., S. 62-79, bes. S. 78), den Gipper schon 1969
(S. 430-466) verwertet und untersucht hatte.

Die Standortproblematik behandelt Gipper u.a. in seinem Beitrag (1982)
über das Sprachapriori auf S. 222 f. Dabei beschäftigt ihn das Problem, welches ich das der S t a n d p u n k t ü b e r l e g e n h e i t nennen
würde, in einer Weise, die mich in meinem Vorschlag bestärkt, die Fähigkeit
des Standortbewußtseins, d.h. des r e l a t i v e n Überwindens des
eigenen Standpunktes im Menschen anzunehmen, wobei das Sicherheben über
den eigenen Standpunkt, wie ich es nenne, zwar diesen Standpunkt relativ
"verfügbar macht" (vgl. Gipper a.a.O., S. 223), n i c h t aber
S t a n d p u n k t l o s i g k e i t, nicht das Aufgeben des eigenen
Standpunktes bedeutet.

Wie Gipper dieses Apriori auch sprachentwicklungspsychologisch, gestützt
auf empirische Untersuchungen, erhärtet, wie er dabei von der Theorie einer
Entwicklung der Sprache als einer sich ausweitenden Eigenwelt-Kugel (gleich
einem immer größer aufgeblasenen Luftballon) ausgeht, wo sich die im Keim
(apriori) vorhandenen Sprach-Welt-Erfassungs-Muster ausfalten und differenzieren, das scheint mir hochinteressant (vgl. bei Gipper 1982 über das
Sprachapriori bes. S. 232-237, ganz besonders S. 234-236).

LITERATUR

1) Karl-Otto Apel u.a., Hermeneutik und Ideologiekritik. (Reihe: Theorie-
       Diskussion). Frankfurt am Main 1971.

2) Y. Bar-Hillel, Language and information, Reading, Massachusetts 1964.

3) Ulrich Beck, Objektivität und Normativität - Die Theorie-Praxis-Debatte
       in der modernen deutschen und amerikanischen Soziologie -
       Hamburg 1974.

4) Otto Friedrich Bollnow, Das Doppelgesicht der Wahrheit, Stuttgart
       u.a. 1975.

- Was heißt einen Schriftsteller besser verstehen, als er sich selber verstanden hat? (Erstdruck: 1940; jetzt:) In: Ders.: Studien
zur Hermeneutik, Bd. 1, Freiburg/München 1982, S. 48-72.

5) Wilhelm Dilthey, Leben Schleiermachers, Bd. 2, in 2 Halbbänden, Berlin
und Göttingen 1966 (s. auch Redeker)
- GS, Bd. 5, Stuttgart 1957. Darin: Die Entstehung der Hermeneutik.

6) Manfred Frank, Das individuelle Allgemeine, Textstrukturierung und
-interpretation nach Schleiermacher, Frankfurt/Main 1979.
- Das Sagbare und das Unsagbare, Studien zur neuesten französischen Hermeneutik und Texttheorie, Frankfurt/Main 1980.

7) Helmut Gipper, Das Sprachapriori - Ein Ergänzungsvorschlag zur Er-
kenntnistheorie von Karl-Otto Apel. In: Wolfgang Kuhlmann/Dietrich
Böhler (Hg.): Kommunikation und Reflexion. - Zur Diskussion der
Transzendentalpragmatik, Antworten auf Karl-Otto Apel. Frankfurt/
M. 1982.
- Bausteine zur Sprachinhaltsforschung, Düsseldorf 1969[2].

8) Jürgen Habermas, Zur Logik der Sozialwissenschaften, Philosophische
Rundschau, hg. v. H.-G. Gadamer u. H.Kuhn, Beiheft 5, Tübingen
1967
- Antrittsvorlesung: Erkenntnis und Interesse, in: Technik und
Wissenschaft als "Ideologie", Frankfurt/M. 1968.
- Vorbereitende Bemerkungen zu einer Theorie der kommunikativen
Kompetenz, in: derselbe/Niklas Luhmann: Theorie der Gesellschaft
oder Sozialtechnologie - Was leistet die Systemforschung? Frank-
furt/M. 1971.
- Wahrheitstheorien. In: Wirklichkeit und Reflexion. Zum 60. Ge-
burtstag von Walter Schulz. Pfullingen 1973.

9) Wolfgang Hinrichs, Schleiermachers Reden über die Religion - Eine Analyse für die Pädagogik. In: Pädagogische Arbeitsblätter, Heft 4
(Juni)/1962 (14. Jg.), S. 145 - 168.
- Schleiermachers Theorie der Geselligkeit (und ihre Bedeutung f.
d. Päd.), Weinheim/Bergstraße 1965.
- Ein deutscher Beitrag zur "westlichen" Wissenschaftstheorie (Über
das Buch von Werner Linke, Aussage und Deutung in der Pädagogik), in: Ztschr. "Päd. u. Schule in Ost und West", Düsseldorf
und Paderborn, Heft 3 (Mai/Juni) 1972 (20. Jg.), S. 99-104.
- Heimat, Heimatkunde, in: Histor. Wörterbuch der Philosophie,
hg. v. Joachim Ritter, Basel/Stuttgart 1971 ff., Bd. 3/1974,
Spalten 1037-1039.
- Lebenskreis, a.a.O., Bd. 5, 1980, Spalten 128 f.
- Parteischule oder Schule der Indifferenz? - Das Problem der
ideologischen Basis von Lehrplänen. IBW-Journal/Informations-
dienst des Dt. Inst. f. Bildung und Wissen), Berlin und Pader-
born, Heft 10 (15. Okt.)/1975 (13. Jg.), S. 147-156.
- Die Pädagogische Schleiermacherforschung, Zeitschrift f. Pädago-
gik, 14. Beiheft 1977, S. 285-299.
- Standortbewußtsein und Heimatkunde. Einfache und erste Grund-
lagen liberaler und ökologischer Wissenschaftstheorie und realer
Elementarbildung. In: Walter Eisermann, Hermann J. Meyer u.
Hermann Röhrs (Hg.): Maßstäbe. Perspektiven des Denkens von
Eduard Spranger. Düsseldorf 1983, S. 165-186.

10) Heinz Kimmerle (Hg.), Fr.D.E.Schleiermacher - Hermeneutik, Heidelberg
1972[2].

11) Wolfram B. Köck, Manipulation durch Trivialisierung, in: Annamaria Rucktäschel: Sprache und Gesellschaft, München 1972.

12) F. Kutschera, Sprachphilosophie, 1975^2.

13) Werner Linke, Aussage und Deutung in der Pädagogik, Heidelberg 1966.

14) Theodor Litt, Führen oder Wachsenlassen? Stuttgart 1964^{11}.

15) R. Montagne, Formal philosophy, New Haven 1974.

16) Rudolf Odebrecht (Hg.), Friedrich Schleiermachers Dialektik (s. Schleiermacher), Leipzig 1942.

17) Jürgen Oelkers, Die Vermittlung zwischen Theorie und Praxis in der deutschen Pädagogik von Kant bis Nohl. Eine ideengeschichtl. Unters. (Diss.) Hamburg 1975.

18) Martin Redeker (Hg.), Wilhelm Dilthey (s.d.) "Leben Schleiermachers", Bd. 2.

19) Fr. D. E. Schleiermacher, Hermeneutik, Heidelberg 1972^2 (s. Kimmerle/Hg.).
   - Hermeneutik und Kritik, SW, I. Abt., Bd. 7. Zit. SW 1/7
   - Dialektik, SW, III. Abt., Bd. 4^2, hg. v. Jonas. s. Zit. SW $3/4^2$
   - Dialektik, hg. v. J. Halpern, Berlin 1903.
   - Dialektik, hg. v. Rudolf Odebrecht, Leipzig 1942.
   - Werke, Auswahl in 4 Bdn., Leipzig 1910 ff., 1927^2 ff., hg. v. Joh. Bauer u. Otto Braun; hier: Bd. II, 1927^2, hg. v. Otto Braun.
   - Über den Begriff der Hermeneutik (1829) in: SW 3/3, S. 344–386.

20) Wolfdietrich Schmied-Kowarzik, Schleiermacher im zweihundertsten Geburtsjahr. Ein Literaturbericht. In: Archiv f. Geschichte d. Philos., 52. Bd., 1970, Heft 1, S. 90 – 108.

21) Theodor Schulze, Die Dialektik Schleiermachers in der Päd.(Diss.) Göttingen 1955.

22) Johannes Schurr, Schleiermachers Theorie der Erziehung, Düsseldorf 1975.

23) C.E. Shannon/W. Weaver, The mathematic theory of communication, Urbana, Illinois 1949.

24) Karl Ulmer, Von der Philosophie. Freiburg/München 1959.
   - Philosophie der modernen Lebenswelt, Tübingen 1972.

25) Norbert Vorsmann, Die Bedeutung des Platonismus für den Aufbau der Erziehungstheorie bei Schleiermacher und Herbart. Ratingen bei Düsseldorf 1968.

26) J.B. Watson, Behaviorismus, New York 1930^2, dtsch. Köln 1968.

SEKTION VI

HERMENEUTIK

HERMENEUTIK UND ESOTERIK BEI MAIMONIDES UND SPINOZA

von Ze'ev Levy

1. Über die philosophische Hermeneutik des Maimonides

Maimonides, der bedeutendste jüdische Philosoph des Mittelalters, verfaßte keinen Kommentar zur Bibel.[1] In seinem Magnum Opus jedoch, dem "Führer der Unschlüssigen", wendet er eine philosophische Methode an, die eine ganze hermeneutische Theorie der Bibel mit einschließt und die in überraschender Weise mehrere Tendenzen antizipiert, deren Problematik man dann später bei F. Schleiermacher und heutzutage in der strukturellen Linguistik und der strukturalistischen Literaturkritik wieder antrifft. Was in den letzten Jahrzehnten durch den Sprachwissenschaftler R. Jacobson oder den Semiologen und Literaturkritiker R. Barthes als "double signifikcation"[2] bezeichnet wurde, wird in dem System des Maimonides aus rein philosophischen Überlegungen als Homonymität erklärt. Er entwickelt auf philosophischer Ebene eine Auslegungsweise, die schon bei den alten Talmud-Weisen anzutreffen war, nämlich daß "die Tora zwei Sprachen spricht". Maimonides faßt die Sprache - wenn es erlaubt ist, hier die moderne Terminologie zu verwenden - als eine Konvention auf; deshalb kann man in der Bibel sowohl Aussagen antreffen, deren Sinn an die Menge der Gläubigen gerichtet ist, als auch solche, die philosophische Behauptungen aufstellen, aber diese beiden Aussageebenen werden - und das ist der springende Punkt - durch ein und dieselbe biblische Sprache ausgedrückt. Jeder textuelle Absatz hat also zwei verschiedene Bedeutungen. Diese Probleme der zweifachen Bedeutung des biblischen Textes bilden den Hauptgegenstand des Buches, wie bereits der erste Satz des "Führers" deutlich macht: "Der Zweck dieses Werks geht zuvörderst dahin, die Bedeutungen gewisser, in den prophetischen Büchern vorkommender Wörter genauer anzugeben. Diese Wörter sind teils ursprüngliche H o m o n y m e, und werden von Einfältigen nur in einigen Bedeutungen genommen, in welchen sie gewöhnlich gebraucht werden, teils f i g ü r l i c h e, welche von Einfältigen in ihrem ursprünglichen Sinne genommen werden, von dem sie übertragen worden, teils z w e i f e l h a f t e, in so fern sie bald für eigentliche Gattungswörter, bald für ursprüngliche Homonyme gehalten werden können."[3]

Was Maimonides in dieser Hinsicht besonders bedrängte, war folgendes Problem: Die Aussagen der ersten Art, d.h. die Stellen der Bibel, die man im

---

1 In seiner Jugend verfaßte er einen Kommentar zur Mischna, aber das ist für die folgende Untersuchung nicht von Bedeutung.
2 Das meint sowohl "Doppelbezeichnung" als auch "Doppelbedeutung".
3 More Nebuchim (Doctor Perplexorum) von Rabbi Moses Maimonides, 1. Teil übersetzt von R.I.Fürstenthal, 1839, S. 4.

wörtlichen Sinne versteht, widersprechen sich sehr oft, und außerdem sind
sie meistens unvereinbar mit der rationalen Auffassung, die die Grundlage
von Maimonides' philosophischer Weltanschauung bildet. Das galt zuallererst
für die anthropomorphen Darstellungen der Gottheit in der Bibel. Aber noch
schlimmer ist, daß diese Aussagen auch im Widerspruch zu denen der zweiter
Art stehen, d.h. zu denjenigen, deren Sinn in den biblischen Versen auf metaphorische und allegorische Art ausgedrückt werden. Aber die letzteren sind
gerade die für den philosophischen Inhalt ausschlaggebend. Daher war Maimonides davon überzeugt, daß die Bibel ein esoterisches Buch par excellence
ist, nämlich eine Heilige Schrift, die ihre bedeutungsvollsten philosophischen
Wahrheiten absichtlich verbirgt, um dem "einfältigen" Leser überflüssige
Schwierigkeiten zu ersparen. Aus diesem Grund bedarf es für das richtige
Verstehen des biblischen Texts der allegorischen Interpretation, durch die
die wahre Bedeutung wieder enthüllt wird.

Somit bestimmt die Vernunft, ob man den betreffenden Text einfach oder
allegorisch lesen soll. Die apodiktische Vernunftwahrheit besitzt sozusagen
die Macht, den wörtlichen Sinn eines religiösen Texts abzuändern. Nach Maimonides ist es die religiöse Tradition selbst, die diese allegorische Auslegungsmethode berechtigt und befürwortet. Die Zweideutigkeit von Wörtern,
Versen und manchmal ganzen Kapiteln in der Bibel ist kein sprachlicher Zufall, sondern eine von Anfang an bestehende Eigentümlichkeit des biblischen Texts. Die allegorische Interpretation ist überhaupt nicht für gewöhnliche Gläubige bestimmt, die diese Schwierigkeiten sowieso nicht bemerken; solchen Lesern fällt es überhaupt nicht auf, daß da irgendwelche
Widersprüche zwischen anthropomorphen Ausdrücken und ihrem wahrhaftigen
philosophischen Sinn bestehen. Die allegorische Interpretation wendet sich
nur an die aufgeklärten Gläubigen, die durch solche Schein-Widersprüche in
Verlegenheit und Verwirrung geraten können (darüber noch später). Kurz,
ohne eine passende hermeneutische Methode kann man nicht zu der tiefen metaphysischen Bedeutung, die die wahre Botschaft des biblischen Texts ausmacht, vordringen. Diese Methode ist bei Maimonides auf der Unterscheidung
zwischen homonymen, figürlichen und zweifelhaften Wörtern aufgebaut sowie
auf der Betonung von Allegorien und Gleichnissen in der Bibel, um die (ne-
bensächliche) sichtbare Bedeutung des Texts von seiner (wahren und haupt-
sächlichen) verborgenen Bedeutung zu unterscheiden. Man hat also zwischen
exoterischer und esoterischer Interpretation zu unterscheiden, wobei der Begriff "homonym" bei Maimonides den Ariadne-Faden für das philosophische
Verständnis der Heiligen Schriften darstellt.

Ohne hier auf Einzelheiten einzugehen, interpretiert Maimonides z.B. die
biblische Erzählung von Jacobs Traum im Sinn des platonischen Höhlengleich-

nisses.[4] Aber es besteht in dieser Hinsicht auch ein wesentlicher prinzipieller Unterschied. Das "Höhlengleichnis" war ein von Plato selbst verfaßtes
G l e i c h n i s, d.h. er verbarg seinen Lesern überhaupt nicht, worauf
er hinzielte, was die Moral des Gleichnisses war, und wer mit dem unge-
fesselten Höhlenbewohner gemeint war. Maimonides ging anders vor; er ver-
wandelte die Geschichte von Jacobs Traum in eine A l l e g o r i e, damit
die echte Bedeutung der Geschichte – die gleichzeitig deren Moral darstellte –
den Lesern verborgen bliebe, er deckte sie nur wenigen, philosophisch ge-
schulten, Lesern auf.[5] Ein Gleichnis hat also die Absicht, die gemeinte Bedeutung klar und verständlich zu machen, während die Allegorie sie geheim
zu halten wünscht. Nebenbei kann man in dieser Hinsicht bei Maimonides
auch zwischen prophetischen Allegorien, wie dem Traum des Jacob, und literarischen Allegorien, wie z.B. dem Buch Hiob unterscheiden. Die ersteren
sind von mehr psychologischer Art; ihre Aufgabe ist es, die Prophetie zu
erläutern. Die letzteren dienen vor allem dazu, philosophische Wahrheiten
aus "politischen" und religions-erzieherischen Gründen zu verbergen. Die Hermeneutik des Maimonides ist also auf eine systematische Allegorisation der
Bibel aufgebaut. So interpretiert er u.a. "Sprüche" VII über die Hure als
eine prophetische Allegorie über die aristotelische Auffassung von Form und
Stoff (was später Anlaß zu vielen weiteren spekulativen Auslegungen darüber
gab), die "Schöpfungsgeschichte" (Genesis I) als metaphorische Darstellung
der Probleme, die in Aristoteles' "Physik" behandelt werden, die Gottesdar-
stellung durch das "Rollwerk" (Hesekiel I und X) als metaphorische Darstellung der Probleme in Aristoteles' "Metaphysik", usw.

Maimonides hegte keinen Zweifel daran, daß es ihm wirklich gelungen wäre,
die einzig wahre und echte Bedeutung dieser biblischen Abschnitte de-
chiffriert zu haben, die aber nur für religiöse u n d bereits philosophisch
geschulte Personen bedeutsam ist. Die meisten jüdischen Philosophen des
Mittelalters führten auf verschiedene Art und Weise diese spekulative Auslegungsmethode weiter. Zwar fand sie auch ihre Gegner; Abraham Ibn Esra,
einer der wichtigsten jüdischen Philosophen und Hermeneutiker des Mittelalters, lehnte die maimonidische Tendenz ab, in der Bibel das zu entdecken,
was man in den Naturwissenschaften lernt z.B. in der Physik, Astronomie
usw., weil dies die Heiligen Schriften in ein Hilfsmittel für andere Zwecke
verwandle.

Nach Maimonides besteht die Bibel also aus zweideutigen Sätzen, die einerseits an die Menge, den Vulgus gerichtet sind, andererseits aber philoso-

---

4 A.a.O., Kap. XV, S. 42-43.
5 Diese Unterscheidung zwischen Gleichnis und Allegorie treffen wir übrigens
  auch bei Gerschom Scholem an, wenn er in seinen Forschungen über die
  Kabbala zwischen Symbol und Allegorie unterscheidet.

phische Aussagen enthalten, obwohl beide durch dieselben Sätze ausgedrückt
werden. Das Verständnis der wahren (esoterischen) Bedeutung benötigt die
allegorische Auslegung. Das allein war zwar nichts Neues. Schon bei Philo
befand sich der Gedanke, daß man durch die Anwendung der Allegorie auf
den biblischen Text zum erstrebten "Logos" kommt; die Helden der biblischen
Geschichten sind nach ihm nur symbolische Darstellungen von geistigen Attri-
buten. Während für Philo und andere Denker des hellenistischen Zeitalters
das alles jedoch ein freies Spiel der Vorstellungskraft war, stützte sich die
Hermeneutik des Maimonides auf "wissenschaftlichere" Grundlagen, nämlich
das schon erwähnte System der Homonymologie: Die Zweideutigkeit von Wörtern
und Versen der Bibel war für ihn keine Sache des sprachlichen Zufalls, sondern eine von Anfang an vorhandene Eigenschaft. Da diese Zweideutigkeit
aber Widersprüche auf der O b e r f l ä c h e des biblischen Text auslöst, verursacht sie V e r w i r r u n g bei den Lesern, die schon eine
gewisse philosophische Bildung genossen haben. Sie werden verwirrt, da sie
nicht im Stande sind, diese Widersprüche mit der Vernunft in Einklang zu
bringen. Man könnte diese Gedanken schematisch folgendermaßen zusammenfassen:

Nach Maimonides ist Gott der Verfasser der Bibel; die Tora ist Gottes Wort.
Aber Gott kann sich schließlich nicht irren oder widersprechen; er kann auch
nichts der Vernunft Entgegengesetztes aussagen. Es bleibt also nur eine einzig mögliche Antwort übrig: der göttliche Verfasser brachte die vorhandenen
Widersprüche im Text a b s i c h t l i c h herein, um den "einfältigen"
Menschen überflüssige Schwierigkeiten zu ersparen, d.h. solchen, die ihre
geistigen Fähigkeiten überschätzen oder in ihrem naiven religiösen Glauben
beunruhigt werden könnten. Diejenigen Leser dagegen, die schon etwas philosophisches Verständnis besitzen und in potentia im Stande sind, diese
Schwierigkeiten zu überwinden, brauchen nur noch eine passende Anleitung,
um aus diesem Dickicht der (scheinbaren) Widersprüche herauszufinden. Diese
Aufgabe nahm Maimonides auf sich, nämlich der "Führer" (Wegweiser) der
"Verwirrten" oder "Unschlüssigen" sein zu wollen. Kurz, alle in der Bibel
vorkommenden Widersprüche sind beabsichtigt.

Dieses Argument war natürlich auch nichts anderes als eine willkürliche,
wenn auch geistreiche Hypothese des Maimonides, die von mehreren anderen
jüdischen Philosophen entschieden abgelehnt wurde. Uns interessiert in diesem
Kontext besonders die Stellungnahme Spinozas dazu. Er leugnete ganz und
gar die Annahme, die die Grundlage für Maimonides' Argument bildet, daß
nämlich die Bibel metaphysische Begriffe und Behauptungen enthält. Nach
Spinoza lehrt die Bibel moralische, religiöse und politische Postulate wie
u.a. Gottesfurcht, Gehorsam usw. Die Tatsache, daß schon über zweitausend
Jahre die Tora beim Gottesdienst laut und öffentlich vorgelesen wird, könnte

in gewissem Maße Spinozas Behauptung unterstützen, daß die Bibel kein informatives Buch von Wahrheiten darstellt, sondern einen deklarativen und erzieherischen Charakter besitzt. Genau wie Raschi, der größte Bibel - (und Talmud-) Kommentator (ca. hundert Jahre vor Maimonides), der sicher auch die interpretative Linie des Maimonides abgelehnt hätte, forderte Spinoza, daß man die Bibel wörtlich und nicht durch allegorische Homiletik zu verstehen habe. Deshalb übte er sehr scharfe Kritik an der philosophischen Bibel-Auslegung des Maimonides[6] und bereitete gleichzeitig auch den Boden für die moderne wissenschaftliche Bibel-Kritik vor. Man darf aber natürlich nicht folgende Unterschiede übersehen: Raschis proklamiertes Ziel war die Verfassung eines Bibel - (und Talmud-) Kommentars, um den Lesern das Verständnis dieser Bücher zu erleichtern; Maimonides dagegen ging es darum, ein philosophisches Buch für die intellektuelle Elite zu verfassen; Spinoza wiederum zielte in seinem Traktat auf aktuelle politische Probleme ab (die Beziehungen zwischen Religion und Staat, Gedanken - und Ausdrucksfreiheit) und übte bei der Gelegenheit sachliche Bibel-Kritik. Die Ziele Raschis und Maimonides' waren daher ganz verschiedene, während die Auffassungen Maimonides' und Spinozas nicht nur verschiedene, sondern sogar entgegengesetzte waren.

Durch die Gegenüberstellung von Raschi und Maimonides kommt unter anderem auch der Unterschied zwischen o b j e k t i v e r und s u b j e k t i v e r Auslegung zur Geltung, der später zu einer der wichtigsten Grundfragen wurde und in der Neuzeit die Hermeneutik von Schleiermacher bis Gadamer beherrschte. Das interpretative Verfahren von Raschi und seinen Schülern führte zu einem objektiven Zugang, der mehr historisch-wissenschaftlich und manchmal auch kritisch war (wie später bei Spinoza), während die philosophische Hermeneutik des Maimonides ihn und seine Anhänger zu einer subjektiveren und in gewissem Maße dogmatischeren Auslegung leitete.

Hier kommt jedoch noch ein weiterer interessanter Gesichtspunkt hinzu. Geschichtliches Verstehen eines Textes braucht keine Allegorie. Man bemüht sich, die biblischen Verse und Kapitel als Ausdruck gegebener historischer Situationen zu verstehen oder als Ausdruck dessen, was die Menschen und Autoren in einem solchen geschichtlich gegebenen Kontext glaubten und für wahr hielten. Aber wenn der spätere Gelehrte aus religiösen oder philosophischen Gründen daran interessiert ist, seinen Zeitgenossen klarzumachen, welche Bedeutung der betreffende Vers f ü r   s i e   h e u t e enthält, dann greift er meistens auf die Allegorie zurück, um dadurch seine "ideologischen" Absichten durchzusetzen.

---

6 Theologisch-Politischer Traktat, Siebentes und fünfzehntes Kapitel; Baruch de Spinoza, Sämtliche Werke, hg. v. Carl Gebhardt, Band II, Leipzig 1921

Noch ein Punkt wäre hier zu unterstreichen, der sehr kontrovers ist und
gerade durch Schleiermacher in die Diskussion gebracht wurde. Nirgendwo
behauptete Maimonides, daß er etwas entdeckt hätte, was dem Verfasser des
Textes, d.h. dem göttlichen Autor der Bibel nicht bekannt gewesen wäre. Er
maßte sich niemals an, den (göttlichen) Verfasser der Bibel besser zu verstehen als dieser selbst. Er sah seine Aufgabe nur darin, daß er die in der
Heiligen Schriften verborgenen göttlichen Mitteilungen seinen Schülern klar-
machte, und zwar denen, die wegen der scheinbaren Widersprüche im biblischen Text in Verwirrung geraten waren. Maimonides war völlig überzeugt
davon, daß er selbst die ursprünglichen Absichten des göttlichen Verfassers
genau richtig verstand und interpretierte. Es wäre ihm niemals in den Sinn
gekommen, etwas aus dem Text herauszulesen, wovon der Verfasser selbst
keine Ahnung haben konnte. Das ist ja bekanntlich auch jetzt eine der um-
strittensten Behauptungen der gegenwärtigen Literaturkritik, insbesondere
des Strukturalismus und der Strömung des "New Criticism" und des "De-
constructionism", die zum Teil die Rolle des Verfassers für vollkommen nichtig erklären. Die ersten Anfänge dieser Tendenzen in der modernen Hermeneutik bestanden bereits bei Schleiermacher, wenn auch nicht in solch extremer
Weise. In dieser Beziehung ist die Auslegungsmethode des Maimonides weniger
willkürlich als ähnliche Methoden in der modernen Hermeneutik. Er ignoriert
den Verfasser keinesfalls. Retrospektiv gesehen gab natürlich auch Maimonides als göttliche Absicht nur seine eigene Interpretation aus, wie das in
jeder religionsphilosophischen Hermeneutik eigentlich immer der Fall ist. Deshalb übte ja dann Spinoza so scharfe Kritik an ihm: "Denn fände sich, daß
die Stelle in ihrer buchstäblichen Bedeutung der Vernunft widerspräche, so
müßte sie anders ausgelegt werden, auch wenn sie noch so klar schiene."[7]
Maimonides stützte sich in seiner Hermeneutik auf einen außerhalb des
Textes liegenden Maßstab, auf das Kriterium der Vernunftwahrheit, d.h. auf
die vorausgesetzte Annahme, daß kein Widerspruch zwischen der Tora und
der Vernunft bestehen könne. Da seiner Meinung nach die Propheten die
allerbesten Philosophen sind, müssen ihre Aussagen mit denen der Vernunft
übereinstimmen. Aber diese Ansicht wurde durch Spinoza in dem erwähnten
Zitat angegriffen. Wenn die Schrift der Vernunft widerspricht, interpretierte
Maimonides sie einfach anders. Spinoza illustriert seine Kritik mit Hilfe eines
langen Zitats aus dem "Führer der Unschlüssigen", in dem Maimonides seine
Gründe anführt, warum die biblische Anschauung der Schöpfung der aristotelischen Auffassung von der Urewigkeit der Welt vorzuziehen sei. Maimonides
erklärt dort, warum er diejenigen Verse der Bibel allegorisch auslegt, die

(im folgenden abgekürzt TPT).
7 Spinoza, TPT, S. 155.

der Gottheit Körperlichkeit zuschreiben, aber davon absieht, wenn von der
Schöpfung die Rede ist, daß er also in dem einen Fall die Schrift der aristotelischen Philosophie anpaßt, in dem anderen aber nicht:

'Das verlangt er mit klaren Worten im Buche More Nebuchim, Teil 2, Kap.
25; er sagt nämlich: 'Wisse, daß ich mich nicht scheue zu sagen, die Welt
sei von Ewigkeit an gewesen wegen der Textstellen über die Erschaffung der
Welt, die sich in der Schrift finden. Denn der Textstellen, welche lehren,
die Welt sei geschaffen, sind nicht mehr als derer, welche lehren, Gott sei
körperlich, noch sind uns die Zugänge zur Erklärung der Stellen, welche
die Schöpfung der Welt zu ihrem Gegenstande haben, verschlossen oder ver-
sperrt, sondern wir hätten sie erklären können, so wie wir es getan, als
wir die Körperlichkeit von Gott fern hielten; vielleicht wäre das noch viel
leichter gegangen, und wir hätten es viel bequemer gehabt, sie zu erklären
und die Ewigkeit der Welt zu behaupten, als da wir die Schrift erklärten,
um vom hochgelobten Gott die Körperlichkeit fernzuhalten. Wenn ich es aber
trotzdem nicht tue und auch nicht glaube (daß die Welt ewig ist), so habe
ich dafür zwei Gründe: Erstens, weil die Unkörperlichkeit Gottes klar bewiesen ist, und weil es darum alle jene Stellen, deren buchstäblicher Sinn dem
Beweis widerstreitet, eine Erklärung nötig haben, denn in diesem Fall ist
es gewiß, daß sie eine Erklärung (eine andere als die buchstäbliche) haben
müssen. Für die Ewigkeit der Welt hingegen läßt sich kein Beweis erbringen, und so ist es auch nicht nötig, der Schrift Gewalt anzutun und sie zu
erklären um einer einleuchtenden Meinung willen, zu deren Gegenteil wir uns
immer bekehren können, sobald irgend ein Grund für sie spricht. Der zweite
Grund liegt darin, daß der Glaube an Gottes Unkörperlichkeit den Grundge-
setzen nicht widerstreitet usw., der Glaube an die Ewigkeit der Welt aber
in dem Sinne, wie ihn Aristoteles faßte, zerstört das Gesetz von Grund auf
usw.'" [8]

Aus all dem folgt, wie auch Spinoza treffend darlegt, daß die Unkörperlichkeit Gottes durch die Vernunft beweisbar wäre und daher auch die Bibel
nichts Widersprüchliches darüber behaupten könne, so daß sie demgemäß ausgelegt werden muß. Aber die aristotelische Anschauung über die Urewigkeit
der Welt kann nach Maimonides weder bewiesen noch widerlegt werden; sie
ist "transzendent", liegt außerhalb der menschlichen Auffassungskraft. In
diesem Fall verwirft Maimonides die seiner Meinung nach unbewiesene Behauptung des Philosophen und macht sich statt dessen die Stellung der Propheten zu eigen, die zwar auch unbewiesen ist, die ihnen aber durch göttliche Offenbarung mitgeteilt worden ist. Ja noch mehr: Maimonides gibt sogar
zu, daß er all diese biblischen Stellen, wo von der Erschaffung der Welt
aus dem Nichts die Rede ist, auch ohne weiteres im Geiste der aristotelischen Auffassung hätte interpretieren können; aber er habe dies unterlassen,
da ja diese Auffassung unbeweisbar sei. Diese Bemerkung erregte natürlich
sehr großes Ärgernis bei späteren jüdischen Philosophen und Gelehrten. Es
ist sicherlich schwer zu beurteilen, was bei ihm eigentlich den Ausschlag
für seine Hermeneutik gab – die philosophischen Überlegungen oder der Wille,
dem Glauben der Väter treu zu bleiben. In dieser Sache wurde Maimonides

---

8 TPT, S. 155–156.

bereits von mittelalterlichen jüdischen Philosophen (wie z.B. Rabbi Yehuda
Alfaquer, den wir später bei Spinoza wiedertreffen werden) angegriffen: Hätte
er für Aristoteles' Behauptung von der Urewigkeit der Welt einen überzeugenden Beweis gefunden, dann hätte er die biblische Schöpfungsgeschichte ihres
wörtlichen Sinnes beraubt. Dieses Beispiel zeigt an, inwiefern die Hermeneutik auch zu einem sehr willkürlichen und tendenziösen Hilfsmittel ihrer Hand-
haber werden kann.

Auf jeden Fall stellte für Spinoza diese willkürliche Auslegung des Maimonides, die höchstwahrscheinlich durch dessen Respekt vor den grundsätz-
lichsten Annahmen des jüdischen Glaubens veranlaßt worden war, nicht nur
eine "falsche Meinung" dar, sondern - selbst wenn sie richtig wäre - hielte
er sie für ausgesprochen sinnlos. "Was richtet er [Maimonides] denn schließlich damit aus? Wahrhaftig nichts." [9]

"Darum ist die Methode des Maimonides vollkommen nutzlos. Dazu kommt
noch, daß sie sowohl dem Volke beim einfachen Lesen als auch allen, die
eine andere Methode befolgen, die Gewißheit, die sie über den Sinn der
Schrift haben können, ganz und gar nimmt. Aus diesem Grunde verwerfe ich
die Ansicht des Maimonides als schädlich, nutzlos und widersinnig." [10]

Die schwerwiegendste Kritik Spinozas an der hermeneutischen Methode des
Maimonides und anderer jüdischer Philosophen des Mittelalters (wie z.B. auch
des vorher erwähnten Alfaquers) befindet sich im Kapitel VII des "Theolo-
gisch-Politischen Traktats" ("Von der Auslegung der Schrift"), und im Kapitel XV, wo das Verhältnis von Philosophie und Theologie und die Autorität
der Heiligen Schriften behandelt werden.

Der Vorgang, den man bei Maimonides antrifft, nämlich Homonymität von
Wörtern und Versen zu betonen, deren buchstäblicher Sinn den Prinzipien der
Vernunft und Wissenschaft widerspricht, stellt eine methodologische List dar,
die den (scheinbaren) Vorteil hat, daß sie eigentlich den biblischen Text
als solchen nicht verneint und keine Zweifel an ihm äußert. Die Stellen der
Bibel, die am leichtesten einer allegorisch-metaphysischen Auslegung unterworfen werden können, sind nicht die Gesetze der Tora, sondern eben gerade
die narrativen und poetischen Stellen. Maimonides bestreitet nicht etwa ihre
geschichtliche Wahrheit und gibt sich auch nicht speziell mit ihrem narrativen Inhalt ab, sondern extrapoliert ihre verborgenen philosophischen Bedeutungen. Anders ausgedrückt: Die wörtliche Auslegung der biblischen Erzählungen ist nicht etwa untauglich, aber vom religionsphilosophischen
Standpunkt aus ist die allegorische Auslegung vorzuziehen. Nur wenn es um
anthropomorphe Vorstellungen geht, verwirft Maimonides die wörtliche Ausle-

---

9 A.a.O., S. 159.
10 Ebd.

gung ganz und gar, um auch bei "gewöhnlichen" Menschen inadäquate Begriffe von der Gottheit zu entfernen. Selbstverständlich läßt ein solches Auslegungsverfahren dem Philosophen einen sehr weiten Spielraum. Daher wurde, wenn ich vorher die Methode des Maimonides als "wissenschaftlicher" als jene des Philo bezeichnet habe, das Wort "wissenschaftlich" in Anführungsstriche gesetzt. Hermeneutische Methoden waren in der Vergangenheit niemals rein wissenschaftliche Verfahren, selbst wenn es ihre Protagonisten so behaupteten. Kein Theologe oder religiöser Philosoph hätte es damals gewagt, Spinozas Argument anzunehmen, daß in der Bibel auch Verse vorhanden wären, die falsche Aussagen ausdrückten, d.h. Behauptungen, die die Vernunft nicht akzeptieren könne. Dadurch, daß Maimonides sich der Methode der Metaphorik und Allegorisierung bediente, gelang es ihm, die Grundsteine zu einer äußerst wichtigen jüdischen Religions-Philosophie zu legen, der, was ihren originellen und gewagten Gedankengang anbelangt, wenig an die Seite zu stellen ist; man darf sie aber auf keinen Fall als eine wissenschaftliche Interpretation der Bibel ansehen. Die Größe Spinozas bestand in dieser Hinsicht gerade darin, daß er den ersten Versuch machte, eine Auslegungsmethode vorzulegen, die sich auf dieselben wissenschaftlichen Maßstäbe stützen sollte wie die Methoden der Naturwissenschaften. Ob und wie weit ihm das gelungen ist, ist schon eine andere Frage, die den Rahmen dieser Abhandlung überschreitet. Bei ihm jedoch treffen wir zum ersten Mal einige derjenigen Grundfragen an, die seit Schleiermacher, und insbesondere bei Dilthey im Vordergrund der neuzeitlichen hermeneutischen Untersuchungen stehen.

2. Über die Motive des esoterischen Schreibens bei Maimonides und Spinoza

Maimonides hatte es bereits in den beiden Vorreden zum "More Nebuchim" sehr klar festgestellt, warum er widersprüchliche Aussagen in sein Buch einbeziehen mußte. Auch er tat es absichtlich, und zwar aus genau denselben Gründen, die nach seiner Hypothese den göttlichen Verfasser der Tora dazu veranlaßt hätten. Wie auch andere Philosophen des Mittelalters war Maimonides der Meinung, daß Philosophie eine nicht für alle Menschen gleich geeignete Kunst sei, ganz besonders dann, wenn sie Untersuchungen über das Wesen der Gottheit anstelle. Diese Beweggründe leiteten ihn auch bei seinem eigenen Schreiben, nämlich einerseits zu versichern, daß der "einfältige" Leser, in dessen Hände sein Buch fallen könnte, nicht in seinem naiven Glauben gestört werde, es aber andererseits dem gebildeten Leser zu ermöglichen, seine, d.h. Maimonides', wahre Gedanken zu erfassen. Daher erklärte er in seinen beiden Vorreden, warum er auch absichtlich Widersprüche aufstellte, Unordnung in den Lauf der Untersuchung brachte usw. Er hatte keine Bedenken, seinen Lesern die Gründe seiner esoterischen Methode vorzulegen. Er erklärt beispielsweise, daß es in der Bibel zwei Erzählungen gibt - die Schöpfungsgeschichte in der Genesis und die Gottesbeschreibung im Buch des Hesekiel, die die zwei wichtigsten Geheimnisse der Bibel enthalten und deshalb auf die geheimnisvollste Art und Weise formuliert worden sind. Man darf sie unter keinen Umständen denjenigen offenbaren, die nicht im Stande sind, sie richtig zu verstehen, weil sie der nötigen philosophischen Schulung entbehren. Die Problematik, welcher der rationalistische Maimonides gegenüberstand, war eigentlich genau dieselbe, mit der es die K a b b a l a in ihren mystischen Lehren zu tun hatte: Wie kann man über Sachen schreiben, die von göttlichen Geheimnissen handeln, über die man also schweigen sollte und von denen ein gewöhnlicher Mensch eigentlich überhaupt nichts wissen darf? Für die Kabbalisten war das Problem sogar noch schwieriger, weil allein schon der Akt des Schreibens - wenn auch mit Hilfe allegorischer Allusionen - über Geheimnisse, die man nicht der Öffentlichkeit übergeben darf, bereits eine Verletzung des geheiligten Prinzips darstellte. Maimonides versuchte dieses prinzipielle Dilemma dadurch zu überwinden, daß er in seinem Buch dasselbe zu tun meinte, was er dort dem göttlichen Verfasser der Tora zuschrieb.

Da nun aber die Erläuterung dieser zwei wichtigen Geheimnisse eines der Hauptziele des "More Nebuchim" ist, muß man ihnen gegenüber eben eine esoterische Methode anwenden um zu versichern, daß das, was Gott vor dem einfältigen Gläubigen verbergen wollte, ihnen auch weiterhin verborgen bleibe, um sie vor Schaden zu bewahren. Maimonides betrachtete also diese Geheimnisse nicht gerade als etwas, daß man unter keinen Umständen wissen kann und darf, sondern als Angelegenheiten, die nur gewöhnlichen Menschen (das schließt bei ihm auch die "Menge der Rabbinen" ein) vorenthalten werden sollen:

"Ferner erwog ich, in Betracht jener Allegorien, daß, wenn ein unwissender Rabbiner von gewöhnlichem Schlage sie zur Ansicht bekommt, er ohnehin nichts Auffallendes darin findet, da ein solcher gedankenloser, von aller Kenntnis der Natur der Dinge entblößter Thor, auch das Unmögliche nicht unwahrscheinlich findet; liest sie aber ein gebildeter, achtungswerter Mensch, so können nur folgende zwei Fälle stattfinden: entweder nämlich, er nimmt sie in ihrem gewöhnlichen Wortverstande, faßt von ihrem Urheber eine üble Meinung, und hält ihn für einen Narren, wobei er freilich den Grundsätzen der Religion keinen Eintrag thut. Oder er legt einen tiefern Sinn hinein, und dann ist er ebenfalls geborgen, und faßt jedenfalls eine gute Meinung von ihrem Urheber, jener Sinn werde ihm klar oder nicht." [10a]

Diese merkwürdige Argumentation könnte folgendermaßen dargestellt werden:

10a More Nebuchim, a.a.O., S. 10.

Der Thor	Der Gebildete	
	A.	B.
Findet nichts Auffallen-des, benötigt keine Er-äuterung: Kein Eintrag an den Grundsätzen der Religion	Nimmt den Text in seinem gewöhnlichen Wortverstande Kein Eintrag an den Grundsätzen der Re-ligion	Faßt den Text allego-risch auf ("legt einen tieferen Sinn hinein")
		1. 2.
		Der Sinn wird ihm nicht klar, kein Eintrag an den Grundsätzen der Religion Der Sinn wird ihm klar, kein Ein-trag an den Grund-sätzen der Religion

Egal wie und durch wen der Text gelesen wird, in keinem Fall entsteht ein religiöser Schaden. Deshalb hatte Maimonides keine Bedenken, seine ungebil-deten Leser durch die List von absichtlichen Widersprüchen irrezuführen. Im zweiten Vorwort zählt er sogar sieben "Ursachen" für solche absichtlichen Widersprüche auf. Wenn er vor der Wahl steht, "einen ausgezeichneten" oder "zehn tausend Thoren" zu belehren, zieht er die erste Alternative vor.[11]

Wir treffen also bei Maimonides eine gewisse Geringschätzung der Leser und indirekt auch der Rabbinen an. Es ändert ja sowieso nichts, ob man die Texte versteht oder nicht. Das gilt aber nicht, wenn von den P r o - p h e t e n die Rede ist. Deren Mitteilungen können und müssen – obwohl nur durch gebildete Menschen – richtig verstanden werden, um aus ihnen die verborgenen philosophischen Implikationen herauszuschälen. Daher ist sein Buch eben für solche Leser gedacht. Nur philosophisch geschulte gläubi-ge Juden sind imstande zu verstehen, daß die oben erwähnten oder andere biblische Stellen auf metaphorische Art die Grundprobleme der aristotelischen "Physik" und "Metaphysik", die Beziehung von Form zu Stoff usw. behan-deln.

Hier kommen wir zu einem weiteren wichtigen Punkt: Wenn ein moderner Forscher die e s o t e r i s c h e n Gedanken des Maimonides unter-sucht, verfährt er nicht willkürlich, weil er sich auf die bewußten und ab-sichtlichen Motive des Maimonides berufen kann, die dieser selber ganz offen vorgelegt hat. Er und andere Denker des Mittelalters haben auf diese Art die Hauptbedeutung ihrer philosophischen Lehren in einen "zweiten Text" ver-legt, der sich hinter dem offenbaren versteckt. Aber im Vergleich zu der be-kannten These Schleiermachers, daß der Hermeneutiker die Absichten des Ver-

11 Eine entgegengesetzte Position vertrat später der jüdische mittelalterliche Philosoph Gersonides; in der Einleitung zu seinem "Die Kriege Gottes" be-

fassers besser verstehen könnte als dieser selbst, vor allem noch stärker
im Gegensatz zu der These der strukturalistischen und post-struktura-
listischen Hermeneutik, die vom Verfasser allgemein absieht, kam in diesem
Fall der "zweite Text" (um R. Barthes' Ausdruck zu benutzen) nicht ohne
Wissen des Verfassers zustande. Er wußte ganz genau, was er wollte und
tat, warum und wozu. Es handelt sich also hier nicht um "Besser-Verstehen":
Weder Maimonides behauptete, daß er die wahren Absichten des (göttlichen)
Verfassers der Bibel besser verstehe als jener, noch der moderne Maimonides-
Forscher maßt sich auf diese Weise an, Maimonides etwas zuzuschreiben, was
dieser nicht selbst erklärt hat.

Die Beweggründe für esoterisches Schreiben können natürlich ganz verschieden sein; in dieser Hinsicht lohnt es sich wieder, die Aufmerksamkeit auf
eine aufschlußreiche Unterscheidung zwischen der Esoterik Maimonides' und
der Spinozas zu lenken, die direkt aus ihren verschiedenen philosophischen
Anschauungen hervorgeht. Maimonides war an einer m a x i m a l e n
Verbergung seiner eigentlichen Gedanken interessiert, um bei gewöhnlichen
Lesern jeden eventuellen geistigen oder religiösen Schaden zu vermeiden
(s.o.). Daher war seine Lehre nur auf eine beschränkte esoterische Elite von
"ausgezeichneten" Schülern ausgerichtet. Spinoza dagegen war an einer m i -
n i m a l e n Verbergung seiner Gedanken interessiert, um seine philo-
sophisch-politischen Ideen über Gedanken- und Ausdrucksfreiheit usw. weiter
zu verbreiten. Außerdem, während sich Maimonides an philosophisch geschulte Leser wandte, verfaßte Spinoza sein Buch für "Philosophen in potentia",
d.h. er bemühte sich darum, seine Leser von Vorurteilen und Aberglauben
zu befreien, damit sie statt dessen eine rationale Denkart annehmen sollten.

Dieser Unterschied zwischen beiden Philosophen reflektiert auch ein
ethisches Problem: Inwiefern muß man beim Schreiben die potentiellen Leser
in Betracht ziehen? Was hat Vorrecht, eine große Anzahl von Lesern oder eine
winzige Elite? Jedoch abgesehen von diesem Unterschied wußten b e i d e
- sowohl Maimonides als auch Spinoza - daß jeder schriftliche Text letzten
Endes an die Öffentlichkeit gelangt, d.h. auch an solche Leser, für die er
nicht bestimmt war und die dafür geistig unvorbereitet sind. Das war ja der
Grund für alle erwähnten Vorsichtsmaßnahmen des Maimonides. Aber auch Spinoza kam nicht umhin, gewisse Vorsichtsmaßnahmen zu berücksichtigen. Daher
betonte er im Vorwort zum TPT: "Da übrigens viele weder Lust noch Muße
haben werden, das alles durchzulesen, so muß ich hier ebenso wie am
Schlusse dieses Traktates bemerken, daß ich nichts schreibe, was ich nicht
bereitwilligst der Prüfung und dem Urteil der höchsten Gewalten meines Va-
terlandes unterwerfe. Urteilen sie, daß etwas von dem, was ich sage, den

---

tonte er ganz ausdrücklich - wahrscheinlich gegen Maimonides - daß er
seine Leser auf keinen Fall irreführen will.

_andesgesetzen widerstreitet oder dem Gemeinwohl schadet, so will ich es
nicht gesagt haben ."[12] Vermutlich nahm Spinoza ganz richtig an, daß ein
Zensor gewöhnlich sehr aufmerksam die ersten und letzten Seiten eines Buches
liest, aber die mittleren nur oberflächlich durchblättert. Daher wiederholt
er dieselbe Erklärung wörtlich noch einmal am Ende des Buchs.[13] Außerdem
- um seine wahre Absicht noch mehr zu tarnen - erklärt er im Vorwort, daß
er sich nur an Philosophen ("denkende Leser") wendet, obwohl es ihm ja gerade darum ging, die unwissenden Leser aufzuklären. Diese absichtlichen
Widersprüche werden noch offensichtlicher, wenn Spinoza einerseits schreibt,
daß sowieso "das Hauptsächlichste den Philosophen mehr als hinlänglich bekannt ist", aber er trotzdem nicht beabsichtigt, seine Abhandlung den Übrigen zu empfehlen, da "es gerade so unmöglich ist, dem Volke den Aberglauben zu nehmen wie die Furcht."[14] Auch Spinoza konnte es demnach nicht
vermeiden, sich von Zeit zu Zeit einer esoterischen Schreibart zu bedienen,
um seine wahren Absichten durch eine gewisse Zweideutigkeit zu vertuschen.
Aber während Maimonides bei seiner Esoterik das geistige Wohl der Gläubigen vor Augen stand, war Spinozas Ziel ein anderes. Einerseits mußte er
auch seine persönliche Sicherheit mit in Betracht ziehen,[15] andererseits -
und das war wahrscheinlich das Ausschlaggebende für ihn - wollte er
sichergehen, daß seine philosophisch-politische Botschaft überhaupt ihre Aufgabe erfüllte und das erwünschte Leser-Publikum erreichte. Er mußte die
Zensur beschwichtigen, um die Gefahr, daß sein Buch verboten würde, zu
umgehen. Das war sicherlich seine Hauptsorge.[16] Die Zensur, mit der es Spinoza zu tun hatte, war aber schon mißtrauischer und gerissener als diejenige, mit der es Schriftsteller wie Rabelais, Montesquieu, Swift usw. zu tun
hatten. Da genügte es nicht, die behandelten Probleme in ferne oder phan-
tastische Länder zu übertragen, obwohl auch Spinoza sich manchmal dieser
Methode bediente, wenn er z.B. aktuelle politische Probleme durch Beispiele
aus der alten Geschichte des jüdischen Volkes und der mosaischen Gesetzgebung behandelte.

Der Gegenstand dieser Untersuchung ist die Hermeneutik. Diese Bemerkungen über die verschiedenen Ziele des esoterischen Schreibens bei Maimonides
und Spinoza beabsichtigten, die besonderen Rollen, die die Hermeneutik bei
ihnen spielte, hervorzuheben. Wir haben gesehen, daß beide Denker esote-
risch schreiben, wenn auch nicht im gleichen Maße, aber Hermeneutik be-

---

12 TPT, S. 14.
13 A.a.O., S. 362.
14 A.a.O., S. 14.
15 Der Mord der Brüder de Witt einige Jahre später ist Beweis dafür.
16 Dasselbe treffen wir bei vielen bekannten Schriftstellern der Zeit an, sowohl vor Spinoza als auch nach ihm, wie z.B. bei Rabelais, Montesquieu,
   J.Swift u.a.

treibt eigentlich nur Maimonides. Bei ihm sind Esoterik und Hermeneutik eng
miteinander verbunden. Da nach seiner philosophischen Auffassung die Tora
ein esoterisches Buch darstellt, könne man nur durch Hermeneutik, durch ge-
wissenhaftes Auslegen zu den verborgenen Wahrheiten des biblischen Textes
gelangen; da aber die Gründe für das Verbergen jener Wahrheiten weiterhin
noch bestehen, muß diese Hermeneutik auch wieder auf esoterische Weise vollzogen werden. Die Esoterik braucht Hermeneutik, die Hermeneutik veranlaßt
Esoterik.

Spinoza dagegen lehnte die Hermeneutik als exegetische Methode ab. Die
Bibel muß nach ihrem wörtlichen Sinn erklärt werden, wie jede andere antike
Schrift. Wenn später Schleiermacher, und noch mehr Dilthey, die Hermeneutik
für die besondere Methode der Geisteswissenschaften halten, die grundverschieden von der Methode des Erklärens in den Naturwissenschaften ist, so
antizipiert Spinoza in gewissem Maße diejenige moderne Anschauung, die
Geistes- und Naturwissenschaften durch dieselben Methoden zu behandeln
wünscht. "Um es kurz zusammenzufassen, sage ich, daß die Methode der
Schrifterklärung sich in nichts von der Methode der Naturerklärung unterscheidet, sondern vollkommen mit ihr übereinstimmt." [16a]

Hermeneutik ist deshalb in Spinozas Augen nichts weniger als willkürliche Spekulation. Wenn manchmal auch er eine esoterische Sprache benutzt, hat das
nichts mit hermeneutischen Überlegungen zu tun wie bei Maimonides, sondern
entspringt seinen Vorsichtsmaßnahmen. Spinozas Bibel-Auslegung war demnach
im Großen und Ganzen nicht auf Hermeneutik, sondern auf Exegese aufgebaut,
nicht auf "Derasch" sondern auf "Peschat", um die zwei traditionellen he-
bräischen Termini zu benutzen.

Vor dem Hintergrund der Beweggründe des Maimonides für die Notwendigkeit
der Hermeneutik werden die Beweggründe Spinozas für ihre Ablehnung deutlich. Im 15. Kapitel des TPT untersucht er die Beziehungen zwischen Theologie und Vernunft (Philosophie), und unterscheidet in dieser Hinsicht zwischen
zwei prinzipiellen Positionen: Der der S k e p t i k e r einerseits, die
die Vernunft bezweifeln und diese der Heiligen Schrift unterwerfen, die der
D o g m a t i k e r andererseits, die sich auf die Vernunft berufen und
die Heilige Schrift durch willkürliche Hermeneutik deren Prinzipien anzu-
passen suchen. "Jedoch die einen wie die anderen sind ganz und gar im Irrtum." [17] Die Skeptiker verzichten auf die Vernunft, was Spinozas rationalistischer Denkart völlig entgegengesetzt ist, während die Dogmatiker von
der Art des Maimonides mit dem biblischen Text willkürlich verfahren und

16a Spinoza, a.a.O., S. 135.
17 A.a.O., S. 260.

hn verfälschen. Das widerspricht intellektueller Redlichkeit.[18] Da nach Spinozas Auffassung, wie er sie schon im 7. Kapitel ("Von der Auslegung der
Schrift") gründlich dargestellt hatte, die Bibel keine philosophischen Wahrheiten lehrt, sondern zu Frömmigkeit und Gehorsam erzieht, braucht man
keine Hermeneutik.[19] Der biblische Text sei bereits, wie Spinoza ironisch
bemerkt, "der Fassungskraft und den vorgefaßten Meinungen des Volkes ange-
paßt."[20] Er ließ also keinen Zweifel daran, daß man die Bibel ohne Vorur-
teile lesen und verstehen sollte und sie genau nach denselben Maßstäben behandeln müßte wie jedes andere Buch.[21] Die Methode der Bibel-Auslegung
ist also nach Spinoza identisch mit der Methode der Natur-Erklärung. Vieles,
was Spinoza seinerzeit sagte und was uns heutzutage selbstverständlich anmutet (obwohl man nicht einer Meinung darüber zu sein braucht), wurde in
seiner Zeit als ketzerische Behauptung gebrandmarkt.

3. Esoterik und Heterodoxie; Hermeneutik und Dualismus

Die Gefahr, die bei jedem esoterischen Schreiben droht, besteht darin, daß
solches Schreiben unter anderem – oft auch unbewußt – dazu führt, hetero-
doxe Ideen zu verbreiten. Aber gerade im j ü d i s c h e n Denken kam
es eigentlich nie zu einem Zusammenstoß mit den bestehenden Religionsge-
setzen (d.h. den Geboten der Halacha). Maimonides war einer der größten
Gesetzeslehrer des Judentums aller Zeiten. Auch die ärgsten Gegner seiner
Philosophie im 12. Jahrhundert bestritten niemals seine halachische Autorität.
Was beim ersten Blick merkwürdig erscheint, ist folgendes: Gerade als die
Esoterik begann, der Exoterik mehr Platz einzuräumen – wie es z.B. bei Spinoza sehr deutlich zu sehen ist – wurde der Konflikt zwischen der Philosophie, die sich auf die Vernunft stützt, und der Kirche im Christentum oder
dem rabbinischen Gesetz im Judentum, die sich beide auf Autorität stützten,
viel schärfer. Die Verbindung zwischen Esoterik und Heterodoxie jedoch ist
klar: Orthodoxe Ansichten bedürfen keiner Tarnung. Nur der Wunsch, unkon-
ventionelle Ansichten zu äußern, erzeugt – wie es unter anderen auch Leo
Strauß in seinen Arbeiten sehr überzeugend dargestellt hat – eine besondere
Schreibart. Diese wendet sich an zuverlässige Leser, die gewöhnlich den gebildeten Kreisen angehören. Esoterisches Schreiben besitzt alle Vorteile einer

---

18 Spinoza greift bei der Gelegenheit auch noch eine dritte Stellungnahme
   an, nämlich die des vorher erwähnten Yehuda Alfaquer. Der forderte zwar
   auch, den biblischen Text wörtlich zu verstehen, aber nicht mit Hilfe der
   Vernunft, sondern auf Grund der dogmatischen Autorität der biblischen
   "Lehrsätze" (Spinoza, a.a.O., S. 339).
19 In der Neuzeit kann man allerdings auch das Gegenteil antreffen, nämlich
   die hermeneutische Bearbeitung eines Textes, um darin für die Gegenwart
   gültige moralische und politische Richtlinien zu "entdecken".
20 Spinoza, a.a.O.
21 Eine ähnliche Anschauung können wir schließlich auch bei dem Theologen

persönlichen Korrespondenz, ermöglicht dem Verfasser aber gleichzeitig auch
die Vorteile öffentlichen Schreibens, nämlich ein weiteres Publikum zu erreichen, ohne dabei selbst ein besonderes Risiko einzugehen. Wie wir schon
in den vorangehenden Kapiteln festgestellt haben, war Maimonides hauptsächlich an den Vorteilen persönlichen Schreibens (nur an einzelne sich wendend
interessiert, während Spinoza öffentliches Schreiben vorzog.[22]

Das bringt aber noch eine weitere bedeutungsvolle Unterscheidung mit sich.
Die ältere esoterische Literatur, besonders im Mittelalter, reflektierte oder
erzeugte einen gewissen D u a l i s m u s . Nach Maimonides strebt der
Philosoph danach z w e i verschiedene Botschaften zu übermitteln: Praktische Ethik für die Menge der Gläubigen, Metaphysik und Erkenntnis (vor
allem Gotteserkenntnis) für die auserwählte Elite der Gebildeten. Damit ist
zwar nicht gemeint, daß die exoterische Bedeutung unwichtig wäre. Geben
wir noch einmal Maimonides selbst das Wort:

"Dem ähnlich spricht der Weise: Wie goldene Äpfel in silbernen durchsichti-
gen Schalen, so das Wort in geschickter Weise gesprochen (Sprüche 25,11).
Nun Höre, auf welchen Sinn es hier, nach unserer Erklärung, abgesehen ist:
'Masskiyoth' nämlich bedeutet Körper, worein netzartige Figuren eingegraben
sind, d.h. worin es Stellen von sehr feiner, durchbrochener Arbeit gibt, wie
sie die Goldschmiede zu machen pflegen, weshalb sie auch diesen Namen
(Masskiyoth) führen, weil sie nämlich durchsichtig sind, und 'Ssacha' im
Chaldäischen hindurchblicken bedeutet, wie der Chaldäer das Wort 'wayasch-
kef' (er blickte hindurch) mit 'waisstachej' übersetzt; jener Vers will also
sagen, daß ein in geschickter Weise gesprochenes Wort mit einem goldenen
Apfel zu vergleichen sei, der sich in einem sehr fein durchbrochenen Netze
befindet. Und nun erwäge, wie trefflich dieses Bild das kunstgerechte Gleichnis bezeichnet; es will nämlich sagen, daß bei jedem Worte, das einen offenen und einen geheimen Sinn hat, der offene so gut als Silber, der geheime
aber noch besser als der offene sei, so daß jener sich zu diesem wie Gold
zu Silber verhalte, der offene Sinn jedoch so beschaffen sein müßte, daß er
den Betrachtenden auf den tiefern Sinn hinleite, so wie es mit dem, in einem
fein durchbrochenen silbernen Netze enthaltenen goldenen Apfel der Fall ist:
Sieht ihn nämlich jemand von fern oder ohne Aufmerksamkeit, so hält er ihn
für einen silbernen Apfel, betrachtet ihn aber ein Scharfsichtiger sehr genau, so scheint ihm das Innere durch, und er wird bald gewahr, daß er
von Gold sei. So waren nun die Gleichnisse der Propheten beschaffen, deren
offener Inhalt an sich weise Lehren enthielt, die in vieler Hinsicht nützlich
waren, überhaupt aber das Beste der menschlichen Gesellschaft bezweckten,
wie dies aus ihren Gleichnissen und sonstigen Vortragsarten deutlich hervorgeht, deren geheimer Sinn aber den Zweck hatte, den Glauben an gewisse
heilsame Wahrheiten zu begründen." [23]

Demnach ist auch der offenbare Text nützlich und wichtig; er ist wertvoll
wie Silber. Er bezieht sich auf das Wohl der Menschen und erinnert symbolisch an moralische und soziale Zwecke. Aber was für Maimonides das Aus-

---

Rudolf Bultmann antreffen, dessen Forderung der "Entmythologisierung"
aus ungefähr denselben Gründen entsprang, obwohl sie bei ihm natürlich religiösen christlichen Zwecken unterworfen war.
22 Hier ist selbstverständlich die Rede vom TPT und nicht von der "Ethik".
23 More Nebuchim, a.a.O., S. 12–13.

schlaggebende war, ist der innere, verborgene Kern, der nur nach ange-
strengter Beobachtung sichtbar wird. Jener ist viel wertvoller als der offenbare Text, genauso wie Gold viel wertvoller als Silber ist. Der goldene Apfel
symbolisiert die metaphysische Wahrheit, welche den höchsten Endzweck darstellt. (Alles zusammen ist natürlich eine allegorische Auslegung des Verses
aus den Sprüchen.) Um aber die rechte Muße zu finden, die man für das
Studium der metaphysischen Wahrheiten benötigt, braucht man eine einwand-
freie und normale politische und gesellschaftliche Realität; ohne das silberne
Netz kann man nicht den goldenen Apfel aufbewahren. Anders gesagt, nur
ein Philosoph, der in einem ordentlichen "religiösen Staat" lebt, hat überhaupt die Möglichkeit, sich ungestört mit den ersehnten metaphysischen
Wahrheiten zu beschäftigen. Beide Mitteilungen sind also notwendig, obwohl
sie vom religionsphilosophischen Standpunkt nicht gleichwertig sind.

In diesem Zusammenhang möchte ich noch einen weiteren Punkt betonen.
Auch Spinoza führt in seiner politischen Philosophie diese maimonidische Linie weiter und setzt sich darin sowohl von Machiavelli (den er im "Politischen Traktat" erwähnt) als auch von Hobbes ab. Obwohl Hobbes und Spinoza beide eine gewisse Demarkationslinie zwischen politischen Anschauungen
und allgemeiner Philosophie ziehen, ist jedoch für Hobbes die Philosophie
nicht mehr als ein M i t t e l, das dem Bürger zu verstehen hilft, wie er
am besten seine Selbsterhaltung im Staat sichern kann. Bei Spinoza wie bei
Maimonides dagegen ist die Philosophie kein Mittel, sondern das E n d -
z i e l, nämlich Wissensliebe als solche. Nach Hobbes hat die Vernunft nur
die Aufgabe, ein solches politisches Regime vorzuschlagen, das das Wohl und
die Sicherheit der Untertanen garantiert. Nachdem sie diese Aufgabe erfüllt
hat, wird die Philosophie überflüssig, da dann nur noch das Diktat des
Herrschers gilt; die Untertanen haben sowieso schon auf alle ihre Rechte inklusive Gedankenfreiheit zugunsten des Herrschers verzichtet; sie müssen als
Wahrheit all dasjenige annehmen, was dieser bestimmt. Spinoza dagegen geht
es um ein solches politisches Regime, das im Stande ist, die optimalen Bedingungen für freie und ungehinderte Entwicklung des Denkens, des Wissens und
der Vernunft zu sichern. Sowohl für Maimonides als auch für Spinoza ist das
Wichtigste, einen solchen politisch-gesellschaftlichen Rahmen zu haben, der
das Blühen der Philosophie ermöglicht. Würde man die Metapher des Maimonides auf Spinozas Philosophie anwenden, könnte man vielleicht sagen, daß
der TPT (und der PT) das "silberne Netz" bildet, während die "Ethik" auf
die "goldenen Äpfel" zu beziehen wäre. Diese beiden Aufgaben, die sich nach
Maimonides' hermeneutischen Zugang in ein und demselben Text befinden,
werden bei Spinoza separat in zwei verschiedenen Büchern behandelt.

Die spätere esoterische Literatur am Anfang der Neuzeit neigte mehr und
mehr dazu, diese Differenzierung zwischen zwei getrennten Mitteilungen zu

verwischen. Ihr geht es darum, e i n e Botschaft zu überbringen. Sie
wendet sich auch nicht mehr - wie Maimonides - an zwei Arten von Lesern
sondern bedient sich allenfalls einer Taktik der Tarnung, um die Mitteilung
selbst zu sichern; aber diese Mitteilung ist eben nur noch eine einzige. Für
den Philosophen der Neuzeit sind alle Menschen ebenbürtig. Er wendet sich
nicht gleichzeitig an einfältige und gebildete Leser, um ihnen Verschiedenes
mitzuteilen, sondern betrachtet alle seine potentiellen Leser als Personen
die imstande sind, seine philosophische Weisung aufzunehmen. Maimonides
hätte es für unmoralisch gehalten, einfältigen Gläubigen solche philosophischen und religiösen Wahrheiten zu lehren, die ihre Auffassungskraft
überschreiten. Die Denker der Renaissance und der Aufklärung hätten es dagegen für unmoralisch gehalten, wenn der Philosoph in seinen Schriften etwas anderes als seine eigenen und wahren Gedanken ausdrücken würde. Was
Maimonides für eine höchste moralische und religiöse Pflicht hielt, wäre für
sie nicht mehr als Heuchelei gewesen. Rechtmäßiges Verhalten verlangt, daß
man Erkenntnisse nicht nur für sich allein oder für wenige behält. Die esoterische Linie des Maimonides halten sie nicht nur für ethisch falsch, sondern sie würde sogar den Wert der Religion als solcher vermindern. Sie würde eine Art "Klassenspaltung" zwischen "geistig-reichen" und "geistig-armen"
Menschen schaffen oder bewahren. Den ersteren genügte rationalistische
Philosophie, und sie bräuchten eigentlich die Religion nicht, während diese
nur für die letzteren nötig und nützlich wäre. Auf diese Weise wäre die Religion auf die Stufe einer "Religion für Einfältige"[24] herabgesetzt, deren
Hauptfunktion politischen Zwecken dient. Höchstwahrscheinlich war Maimonides selbst sich solcher Implikationen seiner philosophischen Interpretation
nicht bewußt, aber sie entging seinen Kritikern und Gegnern nicht. Andererseits veranschaulicht sie nachträglich wieder eine unvorhergesehene Nähe zu
Spinoza, was die Aufgabe der Religion betrifft; auch er betonte ihre wichtige
Rolle für die Erziehung der Staatsbürger zu Gehorsam- und Frömmigkeit
- die Philosophen brauchen das natürlich bei ihm auch nicht.

Faßt man diesen Vergleich zwischen den Beweggründen des Maimonides und
Spinozas für ihre esoterischen Schreibweisen zusammen, so kommt ein über-
raschendes Bild zustande: Maimonides wandte sich absichtlich nur an philosophisch geschulte Leser, dennoch enthielt sein Buch z w e i Mitteilungen - eine verborgene metaphysische und eine offene moralisch-gesellschaft-
liche. Die zweite berücksichtigte eben auch diejenigen Leser, an die das
Buch zwar nicht gerichtet war, aber denen es trotzdem in die Hände fallen
konnte. Diese zwei inhaltlich verschiedenen Mitteilungen, die Maimonides

---

24 Spinoza: ignorantiae asylum: "Asyl der Unwissenheit"; Ethik I, Anhang.

durch einen einzigen Text ausdrückte, der damit gleichzeitig esoterische und exoterische Bedeutung trug, wurden von Spinoza in zwei separaten Büchern behandelt. Sein metaphysisches System entwickelte er in der "Ethik", während er seine politischen und gesellschaftlichen Gedanken im TPT (und nachträglich im unvollendet gebliebenen PT) darlegte. Aber für Spinoza waren das immerhin nur zwei Bestandteile einer einzigen philosophischen Anschauung.[25] Maimonides schrieb e i n philosophisches Buch mit doppeltem "Text", wobei die esoterische Methode verhindern sollte, daß die Hauptmitteilung unkundige Leser erreichte. Spinoza schrieb z w e i philosophische Bücher, die e i n e Anschauung vertreten, obwohl sie verschiedene Gegenstände behandeln, wobei die esoterische Methode nur in einem Buche angewandt wird und dort auch nur in geringstem Maße. Sein esoterisches Schreiben bezweckte nicht, seine Auffasungen zu verbergen, sondern im Gegenteil, es sollte ihre Verbreitung unter weitaus mehr Lesern ermöglicht werden.

Dieser grundverschiedene Zugang zur Hermeneutik bestimmte letzterdings auch die Verschiedenheit der esoterischen Methode bei unseren beiden Philosophen. Weil Maimonides davon überzeugt war, daß die Bibel ein esoterisches Schriftwerk ist, dessen tiefere Wahrheiten für die meisten Menschen in einem "z w e i t e n   T e x t"[26] versteckt worden sind und daher nur durch Hermeneutik ans Licht gebracht werden können, benutzte er selbst weiterhin die esoterische Methode, um auch seine eigenen Erläuterungen vor der Menge zu verbergen. Das paradoxe Ergebnis bestand nun darin: Den einfältigen Lesern wurden die Schwierigkeiten wirklich vorenthalten, aber dafür wurden den gebildeten Lesern viel mehr Schwierigkeiten zugemutet. Kein Wunder, daß bis heute der "Führer der Unschlüssigen" eines der schwierigsten Schriftwerke der jüdischen Philosophie aller Zeiten ist. Spinoza dagegen, der, wie wir gesehen haben, von Anfang an die These von der esoterischen Beschaffenheit der Bibel verneinte und deshalb auch biblische Hermeneutik für überflüssig und schädlich hielt, forderte, daß man den biblischen Text buchstäblich erkläre; dazu brauchte er keine esoterische Schreibart, außer in den wenigen Fällen, wo es wegen der äußeren Zustände - Sicherheit, Zensur - nicht zu umgehen war. Daraus folgt, daß in dem Maße, indem Hermeneutik willkürlich betrieben wird, die esoterischen und zweideutigen Dimensionen einen größeren Platz einnehmen. Historisch jedoch verlief die philosophische Entwicklung in entgegengesetzter Richtung. Der grundlegende Wandel bestand darin, daß die Philosophen und Schriftsteller der Neuzeit mehr und mehr daran interessiert waren, von zweideutigem zum eindeutigen Inhalt

---

25 Das kommt besonders im "Politischen Traktat" zum Ausdruck, in dem er sich öfters ausdrücklich auf die "Ethik" beruft.

26 Ich benutze hier wieder den derzeit kursierenden Ausdruck der strukturalistischen Hermeneutik, der durch Roland Barthes' literaturkritische Arbeiten bekannt wurde.

überzugehen. Diese Tendenz konnte nicht mehr aufgehalten werden. Sie war
ein getreues Spiegelbild der allgemeinen historischen Veränderungen, besonders in der Geistesgeschichte. Das wiederum stellte den Hintergrund für das
Entstehen der modernen Hermeneutik dar. Für Schleiermacher wurde diese dadurch zur "Kunstlehre", frühere religiöse, philosophische und literarische
Texte zu "verstehen", d.h. hauptsächlich die "Einfühlung" mit den Ver-
fassern solcher Texte zu ermöglichen, bei denen die esoterische Methode noch
eine große Rolle spielte. Um   d e r e n   richtiges Verständnis zu ermöglichen, brauchte man die Hermeneutik, aber diese mußte jetzt als universale
wissenschaftliche Methode des Auslegens und Verstehens ausgearbeitet werden,
völlig losgelöst von all der Dogmatik und Willkür, der sie bei Maimonides
und seinen früheren und späteren Zeitgenossen – sowohl im jüdischen
als auch im christlichen Denken – ausgesetzt war.

SCHLEIERMACHER UND DIE HERMENEUTISCHE TRADITION

von **Wolfgang Hübener**

Die Forderung, die Hermeneutik Schleiermachers durch ihre behutsame Redin-
tegration in die Gesamtgeschichte der Theorie der sprachlichen Mitteilung in
ein besseres Licht zu setzen, ist alles andere als selbstverständlich. Zwar
wäre der Versuch, die hermeneutische Tradition mit sich selbst ins Gespräch
zu bringen, von Schleiermachers eigenen Prämissen her noch nicht einmal
ein Akt kunstgerechten Verstehens. Der Unterschied des Einheimisch-Gleichzei-
tigen und des Fremden muß "durch Sprach- und Geschichtskenntnis erst aus
dem Wege geräumt werden"[1], damit die Auslegung in Gang kommen kann. Die
präparatorische Gleichsetzungsoperation, die auch sonst erforderlich ist,
realisierte sich dann in diesem speziellen Fall während des Auslegens von
Schriften, die selbst Theorien der Auslegung sind. Daß dieses Unterfangen
aber im Falle Schleiermachers auf so große Vorbehalte stößt, erklärt sich
aus der Vorverurteilung der frühneuzeitlichen Systeme der Hermeneutik durch
Dilthey. In Rücksicht auf die Verknüpfung von Philosophie und Geschichte,
aus der allein "eine wahre, allgemeine Hermeneutik, wie sie erst Schleiermacher aufstellte, hätte entspringen können", seien die älteren sogenannten
allgemeinen Hermeneutiken "kaum der Erwähnung wert"[2]. Wir können darum
aus der Vergleichung der übrigen Systeme nie mehr als nur einen negativen
Gewinn ziehen. Inzwischen ist das Vorverständnis, das Diltheys Schleier-
macher-Preisschrift von 1860 zugrundeliegt, durch Gadamer wenigstens in einem Punkte – der Anlegung des Maßstabes des seiner selbst bewußt gewordenen historischen Sinns an die altprotestantische Hermeneutik – zur Sprache
gebracht worden[3]. Hiermit ist nur ein erster Schritt getan. Diltheys Ausgrenzung des überwiegenden Teils der älteren hermeneutischen Überlieferung aus
der Darstellung ihrer Geschichte verdient insgesamt in Frage gestellt zu werden.

   Diltheys Verdikt stützte sich auf folgende historische Thesen: (1) "...
die hermeneutische Wissenschaft beginnt erst mit dem Protestantismus"[4], und
zwar mit der posttridentinischen Reaktion des Luthertums auf die katholische
Lehre von der hermeneutischen Unzulänglichkeit der Heiligen Schrift. – (2)
Das schöpferische hermeneutische System von Flacius Illyricus ist "auch von

---

1 F.D.E.Schleiermacher, Hermeneutik und Kritik, hg. v. M.Frank, stw 211,
  Frankfurt/M. 1977 (= HF), S. 91.
2 W.Dilthey, Gesammelte Schriften, Bd. XIV/2, Leben Schleiermachers, 2. Bd.,
  Göttingen 1966, S. 698.
3 H.G.Gadamer, Rhetorik und Hermeneutik, in: Ders., Kleine Schriften IV.
  Variationen, Tübingen 1977, S. 149 f.
4 A.a.O., S. 597.

keinem dieser älteren Epoche wieder erreicht worden"[5]. - (3) Bedeutende Bestandteile dieses Systems treten ohne "irgendeine historische Vermittlung" bei Schleiermacher nur durch die "innere Gewalt der Sache selbst" wieder hervor[6]. - (4) Das Verstehen von Gedankenreihen durch die logische Form, wie es für Christian Wolff und seine Schule charakteristisch sei, ist in Wahrheit "Tortur" und "Mißhandlung"[7]. Eine gründliche historische Diskussion dieser Thesen würde den Rahmen dieser knappen Exhortatio sprengen. In welcher Richtung sie zu erfolgen hätte, sei mit wenigen Strichen angedeutet.

Ad 1: Die Hermeneutik des 17. Jahrhunderts bezieht sich sehr bestimmt auf die in den beiden Büchern "Peri hermeneias" in ihren ersten Umrissen skizzierte aristotelische Hermeneutik. Die zweitausendjährige Kommentationsgeschichte dieses Textes aber reicht weit in die Prämoderne hinein. Auch im protestantischen Raum setzt sie sich über Pacius (1597) hinaus fort. Der direkten Erklärung der aristotelischen Vorlage haben sich etwa Lorenz Weger (Königsberg 1628), Ernst Soner (Altdorf 1641) oder Johann Geilfus (Tübingen 1656) gewidmet. Diese Form der Anknüpfung tritt aber innerhalb des protestantischen Aristotelismus hinter der systematischen Behandlung der Thematik des Organon zurück. Es ist nicht möglich, der Geschichte der Hermeneutik gerecht zu werden, wenn man dieses Diskursfeld ignoriert oder als nicht erwähnenswert ausgrenzt. Darüber hinaus gibt es durchaus Querverbindungen zur katholischen Auslegungslehre. Flacius Illyricus übernimmt das Referat der Lehre Augustins vom Schriftsinn von dem Dominikaner Santes Pagnino[8], Dannhauer die Definition des guten Stils von dem Dominikaner Sixtus von Siena[9]. Wenn die Kenntnis der zeitgenössischen katholischen Darstellungen bei den älteren protestantischen Autoren vorausgesetzt werden muß, sollte sie auch zum Pensum der Hermeneutik-Historiker gehören.

Ad 2: Dilthey selbst hat die systematische Leistung von Flacius an zahlreichen Stellen vernichtend beurteilt. Buntes Durcheinander, wissenschaftliche Formlosigkeit, wüster Regelkram, äußerste Zusammenhanglosigkeit, überwuchernder, oft freilich nur scheinbarer und künstlich zusammengehaltener Reichtum[10] sind einige dieser kritischen Bewertungen. Bei Lichte besehen ist die Frage, wann die rhapsodische Behandlung hermeneutischer Canones und Observationes durch Flacius einer systematischeren Form der Analyse Platz gemacht hat, auch nach Dilthey noch offen. Die These des Fehlens einer wir-

---

5 S. 609.
6 Ebd.
7 Vgl. S. 620 f.
8 Cf.M.Flacius Illyricus, Clavis Scripturae Sacrae, ed. Th.Suicer, Frankfurt/Leipzig 1719, p. II, col. 65/6.
9 Cf.J.C.Dannhauer, Idea boni interpretis et malitiosi calumniatoris, Straßburg 1630, p. 71 (p.1, s. 2, a.6, § 39).
10 Vgl. W.Dilthey, a.a.O., S. 599, Anm. 12; 604 f., 610.

kungsgeschichtlichen Vermittlung zwischen älterer und neuerer Hermeneutik ist von Jaeger noch verschärft worden. Für ihn ist die "heute proklamierte" Hermeneutik "ein absolutes Novum, ohne Wurzeln in der vorkantischen Philosophie ... Sie hat daher keine Ahnen. Die Hermeneutik ist traditionslos"[11]. Tant mieux, sagt Gadamer. In der Tat bleibe die von Dilthey aufgezeigte Tradition theologischer Hermeneutik "mehr Vorgeschichte als Geschichte"[12]. Die von Jaeger behandelte humanistische Vorgeschichte vollends lehre lediglich, daß "auch" die aristotelische Logik eine mögliche Orientierung für hermeneutische Theoriebildung sei, mehr freilich nicht[13].

Ad 3: Der Anfang mit einer Vermittlung scheinbar völlig inkohärenter Entwicklungssequenzen kann nur über die Zufuhr neuen Stoffes gemacht werden. Zunächst allerdings müßte Flacius, der historische Fluchtpunkt der Diltheyschen Darstellung, wirklich studiert[14] und kompetent interpretiert werden. Daß sich die aus der Vernunft resultierenden Auslegungsregeln bei Flacius an die Rhetorik anlehnen und diese damit eine der zwei Hauptquellen seiner Hermeneutik ist, hatte Dilthey mehr suggeriert als nachgewiesen[15]. Das einmal in die Welt gesetzte Rhetorik-Paradigma prägt das Flacius-Bild bis heu-

---

11 H.-E.H.Jaeger, Studien zur Frühgeschichte der Hermeneutik, in: Arch. f. Begriffsgesch. 18 (1974), S. 84.
12 H.-G.Gadamer, Logik oder Rhetorik? Nochmals zur Frühgeschichte der Hermeneutik, in: Arch. f. Begriffsgesch. 20 (1976), S. 13 (auch Kl. Schr. IV, S. 170).
13 A.a.O., S. 14 (= Kl. Schr. IV, S. 170).
14 Dilthey, dessen Darstellung Gadamer noch 1976 zu Unrecht eine "meisterhafte" nennt (Kl.Schr.IV, S. 149), scheint sich bisweilen nur an den Überschriften orientiert zu haben. Sonst hätte er z.B. nicht vermuten können, daß bei Flacius das "Phantom eines mehrfachen Sinnes" überall dort entstehe, wo ein Tropus, eine Figur oder Parabel vorliege, so daß "der allegorische Sinn eine sehr ansehnliche Gesellschaft zu seinem Schutze" erhalte (vgl. a.a.O., S. 606). Gröblicher kann man den Kampf der altprotestantischen Hermeneutik gegen den vierfachen Schriftsinn im allgemeinen und die "somnia allegoriarum" (Flacius, Clavis, ed.cit., p.II, col. 22,14; ed. Geldsetzer, p.90) im besonderen kaum mißdeuten. Auch das Ganzheitspathos Diltheys hat nur Verwirrung gestiftet. Nach ihm folgt für Flacius aus dem Prinzip, die Schrift "als ein Ganzes aus ihrer Totalität zu erfassen", die Hauptregel, "jede Stelle aus dem Zusammenhang des Ganzen der Heiligen Schrift zu erklären" (a.a.O., S. 603). Bei Gadamer ist daraus bereits die Phantasmagorie eines "Kontextes des Schriftganzen" geworden (vgl. Kl. Schr. IV, S. 150). Die reformatorische Theologie mache die Voraussetzung, daß "die Bibel selbst eine Einheit ist" (Gadamer, Wahrheit und Methode, Tübingen 1972³, S. 164). Für Flacius selbst ist die tota Scriptura gerade nicht "proprii intellectus; aut explicationis" (cf. l.c., col. 8,14, Gelds. p. 30). Der wahre Schlüssel zur tota Scriptura ist, daß man weiß, in ihr sei ein "duplex genus doctrinae" enthalten, das sich an sich wechselseitig völlig konträr ist und nicht konkordiert werden darf (cf. col.10,39-11,45, Gelds. p. 40-4).
15 Vgl. a.a.O., S. 601, 604.

te. "Dispositio" - bei Flacius die methodische Anatomie des Stoffes durch ord-
nungsgemäße Einteilungen, das paulinische 'recte secare' (orthotomein, 2.
Tim. 2, 15), das sich in tabellarischen Synopsen erfüllt[16], insgesamt ein
guter Beleg für Schmidt-Biggemanns These von der topischen Grundorientie-
rung der Wissenschaft im 16. Jahrhundert - wird Geldsetzer unter der Hand
zur "rhetorischen Disposition des Textzusammenhanges"[17]. Vor allem Gadamer
ist weiterhin davon überzeugt, daß die Rhetorik in der Renaissance ein "Leben von fast unmerklicher, weil alles durchdringender Selbstverständlichkeit"
führte und noch Dannhauer "inhaltlich von der Tradition der Rhetorik ganz
abhängig" bleibt, die "eben das Vorbild der Auslegung der Texte bildet"[18]. Nichts dergleichen bei Flacius. Für Paulus müsse der Ausleger der
Heiligen Schrift zuvörderst ein "bonus Dialecticus" sein. Er müsse die Natur
der Propositionen kennen und zu argumentieren verstehen, die Topoi aufsuchen können, aus denen die Argumente gezogen sind, und letztere in kurze
Syllogismen oder andere dialektische Formen zu überführen wissen[19]. So
konstituiert sich das 'genus docendi scholasticum aut philosophicum', dessen
Prärogative vor dem genus populare, der tractatio concionatoria, für die die
Rhetorik zuständig ist und in der es nicht um die Sache selbst geht, sondern
nicht ohne Schaden für die Sache durch copia verborum eine Akkomodation
an die Fassungskraft eines ungebildeten Publikum versucht werden muß, Flacius eindringlich behandelt hat[20]. Gadamers Frage "Logik oder Rhetorik?"
ist darum schon für ihn überhaupt keine Frage. Gravierender ist, daß in
Diltheys Abriß der Geschichte der Hermeneutik die wichtigsten Zeugnisse der
Bemühung des 17. Jahrhunderts um die Grundlegung einer allgemeinen Hermeneutik - Johann Conrad Dannhauers "Idea boni interpretis et malitiosi calumniatoris" (1630), die von ihr beeinflußte Tradition der cartesianischen Hermeneutik mit Claubergs "Logica vetus et nova quadripartita" (1654), Ludwig
Meyers "Philosophia S. Scripturae interpres" (1666) und schließlich Johannes
de Raeys "Cogitata de interpretatione" (1692) - überhaupt nicht vorkommen.
Johann Heinrich Ernestis Kompendium der Profanhermeneutik (1699) und
Christian Wolffs Traktat "De usu logicae in libris conscribendis, dijudicandis
et legendis", den er, mit dem älteren Begriff der genetischen Hermeneutik

16 Cf.Flacius, Clavis, ed.cit., p.II, col. 13 et al (recte secare: col. 13,
   1; 26, Gelds. 50/2; anatomia: 22,60, Gelds. 92; 24,38, Gelds. 98; 53, 39;
   dispositio: 22,50sqq., Gelds. 92; tabellaris synopsis: 22,66, Gelds. ib.).
17 M.Flacius Illyricus, De ratione cognoscendi sacras literas/Über den Erkenntnisgrund der Heiligen Schrift, lat.-dt.hg. v.L.Geldsetzer (Instrum.
   philos., Ser.hermen.3), Düsseldorf 1968, Einl., Bg.2, Bl. 1 v.
18 Vgl. Gadamer, Kl.Schr.IV, S. 148,153.
19 Cf.Flacius, Clavis, ed.cit.,p.II, col. 55, 4sqq.; 24,25sqq. (Gelds. p.98).
20 Cf.Op.cit., p.II, col. 681, 66-684, 14. - Gadamers Versuch, das hermeneutische Grundproblem dadurch wiederzugewinnen, daß er die Applikation
   vor der ihr gegenüber sekundären Fixierung der Doktrin zum ersten erhebt
   und die eigentliche Konkretisierung und Vollendung der Auslegung in der

unvertraut, auf die Lesetheorie verkürzt, erscheinen ihm als unbeschreiblich
dürftig [21]. Die Hermeneutiktraktate der Logiklehrbücher sind seither heimat-
los. In Geschichten der Logik werden sie nicht mitbehandelt. Wer ein systematisches Interesse an Hermeneutik hat, wird sie nach Diltheys Abwertung
nicht mehr aufschlagen wollen. Chladenius erscheint jetzt eigentümlich kon-
textlos. Man muß sich die Freiheit nehmen, in anderen Entwürfen seiner Zeit,
wie den hermeneutischen Kapiteln der in Johann August Ernestis "Initia doctrinae Solidoris" (1736) enthaltenen Dialektik oder der deutschen Logik von
Christian August Crusius (1747) verwandte Tendenzen zu erkennen.

Die weitreichende historiographische Evacuatio der hermeneutischen Tradition erleichtert der Schleiermacher-Literatur den Gebrauch der Erstmaligkeits-
Emphase. Wenn wenig Nennenswertes voraufgegangen ist, muß Manches neu
erscheinen. "In Schleiermacher geriet zum erstenmal ein wirklicher systematischer Denker, ein philosophischer Kopf über die Hermeneutik" - so Wach
1926 [22]. "Schleiermacher lenkt zum erstenmal in der Geschichte der Hermeneutik den Blick auf das Phänomen des Verstehens überhaupt" - so Kimmerle
1959[23]. Ganz ähnlich Gadamer und andere. "Mit der transzendentalen Wende
in der Hermeneutik tritt erstmals das ganze Universum dessen, was man in
Diltheys Tradition als 'Sinn und Sinngebilde' zu bezeichnen pflegte, vor den
Richterstuhl der Reflexion" - so Manfred Frank 1977[24]. Es fällt schwer, angesichts eines so großen Vertrauens auf die Leistungen der idealistischen
Epoche einen kühlen Kopf zu bewahren und in sich die korrespondierenden
Gegenfragen wachzuhalten, ob denn etwa die Systematik der einunddreißig
hermeneutischen Kapitel von Claubergs Logik wirklich so viel ärmlicher ist
als Schleiermachers diffuse Beschreibung der psychologischen und technischen
Aufgabe, ob niemals zuvor so etwas wie Verstehen thematisch geworden ist
und ob die bewußte Verengung des Gebietes der Hermeneutik auf die subtilitas intelligendi mit einer Erweiterung ihres Anwendungsbereiches einhergeht.

Ad 4: Wenn Gadamer Diltheys Idiosynkrasie gegenüber der logischen Behandlung der Hermeneutik nicht selbst teilte, hätte er sie wohl an erster Stelle
unter seinen Präokkupationen nennen müssen. Wer als Verstehen "im prägnanten Sinne" nur die hermeneutische "Versenkung" in das nicht restlos in Begriffe auflösbare und nicht restlos erklärbare Individiuallebendige zuläßt [25], muß auch Schleiermachers komplexen hermeneutischen Kalkul der Anwendung der komparativen wie der divinatorischen Methode auf die grammatische wie die psychologische Seite der Auslegung[26], mithin des beständigen

Predigt geschehen läßt (vgl. Ders., Wahrheit und Methode, S. 313, 315),
wäre Flacius unverständlich erschienen.

21 A.a.O., S. 620 f., 698.
22 J.Wach, Das Verstehen. I. Die großen Systeme, Tübingen 1936, S. 85.
23 Fr.D.E.Schleiermacher, Hermeneutik, hg. v. H.Kimmerle (Abh.d.Heidelb.Ak.
   d.Wiss., Philos.-hist.Kl., Jg. 1959, 2. Abh.), Heidelberg 1959, S. 15.

Ineinanderspiels von vier Weisen des Nachkonstruierens der gegebenen Rede[27], um konstitutive Elemente verkürzen und wird am Ende nur das subjektiv Divinatorische übrigbehalten. Die Überakzentuierung des unstrittig Neuen
hat aber stets einen doppelten Verdeckungseffekt. Mit der geflissentlichen
Vernachlässigung des weniger Originären wird auch der Traditionsbezug
preisgegeben. Dieses Verfahren ist nur dann legitim, wenn Traditionsbestände
sich innerhalb eines neuen Systementwurfes als Fremdkörper – als nur noch
nicht Abgestoßenes, aber nicht befriedigend Integrierbares – erweisen. Ist
der neue Entwurf aber mit der Tradition über gemeinsame systematische
Voraussetzungen verbunden, ist die Aufhellung dieser Beziehungen auch im
Interesse einer ausgewogeneren immanenten Interpretation.

Eine materiale Behandlung des Themas ist auf begrenztem Raum nicht
möglich. Die folgenden Überlegungen haben daher lediglich paränetischen
Charakter. Sie wollen dazu auffordern, auf die Bestimmung von Schleiermachers Verhältnis zur Tradition etwas weniger von dem zu verwenden, was
er selbst mit sanfter Mißbilligung positiven und aktiven Mißverstand genannt
hat , und zugleich zu einer weiträumigeren Beschäftigung mit der Geschichte
der Hermeneutik einladen. Dieses Unterfangen ist nach beiden Seiten unge-
schützt. Es kann die Tradition, auf die es sich beruft, nicht als hinlänglich erschlossen voraussetzen. Ebensowenig kann es sich auf ein Einverständnis über die konstitutiven Elemente von Schleiermachers hermeneutischem
Kalkül und seine Korrespondenz mit den erkenntnistheoretischen und sprach-
philosophischen Prämissen benachbarter Disziplinen, wie Dialektik und Ethik,
stützen. Schleiermacher macht es seinen Interpreten in der Tat nicht leicht.
Seine Methode des Denkens in relativen, fließenden Gegensätzen, der Ausgleichung von Differenzen durch fundierende Identitäten, der Approximation
an selbst nie erscheinende Einheiten und Totalitäten, des Oszillierens
zwischen End- und Grenzpunkten, Nullwerten und Maxima, der wechselnden
Verhältnisbestimmung im Ineinandersein zweier überall anzuwendender Seiten
läßt sich kaum nachahmen. Peter Szondi ist mit einfachen Mitteln eine er-
freulich ausgewogene Zusammenfassung gelungen[29]. Wenn sie auch akribolo-
gische Ansprüche nicht immer befriedigen mag, so würden wir doch zugunsten
der häufigeren Verwendung einer solchen Darstellungsart gern auf die Gewal-
streiche der Horizontverschmelzung von einst und der jüngeren Manier der
Dekonstruktion verzichten. Dies alles kann hier nur insoweit interessieren,
als der Grad der Mißdeutung immer auch eine Funktion des Vermögens zur

24 Vgl. HF, S. 7.
25 Vgl. E.Rothacker, Logik und Systematik der Geisteswissenschaften, Bonn
     1948[2], S. 126, 129.
26 Vgl. HF, S. 325.
27 Vgl. ebd., S. 93 f. (§ 18).
28 Ebd., S. 93 (§ 17, Zus. 5).
29 P.Szondi, Einführung in die literarische Hermeneutik (Studienausg.d.Vorl.,

Traditionsanamnese ist. Wer mit der mentalistischen Tradition der Ansiedlung der logischen Operationen auf der Referenzebene sprachfreier reiner Denkprozesse vertraut ist, wird verwundert sein, wie leichthin Kimmerle seinerzeit konstatieren konnte, daß Schleiermacher sich allmählich von dem "sachlich so entscheidenden Grundgedanken der Identität von Denken und Sprache" abgewendet habe[30]. Wenn dieser nun nicht müde wird zu betonen, daß es zwar Gedanken "in verschiedenen Graden der Bekleidung" durch Worte gebe, aber "gar kein Denken ohne Sprache" und "keinen Gedanken ohne Wort", da niemand denken könne ohne Worte und das Denken erst durch innere Rede fertig werde [31], dann schlägt er sich voll und ganz auf die Seite der kopernikanischen Wende der Sprachphilosophie, die in der Regel mit den Namen von Hamann, Herder und Humboldt verknüpft wird[32]. Die These von der "Einheit von Sprechen und Denken" ist der Hauptgedanke, der nicht abgeschwächt werden sollte und der durch Schleiermachers Unterscheidung zwischen der in der Sprache niedergelegten identischen Konstruktion des Denkens, die auf der intellektuellen Funktion an und für sich und dem ursprünglich vor allem Denken gegebenen System der angeborenen Begriffe beruhe, und der in der ursprünglichen Differenz der organischen Eindrücke gegründeten Differenz und Relativität des Wissens, die sich in der Differenz der Sprachen ausdrücke [34], oder durch die "Anwendung der allgemeinen Regeln der Wohlredenheit" auf das laute Reden[35], die als Modifikation der inneren Rede verstanden werden könnte, nicht berührt wird[36].

Diesem Fall des Nicht-für-neu-Erkennens des Neuen entspricht das voreilige Für-neu-Erklären dessen, was bei Lichte besehen traditionell ist. Es war in Gestalt der Erstmaligkeitsemphase bereits vorgekommen. Hinter ihr steht die Überzeugung, daß Schleiermachers eigentliche Leistung die "Emanzipation der Hermeneutik aus ihrer Winkelstellung im Schatten der akkreditierten philosophischen Disziplinen"[37] gewesen ist. Vergessen ist die Selbstgewißheit,

Bd. 5), stw 124, Frankfurt/M. 1975, S. 155-91. - Ders., Schleiermachers Hermeneutik heute, in: Schriften II, stw 200, Frankfurt/M. 1978, S. 106-30.

30 Vgl. Kimmerle, a.a.O. (Anm. 23), S. 21.
31 Vgl. HF, S. 225, 399, 405, 76 f.
32 Daß diese Auffassung um 1830 zur herrschenden geworden war, dokumentiert der erste Satz des Hermeneutik-Artikels des Leipziger Theologen K.G.W.Theile: "Wenn sich das Sprechen zum Denken nicht bloß als Bedingtes, sondern zugleich als Bedingendes verhält, indem der Mensch laut der Erfahrung eben so wohl nur vermöge und vermittels des Denkens spricht, als er nur vermöge und vermittels des Sprechens denkt; wenn mithin das Wort, obwohl zunächst der Körper und Träger des Gedankens, durch welchen dieser erst sinnlich anschaubar und dadurch auch für Andre verständlich wird, doch denselben nicht bloß in das äußere objective Leben einführt, sondern auch des innern subjectiven Lebendig- und Klarwerdens einziger und nothwendiger Vermittler ist; wenn also nur im gegenseitig austauschenden Gebrauche der Sprache Grund und Bedingung aller bereits erstrebten und noch zu erstrebenden Bildung und Entwicklung zur Menschheit liegt: so ist die Praxis des Worte und Wörter Verstehens, deren Theorie Hermeneutik heißt, nicht bloß so alt, als die

mit der die ältere allgemeine Hermeneutik die Spezialprobleme der Bibelexe-
gese an die Theologie delegiert hatte. Clauberg etwa betont nachdrücklich,
daß es ihm bei der Frage, ob eine oratio integra für die hermeneutische
Analyse nur einen einzigen Sinn habe, einzig darum gehe, was darauf "ge-
neraliter" zu antworten sei: "nam de S. Scripturae sensu literali, mystico,
allegorico etc. agere Theologorum est"[38]. Dies klingt fast wie ein 'Silete,
Theologi, in opere alieno!'. Wie anders gerade Schleiermacher, der sich aus-
gedehnte Applikationen auf das Neue Testament in seinen Vorlesungen schon
von seiner akademischen Aufgabenstellung her nicht versagen durfte.

Die Versuche einer Bestimmung der historischen Stellung der Schleiermacherschen Hermeneutik haben inzwischen zu so etwas wie einer interpretatorischen Typik gefunden. Man begräbt, was man durch Schleiermacher für
erledigt hält, unter Vergleichgültigung[39] oder man kontrastiert Autoren über
ihre Einbettung in große idealtypische Oppositionen, wie Rationalismus und
transzendentaler Idealismus. Im letzteren Fall geht es gar nicht mehr darum,
ob aus dem Text von Chladenius jener unerschütterliche Glaube an die "Inva-
rienz der diskursiven Vernunft" und an "ewige Sätze der allgemeinen ratio"
spricht, den Frank ihm zuspricht"[40], sondern um das mehr oder weniger
phantasievolle Ausmalen einer kaum authentisch zu nennenden Rationalismus-
vorstellung[41]. Auf dem Gegenpol ist das Transzendentalitätsvokabular, durch
das man die Leerformel von der 'transzendentalen Wende in der Hermeneutik'
zu füllen versucht, größtenteils entbehrlich[42]. Transzendentale Analyse oder

---

Menschheit selbst, sondern auch aller Menschheit Quelle und Grundlage."
(Allgemeine Encyklopädie d. Wiss. u. Künste, hg. v. J.S.Ersch u. J.G.
Gruber, 2.Sekt., 6.Teil, Leipzig 1829, S. 300.).

33 HF, S. 77.

34 Vgl. HF, S. 446, 460-3.

35 Vgl. HF, S. 343, aber auch 399-401.

36 Es ist bezeichnend, daß Kimmerle, um den "inneren Hergang im Geist und
Gemüt des Komponierenden" als Prozeß des "Heraustretens eines inneren
Denkens in die äußere Sprache" deuten zu können, just Schleiermachers
Zusatz, daß "gedacht aber nicht werde ohne Worte", unterdrücken muß
(vgl. HF, S. 325 f. mit H.Kimmerle, a.a.O., S. 23). – Zur Kritik dieser
Auffassung vgl. M.Frank, Das individuelle Allgemeine, Frankfurt/M. 1977,
S. 169 f.

37 W.Hamacher, Hermeneutische Ellipsen, in: U.Nassen (Hg.), Texthermeneutik
(UTB 961), Paderborn 1979, S. 114. – Ähnlich P.Szondi, Einführung in
die literarische Hermeneutik, S. 161.

38 Cf.J.Clauberg, Opera omnia philosophica, Amsterdam 1691, p. 853 (Logica
vetus et nova, p.3, c.8, § 45).

39 Szondi genügt einmal zur Charakteristik der frühneuzeitlichen Hermeneutik
der Satz: "Die Lehre von der Auslegung erstarrt zur Sammlung von Regeln." (Schriften II, S. 108.).

40 Vgl. HF, S. 12 f., 23.

41 Frank drapiert sein Konstrukt der transhistorischen ratio mit stark ver-
fremdeten Traditionsrelikten aus dem Arsenal der philosophischen Allge-
meinbildung: aus den nie für die Hermeneutik in Anspruch genommenen
rationes aeternae werden dann die ewigen Sätze der ratio, die loci
communes der altprotestantischen Dogmatik werden zu einem "transhisto-

Konstitution im strikten Sinne wird man als hermeneutische Verfahrensweisen bei Schleiermacher nicht nachweisen können. Die grammatische und technische Auslegung hatten für ihn gerade nicht den Charakter einer apriorischen Konstruktion[43]. Anders bei Ast, der das alte modistische Schema einer Herleitung des Formenkanons der Grammatik aus der Ontologie über die durch modi intelligendi vermittelte Korrespondenz von modi essendi und modi significandi [44] durch seine[45] Kardinalthese, alles Sein sei für den Geist nur, insofern der Geist es setze, konsequent transzendentalisiert. Wo einfache Kontrastierungen nicht weiterhelfen, operiert man mit negativen Kontinuitäten. Dann gibt es rationalistische Rezidive innerhalb des Idealismus. Wenn freilich das Bild der rationalistischen Hermeneutik mit Fug als bloße Projektion gelten kann, hätte man damit nur eine Metathesis vollzogen. Man ließe Exponenten einer idealistischen Hermeneutik auf etwas zurückfallen, was man selbst zuvor in den Raum projiziert hat, in dem man den Rationalismus vermutet. Daß alles Verstehen und Auffassen eines Anderen schlechthin unmöglich sei "ohne die ursprüngliche Einheit und Gleichheit alles Geistigen und ohne die ur-

risch invarianten Regelsystem von dogmatischen Verständnisschematen, deren Bedeutung ein für allemal (nämlich ewigerweise) instituiert" ist (vgl. M.Frank, Das individuelle Allgemeine, S. 149), Spinozas "species quaedam aeternitatis", konzipiert innerhalb eines Systems, für das es in der Natur der Dinge überhaupt nichts Kontingentes gibt, dient zur Illustration von Asts Glauben an die Unwesentlichkeit "all jener individuellen Züge, die ... auf der Kippe zum Nichtsein stehen" (HF, S. 23), der euklideische "mos geometricus" der synthetischen Methode wird zu einem Synonym für die Transhistorizität der natürlichen Vernunft, die ihrerseits ein Substitut für die "Transhistorizität" des Heiligen Geistes in der orthodox protestantischen Hermeneutik ist (Das individuelle Allgemeine, S. 150).

42 Seit Kimmerle Schleiermachers Selbstdistanzierung von den "gewöhnlichen Formeln der Transzendentalphilosophie" in Erinnerung gebracht hat (vgl. H.Kimmerle, Das Verhältnis Schleiermachers zum transzendentalen Idealismus, in: Kant-Studien 51 (1959/60), S. 410 ff.), sind die Gegensätze zwischen Schleiermacher und dem klassischen transzendentalen Idealismus zunehmend deutlicher geworden. Szondi nennt Diltheys lebensphilosophische Interpretation Kants, die es diesem ermöglicht hatte, auch bei Schleiermacher das "Verfahren der deutschen Transzendentalphilosophie" zu finden, "problematisch genug" (vgl. P.Szondi, Einführung in die literarische Hermeneutik, S. 136). Weshalb M.Frank, der in dem Umschlag des Transzendentalen ins Transzendente bei Schleiermacher eine "wirkliche Subversion des subjektphilosophischen Paradigmas der Neuzeit" sieht (vgl. Das individuelle Allgemeine, S. 114), an der Formel von der transzendentalen Wende festhält, ist unverständlich. Wenn sie nicht einmal mehr eine Wende zum Subjekt besagt, ist sie gänzlich zur Leerformel geworden. Hamacher steht in Kenntnis meiner Wende-Skepsis weiterhin zu seiner einstigen Engführung von Transzendentalidealismus und Schleiermacher (vgl. W.Hamacher, a.a.O., S. 113 f., 129 f., 134 ff.).

43 Vgl. HF, S. 172. - In die Manier solcher Konstruktion fällt M.Frank immer dann, wenn er mit der modernen Linguistik die Grammatik zum "System der die Menge aller Sprachverwendungen einer historisch-gegebenen Sprache von ihrem morphonologischen Aufbau bis in ihre Bedeutungsschemate (Semantik) und Verknüpfungspläne (Syntaktik) hinein formal bestimmenden Regeln" macht und in ihr als einem semiotischen Regelgesamt die "Seinsinterpretation verschiedener Subjekte wie verschiedener Gruppen

sprüngliche Einheit aller Dinge im Geiste"[46] , ist so vor Ast nicht gesag
worden. Und was gäben die Verächter des Rationalismus darum, wenn si
aus einem rationalistischen Autor Schleiermachers Satz beibringen könnten
"Ist die Vernunft dieselbe, so ist auch das System der angeborenen Begriff
dasselbe, dessen Sitz sie ist"[47] .

Szondis von Birus aufgenommener Satz, mit Schleiermacher beginne "ideen-
geschichtlich gesehen, nichts Neues"[48] , läßt sich nur dadurch gegen historische Einwände absichern oder auch in seiner Geltung beschränken, daß mar
den Horizont, in dem man Älteres ansiedelt und Neues erwartet, weit genug
faßt, um den durch ihn eröffneten Schauplatz zum Austragungsort aller kon-
trastiven Begrenzung von positionellen Geltungsansprüchen machen zu können.
Szondi hatte nur sagen wollen, Schleiermachers Entwurf der Hermeneutik se
"gesättigt mit den Erkenntnissen und Erfahrungen der vorausgehenden Jahrzehnte" [49]. Enger kann der Horizont schwerlich gewählt werden. Aber auch
die Hereinnahme des rationalistischen Repoussoirs oder der protestantischen
Tradition erweitert ihn nicht bis zu jenem Fluchtpunkt, an dem sich die allgemeine Hermeneutik des 17. Jahrhunderts gern orientiert hat, sofern sie sich
vorgesetzt hatte, das Werk zu vollenden, das Aristoteles nur in seinen ersten
Umrissen skizziert hatte. An der Kommentation eines einzigen Kanons der Einleitung von Schleiermachers Hermeneutikvorlesung soll darum andeutungsweise
gezeigt werden, wie sich die hermeneutische Tradition zur Erläuterung seiner
hermeneutischen Grundsätze ins Spiel bringen läßt.

Kanon 4 der Einleitung lautet: "Das Reden ist die Vermittlung für die
Gemeinschaftlichkeit des Denkens, und hieraus erklärt sich die Zusammenge-
hörigkeit von Rhetorik und Hermeneutik und ihr gemeinsames Verhältnis zur
Dialektik.[50]"

Ohne den Zeichenbegriff zu verwenden, handelt dieser Kanon von der Zei-
chenverwendung in der sprachlichen Kommunikation von Sprecher und Hörer

---

von Subjekten kodiert" sein läßt. Schleiermachers Unterscheidung von
sprachlicher und logischer Verwandtschaft (vgl. HF, S. 143 ff.) sowie
sein Festhalten an der "Identität unserer Weltverhältnisse" bei aller
Differenz der Sprachen (a.a.O., S. 151) werden von Frank zugunsten der
Rückbindung der Dialektik an das grammatische System und der Umdeu-
tung des "Sprachkreises" zur intersubjektiven Manifestation einer von
Subjekten inaugurierten Weltdeutung (einer sprachlich verfaßten Welt-an-
schauung" überspielt (vgl. Das individuelle Allgemeine, S. 131, 160).
44 Aus der umfangreichen Literatur zur "Grammatica speculativa" nenne ich
nur: J.Pinborg, Die Entwicklung der Sprachtheorie im Mittelalter, Münster
1967. – G.L.Bursill-Hall, Speculative Grammars of the Middle Ages, Den
Haag 1971.
45 Vgl. F.Ast, Grundlinien der Grammatik, Hermeneutik und Kritik, Landshut
1808, S. 86.

46 A.a.O., S. 168.
47 HF, S. 462.
48 Vgl. P.Szondi, Einführung in die literarische Hermeneutik, S. 135. – H.Bi-
rus, Hermeneutische Wende? Anmerkungen zur Schleiermacher-Interpretation,

und gehört damit nach neueren Einteilungen der Semiotik zur Pragmatik. Leider kennt Karl-Otto Apel, der Hauptanwalt der Transzendentalpragmatik in
der deutschen Szene, Schleiermachers Hermeneutik nur als das "Schleier-
macher-Dilthey-Postulat des identischen Nachverstehens"[51] . Wer dagegen mit
der semiotischen Tradition ein wenig vertraut ist, weiß, daß sich der prag-
matische Grundzug der aristotelischen Semantik in der Theorie des Triviums
bis weit in die Prämoderne erhalten hat. Am eindringlichsten hat wohl Sim-
plikios die Mittlerfunktion der Rede in der methodischen Einleitung zu seinem
Kommentar zur aristotelischen Kategorienschrift beschrieben. Als μεσότητες
zwischen den νοήσεις des Lehrenden und Lernenden setzen die φωναί im Hörenden Gedanken in Bewegung, die den das Sprechen bewegenden ähnlich sind
und stiften so ὁμόνοια und identischen Sachbezug[52] . Etwas schlichter läßt
Rudolf Agricola das Proömium seiner Dialektik beginnen: "Oratio quaecunque
de re quaque instituitur, omnisque adeo sermo, quo cogitata mentis nostrae
proferimus, id agere, hocque primum et proprium habere videtur officium,
ut doceat aliquid eum qui audit" [53] . Die mittelalterliche Wissenschaftslehre
hatte die Trivialdisziplinen der Grammatik, Logik oder Dialektik und Rhetorik aus verschiedenen Blickrichtungen auf den sermo humanus hervorgehen
lassen:"... in sermocinalibus non est ordo subiectorum nisi per diversas con-
siderationes sermonis ..." [54] . So ist es auch noch bei dem Cartesianer Johannes de Raey, der seine Hermeneutik mit dem Satz eröffnet: "De interpretatione sive sermone inter homines ... diversis potest modis tractari, quate-
nus humani sermonis potest ac debet diversa consideratio esse" [55] . Viele
Jahrhunderte lang seien die Aristoteliker hinsichtlich des communis sermo mit
der traditionellen Dreiteilung der Betrachtungsweisen zufrieden gewesen. Eine
vierte consideratio sermonis ergibt sich erst, wenn ich mich sepositis verbis
auf den "verus rerum in se ipsis spectatarum intellectus" richte[56] . Die Rede
ist mit einer prägnanten Formel Kilwardbys ganz und gar Zeichen ("sermo
totaliter signum est")[57] , und zwar mit Agricola Zeichen dessen, was der
Sprecher im Sinn hat ("signum rerum, quas is qui dicit animo complectitur")[58] , adressiert an einen Hörer. Noch Vives sagt im Hinblick auf die vox

---

in: Euphorion 74 (1980), S. 222.

49 Szondi, a.a.O., S. 135 f.

50 HF, S. 76.

51 K.-O.Apel, Transformation der Philosophie, Frankfurt/M. 1973, Bd. 2, S.
387; vgl. S. 217, Bd. 1, S. 46 u.ö.

52 Cf. Simplicii in Aristotelis Categorias commentarium, ed. C.Kalbfleisch
(CAG 8), Berlin 1907, p. 12, 24 - 13, 9.

53 Rodolphus Agricola, De inventione dialectica libri omnes, Köln 1523/Frank-
furt/M. 1967, p.1.

54 Robert Kilwardby, O.P., De ortu scientiarum, ed. A.G.Judy, London 1976,
p. 216 (n. 635).

55 Johannes de Raey, Cogitata de interpretatione, Amsterdam 1692, p.1.

56 Cf., op.cit., p. 5,7,15.

57 Op.cit., p. 160 (n. 468).   58 Agricola, l.c.

significativa: "Est autem significare signum facere, indicare aliquid alicu

... Diffiniamus vocem significantem, ut sit communis nota, qua inter se ali-

qui aliis notiones suas explicant, idem quae mente concipiunt"[59] . Schon zu

Beginn der Scholastik standen sich zwei Akzentuierungsmöglichkeiten der Mit-

teilungsbeziehung gegenüber, als deren Ahnherren Petrus Abaelard Aristo-

teles und Priscian ansieht. Dieser habe das Signifikativsein des Sprechens

als Manifestation des intellectus proferentis verstanden, jener als Hervor-

bringung von Verständnis im Hörer. Sprachliche Ausdrücke bedeuten

im letzteren Sinne.[60] Aristoteles beschreibt das σημαίνειν τι der ὀνόματα in

Peri hermeneias I,3 so: ἵστησι γὰρ ὁ λέγων τὴν διάνοιαν, καὶ ὁ ἀκούσας

ἠρέμησεν [61]. In der knappen Form "Significare est intellectum constituere"

ist dieser Grundsatz in die "Flores parvi", ein weit verbreitetes mittelalter-

liches Kompendium von Aristoteles-Autoritäten, eingegangen[62]. Die Priscian ver-

pflichteten Grammatiktheoretiker haben an der Expressionstheorie der Bedeu-

tung festgehalten. "... gramatica non est de vocibus, nisi ut signa abilia

et expressiva conceptuum ...", sagt Johan Aurifaber[63] . Diese Doppelsinnig-

keit der Signifikation schlägt auf den Titel der aristotelischen Schrift zu-

rück. Abaelard versteht hermeneia (interpretatio) als Verständniskonstitu-

tion ("interpretari vocem non est rem assignare, sed intellectum aperire")[64],

andere deuten interpretatio als "vox signifikcativa per se articulata interiores

passiones manifestans"[65]. Aber noch Theodor Waitz hat den Titel "ἑρμηνεία";

den er sich mit "sprachliche Mittheilung" übersetzt, für angemessen gehalten.

"... sensu proprio ἡ ἑρμηνεία complectitur signa externa per quaecunque

exprimuntur et cum aliis communicantur quae animum afficiunt ..."[66].

Charakteristisch für das Schema in seiner älteren Ausbildung ist die Re-

zeptivität des Hörers. Erst in der Spätscholastik, etwa im "Conceptus"-Trak-

tat Pierre d'Aillys, wird die Rückübersetzung des Gehörten in eigenes Wissen

auch aus der Hörerperspektive analysiert. In Claubergs hermeneutischer Lo-

gik ist der Hörer und Leser als Analytiker und bonus interpres in eine ak-

tive Rolle hineingewachsen. Die Logik ist erfunden worden, "ut mentem huma-

nam ducat vel ad rectam formationem seu γένεσιν suarum cogitationum, vel

ad convenientes resolutiones seu ἀνάλυσιν alienarum"[67] . Sie ist auf der

---

59 Mit W.Risse, Logik der Neuzeit, Bd. 1, Stuttgart-Bad Cannstatt 1964, S.
   39, Anm. 171.
60 Vgl. Peter Abaelard, Philosophische Schriften. I. Die Logica 'Ingredienti-
   bus'. 3. Die Glossen zu Περὶ ἑρμηνείας, hg. v. B.Geyer (Beitr.z.Gesch.
   d.Ph.u.Th.d.MA XXI/3), Münster 1927, S. 307, 30 - 308, 18.
61 Aristoteles, De int. I,3, 16b20sq.
62 Cf. Les Auctoritates Aristotelis, ed. J.Hamesse (Philosophes médiévaux 17),
   Louvain 1974, p. 305 (n.6).
63 J.Pinborg, a.a.O. (Anm. 44), S. 226.
64 Abaelard, ed.cit., p.309, 27sq.
65 Franciscus Toletus, S.J., Commentaria una cum quaestionibus in universam
   Aristotelis logicam, Venedig 1597, f.103vb.
66 Aristoteles, Organon graece, ed. Th. Waitz, Leipzig 1844/Aalen 1965,

Sprecherseite genetisch, auf der Hörerseite analytisch. Was die äußere Rede so formen lehrt, daß der Intellekt sich in geeigneter Weise mitteilen kann ("ut cognita cum aliis apte communicet")[68] , nennt Clauberg den hermeneutischen Teil der genetischen Logik. Maßgebend für sie ist die Anpassung an den Hörer, "sic ut non quantum ipse tenes, nec quantum est in re, sed quantum auditor capere potest communices"[69] . Die analytische Hermeneutik lehrt den Sinn äußerer Rede verstehen und entspricht in ihrem Instrumentarium im wesentlichen dem Dannhauerschen Programm einer hermeneutica generalis. Ihre Aufgabe ist nicht interpretatio naturae, sondern "authorum (externo sermone cogitata sua nobiscum communicantium) interpretatio". Eine wesentliche Transformation dieses Kalkuls hat Chladenius vollzogen. Für Clauberg fallen Rolle und Funktion des Auslegers auf die analytische Seite. Chladenius setzt einem Schüler, der Verständnishilfen braucht, einen Ausleger gegenüber, der schon verstanden hat. Wie für Ernesti ist Auslegung nun eine facultas docendi. Auslegen ist "nichts anders, als jemanden die Begriffe beybringen, welche nöthig sind, eine Rede oder Schrifft vollkommen zu verstehen, oder verstehen zu lernen"[71] . Verstehen (intelligere) und Auslegen (interpretari) treten wie bei Ernesti[72] terminologisch auseinander. Der Abwertung des Analytikers zum verstehen wollenden Schüler entspricht die Aufwertung des bisher nur seine eigenen Gedanken mitteilenden Genetikers zum professionellen Ausleger fremder Rede und Schrift.

Weitere Transformationen nimmt Schleiermacher vor. Daß jeder Akt des Verstehens die Umkehrung eines Aktes des Redens ist, hätte auch Clauberg sagen können. Aber jetzt ist die von Melanchthon für insuffizient zur Ausbildung von Eloquenz gehaltene[73] und von Flacius so energisch gegenüber der Dialektik abgewertete Rhetorik zuständig für Redeakte schlechthin, während sie bei Clauberg nur "ad sermonem externum ... ornandum tropis ac figuris" diente und die Funktion der genetischen Hermeneutik nicht ersetzen konnte[74] . Diese wird von Schleiermacher als Verstehensanleitung oder subtilitas explicandi ganz aus dem Begriff der Hermeneutik ausgeschlossen. Verstehen und

---

Vol. 1, p. 323.

67 J.Clauberg, ed.cit., p. 779 (Logica vetus et nova, Proleg., c.6, § 106)
68 Op.cit., p. 780 (Prol., c.6, § 111).
69 Op.cit., p. 818 sq. (p. 2, c.1, § 13).
70 Op.cit., p. 843 (p. 3, c.1, § 2).
71 J.M.Chladenius, Einleitung zur richtigen Auslegung vernünftiger Reden und Schriften, Leipzig 1742/Düsseldorf 1969, S. 92 f. (§ 169).
72 Cf.J.A.Ernesti, Initia doctrinae solidioris, Leipzig 1776, p. 310 (Dialectica § 25).
73 Cf.Ph.Melanchthon, Opera quae supersunt omnia, ed. C.G.Bretschneider, Vol. 13 (CR 13), Halle 1846, col. 417, 451.
74 Cf.op.cit., p. 780 (Prol., c.6, § 112).

Auslegen fallen insofern wieder ineins, als sich das Auslegen von dem Verstehen "durchaus nur wie das laute Reden von dem innern Reden" unterschei-
deit[75] . Damit bleibt für die seit Flacius hermeneutisch abgewertete Einbeziehung der "ratio Auditorum"[76] auch in ihrer von Clauberg gegen die popu-
läre "interpretatio oratoria et ecclesiastica"[77] abgehobenen methodischen Gestalt kein eigener Aufgabenbereich übrig. Der bonus interpres ist in seine
alten Rechte eingesetzt[78] . Die Auslegung, die als akkomodierte Applikation
bis auf Gadamer niemals "das erste" war[78] , ist nun auch als akkomodierte
Gedankenvermittlung nicht mehr souveräne Auslegungsleistung, sondern selbst
nur Verstehensgegenstand und nur in dieser ihrer Inversion hermeneutisch
von Belang. Der Akt der sprachlichen Mitteilung muß deswegen in einen Verstehensakt umgekehrt werden, damit in das Bewußtsein des Interpreten
kommen kann, "welches Denken der Rede zum Grunde gelegen"[79] . Bei Chladenius verlor der Ausleger das Privileg des Besserverstehens, sobald sein
Schüler vollkommen verstanden hatte. Aber wo dort das "Amt eines Auslegers"
aufhörte[80] , fängt bei Schleiermacher erst die Aufgabe des nun seiner einstigen Schülerrolle im vorhinein entkleideten Hörers fremder Rede an: "die Rede
zuerst ebensogut und dann besser zu verstehen als ihr Urheber"[81] .

Diese knappe Skizze kann in diesem Rahmen nicht fortgeführt und auf andere Kanones ausgeweitet werden. Sie hätte ihren Zweck erfüllt, wenn sie
hätte deutlich werden lassen, daß Schleiermachers Entwurf einer allgemeinen
Hermeneutik jenseits aller ausdrücklichen Bezugnahme einen vielfältigen verborgenen Verkehr mit der Tradition unterhält und die Freilegung dieser Zusammenhänge ein Licht auf viele Einzelelemente seiner Gedankenführung wirft,
die sich sonst nur schwer in ihrer historischen Bedeutung bestimmen oder in
ihrem sachlichen Gewicht beurteilen ließen.

---

75 HF, S. 343.
76 Flacius, Op.cit., col. 681, 68.
77 Cf.Clauberg, op.cit., p. 781 (Prol., c.6, § 122).
78 Vgl. Gadamer, Wahrheit und Methode, S. 315.
79 HF, S. 76.
80 Chladenius, a.a.O., S. 93 (§ 171).
81 HF, S. 94.

NEUE TEXTGRUNDLAGEN ZU SCHLEIERMACHERS FRÜHER HERMENEUTIK

Prolegomena zur kritischen Edition

von **Wolfgang Virmond**

Vom Inhalt der beiden frühesten Hermeneutik-Vorlesungen Schleiermachers konnte man sich bisher nur aus seinem Notizheft eine vage Vorstellung bilden. Im folgenden soll das eigenhändige Manuskript zur ersten Vorlesung (Halle 1805), das nur zerteilt und mit unterschiedlichen (späteren) Datierungen zugänglich und damit als solches unbekannt war, rekonstruiert werden; von dem verlorenen Berliner Vorlesungsheft (1809/10) soll eine neuerlich aufgefundene Abschrift bekannt gemacht werden.

Schleiermachers ausgeprägtes Interesse an Selbstdokumentation kommt dem Editor und Interpreten entgegen. Nicht nur persönliche Zeugnisse – Tagebücher und Briefe – hat er sorgfältig archiviert, sondern auch seine Vorlesungs-Manuskripte möglichst lückenlos, wohlgeordnet und datiert als Elemente seines wissenschaftlichen Lebens verwahrt[1]. Wenn auch manches später durch Editoren, Biographen oder Archivare in Unordnung geriet oder gar abhanden kam, so ist doch meist eine Rekonstruktion der alten Ordnung, ja Auffindung des Verschollenen möglich[2].

Hat freilich Schleiermacher eine Vorlesung selbst zum Druck gebracht, so vernichtete er offenbar sämtliche Manuskripte: jedenfalls fehlen die zur En-

---

1 Ein wesentliches neues Element in Schleiermachers Hermeneutik ist die genetische Rekonstruktion des Werkes vom "Keimentschluß" über den "ersten Entwurf" bis zur Vollendung bzw. des Oeuvres vom frühen Versuch bis zum Alterswerk; in diesem Sinne war er sich selbst ein hermeneutischer Gegenstand.

2 Im Zuge der Vorbereitung der Kritischen Gesamtausgabe (KGA) Schleiermachers wurden nicht nur die Zettel zur Ethik von 1832, die der erste Herausgeber, A. Schweizer, mit der Sigle z bezeichnet hatte und die 1913 "nicht mehr auffindbar" waren (Schleiermacher: Werke. Bd 2, hg. O.Braun. Lpz. 1913, S. xvi), sondern auch ein der Vorbereitung der ersten Hallenser Ethikvorlesung dienendes, bislang unbekanntes Heft im Nachlaß A. Twestens gefunden, der selbst 1841 eine Ausgabe von Schleiermachers Ethik veranstaltet und diese beiden Manuskripte offenbar versehentlich unter seinen Papieren behalten hatte. – Im Archiv des Verlages W. de Gruyter, dem Nachfolger des Reimer-Verlags, tauchten bei der Durchsicht großer Pakete mit Predigtnachschriften unvermutet u.a. drei umfängliche Manuskripte zur Psychologievorlesung und ein Manuskript zur Vorlesung über Kirchliche Geographie und Statistik auf. – Über die jünst gefundene Abschrift eines verlorenen Hermeneutik-Manuskripts siehe unten. – Ein in der UB Jena gefundenes Blatt aus den Vorarbeiten zur Glaubenslehre von 1821/22 ist inzwischen gedruckt (KGA 1, 7, 3, S. 655–657); die andern Manuskripte werden innerhalb der KGA oder in begleitenden Veröffentlichungen erscheinen.

zyklopädie und zur Glaubenslehre[3]. Die Hermeneutik, deren Druck seit 180? geplant war, wurde erst 1838 aus dem Nachlaß veröffentlicht, und die Manuskripte sind nahezu vollständig erhalten[4].

Der erste Herausgeber, F. Lücke, hat sich 1838 auf das Ms. von 1819 und spätere Nachschriften gestützt; der zweite Editor, H. Kimmerle, hat 1959 die frühen Entwürfe erstmalig gedruckt und auf die Nachschriften verzichtet, - freilich hat er im Archiv mehrere Manuskripte mit fehlender oder ungenauer Datierung vorgefunden und darum eigne Datierungsvorschläge gemacht. 1966 ist H. Patsch in einem Beitrag "Zur Datierung der Hermeneutik-Entwürfe Schleiermachers" zu anderen bzw. genaueren Datierungen gelangt, die Kimmerle 1968 im "Nachbericht" zu seiner Edition und 1974 in der 2. Auflage derselben sich zueigen gemacht hat[5]. Er unterscheidet folgende Manuskripte (mit seiner Zählung, der heutigen Signatur im Schleiermacher-Nachlaß im Zentralen Archiv der Akademie der Wissenschaften der DDR, dem Umfang und den Datierungen in Kimmerles erster und zweiter Auflage):

Nr.	Sign.	Kurztitel	Bl.	Datierungen	
I	81/1	Notizheft "Zur Hermeneutik"	8	"1805 u. 09"	1805 u. 09/10
I'	81/2	"Exempel zur Hermeneutik"	1	ca. 1805	
II	82	"Erster Entwurf"	8	zw. 1810 u. 19	1809/10
II'	82	(Ohne Titel)	1	zw. 1810 u. 19	1810/11
II"	84	"Anwendung" (= [2]III')	2	zw. 1810 u. 19	1822
III	83,86	"Hermeneutik"	22	"1819" und "1828"	
IV	85	"Zweiter Theil"	4	zw. 1820 u. 29	1826/27
VI	83,85	Marginalien auf III u. IV		"1832/33"	

3 Nur zufällig hat sich - neben dem genannten Einzelblatt zur ersten Auflage der Glaubenslehre - das Manuskript zur zweiten Auflage von 1830/31 grossenteils(im Verlag de Gruyter sowie in verschiedenen Autographensammlungen) erhalten. - Eine erste Beschreibung der Schleiermacheriana im Archiv de Gruyter, bearb. von A.Arndt und W.Virmond, findet sich in: D. Fouquet-Plümacher u.a.: Aus dem Archiv des Verlages Walter de Gruyter. Bln., NY 1980 (Ausstellungsführer der UB der FUB 4), S. 103 - 127.

4 Das ist nicht selbstverständlich; der offenbar größere Teil der Manuskripte Hegels wurde noch 1889 im gegenseitigen Einverständnis der beiden Söhne (von denen der eine als Historiker bekannt ist) makuliert. Siehe die Beiträge von D.Henrich und W.F.Becker in: Zs. für philos. Forschung 35. 198, S. 585 ff., bes. S. 613. - Ein in der Autographensammlung der Kunstsammlungen der Veste Coburg zufällig erhaltenes Einzelblatt von Hegels im übrigen verlorenen Ästhetik-Manuskripten etwa ist durch L.Sziborsky mitgeteilt und erörtert in: Hegel-Studien 18.1983, S. 9–22.

5 F.Schleiermacher: Hermeneutik und Kritik mit besonderer Beziehung auf das Neue Testament. Aus Schleiermachers handschriftlichem Nachlasse und nachgeschriebenen Vorlesungen hg. von Friedrich L ü c k e. Berlin: Reimer 1838. (Sämmtliche Werke 1,7)
F.Schleiermacher: Hermeneutik. Nach den Handschriften neu hg. u. eingeleitet von Heinz K i m m e r l e. Heidelberg: Winter 1959 (= H K)

Eindeutig sind nur die Manuskripte III und VI von Schleiermachers Hand datiert; zur Datierung der übrigen soll Lückes Bericht von 1838 den Ausgangspunkt bilden.

Lücke[6] kannte nur drei Manuskripte, nämlich I, II und III. Ms. III von 1819 mit den Randbemerkungen von 1828 und 1832/33 hat er "samt allen Marginalien", tatsächlich aber mit einer Auswahl derselben, zum Abdruck gebracht. Ms. II (den "Ersten Entwurf") nennt er mit Bestimmtheit "drei Bogen stark" (S. viii). Diese Angabe ist heute nicht mehr ohne weiteres verständlich und blieb darum auch unbeachtet. Es handelte sich damals noch um aus der Bütte handgeschöpfte Papierbogen, die je nach Falzung 2 Blatt Folio (2°), 4 Blatt Quart (4°) oder 8 Blatt Oktav (8°) ergeben. Schleiermacher verwendete für Ms. II Bogen von ca. 42 × 35 cm und faltete sie doppelt, erhielt also je Bogen 4 Blatt Quart von ca. 21 × 17,5 cm. Zum Beschriften mußte das Papier an der Oberkante mit einem Messer o. dgl. getrennt werden, wodurch man 2 halbe Bogen (2 Doppelblätter) erhielt; diese konnte man nun ineinander liegend beschriften; man konnte sie aber auch einzeln verwenden oder durch Ineinanderlegen mehrerer Bogen stärkere Lagen von 8 oder 12 Blatt bilden, die lose blieben oder durch Fadenheftung gebunden wurden. - Das heutige Ms. II besteht nun aus zwei aufeinander folgenden (losen) Bogen ohne eine alte Blatt- oder Seitenzählung; der Text schließt am Ende von S. 16 mit dem Ende des ersten Teils, der grammatischen Interpretation, während Lücke berichtet, daß Schleiermacher bei der Behandlung des

(dazu:) N a c h b e r i c h t mit einem Anhang: Zur Datierung, Textberichtigungen, Nachweise. Heidelberg: Winter 1968
(Die in der Paginierung geänderte, zweite, verbesserte und erweiterte Auflage von 1974 wird hier nicht herangezogen)
Hermann P a t s c h: Friedrich Schlegels "Philosophie der Philologie" und Schleiermachers frühe Entwürfe zur Hermeneutik. Zur Frühgeschichte der romantischen Hermeneutik. In: Zeitschrift für Theol. u. Kirche 63. 1966, 434-472; dort S. 465-472: Exkurs. Zur Datierung der Hermeneutik-Entwürfe Schleiermachers.
6 Entgegen der Notiz Kimmerles in seinem Nachbericht 1968, S. 180 Anm. hatte Lücke nie Gelegenheit, Schleiermachers Hermeneutik zu hören. Als Repetent der Göttinger theologischen Fakultät hatte er 1816 seine "Akademische Einleitungsrede über das Studium der Hermeneutik des N.T. und ihrer Geschichte zu unserer Zeit, gehalten den 2ten November 1815" drucken lassen und sie im Herbst desselben Jahres (mit der Jahreszahl 1817) zusammengebunden mit seinem "Grundriß der neutestamentlichen Hermeneutik und ihrer Geschichte. Zum Gebrauch für akademische Vorlesungen" in Göttingen bei Vandenhoeck publiziert. Erst als Lücke 1816-18 als Privatdozent in Berlin lehrte, ergab sich eine persönliche (und sehr enge) Bekanntschaft mit Schleiermacher, der jedoch in diesen Jahren nicht über Hermeneutik las. Lücke selbst trug übrigens im WS 1816/17 "Die Hermeneutik des neuen Testaments und ihre Geschichte nach seinem Lehrbuch |...| 5mal wöchentlich" vor; die für das WS 1818/19 angekündigte Wiederholung kam nicht zustande, da Lücke am 23. 8. 1818 zum Ordinarius an der neuen Bonner Universität ernannt worden und Ende September dorthin abgereist war. Siehe F.Sander: D.Friedrich Lücke (1791-1855). Lebens- und Zeitbild aus der ersten Hälfte des Jahrhunderts. Hannover-Linden 1891.

zweiten Teils, der technischen Interpretation, noch 1819 und später "wieder
auf seinen ersten Entwurf zurückzugehen pflegte" (S. ix). Ms. II ist demnach
ein Fragment, von dem der – Lücke noch vorliegende – dritte Bogen mit der
Darstellung der technischen Interpretation fehlt.

Bei der Suche nach diesem fehlenden Bogen muß Ms. IV in die Augen
fallen, das einen Bogen umfaßt und den zweiten Teil, die technische Interpretation, behandelt. Kimmerle hat es (zusammen mit Ms. III) in einem Umschlag vorgefunden, auf dem Dilthey als Datierung 1830 notiert hatte; er
wollte es zwischen Ms. III von 1819 und die Akademiereden von 1829 setzen
und hat sich später Patschens Datierung auf 1826/27 angeschlossen, ohne
dies durch zwingende Gründe zu stützen.

Lücke hielt Ms. IV weder für ein spätes Manuskript – sonst hätte er es
zweifellos als Fortsetzung von Ms. III in seine Ausgabe aufgenommen[7] – noch
überhaupt für ein gesondertes Manuskript, denn er beschreibt es gar nicht.
Diese Tatsache würde sich zwanglos damit erklären, daß es sich tatsächlich
um den dritten Bogen des Ersten Entwurfs handelt, der erst später (vor oder
durch Dilthey) abgesondert wurde.

Diese Hypothese wird dadurch gestützt, daß das Papier von Ms. II und
IV nach Größe, Art und Wasserzeichen völlig übereinstimmt, beide also mit
höchster Wahrscheinlichkeit in derselben Epoche entstanden sind[8].

Auch läßt der Text selbst nicht an die Berliner zwanziger Jahre denken;
die unsichere, Stichworte und längere Ausführungen mischende Textform mit
Ordnungswörtern aus der akademischen Tradition (Gesez, Bestimmung, Erläuterung, Methode, Auflösung, Cautelen, Corollarium; HK 116–118) weist vielmehr in die frühe Zeit der akademischen Lehrtätigkeit, d.h. nach Halle. Zum
Vergleich bietet sich die Ethik-Vorlesung von 1804/05 an, die eine ähnliche
Textform mit Ordnungswörtern derselben Art, besonders auch den "Corolla-
rien", aufweist[9], während die Berliner Manuskripte meist durch einfache Pa-
ragraphenziffern gegliedert sind.

Versteht man Ms. IV als Fortsetzung von Ms. II, so ist damit die Vorlesung keineswegs komplett. Die technische oder Stil-Interpretation soll nämlich
die Eigentümlichkeit des Stils aufsuchen in "Composition und Sprachbehand-

---

7 was denn auch Kimmerle in seiner Edition S. 9 moniert
8 Nicht nur die Archivkunde, sondern auch die eigne Erfahrung jedes
  Schreibenden lehrt, daß der Papiervorrat nach einigen Monaten, allenfalls Jahren verbraucht ist und durch eine neue (heutigentags oft gleich-
  artige, damals aber in der Regel abweichende) Lieferung ersetzt werden
  muß, – wobei Reste ausnahmsweise auch später Verwendung finden können.
  – Die Gegenprobe zeigt, daß Schleiermachers spätere Manuskripte zur Hermeneutik und Kritik sämtlich auf anderen Papiersorten geschrieben sind.
9 F.Schleiermacher: Entwürfe zu einem System der Sittenlehre. Nach den
  Handschriften Schleiermachers neu herausgegeben und eingeleitet von Otto
  Braun. Leipzig: Meiner 1913 (Werke. Auswahl in vier Bänden. Bd 2), S.
  35–74.

lung" (HK 116 unten). Besprochen wird aber nur die "Auffindung der Eigenthümlichkeit in der Composition", und zwar unterteilt in zwei Aufgaben: 1. "die Idee des Verfassers als Basis" (HK 117) und daraus 2. "die Eigenthümlichkeit der Composition zu finden" (119).

Auf die hier fehlende Sprachbehandlung geht das kleinere Ms. II' ein. Die Suche nach der "Eigenthümlichkeit des Sprachgebrauchs" wird wiederum in zwei Aufgaben unterteilt: 1. "das Sprachgebiet des Schriftstellers" und daraus 2. "die Eigenthümlichkeit" zu bestimmen (HK 70 f).

Beide Manuskripte stimmen bis in die Wortwahl miteinander überein. Die zweite Aufgabe innerhalb der Komposition (Ms. IV) lautet:

"Zweite Aufgabe. Die Eigenthümlichkeit der Composition zu finden. Erläuterung. Sie ist erst das wahre subjective. Durch mehrere ganz verschiedene Ideen kann ein Schriftsteller seine Eigenthümlichkeit durchführen. [...] Auflösung. Es giebt zwei Wege, den der unmittelbaren Anschauung, und den der Vergleichung" (HK 119).

Innerhalb der Sprachbehandlung (Ms. II') lautet an entsprechender Stelle die zweite Aufgabe:

"Zweite Aufgabe. Die Eigenthümlichkeit aus dem Sprachgebiet zu bestimmen. Erläuterung. Sie ist erst die wahre Subjectivität. Sie kann bei einem durch mehrere Sprachgebiete durchgehn [...]. Methode zweifach. Unmittelbare Anschauung und Vergleichung" (HK 71).

Sieht man demnach - und der systematische Zusammenhang wie die Parallelität der Formulierungen lassen kaum eine andere Wahl - Ms. II' als die gesuchte Fortsetzung von Ms. IV an, so ist auch damit das Ende der Vorlesung noch nicht erreicht. Es schließt sich nämlich das kleine Manuskript II" ohne weiteres an, das - parallel zur grammatischen Interpretation - nun die "Anwendung der Kenntniß der Eigenthümlichkeit des Schriftstellers auf die Interpretation" behandelt und die Vorlesung entscheidend weiterführt; zu den letzten Stunden des Semesters sind uns freilich keine Aufzeichnungen erhalten.

Auch durch ihre auffälligen Gliederungsworte (Aufgabe, Erläuterung, Bedingung, Methode, Corollarium) werden die beiden kleineren Manuskripte II' und II" mit den beiden Manuskripten II und IV verknüpft; auch Kimmerle hatte sie ursprünglich dem Ms. II beigegeben und überdies zeigt die archivalische Überprüfung, daß auch das Papier ein völlig übereinstimmendes ist.

Nun bleibt noch ein einzelnes, nur einseitig beschriebenes Blatt, Ms. I', das ebenfalls dem Papier nach dazu gehört, ohne doch mit seinen drei "Exempeln zur Hermeneutik" weitere Anhaltspunkte zur Datierung zu bieten [10]. - Die genauere Untersuchung der Manuskripte im Archiv ergab jedoch anhand der unregelmäßigen zusammenpassenden Schnittkanten der Blätter zweifelsfrei, daß die drei kleineren Manuskripte II', II" und I' (in dieser Reihenfolge)

---

10 Siehe aber unten Anm. 19 und den zugehörigen Text.

ursprünglich einen Bogen bildeten, so daß wir damit über ein Vorlesungsma-
nuskript von insgesamt 4 Bogen (16 Bl.) auf einheitlichem Papier verfügen,
dessen Text im letzten Bogen nur bis Blatt 15 reicht, während auf Blatt 16
drei zum Thema gehörige Textbeispiele notiert sind.

Die Zuweisung dieses hypothetisch rekonstruierten Vorlesungsheftes (bestehend aus Ms. II, IV, II', II" und I') zu einem bestimmten Colleg ist nur
sehr einfach: da Ms. II" Datierungen von Mo. 2. Sept. bis Fr. 6. Sept. enthält, ist kalendarisch nur 1805 und 1822 möglich; wegen der schon genannten
Indizien, aber auch wegen des Titels ("Erster Entwurf") und des engen Zusammenhangs mit dem Notizheft von 1805 (Ms. I) bleibt nur das Hallenser
Sommersemester 1805 und damit die erste der angekündigten Hermeneutik-Vorlesungen.

Das Manuskript ist vermutlich von Schleiermacher darum nicht datiert,
weil der Titel "Erster Entwurf" zugleich eine Datierung bedeutet: er ist ein
wichtiger Terminus innerhalb der Hermeneutik und meint nicht etwa allgemein
einen vorläufigen unfertigen Entwurf, sondern präzis den frühesten, den
"ersten" Entwurf. Das legt es nahe, daß er zur ersten Vorlesung (von 1805)
gehört.

Warum sprach Lücke nicht vom "Ersten Entwurf" als einem vier Bogen
starken Manuskript? - Dieser vierte Bogen repräsentiert eine frühere Bearbei-
tungsstufe (zwischen Notizheft und Entwurf) und sollte für den Ersten Entwurf wohl noch ins Reine geschrieben werden; er beginnt denn auch mit einem Abschnitt über Stil und Popularität, der tatsächlich am Ende des dritten
Bogens in ausgearbeiteter Fassung erscheint; das - nach einem Leerraum -
Folgende schließt zwar thematisch an Bogen 3 (Ms. IV) an, mochte aber als
Vorstufe für die - nie zustande gekommene - Fortsetzung des Ersten Entwurfs
gelten und lag darum wahrscheinlich beim Notizheft von 1805 (Ms. I).

Dieses, das heute zwei Bogen umfaßt, nennt nämlich Lücke 1838 "etwa
drei Bogen" stark (S. viii); und dieses "etwa" läßt sich daraus erklären,
daß die beiden ersten Bogen zu einer Lage ineinander gelegt sind und der
dritte Bogen wohl schon damals zerteilt war, vielleicht auch das letzte Blatt
(Ms. I') gesondert lag.

Das Notizheft selbst (Ms. I) ist von Schleiermacher betitelt: "Zur Hermeneutik. 1805 u. 1809", wobei bis heute unklar ist, welche Teile zur Berliner
Vorlesung von 1809/10 gehören. Lücke glaubte, die Marginalien (Zuweisungen
einzelner Notizen zu den Teilen der Vorlesung) seien 1809 geschrieben. Dilthey in seiner Preisschrift von 1860 spricht von "einigen Blättern Notizen
[...], die er dann numerierte um daraus den ersten Entwurf seines Systems
zu bilden" [11]. Auch Kimmerle nennt die Marginalien "später hinzugefügte" (HK

---

11 Akademie der Wissenschaften der DDR, Zentrales Archiv, Nachlaß Dilthey

10), und erst Patsch hat erkannt, daß einerseits die Marginalien auch zum
Kolleg von 1805 gehören können, andrerseits die datierten Stundenprotokolle
auf den beiden letzten Seiten des Heftes im Jahre 1810 geschrieben sein
müssen (1966, S. 468 f.) – Daraus ergibt sich jedoch nicht, daß der gesamte
übrige Text 1805 notiert ist; die Entstehung des Heftes in Verbindung mit
dem "Ersten Entwurf" läßt sich weitaus genauer verfolgen, und es ist sinnvoll, mit den ersten brieflichen Zeugnissen zu beginnen.

Bereits in seinem ersten Semester als außerordentlicher Theologie-Professor
in Halle (1804/05) hat Schleiermacher eine Hermeneutik-Vorlesung geplant,
und zwar nicht eine allgemeine (philosophische) Hermeneutik, sondern eine
solche der heiligen Schriften. "Den Anfang will ich mit der Hermeneutica
sacra[12] machen, die hier so gut als gar nicht gelehrt wird", schreibt er
am 17.12.1804 an den Prediger Joachim Christian Gaß in Stettin, den er
gleichzeitig um Literaturangaben bittet. "Gern möchte ich doch im Sommer
die nöthigen Vorarbeiten dazu machen, ich meine nur die vorläufigen Studien
und den allgemeinen Entwurf"[13]. Gaß bestärkt Schleiermacher in diesem Plan
einer Hermeneutica sacra, die "längst aus den theologischen Disciplinen verschwunden und [...] in die geistliche Polterkammer geworfen" sei. "Da es
Ihnen nun hiermit ein Ernst ist, so werden Sie wohl selbst eine Hermeneutik
wenigstens als Entwurf aufsetzen müssen [...] so viel ich weiß, steht es mit
dieser Disciplin noch auf demselben Punkt, wo Ernesti und Semler es gelassen
haben". Gaß nennt noch Morus und Nösselt und fährt dann fort: "Gehen Sie
also vor allen Dingen zuerst an diesen Entwurf. Ihn drucken zu lassen, würde freilich sehr verdienstlich"[14].

133, Bl. 63; in der infolge zahlloser willkürlicher Eingriffe nur eingeschränkt verwendbaren Edition durch M.Redeker (in Dilthey: Gesammelte
Schriften Bd 14. Göttingen 1966) auf S. 685.

12 Das "sacra" hat Schleiermacher über der Zeile nachgetragen, wie um sich
zur (theologischen) Disziplin zu rufen. Die Ethik hatte er zum vorhergehenden Semester als zweisemestrigen Kurs (philosophische und christliche
Ethik) angekündigt. Ähnlich hat er später (1814) die allgemeine Hermeneutik und die des Neuen Testaments (innerhalb eines Semesters) getrennt
vorgetragen. Eine "allgemeine" (philosophische) Hermeneutik hat er nur
1809/10 gelesen, als er nicht durch eine theologische Professur gebunden
war.

13 Fr. Schleiermacher's Briefwechsel mit J. Chr. Gaß. Hg. W. Gaß. Berlin:
Reimer 1852, S. 6 f. – Die Briefe a n Gaß, früher im Besitz der
Preußischen Staatsbibliothek Berlin, sind erhalten in der Biblioteka Jagiellońska in Kraków und werden grundsätzlich nach den Manuskripten
(unter Angabe der Seitenzahl des Drucks) wiedergegeben; für die freundliche Erlaubnis ist der Krakauer Bibliothek zu danken. Die Briefe v o n
Gaß sind nach dem Druck zitiert.

14 15.1.1805; Briefwechsel mit Gaß S. 9 f. – Übrigens hat neben Schleiermacher auch Prof. Stange für das Hallenser Sommersemester 1805 "die Her-

Schleiermacher geht auch unverzüglich an die Arbeit; schon am 3. Februar kann er melden: "Eine meiner Nebenbeschäftigungen ist jetzt Ernesti institutio interpretis [15] anzusehen, ob es wol möglich wäre darüber zu lesen. Schwerlich wird es gehn, die Ordnung komt mir gar zu wunderlich vor und Sie werden wol recht haben daß ich mir auch hier einen eignen Leitfaden schaffen muß. Damit aber werde ich wol nur sehr allmählig zu Stande kommen denn wenn es etwas rechtes werden soll: so müssen doch alle Principien der höheren Kritik, die ganze Kunst des Verstehens, der analytischen Reconstruction, hinein gearbeitet werden. Ich bin indeß ziemlich entschlossen im nächsten halben Jahre den Anfang zu machen, der freilich nur etwas sehr unvollkomnes sein wird. Schwerlich werde ich mit dem System gleich zu Stande kommen, und noch mehr wird es mir an einem recht tüchtigen Vorrath passender Beispiele fehlen" [16].

Offenbar hat Schleiermacher in dieser Zeit sein Notizheft "Zur Hermeneutik" angelegt, das mit kritischen Bemerkungen zu Ernestis Einleitung beginnt. Dort heißt es in § 4: "in bono interprete esse debet subtilitas intelligendi, et subtilitas explicandi", wie es für die Aufklärungshermeneutik selbstverständlich war, und Schleiermacher moniert in seiner ersten Notiz: "Eigentlich gehört nur das zur Hermeneutik was Ernesti Prol § 4 subtilitas intelligendi nennt. Denn die explicandi [...] ist wiederum ein Object der Hermeneutik". Bereits in der dritten Notiz stellt er der traditionellen Stellen-Hermeneutik ("ich verstehe alles bis ich auf einen Widerspruch oder Nonsens stoße") ein neues Programm gegenüber: "ich verstehe nichts was ich nicht als nothwendig einsehn und construiren kann. Das Verstehn nach der lezten Maxime ist eine unendliche Aufgabe". Es folgen verschiedenartige Notizen, oft unter Bezugnahme auf Ernesti oder Morus, und bereits auf S. 5 ein eigner Gliederungsentwurf: "Einleitung. Erklärung der Hermeneutik. Verringerung der Ernestischen. Erweiterung des Gebietes. Schwierigkeiten [...]". Dann wieder weitere ungeordnete Notizen bis zum Ende der Seite 7.

Nun war natürlich mit einem solchen Sammelsurium von Beobachtungen und Überlegungen für eine Vorlesung wenig anzufangen. Das Sommersemester (1805) rückte näher, die Gliederung war inzwischen klar, und so ging Schleiermacher die bisherigen 7 Seiten nochmals durch und schrieb auf den Rand die Zuweisung der einzelnen Notizen zur künftigen Einleitung, zum ersten oder zum zweiten Teil (Kimmerle hat diese Randbemerkungen mit

---

meneutik und Einleitung ins Neue Testament [...] nach Ernesti" angekündigt (Int.Bl. der Allgemeinen Literatur-Zeitung Halle 1805, Sp. 449).
15 Ernesti, Johannes August: Institutio interpretis Novi Testamenti. 4. Aufl. Hg. C.F.Ammon. Leipzig: Weidmann 1792. - Weiterhin studiert Schleiermacher von Samuel Friedrich Nathanael Morus: Super Hermeneutica Novi Testamenti acroases academicae. Bd. 1. Hg. H.K.A. Eichstädt. Leipzig: Köhler 1797.
16 Briefwechsel mit Gaß S. 13 f.

ediert). Ohne Zweifel ist aus diesen "vorläufigen Studien" im Notizheft der bereits am 17.12.1804 geplante "allgemeine Entwurf" entstanden, ein Vorlesungsheft, das in knappster Form die Hauptthesen und Stichworte des Kollegs enthalten mußte: es ist offenbar das Manuskript II mit dem Titel "Hermeneutik. Erster Entwurf".

Der enge Zusammenhang zwischen dem Entwurf und dem Notizheft ist längst erkannt: das eine ist (zunächst) aus dem andern entstanden[17]. Die zitierte Notiz von der "Verringerung der Ernestischen" Hermeneutik und der notwendigen "Erweiterung des Gebietes" lautet auf den ersten beiden Seiten des Entwurfs: "Die gewöhnliche [Hermeneutik] verbindet was nicht zusammen gehört und umfaßt also zu viel. Das Darlegen des Verstehens für Andere ist wiederum [...] Objekt der Hermeneutik. [...] Dagegen sagt sie zu wenig sofern sie auf fremde Sprache hinweist oder auf Stellen die in der eignen einer Uebersezung bedürfen. Ueber den großen Umfang des Mißverstehens auf jedem Gebiete".

Die Hallenser Vorlesung ist, wie gesagt, eine theologische, und so beginnt der Entwurf: "Ausgehn von dem beschränktesten Zwekke der Auslegung der h[eiligen] Bücher", um am Ende der ersten Vorlesungsstunde die "Nothwendigkeit einer allgemeinen Hermeneutik" zu postulieren. Mehrfach rückt Schleiermacher in den späteren Stunden eine "Anwendung auf das N. Test." ein, wie denn auch die künftigen Vorlesungen (seit 1819) "mit besonderer Beziehung auf das Neue Testament" gehalten wurden. Schon dieser äußere Umstand verbietet eine Datierung des "Entwurfs" auf 1809/10, da die in diesem Semester gehaltene Vorlesung eine philosophische war. Überdies hat Schleiermacher für die Vorlesung von 1809/10 - wie unten zu zeigen sein wird - ein eignes Manuskript angefertigt.

Es ist anzunehmen, daß der "Entwurf" zu Beginn der Vorlesung (20.5. 1805) allenfalls angefangen war und im Laufe des Semesters nach und nach weitergeführt wurde. Zog sich also vermutlich die Niederschrift über Monate hin, so blieb in dieser Zeit das Notizheft, von dem ja erst 7 Seiten beschrieben waren, weiter im Gebrauch, und zwar nunmehr parallel mit dem "Entwurf": die Gedanken und Lesefrüchte, die nicht oder nicht sofort im systematischen Entwurf Verwendung fanden, wurden weiterhin hier eingetragen entsprechend dem Gang der Vorlesung: zunächst solche zur grammatischen Interpretation (bis S. 11, drittletzte Notiz), dann solche zur technischen Interpretation (bis S. 13, fünfte Notiz).

Da auf S. 13, Notiz 2 die Jenaische Allgemeine Litteratur-Zeitung vom 2. 8.1805 zitiert ist, kann man den vorläufigen Abschluß des Notizheftes (und des Entwurfs) auf August 1805 datieren[18].

---

17 Patsch (Anm.5) S. 468: "Das Ms. II 'Hermeneutik. Erster Entwurf' geht, wie Zitate und gleiche Beispiele beweisen, auf Ms. I zurück".

Die Verwendung dieser Notizen im "Ersten Entwurf", und zwar im grammatischen (Ms. II) wie im anschließenden technischen (Ms. IV) Teil läßt sich durch Nebeneinanderlegen der Texte ohne weiteres verfolgen. Da dies für Ms. II (durch Patsch) bereits festgestellt ist, mögen zwei Hinweise zu Ms. IV genügen. Die 2. Notiz zur technischen Interpretation lautet: "Man muß den Menschen schon kennen um die Rede zu verstehen, und doch soll man ihn erst aus der Rede kennen lernen" (HK 44). In Ms. IV heißt es ebenfalls gegen Anfang: "Gramm. Nicht möglich ohne technisch. Techn. nicht möglich ohne grammat. Denn woher soll ich den Menschen kennen als nur durch seine Rede [...]?" (HK 113). – Kurz darauf heißt es im Notizheft: "Es giebt Etwas, was man erwartet sobald der Schriftsteller genannt wird ohne daß man den Gegenstand kennt"; in Ms. IV entsprechend, daß man "bei Kenntniß des Schriftstellers schon eine bestimmte Art und Weise erwartet".

Im August endet diese Zweigleisigkeit von Notizheft und Entwurf; von den als Fortsetzung beider anzusehenden Manuskripten II' und II" fällt das erste noch in den August, das zweite (es ist von Schleiermacher datiert) in die erste Septemberwoche. Diese Manuskripte stehen der Gattung nach zwischen Notizheft und Entwurf: der Beginn von Ms. II' ist noch die Vorstufe zum Schluß des Ms. IV, das weitere – besonders Ms. II" – verliert zunehmend den Notizencharakter und wird dem Entwurf ähnlicher, weshalb Schleiermacher sich denn auch offenbar eine Reinschrift als Fortsetzung des Entwurfs erspart hat.

Es sind noch zwei briefliche Zeugnisse zur Vorlesung überliefert. Am 13. Juni schreibt Schleiermacher an seinen Freund Ehrenfried von Willich: "Ich lese Hermeneutik, und suche was bisher nur eine Sammlung von unzusammenhängenden und zum Theil sehr unbefriedigenden Observationen ist zu einer Wissenschaft zu erheben welche die ganze Sprache als Anschauung umfaßt und in die innersten Tiefen derselben von außen einzudringen strebt. Natürlich ist der erste Versuch sehr unvollkommen da ich hier so gar nichts vor mir habe, und besonders fehlt es mir an einer tüchtigen Masse von Beispielen und Belegen, da ich mir nie etwas zu diesem Zwekke notirt habe, und auch nicht eher mit rechtem Erfolg sammeln kann bis ich das ganze System vor mir habe, was sich jetzt erst während des Lesens ordnet"[19]. Dies be-

---

18 In der Rezension von Th. Fr. Stange: Theologische Symmikta. T.1–3. Halle: Hendel 1802–1805 bemängelt der Rezensent (T.D., also – nach Karl Bulling: Die Rezensenten der Jenaischen Allgemeinen Literaturzeitung ... 1804–1813. (Claves Jenenses 11.) Weimar 1962, S. 88, Nr. 589 – Prof. Heinrich Adolf Grimm in Duisburg) die Deutung von Matth. 8,20 als Hinweis auf den Kreuzestod. "Auf diese Weise hat gewiß der Schriftgelehrte die Antwort nicht verstanden, und nicht verstehen können" (JALZ 2.1805, Sp. 227).

19 Akademie der Wissenschaften der DDR, Berlin, Zentrales Archiv, Schleier-

statigt die bisherigen Annahmen, nämlich zum einen, daß überhaupt ein
systematischer Entwurf (neben dem Notizheft) in Halle entstand, zum andern,
daß er erst im Laufe des Semesters Gestalt annahm. Am 6.9. heißt es dann
(an Gaß): "die Collegia neigen sich nun auch zum Ende und in vierzehn Tagen denke ich beide zu schließen. Die Hermeneutik ist diesmal noch sehr unvollkommen in der Ausführung gewesen; das war auch kaum anders möglich.
Aber die Idee und die Construction des Ganzen hat sich mir immer mehr bestätigt, je tiefer ich hinein gekommen bin". Vom selben Tag ist die letzte
erhaltene Aufzeichnung zur Vorlesung datiert (HK 75 f.): aus den beiden
noch folgenden Wochen (9.–20.Sept.) ist nichts überliefert und vielleicht
auch gar nichts niedergeschrieben. Das auf das letzte Manuskript (II") folgende Blatt (I') ist beschrieben mit drei "Exempeln zur Hermeneutik", wie
Schleiermacher sie im Brief vom 13.6. an Willich vermißt und künftig zu
sammeln sich vorgenommen hatte: "In Zukunft aber soll dies immer ein
Nebenzweck meiner Lectüre sein, und [...] so hoffe ich bis zur nächsten
Wiederholung dieses Collegii einen guten Apparat beisammen zu haben". Da
dieser Plan einer Sammlung nicht verwirklicht wurde, ist die Niederschrift
der drei Exempel noch im Sommersemester 1805 oder allenfalls bald danach
zu denken.

Die Wiederholung hatte Schleiermacher für 1807 geplant. Inzwischen war jedoch die Hallenser Universität geschlossen[20], und die Collegs, die er im selben Jahr in Berlin im Hinblick auf eine dortige Professur vortrug, waren
zunächst der antiken Philosophie, der philosophischen Ethik und der Politik,
daneben der theologischen Enzyklopädie und der Dogmatik gewidmet[21]. Erst
im WS 1809/10, immer noch vor Eröffnung der Berliner Universität, las er
zum zweiten Mal über Hermeneutik, und diesmal nicht als theologische, sondern als philosophische Disziplin. Hierfür war der unvollkommene, fragmentarische und allzuoft auf die Interpretation des Neuen Testaments Bezug nehmende Hallenser Entwurf ungeeignet: ein neues Vorlesungsheft mußte angelegt
werden. In der Tat schreibt er am 26.2.1810 an seinen ehemaligen Hallenser Schüler Karl Thiel: "Jezt lese ich Hermeneutik und christliche Sittenlehre und mache mir bei dieser Gelegenheit schon einen vorläufigen Entwurf zu

macher-Nachlaß 776, Bl. 42; geringfügig verändert in: Aus Schleiermacher's Leben. In Briefen. Bd. 2. 2. Aufl. Berlin: Reimer 1860, S. 26
f. - Der Akademie ist zu danken für die Erlaubnis, aus diesem Manuskript wie auch aus den Hermeneutik-Manuskripten zu zitieren (wobei sich
Abweichungen gegenüber Kimmerles Lesungen ergeben).
20 Zu Schleiermachers Wechsel von Halle nach Berlin siehe auch den Kongreßbeitrag von H.Patsch.
21 Siehe die Übersicht in: Rudolf Köpke: Die Gründung der Königlichen Friedrich-Wilhelms-Universität zu Berlin. Berlin: Schade 1860, S. 141.

künftigen Lehrbüchern" [22]. Dieser vorläufige Entwurf einer Druckfassung der Hermeneutik - nicht zu verwechseln mit dem Hallenser ersten Entwurf des Systems - hat sich leider nicht erhalten: Schleiermacher selbst hat ihn verschlampt. Im Jahre 1819 schreibt er an K.H. Sack: "Mir ist das Unglük begegnet mein hermeneutisches Heft verloren zu haben, das macht mir einen bedeutenden Strich durch die Zeit, da ich mir nun doch beim Lesen ein Neues anlegen muß, und leider nicht einmal dafür stehen kann daß es so gut wird als das Alte war" [23].

Im Jahre 1811 war das Heft noch vorhanden; am 28.3. plant Schleiermachers Schüler (und späterer Nachfolger) August Twesten ein "Studium seiner Hermeneutik, von der ich mir ein Heft borgen will"; am 17.5. liest er in diesem Heft; am 25.9. schreibt er an seinen Freund Christian August Brandis: "Seine im höchsten Grade interessante Hermeneutik hat er mir in seiner Handschrift gegeben und ich habe sie mir abgeschrieben" [24]. Diese Abschrift, von der Schleiermacher entweder nichts wußte oder an die er sich nicht erinnerte, hat sich erhalten. Sie besteht aus drei gehefteten und gezählten Lagen zu je 8 Blatt, also insgesamt 24 Blatt Quart, von denen das erste als Titelblatt dient und das letzte leer ist. Der Titel lautet mit erfreulicher Genauigkeit: "Die allgemeine Hermeneutik. Von Dr. Fr. Schleiermacher. Geschrieben im Winter 1809-10. (angef. den 24st. Nov. 09.)". Es ist ein ausgearbeiteter und vollständiger, so gut wie druckfertiger Text, gegliedert in "Einleitung", "Grammatische Seite der Interpretation", "technische Seite der Interpretation", "Schluß". Die Darstellungsform ist die aus den Berliner Vorlesungen - etwa der Hermeneutik von 1819 oder der Glaubenslehre - geläufige: numerierte Sätze (Paragraphen) mit eingerückten (kleiner zu druckenden), ggf. wieder numerierten Erläuterungen [25].

Bei der Ausarbeitung der 177 Paragraphen dieser allgemeinen Hermeneutik hat Schleiermacher sich nun erneut Notizen gemacht, und zwar wieder in jenem Hallenser Notizheft mit dem Titel "Zur Hermeneutik 1805 u. 09", das ja erst bis zur Mitte der Seite 13 beschrieben war, mithin noch 3 1/2 leere Seiten hatte. - Die Notiz auf der Mitte der Seite 13 ("Hugo Grotius nennt Parallelstellen coniuncta origine et loco") läßt sich nicht genauer datieren, sie mag als Lesefrucht irgendwann zwischen Herbst 1805 und Herbst 1809 ein-

22 Aus Schleiermacher's Leben. In Briefen. Bd. 4. Berlin 1863, S. 177. Dort versehentlich "Grammatik" statt "Hermeneutik". Das Manuskript des Briefes ist verschollen.
23 F.Schleiermacher: Briefe an einen Freund (K.H. Sack). Weimar 1939, S. 16.
24 C.F.G. Heinrici: D. August Twesten nach Tagebüchern und Briefen. Berlin: Hertz 1889, S. 160, 188, 205.
25 Staatsbibliothek Preußischer Kulturbesitz, Berlin, Nachlaß Twesten, Ergänzung 2, Mappe 3. - Für die Erlaubnis zur Wiedergabe ist der Bibliothek zu danken. - Siehe auch unten die Edition dieses Textes.

getragen sein; dann jedenfalls beginnt das neue Kolleg: "Am Anfang der
grammat. Interpret. noch einmal über die Wechselwirkung zwischen Grammat.
u. Hermeneutik". Tatsächlich spricht § 6 der Einleitung der Allgemeinen Hermeneutik vom "Wechselverhältniß" zwischen Grammatik und Hermeneutik. Die
nächste Notiz ("Jedes Verstehn einer gegebenen Rede gründet sich auf etwas
früheres von beider Art – vorläufige Kenntniß des Menschen vorläufige Kenntniß des Gegenstandes") ist aufgenommen im § 24: "Jede Rede oder Schrift ist
nur in einem größern Zusammenhange zu verstehn. 1. Entweder ich bin im
Studium des Schriftstellers begriffen, und bringe seine Kenntniß schon mit;
oder ich bin im Studium des Gegenstandes begriffen". Auch weiterhin folgen
die Notizen dem Gang der Vorlesung: S. 14, dritte Notiz beginnt die grammatische, S. 15 oben die technische Interpretation; ab 2. März sind mehrere
Eintragungen datiert. Am 9. März heißt es: "Object ein Unendliches, heraus-
greifen subjectives Princip"; entsprechend in der Allgemeinen Hermeneutik,
Teil 2, § 27: "Wenn man sich ein reines Object denkt, so ist es ein Unendliches der Darstellbarkeit. [...] Das Princip also wornach Einiges herausgenommen wird um das Ganze zu repräsentiren, ist ein subjectives". Die – hier
nicht darstellbare – Vielzahl der Übereinstimmungen läßt keinen Zweifel an
der Zusammengehörigkeit der letzten 3 1/2 Seiten des Notizhefts und der Allgemeinen Hermeneutik.

Wir haben also im Notizheft (Ms. I) die beiden ersten Hermeneutik-Vorlesungen Schleiermachers dokumentiert, zu denen als Ausarbeitungen einerseits
der Hallenser "Erste Entwurf" von 1805 (Ms. II und IV; auch II', II" und
I'), andrerseits die Berliner "Allgemeine Hermeneutik" von 1809/1810 gehören[26].

Eine schon im Manuskriptbestand auffällige Kontinuität von Schleiermachers Gedanken zur Hermeneutik zeigt sich darin, daß er, nachdem er vor
1819 seine Allgemeine Hermeneutik verloren hatte, für den Zweiten Teil (die
technische Interpretation) wieder auf den Entwurf von 1805 zurückgriff und
auf dessen Rand noch während der letzten Vorlesung von 1832/33 (also nach
fast einem Menschenalter) sich umfängliche Randbemerkungen notiert hat (Ms.
VI), die eine (irrige) späte Datierung auch des Grundmanuskripts nahe gelegt haben.

---

26 Die Dichte, ja Vollständigkeit der Überlieferung läßt keine Möglichkeit
   zu späterer Datierung des "Ersten Entwurfs". Die Folgerungen für das
   Verständnis der Entwicklung von Schleiermachers Hermeneutik müssen einer
   monographischen Behandlung vorbehalten bleiben.

Abschließend eine Liste der 9 Vorlesungsankündigungen mit den jeweils zuge
hörigen Manuskripten und Nachschriften. Schleiermacher hat 9 Hermeneutik
Kollegs angekündigt, und zwar mit folgenden Worten:

(1) 1805 (Halle, Theol. Fak., privatim): "Hermeneuticam horis III-IV. quater
docebit". - "Die Hermeneutik lehrt Hr. Prof. Schleiermacher". - 20.5.-20.9.
1805. - 34 Hörer.[27]

.Mss.: I (Notizheft) S. 3-13; II und IV (Erster Entwurf); II', II", I'

(2) 1809/10 (Berlin, als designierter Prof.): "Die allgemeinen Grundsätze der
Auslegungskunst Freitag und Sonnabend von 5 - 6. Anfang am 24. November."[28] - 24.11.1809-23.3.1810.

Mss: I (Notizheft) S. 13-16; "Die allgemeine Hermeneutik" (Abschrift Twestens).

(3) 1810/11 (Berlin, Theol. Fak.): "Hermeneuticam docebit binis per hebdoma-
nam horis". - "Hermeneutik [...] in 2 Stunden wöchentlich". - 14 Hörer [29]

(4) 1814 (Berlin, Philos. Fak.): "Elementa hermeneutices tradet quater per
hebd. h. V - VI. vespert." - (Theol. Fak.:) "Absoluta hermeneutice univer-
sali, hermeneuticen specialem Nov. Test. docebit bis p. hebd. V - VI
vesp." - - "Die allgemeinen Grundsätze der Auslegungskunst [...] viermal
wöchentlich von 5 - 6 Uhr." - "Die Hermeneutik des N. Testaments [...] nach
Beendigung der allgemeinen Hermeneutik [...] zweimal wöchentlich von 5 -
6 Uhr ". - 20.4.-16.7.1814. - 8 Hörer.[30]

---

27 Catalogus praelectionum in Academia Fridericiana per semestre aestivum
anni MDCCCV inde a die XIII. Maii instituendarum. Halae, Formis Hende-
lii. - Allgemeine Literatur-Zeitung (Halle), Intelligenzblatt, 6.4.1805 (Nr. 56,
Sp. 449). - Die Angaben zu Dauer und Hörerzahl folgen einer Auskunft des
Universitätsarchivs der Martin-Luther-Universität Halle-Wittenberg, dessen
Leiter Dr. H. Schwabe für seine besondere Sorgfalt zu danken ist.
28 Berlinische Nachrichten von Staat- und gelehrten Sachen (Spenersche Zeitung) v. 14.11.1809, S. 6 f. - Vgl. auch oben Anm. 21.
29 Index lectionum quae auspiciis Regis Augustissimi Friderici Guilelmi Tertii
in Universitate Litteraria Berolini constituta per semestre hibernum anni
MDCCCX a die XV. Octob. instituentur. Berolini, formis Jo. Frid. Starckii.
- Verzeichniß der von der hiesigen Universität im nächsten Winterhalbenjahre vom 15ten October an zu haltenden Vorlesungen. - Auch für die folgenden Semester sind die Angaben den entsprechenden Jahrgängen dieser
beiden Vorlesungsverzeichnisse (deren Titel sich geringfügig ändern) entnommen. - - Vgl. auch: Berliner Universitäts-Kalender auf das Schaltjahr
1812. Mit höherer Genehmigung aus officiellen Quellen hg. von Julius
Eduard Hitzig. Berlin: Hitzig (1811), S. 7: "Im Winterhalbenjahre 1810/
1811 sind wirklich gelesen worden: In der theologischen Facultät. Von
den ordentlichen Professoren. Hn Dr. Schleiermacher, d. Z. Decan. [...]
priv. Hermeneutik 30. Octbr. - 21. März". - Die Hörerzahl ist entnommen
Max Lenz: Geschichte der Königlichen Friedrich-Wilhelms-Universität zu
Berlin. Bd. 1, Halle 1910, S. 356.
30 Diese in der Literatur zur Hermeneutik - etwa bei Patsch S. 465 oder bei
G. Scholz: Die Philosophie Schleiermachers. Darmstadt 1984, S. 145 -
übersehene Vorlesung ist genannt bei M. Redeker: Friedrich Schleier-

(5) 1819 (Berlin, Theol. Fak.): "Privatim I. Hermeneuticen tam generalem quam N. T. specialem docebit quater p.h. hora VII – VIII. mat." – "Die Hermeneutik, sowohl im Allgemeinen als die des N. T. [...] in vier wöchentlichen Stunden von 7 – 8 Uhr".

Ms.: III ("Hermeneutik"). – Nachschrift von Ludwig Jonas.[31]

(6) 1822 (Berlin, Theol. Fak.): "Hermeneutices praecepta generalia ad interpretationem Novi Testamenti applicata tradet quater VIII – IX" – "Hermeneutik [...] in 4 wöchentlichen Stunden von 8 – 9 Uhr".

Nachschrift von Joh. Carl Heinr. Saunier[32]

(7) 1826/27 (Berlin, Theol. Fak.): "Privatim 1) Hermeneutices et critices praecepta docebit quinquies p. hebd. h. VIII – IX." – "Die allgemeinen Grundsätze der Hermeneutik und Kritik in besonderer Anwendung auf das N. T. [...] in fünf Stunden wöchentlich von 8 – 9 Uhr Morgens."

Nachschriften: von Heinrich Adolph Bötticher, Julius Braune und Jacob Sprüngli[33]

(8) 1828/29 (Berlin, Theol. Fak.): "Privatim 1) Principia hermeneutices et critices tradet h. VIII – IX. quinquies" – "Die Grundsätze der Auslegungskunst und der Kritik [...] in fünf wöchentlichen Stunden v. 8 – 9 Uhr".

Ms.: Marginalien zu Ms III; Nachschrift von Julius Albert Spangenberg[34].

---

macher. Leben und Werk. Berlin 1968, S. 259 und bei H.-J. Birkner: Schleiermacher als philosophischer Lehrer. In: Der Beitrag ostdeutscher Philosophen zur abendländischen Philosophie. Köln, Wien 1983, S. 50. – Von wann bis wann und mit wie vielen Hörern sie gehalten wurde, ergibt sich aus den Ministerialakten im Deutschen Zentralarchiv in Merseburg, die Frau Dr. Doris Fouquet-Plümacher dankenswerterweise für gegenwärtigen Zweck eingesehen hat. Eine vollständige Auswertung dieser Akten auch für die übrigen Vorlesungen Schleiermachers ist geplant.
31 Zentrales Archiv der Akademie der Wissenschaften der DDR, Berlin, Schleiermacher-Nachlaß (SN) 574. – Diese Nachschrift ist in der Literatur bisher (z.B. Kimmerle, Nachbericht, S. 4 Anm.) aufgrund fehlerhafter Lesung des Titelblatts ins Jahr 1829 datiert. Nur Patsch (Anm. 5), S. 470 hat – allerdings sehr versteckt – die korrekte Datierung gegeben.
32 SN 580/2. – Die Ermittlung dieser und anderer studentischer Vornamen war nur möglich durch die Hilfe des Universitätsarchivs der Berliner Humboldt-Universität und seines Leiters, Herrn Dr. Kossak.
33 SN 571 (Braune) und 572 (Bötticher). Die Nachschrift Sprünglis gehört dem Institut für Hermeneutik an der Theologischen Fakultät der Universität Zürich, dem für zeitweilige Überlassung dieser besonders wichtigen, aber kaum entzifferbaren Handschrift zu danken ist.
34 NS 573. Dieser (ungebundenen) Nachschrift fehlt eine Lage von 40 Seiten. Die Identifizierung dieses Fragments mit der von Lücke S. X genannten Nachschrift ist vorerst hypothetisch.

(9) 1832/33 (Berlin, Theol. Fak.): "Privatim 1) Principia hermeneutices et
critices generalia tradet et ad tractationem librorum novi foederis applicabit
quinquies p. hebd. h. VIII - IX." - "Die allgemeinen Grundsätze der Hermeneutik und Kritik und deren Anwendung auf das N.T. [...] fünfmal wöchentlich von 8 - 9 Uhr".

Ms.: VI (Marginalien z. Ms. III und IV); Nachschriften von F. Calow,
Philipp Leonhard Kalb und Ernst Henke[35].

---

35 NS 575, 546. - Universitätsbibliothek Marburg, Ms. 649. Der Bibliothek
ist für eine Kopie zu danken sowie dafür, daß sie die Handschrift für
die Berliner Schleiermacherausstellung 1984 zur Verfügung gestellt hat;
siehe Andreas Arndt u. W. Virmond: Friedrich Schleiermacher zum 150.
Todestag. Handschriften und Drucke. Berlin, NY: de Gruyter 1984 (Ausstellungsführer der UB der Freien Universität Berlin 11), Nr. 20 mit Abb.
einer der marginalen Bleistift-Porträtskizzen (S. 37). - Die der Handschrift angebundene Nachschrift Henkes "Schleiermacher über die Poesie.
(Schluß seiner Vorlesungen über Ästhetik. Berlin, im März 1833.)" ist
die einzige erhaltene Nachschrift zu dieser Vorlesung; in der jüngsten
Ausgabe von Schleiermachers Ästhetik (hg. Th. Lehnerer, Hamburg: Meiner
1984) ist sie nicht genannt.
Die in Lückes Edition S. X genannten Nachschriften sind somit allesamt
erhalten; unbekannt waren ihm die beiden frühesten (Jonas 1819 und
Spangenberg 1822) sowie Sprünglis Nachschrift von 1826/27.

SCHLEIERMACHERS BEGRIFF DER "TECHNISCHEN INTERPRETATION"

von Hendrik Birus

Fragt man nach einem grundlegenden Organisationsprinzip der Schleiermacherschen Hermeneutik, so ist dies die (bei allen Formulierungsvariationen konstante) Entgegensetzung zweier Weisen des Verstehens alles Gesprochenen oder Geschriebenen: ein Verstehen "aus dem Mittelpunkt der Sprache" und ein Verstehen "aus dem Mittelpunkt eines Künstlers" ("Zur Hermeneutik 1805" – HK 37 f.[1]); "Verstehen in der Sprache und Verstehen im Sprechenden" ("Erster Entwurf [1805]" – HK 56); Verstehen "als herausgenommen aus der Sprache" und "als Thatsache im Denkenden" ("Kompendienartige Darstellung von 1819" – HK 76); als "Zusammengeseztes aus der Sprache" und als "Zusammengeseztes durch den Menschen" ("Gesonderte Darstellung des zweiten Teils von 1826/27" – HK 113); "auf die objective Totalität der Sprache" oder "auf die Productivität des Autors gerichtet" ("Akademiereden von 1829" – HK 139). Dementsprechend unterscheidet Schleiermacher von Anbeginn zwei Seiten der Hermeneutik: die "grammatische Interpretation" und die – anfangs als "technische" bezeichnete – "psychologische Interpretation"[2]. Diese Gabelung läßt sich unschwer bis zu den zeitgenössischen Extrempositionen der strukturalistischen und der psychoanalytischen Textinterpretation verfolgen[3]. Wie freilich Roman Jakobsons linguistische Gedichtanalysen erst da interpretatorisch ertragreich werden, wo sie über eine bloße ('mechanische') Deskription phonologischer, syntaktischer und semantischer Äquivalenzklassen hinaus zu deren konkreter Funktion im Hinblick auf den Gattungscharakter und die thematische Einheit des analysierten Gedichts vordringen, und wie andererseits Freuds Literaturinterpretationen erst da ihre volle Stärke entfalten, wo sie (wie in der Analyse der "Witztechnik") auf gattungsspezifische, 'technische' Momente literarischer (oder auch subliterarischer) Texte statt auf die bloß hypothetische biographische Herleitung ihrer Inhalte zielen[4], so fungiert schon bei

---

1 Fr[iedrich] D[aniel] E[rnst] Schleiermacher: Hermeneutik. Nach den Handschriften neu hrsg. u. eingel. v. H.Kimmerle. Zweite, verbesserte u. erweiterte Aufl, Heidelberg 1974 (= Abhandlungen der Heidelberger Akademie der Wissenschaften. Philos.-histor. Kl., Jg. 1959, 2. Abh.) (künftig zitiert als HK); vgl. hierzu aber die Neudatierungen in Wolfgang Virmonds Kongreßbeitrag.
2 Vgl. HK 31, 56, 86/103 u.ö. Die Bezeichnung "psychologische" (statt "technische") "Interpretation" gebraucht Schleiermacher zunehmend seit der "Kompendienartigen Darstellung von 1819" (HK 77 u.ö.); in seinen letzten "Randbemerkungen von 1832/33" unterscheidet er terminologisch "die sprachliche und die gemüthliche Seite" der Hermeneutik (HK 159).
3 Vgl. hierzu besonders Manfred Frank: Das individuelle Allgemeine. Textstrukturierung und -interpretation nach Schleiermacher, (Frankfurt/M. 1977), u. ders.: Das Sagbare und das Unsagbare. Studien zur neuesten französischen Hermeneutik und Texttheorie, (Frankfurt/M. 1980) (=suhrkamp taschenbuch wissenschaft 317).
4 Vgl. demnächst meine (noch unpublizierten) Aufsätze "Grammatische Inter-

Schleiermacher schließlich die "technische Interpretation" als vermittelndes
Moment zwischen der "grammatischen" und der "rein psychologischen Seite'
(HL 154)[5] der Hermeneutik.

In seinem bahnbrechenden Aufsatz über "Schleiermachers Hermeneutik heute"
hat Peter Szondi mit sicherem Blick "Schleiermachers Lehre von der technischen Auslegung in die Nähe der modernen Poetik, wie sie etwa Valéry vertritt"[6], gerückt und als ihre Besonderheit hervorgehoben: "In der technischen Interpretation liegt die Betonung auf der techné, auf dem individuellen Stil als der besonderen Modifikation der Sprache und als der besonderen Kompositionsweise; in der psychologischen liegt sie auf dem Lebensganzen des Individuums"[7]. In der grammatischen Interpretation (so kann
man hinzufügen) liegt die Betonung dagen auf der "objective[n] Totalität der
Sprache" (HK 139, ähnlich HK 137). - Und Szondi hat zu Recht auf die
Schlüsselstelle aus Schleiermachers 1. Akademierede "Ueber den Begriff der
Hermeneutik, mit Bezug auf F.A. Wolfs Andeutungen und Asts Lehrbuch"
(1829) verwiesen, in der faktisch (obgleich noch ohne terminologische Fixierung) die einleuchtendste Begründung der "technischen Interpretation" gegeben wird und die hier um ihrer Prägnanz willen vollständig zitiert sei:

"Je mehr [...] ein Schriftsteller [...] in dieser oder jener Form dichtet und
arbeitet, desto genauer muß man diese kennen um ihn in seiner Thätigkeit
ganz zu verstehen. Denn gleich mit dem ersten Entwurf zu einem bestimmten
Werk entwikkelte sich auch in ihm die leitende Gewalt der schon feststehen-
den Form, sie wirkt durch ihre großen Maaße mit zur Anordnung und Ver-
theilung des Ganzen und durch ihre einzelnen Geseze schließt sie dem dichtenden hier ein Gebiet der Sprache und also auch einer bestimmten Modification von Vorstellungen zu und öffnet ihm dort ein anderes, modificirt also
im einzelnen nicht nur den Ausdrukk sondern auch, wie sich denn beides
nie ganz von einander trennen läßt, die Erfindung. Wer also in dem Geschäft
der Auslegung das nicht richtig durchsieht, wie der Strom des Denkens und
Dichtens hier gleichsam an die Wände seines Bettes anstieß und zurükk-
prallte, und dort in eine andere Richtung gelenkt ward als die er ungebun-
den würde genommen haben: der kann schon den inneren Hergang der Composition nicht richtig verstehen und noch weniger dem Schriftsteller selbst hin-

---

pretation. Die strukturalen Gedichtanalysen Roman Jakobsons" und "Hermeneutische Probleme der Freudschen Literaturinterpretation".
5 Friedrich Schleiermacher: Hermeneutik und Kritik, mit besonderer Beziehung
auf das Neue Testament. Aus Schleiermachers handschriftlichem Nachlasse
und nachgeschriebenen Vorlesungen hrsg. v. F.Lücke, Berlin 1838
(= Sämmtliche Werke, I. Abth., Bd. 7) (künftig zitiert als HL); die "Psychologische Auslegung" ist hier unterteilt in "Die psychologische Aufgabe
insbesondere" (HL 155-200) und "Die technische Aufgabe insbesondere" (HL
200-260). Hinsichtlich des "relativen Gegensazes zwischen psychol[ogisch]
und technisch" vgl. auch die "Randbemerkungen von 1832/33" (HK 163 ff.).
6 Peter Szondi: Schleiermachers Hermeneutik heute, in: Szondi: Schriften II,
Red. W.Fietkau, hrsg. v. J.Bollack u.a., (Frankfurt/M. 1978), S. 106-130
(ursprünglich unter dem Titel "L'herméneutique de Schleiermacher" in:
Poétique, H. 2 (1970) S. 141-155), hier S. 128.
7 Ebd., S. 126.

sichtlich seines Verhältnisses zu der Sprache und ihren Formen die richtige Stelle anweisen. Er wird nicht inne werden, wie der eine die sich in ihm schon regenden Bilder und Gedanken kräftiger und vollständiger würde zur Sprache gebracht haben, wenn er nicht wäre beschränkt worden durch eine mit seiner persönlichen Eigenthümlichkeit in manchen Conflict tretende Form; er wird den nicht richtig zu würdigen wissen, der sich an großes in dieser oder jener Gattung nicht würde gewagt haben, wenn er nicht unter der schüzenden und leitenden Macht der Form gestanden hätte, die ihn eben so wol befruchtete als bewahrte, und von beiden wird er den nicht genug hervorheben, der sich in der stehenden Form ohne irgendwo anzustoßen eben so frei bewegt als wenn er sie eben jezt erst selbst hervorbrächte. Diese Einsicht in das Verhältniß eines Schriftstellers zu den in seiner Literatur schon ausgeprägten Formen ist ein so wesentliches Moment der Auslegung, daß ohne dasselbe weder das Ganze noch das Einzelne richtig verstanden werden kann." (HK 135 f.)

Zweifellos ist dies literaturwissenschaftlich eine ungemein zukunftsweisende Konzeption. Und so kann es nicht verwundern, daß in den letzten Jahrzehnten wohl kein Teil der Schleiermacherschen Hermeneutik eine so intensive Rezeption erfahren hat wie der über die "technische Interpretation". Freilich auch keiner eine so widersprüchliche: und dies sowohl hinsichtlich der begrifflichen Abgrenzung der "technischen" von der "psychologischen Interpretation" und ihrer entwicklungsgeschichtlichen Deutung als auch hinsichtlich der Bestimmung ihrer eigentümlichen Leistung. Denn während Kimmerle eine allmähliche "Umbildung der technischen Interpretation zu einer psychologischen Interpretation" zu beobachten meint[8], mit dem Ergebnis, daß schließlich "die technische Interpretation [...] völlig durch die psychologische ersetzt" werde[9], gibt umgekehrt Gadamer der "psychologischen Interpretation" die Priorität und konstatiert eine "Neueinführung der technischen Interpretation" beim späten Schleiermacher, mit der dieser "innerhalb der individualisierenden psychologischen Situation selber ein Analogon zur grammatischen Interpretation anerkenn[e]"[10]. Dagegen erklärt Klaus Weimar die dem 2. Teil der Schleiermacherschen Hermeneutik gegebene Überschrift "Psychologische Auslegung" (HL 143) für einen Fehlgriff des postumen Herausgebers Lücke, da doch "die psychologische Interpretation nur ein Stadium der auf das Technische gerichteten und daher zu Recht 'technische' genannten Interpretation" sei und "das 'rein Psychologische', der verborgen bleibende Grund hörbarer Äußerungen [...] nur im Rahmen der technischen Interpretation eben dieser Äußerungen aus Gründen der Vollständigkeit interessier[e]"[11]. Ja, um

---

8 Heinz Kimmerle: Die Hermeneutik Schleiermachers im Zusammenhang seines spekulativen Denkens, Heidelberg, Phil. Diss. 1957 (Masch.), S. 6 f.
9 Ebd., S. 117, vgl. auch ebd., S. 112.
10 Hans-Georg Gadamer: Das Problem der Sprache in Schleiermachers Hermeneutik, in: Gadamer: Kleine Schriften III: Idee und Sprache. Platon, Husserl, Heidegger, Tübingen 1972, S. 129-140, hier S. 139.
11 Klaus Weimar: Historische Einleitung zur literaturwissenschaftlichen Hermeneutik, Tübingen 1975, S. 126 f. (Anm. 167) u. 128, vgl. auch ebd., S. 124.

die Konfusion komplett zu machen, spricht Szondi höchst salomonisch sowohl
von einem späteren "Übergang von der technischen zur psychologischen Interpretation [...] - einem Übergang, der streng genommen eine Akzentverschiebung ist, denn auch der späte Schleiermacher kennt den Begriff der technischen Interpretation", als auch, daß die "technische Interpretation [...]
ein Teil der psychologischen ist oder gar sie selbst - die Terminologie
schwankt"[12] . - Und diese Uneinigkeit betrifft nicht minder die Bedeutung
der "technischen Interpretation" selbst. Etwa interpretiert sie Emilio Betti
in seiner monumentalen "Teorìa generale della interpretazione" im Sinne einer
"technisch-morphologischen Auslegung" (etwa in der Art von Wölfflins "Kunst-
geschichtlichen Grundbegriffen"), die das einzelne Kunstwert als "Lösung
eines morphologischen Problems" nachzukonstruieren sucht[13] , und feiert
Schleiermacher als den "Autor, der in der hermeneutischen Theorie erstmals
die ganze Problematik der sogenannten technischen Aufgabe der Auslegung
einer tiefschürfenden Analyse unterzog"[14] . Andererseits wird die "technische
Interpretation" in E.D. Hirschs "Validity in Interpretation" ganz im Sinne
von dessen Konzeption des 'Genre' als des Zwecks einer sprachlichen Äußerung ausgelegt und Schleiermacher das "Verdienst, als erster die grundsätzliche Bedeutung des Genres aufgezeigt zu haben", zugesprochen[15] . Polemisch
gegen Bettis wie gegen Hirschs 'Objektivismus' gerichtet, hat dagegen
Manfred Frank besonders den "individualistische[n] Relativismus der technischen Interpretation" hervorgehoben[16] - gerade Schleiermacher zufolge sei
deren Objekt, "der Stil [...] das irreduzibel Nicht-Allgemeine des
Textes"[17] - und Hirschs 'Genre-Konservatismus' entgegengehalten, daß Schleiermachers "hermeneutisches Interesse sich [...] deutlich auf die Umbruchs-
und Konstitutionsmomente dieser Formen, d.h. auf die Inventionen und
Transformationen der Genres konzentrier[e]", weniger hingegen "auf das be-

---

12 Peter Szondi: Schleiermachers Hermeneutik heute, a.a.O., S. 126 u. 117;
entsprechend auch Peter Szondi: Einführung in die literarische Hermeneutik, hrsg. v. J.Bollack u. H.Stierlin, (Frankfurt/M. 1975) (= Stu-
dienausgabe der Vorlesungen, 5; suhrkamp taschenbuch wissenschaft
124), S. 186 u. 168.
13 Emilio Betti: Allgemeine Auslegungslehre als Methodik der Geisteswissenschaften, (übs. v. A.Baeumler), Tübingen 1967, S. 212 ff.
14 Ebd., S. 336.
15 E[ric] D[onald] Hirsch, Jr.: Prinzipien der Interpretation, übs. v. A.A.
Späth, München (1972) (= UTB 104), S. 319.
16 M. Frank: Das individuelle Allgemeine, a.a.O., S. 257; dies ist zu verstehen im Sinne der für Frank leitenden Opposition "zwischen der Ordnung der Zeichen [...] und der Anarchie des Individuums, das sich
ihrer bedient, um - wer weiß? - etwas anderes als das damit auszudrük-
ken, was die Regeln, die Konventionen, die Normen vorschreiben" (M.
Frank: Das Sagbare und das Unsagbare, a.a.O., S. 10).
17 M. Frank: Das Sagbare und das Unsagbare, a.a.O., S. 8.

reits konstituierte Genre"[18].

Wenn so unzweifelhafte Kenner der Schleiermacherschen Hermeneutik zu so gegensätzlichen Aussagen über die "technische Interpretation" kommen, dann dürfte es sich hierbei nicht bloß um rein zufällige Mißverständnisse handeln. Vielmehr sind die Schleiermacherschen Entwürfe gerade dieses Teils der Hermeneutik — und zwar ganz im Gegensatz zur "grammatischen Interpretation" — sowohl terminologisch wie sachlich alles andere als eindeutig und widerspruchsfrei. Zu ihrer systematischen wie genetischen Interpretation bedürfte es allerdings dringend einer Erweiterung der bisherigen Textbasis, die vor allem in drei Bereichen möglich erscheint: (i) Bislang unpublizierten Texten zur Frühgeschichte der Schleiermacherschen Hermeneutik: etwa dem (bereits von Dilthey erwähnten[19]) noch aus der Schlobittener Hofmeisterzeit stammenden Manuskript "Ueber den Styl" (1790/91)[20], das nun die zeichentheoretische Fundierung und die enge Sprachbezogenheit von Schleiermachers ursprünglichem Stilbegriff aufzuklären erlaubt, oder der erst jüngst aufgetauchten Twestenschen Abschrift der (schon zu Schleiermachers Lebzeiten verschollenen) "Allgemeinen Hermeneutik" von 1809/10[21] mit ihrer detaillierten Darstellung der "Technischen Seite der Interpretation", innerhalb derer dem Gattungsaspekt literarischer Werke unerwartet früh intensive Aufmerksamkeit gewidmet wird. (ii) Exempeln von Schleiermachers hermeneutischer Praxis: wie seinen Interpretationen antiker Philosophie oder seinen kritisch-exegetischen Untersuchungen zum Neuen Testament, die bisher kaum in die Diskussion um Schleiermachers Hermeneutik einbezogen worden sind, obwohl ihnen doch wichtige Aufschlüsse über Schleiermachers konkretes Verständnis so abstrakter (und gerade deshalb so kontrovers diskutierter) Kategorien wie "Stil", "Gattung", "Keimentschluß", "Meditation" und "Composition" zu entnehmen wären. (iii) Unpublizierten Hörernachschriften von Schleiermachers Hermeneutik-Vorlesungen: hatte doch schon Lücke in seiner postumen Edition in weitem Maße auf sie zurückgegriffen, da Schleiermachers eigene Manuskripte teils nur ein systematisches Gerüst, teils nur hingeworfene Gedankensplitter darstellten, die erst im Kolleg zusammenhängend entfaltet und konkretisiert worden sind. Angesichts dieser höchst improvisatorischen Vortrags-

---

18 M. Frank: Das individuelle Allgemeine, a.a.O., S. 258 f.
19 Vgl. Wilhelm Dilthey: Leben Schleiermachers. Erster Band, hrsg. v. M.Redeker, 1. Halbbd. 1768-1802, 3. Aufl., Göttingen 1979 (= Gesammelte Schriften, Bd. 13/1), S. 57.
20 Soeben erschienen in: Friedrich Daniel Ernst Schleiermacher: Jugendschriften 1787-1796, hrsg. v. G.Meckenstock, Berlin/New York 1984 (= Kritische Gesamtausgabe, I. Abt., Bd. 1), S. 363-390; vgl. auch den "Entwurf der Abhandlung über den Stil", ebd. S. 357-361.
21 Vgl. W.Virmonds Kongreßbeitrag. (Ich danke Herrn Virmond für die frühzeitige Einsichtnahme in diesen außerordentlich wichtigen Text.)

weise kann es nicht verwundern, daß diese Nachschriften im Detail stark
voneinander abweichen und keineswegs vollständig durch Lückes Edition repräsentiert sind, die sich vielmehr vor allem auf eine Nachschrift der letzten
Hermeneutik-Vorlesung WS 1832/33 (von F. Calow - SN 575/1.2)[22] zu stützen
scheint. Eine vergleichende Analyse weiterer Nachschriften im Schleiermacher-
Nachlaß (WS 1826/27: I. Braune - SN 571, A. Bötticher - SN 572; WS 1828/29
(?): Spangenberg - SN 573) läßt beispielsweise erkennen, daß (entgegen
Klaus Weimars Interpretation) Schleiermacher selbst den Titel "Technische Interpretation" für den 2. Teil seiner Hermeneutik (HK 103) schrittweise durch
"Psychologische und technische Interpretation" und schließlich durch "Psychologische Interpretation" ersetzt hat oder daß die Analyse von "Meditation"
und "Composition" erst ganz spät in den Mittelpunkt der "technischen Interpretation" gerückt ist, obwohl dieses Begriffspaar bereits in der "Allgemeinen
Hermeneutik" von 1809/10 eine Rolle spielt - dies nur als Warnung vor vorei-
ligen entwicklungsgeschichtlichen Schlüssen allein auf Grund des bisher ge-
druckten Materials.

Riskiert man einen ersten groben Überblick über diese publizierten und
unpublizierten Materialien sowie über die Schleiermacher zugängliche hermeneutische Literatur, dann kann man wohl in einigen Punkten über die bisher ungeschlichteten Kontroversen zum Begriff der "technischen Interpretation" hinauskommen:

(1) Der 2. Teil der Schleiermacherschen Hermeneutik ist von den ersten 'Notizheft' an und bis zu den letzten 'Randbemerkungen' der Sache nach primär
als eine "psychologische Interpretation" konzipiert. Dies zeigen allein schon
die eingangs zitierten Programmformeln in aller Deutlichkeit.

(2) Der "technische" Aspekt der möglichen Formgebundenheit und der
Gattungsmodifikationen der subjektiven Kombinationsweise (vgl. schon HK
44 ff.) spielt gleichwohl hier von Anfang an eine wichtige Rolle. Allerdings
scheint Schleiermacher ursprünglich erwogen zu haben, die Probleme der verschiedenen Gattungen - wie auf der "grammatischen Seite" die der verschiedenen Sprachen - eher in Spezialhermeneutiken zu verlagern (vgl. die 'Allgemeine Hermeneutik 1809/10', T. II, § 47, Ms. S. 23 r).

(3) Die anfangs für den 2. Teil der Hermeneutik gewählte Bezeichnung "technische Interpretation" (HK 56 u.ö.) ist in erster Linie als Oppositionsbe-
griff zur "grammatischen Interpretation" zu verstehen. "Grammatische Inter-

---

22 Diese und die im folgenden erwähnten Nachschriften befinden sich in
   Schleiermachers handschriftlichem Nachlaß im Zentralen Archiv der Akademie der Wissenschaften der DDR (zitiert unter der Sigle SN), dessen Direktor, Frau Dr.sc.Christa Kirsten, ich für die Benutzungsgenehmigung danke. - Vgl. ferner die Nachschriften von Sprüngli (WS 1826/27) im Herme-
   neuticum Zürich und von Henke (WS 1832/33) in der Universitätsbibliothek
   Marburg.

pretation", das meinte in der Aufklärungshermeneutik (an die Schleiermacher
ja in seinen 'Aphorismen' direkt anknüpft) 'buchstäbliche Interpretation'
(von griech. gramma 'Buchstabe', nicht etwa von 'Grammatik' abgeleitet);
und da der "buchstäbliche Sinn" lediglich "aus den einzeln Worten, Redensarten und Wortfügungen [...] ohne Beziehung auf den Autor" erkannt werden
sollte[23], beschränkte sich die "grammatische Interpretation" im 18. Jahrhundert auf die "Bedeutung einzelner Worte und ganzer Redensarten und Sätze"
– erst die ihr komplementäre "historische Interpretation untersucht näher,
was und wie viel ein Verfasser bey seinen Werken gedacht"[24] . – Es ist
durchaus eine Fortschreibung dieses Dualismus, wenn es bei Schleiermacher
in einem der ersten 'Aphorismen' zur Hermeneutik heißt: "Die grammatische
Interpretation ist wol eigentlich die objective, die historische[25] die subjective. Also von Seiten der Construction angesehen jene die blos negative, die
Grenzen angebende, diese die positive" (HK 31), und in der "Ethik 1812/13"
(III, § 189): "Von Seiten der Sprache angesehen entsteht aber die technische
Disciplin der H e r m e n e u t i k daraus, daß jede Rede nur als objective Darstellung gelten kann, inwiefern sie aus der Sprache genommen und
aus ihr zu begreifen ist, daß sie aber auf der anderen Seite nur entstehen
kann als Action eines Einzelnen, und als solche, wenn sie auch ihrem Gehalte nach analytisch ist, doch von ihren minder wesentlichen Elementen aus
freie Synthese in sich trägt"[26] . Für die Bezeichnung dieser 'positiven',
'subjektiven', 'synthetischen' Seite der Hermeneutik erschien Schleiermacher
der traditionelle Name "historische Interpretation" bald wohl allzu unspezi-
fisch und mißverständlich (vgl. HK 79), der Ausdruck "psychologisch" wohl
noch allzu vorbelastet durch die "Psychologia rationalis" und "Psychologia
empirica" des 18. Jahrhunderts. Wenn er sie statt dessen "technische Interpretation" nannte, dann zielt "technisch" weniger auf den Kunstcharakter,
die Gattungszugehörigkeit oder ähnliche 'technische' Momente sprachlicher

23 Georg Friedrich Meier: Versuch einer allgemeinen Auslegungskunst, (Repr.
   der Ausg. Halle 1757), Einl. v. L.Geldsetzer, Düsseldorf 1965, S. 77 (§
   142); vgl. hierzu und zum folgenden: Hendrik Birus: Zwischen den Zeiten.
   Schleiermacher als Klassiker der neuzeitlichen Hermeneutik, in: Birus
   (Hrsg.): Hermeneutische Positionen. Schleiermacher – Dilthey – Heidegger
   – Gadamer, Göttingen (1982) (= Kl. Vandenhoeck-Reihe, 1479), S. 15–58,
   bes. S. 23 ff. u. 47 f.
24 Georg Lorenz Bauer: Entwurf einer Hermeneutik des Alten und Neuen Testaments, Leipzig 1799, S. 96.
25 W.Virmond verdanke ich diese Korrektur von Kimmerles Fehllesung "technische" – das bislang ausstehende philologische 'missing link' für die
   Herleitung von Schleiermachers "psychologischer Interpretation" aus der
   "historischen Interpretation" der Aufklärungshermeneutik (vgl. hierzu
   Birus: Hermeneutische Positionen, a.a.O., S. 24 f.).
26 Fr.D.E.Schleiermacher: Entwürfe zu einem System der Sittenlehre, hrsg.
   u. eingel. v. O.Braun, Leipzig 1913 (= Werke, Bd. 2; Philosophische
   Bibliothek, Bd. 137), S. 241–371, hier S. 356.

Äußerungen, sondern eher auf deren 'synthetischen' Charakter (im Gegensatz
zum 'analytischen' der "grammatischen Interpretation") – etwa im Sinne der
Begriffsbestimmung in der "Dialektik": "Technisch ist alles, was sich auf
den richtigen Gebrauch der Mittel in irgendeinem Kunstgebiet bezieht"[27] .
"Grammatische" und "technische Seite" der Hermeneutik stehen also ursprünglich in einem ganz ähnlichen Verhältnis zueinander wie etwa "elementarischer" und "constructiver Theil" in Schleiermachers "Psychologie"[28] .

(4) Dieses Verhältnis veränderte sich unauffällig, aber nichtsdestoweniger
grundlegend, indem sich die "grammatische Interpretation" endgültig von einer atomistischen Aneinanderreihung von Wort- und Formerklärungen löste
und sich nunmehr auf die Sprache "nicht als Aggregat von angewendeten Einzelheiten, sondern als individuelle Natur", nämlich als eine "bestimmte Mo-
dific[ation] des Denkvermögens" (HK 114), richtete bzw. auf den "Geist der
Sprache mit dem in ihr niedergelegten System der Anschauungen und Ab-
schattung der Gemüthsstimmungen"[29] . Dank dieser Totalisierung ließ sich
das Verhältnis beider Seiten nun nicht mehr einfach als 'analytisch', 'ele-
mentarisch' vs. 'synthetisch', 'konstruktiv' bestimmen, wohl aber blieb noch
die Opposition 'objektiv' vs. 'subjektiv' bestehen. Schleiermacher verzichtete auch künftig nicht etwa auf die eingeführten Bezeichnungen beider Seiten der Hermeneutik, sie erfuhren aber (wie nicht selten bei Schleiermacher)
unter der Hand eine Bedeutungsverschiebung: "grammatisch" nun eher im
Sinne von 'Grammatik' (statt gramma 'Buchstabe'), "technisch" im Sinne von
vorbedachter, methodischer 'Technik' vs. "rein psychologisch" im Sinne von
freier Willkür; "psychologisch" erschien Schleiermacher zunehmend als der
passende Obertitel für die 'subjektive' Seite der Hermeneutik.

(5) Die entschiedene Differenzierung von "rein psychologischer" und "technischer Interpretation" führte zu systematischen Problemen in der Architektonik der Schleiermacherschen Hermeneutik, die letztlich ungelöst geblieben
sind. Denn offenkundig hat die "technische Interpretation" trotz ihrer Ver-
zahnung mit der "rein psychologischen" auch starke Affinitäten zur "grammatischen Interpretation": vor allem im Hinblick auf die der Sprache analoge
Objektivität literarischer Formen und Gattungen – "denn aus der Natur der
Sprache und des mit ihr zugleich entwickelten und an sie gebundenen gemeinsamen Lebens bilden sich die Formen aller Composition" (HK 148) – ,

---

27 Friedrich Schleiermacher: Dialektik, hrsg. v. R.Odebrecht, (Repr. der
   Ausg. Leipzig 1942), Darmstadt 1976, S. 49.
28 Vgl. Friedrich Schleiermacher: Psychologie, hrsg. v. L.George, Berlin 1862
   (= Sämmtliche Werke, III. Abth., Bd. 6), S. 58. In ähnlichem Sinne heißt
   es schon im "Brouillon zur Ethik 1805/06": "Die Sprache giebt aber nur
   die Elemente. Was das Kunstwerk macht, ist die freie Combination durch
   Fantasie". (Schleiermacher: Entwürfe zu einem System der Ethik, a.a.O.,
   S. 75-239, hier S. 99.)

kraft deren "der Autor ebenso Organ der Form ist [...], wie wir ihn auf
der grammatischen Seite als Organ der Sprache ansehen" (HL 154, entsprechend HK 164). Obwohl die "technische Interpretation" faktisch eine Ver-
mittlungsposition zwischen den beiden Seiten der Hermeneutik innehat, hat
Schleiermacher – nicht zuletzt aus prinzipiellen Reserven gegen triadische
Begriffskonstruktionen[30] – am Ausschließlichkeitsanspruch des Gegensatzes von
"grammatischer" vs. "psychologischer Auslegung" (HK 79) festgehalten und
die "technische Interpretation" weiterhin als bloße Sparte der "psychologischen Interpretation" behandelt. Böckhs gleichberechtigte Nebenordnung der
"generischen" und der "individuellen Interpretation"[31] erscheint demgegenüber
formal als die systematisch überzeugendere Lösung. Gleichwohl ist der sachliche Gehalt der Schleiermacherschen Ausführungen zur "technischen Interpretation" keineswegs abgetan durch seine philologischen Nachfolger im 19.
Jahrhundert. Was sich hier beispielsweise an differenzierten Überlegungen
über die unterschiedliche Rolle des "Keimentschlusses" und des daran anschließenden Wechselspiels von "Meditation" (als dessen "genetische[r] Realisierung") und "Composition" (als dessen "objective[r] Realisierung" – HL
153 f.) findet, das weist über die Philologie des 19. Jahrhunderts weit
hinaus auf die historisch-kritischen Editionen der letzten Zeit und ihre mi-
nuziöse Darstellung genetischer und struktureller Bezüge bei der Konstitution
literarischer Texte.

29 Friedrich Schleiermacher: Ueber die verschiedenen Methoden des Ueberse-
zens, in: Schleiermacher: Philosophische Abhandlungen, Berlin 1838 (=
Sämmtliche Werke, III. Abth., Bd. 2), S. 207-245, hier S. 211.
30 Vgl. Schleiermacher: Dialektik, ed. Odebrecht, a.a.O., S. 395 ff. Zu
Schleiermachers gelegentlicher Verwendung solcher triadischen Konstruktionen vgl. aber ebd., S. 157 ff.; ferner ders.: Erziehungslehre, Berlin
1849 (= Sämmtl. Werke, III. Abth., Bd. 9), S. 621 f.; Die christliche
Sitte, Berlin 1843 (= Sämmtl. Werke, I. Abth., Bd. 12), S. 54 f.; Der
christliche Glaube, auf Grund der 2. Aufl. neu hrsg. v. M. Redeker, 7.
Aufl., Berlin 1960, Bd. 1, S. 17 ff.
31 August Boeckh: Encyklopädie und Methodologie der philologischen Wissenschaften, hrsg. v. E.Bratuscheck, Leipzig 1877, S. 83.

WAS HEISST DIE HERMENEUTISCHE FORMEL: 'DIE REDE ZUERST EBEN SO GUT UND DANN BESSER ZU VERSTEHEN ALS IHR URHEBER'?

von Françoise Breithaupt, Alain Brousse, Alain Deligne, Anne Desbordes

Fast ist es trivial, jetzt noch nach der Bedeutung der hermeneutischen Formel: "Die Aufgabe ist auch so auszudrücken 'die Rede zuerst eben so gut und dann besser zu verstehen als ihr Urheber" zu fragen - ist sie doch die Formel der Hermeneutik, ihr Zweck und ihr Inbegriff, so daß es nur noch darum gehen sollte, die Position zu bestimmen, die ihr gegenüber einzunehmen ist. Der Streit zwischen dem Historismus und den sich auf das Denken Heideggers stützenden Hermeneutiken - wie verwandt oder unterschiedlich diese im einzelnen auch sein mögen - hat dazu geführt, daß die Formel "den Autor besser zu verstehen, als er sich selber verstanden hat" als Formel der Lebensphilosophie, und als solche mit dem Historismus kompromittiert, abgelehnt, und damit allen widersprochen wurde, die die Hermeneutik auf die philologische Aufgabe reduziert hätten - und dies, obwohl diese Reduktion (seit Schelling und Schleiermacher) als ein Fortschritt gegenüber jenem ursprünglichen Anspruch der Formel auf sachkritischen Inhalt angesehen wurde, der sie zu einem Symbol der Aufklärung[1] und, darüberhinaus, des seit Descartes herrschenden philosophischen Gestus [2] machte. Es soll hier nicht darum gehen, die Rezeption der Formel darzustellen oder gar das zwiefache Paradoxon, das einerseits Schelling und Schleiermacher zur philologischen Seite hin zieht, andererseits das Philologische und das Philosophische gegeneinander ausspielt, um schließlich gleichzeitig den Kritizismus und den Historismus zu verwerfen[3]; vielmehr soll gezeigt werden, wie diese Rezeption die Spezifizität der Positionen unwiderruflich verdeckt.

Gadamer, dennoch, hatte recht, als er gegen Bollnow behauptete, daß die Formel philosophischer Natur sei - auf welchen ursprünglichen Sprachgebrauch sie immer zurückgehen mag. Davon zeugt bei Schelling das ausdrücklich intraphilosophische Zitieren: "... und daß man Leibniz, um einen Ausdruck Kants bei anderer Gelegenheit zu gebrauchen, erst besser verstehen muß, als er sich selbst verstand, um ihn richtig zu verstehen"[4]. Wichtig ist tatsächlich, daß die Philosophie einen Ausdruck sich angeeignet und gedacht hat, und dies an einer entscheidenden Stelle der Kritik der reinen

---

1 Hans-Georg Gadamer, Wahrheit und Methode, Tübingen 1975[4], S. 182-184.
2 E.W.Kohls, Vorwärts zu den Tatsachen, Basel 1973.
3 Siehe zu dieser Geschichte der Rezeption von Schleiermacher unseren Aufsatz "Préliminaires critiques à l'Herméneutique de Schleiermacher, ou exposition raisonnée de sa réception".
4 Propädeutik der Philosophie, aus dem handschriftlichen Nachlaß, 1804, Schellings Werke, 2. Ergänzungsband, München 1956, S. 39.

Vernunft, die die Bedingungen der Möglichkeit einer Metaphysik überhaupt darlegt[5]. Allerdings soll diese scheinbare Digression von Kant über die Notwendigkeit, einer schon vorhandenen Sprache einen Ausdruck zu entleihen, in welcher die Aneignung des platonischen Vernunftbegriffs – als transzendentale Idee neu gedacht – vorbereitet wird, und welche die Widerlegung der Position des Hermogenes, daß die Sprache eine Konvention wäre, implizite voraussetzt, keineswegs als anekdotischer Exkurs betrachtet werden. Der philosophische Gestus – der in der Aufstellung der Metaphysik seinen eigentlichen Ort hat – setzt notwendig jene Distanz zwischen dem Gemeinten und seiner sinnlichen Abspiegelung in der Sprache, welche die treibende Kraft des Kratylos ist, voraus, um sich zum Gemeinten schlechthin aufzuschwingen. Sind aber die Wörter der Sprache weder eine Konvention noch ein Weg zur Erkenntnis, selbst wenn sie ihrem Gemeinten mehr oder minder angemessen sind, so sind sie doch der Ort der Erinnerung, und als solche soll man sie ständig beim Intendieren des richtigen Wortes gegenwärtig haben, sei es um das Gemeinte akribisch zu denken, sei es um es mitzuteilen. So ruft auch Kant aus dem griechischen Sprachschatz den Ausdruck "Idee" zurück, den der Dialektiker zwar richtig gesetzt hatte, der aber von dem aus der Unbehutsamkeit seines Urhebers herrührenden Verdorbenen in ihm befreit werden muß, so wie von der Verdunkelung des Gemeinten, welche die Unbestimmtheit in der Ausführung des Systems zur Folge hat. In der Wiederholung des philosophischen Ausdrucks ermöglicht die verkörperte Erinnerung (die ihren Ort in jenem Moment des Absoluten hat, welches das platonische System auch ist), das in dem System vermittelte Gemeinte besser zu verstehen, als der Urheber.

Dieselbe Formel findet sich auch bei Fichte[6], als an Rousseau gezeigte Erörterung und Exemplifikation der polemischen Methode, durch welche eine deutliche Darstellung der schon gefundenen Wahrheit erreicht wird; nicht daß die Wahrheit dialektisch konstituiert wird, da sie ausschließlich durch die transzendentale Deduktion gesichert ist, sondern sie wird dadurch bestimmt. Durch Vergleichen der schon gefundenen Wahrheit mit den widersprüchlichen Meinungen wird das Wahre akribisch deutlich gemacht, weil die zu widersprechende Meinung zu dem Wahren im Widerspruch steht, und damit nicht mit der entgegengesetzten Meinung sondern mit sich selbst, wie man es am Beispiel des im Rousseauschen Handeln wahren Intendierten zeigen kann, welches im Widerspruch zu den eigenen Ideen steht; der Widerspruch zwischen dem Handeln (dem Intendierten) und den Ideen läßt sich im Grunde auf den Widerspruch der Grundsätze zurückführen, welcher selbst auf die in der

---

5 Kant, Kritik der reinen Vernunft, von den Ideen überhaupt: Transzendentale Dialektik, 1. Buch, 1. Abschnitt.
6 Fichte, Über die Bestimmung des Gelehrten, Fünfte Vorlesung, Fichtes Werke VI, Berlin 1971, S. 337.

transzendentalen Deduktion des Grundsatzes gründenden Einheit zurückgeführt werden soll (womit der Widerspruch zwischen dem Wahren und dem Irrtum aufgelöst wird). Besser verstehen heißt also, das Intendierte im Handeln herauszufinden und es aktiv bis zur Vollendung der transzendentalen Deduktion hin zu führen.

Was schließlich das Zitat von Schelling angeht, so ist noch zu bemerken, daß hier zum erstenmal der Ausdruck explizite als Zitat festgelegt wird, trotz des modifizierenden Zusatzes "... um ihn richtig zu verstehen". Was aber als erster philologischer Versuch gedeutet wird – was durch den Zusatz und die der Formel vorangehende Absicht, die Mißverständnisse von Leibniz' Denken zu berichtigen, aufgewiesen werden soll, ist wiederum doch ein philosophisches Zitieren, das den kantischen Gestus der Antwort an Eberhard[7] wiederholt. Für Schelling aber bedeutet das richtige Verstehen von Leibniz ("um ihn richtig zu verstehen") das Erhöhen seiner Ideen, welche, allzu rhapsodisch, die organische Einheit wegen der eigenen Schranken des Systems nicht erreichen konnten. Festgestellt wird also, daß die abweichenden Formulierungen und der jeweils unterschiedliche Kontext es nicht gestatten, eine allzuschnelle Assimilation vorzunehmen, die nur dann legitim wäre, wenn sie, von einem höheren Standpunkt ausgehend, die den drei Systemen gemeinsame philosophische Intentio, über deren Eigentümlichkeit hinaus, der sie zuvor Rechnung getragen hätte, aufzeigen würde.

In dieser philosophischen Reihe wird der Ausdruck in der Hermeneutik von Schleiermacher auf radikale Weise wieder aufgenommen, da das intraphilosophische Zitieren ausdrücklich zur Formel erstarrt, oder auch zum Nominalsatz.

1. So in Zur Hermeneutik (= Kimmerle, S. 50) – an einer schwer entzifferbaren Stelle des Manuskripts; was den lesbaren Teil betrifft (... "2. Vom den Schriftsteller besser verstehen als er selbst a) erhöhendes b) berichtigendes ..."), und insofern es möglich ist, einen skizzenhaften Ausschnitt (siehe infra, S.   ) zu interpretieren, so muß das zur Interpretation angewandte komparative Verfahren, welches in diesem Fall systemexterne Elemente anführt, von einem höheren Standpunkt aus vollzogen werden, wofür die Gründe weiter unten angegeben werden. So kann versucht werden, das a und das b letztlich als die Schellingsche, bzw. fichteanische Auffassung des Besser-Verstehens zu begreifen.

2. So auch in der Anwendung der Kenntnis der Eigentümlichkeit des Schriftstellers auf die Interpretation (= Kimmerle, S. 108: "... 2. Die N e b e n - v o r s t e l l u n g e n sind wenn auch die ganze Persönlichkeit gegeben

---

7 Kant, Ueber eine Entdeckung, nach der alle neue Critik der reinen Vernunft durch eine ältere entbehrlich gemacht werden soll.

ist nie vom Anfang herein nach Auswahl und Art zu errathen. Der Schriftsteller selbst hatte sie nicht, sondern sie werden erst successiv angeregt;
und auch für das "ihn besser verstehen als er selbst wird die Aufgabe zu
complicirt. Das Diviniren muß sich also nur auf das nächste erstrekken.")
Hier handelt es sich um die Methode, die zur Unterscheidung von Hauptge-
danken und Nebenvorstellungen angewandt werden soll; letztere sind weder
durch eine totale Divinatio zu erkennen noch durch die andere Methode, welche mit der Formel des Besser-Verstehens angeführt wird, die implizite mit
dem komparativen Verfahren gleichzusetzen ist.

3. Ebenfalls in der Akademie-Rede (= Kimmerle, S. 138: "Eben so aber auf
der andern Seite was ist wol die schönte Frucht von aller ästhetischen Kritik über Kunstwerke der Rede, wenn nicht ein erhöhtes Verständniß von dem
inneren Verfahren der Dichter und anderer Künstler der Rede von dem ganzen
Hergang der Composition vom ersten Entwurf an bis zur lezten Ausführung.
Ja ist überhaupt etwas wahres an der Formel, die höchste Vollkommenheit
der Auslegung sei die einen Autor besser zu verstehen als er selbst von sich
Rechenschaft geben könne so wird wol nur eben dieses damit gemeint sein
können; und wir besizen in unserer Literatur eine nicht unbedeutende Anzahl
kritischer Arbeiten, welche mit gutem Erfolg hierauf gearbeitet haben. Wie
ist dies aber anders möglich als durch ein comparatives Verfahren, welches
uns zur richtigen Einsicht darüber verhilft, wie und wodurch derselbe
Schriftsteller mehr gefördert worden ist als der eine und weiter zurükkgeblie-
ben hinter dem andern, und inwiefern der ganze Typus seines Werkes sich
den verwandten nähert oder von ihnen entfernt."). Von der eindeutigen Behauptung Wolfs ausgehend wird Schleiermacher in einem der Momente der Argumentation, daß auf jeder Seite der Interpretation beide Verfahren, das divinatorische und das komparative, anzuwenden sind, dazu geführt, zu zeigen, daß selbst auf der psychologischen Seite das komparative Verfahren notwendig ist. Jenes komparative Verfahren wird schon in der Philologie implizite praktiziert, da diese Praxis daraufhin arbeitet, ein erhöhtes Verständnis der Werke zu gewinnen, und jenes auch teilweise erreicht; und gerade
dieses komparative Verfahren ist die Bedeutung der geläufigen Formel des
Besser-Verstehens.

So wird die Formel als solche inhaltsleer und kann die eigentümliche Intentio Schleiermachers aufnehmen (wie es in der Akademierede deutlich wird:
"Ja ist überhaupt etwas wahres an der Formel ...", wobei der Nebensatz eine
bemerkenswerte Abweichung darstellt). Im Gegensatz zu diesem formelhaften
Gebrauch erscheint die einzige nicht-formelhafte Anwendung der Formel als
Ausdruck der hermeneutischen Aufgabe – die der eigentümlichen Schleiermacherschen formelhaften Formel ("das geschichtliche und profetische divinatorische objective und subjective Nachconstruieren der gegebenen Rede.", § 18)
genau entspricht – in der Hermeneutik von 1819.

1. Im Ersten Entwurf (= Kimmerle, S. 56: "Man muß so gut verstehen und
besser verstehen als der Schriftsteller.") findet sich fast dieselbe Formulierung wie in der Hermeneutik von 1819. Mit dem gnomischen Charakter des
Satzes hängt die Schwierigkeit zusammen, das Intendierte zu verstehen. Ist
aber die Ausführung in Paragraphen (Hermeneutik 1819) verstanden worden,
so wird der Passus im Ersten Entwurf klar, und ebenfalls der analoge Kontext. Nur das komparative Verfahren ermöglicht uns hier zu verstehen, und
seine Legitimität liegt in der Identität des durch die verschiedenen Ausführungen innerhalb der Hermeneutik Intendierten. Die jeweilige Spezifizität in
der Formulierung müßte noch erläutert werden durch eine Theorie des Systems
und seines Verhältnisses zu den Ausführungsarten, eine Theorie, die Schlei-

ermacher schon aufgestellt hat[8].

2. In dem Grammatischen Teil der Hermeneutik von 1819 (§ 1,5) erscheint in einem ähnlichen Zusammenhang eine Formulierung, die derjenigen der Einleitung sehr verwandt ist: "In dem Ausdruck daß wir uns des Sprachgebiets müssen im Gegensatz gegen die übrigen organischen Theile bewußt werden liegt auch jenes daß wir den Verfasser besser verstehen als er selbst, denn in ihm ist vieles dieser Art unbewußt was in uns ein bewußtes werden muß, theils schon im allgemeinen bei der ersten Übersicht theils im Einzelnen sobald Schwierigkeiten entstehen." (= Kimmerle, S. 87). In der Tat kann das dem Schriftsteller und seinem Publikum gemeinsame Sprachgebiet nur so vollkommen bestimmt werden, daß das Heterogene auch mitgewußt ist nach dem Prinzip des Entgegengesetztseins, so wie es im Neuen Anfang der Ethik (§ 1 - 5) dargestellt wird[9].

Diese Anwendung, in welcher der Schellingsche Satz offensichtlich umgekehrt wird, macht also die Eigentümlichkeit des Schleiermacherschen Ausdrucks aus. Es ist nicht weiter verwunderlich, bedenkt man nur, wie Schleiermacher sich auf Schelling als Ausgangspunkt stützend beim Ansehen des Ganzen schon 1805 von ihm abwich[10]. Ob Schleiermacher von Schellings Papieren Kenntnis hatte, ist dabei irrelevant. Die Formel leitet sich notwendig vom jeweiligen System ab. Deshalb kann sie auch nur im Rahmen dieses Systems verstanden werden, und das vorläufige Herausnehmen der Formel ist nur insofern legitim, als es sich gegen eine willkürliche Absonderung absetzt. Mit anderen Worten muß der Ausdruck zumindest auf die Hermeneutik zurückgeführt werden, und darüber hinaus auf die Absicht des Ganzen und dessen Ausführung, und dies soll nicht nur aus Gründen der philologischen Redlichkeit geschehen, sondern weil das Zurückführen der Teile auf das System die notwendige Propädeutik der philosophischen Deduktion ist und weil Worte, um an einen Ausdruck Kants zu erinnern, nur verdreht werden aus der Furcht, die eigenen Argumente möchten nicht zulangen.

Man muß den Blick darauf richten, daß die Aufstellung der Theorie der Hermeneutik, welche sich dadurch von der Vorherrschaft einer reinen philologischen, also illegitimen Praxis absonderte, nicht nur ein philosophischer Gestus ist, der die Hermeneutik zu einer Wissenschaft erhob, sondern daß diese Aufstellung Schleiermacher gerade dann notwendig erschien, als er das

8 Diese Theorie wird in unserer Einleitung zur Übersetzung der Einleitung zur Hermeneutik von 1819 dargelegt (s.o. Anmerkung 3).

9 Friedrich Daniel Ernst Schleiermacher, Ethik, hg. v. H.J.Birkner, Hamburg 1978, S. 185–189.

10 Friedrich Schleiermacher's Briefwechsel mit J.Chr.Gaß, Berlin 1852, S. 31 f.: "Meiner Abweichung von Schelling konnte Bartholdy auch schon aus der Recension seiner Methodenlehre gewiß sein. In meiner Ansicht von dem Ganzen der Wissenschaft und dessen, was sie ausdrükken soll, glaube ich nicht, daß ich je etwas ändern werde. Denn bis jetzt geschieht es mir noch, daß jedes Einzelne, worin ich arbeite, sich innig daran anschließt und mir correspondirende Blikke in anderes Einzelne gewährt, wie es mir noch diesen Sommer mit der Hermeneutik ergangen ist. Eben so wenig wird sich wol Schelling mir nähern, denn der Grund, warum er so und nicht anders sieht, liegt tief in seiner Gesinnung. Dagegen erfreue ich mich immer mehr einer herrlichen Zusammenstimmung mit

System aufstellte, so daß die Hermeneutik zu einem Grundstein dieses Systems wurde. Davon zeugt auf der äußeren Seite, daß die Skizzen über die Hermeneutik der Dialektik vorangingen und daß die Ausführung in Paragraphen zeitlich mit ihr zusammenfällt; auf der inneren Seite, daß nach dem kritischen Gestus der beiden ersten Paragraphen der Hermeneutik von 1819 die philosophische Natur der Hermeneutik (§ 3)[11] und ihr enges Verhältnis zur Dialektik (§ 4)[12] gesetzt wird. Daß die Hermeneutik allgemein ist, hängt nun mit der gesetzten Identität des Denkens und des Redens zusammen (§ 3). Durch die Behauptung dieser Identität darf aber nicht der Gefahr der Tautologie verfallen werden. Denn daß die Rede nur der gewordene Gedanke ist (§ 4,1), heißt nichts anderes, als daß das Denken i n der Rede wird (und nicht durch die Rede) und daß also das Denken keineswegs dem Reden gleichzusetzen ist, ohne daß man dabei dem einen oder dem anderen den Vorrang geben könnte[13]. Das Reden nämlich ist die Vermittlung alles Denkens, sowohl für den einzelnen als auch für die Gemeinschaft (§ 4): jeder Akt des Verstehens ist also nicht Darlegung eines der Formulierung vorangehenden Gedankens, die auf das in ihr Verborgene, worauf sie nur als Zerrspiegel und mehr oder minder getreu hinweist, zurückgeführt werden sollte (Hermeneutik als Darlegung des Verständnisses, § 1,1)[14]; sondern Wiederholung jener Intentio, die in der Rede wird.

Die Rede ist als das Moment einer zwiefachen Vermittlung zu betrachten – die auf der Duplizität der organischen und der intellektuellen Seite beruht, welche ihrerseits auf das Ganze des Systems verweist. Diese Vermittlung verweist auf das zwiefache Unendliche des Denkens und der Sprache, wobei Denken und Sprache nicht jeweils als Momente der Antinomie für sich zu betrachten sind, sondern als beide immer im Ineinandersein in der Rede sich verwirklichend (§ 5)[15]. So ist das Verstehen nur im Ineinandersein dieser

---

Steffens; er von der Natur, ich von der Geschichte ausgehend, treffen immer überall zusammen, aber unsere Gesinnung ist auch so sehr dieselbe, wie ich vor seiner Bekanntschaft nie gehofft hätte es bei einem lebenden Philosophen zu finden."

11 "3. Da Kunst zu reden und zu verstehen einander gegenüberstehen, reden aber nur die äußere Seite des Denkens ist so ist die Hermeneutik im Zusammenhange mit der Kunst zu denken und also philosophisch."

12 "4. Das Reden ist die Vermittlung für die Gemeinschaftlichkeit des Denkens und hieraus erklärt sich die Zusammengehörigkeit von Rhetorik und Hermeneutik und ihr gemeinsames Verhältniß zur Dialektik.
1. Reden ist freilich auch Vermittlung des Denkens für den Einzelnen. Das Denken wird durch innere Rede fertig und in so fern ist die Rede nur der gewordene Gedanke selbst. Aber wo der Denkende nöthig findet den Gedanken sich selbst zu fixiren, da entsteht auch Kunst der Rede, Umwandlung des ursprünglichen, und wird hernach auch Auslegung nöthig.
2. Die Zusammengehörigkeit besteht darin daß jeder Akt des Verstehens ist die Umkehrung eines Aktes des Redens; indem in das Bewußtsein kommen muß welches Denken der Rede zum Grunde gelegen.
3. Die Abhängigkeit darin daß alles Werden des Wissens von beiden abhängig ist."

13 Friedrich Schleiermacher, Sämmtliche Werke, 3/6, S. 446 ff., Berlin 1862.

beiden Momente (§ 6)[16], d.h. i n der Rede, und bildet damit einen Schritt
zur absoluten Identität der beiden Sphären, die zusammenfallen. Die hermeneutische Aufgabe besteht darin, zu verstehen, was sich in der Rede mitteilt, d.h. was darin gedacht wird. Wenn beim Denkenwollen das, was gedacht wird, als die Intentio des Denkens gesetzt wird - also dem Gemeinten
gleichgesetzt wird - , und nicht als sein Inhalt, so soll der Hermeneut seinen Blick auf das in der Rede vermittelte Gedachte (Gemeinte) richten; da
aber die Rede ein Moment des zwiefachen Unendlichen der Vermittlung ist,
darf die hermeneutische Aufgabe nicht bei der Akribie stehenbleiben, was
einem Sprung, einem unmittelbaren Erreichen des Absoluten der Meinung
gleichkäme. Der negative Ausdruck der Aufgabe zeigt, daß selbst das Streben
nach Akribie dem Werden und dessen Veränderungen (dem quantitativen und
dem qualitativen Mißverstehen, wie es in Anlehnung an die Kategorien des
Theaitetos bei Schleiermacher heißt, § 17)[17] unterworfen ist, so daß das
Mißverstehen nur vermieden werden kann, wenn dem Werden Rechnung getragen wird (§ 18,1 u. 2)[18] , das in dem Moment der Rede gesammelt ruht und

---

14 "1. Die Hermeneutik als Kunst des Verstehens existiert noch nicht allgemein sondern nur mehrere specielle Hermeneutiken. Asts Erkl. S. 172, Wolf
S. 37.
1. Nur Kunst des Verstehens; nicht auch der Darlegung des Verständnisses. Dies wäre nur ein specieller Theil von der Kunst zu reden und
zu schreiben der nur von den allgemeinen Principien abhängen könnte."
15 "5. Wie jede Rede eine zwiefache Beziehung hat auf die Gesamtheit der
Sprache und auf das gesamte Denken ihres Urhebers: so besteht auch alles
Verstehen auf den zwei Momenten die Rede zu verstehen als herausgenommen aus der Sprache, und sie zu verstehen als Thatsache im Denkenden
1. Jede Rede sezt voraus eine gegebene Sprache. Man kann dies zwar auch
umkehren, nicht nur für die absolut erste Rede sondern auch für den
ganzen Verlauf, weil die Sprache wird durch das Reden; aber die Mittheilung sezt auf jeden Fall die Gemeinschaftlichkeit der Sprache also eine
gewisse Kenntniß derselben voraus. Wenn zwischen die unmittelbare Rede
und die Mittheilung etwas tritt also die Kunst der Rede anfängt: so beruht dies theils auf der Besorgnis es möchte dem hörenden etwas in unserem Sprachgebrauch fremd sein.
2. Jede Rede ruht auf einem früheren Denken. Man kann dies auch umkehren aber in Bezug auf die Mittheilung bleibt es wahr, denn die Kunst
des Verstehens geht nur bei fortgeschrittenem Denken an.
3. Hiernach ist jeder Mensch auf der einen Seite ein Ort in welchem sich
eine gegebene Sprache auf eine eigenthümliche Weise gestaltet, und seine
Rede ist nur zu verstehen aus der / Totalität der Sprache. Dann aber
auch ist er ein sich stetig entwickelnder Geist, und seine Rede ist nur
als eine Thatsache von diesem im Zusammenhang mit den übrigen."
16 "6. Das Verstehen ist nur im Ineinandersein dieser beiden Momente.
1. Die Rede ist auch als Thatsache des Geistes nicht verstanden wenn sie
nicht in ihrer Sprachbeziehung verstanden ist, weil die Angeborenheit der
Sprache den Geist modificirt.
2. Sie ist auch als Modification der Sprache nicht verstanden wenn sie
nicht als Thatsache des Geistes verstanden ist weil in diesem der Grund
von allem Einfluß des Einzelnen auf die Sprache liegt welche selbst durch
das Reden wird"
17 "17. Das zu Vermeidende ist ein zwiefaches, das qualitative Mißverstehen
des Inhalts, und das Mißverstehen des Tons oder das quantitative.

welches das Verstehen wiedergibt, indem es die Rede wiedergibt. Das Gemeinte erreichen wollen, oder verstehen wollen (§ 16)[19], setzt die unendlichen
Vermittlungen (§ 18,1 u. 2), die zum Gemeinten führen (Nachkonstruieren)
Das vollzogene Erreichen der Meinung (eben so gut verstehen), welches be
der Auslegung die Unmittelbarkeit der in der Rede gewordenen und verwirk-
lichten Anschauung des Urhebers sprengt (§ 18,3), erzeugt eine andere Differenz, die dialektisch aus der Art entsteht, wie man zur Meinung gelangt
Die konstitutive Vermittlung alles Denkens hat nämlich zur Folge, daß ein
Gemeintes von der Art, wie man dazu gelangt, nie unabhängig ist und daß
vielmehr die Wissenschaft, der es zugrundeliegt, nur in der Art des Er-
reichens wird (Kunst), ohne daß es für uns je eine absolute Identität gäbe
(das absolute Wissen der Meinung), so daß ein Verstehen, das auf anderem
Wege zum Gemeinten gelangt, jeweils mehr von dem in der Rede gemeinten
Wissen verwirklicht (§ 18,3). So impliziert die Aufgabe, daß man die Rede
besser versteht, als ihr Urheber, außer sofern er, die eigene Rede reflektierend, wiederum zum Gemeinten gelangt. In diesem Sinne ist jene Aufgabe
eine unendliche (§ 18,4), welche die Rede – um mit Benjamin zu reden – absolut ergänzen und die Identität des sprachlichen Wesens und des geistlichen
Wesens realisieren würde. So gesehen ist die Unterscheidung zwischen philo-

---

1. Objektiv betrachtet ist das qualitative die Verwechselung des Ortes
eines Theiles der Rede in der Sprache mit dem eines andern, wie z.E.
Verwechselung der Bedeutung eines Wortes mit der eines andern. Subjektiv Verwechselung der Beziehung eines Ausdruks.
2. Das quantitative ist subjectiv die Entwicklungskraft eines Theils der
Rede, der Werth den ihm der Redende beilegt, und analog objectiv die
Stelle die ein Redetheil in der Gradation einnimmt.
3. Aus dem quantitativen welches gewöhnlich minder beachtet wird entwickelt sich immer das qualitative.
4. Alle Aufgaben sind in diesen negativen Ausdrüken enthalten. Allein
ihrer Negativität wegen können wir aus ihnen die Regeln nicht entwickeln, sondern müssen von einem positiven ausgehen aber uns beständig
an diesem negativen orientieren.
5. Es ist auch noch passiver und activer Mißverstand zu unterscheiden.
Letzterer ist das Einlegen welches aber Folge eigenes Befangenseins ist,
in bezug worauf also nichts bestimmtes geschehen kann."

18 "18. Die Kunst kann ihre Regeln nur aus einer positiven Formel entwickeln, und diese ist "das geschichtliche und profetische divinatorische
objective und subjective Nachconstruieren der gegebenen Rede.
1. "Objectiv geschichtlich" heißt einsehen wie sich die Rede zu der Gesamtheit der Sprache und das in ihr eingeschlossene Wissen als ein Er-
zeugniß der Sprache verhält. – "Objectiv prophetisch" heißt ahnden, wie
die Rede selbst ein Entwicklungspunkt für die Sprache werden wird. Ohne
beides ist qualitativer und quantitativer Mißverstand nicht zu vermeiden.
2. "Subjectiv geschichtlich" heißt wissen wie die Rede als Thatsache im
Gemüth geworden ist, "subjectiv prophetisch" heißt ahnden wie die darin
enthaltenen Gedanken noch weiter auf ihn und in ihm fortwirken werden.
Ohne beides eben so mißverständlich.
3. Die Aufgabe ist auch so auszudrücken "die Rede zuerst eben so gut
und dann besser zu verstehen als ihr Urheber. Denn weil wir keine unmittelbare Kenntniß dessen haben, was in ihr ist, so müssen wir vieles
zum Bewußtsein zu bringen suchen was ihmn unbewußt bleiben kann außer
so fern er selbst reflectirend sein eigener Leser wird. Auf der objectiven

sophisch und philologisch ein irrelevanter Streit. Ist nämlich das Philologische Verstehen des Gemeinten, dann gewinnt die philologische Akribie ihren
Sinn erst in der Anschauung des Hauptgangs, ist also nur philosophisch legitim, und umgekehrt kann nur die so legitimierte Philologie die treibende
Kraft der Philosophie als Kunst des Denkens (Dialektik) sein.

Von diesem höheren Standpunkt aus deutet sich die Eigentümlichkeit der
Schleiermacherschen Aufgabe an: das wissen wird dialektisch und in der
Sprache konstituiert (was am Ende zusammenfällt) – die Dialektik geht von
dieser Problematik aus, die die Möglichkeit eines unbedingten Setzens des
Anfangs in Frage stellt (siehe auch Hermeneutik § 2,1: "... Der Philosoph
an sich hat keine Neigung diese Theorie aufzustellen weil er selten verstehen
will selbst aber glaubt nothwendig verstanden zu werden."). Das Nebenein-
andersetzen der vier Auffassungen des Besser-Verstehens wird hierdurch begründet. Die Formel weist nämlich auf dieselbe Aporie der rationalen Gründung der empirischen Erkenntnis hin, die schon Kant eingeführt hatte, womit
das Postulat der rationalen Einheit des Wissens aufgestellt wird, die Aufstellung eines solchen Postulats aber mit der Sicherheit unmittelbar zusammenhängt, jenes Bedürfnis nach rationaler Einheit zu legitimieren. Das
Problem der Ursprungsphilosophie, die einerseits das Willkürliche einer unbedingten Selbstsetzung vermeiden soll (siehe die implizite Kritik an Fichte
im § 4 der Einleitung in die Dialektik, Handschrift F[20]), ohne andererseits
die Metakritik der Kritik ad infinitum weiterführen zu können, versucht
Schleiermacher zu lösen, indem er die Vermittlung reflektiert, womit er notwendig die Dialektik und die Hermeneutik einerseits, die Ethik andererseits,
d.h. das Denken des im Werden begriffenen Wissens (vgl. Neuer Anfang der
Ethik § 7-8), gründen muß.

Ein Beweis dafür, daß das höchste Wissen sich im Werden konstituiert, liegt
darin, daß das Besser-Verstehen nur in dem Moment des Verstehens seinen
Ort hat, also in der Intersubjektivität; der Verfasser, auch sofern er sein
eigener Leser wird (sich selbst reflektiert), kann dieses nur in einem ge-

Seite hat er auch hier keine anderen Data als wir.
4. Die Aufgabe ist so gestellt eine unendliche, weil es ein Unendliches
der Vergangenheit und der Zukunft ist, was wir in dem Moment der Rede
sehen wollen. Daher ist auch die Kunst ebenfalls einer Begeisterung fähig
wie jede andere. In dem Maaß als eine Schrift diese Begeisterung nicht
erregt ist sie unbedeutend. – Wie weit aber und auf welche Seite vorzüglich man mit der Annäherung gehen will, das muß jedesmal praktisch entschieden werden, und gehört höchstens in eine Specialhermeneutik, nicht
in die allgemeine".
19 "16. Die strengere Praxis geht davon aus daß sich das Mißverstehen von
selbst ergiebt und daß Verstehen auf jedem Punkt muß gewollt und gesucht werden".
20 Friedrich Schleiermacher, Dialektik, hg. v. R.Odebrecht, Darmstadt 1976,
S. 24-32.

wissen Maße verwirklichen. Und in jenem Maße kann er es, weil er als werdender Geist das Ganze, indem er es intendiert, durch eine innere Dialektik verwirklicht; dennoch, das Anders- und Wieder-Anderssein des Subjekts impliziert auch, daß er es nicht vollenden kann, denn die 'Thatsachen des Geistes' treten in dem chronologischen Kontinuum des äußeren Lebens als Diskretum auf. Daß aber das Unkontinuierliche im äußeren Zusammenhang mit dem regulativen Postulat der Idee des inneren Lebens sein ideales Korrelat hat, heißt noch lange nicht, daß dieses jenes restlos begründet. Denn nur teilweise und auf relative Totalitäten beschränkt gewinnt und verwirklicht der werdende Geist als ein endlicher seine Einheit. Deshalb kann er als Einzelner seine Brüche nur in gewissem Maße überwinden, obwohl das Postulat der rationalen Einheit das Bewußtsein des Anderen (des Lesers) vor die Aufgabe stellt, ihm zu genügen.

So war es Schleiermacher unmöglich, als er seine Glaubenslehre widerrufen mußte ,und nachdem er das Gemeinte des Systems angeschaut hatte, ein Gemeintes anzuschauen, in welchem sowohl das System als auch dieses Werk ihren Ort hätten. Er stellte das Mißlingen der Verarbeitung und dadurch die eigene Endlichkeit fest, versuchte auch nicht weiterhin, die Glaubenslehre in das System hineinzuzwängen, und riet von diesem Versuch ab; erwartete aber vom Leser, er solle den Standpunkt gewinnen, aus welchem die Aporie seines inneren Lebens sich lösen ließe. In diesem Sinne ist die scheinbare Beschränkung des theoretischen Einheitsprinzips verbunden mit der Gültigkeit der Regel des Besser-Verstehens für den Leser zu verstehen (siehe Über seine Glaubenslehre, an Herrn Dr. Lücke, Zweites Sendschreiben, Friedrich Schleiermacher, Sämmtliche Werke 1/2, Berlin 1836, S. 632).

Daß es nie einen unbedingten Anfang geben kann, obwohl jedes Wissen ein einfaches und unbedingtes höchstes Wissen voraussetzt (Neuer Anfang der Ethik § 1-6), hat zur Folge, daß jeder Anfang gleich gut ist, weil er ein gleich notwendiger Teil des Ganzen ist, und als Besonderes notwendig, weil er das höchste Wissen verwirklicht: hier haben wir wieder die beiden Momente des Gemeinten, das Wie und das Was.

Hier wird deutlich, wie Schleiermacher von der Schellingschen Idee eines organischen Ganzen ausgeht – davon zeugt in den Reden über die Religion [21] der Gebrauch der Formel im Kontext einer Abstufung der Individuen – , um daraus eine Theorie der Praxis, die im Denken des geschichtlichen Werdens gründet, zu entwickeln, die teilweise die Terminologie der Naturphilosophie übernimmt, deren Schwierigkeiten aber aufhebt in eine Ethik, d.h. in eine Gesellschaftsphilosophie.

Die Praxis impliziert also ihre eigene Theorie, die sie aber umgekehrt voraussetzt; vielmehr kann weder die Praxis aus der Theorie abgeleitet werden, noch kann die Theorie aus der Praxis durch Induktion gewonnen werden. So liegt die Bedeutung der formelhaften Formulierungen der Formel innerhalb des Schleiermacherschen Werkes in der pragmatischen Anwendung des § 18, dem sie mehr oder weniger wörtlich entsprechen.

Folgende Abstufung der oben genannten Formeln in ihrem Verhältnis zu ihrem theoretischen Korrelat könnte aufgestellt werden: 1. Grammatischer Teil / 2. Sendschreiben an Lücke; 2. Akademie-Rede/Anwendung der Kenntnis ...; 3. Weitere Beispiele der pragmatischen Anwendung der Formel könnten ange-

---

21 Friedrich Schleiermacher, Über die Religion, Hamburg 1958, S. 103.

führt werden - so, in der Einleitung zu Platons Werken, das ironische und
rein polemische Argument gegen jene, die Plato schon überwunden zu haben
glauben, während sie ihn nicht einmal ebensogut verstanden haben (Platons
Ausgewählte Werke, Bd. 1, München 1918, S. 4)[22].

Im § 18 jedoch, in der nicht-formelhaften Formulierung, wird die Rationalität der philologischen Praxen zum Bewußtsein gebracht, d.h. der pragmatischen Regeln, die ein unreflektiertes comparatives Verfahren schon
herausgefunden hatte. Um den richtigen Zugang zum Schleiermacherschen
System zu finden, müßte man erst über die Legitimität des Gestus statuieren,
der der Aufstellung der Ethik und der Dialektik vorangeht und ihren Anfang
bildet.

---

22 Wir bedanken uns bei Herrn Dr. Hermann Patsch für die freundliche Mitteilung einiger Belege der Formel.

PROBLEMÜBERLAGERUNGEN IM KONZEPT DER TECHNISCH-PSYCHOLOGISCHEN INTERPRETATION

von **Bernd Willim**

1.

Schleiermacher schränkt den Anwendungsbereich des hermeneutischen Verfahrens auf die sprachlichen Zeichengebilde ein (vergl. HF 342, Birus 23). Diese Einschränkung überzeugt nicht und wird in der Entfaltung hermeneutischen Denkens im 19. Jahrhundert aufgegeben. Diese Entfaltung hat ihren Preis: Gemessen am Niveau der – auf sprachliche Äußerungen beschränkten – zeichentheoretischen Überlegungen Schleiermachers stellen zumindest die Verstehenslehren Droysens und Diltheys, die an der Erweiterung des hermeneutischen Terrains entscheidend mitgewirkt haben, einen Rückschritt dar (vgl. Ineichen 217). Peter Szondi und Manfred Frank haben gezeigt, wie bedenkenswert Schleiermachers sprachtheoretische Begründung der Verstehenslehre bis heute geblieben ist. Dennoch bleibt zu fragen, wie tragfähig dieses Fundament für eine methodisch strenge Verstehenslehre sein kann. Der Versuch nämlich, das Verstehen symmetrisch zur Konstitution von Rede zu entwerfen, führt innerhalb der Verstehenslehre zu Schwierigkeiten, die im Nachvollzug der Architektonik von Schleiermachers "Hermeneutik" dargestellt werden sollen.

2.

Es ist das Spannungsverhältnis von Sprache und Sprecher, das das Verstehen von Rede zu einer methodisch reflektierten und kontrollierten Aufgabe macht: "Von Seiten der Sprache angesehen entsteht aber die technische Disziplin der Hermeneutik daraus, daß jede Rede nur als objektive Darstellung gelten kann, inwiefern sie aus der Sprache genommen und aus ihr zu begreifen ist, daß sie aber auf der anderen Seite nur entstehen kann als Aktion eines Einzelnen, und als solche ... freie Synthesis in sich trägt. Die Ausgleichung beider Momente macht das Verstehen und Auslegen zur Kunst." (HF 384) Redeverstehen geht nicht im Dekodieren auf, weil Rede – prinzipiell zumindest – Resultat eines innovativen Gebrauchs kodierter Sprachelemente durch den Sprecher ist. Dies ist die starke Begründung dafür, daß Mißverstehen prinzipiell droht. Für Schleiermacher ergibt sich aus dem doppelten Bezug von Rede eine entsprechende Zweisträngigkeit der strengen Verstehenspraxis – die Aufteilung der Hermeneutik in grammatische und technisch-psychologische Interpretation:

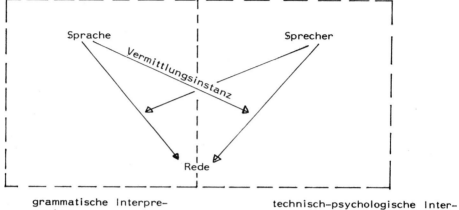

grammatische Interpre-   technisch-psychologische Inter-
tation   pretation

3.

Das skizzierte Spannungsverhältnis legt noch nicht fest, wie es in einer methodisch kontrollierten Verstehenstechnik zu erfassen ist. Die Graphik macht
allerdings deutlich, daß Schleiermacher bemüht ist, sich dem vermittelten
Gebilde Rede durch   m e t h o d i s c h e   I s o l a t i o n   ihrer beiden
konstitutiven Bezüge zu nähern.

Auf seiten der grammatischen Interpretation ist solche Isolation möglich:
Zum Verständnis des Textsinns muß das Verstehen der möglichen Bedeutungen
der in ihm vorhandenen einzelnen Wörter sowie deren Verknüpfungsregeln
vorausgesetzt werden. Diese elementare Verstehensleistung fordert der Kanon
1 der grammatischen Interpretation.

Kanon 2 bemüht sich um Erfassung des textspezifischen Verwendungssinns
der Wörter. Das erfordert den synthetisierenden Blick auf den jeweiligen Kontext. Hierfür reichen Kenntnisse bezüglich Lexikon und Syntax nicht mehr
hin - entsprechend wird das Geschäft der grammatischen Interpretation zusehends unsicher. Solche Unsicherheiten können beispielsweise bei der Frage
entstehen, welches Gewicht ein Wort, ein Satz oder eine ganze Textpassage
in einem Text besitzt (Haupt- und Nebengedanken vgl. HF 124; Abundieren
und Emphase vgl. HF 129); ebenso stellen Formen der uneigentlichen Rede
- soweit sie nicht standardisiert sind - Grenz- und Übergangspunkte der
grammatischen Interpretation dar (vgl. HF 147 ff.; Szondi 121). Vor allem
aber gerät der Versuch zur Synthese der lexikalisch und grammatisch bestimmten Textelemente zum Sinnganzen an die Leistungsgrenze der grammatischen Interpretation:

"Die sprachliche Aufgabe läßt sich, wenn man einzelnes rein lexikalisch oder
grammatisch behandelt, bis auf einen gewissen Punkt isolieren. Allein sobald

man an das Verstehen eines höheren Ganzen geht, an ein zusammenhängendes Lesen, ist die Isolierung der sprachlichen Seite unmöglich." (HF 164). Die technisch-psychologische Interpretation muß also den Sinnzusammenhang eines Textes schärfer hervortreten lassen, als es die grammatische Interpretation vermag; letztere kann Bedeutungsspielräume, die vom Lexikon her hervorgegeben oder durch innovativen Sprachgebrauch entstanden sind, nur schwer im Hinblick auf größere Sinnzusammenhänge eingrenzen.

4.

Um den Textsinn deutlicher zu bestimmen, muß also die methodische Beschränkung, die die grammatische Interpretation ausmacht, aufgehoben werden; die Vielfalt der Beziehungen, in denen ein Text über die Relation: Sprache – Rede hinaus steht, sind nun auszuwerten. Der "psychologische Auslegung" benannte zweite Teil der "Hermeneutik" beginnt entsprechend als Aufriß dieser höchst umfangreichen Aufgabenstellung: Das Verstehen von "Stil" (HF 168) umfaßt das Verstehen der "Einheit des Werkes" (= "Thema" + "Grundzüge der Komposition" HF 167) und seiner "Notwendigkeit" (= "Genese" ebd.). Die genetisch orientierte psychologische Auslegung fordert, "jeden gegebenen Gedankenkomplexus als Lebensmoment eines bestimmten Menschen aufzufassen." (HF 178).

Zur Lösung dieser Aufgabe sind weitreichende Kenntnisse vorauszusetzen: Kenntnisse der Geschichte und des aktuellen Stands der Gattung, der das Werk angehört, von anderen verwandten (u.U. musterbildenden) Werken, der Biographie des Verfassers (vgl. HF 169); weiterhin muß nach Selbstaussagen des Verfassers über sein Werk gesucht werden (vgl. HF 181) und das "Vorstellungsmaterial des Verfassers" (HF 182) erfaßt werden; letzteres schließlich ist auch auf die Adressaten einer Schrift hin zu untersuchen ("Sowie man sich aber eine bestimmte Schrift als Mitteilung denkt, ist diese auch durch die Vorstellung von denen, an welche die Schrift gerichtet ist, bestimmt." HF 208).

Das eingangs in Erinnerung gerufene Spannungsverhältnis von Sprache – Sprecher – Rede bleibt auch in dieser erweiterten Problemstellung anwesend; dennoch zeigt sich deutlich, daß unsere kleine graphische Skizze den Fragehorizont der technisch-psychologischen Interpretation nur unzulänglich wiedergibt. D e r   G r u n d   d a f ü r   l i e g t   i n   d e r m e t h o d i s c h e n   A s y m m e t r i e d e r E r f a s s u n g v o n   S p r a c h e   u n d   S p r e c h e r. Was Schleiermacher "Sprachgebiet" nennt, läßt sich einigermaßen deutlich rekonstruieren. Solche Rekonstruktion muß zwar immer fragmentarisch bleiben, weil uns keine Sprache je vollständig vorliegt (vergl. HF 84 und 90); immerhin kann der

lexikalische Bestand und die Grammatik einer Sprache mit einiger Sicherheit
aus den vorliegenden Fragmenten umrissen werden. Die Vergegenwärtigung
der allgemeinen "Sprachwerte" eines Textes, die Kanon 1 der grammatischen
Interpretation fordert, wirft daher noch keine gravierenden Probleme auf;
diese stellen sich verstärkt ein, wenn es gemäß Kanon 2 darauf ankommt,
"den Lokalwert jedes Wortes im Zusammenhang der Rede richtig zu bestimmen." (HF 135)

   Die Rekonstruktion der Sprecherindividualität fällt ungleich schwerer. Was
diese Individualität zu einem bestimmten Lebensmoment ausmacht, ist vermittelt durch eine Lebensgeschichte, kollektive Anschauungen, literarische
Vorbilder und antizipierte Erwartungen ihrer Rezipienten. Geboten wäre daher
- analog zur einsichtigen Vorgehensweise der grammatischen Interpretation - wiederum eine methodische Isolierung einzelner Komponenten, deren
spezifischer Textbezug schrittweise erfaßt werden müßte. Allerdings ergäbe
sich dergestalt ein breiteres Spektrum von Auslegungsweisen. Und in allen
Bezügen, in denen diese Auslegungsweisen Rede thematisierten, würde der
Sprecher nur als Vermittler anwesend, aber selbst nicht greifbar sein. Die
Unsicherheiten der grammatischen Interpretation würden in gleicher Weise
auftreten.

                                    5.

D i e   S c h w i e r i g k e i t e n   d e r   t e c h n i s c h - p s y -
c h o l o g i s c h e n   I n t e r p r e t a t i o n   g r ü n d e n
d a r i n ,   d a ß   S c h l e i e r m a c h e r - d e m   z u g r u n -
d e g e l e g t e n   R e d e m o d e l l   f o l g e n d - j e t z t
d e n   S p r e c h e r   s e l b s t   u n d   n i c h t   n u r   s e i -
n e   V e r m i t t l u n g s t ä t i g k e i t   f a s s e n   w i l l .
Darin konsequent, verweist er die Ermittlung der zuvor genannten Redebezüge
ins Vorfeld der technisch-psychologischen Interpretation: "V o r dem Anfang
der psychologischen (technischen) Auslegung muß gegeben sein die Art, wie
dem Verfasser der Gegenstand und wie ihm die Sprache gegeben war, und
was man anderweitig von seiner eigentümlichen Art und Weise wissen kann."
(HF 168/69; Hervorhebung B.W.) Die methodische Aufgabe besteht nun darin,
dieses Wissen zur vertiefenden Auslegung des Werkes zu nutzen. Die leitende Frage ist simpel und knifflig zugleich: Was hat sich der Autor dabei gedacht, als er dies sagte oder schrieb? Genetische, generische und rezep-
tionstheoretische Zusammenhänge sollen hierauf Antwort geben. "Was haben
wir für Mittel, diese Aufgabe zu lösen?" (HF 178)

   Als Antwort präsentiert Schleiermacher eine Differenzierung, die die Zweiteilung der technisch-psychologischen Interpretation vorbereitet. Zunächst

ilt diese Zweiteilung literarischen Gattungen: In Briefen, Reisebeschreibun-
en, Memoiren und Tagebüchern tritt die Persönlichkeit eines Autors direkter
hervor als in wissenschaftlichen und künstlerischen Werken (vgl. HF 178 ff.);
zumindest lassen die erstgenannten Gattungen eine persönliche Mitteilung eher
zu als die letzteren, in denen der Autor hinter den dargestellten Sachverhalt zurücktritt. Persönliche Mitteilungen erhellen Lebensumstände, aus denen
ein Werk entstanden ist, und sind daher für die Rekonstruktion der Werkgenese höchst bedeutsam. Entsprechend läßt sich die technisch-psychologische
Interpretation in zwei Richtungen aufteilen: Die "psychologische Aufgabe" gilt
der Suche nach situationsbezogenen, ursprünglichen Impulsen beim Entwurf
eines Werkes; die "technische Aufgabe" richtet sich auf die gegenstands- und
gattungsbezogene Entfaltung dieser Impulse.

6.

Bei der Durchführung des Programms der genetischen Interpretation ergeben
sich Schwierigkeiten, auf die Schleiermacher selbst hinweist; sie haben mit
dem bereits angedeuteten Problem zu tun, wie etwas, das vor und damit doch
auch außerhalb eines Werkes liegt, mit diesem vermittelt ist. Manche Umstände der Werkentstehung sind zufällig und bleiben dem Werk äußerlich:"...
die Frage, unter welchen Umständen ist der Verfasser zu seinem Entschluß
gekommen ... bezieht sich auf das Äußerliche und führt auch nur zur Erklärung des Äußerlichen. Es gibt in der Entstehung eines schriftstellerischen
Entschlusses immer Zufälligkeiten. Dasselbe, was einmal im Gemüt und Leben
angelegt ist, kann auch unter ganz andern Umständen zustande kommen. Man
gerät, wenn man hier sucht und zusammenstellt, leicht in Anekdotenkräme-
rei." (HF 186) Zwar taugt eine so verstandene genetische Fragerichtung dazu, "Anspielungen auf Zeitverhältnisse usw." (HF 186) im Werk zu erkennen - aber auch dies bleibt für die Werkerschließung von relativ unter-
geordneter Bedeutung. "Viel wichtiger ist die zweite Frage, was bedeutet der
wahre, innere Keim des Werkes, der Entschluß im Leben des Verfassers?" (HF
186). Die Mehrsträngigkeit dieser Frage zeigt, daß Schleiermacher den Wert
der genetischen Fragestellung sichern will, indem er sie mit der immanenten
Erschließung der "besonderen Tendenz, des besonderen Zweckes" eines Werks
kurzschließt (HF 187). In der Lehre vom Keimentschluß sollen wenigstens drei
Werkdimensionen zusammengedacht werden: 1. Es gibt einen nicht-zufälligen,
nicht-äußerlichen Impuls, der die Entstehung des Werks als Einheit bewirkt.
Nur unter dieser Bedingung kann aus der Entstehungsgeschichte des Werks
Wesentliches seines Gehalts erschlossen werden. 2. Der "wahre, innere Keim
des Werkes" ist als dessen "Tendenz" im Werk selbst anwesend. Entsprechend
läßt er sich durch werkimmanente Interpretation, die die Einheit des Werks

aus seinen Teilen heraus zu verstehen bestrebt ist, erkennen (vergl. HF 187/
88). Wozu dann aber der Umweg über die Rekonstruktion der Werkgenese? 3.
Der Keimentschluß tritt in "drei quantitativen Abstufungen" (HF 189) auf:
im Gelegenheitswerk, in der Studie und im Lebenswerk (ebd.). Hermeneutisch
relevant sei diese Unterscheidung, weil der Autor - und entsprechend auch
der Interpret - unterschiedliche Ansprüche der Stimmigkeit an die verschiedenen Werktypen stellt. Die Konsequenz dieser sinnvollen Unterscheidung zieht
Schleiermacher jedoch nicht: Wenn es tatsächlich so wichtig ist, die Vorstudie
zu einem Werk von diesem selbst zu unterscheiden, so müßte doch auch eine
werkimmanente Analyse von einer werkgenetischen unterschieden werden - es
sei denn, man beschränkt die Differenz zwischen Studie und Werk auf unterschiedliche Etappen der Entfaltung des Keimentschlusses; aber gerade dann
müßte der zu findende Keimentschluß gerade der identische sein!

7.

Sollte der Befund richtig sein, daß in der Lehre vom Keimentschluß erhebliche Unstimmigkeiten enthalten sind, dann dürften aus dieser Lehre auch
keine konsistenten methodischen Anweisungen im Sinne einer Kunstlehre des
Verstehens erwartet werden. Unbefriedigend bleiben denn auch die Konkreti-
sierungsversuche in der "Anwendung des bisher Erörterten auf das N.T." (HF
197 ff; HL 1969 ff.). Darin bespricht Schleiermacher zunächst die Evangelien unter der Fragestellung, wie weit sie Biographien Jesu darstellen,
und gelangt zu folgendem Ergebnis: "Während also bei Johannes die biographische Idee zum Grunde liegt und sich darauf die Einheit des Ganzen
bezieht, finden wir bei den andern Evangelisten nur ein Aggregat von Einzelheiten, so daß wir die biographische Idee bei ihnen negieren müssen."
(HL 174) Die Frage nach biographischen Intentionen steht im Kontext der
Suche nach dem jeweiligen Keimentschluß der Evangelisten. Das zitierte Resultat darf daher so verstanden werden, daß die "biographische Idee" der
Keimentschluß des Johannes ist. Ob Schleiermachers Behauptung zutrifft, vermag ich nicht zu beurteilen; abgesichert ist sie keinesfalls. Und gemessen
an der Problemweite der psychologischen Aufgabe und dem Anspruch, daß die
technisch-psychologische Interpretation dort weiterhelfen soll, wo die grammatische sich im Unsicheren verliert, bleibt das Resultat des Konkretisierungs-
versuchs methodischer Überlegungen hier sehr formelhaft. Das gilt auch für
Schleiermachers Ausführungen zur anderen großen Gattung des Neuen Testaments: den Briefen. Dieses magere Ergebnis ist sicher dem Umstand geschul-
det, daß eine psychologische Interpretation des N.T. angesichts des zur Auswertung bereitstehenden Materials schwierig sein muß (vgl. HF 169). Soweit
ich sehe, hat Schleiermacher an keinem anderen, günstigeren Interpretations-

beispiel eine Durchführung des hermeneutischen Programms unternommen; die Unsicherheiten beim Verständnis dieses Programms dürften sich daher schwerlich beheben lassen.

8.

"Einheit" und "Notwendigkeit" eines Werkes gilt es zu verstehen. Die grammatische Interpretation kann dies nur unzureichend einlösen; die "psychologische Aufgabe" sollte hier weiterhelfen in dem Bemühen, den ursprünglichen Werkimpuls innerhalb der Autorvita zu orten. Die "technische Aufgabe" hat "zu betrachten, wie die Schrift aus dem Keimentschluß nach Inhalt und Form hervorgeht." (HF 209)

Auch hier stellt sich die Frage nach dem Verhältnis von Werkanalyse und werkgenetischer Forschung – und zwar im Zusammenhang des Verstehens der "Meditation". Ein Werk macht den Abschluß, das Ergebnis einer Besinnung auf den darzustellenden Gegenstand aus. Die gedankliche Ordnung des Werks muß aber nicht "die eigentümliche genetische Reihe ..., in der die einzelnen Gedanken gedacht sind" (HF 210) widerspiegeln; verworfene Gedanken etwa tauchen im Werk gar nicht mehr auf. Zum Verständnis eines Werks wäre daher hilfreich, es als Resultat und Kondensat einer umfassenderen gedanklichen Arbeit anzusehen und diesen gedanklichen Arbeitsprozess nachzuzeichnen. Die Philologie ist daher auch stets bemüht gewesen, solche Arbeitsprozesse – wenigstens in Umrissen – zu rekonstruieren, z.B. im Vergleich unterschiedlicher Fassungen des gleichen Werks. Die Aufgabe, die Schleiermacher Verstehen der Meditation nennt, schlägt jedoch einen anderen methodischen Weg ein: Die Meditation soll aus dem fertigen Werk, der ausgeführten Komposition, rückerschlossen werden. Entsprechend "fragt sich nun, wie kann ich aus dem zweiten Akt, der Komposition, der in der Schrift vor mir liegt, erkennen, wie sich in dem Verfasser dieser Akt entwickelt hat, wie er zu Inhalt und Form seiner Schrift gekommen ist? Dies scheint sehr schwierig." (HF 214)

Schlimmer noch: Es scheint ein vitiöser Zirkel vorzuliegen, wenn auch umgekehrt die Komposition durch die Meditation verstanden werden soll: "Nun ist wahr, die Aufgabe, die Meditation zu verstehen, ist abhängig von dem Verstehen der Komposition. Allein wir haben jene mit Grund vorangestellt, weil wir nur durch die Kenntnis der ganzen Meditation die Komposition genetisch verstehen." (HF 219) Die methodische Anweisung beschränkt sich im Zusammenhang der technischen Aufgabe immer wieder auf den "allgemeinen Kanon, das Ganze aus dem Einzelnen und das Einzelne aus dem Ganzen zu verstehen." (HF 230) Daß diese Anweisung nicht hinreichen kann, ließe sich jedoch aus einer Einsicht folgern, auf die Schleiermacher in Ausführungen über

"notwendige Einsicht" in der Hermeneutik stößt und die etwas von der Hori
zontgebundenheit des Verstehens antizipiert. Bisweilen - so Schleiermache
in einer Kritik an Wolf - lassen sich Wortbedeutungen in ihrem Kontext prä
zise erfassen; "aber wieviele andere Fälle gibt es ..., wo eben, weil ma
von dem einen Stützpunkt aus etwas anderes wahrscheinlich machen kann al
von dem anderen, zu einer notwendigen Einsicht kein Raum bleibt." (HF 317
Dies wäre auch bei der Forderung, Einheit und Notwendigkeit eines Werk
zu verstehen, zu berücksichtigen.

9.

Schleiermachers methodische Folgerungen aus seinem sprach-theoretischen Ansatz bleiben im Bereich der technisch-psychologischen Interpretation unklar
und unzureichend. Bereits der Schleiermacher-Schüler Boeckh sucht nach einer
verbesserten Systematik der Auslegungsarten. Sie ist zugleich Auffächerung
von Problemaspekten. Schleiermacher suchte eine hermeneutische Systematik
aus dem individuell-allgemeinen Charakter der Rede zu entfalten; Boeckh
stellt dagegen einzelne Problemstellungen der Textauslegung - gut abgegrenzt - nebeneinander und ordnet ihnen die entsprechenden Auslegungsarten
zu: Grammatische Interpretation muß sich der Vieldeutigkeit der Sprache
Stellen, historische Interpretation den impliziten Weltbezug der Sprache aufweisen, individuelle und generische Interpretation die Spannung zwischen
Gattungs-, National- oder Epochenstil einerseits und dem lebensgeschichtlich
verwurzelten Individualstil andererseits aufdecken.

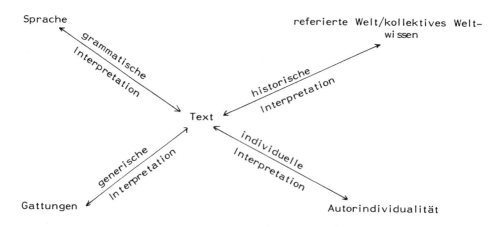

Dem Ausmaß und der Tragfähigkeit der Boeckhschen Schleiermacherrevision
müßte weiter nachgegangen werden. Denkbar wäre, daß sich daraus Rückfra-
gen an Schleiermachers Konzept der individuell-allgemeinen Struktur von Rede
ergäben. An den Fragen freilich, die sich bei der Lektüre von Schleier-

machers hermeneutischen Ansätzen stellen, bleibt auch über Schleiermacher hinaus festzuhalten. Sie seien abschließend noch einmal genannt:

a) Welchen Stellenwert besitzt die Forderung nach Rekonstruktion von Intention in einer Verstehenslehre, die davon ausgeht, daß jeder Text immer nur näherungsweise Ausdruck dieser Intention sein kann? Wie läßt sich unter dieser Voraussetzung Intention rekonstruieren?

b) In welchem Verhältnis stehen immanente und werkgenetische Analyse?

c) Was meinen wir mit dem einheitlichen 'Sinn eines Textes', und was genau tun wir auf der Suche nach diesem? Wie läßt sich Schleiermachers Rede vom "zusammenhängenden Lesen" (HF 164), das auf "Einheit des Werkes" (HF 167) gerichtet ist, präzisieren?

Gerade die kritische Auseinandersetzung mit Schleiermacher läßt uns den Nachdruck, die Unabweisbarkeit solcher Fragen – und damit die Aktualität seiner "Hermeneutik" – erfahren.

LITERATUR

HL   Fr. Schleiermacher: Hermeneutik und Kritik, hrsg. von Fr. Lücke, Berlin 1838

HF   Fr. Schleiermacher: Hermeneutik und Kritik, hrsg. von M.Frank, Frankfurt 1977

H. Birus: Zwischen den Zeiten. Fr. Schleiermacher als Klassiker der neuzeitlichen Hermeneutik; in: Hermeneutische Positionen (Hrsg. H. Birus), Göttingen 1982, S. 15–58

M. Frank: Das individuelle Allgemeine. Textstrukturierung und -interpretation nach Schleiermacher, Frankfurt 1977

H. Ineichen: Erkenntnistheorie und geschichtlich-gesellschaftliche Welt. Diltheys Logik der Geisteswissenschaften, Frankfurt 1975

P. Szondi: Schleiermachers Hermeneutik heute, in: Schriften II, Frankfurt 1978, S. 106–130

LA FONCTION DU DOGME DANS L'HERMENEUTIQUE THEOLOGIQUE DE SCHLEIERMACHER

von Marc Michel

Dans la très sérieuse H i s t o i r e   d e   l a   P h i l o s o p h i e de la Pléiade, P. Trottignon, traitant de l'élément romantique de Goethe à Schopenhauer, accroche Schleiermacher à sa galerie de portraits, près de Humboldt chez qui, écrit-il, "la pensée se maintient encore avec dignité et grandeur". Et de continuer, "il n'en va plus tout à fait de même avec Schleiermacher." En effet, à croire cet auteur, la vie de Schleiermacher est "un drame" et sa conception de la piété est "fade et mièvre". Ce trop court paragraphe se termine par ce jugement sans appel: "tout comme avec Baader et Novalis, (avec Schleiermacher) le romantisme laisse apercevoir des côtés inquiétants. Ce libéralisme laisse entrevoir bien des faiblesses. Et les faiblesses feront le chemin des forces inquiétantes." [1]

Le moins qu'on puisse dire est que le lecteur eut été en droit d'obtenir un minimum de justifications. Le jugement final, en venant mettre un point d'orgue à cette esquisse de portrait, constitue, en effet, l'une des accusations les plus constantes formulées par les critiques d'obédiences diverses à l'encontre de Schleiermacher. Le "libéralisme" devient le mot magique dont le caractère vague et souvent anachronique tient aisément lieu d'étude sérieuse. Que Schleiermacher soit un penseur exposé à la controverse, nul n'en peut raisonnablement douter et son oeuvre recèle plus d'un trait qui, pris isolément quand ce n'est pas exagéré et simplifié, s'avère susceptible d'en détruire l'équilibre complexe. Ainsi, les historiens de la philosophie ne lui accordent en général qu'un bien pâle crédit, demeurant fidèles, en particulier pour l'exposé de son herméneutique, au dogme diltheyen. [2]

Chez les théologiens, Schleiermacher est suspect à ceux qui n'accordent de vertu qu'à l'affirmation incantatoire d'une Parole verticale et dangereux aux yeux de ceux qui ne trouvent leur salut que dans le respect fébrile d'une orthodoxie étroitement comprise. Ici, on l'accusera d'immanentisme et là de libéralisme. Si la critique protestante a souvent, mais non exclu-

---

1 Histoire de la philosophie, Encyclopédie de la Pléiade, t. III., 1974, pp. 12-13.
2 L'habitude s'est ainsi créée de ne considérer que l'un des aspects de l'herméneutique de Schleiermacher, à savoir la compréhension subjective. On oublie trop souvent les réflexions très actuelles sur la langue que contiennent en particulier les deux Discours prononcés en 1829 devant l'Académie des Sciences de Prusse. Sur ce point, voir P.Szondi, Poésie et poétique de l'idéalisme allemand, Paris, 1975, pp. 294 et ss. et notre ouvrage, la théologie aux prises avec la culture; de Schleiermacher à Tillich, coll. cogitatio fidei n° 113, Paris, 1982, p. 66.

sivement, épousé la première thèse - que l'on songe en particulier à Barth
et à Brunner - , la critique catholique a longtemps concentré ses attaques
sur un point extrémement précis: la fonction du dogme dans sa théologie.

C'est ainsi que pour les uns, Schleiermacher "a été à l'origine de toute
une théologie protestante adogmatique, appelée plus tard libérale. Une telle
théologie offre de graves dangers pour la foi ...".[3] Pour d'autres, Schleiermacher a placé la règle de foi non dans la "doctrine" mais dans la per-
sonne de Jésus-Christ, devenant de la sorte "le prototype de la théologie libérale" dont la caractéristique essentielle est d'être "anti-dogmatique".[4]
Théologie libérale, libéralisme sont comme des automatismes d'écriture.[5]
L'une des critiques adressées par Christiani à Schleiermacher porte sur ce
même point: "(Schleiermacher) ne dépasse pas l'impressionisme indivi-
duel d'une piété toute subjective".[6] Citons enfin l'opinion d'un anglican en
pleine consonnance avec cette position catholique: "(Schleiermacher) répudia
l'idée traditionelle selon laquelle la religion est un compendium de doctrines fixes qui doivent être acceptées avec foi."[7] Ainsi, la critique la plus
constante comme la plus unanime pourrait trouver sa formulation lapidaire
dans la question déjà posée du vivant mêmes de Schleiermacher et reprise
par W. Dilthey: "que sont les dogmes?"[8] La question est centrale à un
double point de vue; à celui d'abord de la conception générale de l'herméneutique puisqu'il en va du statut du texte dans le processus de l'interprétation; à celui ensuite de la théologie chrétienne puisqu'il en va du statut
de l'Ecriture et des Confessions de foi dans l'interprétation de la foi chrétienne.

Or, répondre à cette question exige que l'on entende Schleiermacher lui-
même et que l'on évite de recourir aux clichés tenaces qui courent les
histoires et autres panoramas de la philosophie ou de la théologie. La chose
s'avère relativement aisée, Schleiermacher étant à la fois un théoricien et
un praticien de l'herméneutique ainsi qu'il apparaît dans les trois oeuvres

---

3 A.Kervoorde, O.Rousseau, Le mouvement théologique dans le monde contemporain, Paris, Beauchesne, 1969, p. 41.
4 I.Walgrave, Unfolding Revelation, coll. Theological resources, London,
  1972, pp. 220-1.
5 Il est à remarquer combien, de façon générale, l'évocation de Schleiermacher est allusive. Ainsi encore, H.Küng, in L'Eglise, t.I, Paris, 1968,
  p. 74, associe rapidement notre auteur au libéralisme protestant. K.Rahner
  et H.Vorgrimler ont recours à une formulation moins sommaire et, comme
  nous le verrons, plus exacte: "Une autre forme de la théologie libérale
  est celle qui à l'instar du modernisme catholique, considère toute doctrine
  de foi comme l'objectivation d'une foi subjective (sous l'influence de F.
  Schleiermacher et de H.A.Ritschl)", in art. Libérale, théologie, Petit
  dictionnaire de théologie catholique, Paris, 1970, pp. 254-255.
6 L.Christiani, art. Schleiermacher, Dictionnaire de théologie catholique, t.

suivantes que nous prendrons comme points de repère:

- Ü b e r   d i e   R e l i g i o n . R e d e n   a n   d i e   G e b i l -
  d e t e n   u n t e r   i h r e n   V e r ä c h t e r n, publié pour la
  première fois en 1799;
- K u r z e   D a r s t e l l u n g, de 1810;
- C h r i s t l i c h e r   G l a u b e, de 1821.

Dans son apologétique de la religion que constituent les   R e d e n,
Schleiermacher entend restaurer la religion dans son essence véritable, loin
des mélanges dans lesquels on l'a placée - en particulier, avec la métaphy-
sique et la morale - et loin des oeuvres avec lesquelles on l'a confondue.
Aussi, le rejet de la religion provient-il d'abord de sa méconnaissance. Il
faut donc revenir à l'essence et à la pureté originelles de cette religion qui
"n'apparaît nulle part à l'état pur".[9]   On sait comment Schleiermacher ca-
ractérise la religion: elle est intuition (Anschauung) et sentiment (Gefühl).[10]
"Intuition de l'univers dans son infinité et dans son unité, commente justement M.Simon, sentiment de l'harmonie de cette totalité avec laquelle nous
aussi nous ne faisons qu'un; que nous considérions le monde ou l'humani-
té, ou encore notre propre être, nous sentons toujours la présence de l'infini
au sein du fini, de l'Un absolu dans la multiplicité des choses."[11]

Ainsi et dès les   R e d e n, se dessine la préfiguration de ce qui, de
façon systématique, s'accomplira dans la théologie proprement dite. Le mouvement de l'interprétation va de l'extérieur vers l'intérieur, du produit vers
la source même de la production. Les témoignages scripturaires de tous or-
dres ne sont donc à considérer que dans la relation avec cette intuition première dont ils ne sont, en définitive, que les signes extérieurs et seconds.
On n'obtient donc pas l'essence de la religion en demeurant à ce niveau où
toutes les lettres deviennent mortes parce que la vie, qui les a un jour en-
gendrées, s'en est peu à peu retirée. "Toute écriture sainte", écrit Schleiermacher,"n'est qu'un mausolée de la religion, un monument attestant qu'un
grand esprit a été là, qui n'y est plus. Car s'il etait encors vivant et
agissant, comment attribuerait-on une aussi grande valeur à la lettre morte,
qui ne peut être de lui qu'un faible décalque. Ce qui n'est pas celui qui
croit à une sainte écriture qui a de la religion, mais celui qui n'en a pas
besoin et serait même capable d'en produire une lui-même."[12]   Ce propos
appelle une remarque fondamentale.

    XIV (1939), col. 1506.
7 A.R.Vidler, The church in an age of revolution, The pelican history of
  the church, 5, 1971, p. 24.
8 W.Dilthey, Gesammelte Schriften, XIV/2, 1966, p. 572.
9 Reden ..., trad. fr. Rougé, 1944, p. 150.
10 Ibid., p. 154.
11 M.Simon, Sentiment religieux et sentiment esthétique dans la philosophie
   religieuse de Schleiermacher, in Archives de Philosophie XXXII (1969),
   p. 71.

Parce qu'il est préoccupé de l'essence ou de "la vraie nature des choses",
Schleiermacher déploie une stratégie interprétative en tous points redevable
à la dialectique platonicienne. Progressant d'analyse en analyse, de division
en exclusion, jusqu'à la détermination de l'essence, c'est-à-dire jusqu'à
ce point ultime où la chose en question, ici la religion, se présente sans
mélanges et sans voiles, l'interprétation procède par palliers successifs. La
conséquence la plus directe de cette détermination dialectique du vrai est
de relativiser toute expression comme toute écriture (l'Ecriture biblique comprise). C'est bien, en effet, en "retraversant" les manifestations diverses
de la religion que l'on atteint cette intuition originelle qui les a produites.
Dès lors, il apparaît clair, et ceci est capital pour comprendre l'herméneutique théologique, que Schleiermacher, sans le négliger pour autant,
n'accorde au texte qu'une valeur d'indice et de témoignage. Le fameux principe énoncé par Calvin dans l'I n s t i t u t i o n   c h r é t i e n n e
au sujet de la prééminence de l'Ecriture sur l'Eglise trouverait ici une
application toute différente: la fondation va devant l'édifice. Le texte (Bib-
le, dogme, confession de foi) n'a de valeur que transversale. Ce postulat
constitue, dès les   R e d e n   qui en sont comme le premier exercice, un
acquis que l'oeuvre ultérieure, même en y apportant des nuances et des pré-
cisions, ne démentira pas.

En effet, la   K u r z e   D a r s t e l l u n g   de 1810 n'apporte pas
de bouleversement important quant au statut de l'écriture dans la conception
de la théologie, si ce n'est que le caractère écclésiastique et confessionnel
y est désormais affirmé avec insistance.[13] La théologie, en général, y est
affirmée comme inséparable du gouvernement de l'Eglise (§ 3, 12); il en est
de même de la théologie dogmatique (§ 198). C'est bien l'Eglise (et non
d'abord l'Ecriture) qui procure à la théologie son point de départ et sa finalité: de l'Eglise (comme communauté de foi, communauté-source pourrait-
on dire) à l'Eglise (comme communauté à diriger), tel est le parcours de
la réflexion qui prend pour objet la doctrine chrétienne.[14] Du reste, la
théologie dogmatique n'est expressément traitée comme telle qu'en tant que
partie de la troisième section de la théologie historique, section justement
consacrée à la connaissance historique de la situation   p r é s e n t e

---

12 Reden ..., p. 198.
13 Le lecteur catholique y découvre avec étonnement que l'opposition à telle
    proposition doctrinale de l'Eglise romaine constitue pour la proposition
    correspondante de l'Eglise Réformée un label d'authenticité évangélique!
    (§ 212).
14 Cf. M. Schmidt, Schleiermacher théologien, in Archives de philosophie XXXII,
    1, (1969), "L'Eglise comme point de départ et but de la théologie", p.
    20.

du christianisme. [15] Ainsi, le lieu même, l'instance interprétative de la
théologie n'est-elle autre que la communauté de l'Eglise, l'expérience de foi
vécue dans la communauté de l'Eglise, "cette expérience de l'action de Dieu
dans la communication continue de Jésus le Rédempteur", selon l'expression
de T.Tice. [16] L'empreinte piétiste, tant par son atmosphère générale que par
ses thèmes privilégiés, n'est à l'évidence pas indifférente à cette conception de l'herméneutique théologique.

Les différentes éditions de la K u r z e   D a r s t e l l u n g appor-
teront le terme clef par lequel cette foi de l'Eglise sera désormais traduite:
la conscience de l'absolue dépendance. Ce n'est donc pas le code scripturaire ou dogmatique qui importe au premier chef mais avant tout l'expérience
de cette conscience au travers de ses déterminations historiques dont l'Ecriture et le dogme portent la trace. La première édition de C h r i s t -
l i c h e   G l a u b e citera ces paroles de St Anselme en guise d'aver-
tissement: "neque enim quaero intelligere ut credam, sed credam ut intelli-
gam. Nam qui non crediderit, non experiatur et qui expertus non fuerit, non
intelliget." S'il est vrai que par la citation l'on prend à son compte et ra-
tifie, comment pourrait-on mieux exprimer l'intention de tout l'ouvrage?
L'expérience réalisée par la conscience religieuse au sein de la communauté chrétienne constitue en effet le principe fondamental de l'herméneutique
théologique tout comme sa finalité première: "pour nous", écrit Schleiermacher,
"l'instruction n'est qu'un moyen, notre fin étant la vie intérieure. Nous ne
donnons pas un cours du haut de la chaire; nous appelons à la communion
avec Jésus-Christ." [18]

Le primat de l'expérience de la foi, interprétée comme conscience de
l'absolue dpendance, va, du même coup et à l'instar de ce qui fonctionnait
déjà dans les   R e d e n , devenir la pierre d'angle de l'interprétation
théologique, conférant un statut nécessairement relatif et second à toute
écriture: "Plus les théologiens répètent le passé, plus les chrétiens ont à
affirmer que la foi au Sauveur rajeunit tout. Laissons les vieilles formules
parce qu'elles sont vieillies. Cherchons la vie où est la vie."[19] Schleiermacher s'affirme ainsi comme un théologien de la vie et de l'expérience
chrétiennes.

Pierre d'angle de l'interprétation, l'expérience de la communauté chrétienne est aussi et par voie de conséquence principe de délimitation du

15 cf. § 196 et ss. Sur la part modeste réservée à la dogmatique, voir H.J.
   Birkner, Philosophie et théologie chez Schleiermacher, in Arch. de Philosophie, op.cit., p. 202.
16 T.Tice, in F.Schleiermacher, Brief Outline on the Study of Theology, 1966,
   p. 123.
17 cf. à ce sujet les deux versions mises en parallèle par T.Tice, ibid.
   p. 67, note 16.
18 Schleiermacher, Lettre au Dr Lücke, cit. par Tissot in La-foi chrétienne,

champ théologique, excluant tout ce qui relève des "fluctuations de la
science" [20] et rejetant dans l'ombre l'Ancien-Testament lui-même, "Israël et
les prophéties". [21]

Dans le même temps et tout à fait logiquement, le dogme recèle une valeur seulement indicative: "tout dogme est, selon nous, l'expression d'un
état de la consciencé chrétienne" [22], ou encore, "chaque dogme exprime les
états par lesquels passe le chrétien conduit par la grâce." [23] La théologie
dogmatique doit retrouver en chaque dogme l'état de la conscience religieuse
qui l'a produit; l'herméneutique accomplit ici le mouvement inverse de la
production dogmatique puisque" le dogme est né de la réflexion s'exerçant
sur les données immédiates de la conscience religieuse" [24] à un moment donné
de son évolution. L'apologétique des R e d e n s'efforçait de présenter
la religion dans sa phase active, comme "religio religiosans" pourrait-on
dire; de la même manière, la G l a u b e n s l e h r e entend présenter
la foi chrétienne, c'est-à-dire la conscience religieuse modifiée par la Ré-
demption, dans son aspect dynamique et créateur. Dans cette perspective,
les dogmes n'aparaissent plus comme de froids vestiges ou des lettres mortes, mais comme les indices et les traces permettant de retrouver la vie qui
les a un jour produits.

La pratique du dogme se trouve de la sorte inversée; s'arrachant à
l'apparente facilité du commentaire et à la séduction du raisonnement déduc-
tif, elle réside désormais dans un art d'interpréter, une herméneutique vo-
lontairement dynamique et inductive. [25] De cette herméneutique, l'on peut ten-
ter de rassembler les éléments essentiels suivants:

1. - la d i r e c t i o n prise est traduite par le mouvement de l'ex-
       térieur vers l'intérieur, du produit vers la production, de la mani-
       festation vers l'essence, de l'état de mélange vers l'état pur. En cela,
       l'herméneutique de Schleiermacher s'apparente bien à la dialectique
       platonicienne.

2. - le l i e u c r i t i q u e à partir duquel se déploie cette direction
       est l'expérience, l'immédiateté, la vis, le sujet individuel et communau-
       taire en ses différents états de conscience. En cela, l'herméneutique
       de Schleiermacher, fortement connotée par le piétisme, relève de la
       Lebensphilosophie.

---

p. XV.
19 Ibid., p. XX.
20 Ibid., p. XXIII. Cf. H.J.Birkner, art.cit., p. 201.
21 Ibid., p. XXIV.
22 Ibid., p. 27.
23 Ibid., p. XXV.
24 Ibid., p. 35.
25 cf. Kurze Darstellung, § 132.

3. - ce lieu critique opère comme instance de sélection en délimitant stricte-
   ment le champ de l'interprétation à ce qui est proprement l'objet de
   l'expérience chrétienne. [26]

4. - De cette expérience, la c o m m u n a u t é   c h r é t i e n n e
   est à la fois le sujet et le dépositaire. [27]

5. - Les m o n u m e n t s   s c r i p t u r a i r e s sont maintenus
   dans un paradoxe radical: ils n'ont d'importance et de valeur qu'en
   tant qu'ils peuvent conduire au-delà d'eux-mêmes l'interprétation qui
   les traverse. [28] Le statut du dogme relève de ce statut général de l'é-
   criture en ce sens qu'il signale et indique l'état de conscience qui l'a
   produit. Sa formulation même, la matérialité de son texte est à la fois
   nécessaire et provisoire ou insuffisant. La perspective de Schleiermacher
   s'inscrit comme retournement de la position "classique" de Calvin et
   s'affirme comme une théologie de l'Eglise vivante à l'expérience de
   laquelle l'Ecriture est désormais relative.

6. - La f i n a l i t é de l'herméneutique est la célébration et la conser-
   vation de la vie. La réflexion part ainsi de l'Eglise pour aboutir à
   elle (prééminence de la théologie pratique).

Ainsi, la fonction du dogme dans l'herméneutique théologique de Schleiermacher tient-elle du paradoxe puisqu'elle occupe une position médiane entre
le rejet total et la répétition pure et simple. Pour cette raison, il est tout
à fait inexact, selon nous, de qualifier la théologie de Schleiermacher
d'"adogmatique" ou d'"antidogmatique". Le terme qui conviendrait le mieux
serait celui de "t r a n s d o g m a t i q u e", parce qu'il s'agit bien
de passer par le dogme pour aller au-delà, ou de façon plus précise en-
deçà. C'est pourquoi la théologie de Schleiermacher est insupportable à ceux
qui considèrent la théologie comme simple répétition d'un savoir définitif et
le dogme comme un produit autosuffisant.

---

26 ce qui entraîne la quasi-exclusion de l'Ancien-Testament.
27 La problématique de l'orthodoxie subit dès lors un profond bouleversement, se définissant désormais, non plus comme adéquation répétitive
   à l'énoncé scripturaire ou dogmatique mais comme adéquation à l'expérience présente de l'Eglise. Cf. M.Lienhard, la dimension confessionelle
   de la théologie d'après Schleiermacher, in: Revue d'histoire et de la philosophie religieuse, 60 (1980), pp. 441-451.
28 Lors de sa conférence Sur le concept d'herméneutique (13 août 1829),
   Schleiermacher a cette expression significative: "percevoir des pensées
   à travers des mots (durch Worte)", in Hermeneutik, éd. Kimmerle (1959),
   p. 351. De là, la nécessité de la philologie (étude de la langue et du
   texte dans son contexte) et de la psychologie (saisi intuitive de la pen-

Que la théologie dogmatique relève de l'herméneutique, c'est le mérite de Schleiermacher de l'avoir perçu et d'en avoir tenté l'entreprise. Certes, les audaces qu'il a mises dans la réalisation de la G l a u b e n s - l e h r e (ne parlons pas des R e d e n !) provoquent l'étonnement. C'est en grande partie parce que nous avons nous-mêmes changer de lieu culturel et d'époque historique.

C'est, du reste, cette perte irrémédiable du lieu qui fait de l'interprétation non un acte de restitution du sens originel - ce que croyait Schleiermacher - , mais bien un acte nouveau de production de sens, acte dont l'historicité du sujet interprétant fait partie intégrante, comme sa condition et sa nécessité: "nous ne pouvons lire les écritures que du sein même de notre situation historique et la parole que nous entendons dans les écritures est aussi celle que nous entendons dans notre histoire".[29] Que Schleiermacher ait cru à la possibilité de restaurer le sens en son jaillissement originel constitue la pierre d'achoppement de son herméneutique. Son illustre contemporain, Hegel, devait sur ce point énoncer ce qui est pour nous aujourd'hui une évidence communément admise: "la théologie de la raison s'en tient au mot; elle s'empare de la parole écrite, l'interprète et prétend ne faire valoir que le sens du mot et lui demeurer fidèle. Toutefois si l'interprétation n'est pas une simple explication du mot, mais l'explication du sens, il est aisé de voir qu'elle doit introduire ses idées à elle dans le mot en question (...) La pensée renferme en soi des déterminations, des principes, des suppositions qui influent sur le travail de l'interprétation."[30]

L'entreprise herméneutique ne saurait en effet s'abstraire des "présuppositions"[31] de son auteur; loin d'être pure coïncidence avec la sens originel, elle n'en procure, par la médiation des déplacements et des déterminations de l'histoire, que la représentation (Vorstellung).[32] La prise en compte de l'historicité délivre ainsi l'interprétation du séduisant mirage de l'origine prétenduement disponible.

Il n'y a pas de temps qui ne comporte, limite et ouverture à la fois, sa part de perte et de deuil. L'herméneutique est, par nécessité, d'essence dialectique.

---

sée de l'auteur).

29 Notre ouvrage, Voies nouvelles pour la théologie, coll. Dossiers libres, Paris, 1980, p. 84.

30 Hegel, Leçons sur la philosophie de la religion, Paris, 1959, p. 40.

31 R.Bultmann, Jésus, trad. fr., Paris, 1968, p. 213.

32 cf. H.G.Gadamer, Vérité et méthode, trad. fr., Paris, 1976, p. 97.

DIE GESCHICHTSAUFFASSUNG DES HERMENEUTISCHEN DENKENS

von Ulrich Johannes Schneider

1. Einleitung

Jede gegenwärtig angestrengte Lektüre Schleiermachers führt unweigerlich zu jener Zeit zurück, die seit dem 19. Jahrhundert als "Aufgang der geschichtlichen Welt" (Dilthey), als Morgendämmerung des "historischen Bewußtseins" (Meinecke) gefeiert wird. Schleiermachers hermeneutische Theorie (und vorausgegangene Veröffentlichungen) scheinen am Bildungsroman der historischen und philologischen Wissenschaften zu partizipieren und die neue Evidenz des historischen Denkens auszustellen. So zeigt sich in den Reden über Religion (1799) erstmals ein Religionsbegriff, der historische Vielfalt und Verschiedenheit der religiösen Anschauungen notwendig fordert; die Monologen (1800) entwerfen die Idee von Subjektivität in der Reflexion von Welt auf "Geist"; die Hermeneutik (erste Ausarbeitungen ab 1805) ist als philosophische Kunstlehre ganz aus der geschichtlichen Erfahrung der Distanz der Interpretation zur Quelle entwickelt.

Im Programm solcher Ansätze liegt eine Philosophie der Geschichtlichkeit vorausgesetzt[1], die Schleiermacher sowohl hermeneutisch: in der Maxime, Mißverstand überall anzunehmen, wie auch dialektisch: als Einsicht in die Sprachlichkeit des Denkens formuliert. Diese Philosophie der Geschichtlichkeit kennt, in der Theorie selbstexpressiver Subjektivität, in der Kunstlehre aneignender Auslegung des Fremden, kein Prinzip objektiv-zeitlicher Entwicklung, ist darum auch nicht Geschichtsphilosophie, nicht Rekonstruktion vorvergangener Vernunft. Anders als Hegel nimmt Schleiermacher historische Mannigfaltigkeit überhaupt nicht als Gegenstand einer Philosophie, sondern reflektiert auf sie aus dem einfachen Abstand des Jetzt zum Einst, des Eigenen zum Fremden. Daß im hermeneutischen Denken nicht Konstruktion der geschichtlichen Welt aus präsentischer Selbstgewißheit, vielmehr Nachkonstruktion aus Notwendigkeit zur Selbstkonstitution Aufgabe wird, verweist auf eine gewandelte Bestimmung von Subjektivität, für die aus Kants Transzendentalphilosophie die Einbildungskraft zum Prinzip genommen wird, das als "Phantasie" (Reden über Religion) oder, in Schellings Worten, als Vermögen der "Passivität aus Selbsttätigkeit" gilt[2].

---

1 S. Gunter Scholz: Ergänzungen zur Herkunft des Wortes "Geschichtlichkeit", in: Archiv f. Begriffsgesch. 14, 1970, S. 112 ff.
2 F.Schleiermacher: Über die Religion. Reden an die Gebildeten unter ihren Verächtern (1799), Hamburg 1958, S. 70 et passim.
F.W.J.Schelling: Philsophische Briefe über Dogmatismus und Kritizismus, in: Sämtl. Werke Bd. I/1 (1856), S. 332 (Nachdruck Darmstadt 1975, S. 212).

Indem so aus Schleiermachers Schriften radikaler als aus der idealistischen Geschichtsphilosophie der Bruch mit der aufklärerisch-rationalistischen Geschichtsauffassung gelesen werden kann, läßt sich das Pathos der spätromantischen Verklärung des historischen Bewußtseins revidieren und ineins damit begründen:

(a) Die hermeneutische Theorie hat ihre Aufgabe als philosophisch reflektierte Kunstlehre ursprünglich erst in der Bestimmung von immer schon geschichtlicher Subjektivität. Verstehen wird notwendig allgemeine Forderung, wo Vermittlung des Individuellen mit dem Allgemeinen das Gesetz der Welt ist[3]. Die Evidenz der Geschichtsauffassung des hermeneutischen Denkens ist so - und nicht schon allein im Regelkanon der Auslegungslehre - Bruch mit der rationalistischen, auch in h i s t o r i a m   k o n s t r u i e r e n d e n Vernunft, Bruch aber als Reflexion dieser Vernunft, als Beugung ihres Anspruchs unter die Kautelen einer Dialektik der Modifikation [s.u. 2].

(b) Was philosophisch den s i c h   h i s t o r i c e   k o n s t i t u i e r e n d e n Geist ausmacht, ist positiv ausweisbar an der Institution geisteswissenschaftlicher Forschung, in der sich hermeneutisches Denken verwirklicht. Daß der "denkende Verkehr mit der historischen Lebenswirklichkeit" (Troeltsch) selber Geschichte macht, provozierte seine Krise: Historismus ist der Titel für diese Reflexion hermeneutischer Praxis an ihren Ergebnissen. Dabei wird der moralische Wert der Geschichte im gleichen Maße geleugnet wie andererseits ihre quasi-natürliche Ordnung in Epochen versichert, so daß die Behauptung eines Fortschritts der Geschichte metaphysisch, die ihrer Bedeutung fast empirisch scheint (Dilthey) [s.u. 3].

(c) Jede gegenwärtige Lektüre Schleiermachers, die die antirationalistische Geschichtsauffassung des hermeneutischen Denkens revoziert, kennt - als geisteswissenschaftliche Aufgabe - auch die historische Fraktionierung der Geschichte in Epochen. Deshalb mag ihr Schleiermacher quasi gegenständlich einer Zeit zugehörig erscheinen, deren Denken gerade durch die Differenz (gleich ob der Absicht oder der Aussage nach) zum aufklärerisch-rationalistischen Denken eine a n d e r e Epoche macht. Diese Epoche (emphatisch 'historischen Bewußtseins') wird im historistischen Denken positiv als u n s e r e ausgewiesen, weil sie nicht hintergangen werden kann (man bekennt sich zum Relativismus und schwört der Geschichtsphilosophie ab). So wäre - in durchaus geübter, trivialer Weise - der gegenwärtigen Thematisierung von Geschichte eine Anfangsevidenz 'verortet', auf die man sich affirmativ rückbeziehen kann (- die klassischen Rehabilitierungsversuche

---

3 F.Schleiermacher: Hermeneutik und Kritik, hg. v. M.Frank, Frankfurt/M. 1977, S. 80.

der Aufklärung in dieser Rücksicht bei Cassirer und Troeltsch waren vergeb-
liche Einsprüche). Das gängige Geschichtsbild bannt so geistige Vergangenheit in zeitlich gegliederte Abschnitte, an denen sich die Herkunft der Gegenwart abmißt. Wie im Museum kann kontemplativ in der Vorstellung zugleich Distanz genommen und bewundert werden: Noch der einfachste Gedanke
an Geschichte als etwas Positives trägt diesen Widerspruch in sich, selber
nur Verhalten, nur rezeptiv sein zu wollen. Zum quasi-mythisch Unbegreif-
lichen wird daher die Evidenz des geschichtlichen Denkens erst in einer Einstellung des Rückblicks substantialisiert, weil zur historischen Tatsache gerade das erkoren wird, was aktual nicht (mehr) möglich scheint. Das Vergessen von Ausbildung, Entstehung erst macht nämlich das Vergangene zum
toten Rest, zum uns-übrig-Bleibenden. Daß für den Historismus Geschichte
allein im Ergebnis zählt, schlägt zuletzt aber auf ihn selbst zurück, weil
er so sein Wissen nicht legitimieren kann - außerhalb jedenfalls einer Methodologie, die - den Naturwissenschaften entlehnt - das Theoretische vom Gegenständlichen als das Formale vom Inhaltlichen zu trennen sucht. Denn die
Verwechslung der Geschichte mit dem Gegebenen ist Bedingung einer aufs Methodische sich beschränkenden Selbstversicherung[4]. Daß die Kriterien wissenschaftlicher Rationalität selber historisch legitimiert werden müssen[5], zeigt
schließlich die Aporie der Selbstbegründung historistischen Denkens. Diese
Grenzen methodischer Gewißheit liegen damit jeder Lektüre Schleiermachers
voraus; sie kann sich nur - selber historistisch - darauf zurückfragen, indem
sie das historistische Denken im hermeneutischen analysiert [Diese Überlegungen bleiben unausgeführt.].

Was die Lektüre Schleiermachers jenseits problem- oder begriffsgeschicht-
licher Verobjektivierung aus solcher Selbstverständlichkeit des einordnenden
Begreifens reißen kann, ist allein Erinnerung an Philosophie (s. 2.) und
Geschichte (s. 3.) des hermeneutischen Denkens zu dessen Reflexion an ihm
selbst. Denn der geisteswissenschaftliche Positivismus ist anders nicht in seiner beliebigen Selbstverlängerung zu unterbrechen, als indem ihm die Möglichkeit seines Anfangs gezeigt wird - dort, wo der Anspruch auf Wissenschaftlichkeit die geschichtliche Erfahrung zu objektivieren sucht. Philologie
als gelehrte Praxis des 19. Jahrhunderts zu verstehen heißt dann, sie als
gleichursprünglich mit den Kategorien ihres Denkens zu begreifen[6]. Dieser
Aufweis mag an den frühen Schriften Schleiermachers möglich sein, soweit

---

4 S. J.Mittelstraß: Das Interesse der Philosophie an ihrer Geschichte, in:
  Studia philosophica 36, 1976.
5 S. H.Schnädelbach: Wissenschaftsgeschichte und Historismus, in: Studia
  Leibnitiana, Sonderheft 6, Wiesbaden 1977.
6 Vgl. dazu R.Koselleck: "Erfahrungsraum" und "Erwartungshorizont" - zwei
  historische Kategorien, in: Soziale Bewegung und politische Verfassung (FS
  W.Conze), Stuttgart 1976. M.Foucault: Archäologie des Wissens (1969),
  Frankfurt/M. 1973.

darin Kritik der vorgängigen rationalistischen Geschichtsauffassung deutlich, und damit dem historisch-hermeneutischen Denken ein philosophischer Bezug entdeckt wird.

2. Lektüre

Was Schleiermachers Religionsschrift zur Sprache bringt, ist nicht allein der theologische Gedanke, Religion sei Anschauung des Unendlichen, und auch nicht allein die historische These, die positiven Religionen seien Äußerungen dieser Anschauungen, vielmehr die Idee einer vermittelnden Einheit beider Sätze. Der Text ist selbst der Explikation dieser Idee gewidmet[7] und damit Reflexion der aufklärerischen Religionskritik. Diese nämlich bewegte sich im Widerspruch von exklusiv moralisch definierter Religiosität einerseits und – in ideologiekritischer Absicht – gesellschaftlich definiertem religiösem Kultus andererseits. Das subjektive Wahre sprach ein gegen das öffentlich Geltende, an dem es sich beweisen wollte: der Konflikt von Moral und Politik markierte die Emanzipation des Bürgertums[8], bis zur Vernunftvergötterung der französischen Revolutionäre. Diese Kritik am Staat und an der Kirche wurde notwendig historisch, sobald sie in der Ausübung von Macht deren Legitimation treffen wollte. Daher war die religionskritische Vernunft zur Interpretation von Offenbarung gezwungen[9]. Schleiermachers Text repetiert dieses seit Lessings Publikationen diskutierte Problem: er nimmt aber die Dialektik von Religion und Äußerung zurück ins geschichtliche Verhältnis von religiöser Anschauung und positiver Religion, indem er Ausgedrücktes mit den geschichtlichen Erscheinungen der Vergangenheit identifiziert. Es findet sich die traditionelle aufklärerische Anklage zerstört: die Entgegensetzung von guter und schlechter Praxis wird ihrer Voraussetzung überführt, Handeln psychologisch aus der Gesinnung zu verstehen und daran zu werten. Schleiermachers Text gibt jeden moralischen Apriorismus preis[10]. Das Problem guten Handelns in depravierter Kultur (worauf Kants geschichtsphilosophische Schriften rekurrieren) löst sich im Problem der Anschauung einer Äußerung als Äußerung einer Anschauung auf: die Reflexion der aufklärerischen Religionskritik behält deren Wertung nur als Urteil ohne 'psychologische' Begründung. Sie trägt sich als Forderung vor, die positiven Religionen religiös zu richten, d.h. anschauend ihre Individualität als Äußerung des "Geistes

---

7 Vgl. H.Timm: Die heilige Revolution – Das religiöse Totalitätskonzept der Frühromantik, Frankfurt/M. 1978, S. 43 f.
8 Vgl. R.Koselleck: Kritik und Krise (1959), Frankfurt/M. 1979.
9 S. G.E.Lessing: Über den Beweis des Geistes und der Kraft (1777), in: Werke Bd. VIII, München. S.a. L.Strauß: Die Religionskritik Spinozas als Grundlage seiner Bibelwissenschaft (1930), Darmstadt 1981.
10 Vgl. W.Dilthey: Leben Schleiermachers, a.a.O., S. 114 ff.

der Religion"[11] zu verstehen. In diesem Anspruch ist offensichtlich der Gesichtspunkt der Geltung aufgegeben, der der Aufklärung noch im Gedanken
religiöser Toleranz maßgeblich war, und die historische Faktizität aller Religionen eingeräumt. (Wirksam wurde dieser Gedanke vor allem für die
Christologie: sobald nämlich Mythologie zur Wirklichkeit der Religionen ge-
zählt wurde, durfte Jesus nicht mehr als vergötterter Mensch, sondern konnte
als göttlicher Mensch begriffen werden[12]. Auch Wunder und Offenbarungen
gehörten gleichsam zur Sprache der Religionen und nicht zur psychologisch
erklärbaren Illusionswelt von Enthusiasmierten[13].) Die Wirklichkeit der Religionen anzuerkennen, bedeutete somit, sie auf die Virtualität religiöser Anschauung zu beziehen: Jede positive Religion hat in dem, was religiöse Anschauung in ihr ausmacht, ihren Grund und umgekehrt: religiöse Anschauung
bezieht sich auf positive Religionen als auf verwirklichte Anschauungen. So
bringt die Religionsschrift Schleiermachers den Indifferenzpunkt von Geschichtsphilosophie und Hermeneutik zur Sprache: die historischen Individua
aus dem Geist der Religion zu verstehen, heißt, sie darauf zurückzuführen
– Anerkennung geschichtlicher Faktizität und Geschichte-Verstehen verweisen
aufeinander. Die Analogie wird vom geschichtlich Vergangenen zum je Fremden gedacht. Damit gerät Religion als Geistiges, nicht als gesellschaftliches
Phänomen in den Mittelpunkt der Reflexion, die daran ihre eigene Apologie
formuliert, weil sie nicht mehr Kritik aus Selbstgewißheit üben kann: geschichtliche Individua verstehen, heißt den Geist finden, in dem das verstehende Subjekt selbst beschränkt sich fühlt: "Ich denke mich in tausend
Bildungen hinein, um desto deutlicher die eigene zu erblicken." (Monologen)[14]
    Schleiermachers Reden über Religion stellen wie auch die Monologen im
Gestus die Subjektivität der neuen Evidenz aus: auch darin bekundet sich
Reflexion der traditionellen aufklärerischen Philosophie und Theologie. Für
diese stand Selbstausdrücklichkeit im Dienst der allgemeinen Vernunft, die
Kant radikal öffentlich nennt. Die Eigenheit jeder Rede gerierte sich als An-
waltschaft höherer Moralität, um nicht des Privaten verdächtigt zu werden.
In dieser Haltung artikulierten Kirchenleute selbstverständlich Einspruch und

---

11 F.Schleiermacher: Über die Religion, a.a.O., S. 142.
12 F.Schleiermacher: Hermeneutik, a.a.O., S. 387 ff. Vgl. zum christologischen Geschichtsmodell K.Gründer: Erfahrung der Geschichte (1978), in:
   ders., Reflexion der Kontinuitäten, Göttingen 1982, S. 118 ff. Außerdem
   H.Renz: Geschichtsgedanke und Christusfrage. Zur Christusanschauung
   Kants und deren Fortbildung durch Hegel im Hinblick auf die allgemeine
   Funktion neuzeitlicher Theologie, Göttingen 1977.
13 Vgl. in der Nachfolge Schleiermachers F.Chr.Baur: Symbolik und Mythologie oder die Naturreligion des Altertums, Stuttgart 1824 f.
14 F.Schleiermacher: Monologen (1800), Hamburg 1978 (Phil. Bibl. 84),
   S. 32.

Zuspruch auch bei politischem Anlaß, etwa der Französischen Revolution[15]. Die Predigt war in gängiger Übung dem historischen Wechselspiel des Mensch-lich-Allzumenschlichem gewidmet[16]. Ihr Gestus war die Anrede. Gleiches galt für die Schriften der biblischen Theologen, welche die Geistesgeschichte als Geschichte von Meinungen und Umständen, Ereignissen und Reaktionen dem Leser zur Entscheidung vorlegten[17]. Die wissenschaftliche Erkenntnis dessen, was gewesen ist, stand generell unter dem Vorbehalt moralischer Wertung, weswegen auch hier das rhetorische Engagement dem Ausgesagten gegenüber unwesentlich war: die Rede sollte - wie bei der Predigt - Mittel zum Zweck sein[18]. Die im aufklärenden Meinen vorausgesetzte Unabhängigkeit von Person und Sache, von aussagendem Subjekt und thematisiertem Gegenstand reflektie-ren Schleiermachers frühe Schriften auf das darin implizit versprochene Auf-gehobensein in überindividueller Vernunft und setzen dieses als ausdrück-liches Moment der Rede selbst. Der Mitteilungscharakter ist jeder Rede nicht kontingent, sondern ihr als Äußerung, als individuelles Allgemeines konstitu-tiv[19]. So ist confessio, Monolog, symbolische Adresse der eigene Charakter religiöser Rede. Die Anerkennung der historischen Vielfalt der Religionen führt deshalb nicht zum praktischen Problem einer moralischen Wertung, son-dern zur einfachen Frage der Verstehbarkeit eines Anderen. Es stellt sich das Problem des Verstehens von Individualitäten als Verstehen von eigen-strukturierten Äußerungen. Wie die Rede sich vom Urteil zur Selbstausdrück-lichkeit einer Anschauung zurückzieht, so entwertet sich am Sachverhalt das Beurteilbare zugunsten des jeweils Eigenen, d.h. objektiv Fremden. Das Fremde ist Voraussetzung der eigenen Bildung: Es muß hervorgebracht wer-den, um erworben, angeeignet zu sein (Monologen)[20]. Die Positivität der Re-ligionen verstehen heißt, ihnen als dem Anderen des Eigenen dessen Rede zu leihen. Der historische Gegenstand ist darum nicht, wie in der Aufklä-rung, Beispiel für das, was subjektive Vernunft einschränkt (und darum kri-

---

15 Vgl. E.D.Junkin: Religion versus Revolution. The Interpretation of the French Revolution by German Protestant Churchmen 1789-1799, Austin (Texas) 1974 (Diss. Basel 1968).

16 Vgl. R.Krause: Die Predigt der späten deutschen Aufklärung (1770-1805), Stuttgart 1965.

17 Vgl. beispielsweise in der biblischen Theologie F.V.Reinhard: Versuch über den Plan, welchen der Stifter der christlichen Religion zum Besten der Menschheit entwarf, 1789 (4. Aufl. 1798); J.J.Heß: Geschichte der drei letzten Lebensjahre Jesu, 3 Bde., Leipzig 1768-1772 (7. Aufl. 1823 ff.); J.S.Semler: Beantwortung der Fragmente eines Ungenannten, 1779; dazu vom Verf.: Zur "Konstruktion des Gegenstandes" in den Geisteswissenschaften - Eine historische Anmerkung, in: Ontologie und Wissenschaft, Philoso-phische und wissenschaftshistorische Untersuchung zur Frage der Objekt-konstitution, hg. v. H.Poser u. H.W.Schütt, Berlin 1984.

18 Vgl. J.S.Semler: Zur Revision der kirchlichen Hermeneutik und Dogmatik, Halle 1789; Vorbereitung zur theologischen Hermeneutik, 1761; Beantwor-tung ..., a.a.O. und andere Schriften.

19 F.Schleiermacher: Über die Religion, a.a.O., S. 101; vgl. dazu M.Frank:

tisiert werden muß), sondern für das, was sie entgrenzt in das in ihr ursprünglich selbst eingebildete Andere hin[21] (und darum als Ausdruck konstituiert werden muß).

Als Moment der in neuer Evidenz formulierten Geschichtslogik und ver-
innernden Subjektivität ist auch die hermeneutische Theorie Reflexion der rationalistischen Geschichtsauffassung, spezifisch der der Philologie. Diese
überhob sich in der Erklärung von Dokumenten aus Motiven der Selbst-
rechtfertigung ihres eigenen Tuns: die Erklärungsmodelle sind verschiedenen
Modifikationen eines Allgemeinbegriffs menschlicher Praxis nachgebildet[22].
(So wurden Leben und Lehre Jesu als Handeln aufgefaßt, was Untersuchungen
über Zweckmäßigkeit, Absichten, Erfolg, Aufrichtigkeit etc. provozierte. So
war auch die Analogie Jesus-Sokrates möglich.) Dieses Wirkungsverstehen wird
im Ausdrucksverstehen reflektiert, indem der Widerspruch, ein Besonderes aus
einem Allgemeinen zu erklären, ohne den Schritt vom Gegebenen zum Er-
klärenden zu begründen, aufgelöst wird, wenn beide Seiten im Verstehen als
Akt, als innerem Handeln zusammengenommen werden[23]. Solchem von der Wut
des Wissens befreiten Verstehen erscheint ein fremder Text nicht ausschließlich als Produkt einer Praxis, nicht als Dokument, vielmehr als geistiger
Ausdruck, als zu lesender Text, damit als Quelle des eigenen Selbstverständnisses. (So erscheint hier die Analogie Jesus-Sokrates nur möglich im Problem der Schriftlichkeit, denn einzig die Texte der Apostel wie der Sokratiker
sind Ausdruck einer geschichtlichen Wirksamkeit (ausgehend von Jesus, von
Sokrates), nicht Dokument eines auch sonst erschließbaren Geschehens.[24])

Philologie führe gerade als kunstgemäßes Lesen zur Geschichtserkenntnis,
formulieren Notizen Friedrich Schlegels von 1797[25], die also behaupten, was
das hermeneutische Denken zur Sprache bringt: Geschichte im Abstand
zwischen Quelle und Interpretation zu begreifen. Der Anspruch des hermeneutischen Denkens, diesen totalen, tatsächlich jedoch relativen Abstand im Verstehen aufzulösen, behauptete negativ die Notwendigkeit, im Aneignen des
Fremden die Fremdheit sich selbst gegenüber zu überwinden[26]. Das richtige
Verstehen, dem die Regeln der Auslegungskunst gelten, hält die Schwebe
zwischen Lesen (Referieren) und Schreiben (Reflektieren)[27]; die verstehende

Das individuelle Allgemeine, Frankfurt/M., 1977.
20 S. F.Schleiermacher: Monologen, a.a.O., S. 77 ff.
21 Vgl. ebenda, S. 68 ff.
22 S. E.Troeltsch: Religionswissenschaft und Theologie des 18. Jahrhunderts,
   in: Preußische Jahrbücher Bd. 114, 1903.
23 Vgl. F.Schleiermacher: Monologen, a.a.O., S. 67 ff.; Hermeneutik, a.a.O.,
   S. 384.
24 Vgl. F.Schleiermacher: Hermeneutik, a.a.O., S. 127.
25 Vgl. F.Schlegel: Philosophie der Philologie, hg. v. J.Körner, in: Logos
   XVII, 1908.
26 F.Schleiermacher: Monologen, a.a.O., S. 25 f.
27 Ders.: Hermeneutik, a.a.O., S. 75.

Rede ist - paradox - sich soweit selbst gewiß, soweit sie sich mißtraut, Mißverstand überall annimmt. Darum besagt das Wort, die Rede eines Autors
besser als er verstehen zu können, nicht Besserwissen durch Posterität oder
emphatische Teilnahme; es drückt im Blick auf methodische Maximen die Unmöglichkeit unmittelbaren Verstehens, gerade Selbstverstehens, aus. Die Geschichtlichkeit alles Objektiven hat dessen Begriff in die Individualität ge-
bannt, er ist nicht in der Vernunft zu finden, vielmehr im vermittelten Endlichen zu suchen: Das "Geschäft des Verstehens und Auslegens ... ist das
allmähliche Sichselbstfinden des denkenden Geistes" (Hermeneutik)[28].

Das hermeneutische Denken trauert über die Vergangenheit aller Geschichte:
Verstehen zwingt, die Begriffe ins Spiel zu bringen; wem es für Erkenntnis
gilt, muß sich als Einsatz wagen. Was aus frühen Texten Schellings und
Schleiermachers mit gleicher Stimme spricht, ist das Bewußtsein der Verlorenen, der sündig Gefallenen, der Entfremdeten. Geschichtsphilosophie und Hermeneutik arbeiten ursprünglich am selben Problem der Selbstentäußerung,
welche nicht durch Rückkehr zum Mythos, vielmehr durch reflektierte Ichent-
grenzung, durch angestrengte (kunstgemäße) Anschauung begriffen werden
soll. Medium ist daher die Erinnerung: Vergegenwärtigung als Innewerden
erst gibt das Fremde als das Andere des Eigenen, enthüllt Geschichte um den
Preis des Lebens im Augenblick. Das bürgerliche Denken der Epoche tauscht
unerfüllte Gegenwart gegen erfüllte Vergangenheit und eine vage Zukunft,
auf die es aus Erinnerung hofft[29].

3. Historismus

Die vorstehende Skizze des hermeneutischen Denkens erweist dessen ge-
schichtslogische Evidenz als Reflexion aufklärerischer Rationalität und Geschichtsauffassung. Der konstruierende Zugriff moralischer Subjektivität auf
Geschichte als Gegebenes wird in der Konstitution einer Relation des Eigenen und des Fremden aufgehoben. An sich selbst ist damit die Form geisteswissenschaftlichen Arbeitens, d.h. der philologische Diskurs theoretisch ausgewiesen: Hermeneutisches Denken in actu zeigt sich nämlich nur in der
Praxis der Interpretation. Unberührt von der philosophischen Verpflichtung
auf ideales Verstehen besitzt es daher selbst eine Geschichte und kann in
der ihm eigenen Anschauung alles Vergangenen als Faktum sich selbst gegenständlich werden. Diese Reflexion des Positivismus' hermeneutischen Denkens
hat (nachträglich) den Titel Historismus erhalten.

Daß das Verstehen als Interpretation Geschichte macht, findet sich in

---

28 Ebenda, S. 327 f.
29 S. I.Kant: Rezension von Herders Ideen zur Philosophie der Geschichte
   der Menscheit (1785), Akad. Ausg. Bd. VIII, S. 52; Mutmaßlicher Anfang
   der Menschengeschichte (1786), ebenda, S. 109.

Texten Diltheys ausgedrückt, die auf die Praxis des gelehrten geisteswissenschaftlichen Diskurses gehen. Im Unterschied zur originären Reflexivität des
hermeneutischen Denkens, die sich als Auflösung rationalistischer Subjektivität konstituiert und damit erst philologische Arbeit an Texten als Quellen
provoziert, bildet die mit dem Titel Historismus belegte Reflexion wenn nicht
als Ideologie[30] , so einfach als Eingeständnis der geisteswissenschaftlichen
Gelehrsamkeit [31] ein Moment dieser selbst. Die auch bei Dilthey unscharfe
Identifikation von hermeneutischen und historischem Denken hat ihre
Wahrheit gerade als innere Reflexion einer theoretischen Praxis, die den
gängigen begrifflichen Unterscheidungen entgeht, wonach Geschichte-Verstehen
entweder als Spezifikum allgemeiner Hermeneutik (Gadamer)[32] oder als besondere Aufgabe der Historik (Droysen)[33] exponiert wird. Universalhermeneutische
und geschichtsphilosophische Bestimmungen des Historismus begreifen ihn dementsprechend nicht als Philosophie, sondern als das unglückliche Bewußtsein
der Philologie. Sie verweisen so - obzwar im Bemühen kritischer Überwindung - darauf, daß Historismus Titel für eine historische Erfahrung ist[34] ,
die vom wissenschaftlichen Positivismus nicht getrennt werden kann[35]. Sozusagen innerhalb des historistischen Denkens zu sortieren und etwas Positives,
die Anerkennung universaler Geschichtlichkeit, von etwas Pejorativem, dem
Positivismus der Forschung und dem Relativismus der Wertung, zu scheiden[36] , bedeutet dann, in theoretischer Beflissenheit auseinanderzuhalten,
was in der diskursiven Praxis zusammengehört.

Die historische Geschichtsauffassung in den Geisteswissenschaften doku-
mentiert sich vor allem im Epochendenken: daß Zeitalter wohl, nicht aber
Fortschritt aus der Geschichte gelesen werden können, folgt logisch der Ansicht, "daß der objektive Geist eine gegliederte Ordnung in sich enthält"[37].
Verstehen als Vergegenwärtigung im Rahmen dieser Ordnung erhält den Charakter der Restitution von Ursprünglichkeit, also den Schein verlustlosen
Innewerdens. Dabei wird die Vermitteltheit, die Bildlichkeit des Verstehens
- Form seiner Erkenntnis - material in die Textualität des geschichtlich Po-
sitiven (beispielsweise Religion) projiziert, worin das Allgemeine (der Geist)

---

30 F.Meinecke: Die Entstehung des Historismus, Berlin 1936.
31 K.Mannheim: Historismus, in: Archiv für Sozialwissenschaft und Sozialgeschichte 52, 1924. E.Troeltsch: Der Historismus und seine Überwindung,
   Berlin 1924. W.Dilthey: Die Typen der Weltanschauung und ihre Ausbildung in den metaphysischen Systemen (1911), in: Ges.Schriften VIII.
32 S. H.G.Gadamer: Wahrheit und Methode, Tübingen 1965[2].
33 S. H.Schnädelbach: Geschichtsphilosophie nach Hegel. Die Probleme des
   Historismus, Freiburg 1974.
34 S. K.Löwith: Die Dynamik der Geschichte und der Historismus, 1952.
35 S. K.Heussi: Die Krisis des Historismus, Tübingen 1932.
36 Vgl. H.Schnädelbach: Geschichtsphilosophie ... a.a.O. (Anm. 39).
37 W.Dilthey: Der Aufbau der geschichtlichen Welt in den Geisteswissenschaften, in: Ges. Schriften Bd. VII, S. 208; vgl. a. S. 311 f, 357 f.

lesbar scheint. Das Bewußtsein der Epochenstruktur von Geschichte entlastet so von der eigentlichen hermeneutischen Anstrengung einer Versicherung dieses Allgemeinen. Der unbestimmte Trost, es in der Betrachtung des Vergangenen immer schon zu besitzen, ist nur Kompensation der Anerkennung sinnloser Faktizität an sich selbst. Damit wird gerade die Form hermeneutischen Denkens, die geistige Vermittlung des Eigenen mit dem Fremden nicht im Moment der Bewegung, sondern im Ergebnis begriffen: Sobald die philologische Arbeit die Objektivität der Geschichte in den Produkten ihrer Auslegung anschaut, reflektiert sie sich instrumental als aneignende Methode. Fortschritt gibt es dann allein als gesteigerten "Erwerb geistiger Dinge"[38], als materiale Bereicherung des Erinnerns, wie sie sich im vermehrten Textkorpus der Gelehrsamkeit dokumentiert. Historistisch ist das hermeneutische Denken also als philologische Praxis, weil schriftlich die Dialektik von Teil und Ganzem aus gesprächshafter Flüssigkeit im Text erstarrt. Die Unvermeidlichkeit der philologischen Praxis, als Praxis Folgen zu zeitigen, etwas zu ergeben, entfremdet das hermeneutische Denken im Ergebnis selbst – was der theoretische Einspruch philosophischer Hermeneutik gegen den Historismus (Gadamer) nicht einmal berührt[39]. Auch jede gegenwärtige Lektüre Schleiermacherscher Texte wird sich nicht verstehend fragloser Annäherung widmen können, solange ihr spezifisches Vorurteil als Unternehmung im philologischen Diskurs geltend bleibt: sie kann sich nur inner-historistisch auf den Anfang des hermeneutischen Denkens zurückbeziehen, dem sie selbst angehört.

---

38 Ebenda, S. 215.
39 Vgl. H.G.Gadamer: Wahrheit ..., a.a.O. (Anm. 38).

WILHELM DILTHEY

Leben Schleiermachers

2 Bände. Groß-Oktav. Ganzleinen

1. Band, 3. Auflage. Auf Grund des Textes der 1. Auflage von 1870 und der Zusätze
aus dem Nachlaß herausgegeben von Martin Redeker
1. Halbband (1768–1802). – XLVI, 567 Seiten. 1970. DM 138,– ISBN 3 11 006348 4
1. Band, 3. Auflage. Abhandlungen aus dem Nachlaß Wilhelm Diltheys zur Fortsetzung seiner
Schleiermacher-Biographie (3. u. 4. Buch, 1803–1807). Kritische Ausgabe des von Hermann
Mulert in der 2. Auflage der Biographie (1922) mitgeteilten Nachlasses herausgegeben von
Martin Redeker.
2. Halbband (1803–1807). – XXIV, 251 Seiten. 1970. DM 68,– ISBN 3 11 006437 5

2. Band: Schleiermachers System als Philosophie und Theologie.
Aus dem Nachlaß von Wilhelm Dilthey mit einer Einleitung
herausgegeben von Martin Redeker
2 Halbbände. DM 214,– ISBN 3 11 001266 9
1. Halbband: Schleiermachers System als Philosophie. – LXXX, 470 Seiten und 1 Bildnis
der Büste Schleiermachers. 1966.
2. Halbband: Schleiermachers System als Theologie. – IV, Seiten 471–811. 1966.

WOLFGANG TRILLHAAS

Schleiermachers Predigt

2., um ein Vorwort ergänzte Auflage
Oktav. X, 225 Seiten. 1975. Ganzleinen DM 52,– ISBN 3 11 005739 5
(Theologische Bibliothek Töpelmann, Band 28)

MARTIN REDEKER

Friedrich Schleiermacher

Leben und Werk (1768–1834)
Klein-Oktav. 320 Seiten und 3 Bildnisse. 1968. Kartoniert DM 10,80 ISBN 3 11 006266 6
(Sammlung Göschen, Band 1177/1177a)

HANS-JOACHIM BIRKNER

Schleiermachers christliche Sittenlehre

im Zusammenhang seines philosophisch-theologischen Systems
Oktav. 159 Seiten. 1964. Kartoniert DM 39,50 ISBN 3 11 000817 2
(Theologische Bibliothek Töpelmann, Band 8)

Preisänderungen vorbehalten

Walter de Gruyter Berlin · New York

THEOLOGISCHE BIBLIOTHEK TÖPELMANN

HARALD KNUDSEN

Gottesbeweise im Deutschen Idealismus

Die modaltheoretische Begründung des Absoluten
dargestellt an Kant, Hegel und Weiße

Oktav. VI, 280 Seiten. 1972. Ganzleinen DM 79,–
ISBN 3 11 003787 4 (Band 23)

JOACHIM RINGLEBEN

Hegels Theorie der Sünde

Die subjektivitäts-logische Konstruktion
eines theologischen Begriffs

Oktav. 300 Seiten. 1977. Ganzleinen DM 89,–
ISBN 3 11 006650 5 (Band 31)

JOHN P. CLAYTON

The Concept of Correlation

Paul Tillich and the Possibility
of a mediating Theology

Octavo. XII, 329 pages. 1980. Cloth DM 84,–
ISBN 3 11 007914 3 (Volume 37)

JOACHIM RINGLEBEN

Aneignung

Die spekulative Theologie Søren Kierkegaards

Oktav. X, 510 Seiten. 1983. Ganzleinen DM 128,–
ISBN 3 11 008878 9 (Band 40)

Preisänderungen vorbehalten

Walter de Gruyter   Berlin · New York